NOVO CURSO DE
DIREITO CIVIL

DIREITO DE FAMÍLIA

NOVO CURSO DE DIREITO CIVIL — V. 6

Pablo Stolze Gagliano
Rodolfo Pamplona Filho

1.ª edição — jan. 2011
2.ª edição — jan. 2012
3.ª edição — jan. 2013
4.ª edição — jan. 2014
5.ª edição — jan. 2015
5.ª edição, 2.ª tiragem — maio 2015
6.ª edição — fev. 2016
7.ª edição — jan. 2017, 2.ª tiragem — set. 2017
8.ª edição — jan. 2018
9.ª edição — jan. 2019
10.ª edição — jan. 2020
11.ª edição — jan. 2021, 2.ª tiragem — abr. 2021
12.ª edição — jan. 2022, 2.ª tiragem — mar. 2022
13.ª edição — jan. 2023
14.ª edição — jan. 2024
15.ª edição — jan. 2025

PABLO STOLZE GAGLIANO

Juiz de Direito. Professor de Direito Civil da Universidade Federal da Bahia — UFBA. Mestre em Direito Civil pela Pontifícia Universidade Católica de São Paulo — PUC-SP. Especialista em Direito Civil pela Fundação Faculdade de Direito da Bahia. Membro da Academia Brasileira de Direito Civil — ABDC, do Instituto Brasileiro de Direito Contratual — IBDCont e da Academia de Letras Jurídicas da Bahia. Já ministrou palestras e cursos em diversas instituições brasileiras, inclusive no Supremo Tribunal Federal. Membro da Comissão de Juristas da Reforma do Código Civil.

RODOLFO PAMPLONA FILHO

Juiz Titular da 32ª Vara do Trabalho de Salvador-BA. Professor Titular de Direito Civil e Direito Processual do Trabalho do curso de Direito da Universidade Salvador — UNIFACS. Professor Associado da graduação e da pós-graduação (Mestrado e Doutorado) em Direito da Universidade Federal da Bahia — UFBA. Mestre e Doutor em Direito das Relações Sociais pela Pontifícia Universidade Católica de São Paulo — PUC-SP. Máster em Estudios en Derechos Sociales para Magistrados de Trabajo de Brasil pela Universidad de Castilla-La Mancha/Espanha — UCLM. Especialista em Direito Civil pela Fundação Faculdade de Direito da Bahia. Membro e Presidente Honorário da Academia Brasileira de Direito do Trabalho. Membro (e ex-Presidente) da Academia de Letras Jurídicas da Bahia e do Instituto Baiano de Direito do Trabalho. Membro da Academia Brasileira de Direito Civil — ABDC, do Instituto Brasileiro de Direito Civil — IBDCivil, do Instituto Brasileiro de Direito Contratual — IBDCont e do Instituto Brasileiro de Direito de Família — IBDFAM.

NOVO CURSO DE
DIREITO CIVIL

DIREITO DE FAMÍLIA

15ª edição
revista, atualizada e ampliada
2025

- Os autores deste livro e a editora empenharam seus melhores esforços para assegurar que as informações e os procedimentos apresentados no texto estejam em acordo com os padrões aceitos à época da publicação, *e todos os dados foram atualizados pelos autores até a data de fechamento do livro.* Entretanto, tendo em conta a evolução das ciências, as atualizações legislativas, as mudanças regulamentares governamentais e o constante fluxo de novas informações sobre os temas que constam do livro, recomendamos enfaticamente que os leitores consultem sempre outras fontes fidedignas, de modo a se certificarem de que as informações contidas no texto estão corretas e de que não houve alterações nas recomendações ou na legislação regulamentadora.

- Data do fechamento do livro: 13/01/2025

- Os autores e a editora se empenharam para citar adequadamente e dar o devido crédito a todos os detentores de direitos autorais de qualquer material utilizado neste livro, dispondo-se a possíveis acertos posteriores caso, inadvertida e involuntariamente, a identificação de algum deles tenha sido omitida.

- Direitos exclusivos para a língua portuguesa
  Copyright ©2025 by
  Saraiva Jur, um selo da SRV Editora Ltda.
  Uma editora integrante do GEN | Grupo Editorial Nacional
  Travessa do Ouvidor, 11
  Rio de Janeiro – RJ – 20040-040

- Atendimento ao cliente: https://www.editoradodireito.com.br/contato

- Reservados todos os direitos. É proibida a duplicação ou reprodução deste volume, no todo ou em parte, em quaisquer formas ou por quaisquer meios (eletrônico, mecânico, gravação, fotocópia, distribuição pela Internet ou outros), sem permissão, por escrito, da **SRV Editora Ltda.**

- Capa: Lais Soriano

- **DADOS INTERNACIONAIS DE CATALOGAÇÃO NA PUBLICAÇÃO (CIP)**
  ODILIO HILARIO MOREIRA JUNIOR – CRB-8/9949

G135n	Gagliano, Pablo Stolze	
	Novo curso de direito civil – v. 6 – Direito de família / Pablo Stolze Gagliano, Rodolfo Mário Veiga Pamplona Filho. – 15. ed. – São Paulo: Saraiva Jur, 2025.	
	768 p. – (Novo Curso de Direito)	
	ISBN: 978-85-5362-739-4	
	1. Direito. 2. Direito Civil. 3. Direito de família. I. Pamplona Filho, Rodolfo Mário Veiga. II. Título. III. Série.	
2024-4376		CDD 347 CDU 347
	Índices para catálogo sistemático: 1. Direito Civil 347 2. Direito Civil 347	

Dedicamos esta obra em primeiro lugar ao nosso amado Senhor Jesus Cristo, cujos ensinamentos são o norte para a construção de famílias felizes e amorosas;

Também dedicamos esta obra ao Prof. Dr. Francisco José Cahali e à Profa. Dra. Giselda Hironaka, juristas grandiosos, detentores de vasta sabedoria e de grandes e encantadores corações;

Aos alunos do 2.º Ano-A matutino 2008 da UNIFACS, pela mais carinhosa festa de aniversário que tivemos em nossa vida;

Aos formandos em Direito 2009.2 da FACET, que, sem pedir nada em troca, nos escolheram, simultaneamente, para "*paraninfo*" e "*nome da turma*", mesmo não tendo sido nossos alunos em sala de aula;

E aos queridos alunos e amigos do coração da UFBA e da Rede LFG.

Agradecimentos

Este livro demorou mais de dois anos para ser construído.

Por isso, muita coisa aconteceu de lá para cá.

Pessoas maravilhosas surgiram e passaram pelas nossas vidas, tornando-se parte delas, o que jamais esqueceremos.

Por isso, esta seção de "agradecimentos" é dedicada a todos que, de alguma forma, participaram do processo de construção deste volume da coleção "Novo Curso de Direito Civil", seja com sugestões, seja apoiando com seu carinho e pensamento positivo.

Mesmo correndo o risco de alguma omissão involuntária, registramos publicamente o agradecimento a Pinho, Virgínia e Lourdes (pais), Fred, Camila, Luiz Augusto e Ricardo (irmãos), Emilia e Kalline (esposas), Marina e Rodolfinho Pamplona, Giovana e Gabriela Stolze Gagliano (filhos), a toda talentosa equipe de produção da Saraiva (com agradecimento especial a Manuella Santos, Luiz Roberto Curia, Aline Darcy Flôr de Souza e Thaís de Camargo Rodrigues). Joselito Miranda, Luiz Carlos de Assis Júnior, Alisson "Lândia" Carmero (irmão do coração), Salominho Resedá, Luciano Figueiredo, Roberto Figueiredo, Ana Thereza Meirelles, Vicente Passos, Camilo Colani, Rita Bonelli, Justino Farias, Andrea Camargo, Talita Moreira Lima, Ana Paula Didier, Tauana Cirne Guimarães, Murilo Sampaio, aos amados irmãos do *CaiaCorporation* (02, Pink, Riso, Davizão, Berna, Claudinha, Manimal, Nandinha, Baca, Matita e Claudinho Internacional), pela "*manutenção da saúde mental*", Pedrão Haas, Dr. Rogério Medrado (e toda sua competente equipe, notadamente os Drs. Marcelo Matos, Eron Santana e Núncia Leal), Cibele Pessoa, Lueli Santos, Andréa Galvão Rocha, Raísa Chagas, Giulia Chaves, Manu Ribeiro e Ribeiro (e todos que ajudaram na "força-tarefa da 1.ª Vara"), Ricardo Augusto Schmitt, Lary Valente "Pitbull", Prof. Jailson Santos e os colegas da turma de boxe da academia do *Paseo Itaigara*, Ney Maranhão, Jean Carlos Dias, Marcos Avallone (MT), Suzana Magalhães Dourado e todos os irmãos do Grupo de Oração da Igreja Presbiteriana da Aliança, Nislene e Paulo César Gonçalves, Armando Deolly e Alexandre Gomes (que emprestaram a conexão *wi-fi* para enviarmos os arquivos no acampamento da igreja), Laísa Falcão (IPA e UCSal), Dani "*Promoter*", André e Jakeline "*Itaporanga*", Dafne "*Lady Kate de Condeúba*" Duarte, Emmanuel Teófilo Furtado e família (Fortaleza/CE), Melissa Sarzi Sartori Azevedo (Sinop/MT). Rodolfo Saraiva, Daniel Carnaúba, Cristiane Moreira Mota, Zico (o condutor oficial da comunidade jurídica baiana em SP), Stefan Dudovitz, Andréa Presas Rocha, Emmanuela Vilar Lins, Amanda de Almeida Santos (pelas imagens sensacionais dos blogs www.rodolfopamplonafilho.blogspot.com e www.rpf-poesia.blogspot.com), aos colegas do Tribunal de Justiça do Estado da Bahia e do Tribunal Regional do Trabalho, aos serventuários das Comarcas de Amélia Rodrigues e da 1.ª Vara do Trabalho de Salvador, Flávio Tartuce, Marcos Ehrhardt, Marina Ximenes, Bruno Rodrigues, Leandro Cunha, Juliano Barros (Natal/RN), Rodrigo Moraes (maior colaborador da segunda edição!), Fernanda Barretto, Leiliane Ribeiro Aguiar ("Leila"), Paula Cabral Freitas, Edson Saldanha, toda a equipe do "Papeando com Pamplona", Karla Kruschewsky, Rafael Fontana, Rafael Caiado Amaral, Luiz Fernando Alves Chaves, Saul Emmanuel Ferreira Alves, Rodrigo Leite, Poliana G. Teixeira Stulzer, Jamile Dalla Nora, Melissa Teles e Luiz "Amor" (a nossa "família gaúcha"), Leandro Fernandez, Juliana Corbal, Edivaldo C. de

Almeida Souza, Rodrigo V. Portela, Vinícius Cavalcante, Felipe Oliveira Monteiro Geraldo Neto, Júlia Pringsheim Garcia, Teresa Rodrigues, Carolina Carvalho, Natália Cavalcante, Gilberto Rodrigues Martins, Geórgia Fernandes Lima, Rosângela Lacerda, Silvia Isabelle Teixeira, Guilherme Ludwig, Andrea Mariani Ludwig, Renato Dantas, Fábio Periandro Hirsch, Marcela Freitas, Dayane de Sousa Silva (Unipê), aos gerentes regionais da Saraiva e livreiros, por todo apoio na divulgação do nosso trabalho, e a todos os demais amigos que, embora não mencionados, torceram carinhosamente pelo sucesso desta iniciativa, dando sugestões e opiniões, ou simplesmente estiveram do nosso lado em momentos de sua elaboração.

Registramos um agradecimento especial a todos os formandos em Direito que reservaram um espaço em seus corações para lembrança de nossos nomes, quando de sua colação de grau, notadamente os formandos de 2007 em Direito da UNIFACS, que nos elegeram o "*nome da turma*", aos formandos Direito UFBA 2008.1 e 2009.1 e Direito Matutino Unifacs 2008, que nos elegeram "*patrono*"; aos formandos de 2009 em Direito (turmas A e B matutinas) da UNIFACS e 2009.2 da UFBA, que nos elegeram o "*amigo da turma*"; e aos formandos 2010.1 da UFBA e de Direito Noturno Unifacs 2008, que nos elegeram "*professor homenageado*", bem como aos amados alunos do 2.º ano-A matutino 2009 e 4.º ano-B matutino 2010, ambos da UNIFACS, pela carinhosa e encantadora lembrança do nosso aniversário, em festa surpresa realizada em sala de aula.

E um abraço do fundo do coração aos alunos queridos da UFBA, da rede LFG e da comunidade do *site* www.pablostolze.com.br.

A todos vocês, o nosso humilde *muito obrigado*!

Os autores

Nota de Abertura

Sobremodo agradecido pela confiança dos jovens civilistas Pablo Stolze Gagliano e Rodolfo Pamplona Filho, já consagrados nas letras jurídicas, para tecer algumas considerações sobre esta obra.

Cada época vive um complexo de regras que a ela são próprias. Se a sociedade fosse estática, o Direito seria estático. Se o Direito fosse estático, imporia à vida social um imobilismo incompatível com o senso evolutivo da civilização. Contingente como a vida, o Direito é igualmente mutável. O Direito de Família é, sem sombra de dúvida, particularmente sensível a toda esta nova ambientação, quer social, quer jurídica. Há, com certa timidez, uma tendência para retirá-lo do Direito Privado sob o fundamento de que não se deve restringir à proteção da pessoa, tendo em vista mais do que o indivíduo, a tutela de toda a sociedade ou mesmo do Estado. O avanço na doutrina, pensamento jurídico de alguns civilistas, chega ao ponto de admitir a descodificação como ideal para reunir no mesmo diploma legal regras do Direito de Família e do Direito das Sucessões, constituindo, assim, novos microssistemas, princípios constitucionais e documentos internacionais de proteção ao direito da pessoa humana. A verdade é que, dentre todas as instituições públicas ou privadas, é a família que se reveste de mais expressivas normas de um organismo ético e social, constituindo-se como base da sociedade e com especial proteção do Estado. Vive sob a proteção do Estado, cujas normas, quase todas de ordem pública, insuscetíveis de derrogação pela convenção das partes. Preceitos na maioria de normas cogentes. Notório que, em matéria de Direito de Família, o interesse da sociedade sobreleva ao individual. Antes de ser jurídico é um organismo ético encarado pelo ângulo individual e como direito é a sua natureza personalíssima. Esses direitos, em regra, são intransferíveis, intransmissíveis, irrenunciáveis, eles se ligam à pessoa em virtude de sua posição na relação familiar, não podendo o titular transmiti-lo, ou deles despir-se.

Não é exagero declarar que a família é considerada em todos os países e em todos os sistemas legislativos, instituição necessária, que deve ser tutelada pelo Estado e que sofre influência da moral e da religião. O Direito de Família tem um cenário resplandecente com influência em todas as unidades do Direito Civil. Caminhada longa que passou a ter a proteção do Estado, constituindo essa proteção um direito subjetivo público oponível ao próprio Estado e à sociedade quando entra em jogo o interesse social ou público. O aumento do Estado é imprescindível. Todas estas particularidades, adverte Roberto de Ruggiero, "conduzem a concluir que o direito de família se destaca nitidamente das restantes partes do direito privado e tende para o direito público. Que se torna propriamente direito público não se pode afirmar, mas que se destaca do restante do direito privado, de modo a constituir uma espécie à parte, não pode pôr-se em dúvida". A família como uma das bases sociais sobre as quais o Estado se desenvolve implica as relações de direito público. Marca o ponto de passagem do direito individual para o social. Não se pode negar que a família é essencialmente um organismo social, obedecendo a várias influências, como a religião, os costumes e a moral. Já se firmou o princípio, convém seja repetido, de que a família, antes de ser jurídico, é um organismo ético, tanto que alguns dos dispositivos atinentes ao Direito de Família são destituídos de sanção. Por outro lado, as normas jurídicas que lhe dizem respeito escapam, em regra, à autonomia da vontade. Os limites impostos neste setor à autonomia da vontade levam a excluir muitas regras comuns ao negócio jurídico quando se tratar de Direito de Família.

Não obstante esse quadro apoteótico no processo evolutivo da família, não se há de negar que, há muito, o terreno das relações de família vem sendo profundamente revolvido por fatos novos com inevitável repercussão na organização social e jurídica do grupo familiar. O raciocínio jurídico deixou de corresponder às realidades sociais sobre as quais ele se edificava, decorrendo desse desajustamento a impressão de decadência dos próprios institutos jurídicos e até do declínio do Direito a respeito principalmente do Direito de Família. Grandes mudanças aconteceram na organização, na composição, na função, no governo e no comportamento dos membros da família hodierna com significativa repercussão na própria *ratio* do matrimônio. O mestre Orlando Gomes ressaltou como fato novo na mudança no Direito de Família a emancipação econômica da mulher. Enquanto a mulher permaneceu sob a total dependência econômica do homem, aceitou sua dominação absoluta. As relações de família caracterizavam-se por essa hierarquia, até mesmo quando o poder marital se abrandou em consequência da necessidade de proteger juridicamente os bens da mulher e dos filhos, oportunidade na qual, como sustenta Von Mises, a ideia do contrato penetrou no direito matrimonial, quebrando o despotismo masculino. A incorporação da mulher à atividade produtiva, verificada no século passado, em escala social, teve, como ninguém desconhece, profundas repercussões na vida familiar, influindo em sua situação jurídica. O Código Civil revogado atribuía ao marido a *patria potestas*. Predominava, no regime por ele instituído, o conceito de chefia da família. Situação que foi alterada pela Lei n. 4.121/62, conhecida como o Estatuto da Mulher Casada, que deu nova redação ao art. 380 do Código Civil de 1916. Essa hierarquia do poder marital inserida no art. 233 do Código Civil revogado, que o marido é o chefe da sociedade conjugal, sepultou-se, definitivamente, com o advento do Código Civil de 2002. A família patriarcal e autoritária tornou-se uma estrutura perempta. Desaparece a figura do pátrio, o qual passa a denominar-se poder familiar. O poder marital, expressão e símbolo desse preconceito, sobrevive sob formas atenuadas; está também involuído nos costumes e vai desaparecendo das leis.

A alteração não é apenas nominal, mas fundamentalmente principiológica, pois se abandonou um sistema em que a figura do marido e pai empalmava toda a autoridade do lar para confiar aos cônjuges o poder de criar, educar e orientar a prole. Para Miguel Reale o poder familiar enquadra-se, dentro da classificação das situações subjetivas, na categoria jurídica de poder, ao lado do direito subjetivo, interesse legítimo e faculdade. Adverte Paulo Lôbo, "Quando o Código Civil se refere ao poder familiar dos pais não significa que estes são os únicos titulares ativos e os filhos os sujeitos passivos dele. Para o cumprimento dos deveres decorrentes do poder familiar, os filhos são titulares dos direitos correspondentes. Portanto, o poder familiar é integrado por titulares recíprocos de direitos. O

Código Civil refere-se apenas à titularidade dos pais, durante o casamento ou união estável, restando silente quanto às demais entidades familiares tuteladas explícita ou implicitamente pela Constituição". Poder familiar é o conjunto de direitos e deveres atribuídos aos pais em relação à pessoa e aos bens dos filhos não emancipados, tendo em vista a proteção destes. É o *munus* público imposto pelo Estado, aos pais, conforme ditame constitucional da absoluta igualdade entre homens e mulheres. Tanto o pai quanto a mãe devem atuar na educação e formação dos filhos, não havendo distinção entre um e outro no exercício desse poder.

O mestre Orlando Gomes prelecionou, "Enfim, diversas disposições novas, que interessam a número cada vez mais copioso de indivíduos, estruturam, à margem do Código, um direito de família diferente, o único que conhecem amplos setores da população. Toda essa vegetação, exuberante de seiva humanitária, cresce nas barrancas da corrente tranquila do direito codificado, sem que por sua existência deem os que a singram alheios ao que se passa de redor". É o que se denomina modernização do Direito de Família.

Incontestável a força da supremacia axiológica da Constituição Federal. Os princípios comentados projetam expressivos problemas contemporâneos à luz da legalidade constitucional, temas importantes que agitam a doutrina e os tribunais relativamente às relações patrimoniais e existenciais reguladas, concomitantemente, pelo Código Civil e pela Constituição Federal. É de admitir-se, portanto, a denominação Código Civil Constitucionalizado. Esta obra dos ilustres professores Pablo Stolze e Rodolfo Pamplona Filho é um suntuoso presente, não só aos estudantes de direito, mas a quantos militam no mundo das letras jurídicas.

Salvador, 18 de outubro de 2010.

Mário Figueiredo Barbosa

Advogado. Doutor em Direito pela UFBA. Professor da Faculdade de Direito da UFBA (aposentado) e da Faculdade de Direito da UCSAL. Membro da Academia de Letras Jurídicas da Bahia e do Instituto dos Advogados da Bahia.

Nota dos Autores

Neste ano de 2025, completamos 24 (vinte e quatro) anos de parceria.

Foram 11 (onze) volumes lançados com nossa assinatura conjunta, contando os 7 (sete) volumes desta coleção, os dois tomos sobre Contratos (que foram fundidos no atual volume 4), a obra *O Novo Divórcio* (depois rebatizada de *O Divórcio na Atualidade*) e o nosso robusto *Manual de Direito Civil*.

Isto sem falar nas nossas obras produzidas individualmente ou com outros(as) colegas.

São vários livros, portanto, que nos orgulham e elevam a nossa responsabilidade acadêmica e o nosso compromisso com o público leitor.

Para estas novas edições, procedemos, como de costume, à revisão geral de toda a obra, acrescentando novos posicionamentos jurisprudenciais, bem como incorporando as mais recentes inovações legislativas.

Reiteramos nossa disposição para continuar ensinando o novo Direito Civil brasileiro com profundidade, objetividade e leveza. Por isso, agradecemos, mais uma vez, todas as sugestões de aperfeiçoamento que recebemos pelos nossos *e-mails pessoais*, aqui novamente divulgados, juntamente com nossos perfis no Instagram e nossos sites.

Muito obrigado por tudo!

Com Deus, sempre!

Pablo Stolze Gagliano
pablostolze@gmail.com
Instagram: @pablostolze
Visite: www.pablostolze.com.br

Rodolfo Pamplona Filho
rpf@rodolfopamplonafilho.com.br
Instagram: @rpamplonafilho
Visite: www.rodolfopamplonafilho.com.br

Apresentação da Primeira Edição

Há especiais escolhas que honram sobremodo o escolhido, assim como a escolha da pessoa que apadrinhará nosso filho, a escolha da pessoa que paraninfará a nossa turma de formandos, ou a escolha da pessoa a quem entregaremos a nossa nova obra, para que a apresente. Trata-se, realmente, de uma escolha por demais honrosa, que revela a cumplicidade entre autor e apresentador, que revela a confiança que este tem por aquele e que revela o compromisso imenso que este último tem para com aquele primeiro e com a obra propriamente dita.

Toda a vez que sou assim escolhida, sinto-me especialmente homenageada, privilegiada, comovida e emocionada. Este grupo de sensações ganhou a dimensão de potencialidade de *"n"*, ao ser convidada — por **Pablo Stolze Gagliano** e **Rodolfo Pamplona Filho**, os autores desta espetacular obra denominada *Direito de Família: as famílias em perspectiva constitucional*, o sexto volume da preciosa e imprescindível coleção *Novo Curso de Direito Civil* — para apresentar este seu escrito. Obrigada, **Pablo Stolze Gagliano** e **Rodolfo Pamplona Filho**, pela honra e alegria que me proporcionam com este convite.

A obra que tenho, então, o prazer de apresentar é maravilhosa, simplesmente espetacular. Poucas vezes vi uma divisão estrutural tão rica, detalhada e equilibrada quanto vejo neste volume dedicado ao Direito de Família, da coleção maior desses exímios autores. A simples leitura do índice ou sumário já bem mostra ao leitor — como se fosse uma porta de entrada das mais convidativas — aquilo que encontrarão, no âmago de suas leituras. Ou seja, uma convergência total de todos os temas referentes à área, num compasso delicado, suficiente, equilibrado, quase musical; e uma verticalização invejável de subtemas que exploram condignamente todos os mais intrincados *cantinhos* do Direito de Família contemporâneo, na sua multiface, na sua pluralidade e na afetividade contida nas inúmeras fórmulas de *famílias* que hoje podem ser encontradas ou revisitadas, além da proposta constitucional ela mesma, num enfrentamento despojado de preconceitos, mas rente à realidade brasileira. Verdadeira obra de arte.

Só autores jovens, vanguardeiros e com o perfil de **Pablo Stolze Gagliano** e **Rodolfo Pamplona Filho** poderiam ter dado, à publicação, este viés inovador, acompanhando a mais consentânea tendência do Direito de Família entre nós, tendência esta que tem o seu nascedouro e sua frutificação nas reflexões e nos resultados oferecidos pelo Instituto Brasileiro de Direito de Família — IBDFAM, organismo que, com pouco mais de uma década de existência, operou profunda revisão e releitura das tradicionais concepções das relações de família, na vertente da conjugalidade e na vertente da parentalidade, entre nós.

Tendências assim, ousadas e não preconceituosas, são, certamente, aquelas que um país diversificado como o nosso pode exigir, deixando de lado o rançoso e envelhecido modo de contemplação que deixava guardado, em *caixas de Pandora* impenetráveis, os modelos menos tradicionais, mas existentes, sim, de configurações não bem aceitas, quer pela moral pétrea, quer pelos dogmas religiosos, ou pelo estigma do preconceito ancestral. Só autores desse naipe é que poderiam mesmo enfrentar toda essa tarefa de releitura inclusiva, árdua, corajosa e imprescindível.

Ambos os autores são pessoas de visão naturalmente ampla, que não temem revelar as suas experiências como magistrados, como docentes e como transformadores de ideias.

São pessoas que portam aquela sensibilidade indispensável para o trato das relações familiares, encarando as relações, os conflitos, os desamores e as quebras afetivas com o olhar e com o coração de quem se importa com o humano e com a humanidade. Respeitosos com os homens e com suas escolhas, respeitosos com as matrizes fundamentais da dignidade da pessoa humana, **Pablo** e **Rodolfo** estavam talhados e predestinados a escrever tal obra, assim portentosa, assim rica, assim vanguardeira e útil.

Tenho este volume entre os meus prediletos, na área do Direito de Família, e utilizo-me dele nas minhas pesquisas pessoais, na minha atividade profissional, bem como o indico, sem restrição, aos meus jovens estudantes, quer os de graduação, quer os de pós-graduação. Bem por isso, ao apresentar esta obra, sinto-me livre, e até mesmo obrigada, a recomendá-la para todos os que, da comunidade jurídica brasileira, se interessem pelos *doces e amargos* meandros das relações familiares e de seus conflitos ou desacertos.

Uma bela leitura que nos encoraja, enfim, a sermos melhores na observação de nossos relacionamentos de natureza familiar, preocupando-nos com a mantença da afetividade entre os membros do núcleo, ainda que desenlaces ocorram, como é costumeiro e até normal que ocorram, pois essas relações são, antes de tudo, relações que se passam entre homens e/ou mulheres, entre pais e filhos, que são, todos, apenas humanos e que, por isso mesmo, amam profundamente e são atavicamente falíveis.

Agradecendo, ainda, a belíssima dedicatória que os autores fazem, nas páginas iniciais, à minha pessoa, ratifico o registro de minha recomendação de leitura atenta para esta obra de peso que marcará a história das publicações em Direito de Família, no nosso país.

São Paulo, 25 de outubro de 2010.

Lindos dias primaveris

Giselda Maria Fernandes Novaes Hironaka
Professora Titular de Direito Civil
da Faculdade de Direito da Universidade de São Paulo

Prefácio à Primeira Edição
Algumas linhas sobre os Autores e sua prestigiosa criação

Pablo Stolze Gagliano e **Rodolfo Pamplona Filho** — uma frutífera parceria em produção científica de primeiríssima qualidade — agora entregam à comunidade jurídica esta mais recente obra.

Além de honrado, meu sentimento foi de ter sido homenageado pelos amigos queridos ao receber o convite para estas rápidas palavras iniciais, principalmente após, emocionado, ler a dedicatória por eles carinhosamente desenhada, fruto da imensidão do espírito generoso dos Autores.

Os Professores **Pablo** e **Rodolfo**, de todos já conhecidos, trazem consigo expressiva bagagem doutrinária e significativa experiência, tanto na intensa vida acadêmica como na literatura jurídica.

Colecionam hoje, em conjunto e separadamente, diversos artigos publicados em revistas especializadas, além de capítulos em obras clássicas e trabalhos exclusivos.

Este volume dedicado ao Direito de Família faz parte da já prestigiada coleção *Novo Curso de Direito Civil*, através da qual os talentosos Autores firmam sua respeitada autoridade no Direito Civil, passando a ser o norte para estudantes, além de fonte para estudiosos e aplicadores da lei.

Já há muito esperado este volume, não se precipitaram os Autores a tratar desta parte do curso — *Direito de Família*, a mais agitada e incandescente do Direito Civil nos tempos modernos, pelas novas normas e pelos novos paradigmas da sociedade contemporânea.

Assim, percorrendo os caminhos do natural amadurecimento, neste momento souberam com seriedade, responsabilidade, sensibilidade, segurança e maestria enfrentar o novo, após mergulho em profundas reflexões.

Valeu a espera, e o estudo, perfeito e equilibrado, supera a expectativa!

É um presente à comunidade jurídica, que poderá desfrutar do alentado conhecimento dos Autores.

Só pela apresentação da obra já se vê o tom agradável do trabalho, sem se furtarem os Autores a destrinchar pontos atuais e nevrálgicos das polêmicas sobre o Direito de Família.

Partem de base sólida, ao trazerem fontes principiológicas do Direito de Família, e, passando por todos os seus institutos, com o entusiasmo pelo novo, tratam das recentes questões envolvendo alimentos gravídicos, guarda compartilhada, síndrome de alienação parental e o novo divórcio introduzido pela Emenda Constitucional n. 66/2010, para, ainda, apresentarem *"As Perspectivas Ilimitadas do Direito de Família"*, tudo com a simpatia e elegância usual de seus escritos, em suas aulas e exposições.

Somos, assim, agraciados por apadrinhar este *novo filho* de **Pablo Stolze Gagliano** e **Rodolfo Pamplona Filho**, e deixamos aqui o largo abraço aos pais desta bela e sadia criança, com o pressentimento de que esta obra vem para iluminar as reflexões de todos aqueles envolvidos com o Direito de Família, dos mais apaixonados e dedicados, àqueles curiosos e iniciantes.

Ab imo cord,

Francisco José Cahali
Professor do Mestrado e do Doutorado
em Direito da PUC-SP

Índice

Agradecimentos VII
Nota de Abertura IX
Nota dos Autores XIII
Apresentação da Primeira Edição XV
Prefácio à Primeira Edição XVII

Capítulo I
Introdução ao Direito de Família

1. Proposta da obra 1
2. Conceito de família ou conceitos de famílias? 2
3. A família como significado linguístico e como instituto na história ... 8
4. Personalidade jurídica e família 14
5. A família e a eficácia horizontal dos direitos fundamentais 17
6. Direito de Família: Direito Público x Direito Privado 20
7. A família em uma perspectiva civil-constitucional 21
8. O Direito de Família e a codificação civil brasileira 23
9. As perspectivas ilimitadas do Direito de Família 28

Capítulo II
Perspectiva Principiológica do Direito de Família

1. Introdução 31
2. A dificuldade de uma sistematização principiológica do Direito de Família ... 32
3. Princípios gerais (aplicáveis ao Direito de Família) 33
   3.1. Princípio da dignidade da pessoa humana 33
   3.2. Princípio da igualdade 36
   3.3. Princípio da vedação ao retrocesso 43
4. Princípios especiais (peculiares ao Direito de Família) 45
   4.1. Princípio da afetividade 45
   4.2. Princípio da solidariedade familiar 50
   4.3. Princípio da proteção à pessoa idosa 51
   4.4. Princípio da função social da família 53
   4.5. Princípio da plena proteção das crianças e adolescentes 54
   4.6. Princípio da convivência familiar 56
   4.7. Princípio da intervenção mínima do Estado no Direito de Família ... 58
   4.8. Seria a monogamia um princípio? 59
5. Considerações finais sobre a principiologia do Direito de Família ... 61

Capítulo III
Considerações Introdutórias sobre o Casamento

1. Introdução ao casamento 63
2. O casamento na história 64
3. Conceito e natureza jurídica 66
4. A matemática do casamento 70
5. Tipologia básica do casamento: civil e religioso com efeitos civis 74

Capítulo IV
A Promessa de Casamento (Esponsais)

1. Introdução: "ficada", namoro e noivado 83
2. Responsabilidade civil por ruptura do noivado 86
3. Noivado e união estável 89
4. Doação em contemplação a casamento futuro 90

Capítulo V
Formas Especiais de Casamento

1. Introdução 93
2. Tipologia especial do casamento 93
   2.1. Casamento por procuração 94
   2.2. Casamento nuncupativo 99
   2.3. Casamento em caso de moléstia grave 102
   2.4. Casamento celebrado fora do país, perante autoridade diplomática brasileira 103
   2.5. Casamento celebrado fora do país, perante autoridade estrangeira 105

Capítulo VI
Capacidade para o Casamento.
Habilitação e Celebração Matrimonial

1. Introdução 109
2. Capacidade para o casamento 109
   2.1. Autorização para o casamento do menor de 18 anos 111
   2.2. Antecipação da idade núbil 112
3. Habilitação para o casamento 113
   3.1. Requerimento da habilitação 113
   3.2. Edital de proclamas 114
   3.3. Oposição à habilitação 115
   3.4. Certificação da habilitação 116
4. Celebração do casamento 116

Capítulo VII
Prova do Casamento

1. Introdução 125
2. A certidão de casamento como meio prioritário de prova 125
3. Posse do estado de casadas 129

Capítulo VIII
Plano de Existência do Casamento

1. Introdução 133
2. Noções gerais do plano de existência do negócio jurídico 135
   2.1. Manifestação de vontade (consentimento) 137
   2.2. Sobre a diversidade de sexos 139
   2.3. Celebração por autoridade materialmente competente 145

Capítulo IX
Plano de Validade do Casamento:
Introdução e Impedimentos Matrimoniais — O Casamento Nulo

1. Introdução 151
2. Conceito e tratamento legal 152
3. Análise do art. 1.521 do Código Civil: impedimentos matrimoniais 155
   3.1. Casamento entre parentes em linha reta 156
   3.2. Casamento entre afins em linha reta 157
   3.3. Casamento entre o adotante com quem foi cônjuge do adotado e do adotado com quem o foi do adotante 158
   3.4. Casamento entre colaterais 158
   3.5. Casamento entre o adotado e o filho do adotante 161
   3.6. Casamento entre as pessoas casadas 161
   3.7. Casamento entre o cônjuge sobrevivente com o condenado por homicídio ou tentativa de homicídio contra o seu consorte 163
   3.8. Casamento entre adúlteros 164
4. Oposição dos impedimentos 164
5. Notas sobre os impedimentos matrimoniais no Estatuto das Famílias 165
6. Efeitos jurídicos do casamento nulo 166

Capítulo X
Plano de Validade do Casamento:
Causas de Anulação do Casamento — O Casamento Anulável

1. Introdução 169
2. Causas de anulabilidade no Código Civil de 1916 169

3. Causas de anulabilidade no Código Civil de 2002 170
   3.1. Nubente que não completou a idade mínima para casar 170
   3.2. Nubente em idade núbil sem autorização para o casamento 171
   3.3. Vícios de vontade 171
        3.3.1. Da omissão legal de referência a outros vícios de consentimento ... 171
        3.3.2. Do erro essencial sobre a pessoa de um dos cônjuges 172
               3.3.2.1. Quanto à identidade, honra e boa fama 175
               3.3.2.2. Quanto à existência de cometimento de crime 177
               3.3.2.3. Quanto à existência de defeito físico irremediável que não
                        caracterize deficiência ou patologia transmissível 178
               3.3.2.4. Hipóteses não mais caracterizadoras de erro essencial 179
        3.3.3. Da coação 180
   3.4. Nubente incapaz de consentir ou de manifestar o seu consentimento ... 182
   3.5. Revogação do mandato no casamento por procuração 183
   3.6. Incompetência da autoridade celebrante 184
4. Prazo e legitimação para anulação do casamento 184
5. Efeitos jurídicos do casamento anulável 186
   5.1. Convalescimento do casamento anulável 186
   5.2. Natureza jurídica da sentença anulatória do casamento 187
   5.3. Consequências jurídicas da anulação do casamento 188

Capítulo XI
Plano de Validade do Casamento: Casamento Putativo

1. Introdução 191
2. Casamento putativo e princípio da boa-fé 192
3. Conceito e tratamento legal 194
4. Reconhecimento da putatividade 196
5. Efeitos jurídicos do casamento putativo 196
   5.1. Casamento inválido (putativo) contraído de boa-fé por ambos os côn-
        juges 197
   5.2. Casamento inválido (putativo) contraído de boa-fé por um dos cônjuges 198

Capítulo XII
Plano de Eficácia do Casamento:
Deveres Matrimoniais e Causas Suspensivas do Casamento

1. Introdução 201
2. Eficácia jurídica do casamento: deveres matrimoniais 202
3. Os deveres matrimoniais e o Código Civil: introdução 203
   3.1. Breves considerações sobre o nome de casado 205
   3.2. A importância do planejamento familiar como decisão do casal, com o
        apoio do Estado 207

4. Os deveres matrimoniais típicos no Código civil	210
4.1. Fidelidade recíproca	210
4.1.1. Caracterização da ruptura do dever de fidelidade	212
4.1.2. Tipologia especial do adultério	215
4.2. Vida em comum no domicílio conjugal (dever de coabitação)	218
4.2.1. A natureza jurídica do "débito conjugal" e a consequência do seu descumprimento	219
4.3. Mútua assistência	221
4.4. Sustento, guarda e educação dos filhos	222
4.5. Dever de respeito e consideração mútuos	223
5. Causas suspensivas do casamento	224
5.1. Noções gerais	224
5.2. Casamento do(a) viúvo(a), com filhos do falecido, pendentes inventário e partilha	225
5.3. Casamento da viúva ou de mulher cujo casamento tenha sido nulo ou anulado, antes do decurso de dez meses	226
5.4. Casamento do(a) divorciado(a), pendente a partilha dos bens do casal	226
5.5. Casamento do(a) tutor(a), curador(a) ou seus parentes com a pessoa tutelada ou curatelada	227
5.6. Arguição das causas suspensivas	227
5.7. Consequências jurídicas da verificação de causas suspensivas	227

Capítulo XIII
Regime de Bens do Casamento: Noções Introdutórias Fundamentais

1. Introdução	229
2. Conceito e principiologia	229
3. Pacto antenupcial	230
4. Autorização conjugal ("outorga uxória" e "outorga marital")	233
5. Regimes de bens no Direito Civil brasileiro	239
6. Regime legal supletivo	240
7. Regime legal obrigatório	241
8. Mudança de regime de bens do casamento	246
9. Administração dos bens no casamento	251

Capítulo XIV
Regime de Bens do Casamento: Comunhão Parcial de Bens

1. Introdução e supletividade	255
2. Conceito	257

3. Bens excluídos da comunhão 257
   3.1. Bens que cada cônjuge possuir ao casar, e os que lhe sobrevierem, na constância do casamento, por doação ou sucessão, e os sub-rogados em seu lugar 257
   3.2. Bens adquiridos com valores exclusivamente pertencentes a um dos cônjuges em sub-rogação dos bens particulares 258
   3.3. Obrigações anteriores ao casamento 259
   3.4. Obrigações provenientes de atos ilícitos, salvo reversão em proveito do casal 259
   3.5. Bens de uso pessoal, os livros e instrumentos de profissão 259
   3.6. Os proventos do trabalho pessoal de cada cônjuge 260
   3.7. Pensões, meios-soldos, montepios e outras rendas semelhantes 262
   3.8. Bens cuja aquisição tiver por título uma causa anterior ao casamento .. 263
4. Bens incluídos na comunhão 264
   4.1. Bens adquiridos na constância do casamento por título oneroso, ainda que só em nome de um dos cônjuges 264
   4.2. Bens adquiridos por fato eventual, com ou sem o concurso de trabalho ou despesa anterior 264
   4.3. Bens adquiridos por doação, herança ou legado, em favor de ambos os cônjuges 265
   4.4. Benfeitorias em bens particulares de cada cônjuge 265
   4.5. Frutos dos bens comuns ou dos particulares de cada cônjuge, percebidos na constância do casamento, ou pendentes ao tempo de cessar a comunhão ... 266
5. Administração do patrimônio no regime da comunhão parcial de bens 267

Capítulo XV
Regime de Bens do Casamento: Comunhão Universal de Bens

1. Introdução 269
2. Conceito 270
3. Bens excluídos da comunhão 270
   3.1. Bens doados ou herdados com a cláusula de incomunicabilidade (e os sub-rogados em seu lugar) 271
   3.2. Bens gravados de fideicomisso e o direito do herdeiro fideicomissário, antes de realizada a condição suspensiva 271
   3.3. Dívidas anteriores ao casamento, salvo se provierem de despesas com seus aprestos, ou reverterem em proveito comum 272
   3.4. Doações antenupciais feitas por um dos cônjuges ao outro com a cláusula de incomunicabilidade 273
   3.5. Bens referidos nos incisos V a VII do art. 1.659 (exclusão da comunhão parcial) 274
   3.6. Outras hipóteses não codificadas 274
4. Tratamento jurídico da administração dos bens 275
5. Extinção da comunhão 275

Capítulo XVI
Regime de Bens do Casamento: Separação Convencional de Bens

1. Introdução 277
2. Conceito 277
3. Reflexos da separação convencional de bens no Direito das Sucessões 279
4. Administração das despesas do casal na separação convencional 283

Capítulo XVII
Regime de Bens do Casamento: Participação Final nos Aquestos

1. A previsão do regime de participação final nos aquestos como reconhecimento da superação do regime dotal no ordenamento jurídico brasileiro 285
2. Antecedentes históricos e conceito 287
3. Diferenciação para os regimes da comunhão parcial e da separação de bens ... 287
4. A matemática do regime 290
5. As dívidas no regime de participação final nos aquestos 292
6. A dissolução da sociedade conjugal e o regime de participação final nos aquestos 293

Capítulo XVIII
Bem de Família

1. Análise topológica da disciplina normativa do bem de família legal 295
2. Antecedentes históricos 295
3. Conceito e classificação do bem de família 296
4. Fundamentação normativa do bem de família 297
5. Disciplina jurídica do bem de família voluntário 299
   5.1. Características do bem de família voluntário 300
   5.2. Constituição do bem de família voluntário 300
   5.3. Extinção do bem de família voluntário 302
6. Disciplina jurídica do bem de família legal 303
7. Exceções à impenhorabilidade do bem de família 305
8. Direito intertemporal e a tutela do bem de família 308

Capítulo XIX
União Estável

1. Introdução 309
2. A saga da união estável no Brasil: do concubinato proibido à valorização constitucional 311
   2.1. Rejeição (ausência de tutela) 311

2.2. Tolerância (tutela de natureza previdenciária)	313
2.3. Aceitação como fato social (tutela de natureza obrigacional)	316
2.4. Valorização (prestígio constitucional)	317
3. A Constituição Federal de 1988 e a união estável	317
3.1. Considerações terminológicas	318
3.2. A inexistência de hierarquia entre modalidades de família	318
4. Conceito de união estável	321
5. Breve notícia do tratamento da matéria no Direito estrangeiro	324
6. Tratamento jurídico da matéria antes do Código Civil de 2002	326
7. Conceito de união estável no Código Civil de 2002 e seus elementos caracterizadores	328
7.1. Dualidade de sexos	329
7.2. Elementos caracterizadores essenciais	329
7.2.1. Publicidade	330
7.2.2. Continuidade	330
7.2.3. Estabilidade	330
7.2.4. Objetivo de constituição de família	331
7.3. Elementos caracterizadores acidentais (tempo, prole e coabitação)	335
8. Impedimentos para a configuração da união estável	337
9. Efeitos pessoais da união estável: direitos e deveres dos companheiros	339
10. Efeitos patrimoniais da união estável: regime de bens	341
11. Conversão da união estável em casamento	349
12. Estatuto das Famílias e a união estável	351

Capítulo XX
Concubinato e Direitos do(a) Amante

1. Introdução	353
2. As relações paralelas de afeto	353
3. O poliamorismo e a fidelidade	355
4. Relação jurídica de concubinato e direitos do(a) amante	357
5. O(a) amante e os tribunais	361
6. Conclusões e conselho	363

Capítulo XXI
União Homoafetiva

1. Introdução	365
2. Terminologia e conceito	366
3. Notícias do Direito estrangeiro	371

4. Tratamento legal	374
5. Registro administrativo das parcerias civis	380
6. Efeitos jurídicos decorrentes da união homoafetiva	382
6.1. Efeitos pessoais: direitos e deveres recíprocos	383
6.2. Efeitos patrimoniais: alimentos, regime de bens e direito sucessório	385
6.2.1. Alimentos	385
6.2.2. Regime de bens	387
6.2.3. Direito sucessório	388
7. Adoção por casais homoafetivos	390
8. Estatuto das Famílias e a união homoafetiva	393

Capítulo XXII
Família Monoparental

1. Introdução	395
2. Conceito jurídico e classificação	395
3. Importância social da família monoparental	396
4. Institutos análogos	398
5. Tutela jurídica	400
6. Extinção da família monoparental	401

Capítulo XXIII
O Divórcio como Forma de Extinção do Vínculo Conjugal

1. Introdução	403
2. Formas de extinção do vínculo conjugal	405
2.1. Conceito de divórcio	405
2.2. A morte como forma de extinção do vínculo conjugal	406
2.3. Invalidade do casamento	409
3. Fases históricas do divórcio no Brasil	410
3.1. Indissolubilidade absoluta do vínculo conjugal (ausência de divórcio)	410
3.2. Possibilidade jurídica do divórcio, com imprescindibilidade da separação judicial como requisito prévio	415
3.3. Ampliação da possibilidade do divórcio, seja pela conversão da separação judicial, seja pelo seu exercício direto	416
3.4. O divórcio como o exercício de um direito potestativo	417
4. A matemática do divórcio	417
5. Tratamento jurídico atual do divórcio no Brasil	420
5.1. Um pouco da história da Emenda Constitucional n. 66/2010	421
5.2. Objeto da Emenda	425
5.2.1. Extinção da separação judicial	425
5.2.2. Extinção do prazo de separação de fato para o divórcio	434

6. O divórcio extrajudicial (com reflexões sobre o "divórcio unilateral")	437
7. O divórcio judicial	445
7.1. Algumas palavras sobre o divórcio judicial indireto	446
7.2. Sobre o divórcio judicial direto	446
7.3. Fundamento do divórcio judicial litigioso	448
8. Considerações sobre a derrocada da culpa no divórcio	448
9. A subsistência jurídica da separação de corpos	453
10. Uso do nome pós-divórcio	456
11. Divórcio *post mortem*	459

Capítulo XXIV
Guarda de Filhos

1. Introdução	463
2. Poder familiar	463
2.1. Noções conceituais	463
2.2. Exercício do poder familiar	464
2.3. Usufruto e administração dos bens de filhos menores	465
2.4. Extinção, suspensão e destituição do poder familiar	467
3. Reflexões acerca da limitação estatal sobre a forma de educação de filhos (Lei da "Palmada")	468
4. Guarda de filhos	472
5. Alienação parental	480

Capítulo XXV
Filiação

1. Introdução	487
2. A importância do princípio da igualdade na filiação e o princípio específico da veracidade da filiação	487
3. Reconhecimento voluntário	489
4. Reconhecimento judicial	494
4.1. Noções gerais	494
4.2. Ação de investigação de paternidade	495
4.3. Paternidade socioafetiva e posse do estado de filho	501
4.4. Paternidade alimentar	506
4.5. Paternidade biológica x direito à ascendência genética	506
4.6. Multiparentalidade	508
4.7. Coparentalidade	512
5. Parto anônimo	513
6. Considerações finais	514

Capítulo XXVI
Parentesco

1. Considerações introdutórias 517
2. Conceito jurídico de parentesco 517
3. Visão classificatória do parentesco 518
   3.1. Classificação do parentesco quanto à natureza 518
        3.1.1. Parentesco natural 519
        3.1.2. Parentesco civil 519
        3.1.3. Parentesco por afinidade 520
               3.1.3.1. Limitação do parentesco por afinidade 520
               3.1.3.2. Equivalência não importa em igualdade de tratamento ... 521
   3.2. Classificação do parentesco quanto a linhas 521
        3.2.1. Parentesco em linha reta 522
        3.2.2. Parentesco em linha colateral 522
   3.3. Classificação do parentesco quanto a graus 523
4. Persistência do parentesco por afinidade, na linha reta, após a dissolução do casamento ou união estável 523
5. Restrições legais decorrentes do parentesco 524
   5.1. Restrições legais decorrentes do parentesco em linha reta 524
   5.2. Restrições legais decorrentes do parentesco em linha colateral ... 524
   5.3. Restrições decorrentes da natureza do parentesco 525

Capítulo XXVII
Adoção

1. Introdução 527
2. Natureza jurídica e conceito 527
3. Tratamento jurídico 528
   3.1. Lei básica reguladora da adoção 528
   3.2. Legitimados para a adoção 530
   3.3. O consentimento na adoção 536
   3.4. Efeitos jurídicos da adoção 537
4. Direito à ascendência genética 538
5. Adoção internacional 539
6. Responsabilidade civil por desistência na adoção 540
   6.1. Desistência ocorrida durante o estágio de convivência em sentido estrito 542
   6.2. Desistência no âmbito da guarda provisória para fim de adoção 543
   6.3. Desistência depois do trânsito em julgado da sentença de adoção 544

Capítulo XXVIII
Alimentos

1. Introdução 547
2. Terminologia e conceito 547
3. Pressupostos e critérios de fixação 548
4. Legitimação e características da obrigação alimentar 550
5. Classificações 555
6. A culpa em sede de alimentos 559
7. A prisão do devedor de alimentos 562
8. Alimentos gravídicos 566
9. Revisão, exoneração e extinção dos alimentos 567

Capítulo XXIX
Tutela, Curatela e Tomada de Decisão Apoiada

1. Noções introdutórias 571
2. Distinção conceitual de tutela e curatela 571
3. Tutela 572
   3.1. Sujeitos da tutela 572
      3.1.1. Tutores 573
      3.1.2. Tutelados 574
      3.1.3. Da incapacidade para o exercício da tutela 575
      3.1.4. Da escusa da tutela 577
   3.2. Objeto da tutela 578
      3.2.1. Exercício da tutela 578
         3.2.1.1. Atos sem prévio controle judicial 578
         3.2.1.2. Atos dependentes de controle judicial 580
         3.2.1.3. Responsabilidade na tutela 580
      3.2.2. Os bens do tutelado 582
      3.2.3. Prestação de contas 583
   3.3. Cessação da tutela 584
4. Curatela 585
   4.1. Sujeitos da curatela 585
      4.1.1. Curadores 585
      4.1.2. Curatelados 586
      4.1.3. Da curatela do nascituro 588
   4.2. Alguns aspectos processuais da curatela 588
5. Tomada de decisão apoiada 590

Capítulo XXX
Responsabilidade Civil nas Relações Familiares

1. Introdução e motivação do capítulo 593
2. Relembrando conceitos fundamentais de responsabilidade civil 593
3. Competência para julgamento das ações de responsabilidade civil em matéria de relações de família 594
4. Casuística da responsabilidade civil nas relações familiares 595
   4.1. Abandono afetivo 595
   4.2. Traição 604
   4.3. Rompimento de relação (namoro, noivado, união estável e casamento) .. 608
   4.4. Outras hipóteses de conflitos familiares 610
5. Advertência final e convite 612

Referências 613

Capítulo I
Introdução ao Direito de Família

Sumário: 1. Proposta da obra. 2. Conceito de família ou conceitos de famílias? 3. A família como significado linguístico e como instituto na história. 4. Personalidade jurídica e família. 5. A família e a eficácia horizontal dos direitos fundamentais. 6. Direito de Família: Direito Público × Direito Privado. 7. A família em uma perspectiva civil-constitucional. 8. O Direito de Família e a codificação civil brasileira. 9. As perspectivas ilimitadas do Direito de Família.

1. PROPOSTA DA OBRA

Desde quando iniciamos o nosso *Novo Curso de Direito Civil*, ficávamos imaginando como seria gratificante o momento de escrevermos sobre o Direito de Família.

E a razão é simples!

O Direito de Família, entre todos os ramos do Direito Civil, é aquele que mais de perto toca os nossos corações e as nossas vidas.

Conforme preleciona JOSÉ DE OLIVEIRA ASCENSÃO, o homem não é um ser isolado: *viver é conviver*, e a realização do homem só se consegue por meio do convívio com os outros, de maneira que a família é "a primeira comunidade em que naturalmente se integra"[1].

É na formação desse núcleo social que se originam as primeiras manifestações de afeto, bem como se consolidam relevantes relações jurídicas de conteúdo material e extrapatrimonial, despertando, em diversos ramos do pensamento científico, o interesse em seu estudo.

Trata-se, conforme o conhecido bordão, da *célula mater* da sociedade, cuja importância é de tal monta que não poderia deixar de ser tratada pela própria Constituição Federal.

Por isso, nessa linha, a proposta do presente volume é abordar, em seus aspectos existenciais e patrimoniais, a dimensão constitucional e interdisciplinar do Direito de Família brasileiro, cotejando-o com outros sistemas no mundo.

Para tanto, pretendemos ir um pouco além da habitual forma de ensino das normas familiaristas, que, tradicionalmente, é dividida em quatro módulos, de modo estanque: direito matrimonial, direito parental, direito assistencial e direito convivencial.

Aliás, essa imperiosa necessidade de se empreender toda uma análise marcada pela interdisciplinaridade, aqui, no Direito de Família, a par de se afigurar fundamental, impõe ao jurista uma imprescindível postura de humildade intelectual, eis que, em um sistema

---

[1] José de Oliveira Ascensão, *Direito Civil — Teoria Geral — Introdução, As Pessoas, Os Bens*. 2. ed., Portugal: Coimbra Editora, v. I, p. 22.

axiologicamente aberto como o nosso, especialmente no âmbito das intrincadas relações familiares, o simples recurso à dogmática jurídica de nada nos adiantaria sem as contribuições da psicologia, da sociologia, da história, da filosofia e de outros ramos das ciências sociais.

Assim, comecemos enfrentando o objeto da nossa investigação científica: *o que se entende por família?*

2. CONCEITO DE FAMÍLIA OU CONCEITOS DE FAMÍLIAS?

A família é, sem sombra de dúvida, o elemento propulsor de nossas maiores felicidades e, ao mesmo tempo, é na sua ambiência em que vivenciamos as nossas maiores angústias, frustrações, traumas e medos.

Muitos dos nossos atuais problemas têm raiz no passado, justamente em nossa formação familiar, o que condiciona, inclusive, as nossas futuras tessituras afetivas.

Somos e estamos umbilicalmente unidos à nossa família.

Observa o psicanalista JACQUES LACAN:

"Entre todos os grupos humanos, a família desempenha um papel primordial na transmissão da cultura. Se as tradições espirituais, a manutenção dos ritos e dos costumes, a conservação das técnicas e do patrimônio são com ela disputados por outros grupos sociais, a família prevalece na primeira educação, na repressão dos instintos, na aquisição da língua acertadamente chamada de materna".

E acrescenta:

"Ela estabelece desse modo, entre as gerações, uma continuidade psíquica cuja causalidade é de ordem mental"[2].

Nesse contexto, fica claro que o conceito de família reveste-se de alta significação psicológica, jurídica e social, impondo-nos um cuidado redobrado em sua delimitação teórica, a fim de não corrermos o risco de cair no *lugar-comum* da retórica vazia ou no exacerbado tecnicismo desprovido de aplicabilidade prática.

Nesse ponto, perguntamo-nos se seria possível delimitar um conceito único de família.

E essa dificuldade está presente na obra de respeitáveis autores.

Como bem observou RODRIGO DA CUNHA PEREIRA:

"A partir do momento em que a família deixou de ser o núcleo econômico e de reprodução para ser o espaço do afeto e do amor, surgiram novas e várias representações sociais para ela"[3].

Tal tendência também foi observada, entre os clássicos autores nacionais, por CAIO MÁRIO DA SILVA PEREIRA, em uma de suas últimas obras:

"Numa definição sociológica, pode-se dizer com Zannoni que a família compreende uma determinada categoria de 'relações sociais reconhecidas e portanto institucionais'. Dentro

---

[2] Jacques Lacan, *Os Complexos Familiares,* Rio de Janeiro: Jorge Zahar Editor, 1985, p. 13.
[3] Rodrigo da Cunha Pereira, *Direito de Família e o Novo Código Civil* (coord. Rodrigo da Cunha Pereira e Maria Berenice Dias), Belo Horizonte: Del Rey/IBDFAM, 2002, p. 226-7.

deste conceito, a família 'não deve necessariamente coincidir com uma definição estritamente jurídica'".

E arremata:

"Quem pretende focalizar os aspectos eticossociais da família, não pode perder de vista que a multiplicidade e variedade de fatores não consentem fixar um modelo social uniforme"[4].

Não por outra razão, o Projeto de Lei n. 2.285 de 2007 é intitulado "Estatuto das Famílias"[5], pois, como bem acentuou a sua comissão elaboradora:

"A denominação utilizada, 'Estatuto das Famílias', contempla melhor a opção constitucional de proteção das variadas entidades familiares. No passado, apenas a família constituída pelo casamento — portanto única — era objeto do direito de família"[6].

Nessa ordem de ideias, portanto, chegamos, até mesmo por honestidade intelectual, a uma primeira e importante conclusão: não é possível apresentar *um conceito único e absoluto de Família*, apto a aprioristicamente delimitar a complexa e multifária gama de relações socioafetivas que vinculam as pessoas, tipificando modelos e estabelecendo categorias.

Qualquer tentativa nesse sentido restaria infrutífera e desgarrada da nossa realidade[7].

A par disso, registramos que, nesta obra, preferimos utilizar a expressão "Direito de Família" — em vez de "Direito das Famílias" — não por um apego estéril à tradição legislativa ou adoção da equivocada ideia unívoca do signo "família", mas, sim, pelo reconhecimento de que a *expressão "família" é gênero*, que comporta diversas modalidades de constituição, devendo todas ser objeto da proteção do Direito.

Assim como não precisamos pluralizar o "amor", por sua intrínseca plenitude, o mesmo se dá, em nosso sentir, com a noção de "família".

Mas, a despeito dessa dificuldade conceitual apresentada, compreensível por conta da natureza especial do núcleo familiar, cuidaremos de, sem pretender esgotar todas as formas e todos os arranjos familiares constituídos no seio de nossa sociedade, apresentar

---

[4] Caio Mário da Silva Pereira, *Direito Civil: alguns aspectos da sua evolução*, Rio de Janeiro: Forense, 2001, p. 170.

[5] Esse importante projeto foi apensado ao PL 674/2007 em 17 de dezembro de 2007. Confira-se o link: <https://www.camara.leg.br/proposicoesWeb/fichadetramitacao?idProposicao=347575&ord=1>. Acesso em: 7 set. 2019.

[6] Íntegra do Projeto disponível em: <www.ibdfam.com.br>.

[7] Aliás, essa bela complexidade ontológica do núcleo familiar, que bem demonstra a impossibilidade técnica e científica na construção de uma tipologia exaustiva, convence-nos de que, tão correta quanto a mais apurada definição doutrinária de família, é a percepção do grupo musical Titãs, quando canta:

"*Família, família*

Papai, mamãe, titia,

Família, família

Almoça junto todo dia,

Nunca perde essa mania..."

(*Família*, Arnaldo Antunes e Toni Bellotto).

um conceito geral de família, tomando por parâmetro o superior princípio da dignidade da pessoa humana.

Antes, porém, faz-se necessário tecermos algumas considerações acerca da normatização constitucional.

O art. 226, *caput*, da Constituição Federal estabelece ser a família a *"base da sociedade"*, gozando de especial proteção do Estado.

Note-se a importância dada à família, considerada como fundamento de toda a sociedade brasileira.

Tal previsão, *de per si*, já justificaria a necessidade imperiosa — e obrigação constitucional — de os governos, em suas três esferas — federal, estadual e municipal —, cuidarem de, prioritariamente, estabelecer, como metas inafastáveis, sérias políticas públicas de apoio aos membros da família, especialmente a criança, o adolescente e a pessoa idosa[8].

---

[8] Vejam-se os arts. 227 a 230 da Constituição Federal: "Art. 227. É dever da família, da sociedade e do Estado assegurar à criança, ao adolescente e ao jovem, com absoluta prioridade, o direito à vida, à saúde, à alimentação, à educação, ao lazer, à profissionalização, à cultura, à dignidade, ao respeito, à liberdade e à convivência familiar e comunitária, além de colocá-los a salvo de toda forma de negligência, discriminação, exploração, violência, crueldade e opressão.

§ 1.º O Estado promoverá programas de assistência integral à saúde da criança, do adolescente e do jovem, admitida a participação de entidades não governamentais, mediante políticas específicas e obedecendo os seguintes preceitos:

I — aplicação de percentual dos recursos públicos destinados à saúde na assistência maternoinfantil;

II — criação de programas de prevenção e atendimento especializado para pessoas portadoras de deficiência física, sensorial ou mental, bem como de integração social do adolescente e do jovem portador de deficiência, mediante o treinamento para o trabalho e a convivência, e a facilitação do acesso aos bens e serviços coletivos, com a eliminação de obstáculos arquitetônicos e de todas as formas de discriminação.

§ 2.º A lei disporá sobre normas de construção dos logradouros e dos edifícios de uso público e de fabricação de veículos de transporte coletivo, a fim de garantir acesso adequado às pessoas portadoras de deficiência.

§ 3.º O direito a proteção especial abrangerá os seguintes aspectos:

I — idade mínima de quatorze anos para admissão ao trabalho, observado o disposto no art. 7.º, XXXIII;

II — garantia de direitos previdenciários e trabalhistas;

III — garantia de acesso do trabalhador adolescente e jovem à escola;

IV — garantia de pleno e formal conhecimento da atribuição de ato infracional, igualdade na relação processual e defesa técnica por profissional habilitado, segundo dispuser a legislação tutelar específica;

V — obediência aos princípios de brevidade, excepcionalidade e respeito à condição peculiar de pessoa em desenvolvimento, quando da aplicação de qualquer medida privativa da liberdade;

VI — estímulo do Poder Público, através de assistência jurídica, incentivos fiscais e subsídios, nos termos da lei, ao acolhimento, sob a forma de guarda, de criança ou adolescente órfão ou abandonado;

VII — programas de prevenção e atendimento especializado à criança, ao adolescente e ao jovem dependente de entorpecentes e drogas afins.

§ 4.º A lei punirá severamente o abuso, a violência e a exploração sexual da criança e do adolescente.

§ 5.º A adoção será assistida pelo Poder Público, na forma da lei, que estabelecerá casos e condições de sua efetivação por parte de estrangeiros.

Logo em seguida, mais especificamente nos parágrafos primeiro a quarto do referido art. 226, a Constituição cuida de, explicitamente, fazer referência a três categorias de família, *o casamento, a união estável e o núcleo monoparental*:

"Art. 226. A família, base da sociedade, tem especial proteção do Estado.

§ 1.º O casamento é civil e gratuita a celebração.

§ 2.º O casamento religioso tem efeito civil, nos termos da lei.

§ 3.º Para efeito da proteção do Estado, é reconhecida a união estável entre o homem e a mulher como entidade familiar, devendo a lei facilitar sua conversão em casamento.

§ 4.º Entende-se, também, como entidade familiar a comunidade formada por qualquer dos pais e seus descendentes".

Nesse ponto, devemos reconhecer o grande avanço que se operou.

Isso porque, até então, a ordem jurídica brasileira apenas reconhecia como forma "legítima" de família aquela decorrente do casamento, de maneira que qualquer outro arranjo familiar era considerado marginal, a exemplo do concubinato.

Vale dizer, o Estado e a Igreja deixaram de ser necessárias instâncias legitimadoras da família, para que se pudesse, então, valorizar a liberdade afetiva do casal na formação do seu núcleo familiar, circunstância esta verificada, inclusive, na Europa, conforme anota GUILHERME DE OLIVEIRA:

"Desde então tem se tornado mais nítida a perda do valor do Estado e da Igreja como instância legitimadora da comunhão de vida e nota-se uma crescente rejeição das tabelas de valores e dos 'deveres conjugais' predeterminados por qualquer entidade externa aos conviventes"[9].

Na mesma linha, acompanhando a mudança de valores e, especialmente, o avanço científico das técnicas de reprodução humana assistida, cuidou-se também de imprimir dignidade constitucional aos denominados núcleos monoparentais, formados por qualquer dos pais e sua prole.

---

§ 6.º Os filhos, havidos ou não da relação do casamento, ou por adoção, terão os mesmos direitos e qualificações, proibidas quaisquer designações discriminatórias relativas à filiação.

§ 7.º No atendimento dos direitos da criança e do adolescente levar-se-á em consideração o disposto no art. 204.

§ 8.º A lei estabelecerá:

I — o estatuto da juventude, destinado a regular os direitos dos jovens;

II — o plano nacional de juventude, de duração decenal, visando à articulação das várias esferas do poder público para a execução de políticas públicas.

Art. 228. São penalmente inimputáveis os menores de dezoito anos, sujeitos às normas da legislação especial.

Art. 229. Os pais têm o dever de assistir, criar e educar os filhos menores, e os filhos maiores têm o dever de ajudar e amparar os pais na velhice, carência ou enfermidade.

Art. 230. A família, a sociedade e o Estado têm o dever de amparar as pessoas idosas, assegurando sua participação na comunidade, defendendo sua dignidade e bem-estar e garantindo-lhes o direito à vida.

§ 1.º Os programas de amparo aos idosos serão executados preferencialmente em seus lares.

§ 2.º Aos maiores de sessenta e cinco anos é garantida a gratuidade dos transportes coletivos urbanos."

[9] Guilherme de Oliveira, *Temas de Direito da Família*, 2. ed., Portugal: Coimbra Editora, 2001, p. 336.

Mas teria esse sistema constitucional esgotado todas as formas de família?

Trata-se, pois, de um sistema normativo fechado ou, ao contrário, a ordem constitucional apenas lançou as bases das categorias familiares mais comuns, sem pretender exauri-las?

Especialmente por considerarmos — consoante afirmamos acima — que o conceito de família não tem matiz único, temos a convicção de que a ordem constitucional vigente consagrou uma *estrutura paradigmática aberta*, calcada no princípio da afetividade, visando a permitir, ainda que de forma implícita, *o reconhecimento de outros ninhos ou arranjos familiares socialmente construídos*.

Nesse sentido, PAULO LÔBO:

> "Os tipos de entidades familiares explicitados nos parágrafos do art. 226 da Constituição são meramente exemplificativos, sem embargo de serem os mais comuns, por isso mesmo merecendo referência expressa. As demais entidades familiares são tipos implícitos incluídos no âmbito de abrangência do conceito amplo e indeterminado de família indicado no *caput*. Como todo conceito indeterminado, depende de concretização dos tipos, na experiência da vida, conduzindo à tipicidade aberta, dotada de ductilidade e adaptabilidade"[10].

Ao encontro de todo exposto, demonstrando a grande mudança por que passaram os paradigmas da família no século XX, cumpre-nos transcrever pesquisa publicada pela *Revista Família Brasileira* da *Folha de S. Paulo*, com base no DataFolha:

> "Qual o tipo de união:
> → Em 1998: 55% casamento religioso e civil/ Em 2007: 44%
> → Em 1998: 21% nem religioso nem civil/ Em 2007: 31%
> → Em 1998: 20% casamento civil/ Em 2007: 17%
> → Em 1998: 4% religioso/ Em 2007: 3%".

Além disso, a mesma pesquisa, demonstrando nítida tendência de recombinação familiar (*blended families*), indica que *um em cada três jovens é filho de pais separados*[11].

Aliás, esse fenômeno da recombinação de famílias (de segundas, terceiras ou mais núpcias ou uniões afetivas) também é notado por autores norte-americanos:

> "The high incidence of divorce, along with high remarriage rates, provides evidence for a well-established pattern of 'serial monogamy' or, as one set of analysts has termed it, 'conjugal succession' (Furstenberg e Nord, 1985, p. 903). This pattern gives rise to one of several new family forms that have resulted from the changing characteristics of marriage, divorce, and remarriage — 'the blended family' composed of at least one formerly married spouse, the children of the previous marriage or marriages, and any offspring of the new union".

E mais adiante, na mesma obra:

> "Still another new family form is the nonremarried divorced couple who continue to relate at some level as parents to their children. Finally, there is the genuine 'single-parent family' in which a custodial parent — usually the mother — has not remarried and no

---

[10] Paulo Luiz Netto Lôbo, "Entidades Familiares Constitucionalizadas: para além do *numerus clausus*". *Jus Navigandi*, Teresina, ano 6, n. 53, jan. 2002. Disponível em: <http://jus2.uol.com.br/doutrina/texto.asp?id=2552>. Acesso em: 26 jun. 2006.

[11] *Família Brasileira — Folha de S. Paulo*, publicado em 7 de outubro de 2007, p. 35 e 62.

longer has any meaningful contact with the former spouse. As we will see, each of these family forms has its own distinctive characteristics"[12].

Na Alemanha, por seu turno, observamos que, atualmente, um número expressivo de filhos são concebidos fora do casamento, o que indica a flexibilização do paradigma clássico de arranjo familiar, baseado no casamento:

"Weiterhin müssen wir konstatieren, dass Kinder immer häufiger außerhalb einer Ehe geboren werden. Im letzten Jahr waren es mehr als 200 000. Die Lebensentwürfe und die Familienmodelle werden vielfältiger"[13].

Tudo isso a demonstrar a dimensão fluídica do conceito de família.

Posto isso, é forçoso convir que nenhuma definição nessa seara pode ser considerada absoluta ou infalível, uma vez que a família, enquanto núcleo de organização social, é, sem dúvida, a mais personalizada forma de agregação intersubjetiva, não podendo, por conseguinte, ser aprioristicamente encerrada em um único *standard* doutrinário.

No entanto, por conta do desafio que assumimos ao iniciar esta obra, e registrando a pluralidade de matizes que envolvem este conceito, arriscamo-nos a afirmar que *"família é o núcleo existencial integrado por pessoas unidas por vínculo socioafetivo, teleologicamente vocacionada a permitir a realização plena dos seus integrantes"*, segundo o princípio constitucional da dignidade da pessoa humana.

Nessa linha, é possível sistematizar o nosso conceito da seguinte maneira:

a) *núcleo existencial composto por mais de uma pessoa*: a ideia óbvia é que, para ser família, é requisito fundamental a presença de, no mínimo, duas pessoas[14];

---

[12] Constance R. Ahrons e Roy H. Rodgers, *Divorced Families — a Multidisciplinary Development View*, EUA: W. W. Norton e Company, 1987, p. 21-2. Em traduções livres de Rodolfo Pamplona Filho: "A alta incidência de divórcios, junto com altas taxas de novos casamentos, fornece a evidência de um padrão bem-definido de 'monogamia serial', ou, como um conjunto de analistas o denominou, 'sucessão conjugal'" (Furstenberg e Nord, 1985, p. 903). Esse padrão dá origem a uma das várias novas formas de família que resultaram das características mudadas do casamento, divórcio e novo casamento — a "família recombinada", composta por pelo menos um ex-casado, os filhos do(s) casamento(s) anterior(es) e toda a prole de nova união.
Ainda uma outra forma nova de família é o casal divorciado que não se casa novamente e que continua a se comportar da mesma forma como pais para seus filhos. Finalmente, há a genuína "família monoparental", em que um dos pais com a custódia dos filhos — geralmente a mãe — não voltou a casar e não tem mais nenhum contato significativo com seu ex-cônjuge. Como veremos, cada uma dessas formas de família tem suas próprias características distintivas.

[13] "Mais ainda, temos de constatar que constantemente crianças têm nascido fora do casamento. No ano passado, foram mais de 200.000. Os projetos de vida e os modelos de família tornam-se múltiplos" informação colhida no texto *Neues Unterhaltsrecht — ein Sieg für die Kinder!* (Novo Direito aos Alimentos — Uma Vitória para as Crianças!), site do Bundesministerium der Justiz, November 2007, disponível em: <http://www.bmj.bund.de/enid/0,26f01e706d635f6964092d0934383234093a09796561 72092d0932303037093a096d6f6e7468092d093131093a095f7472636964092d0934383234/Reden/Brigitte_ Zypries_zc.html>. Acesso em: 24 jul. 2008 (tradução livre de Pablo Stolze Gagliano).

[14] Embora a proteção do chamado bem de família tenha sido estendida ao devedor solteiro, isto se dá mais pela identificação do direito à habitação como uma garantia ao mínimo existencial do que pelo eventual reconhecimento de uma família unipessoal.
Sobre o tema, confira-se o Tópico 5 ("Bem de Família") do Capítulo VIII ("Bens Jurídicos") do v. I ("Parte Geral") desta coleção e o Capítulo XVIII ("Bem de Família") deste volume.

b) *vínculo socioafetivo*: é a afetividade que forma e justifica o vínculo entre os membros da família, constituindo-a. A família é um fato social, que produz efeitos jurídicos[15];

c) *vocação para a realização pessoal de seus integrantes*: seja qual for a intenção para a constituição de uma família (dos mais puros sentimentos de amor e paixão, passando pela emancipação e conveniência social, ou até mesmo ao extremo mesquinho dos interesses puramente econômicos), formar uma família tem sempre a finalidade de concretizar as aspirações dos indivíduos, na perspectiva da função social.

É preciso compreender que a família, hoje, não é um fim em si mesmo, mas o meio para a busca da felicidade, ou seja, da realização pessoal de cada indivíduo, ainda que existam — e infelizmente existem — arranjos familiares constituídos sem amor.

O que não se pode prescindir, nesse contexto, é o seu intrínseco elemento teleológico consistente na formação de um núcleo existencial que tenha por finalidade proporcionar uma tessitura emocional (e afetiva) que permita a realização da família como comunidade e dos seus membros como indivíduos.

E isso não seria possível sem uma ampla visão do instituto, seja na sua compreensão conceitual, seja em um bosquejo histórico, o que será objeto do próximo tópico.

3. A FAMÍLIA COMO SIGNIFICADO LINGUÍSTICO E COMO INSTITUTO NA HISTÓRIA

Para compreender efetivamente o significado da família na contemporaneidade, faz-se necessário, primeiramente, contextualizarmos etimológica e historicamente a comunidade existencial humana denominada de *família*.

Do ponto de vista etimológico, a consulta aos dicionaristas já permite antever a enorme gama de acepções que a expressão família acarreta.

Nesse sentido, consulte-se o Dicionário Houaiss:

"família *s. f. (sXIII cf. FichIVPM)* **1** grupo de pessoas vivendo sob o mesmo teto (esp. O pai, a mãe e os filhos) **2** grupo de pessoas que têm uma ancestralidade comum ou que provêm de um mesmo tronco **3** pessoas ligadas entre si pelo casamento e pela filiação ou, excepcionalmente, pela adoção **3.1** *fig.* grupo de pessoas unidas por mesmas convicções ou interesses ou que provêm de um mesmo lugar *(uma f. espiritual) (a f. mineira)* **3.2** grupo de coisas que apresentam propriedades ou características comuns *(porcelana chinesa da f. verde)* **4** BIO categoria que compreende um ou mais gêneros ou tribos com origem filogenética, comum e distintos de outros gêneros ou tribos por características marcantes [Na hierarquia de uma classificação taxonômica, está situada abaixo da *ordem* e acima da *tribo* ou do *gênero.*] **5** *GRÁF* conjunto de tipos que apresentam em seu desenho as mesmas características básicas **6** *MAT* conjunto de curvas ou superfícies indexadas por um ou mais parâmetros **7** *QUÍM* m. q. GRUPO • cf. *tabela periódica* • **f. de instrumentos** *MÚS* conjunto de instrumentos semelhantes que se distinguem pelo tamanho e pela afinação ('nota')
• **f. de palavras** *LEX LING* grupo de palavras que se associam por meio de um elemento

---

[15] Nessa linha, observa Paulo Lôbo: "A família é socioafetiva, em razão de ser grupo social considerado base da sociedade e unida na convivência afetiva. A afetividade, como categoria jurídica, resulta da transeficácia de parte dos fatos psicossociais que a converte em fato jurídico, gerador de efeitos jurídicos" (Paulo Lôbo, *Direito Civil: Famílias*, 10. ed., São Paulo: Saraiva, 2020, v. 5, p. 26).

comum, a raiz • **f. linguística** *LING* grupo de línguas geneticamente aparentadas (derivadas de uma mesma protolíngua), cuja origem comum, inferida por estudos comparativos de gramática, filologia e linguística histórica, é atestada por grande número de cognatos e de correspondências sistemáticas e regulares de ordem fonológica e/ou gramatical (*f. linguística indo-europeia, fino-úgrica, sino-tibetano etc.*) → cf. *grupo, tronco, filo, ramo* • **f. natural** *DIR. CIV* família formada pelos pais, ou apenas um deles, e seus descendentes • **f. nuclear** o grupo de família composto de pai, mãe e filhos naturais ou adotados residentes na mesma casa, considerado como unidade básica ou núcleo da sociedade • **f. radiativa** *FÍS. NUC* m. q. *SÉRIE RADIATIVA* • **f. substituta** *DIR. CIV* família estabelecida por adoção, guarda ou tutela • **Sagrada ou Santa F.** quadro ou outra representação artística figurando José, a Virgem e o Menino Jesus • **ser f.** ser honesto, recatado (*nada de abusos, aquela garota é f.*) • ETIM *lat. Família, ae* 'domésticos, servidores, escravos, séquito, comitiva, cortejo, casa, família'; ver *famili-* • *SIN/VAR* ver sinonímia de *linhagem*"[16].

Se a expressão "família" tem tantos significados, historicamente a visão não é diferente.

A depender da acepção da expressão, os primeiros grupamentos humanos podem ser considerados núcleos familiares, na medida em que a reunião de pessoas com a finalidade de formação de uma coletividade de proteção recíproca, produção e/ou reprodução, já permitia o desenvolvimento do afeto e da busca da completude existencial.

Se o nosso conceito "genérico" de família *é de um núcleo existencial integrado por pessoas unidas por um vínculo socioafetivo, teleologicamente vocacionada a permitir a realização plena dos seus integrantes*, a formação de grupamentos, em sociedades antigas, já permitiria realizar algumas finalidades, ainda que rudimentares, como a de produção (o trabalho conjunto para satisfação das necessidades básicas de subsistência), a de reprodução (preocupação procricional, na formação de descendência) e a de assistência (defesa contra inimigos e seguro contra a velhice).

Parece lógico, porém, que a migração de uma fase de satisfação individual das necessidades básicas de comida, bebida, sono e sexo para a formação de um conglomerado de pessoas que se identificassem, mutuamente, como membros de uma efetiva coletividade (e não uma mera reunião de individualidades), constituiu a base para o reconhecimento de uma família.

Em obra fundamental para a compreensão da família como um instituto, observa ENGELS:

> "O estudo da história da família data de 1861, com o aparecimento do livro *Direito Materno* de Bachofen[17]. Nesse livro, o autor faz as seguintes afirmações: 1) — nos tempos primitivos, os homens viviam em total promiscuidade sexual — chamada impropriamente de heterismo por Bachofen; 2) — esse tipo de relações excluía qualquer possibilidade de estabelecer, com segurança, a paternidade, de modo que a filiação só podia ser contada por linha feminina, segundo o direito materno, e que isso ocorria em todos os povos antigos; 3) — por conseguinte, as mulheres, como mães, como únicos genitores conhecidos da nova geração gozavam de elevado grau de apreço e consideração chegando, segun-

---

[16] Antônio Houaiss e Mauro de Salles Villar, *Dicionário Houaiss da Língua Portuguesa*, Rio de Janeiro: Objetiva, 2001, p. 1304.

[17] John J. Bachofen, *Das Mutterrecht. Eine Untersuchung über die Gynaikokratie der Alten Welt nach ihrer religiösen und rechtlichen Natur,* Stuttgart, 1861.

do afirma Bachofen, ao domínio feminino absoluto (ginecocracia); 4) — a transição para a monogamia, em que a mulher passava a pertencer a um só homem, encerrava em si uma violação de uma lei religiosa muito antiga (ou seja, efetivamente uma violação do direito tradicional que os outros homens tinham sobre aquela mulher), transgressão que devia ser expiada ou cuja tolerância era compensada com a posse da mulher por outros durante determinado período"[18].

Essa crítica visão permite a rediscussão de um paradigma muito aceito na concepção ocidental, qual seja, o de que a forma patriarcal e monogâmica de família seria a modalidade mais antiga, identificando-a como um modelo pronto e acabado, como se não tivesse havido qualquer evolução, admitindo-se, no máximo, algum tipo de período de ausência de regra geral de papéis sexuais.

Trata-se, sem dúvida, de uma imposição ideológica, influenciada certamente por uma visão religiosa, inspirada talvez pelos livros do Pentateuco (os cincos primeiros livros da Bíblia).

Todavia, a questão da formação de um núcleo familiar — e a sua evidente multiplicidade de modalidades! — é um fato que salta aos olhos.

Com efeito, historicamente, além da monogamia, convivem, inclusive em tempos modernos, a poligamia no Oriente e a poliandria em povos na Índia e no Tibet, não sendo possível visualizar-se tais formatos em uma sequência histórica necessária, mas, sim, em uma coexistência temporal e, muitas vezes, espacial, sendo a imposição de formatos rígidos normalmente a consequência da adoção de um ou outro determinado paradigma moral ou mesmo decorrente de uma regra ou necessidade social, cuja presença histórica não pode ser negada[19].

---

[18] Friedrich Engels, *A Origem da Família, da Propriedade Privada e do Estado*, 2. ed. revisada, São Paulo: Editora Escala, s/d., p. 18-9.

[19] "MacLennan encontra em muitos povos selvagens, bárbaros e mesmo civilizados de tempos antigos e modernos, uma forma de contrair matrimônio em que o noivo, só ou ajudado por amigos, tem de raptar a noiva da casa dos pais, simulando violência nesse ato. Esse costume deve representar um vestígio de costume anterior, pelo qual os homens de uma tribo iam realmente raptar à força suas mulheres em outras tribos. Mas como teria surgido esse 'matrimônio pelo rapto'? Enquanto os homens tiveram a possibilidade de encontrar mulheres suficientes na própria tribo, não subsistia qualquer motivo para semelhante procedimento. Mas agora podemos ver, e com frequência não menos, que em povos não civilizados existem certos grupos (que em torno de 1865 ainda eram muitas vezes identificados com as próprias tribos), no seio dos quais o casamento era proibido, obrigando os homens a buscar esposas (e as mulheres, esposos) fora do grupo. A par disso, existe outro costume entre outros povos, pelo qual os homens de determinado grupo são obrigados a procurar suas esposas somente no seio de seu próprio grupo.

MacLennan chama aos primeiros de tribos exógamas e aos segundos, de tribos endógamas. Sem ir mais além em sua investigação, estabelece desde logo uma rígida oposição entre 'tribos' exógamas e endógamas. E, embora em sua própria investigação sobre a exogamia fique evidente que essa oposição em muitos casos, senão na maioria ou mesmo em todos, só subsiste em sua imaginação, nem por isso deixa de estabelecê-la como base de toda a sua teoria. De acordo com ela, as tribos exógamas só podiam tomar mulheres de outras tribos e isso só podia ser feito com o rapto, dado o estado de guerra permanente que havia entre tribos, característica do estado selvagem.

MacLennan pergunta então: 'De onde vem esse costume da exogamia?' Julga que as ideias de consanguinidade e de incesto nada têm a ver com ele, uma vez que essas ideias surgiram bem mais

Da mesma forma, vale destacar que, em alguns povos do mundo antigo e em algumas tribos selvagens ainda existentes, conta-se a descendência somente pela linha materna (e não por linha paterna), o que também faz repelir o evidentemente equivocado modelo único de centralidade paterna, que parece ser muito mais uma imposição de um modelo cultural amplamente difundido e aceito como paradigma[20] do que propriamente uma verdade histórica[21].

Mas em que momento esse tipo de grupamento humano passou a ser denominado família?

Há polêmica sobre a questão.

Com efeito, abstraindo as discussões acerca de um modelo inicial único (patriarcal ou matriarcal, monogâmico ou poligâmico...), o mais adequado é reconhecer que, na Antiguidade, os grupamentos familiares eram formados, não com base na afetividade (que, como veremos, é o princípio básico do direito de família brasileiro moderno[22]), mas sim na instintiva luta pela sobrevivência (independentemente de isso gerar, ou não, uma relação de afeto).

---

tarde. Sua causa poderia estar no costume, muito difundido entre povos selvagens, de matar as crianças do sexo feminino logo após o nascimento. Disso resultaria um excedente de homens em cada tribo isolada, acarretando como consequência imediata o fato de vários homens possuírem uma mulher em comum, ou seja, a poliandria. Disso decorria, novamente, que se sabia quem era a mãe de uma criança, mas não quem era o pai. Por isso, a ascendência era contada somente pela linha materna e não pela paterna. Era o direito materno. A falta de mulheres no seio de uma tribo — atenuada, mas não eliminada pela poliandria — provocava outra consequência, precisamente o rapto sistemático de mulheres de outras tribos" (Friedrich Engels, *A Origem da Família, da Propriedade Privada e do Estado*, 2. ed. revisada, São Paulo: Editora Escala, s/d., p. 21-2).

[20] É este, por exemplo, o ensinamento do Apóstolo Paulo, na Carta aos Efésios:

"*Vós, mulheres, submetei-vos a vossos maridos, como ao Senhor; porque o marido é a cabeça da mulher, como também Cristo é a cabeça da igreja, sendo ele próprio o Salvador do corpo. Mas, assim como a igreja está sujeita a Cristo, assim também as mulheres o sejam em tudo a seus maridos*" (Ef. 5, 22-24).

[21] "Por isso, estudar a fundo o volumoso livro de Bachofen é um trabalho árduo e nem sempre compensador. Isso tudo, porém, não diminui seu mérito de inovador. Ele foi o primeiro a substituir o pensamento sobre um primitivo e desconhecido estágio de promiscuidade sexual sem norma alguma pela demonstração de que na literatura clássica antiga há uma série de vestígios, segundo os quais, antes da monogamia, existiu realmente entre os gregos e asiáticos um estado social em que não só o homem mantinha relações sexuais com diversas mulheres, mas também a mulher as mantinha com diversos homens, sem com isso violarem a moral estabelecida. Ele conseguiu provar que esse costume não desapareceu sem deixar vestígios, sob forma de necessidade para a mulher de entregar-se durante certo período a outros homens, como se fora o preço a ser pago por seu direito ao casamento único.

E mais ainda que, por esse motivo, não se podia, nos tempos primitivos, contar a descendência, a não ser por linha materna, isto é, de mãe para mãe. E que essa validade exclusiva da linha materna se manteve por muito tempo, mesmo no período da monogamia que se seguiu, com a paternidade já estabelecida ou, pelo menos, reconhecida. Por fim, essa situação primitiva das mães, como únicos genitores certos de seus filhos, assegurava-lhes, bem como às mulheres em geral, a posição social mais elevada que tiveram desde então até nossos dias. É certo que Bachofen não formulou esses princípios com tanta clareza porque sua visão mística lhe impedia. Mas ele os demonstrou e, em 1861, isso tinha o significado de uma verdadeira revolução" (Friedrich Engels, *A Origem da Família, da Propriedade Privada e do Estado*, 2. ed. revisada, São Paulo: Editora Escala, s/d., p. 20-1).

[22] Sobre o tema, confira-se o subtópico 4.1 ("Princípio da Afetividade") do Capítulo II ("Perspectiva Principiológica do Direito de Família").

Ainda na Antiguidade, faz-se mister tecer algumas considerações sobre a concepção romana de família.

De fato, a expressão "família" ganhou significado jurídico no Direito Romano, mas com uma acepção ainda diferente da carga semântica que hoje apresenta.

Nesse diapasão, observa PAULO LÔBO:

"Engels esclarece que a palavra família não pode ser aplicada, em princípio, nos romanos antigos, ao casal e aos filhos, mas somente aos escravos. *Famulus* queria dizer escravo e família era o conjunto de escravos pertencentes a um mesmo homem. Ainda no tempo de Caio, a família *id est patrimonium* (quer dizer, parte da herança) era transmitida testamentariamente. Segundo esse autor, a expressão foi inventada pelos romanos para designar um certo número de escravos, submetidos ao poder paterno romano, com direito de vida e morte sobre todos eles. Essa família seria baseada no domínio do homem, com expressa finalidade de procriar filhos de paternidade incontestável, inclusive para fins de sucessão. Foi a primeira forma de família fundada sobre condições não naturais, mas econômicas, resultando no triunfo da propriedade individual sobre a compropriedade espontânea primitiva"[23].

E foi esse o modelo que aportou, para muitos, como sinônimo de modelo original de família, o que significa muito mais um prestígio do estudo do Direito Romano para o sistema jurídico ocidental do que, propriamente, uma verdade histórica.

Em Roma, a família pautava-se numa unidade econômica, política, militar e religiosa, que era comandada sempre por uma figura do sexo masculino, o *pater familias*.

A mencionada figura jurídica consistia no ascendente mais velho de um determinado núcleo, que reunia os descendentes sob sua absoluta autoridade, formando assim o que se entendia por família.

Assim, independentemente da idade ou da convolação de matrimônio, todos os descendentes continuavam a lhe dever respeito e obediência, permanecendo o *pater* como o chefe da comunidade familiar até seu falecimento.

Vale destacar que o prestígio exercido pelo *pater familias* era enorme, a ponto de deter o poder sobre a vida e a morte de todos que estavam sob sua autoridade.

Nessa linha, as mulheres, por exemplo, ao serem incorporadas a uma família, pelo matrimônio, passavam a estar não sob a autoridade exclusiva dos seus maridos, mas também, sob a "mão forte" do *pater*, motivo pelo qual se afirma que elas nunca adquiriam autonomia, pois passavam da condição de filha à de esposa, sem alteração na sua capacidade[24].

Nessa época, o critério predominante na determinação do parentesco não era a consanguinidade (parentesco chamado de *cognatio* ou cognição, que, a princípio, não produzia efeitos jurídicos, apenas criando o parentesco natural) mas, sim, a sujeição ao mesmo *pater familias* (vínculo chamado de *agnatio* ou agnição).

---

[23] Paulo Lôbo, *Direito Civil: Famílias*, 10. ed., São Paulo: Saraiva, 2020, v. 5, p. 21-22.

[24] "A posição da mulher na família clássica era de sujeição absoluta. A esposa caía sob o poder do *pater*, que tinha sobre ela o mesmo direito que tinha sobre os filhos. Donde se dizer: a mulher em relação ao *pater familias*, está em *loco filiae*, está no lugar de filha; em relação aos seus próprios filhos, não tinha nenhuma autoridade; estava *loco sororis*, na posição de irmã" (San Tiago Dantas, *Direito de Família e das Sucessões*, 1. ed. rev. e atual., Rio de Janeiro: Forense, 1991, p. 24-5).

Quando se fala que a família, em Roma, era também uma unidade patrimonial, quer-se dizer que somente se reconhecia um patrimônio que tinha como titular o *pater familias*.

Assim, quando este falecia, desmembrava-se a família, tornando-se cada um dos seus descendentes masculinos um novo *pater* de suas respectivas famílias.

Para os romanos, o casamento era um estado de fato, que produzia efeitos jurídicos. Paralelo a ele, existia também a figura do *concubinatus*, que consistia em toda união livre entre homem e mulher na qual não ocorresse a *affectio maritalis*, efeito subjetivo do casamento, que representava o desejo de viver com o parceiro para sempre. Registre-se que, nesse momento, esse antecedente histórico do instituto do concubinato não tinha conotação pejorativa moral[25].

Com a decadência do Império Romano e o crescimento do Cristianismo, houve uma gradativa alteração do significado da família.

Se a família pagã romana era uma unidade com multiplicidade funcional, a família cristã se consolidou na herança de um modelo patriarcal, concebida como célula básica da Igreja (que se confundia com o Estado) e, por consequência, da sociedade.

Fundada essencialmente no casamento, que, de situação de fato, foi elevado à condição de sacramento[26], tal modelo se tornou hegemônico na sociedade ocidental, passando da Antiguidade para a Idade Média, até chegar à Idade Moderna, marginalizando potencialmente outras modalidades de composição familiar.

Perdurou, assim, como formato predominante e estanque por séculos, até que, com o advento da Revolução Industrial, em meados do século XVIII, uma nova alteração começou a ser vislumbrada.

De fato, a visão tradicional da família centrada no pai de família, como líder espiritual e necessário provedor da casa, sofreu sério abalo com as novas necessidades da coletividade.

Com a maior demanda de mão de obra e aumento da carência econômica pela pobreza disseminada, as mulheres — que outrora se limitavam ao já exaustivo labor doméstico — ingressaram maciçamente no mercado de trabalho, deixando o homem de ser a única fonte de subsistência da família. Depauperou-se a prevalência do caráter produtivo e reprodutivo, migrando o núcleo familiar para as cidades, em busca de novas oportunidades. Com a redução do espaço das áreas de convivência e com o alto custo de vida, passou-se a repensar o tamanho da prole e a valorizar a aproximação dos seus membros e seu vínculo afetivo.

A disseminação mundial de um novo modelo econômico, já a partir do século XIX, fez estremecer os alicerces da família como instituição, não sendo raras as vozes que, tais quais trombetas do apocalipse, bradavam que era o início do fim da família...

---

[25] "... o Cristianismo condenou as uniões livres e instituiu o casamento como sacramento, pondo em relevo a comunhão espiritual entre os nubentes, cercando-a de solenidades perante a autoridade religiosa" (Sílvio de Salvo Venosa, *Direito Civil*: direito de família, 3. ed., São Paulo: Atlas, 2003, p. 19).

[26] Para um aprofundamento sobre o tema da concepção cristã da família, fundada no casamento, confira-se o Tópico 2 ("O Casamento na História") do Capítulo III ("Considerações Propedêuticas sobre o Casamento").

Talvez, sim, fosse o início do fim, não da família, em si, mas da concepção uniforme e conservadora de um *único formato* de família.

O século XX, nessa trilha, foi pródigo em eventos e fenômenos que abalaram tal discriminatória imposição de pensamento único.

A formação dos grandes centros urbanos, a revolução sexual, o movimento feminista, a disseminação do divórcio como uma alternativa moralmente válida, a valorização da tutela da infância, juventude e terceira idade, a mudança de papéis nos lares, a supremacia da dignidade sobre valores pecuniários, o reconhecimento do amor como elo mais importante da formação de um "*LAR, Lugar de Afeto e Respeito*"[27]..., tudo isso e muito mais contribuiu para o repensar do conceito de família na contemporaneidade.

A simples observação da realidade que nos cerca permite ver, que, neste momento, reconhecido como de "pós-modernidade", há uma variada gama de arranjos familiares que se enquadram na tutela jurídica constitucionalizada da família, com os olhos voltados para um evidente e contínuo processo de dessacralização e despatrimonialização do Direito de Família.

A proposital menção à expressão "contínuo processo" se dá porque, dificilmente, conseguiremos um "*Direito de Família puro*", despido dos interesses patrimoniais que regem a sociedade capitalista.

4. PERSONALIDADE JURÍDICA E FAMÍLIA

Tema bastante interessante é a discussão sobre a outorga de personalidade jurídica à família.

Para enfrentá-lo, faz-se necessário tecer algumas considerações genéricas sobre como se dá o reconhecimento da personalidade jurídica, mesmo já tendo sido tratado esse tema em volume anterior[28].

Com efeito, superada a corrente negativista, que, como a própria denominação sugere, não reconhecia existência à pessoa jurídica, a doutrina apontou em outro sentido.

As necessidades sociais e o progresso material e espiritual dos povos fizeram florescer correntes de pensamento em sentido contrário, sustentadas também por cultos doutrinadores, que reconheciam personalidade própria às pessoas jurídicas.

Nessa linha de intelecção, podem ser apontadas as seguintes vertentes[29]:

a) teoria da ficção;
b) teoria da realidade objetiva (organicista);
c) teoria da realidade técnica.

---

[27] Feliz e inspirada expressão de MARIA BERENICE DIAS (cf. o texto "Lar: Lugar de Afeto e Respeito". Disponível em: <http://www.investidura.com.br/biblioteca-juridica/artigos/sociedade/2036-lar-lugar-de-afeto-e-respeito.html>. Acesso em: 19 fev. 2010).

[28] Sobre o tema, confira-se o tópico 3 ("Natureza Jurídica da Pessoa Jurídica (Teorias Explicativas)") do Capítulo VI ("Pessoa Jurídica") do v. I ("Parte Geral") desta coleção.

[29] Passaremos em revista as principais teorias, registrando a existência de outras, menos expressivas para o Direito Civil, tais como: a) a teoria da vontade de ZITTELMAN — que via na vontade complexiva da corporação, distinta da vontade de seus membros, o elemento criador da pessoa jurídica; b) a teoria lógico-formal de KELSEN — para quem a pessoa não significaria senão um feixe de obrigações, de responsabilidades e de direitos subjetivos, um simples conjunto de normas.

A *teoria da ficção* desenvolveu-se a partir da tese de WINDSCHEID sobre o direito subjetivo e teve SAVIGNY como o seu principal defensor. Não reconhecia existência real à pessoa jurídica, imaginando-a como uma abstração, mera criação da lei. Seriam pessoas por ficção legal, uma vez que somente os sujeitos dotados de vontade poderiam, por si mesmos, titularizar direitos subjetivos.

Nesse sentido, sintetiza RUGGIERO:

"partindo do conceito de que só o homem pode ser sujeito de direitos, visto que fora da pessoa física não existem, na realidade, entes capazes, concebe a pessoa jurídica como uma pura criação intelectual, uma associação de homens ou um complexo de bens, finge-se que existe uma pessoa e atribui-se a essa unidade fictícia capacidade, elevando-a à categoria de sujeito de direito"[30].

Mas essa teoria, que se desenvolveu na Alemanha e na França no século XVIII, não é isenta de críticas. Como reconhecer à ficção, mero artifício, a natureza de um ente que tem indiscutível existência real? Se a pessoa jurídica é uma criação da lei, mera abstração, quem haveria criado o Estado, pessoa jurídica de direito público por excelência?

Forçoso convir que essa sociedade política organizada já teria existência legal antes mesmo que surgisse uma lei que a reconhecesse. E, nessa linha, arremata BEVILÁQUA:

"a verdade é que o reconhecimento das pessoas jurídicas por parte do Estado não é ato de criação, mas sim de confirmação; nem no fato de conferi-lo trata o Estado a pessoa jurídica de um modo, e de modo diverso as pessoas naturais, porquanto essas só gozam dos direitos que a lei lhes garante"[31].

A *teoria da realidade objetiva*, por sua vez, aponta em sentido contrário. Para os seus adeptos, a pessoa jurídica não seria mera abstração ou criação da lei. Teria existência própria, real, social, como os indivíduos. Partindo do organicismo sociológico, SCHÄFFLE, LILIENFELD, BLUNTSCHLI, GIERKE, GIORGI, FADDA e BENSA imaginavam a pessoa jurídica como grupos sociais, análogos à pessoa natural. Entre nós, LACERDA DE ALMEIDA perfilhava-se junto aos organicistas, sufragando o entendimento de que a pessoa jurídica resultaria da conjunção de dois elementos: *corpus* (a coletividade ou o conjunto de bens) e o *animus* (a vontade do instituidor). Na mesma linha, defendendo os postulados da teoria realista, alinhavam-se, ainda, CUNHA GONÇALVES e o próprio CLÓVIS BEVILÁQUA.

Vertente mais moderada desse pensamento, defendida por nomes como SALEILLES, GENY, MICHOUD e FERRARA, situada a meio caminho entre a doutrina da ficção e a da realidade objetiva, é a *teoria da realidade técnica*. A pessoa jurídica teria existência real, não obstante a sua personalidade ser conferida pelo direito. O Estado, as associações, as sociedades, existem como grupos constituídos para a realização de determinados fins. A personificação desses grupos, todavia, é construção da técnica jurídica, admitindo que tenham capacidade jurídica própria[32].

---

[30] Roberto de Ruggiero, *Instituições de Direito Civil*, São Paulo: Bookseller, 1999, v. 1, p. 551.

[31] Clóvis Beviláqua, ob. cit., p. 143.

[32] Vale conferir, nesse ponto, os pensamentos de SILVIO RODRIGUES e ORLANDO GOMES, em suas obras dedicadas ao estudo da Parte Geral, publicadas pelas Editoras Saraiva e Forense, respectivamente.

Parece-nos que a *teoria da realidade técnica* é a que melhor explica o tratamento dispensado à pessoa jurídica por nosso Direito Positivo.

O Código Civil de 1916, em seu art. 18, determinava:

> "Art. 18. Começa a existência legal das pessoas jurídicas de direito privado com a inscrição dos seus contratos, atos constitutivos, estatutos ou compromissos no seu registro peculiar, regulado por lei especial, ou com a autorização ou aprovação do governo, quando precisa.
> Parágrafo único. Serão averbadas no registro as alterações que esses atos sofrerem".

O art. 45 do CC/2002, por sua vez, seguindo a diretriz suprarreferida, prevê, expressamente, que:

> "Art. 45. Começa a existência legal das pessoas jurídicas de direito privado com a inscrição do ato constitutivo no respectivo registro, precedida, quando necessário, de autorização ou aprovação do poder executivo, averbando-se no registro todas as alterações por que passar o ato constitutivo.
> Parágrafo único. Decai em três anos o direito de anular a constituição das pessoas jurídicas de direito privado, por defeito do ato respectivo, contado o prazo da publicação e sua inscrição no registro".

Ora, da análise desses dois dispositivos, nota-se que a personificação da pessoa jurídica é, de fato, construção da técnica jurídica, podendo, inclusive, operar-se a suspensão legal de seus efeitos, por meio da *desconsideração*, em situações excepcionais admitidas por lei.

O que é importante destacar, porém, é que a outorga de personalidade jurídica a entidades de existência ideal tem por finalidade, em verdade, o livre estabelecimento de relações jurídicas lícitas, facilitando o comércio e outras atividades negociais.

Daí, o postulado básico do art. 20 do CC/1916 ("*As pessoas jurídicas têm existência distinta da dos seus membros*") que, embora não repetido no CC/2002, continua válido doutrinariamente, ressalvadas, porém, as hipóteses de *desconsideração*, calcadas, em geral, na ideia do desvio de sua finalidade social[33].

Ora, diante de todo o exposto, *é forçoso convir que a família*, posto seja uma comunidade de existência, *não é dotada de personalidade jurídica*.

Não dispõe de ato constitutivo, representantes, sócios ou associados, patrimônio social, nem muito menos se submete a registro.

Na mesma linha, não se pode também considerá-la um grupo despersonificado dotado de capacidade processual, como o espólio, o condomínio ou a massa falida.

Sobre essas últimas espécies, escreveu MARIA HELENA DINIZ:

> "entidades que não podem ser subsumidas ao regime legal das pessoas jurídicas do Código Civil, por lhes faltarem requisitos imprescindíveis à subjetivação, embora possam agir, sem maiores dificuldades, ativa ou passivamente. São entes que se formam independentemente da vontade dos seus membros ou em virtude de um ato jurídico que vincula as pessoas físicas em torno de bens que lhes suscitam interesses, sem lhes traduzir *affectio societatis*. Donde se infere que os grupos despersonalizados ou com personificação anô-

---

[33] Confira-se o Tópico 9 ("Desconsideração da Personalidade Jurídica (*Disregard Doctrine*)") do Capítulo VI ("Pessoa Jurídica") do v. I ("Parte Geral") desta coleção.

mala constituem um conjunto de direitos e obrigações, de pessoas e de bens sem personalidade jurídica e com capacidade processual, mediante representação (CPC, art. 75)"[34].

Ora, não podendo figurar em relação processual, quer seja como autora, quer seja como ré, diferentemente do que ocorre com o condomínio que, embora desprovido de personalidade, pode demandar e ser demandado, a família não se subsume a este conceito de "grupo ou entidade despersonalizada" dotado de capacidade processual.

Por todo o exposto, concluímos que a família é, simplesmente, *um grupo social reconhecido e tutelado pelo direito*, não sendo dotada de personalidade jurídica, nem muito menos capacidade processual.

Nessa linha de pensamento, concordamos com ORLANDO GOMES:

"O mais importante grupo não personificado é a *família*. As tentativas para considerá-la pessoa jurídica falharam. Adverte-se que não há interesse em lhe atribuir personalidade, não só por sua reduzida composição numérica, mas, também, porque sua atividade jurídica, mesmo na esfera patrimonial, pode ser exercida razoavelmente sem essa personificação"[35].

Sobre o tema, observa PAULO LÔBO:

"A família como sujeito de direitos e deveres retoma a velha e sempre instigante questão de sua personalidade jurídica. No direito estrangeiro, René Savatier (1964, v. 1, p. 153-82) foi quem melhor defendeu essa tese, partindo de uma concepção matizada da personalidade moral ou natural, essencial à vida humana, que existiria antes de qualquer construção jurídica. Entendemos que não haja necessidade do recurso à personalidade jurídica, pois o direito tem admitido com frequência a existência de tipos variados de sujeitos de direito, dotados de capacidade e legitimidade para cujo exercício é dispensado o enquadramento como pessoa jurídica, a exemplo de outras entidades (por exemplo, a massa falida, condomínio de edifícios, consórcios, espólio e as sociedades em comum e em conta de participação, estas duas disciplinadas nos arts. 986 a 996 do Código Civil de 2002"[36].

Entretanto, mesmo não se reconhecendo personalidade jurídica à família, vez por outra se constata a sua remissão como titular de situações jurídicas de direito material.

5. A FAMÍLIA E A EFICÁCIA HORIZONTAL DOS DIREITOS FUNDAMENTAIS

Sob o influxo do *princípio constitucional da dignidade da pessoa humana*[37], a eficácia dos direitos fundamentais também se faz presente nas relações de família.

A respeito da dignidade da pessoa humana, já tivemos a oportunidade de escrever que:

"... por se tratar de cláusula geral, de natureza principiológica, a sua definição é missão das mais árduas, muito embora arrisquemo-nos em dizer que a noção jurídica de *dignidade traduz um valor fundamental de respeito à existência humana, segundo as suas possi-*

---

[34] Maria Helena Diniz, *Curso de Direito Civil Brasileiro — Teoria Geral do Direito Civil*, 37. ed., São Paulo: Saraiva, 2020, v. 1, p. 352-353.

[35] Orlando Gomes, *Introdução ao Direito Civil*, 10. ed., 2. tir., Rio de Janeiro: Forense, 1993, p. 204.

[36] Paulo Lôbo, *Direito Civil*: Famílias, 10. ed., São Paulo: Saraiva, 2020, v. 5, p. 25.

[37] Para um tratamento com mais vagar da matéria, confira-se o tópico 3.1 ("Princípio da Dignidade da Pessoa Humana") do Capítulo II ("Perspectiva Principiológica do Direito de Família") deste volume.

bilidades e expectativas, patrimoniais e afetivas, indispensáveis à sua realização pessoal e à busca da felicidade.

Mais do que garantir a simples *sobrevivência*, este princípio assegura o *direito de se viver plenamente*, sem quaisquer intervenções espúrias — estatais ou particulares — na realização desta finalidade"[38].

Temos dito, sempre, em nossas aulas, que o princípio da dignidade da pessoa humana, vetor estruturante de todo o sistema jurídico, e que se afigura, inequivocamente, como a nossa maior conquista nos últimos anos, *não pode ser banalizado,* convertendo-se em uma verdadeira "panaceia" jurídica (*"a solução para todos os males"*).

Aplicar um princípio de magnitude constitucional, especialmente este, não é simplesmente transpô-lo para o papel.

Devemos, inicialmente, compreendê-lo em sua plenitude, enquanto prerrogativa impositiva de respeito à dimensão existencial do ser humano em todas as suas relações intersubjetivas. Em seguida, cuidarmos de, mediante uma construção jurídica racional e sensível, fazê-lo incidir na relação subjetiva que nos é apresentada.

Nesse ponto, aliás, assiste razão ao grande filósofo da linguagem jurídica ROBERT ALEXY, quando afirma que, ao aplicar um princípio, o intérprete deve atuar consciente de que tem o *ônus da argumentação jurídica*, ou seja, *a imperiosa tarefa de construir racionalmente* o fundamento *discursivo de incidência do referido preceito*, não cabendo a simples transposição mecânica para o papel, sem direção nem sentido[39].

Nessa linha de intelecção, entendemos que a aplicação do princípio da dignidade da pessoa humana encontra fundamento racional e discursivo, sem desprezo à sua dimensão axiológica, na *doutrina da eficácia dos direitos fundamentais.*

Trata-se, especialmente, da denominada *eficácia horizontal*, que traduz a incidência dos direitos e garantias fundamentais nas relações de Direito Privado[40].

Muito se discutiu se tal eficácia seria direta ou indireta.

Os adeptos da primeira corrente sustentam a eficácia imediata na relação privada, enquanto os da segunda defendem a eficácia apenas mediata, ou seja, as regras de direitos fundamentais somente seriam aplicadas às relações de Direito Privado ou na ausência de norma ordinária (lacuna), ou segundo o balizamento da própria norma infraconstitucional, como no caso da concretização dos conceitos abertos (à luz do princípio da operabilidade).

Em verdade, como demonstra, com acerto, ADEMIR COSTA JR., citando RENAN PAES FÉLIX, as duas correntes apresentavam pontos de contato, não sendo inteiramente antípodas:

"1) superação da concepção liberal-burguesa segundo a qual os direitos fundamentais só são oponíveis contra o Estado, pois esses direitos existem para garantir ao indivíduo li-

---

[38] Pablo Stolze Gagliano e Rodolfo Pamplona Filho, *Novo Curso de Direito Civil* – Contratos, 7. ed., São Paulo: SaraivaJur, 2024, v. 4.

[39] Esse pensamento de ROBERT ALEXY é desenvolvido em sua obra *Teoria da Argumentação Jurídica* (São Paulo: Landy, 2001).

[40] Fala-se também na *eficácia vertical dos direitos fundamentais*, ou seja, a aplicação do sistema de garantias e direitos fundamentais em face do próprio Estado, matéria mais atinente ao Direito Público, posto merecedora também da nossa referência.

berdade e autonomia e devem ser invocados sempre que houver lesão ou ameaça em seus bens jurídicos, seja ou não o Estado o autor da ofensa;

2) os direitos fundamentais expressam uma ordem de valores objetiva, cujos efeitos normativos alcançam todo o ordenamento jurídico, é a chamada 'eficácia irradiante', decorrente do princípio da unidade da ordem jurídica;

3) em regra, aceita-se uma vinculação direta quando se tratar de entidades particulares detentoras de poder social, ou seja, quando se configurar uma clara relação de desnível (como ocorre no Direito do Trabalho brasileiro), capaz da afetar a paridade da relação jurídica, nesse caso seria uma relação semelhante ao âmbito das relações particular-Estado"[41].

Em nosso sentir, no que tange especificamente às relações familiares, *a eficácia dos direitos fundamentais deve ter incidência direta e imediata*, especialmente no que toca *ao reconhecimento da tutela dos direitos da personalidade de cada um dos seus membros*, a exemplo dos direitos à liberdade de orientação afetiva e de igualdade entre cônjuges ou companheiros.

E note-se que, nesse contexto, é imperioso que se propicie um ambiente harmônico entre os interesses da própria família, enquanto núcleo social, e os interesses pessoais dos seus membros, com o propósito de garantir a efetividade desses direitos fundamentais.

Nesse sentido, é a preleção sempre oportuna de PERLINGIERI:

"No âmbito da relevância do núcleo familiar na sociedade civil, assume específica importância o tema dos direitos fundamentais da pessoa. Normalmente, o ângulo visual a partir do qual ele é proposto é aquele de apresentar em formas separadas, de um lado, a família e os seus direitos originários e invioláveis, do outro, os direitos das pessoas que compõem o núcleo, de maneira a propor a primeira como elemento que condiciona os segundos ou vice-versa: tome-se, como exemplo, as discussões acerca da influência que 'razões de família' podem exercer sobre a liberdade religiosa ou de opinião política de um cônjuge em relação ao outro, ou, ainda, sobre escolhas políticas, religiosas ou afetivas do menor em contraste com a tradição familiar. Desse modo, atribui-se valor primário e prevalente ora aos direitos da família ora àqueles dos seus componentes, fazendo, respectivamente, prevalecer razões de seriedade, de solidariedade ou de liberdade. O problema, a bem ver, não está na determinação dos fatores de conformação deste ou daquele direito fundamental, mas, antes, em tornar conciliáveis e compatíveis, na mesma formação social, exigências idênticas e/ou diversas, principalmente quando poucos são os instrumentos para a satisfação delas. A validade da composição deve ser extraída sempre da mesma tábua de valores constitucionalmente relevantes"[42].

O que não se deve, pois, perder de vista é exatamente a incidência direta e irradiante do sistema normativo constitucional, para permitir a realização dos interesses de cada membro do núcleo familiar, considerado individualmente, e da própria família, considerada como um todo.

---

[41] Ademir de O. Costa Júnior. "*A eficácia horizontal e vertical dos Direitos Fundamentais*". In: *Âmbito Jurídico*, Rio Grande, 41, 31-5-2007 [Internet]. Disponível em: <http://64.233.163.132/search?q=cache:2LTuP0iB6AsJ:www.ambito-juridico.com.br/site/index.php% 3Fn_link%3Drevista_artigos_leitura%26artigo_id%3D1838+aceita-se+uma+vincula%C3%A7%C3%A3o+direta+quando+se+tratar+de+entidades+particulares+detentoras+de+poder+social+site:http://www.ambito-juridico.com.br/&cd=1&hl=ptBR&ct=clnk&gl=br>. Acesso em: 12 fev. 2010.

[42] Pietro Perlingieri, *Perfis do Direito Civil — Introdução ao Direito Civil Constitucional*, 2. ed., Rio de Janeiro: Renovar, p. 246-7.

6. DIREITO DE FAMÍLIA: DIREITO PÚBLICO X DIREITO PRIVADO

Em definição clássica, CLÓVIS BEVILÁQUA, prelecionava que:

"Direito de Família é o complexo das normas, que regulam a celebração do casamento, sua validade e os efeitos, que dele resultam, as relações pessoais e econômicas da sociedade conjugal, a dissolução desta, as relações entre pais e filhos, o vínculo do parentesco e os institutos complementares da tutela e da curatela"[43].

Hoje, como se sabe, por conta de inegável evolução conceitual, o Direito de Família ampliou o seu âmbito de incidência normativa, para regular não apenas o casamento, mas também todo e qualquer arranjo familiar, tipificado ou não, em seus aspectos pessoais ou patrimoniais.

Em virtude, portanto, desse processo de aperfeiçoamento jurídico, ditado, especialmente, pela constitucionalização do Direito Civil, reveste-se de certo interesse acadêmico a indagação taxionômica acerca da posição enciclopédica do Direito de Família: *seria, afinal, ramo do Direito Público ou do Direito Privado?*

Tradicionalmente, o direito objetivo positivado subdivide-se em Direito Público e Privado.

Tal distinção, em verdade, não tem, na prática jurídica, a relevância que muitos doutrinadores lhe emprestam, uma vez que o direito deve ser encarado em sua generalidade, sendo qualquer divisão compartimentalizada apenas uma visão útil para efeitos didáticos, motivo pelo qual aqui a desenvolvemos.

Entende-se o Direito Público como o destinado a disciplinar os interesses gerais da coletividade (*publicum jus est quod ad statum rei romanae spectat*). Diz respeito à sociedade política, estruturando-lhe organização, serviços, tutela dos direitos individuais e repressão dos delitos.

Nessa esfera, estudar-se-iam, como seus ramos, o Direito Constitucional, Direito Administrativo, Direito Penal, Direito Processual, Direito Internacional, Direito Ambiental, entre outros.

Já o Direito Privado é o conjunto de preceitos reguladores das relações dos indivíduos entre si (*privatum, quod ad singulorum utilitatem*).

Seriam considerados seus ramos o próprio Direito Civil, além do Direito Comercial, Direito do Consumidor e Direito do Trabalho. Vale destacar, inclusive, que esses últimos ramos, embora tenham grande atuação do Estado, não deixam de ser privados, uma vez que envolvem relações entre particulares em geral.

Aliás, o fato de pertencer ao ramo do Direito Privado não quer dizer que as normas componentes do sistema sejam todas de cunho individual.

É o que se dá especialmente no Direito de Família.

Considerando-se a importância social, e ainda a vulnerabilidade do núcleo familiar, várias de suas regras são cogentes, de ordem pública, inderrogáveis pela simples vontade das partes (como as referentes ao casamento, ao estado de filiação etc.).

---

[43] Clóvis Beviláqua, *Comentários ao Código Civil dos Estados Unidos do Brasil*, Rio de Janeiro: Ed. Rio, 1975, p. 482-3.

Nessa linha de pensamento, RIPERT e BOULANGER:

> "Las reglas jurídicas relativas a la organización de la família deben ser consideradas em general de *orden público*. Concurren, en efecto, para dar un cierto estatuto al grupo familiar que interesa conservar. En este sentido se dice que la familia es una institución"[44].

E, com a instalação do processo de "constitucionalização do Direito Civil", a publicização de suas normas se tornou ainda mais necessária, com o objetivo de se atender, plenamente, a sua função social.

Com isso, podemos concluir que o Direito de Família, ramo do Direito Civil, integra, sob o ponto de vista enciclopédico, o Direito Privado, posto reconheçamos a cogência da grande maioria de seus institutos, integrantes de seu corpo normativo positivo.

7. A FAMÍLIA EM UMA PERSPECTIVA CIVIL-CONSTITUCIONAL

O estudo do Direito Civil em geral e, em especial, do Direito de Família não pode deixar de ser feito em uma perspectiva civil-constitucional.

Sendo um dos precursores, no Brasil, de tal visão, observa PAULO LÔBO:

> "As Constituições brasileiras reproduzem as fases históricas que o país viveu, em relação à família, no trânsito do Estado liberal para o Estado social. As constituições de 1824 e 1891 são marcadamente liberais e individualistas, não tutelando as relações familiares. Na Constituição de 1891 há um único dispositivo (art. 72, parágrafo 4.º) com o seguinte enunciado: 'A República só reconhece o casamento civil, cuja celebração será gratuita'. Compreende-se a exclusividade do casamento civil, pois os republicanos desejavam concretizar a política de secularização da vida privada, mantida sob o controle da igreja oficial e do direito canônico durante a Colônia e o Império.
>
> Em contrapartida, as Constituições do Estado social brasileiro (de 1934 a 1988) democrático ou autoritário destinaram à família normas explícitas. A Constituição democrática de 1934 dedica todo um capítulo à família, aparecendo pela primeira vez a referência expressa à proteção especial do Estado, que será repetida nas constituições subsequentes. Na Constituição autoritária de 1937 a educação surge como dever dos pais, os filhos naturais são equiparados aos legítimos e o Estado assume a tutela das crianças em caso de abandono pelos pais. A Constituição democrática de 1946 estimula a prole numerosa e assegura assistência à maternidade, à infância e à adolescência"[45].

Aliás, ainda ressaltando a sua importância, em uma análise taxionômica, podemos ir além e concluir que, hoje, enquanto base da sociedade[46], a família, como outros institutos de Direito Privado, experimentou um verdadeiro processo de *funcionalização*, sendo, pois, dotada de uma *função social*[47].

Assim como a propriedade, o contrato, a empresa, a família também desempenha importante papel, e, sob o aspecto teleológico, é dotada de funcionalidade.

---

[44] Georges Ripert e Jean Boulanger, *Tratado de Derecho Civil*, segun el Tratado de Planiol, tomo I — Parte General, Buenos Aires: La Rey, 1988, p. 345-6.

[45] Paulo Lôbo, *Direito Civil – Famílias*, 10. ed., São Paulo: Saraiva, 2020, v. 5, p. 33.

[46] CF/88: "Art. 226. A família, base da sociedade, tem especial proteção do Estado".

[47] No próximo capítulo (Capítulo II — "Perspectiva Principiológica do Direito de Família"), cuidaremos de analisar, no subtópico 4.3, o "Princípio da Função Social da Família".

Enquanto base da sociedade[48], a família, hoje, tem a função de permitir, em uma visão filosófica-eudemonista[49], a cada um dos seus membros, *a realização dos seus projetos pessoais de vida*.

Note-se que, no passado, não era assim.

Tomemos um exemplo.

Sob o manto (ou o jugo) conservador e hipócrita da "estabilidade do casamento", a mulher era degradada, os filhos relegados a segundo plano, e se, porventura, houvesse a constituição de uma família *a latere* do paradigma legal, a normatização vigente simplesmente bania esses indivíduos (concubina, filho adulterino) para o limbo jurídico da discriminação e do desprezo.

Tempos que, graças ao bom Deus, não voltam mais.

Hoje, no momento em que se reconhece à família, em nível constitucional, *a função social de realização existencial do indivíduo*, pode-se compreender o porquê de a admitirmos efetivamente como base de uma sociedade que, ao menos em tese, se propõe a constituir um Estado Democrático de Direito calcado no princípio da dignidade da pessoa humana.

Observamos, então, que, em virtude do processo de constitucionalização por que passou o Direito Civil nos últimos anos, o papel a ser desempenhado pela família ficou mais nítido, podendo-se, inclusive, concluir pela ocorrência de uma inafastável *repersonalização*. Vale dizer, não mais a (hipócrita) tentativa de estabilização matrimonial a todo custo, mas sim *a própria pessoa humana, em sua dimensão existencial e familiar*, passaria a ser a especial destinatária das normas de Direito de Família.

A família deve existir em função dos seus membros, e não o contrário.

Sobre as relações familiares, afirma GUILHERME CALMON NOGUEIRA DA GAMA:

> "passaram a ser funcionalizadas em razão da dignidade de cada partícipe. A efetividade das normas constitucionais implica a defesa das instituições sociais que cumprem o seu papel maior. A dignidade da pessoa humana, colocada no ápice do ordenamento jurídico, encontra na família o solo apropriado para o seu enraizamento e desenvolvimento, daí a ordem constitucional dirigida ao Estado no sentido de dar especial e efetiva proteção à família, independentemente da sua espécie. Propõe-se, por intermédio da repersonalização das entidades familiares, preservar e desenvolver o que é mais relevante entre os familiares: o afeto, a solidariedade, a união, o respeito, a confiança, o amor, o projeto de vida comum, permitindo o pleno desenvolvimento pessoal e social de cada partícipe, com base em ideais pluralistas, solidaristas, democráticos e humanistas"[50].

Parece-nos o melhor entendimento, sem dúvida.

---

[48] CF/88: "Art. 226. A família, base da sociedade, tem especial proteção do Estado".

[49] Lembra MARIA BERENICE DIAS que "a filosofia eudemonista, de origem grega, sustentava que a conduta moralmente boa seria aquela que visava à realização da felicidade" (*Manual de Direito das Famílias*, Porto Alegre: Livraria do Advogado, 2005, p. 48). Assim, seguindo esse pensamento, a família eudemonista seria aquela que permite e propicia a busca da felicidade individual dos seus próprios membros.

[50] Guilherme Calmon Nogueira da Gama, Filiação e Reprodução Assistida — Introdução ao Tema sob a Perspectiva Civil-Constitucional, in *Problemas de Direito Civil-Constitucional* (coord. Gustavo Tepedino), Rio de Janeiro: Renovar, 2003, p. 520.

8. O DIREITO DE FAMÍLIA E A CODIFICAÇÃO CIVIL BRASILEIRA

A elaboração de um Código Civil brasileiro foi uma determinação da nossa primeira Constituição, a saber, a Constituição Monárquica de 1824, que preceituou, em seu art. 179, XVIII:

"Art. 179. A inviolabilidade dos Direitos Civis, e Políticos dos Cidadãos Brasileiros, que tem por base a liberdade, a segurança individual, e a propriedade, é garantida pela Constituição do Império, pela maneira seguinte:
(...)
XVIII. Organizar-se-á quanto antes um Código Civil, e Criminal, fundado nas sólidas bases da Justiça e Equidade".

Após inúmeras tentativas frustradas de elaborar o referido diploma legal[51], foi designado o Prof. CLÓVIS BEVILÁQUA, em 1899, para a tarefa de elaborar um novo Projeto, o qual, depois de longa tramitação pelas casas legislativas, foi promulgado em 1.º de janeiro de 1916, entrando em vigor um ano depois.

Na época de sua elaboração, vivia o Brasil o período de República Velha, marcado pelo domínio político das elites agrárias. Nesse contexto, o Código Civil traduzia a ideologia dessa sociedade, que se preocupava muito mais com o ter do que com o ser.

Se, quando se tratava da manifestação da autonomia privada, a diretriz da codificação era evidentemente liberal, quando o assunto se referia à disciplina da família, imperava o conservadorismo.

Com efeito, apenas as famílias formadas a partir do casamento eram reconhecidas. O matrimônio, influenciado pelo sistema do Direito Canônico, era indissolúvel. Vínculos havidos fora do modelo formal estatal eram relegados à margem da sociedade, sendo que os filhos eventualmente nascidos dessas relações eram considerados ilegítimos e todas as referências legais, nesse sentido, visivelmente discriminatórias, com a finalidade de não reconhecimento de direitos.

A visão paternalista e hierarquizada da família era consagrada, cabendo ao homem a chefia da sociedade conjugal, relegando-se a mulher a um segundo plano, já que passava a ser relativamente incapaz[52].

É sintoma da característica patrimonialista do Código Civil de 1916 o fato de que, dos 290 artigos da parte destinada ao Direito de Família, 151 tratavam de relações patrimoniais e 139, de relações pessoais.

Contudo, a evolução da sociedade e, com ela, da própria visão da família[53] acabou forçando sucessivas modificações nessa disciplina normativa.

---

[51] Sobre o processo de elaboração do primeiro Código Civil brasileiro, confira-se o tópico 4 ("A Codificação do Direito Civil Brasileiro: aspectos históricos e legislativos") do Capítulo II ("A Codificação do Direito Civil") do vol. I ("Parte Geral") desta coleção.

[52] A título de curiosidade, vale registrar que muitas mulheres, na época, sequer chegavam a possuir capacidade plena, já que podiam contrair matrimônio a partir dos 16 anos (o que ocorria com bastante frequência), só adquirindo capacidade plena ao completar 21 anos. Em outras palavras, aquelas que se casavam antes de 21 anos nunca se tornavam plenamente capazes.

[53] Releia-se o Tópico 3 ("A Família como Significado Linguístico e como Instituto na História") deste Capítulo.

Observou-se, inclusive, no particular, como já afirmamos alhures, o "fenômeno da *descentralização ou descodificação do Direito Civil*, marcado pela proliferação assustadora, à velocidade da luz, de estatutos e leis especiais que disciplinariam não somente as novas exigências da sociedade industrializada, mas também velhas figuras que se alteraram com o decorrer dos anos, sob o influxo de novas ideias solidaristas e humanitárias, e que não poderiam ser plena e eficazmente reguladas por um código ultrapassado e conservador"[54].

Nessa esteira, verifica-se, apenas a título de exemplo, a edição da Lei n. 4.121/62 (conhecida como "Estatuto da Mulher Casada"), que equiparou os direitos dos cônjuges, devolvendo a plena capacidade à mulher casada, além de resguardar os bens adquiridos com o fruto do seu trabalho, bem como a Lei do Divórcio (Lei n. 6.515/77), que acabou com a indissolubilidade do casamento[55].

Entretanto, por mais que se realizassem modificações tópicas na codificação civil, ainda remanescia a ideia de uma atualização geral do Código Civil brasileiro.

Por isso, em 1969, depois de algumas outras tentativas frustradas[56], foi criada uma nova Comissão para tentar rever o Código Civil, preferindo elaborar um novo código em vez de emendar o antigo.

Tal comissão, composta por JOSÉ CARLOS MOREIRA ALVES, AGOSTINHO DE ARRUDA ALVIM, SYLVIO MARCONDES, EBERT CHAMOUN, CLÓVIS COUTO E SILVA e TORQUATO CASTRO, sob a coordenação de MIGUEL REALE, apresentou, em 1972, o seu Anteprojeto de Código Civil.

No ano seguinte (1973), depois de receber inúmeras emendas, foi publicada a 2.ª edição revisada do Anteprojeto, submetida, porém, à nova revisão, com grandes modificações, para se transformar no efetivo "Projeto do Código Civil brasileiro", enviado, por meio do Poder Executivo, pela Mensagem 160/75, ao Congresso Nacional, onde se transformou no Projeto de Lei n. 634, de 1975.

Depois de anos de debates na Câmara dos Deputados, onde a matéria até se mostrou esquecida, ante a ausência de um clamor social que a exigisse, em 1984, foi aprovado o projeto, com sua transformação no Projeto de Lei n. 634/B, conforme publicação no Diário do Congresso Nacional, de 17-5-1984 (Suplemento 47).

Depois de adormecido por longos anos, o projeto foi retomado no Senado, com a competente e lúcida relatoria do Senador Josaphat Marinho, que conseguiu reavivar o interesse na tramitação do novo Código Civil, sendo aprovado naquela casa legislativa, para retorno à Câmara dos Deputados.

Registre-se que o trabalho do ilustre Senador foi digno de todos os encômios, discutindo amplamente com a sociedade e os operadores do Direito os aspectos mais importantes da nova lei.

---

[54] Pablo Stolze Gagliano e Rodolfo Pamplona Filho, *Novo Curso de Direito Civil – Parte Geral*, 26. ed., São Paulo: SaraivaJur, 2024, v. 1.

[55] Confira-se o Capítulo XXIII ("O Divórcio como Forma de Extinção do Vínculo Conjugal") deste volume.

[56] Sobre o tema, confira-se novamente o tópico 4 ("A Codificação do Direito Civil Brasileiro: aspectos históricos e legislativos") do Capítulo II ("A Codificação do Direito Civil") do v. I ("Parte Geral") desta coleção.

Todavia, em que pese o brilho do ilustre Relator, diversos segmentos da sociedade civil organizada questionavam supostos retrocessos no texto do projeto, sempre argumentando sobre o possível anacronismo de uma legislação concebida na primeira parte da década de 1970.

Tais críticas em parte são justificadas, embora o Código de 2002 haja avançado em muitos outros pontos da legislação ordinária até então em vigor.

Na Câmara dos Deputados, foi designado como Relator o Deputado Ricardo Fiúza, que, verificando as muitas arguições de inconstitucionalidade no projeto submetido à sua Relatoria e diante da impossibilidade, a princípio, de alterar o conteúdo do projeto (uma vez que não tinha sido objeto de emendas no Senado), conseguiu aprovar um projeto de resolução, alterando o Regimento Comum do Congresso Nacional e permitindo que o projeto pudesse sofrer adequações constitucionais e legais (Resolução CN 1/2000, de 31-1-2000)[57], o que permitiu, na realidade, a sua revisão.

No ano de 2001, o projeto foi finalmente levado à votação, após as atualizações procedidas pelo relator Deputado Ricardo Fiúza, sendo aprovado por acordo de lideranças e levado à sanção presidencial.

Em solenidade realizada no Palácio do Planalto, foi sancionado, sem vetos, o projeto aprovado na Câmara dos Deputados, convertendo-se na Lei n. 10.406, de 10 de janeiro de 2002 (publicada no *Diário Oficial da União* de 11 de janeiro de 2002), o novo Código Civil Brasileiro, que, dentre outras modificações, consagra a unificação parcial do Direito Privado (obrigações civis e comerciais).

No que tange especificamente ao Direito de Família, ficou à frente da elaboração do seu anteprojeto o jurista CLÓVIS DO COUTO E SILVA.

Em linhas gerais, o Código Civil de 2002, em seu livro de Direito de Família, é dividido em duas partes fundamentais, a saber: Do Direito Pessoal (Título I — arts. 1.511 a 1.638) e Do Direito Patrimonial (Título II — arts. 1.639 a 1.722), ao qual se acrescem duas

---

[57] O art. 1.º da mencionada resolução alterou a resolução n. 1, de 1970, do Congresso Nacional, que passou a vigorar com a seguinte redação:
"Art. 139-A. O projeto de código em tramitação no Congresso Nacional há mais de três legislaturas, será, antes de sua discussão final na Casa que o encaminhará à sanção, submetido a uma revisão para a sua adequação às alterações constitucionais e legais promulgadas desde sua apresentação.
§ 1.º O relator do projeto na Casa em que se finalizar sua tramitação no Congresso Nacional, antes de apresentar perante a Comissão respectiva seu parecer, encaminhará ao presidente da Casa relatório apontando as alterações necessárias para atualizar o texto do projeto em face das alterações legais aprovadas durante o curso de sua tramitação.
§ 2.º O relatório mencionado no § 1.º será encaminhado pelo Presidente à outra Casa do Congresso Nacional, que o submeterá à respectiva Comissão de Constituição e Justiça.
§ 3.º A comissão, no prazo de 5 (cinco) dias, oferecerá parecer sobre a matéria, que se limitará a verificar se as alterações propostas restringem-se a promover a necessária atualização na forma do § 1.º.
§ 4.º O parecer da Comissão será apreciado em plenário no prazo de 5 (cinco) dias, com preferência sobre as demais proposições, vedadas emendas ou modificações.
§ 5.º Votado o parecer, será feita a devida comunicação à Casa em que se encontra o projeto de código para prosseguimento de sua tramitação regimental, incorporadas as alterações aprovadas."

partes, uma curtíssima dedicada à União Estável (Título III — arts. 1.723 a 1.727)[58] e outra, mais abrangente, destinada a disciplinar a Tutela e a Curatela (Título IV — arts. 1.728 a 1.783)[59].

Forçoso convir que, especialmente no âmbito das relações de família, o sistema inaugurado, fruto do labor de uma comissão formada no início da década de setenta, e que sofreria, anos mais tarde, o impacto profundo da Constituição Federal, apresentaria sérios anacronismos, realçados pelas mudanças de valores dos novos tempos.

A despeito dos esforços de atualização no Senado (JOSAPHAT MARINHO[60]) e na Câmara (RICARDO FIUZA), o fato é que necessárias questões não foram devidamente enfrentadas, a exemplo da *superação da culpa como paradigma jurídico, o tratamento da família monoparental e a união entre pessoas do mesmo sexo.*

Mas, ainda assim, houve aspectos que merecem ser considerados, como anotou o professor MIGUEL REALE:

"Já havíamos dado grande passo à frente no sentido da igualdade dos cônjuges. Isso ficou ainda mais acentuado na Constituição, sobretudo no que se refere à situação dos filhos. Porquanto a Carta Política de 88 eliminou toda e qualquer diferença entre filhos legítimos, naturais, adulterinos, espúrios ou adotivos. Essa opção constitucional implicou evidentemente reexame das emendas oferecidas por Nelson Carneiro, de tal maneira que foi feita plena atualização da matéria em consonância com as novas diretrizes da Carta Magna vigente, também no que se refere à 'união estável', a nova entidade familiar que surge ao lado do matrimônio civil, corrigindo-se o erro da legislação em vigor que a confunde com o concubinato. Note-se que, na Parte Geral, atende-se, outrossim, às circunstâncias da vida contemporânea, adotando-se novos critérios para estabelecer a maioridade, que baixou de 21 para 18 anos. É sabido que, em virtude da Informática e da expansão cultural, as pessoas amadurecem mais cedo do que antes. Essa mudança fundamental refletiu-se também no campo da responsabilidade relativa, que passou a ser de 16 anos, correspondendo, aliás, à situação atual do adolescente de 16 anos, que é até eleitor em todos os planos da política nacional desde o Município até a União. Os exemplos ora dados já são mais do que suficientes para demonstrar que houve grande preocupação no sentido de aproveitar as emendas do Senado para a atualização do projeto. E isto se repetiu nos poderes conferidos aos cônjuges, em absoluta igualdade, razão pela qual, como já foi dito, propus, e foi aceito pelo senador Josaphat Marinho, que, em vez de pátrio poder, se falasse em 'poder familiar', que é uma expressão mais justa e adequada, porquanto os pais exercem esse poder em função dos interesses do casal e da prole. No que se refere à igualdade dos cônjuges, é preciso atentar ao fato de que houve alteração radical no tocante ao regime de bens, sendo desnecessário recordar que anteriormente prevalecia o regime da comunhão universal, de tal maneira que cada cônjuge era meeiro, não havendo razão alguma para ser herdeiro. Tendo já a metade do patrimônio, ficava excluída a ideia de herança. Mas, desde o momento em que passamos do regime da comunhão universal para o regime parcial de bens com comunhão de aquestos, a situação mudou completamente. Seria injusto que o cônjuge somente participasse daquilo que é produto comum do trabalho, quando outros bens podem vir a integrar o patrimônio e ser objeto de sucessão. Nesse

---

[58] Confira-se o Capítulo XIX ("União Estável") deste volume.
[59] Confira-se o Capítulo XXIX ("Tutela e Curatela") deste volume.
[60] Fica aqui o registro do nosso carinho e admiração pelo saudoso jurista que, inclusive, concedeu-nos a honra de redigir uma nota de abertura ao v. I ("Parte Geral") desta obra, ao qual remetemos o leitor.

caso, o cônjuge, quando casado no regime da separação parcial de bens (note-se) concorre com os descendentes e com os ascendentes até a quarta parte da herança. De maneira que são duas as razões que justificam esse entendimento: de um lado, uma razão de ordem jurídica, que é a mudança do regime de bens do casamento; e a outra, a absoluta equiparação do homem e da mulher, pois a grande beneficiada com tal dispositivo, é, no fundo, mais a mulher do que o homem. Por outro lado, em matéria sucessória, não é mais lícito ao testador vincular bens da legítima a seu bel-prazer. Ele deve explicitar o motivo que o leva a estabelecer a cláusula limitadora do exercício de direitos pelo seu herdeiro, podendo o juiz, em certas circunstâncias, apreciar a matéria para verificar se procede a justa causa invocada"[61].

Visando, pois, ao aperfeiçoamento do nosso sistema, apresentaram-se propostas de reforma do Código (PL n. 6.960/2002, renumerado para PL n. 276/2007, renumerado, por sua vez, para PL n. 699/2011) e, mais recentemente, especificamente para o Direito de Família, por sugestão do Instituto Brasileiro de Direito de Família (IBDFAM), surgiu o PL n. 2.285/2007 do Dep. SÉRGIO BARRADAS CARNEIRO, conhecido como *Estatuto das Famílias* (cuja comissão elaboradora fora composta por GISELDA HIRONAKA, LUIZ EDSON FACHIN, MARIA BERENICE DIAS, PAULO LÔBO, RODRIGO DA CUNHA PEREIRA, ROLF MADALENO e ROSANA FACHIN).

O Estatuto das Famílias traduz, nesse diapasão, uma proposta atual e afinada aos valores constitucionalmente consagrados, afigurando-se, em nosso sentir, como um imprescindível avanço por que deve passar o Direito de Família Brasileiro:

"O Livro de Direito de Família do Código Civil de 2002 foi concebido pela Comissão coordenada por Miguel Reale no final dos anos sessenta e início dos anos setenta do século passado, antes das grandes mudanças legislativas sobre a matéria, nos países ocidentais, e do advento da Constituição de 1988. O paradigma era o mesmo: família patriarcal, apenas constituída pelo casamento, desigualdade dos cônjuges e dos filhos, discriminação a partir da legitimidade da família e dos filhos, subsistência dos poderes marital e paternal. A partir da Constituição de 1988 operou-se verdadeira revolução copernicana, inaugurando-se paradigma familiar inteiramente remodelado, segundo as mudanças operadas na sociedade brasileira, fundado nos seguintes pilares: comunhão de vida consolidada na afetividade e não no poder marital ou paternal; igualdade de direitos e deveres entre os cônjuges; liberdade de constituição, desenvolvimento e extinção das entidades familiares; igualdade dos filhos de origem biológica ou socioafetiva; garantia de dignidade das pessoas humanas que a integram, inclusive a criança, o adolescente e o idoso. Nenhum ramo do Direito foi tão profundamente modificado quanto o direito de família ocidental nas três últimas décadas do século XX. Durante a tramitação do projeto do Código Civil no Congresso Nacional, após a Constituição de 1988, o Senado Federal promoveu esforço hercúleo para adaptar o texto antes dela elaborado a suas diretrizes. Todavia, o esforço resultou frustrante pois não se poderiam adaptar institutos que apenas faziam sentido como expressão do paradigma familiar anterior à nova realidade, exigente de princípios, categorias e institutos jurídicos diferentes. A doutrina especializada demonstrou à saciedade a inadequação da aparente nova roupagem normativa, que tem gerado intensas controvérsias e dificuldades em sua aplicação.

---

[61] Miguel Reale, "Visão geral do Projeto de Código Civil". *Jus Navigandi*, Teresina, ano 4, n. 40, mar. 2000. Disponível em: <http://jus2.uol.com.br/doutrina/texto.asp?id=509>. Acesso em: 23 fev. 2008.

Ciente desse quadro consultei o Instituto Brasileiro de Direito de Família-IBDFAM, entidade que congrega cerca de 4.000 especialistas, profissionais e estudiosos do direito de família, e que também tenho a honra de integrar, se uma revisão sistemática do Livro IV da Parte Especial do Código Civil teria o condão de superar os problemas que criou. Após vários meses de debates, a comissão científica do IBDFAM, ouvindo os membros associados, concluiu que, mais que uma revisão, seria necessário um estatuto autônomo, desmembrado do Código Civil, até porque seria imprescindível associar as normas de direito material com as normas especiais de direito processual. Não é mais possível tratar questões visceralmente pessoais da vida familiar, perpassadas por sentimentos, valendo-se das mesmas normas que regulam as questões patrimoniais, como propriedades, contratos e demais obrigações. Essa dificuldade, inerente às peculiaridades das relações familiares, tem estimulado muitos países a editarem códigos ou leis autônomos dos direitos das famílias. Outra razão a recomendar a autonomia legal da matéria é o grande número de projetos de leis específicos, que tramitam nas duas Casas Legislativas, propondo alterações ao Livro de Direito de Família do Código Civil, alguns modificando radicalmente o sentido e o alcance das normais atuais. Uma lei que provoca a demanda por tantas mudanças, em tão pouco tempo de vigência, não pode ser considerada adequada. Eis porque, também convencido dessas razões, submeto o presente projeto de lei, como Estatuto das Famílias, traduzindo os valores que estão consagrados nos princípios emergentes dos arts. 226 a 230 da Constituição Federal. A denominação utilizada, "Estatuto das Famílias", contempla melhor a opção constitucional de proteção das variadas entidades familiares. No passado, apenas a família constituída pelo casamento — portanto única — era objeto do direito de família. Optou-se por uma linguagem mais acessível à pessoa comum do povo, destinatária maior dessas normas, evitando-se termos excessivamente técnicos ou em desuso"[62].

Por isso, sempre que cabível, faremos, nesta obra, referências ao "Estatuto das Famílias", norma de referência antes mesmo de se converter em lei[63].

9. AS PERSPECTIVAS ILIMITADAS DO DIREITO DE FAMÍLIA

A título de arremate deste capítulo que, como visto, trata apenas dos prolegômenos do tema da família no sistema jurídico, vale a pena tecer alguns comentários sobre as perspectivas do Direito de Família.

E ao se falar de perspectivas, não se está buscando um exercício de dom de profecia ou de qualquer manifestação pré-cognitiva, mas, sim, propugnando por uma visão aberta do que se concebeu chamar de "Direito de Família" (ou "Direito das Famílias").

Isso porque, se a visão conservadora do Direito Civil tradicional tomava, costumeiramente, um foco estritamente patrimonial, a disciplina jurídica da família foi, indubitavelmente, uma das mais cristalinas manifestações de emancipação dessa tacanha concepção de outrora.

---

[62] Trecho da Justificativa do Projeto n. 2.285/2007. Disponível em: <http://www.ibdfam.org.br/artigos/Estatuto_das_Familias.pdf>. Acesso em: 23 fev. 2008.

[63] Registre-se que esse importante projeto de lei foi apensado ao PL 674/2007 em 17 de dezembro de 2007 (confira-se o *link*: <https://www.camara.leg.br/proposicoesWeb/fichadetramitacao?idProposicao=347575&ord=1>. Acesso em: 7 set. 2019).

Por isso, se reconhecemos com frequência que há ramos do Direito Civil menos suscetíveis a mudanças sociais (como, por exemplo, o Direito das Obrigações, no qual o estudo das básicas classificações romanas ainda faz muito sentido na contemporaneidade[64]), o Direito de Família é aquele em que a dinâmica da sociedade mais atua, tanto no campo das relações sociais *stricto sensu*, quanto na elaboração de novos textos legais (uma simples conferência no *site* do Congresso Nacional permite aferir a imensa quantidade de projetos de lei em discussão na atualidade).

Por isso, não temos a menor dúvida em afirmar que este volume será sempre aquele em que vamos concentrar mais forças em sua constante revisão e atualização, seja pela incorporação de novos institutos e modalidades familiares, seja pela agregação de novas dimensões doutrinárias e jurisprudenciais.

E um dos elementos que permitem tal diagnóstico é, sem dúvida, a concepção principiológica do Direito de Família, que será o tema do próximo capítulo.

---

[64] Confira-se o v. II ("Obrigações") desta obra.

Capítulo II
Perspectiva Principiológica do Direito de Família

Sumário: 1. Introdução. 2. A dificuldade de uma sistematização principiológica do Direito de Família. 3. Princípios gerais (aplicáveis ao Direito de Família). 3.1. Princípio da dignidade da pessoa humana. 3.2. Princípio da igualdade. 3.3. Princípio da vedação ao retrocesso. 4. Princípios especiais (peculiares ao Direito de Família). 4.1. Princípio da afetividade. 4.2. Princípio da solidariedade familiar. 4.3. Princípio da proteção à pessoa idosa. 4.4. Princípio da função social da família. 4.5. Princípio da plena proteção das crianças e adolescentes. 4.6. Princípio da convivência familiar. 4.7. Princípio da intervenção mínima do Estado no Direito de Família. 4.8. Seria a monogamia um princípio? 5. Considerações finais sobre a principiologia do Direito de Família.

1. INTRODUÇÃO

Seria pretensão demais de nossa parte a tentativa de esgotar todos os princípios informadores do moderno Direito de Família.

Isso porque muitas e variadas são as classificações doutrinárias apresentadas, no Brasil e no mundo, quando se cuida de enfrentar esse rico cadinho principiológico.

Todavia, tentaremos, neste capítulo, apresentar um panorama geral daqueles que reputamos os mais importantes princípios regentes, analisando-os separadamente, um a um, pois se trata de matéria de alta complexidade jurídica.

Antes, porém, com ROBERT ALEXY, recordemos a diferença entre regras e princípios:

"O ponto decisivo na distinção entre regras e princípios é que *princípios* são normas que ordenam que algo seja realizado na maior medida possível dentro das possibilidades jurídicas e fáticas existentes. Princípios são, por conseguinte, *mandamentos de otimização*, que são caracterizados por poderem ser satisfeitos em graus variados e pelo fato de que a medida devida de sua satisfação não depende somente das possibilidades fáticas, mas também das possibilidades jurídicas. O âmbito das possibilidades jurídicas é determinado pelos princípios e regras colidentes.

Já as regras são normas que são sempre ou satisfeitas ou não satisfeitas. Se uma regra vale, então, deve se fazer exatamente aquilo que ela exige; nem mais, nem menos. Regras contêm, portanto, determinações no âmbito daquilo que é fática e juridicamente possível. Isso significa que a distinção entre regras e princípios é uma distinção qualitativa, e não uma distinção de grau. Toda norma é ou uma regra ou um princípio"[1].

---

[1] Robert Alexy, *Teoria dos Direitos Fundamentais* (trad. Virgílio Afonso da Silva da 5.ª edição alemã), São Paulo: Malheiros Editores, 2008, p. 90-1.

Demonstrada a importância dos princípios na concepção moderna de aplicação do Direito, enfrentemos o tema da Principiologia do Direito de Família.

2. A DIFICULDADE DE UMA SISTEMATIZAÇÃO PRINCIPIOLÓGICA DO DIREITO DE FAMÍLIA

Na linha de intelecção já apontada, cuidaremos de analisar, com especial cuidado, os *princípios gerais e os especiais norteadores do Direito de Família.*

Mas anotamos que toda sistematização principiológica é imperfeita.

Isso porque, não sendo dever da legislação a positivação de princípios, cabe à doutrina o reconhecimento de sua autonomia científica.

Daí, qualquer apresentação de um rol de princípios dependerá da visão metodológica de cada autor, o que, por certo, não será diferente conosco.

Sem prejuízo, portanto, do reconhecimento da existência de outros princípios (que podem ser objeto de investigação científica mais apurada em outra oportunidade), faremos, neste capítulo, uma sistematização panorâmica daqueles que consideramos essenciais para uma compreensão abrangente do Direito de Família, corte epistemológico desta obra.

Nessa intenção, parece-nos razoável, até mesmo por uma questão de coerência dogmática, agrupar, para efeito didático, princípios gerais do Direito (que ganham especial relevância na área das relações familiares), bem como princípios próprios, peculiares ao Direito de Família.

Em uma visão esquemática, podemos apresentar, assim, a nossa concepção sobre o tema:

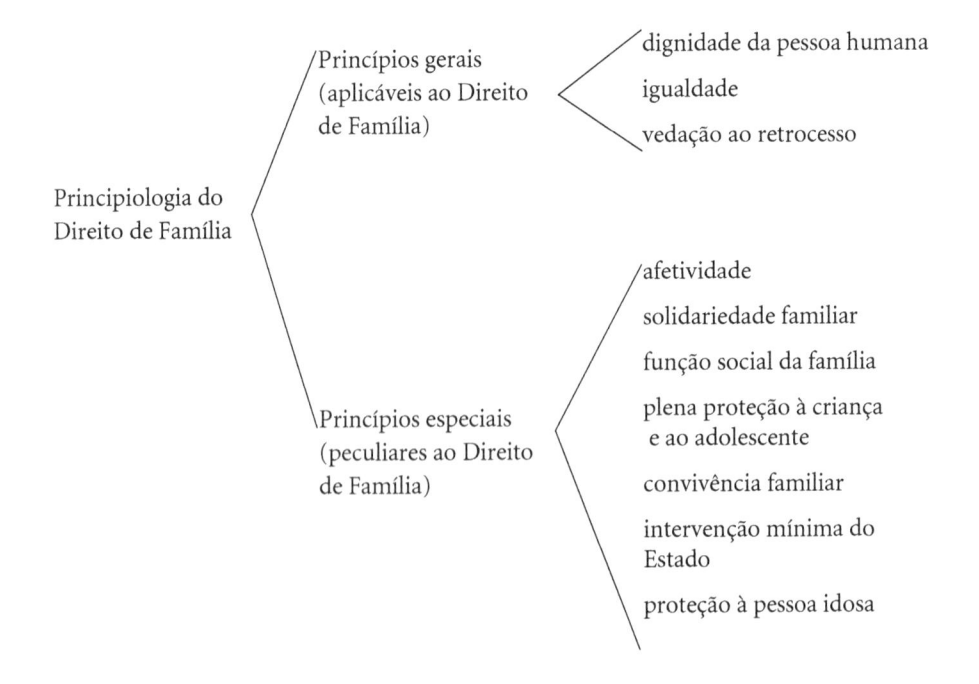

Principiologia do Direito de Família
- Princípios gerais (aplicáveis ao Direito de Família)
  - dignidade da pessoa humana
  - igualdade
  - vedação ao retrocesso
- Princípios especiais (peculiares ao Direito de Família)
  - afetividade
  - solidariedade familiar
  - função social da família
  - plena proteção à criança e ao adolescente
  - convivência familiar
  - intervenção mínima do Estado
  - proteção à pessoa idosa

Comecemos nossa missão com os princípios gerais do Direito, com especial relevância para o Direito de Família.

3. PRINCÍPIOS GERAIS (APLICÁVEIS AO DIREITO DE FAMÍLIA)

Nos próximos subtópicos, trabalharemos princípios gerais do Direito, cuja aplicação no Direito de Família se mostra de especial relevância, sendo constantemente invocados, pela doutrina e jurisprudência, como respaldo para a melhor interpretação das normas regentes das relações familiares.

Nesse corte epistemológico, elegemos três princípios cuja lembrança é fundamental para a compreensão do Direito de Família, a saber, os princípios da dignidade da pessoa humana, da igualdade e da vedação ao retrocesso.

Vamos a eles.

3.1. Princípio da dignidade da pessoa humana

Conforme noticiamos no capítulo antecedente, temos esboçado, em diversas oportunidades, uma viva preocupação em face do *princípio da dignidade da pessoa humana*, que se nos afigura, inequivocamente, como a maior conquista do Direito brasileiro nos últimos anos.

E essa preocupação se justifica quando percebemos que a sua repetição infundada e pouco consciente pode culminar por embaçá-lo, banalizando-o.

Afinal de contas, o que se entende por dignidade da pessoa humana? Qual é a sua dimensão? Como se dá a sua aplicação social?

Em vão será a tarefa de tentar o nosso leitor apreender o seu alcance na obra dos dicionaristas, que, em geral, dão-lhe conotação restrita e essencialmente aristocrática:

"Dignidade, *s.f.* (lat. *Dignitatem*). Qualidade de quem ou daquilo que é digno; cargo honorífico; nobreza; decoro; autoridade moral; respeitabilidade"[2].

A dignidade humana é muito mais do que isso.

Princípio solar em nosso ordenamento, a sua definição é missão das mais árduas, muito embora arrisquemo-nos a dizer que a noção jurídica de *dignidade traduz um valor fundamental de respeito à existência humana, segundo as suas possibilidades e expectativas, patrimoniais e afetivas, indispensáveis à sua realização pessoal e à busca da felicidade.*

Mais do que garantir a simples *sobrevivência*, esse princípio assegura o *direito de se viver plenamente*, sem quaisquer intervenções espúrias — estatais ou particulares — na realização dessa finalidade.

É correto afirmar-se, aliás, que o princípio da dignidade da pessoa humana tem uma dimensão objetiva ou metaindividual.

Tal aspecto restou inequívoco no famoso caso do "arremesso de anões", ocorrido na França.

---

[2] *Grande Dicionário Enciclopédico RIDEEL*, H. Maia de Oliveira (org.), v. 4, São Paulo: Rideel, 1978, p. 889.

No início da década de 1990, determinada boate nos arredores de Paris apresentava aos seus clientes, como uma das opções de entretenimento, o arremesso de anões. O cliente interessado divertia-se arremessando à distância uma pessoa portadora dessa deficiência.

A Prefeitura de Paris, por entender que tal prática, em franco desrespeito à dignidade humana, violava a Declaração Europeia de Direitos Humanos, afigurando-se ilícita, embargou a atividade.

A boate se defendeu argumentando que teria o direito de exercer aquela atividade econômica.

E o mais surpreendente: o anão figurou no processo, ao lado da boate, sustentando que aquela era a sua atividade econômica, o seu meio de sustento de vida.

O Tribunal de Versalhes, então, cassou o embargo administrativo, autorizando a prática combatida. Coube ao Conselho de Estado da França reformar a decisão do Tribunal, para proibir em definitivo a modalidade, deixando claro que a dignidade de um homem não interessa apenas a ele, mas a toda a sociedade. Seria o caso de inseri-lo em algum programa assistencial do governo, mas não permitir a continuação de uma atividade profissional degradante.

Comentando esse precedente, observa EDILSON PEREIRA NOBRE JR.:

"O fato, largamente presente nos noticiários, remontou ao final do ano de 1991, sendo patrocinado por empresa do ramo de entretenimento para jovens, ao lançar, em algumas discotecas da região metropolitana de Paris e arrabaldes, uma não usual atração, conhecida como 'arremesso de anão' (*lancer de nain*), consistente no lançamento pela plateia de um indivíduo de pequena estatura (um anão) de um ponto a outro do estabelecimento, tal como se fosse um projétil.

Interditada a prática por ordem do prefeito de *Morsang-sur-Orge*, sob a alegativa de violação ao art. 131 do Código dos Municípios, bem assim com fundamento no art. 3.º da Convenção Europeia de Direitos Humanos, tal decisão foi anulada pelo Tribunal Administrativo de *Versailles*.

Levado o caso ao Conselho de Estado, este, decidindo recurso, reformou a decisão de primeiro grau da jurisdição administrativa, com vistas a manter hígido o ato administrativo impugnado, declarando que o respeito à dignidade da pessoa humana é um dos componentes da noção de ordem pública, cabendo à autoridade administrativa, no uso do poder de polícia, interditar espetáculo atentatório a tão importante valor. Da deliberação, algumas constatações ainda podem ser destacadas: a) a dignidade da pessoa humana, como lastro do poder de polícia, representa uma limitação à liberdade individual, mais precisamente à liberdade de contratar, tutelando, assim, o indivíduo contra si próprio; b) no escopo de definir o que se deve entender por tratamento degradante, o Conselho de Estado hauriu noção da Corte Europeia dos Direitos Humanos (caso *Tyer*), ao apontar aquele na atitude '*que humilha grosseiramente o indivíduo diante de outrem ou o leva a agir contra a sua vontade ou sua consciência*'"[3].

---

[3] Edilson Pereira Nobre Júnior, "O Direito brasileiro e o princípio da dignidade da pessoa humana". *Jus Navigandi*, Teresina, ano 4, n. 41, maio 2000. Disponível em: <http://jus2.uol.com.br/doutrina/texto.asp?id=161>. Acesso em: 14 out. 2007.

Esse princípio traduz, pois, uma diretriz de inegável *solidarismo social*, imprescindível à implantação efetiva do Estado Democrático de Direito.

Não é por outro motivo, aliás, que a Constituição da República, tratando-o como valor fundamental, em seu art. 1.º, III, dispõe:

"Art. 1.º A República Federativa do Brasil, formada pela união indissolúvel dos Estados, dos Municípios e do Distrito Federal, constitui-se em Estado Democrático de Direito e tem como fundamentos:
(...)
III — a dignidade da pessoa humana".

A sua magnitude constitucional denota o seu conteúdo essencialmente político, transcendente, pois, de qualquer tentativa de contenção pelo Direito Público ou Privado.

Nessa linha de raciocínio é o pensamento de GUSTAVO TEPEDINO:

"Com efeito, a escolha da dignidade da pessoa humana como fundamento da República, associada ao objetivo fundamental de erradicação da pobreza e da marginalização, e de redução das desigualdades sociais, juntamente com a previsão do § 2.º do art. 5.º, no sentido da não exclusão de quaisquer direitos e garantias, mesmo que não expressos, desde que decorrentes dos princípios adotados pelo Texto Maior, configuram uma verdadeira *cláusula geral de tutela e promoção da pessoa humana*, tomada como valor máximo pelo ordenamento"[4].

Reforçando esse pensamento, lembra-nos NOBRE JR. o pensamento do grande KARL LARENZ, que:

"instado a pronunciar-se sobre o personalismo ético da pessoa no Direito Privado, reconhece na dignidade pessoal a prerrogativa de todo ser humano em ser respeitado como pessoa, de não ser prejudicado em sua existência (a vida, o corpo e a saúde) e de fruir de um âmbito existencial próprio"[5].

De fato, inspirando-nos neste grande filósofo, e retomando o nosso conceito já apresentado, podemos concluir que *a dignidade humana somente é preservada na medida em que se garante o respeito à dimensão existencial do indivíduo, não apenas em sua esfera pessoal, mas, principalmente, no âmbito das suas relações sociais.*

E, nessa última, *avulta a perspectiva familiar em que cada pessoa se projeta ou está inserida.*

Assim, é forçoso concluir que o respeito ao princípio constitucional da dignidade da pessoa humana somente será pleno e efetivo quando observado também no seio das relações de família.

Com isso, visando a não apenas transpô-lo para o papel, como mero repetidor mecânico da norma, em hermenêutica desaconselhável, reiteramos o nosso entendimento, já

---

[4] Gustavo Tepedino, *A Parte Geral do Novo Código Civil: Estudos na Perspectiva Civil-Constitucional*. Rio de Janeiro: Renovar, 2002, p. XXV.

[5] Edilson Pereira Nobre Júnior, "O Direito brasileiro e o princípio da dignidade da pessoa humana". *Jus Navigandi*, Teresina, ano 4, n. 41, maio 2000. Disponível em: <http://jus2.uol.com.br/doutrina/texto.asp?id=161>. Acesso em: 20 nov. 2007.

esposado no capítulo anterior[6], no sentido de que a sua incidência na relação de Direito Privado pressupõe uma construção argumentativa racional (e sensível), ou, no dizer de ALEXY, exige-se do intérprete o necessário "*ônus da argumentação jurídica*".

Para tanto, afigura-se, em nosso sentir, fundamental o desenvolvimento da doutrina da eficácia horizontal dos direitos e garantias fundamentais.

Exemplifiquemos.

Sob o influxo do princípio da dignidade humana, epicentro normativo do sistema de direitos e garantias fundamentais, podemos afirmar que a Constituição Federal consagrou um *sistema aberto de família* para admitir, ainda que não expressos, outros núcleos ou arranjos familiares para além daqueles constitucionalmente fixados, a exemplo da união homoafetiva.

Mas esses outros núcleos não decorrem diretamente da dignidade humana: somente por meio do reconhecimento *do direito constitucional à liberdade e do reconhecimento constitucional à isonomia*, o princípio maior (da dignidade da pessoa humana) se faz presente, atuando na relação concreta de Direito Privado.

Em síntese: *entre um princípio geral e a sua aplicação ao fato há um caminho a ser seguido, e, no presente caso, esse caminho se identifica com a doutrina da eficácia horizontal dos direitos fundamentais, tratada no capítulo* anterior[7].

Assim agindo, amigo leitor, pensamos que a concretude da dignidade humana será mais efetiva, permitindo, com mais segurança, a realização de um Estado verdadeiramente democrático de Direito.

3.2. Princípio da igualdade

A consagração do princípio da igualdade, em nível constitucional, representou um avanço inegável do Direito Brasileiro.

Poderíamos analisá-lo sob diversos aspectos, diferentes aplicações e âmbitos de incidência, mas, para não nos afastarmos do nosso objeto de estudo, cuidaremos de aprofundar a sua análise nas relações de família.

Inegavelmente, na seara familiarista, a igualdade entre homens e mulheres é a grande premissa da qual deveremos partir.

Lembra-nos o culto professor JOSÉ AFONSO DA SILVA que:

"O sexo sempre foi um fator de discriminação. O sexo feminino sempre esteve inferiorizado na ordem jurídica, e só mais recentemente vem ele, a duras penas, conquistando posição paritária, na vida social e jurídica à do homem. A Constituição, como vimos, deu largo passo na superação do tratamento desigual fundado no sexo, ao equiparar os direitos e obrigações de homens e mulheres"[8].

---

[6] Confira-se o Tópico 5 ("A Família e a Eficácia Horizontal dos Direitos Fundamentais") do Capítulo I ("Introdução ao Direito de Família") deste volume.

[7] Reiteramos a remissão ao Tópico 5 ("A Família e a Eficácia Horizontal dos Direitos Fundamentais") do Capítulo I ("Introdução ao Direito de Família") deste volume.

[8] José Afonso da Silva, *Curso de Direito Constitucional Positivo*, 16. ed., São Paulo: Malheiros, 1999, p. 226-7.

E, de fato, a busca dessa igualdade torna-se imperiosa, quando consideramos o novo contexto social em que está inserida a mulher brasileira, segundo dados do IBGE:

"O crescimento da participação das mulheres no mercado de trabalho pode ter ocasionado mudanças na estrutura das famílias brasileiras, como mostram dados da Síntese dos Indicadores Sociais divulgados nesta quarta-feira pelo Instituto Brasileiro de Geografia e Estatística (IBGE).

Entre 1995 e 2005, o número de famílias chefiadas por mulheres cresceu 35%, passando de 22,9%, em 1995, para 30,6%, em 2005. O maior crescimento aconteceu em Santa Catarina (64,1%) e Mato Grosso (58,8%).

Esse aumento vem ocorrendo mesmo nas famílias onde há a presença do marido, analisa o IBGE. No ano passado, do total das famílias com parentesco, em 28,3% a chefia era feminina. Em 18,5% desse universo, as mulheres eram chefes, apesar da presença do marido. Em 1995, essa proporção era de apenas 3,5%.

O indicador aponta não somente para mudanças culturais e de papéis no âmbito da família, como reflete a ideia de chefia 'compartilhada', isto é, uma maior responsabilidade do casal com a família, avalia o instituto.

Em 2005, a população economicamente ativa (PEA) somava 96 milhões de pessoas, das quais 56,4% eram homens e 43,6%, mulheres. Observou-se que nos últimos 10 anos a distribuição da PEA por sexo sofreu uma acentuada mudança, com a redução da participação masculina e aumento da feminina em 3,2 pontos percentuais.

A concentração de população na região metropolitana de São Paulo é outro dado de destaque do estudo, já que, no ano passado, 10,5% dos brasileiros (ou 19,4 milhões de pessoas) viviam nessa área.

Dependência

A Síntese mostra também que a dependência da renda dos idosos segue muito forte no país, já que, em 2005, mais de 65% da população idosa do país chefiava os domicílios em que viviam, sendo que 5,6 milhões desses idosos seguiam trabalhando.

De acordo com o estudo, o percentual de famílias formadas por casais com filhos na região Sudeste, por exemplo, caiu de 56,6% para 48,5% entre 1995 e 2005.

Outro fenômeno notável no estudo refere-se ao crescimento do número de pessoas morando sozinhas no país, que chegou a quase 6 milhões em 2005.

Por outro lado, um traço negativo dos números mostra o aumento na proporção de mães adolescentes, que cresceu de 6,8% para 7,1% somente entre 2004 e 2005"[9].

Infelizmente, no entanto, a remuneração percebida ainda é inferior à do homem, situação que, logicamente, não se justifica:

"O IBGE confirma que as mulheres têm salários menores em todos os níveis de escolaridade. Em 2003, os homens com até três anos de estudo recebiam, em média, um salário de R$ 343,30 contra R$ 211 pagos às mulheres com o mesmo nível de escolaridade. Para aqueles com grau de instrução entre oito a dez anos de estudo, o salário médio pago foi de R$ 631,70 contra R$ 350,60 pagos às mulheres. Acima de 11 anos, a pesquisa mostra que a relação permaneceu inalterada. As mulheres recebiam 58,6% do rendimento dos homens com a mesma escolaridade"[10].

---

[9] Fonte: Notícias do site UOL. disponível em: <http://noticias.uol.com.br/economia/ultnot/2006/12/20/ult82u6564.jhtm?action=print>. Acesso em: 23 dez. 2007.

[10] Fonte: Canal Executivo UOL. Disponível em: <http://www2.uol.com.br/canalexecutivo/notas/080320053.htm>. Acesso em: 23 dez. 2007.

Dados de 2019 do IPEA apontam, inclusive, que "a questão de gênero é determinante no mercado de trabalho. De uma forma geral, as mulheres brasileiras ganham, em média, 76% da remuneração masculina, segundo dados da Pesquisa Nacional por Amostra de Domicílios (PNAD). Mulheres negras recebem ainda menos: 43% dos salários dos homens brancos"[11].

Ora, a isonomia que se busca não pode apenas aninhar-se *formalmente* em texto de lei, mas deve, sim, fazer-se *materialmente* presente na sociedade brasileira, que se pretende erigir — um dia, Deus permita — como solidária, justa e democrática.

Lembra PEDRO LENZA:

"Essa busca por uma *igualdade substancial*, muitas vezes idealista, reconheça-se, eterniza-se na sempre lembrada, com emoção, *Oração aos Moços*, de Rui Barbosa, inspirada na lição secular de Aristóteles, devendo-se tratar igualmente os iguais e desigualmente os desiguais na medida de suas desigualdades"[12].

E que esse ideal não se perca nunca...

Seguindo, pois, a norma constitucional, especialmente os art. 5.º, I[13], o já mencionado art. 226, § 5.º[14], e o art. 227[15], da Constituição Federal de 1988; o Código Civil de 2002, ao regular o Direito de Família, consagra a igualdade entre homens e mulheres, como podemos observar:

"Art. 1.511. O casamento estabelece comunhão plena de vida, *com base na igualdade de direitos e deveres dos cônjuges*". (grifos nossos)

Na mesma linha:

"Art. 1.565. Pelo casamento, homem e mulher *assumem mutuamente* a condição de consortes, companheiros e responsáveis pelos encargos da família.

§ 1.º Qualquer dos nubentes, querendo, poderá acrescer ao seu o sobrenome do outro.

---

[11] Disponível em: <https://www.ipea.gov.br/portal/index.php?option=com_content&view=article&id=34627#:~:text=Mulheres%2520ganham%252076%2525%2520da%2520remunera%25C3%25A7%25C3%25A3o%2520dos%2520homens&text=A%2520quest%25C3%25A3o%2520de%2520g%25C3%25AAnero%2520%25C3%25A9,Amostra%2520de%2520Domic%25C3%25ADlios%2520(PNAD)>. Acesso em: 13 ago. 2020.

[12] Pedro Lenza, *Direito Constitucional Esquematizado*, 11. ed., São Paulo: Método, 2007, p. 702.

[13] "Art. 5.º Todos são iguais perante a lei, sem distinção de qualquer natureza, garantindo-se aos brasileiros e aos estrangeiros residentes no País a inviolabilidade do direito à vida, à liberdade, à igualdade, à segurança e à propriedade, nos termos seguintes:

I — homens e mulheres são iguais em direitos e obrigações, nos termos desta Constituição".

[14] "Art. 226. A família, base da sociedade, tem especial proteção do Estado.

(...)

§ 5.º Os direitos e deveres referentes à sociedade conjugal são exercidos igualmente pelo homem e pela mulher".

[15] "Art. 227. É dever da família, da sociedade e do Estado assegurar à criança, ao adolescente e ao jovem, com absoluta prioridade, o direito à vida, à saúde, à alimentação, à educação, ao lazer, à profissionalização, à cultura, à dignidade, ao respeito, à liberdade e à convivência familiar e comunitária, além de colocá-los a salvo de toda forma de negligência, discriminação, exploração, violência, crueldade e opressão.

§ 2.º O planejamento familiar é de *livre decisão do casal*, competindo ao Estado propiciar recursos educacionais e financeiros para o exercício desse direito, vedado qualquer tipo de coerção por parte de instituições privadas ou públicas"[16]. (grifos nossos)

O mesmo princípio, por óbvio, será aplicado na união estável ou em qualquer outro arranjo familiar, impondo um *regime colaborativo* — e não de subordinação — entre os denominados "chefes de família".

Outra importante aplicação do princípio é no campo da *filiação*.

---

§ 1.º O Estado promoverá programas de assistência integral à saúde da criança, do adolescente e do jovem, admitida a participação de entidades não governamentais, mediante políticas específicas e obedecendo os seguintes preceitos:

I — aplicação de percentual dos recursos públicos destinados à saúde na assistência materno-infantil;

II — criação de programas de prevenção e atendimento especializado para as pessoas portadoras de deficiência física, sensorial ou mental, bem como de integração social do adolescente e do jovem portador de deficiência, mediante o treinamento para o trabalho e a convivência, e a facilitação do acesso aos bens e serviços coletivos, com a eliminação de obstáculos arquitetônicos e de todas as formas de discriminação.

§ 2.º A lei disporá sobre normas de construção dos logradouros e dos edifícios de uso público e de fabricação de veículos de transporte coletivo, a fim de garantir acesso adequado às pessoas portadoras de deficiência.

§ 3.º O direito a proteção especial abrangerá os seguintes aspectos:

I — idade mínima de quatorze anos para admissão ao trabalho, observado o disposto no art. 7.º, XXXIII;

II — garantia de direitos previdenciários e trabalhistas;

III — garantia de acesso do trabalhador adolescente e jovem à escola;

IV — garantia de pleno e formal conhecimento da atribuição de ato infracional, igualdade na relação processual e defesa técnica por profissional habilitado, segundo dispuser a legislação tutelar específica;

V — obediência aos princípios de brevidade, excepcionalidade e respeito à condição peculiar de pessoa em desenvolvimento, quando da aplicação de qualquer medida privativa da liberdade;

VI — estímulo do Poder Público, através de assistência jurídica, incentivos fiscais e subsídios, nos termos da lei, ao acolhimento, sob a forma de guarda, de criança ou adolescente órfão ou abandonado;

VII — programas de prevenção e atendimento especializado à criança, ao adolescente e ao jovem dependente de entorpecentes e drogas afins.

§ 4.º A lei punirá severamente o abuso, a violência e a exploração sexual da criança e do adolescente.

§ 5.º A adoção será assistida pelo Poder Público, na forma da lei, que estabelecerá casos e condições de sua efetivação por parte de estrangeiros.

§ 6.º Os filhos, havidos ou não da relação do casamento, ou por adoção, terão os mesmos direitos e qualificações, proibidas quaisquer designações discriminatórias relativas à filiação.

§ 7.º No atendimento dos direitos da criança e do adolescente levar-se-á em consideração o disposto no art. 204".

§ 8.º A lei estabelecerá: (Incluído Pela Emenda Constitucional n. 65, de 2010)

I — o estatuto da juventude, destinado a regular os direitos dos jovens;

II — o plano nacional de juventude, de duração decenal, visando à articulação das várias esferas do poder público para a execução de políticas públicas.

[16] Confira-se a evidente evolução, no que diz respeito ao sistema codificado anterior, uma vez que a norma correspondente, no Código Civil brasileiro de 1916, era o art. 240, que preceituava: "Art. 240. A mulher, com o casamento, assume a condição de companheira, consorte e colaboradora do marido nos encargos de família, cumprindo-lhe velar pela direção material e moral desta. Parágrafo único. A mulher poderá acrescer aos seus os apelidos do marido".

Na vereda do art. 227, § 6.º da CF, o Código Civil estabelece, em caráter absoluto e inafastável, a igualdade entre os filhos, não admitindo, sob nenhum argumento ou pretexto, qualquer forma espúria de discriminação:

"Art. 1.596. Os filhos, havidos ou não da relação de casamento, ou por adoção, terão os mesmos direitos e qualificações, proibidas quaisquer designações discriminatórias relativas à filiação"[17].

Não há mais espaço, portanto, para a vetusta distinção entre filiação legítima e ilegítima, característica do sistema anterior, que privilegiava a todo custo a "estabilidade no casamento" em detrimento da dimensão existencial de cada ser humano integrante do núcleo familiar.

Avançando um pouco mais, podemos reconhecer a incidência do princípio da igualdade na própria *guarda compartilhada*[18], modalidade especial de arranjo em que pai e mãe, sem cunho de unilateralidade ou prevalência, exercem simultaneamente os direitos e deveres decorrentes e inerentes ao poder familiar, corresponsabilizando-se pelo seu filho.

No dizer de TATIANA ROBLES:

"A Constituição Federal, procedendo à assunção de tais mudanças sociais, consagrou o princípio da igualdade entre homens e mulheres no exercício dos direitos e deveres decorrentes da sociedade conjugal.

Entrementes, para que tal princípio possa ser efetivamente concretizado, faz-se necessária a instituição de uma nova forma de relacionamento entre pais e filhos, em que o papel do pai não seja mais relegado a um plano secundário".

E conclui a autora:

"Desse modo, a guarda compartilhada é a que se apresenta mais apta a reorganizar as relações parentais no interior da família desunida, atenuando os traumas nas relações afetivas entre pais e filhos, garantindo a esses últimos a presença de ambos os genitores em sua formação e, aos pais, a solidariedade no exercício do poder familiar"[19].

Não poderíamos, ainda, esquecer a *união homoafetiva*.

Todo esforço tem sido feito pela doutrina especializada, amparando-se no direito comparado e, especialmente, nos princípios da igualdade e da liberdade de orientação sexual, para permitir a efetiva tutela, no Brasil, desse núcleo familiar[20].

Respeitar, pois, a dignidade humana, é aceitar a diferença.

O STJ, mesmo antes da histórica decisão do Supremo Tribunal Federal na ADI 4.277 (que reconheceu a união homoafetiva como forma de família), já dava sinal de aceitação da tese, como se depreende do seguinte julgado:

---

[17] Talvez seja um sintoma dessa mudança paradigmática o fato de não haver uma norma diretamente correspondente a essa no Código Civil brasileiro de 1916.

[18] Confira-se o Capítulo XXIV ("Guarda de Filhos") deste volume.

[19] Tatiana Robles, *Guarda Compartilhada e Mediação*. Disponível em: <http://www.ibdfam.org.br/?artigos&artigo=72>. Acesso em: 23 dez. 2007.

[20] Considerando a *União Homoafetiva* efetivamente como uma modalidade de família, confira-se o Capítulo XXI deste volume.

"RECURSO ESPECIAL. DIREITO PREVIDENCIÁRIO. PENSÃO POR MORTE. RELACIONAMENTO HOMOAFETIVO. POSSIBILIDADE DE CONCESSÃO DO BENEFÍCIO. MINISTÉRIO PÚBLICO. PARTE LEGÍTIMA.

1 — A teor do disposto no art. 127 da Constituição Federal, 'O Ministério Público é instituição permanente, essencial à função jurisdicional do Estado, incumbindo-lhe a defesa da ordem jurídica, do regime democrático de direito e dos interesses sociais e individuais indisponíveis'. *In casu*, ocorre reivindicação de pessoa, em prol de tratamento igualitário quanto a direitos fundamentais, o que induz à legitimidade do Ministério Público, para intervir no processo, como o fez.

2 — No tocante à violação ao artigo 535 do Código de Processo Civil, uma vez admitida a intervenção ministerial, quadra assinalar que o acórdão embargado não possui vício algum a ser sanado por meio de embargos de declaração; os embargos interpostos, em verdade, sutilmente se aprestam a rediscutir questões apreciadas no v. acórdão; não cabendo, todavia, redecidir, nessa trilha, quando é da índole do recurso apenas reexprimir, no dizer peculiar de PONTES DE MIRANDA, que a jurisprudência consagra, arredando, sistematicamente, embargos declaratórios, com feição, mesmo dissimulada, de infringentes.

3 — A pensão por morte é: 'o benefício previdenciário devido ao conjunto dos dependentes do segurado falecido — a chamada família previdenciária — no exercício de sua atividade ou não (neste caso, desde que mantida a qualidade de segurado), ou, ainda, quando ele já se encontrava em percepção de aposentadoria. O benefício é uma prestação previdenciária continuada, de caráter substitutivo, destinado a suprir, ou pelo menos, a minimizar a falta daqueles que proviam as necessidades econômicas dos dependentes'. (Rocha, Daniel Machado da, Comentários à lei de benefícios da previdência social/Daniel Machado da Rocha, José Paulo Baltazar Júnior. 4. ed. Porto Alegre: Livraria do Advogado Editora: Esmafe, 2004. p. 251).

4 — Em que pesem as alegações do recorrente quanto à violação do art. 226, § 3.º, da Constituição Federal, convém mencionar que a ofensa a artigo da Constituição Federal não pode ser analisada por este Sodalício, na medida em que tal mister é atribuição exclusiva do Pretório Excelso. Somente por amor ao debate, porém, de tal preceito não depende, obrigatoriamente, o desate da lide, eis que não diz respeito ao âmbito previdenciário, inserindo-se no capítulo 'Da Família'. Face a essa visualização, a aplicação do direito à espécie se fará à luz de diversos preceitos constitucionais, não apenas do art. 226, § 3.º da Constituição Federal, levando a que, em seguida, se possa aplicar o direito ao caso em análise.

5 — Diante do § 3.º do art. 16 da Lei n. 8.213/91, verifica-se que o que o legislador pretendeu foi, em verdade, ali gizar o conceito de entidade familiar, a partir do modelo da união estável, com vista ao direito previdenciário, sem exclusão, porém, da relação homoafetiva.

6 — Por ser a pensão por morte um benefício previdenciário, que visa suprir as necessidades básicas dos dependentes do segurado, no sentido de lhes assegurar a subsistência, há que interpretar os respectivos preceitos partindo da própria Carta Política de 1988 que, assim estabeleceu, em comando específico: 'Art. 201. Os planos de previdência social, mediante contribuição, atenderão, nos termos da lei, a: (...) V — pensão por morte de segurado, homem ou mulher, ao cônjuge ou companheiro e dependentes, obedecido o disposto no § 2.º'.

7 — Não houve, pois, de parte do constituinte, exclusão dos relacionamentos homoafetivos, com vista à produção de efeitos no campo do direito previdenciário, configurando-se mera lacuna, que deverá ser preenchida a partir de outras fontes do direito.

8 — Outrossim, o próprio INSS, tratando da matéria, regulou, através da Instrução Normativa n. 25 de 7-6-2000, os procedimentos com vista à concessão de benefício ao companheiro ou companheira homossexual, para atender a determinação judicial expedida pela juíza Simone Barbasin Fortes, da Terceira Vara Previdenciária de Porto Alegre, ao deferir medida liminar na Ação Civil Pública 2000.71.00.009347-0, com eficácia *erga omnes*. Mais do que razoável, pois, estender-se tal orientação, para alcançar situações idênticas, merecedoras do mesmo tratamento.

9 — Recurso Especial não provido."

(REsp 395.904/RS, rel. Min. Hélio Quaglia Barbosa, data do julgamento 13-12-2005, 6.ª Turma).

E mais:

"PREVIDÊNCIA PRIVADA. PENSÃO *POST MORTEM*. UNIÃO HOMOAFETIVA.

A questão posta no REsp cinge-se à possibilidade de entender-se procedente o pedido de pensão *post mortem* feito à entidade fechada de previdência privada complementar, com base na existência de união afetiva entre pessoas do mesmo sexo pelo período aproximado de 15 anos. A Turma entendeu, entre outras questões, que, comprovada a existência de união afetiva entre pessoas do mesmo sexo, é de se reconhecer o direito do companheiro sobrevivente de receber benefícios previdenciários decorrentes do plano de previdência privada do qual o falecido era participante, com os idênticos efeitos da união estável. Desse modo, se, por força do art. 16 da Lei n. 8.213/91, a necessária dependência econômica para a concessão da pensão por morte entre companheiros de união estável é presumida, também o é no caso de companheiros do mesmo sexo, diante do emprego da analogia que se estabeleceu entre essas duas entidades familiares. Ressaltou-se que a proteção social ao companheiro homossexual decorre da subordinação dos planos complementares privados de previdência aos ditames genéricos do plano básico estatal, do qual são desdobramentos no interior do sistema de seguridade social, de forma que os normativos internos dos planos de benefícios das entidades de previdência privada podem ampliar, mas não restringir, o rol dos beneficiários designados pelos participantes. O direito social previdenciário, ainda que de caráter privado complementar, deve incidir igualitariamente sobre todos aqueles que se colocam sob seu manto protetor. Assim, aqueles que vivem em uniões de afeto com pessoas do mesmo sexo seguem enquadrados no rol dos dependentes preferenciais dos segurados no regime geral, bem como dos participantes no regime complementar de previdência, em igualdade de condições com todos os demais beneficiários em situações análogas. Ressaltou-se, ainda, que, incontroversa a união nos mesmos moldes em que a estável, o companheiro participante de plano de previdência privada faz jus à pensão por morte, ainda que não esteja expressamente inscrito no instrumento de adesão, isso porque a previdência privada não perde seu caráter social só pelo fato de decorrer de avença firmada entre particulares. Dessa forma, mediante ponderada intervenção do juiz, munido das balizas da integração da norma lacunosa por meio da analogia, considerando-se a previdência privada em sua acepção de coadjuvante da previdência geral e seguindo os princípios que dão forma ao direito previdenciário como um todo, entre os quais se destaca o da solidariedade, são considerados beneficiários os companheiros de mesmo sexo de participantes dos planos de previdência, sem preconceitos ou restrições de qualquer ordem, notadamente aquelas amparadas em ausência de disposição legal. Nesse contexto, enquanto a lei civil permanecer inerte, as novas estruturas de convívio que batem às portas dos tribunais devem ter sua tutela jurisdicional prestada com base nas leis existentes e nos parâmetros humanitários que norteiam, não só o Direito Constitucional, mas a maioria dos ordenamentos jurídicos existentes no mundo. Destarte, especificamente quanto ao tema em foco, é de ser atribuída normatividade idêntica à da união estável ao relacionamento afetivo entre pessoas do mesmo sexo, com os efeitos jurídicos daí derivados, evitando-se que, por conta do preconceito, sejam suprimidos direitos fundamentais das pessoas envolvidas. Por fim, registrou-se que o alcance dessa decisão abrange unicamente os planos de previdência privada complementar" (REsp 1.026.981/RJ, rel. Min. Nancy Andrighi, julgado em 4-2-2010).

Daí, não se estranha — ao contrário, elogia-se e considera-se um corolário lógico — a vanguardista decisão da 4.ª Turma do Superior Tribunal de Justiça, relatada pelo Ministro Luis Felipe Salomão, que, no julgamento do REsp 1.183.378/RS, autorizou o casamento civil homoafetivo.

De todo o exposto, pode o nosso amigo leitor observar que a aplicação do princípio da igualdade nos remete a uma casuística infindável, não havendo, de nossa parte, a intenção de esgotá-la.

Aliás, qualquer tentativa nesse sentido seria infrutífera.

E aí está a beleza do princípio: contendo uma indeterminação conceitual característica, permitir a sua aplicação em diversos setores da convivência humana.

3.3. Princípio da vedação ao retrocesso

Reputamos necessário destacar, como um importante vetor normativo aplicável ao Direito de Família, o *princípio da vedação ao retrocesso*.

Desenvolvido genialmente por J. J. GOMES CANOTILHO, esse superior princípio traduz a ideia de que uma lei posterior não pode neutralizar ou minimizar um direito ou uma garantia constitucionalmente consagrado[21].

Tratando do tema, preleciona CLAUSNER DONIZETI DUZ:

> "Ora, tratando os Direitos Fundamentais como uma forma do legislador dispor valores mínimos para a garantia de um direito essencial, verifica-se que tal norma constitucional traz consigo uma série de efeitos, dentre eles: a) a revogação dos atos anteriores que forem incompatíveis com o texto expresso; b) a obrigação do legislador de produzir normas de acordo com a consagração dos valores fundamentais; c) a proibição ao retrocesso como forma de demonstração do direito de defesa amparado; entre outros"[22].

Aplicando-o ao Direito de Família, apresentaremos situações para fixar bem a sua compreensão.

Por exemplo, não é correto dizer, em nosso sentir, que a Lei n. 9.278 de 1996 — segunda lei reguladora da união estável no Brasil — teria sido totalmente revogada (ab-rogada) pelo Código Civil de 2002[23].

---

[21] Ver a sua grande obra *Direito Constitucional e Teoria da Constituição*, Coimbra, Almedina, 1998, em que enfoca, especialmente, a seara dos direitos sociais (p. 321).

[22] Clausner Donizeti Duz, Texto extraído do Boletim Jurídico — ISSN 1807-9008. Disponível em: <http://www.boletimjuridico.com.br/doutrina/texto.asp?id=1016>. Acesso em: 13 jan. 2008.

[23] Abordaremos esse tema oportunamente no Capítulo XIX ("União Estável") deste volume, ao qual remetemos o leitor.

Se assim o fosse, teria havido um *inegável retrocesso na consagração constitucional da união estável como entidade familiar equiparada ao casamento*, o que repercutiria na indisponível dimensão da dignidade da pessoa humana.

Tome-se, a título exemplificativo, a norma referente ao direito real de habitação do(a) companheiro(a) sobrevivente, que, posto não expressamente regulado no Código novo, ainda estaria em vigor.

A negação desse direito, "afigura-se grave, à medida que a difícil situação sucessória do companheiro no Código de 2002 deve ser atenuada, segundo uma interpretação constitucional, e em atenção ao superior princípio da vedação ao retrocesso", conforme observado por PABLO STOLZE GAGLIANO[24].

Outro possível exemplo pode ser encontrado na nova disciplina normativa do divórcio.

Com efeito, quando a norma constitucional foi alterada, com a supressão da menção à separação judicial e ao decurso de lapso temporal para o exercício do direito de se divorciar, o que será visto em capítulo próprio[25], teve-se em mente facilitar o exercício desse direito, notadamente a possibilidade de constituição de novos vínculos conjugais.

Qualquer interpretação que condicione a nova disciplina às regras infraconstitucionais até então existentes (que exigiam a separação judicial ou o decurso de um lapso temporal para reconhecimento do divórcio) ou à edição de uma nova norma infraconstitucional caracterizaria violação ao princípio da vedação ao retrocesso, tornando inútil a modificação constitucional, interpretação que beira as raias do absurdo.

Note-se que, ao se *vedar o retrocesso*, respeita-se, por consequência, o princípio maior da dignidade humana, como anotado, com precisão, por RICARDO MAURÍCIO FREIRE SOARES:

"Dentre os princípios jurídicos, sobrelevam, inegavelmente, os princípios constitucionais. Isto porque os princípios da Constituição de 1988, situados no ápice do sistema jurídico, ao expressar valores ou indicar fins a serem alcançados pelo Estado e pela sociedade civil, irradiam-se pela totalidade do direito positivo nacional. É o que sucede com o princípio fundamental da dignidade da pessoa humana, previsto no art. 1.º, III, da Carta Magna. Conforme assinala Ingo Sarlet (2001, p. 41), a dignidade se afigura como a qualidade integrante e irrenunciável da condição humana, devendo ser reconhecida, respeitada, promovida e protegida. A aceitação da normatividade do princípio da dignidade da pessoa humana impõe, assim, a aceitação da sua capacidade de produzir efeitos jurídicos, através das modalidades de eficácia positiva, negativa, vedativa do retrocesso e hermenêutica".

E mais adiante:

"A seu turno, a eficácia vedativa do retrocesso se afigura como uma derivação da eficácia negativa, segundo a qual as conquistas relativas aos direitos fundamentais não podem ser elididas pela supressão de normas jurídicas progressistas"[26].

É, sem dúvida, a melhor diretriz para compreender o sistema normativo como um todo e, em especial, a disciplina das relações familiares.

---

[24] Pablo Stolze Gagliano, *Código Civil Comentado*, São Paulo: Atlas, 2004, v. 8, p. 218.

[25] Confira-se o tópico 5 ("Tratamento Jurídico Atual do Divórcio no Brasil") e seus subtópicos do Capítulo XXIII ("O Divórcio como Forma de Extinção do Vínculo Conjugal") deste volume.

[26] Ricardo Maurício Freire Soares, *Repensando um Velho Tema: A Dignidade da Pessoa Humana*. Disponível em: <http://cursoparaconcursos.com.br/arquivos/downloads/artigos/Ricardo_mauricio.pdf>. Acesso em: 13 jan. 2008.

Vistos esses três princípios gerais fundamentais, passemos a enfrentar a principiologia especial do Direito de Família.

4. PRINCÍPIOS ESPECIAIS (PECULIARES AO DIREITO DE FAMÍLIA)

Nos subtópicos anteriores, enfrentamos importantes princípios gerais do Direito que ganham especial contorno no campo das relações de família.

Nos próximos itens, porém, dissecaremos normas de otimização específicas do Direito de Família brasileiro.

4.1. Princípio da afetividade

Todo o moderno Direito de Família gira em torno do princípio da afetividade.

Não nos propomos, com isso, a tentar definir o amor, pois tal tarefa afigurar-se-ia impossível a qualquer estudioso, filósofo ou cientista.

Mas daí não se conclua inexistir aquilo que não pode ser racionalmente delineado.

Isso seria um lamentável erro.

Talvez, nesta hercúlea empreitada, houvesse sido vitorioso o apóstolo Paulo, em sua linda primeira Epístola aos Coríntios, quando eternizou:

"Ainda que eu falasse as línguas dos homens e dos anjos, e não tivesse amor, seria como o metal que soa ou como o sino que tine.

E ainda que tivesse o dom de profecia, e conhecesse todos os mistérios e toda a ciência, e ainda que tivesse toda a fé, de maneira tal que transportasse os montes, e não tivesse amor, nada seria.

E ainda que distribuísse toda a minha fortuna para sustento dos pobres, e ainda que entregasse o meu corpo para ser queimado, e não tivesse amor, nada disso me aproveitaria.

O amor é sofredor, é benigno; o amor não é invejoso; o amor não trata com leviandade, não se ensoberbece.

Não se porta com indecência, não busca os seus interesses, não se irrita, não suspeita mal;

Não folga com a injustiça, mas folga com a verdade;

Tudo sofre, tudo crê, tudo espera, tudo suporta.

O amor nunca falha; mas havendo profecias, serão aniquiladas; havendo línguas, cessarão; havendo ciência, desaparecerá;

Porque, em parte, conhecemos, e em parte profetizamos;

Mas, quando vier o que é perfeito, então o que o é em parte será aniquilado.

Quando eu era menino, falava como menino, sentia como menino, discorria como menino, mas, logo que cheguei a ser homem, acabei com as coisas de menino.

Porque agora vemos por espelho em enigma, mas então veremos face a face; agora conheço em parte, mas então conhecerei como também sou conhecido.

Agora, pois, permanecem a fé, a esperança e o amor, estes três, mas o maior destes é o amor". (1Cor, 13:1-13)

Mas o fato é que o amor — a afetividade — tem muitas faces e aspectos e, nessa multifária complexidade, temos apenas a certeza inafastável de que se trata de uma força elementar, propulsora de todas as nossas relações de vida.

Nesse contexto, fica fácil concluir que a sua presença, mais do que em qualquer outro ramo do Direito, se faz especialmente forte nas relações de família.

Aliás, como já dissemos antes, o próprio conceito de família, elemento-chave de nossa investigação científica, deriva — e encontra a sua raiz ôntica — da própria afetividade. Vale dizer, a comunidade de existência formada pelos membros de uma família é moldada pelo *liame socioafetivo* que os vincula, sem aniquilar as suas individualidades.

E, como decorrência da aplicação desse princípio, uma inafastável conclusão, já exposta nesta obra, é no sentido de o Direito Constitucional de Família brasileiro, para além da tríade *casamento — união estável*[27] *— núcleo monoparental*, reconhecer também outras formas de arranjos familiares, a exemplo da união entre pessoas do mesmo sexo.

Daí, inclusive, a opção pela expressão "união homoafetiva", preferida pela maioria dos autores modernos, e não "união homossexual", pois, as pessoas que formam esse núcleo estão jungidas pelo afeto, e não apenas pela sexualidade.

Ao encontro de tal entendimento, MARIA BERENICE DIAS:

"De forma cômoda, o Judiciário busca subterfúgios no campo do Direito das Obrigações, identificando como uma sociedade de fato o que nada mais é do que uma sociedade de afeto. A exclusão de tais relacionamentos da órbita do Direito de Família acaba impedindo a concessão dos direitos que defluem das relações familiares, tais como: meação, herança, usufruto, habitação, alimentos, benefícios previdenciários, entre tantos outros".

E ainda:

"Indispensável que se reconheça que os vínculos homoafetivos — muito mais do que relações homossexuais — configuram uma categoria social que não pode mais ser discriminada ou marginalizada pelo preconceito. Está na hora de o Estado, que consagra como princípio maior o respeito à dignidade da pessoa humana, reconhecer que todos os cidadãos dispõem do direito individual à liberdade, do direito social de escolha e do direito humano à felicidade"[28].

Com efeito, temos que ao legislador incumbe apenas o *reconhecimento* do ente familiar, mas não a sua *conceituação técnica delimitativa*, excludente de outros agrupamentos não estandardizados, pois se assim o fosse, estar-se-ia consagrando uma odiosa discriminação normativa, em franco desrespeito à superior principiologia constitucional.

É a conclusão a que podemos chegar em uma interpretação atual da clássica definição dos grandes RIPERT e BOULANGER, quando afirmam:

"La familia és una agrupación natural cuya existencia **debe reconocer la ley**. Es una necesidad ineludible para el hombre. El estado de debilidad y desamparo en que nace el niño, la cantidad de cuidados que exige y lo prolongado de los mismos, imponen a sus

---

[27] E o reconhecimento da união estável, outrora denominada simplesmente de "concubinato", não foi simples, resultando, também, sem dúvida, do reconhecimento deste princípio: "O ingresso do concubinato no direito de família caracterizaria, com efeito, uma nova e importante fase, na qual o legislador especial e, paulatinamente, a jurisprudência passariam a considerá-lo não só do ponto de vista das relações obrigacionais interpostas, tendo-se, ao contrário, em conta as relações de afeto e de solidariedade levadas a cabo pelos companheiros" (Gustavo Tepedino, *Temas de Direito Civil*, 2. ed., Rio de Janeiro: Renovar, 2001, p. 333).

[28] Maria Berenice Dias, *União Homossexual — O Preconceito e a Justiça*, 2. ed., Porto Alegre: Livraria do Advogado, 2001, p. 102-3.

padres deberes que no pueden ser satisfechos en un día y que forman el sólido fundamento de todas las relaciones de familia" (grifos nossos)[29].

Nesse mesmo diapasão, descortina-se, hoje, na vereda da afetividade, o importante reconhecimento das relações filiais desbiologizadas, mitigando-se[30], assim, com justiça, o entendimento, até então dogmático, da supremacia genética decorrente do laudo de exame de DNA, podendo, inclusive, gerar a consequente obrigação alimentar (conforme entendimento do Enunciado n. 341, da IV Jornada de Direito Civil)[31].

Ainda com base na afetividade, sem pretendermos, claro, esgotar o seu âmbito de aplicação, podemos citar as normas protetivas da criança e do adolescente, que, em inúmeras passagens, toma por base o afeto como vetor de orientação comportamental dos pais ou representantes, inclusive no que tange à inserção em família substituta, como podemos verificar da leitura dos *considerandos* da Convenção de Cooperação Internacional e Proteção de Crianças e Adolescentes em Matéria de Adoção Internacional:

"Reconhecendo que, para o desenvolvimento harmonioso de sua personalidade, a criança deve crescer em meio familiar, em clima de felicidade, de amor e de compreensão;

Recordando que cada país deveria tomar, com caráter prioritário, medidas adequadas para permitir a manutenção da criança em sua família de origem;

Reconhecendo que a adoção internacional pode apresentar a vantagem de dar uma família permanente à criança para quem não se possa encontrar uma família adequada em seu país de origem;

Convencidos da necessidade de prever medidas para garantir que as adoções internacionais sejam feitas no interesse superior da criança e com respeito a seus direitos fundamentais, assim como para prevenir o sequestro, a venda ou o tráfico de crianças; e

Desejando estabelecer para esse fim disposições comuns que levem em consideração os princípios reconhecidos por instrumentos internacionais, em particular a Convenção das Nações Unidas sobre os Princípios Sociais e Jurídicos Aplicáveis à Proteção e ao Bem--estar das Crianças, com Especial Referência às Práticas em Matéria de Adoção e de Colocação Familiar nos Planos Nacional e Internacional (Resolução da Assembleia Geral 41/85, de 3 de dezembro de 1986)..." (grifos nossos).

Na mesma linha, o Estatuto da Criança e do Adolescente, com as alterações promovidas pela Lei n. 12.010, de 3 de agosto de 2009 (Nova Lei Nacional de Adoção):

"Art. 28. A colocação em família substituta far-se-á mediante guarda, tutela ou adoção, independentemente da situação jurídica da criança ou adolescente, nos termos desta Lei.

---

[29] Georges Ripert e Jean Boulanger, *Tratado de Derecho Civil*, segun el Tratado de Planiol, tomo I — Parte General, Buenos Aires: La Rey, 1988, p. 344.

[30] No dizer de BELMIRO PEDRO WELTER, "Estabelecida constitucionalmente a família afetiva, não há motivo de os juristas biologistas oporem resistência à filiação sociológica, visto que, lembra Luiz Edson Fachin, é tempo de encontrar na tese biologista e na socioafetiva espaço de convivência, isso porque a sociedade não tem o interesse de decretar o fim da biologização..." (Belmiro Pedro Welter, *Igualdade entre as Filiações Biológica e Socioafetiva*, São Paulo: Revista dos Tribunais, 2003, p. 147).

[31] Enunciado 341: "Art. 1.696. Para os fins do art. 1.696, a relação socioafetiva pode ser elemento gerador de obrigação alimentar". Confira-se, sobre o tema, o Capítulo XXV ("Filiação") deste volume.

§ 1.º Sempre que possível, a criança ou adolescente será previamente ouvido por equipe interprofissional, respeitado o seu estágio de desenvolvimento e grau de compreensão sobre as implicações da medida, e terá sua opinião devidamente considerada.

§ 2.º Tratando-se de maior de 12 (doze) anos de idade, será necessário seu consentimento, colhido em audiência.

§ 3.º Na apreciação do pedido levar-se-á em conta o grau de parentesco e a relação de afinidade ou de afetividade, a fim de evitar ou minorar as consequências decorrentes da medida.

§ 4.º Os grupos de irmãos serão colocados sob adoção, tutela ou guarda da mesma família substituta, ressalvada a comprovada existência de risco de abuso ou outra situação que justifique plenamente a excepcionalidade de solução diversa, procurando-se, em qualquer caso, evitar o rompimento definitivo dos vínculos fraternais.

§ 5.º A colocação da criança ou adolescente em família substituta será precedida de sua preparação gradativa e acompanhamento posterior, realizados pela equipe interprofissional a serviço da Justiça da Infância e da Juventude, preferencialmente com o apoio dos técnicos responsáveis pela execução da política municipal de garantia do direito à convivência familiar.

§ 6.º Em se tratando de criança ou adolescente indígena ou proveniente de comunidade remanescente de quilombo, é ainda obrigatório:

I — que sejam consideradas e respeitadas sua identidade social e cultural, os seus costumes e tradições, bem como suas instituições, desde que não sejam incompatíveis com os direitos fundamentais reconhecidos por esta Lei e pela Constituição Federal;

II — que a colocação familiar ocorra prioritariamente no seio de sua comunidade ou junto a membros da mesma etnia;

III — a intervenção e oitiva de representantes do órgão federal responsável pela política indigenista, no caso de crianças e adolescentes indígenas, e de antropólogos, perante a equipe interprofissional ou multidisciplinar que irá acompanhar o caso".

Também na guarda de filhos, é perceptível a aplicação do princípio, consoante se deflui da simples leitura do Código Civil:

"Art. 1.584. A guarda, unilateral ou compartilhada, poderá ser:

I — requerida, por consenso, pelo pai e pela mãe, ou por qualquer deles, em ação autônoma de separação, de divórcio, de dissolução de união estável ou em medida cautelar;

II — decretada pelo juiz, em atenção a necessidades específicas do filho, ou em razão da distribuição de tempo necessário ao convívio deste com o pai e com a mãe.

§ 1.º Na audiência de conciliação, o juiz informará ao pai e à mãe o significado da guarda compartilhada, a sua importância, a similitude de deveres e direitos atribuídos aos genitores e as sanções pelo descumprimento de suas cláusulas.

§ 2.º Quando não houver acordo entre a mãe e o pai quanto à guarda do filho, encontrando-se ambos os genitores aptos a exercer o poder familiar, será aplicada a guarda compartilhada, salvo se um dos genitores declarar ao magistrado que não deseja a guarda do menor.

§ 3.º Para estabelecer as atribuições do pai e da mãe e os períodos de convivência sob guarda compartilhada, o juiz, de ofício ou a requerimento do Ministério Público, poderá basear-se em orientação técnico-profissional ou de equipe interdisciplinar, que deverá visar à divisão equilibrada do tempo com o pai e com a mãe.

§ 4.º A alteração não autorizada ou o descumprimento imotivado de cláusula de guarda unilateral ou compartilhada poderá implicar a redução de prerrogativas atribuídas ao seu detentor.

§ 5.º Se o juiz verificar que o filho não deve permanecer sob a guarda do pai ou da mãe, deferirá a guarda a pessoa que revele compatibilidade com a natureza da medida, considerados, de preferência, o grau de parentesco e as relações de afinidade e *afetividade*. (grifos nossos)

§ 6.º Qualquer estabelecimento público ou privado é obrigado a prestar informações a qualquer dos genitores sobre os filhos destes, sob pena de multa de R$ 200,00 (duzentos reais) a R$ 500,00 (quinhentos reais) por dia pelo não atendimento da solicitação".

Nítida, aliás, nesse ponto, é a evolução legislativa, por conta do abandono do princípio da culpa, e a substituição pela afetividade, segundo o interesse dos filhos[32].

Tantas são as aplicações desse princípio, que nos seria impossível esgotá-las nesta obra.

Mas o fato incontestável, e isso deve ficar claro ao nosso amigo leitor, é que toda a investigação científica do Direito de Família submete-se à força do princípio da afetividade, delineador dos *standards* legais típicos (e atípicos) de todos os institutos familiaristas.

E isso restou claro na doutrina de GUILHERME DE OLIVEIRA, quando, acertadamente, considera "o amor" assunto do casal, e não do Estado:

> "Conscientemente ou não, a primeira batalha travada, com êxito, contra a legitimação externa tradicional foi a da não discriminação dos 'filhos ilegítimos', com o álibi perfeito da inocência dos filhos relativamente aos 'pecados' dos pais. Aqui terá começado a mostrar-se aquela tendência.
>
> Desde então tem-se tornado mais nítida a perda do valor do Estado e da Igreja como instância legitimadora da comunhão de vida e nota-se uma crescente rejeição da tabela de valores e dos 'deveres conjugais' predeterminados por qualquer entidade externa aos próprios conviventes. A 'família autopoiética' pode receber estímulos do exterior mas todas as informações recebidas serão reelaboradas de acordo com as modalidades internas de comunicação. Neste sentido, pode dizer-se que o casal e a família acompanham o movimento para a criação de 'sistemas internamente referenciais', característico da sociedade moderna, e, assim, dentro do casal 'a lei é a ausência de lei', 'o amor torna-se um assunto exclusivo dos amantes' e o casal tornou-se seu próprio legislador"[33].

Finalmente, em conclusão a esse tópico, gostaríamos de compartilhar uma importante reflexão.

Note-se que, para uma adequada investigação da relação familiar, à luz desse princípio matricial, afigura-se imperativo que os juízes tenham sempre presente a necessidade de, não apenas estudarem atentamente o caso concreto, ouvindo sempre as partes e os advogados, mas, também, julgar sem a parcialidade indesejável de dogmáticas convicções pessoais, em uma interpretação, para além de simplesmente racional e lógica, mais compreensiva, solidária e sensível.

Com a palavra, MAURO CAPPELLETTI:

> "Em realidade, interpretação significa penetrar os pensamentos, inspirações e linguagem de outras pessoas com vistas a compreendê-los e — no caso do juiz, não menos que no

---

[32] Retornaremos ao tema no capítulo XXIV deste volume, quando tratarmos do tema da "Guarda dos Filhos".

[33] Guilherme de Oliveira, *Temas de Direito de Família,* 2. ed., Coimbra: Coimbra Editora, 2001, p. 336-7.

do musicista, por exemplo — reproduzi-los, 'aplicá-los' e 'realizá-los' em novo e diverso contexto, de tempo e lugar"[34].

De fato, interpretar o Direito de Família, nesse panorama de observância do princípio da afetividade, significa, em especial — mais do que aplicar ao caso concreto uma interpretação simplesmente racional-discursiva —, compreender as partes envolvidas no cenário posto sob o crivo judicial, respeitando as diferenças e valorizando, acima de tudo, os laços de afeto que unem os seus membros.

Afinal, nessa dialética harmoniosa, nenhuma família é igual a outra, e todas merecem, igualmente, ser respeitadas.

4.2. Princípio da solidariedade familiar

Outro princípio peculiar do Direito de Família, de fundamental importância, é o princípio da solidariedade familiar.

Esse princípio não apenas traduz a afetividade necessária que une os membros da família, mas, especialmente, concretiza uma especial forma de responsabilidade social aplicada à relação familiar.

A seu respeito, escreveu, com habitual inteligência, FLÁVIO TARTUCE:

"A solidariedade social é reconhecida como objetivo fundamental da República Federativa do Brasil pelo art. 3.º, inc. I, da Constituição Federal de 1988, no sentido de buscar a construção de uma sociedade livre, justa e solidária. Por razões óbvias, esse princípio acaba repercutindo nas relações familiares, já que a solidariedade deve existir nesses relacionamentos pessoais. Isso justifica, entre outros, o pagamento dos alimentos no caso de sua necessidade, nos termos do art. 1.694 do atual Código Civil.

A título de exemplo, o Superior Tribunal de Justiça aplicou o princípio em questão considerando o dever de prestar alimentos mesmo nos casos de união estável constituída antes de entrar em vigor a Lei n. 8.971/94, o que veio a tutelar os direitos da companheira. Reconheceu-se, nesse sentido, que a norma que prevê os alimentos aos companheiros é de ordem pública, o que justificaria a sua retroatividade"[35].

A solidariedade, portanto, culmina por determinar o amparo, a assistência material e moral recíproca, entre todos os familiares, em respeito ao princípio maior da dignidade da pessoa humana.

É ela, por exemplo, que justifica a obrigação alimentar entre parentes, cônjuges ou companheiros, ou, na mesma linha, que serve de base ao poder familiar exercido em face dos filhos menores.

Uma observação importante, porém, se faz necessária.

Embora a ideia de solidariedade remonte aos mais puros e nobres sentimentos humanos, a repercussão patrimonial, no sistema normativo brasileiro, parece evidente.

É o comentário crítico de PAULO LÔBO:

---

[34] Mauro Cappelletti, *Juízes Legisladores?*, Porto Alegre: Sergio Antonio Fabris Editor, 1993, p. 21.
[35] Flávio Tartuce, "Novos Princípios do Direito de Família Brasileiro", *Jus Navigandi*, Teresina, ano 10, n. 1069, 5 jun. 2006. Disponível em: <http://jus2.uol.com.br/doutrina/texto.asp?id=8468>. Acesso em: 20 dez. 2007.

"O Código Civil de 2002, apesar da apregoada mudança de paradigma, do individualismo para a solidariedade social, manteve forte presença dos interesses patrimoniais sobre os pessoais, em variados institutos do Livro IV, dedicado ao direito de família, desprezando-se o móvel da *affectio*, inclusive no Título I destinado ao 'direito pessoal'. Assim, as causas suspensivas do casamento, referidas no art. 1.523, são quase todas voltadas aos interesses patrimoniais (principalmente, em relação à partilha de bens). Da forma como permanece no Código, a autorização do pai, tutor ou curador para que se casem os que lhe estão sujeitos não se volta à tutela da pessoa, mas ao patrimônio dos que desejam casar; a razão de a viúva estar impedida de casar antes de dez meses depois da gravidez não é a proteção da pessoa humana do nascitura, ou a da certeza da paternidade, mas a proteção de seus eventuais direitos sucessórios; o tutor, o curador, o juiz, o escrivão estão impedidos de casar com as pessoas sujeitas a sua autoridade, porque aqueles, segundo a presunção da lei, seriam movidos por interesses econômicos. No capítulo destinado à dissolução da sociedade conjugal (antes da nova redação dada ao § 6.º do art. 226 da Constituição, pela EC n. 66, de 2010) e do casamento ressaltam os interesses patrimoniais. A confusa redação dos preceitos relativos à filiação (principalmente a imprescritibilidade prevista no art. 1.601) estimula que a impugnação ou o reconhecimento judicial da paternidade tenham como móvel interesse econômico (principalmente herança), ainda que ao custo da negação da história de vida construída na convivência familiar. As normas destinadas à tutela e à curatela estão muito mais voltadas ao patrimônio do que às pessoas dos tutelados e curatelados. Na curatela do pródigo, a proteção patrimonial chega ao clímax, pois a prodigalidade é negada e a avareza premiada. Quando cuida dos regimes de bens entre os cônjuges, o Código (art. 1.641, com a redação da Lei n. 12.344/2010) impõe, com natureza de sanção, o regime de separação de bens aos que contraírem casamento com inobservância das causas suspensivas e ao maior de 70 anos (na redação original, 60 anos), regra esta de discutível constitucionalidade, pois agressiva da dignidade da pessoa humana, cuja afetividade é desconsiderada em favor de interesses de futuros herdeiros. João Baptista Villela considera a proibição de casar aos idosos um reflexo agudo da postura patrimonialista do Código Civil e constitui mais um dos ultrajes gratuitos que nossa cultura inflige à terceira idade. E arremata: 'Afetividade enquanto tal não é um atributo da idade jovem' (1980, p. 35-36)"[36].

Essa crítica observação, embora demonstre a evidente importância dos interesses patrimoniais na sociedade moderna, não deslustra a relevância do princípio da solidariedade social, que acaba influenciando, inclusive, outros princípios peculiares das relações de família, como, por exemplo, o Princípio da Proteção à Pessoa Idosa, tema do próximo subtópico.

4.3. Princípio da proteção à pessoa idosa

Um tratamento respeitoso e preferencial à pessoa idosa é, sem dúvida, um verdadeiro dogma na disciplina atual das relações de família.

A devida reverência a todos aqueles que sobreviveram às batalhas da vida e, agora, encontram menos vigor em seus corpos físicos é um imperativo de justiça e uma decorrência necessária do princípio geral da proteção à dignidade da pessoa humana, bem como, em especial, do princípio da solidariedade social.

---

[36] Paulo Lôbo, *Direito Civil — Famílias*, 10. ed., São Paulo: Saraiva, 2020, v. 5, p. 22-23.

Nesse ponto, importa observar que a mudança no tratamento à pessoa idosa, em nosso País, afigurou-se imperiosa, premente e necessária.

Em poucas décadas, as famílias brasileiras tornar-se-ão mais longevas, consoante já demonstrava antiga e elucidativa pesquisa do IBGE, que merece a nossa atenção:

"*IBGE lança o Perfil dos Idosos Responsáveis pelos Domicílios*

A população de idosos representa um contingente de quase 15 milhões de pessoas com 60 anos ou mais de idade (8,6% da população brasileira). As mulheres são maioria, 8,9 milhões (62,4%) dos idosos são responsáveis pelos domicílios e têm, em média, 69 anos de idade e 3,4 anos de estudo. Com um rendimento médio de R$ 657,00, o idoso ocupa, cada vez mais, um papel de destaque na sociedade brasileira. Os resultados estão na nova publicação do IBGE que traz números sobre a situação no Brasil, nas Grandes Regiões, nas Unidades da Federação e é acompanhado por um CD-ROM com informações dos 5.507 municípios do País.

A maioria dos 14.536.029 de idosos vive nas grandes cidades

Nos próximos 20 anos, a população idosa do Brasil poderá ultrapassar os 30 milhões de pessoas e deverá representar quase 13% da população ao final deste período. Em 2000, segundo o Censo, a população de 60 anos ou mais de idade era de 14.536.029 de pessoas, contra 10.722.705 em 1991. O peso relativo da população idosa no início da década representava 7,3%, enquanto em 2000 essa proporção atingia 8,6%.

A proporção de idosos vem crescendo mais rapidamente que a proporção de crianças. Em 1980, existiam cerca de 16 idosos para cada 100 crianças; em 2000, essa relação praticamente dobrou, passando para quase 30 idosos por 100 crianças. A queda da taxa de fecundidade ainda é a principal responsável pela redução do número de crianças, mas a longevidade vem contribuindo progressivamente para o aumento de idosos na população. Um exemplo é o grupo das pessoas de 75 anos ou mais de idade que teve o maior crescimento relativo (49,3%) nos últimos dez anos, em relação ao total da população idosa.

No Brasil, em média, as mulheres vivem oito anos a mais que os homens. As diferenças de expectativa de vida entre os sexos mostram: em 1991, as mulheres correspondiam a 54% da população de idosos; em 2000, passaram para 55,1%. Portanto, em 2000, para cada 100 mulheres idosas havia 81,6 homens idosos.

Outra conclusão: residir na cidade pode beneficiar a idosa, especialmente aquela que é viúva, por causa da proximidade com seus filhos, dos serviços especializados de saúde e de outros facilitadores do cotidiano. Assim, o grau de urbanização da população idosa também acompanha a tendência da população total, ficando em torno de 81% em 2000. A proporção de idosos residentes nas áreas rurais caiu de 23,3%, em 1991, para 18,6%, em 2000"[37].

Antecipando esse contexto, e verificando a compreensível vulnerabilidade dos nossos parentes idosos, a Lei n. 10.741 de 2003 (Estatuto do Idoso), *informada pelo princípio da solidariedade familiar*, cuidou de estabelecer, em favor do credor alimentando (maior de sessenta anos), uma solidariedade passiva entre os parentes obrigados ao pagamento da pensão alimentícia:

"Art. 11. Os alimentos serão prestados ao idoso na forma da lei civil.

Art. 12. A obrigação *alimentar é solidária*, podendo o idoso optar entre os prestadores" (grifos nossos).

---

[37] Informação obtida no *site* do IBGE. Disponível em: <http://www.ibge.gov.br/home/presidencia/noticias/25072002pidoso.shtm>. Acesso em: 19 fev. 2010.

Assim, poderá o alimentando pessoa idosa demandar qualquer dos legitimados passivos, exigindo o pagamento da integral pensão devida.

Exemplifiquemos.

Caso a vovó necessite de alimentos, poderá demandar diretamente o seu filho, seu neto ou seu bisneto, pois todos estão legal e solidariamente vinculados ao cumprimento da obrigação. Ou seja, *não existe ordem de preferência entre eles*.

Tudo por conta desse princípio da solidariedade familiar que, nesse caso, é de percepção mais sensível, valendo lembrar, ainda, que tal responsabilidade pode, inclusive, ser estendida ao Poder Público, na forma do art. 14 do referido Estatuto, que assim preceitua:

"Art. 14. Se o idoso ou seus familiares não possuírem condições econômicas de prover o seu sustento, impõe-se ao Poder Público esse provimento, no âmbito da assistência social".

Nesse sentido, aliás, já decidiu o STJ, em interessante acórdão da lavra da Min. NANCY ANDRIGHI:

"Direito civil e processo civil. Ação de alimentos proposta pelos pais idosos em face de um dos filhos. Chamamento da outra filha para integrar a lide. Definição da natureza solidária da obrigação de prestar alimentos à luz do Estatuto do Idoso.

— *A doutrina é uníssona, sob o prisma do Código Civil, em afirmar que o dever de prestar alimentos recíprocos entre pais e filhos não tem natureza solidária, porque é conjunta.*

— *A Lei 10.741/2003 atribuiu natureza solidária à obrigação de prestar alimentos quando os credores forem idosos, que por força da sua natureza especial prevalece sobre as disposições específicas do Código Civil.*

— *O Estatuto do Idoso, cumprindo política pública (art. 3.º), assegura celeridade no processo, impedindo intervenção de outros eventuais devedores de alimentos.*

— *A solidariedade da obrigação alimentar devida ao idoso lhe garante a opção entre os prestadores (art. 12).*

Recurso especial não conhecido" (REsp 775.565/SP, rel. Min. Nancy Andrighi, julgado em 13-6-2006, 3.ª Turma) (grifos nossos).

Parece-nos, sem dúvida, o melhor entendimento sobre a matéria, homenageando o princípio mencionado.

4.4. Princípio da função social da família

Reforçando o que dissemos no capítulo introdutório, também nas relações familiares o *princípio da função social* se faz presente.

No entanto, a família perdeu outras diferentes funções, que exerceu ao longo da história, como anotam os professores da Faculdade de Direito de Coimbra, FRANCISCO PEREIRA COELHO e GUILHERME DE OLIVEIRA:

"(...) Perdeu a função política que tinha no Direito Romano, quando se estruturava sobre o parentesco agnatício, assente na ideia de subordinação ou sujeição ao *pater-famílias* de todos os seus membros. Perdeu a função econômica de unidade de produção, embora continue a ser normalmente uma unidade de consumo. As funções educativa, de assistência e de segurança, que tradicionalmente pertenciam à família, tendem hoje a ser assumidas pela própria sociedade. Por último, a família deixou de ser fundamentalmente o suporte de um patrimônio de que se pretenda assegurar a conservação e transmissão, à morte do respectivo titular (...)"[38].

Reconhecem, no entanto, os autores, o importante papel sociocultural exercido pela família, pois, em seu seio, opera-se "o segundo nascimento do homem, ou seja, o seu nascimento como personalidade sociocultural, depois do seu 'primeiro nascimento' como indivíduo físico"[39].

Numa perspectiva constitucional, a *funcionalização social da família* significa o respeito ao seu caráter eudemonista, enquanto ambiência para a realização do projeto de vida e de felicidade de seus membros, respeitando-se, com isso, a dimensão existencial de cada um.

E isso não é simples argumento de retórica.

Como consectário desse princípio, uma plêiade de efeitos pode ser observada, a exemplo da necessidade de respeito à igualdade entre os cônjuges e companheiros, a importância da inserção de crianças e adolescentes no seio de suas famílias naturais ou substitutas, o respeito à diferença, em arranjos familiares não standardizados, como a união homoafetiva, pois, em todos esses casos, *busca-se a concretização da finalidade social da família*.

MIGUEL REALE, por sua vez, antevendo a consagração doutrinária desse princípio, na seara familiar, aponta outras situações de sua aplicação:

"Em virtude dessa função social da família — que a Constituição considera 'base da sociedade' — cabe ao juiz o poder-dever de verificar se os filhos devem permanecer sob a guarda do pai ou da mãe, atribuindo a guarda à pessoa que revele compatibilidade com a natureza da medida, de preferência levando em conta o grau de parentesco e relação de afinidade, de acordo com o disposto na lei específica, ou seja, o Estatuto da Criança e do Adolescente (Lei n. 8.069, de 13 de julho de 1990).

Tão forte é a compreensão social da família, que o juiz, atendendo a pedido de algum parente ou do Ministério Público, poderá suspender o poder familiar se o pai ou a mãe abusar de sua autoridade, faltando aos deveres a ele inerentes, ou arruinando os bens dos filhos, e adotar a medida que lhe pareça reclamada pela segurança do menor e seus haveres"[40].

De fato, a principal função da família é a sua característica de meio para a realização de nossos anseios e pretensões. Não é mais a família um fim em si mesmo, conforme já afirmamos, mas, sim, o meio social para a busca de nossa felicidade na relação com o outro.

4.5. Princípio da plena proteção das crianças e adolescentes

Dispensa maiores considerações a compreensão deste princípio.

Os filhos menores — crianças e adolescentes — gozam, no seio da família, por determinação constitucional (art. 227, CF), de *plena proteção e prioridade absoluta em seu tratamento*.

Isso significa que, em respeito à própria função social desempenhada pela família, todos os integrantes do núcleo familiar, especialmente os pais e mães, devem propiciar o

---

[38] Francisco Pereira Coelho e Guilherme de Oliveira, *Curso de Direito de Família — Introdução — Direito Matrimonial*, 4. ed., Coimbra: Coimbra Editora, 2008, v. I, p. 100.
[39] Francisco Pereira Coelho e Guilherme de Oliveira, idem, p. 101.
[40] Miguel Reale, *Função Social da Família*. Disponível em: <http://www.miguelreale.com.br/artigos/funsoc.htm>.

acesso aos adequados meios de promoção moral, material e espiritual das crianças e dos adolescentes viventes em seu meio.

Educação, saúde, lazer, alimentação, vestuário, enfim, todas as diretrizes constantes na Política Nacional da Infância e Juventude devem ser observadas rigorosamente.

A inobservância de tais mandamentos, sem prejuízo de eventual responsabilização criminal e civil, pode, inclusive, resultar, no caso dos pais, na *destituição do poder familiar* [41].

Aliás, ao lado do que dispõe o Estatuto da Criança e do Adolescente, o próprio Código Civil, em diversas passagens, concretiza esse princípio tutelar, como se vê, por exemplo, na disciplina jurídica do revogado (ou tendente ao desuso) instituto da *separação consensual*:

"Art. 1.574. Dar-se-á a separação judicial por mútuo consentimento dos cônjuges se forem casados por mais de um ano e o manifestarem perante o juiz, sendo por ele devidamente homologada a convenção.

Parágrafo único. O juiz pode recusar a homologação e não decretar a separação judicial *se apurar que a convenção não preserva suficientemente os interesses dos filhos* ou de um dos cônjuges" (grifos nossos).

Na mesma linha, o Código estabelece como *dever conjugal*, também observável na *união estável*, a guarda, sustento e educação dos filhos menores:

"Art. 1.566. São deveres de ambos os cônjuges:
I — fidelidade recíproca;
II — vida em comum, no domicílio conjugal;
III — mútua assistência;
IV — *sustento, guarda e educação dos filhos*;
V — respeito e consideração mútuos.
(...)
Art. 1.724. As relações pessoais entre os companheiros obedecerão aos deveres de lealdade, respeito e assistência, e de *guarda, sustento e educação dos filhos*" (grifos nossos).

Até mesmo no tratamento do *casamento putativo*, ressalva:

"Art. 1.561. Embora anulável ou mesmo nulo, se contraído de boa-fé por ambos os cônjuges, o casamento, *em relação a estes como aos filhos, produz todos os efeitos até o dia da sentença anulatória.*

§ 1.º Se um dos cônjuges estava de boa-fé ao celebrar o casamento, *os seus efeitos civis só a ele e aos filhos aproveitarão.*

§ 2.º Se ambos os cônjuges estavam de má-fé ao celebrar o casamento, *os seus efeitos civis só aos filhos aproveitarão*" (grifos nossos)[42].

Note-se, por conseguinte, que a proteção plena das crianças e adolescentes integrantes do seio familiar — não apenas os filhos, mas também netos, sobrinhos etc. — traduz um intransponível fundamento do moderno Direito de Família.

---

[41] No Código Civil conferir os arts. 1.637 (suspensão) e 1.638 (destituição do poder familiar).

[42] No Código Civil de 1916:
"Art. 221. Embora anulável, ou mesmo nulo, se contraído de boa-fé por ambos os cônjuges, o casamento, em relação a estes como aos filhos, produz todos os efeitos civis até o dia da sentença anulatória. Parágrafo único. Se um dos cônjuges estava de boa-fé, ao celebrar o casamento, os seus efeitos civis só a esse e aos filhos aproveitarão".

No "Estatuto das Famílias", Projeto de Lei n. 2.285/2007[43], cuidou-se de, nessa mesma linha de pensamento, *preservar o melhor interesse existencial* dos filhos, conforme podemos verificar na leitura dos seguintes artigos:

"Art. 96. Não havendo acordo entre os pais, deve o juiz decidir, preferencialmente, pela guarda compartilhada, salvo se o melhor interesse do filho recomendar a guarda exclusiva, assegurado o direito à convivência do não guardião.

Parágrafo único. Antes de decidir pela guarda compartilhada, sempre que possível, deve ser ouvida equipe multidisciplinar e utilizada mediação familiar.

(...)

Art. 103. Verificando que os filhos não devem permanecer sob a guarda do pai ou da mãe, o juiz deve deferir a guarda a quem revele compatibilidade com a natureza da medida, de preferência levando em conta o grau de parentesco e a relação de afetividade.

Parágrafo único. Nesta hipótese deve ser assegurado aos pais o direito à convivência familiar, salvo se não atender ao melhor interesse existencial da criança".

Na doutrina, lembram-nos, a respeito do tema, FLÁVIO TARTUCE e JOSÉ SIMÃO que:

"... o art. 3.º do próprio ECA prevê que a criança e o adolescente gozam de todos os direitos fundamentais inerentes à pessoa humana, sem prejuízo da proteção integral, assegurando-lhes, por lei ou por outros meios, todas as oportunidades e facilidades, a fim de lhes facultar o desenvolvimento físico, mental, moral, espiritual e social, em condições de liberdade e de dignidade".

E mais adiante:

"Na ótica civil, essa proteção integral pode ser percebida pelo princípio de melhor interesse da criança, ou *best interest of the child*, conforme reconhecido pela Convenção Internacional de Haia, que trata da proteção dos interesses das crianças"[44].

Em especial no caso dos filhos, logicamente, quer sejam crianças ou já adolescentes[45], a incidência desse princípio se faz ainda mais presente.

Diríamos mais.

Mais do que simplesmente jurídica, é *espiritual* a maior responsabilidade que assumimos perante os nossos filhos em nossa jornada terrena.

E dessa responsabilidade nenhum dos pais escapa.

4.6. Princípio da convivência familiar

Pais e filhos, por princípio, devem permanecer juntos.

---

[43] Esse importante projeto foi apensado ao PL 674/2007 em 17 de dezembro de 2007. Confira-se o link: <https://www.camara.leg.br/proposicoesWeb/fichadetramitacao?idProposicao=347575&ord=1>. Acesso em: 7 set. 2019.

[44] Flávio Tartuce e José Fernando Simão. *Direito Civil — Série Concursos Públicos — Direito de Família*, 2. ed., São Paulo: Método, 2007, v. 5, p. 37-8.

[45] ECA: "Art. 2.º Considera-se criança, para os efeitos desta Lei, a pessoa até doze anos de idade incompletos, e adolescente aquela entre doze e dezoito anos de idade.

Parágrafo único. Nos casos expressos em lei, aplica-se excepcionalmente este Estatuto às pessoas entre dezoito e vinte e um anos de idade".

O afastamento definitivo dos filhos da sua família natural é medida de exceção, apenas recomendável em situações justificadas por interesse superior, a exemplo da adoção, do reconhecimento da paternidade socioafetiva ou da destituição do poder familiar por descumprimento de dever legal.

No Direito Português, anotam FRANCISCO PEREIRA COELHO e GUILHERME DE OLIVEIRA que é princípio da Constituição da República, em seu art. 36, n. 5, a inseparabilidade dos filhos dos seus progenitores, salvo quando estes não cumpram os seus deveres fundamentais para com eles e sempre mediante decisão judicial[46].

Em nosso sistema, o Estatuto da Criança e do Adolescente, a par de regular a inserção em família substituta (arts. 28 a 32), não admite que os filhos sejam separados de seus pais por simples motivo de ordem econômica:

"Art. 23. A falta ou a carência de recursos materiais não constitui motivo suficiente para a perda ou a suspensão do poder familiar.

§ 1.º Não existindo outro motivo que por si só autorize a decretação da medida, a criança ou o adolescente será mantido em sua família de origem, a qual deverá obrigatoriamente ser incluída em serviços e programas oficiais de proteção, apoio e promoção.

§ 2.º A condenação criminal do pai ou da mãe não implicará a destituição do poder familiar, exceto na hipótese de condenação por crime doloso, sujeito à pena de reclusão, contra o próprio filho ou filha".

Trata-se de uma importante norma, de cunho garantista.

Ao prever que a falta de recursos materiais não autoriza a perda ou a suspensão do poder familiar, a norma estatutária está assegurando, especialmente a famílias de baixa renda, a convivência familiar com a sua prole, impedindo que o poder econômico seja utilizado como vetor de determinação da guarda ou de qualquer outra medida em face de suas crianças e adolescentes.

Entretanto, de nada adiantará o permissivo assecuratório, se não forem efetivamente implementadas sérias políticas públicas de auxílio e reingresso social, tarefa desempenhada, hoje, principalmente, pelos Conselhos Municipais da Infância e Juventude e Secretarias Estaduais e Municipais em todo o País.

E essa discussão, de natureza interdisciplinar, é muito séria, pois, frequentemente, questões familiares são levadas às portas da Justiça, tendo como raiz de fundo a falta de orientação social e psicológica dos atores envolvidos num cenário familiar de dor e sofrimento.

E tal aspecto foi muito bem observado por MARIA REGINA FAY DE AZAMBUJA:

"Nos dias atuais, muitas demandas que são levadas ao Poder Judiciário decorrem da carência de investimentos nas políticas sociais básicas de atendimento à criança e à família, em que pesem as disposições constitucionais e infraconstitucionais existentes. Passa o Judiciário, por vezes, a ser o depositário das crises e dos conflitos pessoais e interpessoais, bem como da falência do próprio Estado, sobrecarregando as Varas de Família e da Infância e Juventude com problemas que fogem às suas alçadas de atuação e de resolução, ao menos, em curto prazo"[47].

---

[46] Francisco Pereira Coelho e Guilherme de Oliveira, *Curso de Direito de Família — Introdução — Direito Matrimonial*, 2. ed., cit., v. I, p. 149.

[47] Maria Regina Fay de Azambuja, A Criança no Novo Direito de Família, in *Direitos Fundamentais do Direito de Família* (coord. Belmiro Welter e Rolf Madaleno), Porto Alegre: Livraria do Advogado, 2004, p. 284.

Por tais razões, estamos convictos de que o princípio da convivência familiar necessita, para se consolidar, não apenas do amparo jurídico normativo, mas, principalmente, de uma estrutura multidisciplinar associada que permita a sua plena realização social.

Mas vamos avançar um pouquinho mais na aplicação desse princípio.

Pensamos que tal direito à convivência deve se estender também a outros integrantes da família, como os avós, tios e irmãos, com os quais a criança ou o adolescente mantém vínculos de afetividade.

Elogiável, nesse particular, é o Projeto de Lei n. 2.285/2007[48], quando, ressaltando o princípio, dispõe:

"Art. 98. Os filhos não podem ser privados da convivência familiar com ambos os pais, quando estes constituírem nova entidade familiar.
(...)
Art. 100. O direito à convivência pode ser estendido a qualquer pessoa com quem a criança ou o adolescente mantenha vínculo de afetividade".

A despeito, no entanto, de inexistência de normas correlatas no atual Código, é perfeitamente defensável a tese, *de lege lata*, no sentido da extensão do direito à convivência familiar, com base no princípio aqui defendido, nos termos do direito projetado.

4.7. Princípio da intervenção mínima do Estado no Direito de Família

Embora se reconheça o caráter muitas vezes publicístico das normas de Direito de Família, não se deve concluir, no entanto, que o Estado deva interferir na ambiência familiar, como bem acentuou RODRIGO DA CUNHA PEREIRA:

"O Estado abandonou a sua figura de *protetor-repressor*, para assumir postura de Estado *protetor-provedor-assistencialista*, cuja tônica não é de uma total ingerência, mas, em algumas vezes, até mesmo de substituição à eventual lacuna deixada pela própria família como, por exemplo, no que concerne à educação e saúde dos filhos (cf. art. 227 da Constituição Federal). A intervenção do Estado deve apenas e tão somente ter o condão de tutelar a família e dar-lhe garantias, inclusive de ampla manifestação de vontade e de que seus membros vivam em condições propícias à manutenção do núcleo afetivo. Essa tendência vem-se acentuando cada vez mais e tem como marco histórico a Declaração Universal dos Direitos do Homem, votada pela ONU em 10 de dezembro de 1948, quando estabeleceu em seu art. 16.3: *A família é o núcleo natural e fundamental da sociedade e tem direito à proteção da sociedade e do Estado*"[49].

Não cabe, portanto, ao Estado, intervir na estrutura familiar da mesma maneira como (justificada e compreensivelmente) interfere nas relações contratuais: o âmbito de dirigismo estatal, aqui, encontra contenção no próprio princípio da afetividade, negador desse tipo de agressão estatal.

---

[48] Registre-se que esse importante projeto de lei foi apensado ao PL n. 674/2007 em 17 de dezembro de 2007 (confira-se o *link*: <https://www.camara.leg.br/proposicoesWeb/fichadetramitacao?idProposicao=347575&ord=1>. Acesso em: 25 ago. 2020).

[49] Rodrigo da Cunha Pereira, *Princípios Fundamentais Norteadores do Direito de Família*, Belo Horizonte: Del Rey, 2006, p. 157.

Nesse diapasão, ao encontro do que dissemos acima, não se poderia admitir, por exemplo, que somente o Estado Legislador pudesse moldar e reconhecer — em *standards* aprioristicos — os núcleos familiares.

De maneira alguma.

Ao Estado não cabe intervir no âmbito do Direito de Família ao ponto de aniquilar a sua base socioafetiva.

O seu papel, sim, como bem anotou RODRIGO DA CUNHA PEREIRA, traduz um modelo de apoio e assistência, e não de interferência agressiva, tal como se dá na previsão do planejamento familiar, que é de livre decisão do casal (art. 1.565, § 2.º, do Código Civil), ou na adoção de políticas de incentivo à colocação de crianças e adolescentes no seio de famílias substitutas, como previsto no Estatuto da Criança e do Adolescente.

Andou bem, pois, o codificador de 2002, quando, consciente desse *princípio da intervenção mínima*, prescreveu, em norma sem equivalente no Código Civil brasileiro de 1916:

"Art. 1513. É defeso a qualquer pessoa, de direito público ou privado, interferir na comunhão de vida instituída pela família".

Não se conclua, no entanto, partindo-se desse princípio, que os órgãos públicos, especialmente os vinculados direta ou indiretamente à estrutura do Poder Judiciário, não possam ser chamados a intervir quando houver ameaça ou lesão a interesse jurídico de qualquer dos integrantes da estrutura familiar, ou, até mesmo, da família considerada com um todo. E um exemplo do que se diz é a atuação do Juiz da Infância e da Juventude ou do próprio Juiz da Vara de Família, quando regula aspectos de guarda e direito de visitas, ou, ainda, quando adota uma urgente providência acautelatória de saída de um dos cônjuges do lar conjugal.

4.8. Seria a monogamia um princípio?[50]

Tema espinhoso é a discussão sobre a monogamia ser considerada um princípio do nosso ordenamento jurídico em matéria de relações familiares.

Isso porque tal afirmação importa na discussão do papel jurídico da fidelidade.

Pensamos que a fidelidade é (e jamais deixará de ser) um valor juridicamente tutelado, e tanto o é que fora erigido como *dever legal* decorrente do casamento (art. 1.566, CC/2002[51]) ou da união estável (art. 1.724, CC/2002[52]).

---

[50] Tópico desenvolvido com base no texto "Direitos da(o) Amante", de autoria de PABLO STOLZE GAGLIANO. Disponível em: <http://www.pablostolze.com.br/pabloStolze_meusArtigos.asp?id=1031>. Acesso em: 22 jul. 2008.

[51] "Art. 1.566. São deveres de ambos os cônjuges:

I — *fidelidade recíproca*;

II — vida em comum, no domicílio conjugal;

III — mútua assistência;

IV — sustento, guarda e educação dos filhos;

V — respeito e consideração mútuos" (No Código Civil brasileiro de 1916, art. 231).

[52] "Art. 1.724. As relações pessoais entre os companheiros obedecerão aos deveres de *lealdade*, respeito e assistência, e de guarda, sustento e educação dos filhos" (grifos nossos). Interessa notar que o art. 1.724, regulador dos deveres dos companheiros, utiliza o conceito mais amplo de "lealdade", o qual, inequivocamente, compreende o compromisso de fidelidade sexual e afetiva durante toda a união.

Aliás, a violação desse dever, aliada à insuportabilidade da vida em comum, poderia, segundo norte pretoriano, não somente resultar na dissolução da união conjugal ou da relação de companheirismo (o que depende, basicamente, da autonomia da vontade dos interessados, na atual disciplina normativa do tema), mas também em consequências indenizatórias[53].

Com isso, no entanto, *não se conclua que*, posto a monogamia seja uma nota característica do nosso sistema[54], *a fidelidade traduza um padrão valorativo absoluto*.

O Estado, à luz do *princípio da intervenção mínima no Direito de Família*, visto linhas acima, não poderia, sob nenhum pretexto, impor, coercitivamente, a todos os casais, a estrita observância da fidelidade recíproca.

A atuação estatal não poderia invadir essa esfera de intimidade, pois, em uma relação de afeto, são os protagonistas que devem estabelecer as regras aceitáveis de convivência, desde que não violem a sua dignidade, nem interesses de terceiros.

Qual é a legitimidade que o Estado tem para dizer quando alguém deve ser perdoado ou se alguma conduta deve ser aceita?

O que dizer, por exemplo, do casal que vive em *poliamorismo*?

Relações como as do filme "Eu, Tu, Eles"[55] não são mera ficção, mas, sim, parte de uma multifária realidade.[56]

Do quanto exposto, podemos concluir que, embora a fidelidade (e a monogamia, por consequência) seja consagrada como um valor juridicamente tutelado, não se trata de um aspecto comportamental absoluto e inalterável pela vontade das partes.

Nessa linha, por coerência lógica, preferimos simplesmente encarar a monogamia como uma *nota característica* do nosso sistema, e *não como um princípio*, porquanto, dada a forte carga normativa desse último conceito, é preferível evitá-lo, mormente em se considerando as peculiaridades culturais de cada sociedade[57].

---

[53] Sobre o tema, confira-se o Capítulo XXX ("Responsabilidade Civil nas Relações Familiares") deste volume.

[54] Parte da doutrina vai mais além, erigindo a monogamia como um princípio: "O princípio da monogamia, embora funcione como um ponto-chave das conexões morais, não é uma regra moral, nem moralista. É um princípio jurídico organizador das relações conjugais". Rodrigo da Cunha Pereira, *Uma Principiologia para o Direito de Família — Anais do V Congresso Brasileiro de Direito de Família*, Belo Horizonte: IBDFAM, 2006, p. 848-9.

[55] Filme brasileiro, produzido em 2000, com direção de Andrucha Waddington e roteiro de Elena Soarez, conta a história de uma relação poliamorista, em que houve a aceitação de uma relação familiar de uma mulher com mais de um homem. Vale conferir, principalmente pela sensacional atuação de Regina Casé, no papel principal.

[56] Na sua atividade diuturna como magistrado trabalhista, Rodolfo Pamplona Filho já enfrentou, por incrível que pareça, mais de uma oportunidade em que, em sede de ação de consignação em pagamento, a empresa colocava à disposição valores devidos pela extinção do vínculo empregatício de empregado falecido, trazendo para o polo passivo, por vezes, duas ou mesmo três mulheres, com quem o trabalhador mantinha, simultaneamente, relações amorosas, dando-lhes, indistintamente, assistência material, afetiva e sexual, conhecendo-se entre si as companheiras, sem qualquer discussão sobre quem seria efetivamente a "viúva". Nesses casos, pediu-se a atuação do órgão do Ministério Público do Trabalho (por causa do interesse de filhos menores que todas tinham), que não se opôs a uma equânime divisão entre todas as dependentes, na parte referente à meação.

[57] Releia-se o tópico 3 ("A Família como Significado Linguístico e como Instituto na História") do Capítulo I ("Introdução ao Direito de Família") deste volume.

Aliás, mais adiante, cuidaremos de retornar a essa temática, quando cuidarmos do delicado e instigante tema "Direitos do(a) Amante"[58].

5. CONSIDERAÇÕES FINAIS SOBRE A PRINCIPIOLOGIA DO DIREITO DE FAMÍLIA

É forçoso convir que o desenvolvimento desses princípios, alguns peculiares ao Direito de Família, outros gerais — posto de indiscutível incidência e imperiosa análise —, não esgota todo o panorama normativo do sistema brasileiro.

Com efeito, ao longo desta obra, outros poderão ser mencionados, mas, sem dúvida, a matriz de projeção principiológica sobre a qual nos debruçaremos é a constante neste capítulo, que apresenta, em nosso sentir, uma abordagem suficientemente abrangente.

Posto isso, vamos, então, iniciar o apaixonante estudo do *casamento*.

---

[58] Confira-se o Capítulo XX ("Concubinato e Direitos do(a) Amante") deste volume.

Capítulo III
Considerações Introdutórias sobre o Casamento

Sumário: 1. Introdução ao casamento. 2. O casamento na história. 3. Conceito e natureza jurídica. 4. A matemática do casamento. 5. Tipologia básica do casamento: civil e religioso com efeitos civis.

1. INTRODUÇÃO AO CASAMENTO

Por que iniciarmos o estudo das entidades familiares com o casamento, e não com a união estável?

Tal indagação seria perfeitamente compreensível, por parte do nosso estimado leitor, tendo em vista a simplicidade da união estável em face da complexidade formal do matrimônio, bem como pelo fato de que as uniões livres são, naturalmente, mais antigas.

Em verdade, não se trata de um imperativo de precedência temporal ou de importância, nem também de determinação de ordem religiosa.

Não é isso, definitivamente.

Como já dissemos, todas as manifestações de família, ou seja, todos os arranjos de afeto, são válidos, devendo ser socialmente respeitados, mormente por conta do sistema aberto e inclusivo consagrado pela nossa Constituição Federal, em seu art. 226.

Nessa mesma linha é o pensamento de MARIA CLÁUDIA CRESPO BRAUNER:

"Com efeito, o reconhecimento da pluralidade de formas de constituição de família é uma realidade que tende a se expandir pelo amplo processo de transformação global, repercutindo na forma de tratamento das relações interindividuais. A reivindicação e o reconhecimento de direitos de igualdade, respeito à liberdade e à intimidade de homens e mulheres, assegura a toda pessoa o direito de constituir vínculos familiares e de manter relações afetivas, sem qualquer discriminação"[1].

Em verdade, a primazia de tratamento aqui conferida ao casamento resulta de uma tradição histórica inegável, que não podemos ignorar, mas que não traduz, logicamente, o estabelecimento de uma hierarquia.

Ademais, considerando que os primeiros dispositivos do Código Civil brasileiro tratam justamente das disposições gerais do casamento, parece-nos lógico adotar tal metodologia.

---

[1] Maria Cláudia Crespo Brauner, "O Pluralismo no Direito de Família Brasileiro: Realidade Social e Reinvenção da Família", in *Direitos Fundamentais do Direito de Família*, Belmiro Pedro Welter e Rolf Madaleno (coords.), Porto Alegre: Livraria do Advogado, 2004, p. 259.

2. O CASAMENTO NA HISTÓRIA

Conforme visto no tópico dedicado ao escorço histórico[2], a noção de "família" é muito anterior ao instituto do casamento, pois a formação de núcleos familiares na Antiguidade não pressupunha uma ritualização, uma formalidade social ou religiosa.

O casamento como instituição, por sua vez, deriva efetivamente de um sistema organizado socialmente, com o estabelecimento de regras formais, de fundo espiritual ou laico.

Justamente por isso, as referências ao Direito Romano e ao Sistema Canônico parecem fundamentais para a sua compreensão no mundo Ocidental.

Em Roma, o casamento era destinado aos homens livres, consistindo em um ato privado, que, todavia, produzia efeitos jurídicos.

Na doutrina de PAUL VEYNE:

"A cerimônia nupcial implicava a presença de testemunhas, úteis em caso de contestação. Existia o costume dos presentes de casamento. A noite de núpcias desenrolava-se como uma violação legal, da qual a esposa saía 'ofendida contra o marido' (que, habituado a usar suas escravas, não percebia bem a iniciativa da violação); comumente ocorria que na primeira noite o recém-casado se abstinha de deflorar a mulher, em consideração à sua timidez; nesse caso, porém, tinha a compensação de... 'sodomizá-la': Marcial e Sêneca pai o dizem proverbialmente e a *Casina* o confirma"[3].

No que diz respeito aos efeitos do casamento romano, vale transcrever a lição de CAMILO DE LELIS COLANI BARBOSA:

"Os efeitos do casamento romano estavam vinculados, seguramente, aos aspectos materiais do dote, ao nascimento de filhos livres e cidadãos legitimados à sucessão e, naturalmente, ao sentimento de cumprimento de dever, expresso pelos historiadores como normas morais (...)"[4].

Essa utilização do matrimônio como fato jurídico *lato sensu* para a produção de efeitos foi continuamente observada na história da humanidade, inclusive como instrumento para a reunião de patrimônios, como se fosse uma negociação financeira ou, muitas vezes, de Estados, notadamente na Idade Média, em que casamentos eram literalmente negociados entre nobres de reinos distintos.

Ademais, não se podia descartar, por certo, a influência da religiosidade na história do casamento, pois a união permitia, em especial, a propagação e a continuidade do culto nas famílias constituídas pelos nubentes.

Como observa SÍLVIO VENOSA:

"Por muito tempo na história, inclusive durante a Idade Média, nas classes mais nobres, o casamento esteve longe de qualquer conotação afetiva. A instituição do casamento sagrado era um dogma da religião doméstica. Várias civilizações do passado incentivam

---

[2] Releia-se o tópico 3 ("A Família como Significado Linguístico e como Instituto na História") do Capítulo I ("Introdução ao Direito de Família") deste volume.

[3] Paul Veyne, *História da Vida Privada — Do Império Romano ao Ano Mil*, São Paulo: Companhia das Letras, 1989, v. 1, p. 45.

[4] Camilo de Lelis Colani Barbosa, *Casamento*, Rio de Janeiro: Forense, 2006, p. 1-2.

o casamento da viúva, sem filhos, com o parente mais próximo de seu marido, e o filho dessa união era considerado filho do falecido. O nascimento de filha não preenchia, pois ela não poderia ser continuadora do culto de seu pai, quando contraísse núpcias. Reside nesse aspecto a origem histórica dos direitos mais amplos, inclusive em legislações mais modernas, atribuídos ao filho e em especial ao primogênito, a quem incumbiria manter unido o patrimônio em prol da unidade religioso-familiar"[5].

Nesse contexto, vale transcrever a seguinte passagem da Bíblia (Deuteronômio 25, 5-10):

"Quando irmãos morarem juntos, e um deles morrer, e não tiver filho, então a mulher do falecido não se casará com homem estranho, de fora; seu cunhado estará com ela, e a receberá por mulher, e fará a obrigação de cunhado para com ela.

E o primogênito que ela lhe der será sucessor do nome do seu irmão falecido, para que o seu nome não se apague em Israel.

Porém, se o homem não quiser tomar sua cunhada, esta subirá à porta dos anciãos, e dirá: Meu cunhado recusa suscitar a seu irmão nome em Israel; não quer cumprir para comigo o dever de cunhado.

Então os anciãos da sua cidade o chamarão, e com ele falarão; e, se ele persistir, e disser: Não quero tomá-la;

Então sua cunhada se chegará a ele na presença dos anciãos, e lhe descalçará o sapato do pé, e lhe cuspirá no rosto, e protestará, e dirá: Assim se fará ao homem que não edificar a casa de seu irmão;

E o seu nome se chamará em Israel: A casa do descalçado".

Se, durante séculos, confundiu-se o Estado e a Igreja, que passou a estabelecer regras sobre diversos aspectos da organização da sociedade, notadamente no campo das relações familiares, o casamento talvez fosse o melhor exemplo dessa ligação.

Assim, no mundo ocidental, de forte influência cristã, o casamento fora reconhecido como o único mecanismo legítimo de criação da família.

Dessa forma, enquanto o casamento romano nada mais era do que um fato social do qual decorriam certos efeitos jurídicos, para o Direito Canônico, era entendido como o fundamento da sociedade.

Tomando o casamento como um sacramento, respaldava-se a visão de sua indissolubilidade para a Igreja, o que influenciou, durante muitos séculos, a normatização jurídica paralela ao Sistema Canônico.

O advento do Cristianismo, portanto, sacralizando o casamento, alterou a própria concepção de família, que deixava de ser, na forma do Direito Romano, simplesmente o núcleo de pessoas submetido à autoridade de um mesmo *pater familias*, para identificar aqueles que estavam unidos pelo sagrado matrimônio religioso.

Assim, tudo aquilo que fosse estranho a essa forma de origem da família deveria ser combatido pela Igreja, o que gerou a marginalização das uniões livres, bem como a preocupação cada vez maior com a ritualização da celebração, valendo destacar, no particular,

---

[5] Sílvio de Salvo Venosa, *Direito Civil: Direito de Família*, 3. ed., São Paulo: Atlas, 2003, p. 19.

o Concílio de Trento (realizado a partir de 1545, como um instrumento da *Contrarreforma*, em função do advento do Protestantismo), que emitiu numerosos decretos (especificando as doutrinas católicas quanto à salvação, aos sacramentos e ao cânone bíblico), inclusive unificando o ritual da missa de rito romano e abolindo variações locais.

Se o Direito Canônico influenciou fortemente a disciplina jurídica do casamento, não se pode negar que o reconhecimento de outras modalidades de manifestação religiosa (em especial, a Reforma Protestante), bem como o movimento crescente de laicização do Estado (em que a Revolução Francesa é um símbolo de rompimento da estrutura tradicional, submetendo-a a um regime liberal e igualitário), terminou por gerar transformação na concepção social do casamento.

Com efeito, as transformações que sofreu a sociedade ocidental, com a incorporação de novos valores, afetaram sobremaneira a família e, em especial, esse modelo único institucionalizado do casamento, que passou a ser questionado.

Dessa forma, paralelo ao casamento religioso, emergiu um casamento estritamente civil, destinado a todos os cidadãos, independentemente de credo, consistente em um especial negócio jurídico — embora a doutrina tradicional tivesse pruridos de assim o reconhecer, talvez por influência da concepção sacramental religiosa —, deflagrador de efeitos que os interessados desejassem obter.

Aprofundou-se, nessa linha, na doutrina jurídica, a discussão acerca da natureza jurídica do matrimônio, interessante tema que será enfrentado em seguida.

3. CONCEITO E NATUREZA JURÍDICA

Lembra-nos a doutrina portuguesa que, em geral, as legislações no mundo não têm se preocupado em definir o casamento:

> "Poucas legislações definem o casamento. P. ex., nem no Código francês, nem no espanhol, nem no italiano, nem no alemão encontramos uma definição do acto matrimonial. E a verdade é que esta omissão não costuma ser censurada pela doutrina. As características do casamento — diz-se — são de tal modo conhecidas que não será possível confundi-lo com uma união de fato"[6].

Pensamos, aliás, não ser tarefa do legislador estabelecer essa definição, mas sim da doutrina especializada.

Em nosso Direito, luminosa é a constelação de autores que se esforçaram em definir o ato matrimonial, em diversas oportunidades, refletindo-se, em cada uma das definições, os valores predominantes na época em que tais conceitos foram elaborados.

LAFAYETTE RODRIGUES PEREIRA, clássico do nosso Direito, escreveu:

> "O casamento é o ato solene pelo qual duas pessoas de sexo diferente se unem para sempre sob a promessa recíproca de fidelidade no amor e da mais estreita comunhão de vida"[7].

---

[6] Francisco Pereira Coelho e Guilherme de Oliveira, *Curso de Direito de Família — Introdução — Direito Matrimonial*, 2. ed., Coimbra: Coimbra Editora, 2006, v. I, p. 184.

[7] Lafayette Rodrigues Pereira, *Direitos de Família*, Rio de Janeiro/São Paulo: Livraria Freitas Bastos S.A., 1956, p. 34.

MARIA HELENA DINIZ, por sua vez, conceitua o casamento como sendo:

"O vínculo jurídico entre o homem e a mulher (em contrário – Res. CNJ n. 175/2013) que visa ao auxílio mútuo material e espiritual, de modo que haja uma integração fisiopsíquica e a constituição de uma família"[8].

PAULO LÔBO, com habitual precisão, preleciona:

"O casamento é um ato jurídico negocial solene, público e complexo, mediante o qual o casal constitui família, pela livre manifestação de vontade e pelo reconhecimento do Estado"[9].

De nossa parte, pensamos que, para cunhar um conceito satisfatório de casamento, sem descurarmos da principiologia constitucional, mister se faz que analisemos, antes, a sua *natureza jurídica*.

Sob esse aspecto, observa RUGGIERO que o casamento:

"é um instituto, não só jurídico, mas ético, social e político e é tal a sua importância que a própria estrutura do organismo social depende de sua regulamentação. Impera nele, não só o direito, mas também o costume e a religião: todos os três grupos de normas se contêm no seu domínio e, como se verá, uma das características mais salientes da história do instituto é a luta travada entre o Estado e a Igreja para obter a competência exclusiva para o regular".

Lembramos, inicialmente, que, indagado a respeito da *natureza jurídica* de uma determinada figura, deve o estudioso do Direito cuidar de apontar em que categoria se enquadra, ressaltando as teorias explicativas de sua existência.

Assim, fica claro concluir-se que *a natureza jurídica do contrato*, por exemplo, *é a de negócio jurídico*, uma vez que nessa última categoria subsume-se a referida figura, encontrando, também aí, a sua explicação teórica existencial (a teoria do negócio jurídico explica a natureza do contrato).

Afirmar a *natureza jurídica* de algo é, em linguagem simples, responder à pergunta: *"o que é isso para o Direito?"*.

Nesse diapasão, indaga-se: *qual seria a natureza do casamento? Em que categoria do Direito enquadra-se esse ente? Quais as suas teorias explicativas?*

Inicialmente, cumpre-nos fixar que discussão houve quanto ao enquadramento enciclopédico do casamento, ou seja, se se trataria de instituto de Direito Público ou de Direito Privado.

Ora, a participação de um servidor do Estado (juiz) não autoriza o entendimento de que se trataria de um instituto de Direito Público, não havendo, na mesma linha, razão alguma para enquadrá-lo como ato administrativo.

Assim, encarando-o como instituto de Direito Privado, resta saber se a sua natureza seria contratual ou não.

---

[8] Maria Helena Diniz, *Curso de Direito Civil Brasileiro — Direito de Família*, 34. ed., São Paulo: Saraiva, 2020, v. 5, p. 51.

[9] Paulo Luiz Netto Lôbo, *Direito Civil — Famílias*, 10. ed., São Paulo: Saraiva, 2020, v. 5, p. 97.

Na linha não contratualista, respeitáveis vozes se levantaram, com diferentes argumentos: *o casamento seria um ato-condição*, ou seja, uma manifestação de vontade que, quando emitida, consolida uma situação jurídica impessoal[10]; *o casamento seria um negócio jurídico complexo*, pois haveria a participação de um terceiro (o juiz), em seu ciclo formativo[11]; *o casamento seria, simplesmente, um acordo de vontades*[12]; e, finalmente, houve quem sustentasse que *o casamento seria uma instituição*[13], ou seja, um *estatuto de normas*.

Sem menoscabarmos o quilate intelectual desses autores, não concordamos com essa corrente de pensamento e os seus argumentos expendidos, por termos firme a ideia de que *o casamento é um contrato especial de Direito de Família*[14].

Claro está que, ao afirmarmos a sua natureza contratual, não estamos, com isso, equiparando o casamento às demais formas negociais, como a *compra e venda*, a *locação*, o *"leasing"* ou a *alienação fiduciária*.

Seria, aliás, esdrúxulo tal paralelismo, por nos conduzir a conclusões absurdas, como a possibilidade de se exigir "uma obrigação matrimonial mediante o estabelecimento de multa cominatória" ou, caso a vida a dois não ande bem, uma simples "rescisão de contrato de casamento".

---

[10] "Duguit chama ato-condição àquela declaração de vontade que tem por objeto colocar um indivíduo numa situação jurídica impessoal. Nesse sentido, o casamento representa um ato-condição, pois mediante a manifestação de vontade, feita solenemente, os nubentes se submetem a um regime jurídico minuciosamente regulamentado, sujeitos a sofrer todas as consequências e a usufruir de todas as vantagens decorrentes da posição que assumem dentro da instituição" (Silvio Rodrigues, *Direito Civil — Direito de Família*, 28. ed., São Paulo: Saraiva, 2004, v. 6, p. 21).

[11] "Abandonando, portanto, a concepção contratual, resta apenas considerar o casamento como um negócio jurídico complexo, formado pelo consenso da vontade dos particulares e da vontade do Estado" (Roberto de Ruggiero, *Instituições de Direito Civil*, Campinas: Bookseller, 1999, v. II, p. 112-3).

[12] "Outros veem no casamento um *acordo*, ou seja, um negócio jurídico que se distingue no contrato pelo modo de constituição. No contrato, os interesses das partes contrapõem-se ou, ao menos divergem; no acordo, são convergentes. Neste há uma soma de vontades, naquele uma síntese. Qualificando-se o casamento desse modo, também não se dá solução satisfatória ao problema embora se possibilite seu enquadramento em categoria jurídica que afasta a ideia de contrato na acepção restrita do termo. A figura do acordo ainda não está, todavia, precisamente configurada no campo do direito privado e, ao ver de alguns escritores, é inútil, pela sua redutibilidade ao contrato. Seria, ademais, uma categoria heterogênea, que não comporta unificação sequer em se definindo-a pela função dos atos que compreenderia. Inconveniente, em consequência, a qualificação, conquanto previna o intérprete contra a aplicação dos princípios que regem os contratos *stricto sensu*, os quais pressupõem divergência de interesses" (Orlando Gomes, *Direito de Família*, 14. ed., Rio de Janeiro: Forense, 2001, p. 58-9).

[13] Corrente defendida pela Professora MARIA HELENA DINIZ (ver *Curso de Direito Civil Brasileiro — Direito de Família*, 34. ed., São Paulo: Saraiva, 2020, v. 5, p. 56), lembrando ainda os autores institucionalistas CICU, BONNECASE, CARBONNIER e SALVAT.

[14] Nessa linha, temos ORLANDO GOMES, CLÓVIS BEVILÁQUA, SILVIO RODRIGUES, CAIO MÁRIO DA SILVA PEREIRA, valendo ainda lembrar, a título ilustrativo, que o *pai do romance moderno*, HONORÉ DE BALZAC, autor das célebres obras *A Mulher de Trinta Anos* e *O Pai Goriot*, e que fora filho de tabelião na França, publicou ainda o livro, de sugestivo título, *O Contrato de Casamento*.

De maneira alguma.

Quando se entende o casamento como uma forma contratual, considera-se que o ato matrimonial, como todo e qualquer contrato, tem o seu núcleo existencial no *consentimento*, sem se olvidar, por óbvio, o seu especial regramento e consequentes peculiaridades.

Aliás, no momento da realização do casamento, a autoridade celebrante apenas participa do ato *declarando oficialmente a união*, uma vez que, no plano jurídico-existencial, a sua constituição decorreu das manifestações de vontades dos próprios nubentes, no tão esperado instante do "sim".

A participação da autoridade, portanto, é meramente declaratória, e não constitutiva do ato matrimonial[15].

Nesse diapasão, reafirmando a natureza contratual do casamento, CAIO MÁRIO DA SILVA PEREIRA pontifica:

"O que se deve entender, ao assegurar a natureza do matrimônio, é que se trata de um contrato especial dotado de consequências peculiares, mais profundas e extensas do que as convenções de efeitos puramente econômicos, ou contrato de *Direito de Família*, em razão das relações específicas por ele criadas"[16].

Conclui, na mesma direção, CAMILO COLANI BARBOSA:

"Em outras palavras, o casamento, devido à liberdade conferida aos nubentes, inclusive no que concerne à sua dissolução pela separação e divórcio, possui hoje características que o aproximam mais de negócio jurídico, do que de instituição"[17].

Por fim, há ainda uma terceira vertente doutrinária que sustenta a natureza mista ou híbrida do casamento: *contrato na sua formação e instituição em sua existência e efeitos*[18].

Em nosso pensar, no entanto, o casamento, com base nos argumentos supra-apresentados, *afigura-se como uma especial modalidade de contrato, qualificada pelo Direito de Família*.

Assim, fixada a sua natureza jurídica, podemos então, com maior segurança, definir o casamento como *um contrato especial de Direito de Família, por meio do qual os cônjuges formam uma comunidade de afeto e existência, mediante a instituição de direitos e deveres, recíprocos e em face dos filhos, permitindo, assim, a realização dos seus projetos de vida*.

Frisamos o elemento teleológico do casamento: *a realização dos anseios e planos pessoais de cada cônjuge, sempre em atenção ao bem-estar dos filhos*, pois, no passado, em detrimento da individualidade dos integrantes da família, priorizava-se, a todo custo — e, muitas vezes, sob um manto de hipocrisia — a estabilidade do casamento.

---

[15] Nesse sentido, estabelece o art. 1.514 do Código Civil brasileiro de 2002 que o "casamento se realiza no momento em que o homem e a mulher manifestam, perante o juiz, a sua vontade de estabelecer vínculo conjugal, e o juiz os declara casados".

[16] Caio Mário da Silva Pereira, *Instituições de Direito Civil — Direito de Família*, 11. ed., Rio de Janeiro, v. 1, p. 36.

[17] Camilo de Lelis Colani Barbosa, *Direito de Família — Manual de Direitos do Casamento*, São Paulo: Suprema Cultura, p. 19.

[18] Baseando-se no pensamento de ROUAST, afirma WASHINGTON DE BARROS MONTEIRO sobre esta corrente eclética, que o matrimônio é, "ao mesmo tempo, contrato e instituição" (*Curso de Direito Civil — Direito de Família*, 35. ed., São Paulo: Saraiva, 1999, v. II, p. 13).

Mesmo que isso custasse a felicidade da esposa ou do filho, essa estabilidade era, não apenas garantida, mas imposta, sob a ameaça da exclusão social em face daqueles que contra ela ousassem se rebelar.

Mas esses são tempos idos.

Hoje, o casamento, assim como as outras formas de arranjos familiares, não são fim em si mesmos, mas, tão somente, o *locus* de realização e busca da felicidade dos seus integrantes. Esta, aliás, consoante já anotamos[19], é a verdadeira *função social da família*.

O Código Civil de 2002, por seu turno, ao abrir o seu Livro IV — Do Direito de Família, realçou, no art. 1.511, a estrutura comunitária existencial do casamento, em um panorama de respeito à isonomia constitucional entre homem e mulher, em norma sem correspondência direta no Código Civil brasileiro de 1916:

"Art. 1.511. O casamento estabelece comunhão plena de vida, com base na igualdade de direitos e deveres dos cônjuges".

Trata-se, em nosso sentir, de dispositivo socialmente importante, na medida em que consideramos o lamentável histórico de desrespeito e humilhação vivenciado pelas esposas brasileiras ao longo das últimas décadas que, esperamos, seja completamente superado no século que se inicia.

E, para isso, a observância da *principiologia constitucional*, notadamente o respeito à dignidade da pessoa humana, exercerá papel de fundamental importância.

4. A MATEMÁTICA DO CASAMENTO

Não há mais espaço para o estudo egoístico e insular do Direito.

Temos dito, em diversas oportunidades, que o Direito, *de per si*, não tem matiz, pois receberá sempre a coloração que a envergadura moral do intérprete lhe conferir.

E, nesse contexto, para que não nos percamos nas suas perigosas entranhas, vítimas indefesas dos *fatores reais de poder* reconhecidos por FERDINAND LASSALE[20], é imperioso que tenhamos a humildade intelectual de admitir a importância das outras ciências e disciplinas do conhecimento, especialmente a história, a sociologia e a filosofia.

O Direito não se explica na linha do tempo, exigindo, pois, o aporte fundamental do conhecimento histórico; não se compreende e não se contextualiza em sociedade, labor da sociologia jurídica, e, principalmente, não se autocritica, não tem consciência de si, tarefa fundamental da filosofia.

Meu Deus, quando nós, autointitulados juristas, sairemos do nosso pedestal de saber, da nossa torre de marfim, para reconhecermos, em humilde e necessário gesto de solidariedade cultural, que esses outros ramos — aos quais se agregam a psicologia, a antropologia, a economia — não são simples fontes auxiliares do conhecimento, mas, principalmente, necessárias disciplinas para a compreensão, análise e aplicação do próprio Direito?!

---

[19] Confira-se o subtópico 4.4. ("Princípio da Função Social da Família") do Capítulo II ("Perspectiva Principiológica do Direito de Família").

[20] Confira-se a clássica obra de FERDINAND LASSALE, *A Essência da Constituição* (4. ed., Rio de Janeiro: Editora Lumen Juris, 1998).

Nesse diapasão, em homenagem a essa imperiosa dimensão interdisciplinar, dedicaremos este tópico à matemática do casamento[21].

A despeito de tanto se falar em uma "crise do casamento" — rótulo que entendemos ser equivocado, pois, se há crise, esta não é da instituição, mas sim do homem —, o Instituto Brasileiro de Geografia e Estatística (IBGE), em pesquisa realizada no ano de 2006, demonstrou o aumento no número de matrimônios no Brasil:

> "As Estatísticas do Registro Civil, divulgadas hoje pelo IBGE, mostram que, em 2006, foram realizados 889.828 casamentos no Brasil, 6,5% a mais do que em 2005 (835.846). O aumento no número de casamentos registrados segue uma tendência observada desde 2002 e resulta, em parte, da legalização de uniões consensuais. Entre as mulheres, a maior taxa de nupcialidade legal ocorreu no grupo etário de 20 a 24 anos (30,0%). Já os homens tiveram taxa mais elevada na faixa de 25 a 29 anos (35,8%). As taxas das mulheres são maiores apenas nos dois grupos etários mais jovens (15 a 19 anos e 20 a 24 anos). Nos demais, as taxas observadas para homens são, sistematicamente, maiores. Os dados do registro civil permitem ainda calcular a idade média dos homens e das mulheres à época do casamento. Em 2006, observou-se que, para os homens, a idade média no primeiro casamento foi de 28,3 anos e, para as mulheres, 25,4 anos. Quando o cálculo considerou todos os casamentos, a média de idade dos homens elevou-se para 30,6 anos e a das mulheres para 27,2 anos. Ao contrário do que se pensa, que maio é o mês das noivas, dezembro tem sido o mês com mais casamentos, devido ao aumento da massa salarial, sobretudo com o 13.º salário".

Graficamente, segundo o referido estudo:

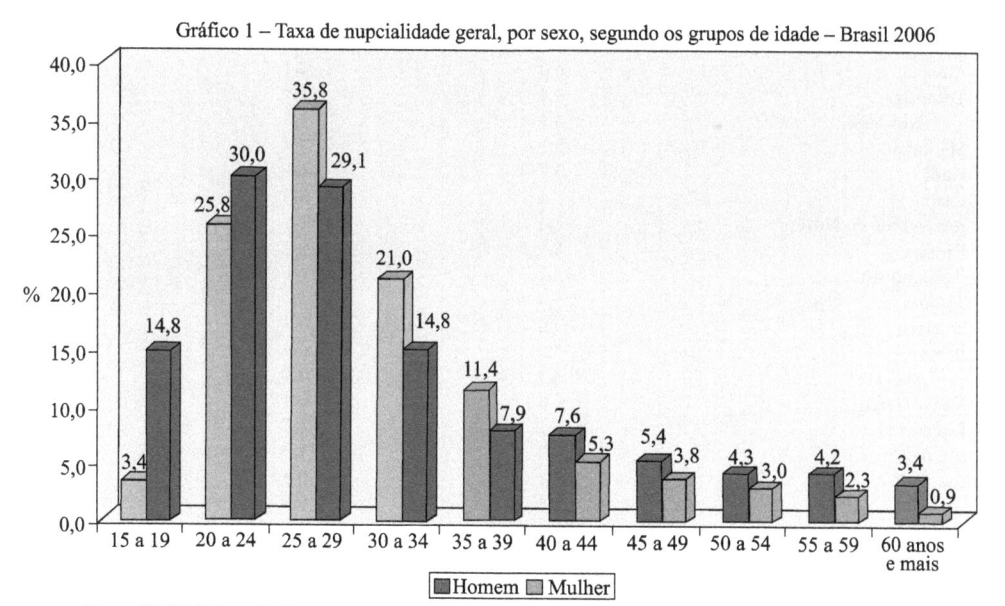

Gráfico 1 – Taxa de nupcialidade geral, por sexo, segundo os grupos de idade – Brasil 2006

Grupo de idade	Homem	Mulher
15 a 19	3,4	14,8
20 a 24	25,8	30,0
25 a 29	35,8	29,1
30 a 34	21,0	14,8
35 a 39	11,4	7,9
40 a 44	7,6	5,3
45 a 49	5,4	3,8
50 a 54	4,3	3,0
55 a 59	4,2	2,3
60 anos e mais	3,4	0,9

Fonte: IBGE, Diretoria de Pesquisa, Coordenação de População e Indicadores Sociais, Estatísticas do Registro Civil 2006. Projeção da População por idade e sexo para o período 1980-2050 – Revisão 2004.

---

[21] Disponível em: <http://www.ibge.gov.br/home/presidencia/noticias/noticia_visualiza.php?id_noticia=1046&id_pagina=1>. Acesso em: 31 mar. 2008.

Nessa quadra, entendemos que o aumento na taxa de nupcialidade decorreu especialmente do desenvolvimento econômico experimentado pelo Brasil no período da pesquisa e, ainda, da iniciativa de casamentos coletivos adotada por diversos Tribunais de Justiça do País.

Outros dados interessantes são apontados na mesma pesquisa:

"Entre as pessoas de 60 anos ou mais, a diferença por sexo nas taxas de nupcialidade legal é significativa, sendo de 3,4‰, para os homens e de 0,9‰, para as mulheres. As maiores taxas para indivíduos do sexo masculino foram observadas entre os residentes do Acre, Amapá e Alagoas com, respectivamente, 9,4‰, 6,0‰ e 5,9‰. Para as mulheres de 60 anos ou mais, as taxas de nupcialidade mais elevadas ocorreram no Acre (2,7‰), em Tocantins (1,8‰) e no Maranhão (1,8‰) como mostra a Tabela 12".

Em tabela apresentada pelo Instituto de Pesquisa, temos:

Tabela 12 — Taxas de nupcialidade dos idosos, por sexo, segundo as Grandes Regiões e Unidades da Federação — 2006

Grandes Regiões e Unidades da Federação	Taxas de nupcialidade dos idosos, por sexo, (por 1000 hab.)	
	Homens	Mulheres
Brasil	**3,4**	**0,9**
Norte	**4,1**	**1,3**
Rondônia	5,1	1,7
Acre	9,4	2,7
Amazonas	3,9	1,4
Roraima	5,2	1,1
Pará	3,1	1,0
Amapá	6,0	1,4
Tocantins	4,4	1,8
Nordeste	**4,1**	**1,1**
Maranhão	5,1	1,8
Piauí	3,7	1,1
Ceará	3,1	0,7
Rio Grande do Norte	3,4	1,1
Paraíba	4,6	1,3
Pernambuco	5,2	1,1
Alagoas	5,9	1,2
Sergipe	3,8	0,9
Bahia	3,3	0,9
Sudeste	**3,3**	**0,8**
Minas Gerais	2,8	0,8
Espírito Santo	4,1	1,2
Rio de Janeiro	4,0	1,0
São Paulo	3,1	0,8
Sul	**2,5**	**0,6**
Paraná	3,1	0,8
Santa Catarina	2,3	0,6
Rio Grande do Sul	2,1	0,5
Centro-Oeste	**3,6**	**1,0**
Mato Grosso do Sul	3,6	1,0
Mato Grosso	3,1	1,2
Goiás	3,8	1,1
Distrito Federal	3,5	0,7

Fonte: IBGE, Diretoria de Pesquisas, Coordenação de População e Indicadores Sociais, Estatísticas do Registro Civil 2006. Projeção da População por Idade e Sexo para o Período 1980-2050 — Revisão 2004.

Outro interessante dado:

"Embora seja preponderante o número de casamentos entre solteiros em todo o país, a pesquisa verificou uma tendência de declínio nesse tipo de arranjo. Em 1996, 90,9% dos casamentos eram entre solteiros e, em 2006, esse resultado caiu para 85,2%. Também em 2006, o Rio de Janeiro (79,5%) teve a menor proporção de casamentos entre solteiros. O Amazonas e o Piauí ficaram com os maiores percentuais, ambos com 94,9%. Em contrapartida, as estatísticas mostram que é crescente a proporção de casamentos entre indivíduos divorciados com cônjuges solteiros. Os percentuais mais elevados foram observados entre homens divorciados que casaram com mulheres solteiras, passando de 4,2%, em 1996, para 6,5% em 2006. Observou-se ainda o aumento de casamentos entre cônjuges divorciados, de 0,9%, em 1996, para 2,2%, em 2006".

Notou-se, ainda, na época, um incremento do número de divórcios no País, o que demonstra certa volatilidade nas relações afetivas modernas, além da natural sedimentação do instituto em nossa sociedade, com a consequente perda do veio discriminatório que lhe era imposto em passado não muito distante:

"Em 2006, o número de separações judiciais concedidas foi 1,4% maior do que em 2005, somando um total de 101.820. Neste período, a análise por regiões mostra distribuição diferenciada com a mesma tendência de crescimento: Norte (14%), o Nordeste (5,1%), o Sul (2,6%) e o Centro-Oeste (9,9%). Somente no Sudeste houve decréscimo de 1,3%.

Os divórcios concedidos tiveram acréscimo de 7,7% em relação ao ano anterior, passando de 150.714 para 162.244 em todo o país. O comportamento dos divórcios mostrou tendência de crescimento em todas as regiões, sendo de 16,6% para o Norte, 5,3% para o Nordeste, 6,5% para o Sudeste, 10,4% para o Sul e 9,3%, no Centro-Oeste. Em 2006, as taxas gerais de separações judiciais e de divórcios, medidas para a população com 20 anos ou mais de idade, tiveram comportamentos diferenciados.

Enquanto as separações judiciais mantiveram-se estáveis em relação a 2005, com taxa de 0,9%, os divórcios cresceram 1,4%. Esse resultado revela uma gradual mudança de comportamento na sociedade brasileira, que passou a aceitar o divórcio com maior naturalidade, além da agilidade na exigência legal, que para iniciar o processo exige pelo menos um ano de separação judicial ou dois anos de separação de fato.

De 1996 a 2006, a pesquisa mostrou que a separação judicial manteve o patamar mais frequente e o divórcio atingiu a maior taxa dos últimos dez anos. Em 2006, os divórcios diretos foram 70,1% do total concedido no país. Os divórcios indiretos representaram 29,9% do total. As regiões Norte e Nordeste, com 86,4% e 87,4%, foram as que obtiveram maiores percentuais de divórcios diretos.

As informações da pesquisa de Registro Civil referente à faixa etária dos casais nas separações judiciais e nos divórcios mostram que as médias de idade eram mais altas para os divórcios. Para os homens, as idades médias foram de 38,6 anos, na separação judicial, e de 43,1 anos, no divórcio. As idades médias das mulheres foram de 35,2 e 39,8 anos, respectivamente, na separação e no divórcio. A análise das dissoluções dos casamentos, por divórcio, segundo o tipo de família, mostrou que, em 2006, a proporção dos casais que tinham somente filhos menores de 18 anos de idade foi de 38,8%, seguida dos casais sem filhos com 31,1%".

Analisando tais dados em edições anteriores, arriscamos dizer que, em virtude da entrada em vigor da Lei n. 11.441, de 4 de janeiro de 2007, que instituiu o *divórcio e a separação administrativos*, bem como da recente modificação constitucional que reconheceu o divórcio como o exercício de um simples direito potestativo, esse índice de descasamentos não deveria sofrer viés de baixa, podendo até mesmo aumentar. E isso se explica, no último caso, especialmente pela facilitação da medida dissolutória do vínculo, dispensando lapso temporal mínimo de separação de fato[22].

E nossa "profecia" se concretizou.

Com efeito, constatamos, dez anos depois (2016), também por conta da mudança do cenário econômico (com mais crises do que desenvolvimento), uma diminuição da taxa de nupcialidade, bem como um aumento do número de divórcios[23].

É esperar para ver qual será a tendência dos próximos anos.

5. TIPOLOGIA BÁSICA DO CASAMENTO: CIVIL E RELIGIOSO COM EFEITOS CIVIS

Fundamentalmente, temos duas *modalidades básicas* de *casamento: civil* e *religioso com efeitos civis*, havendo, ainda, *formas especiais de celebração*[24].

Mas não foi sempre assim.

No passado, como visto[25], havia uma inequívoca predominância religiosa, especialmente católica, na celebração do casamento, consoante podemos observar na leitura da obra de LAFAYETTE RODRIGUES PEREIRA:

"No estado atual do Direito Civil brasileiro só são recebidas como válidas e capazes de efeitos civis as três seguintes formas de casamento:

1. o casamento católico, celebrado conforme o Concílio Tridentino e a Constituição do Arcebispado da Bahia;

2. o casamento misto, isto é, entre católico e pessoa que professa religião dissidente, contraído segundo as formalidades do Direito canônico;

3. finalmente, o casamento entre pessoas pertencentes às seitas dissidentes, celebrado de harmonia com as prescrições das religiões respectivas"[26].

Esse panorama, no entanto, mudou significativamente, por conta de o Estado haver se separado da Igreja, trazendo para si a institucionalização e o reconhecimento oficial do ato nupcial.

Daí por que, a rigor, seria forçoso concluir que todas as modalidades atualmente admitidas de casamento teriam *natureza civil*.

---

[22] Sobre o tema, confira-se o Capítulo XXIII ("O Divórcio como Forma de Extinção do Vínculo Conjugal") deste volume.

[23] Sobre o tema, confira-se a seguinte notícia disponível em: <https://valor.globo.com/brasil/noticia/2017/11/14/crise-faz-brasileiros-se-casarem-menos-e-se-divorciarem-mais-em-2016.ghtml>. Acesso em: 20 set. 2019.

[24] Confira-se o Capítulo V ("Formas Especiais de Casamento") deste volume.

[25] Releia-se o tópico 2 ("O Casamento na História") deste capítulo.

[26] Lafayette Rodrigues Pereira, *Direitos de Família*, Rio de Janeiro/São Paulo: Livraria Freitas Bastos S.A., 1956, p. 38.

Vale anotar, no entanto, ser corrente o uso das expressões "casamento civil" para designar aquele ato apenas celebrado perante a autoridade oficial do Estado (juiz de direito ou juiz de paz), e "casamento religioso com efeitos civis" para identificar o matrimônio celebrado por autoridade de qualquer religião brasileira (eis que, por sermos um Estado laico, não temos religião oficial).

Registramos ainda que o casamento "apenas religioso" traduz, em verdade, uma união informal sob o ponto de vista estritamente jurídico, não sendo oficialmente reconhecido. Nada impede, no entanto, que esse enlace possa configurar uma união estável.

Recorrendo à história, não podemos esquecer que o Decreto n. 181, de 24 de janeiro de 1890, oficializou o casamento civil no Brasil, retirando o monopólio da Igreja Católica como instância legitimadora da família.

A Constituição de 1934 alterou esse cenário, uma vez que, em seu art. 146, deixava de reconhecer apenas a modalidade civil do matrimônio, para acatar também a união conjugal religiosa *com efeitos civis*:

> "Art. 146. O casamento será civil e gratuita a sua celebração. O casamento perante o ministro de qualquer confissão religiosa, cujo rito não contrarie a ordem pública ou os bons costumes, produzirá, todavia, os mesmos efeitos que o casamento civil, desde que, perante a autoridade civil, na habilitação dos nubentes, na verificação dos impedimentos e no processo da oposição, sejam observadas as disposições da lei civil e seja inscrito no registro civil. O registro será gratuito e obrigatório".

A regulamentação da matéria deu-se pela Lei n. 379, de 16 de janeiro de 1937 (posteriormente modificada pelo Decreto-lei n. 3.200 de 1941, parcialmente derrogado pela Lei n. 1.110 de 1950).

Mais tarde, a Lei de Registros Públicos (Lei n. 6.015 de 1973) passaria a disciplinar o casamento religioso com efeitos civis, em seus arts. 71 a 75.

O Código de 2002, por sua vez, também regulou o instituto, em normas sem equivalente no Código Civil brasileiro de 1916:

> "Art. 1.515. O casamento religioso, que atender às exigências da lei para a validade do casamento civil, equipara-se a este, desde que registrado no registro próprio, produzindo efeitos a partir da data de sua celebração.
>
> Art. 1.516. O registro do casamento religioso submete-se aos mesmos requisitos exigidos para o casamento civil.
>
> § 1.º O registro civil do casamento religioso deverá ser promovido dentro de noventa dias de sua realização, mediante comunicação do celebrante ao ofício competente, ou por iniciativa de qualquer interessado, desde que haja sido homologada previamente a habilitação regulada neste Código. Após o referido prazo, o registro dependerá de nova habilitação.
>
> § 2.º O casamento religioso, celebrado sem as formalidades exigidas neste Código, terá efeitos civis se, a requerimento do casal, for registrado, a qualquer tempo, no registro civil, mediante prévia habilitação perante a autoridade competente e observado o prazo do art. 1.532.
>
> § 3.º Será nulo o registro civil do casamento religioso se, antes dele, qualquer dos consorciados houver contraído com outrem casamento civil".

Comparando os dois diplomas, podemos observar que o Código Civil, no parágrafo primeiro do art. 1.516, dilatou para 90 dias o prazo conferido aos nubentes para o registro do ato religioso no Cartório respectivo, revogando, pois, o art. 73 da Lei de Registros Públicos[27].

É de se notar ainda que o registro civil poderá ser feito, excepcionalmente, depois da celebração religiosa (art. 1.516, § 2.º), o que levou MARIA HELENA DINIZ a afirmar a existência de duas hipóteses distintas: *casamento religioso precedido de habilitação civil* e *casamento religioso não precedido de habilitação civil* [28].

Pensamos, nesse particular, que tal desdobramento didático reveste-se de utilidade apenas quando consideramos o aspecto cronológico do registro, ou seja, o momento da sua realização, o que não permite a conclusão da existência de duas modalidades distintas de casamento religioso com efeitos civis. Vale dizer, quer o registro preceda ou lhe seja posterior, nas duas hipóteses, a categoria tratada é exatamente a mesma.

Em conclusão a este tópico, apaixonante questionamento merece a nossa atenção: *podem ser reconhecidos os efeitos civis em um casamento espírita?*

A presente indagação reveste-se de intensa curiosidade científica, na medida em que reconhecemos o Brasil como sendo um Estado laico, ou seja, sem religião oficial definida.

Dúvida não há acerca da possibilidade jurídica do matrimônio celebrado perante autoridade religiosa em suas diversas e respeitáveis correntes — presbiteriana, batista, anglicana, adventista, messiânica, judaica, hindu etc. — além da tradicional celebração católica, havendo precedente, inclusive, de ato formalizado perante religião afro-brasileira:

"União estável. Aptidão da inicial. Curador especial a menor. Nomeação válida. Casamento religioso. Religião afro-brasileira. Valor probante. Filiação que não significa uma segunda e concomitante união estável. Petição inicial. É apta a inicial sucinta que viabiliza defesa sem dificuldades para a parte ré. Curador especial. Caso em que o juízo fez atempada substituição de curador especial, evitando incompatibilidade e prejuízo para menor. União estável. Reconhecimento de união estável a partir de — e principalmente — *Casamento religioso devidamente provado com certidão fornecida por federação que congrega casas onde se cultua religião afro-brasileira*. Aplicação do § 3.º do art. 266 da Constituição Federal. Segunda união estável. Caso em que a prova documental trazida aos autos (ação de alimentos e pagamentos mensais) faz presumir a inexistência de uma segunda e concomitante união estável. Rejeitadas as preliminares. Negaram provimento aos apelos. (Segredo de Justiça — 18 fls.) (Apelação Cível n. 70003296555, Oitava Câmara Cível, Tribunal de Justiça do RS, relator: Rui Portanova, julgado em 27-6-2002)" (grifos nossos).

Assim, respeitado o constitucional direito à liberdade de consciência e crença (art. 5.º, VI), os noivos poderão chancelar a sua união afetiva perante a religião que escolherem para guiar as suas vidas, produzindo-se, então, após o necessário registro, todos os efeitos civis pretendidos.

---

[27] LRP "Art. 73. No prazo de trinta dias a contar da realização, o celebrante ou qualquer interessado poderá, apresentando o assento ou termo do casamento religioso, requerer-lhe o registro ao oficial do cartório que expediu a certidão".

[28] Maria Helena Diniz, ob. cit., p. 129-130.

No entanto, lembra MARIA BERENICE DIAS:

"... claro que não se podem aceitar tais efeitos se a religião, por exemplo, admite a poligamia e celebra múltiplos casamentos de uma mesma pessoa. Fora essas excepcionalidades, nada impede que os casamentos de qualquer crença ou religião sejam levados ao registro civil"[29].

Firmadas tais premissas, a nossa atenção, caro leitor, deve se fixar agora na problemática do casamento espírita, especialmente na difundida linha kardecista: *poderia o médium, presidente de uma instituição espírita, celebrar o ato matrimonial, tal qual o faz o padre da religião católica ou pastor da igreja evangélica?*

Sem encerrar definitivamente o debate, pois seria uma hercúlea e pretensiosa tarefa, tentaremos expor, com sincero respeito a eventual pensamento dissonante, o nosso ponto de vista.

Argumentos existem, de variada ordem, contrários ao reconhecimento religioso do casamento espírita para efeitos civis.

JOSELITO RODRIGUES DE MIRANDA JR., um dos mais destacados pesquisadores brasileiros sobre a matéria, em parecer jurídico sobre o tema, enumerou algumas razões pelas quais tem havido resistência à tese do casamento espírita[30]:

- "Falta ao chamado 'casamento espírita' uma das condições essenciais à sua existência jurídica: celebração por autoridade competente.
- Quem não tem, de modo absoluto, competência para a celebração do casamento sequer pode ser reputado autoridade celebrante.
- A doutrina mais atual admite a possibilidade de se autorizar a realização de casamento em 'cerimônia' de cunho espírita, desde que sejam demonstrados: os preceitos seguidos e a existência de rituais compatíveis com a ordem legal e os bons costumes; existência da religião e a legitimidade da representação, dentro do credo do celebrante. Tais cuidados não foram observados no caso concreto.
- Os casamentos religiosos, celebrados sob a égide dos credos tradicionais, a exemplo do catolicismo, são legitimados pelo costume, fonte supletiva (LICC, art. 4.º) que deriva de longa prática uniforme, constante, pública geral de determinado ato, com a convicção de sua necessidade jurídica".

Sintetizando essa linha de intelecção, poderíamos enumerar os seguintes principais argumentos contrários à tese: *ausência de autoridade religiosa competente, inexistência de ritual litúrgico* e *falta de consolidação pelo costume no Brasil.*

Pensamos um pouco diferente.

O espiritismo, tanto na linha tradicional kardecista, quanto em suas diversas correntes brasileiras (indianistas, por exemplo) é dotado de práticas rigorosamente observadas nos

---

[29] Maria Berenice Dias, ob. cit., p. 148.

[30] Material extraído do Parecer Administrativo n. 21.207/2005, elaborado pelo Professor de Direito Civil e Juiz Corregedor do Tribunal de Justiça do Estado da Bahia, Joselito Rodrigues de Miranda Jr., destacado magistrado baiano, gentilmente cedido aos autores, ainda inédito em revistas ou obras jurídicas especializadas.

diversos Centros ou Grupos de Reunião, destacando-se as palestras doutrinárias, os rituais de passe e de incorporação mediúnica, além do difundido "Evangelho no Lar", configurando, em nosso sentir, uma especial liturgia — com características próprias, é claro — como se dá em toda e qualquer religião.

No que concerne, outrossim, ao aspecto consuetudinário, pensamos não haver óbice em se admitir uma nova prática, constitucionalmente amparada, e sem afronta a princípios ou normas de ordem pública, cabendo ao Tempo, "Senhor de Tudo", consolidá-la ou simplesmente torná-la inútil.

O mais poderoso argumento, no entanto, bem destacado pelo Prof. MIRANDA JR., refere-se ao aspecto eminentemente religioso do espiritismo, para permitir reconhecer-se ou não competência à autoridade celebrante.

Vale dizer, o espiritismo é religião?

Sem nos apegarmos a dogmas da doutrina, por não ser essa a nossa tarefa, forçoso convir, que, no Brasil, o espiritismo é abraçado por milhões de pessoas, não como uma simples prática de natureza técnica ou científica, mas como uma corrente religiosa própria, consoante observou o próprio IBGE[31]:

Religião

O Brasil é um país de grande diversidade religiosa. No Censo 2000, a maioria da população se declarou católica apostólica romana, seguida dos evangélicos. Confira a tabela abaixo:

Distribuição percentual da população residente, por religião — Brasil — 1991/2000

Religiões	1991 (%)	2000 (%)
Católica apostólica romana	83,0	73,6
Evangélicas	9,0	15,4
Espíritas	1,1	1,3
Umbanda e Candomblé	0,4	0,3
Outras religiosidades	1,4	1,8
Sem religião	4,7	7,4

Fonte: IBGE, Censos Demográficos 1991/2000.

Dados mais recentes reforçam a diversidade religiosa:

"Nos últimos 10 anos, manteve-se estável a proporção de cristãos. Isso indica tanto uma migração de católicos para as correntes evangélicas e para outras religiões. O segmento dos sem religião também cresceu percentualmente, e chegou a 8% da população em 2010.

---

[31] Disponível em: <http://www.ibge.gov.br/7a12/conhecer_brasil/default.php?id_tema_menu=2&id_tema_submenu=5>. Acesso em: 2 maio 2008.

O contingente de católicos foi reduzido em todas as regiões e se manteve mais elevado no Sul e no Nordeste. O Norte foi onde houve a maior redução relativa dos católicos.

Quanto à faixa etária, a proporção de católicos foi maior entre as pessoas com idade superior a 40 anos. Segundo o estudo, isso é decorrente de gerações formadas durante os anos de hegemonia católica. Já os evangélicos pentecostais têm sua maior proporção entre as crianças e os adolescentes, finalizando uma renovação da religião. O grupo com idade mediana mais velha é o dos espíritas (37 anos) que cresceu na última década e chegou a 3,8 milhões de pessoas, sobretudo nas regiões Sudeste e Sul. Os espíritas são os que apresentam melhores indicadores, como a maior proporção de pessoas com nível superior completo (31,5%)"[32].

Aliás, anota JOSÉ EDVALDO ROTONDANO:

"a despeito de ser ou não uma religião, o espiritismo guarda princípios fundamentais que o aproximam de outros credos, quais sejam: Deus; evolução; reencarnação; sobrevivência da alma; comunicação entre os mundos físico e espiritual; lei de causa e efeito; pluralidade dos mundos habitados. Sem qualquer hesitação, esses requisitos o tornam merecedor da tutela dos valores fundamentais da liberdade de crença, devendo ser permitida a celebração do casamento religioso por seus líderes espirituais, cujo ato, entendemos, vê-se em perfeita consonância com o princípio-maior da dignidade da pessoa humana, bem como com outros preceitos constitucionais e infraconstitucionais"[33].

Oportuna, nesse diapasão, é a advertência feita pelo jurista DALMO DE ABREU DALLARI quando, após anotar não existir critério legal apriorístico definidor de religião ou seita religiosa, conclui no sentido da admissibilidade constitucional do casamento espírita com efeitos civis:

"Embora exista uma discussão teórica a respeito da diferenciação entre religião e seita religiosa, a legislação brasileira não define religião e não trata dessa diferenciação, o que deixa para as autoridades públicas a discrição para decidir se determinado grupo religioso caracteriza ou não uma religião. Em caso de dúvida, a decisão final caberá ao Poder Judiciário, que deverá decidir tendo em conta as circunstâncias concretas do caso que lhe for submetido. A discussão sobre a caracterização de um grupo social como religião pode assumir grande importância em determinados casos, sendo interessante lembrar que há várias décadas um Tribunal dos Estados Unidos recusou o pedido de um grupo de pessoas que dizia ter fundado uma nova religião que incluía em seu ritual o uso de maconha em comunidade. Nessa mesma linha, a Suprema Corte dos Estados Unidos deverá decidir agora o caso de um pequeno grupo do Novo México, que pretende ser reconhecido como congregação religiosa e obter autorização para usar no ritual do culto o chá alucinógeno de ayahuasca. No Brasil, tem-se notícia de que desde 1999 está em curso no Judiciário uma pretensão semelhante, externada por um grupo que se denomina Centro Espírita União do Vegetal, não havendo ainda uma decisão.

---

[32] Disponível em: <https://veja.abril.com.br/blog/reinaldo/o-ibge-e-a-religiao-cristaos-sao-86- 8-do--brasil-catolicos-caem-para-64-6-evangelicos-ja-sao-22-2/#:~:text=O%2520IBGE%2520e%2520a%2520religi%25C3%25A3o,s%25C3%25A3o%252022%252C%2525%2520%257C%2520VEJA>. Acesso em: 13 ago. 2020.

[33] "Ministério Público entende que casamento em centro espírita pode ter efeitos civis". *Jus Navigandi*, Teresina, ano 10, n. 914, 3 jan. 2006. Disponível em: <http://jus2.uol.com.br/ pecas/texto.asp?id=666>. Acesso em: 3 maio 2008.

(...)
Considerando agora a questão do ponto de vista legal, o ponto de partida é o fato de que o Código Civil Brasileiro, fixando as normas legais sobre o casamento, dispõe sobre os requisitos para a validade do casamento e estabelece a exigência de um processo prévio de habilitação, perante a autoridade pública, dispondo que após a celebração deverá ser feito o registro na repartição pública competente. No artigo 1.515 do Código Civil, encontra-se a seguinte disposição: 'o casamento religioso, que atender às exigências da lei para a validade do casamento civil, equipara-se a este, desde que registrado no registro próprio, produzindo efeitos a partir da data de sua celebração'.

Note-se que a expressão da lei é 'casamento religioso', sem especificar religiões e sem estabelecer requisitos quanto a estas. A expressão é genérica, o que significa que, verificando o atendimento dos requisitos que seriam necessários para a validade do casamento realizado perante a autoridade pública, o casamento celebrado perante autoridade religiosa produzirá os mesmos efeitos. O próprio artigo 1.515 prevê o registro do casamento religioso no registro próprio, o que significa que a autoridade encarregada dos registros de casamento deverá registrar também o casamento religioso.

(...)

Em síntese, o que se pode concluir é que o casamento realizado num Centro Espírita, perante a autoridade reconhecida pela comunidade, tem validade jurídica e se equipara ao casamento celebrado perante autoridade pública, devendo ser registrado no registro próprio. A única exigência do Código Civil para essa validade é que tenham sido observados os requisitos legais para o casamento. Se tiverem sido observados esses requisitos e se o casamento tiver sido realizado perante a autoridade religiosa reconhecida pela comunidade respectiva, a recusa da autoridade cartorária a efetuar o registro foi equivocada e não deverá subsistir. Essa é a minha opinião quanto aos aspectos jurídicos da questão"[34].

De fato, desde que observados os requisitos formais da celebração, não vemos razão jurídica para se negar o matrimônio celebrado perante aquele que, segundo a vontade dos noivos, é o representante da religião que professam ou da crença que seguem.

A formal chancela do ato, pois, não vence a importância de fundo da união afetiva, na perspectiva constitucionalmente assegurada da livre manifestação de vontade dos nubentes.

Em conclusão, noticiamos que o Tribunal de Justiça do Estado da Bahia, em pioneiro acórdão, no julgamento do Mandado de Segurança n. 34739-8/05, rel. Desa. RUTH PONDÉ LUZ, reconheceu os efeitos civis de matrimonio celebrado em centro espírita kardecista:

"Mandado de segurança. *Amicus curiae*. Admissibilidade. Casamento religioso. Centro espírita. Autoridade religiosa. Caracterização. Segurança concedida. Não tem juridicidade a preliminar de inadmissibilidade da intervenção do Teatro Espírita Leopoldo Machado e do Centro de Estudos e Pesquisas Carlos Imbassahy, na condição de *amicus curiae*. O referido instituto tem inteira admissibilidade em sede do Supremo Tribunal Federal a fim de auxiliar a Justiça na solução de questões relacionadas com a constitucionalidade de leis e atos governamentais, que ameaçam ou violam direitos e interesses coletivos e difusos.

---

[34] Dalmo de Abreu Dallari, "Casamento Celebrado em Centro Espírita: possibilidade legal de atribuição de efeitos civis". *Jus Navigandi*, Teresina, ano 10, n. 889, 9 dez. 2005. Disponível em: <http://jus2.uol.com.br/pecas/texto.asp?id=659>. Acesso em: 9 dez. 2005.

Logo, ainda que requerida em mandado de segurança nada impede o pedido de intervenção das referidas entidades espíritas como *amicus curiae*. *O casamento realizado num centro espírita, perante a autoridade reconhecida pela comunidade, tem validade jurídica e se equipara ao casamento celebrado perante autoridade pública, devendo ser registrado no registro próprio, observados os requisitos legais para o casamento*" (grifos nossos).

Recomendável, finalmente, em nosso sentir, que os Tribunais, por suas Corregedorias de Justiça, regulamentem administrativamente a questão, orientando adequadamente, não apenas as instituições celebrantes, mas também os respectivos Cartórios de Registro Civil, a fim de escoimar eventuais dúvidas.

E não se pense que o nosso posicionamento jurídico seja algum tipo de proselitismo em torno desta ou daquela doutrina religiosa, até mesmo porque os autores partilham diferentes concepções de fé, mas a mesma certeza jurídica sobre o tema aqui tratado.

O que propugnamos é que tal entendimento seja estendido a toda e qualquer manifestação religiosa praticada na comunidade em que vivem os nubentes, independentemente da sua origem ou dos seus fundamentos, garantindo-se o devido respeito à liberdade de crença, sem qualquer discriminação, valores garantidos constitucionalmente[35], e desde que observados, obviamente, todos os demais requisitos legais do casamento, bem como as suas restrições de ordem pública.

---

[35] Constituição Federal de 1988: "Art. 3.º Constituem objetivos fundamentais da República Federativa do Brasil:

(...)

IV — promover o bem de todos, sem preconceitos de origem, raça, sexo, cor, idade e quaisquer outras formas de discriminação.

(...)

Art. 5.º Todos são iguais perante a lei, sem distinção de qualquer natureza, garantindo-se aos brasileiros e aos estrangeiros residentes no País a inviolabilidade do direito à vida, à liberdade, à igualdade, à segurança e à propriedade, nos termos seguintes:

(...)

VI — é inviolável a liberdade de consciência e de crença, sendo assegurado o livre exercício dos cultos religiosos e garantida, na forma da lei, a proteção aos locais de culto e a suas liturgias".

Capítulo IV
A Promessa de Casamento (Esponsais)

Sumário: 1. Introdução: "ficada", namoro e noivado. 2. Responsabilidade civil por ruptura do noivado. 3. Noivado e união estável. 4. Doação em contemplação a casamento futuro.

1. INTRODUÇÃO: "FICADA", NAMORO E NOIVADO

A sociedade brasileira, acompanhando as ingentes mudanças experimentadas pela humanidade nos últimos anos, alterou profundamente a sua tábua de valores no campo da afetividade.

Voltando um pouco no tempo, basta visualizarmos a ambiência dos romances balzaquianos ou as intrincadas questões descritas e desenvolvidas pelo nosso insuperável MACHADO DE ASSIS, para concluirmos que a sociedade atual é muito mais aberta para a discussão de aspectos profundos da natureza humana, como o afeto e a sexualidade.

Com isso, logicamente, não estamos querendo apresentar ao nosso leitor uma imagem irreal — senão utópica — de um mundo desprovido de preconceitos e tabus.

Não é isso.

Ainda hoje deparamo-nos, lamentavelmente, com preconceitos de variada ordem, e, até mesmo, flagrantes violações a direitos humanos no seio dos arranjos afetivos.

No entanto, seria impensável, na primeira metade do século passado, admitir-se, no plano social e jurídico, a equiparação do concubinato ao casamento, o nivelamento dos direitos dos filhos legítimos ou ilegítimos, o reconhecimento da igualdade da mulher, a paternidade socioafetiva, a união entre pessoas do mesmo sexo, enfim, formas de arranjos familiares que escapassem do *standard* religioso do casamento.

Hoje o panorama é outro.

Ruiu o mito do paradigma absoluto do conceito de família.

Sobre o tema, interroga MARIA BERENICE DIAS:

"Será que hoje em dia alguém consegue dizer o que é uma família normal? Depois que a Constituição trouxe o conceito de entidade familiar, reconhecendo não só a família constituída pelo casamento, mas também a união estável e a família monoparental — formada por um dos pais com seus filhos — não dá mais para falar em família, mas em famílias"[1].

---
[1] Maria Berenice Dias, "Família Normal?", *Revista Brasileira de Direito de Família*, n. 46, fev./mar. 2008, IOB, p. 218.

A despeito da resistência ainda existente em face de determinados núcleos de afeto, ninguém nega a importância da sua discussão jurídica, valendo lembrar que, não apenas a doutrina, mas também a jurisprudência, em grande parte, já se harmonizam com esses novos tempos, consolidando um processo inexorável de reconstrução do conceito de família, à luz do princípio da afetividade.

Em outras palavras: *o Direito de Família moderno refunde-se no princípio da dignidade da pessoa humana e no princípio da afetividade*, talvez os dois mais importantes mandamentos de otimização da principiologia familiarista[2].

Melhor assim, aliás, e não sob o jugo opressor e hipócrita da *estabilidade do casamento* a todo custo, como se vivia no século passado, negando-se a realização pessoal e afetiva dos membros integrantes da família.

Nesse diapasão, observamos que as formas de envolvimento afetivo experimentaram visível mudança, o que pode ser observado pelas fugazes — senão sumárias — formas de união, a exemplo do que socialmente se convencionou chamar de *"ficada"*.

Não nos arriscamos a apresentar um conceito definitivo, senão uma breve noção deste tipo de *união passageira, de cunho afetivo ou meramente sexual*, e que, posto não apresente natureza propriamente familiar, pode, sim, repercutir no Direito de Família, como já decidiu o próprio Superior Tribunal de Justiça, ao reconhecer no "ficar" ou "curtir" *indício de presunção de paternidade*:

> "Direito civil. Recurso especial. Ação de investigação de paternidade. Exame pericial (teste de DNA). Recusa. Inversão do ônus da prova. Relacionamento amoroso e relacionamento casual.
>
> Paternidade reconhecida.
>
> — A recusa do investigado em se submeter ao teste de DNA implica a inversão do ônus da prova e consequente presunção de veracidade dos fatos alegados pelo autor.
>
> — Verificada a recusa, o reconhecimento da paternidade decorrerá de outras provas, estas suficientes a demonstrar ou a existência de relacionamento amoroso à época da concepção ou, ao menos, a existência de relacionamento casual, hábito hodierno que parte do simples 'ficar', relação fugaz, de apenas um encontro, mas que pode garantir a concepção, dada a forte dissolução que opera entre o envolvimento amoroso e o contato sexual.
>
> Recurso especial provido" (REsp 557.365/RO, rel. Min. Nancy Andrighi, julgado em 7-4-2005, DJ 3-10-2005, p. 242, 3.ª Turma).

Outra intrincada questão diz respeito ao namoro.

Mais sério do que o simples encontro casual, o namoro não se notabiliza simplesmente pelo envolvimento sexual, mas também pelo comprometimento afetivo. Tal aspecto, no entanto, não serve para conferir-lhe roupagem jurídica familiar, dada a sua tessitura instável, mais pertinente à Moral do que propriamente ao Direito.

---

[2] Sobre o tema, confira-se o Capítulo II ("Perspectiva Principiológica do Direito de Família") deste volume.

Por isso, inclusive, a jurisprudência tem entendido que a ruptura de um namoro — por mais que traduza uma dor que parece não ter fim... — não reverbera na seara jurídica:

> "APELAÇÃO CÍVEL. INEXISTÊNCIA DE UNIÃO ESTÁVEL. Na inicial a autora afirmou que manteve com o demandado namoro que perdurou por dez anos. Os namoros, mesmo prolongados e privando as partes de vida íntima como sói ocorrer atualmente, são fatos da vida não recepcionados pela legislação civil e, por isso, não ensejam efeitos jurídicos, seja durante ou após o fim do relacionamento. Somente as relações jurídicas que surgem pelo casamento ou pela constituição de uma união estável asseguram direitos pessoais e patrimoniais. SOCIEDADE DE FATO. Não caracterizada também qualquer contribuição para a formação do patrimônio, descabida indenização sob tal fundamento. IMPOSSIBILIDADE DE INDENIZAÇÃO POR DANO MORAL DECORRENTE DO ROMPIMENTO DA RELAÇÃO. Os sentimentos que aproximam e vinculam homem e mulher por vezes se transformam e até mesmo acabam, nem sempre havendo um justo motivo para explicar seu fim. A dor da ruptura das relações pessoais, a mágoa, a sensação de perda e abandono, entre outros sentimentos, são custos da seara do humano. Fazendo parte da existência pessoal não constituem suporte fático a autorizar a incidência de normas que dispõe sobre a reparação pecuniária. Possibilidade de indenização somente surgiria se restasse caracterizado um ato ilícito de extrema gravidade, cuja indenizabilidade seria cabível independentemente do contexto da relação afetiva entretida pelas partes. A simples dor moral resultante da ruptura, entretanto, não é indenizável. Ao fim, não estando caracterizado qualquer instituto jurídico reconhecido pelas normas de direito de família, o pedido indenizatório para recomposição patrimonial de eventuais gastos feitos pela autora deverá ser analisado em ação própria, a partir das regras e princípios gerais da Teoria da Responsabilidade Civil. Negaram provimento, à unanimidade" (TJRS, Apelação Cível n. 70008220634, 7.ª Câm. Cív., rel. Luiz Felipe Brasil Santos, julgado em 14-4-2004).

Pois é.

Dói muito menos ter seu nome inscrito no SPC por uma empresa de telefonia ou um banco — o que resultará certamente em indenização por dano moral[3] — do que o fim do namoro de anos, que, compreensivelmente, não gerará direito algum.

E assim deve ser, pois, neste campo amoroso, de profundidade eminentemente psíquica, o direito não pode servir como instrumento realizador de vingança ou lenitivo de um coração magoado.

---

[3] Fala-se, aqui, em dano moral que dispensa, inclusive, a comprovação em juízo (dano moral *in re ipsa*): "RESPONSABILIDADE CIVIL. DANO MORAL. REGISTRO NO CADASTRO DE DEVEDORES DO SERASA. EXISTÊNCIA DE OUTROS REGISTROS. INDENIZAÇÃO. POSSIBILIDADE. A existência de registros de outros débitos do recorrente em órgãos de restrição de crédito não afasta a presunção de existência do dano moral, que decorre *in re ipsa*, vale dizer, do próprio registro de fato inexistente. Precedente. Hipótese em que o próprio recorrido reconheceu o erro em negativar o nome do recorrente. Recurso a que se dá provimento" (REsp 718.618/RS, rel. Min. Antônio de Pádua Ribeiro, julgado em 24-5-2005, DJ 20-6-2005, p. 285, 3.ª Turma).

Mais complexa ainda, aliás, é a zona cinzenta entre namoro e união estável, o que levou o brasileiro a criar a curiosa figura do *contrato de namoro*[4], sobre o qual PABLO STOLZE GAGLIANO escreveu:

> "Trata-se de um negócio celebrado por duas pessoas que mantêm relacionamento amoroso — namoro, em linguagem comum — e que pretendem, por meio da assinatura de um documento, a ser arquivado em cartório, afastar os efeitos da união estável"[5].

Portanto, de tudo que dissemos até aqui, resta claro que as diversas e multifárias formas de relacionamento interpessoal, mesmo aquelas alheias ao regramento jurídico, reafirmam a ideia de que o potencial afetivo humano é insondável, não podendo ser aprioristicamente enclausurado em fórmulas ou simples paradigmas legislativos.

Nesse contexto, ultrapassando os umbrais do simples namoro, o noivado, importante e (necessariamente) refletido passo na vida das pessoas, traduz maior seriedade no vínculo afetivo, uma vez que, por meio dele, *homem e mulher firmam a promessa recíproca de unirem-se por meio do casamento, formando uma comunhão familiar de vida.*

Servem, pois, os esponsais, ou simplesmente noivado — lembra-nos ANTÔNIO CHAVES — como um meio pelo qual os noivos ou nubentes podem aquilatar as suas afinidades e gostos[6], firmando, de maneira séria e inequívoca, um *compromisso de casamento*.

2. RESPONSABILIDADE CIVIL POR RUPTURA DO NOIVADO

Interessante questão diz respeito à ruptura do noivado.

Não pensemos que o desfazimento dos esponsais opera-se sempre como um simples fim de namoro, em que os envolvidos simplesmente resolvem não se ver mais — com a consequente e já tradicional devolução das cartas de amor[7] e até mesmo de alguns presentes ou recordações — ou decidem consolidar, a partir dali, uma bela amizade.

---

[4] Abordaremos esse tema no Capítulo XIX deste volume, dedicado à União Estável.

[5] Pablo Stolze Gagliano, "Contrato de namoro", *Jus Navigandi*, Teresina, ano 10, n. 1057, 24 maio 2006. Disponível em: <http://jus2.uol.com.br/doutrina/texto.asp?id=8319>. Acesso em: 23 maio 2008.

[6] Antônio Chaves *apud* MARIA HELENA DINIZ, ob. cit., p. 60.

[7] Não resistimos, estimado leitor, e transcrevemos a lindíssima poesia de ÁLVARO DE CAMPOS (heterônimo de FERNANDO PESSOA), sobre as cartas de amor que todos nós escrevemos (ou haveremos de escrever) um dia:
"Todas as cartas de amor são
Ridículas.
Não seriam cartas de amor se não fossem
Ridículas.
Também escrevi em meu tempo cartas de amor,
Como as outras,
Ridículas.
As cartas de amor, se há amor,
Têm de ser
Ridículas".
Obtido em: <http://pt.wikisource.org/wiki/Todas_as_Cartas_de_Amor_s%C3%A3o_Rid%C3%ADculas>.

A ruptura injustificada do noivado pode, sim, acarretar, em situações especiais, dano moral ou material indenizável[8].

Não o simples fim da afetividade, mas a ruptura inesperada e sem fundamento pode determinar a responsabilidade civil extracontratual do ofensor, pelos prejuízos efetivamente sofridos, excluídos, por óbvio, os lucros cessantes[9].

Entendemos ser extracontratual a responsabilidade daí decorrente, com base no art. 186 do Código Civil, definidor do ato ilícito, sem esquecermos de que, no passado, essa forma de responsabilidade já fora considerada contratual, conforme nos lembra o clássico LAFAYETTE RODRIGUES PEREIRA:

> "No domínio do Direito antigo, embora pouco usado, era ele preliminar ao casamento, sendo então exigidas certas formalidades e regras, às quais já o Decreto n. 181 do Governo Provisório deixou em abandono. Prevaleciam no período anterior a 1889, e ficaram inteiramente revogadas depois da proclamação da República, cujo governo, a 24 de janeiro de 1890, expedira aquele Decreto n. 181, regulando o casamento civil sem a menor alusão aos esponsais"[10].

Hodiernamente, no entanto, não nos afigura adequado considerarmos o noivado um contrato, diferentemente do que se dá com o casamento.

O matrimônio, sim, consoante visto anteriormente[11], tem natureza jurídica de *contrato especial de Direito de Família*.

A ausência da tessitura contratual, entretanto, não impede a configuração do ilícito, quando o noivo desistente, violando a legítima expectativa de casamento, impõe, ao outro, prejuízo material ou moral.

É o caso, por exemplo, do noivo que deixa a sua pretendente, humilhada, no altar, sem razão ou aviso; ou a desistência operada pouco tempo antes do casamento, tendo a outra parte arcado com todas as despesas de bufê, enxoval e aprestos, na firme crença do matrimônio não realizado; na mesma linha e não menos grave, o anúncio constrangedor do fim da relação em plena festa de noivado ou chá de cozinha, por vingança; e, finalmente — exemplo extraído de parte da doutrina brasileira — temos a hipótese da noiva que deixa o emprego para casar (não faça isso, minha amiga!) e, com a posterior recusa do prometido, fica sem o trabalho e o marido[12].

Não se imagine, no entanto, com tudo que dissemos, que, por havermos noivado, somos obrigados a casar.

Não é isso.

---

[8] Outras hipóteses serão tratadas no Capítulo XXX ("Responsabilidade Civil nas Relações Familiares").
[9] Nessa mesma linha, Maria Berenice Dias, ob. cit., p. 119.
[10] Lafayette Rodrigues Pereira, *Direitos de Família*, Rio de Janeiro/São Paulo: Livraria Freitas Bastos S.A., 1956, p. 33.
[11] Confira-se o Tópico 3 ("Conceito e Natureza Jurídica") do Capítulo III ("Considerações Introdutórias sobre o Casamento") deste volume.
[12] Ver Maria Helena Diniz, ob. cit., p. 63-64.

Temos todo o direito de desistir, até porque, se assim não fosse, não teria a autoridade celebrante a obrigação de perguntar se aceitamos ou não o nosso consorte.

Ocorre que, a depender das circunstâncias da desistência, conforme vimos nos exemplos acima, a negativa pode traduzir um sério dano à outra parte, não sendo justo ignorarmos esse fato e seguirmos em frente, como se nada houvesse acontecido[13].

O que o direito pretende evitar é o exercício abusivo desse direito[14].

Raciocínio contrário, aliás, a par de incrementar o enriquecimento sem causa, poderia configurar, inclusive, dada a mencionada natureza do ato matrimonial, *quebra de boa-fé objetiva pré-contratual*.

Vale dizer, afronta o princípio da eticidade o desfazimento injustificado do compromisso assumido, lesando a legítima expectativa nutrida pelo outro no sentido da realização do ato matrimonial.

Nesse sentido, a jurisprudência brasileira tem reconhecido, em determinadas situações, a responsabilidade civil pelo fim do noivado:

"Apelação cível — Responsabilidade civil — Dano moral — Promessa de casamento — Ruptura injustificada de noivado às vésperas da realização da cerimônia — Ausência de motivo justo — Lesão às honras objetiva e subjetiva configuradas — Responsabilidade — Culpa do réu pelo rompimento — Imprudência verificada — Dano moral configurado — Desrespeito ao princípio da boa-fé — Valor da indenização fixado exageradamente — Necessidade de readequação — Agravo retido não conhecido e apelo parcialmente provido. Em que pese a possibilidade de rompimento de noivado até o momento da celebração das núpcias, existindo evidente promessa de casamento e ruptura injustificada do compromisso, que acarreta dano às honras objetiva e subjetiva da noiva, certa é a incidência do instituto da responsabilidade civil, com a consequente imposição de indenização" (18.ª Câmara Cível do TJPR, Por maioria, Acórdão n. 4.417, Processo 0282469-5, Apelação Cível, rel. Luiz Sérgio Neiva de L. Vieira, julgamento em 16-8-2006).

"Responsabilidade civil — Casamento — Cerimônia não realizada por iniciativa exclusiva do noivo, às vésperas do enlace — Conduta que infringiu o princípio da boa-fé, ocasionando despesas, nos autos comprovadas, pela noiva, as quais devem ser ressarcidas. Dano moral configurado pela atitude vexatória por que passou a nubente, com o casamento marcado. Indenização que se justifica, segundo alguns, pela teoria da culpa *in contrahendo*, pela teoria do abuso do direito, segundo outros. Embora as tratativas não possuam força vinculante, o prejuízo material ou moral, decorrente de seu abrupto rompimento e

---

[13] Exemplo clássico é dado por MOURA BITTENCOURT, citado por MARIA HELENA DINIZ (ob. cit., p. 64), ocorrido em León, Espanha: "um rapaz, ao ser interrogado se era de sua livre e espontânea vontade receber a noiva como a sua legítima esposa, disse: 'Bem, para ser franco, não!'. Assim respondeu e retirou-se da igreja, deixando a moça desmaiada, e atônita a alta sociedade que se comprimia no templo. Essa noiva veio a sofrer, além da perda do noivo, a humilhação pública". De fato, por que desistir daquela maneira fria, dura e inescrupulosa?

[14] "Lo que se conoce como 'abuso del derecho' — y que corresponde al 'abuso del interés' — supone siempre la existencia de um perjuicio al interés ajeno, siendo este, por lo mismo, um elemento esencial del acto abusivo y fuente de responsabilidad civil" (Pablo Rodríguez Grez, *El Abuso del Derecho y el Abuso Circunstancial*, Santiago: Editorial Juridica de Chile, 2004, p. 342-3).

violador das regras da boa-fé, dá ensejo à pretensão indenizatória. Confirmação, em apelação, da sentença que assim decidiu" (TJRJ, 5.ª Câm. Cível; AC n. 2001.001.17643/RJ; rel. Des. Humberto de Mendonça Manes, j. 17-10-2001, v.u.).

"O nosso ordenamento ainda admite a concessão de indenização à mulher que sofre prejuízo com o descumprimento da promessa de casamento. Art. 1.548, III, do C. Civil. Falta dos pressupostos de fato para o reconhecimento do direito ao dote e à partilha de bens. Recurso não conhecido" (STJ, REsp 251689, rel. Min. Ruy Rosado de Aguiar, DJU 30-10-2000, p. 162, 4.ª Turma).

E noticiou o Boletim do Instituto Brasileiro de Direito de Família que, em Goiânia, o Juízo de Direito da 5.ª Vara de Família, Sucessões e Cível, "condenou um homem a indenizar em 2 mil, por danos morais, sua ex-noiva por ter rompido o noivado sem motivo aparente".

Na mesma decisão, restou fixado também que ele pagaria a quantia de "R$ 3.415,43 por danos materiais, uma vez que logo após o término do compromisso a autora descobriu que estava grávida e teve que arcar sozinha com todas as despesas decorrentes do período de gestação"[15].

Na dúvida, portanto, é melhor cuidarmos de encontrar a melhor maneira de desistir do casamento, atuando, segundo o princípio da eticidade, no sentido de evitar ou minorar os efeitos danosos decorrentes da ruptura.

Sob pena de responsabilidade civil...

3. NOIVADO E UNIÃO ESTÁVEL

Nem sempre é fácil a tarefa de se estabelecer uma nítida diagnose diferencial entre o noivado e a união estável.

Sem pretender esgotarmos o estudo da união estável neste tópico, por havermos dedicado a ele capítulo próprio[16], faz-se necessário lembrarmos que esse tipo de arranjo familiar traduz *a união pública, contínua e duradoura, entre duas pessoas, com o objetivo de constituição de família.*

O principal elemento, portanto, caracterizador da união estável é o teleológico ou finalístico: *o objetivo de constituição de família.*

Vale dizer, os partícipes desse enlace afetivo comportam-se como se casados estivessem, razão por que devem observância a deveres equiparáveis aos do casamento (art. 1.724, CC/2002), submetendo-se, ainda, a um regime de bens (art. 1.725, CC/2002) e sucessão patrimonial (art. 1.790, CC/2002).

Note-se, portanto, que *firmar a promessa de casamento*, ou seja, *noivar não significa que se passou a viver em união estável.*

Para tanto, é necessária a conjugação de determinados requisitos caracterizadores da formação de um núcleo familiar.

---

[15] Boletim do IBDFAM, março/abril de 2008, fl. 11.
[16] Confira-se o Capítulo XIX ("União Estável") deste volume.

Assim, o fato de os noivos decidirem já morar juntos, antes do casamento, para permitir, por exemplo, que desfrutem de mais tempo para arrumarem o apartamento, organizarem a festa ou planejarem melhor o futuro que se avizinha, não implica que necessariamente já estejam em união estável.

Isso porque nem sempre os prometidos estão atuando como companheiros.

Nessa linha de intelecção, confira-se a jurisprudência do Tribunal de Justiça do Rio Grande do Sul:

> "União estável. Configuração. Para a configuração da união estável faz-se necessária cabal demonstração de que o casal mantém relacionamento nos moldes preconizados no art. 1.723 do Código Civil, não bastando para tanto a mera formalização de noivado. Apelo provido em parte (Segredo de justiça)" (TJRS, AC n. 70020877122, 7.ª Câm. Cív. rel. Maria Berenice Dias, julgado em 26-9-2007).

> "Apelação cível. União estável. Namoro e posterior noivado que não caracterizam a entidade familiar. Improcedência. Se os litigantes namoraram, noivaram e depois tiveram convivência marital por apenas seis meses, não se configura a união estável, ante a ausência de um dos requisitos legais que é a entidade familiar duradoura. E não demonstrada a participação da autora na edificação da casa objeto de partilha, não se configura também sociedade de fato. Improcedente a ação de reconhecimento da união estável, descabe no juízo da família o pedido de indenização por danos morais. Apelação desprovida. (Segredo de justiça)" (TJRS, AC n. 70017790668, 8.ª Câm. Cív. rel. José Ataídes Siqueira Trindade, julgado em 18-1-2007).

No entanto, se, durante o período do noivado, os partícipes da relação passam a agir como se já casados fossem, alongando o período da promessa, e atuando como se já estivessem integrando um núcleo familiar, a situação poderá, logicamente, ser outra e as regras da união estável poderão se fazer incidir.

Tudo dependerá, pois, da ponderada análise do caso concreto.

Merecem atenção, pois, aqueles intermináveis noivados, que já traduzem vida de casados e se alongam por tempo semelhante ao da usucapião...

4. DOAÇÃO EM CONTEMPLAÇÃO A CASAMENTO FUTURO

Findo o noivado, reputamos medida de justiça a devolução dos presentes de casamento (aprestos), para se evitar o enriquecimento sem causa, sem prejuízo, como vimos acima, da responsabilidade civil do desistente, a ser apurada na via judicial adequada.

Questão mais complexa, por sua vez, diz respeito às doações feitas em contemplação ao casamento[17], durante o noivado.

Dispondo sobre essa espécie, o art. 546 do Código Civil de 2002 é extremamente claro e elucidativo:

---

[17] Para um aprofundamento sobre o tema, confira-se Pablo Stolze Gagliano, *Contrato de Doação — Análise Crítica do Atual Sistema Jurídico e os seus Efeitos no Direito de Família e das Sucessões*, 6. ed., São Paulo: SaraivaJur, 2024.

"Art. 546. A doação feita em contemplação de casamento futuro com certa e determinada pessoa, quer pelos nubentes entre si, quer por terceiro a um deles, a ambos, ou aos filhos que, de futuro, houverem um do outro, não pode ser impugnada por falta de aceitação, e só ficará sem efeito se o casamento não se realizar".

Mais completo, nesse particular, é o Código Civil italiano, que dispõe até mesmo sobre a hipótese de invalidação do casamento e os reflexos da doação em face dos filhos do casal:

"Art. 785. Donazione in riguardo di matrimonio. La donazione fatta in riguardo di un determinato futuro matrimonio (cfr. 165, 166), sia dagli sposi tra loro (cfr. 774), sia da altri a favore di uno o di entrambi gli sposi o dei figli nascituri da questi, si perfeziona senza bisogno che sia accettata, ma non produce effetto finché non segua il matrimonio (cfr. 805).

L'annullamento del matrimonio (cfr. 117 ss.) importa la nullità della donazione. Restano tuttavia salvi i diritti acquistati dai terzi di buona fede trai il giorno del matrimonio e il passagio in giudicato della sentenza che dichiara la nullità del matrimonio. Il coniuge di buona fede non è tenuto a restituire i frutti percepiti anteriormente alla domanda di anullamento del matrimonio (cfr. 1148).

La donazione in favore di figli nascituri rimane efficace per i figli rispetto ai quali si verificano gli effetti del matrimonio putativo (cfr. 128)"[18].

Vale notar ainda que o negócio jurídico, segundo a dicção do dispositivo constante no Código brasileiro, ficará *sem efeito* se o casamento não se realizar.

Conclui-se, portanto, e esse seria um erro grave, posto provável, imaginar que a doação seria *nula*, na falta do casamento.

Todavia, assim não é, uma vez que seria o caso de *negativa de eficácia, e não propriamente de invalidade*[19].

---

[18] Em tradução livre de Rodolfo Pamplona Filho:

Art. 785. Doação em contemplação a casamento. A doação feita em contemplação a um determinado futuro casamento (v. 165, 166), seja de um nubente ao outro (v. 774), seja de terceiros em favor de um ou de ambos os nubentes ou de filhos ainda não nascidos, se aperfeiçoa sem a necessidade de aceitação, mas não terá efeito até que se realize o casamento (v. 805).

A anulação do casamento (v. 117 e ss.) importa a nulidade da doação. No entanto, ficam ressalvados os direitos adquiridos por terceiros de boa-fé entre o dia do casamento e do trânsito em julgado da decisão judicial que declara a nulidade do casamento. O cônjuge de boa-fé não é obrigado a restituir os frutos percebidos antes da ação judicial de anulação do casamento (v. 1148).

A doação em favor do nascituro permanece eficaz como para os filhos a respeito dos quais se verificaram os efeitos do casamento putativo (v. 128).

[19] Notamos certa dificuldade, no Direito brasileiro, em traçar a diagnose diferencial entre *invalidade e ineficácia do negócio jurídico*. Lembra-nos ANTONIO JUNQUEIRA DE AZEVEDO que "o terceiro e último plano em que a mente humana deve projetar o negócio jurídico para examiná-lo é o plano de eficácia. Nesse plano, não se trata, naturalmente, de toda e qualquer possível eficácia prática do negócio, mas sim, tão só, de sua eficácia jurídica e, especialmente, da sua eficácia própria ou típica, isto é, da eficácia referente aos efeitos manifestados como queridos" (*Negócio jurídico: existência, validade e eficácia*, 3. ed., São Paulo: Saraiva, 2000, p. 48). Essa teoria da ineficácia, por exemplo, melhor fundamentaria o tratamento jurídico da fraude contra credores, impropriamente, em nosso

Note-se, ainda, que o dispositivo do nosso Código Civil remete-nos à ideia de não poder ser impugnada a doação por falta de aceitação.

Nesse particular, entretanto, algumas considerações bastante oportunas foram feitas por AGOSTINHO ALVIM, e merecem ser transcritas:

> "A lei diz que a doação não pode ser impugnada por falta de aceitação. O casamento envolve aceitação. Não significa isto, porém, que o donatário não possa impugnar a doação, isto é, deixar de aceitá-la. É um direito seu. E para isso precisa saber que a doação existe. É necessário, pois, que o donatário, ao casar, saiba que a doação foi feita. O que a lei quer dizer é que não pode o doador, arrependido, pedir a devolução da coisa, por falta de manifestação do donatário, alegando, com este fundamento, doação não aperfeiçoada"[20].

De fato, negar ao donatário, em qualquer hipótese, o direito de impugnar a doação é algo inaceitável.

Esse direito, aliás, traduzir-se-ia não apenas na hipótese aventada por AGOSTINHO ALVIM de simplesmente *rejeitar a liberalidade*, mas, até mesmo, na situação, menos frequente, embora não impossível, de *o próprio doador atacar o ato, alegando vício de consentimento (coação, por exemplo)*.

No entanto, como regra geral, contraído o matrimônio, considera-se aperfeiçoada a doação, não podendo o doador injustificadamente *voltar atrás*.

---

sentir, tratada no Código novo (assim como no de 1916) como causa de anulação do negócio jurídico. A esse respeito, colocando com hábil e costumeira mestria o problema, pontifica YUSSEF SAID CAHALI: "desde que, no ato praticado em fraude de credores, a simples declaração de ineficácia, isto é, a declaração de que o negócio jurídico não prejudica aos credores anteriores ao ato, por ineficaz em relação a eles, porque a esse ponto não entrou no mundo jurídico, é bastante para satisfazer o interesse dos credores, porquanto isso é suficiente para que os bens possam ser abrangidos pela execução como se ainda se encontrassem no patrimônio do executado...". E em outro ponto de sua obra, conclui o mesmo autor: "... parece-nos, porém, que o efeito da sentença pauliana resulta do objetivo a que colima a ação: declaração de ineficácia jurídica do negócio fraudulento" (*Fraude Contra Credores*, 2. ed., São Paulo: Revista dos Tribunais, 1999, p. 385-6).

[20] Agostinho Alvim, *Da Doação,* São Paulo: Saraiva, 1980, p. 119.

Capítulo V
Formas Especiais de Casamento

Sumário: 1. Introdução. 2. Tipologia especial do casamento. 2.1. Casamento por procuração. 2.2. Casamento nuncupativo. 2.3. Casamento em caso de moléstia grave. 2.4. Casamento celebrado fora do país, perante autoridade diplomática brasileira. 2.5. Casamento celebrado fora do país, perante autoridade estrangeira.

1. INTRODUÇÃO

Neste capítulo, cuidaremos de analisar as formas especiais de casamento, porquanto, das modalidades básicas — casamento civil e casamento religioso com efeitos civis —, cuidamos em capítulo anterior[1].

Feito isso, partiremos, no próximo capítulo, para o estudo da habilitação e da celebração do casamento, aquele especial momento em que a autoridade profere as imortais palavras, declarando os nubentes *casados*.

Iniciemos, então, o estudo da tipologia especial do casamento.

2. TIPOLOGIA ESPECIAL DO CASAMENTO

Como afirmamos na introdução, a proposta deste capítulo é enfrentar tipos especiais de casamento.

Trataremos, pois, de especiais figuras jurídicas, a saber:

a) casamento por procuração;

b) casamento nuncupativo ou em iminente risco de morte (*in articulo mortis* ou *in extremis*);

c) casamento em caso de moléstia grave;

d) casamento perante autoridade diplomática.

Trata-se de hipóteses de pouca frequência prática, mas de ocorrência possível, a depender das circunstâncias fáticas.

Daí, não se poderia simplesmente ignorar a sua existência, ainda que o interesse em seu estudo seja menor, por razões evidentes.

Além dessas modalidades peculiares de matrimônio, regidas pelo ordenamento jurídico nacional, parece-nos relevante incluir, dentro de uma tipologia especial do casamento, também o celebrado no estrangeiro, segundo as regras cogentes do país em que for celebrado, caso os cônjuges pretendam formalizar os seus efeitos em território nacional.

---

[1] Confira-se o tópico 5 ("Tipologia Básica do Casamento: Civil e Religioso com Efeitos Civis") do Capítulo III ("Considerações Introdutórias sobre o Casamento") deste volume.

Tentaremos, porém, mostrar as peculiaridades de cada uma dessas modalidades de casamento, explicitando situações em que a sua utilização é factível.

Comecemos tal tarefa com o *casamento por procuração*.

2.1. Casamento por procuração

Alguns atos jurídicos têm a nota da pessoalidade, não admitindo representação, a exemplo do testamento, da adoção ou do exercício do direito de voto.

O casamento, no entanto, escapa a essa regra.

Pode nos parecer esquisito à primeira vista, mas o nosso ordenamento jurídico admite o casamento por procuração.

Razões de variada ordem podem justificar o fato de um — ou ambos — os noivos não poderem se fazer presentes no dia da convolação de núpcias, exigindo a constituição de um procurador, como se dá quando um deles está em país distante, impossibilitado de retornar ao Brasil[2].

A esse respeito, veja esta interessante notícia, vindo do Mato Grosso do Sul:

"Casamentos por procuração estão se tornando uma prática comum nas celebrações em Campo Grande/MS, feitas por juízes de paz. Em virtude do grande número de pessoas que vão tentar a vida fora do País, dos 2.311 casamentos feitos nos dois cartórios de Campo Grande, 31 foram por procuração, segundo dados dos 2.º e 9.º Serviços Notariais e de Registros Civis de Pessoas Naturais"[3].

Tamanha é a importância dessa figura, que o nosso Consulado-Geral em Lisboa, informa o Ministério das Relações Exteriores, cuida de orientar:

"A legislação brasileira permite casamento por procuração. Neste caso, o cidadão português deverá lavrar a procuração em Notário Público e autenticá-la no Consulado-Geral. No texto deste instrumento particular constará igualmente o nome e a qualificação da pessoa com quem pretende casar, o regime de bens e o nome que passará a adotar, (noiva ou noivo) após o casamento"[4].

Trata-se, em verdade, de uma forma de casamento realizado por meio de um mandato, ou seja, de um contrato de representação voluntária, configurando, a procuração, apenas como o instrumento delimitador dos poderes do procurador ou mandatário.

---

[2] Em situação bastante interessante, aliando a aplicação do instituto com as novas ferramentas tecnológicas, noticiou-se a realização de um casamento "pela internet", pelo qual se permitiu que os noivos, em países distintos, acompanhassem, pela internet, em tempo real, a celebração do matrimônio. Tal hipótese, em nosso sentir, somente se afigura juridicamente possível estando presentes os seus representantes (procuradores com poderes especiais para casar), o que certamente deve ter ocorrido. Disponível em: <http://video.globo.com/Videos/Player/Noticias/0,,GIM821193-7823-NOIVOS+DIZEM+SIM+VIA+WEB,00.html>. Acesso em: 30 set. 2009.

[3] Fonte: Correio do Estado, endereço dessa notícia: <http://www.overbo.com.br/modules/news/art–icle.php?storyid=644>. Acesso em: 22 jun. 2008.

[4] Consulado-Geral em Lisboa, disponível no *site* do Ministério das Relações Exteriores: <http://www.abe.mre.gov.br/clientes/portalconsular/portalconsular/mundo/europa/republica-portuguesa/lisboa>.

Não há que se confundir, pois, o *mandato* com a *procuração*.

Com efeito, conforme já explicitamos em outra oportunidade:

"Fazer uma distinção terminológica adequada do mandato para a procuração exige um cuidado de ourives no lapidar dos institutos.

De fato, o primeiro é o contrato, ou seja, a causa do vínculo jurídico que une dois sujeitos e disciplina a realização de uma determinada conduta, de interesse de ambos, a saber, a prática de atos ou administração de interesses. Justamente por ser uma relação contratual, interessa, *a priori*[5], somente às partes contratantes, que disciplinarão os efeitos pretendidos.

Neste ponto, é importante registrar que não se deve confundir 'mandato' com 'mandado', pois este último expressa, em verdade, a formalização, por escrito, de uma ordem judicial, sendo decorrente de uma relação jurídica processual, nada tendo a ver com a celebração de um negócio jurídico.

Já a expressão 'procuração' tem um sentido muito mais amplo do que o previsto no mencionado dispositivo legal.

De fato, a primeira acepção, decorrente diretamente do texto normativo transcrito, é a de instrumento. Ou seja, procuração, neste sentido consagrado pela lei e pela utilização coloquial (uma vez que se trata de expressão que "caiu no uso comum"), é o documento ou título, público ou particular, por meio do qual uma pessoa estabelece quais são os poderes outorgados a outrem, para que possa praticar atos ou administrar negócios em seu interesse.

Trata-se, pois, do instrumento formal de delimitação de poderes no mandato.

Todavia, esta significação — meramente formal — não deve ser confundida com a declaração que outorga os poderes de representação.

Tal outorga de poderes se dá através de uma declaração unilateral de vontade (negócio jurídico unilateral), que, na falta de uma expressão típica no sistema brasileiro, é também chamada de *procuração*.

Assim, tem-se o reconhecimento de que a palavra 'procuração' é plurissignificativa, tendo a acepção tanto do instrumento formal do mandato, quanto do negócio jurídico unilateral de outorga de poderes"[6].

Mas note-se que, dada a importância do ato, o legislador cuidou de imprimir maior segurança jurídica, exigindo-lhe a forma pública e poderes especiais:

"Art. 1.542. O casamento pode celebrar-se mediante procuração, *por instrumento público, com poderes especiais*.

§ 1.º A revogação do mandato não necessita chegar ao conhecimento do mandatário; mas, celebrado o casamento sem que o mandatário ou o outro contraente tivessem ciência da revogação, responderá o mandante por perdas e danos.

---

[5] Obviamente, não se despreza, aqui, a função social dos contratos, mas, sim, explicita-se o princípio da relatividade subjetiva dos seus efeitos. Para um aprofundamento do tema, confiram-se os Capítulos "Principiologia tradicional do Direito Contratual" e "Função Social do Contrato e Equivalência Material" do v. 4, "Contratos", desta coleção.

[6] Pablo Stolze Gagliano e Rodolfo Pamplona Filho, *Novo Curso de Direito Civil – Contratos*, 7. ed., São Paulo: SaraivaJur, 2024, v. 4.

§ 2.º O nubente que não estiver em iminente risco de vida poderá fazer-se representar no casamento nuncupativo.

§ 3.º A eficácia do mandato não ultrapassará noventa dias.

§ 4.º Só por instrumento público se poderá revogar o mandato" (grifos nossos)[7].

Situação semelhante, aliás, ocorre com a *doação por procuração*, em que também se exigem poderes especiais e, a depender do bem doado (imóvel, por exemplo), a forma pública.

Nesse sentido, PABLO STOLZE GAGLIANO:

"A doutrina e a jurisprudência brasileiras têm admitido a *doação por procuração*, desde que o doador cuide de especificar o objeto da doação e o beneficiário do ato (donatário). Tal situação, aliás, *não proibida por lei*, já era prevista no Anteprojeto de Código de Obrigações, elaborado pelo grande CAIO MÁRIO DA SILVA PEREIRA[8]: '*Art. 432. Não vale a doação que se faça por procurador, salvo investido de poderes especiais, com indicação expressa do donatário, ou de um dentre vários que o doador nominalmente mencionar*'. Ora, desde que a referida procuração contenha poderes especiais, indicando, por conseguinte, o beneficiário da liberalidade e o bem doado, não vemos óbice a que se reconheça validade e eficácia ao ato, consoante anotam NELSON NERY JUNIOR e ROSA MARIA DE ANDRADE NERY: 'Para a validade de escritura de doação realizada por procurador não bastam poderes para a liberalidade, de modo genérico. É indispensável a menção do donatário, bem como o objeto respectivo. No mesmo sentido: RT 495/44 (RT 472/95)'[9]. Respeita-se, assim, pois, a autonomia da vontade do doador representado, sem que haja risco à segurança jurídica"[10].

A procuração para casar, portanto, não pode ser genérica, devendo conter poderes especiais, observando a forma pública, ou seja, lavrada em Livro de Notas de Tabelião, com prazo máximo de noventa dias (§ 3.º).

Nada impede, nessa linha de intelecção, que haja dois procuradores investidos, ou, o que afigura-nos mais factível, um procurador acompanhando o outro noivo.

O nubente que não estiver em iminente risco de vida poderá fazer-se representar no casamento nuncupativo (§ 2.º), tema que será objeto de tratamento no próximo subtópico[11].

Intrigante questão diz respeito à possibilidade de o procurador, no exercício dos poderes que lhe foram outorgados, recusar o consentimento, na solenidade matrimonial.

---

[7] A matéria também foi objeto de preocupação do codificador civil de 1916, que estabeleceu, em seu art. 201: "O casamento pode celebrar-se mediante procuração, que outorgue poderes especiais ao mandatário para receber, em nome do outorgante, o outro contraente. Parágrafo único. Pode casar por procuração o preso, ou o condenado, quando lhe não permita comparecer em pessoa a autoridade, sob cuja guarda estiver".

[8] Caio Mário da Silva Pereira, Anteprojeto do Código de Obrigações, 1964.

[9] Nelson Nery Junior e Rosa Maria de Andrade Nery, *Novo Código Civil e Legislação Extravagante Anotados*, São Paulo: Revista dos Tribunais, 2002, p. 211.

[10] Pablo Stolze Gagliano, *Contrato de Doação — Análise Crítica do Atual Sistema Jurídico e os seus Efeitos no Direito de Família e das Sucessões*, 6. ed., São Paulo: SaraivaJur, 2024.

[11] Confira-se o tópico 2.2. ("Casamento Nuncupativo").

Enfrentando essa questão, CAMILO COLANI, citando LAMARTINE CORREIA E FERREIRA MUNIZ, afirma, com propriedade, que:

"o outorgado somente poderá recusar em circunstância devidamente justificável, caso em que o próprio mandante, se ali estivesse, também o faria, a exemplo da descoberta de doença psíquica grave do outro nubente"[12].

Aliás, se assim não fosse, não estaríamos diante de um contrato de mandato, mas sim de uma mera transmissão de vontade, atividade encarregada aos núncios[13] — simples portadores de consentimento — e não aos procuradores.

Finalmente, o que dizer da *revogação* do mandato?

A *revogação* consiste em uma modalidade de desfazimento de determinados negócios jurídicos, por iniciativa de uma das partes isoladamente[14].

Trata-se de uma manifestação de vontade contrária à que fora anteriormente emitida.

É o exemplo da resilição unilateralmente feita *nos contratos de mandato* (arts. 682/687, CC/2002) e *doação* (arts. 555/564, CC/2002).

Especificamente sobre o mandato, vale registrar que é possível o estabelecimento de cláusula restritiva da sua resilição, leia-se, "cláusula de irrevogabilidade", na forma do art. 684[15].

Distinguindo *revogação* de *denúncia*, afirma ORLANDO GOMES:

"... esta põe fim, diretamente, à relação obrigacional, enquanto aquela extingue o contrato e, só como consequência mediata, a relação, fazendo cessar, *ex tunc* ou *ex nunc*, os efeitos do negócio.

O ato de revogação requer cumprimento pelo próprio sujeito que praticou o ato que se revoga e deve destinar-se a impedir que este produza seus efeitos próprios. Contudo, o vocábulo revogação é empregado em sentido mais amplo. Tal como a denúncia, consiste a revogação numa declaração receptícia de vontade, que opera extrajudicialmente, e, como ela, é direito potestativo.

Os contratos estipulados no pressuposto da confiança recíproca entre as partes podem resilir-se *ad nutum*, mediante revogação. Está neste caso o mandato. A lei autoriza o mandante a revogá-lo, pondo-lhe termo, a todo tempo, por simples declaração de vontade, e independentemente de aviso prévio.

---

[12] Camilo de Lelis Colani Barbosa, *Casamento*, Rio de Janeiro: Forense, 2006, p. 96.

[13] É de se mencionar, nessa quadra, que, na doutrina brasileira, consoante advertimos em nosso v. II, dedicado ao Direito das Obrigações (11. ed., Saraiva, 2010, p. 55), há quem, de fato, equipare a atividade do procurador à do núncio (cf. Sílvio de Salvo Venosa, *Direito de Família*, cit., p. 96). Entretanto, sem querer pôr fim à controvérsia, entendemos que uma análise mais profunda resultará na conclusão de se tratar da atuação de um procurador (mandatário), especialmente por conta de se lhe reconhecer a faculdade, mencionada acima, de recusar, em determinadas situações, os poderes de representação a si outorgados.

[14] Sobre o tema, confira-se o tópico "Causas supervenientes à formação do contrato" do Capítulo "Extinção do Contrato" do v. IV, "Contratos", desta coleção.

[15] CC/2002: "Art. 684. Quando a cláusula de irrevogabilidade for condição de um negócio bilateral, ou tiver sido estipulada no exclusivo interesse do mandatário, a revogação do mandato será ineficaz").

Outros contratos comportam esse modo de resilição sem essa liberdade. A doação, por exemplo, pode ser revogada, mas o poder de revogação não se exerce livremente, estando condicionado a causas peculiares. Neste caso, a revogação confunde-se com a resolução, porque depende de condição resolutiva a ser apreciada pelo juiz"[16].

Na hipótese em tela — casamento — pensamos não ser possível se considerar inafastável ou absoluta essa cláusula de irrevogabilidade, pois se trata da prática de um ato que toca a dimensão existencial do declarante, *podendo, pois, haver manifestação em contrário, desde que justificável*.

Nessa linha, ainda que consignada a referida cláusula, poderá o mandante justificadamente revogar o mandato. Mas, o exercício abusivo dessa faculdade resilitória (de desistência) poderá, em nosso sentir, gerar a responsabilidade civil por danos materiais ou morais do infrator, na forma do art. 683, CC/2002[17].

Vale observar que somente por instrumento público se poderá revogar o mandato (§ 4.º) e, como outro importante aspecto, a revogação do mandato não necessita chegar ao conhecimento do mandatário; mas, celebrado o casamento sem que o mandatário ou o outro contraente tivessem ciência da revogação, poderá responder o mandante por perdas e danos (§ 1.º), o que se coaduna com a regra, já apontada acima, de disciplina jurídica das consequências da revogação do mandato, quando existente cláusula restritiva de resilição.

Trata-se, em nosso pensar, de uma situação de responsabilidade civil objetiva por descumprimento do *dever de informação*, consectário do *princípio da boa-fé objetiva*, nos termos do enunciado 24 da I Jornada de Direito Civil[18].

Em conclusão, cumpre ainda anotar que o art. 1.550, V, CC/2002[19], estabelece a *anulabilidade do casamento*, caso realizado pelo mandatário, sem que ele ou o outro contraente soubesse da revogação do mandato, e não sobrevindo coabitação entre os cônjuges[20].

Vale dizer, queda-se inválido o matrimônio, quando o mandato tiver sido revogado, sem a ciência dos envolvidos pessoalmente no ato, desde que não sobrevenha a coabitação entre os cônjuges.

De maneira pouco ortodoxa, e até meio esquisita, é como se o encontro sexual "convalidasse" o ato anulável.

---

[16] Orlando Gomes, *Contratos*, 24. ed., Rio de Janeiro: Forense, 2001, p. 187.

[17] "Art. 683. Quando o mandato contiver a cláusula de irrevogabilidade e o mandante o revogar, pagará perdas e danos."

[18] Enunciado n. 24: "Em virtude do princípio da boa-fé, positivado no art. 422 do novo Código Civil, a violação dos deveres anexos constitui espécie de inadimplemento, independentemente de culpa".

[19] "Art. 1.550. É anulável o casamento: (...) V — realizado pelo mandatário, sem que ele ou o outro contraente soubesse da revogação do mandato, e não sobrevindo coabitação entre os cônjuges;" (sem equivalente direto no CC/1916).

[20] O tema da anulabilidade do casamento será tratado no Capítulo X ("Plano de Validade do Casamento: Causas de Anulação do Casamento — O Casamento Anulável"), deste volume, ao qual remetemos o leitor, em especial, no caso ora apreciado, ao subtópico 3.5 ("Revogação do Mandato no Casamento por Procuração").

Também inconformada com esse dispositivo, MARIA BERENICE DIAS preleciona, com razão:

> "Pelo que se pode perceber, é o contato sexual entre os noivos que concretiza e empresta validade ao casamento. Tal disposição legal parece que está a referendar a falsa crença de que o matrimônio se consuma na noite de núpcias! A justificativa doutrinária é pouco convincente: evitar o uso malicioso desse expediente e, com isso, conseguir favores sexuais do cônjuge"[21].

Apenas não concordamos com a querida professora, quando, criticando a norma, afirma que, em verdade, um casamento celebrado nessas circunstâncias (revogação do mandato), deveria ser considerado *nulo (nulidade absoluta)*[22], pois, uma vez revogado o mandato, não haveria que se falar mais em "vontade do mandante", caso em que *deveria ser reconhecida a sua inexistência*, e não a simples invalidade.

2.2. Casamento nuncupativo

O casamento nuncupativo (também denominado *in extremis vitae momentis* ou *in articulo mortis*) é aquele contraído, de viva voz, por nubente que se encontre moribundo, na presença de, pelo menos, seis testemunhas, independentemente da presença da autoridade competente ou do seu substituto.

Trata-se, pois, de uma modalidade excepcional de matrimônio, em que qualquer dos nubentes, detentor de saúde mental, posto no limiar da vida, resolve contrair núpcias, fazendo valer, pois, a sua derradeira vontade de receber o seu parceiro na condição de consorte.

Respeita-se, com isso, o afeto, nos instantes finais de sua vida.

Por outro lado, nada impede, em nosso sentir, embora se afigure improvável, que ambos os nubentes estejam em iminente risco de morte, e resolvam contrair casamento nuncupativo, não havendo tempo para habilitação e realização do ato perante a autoridade. Também neste caso, observadas as formalidades legais, e desde que demonstrem higidez mental, as suas vontades devem ser respeitadas.

Disciplinando o instituto, o Código Civil dispõe:

> "Art. 1.540. Quando algum dos contraentes estiver em iminente risco de vida, não obtendo a presença da autoridade à qual incumba presidir o ato, nem a de seu substituto, poderá o casamento ser celebrado na presença de seis testemunhas, que com os nubentes não tenham parentesco em linha reta, ou, na colateral, até segundo grau".

Note-se a exigência do número mínimo de seis testemunhas, que não sejam parentes dos noivos em linha reta, ou colateral até o segundo grau. Como a lei não ressalvou, forçoso convir que este parentesco é o natural, o civil ou até mesmo o travado por afinidade[23].

---

[21] Maria Berenice Dias, *Manual de Direito das Famílias,* Porto Alegre: Livraria do Advogado, 2005, p. 148.

[22] Idem, p. 148.

[23] Sobre o tema, confira-se o Capítulo XXVI ("Parentesco") deste volume.

Assim, filho, neto, enteado, pai, mãe, padrasto, madrasta, irmão, irmã, não poderão figurar como testemunhas do ato, tendo em vista a necessidade de se imprimir maior segurança jurídica a esta solenidade, a qual, por sua própria natureza, dada a ausência de habilitação ou de autoridade celebrante, é por demais informal.

E essa informalidade deve ser mitigada pela exigência de maior rigor na sua celebração.

Realizado o casamento, dispõe o art. 1.541 (e parágrafos)[24], que as testemunhas deverão comparecer perante a autoridade judicial mais próxima em dez dias (o art. 76 da Lei n. 6.015 de 1973 — Lei de Registros Públicos[25] —, neste ponto revogada, estabelecia um

---

[24] "Art. 1.541. Realizado o casamento, devem as testemunhas comparecer perante a autoridade judicial mais próxima, dentro em *dez* dias, pedindo que lhes tome por termo a declaração de:

I — que foram convocadas por parte do enfermo;

II — que este parecia em perigo de vida, mas em seu juízo;

III — que, em sua presença, declararam os contraentes, livre e espontaneamente, receber-se por marido e mulher.

§ 1.º Autuado o pedido e tomadas as declarações, o juiz procederá às diligências necessárias para verificar se os contraentes podiam ter-se habilitado, na forma ordinária, ouvidos os interessados que o requererem, dentro em quinze dias.

§ 2.º Verificada a idoneidade dos cônjuges para o casamento, assim o decidirá a autoridade competente, com recurso voluntário às partes.

§ 3.º Se da decisão não se tiver recorrido, ou se ela passar em julgado, apesar dos recursos interpostos, o juiz mandará registrá-la no livro do Registro dos Casamentos.

§ 4.º O assento assim lavrado retrotrairá os efeitos do casamento, quanto ao estado dos cônjuges, à data da celebração.

§ 5.º Serão dispensadas as formalidades deste e do artigo antecedente, se o enfermo convalescer e puder ratificar o casamento na presença da autoridade competente e do oficial do registro." STJ, REsp 1.978.121/RJ: "A observância do prazo de 10 dias para que as testemunhas compareçam à autoridade judicial, conquanto diga respeito à formalidade do ato, não trata de sua essência e de sua substância e, consequentemente, não está associado à sua existência, validade ou eficácia, razão pela qual se trata, em tese, de formalidade suscetível de flexibilização, especialmente quando constatada a ausência de má-fé" (julgado em 22-3-2022).

[25] "Art. 76. Ocorrendo iminente risco de vida de algum dos contraentes, e não sendo possível a presença da autoridade competente para presidir o ato, o casamento poderá realizar-se na presença de seis testemunhas, que comparecerão, dentro de *5 (cinco) dias*, perante a autoridade judiciária mais próxima, a fim de que sejam reduzidas a termo suas declarações [*Renumerado do art. 77, com nova redação pela Lei n. 6.216, de 1975*].

§ 1.º Não comparecendo as testemunhas, espontaneamente, poderá qualquer interessado requerer a sua intimação.

§ 2.º Autuadas as declarações e encaminhadas à autoridade judiciária competente, se outra for a que as tomou por termo, será ouvido o órgão do Ministério Público e se realizarão as diligências necessárias para verificar a inexistência de impedimento para o casamento.

§ 3.º Ouvidos dentro em 5 (cinco) dias os interessados que o requerem e o órgão do Ministério Público, o Juiz decidirá em igual prazo.

§ 4.º Da decisão caberá apelação com ambos os efeitos.

§ 5.º Transitada em julgado a sentença, o Juiz mandará registrá-la no Livro de Casamento."

prazo de cinco dias, na forma do dispositivo equivalente do Código Civil de 1916[26]), pedindo que lhes tome por termo a declaração de que: *foram convocadas por parte do enfermo; este parecia em perigo de vida, mas em seu juízo; em sua presença, declararam os contraentes, livre e espontaneamente, receber-se por marido e mulher.*

Instaura-se, assim, procedimento de jurisdição voluntária, com participação do Ministério Público, no bojo do qual, o Juiz, após verificar se os interessados poderiam ter se habilitado, ouvirá eventuais interessados e, concluindo haverem sido observadas as formalidades legais e não ter havido fraude, decidirá, determinando, por mandado, o registro do ato.

A ausência desse registro implicará a *nulidade absoluta* do matrimônio contraído, uma vez que, por ser ato jurídico de formação complexa, exige a observância de todas as formalidades legais, sob pena de invalidade, a teor do art. 166, V, CC/2002[27].

Note-se, ainda, a redobrada cautela a ser observada pelo magistrado, por conta da necessidade de evitar gananciosas empreitadas de golpistas, que podem ver, no matrimônio nuncupativo, um inescrupuloso meio de captar dolosamente a vontade do moribundo, solapando-lhe a herança.

Por isso, em havendo depoimentos contraditórios ou dissonantes, deve o juiz negar o registro.

Caso, no entanto, estejam observados os pressupostos de lei, o assento será lavrado e retrotrairá os efeitos do casamento, quanto ao estado dos cônjuges, à data da celebração, ou, em outras palavras, a sentença surtirá efeitos *ex tunc*.

Finalmente, serão dispensadas as formalidades de lei se o enfermo convalescer e puder ratificar o casamento na presença da autoridade competente e do oficial do registro.

---

[26] No CC/1916:

"Art. 200. Essas testemunhas comparecerão dentro em 5 (cinco) dias ante a autoridade judicial mais próxima, pedindo que se lhes tomem por termo as seguintes declarações:

I — que foram convocadas por parte do enfermo;

II — que este parecia em perigo de vida, mas em seu juízo;

III — que em sua presença, declararam os contraentes livre e espontaneamente receber-se por marido e mulher.

§ 1.º Autuado o pedido e tomadas as declarações, o juiz procederá às diligências necessárias para verificar se os contraentes podiam ter-se habilitado para o casamento, na forma ordinária, ouvidos os interessados, que o requererem, dentro em 15 (quinze) dias.

§ 2.º Verificada a idoneidade dos cônjuges para o casamento, assim o decidirá a autoridade competente, com recurso voluntário às partes.

§ 3.º Se da decisão não se tiver recorrido, ou se ela passar em julgado, apesar dos recursos interpostos, o juiz mandará transcrevê-la no livro do registro dos casamentos.

§ 4.º O assento assim lavrado retrotrairá os efeitos do casamento, quanto ao estado dos cônjuges, à data da celebração e, quanto aos filhos comuns, à data do nascimento.

§ 5.º Serão dispensadas as formalidades deste e do artigo anterior, se o enfermo convalescer e puder ratificar o casamento em presença da autoridade competente e do oficial do registro".

[27] "Art. 166. É nulo o negócio jurídico quando: (...) V — for preterida alguma solenidade que a lei considere essencial para a sua validade".

Em conclusão, vamos tratar de uma intrigante questão: *de quem será a competência para a condução desse procedimento?*

Claro está que, em juízo de vara única, este será o competente, cabendo ressaltar haver o legislador determinado que se buscasse a autoridade mais próxima.

Mas, e se, nesse mesmo juízo, houvesse varas de família e de registros públicos, em qual das duas tramitaria o pedido de registro?

Em uma primeira análise, poderíamos concluir ser competente a Vara de Registros Públicos.

Entretanto, estudando mais a fundo a questão, poderemos constatar que o registro pretendido terá o condão de modificar o *status civil* (familiar) do indivíduo, com impacto, inclusive, na seara patrimonial, em face da incidência das normas do regime de bens aplicável e, também, com inafastáveis reflexos sucessórios.

Por conta disso, entendemos que, assim como se dá no caso da alteração do regime de bens no curso do casamento[28], a autoridade competente para o registro do casamento nuncupativo é o *Juiz da Vara de Família*, e não de Registros Públicos[29].

Esse, para nós, é o melhor entendimento, posto cada Estado, por sua Lei de Organização Judiciária, tenha liberdade para disciplinar em sentido diverso.

2.3. Casamento em caso de moléstia grave

Não confunda, amigo leitor, o casamento nuncupativo e o em caso de moléstia grave.

No primeiro caso, o nubente encontra-se no leito de morte, não tendo havido tempo para habilitar-se, nem solicitar a presença da autoridade celebrante ou seu substituto; na segunda hipótese, a habilitação foi feita, mas, por conta de grave doença, tornou-se impossível o comparecimento à solenidade matrimonial.

Em virtude, pois, da moléstia que o acomete, o nubente não pode deslocar-se ao salão de casamentos, solicitando, assim, que a própria autoridade celebrante vá ao seu encontro.

É o que preceitua o art. 1.539 do vigente Código Civil brasileiro:

"Art. 1.539. No caso de moléstia grave de um dos nubentes, o presidente do ato irá celebrá-lo onde se encontrar o impedido, sendo urgente, ainda que à noite, perante duas testemunhas que saibam ler e escrever.

§ 1.º A falta ou impedimento da autoridade competente para presidir o casamento suprir-se-á por qualquer dos seus substitutos legais, e a do oficial do Registro Civil por outro *ad hoc*, nomeado pelo presidente do ato.

§ 2.º O termo avulso, lavrado pelo oficial *ad hoc*, será registrado no respectivo registro dentro em cinco dias, perante duas testemunhas, ficando arquivado".

---

[28] Confira-se o tópico 8 ("Mudança de Regime de Bens do Casamento") do Capítulo XIII ("Regime de Bens do Casamento: Noções Introdutórias Fundamentais") deste volume.

[29] Essa é também a linha de pensamento de WASHINGTON DE BARROS MONTEIRO e MARIA HELENA DINIZ (confira-se, por todos, Maria Helena Diniz, *Curso de Direito Civil Brasileiro — Direito de Família*, 34. ed., São Paulo: Saraiva, 2020, v. 5, p. 124).

Vale observar que, dada a presença da autoridade, os rigores exigidos são menores se compararmos esse matrimônio com o nuncupativo, a exemplo do número reduzido de testemunhas, a saber, apenas duas. Mesmo na sistemática codificada anterior, o número era menor (quatro) do que no casamento *in extremis vitae momentis* ou *in articulo mortis*.

A falta ou impedimento da autoridade competente para presidir o casamento suprir-se-á por qualquer dos seus substitutos legais, e a do oficial do Registro Civil por outro *ad hoc*, nomeado pelo presidente do ato (§ 1.º).

O termo avulso, lavrado pelo oficial *ad hoc*, será registrado no cartório de Registro Civil de Pessoas Naturais, dentro em cinco dias, perante duas testemunhas, ficando arquivado (§ 2.º).

2.4. Casamento celebrado fora do país, perante autoridade diplomática brasileira

Estando o(a) brasileiro(a)[30] fora do território nacional, pode ele(a), eventualmente, decidir contrair núpcias[31].

---

[30] Na forma do art. 12 da Constituição Federal:
"Art. 12. São brasileiros:
I — natos:

a) os nascidos na República Federativa do Brasil, ainda que de pais estrangeiros, desde que estes não estejam a serviço de seu país;

b) os nascidos no estrangeiro, de pai brasileiro ou mãe brasileira, desde que qualquer deles esteja a serviço da República Federativa do Brasil;

c) os nascidos no estrangeiro, de pai brasileiro ou mãe brasileira, desde que sejam registrados em repartição brasileira competente ou venham a residir na República Federativa do Brasil e optem, em qualquer tempo, depois de atingida a maioridade pela nacionalidade brasileira; [*Redação dada pela Emenda Constitucional n. 54, de 2007.*]

II — naturalizados:

a) os que, na forma da lei, adquiram a nacionalidade brasileira, exigidas aos originários de países de língua portuguesa apenas residência por um ano ininterrupto e idoneidade moral;

b) os estrangeiros de qualquer nacionalidade, residentes na República Federativa do Brasil há mais de quinze anos ininterruptos e sem condenação penal, desde que requeiram a nacionalidade brasileira. [*Redação dada pela Emenda Constitucional de Revisão n. 3, de 1994.*]

§ 1.º Aos portugueses com residência permanente no País, se houver reciprocidade em favor de brasileiros, serão atribuídos os direitos inerentes ao brasileiro, salvo os casos previstos nesta Constituição. [*Redação dada pela Emenda Constitucional de Revisão n. 3, de 1994.*]

§ 2.º A lei não poderá estabelecer distinção entre brasileiros natos e naturalizados, salvo nos casos previstos nesta Constituição.

§ 3.º São privativos de brasileiro nato os cargos:

I — de Presidente e Vice-presidente da República;

II — de Presidente da Câmara dos Deputados;

III — de Presidente do Senado Federal;

IV — de Ministro do Supremo Tribunal Federal;

V — da carreira diplomática;

VI — de oficial das Forças Armadas;

VII — de Ministro de Estado da Defesa: [*Incluído pela Emenda Constitucional n. 23, de 1999.*]

Neste caso, tem ele a possibilidade de celebrar o matrimônio segundo as leis brasileiras, perante autoridade diplomática brasileira, na forma do art. 18 da Lei de Introdução às Normas do Direito Brasileiro[31](Decreto-lei n. 4.657, de 4 de setembro de 1942)[32].

Assim, deve observar todos os requisitos legais de validade[33] para que produza seus efeitos também em território nacional, segundo a legislação brasileira.

Todavia, há, ainda, um requisito a ser observado.

É que, nos termos do art. 1.544 do Código Civil de 2002, o casamento de brasileiro, celebrado no estrangeiro, perante as respectivas autoridades ou os cônsules brasileiros, deverá ser registrado em 180 (cento e oitenta) dias, a contar da volta de um ou de ambos os cônjuges ao Brasil, no cartório do respectivo domicílio, ou, em sua falta, no 1.º Ofício da Capital do Estado em que passarem a residir[34].

---

§ 4.º Será declarada a perda da nacionalidade do brasileiro que:

I — tiver cancelada sua naturalização, por sentença judicial, em virtude de atividade nociva ao interesse nacional;

II — adquirir outra nacionalidade, salvo no casos: [*Redação dada pela Emenda Constitucional de Revisão n. 3, de 1994.*]

a) de reconhecimento de nacionalidade originária pela lei estrangeira; [*Redação dada pela Emenda Constitucional de Revisão n. 3, de 1994.*]

b) de imposição de naturalização, pela norma estrangeira, ao brasileiro residente em estado estrangeiro, como condição para permanência em seu território ou para o exercício de direitos civis;" [*Redação dada pela Emenda Constitucional de Revisão n. 3, de 1994.*]

[31] Observa, porém, PAULO LÔBO, que o "funcionário da carreira da diplomacia só poderá casar com estrangeira mediante licença do ministro de Estado. Essa restrição ao direito de constituir família, de discutível recepção pela Constituição de 1988, está determinada pela Lei n. 1.542/52. Cabe ao chefe da missão diplomática atestar favoravelmente 'as qualidades morais da noiva' e, quando houver impossibilidade da indagação fidedigna, 'fará uma declaração nesse sentido e a licença será negada'" (Paulo Lôbo, *Direito Civil: Famílias*, 2. ed., São Paulo: Saraiva, 2009, p. 98).

[32] Lei de Introdução às Normas do Direito Brasileiro (Decreto-lei n. 4.657, de 4 de setembro de 1942):

Art. 18. Tratando-se de brasileiros, são competentes as autoridades consulares brasileiras para lhes celebrar o casamento e os mais atos de Registro Civil e de tabelionato, inclusive o registro de nascimento e de óbito dos filhos de brasileiro ou brasileira nascido no país da sede do Consulado. [*Redação dada pela Lei n. 3.238, de 1957*]

§ 1.º As autoridades consulares brasileiras também poderão celebrar a separação consensual e o divórcio consensual de brasileiros, não havendo filhos menores ou incapazes do casal e observados os requisitos legais quanto aos prazos, devendo constar da respectiva escritura pública as disposições relativas à descrição e à partilha dos bens comuns e à pensão alimentícia e, ainda, ao acordo quanto à retomada pelo cônjuge de seu nome de solteiro ou à manutenção do nome adotado quando se deu o casamento. [*Incluído pela Lei n. 12.874, de 2013*] Vigência

§ 2.º É indispensável a assistência de advogado, devidamente constituído, que se dará mediante a subscrição de petição, juntamente com ambas as partes, ou com apenas uma delas, caso a outra constitua advogado próprio, não se fazendo necessário que a assinatura do advogado conste da escritura pública. [*Incluído pela Lei n. 12.874, de 2013*] Vigência

[33] Sobre o tema, confira-se, em especial, o Capítulo VI ("Capacidade para o Casamento. Habilitação e Celebração Matrimonial"), sem prejuízo do aprofundamento em tópicos referentes aos planos de existência e validade do casamento como, por exemplo, os Capítulos VIII ("Plano de Existência do Casamento"), IX ("Plano de Validade do Casamento: Introdução e Impedimentos Matrimoniais — O Casamento Nulo") e X ("Plano de Validade do Casamento: Causas de Anulação do Casamento — O Casamento Anulável"), todos deste volume.

[34] No Código Civil brasileiro de 1916:

Trata-se de prazo decadencial, cuja inobservância gerará a impossibilidade de produção dos efeitos jurídicos pretendidos, não se considerando tais pessoas como casadas pela lei brasileira.

Considera-se como *dies a quo* para a contagem de tal prazo, na forma do texto legal, a "volta de um ou de ambos os cônjuges ao Brasil".

O que se entende por "volta"?

Sobre o tema, observa PAULO LÔBO:

> "O art. 1.544 do Código Civil alude a 'volta' do cônjuge ao Brasil, mas deve ser entendido como de ingresso, no sentido amplo, pois o cônjuge estrangeiro, que nunca viveu no território brasileiro, se vier em primeiro lugar, não volta; esse artigo refere-se de modo amplo a cônjuge, seja ele brasileiro ou não. Outra hipótese em que não há volta ou retorno é a do nascido no estrangeiro, de pai brasileiro ou de mãe brasileira que estejam a serviço da República Federativa do Brasil, e que nunca tenham vivido no Brasil; ao tocar no solo brasileiro, pela primeira vez, haverá ingresso, e não volta"[35].

Indo além da discussão se a expressão "volta" seria mais adequada ou não, parece-nos que o sentido da norma é de prestigiar uma regra de soberania nacional, com a finalidade de disciplinar as relações jurídicas entre aqueles que pretendem residir em seu território.

Por isso, compreendemos a expressão *volta* como *ingresso com "animus" de permanência*.

Isso porque não nos parece razoável que alguém, que tenha casado fora do Brasil, ainda que perante a autoridade diplomática, mas tenha domicílio efetivo no estrangeiro, tenha que diligenciar esse registro, em tempo recorde, somente porque passou alguns dias, sem intenção de retornar a residir na sua pátria de origem.

Exemplifiquemos para melhor compreensão.

Imagine-se que Ricardo, brasileiro residente fora do país, se case com Sandra, brasileira também ali residente, perante autoridade diplomática. No estrangeiro, constituem família e mantêm relações jurídicas. Caso resolvam passar férias no Brasil por dez dias, teriam eles que providenciar o registro?

Parece-nos que não.

É do efetivo retorno ao Brasil que se conta o prazo decadencial mencionado.

E o que dizer de quem se casou, fora do país, perante autoridade estrangeira, segundo as regras próprias de cada país?

É o tema do próximo e derradeiro tópico deste capítulo.

2.5. Casamento celebrado fora do país, perante autoridade estrangeira

No que diz respeito à aplicação das regras de direito de família, notadamente o casamento, estabelece o art. 7.º da vigente Lei de Introdução às Normas do Direito Brasileiro (Decreto-lei n. 4.657, de 4 de setembro de 1942):

> "Art. 7.º A lei do país em que domiciliada a pessoa determina as regras sobre o começo e o fim da personalidade, o nome, a capacidade e os direitos de família.

"Art. 204. O casamento celebrado fora do Brasil prova-se de acordo com a lei do país, onde se celebrou. Parágrafo único. Se, porém, se contraiu perante agente consular, provar-se-á por certidão do assento no registro do consulado".

[35] Paulo Lôbo, *Direito Civil: Famílias*, 10. ed., São Paulo: Saraiva, 2020, v. 5, p. 120.

§ 1.º Realizando-se o casamento no Brasil, será aplicada a lei brasileira quanto aos impedimentos dirimentes e às formalidades da celebração.

§ 2.º O casamento de estrangeiros poderá celebrar-se perante autoridades diplomáticas ou consulares do país de ambos os nubentes. [*Redação dada pela Lei n. 3.238, de 1.º-8-1957.*]

§ 3.º Tendo os nubentes domicílio diverso, regerá os casos de invalidade do matrimônio a lei do primeiro domicílio conjugal.

§ 4.º O regime de bens, legal ou convencional, obedece à lei do país em que tiverem os nubentes domicílio, e, se este for diverso, a do primeiro domicílio conjugal.

§ 5.º O estrangeiro casado, que se naturalizar brasileiro, pode, mediante expressa anuência de seu cônjuge, requerer ao juiz, no ato de entrega do decreto de naturalização, se apostile ao mesmo a adoção do regime de comunhão parcial de bens, respeitados os direitos de terceiros e dada essa adoção ao competente registro. [*Redação dada pela Lei n. 6.515, de 26-12-1977.*]

§ 6.º O divórcio realizado no estrangeiro, se um ou ambos os cônjuges forem brasileiros, só será reconhecido no Brasil depois de 1 (um) ano da data da sentença, salvo se houver sido antecedida de separação judicial por igual prazo, caso em que a homologação produzirá efeito imediato, obedecidas as condições estabelecidas para a eficácia das sentenças estrangeiras no país. O Superior Tribunal de Justiça, na forma de seu regimento interno, poderá reexaminar, a requerimento do interessado, decisões já proferidas em pedidos de homologação de sentenças estrangeiras de divórcio de brasileiros, a fim de que passem a produzir todos os efeitos legais[36]. [*Redação dada pela Lei n. 12.036, de 2009.*]

§ 7.º Salvo o caso de abandono, o domicílio do chefe da família estende-se ao outro cônjuge e aos filhos não emancipados, e o do tutor ou curador aos incapazes sob sua guarda.

§ 8.º Quando a pessoa não tiver domicílio, considerar-se-á domiciliada no lugar de sua residência ou naquele em que se encontre".

Assim, é o local do domicílio do casal que determinará as regras de existência e validade do casamento.

Deve a lei estrangeira, portanto, nesse caso, reger o casamento em todos os seus três planos (existência, validade e eficácia), até mesmo no regime de bens adotado.

Por isso, em países que reconhecem validade jurídica ao casamento polígamo, respeita-se a normatização estrangeira, com a consagração da figura do "estatuto pessoal", situação jurídica em que a norma de um Estado acompanha seu nacional para regular seus interesses em outro país[37].

Assim, não haveria qualquer ilicitude, civil ou criminal, por parte do cônjuge de um matrimônio estrangeiro polígamo, já que a extraterritorialidade da lei é limitada, pois atos, sentenças e leis de países alienígenas não serão aceitos no Brasil, quando ofenderem a soberania nacional, a ordem pública e os bons costumes, na forma do art. 17 da Lei de Introdução às Normas do Direito Brasileiro (Decreto-lei n. 4.657, de 4 de setembro de 1942)[38].

---

[36] "Casamento nos Estados Unidos da América, de norte-americano, regularmente divorciado, com brasileira solteira. O assento do casamento no registro público, vindo o casal a residir no Brasil, não depende de prévia homologação, por parte do Supremo Tribunal Federal, da sentença relativa ao divórcio do cônjuge estrangeiro. Recurso especial não conhecido" (STJ, Resp 1.148/RJ, rel. Min. Nilson Naves, 6-3-1990).

[37] Sobre o tema, confira-se o Capítulo III ("Lei de Introdução às Normas do Direito Brasileiro") do v. I ("Parte Geral") desta coleção.

[38] Lei de Introdução às Normas do Direito Brasileiro (Decreto-lei n. 4.657, de 4 de setembro de 1942):

Isso se aplica tanto ao casamento do cidadão estrangeiro quanto do brasileiro que contrai núpcias fora do país, independentemente de ser ali domiciliado ou não, seja casando-se com outro brasileiro, seja com um estrangeiro.

Tratando-se de brasileiro, porém, entendemos que também se deve realizar o necessário registro, nos termos do art. 32 da Lei de Registros Públicos:

"Art. 32. Os assentos de nascimento, óbito e de *casamento* de brasileiros em país estrangeiro serão considerados autênticos, nos termos da lei do lugar em que forem feitos, legalizadas as certidões pelos cônsules ou quando por estes tomados, nos termos do regulamento consular.

§ 1.º Os assentos de que trata este artigo serão, porém, transladados nos cartórios de 1.º Ofício do domicílio do registrado ou no 1.º Ofício do Distrito Federal, em falta de domicílio conhecido, quando tiverem de produzir efeito no País, ou, antes, por meio de segunda via que os cônsules serão obrigados a remeter por intermédio do Ministério das Relações Exteriores" (grifos nossos).

Por fim, refletindo sobre o tema, registra PAULO LÔBO:

"Na hipótese de casamento de brasileiros ou de brasileiro(a) com estrangeira(o) celebrado perante autoridade estrangeira, o termo respectivo deverá ser autenticado em Consulado brasileiro e, posteriormente, traduzido por tradutor juramentado ou tradutor *ad hoc* designado pelo juiz, para que possa ser registrado no Brasil. Os procedimentos de traslado no Brasil desses documentos foram regulamentados pela Res. n. 155/2012. O registro poderá ser negado se o documento contiver obrigações e direitos incompatíveis com os princípios enunciados na Declaração Universal dos Direitos do Homem (Resolução n. 843/54, da ONU), da qual o Brasil é signatário, e na Constituição brasileira"[39].

Em conclusão, pensamos que o ministro religioso, em outro país, equipara-se à autoridade estrangeira se a respectiva legislação estrangeira reconhecer validade civil a uma determinada cerimônia religiosa.

Assim, celebrado casamento religioso em Estado estrangeiro, para que possa produzir os efeitos civis correspondentes no território brasileiro, deve o(a) brasileiro(a) proceder às mesmas providências, aqui mencionadas, como se se tratasse de um matrimônio civil realizado no estrangeiro.

"Art. 17. As leis, atos e sentenças de outro país, bem como quaisquer declarações de vontade, não terão eficácia no Brasil, quando ofenderem a soberania nacional, a ordem pública e os bons costumes". Claro está, todavia, que o alcance dessa norma depende dos valores consagrados e vigentes na sociedade, em cada época. Não são critérios, pois, imutáveis, considerando-se a natureza eminentemente aberta da norma sob análise.

[39] Paulo Lôbo, *Direito Civil: Famílias*, 10. ed., São Paulo: Saraiva, 2020, v. 5, p. 120.

Capítulo VI
Capacidade para o Casamento. Habilitação e Celebração Matrimonial

Sumário: 1. Introdução. 2. Capacidade para o casamento. 2.1. Autorização para o casamento do menor de 18 anos. 2.2. Antecipação da idade núbil. 3. Habilitação para o casamento. 3.1. Requerimento da habilitação. 3.2. Edital de proclamas. 3.3. Oposição à habilitação. 3.4. Certificação da habilitação. 4. Celebração do casamento.

1. INTRODUÇÃO

Neste capítulo, cuidaremos de estudar primeiramente, por imperativo de precedência lógica, a *capacidade para o casamento* e, em seguida, o procedimento de *habilitação e a celebração do matrimônio*.

Desde já lembramos que, em capítulos próprios[1], serão vistos os pressupostos do casamento (de existência e de validade), oportunidade em que, observará o nosso amigo leitor, para a realização do casamento, é necessário, que o oficial responsável verifique, especialmente, a ausência de impedimentos matrimoniais.

No entanto, considerando-se que o objetivo do presente capítulo restringe-se ao estudo da capacidade núbil e, em seguida, do *iter* procedimental administrativo que antecede ao matrimônio, problema não há em o fazermos desde logo, deixando, para momento oportuno, o estudo dos Planos de Existência e Validade do casamento.

Tudo isso em respeito à didática e à clareza, que tanto prezamos.

2. CAPACIDADE PARA O CASAMENTO

Antes de iniciarmos a análise deste tópico, à luz do Direito de Família, reputamos interessante fazer uma breve revisão acerca desse importante conceito no âmbito da Teoria Geral do Direito Civil[2].

Adquirida a personalidade jurídica, toda pessoa passa a ser capaz de direitos e obrigações.

Possui, portanto, *capacidade de direito ou de gozo*.

Todo ser humano tem, assim, capacidade de direito, pelo fato de que a personalidade jurídica é um atributo inerente à sua condição.

---

[1] Confiram-se, em especial, os Capítulos VIII ("Plano de Existência do Casamento"), IX ("Plano de Validade do Casamento: Introdução e Impedimentos Matrimoniais — O Casamento Nulo") e X ("Plano de Validade do Casamento: Causas de Anulação do Casamento — O Casamento Anulável") deste volume.

[2] Confira-se o tópico 2 ("Capacidade de Direito e de Fato e Legitimidade") do Capítulo IV ("Pessoa Natural") do v. I ("Parte Geral") desta coleção.

MARCOS BERNARDES DE MELLO prefere utilizar a expressão *capacidade jurídica* para caracterizar a "aptidão que o ordenamento jurídico atribui às pessoas, em geral, e a certos entes, em particular, estes formados por grupos de pessoas ou universalidades patrimoniais, para serem titulares de uma situação jurídica"[3].

Nem toda pessoa, porém, possui aptidão para exercer pessoalmente os seus direitos, praticando atos jurídicos, em razão de limitações orgânicas ou psicológicas.

Se puderem atuar pessoalmente, possuem, também, *capacidade de fato ou de exercício*.

Reunidos os dois atributos, fala-se em *capacidade civil plena*.

Nesse sentido, cumpre invocar o preciso pensamento de ORLANDO GOMES:

"A capacidade de direito confunde-se, hoje, com a personalidade, porque toda pessoa é capaz de direitos. Ninguém pode ser totalmente privado dessa espécie de capacidade. (...) A capacidade de fato condiciona-se à capacidade de direito. Não se pode exercer um direito sem ser capaz de adquiri-lo. Uma não se concebe, portanto, sem a outra. Mas a recíproca não é verdadeira. Pode-se ter capacidade de direito, sem capacidade de fato; adquirir o direito e não poder exercê-lo por si. A impossibilidade do exercício é, tecnicamente, incapacidade"[4].

Não há que se confundir, por outro lado, *capacidade* e *legitimidade*.

Nem toda pessoa capaz pode estar *legitimada* para a prática de um determinado ato jurídico. A legitimação traduz uma capacidade específica.

Em virtude de um interesse que se quer preservar, ou em consideração à especial situação de determinada pessoa que se quer proteger, criaram-se *impedimentos circunstanciais*, que não se confundem com as hipóteses legais genéricas de incapacidade. O tutor, por exemplo, embora maior e capaz, não poderá adquirir bens móveis ou imóveis do tutelado (art. 1.749, I, CC/2002). Dois irmãos, da mesma forma, maiores e capazes, não poderão se casar entre si (art. 1.521, IV, CC/2002). Em tais hipóteses, o tutor e os irmãos encontram-se *impedidos de praticar o ato por falta de legitimidade ou de capacidade específica para o ato*.

Sobre o assunto, desde a codificação anterior, manifesta-se SILVIO VENOSA:

"Não se confunde o conceito de capacidade com o de legitimação. A legitimação consiste em se averiguar se uma pessoa, perante determinada situação jurídica, tem ou não capacidade para estabelecê-la. A legitimação é uma forma específica de capacidade para determinados atos da vida civil. O conceito é emprestado da ciência processual. Está legitimado para agir em determinada situação jurídica quem a lei determinar. Por exemplo, toda pessoa tem capacidade para comprar ou vender. Contudo, o art. 1.132 do Código Civil estatui: 'os ascendentes não podem vender aos descendentes, sem que os outros descendentes expressamente consintam'. Desse modo, o pai, que tem a capacidade genérica para praticar, em geral, todos os atos da vida civil, se pretender vender um bem a um filho, tendo outros filhos, não poderá fazê-lo se não conseguir a anuência dos demais filhos. Não estará ele, sem tal anuência, 'legitimado' para tal alienação. Num conceito bem aproximado da ciência do processo, legitimação é a pertinência subjetiva de um titular de um

---

[3] Marcos Bernardes de Mello, "Achegas para uma Teoria das Capacidades em Direito". *Revista de Direito Privado,* São Paulo: Revista dos Tribunais, jul./set. 2000, p. 17.

[4] Orlando Gomes, *Introdução ao Direito Civil,* 18. ed., Rio de Janeiro: Forense, 2001, p. 172.

direito com relação a determinada relação jurídica. A legitimação é um plus que se agrega à capacidade em determinadas situações"[5].

Bem, traçadas essas linhas gerais, cumpre-nos então esclarecer que determinados conceitos e noções marcadamente propedêuticos em Direito Civil, oriundos de sua Teoria Geral, apresentam notas distintivas no Direito de Família.

É o que se dá com a capacidade.

Como sabemos, a maioridade civil é atingida aos 18 anos de idade completos, marco etário em que, concorrendo a saúde mental, a pessoa está habilitada para a prática de todos os atos da vida civil, conjugando a capacidade de direito e de fato (capacidade plena).

No âmbito matrimonial, *a capacidade núbil (ou para casar) é atingida, seja homem ou mulher, aos 16 anos completos*, consoante dispõe o art. 1.517 do Código Civil:

"Art. 1.517. O homem e a mulher com dezesseis anos podem casar, exigindo-se autorização de ambos os pais, ou de seus representantes legais, enquanto não atingida a maioridade civil[6].
Parágrafo único. Se houver divergência entre os pais, aplica-se o disposto no parágrafo único do art. 1.631".

Nota-se a incidência do princípio constitucional da isonomia[7], tendo em vista a equiparação dos limites etários.

Observe-se, ainda, na forma do art. 6.º, I, do Estatuto da Pessoa com Deficiência (Lei n. 13.146, de 6 de julho de 2015), que a "deficiência não afeta a plena capacidade civil da pessoa, inclusive para: I — casar-se e constituir união estável".

2.1. Autorização para o casamento do menor de 18 anos

Quando ainda estão na faixa da incapacidade relativa (entre 16 anos completos e 18 anos incompletos), os nubentes necessitam da autorização dos seus representantes legais ou, se for o caso, do próprio Juiz de Direito para casar.

A autorização parental é *conjunta*, ou seja, dada pelos pais, ou por um deles na falta do outro (se um dos genitores é falecido, por exemplo).

Já a autorização judicial poderá ser necessária, se houver divergência entre os pais, a teor do já transcrito parágrafo único do art. 1.517[8].

---

[5] Sílvio de Salvo Venosa, *Direito Civil*, São Paulo: Atlas, 2001, v. I (Parte Geral), p. 139.

[6] No Código Civil Alemão, quanto à capacidade núbil, um casamento não deve ser realizado antes da maioridade ("§ 1303 — Ehemündigkeit — (1) Eine Ehe soll nicht vor Eintritt der Volljährigkeit eingegangen werden"). No entanto, a própria Justiça (Tribunal de Família) poderá autorizar o matrimônio se o requerente tiver 16 anos completos e o seu futuro cônjuge for maior ("(2) Das Familiengericht kann auf Antrag von dieser Vorschrift Befreiung erteilen, wenn der Antragsteller das 16. Lebensjahr vollendet hat und sein künftiger Ehegatte volljährig ist"). (Tradução livre de Pablo Stolze Gagliano.)

[7] O Código de 1916, em seu art. 183, XII, considerava que a mulher, talvez por amadurecer mais precocemente, estaria preparada para casar mais cedo, aos 16 anos, diferentemente do homem, que só alcançaria a idade núbil aos 18. A idade núbil diferenciada pode, porém, ser explicada pelo prestígio maior (e, consequentemente, proteção mais efetiva) que se dava ao homem (e seu patrimônio), em uma sociedade visivelmente machista e patrimonialista, em que a mulher, muitas vezes, sequer adquiria capacidade plena em toda sua vida. Sobre o tema, reveja-se o Capítulo I ("Introdução ao Direito de Família").

[8] "Parágrafo único. Se houver divergência entre os pais, aplica-se o disposto no parágrafo único do art. 1.631."

Caso um deles ou ambos deneguem a autorização, nada impede, a teor do art. 1.519, CC/2002[9], o recurso à via judicial, para o suprimento do consentimento, havendo justificativa razoável, podendo o procedimento ser instaurado, em nosso sentir, pelo próprio Ministério Público, a pedido dos nubentes incapazes (que não teriam capacidade processual para iniciar, sozinhos, a postulação).

Importante aspecto a ser considerado ainda é que, a teor do art. 1.518, CC/2002[10], até a celebração do casamento, podem os pais ou tutores revogar a autorização dada. Cuida-se, pois, de um direito potestativo, cujo exercício encontra o seu termo final no momento da formalização do ato.

Vale também registrar que, na forma do art. 1.537, CC/2002, o *"instrumento da autorização para casar transcrever-se-á integralmente na escritura antenupcial"*[11].

A partir dos 18 anos, finalmente, por haver sido atingida a maioridade, não se exige mais, por óbvio, autorização alguma.

2.2. Antecipação da idade núbil

O Código Civil, em sua redação original, permitia a antecipação da capacidade núbil, em caráter excepcional, em duas situações, a teor do seu art. 1.520:

"Art. 1.520. Excepcionalmente, será permitido o casamento de quem ainda não alcançou a idade núbil (art. 1.517), para evitar *imposição ou cumprimento de pena criminal* ou em caso de *gravidez*" (grifos nossos).

Diante das reformas ocorridas no sistema penal[12], nos últimos anos, houve nítido endurecimento do tratamento de quem mantém relação sexual com menor de idade. E, com isso, o presente dispositivo esvaziou-se, perdendo eficácia social.

Finalmente, a Lei n. 13.811, de 2019, alteraria o conteúdo da norma para, expressamente, proibir o casamento do menor de 16 anos (**casamento infantil**):

"Art. 1.520. Não será permitido, em qualquer caso, o casamento de quem não atingiu a idade núbil, observado o disposto no art. 1.517 deste Código".

Uma pergunta, neste ponto, se impõe: **e a união estável seria admitida?**

Para uma resposta segura, não se pode desconsiderar a gravidade do tratamento penal em vigor, no Brasil, como dito linhas acima.

Nesse contexto, admitir-se uma proibição apenas voltada ao casamento, com a livre admissibilidade da união estável da qual participe, por exemplo, uma adolescente de 13 anos, não teria sentido, segundo uma interpretação sistemática.

---

[9] "Art. 1.519. A denegação do consentimento, quando injusta, pode ser suprida pelo juiz".

[10] "Art. 1.518. Até à celebração do casamento podem os pais ou tutores revogar a autorização".

[11] Sobre o tema, confira-se o tópico 4 ("Pacto Antenupcial") do Capítulo XIII ("Regime de Bens do Casamento: Noções Introdutórias Fundamentais") deste volume.

[12] Os incisos VII e VIII do art. 107 do Código Penal, que previam a extinção da punibilidade pelo casamento, foram revogados pela Lei n. 11.106, de 2005, bem como foi revogada, pela Lei n. 12.015, de 2009, a previsão legal de violência presumida, estabelecendo-se um novo tipo penal, qual seja, o estupro de vulnerável, previsto no art. 217-A do vigente Código Penal.

A relação travada, no caso, enquadrar-se-ia na categoria do concubinato (art. 1.727), fora da incidência das normas familiaristas. Sucede que o Direito não é uma ciência exata, de maneira que, em tese, levando-se em conta que a união estável – diferentemente do casamento – é informal, ou seja, é um fato da vida, uma suposta situação de companheirismo, já consolidada, havendo consentimento e maturidade, poderia, em tese, resultar na ausência de justa causa para a ação penal, admitindo-se, talvez, a incidência das regras do Direito de Família[13].

3. HABILITAÇÃO PARA O CASAMENTO

A habilitação para o casamento consiste em um procedimento administrativo, disciplinado pelo Código Civil e pela Lei de Registros Públicos, por meio do qual o Oficial do Registro Civil afere a concorrência dos pressupostos de existência e validade do ato matrimonial, expedindo, ao fim, a habilitação necessária à concretização do enlace.

Vale destacar, a propósito, que a Resolução n. 175/2013 do CNJ, veda às autoridades competentes a recusa de habilitação, celebração de casamento civil ou de conversão de união estável em casamento entre pessoas de mesmo sexo[14].

Lembremo-nos, neste ponto, de que a habilitação para o casamento, o registro e a primeira certidão serão isentos de selos, emolumentos e custas, para as pessoas cuja pobreza for declarada, sob as penas da lei, nos termos do parágrafo único do art. 1.512, CC/2002[15], norma sem equivalente no Código Civil brasileiro anterior.

Trata-se de importante regra legal que, democratizando o acesso ao casamento, permite que pessoas de baixa renda possam se unir, sem o pagamento de taxas.

3.1. Requerimento da habilitação

O requerimento de habilitação para o casamento será firmado por ambos os nubentes (art. 1.525, CC/2002), de próprio punho, ou, a pedido, por procurador, e deve ser instruído com os seguintes documentos:

a) certidão de nascimento ou documento equivalente;

b) autorização por escrito das pessoas sob cuja dependência legal estiverem, ou ato judicial que a *supra*;

---

[13] "Todavia, a ideia de *condenar* a constituição da família parece ter voltado com a emergência da Lei 13.811/2019, na alteração relativa ao art. 1.520 do Código Civil. Seria correto estender tal raciocínio à união estável? Entendo que existem motivos consideráveis para se afirmar que não, dando-se ao sistema jurídico certa margem de liberdade para o exercício da autonomia privada quanto à escolha de uma ou outra entidade familiar" (Flávio Tartuce, *A Lei 13.811/2019 e a União Estável do Menor de 16 anos*. Disponível em: <https://www.migalhas.com.br/FamiliaeSucessoes/104,MI300873,91041-A+lei+138112019+e+a+uniao+estavel+do+menor+de+16+anos>. Acesso em: 16 jun. 2019).

[14] Disponível em: <http://www.cnj.jus.br/atos-administrativos/atos-da-presidencia/resolucoespresidencia/24675-resolucao-n-175-de-14-de-maio-de-2013>. Confiram-se, ainda, os subtópicos 2.2 ("Sobre a diversidade de sexos") do Capítulo VIII ("Plano de Existência do Casamento") e o Capítulo XXI ("União Homoafetiva") deste volume.

[15] "Art. 1.512. O casamento é civil e gratuita a sua celebração.
Parágrafo único. A habilitação para o casamento, o registro e a primeira certidão serão isentos de selos, emolumentos e custas, para as pessoas cuja pobreza for declarada, sob as penas da lei."

c) declaração de duas testemunhas maiores, parentes ou não, que atestem conhecê-los e afirmem não existir impedimento que os iniba de casar;

d) declaração do estado civil, do domicílio e da residência atual dos contraentes e de seus pais, se forem conhecidos;

e) certidão de óbito do cônjuge falecido, de sentença declaratória de nulidade ou de anulação de casamento, transitada em julgado, ou do registro da sentença de divórcio.

O pedido deverá ser dirigido ao oficial da Comarca de residência de um dos nubentes, nos termos do art. 67 da Lei de Registros Públicos:

"Art. 67. Na habilitação para o casamento, os interessados, apresentando os documentos exigidos pela lei civil, requererão ao oficial do registro do distrito de residência de um dos nubentes, que lhes expeça certidão de que se acham habilitados para se casarem". [*Renumerado do art. 68, pela Lei n. 6.216, de 1975.*]

Registre-se que não há mais necessidade de homologação da habilitação pelo juiz, processando-se direta e pessoalmente perante o oficial do Registro Civil, na forma da nova redação do art. 1.526, CC/2002, dada pela Lei n. 12.133, de 17 de dezembro de 2009[16].

É importante que o pedido seja feito no local de residência ou domicílio de um ou ambos os nubentes, pois deve ser dada a máxima publicidade ao ato, especialmente perante a sociedade a que os noivos pertencem.

Aliás, com isso, dá-se mais oportunidade de haver a oposição de impedimentos, tema a ser versado posteriormente[17], por qualquer pessoa ou, a depender do seu fundamento, pelo legítimo interessado.

Tramitando o procedimento, outrossim, em local diverso da residência ou domicílio de ambos os nubentes, não havendo impedimento oposto ou prejuízo aferido, opera-se, em nosso sentir, o convalescimento do defeito, mormente pelo fato de não se tratar de vício grave de competência, mas sim de mera irregularidade administrativa.

3.2. Edital de proclamas

Estando em ordem a documentação, o oficial extrairá o *edital de proclamas* (art. 1.527, CC/2002).

Conceitualmente, o edital de proclamas é o *ato administrativo expedido pelo Oficial do Cartório de Registro Civil em que tramita a habilitação, por meio do qual os nubentes são qualificados, e é anunciado o casamento para sociedade.*

Em virtude da alteração experimentada pela Lei de Registros Públicos — Lei n. 6.015/73, por força da Lei n. 14.382/2022, sustentam CARLOS ELIAS DE OLIVEIRA e

---

[16] "Art. 1.526. A habilitação será feita pessoalmente perante o oficial do Registro Civil, com a audiência do Ministério Público.
Parágrafo único. Caso haja impugnação do oficial, do Ministério Público ou de terceiro, a habilitação será submetida ao juiz."

[17] Sobre o tema, confira-se o Capítulo IX ("Plano de Validade do Casamento: Introdução e Impedimentos Matrimoniais — O Casamento Nulo") deste volume.

FLÁVIO TARTUCE que está extinta e ultrapassada a necessidade de publicação de proclamas na imprensa local (§1.º, art. 67)[18].

A autoridade competente, dispõe o parágrafo único do art. 1.527, CC/2002, havendo urgência, poderá dispensar a publicação, a exemplo da hipótese em que um dos nubentes, por conta de grave enfermidade, apresenta iminente risco de morte.

Lembremos ainda que, caso figure incapaz no procedimento, deverá ser juntado o termo de autorização de seus pais ou representantes legais ou, se for o caso, a certidão de trânsito em julgado da sentença de suprimento ou autorização judicial.

3.3. Oposição à habilitação

Embora a análise minudente de cada um dos impedimentos ao casamento ou das causas suspensivas de sua eficácia seja objeto de capítulos próprios posteriores[19], é importante mencionar que o momento adequado — e menos traumático — para a sua apresentação é justamente o da habilitação matrimonial, embora não haja preclusão até o momento da celebração, na forma do art. 1.522, CC/2002[20].

Considerando-se a seriedade das consequências do seu eventual acolhimento, exige-se forma escrita para sua apresentação, como se verifica do art. 1.529, CC/2002:

> "Art. 1.529. Tanto os impedimentos quanto as causas suspensivas serão opostos em declaração escrita e assinada, instruída com as provas do fato alegado, ou com a indicação do lugar onde possam ser obtidas".

Por óbvio, é garantido aos nubentes o devido processo legal, com a formação do contraditório e da ampla produção de prova, para uma adequada resolução do conflito instaurado, tudo na forma do art. 1.530, CC/2002[21].

Nesse ponto, merece transcrição o § 5.º do art. 67 da Lei de Registros Públicos:

> "§ 5.º Se houver impedimento ou arguição de causa suspensiva, o oficial de registro dará ciência do fato aos nubentes, para que indiquem, em 24 (vinte e quatro) horas, prova que pretendam produzir, e remeterá os autos a juízo, e, produzidas as provas pelo oponente e pelos nubentes, no prazo de 3 (três) dias, com ciência do Ministério Público, e ouvidos

---

[18] OLIVEIRA, Carlos Eduardo Elias de; TARTUCE, Flávio. Procedimento de Casamento: como ficou após a Lei do SERP — Lei n. 14.382/2022. Disponível em: https://www.migalhas.com.br/coluna/migalhas-notariais-e-registrais/372927/procedimento-de-casamento-como-ficou-apos-a-lei-do-serp. Acesso em: 13 nov. 2022.

[19] Confiram-se os Capítulos IX ("Plano de Validade do Casamento: Introdução e Impedimentos Matrimoniais — O Casamento Nulo") e XII ("Plano de Eficácia do Casamento: Deveres Matrimoniais e Causas Suspensivas do Casamento") deste volume.

[20] "Art. 1.522. Os impedimentos podem ser opostos, até o momento da celebração do casamento, por qualquer pessoa capaz.
Parágrafo único. Se o juiz, ou o oficial de registro, tiver conhecimento da existência de algum impedimento, será obrigado a declará-lo."

[21] "Art. 1.530. O oficial do registro dará aos nubentes ou a seus representantes nota da oposição, indicando os fundamentos, as provas e o nome de quem a ofereceu.
Parágrafo único. Podem os nubentes requerer prazo razoável para fazer prova contrária aos fatos alegados, e promover as ações civis e criminais contra o oponente de má-fé."

os interessados e o órgão do Ministério Público em 5 (cinco) dias, decidirá o juiz em igual prazo. [*Redação dada pela Lei n. 14.382, de 2022.*]".

3.4. Certificação da habilitação

Atendidas todas as formalidades legais, e não verificado nenhum fato obstativo (art. 1.531, CC/2002), o Oficial de Registro extrairá a Certidão de Habilitação, com prazo de noventa dias (art. 1.532, CC/2002).

Interessante previsão consta no art. 1.528 do Código Civil de 2002, sem correspondente na codificação anterior, no sentido de que *o Oficial do Registro deverá, por dever funcional, esclarecer aos nubentes a respeito dos fatos que possam ocasionar a invalidade do casamento, bem como sobre os diversos regimes de bens.*

Com isso, tentam-se evitar futuras alegações de nulidade absoluta ou relativa do casamento e, bem assim, implementa-se uma recomendável política legislativa de esclarecimento patrimonial, permitindo que os nubentes possam optar pelo regime que melhor atenda as suas necessidades.

A título de exemplo, o Oficial deverá esclarecer acerca dos impedimentos legais calcados no parentesco ou na idade mínima para o ato matrimonial, bem como explanar, em breves e precisas linhas, quais são os regimes de bens existentes, as suas vantagens, desvantagens e, sobretudo, as hipóteses de separação legal obrigatória.

Caso o oficial não cumpra esse mandamento legal, pensamos não haver causa razoável para a invalidação do matrimônio, podendo, todavia, a depender das circunstâncias, resultar em advertência ou outra medida administrativa compatível.

4. CELEBRAÇÃO DO CASAMENTO

Historicamente, na medida em que a disciplina social passou a exigir um rito para a formação da família, as cerimônias tornaram-se mais complexas, de acordo com os costumes, a religião e o Direito.

Nesse sentido, observa CLÓVIS BEVILÁQUA:

"A ficção da captura, quando ela já não mais uma realidade, é, sem dúvida, o mais antigo cerimonial dos casamentos. Os chineses, os romanos, os gregos e vários outros povos usaram-na, como é geralmente sabido. Depois vão aparecendo outras ideias mais complexas, simbolismos religiosos de purificação, indicações de natureza e fins de casamento. Entre essas cerimônias, é notável, por sua generalização, o banquete em comum, ou um simples bolo que os esposos têm de comer conjuntamente. Não foram somente os romanos e os helenos que usaram dele na celebração do casamento; muitos outros povos procediam do mesmo modo, como sejam os macedônios entre os antigos, e os iroqueses, em tempos recentes. Na Índia, a noiva prepara uma bebida especial para o seu casamento. Na ocasião da solenidade nupcial, senta-se ao colo do noivo, empunha uma taça, em que derramou porção do licor preparado por ela, bebe a metade e entrega o restante ao noivo, que, avidamente, o sorve até a última gota. É simples, mas é expressivo"[22].

---

[22] Clóvis Beviláqua, *Direito de Família*, 9. ed., Rio de Janeiro/São Paulo: Livraria Freitas Bastos S.A., 1959, p. 45-6.

Na sociedade contemporânea, ao menos no plano da família casamentária, o ritualismo ainda se faz presente.

Com efeito, reveste-se de enorme importância a solenidade de realização do matrimônio.

O tão esperado dia, em que os noivos juram promessa de amor eterno, reunindo, em um só pensamento de solidariedade e respeito, amigos, conhecidos e, principalmente, familiares.

Ocorre que, dada a grande importância de que se reveste o ato, a celebração do casamento deve ser realizada em estrita observância das normas legais, sob pena, a depender da situação concreta, de inafastável nulidade.

Primeiramente, lembremo-nos de que o ato deverá ser presidido pelo juiz de direito, pelo juiz de paz[23] ou, no matrimônio religioso com efeitos civis, pela autoridade religiosa.

Faltando competência legal para o ato, deverá ser considerado inexistente, consoante teremos a oportunidade de ver, brevemente, em capítulo posterior[24].

---

[23] "O Conselho Nacional de Justiça (CNJ) aprovou Recomendação aos tribunais de justiça dos estados para que promovam a regulamentação da função de juiz de paz, que deve ser escolhido por eleições diretas. Os tribunais têm prazo de um ano para encaminhar projeto de lei às Assembleias Legislativas que trate das eleições e da remuneração do cargo. O artigo 98 da Constituição Federal estabelece que o juiz de paz, que celebra casamentos nos cartórios, deve ser 'eleito por voto direto, universal e secreto com mandato de quatro anos'. A decisão de editar uma Recomendação do CNJ teve origem na aprovação, nesta terça-feira (24/6) em sessão plenária do Conselho do Pedido de Providências 200810000000110, no qual foram solicitadas eleições para a função no Tribunal de Justiça do Mato Grosso do Sul, onde as nomeações são feitas pelo próprio tribunal. Sem regulamentação — Após levantamento nos tribunais de justiça de todo o país, Andréa Pachá constatou que a maioria não regulamentou a matéria e mantém a indicação e nomeação dos juízes de paz em cada tribunal. Ela disse ainda que não existem regras comuns em todos os estados e também não existe uniformidade quanto à remuneração. Em seu voto, a conselheira relaciona a situação por estado, segundo informações dos tribunais. A proposta de lei estadual deverá incluir as normas para a atuação dos juízes de paz como conciliadores e nas varas de família. A conselheira Andréa Pachá, relatora do Pedido de Providências, lembrou que a atividade conciliatória também está prevista na Constituição como atribuição da Justiça de Paz. Ela ressaltou a importância da conciliação na atualidade para o Judiciário brasileiro 'principalmente diante da morosidade da justiça, do número grandioso de causas à espera de julgamento e do número insuficiente de magistrados para a análise dessas causas'. Segundo a conselheira, a regulamentação da Justiça de Paz possibilitará aos tribunais a melhoria dos projetos de conciliação. Histórico — Pesquisa feita por Andréa Pachá revelou que a Justiça de Paz é originária da Inglaterra no século XII. De acordo com o voto da conselheira, a Justiça de Paz é uma das instituições mais antigas do Judiciário brasileiro e foi instituída formalmente 324 anos após o descobrimento do Brasil. Já era prevista na Constituição do Império, em 1824, quando foi implantada por Dom Pedro I. Em 1827, foi regulamentada por lei, que concedia aos juízes de paz amplos poderes, inclusive jurisdicionais, e estabelecia eleição em cada freguesia. Em 1890, o casamento passou a ser celebrado por uma autoridade leiga e, na Constituição de 1891, não houve previsão de Justiça de Paz. Na Constituição de 1946, a Justiça de Paz passou a ser eletiva e temporária, fixando-se a competência para habilitar e celebrar casamentos. A Lei Complementar 35/79, Lei Orgânica da Magistratura, ainda em vigor, previu a Justiça de Paz temporária, criada por lei estadual e com competência para celebrar casamentos. Finalmente, veio a Constituição de 1988 em que surge a Justiça de Paz remunerada". SR/MG. Disponível em: <http://www.cnj.jus.br/index.php?option=com_content&view=article&id=4267:cnj-recomenda-elei-direta-para-juiz-de-paz-em-todo-o-pa&catid=1:notas&Itemid=675>. Acesso em: 26 fev. 2010.

[24] Confira-se o Capítulo VIII ("Plano de Existência do Casamento") deste volume.

O casamento será celebrado no dia, hora e lugar previamente designados pela autoridade que houver de presidir o ato, mediante petição dos contraentes, que se mostrem habilitados com a certidão de habilitação, expedida pelo Cartório de Registro Civil responsável pela publicação dos proclamas (art. 1.533, CC/2002).

Vale relembrar, aqui, a possibilidade de a celebração ocorrer por videoconferência, segundo a Lei de Registros Públicos:

"Art. 67 (...)
§ 8.º A celebração do casamento poderá ser realizada, a requerimento dos nubentes, em meio eletrônico, por sistema de videoconferência em que se possa verificar a livre manifestação da vontade dos contraentes. [Incluído pela Lei n. 14.382, de 2022.]".

Importante previsão, ainda, consta no art. 1.534 do Código Civil de 2002, firmando a necessária *publicidade* de que deve, necessariamente, se revestir o ato, exigindo-se a presença de testemunhas e a observância das "portas abertas":

"Art. 1.534. A solenidade realizar-se-á na sede do cartório, com toda publicidade, a portas abertas, presentes pelo menos duas testemunhas, parentes ou não dos contraentes, ou, querendo as partes e consentindo a autoridade celebrante, noutro edifício público ou particular.
§ 1.º Quando o casamento for em edifício particular, ficará este de portas abertas durante o ato.
§ 2.º Serão quatro as testemunhas na hipótese do parágrafo anterior e se algum dos contraentes não souber ou não puder escrever".

Deverão comparecer ao ato duas testemunhas, pelo menos, no caso de ambos os nubentes serem alfabetizados e estarem aptos a escrever, aumentando-se este número mínimo para quatro, se forem analfabetos ou estiverem impossibilitados de firmar o termo de casamento (imagine-se, por exemplo, a hipótese do noivo, destro, estar com o braço direito engessado, quedando-se, pois, impedido de assinar o termo de celebração do ato matrimonial).

Nada impede, outrossim, que haja um número maior de testemunhas (padrinhos de casamento), desde que seja respeitado o mínimo legal previsto.

E uma outra importante formalidade também fora prevista: a obrigatoriedade de o salão de casamento, ou outro local onde esteja sendo celebrado o ato, estar de *portas abertas*. Isso porque a publicidade do matrimônio é característica irremovível, facultando-se, inclusive, que um terceiro possa, no momento da celebração, opor um impedimento matrimonial[25]:

"Art. 1.522. Os impedimentos podem ser opostos, até o momento da celebração do casamento, por qualquer pessoa capaz.
Parágrafo único. Se o juiz, ou o oficial de registro, tiver conhecimento da existência de algum impedimento, será obrigado a declará-lo".

Claro está, todavia, que, se antes da concretização do ato, um dos presentes à solenidade apresenta oposição, alegando, por exemplo, que um dos noivos é casado, terá de

---

[25] Os impedimentos matrimoniais serão tratados, como dito, no Capítulo IX ("Plano de Validade do Casamento: Introdução e Impedimentos Matrimoniais — O Casamento Nulo") deste volume.

comprovar devidamente a grave alegação feita, sob pena de responsabilização civil e até mesmo criminal por calúnia, eis que estaria perpetrando uma imputação falsa de fato criminoso (no caso, o crime de bigamia, previsto no art. 235 do Código Penal brasileiro[26]).

E, ainda ressaltando a importância de as portas estarem abertas, vale observar que, por vezes, deparamo-nos, na televisão ou nos jornais, com os casamentos de famosos, ocorridos em ilhas, clubes ou praias privativas. Mesmo nessas situações, no instante da formalização matrimonial, a equipe de segurança não pode impedir completamente o acesso do cidadão comum, porquanto, posto a festa seja particular, o ato matrimonial é público. Por isso, aliás, é que as igrejas sempre mantêm as suas portas abertas durante o ato matrimonial.

Claro que, nesse aspecto (como em qualquer outro), não é nossa intenção fugir da realidade. Por isso, observamos que a norma tem sido constantemente violada, na prática, sob a alegação de segurança, restringindo-se o acesso, o que é de legalidade duvidosa.

Isso porque ninguém deve estar acima da lei.

A inobservância de qualquer dessas formalidades pode, em nosso sentir, gerar a nulidade absoluta do casamento (ato de natureza negocial, consoante vimos alhures[27]) — desde que, claro, verificado prejuízo — a teor do art. 166, V, CC/2002:

"Art. 166. É nulo o negócio jurídico quando:

(...)

V — for preterida alguma solenidade que a lei considere essencial para a sua validade".

Presentes os contraentes, consoante o art. 1.535, CC/2002, em pessoa ou por procurador especial (no caso do matrimônio por procuração), juntamente com as testemunhas, o presidente do ato, ouvida dos nubentes a afirmação de que pretendem casar por livre e espontânea vontade, declarará efetuado o casamento, nestes termos: *De acordo com a vontade que ambos acabais de afirmar perante mim, de vos receberdes por marido e mulher, eu, em nome da lei, vos declaro casados*".

Sobre essa formalidade sacramental, pondera CAMILO COLANI:

"Questiona-se o porquê de tal minúcia do legislador; contudo, queremos crer tratar-se de uma oportunidade de dimensionar o ato, valorando-o para o casal e pessoas presentes, além de consistir em uma fórmula de uniformizar o ato"[28].

---

[26] Código Penal:

"Bigamia

Art. 235. Contrair alguém, sendo casado, novo casamento:

Pena — reclusão, de dois a seis anos.

§ 1.º Aquele que, não sendo casado, contrai casamento com pessoa casada, conhecendo essa circunstância, é punido com reclusão ou detenção, de um a três anos.

§ 2.º Anulado por qualquer motivo o primeiro casamento, ou o outro por motivo que não a bigamia, considera-se inexistente o crime".

[27] Confira-se o Capítulo III ("Considerações Introdutórias sobre o Casamento") deste volume.

[28] Camilo de Lelis Colani Barbosa, *Direito de Família — Manual de Direitos do Casamento*, São Paulo: Suprema Cultura, p. 38.

E, após essas palavras oficiais, a autoridade deve ouvir, em alto e bom som, a manifestação positiva dos nubentes.

Aliás, é bom frisar que a concretização do ato matrimonial decorre do *consentimento dos noivos*, quando manifestam a vontade de se receberem reciprocamente, e *não da chancela oficial do presidente de ato*, de natureza simplesmente declaratória.

Expliquemos.

Ao consentirem, recebendo-se um ao outro como marido e mulher, os nubentes passam à condição de cônjuges, de maneira que a fórmula oficial dita pela autoridade celebrante, "declarando-os casados, na forma da lei", não tem uma finalidade integrativa ou constitutiva do ato, mas, tão somente, declaratória da união conjugal, firmada exclusivamente pela vontade manifestada dos noivos, na forma do art. 1.514 do Código Civil[29].

Em outras palavras, o casamento decorre da declaração recíproca de afeto entre os noivos, traduzida no livre e espontâneo "sim" que é dito, e não das palavras da autoridade, simplesmente confirmatórias das vontades manifestadas. Obviamente, não é a ouvida da palavra "sim" que garante a celebração do casamento, mas, em verdade, a manifestação livre da vontade, pois, em havendo deficiência na fala, o que se busca preservar é o consentimento exteriorizado pelo nubente. Por conseguinte, ao assinarem eles o termo de casamento, deve, o cônjuge que acresceu ao seu o nome do outro, firmar o patronímico de casado.

Nesse diapasão, precisamos ainda ressaltar que expressões como: "não sei", "não tenho certeza", "estou em dúvida", ou, mais grave ainda, um inesperado "não", impõem à autoridade celebrante a imediata suspensão da solenidade, que não poderá ser reiniciada naquele dia, lavrando-se, de tudo, um detalhado termo.

Nesse sentido, dispõe o art. 1.538 do vigente Código Civil:

"Art. 1.538. A celebração do casamento será imediatamente suspensa se algum dos contraentes:

I — recusar a solene afirmação da sua vontade;

II — declarar que esta não é livre e espontânea;

III — manifestar-se arrependido.

Parágrafo único. O nubente que, por algum dos fatos mencionados neste artigo, der causa à suspensão do ato, não será admitido a retratar-se no mesmo dia".

Na mesma linha, um doloroso e gélido silêncio também determinará a frustração da solenidade.

Uma vez que o matrimônio *exige* declaração expressa de vontade, o silêncio não traduz aquiescência, impondo a suspensão do ato e, se for o caso, a sua ulterior repetição.

Aliás, também em outros sistemas no mundo, a ausência da manifestação positiva inequívoca também resulta na suspensão do ato, consoante podemos ler nesta notícia, proveniente da Áustria[30]:

---

[29] "Art. 1.514. O casamento se realiza no momento em que o homem e a mulher manifestam, perante o juiz, a sua vontade de estabelecer vínculo conjugal, e o juiz os declara casados".

[30] Disponível em: <http://noticias.terra.com.br/popular/interna/0,,OI1332528-EI1141,00.html> (notícia de 5 de janeiro de 2007).

"Noiva diz 'não' de brincadeira e suspende casamento

Nem sempre piadas de casamento são engraçadas. Uma noiva austríaca resolveu dizer 'não' em vez de 'sim' ao ser perguntada se aceitava seu futuro marido. A brincadeira não agradou ao juiz de paz, que imediatamente interrompeu a cerimônia.

Nem apelos da noiva conseguiram reverter a decisão e o casal teve que esperar dois meses e meio para poder voltar ao altar e formalizar a união, segundo o jornal austríaco *Oberoesterreichischen Nachrichten*.

Autoridades do escritório de Steyr, onde ocorreu a confusão, se recusaram a comentar o incidente, mas disseram que o fato é incomum".

Pois bem.

Realizado o casamento, dispõe o art. 1.536 do CC/2002, lavrar-se-á o assento no livro de registro. No assento, assinado pelo presidente do ato, pelos cônjuges, testemunhas, e Oficial do Registro, serão exarados:

"I — os prenomes, sobrenomes, datas de nascimento, profissão, domicílio e residência atual dos cônjuges;

II — os prenomes, sobrenomes, datas de nascimento ou de morte, domicílio e residência atual dos pais;

III — o prenome e sobrenome do cônjuge precedente e a data da dissolução do casamento anterior;

IV — a data da publicação dos proclamas e da celebração do casamento;

V — a relação dos documentos apresentados ao oficial do registro;

VI — o prenome, sobrenome, profissão, domicílio e residência atual das testemunhas;

VII — o regime do casamento, com a declaração da data e do cartório em cujas notas foi lavrada a escritura antenupcial, quando o regime não for o da comunhão parcial, ou o obrigatoriamente estabelecido".

Esse artigo do Código Civil de 2002 aperfeiçoou o nosso sistema, se o compararmos com o correspondente (e derrogado) art. 70 da Lei de Registros Públicos (Lei n. 6.015 de 1973)[31],

---

[31] LRP: "Art. 70. Do matrimônio, logo depois de celebrado, será lavrado assento, assinado pelo presidente do ato, os cônjuges, as testemunhas e o oficial, sendo exarados: [*Renumerado do art. 71, pela Lei n. 6.216, de 1975.*]

1.º) os nomes, prenomes, nacionalidade, data de nascimento, profissão, domicílio e residência atual dos cônjuges; [*Redação dada pela Lei n. 13.484, de 2017.*]

2.º) os nomes, prenomes, nacionalidade, data de nascimento ou de morte, domicílio e residência atual dos pais;

3.º) os nomes e prenomes do cônjuge precedente e a data da dissolução do casamento anterior, quando for o caso;

4.º) a data da publicação dos proclamas e da celebração do casamento;

5.º) a relação dos documentos apresentados ao oficial do registro;

6.º) os nomes, prenomes, nacionalidade, profissão, domicílio e residência atual das testemunhas;

7.º) o regime de casamento, com declaração da data e do cartório em cujas notas foi tomada a escritura antenupcial, quando o regime não for o da comunhão ou o legal que sendo conhecido, será declarado expressamente;

8.º) o nome, que passa a ter a mulher, em virtude do casamento;

especialmente no que tange à antiga previsão no sentido de se consignar no termo "o nome, que passa a ter a mulher, em virtude do casamento".

Não é que tal situação afigure-se impossível de ocorrer. Pelo contrário. É muito comum, quando da convolação das núpcias, que a mulher passe a adotar o nome do marido.

Todavia, em respeito ao *princípio constitucional da igualdade*, o inverso também poderá suceder: o marido acrescer ao seu o patronímico da sua esposa, consoante disposto no Código Civil de 2002, sem equivalente na codificação anterior:

"Art. 1.565. Pelo casamento, homem e mulher assumem mutuamente a condição de consortes, companheiros e responsáveis pelos encargos da família.

§ 1.º *Qualquer dos nubentes, querendo, poderá acrescer ao seu o sobrenome do outro*" (grifos nossos)[32].

Em uma sociedade que se propõe a ser mais justa e igualitária, não há mais espaço para discriminações odiosas, calcadas em um machismo jurássico e anacrônico, violador do princípio maior da dignidade da pessoa humana.

Finalmente, é bom frisar que o registro do casamento religioso com efeitos civis[33] opera-se de forma muito semelhante ao casamento civil, diferenciando-se, especialmente, pela circunstância de que a autoridade celebrante, responsável por colher a manifestação de assentimento recíproca e posterior encaminhamento do instrumento formal para o Cartório respectivo, não é o juiz de direito ou de paz, mas sim o ministro ou representante da religião seguida ou escolhida pelos nubentes[34].

9.º) os nomes e as idades dos filhos havidos de matrimônio anterior ou legitimados pelo casamento;

10.º) à margem do termo, a impressão digital do contraente que não souber assinar o nome. [*Incluído pela Lei n. 6.216, de 1975.*]

Parágrafo único. As testemunhas serão, pelo menos, duas, não dispondo a lei de modo diverso".

[32] Comentaremos esse artigo no Capítulo XII ("Plano de Eficácia do Casamento: Deveres Matrimoniais e Causas Suspensivas do Casamento") deste volume.

[33] Sobre o casamento religioso, releia-se o tópico 5 ("Tipologia Básica do Casamento: Civil e Religioso com Efeitos Civis") do Capítulo III ("Considerações Introdutórias sobre o Casamento") deste volume.

[34] Na Lei de Registros Públicos, conferir arts. 71 a 75:

"Art. 71. Os nubentes habilitados para o casamento poderão pedir ao oficial que lhe forneça a respectiva certidão, para se casarem perante autoridade ou ministro religioso, nela mencionando o prazo legal de validade da habilitação. [*Renumerado do art. 72 pela Lei n. 6.216, de 1975.*]

Art. 72. O termo ou assento do casamento religioso, subscrito pela autoridade ou ministro que o celebrar, pelos nubentes e por duas testemunhas, conterá os requisitos do artigo 71, exceto o 5.º. [*Renumerado do art. 73, pela Lei n. 6.216, de 1975.*]

Art. 73. No prazo de trinta dias a contar da realização, o celebrante ou qualquer interessado poderá, apresentando o assento ou termo do casamento religioso, requerer-lhe o registro ao oficial do cartório que expediu a certidão. [*Renumerado do art. 74, pela Lei n. 6.216, de 1975.*]

§ 1.º O assento ou termo conterá a data da celebração, o lugar, o culto religioso, o nome do celebrante, sua qualidade, o cartório que expediu a habilitação, sua data, os nomes, profissões, residências, nacionalidades das testemunhas que o assinarem e os nomes dos contraentes. [*Redação dada pela Lei n. 6.216, de 1975.*]

Nesse contexto, chama a nossa atenção o já lembrado (v. nota 48) art. 74 da Lei de Registros Públicos que admite a habilitação posterior ao casamento religioso em caráter excepcional, e desde que atendidas as formalidades previstas na norma, nos seguintes termos:

"Art. 74. O casamento religioso, celebrado sem a prévia habilitação, perante o oficial de registro público, poderá ser registrado desde que apresentados pelos nubentes, com o requerimento de registro, a prova do ato religioso e os documentos exigidos pelo Código Civil, suprindo eles eventual falta de requisitos nos termos da celebração. [*Renumerado do art. 75, pela Lei n. 6.216, de 1975.*]

Parágrafo único. Processada a habilitação com a publicação dos editais e certificada a inexistência de impedimentos, o oficial fará o registro do casamento religioso, de acordo com a prova do ato e os dados constantes do processo, observado o disposto no artigo 70".

Não atendendo, por óbvio, aos requisitos legais de validade, o registro deverá ser negado, prejudicando a eficácia civil do ato matrimonial, garantindo-se, outrossim, em respeito ao devido processo constitucional e ao princípio da inafastabilidade da jurisdição, recurso ao Juiz de Direito competente que, no caso, por se tratar apenas de negativa de inscrição cartorária, deverá ser, quando existente tal especialização na comarca, o da Vara de Registros Públicos.

---

§ 2.º Anotada a entrada do requerimento o oficial fará o registro no prazo de 24 (vinte e quatro) horas. [*Redação dada pela Lei n. 6.216, de 1975.*]

§ 3.º A autoridade ou ministro celebrante arquivará a certidão de habilitação que lhe foi apresentada, devendo, nela, anotar a data da celebração do casamento.

Art. 74. O casamento religioso, celebrado sem a prévia habilitação, perante o oficial de registro público, poderá ser registrado desde que apresentados pelos nubentes, com o requerimento de registro, a prova do ato religioso e os documentos exigidos pelo Código Civil, suprindo eles eventual falta de requisitos nos termos da celebração. [*Renumerado do art. 75, pela Lei n. 6.216, de 1975.*]

Parágrafo único. Processada a habilitação com a publicação dos editais e certificada a inexistência de impedimentos, o oficial fará o registro do casamento religioso, de acordo com a prova do ato e os dados constantes do processo, observado o disposto no artigo 70. Art. 75. O registro produzirá efeitos jurídicos a contar da celebração do casamento. [*Renumerado do art. 76, pela Lei n. 6.216, de 1975.*]

Parágrafo único. O oficial de registro civil comunicará o registro ao Ministério da Economia e ao INSS pelo Sistema Nacional de Informações de Registro Civil (Sirc) ou por outro meio que venha a substituí--lo". [Incluído pela Lei n. 13.846 de 2019.]

Capítulo VII
Prova do Casamento

Sumário: 1. Introdução. 2. A certidão de casamento como meio prioritário de prova. 3. Posse do estado de casadas.

1. INTRODUÇÃO

Neste capítulo cuidaremos de estudar os meios existentes em nosso ordenamento jurídico para efeito de se realizar a prova do casamento.

Tal análise pode se revestir de interesse e importância, considerando-se a ocorrência de inúmeras situações processuais em que se exige a produção probatória voltada à comprovação do matrimônio, a exemplo da ação de divórcio, ou, até mesmo, de inventário.

2. A CERTIDÃO DE CASAMENTO COMO MEIO PRIORITÁRIO DE PROVA

Muito claro é o Código Civil, quando estabelece que o casamento deverá ser provado por meio da *certidão de registro de casamento*, admitindo-se, ainda, na falta desse documento, que a dilação probatória possa ser feita por qualquer outro meio constitucionalmente admitido:

> "Art. 1.543. O casamento celebrado no Brasil prova-se pela certidão do registro.
> Parágrafo único. Justificada a falta ou perda do registro civil, é admissível qualquer outra espécie de prova".

Note-se a prioridade da certidão, porquanto a admissibilidade de outra prova pressupõe haver justificativa para a sua ausência.

E tal exigência legal, sem configurar hierarquia entre meios de prova, encontra, em nosso sentir, amparo na típica formalidade de que se reveste o matrimônio, demandando um meio de prova também formal para a sua demonstração ordinária.

Em algumas situações, todavia, afigura-se compreensível a ausência do documento, como, por exemplo, na destruição do livro de registro, impedindo a extração de segunda via de certidão.

Não se caracterizam, porém, como justificativas situações corriqueiras como perda ou esquecimento do documento, ou mesmo hipóteses de subtração por terceiros, uma vez que sempre será possível a obtenção de uma segunda via.

Sucede que, justificada a ausência da referida certidão, outros documentos, subsidiariamente, podem ser admitidos, como bem observa MARIA HELENA DINIZ:

> "Se faltar, em virtude do fato de o oficial não ter lavrado o termo por desleixo ou má-fé, ou se se perder, pela destruição do próprio livro ou cartório, em razão de incêndio, guerra, revolução etc., admitem-se meios subsidiários de prova (passaporte — RT, 222:90; testemunhas do ato; certidão de proclamas; documentos públicos que mencionem o estado civil etc.), mediante justificação, requerida ao juiz competente"[1].

---

[1] Maria Helena Diniz, ob. cit., p. 136.

Em todos esses casos, como anota a culta professora da PUCSP, deve-se instaurar procedimento judicial para que se faça a pretendida prova do casamento (justificação), afigurando-se possível também, em nosso sentir, que a questão seja decidida incidentalmente, no bojo de outro processo, como questão prejudicial, embora, nesse caso, esteja, naturalmente, ausente o manto da coisa julgada.

E, sobre os efeitos da sentença de suprimento de registro de casamento, dispõe a nossa lei:

"Art. 1.546. Quando a prova da celebração legal do casamento resultar de processo judicial, o registro da sentença no livro do Registro Civil produzirá, tanto no que toca aos cônjuges como no que respeita aos filhos, todos os efeitos civis desde a data do casamento"[2].

E o mesmo efeito retroativo (*ex tunc*), em nosso sentir, decorrerá da sentença de retificação de registro.

Acrescente-se ainda que a certidão de casamento, entre outras finalidades instrutórias, tem sido considerada importante documento de aferição da profissão do declarante, como início razoável de prova documental para efeitos previdenciários, consoante inclusive já decidiu o próprio Superior Tribunal de Justiça:

"Agravo regimental em recurso especial. Previdenciário. Aposentadoria rural por idade. Valoração de prova. Início de prova material. Desnecessidade a que se refira ao período de carência se existente prova testemunhal relativamente ao período.

1. 'A comprovação do tempo de serviço para os efeitos desta Lei, inclusive mediante justificação administrativa ou judicial, conforme o disposto no artigo 108, só produzirá efeito quando baseada em início de prova material, não sendo admitida prova exclusivamente testemunhal, salvo na ocorrência de motivo de força maior ou caso fortuito, conforme disposto no Regulamento'. (artigo 55, parágrafo 3.º, da Lei n. 8.213/91).

2. O início de prova material, de acordo com a interpretação sistemática da lei, é aquele feito mediante documentos que comprovem o exercício da atividade nos períodos a serem contados, devendo ser contemporâneos dos fatos a comprovar, indicando, ainda, o período e a função exercida pelo trabalhador.

3. As certidões de casamento e o contrato de parceria agrícola, em que consta a profissão de lavradora da segurada e de seu marido, constituem-se em início razoável de prova documental. Precedentes.

4. É prescindível que o início de prova material abranja necessariamente o número de meses idêntico à carência do benefício no período imediatamente anterior ao requerimento do benefício, dês que a prova testemunhal amplie a sua eficácia probatória ao tempo da carência, vale dizer, desde que a prova oral permita a sua vinculação ao tempo de carência.

5. Agravo regimental improvido". (AgRg no REsp 916.377/PR, rel. Min. Hamilton Carvalhido, julgado em 21-8-2007, *DJe* 7-4-2008, 6.ª Turma).

"Ação rescisória. Previdenciário. Aposentadoria por idade. Rurícola. Certidões de casamento e de óbito. Documento novo. Solução *pro misero*. Pedido procedente.

---

[2] Na mesma linha, o art. 205, CC/1916, que sofreu apenas aperfeiçoamentos redacionais e atualização da expressão *inscrição da sentença* por *registro da sentença*.

1. As certidões de casamento e de óbito, que atestam a condição de lavrador do cônjuge da segurada, constituem início razoável de prova documental, para fins de comprovação de tempo de serviço.

Precedentes.

2. Embora preexistentes à época do ajuizamento da ação, a jurisprudência da 3.ª Seção deste Tribunal fixou-se no sentido de que tais documentos autorizam a rescisão do julgado com base no artigo 485, inciso VII, do Código de Processo Civil, dadas as condições desiguais vivenciadas pelo trabalhador rural e adotando-se a solução *pro misero*.

3. Pedido procedente". (AR 1.166/SP, rel. Min. Hamilton Carvalhido, julgado em 22-11-2006, DJ 26-2-2007, p. 540, 3.ª Seção).

E mais:

"Processual e previdenciário. Ação rescisória. Aposentadoria por idade. Rurícola. Certidão de casamento. Início razoável de prova material. Caracterização. Documento novo. Preexistente ao acórdão rescindendo. CPC, art. 485, VII. Solução *pro misero*. Adoção. Exigência. Período de carência. Desnecessidade.

I — Nos termos da assentada jurisprudência da Corte, considerando as condições desiguais vivenciadas pelo trabalhador rural, e adotando a solução *pro misero*, a prova, ainda que preexistente à propositura da ação originária deve ser considerada para efeito do art. 485, VII do Código de Processo Civil. Na hipótese dos autos, o documento novo acostado aos autos, consistente em Certidão de Casamento, constitui início razoável de prova suficiente da atividade rurícola da Autora.

II — Consoante jurisprudência do Superior Tribunal de Justiça, para fins de aposentadoria por idade, não é exigível do trabalhador rurícola, a comprovação de período de carência. Precedentes.

III — Ação rescisória procedente" (AR 3.022/SP, rel. Min. Gilson Dipp, julgado em 28-6-2006, DJ 21-8-2006, p. 227, 3.ª Seção).

Em lides dessa natureza, deve o magistrado atuar com redobrada cautela para evitar pleitos fraudulentos, uma vez que o Sistema de Previdência Social, já tão combalido, não pode ser violado ainda mais por pessoas que pretendam benefícios, alegando situações de vida inverídicas.

E, nesse contexto de busca da verdade real, a certidão de casamento é documento oficial de inafastável utilidade e valia.

Ainda sobre a prova do casamento, vale anotar que, nos termos do art. 1.544 do Código Civil, o casamento de brasileiro, celebrado no estrangeiro, perante as respectivas autoridades ou os cônsules brasileiros, deverá ser registrado em 180 (cento e oitenta) dias, a contar da volta de um ou de ambos os cônjuges ao Brasil, no cartório do respectivo domicílio[3], ou, em sua falta, no 1.º Ofício da Capital do Estado em que passarem a residir[4].

---

[3] Sobre as regras de delimitação do domicílio, confira-se o Capítulo VII ("Domicílio Civil") do v. I ("Parte Geral") desta coleção.

[4] CC/2002: "Art. 1.544. O casamento de brasileiro, celebrado no estrangeiro, perante as respectivas autoridades ou os cônsules brasileiros, deverá ser registrado em cento e oitenta dias, a contar da volta de um ou de ambos os cônjuges ao Brasil, no cartório do respectivo domicílio, ou, em sua falta, no 1.º Ofício da Capital do Estado em que passarem a residir".

Trata-se, no nosso entender, de prazo decadencial, cuja inobservância gera a perda do direito de extensão da eficácia, em território nacional, do matrimônio celebrado, fora do país, por autoridades consulares[5].

Sobre a natureza de tal prazo e a consequência do seu descumprimento, sintetizando o pensamento sobre a matéria, comenta EURICO FERRARESI, em obra coordenada por LEONARDO BARRETO MOREIRA ALVES:

> "O legislador não deixou à mercê dos nubentes a escolha do tempo apropriado para registrar o ato matrimonial no Brasil. Ao contrário, impôs-lhes o prazo de 180 (cento e oitenta) dias, contado da volta de um ou de ambos os cônjuges ao país. A palavra 'volta' deve ser entendida de maneira ampla, englobando a palavra 'ingresso', segundo entende Paulo Lôbo (2008, p. 97), não se limitando, portanto, apenas ao 'retorno' do cônjuge (brasileiro ou estrangeiro), mas, também, à 'primeira entrada' em território brasileiro. Inobservado o prazo, o casamento não produzirá efeitos no Brasil, ainda que no exterior mantenha sua eficácia. A propósito, Paulo Lôbo afirma que o prazo de 180 (cento e oitenta) dias é decadencial, 'significando dizer que, se for ultrapassado, o casamento fora do Brasil não produzirá efeitos neste país. Em outras palavras, não serão considerados casados segundo as leis brasileiras' (LÔBO, 2008, p. 97). De outro lado, Luiz Edson Fachin e Carlos Eduardo Pianovski Ruzyk indagam: 'Qual seria, porém, a consequência do descumprimento deste prazo?'. Imediatamente respondem: 'Embora a regra silencie, podem-se reputar os 180 dias como o período dentro no qual é possível oferecer eficácia, em território nacional, ao casamento realizado no exterior pelas autoridades consulares. A perda do prazo ensejará a necessidade de habilitação em território nacional para que seja possível realizar o registro no prazo de eficácia do certificado de habilitação (FACHIN; RUZYK, 2003, p. 141). Portanto, o descumprimento do prazo de cento e oitenta dias não implica inexistência ou invalidade do casamento celebrado no exterior, mas apenas condiciona a eficácia a uma nova habilitação (e não a uma nova celebração do casamento em território nacional)"[6].

Finalmente, observamos que o Código Civil, na ausência de prova documental suficiente, admitiu uma modalidade de *prova indireta do casamento*, consoante veremos no próximo tópico.

Tal prazo não era previsto na norma equivalente na codificação anterior, a saber, o art. 204, CC/1916, que dispunha:

"Art. 204. O casamento celebrado fora do Brasil prova-se de acordo com a lei do país, onde se celebrou.

Parágrafo único. Se, porém, se contraiu perante agente consular, provar-se-á por certidão do assento no registro do consulado".

[5] Releia-se o subtópico 2.4. ("Casamento perante a Autoridade Diplomática") do Capítulo V ("Formas Especiais de Casamento") deste volume.

[6] Eurico Ferraresi, *Código das Famílias Comentado: de acordo com o Estatuto das Famílias (PLN n. 2.285/07)* (coord. Leonardo Barreto Moreira Alves), Belo Horizonte: Del Rey, 2009, p. 81-2.

3. POSSE DO ESTADO DE CASADAS

Como decorrência da cláusula geral de boa-fé e por imperativo de segurança jurídica, admite-se prova do casamento de pessoas que, tendo convivido na posse do estado de casadas e constituído prole, não possam mais manifestar vontade, por morte ou outra circunstância impeditiva.

Trata-se, a *"posse do estado de casadas"*, de uma situação de fato em que há a nítida aparência da existência e validade da relação matrimonial, atuando ambos os "possuidores" desse estado com *animus* de consortes.

Nessa hipótese — justificada, como se pode perceber, pela própria teoria da aparência —, não se poderá impugnar o matrimônio, salvo em havendo prova de que uma das partes já era casada.

Nesse sentido, o Código Civil:

"Art. 1.545. O casamento de pessoas que, na posse do estado de casadas, não possam manifestar vontade, ou tenham falecido, não se pode contestar em prejuízo da prole comum, salvo mediante certidão do Registro Civil que prove que já era casada alguma delas, quando contraiu o casamento impugnado".

Por óbvio, pelo fato de essa presunção (de casamento) ser relativa, é recomendável seja reforçada por outros elementos de prova, como cartas, correspondências, fotos, vídeos etc.

No Direito de Família, a consolidação de uma situação de afeto justifica a presunção de sua existência, para efeito de prova em juízo, como se dá, também, no âmbito da filiação, consoante observa PAULO LÔBO:

"A posse do estado de filiação constitui-se quando alguém assume o papel de filho em face daquele ou daqueles que assumem os papéis ou lugares de pai ou mãe ou de pais, tendo ou não entre si vínculos biológicos. A posse de estado é a exteriorização da convivência familiar e da afetividade, segundo as características adiante expostas, devendo ser contínua"[7].

O Tribunal de Justiça do Rio Grande do Sul, inclusive, já se pronunciou nesse sentido:

"Apelação cível. Investigação de paternidade e maternidade. Inteligência do art. 1.614 do Código Civil (antigo art. 362 do CC/16). Decadência reconhecida. Na investigatória de paternidade e/ou maternidade em que o autor não possui pais registrais não há falar em prescrição ou decadência. Todavia, nos casos de prévia existência de uma relação jurídica de parentalidade certificada pelo registro de nascimento, incide o prazo decadencial de quatro anos. Esta restrição de direito se impõe em face do princípio de igualdade de direitos dos filhos, posto no § 6.º do art. 227 da CF, sejam eles havidos ou não da relação de casamento, pois, se entendermos que o filho extramatrimonial pode, a qualquer tempo, vindicar estado distinto daquele que resulta de seu assento de nascimento igualmente teremos que assegurar esta possibilidade aos filhos havidos na vigência do casamento o que — se pode antever — dá oportunidade à total insegurança no seio familiar. Na atualidade, se confrontadas a verdade que emana das informações registrais com a verdade biológica/consanguínea e a verdade social e afetiva, onde houve coincidência entre a verdade

---

[7] Referência extraída do *site* oficial da Câmara dos Deputados: <http://www2.camara.gov.br/homeagencia/materias.html?pk=%20113435>. Acesso em: 27 out. 2008.

registral e a posse de estado de filho fica mantida a relação de parentesco já constituída, em detrimento da identidade genética. De ofício, reconheceram a decadência, extinguindo o processo com julgamento de mérito, por maioria. (Segredo de justiça)" (TJRS, AC n. 70015469091, 7.ª Câm. Cív., rel. Luiz Felipe Brasil Santos, julgado em 13-9-2006).

Trata-se, pois, especialmente, de um útil instrumento de defesa dos interesses da prole, quando o estado civil (matrimonial) dos seus pais esteja sendo contestado em juízo.

A doutrina clássica, por sua vez, costuma apontar que, para a configuração do estado de casado, três elementos devem concorrer: *nomen, tractatus* e *fama*, "o primeiro, consiste em trazer a mulher o nome do marido; o segundo, em se tratarem ambos como casados; e o terceiro, no reconhecimento geral, por parte da sociedade, da condição de cônjuges"[8].

Logicamente, em uma perspectiva civil-constitucional moderna, o primeiro requisito, tal como originalmente concebido, perdeu sustentação, à luz do princípio da isonomia, porquanto o marido também pode acrescer ao seu o nome da esposa:

"Art. 1.565. Pelo casamento, homem e mulher assumem mutuamente a condição de consortes, companheiros e responsáveis pelos encargos da família.

§ 1.º Qualquer dos nubentes, querendo, poderá acrescer ao seu o sobrenome do outro"[9].

No que tange, outrossim, aos demais pressupostos, a exigência sugerida pela doutrina se mantém, para que se possa considerar consolidada a situação de casados.

Vale anotar, ademais, que, havendo dúvida, deverá o juiz observar o tradicional dogma *in dubio pro matrimonio*, mantido em nosso Código Civil:

"Art. 1.547. Na dúvida entre as provas favoráveis e contrárias, julgar-se-á pelo casamento, se os cônjuges, cujo casamento se impugna, viverem ou tiverem vivido na posse do estado de casados".

Por fim, uma última indagação deve ser feita: *é juridicamente possível estender a previsão da posse do estado de casados à união estável?*

Entendemos que não.

O fato de a Constituição não estabelecer hierarquia ou prevalência entre as inesgotáveis formas de família não significa que identifiquemos institutos equiparáveis, mas não iguais.

Casamento não é igual a união estável, até porque, se assim o fosse, a própria Constituição Federal não regularia a sua conversão em matrimônio. Em outras palavras, a equiparação de direitos, segundo uma hermenêutica apurada, não significa que apliquemos indistintamente regras do casamento à união estável e vice-versa.

Com isso, temos firme a ideia de que a previsão da posse do estado de casado não pode ser aplicada ao companheirismo por analogia ou interpretação ampliativa.

---

[8] Washington de Barros Monteiro, ob. cit., p. 78.

[9] No sistema codificado anterior, a regra seguia a concepção machista conservadora da época em que foi concebido. Confira-se o art. 240, CC/1916:

"Art. 240. A mulher, com o casamento, assume a condição de companheira, consorte e colaboradora do marido nos encargos de família, cumprindo-lhe velar pela direção material e moral desta.

Parágrafo único. A mulher poderá acrescer aos seus os apelidos do marido".

Até porque, consoante veremos em capítulo próprio[10], a união estável é um fato da vida, caracterizado precisamente pela informalidade — razão por que não existe "estado civil de companheiro" — exigindo, para a sua configuração, a efetiva prova dos requisitos constantes no art. 1.723 do Código Civil:

"Art. 1.723. É reconhecida como entidade familiar a união estável entre o homem e a mulher, configurada na convivência pública, contínua e duradoura e estabelecida com o objetivo de constituição de família".

Assim, não é lógica e adequada a extensão dessa presunção, especificamente prevista para pessoas que viveram unidas pelo laço formal do matrimônio.

---

[10] Confira-se o Capítulo XIX ("União Estável") deste volume.

Capítulo VIII
Plano de Existência do Casamento

Sumário: 1. Introdução. 2. Noções gerais do plano de existência do negócio jurídico. 2.1. Manifestação de vontade (consentimento). 2.2. Sobre a diversidade de sexos. 2.3. Celebração por autoridade materialmente competente.

1. INTRODUÇÃO

Como se sabe, o Código de 1916, por haver derivado de um anteprojeto de 1899, não cuidou de consagrar expressamente a figura do negócio jurídico, doutrina desenvolvida um pouco mais tarde, e, muito menos, de traçar a diagnose diferencial entre o ato negocial (negócio jurídico) e o ato não negocial (ato jurídico em sentido estrito).

Pontifica o autor da Parte Geral do Anteprojeto, o culto Ministro MOREIRA ALVES:

"Atento a essa circunstância, o Projeto de Código Civil Brasileiro, no Livro III da sua Parte Geral, substitui a expressão genérica ato jurídico, que se encontra no Código em vigor, pela designação específica de negócio jurídico, pois é a este, e não necessariamente àquele, que se aplicam todos os preceitos ali constantes"[1].

Nesse ponto, cumpre-nos transcrever a lição do Professor MIGUEL REALE, coordenador-geral da comissão de juristas formada para elaborar o Código Civil de 2002, que, passando em revista os pontos relevantes da reforma, observa:

"A atualização das normas referentes aos fatos jurídicos, dando-se preferência à disciplina dos negócios jurídicos, com mais rigorosa determinação de sua constituição, de seus defeitos e de sua invalidade, fixadas, desse modo, as bases sobre que se assenta toda a parte relativa ao Direito das Obrigações".

Em síntese, traçando-se uma linha de cotejo entre a ordem legal de 1916 e o sistema normativo do Código de 2002, produto do labor do Min. MOREIRA ALVES, temos o seguinte quadro esquemático:

---

[1] José Carlos Moreira Alves, *A Parte Geral do Projeto de Código Civil Brasileiro,* São Paulo: Saraiva, 1986, p. 98.

CÓDIGO CIVIL DE 1916	CÓDIGO CIVIL DE 2002
PARTE GERAL	PARTE GERAL
LIVRO III — DOS FATOS JURÍDICOS	LIVRO III — DOS FATOS JURÍDICOS
(...)	Título I — DO NEGÓCIO JURÍDICO
Título I — DOS ATOS JURÍDICOS	Cap. I — Disposições gerais
Cap. I — Disposições gerais	Cap. II — Da representação
Cap. II — Dos defeitos dos atos jurídicos	Cap. III — Da condição, do termo e do encargo
Cap. III — Das modalidades dos atos jurídicos	Cap. IV — Dos defeitos do negócio jurídico
Cap. IV — Da forma dos atos jurídicos e da sua prova	Cap. V — Da invalidade do negócio jurídico
Cap. V — Das nulidades	Título II — DOS ATOS JURÍDICOS LÍCITOS
Título II — DOS ATOS ILÍCITOS	
Título III — DA PRESCRIÇÃO	Título III — DOS ATOS ILÍCITOS
	TÍTULO IV — DA PRESCRIÇÃO E DA DECADÊNCIA
	TÍTULO V — DA PROVA

Conforme se verifica facilmente de uma simples leitura dos títulos transcritos, embora a nova sistematização ainda não seja perfeita, do ponto de vista doutrinário houve sensível evolução se compararmos com o direito positivo anterior.

Todavia, para uma efetiva compreensão da matéria, não nos parece suficiente a simples interpretação articulada dos dispositivos legais atinentes à disciplina do negócio jurídico.

Com efeito, para apreender sistematicamente o tema — e não simplesmente reproduzir regras positivadas — faz-se mister analisá-lo sob os três planos[2] em que pode ser visualizado:

a) *existência:* um negócio jurídico não surge do nada, exigindo-se, para que seja considerado como tal, o atendimento a certos requisitos mínimos;

b) *validade*: o fato de um negócio jurídico ser considerado existente não quer dizer que ele seja considerado perfeito, ou seja, com aptidão legal para produzir efeitos;

c) *eficácia*: ainda que um negócio jurídico existente seja considerado válido, ou seja, perfeito para o sistema que o concebeu, isso não importa em produção imediata de efeitos, pois esses podem estar limitados por elementos acidentais da declaração.

---

[2] Deve-se especialmente a PONTES DE MIRANDA o desenvolvimento deste esquema teórico. Sobre o tema, vale a pena consultar não somente a sua imortal obra, mas também os excelentes textos daquele que é o maior conhecedor brasileiro de seu pensamento, o Prof. MARCOS BERNARDES DE MELLO, notadamente os seus livros dedicados ao estudo da Teoria do Fato Jurídico, todos editados pela Saraiva.

Muito bem.

Reconhecendo ao casamento *natureza negocial*, consoante ressaltamos em capítulo anterior[3], afigura-se perfeitamente possível, e até didaticamente recomendável, estudarmos o ato matrimonial também na tríplice perspectiva de *existência, validade* e *eficácia*, realizando, por óbvio, as necessárias adaptações metodológicas, quando necessário.

Assim, por imperativo de precedência lógica, cuidaremos, neste capítulo, de tratar do plano existencial do casamento.

Primeiramente, no entanto, passaremos em revista algumas noções gerais da matéria, para, em seguida, cuidarmos especificamente da sua estrutura.

Vamos, então.

2. NOÇÕES GERAIS DO PLANO DE EXISTÊNCIA DO NEGÓCIO JURÍDICO[4]

O Direito Romano, por não haver conhecido a categoria do *negócio jurídico*, não contribuiu significativamente para o desenvolvimento desta matéria.

Os alemães, por sua vez, impulsionaram consideravelmente o seu desenvolvimento teórico.

É nesse plano que se estudam os elementos constitutivos do *negócio jurídico*, sem os quais estar-se-ia diante de um "não ato", não havendo que se cogitar em validade ou eficácia.

MARCOS BERNARDES DE MELLO, ilustrado mestre alagoano, em sua conhecida obra *Teoria do Fato Jurídico — Plano da Existência*, preleciona, com clareza, que:

"... no plano da existência não se cogita de invalidade ou eficácia do fato jurídico, importa, apenas, a realidade da existência. Tudo, aqui, fica circunscrito a se saber se o suporte fáctico suficiente se compôs, dando ensejo à incidência".

E exemplifica:

"... o casamento realizado perante quem não tenha autoridade para casar, um delegado de polícia, por exemplo, não configura fato jurídico, e, simplesmente, não existe. Não há se discutir, assim, se é nulo ou ineficaz, nem se precisa ser desconstituído judicialmente, como costumam fazer os franceses, porque a inexistência é o *não ser* que, portanto, não pode ser qualificado"[5].

O Professor JUNQUEIRA DE AZEVEDO, por sua vez, adverte que *a declaração de vontade*, e não a vontade em si, é requisito ou elemento existencial do negócio jurídico. Certamente que a declaração é o resultado do processo volitivo interno, mas, ao ser proferida, absorve-o, de forma que se pode afirmar que esse processo não é elemento do ne-

---

[3] Confira-se o tópico 3 ("Conceito e Natureza Jurídica") do Capítulo III ("Considerações Introdutórias sobre o Casamento") deste volume.

[4] Este tópico foi evidentemente construído com base nas considerações tecidas no Capítulo XI ("Plano de Existência do Negócio Jurídico") do v. I ("Parte Geral") desta coleção, ao qual remetemos o leitor.

[5] Marcos Bernardes de Mello, *Teoria do Fato Jurídico (Plano da Existência)*, 10. ed., São Paulo: Saraiva, 2000, p. 83.

gócio. Aliás, como diz TARDE: *"no momento em que se diz que a minha vontade me obriga, esta vontade já não existe; ela se tornou estranha a mim, de modo tal, que é exatamente como se eu recebesse uma ordem de outra pessoa"*[6].

Vale referir, nesse contexto, que mesmo entre os que admitem a autonomia do *plano existencial*, a exemplo dos autores supracitados, persistem ainda sérias dúvidas doutrinárias.

E a divergência começa na própria nomenclatura adotada para caracterizar os elementos existenciais do negócio jurídico: *elementos essenciais e elementos particulares* (WASHINGTON DE BARROS MONTEIRO[7]), *elementos constitutivos* (SILVIO RODRIGUES[8]), *elementos necessários para a configuração existencial do negócio* (ANTÔNIO JUNQUEIRA DE AZEVEDO[9]), *elementos do negócio jurídico* (SÍLVIO DE SALVO VENOSA[10]) *requisitos do ato jurídico* (CARNELUTTI[11]) ou *requisitos do negócio jurídico* (ORLANDO GOMES[12]).

Preferimos a expressão *elementos constitutivos* para caracterizar os fatores existenciais do negócio jurídico, sem que haja erro técnico na adoção de outra corrente doutrinária.

Aplicando-se essa teoria ao casamento, teríamos, como seus elementos existenciais:

a) a manifestação recíproca de vontade (consentimento);

b) celebração por autoridade materialmente competente.

Considerando a evolução jurisprudencial sobre a matéria, não reputamos mais a diversidade de sexos um requisito existencial do casamento, embora, dada a importância e polêmica sobre o tema, entendemos importante tecer algumas linhas a esse respeito[13].

A falta de qualquer desses requisitos resultaria, pois, não na simples invalidade (nulidade ou anulabilidade) do casamento, mas, sim, em sua *inexistência*.

A doutrina da inexistência tem a sua raiz na obra de KARL ZACHARIE, ao comentar o Código Civil da França:

> "Die erste Systematisierung der TI hat Karl S. Zacharie im *Handbuch des französichen Zivilrechts*, anfangs des zweiten Viertels des XIX Jahrhunderts vollzogen"[14].

Ainda no Direito estrangeiro, WILFRIED SCHLÜTER, ao analisar o Direito Alemão, pontifica:

---

[6] Antônio Junqueira de Azevedo, *Negócio Jurídico. Existência, Validade e Eficácia*, 3. ed., São Paulo: Saraiva, 2000, p. 83.

[7] Washington de Barros Monteiro, *Curso de Direito Civil — Parte Geral*, 37. ed., São Paulo: Saraiva, 2000, v. 1.

[8] Silvio Rodrigues, *Direito Civil — Parte Geral*, 28. ed., São Paulo: Saraiva, 1998, v. 1.

[9] Antônio Junqueira de Azevedo, *Negócio Jurídico. Existência, Validade e Eficácia*, 3. ed., São Paulo: Saraiva, 2000.

[10] Sílvio de Salvo Venosa, *Direito Civil — Parte Geral*, São Paulo: Atlas, 2001, v. 1.

[11] Francisco Carnelutti, *Teoria Geral do Direito*, São Paulo: LEJUS, 1999.

[12] Orlando Gomes, *Introdução ao Direito Civil*, 18. ed., Rio de Janeiro: Forense, 2001.

[13] Confira-se o subtópico 2.2 ("Sobre a diversidade de sexos") deste Capítulo.

[14] Referência feita por Tomic, Zoran R., *Die Rechtliche Inexistenten Verwaltungsakte*, disponível em: <http://facta.junis.ni.ac.yu/lap/lap99/lap99-06.pdf>. Acesso em: 14 out. 2008. Em português: "Karl S. Zacharie executou a primeira sistematização da Teoria da Inexistência no *Manual de Direito Civil* Francês, no começo do segundo quartel do século dezenove" (tradução livre de Pablo Stolze Gagliano).

"No caso do casamento inexistente (*matrimonium non existens*) não regulamentado na lei, em nenhum momento houve o casamento. Qualquer pessoa pode alegar a sua não existência, sem que seja necessária uma sentença judicial constitutiva (como sentença de divórcio ou de nulidade)"[15].

Passemos, pois, à análise de cada um desses requisitos.

2.1. Manifestação de vontade (consentimento)

A *manifestação ou declaração de vontade*[16], em geral, poderá ser *expressa* — através da palavra escrita ou falada, gestos ou sinais — ou *tácita* — aquela que resulta de um comportamento do agente[17].

Há exteriorizações de vontade que, para surtirem efeitos, necessitam chegar à esfera de conhecimento da outra parte. Fala-se, pois, em *declarações receptícias de vontade*.

Note-se que o emprego de meios que neutralizem a manifestação volitiva, como a violência física (*vis absoluta*), estupefacientes ou, até mesmo, a hipnose, tornam inexistente o *negócio jurídico*.

Nesse ponto, interessa relembrarmos a interessante questão atinente ao *silêncio*.

O Direito Romano, repleto de formalidades e fórmulas sacramentais, em diversos momentos atribuía ao silêncio sentido jurídico. Adverte CAIO MÁRIO:

"Normalmente, o silêncio é nada, e significa a abstenção de pronunciamento da pessoa em face de uma solicitação ambiente. Via de regra, o silêncio é a ausência de manifestação de vontade, e, como tal, não produz efeitos"[18].

A par desse correto entendimento, há situações em que a *abstenção do agente* ganha juridicidade.

No caso do mandato, por exemplo, o silêncio implicará aceitação, quando o negócio é daqueles que dizem respeito à profissão do mandatário, resultando do começo de execução (art. 659, CC/2002). Também na doação pura, o silêncio no prazo fixado significa aceitação (art. 539, CC/2002).

O vigente Código Civil empresta maior valor jurídico ao silêncio, quando, em seu art. 111, elaborado à luz de dispositivos semelhantes dos Projetos de Código de Obrigações de 1941 e 1965, dispõe que:

"Art. 111. O silêncio importa anuência, quando as circunstâncias ou os usos o autorizarem, e não for necessária a declaração de vontade expressa".

---

[15] Wilfried Sclüter, *Código Civil Alemão — Direito de Família — BGB — Familienrecht*, 9. ed., Porto Alegre: Sérgio Fabris Editor, 2002, p. 90.

[16] Vale lembrar, com amparo na doutrina de ORLANDO GOMES, que: "*a declaração de vontade da pessoa é pressuposto de todo negócio jurídico. Nos contratos, toma o nome de consentimento ou consenso consciente*" (*Introdução ao Direito Civil*), cit., p. 381).

[17] Nesse sentido, vale lembrar que a Consolidação das Leis do Trabalho define o contrato individual de trabalho, no art. 442, como o "acordo *tácito* ou expresso, correspondente à relação de emprego" (grifos nossos).

[18] Caio Mário da Silva Pereira, *Instituições de Direito Civil*, 19. ed., Rio de Janeiro: Forense, 2001, p. 308.

Aproximando-se da intelecção dessa regra, SERPA LOPES, em obra específica sobre o tema do silêncio como manifestação de vontade, já aconselhava, corretamente, que, em cada caso, deverá o juiz examinar as circunstâncias do silêncio:

"... é preciso tomar-se em conta a convicção inspirada na outra parte de que a ação negativa do silente foi no sentido de ter querido seriamente obrigar-se"[19].

Também no *plano* da *validade do negócio jurídico*, o silêncio tem relevância, caracterizando omissão dolosa (causa de anulabilidade do negócio jurídico), quando, nos atos bilaterais, for intencionalmente empregado para prejudicar a outra parte, que, se soubesse da real intenção do agente, não haveria celebrado a avença.

Nesse sentido, é a diretriz do art. 147 do vigente Código Civil brasileiro:

"Art. 147. Nos negócios jurídicos bilaterais, o silêncio intencional de uma das partes a respeito de fato ou qualidade que a outra parte haja ignorado, constitui omissão dolosa, provado que sem ela o negócio não se teria celebrado".

No casamento, todavia, consoante visto anteriormente[20], a manifestação de vontade *deverá ser sempre expressa*, além, claro, de recíproca — ou seja, bilateral —, traduzindo o conhecido *"consentimento dos noivos"*[21].

No Direito português, aliás, não é muito diferente. Veja-se o Código Civil português:

"Art. 1628.º É juridicamente inexistente:

(...)

c) O casamento em cuja celebração tenha faltado a declaração da vontade de um ou ambos os nubentes ou do procurador de um deles;".

A doutrina lusitana, aqui representada por FRANCISCO COELHO e GUILHERME DE OLIVEIRA, também é assente sobre o tema:

"Já sabemos que o casamento é um contrato verbal, mas solene. O consentimento dos nubentes exprime-se em palavras, e a lei vai ao ponto de dizer em que palavras deve ele exprimir-se. Palavras que os nubentes deverão pronunciar na cerimônia de celebração. Outras formas de manifestação da vontade, outros meios de expressão, como, *v.g.*, uma carta, um telegrama ou telefonema, um fax ou e-mail, não são, pois, admitidos"[22].

A doutrina de JEAN-JAQUES LEMOULAND, por seu turno, também deixa claro a essencialidade do consentimento dos noivos no Direito francês:

---

[19] Miguel Maria de Serpa Lopes, *O Silêncio como Manifestação de Vontade*, 3. ed., Rio de Janeiro: Freitas Bastos, 1961, p. 165, *apud* Sílvio de Salvo Venosa, *Direito Civil — Parte Geral*, São Paulo: Atlas, 2000, p. 331.

[20] Confira-se o tópico 4 ("Celebração do Casamento") do Capítulo VI ("Capacidade para o Casamento. Habilitação e Celebração Matrimonial") deste volume.

[21] Deve-se evitar a expressão "mútuo consentimento", por ser considerada redundante, porque no termo *consentimento* está contida a ideia de que a palavra "mútuo" exprime (Orlando Gomes, *Contratos*, 14. ed., Rio de Janeiro: Forense, 1994, p. 48).

[22] Francisco P. Coelho e Guilherme de Oliveira, ob. cit., p. 237.

"Le consentement des futurs époux est un élément essentiel dans la formation du mariage. Pour la plupart des auteurs, l'échange des consentements constitue le véritable fondement du lien matrimonial"[23].

É correto, assim, afirmar, que o consentimento livre, expressamente manifestado[24], é condição essencial à existência do matrimônio, não havendo espaço para se considerar o *silêncio* como aquiescência.

Pelo contrário.

O silêncio traduz, ao menos naquele momento, recusa ao casamento, devendo a autoridade suspender imediatamente o ato, nos termos do já mencionado art. 1.538, I, do Código Civil de 2002.

Finalmente, é forçoso convir que a completa aniquilação da vontade (por coação física ou hipnose, por exemplo) resultará, a depender da circunstância do caso concreto, no imperioso reconhecimento da inexistência do ato matrimonial.

Outra hipótese de inexistência, faticamente pouco provável, mas teoricamente possível, é a atuação de procurador cujo instrumento de mandato, aparentemente normal, não contenha a assinatura do noivo (representado): nesse caso, não há falar-se ter havido manifestação de vontade, nem, consequentemente, casamento.

2.2. Sobre a diversidade de sexos

É interessante notar que, no Código Civil brasileiro, não existe regra que, explicitamente, proíba o matrimônio entre pessoas do mesmo sexo[25].

---

[23] Jean-Jaques Lemouland, in *Droit de la Famille*, (org. Pierre Murat), 4. ed., Paris: Dalloz, 2007, p. 43. Em tradução livre dos autores: "O consentimento dos futuros esposos é um elemento essencial na formação do casamento. Para a maior parte dos autores, o intercâmbio de consentimento constitui o verdadeiro fundamento do laço matrimonial".

[24] E tal consentimento não poderá estar subordinado a elementos de eficácia, conforme preleciona IGNACIO SIERRA GIL DE LA CUESTA, estudando o Direito Espanhol: "El consentimiento es la concordancia de las dos declaraciones de ambos contrayentes de querer contraer matrimonio, entendiendo el mismo como negocio jurídico. Nuestro Código Civil establece en su art. 45 que no puede haber matrimonio sin consentimiento matrimonial. O sea, que lo estima como un requisito *sine qua non* para la existencia del mismo. Ahora bien, dicho consentimiento no admite ni condición, ni término o modo, y así lo expresa el párrafo segundo del mencionado art. 45, añadiendo que dichos elementos accesorios a todo negocio jurídico se tendrán por no puestos" (*Tratado de Derecho de Família — Aspectos Sustantivos e Procesales*, coord. Pilar Gonzálvez Vicente e Pedro Gonzáles Poveda, Madrid: Sepin, 2005, p. 55).

[25] Diferentemente, o Código de Portugal era explícito sobre o tema, definindo o casamento como "*o contrato celebrado entre duas pessoas de sexo diferente que pretendem constituir família mediante uma plena comunhão de vida*" (art. 1.577.º), bem como prevendo a inexistência do ato: "*Art. 1628.º Casamentos Inexistentes. É juridicamente inexistente:... e) o casamento contraído por duas pessoas do mesmo sexo*". Propugnando por uma nova interpretação da matéria, confira-se, Carlos Pamplona Côrte-Real; Isabel Moreira; Luís Duarte D'Almeida. *O Casamento entre Pessoas do Mesmo Sexo — Três pareceres sobre a inconstitucionalidade dos arts. 1577.º e 1628.º, alínea e), do Código Civil*. Coimbra: Almedina, 2008. É importante anotar, porém, que o referido dispositivo foi revogado pela Lei n. 9/2010, de 31 de maio de 2010, que efetuou ainda outras alterações no Código Civil, de modo a passar a admitir o casamento homoafetivo em Portugal, dando nova redação ao art. 1.577, que passa a definir casamento simplesmente como o "*contrato celebrado entre duas pessoas que pretendem constituir família mediante uma plena comunhão de vida*" (Confira-se o conteúdo integral da referida lei no Diário da República Eletrônico, no seguinte link: <http://dre.pt/pdf1sdip/2010/05/10500/0185301853.pdf>).

No entanto, por tradição, o nosso sistema pressupunha a diversidade sexual, o que pode ser constatado a partir da leitura das normas civis, que utilizam *dicção afirmativa* ao cuidar dos partícipes do ato matrimonial (grifos nossos):

> "Art. 1.514. O casamento se realiza no momento em que o *homem e a mulher* manifestam, perante o juiz, a sua vontade de estabelecer vínculo conjugal, e o juiz os declara casados.
> (...)
> Art. 1.517. O *homem e a mulher* com dezesseis anos podem casar, exigindo-se autorização de ambos os pais, ou de seus representantes legais, enquanto não atingida a maioridade civil.
> (...)
> Art. 1.565. Pelo casamento, *homem e mulher* assumem mutuamente a condição de consortes, companheiros e responsáveis pelos encargos da família".

Por conta da formalidade de que se reveste o matrimônio, exigindo a estreita observância das normas em vigor, com acentuada carga de ordem pública, a admissibilidade jurídica da união matrimonial entre pessoas do mesmo sexo recomendaria, em nosso pensar, uma previsibilidade legal específica, alterando-se, pois, o sistema em vigor.

E isso, repita-se, *por conta do formalismo típico do casamento*.

A Espanha, por exemplo, não faz muito, editou lei para expressamente admitir o matrimônio entre pessoas do mesmo sexo, consoante observa o professor catedrático MANUEL ALBALADEJO:

> "Hasta la ley de 1 de julho de 2005 el matrimonio era la unión legal de um hombre y uma mujer, encaminada al establecimiento de una plena comunidad de vida que funda una família. El matrimonio no es uma creación del Derecho, sino una instituición natural, querida por Dios y recogida por la ley humana en cuanto pieza fundamental en la convivencia social, que es la que aquélla regula. A parte de su importancia jurídica, el matrimonio la tiene, y mayor, religiosa, social y política. Pero hoy, desde aquella ley, que há venido a permitir que los dos cónyuges sean del mismo sexo, tanto puede ser unión de un hombre y una mujer, como de dos hombres o dos mujeres (de três todavia no), al haber agregado dicha ley al art. 44 del C.C. en párrafo segundo, que dice: 'El matrimonio tendrá los mismos requisitos y efectos cuando ambos cónyuges sean del mismo o de diferente sexo'"[26].

Esta regulamentação legal, pois, em nível nacional, imprimiria segurança jurídica a uma temática acentuadamente polêmica, o que não significa, diante da atual conjuntura jurídica — especialmente pretoriana — que não se possa admitir a validade do ato matrimonial.

No caso da união estável, por outro lado, *dada a sua natureza informal*, a aplicação das suas normas afigurava-se plenamente possível aos núcleos homoafetivos, conforme aprofundaremos mais detalhadamente em capítulo futuro[27].

---

[26] Manuel Albaladejo, *Curso de Derecho Civil — IV — Derecho de Família*, 10. ed., Madrid: Edisofer, 2005, p. 31.

[27] Confira-se o Capítulo XXI ("União Homoafetiva") deste volume.

A matéria ganhou novos contornos em função da histórica decisão do Supremo Tribunal Federal, que reconheceu a união homoafetiva como entidade familiar. A tal forma de composição de família, por ausência de normatização específica, seria aplicado, por analogia, o regramento da união estável, o que defendíamos publicamente, inclusive, desde a primeira edição deste volume[28]. Em nosso sentir, pois, a despeito de eventuais posicionamentos diversos, houve o reconhecimento da união estável homoafetiva como forma de família, na perspectiva dos princípios da isonomia e da dignidade da pessoa humana[29].

E, quanto ao casamento, importante julgado, oriundo da 4.ª Turma do Superior Tribunal de Justiça (REsp 1.183.378/RS, relatado pelo Ministro Luis Felipe Salomão)[30], de forma pioneira, autorizou o casamento civil de duas mulheres que já viviam em união estável, consistindo tal decisão em um verdadeiro *leading case* sobre a matéria no Brasil, gerando uma profunda modificação no plano existencial do matrimônio.

---

[28] Confira-se o Capítulo XXI ("União Homoafetiva") deste volume.

[29] Como decorrência lógica, não é que a conversão da união estável em matrimônio seja impossível juridicamente (e não se desconhecem as decisões brasileiras sobre o tema), mas, dadas as características típicas do casamento, que exige uma procedimentalização extremamente formal, até pelas consequências que acarreta (notadamente para estado civil e registros cartoriais, inclusive imobiliários), recomenda-se a edição de uma norma legal regulamentadora, para evitar a indesejável insegurança jurídica, em respeito aos próprios integrantes do núcleo afetivo.

[30] Casamento. Pessoas. Igualdade. Sexo. *In casu*, duas mulheres alegavam que mantinham relacionamento estável há três anos e requereram habilitação para o casamento junto a dois cartórios de registro civil, mas o pedido foi negado pelos respectivos titulares. Posteriormente ajuizaram pleito de habilitação para o casamento perante a vara de registros públicos e de ações especiais sob o argumento de que não haveria, no ordenamento jurídico pátrio, óbice para o casamento de pessoas do mesmo sexo. Foi-lhes negado o pedido nas instâncias ordinárias. O Min. Relator aduziu que, nos dias de hoje, diferentemente das constituições pretéritas, a concepção constitucional do casamento deve ser plural, porque plurais são as famílias; ademais, não é o casamento o destinatário final da proteção do Estado, mas apenas o intermediário de um propósito maior, qual seja, a proteção da pessoa humana em sua dignidade. Assim sendo, as famílias formadas por pessoas homoafetivas não são menos dignas de proteção do Estado se comparadas com aquelas apoiadas na tradição e formadas por casais heteroafetivos. O que se deve levar em consideração é como aquele arranjo familiar deve ser levado em conta e, evidentemente, o vínculo que mais segurança jurídica confere às famílias é o casamento civil. Assim, se é o casamento civil a forma pela qual o Estado melhor protege a família e se são múltiplos os arranjos familiares reconhecidos pela CF/1988, não será negada essa via a nenhuma família que por ela optar, independentemente de orientação sexual dos nubentes, uma vez que as famílias constituídas por pares homoafetivos possuem os mesmos núcleos axiológicos daquelas constituídas por casais heteroafetivos, quais sejam, a dignidade das pessoas e o afeto. Por consequência, o mesmo raciocínio utilizado tanto pelo STJ quanto pelo STF para conceder aos pares homoafetivos os direitos decorrentes da união estável deve ser utilizado para lhes proporcionar a via do casamento civil, ademais porque a CF determina a facilitação da conversão da união estável em casamento (art. 226, § 3.º). Logo, ao prosseguir o julgamento, a Turma, por maioria, deu provimento ao recurso para afastar o óbice relativo à igualdade de sexos e determinou o prosseguimento do processo de habilitação do casamento, salvo se, por outro motivo, as recorrentes estiverem impedidas de contrair matrimônio" (REsp 1.183.378/RS, rel. Min. Luis Felipe Salomão, julgado em 25-10-2011).

De fato, na esteira deste entendimento, Tribunais de Justiça brasileiros[31] já vêm admitindo a habilitação direta para o casamento entre pessoas do mesmo sexo, o que marca uma evolução em nosso Direito de Família.

Nesse ponto, cumpre-nos observar a diferente situação vivenciada pelo transexual que pretenda se casar.

A transexualidade consiste na não identificação psicológica do ser humano com a sua anatomia, não se confundindo com a intersexualidade, que se refere à hipótese de a anatomia reprodutiva ou sexual não estar enquadrada na definição tradicional binária de sexo feminino ou masculino.

Em ambos os casos, posto diferentes, é possível se adequar anatomicamente o ser humano, o que nada tem a ver com o exercício relacional de sua sexualidade.

Não há que se confundir, pois, de maneira alguma, o homossexual com o transexual. Manifestando-se sobre o tema, MARIA BERENICE DIAS observa:

> "Psicanalistas norte-americanos consideram a cirurgia corretiva do sexo como a forma de buscar a felicidade a um invertido condenado pela anatomia. Segundo Edvaldo Souza Couto, o que define e caracteriza a transexualidade é a rejeição do sexo original e o consequente estado de insatisfação. A cirurgia apenas corrige esse 'defeito' de alguém ter nascido homem num corpo de mulher ou ter nascido mulher num corpo de homem"[32].

Por isso, posicionamo-nos ao lado daqueles que defendem a possibilidade de intervenção cirúrgica para a adequação anatômica sexual, desde que especialistas comprovem a sua necessidade e não haja risco para o transexual. Afinal, não é justo que se imponha a um semelhante o suplício de ser aquilo que ele não é, sob pena de se lhe negar o superior direito à felicidade.

Considerando ainda o quanto decidido no julgamento da ADI 4.275[33], passamos a nos posicionar no sentido de que é dispensável a autorização judicial para tal intervenção cirúrgica[34].

---

[31] Na Bahia, ver, em especial, o art. 44 do Provimento Conjunto n. CGJ/CCI 12/2012, que admite a habilitação direta do casamento homoafetivo (http://www5.tjba.jus.br/corregedoria/images/pdf/provimento_conjunto_12_2012.pdf). Também há regramento semelhante em Alagoas. A tendência, como prevíamos em edição anterior, era a adoção da regra em todo o País, o que ocorreu com a edição da Resolução n. 175/2013 do CNJ, que veda às autoridades competentes a recusa de habilitação, celebração de casamento civil ou de conversão de união estável em casamento entre pessoas de mesmo sexo: <http://www.cnj.jus.br/atos-administrativos/atos-da-presidencia/resolucoespresidencia/24675-resolucao-n-175-de-14-de-maio-de-2013>. Posto a última palavra seja sempre do STF, já se trata de um grande passo em nível de uniformização da matéria.

[32] Maria Berenice Dias, *União Homossexual — O Preconceito e a Justiça*, 2. ed., Porto Alegre: Livraria do Advogado, 2001, p. 123.

[33] Registramos que essa mudança de posicionamento também decorreu dos profícuos debates com o talentoso colega Leandro Cunha, Professor Titular de Direito Civil da Universidade Federal da Bahia, autor de obra de referência sobre a matéria (Leandro Reinaldo da Cunha, *Identidade e redesignação de gênero*: aspectos da personalidade, da família e da responsabilidade civil, Rio de Janeiro: Lumen Juris, 2015).

[34] Julgando a ADI 4.275, "O Supremo Tribunal Federal (STF) entendeu ser possível a alteração de nome e gênero no assento de registro civil mesmo sem a realização de procedimento cirúrgico de

Ressalte-se que é fundamental, porém, a demonstração, por especialistas na matéria, da efetiva necessidade da readequação do corpo, o que impõe, por certo, um conhecimento pericial transdisciplinar (médico, psicológico etc.), além, naturalmente, da efetiva cientificação dos potenciais riscos da cirurgia.

Ademais, não se justifica a alegação de que a cirurgia realizada no transexual violaria os bons costumes, *ex vi* do disposto no art. 13 do CC/2002 (sem equivalente no CC/1916), eis que a intervenção médica é ditada por superiores razões, inclusive de ordem psicológica.

Nesse sentido, já decidiu o Tribunal de Justiça do Rio Grande do Sul:

"Jurisdição voluntária. Autorização para operação. A pretensão da postulante de obter autorização para submeter-se a intervenção cirúrgica com o propósito de alteração de sexo com extirpação de glândulas sexuais e modificações genitais é de ser conhecida, pelos evidentes interesses jurídicos em jogo, dados os reflexos, não só na sua vida privada, como na vida da sociedade, não podendo tal fato ficar a critério exclusivamente das normas ético-científicas da medicina"[35].

Nesse sentido parecem ter concordado os juristas da I Jornada de Direito Civil da Justiça Federal, pois, interpretando o já transcrito art. 13 do CC/2002, editaram o Enunciado 6, afirmando que "a expressão 'exigência médica', contida no art. 13, refere-se tanto ao bem-estar físico quanto ao bem-estar psíquico do disponente".

Nessa linha, registramos e aplaudimos a mudança de diretriz da Organização Mundial da Saúde, que removeu da sua classificação oficial de doenças o "transtorno de identidade de gênero", conceito este que impunha a identificação da transexualidade como uma patologia mental. A atualização, conhecida como CID-11 (que substitui a CID-10), traz inédita diretriz para a transexualidade, que passa a integrar um novo capítulo denominado "condições relativas à saúde sexual", sendo classificada como "incongruência de gênero"[36].

Nesse diapasão, indagamos: *realizada a cirurgia de adequação anatômica sexual, o transexual poderia contrair matrimônio?*

Por exemplo, nascido anatomicamente do sexo masculino, o indivíduo, reconhecido transexual, submete-se à cirurgia corretiva e altera o seu nome civil, passando a assumir, oficialmente, identidade feminina.

Poderá casar-se com outro homem?

De nossa parte, concluímos ser um absurdo contrassenso a negativa dessa possibilidade, considerando-se, especialmente, *ter havido alteração oficial do seu registro de nascimento*, e, consequentemente, *da sua identidade civil*.

Como negar, portanto, um efeito jurídico decorrente da própria alteração permitida pelo Direito Brasileiro?

---

redesignação de sexo" (*Notícias STF*. Disponível em: <http://www.stf.jus.br/portal/cms/verNoticiaDetalhe.asp?idConteudo=371085,mudan>. Acesso em: 8 ago. 2018).

[35] *Revista do TJRS*, n. 87, p. 360-4, cit. por M. Berenice Dias. Cf. tb. o julgado do TJMG publicado na *Revista dos Tribunais*, v. 637, p. 170-3.

[36] Sobre o tema, confira-se o seguinte link: <https://www.huffpostbrasil.com/2018/06/18/apos-28-anos-transexualidade-deixa-de-ser-classificada-como-doenca-pela-oms_a_ 23462157/>. Acesso em: 15 jul. 2019.

Ademais, mesmo que não tivesse ocorrido a alteração do registro civil, é preciso lembrar que a diversidade de sexos não é mais considerada um elemento existencial do casamento.

Raciocínio contrário, em nosso sentir, resultaria em franco desrespeito à dignidade da pessoa humana.

Um importante ponto, no entanto, merece ser destacado.

Nada impede, como vimos, que o transexual, que obteve a alteração oficial da sua identidade civil, possa contrair matrimônio.

No entanto, sob o influxo do *princípio da boa-fé*, aplicado às relações de família, é forçoso convir que o(a) seu(sua) nubente tem o direto de ser informado quanto à situação vivida pelo transexual e, principalmente, quanto à mudança de identidade que se operou.

Caso o transexual omita esse importante aspecto de sua vida para a pessoa com quem pretende se unir pelos fortes e profundos laços do matrimônio, a consequência jurídica poderá ser a *anulabilidade do casamento, por erro quanto à pessoa do outro cônjuge*, nos termos dos arts. 1.550, III, 1.556 e 1.557, I, do Código Civil vigente[37].

Nesse sentido, TARTUCE e SIMÃO, com habitual inteligência:

"Mesmo assim, entendemos que o transexual tem o dever de informar o outro nubente do seu estado anterior quando da iminência do casamento. Trata-se de um dever anexo, relacionado com a boa-fé objetiva, que também merece ser aplicada às relações familiares. A quebra desse dever anexo pode gerar a anulabilidade do casamento por erro quanto à identidade do outro nubente (art. 1.550, III c/c o art. 1.557, I, do CC). Além disso, dependendo das circunstâncias e do trauma gerado no outro nubente, que não percebeu a situação anterior da nova mulher, caberá a reparação de danos morais, por desrespeito ao dever de informar, anexo à boa-fé objetiva"[38].

Discordamos, outrossim, dos estimados amigos autores em dois aspectos.

O primeiro ponto é a afirmação, ao abordarem a situação da *mudança de sexo* **posterior** *ao casamento*, de que a solução do problema estaria no plano da validade[39], uma vez que, nesse caso, em nosso pensar, eventual consequência da alteração promovida deverá ser enfrentada no plano eficacial, pela via do divórcio, não havendo espaço, em matéria de casamento, para o reconhecimento de nulidade superveniente.

O segundo elemento de divergência é a defesa da reparabilidade de danos morais pela não informação à pessoa com quem se pretende unir de que teria se submetido ao procedimento transgenitalizador, por desrespeito ao dever de informar, anexo à boa-fé objetiva. De fato, a cirurgia é realizada para readequar o corpo da pessoa ao que ela efetivamente é, não sendo razoável afirmar que a realização da sua dignidade seja um ato ilícito a ensejar responsabilidade civil, ainda que se busque justificar na ausência de informação.

---

[37] A anulabilidade do casamento será tratada no Capítulo X ("Plano de Validade do Casamento: Causas de Anulação do Casamento — O Casamento Anulável") deste volume, merecendo destaque, sobre o tema, o subtópico 3.3 ("Vícios de Vontade: Erro sobre Pessoa e Coação").

[38] Flávio Tartuce e José Fernando Simão, ob. cit., p. 81.

[39] Idem, p. 82.

Ou seja, após intensa reflexão[40], concluímos que a invalidade do casamento pela ausência de informação de transgenitalização anterior é possível, mas, não, a reparação civil.

O direito ao esquecimento, à privacidade e ao segredo[41] respaldam a postura do(a) transexual em não querer revelar ao mundo esta particularidade da sua própria história, mas, da mesma forma, o respeito aos valores íntimos daquele ou daquela com quem se uniu respaldam a possibilidade de ser postulada a *anulabilidade do casamento, por erro quanto à pessoa do outro cônjuge*.

O que importa, portanto, como dissemos, é a ciência do outro nubente, com quem o transexual contrai casamento, especialmente por considerarmos que a ninguém mais interessa a circunstância da mudança de sexo para o fim matrimonial.

Nada impede que o Poder Legislativo venha a modificar tal circunstância, disciplinando formalmente a matéria, sem prejuízo das diretrizes constitucionais estabelecidas pelo Supremo Tribunal Federal, com o respeito ao macroprincípio da dignidade da pessoa humana.

2.3. Celebração por autoridade materialmente competente

O que se entende por "autoridade celebrante"?

O Código Civil não define esse conceito.

Assim, considerando-se que o casamento pode ser civil ou religioso com efeitos civis, poderão figurar como autoridades celebrantes o juiz de direito, o juiz de paz — segundo a Lei de Organização Judiciária de cada Estado — ou a autoridade religiosa.

No que tange, outrossim, a essa última figura, não havendo requisitos prévios regulados em lei, e levando-se em conta o fato de o Brasil ser um Estado laico — vale dizer, não tem religião oficial — é forçoso convir que um padre, um pastor, um líder de Umbanda ou Candomblé, um líder espírita kardecista, enfim, qualquer representante de crença ou credo religioso reconhecido, poderá, desde que observadas as formalidades legais do ato, celebrar o matrimônio.

Pensamento contrário, em nosso sentir, afigurar-se-ia flagrantemente inconstitucional.

Neste diapasão, o jurista DALMO DE ABREU DALLARI:

"Examinando as disposições constitucionais e legais aplicáveis ao caso, deve-se ressaltar, desde logo, que desde a primeira Constituição republicana brasileira, de 1891, o Brasil é um Estado leigo, não se admitindo religião oficial. A par disso, é princípio fundamental a igualdade de todos perante a lei, o que significa, desde logo, que nenhuma religião poderá gozar de privilégios em relação às demais. O que for permitido ou proibido a uma deverá aplicar-se igualmente a todas. Outro ponto importante que deve ser considerado é que a Constituição assegura expressamente a liberdade religiosa, incluindo-se aí o direito

---

[40] Registramos o nosso contentamento pelos fecundos diálogos e amistosos debates com o querido Professor Leandro Cunha, Titular da Cadeira de Direito Civil da Faculdade de Direito da Universidade Federal da Bahia.

[41] Para um aprofundamento da matéria, confira-se o Capítulo V (*Direitos da Personalidade*) do vol. 1 (*Parte Geral*) desta coleção.

de escolher uma religião e de participar dos cultos religiosos. Reforçando a consagração da liberdade de crença e de realização de cultos, a Constituição proíbe expressamente qualquer discriminação baseada em motivo de crença religiosa".

E acrescenta, no mesmo texto:

"Considerando agora a questão do ponto de vista legal, o ponto de partida é o fato de que o Código Civil Brasileiro, fixando as normas legais sobre o casamento, dispõe sobre os requisitos para a validade do casamento e estabelece a exigência de um processo prévio de habilitação, perante a autoridade pública, dispondo que após a celebração deverá ser feito o registro na repartição pública competente. No artigo 1.515 do Código Civil, encontra-se a seguinte disposição: 'o casamento religioso, que atender às exigências da lei para a validade do casamento civil, equipara-se a este, desde que registrado no registro próprio, produzindo efeitos a partir da data de sua celebração'. Note-se que a expressão da lei é 'casamento religioso', sem especificar religiões e sem estabelecer requisitos quanto a estas. A expressão é genérica, o que significa que, verificando o atendimento dos requisitos que seriam necessários para a validade do casamento realizado perante a autoridade pública, o casamento celebrado perante autoridade religiosa produzirá os mesmos efeitos. O próprio artigo 1.515 prevê o registro do casamento religioso no registro próprio, o que significa que a autoridade encarregada dos registros de casamento deverá registrar também o casamento religioso[42].

Assim, fixamos a premissa de que, prestigiando-se a liberdade religiosa garantida constitucionalmente[43] e nos termos das Leis de Organização Judiciária de cada Estado, o celebrante tanto poderá ser o juiz de direito, como o juiz de paz ou a autoridade religiosa, não havendo, nesse último caso, requisitos específicos previstos em lei, de maneira que representante de toda e qualquer religião socialmente reconhecida, poderá, em princípio, realizar o ato.

Isso é democracia.

Bem, posto isso, reputamos metodologicamente interessante que constatemos em que medida a celebração por autoridade competente integra a estrutura (existencial) do próprio casamento.

Isso porque, do ponto de vista da doutrina processual tradicional, há quem defenda que a decisão fora dos limites constitucionais equivale a uma decisão por alguém sem jurisdição.

Nesse sentido, é o pensamento de CALMON DE PASSOS:

"O poder de julgar do magistrado tem suas raízes na Constituição. Por isso mesmo se diz que ela é fonte do poder jurisdicional. Só nos limites nela fixados está o juiz investido do poder de julgar. Constitucionalmente, o poder de julgar foi repartido entre as chamadas jurisdições especiais (...) e a comum — remanescente. A investidura dos órgãos dessas jurisdições já lhes confere poder de julgar limitado constitucionalmente, de sorte que o exercício de suas atividades fora dos limites traçados na carta importa, mais que um de-

---

[42] Disponível em: <http://jus2.uol.com.br/pecas/texto.asp?id=659>. Acesso em: 27 out. 2008.
[43] Confira-se o tópico 5 ("Tipologia Básica do Casamento: Civil e Religioso com Efeitos Civis") do Capítulo III ("Considerações Introdutórias sobre o Casamento") deste volume.

feito de competência, em defeito de jurisdição. O que façam ou realizem fora dos limites constitucionais é, em tudo e por tudo, semelhante à atividade do não juiz, consequentemente, ato inexistente juridicamente, do ponto de vista processual"[44].

Criticando tal posicionamento, observa FREDIE DIDIER JR.:

"A tese é sedutora, indiscutivelmente, mas o caso não é de falta de jurisdição: trata-se, realmente, de incompetência. Há o poder de criar normas jurídicas concretas, jurisdição, que foi distribuído pela Constituição em parcelas para cada órgão jurisdicional. Quando um órgão jurisdicional extrapola a fração de poder que lhe foi outorgada, dá-se a falta de competência, e não de jurisdição. Pensar de outro modo levaria a ter de admitir-se que existem cinco jurisdições, e não apenas uma: eleitoral, trabalhista, estadual, federal e militar. E há mais: de acordo com o princípio da *Kompetenzkompetenz* (o juiz tem sempre competência para examinar a sua competência), o magistrado incompetente constitucionalmente tem, no mínimo, a competência de reconhecer a sua incompetência, o que já revela a existência de ao menos uma parcela de jurisdição. Portanto, não se poderia equiparar a sentença de um não juiz com a sentença de um juiz que não tenha competência, ainda que constitucional"[45].

Trazendo tais ponderações para o nosso estudo, e em linguagem exemplificativa, um casamento celebrado por quem não é autoridade reconhecida para o ato matrimonial equivaleria a uma dramatização do ato, uma verdadeira peça ou pantomima, que jamais poderia produzir qualquer efeito jurídico.

E isso serviria mesmo que se tratasse de um agente público, pois a solenidade da celebração matrimonial exige, para o reconhecimento da sua própria existência, como elemento ontológico, a presença da autoridade reconhecidamente competente.

Em linhas gerais, diante do exposto, concluímos: *caso a autoridade celebrante careça de jurisdição ou de competência material, o matrimônio celebrado será considerado inexistente; no entanto, se for dotada de jurisdição ou de competência legal e faltar-lhe mera competência relativa, o ato será considerado simplesmente anulável.*

Vejamos o porquê.

No primeiro caso, imagine-se um delegado de polícia ou um oficial das Forças Armadas, pessoas que, posto gozem de autoridade, não são dotadas de jurisdição ou de competência material, realizando um casamento. Em qualquer dos casos, o ato é, com clareza meridiana, juridicamente inexistente, não havendo espaço para se cogitar de nulidade absoluta ou relativa.

No Direito argentino, de linha semelhante, outro exemplo é apontado por GUILLERMO BORDA:

"Si dos personas declaran solemnemente ante un escribano público que se toman por marido y mujer, suscribiendo la correspondiente escritura, tal manifestación no tiene ningún valor legal: simplemente no existe, porque el oficial público es incompetente. Por

---

[44] J. J. Calmon de Passos, *Comentários ao Código de Processo Civil*, 8. ed., Rio de Janeiro: Forense, 1998, v. 3, p. 291.

[45] Fredie Didier Jr., *Curso de Direito Processual Civil*, 9. ed., Salvador: Editora JusPodivm, 2008, v. 1, p. 110.

ello mismo se ha declarado inexistente el matrimonio celebrado em nuestro país ante el cónsul del Ecuador entre dos personas domiciliadas aquí"[46].

Entretanto, se for o caso de uma autoridade judicial *com competência material*, mas sem competência territorial (por exemplo, um juiz da comarca "A" celebrando o ato na comarca "B"), estaríamos diante de uma situação indiscutivelmente menos gravosa, com reflexos no plano da validade, e não no da existência.

Vale dizer, teríamos, nesse caso, uma situação de simples incompetência territorial ou *ratione loci*, de maneira que o casamento seria considerado *existente, embora simplesmente anulável* [47], nos termos do art. 1.550, VI, CC/2002:

> "Art. 1.550. É anulável o casamento:
> (...)
> VI — por incompetência da autoridade celebrante".

Em outras palavras, se um juiz de direito — materialmente competente para a celebração matrimonial —, por equívoco, presidir o ato em comarca que esteja fora da sua atuação funcional, a hipótese é de simples anulabilidade.

Cuida-se, pois, de nulidade relativa, por mera incompetência em razão do local.

Poder-se-ia, no entanto, argumentar que, por haver a norma codificada feito apenas referência à "incompetência da autoridade celebrante", em qualquer situação — quer na falta de competência material, quer na falta da relativa — o casamento seria sempre anulável.

Não tem sentido, todavia, esse entendimento.

Toda atividade hermenêutica pressupõe parâmetros de razoabilidade, e, nesse caso, a interpretação reducionista ou meramente literal não é a mais recomendável.

Como se reputar existente um casamento celebrado por um tabelião ou um delegado de polícia?

Como anular aquilo que não existe?

Afinal, o plano de existência, por imperativo lógico, não precederia o de validade?

Indiscutivelmente, em situações como essas, portadoras de distorção grave, a conclusão inafastável é a de flagrante inexistência, *pela ausência de jurisdição ou falta de competência material para a realização do ato*.

E não se diga que tal entendimento poderá coroar injustiças, prejudicando nubentes de boa-fé que houvessem acreditado na investidura da autoridade celebrante, uma vez que o art. 1.554, lastreado na teoria da aparência, é, em nosso sentir, perfeitamente aplicável à espécie:

> "Art. 1.554. Subsiste o casamento celebrado por aquele que, sem possuir a competência exigida na lei, exercer publicamente as funções de juiz de casamentos e, nessa qualidade, tiver registrado o ato no Registro Civil".

---

[46] Guillermo Borda, *Manual de Derecho de Família*, 12. ed., Buenos Aires: Abeledo Perrot, 2002, p. 92.
[47] Trataremos do casamento anulável, como já dito, no Capítulo X ("Plano de Validade do Casamento: Causas de Anulação do Casamento — O Casamento Anulável") deste volume.

Em outras palavras, posto o ato seja inexistente, a boa-fé do administrado, com fundamento na citada *teoria da aparência*, justificaria o seu reconhecimento oficial, consoante, inclusive, já anotamos:

> "Em determinadas situações, a simples aparência de uma qualidade ou de um direito poderá gerar efeitos na órbita jurídica.
>
> Tal ocorre na chamada teoria do funcionário de fato, provinda do Direito Administrativo, quando determinada pessoa, sem possuir vínculo com a Administração Pública, assume posto de servidor, como se realmente o fosse, e realiza atos em face de administrados de boa-fé, que não teriam como desconfiar do impostor. Imagine-se, em um distante município, o sujeito que assume as funções de um oficial de Registro Civil, realizando atos registrários e fornecendo certidões. Por óbvio, a despeito da flagrante ilegalidade, que, inclusive, acarretará responsabilização criminal, os efeitos jurídicos dos atos praticados, aparentemente lícitos, deverão ser preservados, para que se não prejudiquem aqueles que, de boa-fé, hajam recorrido aos préstimos do suposto oficial.
>
> Da mesma forma, se nos dirigimos ao protocolo de uma repartição pública para apresentarmos, dentro de determinado prazo, um documento, e lá encontramos uma pessoa que se apresenta como o funcionário encarregado, não existe necessidade de se perquirir a respeito da sua legitimidade. Se o sujeito era um impostor, caberá à própria Administração Pública apurar o fato, com o escopo de punir os verdadeiros funcionários que permitiram o acesso de um estranho ao interior de suas instalações. O que não se pode supor é que o administrado será prejudicado com a perda do prazo para a apresentação do documento solicitado.
>
> Mas não apenas no Direito Administrativo a teoria da aparência tem aplicabilidade. Também no Direito Civil"[48].

O que se observa, pois, é uma situação de eficácia constitutiva de direitos, decorrente da atuação normativa da cláusula geral da boa-fé[49].

---

[48] Pablo Stolze Gagliano e Rodolfo Pamplona Filho, *Novo Curso de Direito Civil* (Obrigações), 25. ed., São Paulo: SaraivaJur, 2024, v. 2.

[49] Sobre o tema do Princípio da boa-fé, confira-se o Capítulo "Boa-Fé Objetiva em Matéria Contratual" do v. IV, "Contratos", desta coleção.

Capítulo IX
Plano de Validade do Casamento: Introdução e Impedimentos Matrimoniais — O Casamento Nulo

Sumário: 1. Introdução. 2. Conceito e tratamento legal. 3. Análise do art. 1.521 do Código Civil: impedimentos matrimoniais. 3.1. Casamento entre parentes em linha reta. 3.2. Casamento entre afins em linha reta. 3.3. Casamento entre o adotante com quem foi cônjuge do adotado e do adotado com quem o foi do adotante. 3.4. Casamento entre colaterais. 3.5. Casamento entre o adotado e o filho do adotante. 3.6. Casamento entre as pessoas casadas. 3.7. Casamento entre o cônjuge sobrevivente com o condenado por homicídio ou tentativa de homicídio contra o seu consorte. 3.8. Casamento entre adúlteros. 4. Oposição dos impedimentos. 5. Notas sobre os impedimentos matrimoniais no Estatuto das Famílias. 6. Efeitos jurídicos do casamento nulo.

1. INTRODUÇÃO

Após analisarmos o plano existencial do casamento, cuidaremos, neste capítulo, de estudar os seus pressupostos de validade, ou seja, os requisitos necessários para que o matrimônio seja dotado de aptidão para surtir os efeitos jurídicos pretendidos.

No estudo da validade do matrimônio, dividiremos a análise em três perspectivas diferentes, obviamente complementares, para a sua melhor compreensão: o casamento nulo (tema específico deste capítulo), o casamento anulável e o casamento putativo[1].

Em seguida, já no plano de eficácia, seguindo uma metodologia lógica, investigaremos quais são esses efeitos, projetados nos âmbitos pessoal e patrimonial dos cônjuges, com um estudo também detalhado das *causas suspensivas do casamento* que, em verdade, não afetam, como se poderia equivocamente pensar, a validade do matrimônio, mas, sim, a produção de suas consequências jurídicas.

Como vimos no capítulo antecedente, são pressupostos existenciais do casamento: o consentimento e a celebração por autoridade materialmente competente.

Reunidos, pois, esses elementos, concluiremos: o casamento existe.

No entanto, para ser considerado válido, faz-se necessário ainda que estejam ausentes determinados *impedimentos* previstos em lei (art. 1.521), e, na mesma linha, que não concorram *causas legais de anulabilidade* (art. 1.550).

---

[1] Esses dois últimos institutos serão objeto, respectivamente, dos Capítulos X ("Plano de Validade do Casamento: Causas de Anulação do Casamento — O Casamento Anulável") e XI ("Plano de Validade do Casamento — Casamento Putativo"), deste volume.

Vamos, então, a partir de agora, analisar, cuidadosa e separadamente, os elementos condicionantes da validade jurídica do casamento: os impedimentos matrimoniais e, em seguida, nos próximos capítulos, as suas causas de anulação, seguindo-se-lhes o reconhecimento e os efeitos da putatividade.

2. CONCEITO E TRATAMENTO LEGAL

Historicamente, no Brasil, os impedimentos matrimoniais mantinham próxima ligação com as prescrições do Direito Canônico, conforme podemos observar da leitura da obra do clássico LAFAYETTE RODRIGUES PEREIRA:

"Tomando por base a natureza jurídica e o caráter moral do casamento, as prescrições divinas e considerações de uma ordem elevada, o Direito Canônico estabelece uma série de condições sem o preenchimento das quais o casamento não pode ser legalmente contraído. A falta de qualquer daquelas condições recebe o nome de *impedimento*"[2].

No entanto, com a institucionalização do casamento, no plano estatal, os impedimentos passaram a ser regidos, não pelo Direito Canônico, mas sim pelas prescrições normativas do Código Civil.

Conceitualmente, consistem os impedimentos matrimoniais em *circunstâncias legalmente previstas que, quando verificadas, interferem na validade do casamento.*

A codificação civil anterior cuidava da matéria de maneira bastante peculiar.

Em um mesmo dispositivo, o art. 183 do Código Civil brasileiro de 1916 condensava impedimentos de diferentes níveis de gravidade[3], razão por que a doutrina habitualmente os classificava em:

a) impedimentos absolutos, de ordem pública ou absolutamente dirimentes;

b) impedimentos relativos, privados ou relativamente dirimentes;

c) impedimentos proibitivos ou impedientes.

Os *impedimentos absolutos* eram considerados cogentes ou de ordem pública, traduzindo violação a interesses superiores, ou seja, a valores sobremaneira sensíveis, com maior repercussão social, resultando, quando de sua ocorrência, na *nulidade absoluta do casamento.*

Assim, na disciplina específica do Código Civil brasileiro de 1916, segundo as previsões dos incisos I a VIII do art. 183, por traduzirem *impedimentos absolutos*, não podiam casar:

a) os ascendentes com os descendentes, seja o parentesco legítimo ou ilegítimo, natural ou civil;

b) os afins em linha reta, seja o vínculo legítimo ou ilegítimo;

c) o adotante com o cônjuge do adotado e o adotado com o cônjuge do adotante;

---

[2] Lafayette Rodrigues Pereira, ob. cit., p. 57.

[3] CC/1916:

"Art. 183. Não podem casar (arts. 207 e 209):

I — os ascendentes com os descendentes, seja o parentesco legítimo ou ilegítimo, natural ou civil;

d) os irmãos, legítimos ou ilegítimos, germanos ou não, e os colaterais, legítimos ou ilegítimos, até o terceiro grau inclusive;

e) o adotado com o filho superveniente ao pai ou à mãe adotiva;

f) as pessoas casadas;

g) o cônjuge adúltero com o seu corréu, por tal condenado;

h) o cônjuge sobrevivente com o condenado como delinquente no homicídio, ou tentativa de homicídio, contra o seu consorte;

Os *impedimentos relativos*, por sua vez, eram considerados menos graves, tendo em vista que tutelavam interesses meramente particulares, razão por que de sua violação decorreria a simples *nulidade relativa ou anulabilidade do casamento*.

Nessa situação, enquadravam-se as seguintes hipóteses, previstas nos incisos IX a XII do já transcrito art. 183 do Código anterior:

a) as pessoas por qualquer motivo coactas e as incapazes de consentir;

b) o raptor com a raptada, enquanto esta não se ache fora do seu poder e em lugar seguro;

II — os afins em linha reta, seja o vínculo legítimo ou ilegítimo;

III — o adotante com o cônjuge do adotado e o adotado com o cônjuge do adotante (art. 376);

IV — os irmãos, legítimos ou ilegítimos, germanos ou não, e os colaterais, legítimos ou ilegítimos, até o terceiro grau inclusive;

V — o adotado com o filho superveniente ao pai ou à mãe adotiva (art. 376);

VI — as pessoas casadas (art. 203);

VII — o cônjuge adúltero com o seu corréu, por tal condenado;

VIII — o cônjuge sobrevivente com o condenado como delinquente no homicídio, ou tentativa de homicídio, contra o seu consorte;

IX — as pessoas por qualquer motivo coactas e as incapazes de consentir, ou manifestar, de modo inequívoco, o consentimento;

X — o raptor com a raptada, enquanto esta não se ache fora do seu poder e em lugar seguro;

XI — os sujeitos ao pátrio poder, tutela ou curatela, enquanto não obtiverem, ou lhes não for suprido o consentimento do pai, tutor, ou curador (art. 212);

XII — as mulheres menores de 16 (dezesseis) anos e os homens menores de 18 (dezoito);

XIII — o viúvo ou a viúva que tiver filho do cônjuge falecido, enquanto não fizer inventário dos bens do casal (art. 225) e der partilha aos herdeiros;

XIV — a viúva, ou a mulher cujo casamento se desfez por ser nulo ou ter sido anulado, até 10 (dez) meses depois do começo da viuvez, ou da dissolução da sociedade conjugal, salvo se antes de findo esse prazo der à luz algum filho;

XV — o tutor ou curador e os seus descendentes, ascendentes, irmãos, cunhados ou sobrinhos, com a pessoa tutelada ou curatelada, enquanto não cessar a tutela ou curatela, e não estiverem saldadas as respectivas contas, salvo permissão paterna ou materna manifestada em escrito autêntico ou em testamento;

XVI — o juiz, ou escrivão e seus descendentes, ascendentes, irmãos, cunhados ou sobrinhos, com órfão ou viúva, da circunscrição territorial onde um ou outro tiver exercício, salvo licença especial da autoridade judiciária superior".

c) os sujeitos ao pátrio poder, tutela ou curatela, enquanto não obtiverem, ou lhes não for suprido o consentimento do pai, tutor, ou curador;

d) as mulheres menores de 16 (dezesseis) anos e os homens menores de 18 (dezoito);

Finalmente, os denominados *impedimentos proibitivos ou impedientes*, posto figurassem no mesmo artigo de lei, não interferiam na validade matrimonial, acarretando apenas, quando verificados, *a irregularidade do casamento*, de forma que, ao infrator, impunham-se sanções de ordem patrimonial (imposição do regime de separação obrigatória de bens e perda do usufruto legal sobre os bens dos filhos)[4].

Eram as hipóteses dos incisos XIII a XVI do art. 183, CC/1916, a saber:

a) o viúvo ou a viúva que tiver filho do cônjuge falecido, enquanto não fizer inventário dos bens do casal e der partilha aos herdeiros;

b) a viúva, ou a mulher cujo casamento se desfez por ser nulo ou ter sido anulado, até 10 (dez) meses depois do começo da viuvez, ou da dissolução da sociedade conjugal, salvo se antes de findo esse prazo der à luz algum filho;

c) o tutor ou curador e os seus descendentes, ascendentes, irmãos, cunhados ou sobrinhos, com a pessoa tutelada ou curatelada, enquanto não cessar a tutela ou curatela, e não estiverem saldadas as respectivas contas, salvo permissão paterna ou materna manifestada em escrito autêntico ou em testamento;

d) o juiz, ou escrivão e seus descendentes, ascendentes, irmãos, cunhados ou sobrinhos, com órfão ou viúva, da circunscrição territorial onde um ou outro tiver exercício, salvo licença especial da autoridade judiciária superior.

Em síntese, nos termos do art. 183, do Código de 1916, tínhamos o seguinte sistema de impedimentos matrimoniais:

Impedimentos Absolutamente Dirimentes → Art. 183, I a VIII → CASAMENTO NULO

Impedimentos Relativamente Dirimentes → Art. 183, IX a XII → CASAMENTO ANULÁVEL

Impedimentos Proibitivos → Art. 183, XIII a XVI → CASAMENTO IRREGULAR (imposição de sanções de natureza patrimonial)

A sistematização dessa matéria, no entanto, amigo leitor, foi consideravelmente modificada no Código Civil de 2002.

---

[4] Código Civil de 1916 (sem correspondente direto no CC/2002):

"Art. 225. O viúvo, ou a viúva, com filhos do cônjuge falecido, que se casar antes de fazer inventário do casal e dar partilha aos herdeiros, perderá o direito ao usufruto dos bens dos mesmos filhos.

Art. 226. No casamento com infração do art. 183, XI a XVI, é obrigatório o regime da separação de bens, não podendo o cônjuge infrator fazer doações ao outro".

Os antigos impedimentos absolutamente dirimentes, com algumas alterações de fundo, ainda determinantes da nulidade absoluta do casamento, passaram a ser considerados, simplesmente, "impedimentos", a teor do art. 1.521, CC/2002.

Os impedimentos relativamente dirimentes, por seu turno, passaram a ser tratados separadamente, também com certas modificações, como "causas de anulação do casamento", nos termos do art. 1.550, CC/2002.

Finalmente, os antigos impedimentos proibitivos foram tratados em dispositivo autônomo (art. 1.523, CC/2002), como "causas suspensivas do casamento", resultando também na imposição de sanção de ordem patrimonial aos nubentes infratores.

Teríamos, então, no Código Civil em vigor:

Impedimentos → Art. 1.521 → **CASAMENTO NULO**
Causas de Anulação do Casamento → Art. 1.550 → **CASAMENTO ANULÁVEL**
Causas Suspensivas do Casamento → Art. 1.523 → **CASAMENTO IRREGULAR**
(imposição de sanção de natureza patrimonial, estritamente no plano da eficácia)

Muito bem.

Uma vez que, neste capítulo, inserido no Plano de Validade, dedicamo-nos, como já dito, especificamente aos *impedimentos* (art. 1.521, CC), passaremos, então, a estudá-los, em seguida, minuciosamente.

No capítulo seguinte, ainda no mesmo Plano, debruçar-nos-emos na análise da invalidade do matrimônio, investigando, por consequência, as *causas de nulidade absoluta ou relativa (anulabilidade)*, oportunidade em que enfrentaremos os arts. 1.550 e ss. do Código Civil.

Depois de esgotado o plano de validade, inclusive com a reflexão sobre os efeitos do casamento putativo, passaremos em revista, finalmente, seguindo uma linha lógica, as *causas suspensivas* do casamento (art. 1.523), já no Plano da Eficácia, em capítulo próprio[5].

3. ANÁLISE DO ART. 1.521 DO CÓDIGO CIVIL: IMPEDIMENTOS MATRIMONIAIS

Inicialmente, façamos uma importante observação terminológica.

Embora o codificador simplesmente os denomine de "impedimentos", erro não há, em nosso sentir, em se utilizar a expressão "impedimentos matrimoniais".

Deve-se evitar, entretanto, a referência ao caráter absoluto ou de ordem pública, uma vez que, com a nova sistematização, os antigos impedimentos relativos ou privados foram deslocados para dispositivo autônomo, não havendo mais, por consequência, necessidade técnica de diferenciá-los mediante tais terminologias.

No Código de 2002, portanto, consagrou-se tratamento peculiar: os *impedimentos* traduzem, tão somente, as circunstâncias previstas no art. 1.521, não se confundindo com as *causas de anulação* previstas, adiante, no art. 1.550.

---

[5] Confira-se o Capítulo XII ("Plano de Eficácia do Casamento: Deveres Matrimoniais e Causas Suspensivas do Casamento") deste volume.

Nesse diapasão, afinal, perguntamos: quais seriam esses impedimentos matrimoniais? Disciplina-os o Código Civil:

"Art. 1.521. Não podem casar:

I — os ascendentes com os descendentes, seja o parentesco natural ou civil;

II — os afins em linha reta;

III — o adotante com quem foi cônjuge do adotado e o adotado com quem o foi do adotante;

IV — os irmãos, unilaterais ou bilaterais, e demais colaterais, até o terceiro grau inclusive;

V — o adotado com o filho do adotante;

VI — as pessoas casadas;

VII — o cônjuge sobrevivente com o condenado por homicídio ou tentativa de homicídio contra o seu consorte".

Observe-se, desde já, a forma verbal utilizada pelo legislador: "não podem" casar!

Trata-se, pois, de uma locução imperativa, que não deixa margem à dúvida quanto à antijuridicidade do ato que se quer evitar, levando-se em conta os superiores interesses que se pretende tutelar, especialmente o parentesco, o próprio casamento e o sagrado direito à vida.

Compreendamos, agora, separadamente, cada uma destas hipóteses.

3.1. Casamento entre parentes em linha reta

Nos termos do inciso I, não podem casar os ascendentes com os descendentes, seja o parentesco natural ou civil[6].

O fundamento dessa proibição é de imediata compreensão.

Tamanha é a sua importância, que os sistemas legais no mundo consagram-na explicitamente, a exemplo dos Códigos de Portugal e da Alemanha:

Código de Portugal:

"Art. 1602.º São também dirimentes, obstando ao casamento entre si das pessoas a quem respeitam, os impedimentos seguintes:

a) o parentesco na linha recta;".

Código da Alemanha:

"§ 1307. Verwandtschaft. Eine Ehe darf nicht geschlossen werden zwischen Verwandten in gerader Linie sowie zwischen vollbürtigen und halbbürtigen Geschwistern. Dies gilt auch, wenn das Verwandtschaftsverhältnis durch Annahme als Kind erloschen ist"[7].

Subverte as mínimas regras biopsicológicas (e espirituais) de existência pensamento que conduza à possibilidade de o matrimônio ser contraído entre parentes tão próximos: pais e filhos, avós e netos etc.

A natureza é dotada de uma inegável ordem lógica, e uniões desse jaez agridem-na frontalmente, não escapando incólume de consequências graves, muitas vezes trágicas, como a transmissão de doenças hereditárias de caráter recessivo:

---

[6] Sobre o tema, confira-se o Capítulo XXVI ("Parentesco") deste volume.

[7] Tradução livre de Pablo Stolze Gagliano: "Parentesco. Um casamento não pode ser concluído entre parentes em linha reta e entre irmãos e irmãs germanos e unilaterais. A proibição persiste quando a relação de parentesco é extinta em decorrência de adoção".

"A razão pela qual a consanguinidade numa população ou numa família conduz a um aumento na frequência de condições genéticas deriva do facto dos indivíduos consanguíneos partilharem genes que foram herdados de um antepassado comum. Se um gene herdado de um antepassado comum tem uma mutação, então os familiares biologicamente relacionados terão um risco mais elevado de possuírem uma cópia do gene mutado. O impacto genético da consanguinidade aparece como uma consequência da homozigotia aumentada presente num indivíduo resultante do acasalamento dentro da população"[8].

A defesa da tese adversa, em nosso pensar, traduziria uma involução, um retrocesso ao estado de barbárie, há muito abandonado pela humanidade.

Imagina você um pai casando com uma filha?

E não importa, destacou o legislador, a natureza do parentesco — natural ou civil: *o casamento contraído por essas pessoas viola o primeiro dos impedimentos matrimoniais, acarretando a nulidade absoluta do casamento.*

Parentesco natural é aquele travado entre pessoas que mantêm vínculo consanguíneo ou biológico; ao passo que o parentesco civil baseia-se apenas no vínculo socioafetivo, a exemplo daquele constituído entre adotante e adotado.

Ora, a partir do momento em que a nossa Constituição, orientando-se pelo superior e matricial princípio da dignidade humana, estabeleceu a efetiva isonomia entre parentes em linha reta — especialmente os filhos — é forçoso convir que a expressão contida na norma "seja o parentesco natural ou civil" é, nitidamente, desnecessária.

Bastava dizer que não poderiam casar ascendentes com descendentes, restando subentendida a extensão proibitiva, com alcance em toda e qualquer forma de parentesco, não importando a sua causa.

3.2. Casamento entre afins em linha reta

O parentesco por afinidade[9] é aquele travado entre o cônjuge ou companheiro(a) e os parentes do outro, tanto na linha reta (sogra e genro, sogro e nora, padrasto ou madrasta e enteado), como na linha colateral (cunhado).

Na linha reta, proíbe, pois, o legislador, que parentes por afinidade casem entre si.

Assim, não poderão casar sogra e genro, sogro e nora, padrasto/madrasta e enteado(a), incluindo os demais parentes em linha ascendente ou descendente (o pai do sogro e a nora, por ex.).

Se o casamento, nessas circunstâncias, ainda assim, se consumar, estará, consoante já dissemos, eivado de *nulidade absoluta*.

E note-se que essa proibição é mantida, mesmo que o casamento ou a união estável do pretendente já esteja dissolvido:

"Art. 1.595. (...) § 2.º Na linha reta, a afinidade não se extingue com a dissolução do casamento ou da união estável".

---

[8] O Genoma Humano — Perspectivas para a Saúde Pública, O Projecto em 2001, trecho de notícia extraído do *site* Ciência Viva — Agência Nacional para Cultura Científica e Tecnológica. Disponível em: <http://www.cienciaviva.pt/projectos/concluidos/genomahumano/artigos/index.asp?lang=pt&accao=showTexto2&projecto=22>. Acesso em: 13 nov. 2008.

[9] Estudado mais detidamente no já mencionado Capítulo XXVI ("Parentesco") deste volume, mais precisamente no subtópico 3.1.3 ("Parentesco por Afinidade"), ao qual remetemos o leitor.

Isso significa que jamais poderemos nos casar com a nossa sogra![10]

O fundamento dessa restrição é a preservação dos valores familiares, bem como o equilíbrio e a preservação da própria tessitura psicológica dos membros da família, segundo o papel exercido por cada um, especialmente pelo fato de os afins em linha reta ocuparem posições próximas às de pai ou mãe, de filho ou filha.

Observamos que o grande avanço inaugurado pelo Código de 2002 foi, em respeito à perspectiva constitucional de não hierarquização das formas de família, haver reconhecido que o parentesco por afinidade decorre, não apenas do casamento, mas também da união estável, de maneira que, apenas a título de exemplo, haverá impedimento de casar com a nossa sogra, quer seja essa mãe da nossa esposa ou da nossa companheira.

3.3. Casamento entre o adotante com quem foi cônjuge do adotado e do adotado com quem o foi do adotante

Proíbe também o nosso Código Civil que se casem o adotante com quem foi esposa ou marido do adotado, ou, na mesma linha, o adotado com o ex-consorte do adotante.

Trata-se, em essência, de uma proibição análoga àquela imposta aos parentes por afinidade em linha reta.

De fato, não seria aconselhável, do ponto de vista moral ou psicológico, que, por exemplo, o adotado pudesse se casar com a ex-mulher do seu pai, ou que este viesse a convolar núpcias com a ex-esposa do seu filho.

Tal como se dá na proibição decorrente do parentesco por afinidade na linha reta, presente mesmo após o descasamento, como vimos acima — art. 1.595, § 2.º, CC/2002 — tais uniões matrimoniais não seriam possíveis.

Anotamos, finalmente, que o codificador perdeu a oportunidade de, em atenção à perspectiva constitucional, estender o comando proibitivo à união estável. Vale dizer, pela mesma razão, não deveria ser permitido o casamento entre o adotante com quem foi companheiro do adotado e do adotado com quem o foi do adotante.

Posto a união estável não gere estado civil, nem, muito menos, permita comprovação mediante simples certidão, como se dá no casamento, tais circunstâncias não justificam a omissão legislativa, pois, como vimos acima, também é vedado o casamento entre parentes por afinidade, quando esse vínculo decorrer da relação de companheirismo.

Falhou, pois, em nosso sentir, nesse ponto, o legislador.

3.4. Casamento entre colaterais

Veremos, oportunamente, que parentes colaterais são aqueles que não descendem uns dos outros, derivando, porém, de um mesmo tronco comum.

Assim, o seu irmão vincula-se a você por meio da sua mãe e/ou do seu pai, sendo, pois, seu parente na linha colateral ou transversal em segundo grau: *conta-se um grau de você para o ascendente comum e outro grau deste para o seu irmão, totalizando, consequentemente, dois graus de parentesco.*

Muito bem.

---

[10] No plano da afinidade, a restrição, porém, se limita ao parentesco em linha reta, não havendo impedimento legal de casamento entre afins na linha colateral, ou seja, não há impedimento para se casar com o(a) cunhado(a), somente por tal condição, ainda que tal fato possa gerar algum abalo ou crise familiar (ver o subtópico 3.4 deste capítulo).

Proíbe, o comando normativo sob análise, o casamento entre os irmãos, unilaterais ou bilaterais, e demais colaterais, até o terceiro grau inclusive.

Quanto aos irmãos, a vedação é de compreensão imediata.

Afronta a ética familiar, e aquilo que se convencionou chamar de leis da natureza, a admissibilidade de casamento, ou de qualquer outra união sexual, entre dois irmãos, sejam germanos ou bilaterais (por parte de pai e mãe), sejam unilaterais (somente por parte de pai ou de mãe).

Trata-se de um vínculo incestuoso naturalmente danoso, moralmente reprovável e psicologicamente traumático.

Tal proibição, no dizer de MARIA BERENICE DIAS, justificar-se-ia pela "lei do incesto"[11], observando, ainda, nesse diapasão, MADALENO, que a proibição entre tais parentes de segundo grau teria caráter "absoluto"[12].

E tal restrição não é apenas observada em nosso sistema, consoante podemos verificar da análise dos Códigos francês e alemão:

> "Art. 162 (L. 1er. juill. 1914). En ligne collatérale, le mariage est prohibé entre le frère et la soeur legitimes ou naturels. Deuxième phrase abrogée, L. n. 75-617, 11 juill. 1975, art. 9[13].
>
> § 1307, BGB. Verwandtschaft. Eine Ehe darf nicht geschlossen werden zwischen Verwandten in gerader Linie sowie zwischen vollbürtigen und halbbürtigen Geschwistern. Dies gilt auch, wenn das Verwandtschaftsverhältnis durch Annahme als Kind erloschen ist"[14].

Não reputamos razoável, todavia, o superdimensionamento conferido pelo Direito alemão, que culmina por tipificar e punir criminalmente o casal incestuoso, como sucedeu com Patrick Stuebing e Susan Karolewski, em Leipzig, conforme noticiado pela BBC:

> "Incest is a criminal offence in Germany. Patrick Stuebing has already served a two-year sentence for committing incest and there is another jail term looming if paragraph 173 of the legal code is not overturned. The couple's lawyer, Endrik Wilhelm, has lodged an appeal with Germany's highest judicial body, the federal Constitutional Court in Karlsruhe, in order to overturn the country's ban on incest"[15].

---

[11] Maria Berenice Dias, ob. cit., p. 153.

[12] Rolf Madaleno, ob. cit., p. 83.

[13] Tradução livre de Pablo Stolze Gagliano: "Na linha colateral, o casamento é proibido entre o irmão e a irmã legítimos ou naturais".

[14] Tradução livre de Pablo Stolze Gagliano: "Parentesco. Um casamento não pode ser concluído entre parentes em linha reta e entre irmãos e irmãs germanos e unilaterais. A proibição persiste quando a relação de parentesco é extinta em decorrência de adoção".

[15] Disponível em: <http://news.bbc.co.uk/2/hi/europe/6424937.stm>. Acesso em: 17 dez. 2008. Em tradução livre de Rodolfo Pamplona Filho: "O incesto é um crime na Alemanha. Patrick Stuebing já cumpriu uma sentença de dois anos por cometer incesto e há outro mandado de prisão iminente se o parágrafo 173 do Código Penal não for revogado. O advogado do casal, Endrik Wilhelm, interpôs recurso perante o mais alto órgão judicial da Alemanha, o Tribunal Constitucional Federal em Karlsruhe, a fim de derrubar a proibição do incesto no país". A Revista *Veja* também noticiou o fato, observando ainda que: "O incesto é tabu em praticamente todas as sociedades. Há justificativas biológicas para isso. Pesquisas médicas mostram que há grande risco de anormalidades genéticas numa criança gerada por parentes próximos. Quando os pais são irmãos, a probabilidade de algo sair errado com o bebê chega a 50%. De fato, dois dos filhos de Patrick e Susan têm retardo mental" (para ler a íntegra da notícia: <http://veja.abril.com.br/140307/p_092.shtml>. Acesso em: 17 dez. 2008).

A união deve ser tratada e, de fato, reprimida, pelas normas do próprio Direito Civil, por se tratar, essencialmente, de situação atinente às relações de família, não se justificando a persecução criminal.

Não esqueçamos, por fim, que, posto essa união seja civilmente coibida, os filhos eventualmente havidos, têm, por força da isonomia constitucional e da superior perspectiva de valorização da dignidade humana, todos os seus direitos assegurados[16].

Especial situação, por seu turno, é a do casamento contraído entre colaterais de terceiro grau: tio(a) e sobrinha(o)[17].

Note-se que, o Código Civil, a eles estendeu a proibição, ao utilizar a expressão "até o terceiro grau inclusive".

Tal restrição visa, especialmente, à preservação da integridade física e mental da prole em face do surgimento de possíveis doenças recessivas decorrentes da proximidade parental.

É de se observar, todavia, nesse particular, que, por se tratar de norma especial, permanece em vigor o Decreto-lei n. 3.200, de 19 de abril de 1941, que, em situação especialmente justificada, admite o matrimônio entre parentes de terceiro grau, *se houver parecer médico favorável*:

> "Art. 2.º Os colaterais do terceiro grau, que pretendam casar-se, ou seus representantes legais, se forem menores, requererão ao juiz competente para a habilitação que nomeie dois médicos de reconhecida capacidade, isentos de suspensão, para examiná-los e atestar-lhes a sanidade, afirmando não haver inconveniente, sob o ponto de vista da sanidade, afirmando não haver inconveniente, sob o ponto de vista da saúde de qualquer deles e da prole, na realização do matrimônio.
>
> § 1.º Se os dois médicos divergirem quanto à conveniência do matrimônio, poderão os nubentes, conjuntamente, requerer ao juiz que nomeie terceiro, como desempatador.
>
> § 2.º Sempre que, a critério do juiz, não for possível a nomeação de dois médicos idôneos, poderá ele incumbir do exame um só médico, cujo parecer será conclusivo.
>
> § 3.º O exame médico será feito extrajudicialmente, sem qualquer formalidade, mediante simples apresentação do requerimento despachado pelo juiz.
>
> § 4.º Poderá o exame médico concluir não apenas pela declaração da possibilidade ou da irrestrita inconveniência do casamento, mas ainda pelo reconhecimento de sua viabilidade em época ulterior, uma vez feito, por um dos nubentes ou por ambos, o necessário tratamento de saúde. Nessa última hipótese, provando a realização do tratamento, poderão os interessados pedir ao juiz que determine novo exame médico, na forma do presente artigo".

Ao encontro dessas normas, foi aprovado o Enunciado 98 da I Jornada de Direito Civil:

> "98 — Art. 1.521, IV, do novo Código Civil: o inc. IV do art. 1.521 do novo Código Civil deve ser interpretado à luz do Decreto-lei n. 3.200/41 no que se refere à possibilidade de casamento entre colaterais de 3.º grau".

---

[16] Em uma perspectiva inclusiva da união incestuosa como entidade familiar, vale a pena conferir o minucioso estudo de Ana Cecília Rosário Ribeiro, *O Reconhecimento da Relação Incestuosa como Entidade Familiar*. Disponível em: <http://www.facs.br/revistajuridica/edicao_agosto2005/discente/disc_01_pos.doc>. Acesso em: 5 mar. 2010.

[17] Mais uma vez, confira-se o já mencionado Capítulo XXVI ("Parentesco") deste volume, mais precisamente no subtópico 3.2.2 ("Parentesco em Linha Colateral"), ao qual remetemos o leitor.

Parece-nos a melhor diretriz, tendo em vista que tutela a higidez física e mental da prole eventualmente advinda desse casal, integrado por pessoas que não guardam relação de parentesco tão próxima como a existente entre irmãos.

3.5. Casamento entre o adotado e o filho do adotante

Em sequência, traz, o Código Civil, outra proibição ao casamento que se afigura de imediata compreensão.

Não se permite, sob pena de invalidade, a união entre o adotado e o filho do adotante, pois, na perspectiva constitucional do vínculo adotivo, esse casamento estaria sendo contraído entre irmãos.

Espaço não há mais, em nosso sentir, para interpretação restritiva da adoção, de maneira que o adotado insere-se como filho na família do adotante, para todos os efeitos de direito, não se podendo, com isso, admitir que venha a convolar núpcias com o(a) filho(a) do seu pai ou da sua mãe, vale dizer, com o seu irmão ou irmã.

Tal vedação, portanto, dispensa maiores comentários, dada a sua justificável existência.

Em verdade, poder-se-ia defender, inclusive, que a previsão seria despicienda, estando já abrangida pela restrição do casamento entre irmãos, contida no inciso IV do art. 1.521, CC/2002, já que o tratamento diferenciado, no sistema anterior (art. 183, incisos IV e V, CC/1916), justificava-se apenas no período anterior à Constituição Federal de 1988, que promoveu a mais ampla isonomia de tratamento entre filhos (e, consequentemente, entre irmãos), na forma do § 6.º do seu art. 227[18].

3.6. Casamento entre as pessoas casadas

Severo é o tratamento jurídico dispensado, no Brasil, à bigamia, consoante podemos observar na leitura do nosso Código Penal[19]:

"Bigamia

Art. 235. Contrair alguém, sendo casado, novo casamento:

Pena — reclusão, de dois a seis anos.

§ 1.º Aquele que, não sendo casado, contrai casamento com pessoa casada, conhecendo essa circunstância, é punido com reclusão ou detenção, de um a três anos.

§ 2.º Anulado por qualquer motivo o primeiro casamento, ou o outro por motivo que não a bigamia, considera-se inexistente o crime".

---

[18] "§ 6.º Os filhos, havidos ou não da relação do casamento, ou por adoção, terão os mesmos direitos e qualificações, proibidas quaisquer designações discriminatórias relativas à filiação." Sobre o tema, confira-se o Capítulo XXV ("Filiação") deste volume.

[19] No passado, lembra-nos JOSÉ CARLOS TEIXEIRA GIORGIS, o rigor de tratamento era ainda maior: "O Código do Império brasileiro, mirando-se no código napoleônico, impunha a pena de trabalhos forçados até seis anos; depois, em 1890, sob o título de poligamia, o ordenamento penal definia o crime entre os cometidos contra a segurança do estado civil, com pena de prisão celular até seis anos, levando a imprecisão do termo a supor que a infração apenas ocorreria depois do segundo casamento (polígamo), defeito que foi corrigido na atual versão do artigo 235, CP" (*A Bigamia*. Disponível em: <http://www.ibdfam.org.br/?artigos&artigo=194>. Acesso em: 19 dez. 2008.

Nessa linha, proíbe-se, sob pena de nulidade absoluta, o casamento de quem ainda não teve dissolvido, pelo divórcio ou pela morte do seu consorte, o vínculo matrimonial anterior.

Isso porque, consoante já anotamos[20], posto a monogamia não tenha condão absoluto, nem possa ser imposta coercitivamente pelo Estado, ainda é um valor juridicamente tutelado.

Trata-se de um *impedimento de vínculo*, sobre o qual advertem, na doutrina portuguesa, FRANCISCO COELHO e GUILHERME DE OLIVEIRA:

> "Visou a lei com este impedimento evitar a bigamia, assegurando protecção, no plano civil, ao bem da unidade matrimonial, que constitui, como vimos, um dos caracteres essenciais do casamento, como estado"[21].

Com efeito, trata-se de um impedimento amplamente reconhecido na maior parte dos ordenamentos jurídicos de ideologia ocidental[22].

O Código Civil alemão, nesse particular, é incisivo, vedando o casamento de quem mantenha, com terceiro, outro matrimônio, ou, até mesmo, união estável, consoante dispõe o seu § 1.306:

> "Eine Ehe darf nicht geschlossen werden, wenn zwischen einer der Personen, die die Ehe miteinander eingehen wollen, und einer dritten Person eine Ehe oder eine Lebenspartnerschaft besteht"[23].

Posto o nosso Código Civil apenas consagre, como impedimento, o novo casamento de quem ainda é, tecnicamente, casado, silenciando-se quanto à união estável, claro está, todavia, que, aquele que mantiver relação de companheirismo, para contrair núpcias, deverá desfazê-la, por conta da impossibilidade de se manter, ao menos em linha de princípio, duas relações paralelas de afeto.

Na eventual hipótese de o cônjuge imaginar, por equívoco, desfeito o seu primeiro casamento, caso venha a convolar novo matrimônio, em seu favor poderão incidir, à luz do princípio da boa-fé, as normas pertinentes ao casamento putativo, analisadas oportunamente[24].

---

[20] Confira-se o subtópico 4.8 ("Seria a monogamia um princípio?") do Capítulo II ("Perspectiva Principiológica do Direito de Família"), bem como o Capítulo XX ("Concubinato e Direitos do(a) Amante") deste volume.

[21] Francisco Pereira Coelho e Guilherme de Oliveira, ob. cit., p. 270.

[22] "Sentença estrangeira contestada. Bigamia. Casamento celebrado no Brasil e anulado pela justiça japonesa. Homologação negada. 1. A bigamia constitui causa de nulidade do ato matrimonial, tanto pela legislação japonesa, como pela brasileira, mas, uma vez realizado o casamento no Brasil, não pode ele ser desfeito por Tribunal de outro país, consoante dispõe o § 1.º do art. 7.º da Lei de Introdução ao Código Civil. 2. Precedente do STF — SEC 2085. 3. Pedido de homologação negado. (STJ, SEC 1.303/JP, rel. Min. Fernando Gonçalves, Corte Especial, julgado em 5-12-2007, DJ 11-2-2008, p. 51).

[23] Tradução livre de Pablo Stolze Gagliano: "Um casamento não pode ser celebrado quando há entre as pessoas, que pretendam contrair matrimônio entre si, um casamento com terceiro ou união estável".

[24] Confira-se o Capítulo XI ("Plano de Validade do Casamento: Casamento Putativo") deste volume.

3.7. Casamento entre o cônjuge sobrevivente com o condenado por homicídio ou tentativa de homicídio contra o seu consorte

Proíbe-se, finalmente, o casamento entre o cônjuge sobrevivente e o condenado por homicídio consumado ou tentado contra o seu consorte.

Trata-se de regra justa, necessária e de clareza meridiana, aplicável aos crimes dolosos de homicídio, em quaisquer de suas modalidades (consumada ou tentada).

Imagine-se, por exemplo, que Alzira, casada com Joaquim, mantém relação adulterina com o seu amante Richard. Muito bem. Resolvem, então, os amantes, assassinar Joaquim. Ora, quer o grave delito haja se consumado ou não, claro está que não poderão contrair núpcias, sob pena de satisfazerem o seu desiderato nefasto.

Por outro lado, uma vez que o legislador se referiu apenas à "condenação" dos agentes do crime, poder-se-ia concluir no sentido da dispensa do trânsito em julgado da sentença penal condenatória, o que, em nosso pensar, nesse caso, não é a melhor solução, porquanto a independência dos juízos cível e criminal é relativa, de maneira que eventual sentença absolutória, a depender do seu fundamento, repercutiria no âmbito privado.

Por tal razão, é mais acertado o entendimento no sentido de que a simples condenação não gera o impedimento matrimonial, mas sim o efetivo trânsito em julgado da sentença penal condenatória.

Nesse sentido, TARTUCE e SIMÃO:

"Concordamos com a parcela da doutrina que considera existir o impedimento somente nos casos de crime doloso e trânsito em julgado da sentença penal condenatória"[25].

Afastamo-nos, todavia, do pensamento desses dois brilhantes autores, quando asseveram permanecer válido o casamento, "mesmo no caso de sentença penal transitada em julgado superveniente, ou seja, posterior ao matrimônio"[26].

Ora, o trânsito em julgado da decisão condenatória, por consequência, firmaria o impedimento, projetando-se retroativamente, para permitir o reconhecimento da nulidade absoluta do casamento, afastadas, inclusive, as regras do casamento putativo, por conta de os cônjuges não haverem atuado de boa-fé[27].

E, se assim não o fosse, como se sabe, um processo em que se apura a prática de crime doloso contra a vida, dada a sua complexidade, em geral não comporta desfecho célere, o que resultaria por permitir, em flagrante burla legislativa, a imediata realização do casamento e a concretização do funesto desiderato criminoso.

Registre-se, por fim, que o impedimento se limita à hipótese do homicídio doloso, não se aplicando ao homicídio culposo.

---

[25] Flávio Tartuce e José Fernando Simão, ob. cit., p. 63.

[26] Idem, p. 63.

[27] De fato, como bem anota BEVILÁQUA, a imoralidade do casamento decorreria, não apenas da codelinquência (coautoria ou participação), mas da simples conivência no crime praticado contra o seu consorte: "Poderá ser ausência de sentimentos de piedade para com o morto, ou de estima para consigo mesmo, mas em grau tão subido que, se a cumplicidade não existiu, houve aprovação do crime, igualmente imoral" (Clóvis Beviláqua, *Código Civil dos Estados Unidos do Brasil*, cit., p. 498).

Da mesma forma, considerando-se a *ratio* da norma, soa estranha a omissão ao homicídio do(a) companheiro(a) para casamento com a(o) convivente sobrevivente. Havendo trânsito em julgado da condenação por esse homicídio doloso, parece-nos que o dispositivo possa ser invocado como causa de nulidade absoluta do matrimônio, dada a gravidade da situação.

3.8. Casamento entre adúlteros

A matemática não nos deixa mentir: o brasileiro, em geral, conhece muito bem a infidelidade[28].

Com isso, não é desarrazoado imaginar a provável existência de inúmeras realidades paralelas ao casamento ou à união estável em nosso País.

E tal aspecto sociológico certamente orientou o legislador a descriminalizar o adultério, o que ocorreu por meio da aprovação da Lei n. 11.106 de 2005, que alterou o Código Penal Brasileiro.

Antes mesmo, porém, dessa mudança legislativa, o Código Civil já havia banido antiga regra — presente no art. 183, VII do Código de 1916 — que proibia o casamento entre os corréus, condenados pelo crime de adultério.

O Código Civil de 2002, pois, posto não considere o adultério lícito — eis que continua sendo uma quebra do dever de fidelidade, constituindo-se, na prática, em causa extremamente comum para a dissolução do casamento ou da união estável —, não mais impede que os adúlteros, uma vez livres da relação que os vinculava, possam contrair, entre si, matrimônio.

Boa notícia para Capitu e Escobar, se vivessem em nossa época... e, claro, se, de fato, as suspeitas de Bentinho fossem verdadeiras[29]...

4. OPOSIÇÃO DOS IMPEDIMENTOS

Os impedimentos, nos termos do art. 1.522, podem ser opostos até o momento da celebração do casamento, por qualquer pessoa capaz.

Por isso, aliás, é que o local de celebração do matrimônio deve ser aberto ao público, não se permitindo solenidade de portas fechadas.

Se o juiz, ou o oficial de registro, por seu turno, tiver conhecimento da existência de algum impedimento, será obrigado a declará-lo (parágrafo único do art. 1.522, CC/2002), por se tratar de matéria de ordem pública.

É de se observar ainda que, se a oposição se der no bojo do procedimento de habilitação, a teor do art. 1.529, CC/2002 — que também se aplica às causas suspensivas, objeto de análise de capítulo próximo —, deverá ser documentada por meio de declaração

---

[28] Sobre o tema, confira-se o subtópico 4.1 ("Fidelidade recíproca") do Capítulo XII ("Plano de Eficácia do Casamento: Deveres Matrimoniais e Causas Suspensivas do Casamento"), bem como o já mencionado subtópico 4.8 ("Seria a monogamia um princípio?") do Capítulo II ("Perspectiva Principiológica do Direito de Família") e o Capítulo XX ("Concubinato e Direitos do(a) Amante") deste volume.

[29] Consideramos *Dom Casmurro*, de Machado de Assis, sem sombra de dúvidas, uma das mais deliciosas e imperdíveis obras da literatura brasileira!

escrita e assinada, instruída com as provas do fato alegado, ou com a indicação do lugar onde possam ser obtidas.

Nessa linha, deverá o oficial do registro dar aos nubentes ou a seus representantes nota da oposição, indicando os fundamentos, as provas e o nome de quem a ofereceu, concedendo-lhes prazo razoável para fazer prova contrária aos fatos alegados, e promover as ações civis e criminais contra o oponente de má-fé (art. 1.530, CC/2002), conforme já destacamos em momento anterior[30].

5. NOTAS SOBRE OS IMPEDIMENTOS MATRIMONIAIS NO ESTATUTO DAS FAMÍLIAS

Como já destacamos em capítulo anterior[31], importante proposta de aperfeiçoamento da nossa legislação de família tramita no Congresso Nacional, o Projeto de Lei n. 2.285/2007, conhecido como "Estatuto das Famílias", apresentado pelo Deputado Federal SÉRGIO BARRADAS CARNEIRO, com o especial apoio do Instituto Brasileiro de Direito de Família — IBDFAM[32].

Particularmente, no que concerne aos impedimentos matrimoniais, objeto de estudo do presente capítulo, pretende-se alterar o atual sistema, nos seguintes termos:

"Art. 24. Não podem casar:

I — os absolutamente incapazes;

II — os parentes na linha reta sem limitação de grau;

III — os parentes na linha colateral até o terceiro grau, inclusive;

IV — os parentes por afinidade em linha reta;

V — as pessoas casadas".

Observamos, pois, uma salutar simplificação da matéria, com a retirada de referências inúteis e até discriminatórias, a exemplo da específica vedação atinente a adotante e adotado, que já encontraria guarida, como vimos acima, na menção feita a parentes em linha reta.

Por outro lado, acrescentou-se importante impedimento voltado aos absolutamente incapazes, harmonizando-se ao regime legal de incapacidade previsto no art. 3.º do Código Civil, justificador da nulidade absoluta do ato praticado (art. 166, I).

Pensamos, entretanto, que a proibição do casamento entre colaterais de terceiro grau, constante no inciso III, objeto de acesa controvérsia em face da recepção do Decreto-lei n. 3.200 de 1941, mereceria a ressalva do "parecer médico favorável", para firmar, em tal circunstância, a validade do matrimônio, escoimando, em definitivo, eventuais dúvidas ainda existentes na doutrina e na jurisprudência brasileiras.

Na mesma linha, a vedação do casamento entre cúmplices ou coniventes de homicídio, pela gravidade do fato, deveria ser mantida, em respeito ao mais sublime valor constitucional, anterior mesmo à própria instituição da família, a vida humana.

---

[30] Confira-se o subtópico 3.3 ("Oposição à Habilitação") do Capítulo VI ("Capacidade para o Casamento. Habilitação e Celebração Matrimonial") deste volume.

[31] Confira-se o subtópico 8 ("O Direito de Família e a Codificação Civil Brasileira") do Capítulo I ("Introdução ao Direito de Família") deste volume.

[32] Disponível em: <http://www.ibdfam.org.br//?artigos&artigo=338>. Acesso em: 22 dez. 2008. Esse projeto foi apensado ao PL 674/2007 em 17 de dezembro de 2007 (confira-se o link: <https://www.camara.leg.br/proposicoesWeb/fichadetramitacao?idProposicao=347575&ord=1>).

6. EFEITOS JURÍDICOS DO CASAMENTO NULO

Grave é a consequência decorrente da violação dos impedimentos previstos no art. 1.521 do Código Civil.

Considerando a superior natureza dos interesses que tutela, a infringência de qualquer desses impedimentos desemboca na nulidade do matrimônio celebrado.

Como se sabe, a nulidade absoluta carrega em si gravidade de alto impacto jurídico, consoante tivemos a oportunidade de anotar em nosso volume dedicado ao estudo da Parte Geral:

> "De fato, a previsibilidade doutrinária e normativa da teoria das nulidades impede a proliferação de atos jurídicos ilegais, portadores de vícios mais ou menos graves, a depender da natureza do interesse jurídico violado. Dentro dessa perspectiva, é correto dizer-se que o *ato nulo (nulidade absoluta)*, desvalioso por excelência, viola norma de ordem pública, de natureza cogente, e carrega em si vício considerado grave. O *ato anulável (nulidade relativa)*, por sua vez, contaminado por vício menos grave, decorre da infringência de norma jurídica protetora de interesses eminentemente privados. Tais premissas devem ser corretamente fixadas, uma vez que a natureza da nulidade determinará efeitos variados, interferindo, até mesmo, na legitimidade ativa para a arguição dos referidos vícios"[33].

Nesse diapasão, dispõe o Código Civil, em seu art. 1.548, com a redação dada pelo Estatuto da Pessoa com Deficiência, que o casamento será considerado nulo por infringência de impedimento, não mais remanescendo a ultrapassada restrição ao matrimônio do enfermo mental.

> "Art. 1.548. É nulo o casamento contraído:
> I — (Revogado); (Redação dada pela Lei n. 13.146/2015) (Vigência)
> II — por infringência de impedimento".

Fique atento o nosso estimado leitor, todavia, para o fato de que a teoria da invalidade aplicada à Parte Geral do Código Civil sofre, no Direito de Família, especiais adaptações, de maneira que nem todas as regras gerais incidentes nos atos nulos podem ser aplicadas ao casamento.

Assim, por exemplo, sabemos que a nulidade do ato jurídico em geral pode ser arguida por qualquer interessado, ou pelo Ministério Público quando lhe couber intervir no processo, podendo ser, inclusive, declarada de ofício pelo juiz (art. 168, CC).

No entanto, na hipótese do casamento, *não poderá o juiz declarar "ex officio" a nulidade*, exigindo-se, para tanto, a propositura de ação direta de nulidade, nos termos do art. 1.549, CC/2002:

> "Art. 1.549. A decretação de nulidade de casamento, pelos motivos previstos no artigo antecedente, pode ser promovida mediante ação direta, por qualquer interessado, ou pelo Ministério Público".

---

[33] Pablo Stolze Gagliano e Rodolfo Pamplona Filho, *Novo Curso de Direito Civil — Parte Geral*, 26. ed., São Paulo: SaraivaJur, 2024, v. 1.

Observe-se, portanto, não haver sido prevista a possibilidade de pronunciamento espontâneo do magistrado, como bem notou SILVIO VENOSA:

> "Como destacamos, nenhuma nulidade em matéria de casamento pode ser declarada de ofício. Há necessidade de ação que será a de rito mais amplo, permitindo plenitude probatória"[34].

E não subsiste mais, vale lembrar, por falta de previsibilidade legal — e em virtude de sua quase completa inutilidade prática — a figura do "curador do vínculo", pessoa especialmente designada pelo juiz para, no bojo da ação de nulidade, defender a validade do casamento (art. 222 do Código de 1916).

Por conta da natureza declaratória do provimento jurisdicional pretendido, essa ação é imprescritível, e os efeitos da sentença proferida têm, naturalmente, eficácia retroativa (*ex tunc*):

> "Art. 1.563. A sentença que decretar a nulidade do casamento retroagirá à data da sua celebração, sem prejudicar a aquisição de direitos, a título oneroso, por terceiros de boa-fé, nem a resultante de sentença transitada em julgado".

A retroatividade desses efeitos, como visto, não poderá prejudicar a aquisição de direitos, a título oneroso, por terceiros de boa-fé, como na hipótese em que os cônjuges, conjuntamente, na constância do matrimônio ainda não impugnado, resolvem vender determinado bem do patrimônio comum.

Por outro lado, caso a alienação seja gratuita — uma doação, por exemplo — ou o terceiro esteja de má-fé, a regra conduz-nos à conclusão de que o ato praticado perderia eficácia, retornando ao *status quo ante*.

Pensamos que a ressalva, verificada a boa-fé do terceiro, não se afigura tão necessária, por decorrer das próprias garantias constitucionais do *ato jurídico perfeito* e da *coisa julgada*.

Nessa mesma linha, uma sentença transitada em julgado que houvesse, por exemplo, acatado o pedido formulado pela esposa, em ação de embargos de terceiro, para livrar bem de seu patrimônio pessoal de eventual penhora requerida pelos credores do seu marido, não seria considerada ineficaz, ainda que se invalidasse, posteriormente, o seu matrimônio, tendo em vista os limites objetivos da coisa julgada.

Portanto, a grande questão é a verificação, no caso concreto, da boa-fé do adquirente[35].

---

[34] Sílvio de Salvo Venosa, *Direito Civil — Direito de Família*. 6. ed., São Paulo: Atlas, 2006, p. 113.

[35] Sobre o tema da boa-fé, confira-se o Capítulo "Boa-Fé Objetiva em Matéria Contratual" do v. IV, "Contratos", desta coleção.

Capítulo X
Plano de Validade do Casamento: Causas de Anulação do Casamento — O Casamento Anulável

Sumário: 1. Introdução. 2. Causas de anulabilidade no Código Civil de 1916. 3. Causas de anulabilidade no Código Civil de 2002. 3.1. Nubente que não completou a idade mínima para casar. 3.2. Nubente em idade núbil sem autorização para o casamento. 3.3. Vícios de vontade. 3.3.1. Da omissão legal de referência a outros vícios de consentimento. 3.3.2. Do erro essencial sobre a pessoa de um dos cônjuges. 3.3.2.1. Quanto à identidade, honra e boa fama. 3.3.2.2. Quanto à existência de cometimento de crime. 3.3.2.3. Quanto à existência de defeito físico irremediável que não caracterize deficiência ou patologia transmissível. 3.3.2.4. Hipóteses não mais caracterizadoras de erro essencial. 3.3.3. Da coação. 3.4. Nubente incapaz de consentir ou de manifestar o seu consentimento. 3.5. Revogação do mandato no casamento por procuração. 3.6. Incompetência da autoridade celebrante. 4. Prazo e legitimação para anulação do casamento. 5. Efeitos jurídicos do casamento anulável. 5.1. Convalescimento do casamento anulável. 5.2. Natureza jurídica da sentença anulatória do casamento. 5.3. Consequências jurídicas da anulação do casamento.

1. INTRODUÇÃO

Dando sequência ao estudo do plano de validade do casamento, após passarmos em análise os impedimentos matrimoniais, cuidaremos, agora, de enfrentar as causas de anulação do casamento.

E assim deve ser o presente estudo, por imperativo — não de prevalência — mas de precedência lógica, porquanto os primeiros (impedimentos) desembocam na nulidade absoluta, ao passo que as causas aqui estudadas resultam, tão somente, na nulidade relativa ou anulabilidade do ato matrimonial.

Vamos, então, iniciar, essa importante análise.

2. CAUSAS DE ANULABILIDADE NO CÓDIGO CIVIL DE 1916

O Código Civil de 1916, consoante anotamos no capítulo anterior, reunia, em um único artigo, todas as causas de nulidade absoluta e relativa do casamento (impedimentos públicos e privados) e, bem assim, os impedimentos proibitivos, determinantes de mera irregularidade matrimonial, com a imposição, aos infratores, de sanções de ordem patrimonial (separação obrigatória de bens e perda de usufruto dos bens dos filhos).

Nesse contexto, cotejando os incisos IX a XII, do art. 183 (impedimentos relativos ou privados) com o art. 209 do Código de 1916, teríamos as seguintes hipóteses de anulabilidade do casamento:

"Art. 183. Não podem casar (arts. 207 e 209):
(...)

IX — as pessoas por qualquer motivo coactas e as incapazes de consentir; [*Redação dada pelo Decreto do Poder Legislativo n. 3.725, de 15-1-1919.*]

X — o raptor com a raptada, enquanto esta não se ache fora do seu poder e em lugar seguro;

XI — os sujeitos ao pátrio poder, tutela ou curatela, enquanto não obtiverem, ou lhes não for suprido o consentimento do pai, tutor, ou curador (art. 212); [*Redação dada pelo Decreto do Poder Legislativo n. 3.725, de 15-1-1919.*]

XII — as mulheres menores de 16 (dezesseis) anos e os homens menores de 18 (dezoito);
(...)

Art. 209. É anulável o casamento contraído com infração de qualquer dos ns. IX a XII do art. 183".

É de se observar, portanto, que somente poderíamos chegar a tais causas de nulidade relativa, mediante uma interpretação sistemática desses dois artigos.

Diferentemente, o Código de 2002 adota uma disciplina mais minuciosa e — por que não dizer — mais precisa, ao consagrar um artigo próprio para as causas de anulação do casamento (art. 1.550), separando-as dos impedimentos (art. 1.521) e das causas meramente suspensivas (art. 1.523).

Conheçamos, portanto, as causas de anulabilidade matrimonial no vigente Código Civil brasileiro.

3. CAUSAS DE ANULABILIDADE NO CÓDIGO CIVIL DE 2002

Dispõe o art. 1.550, CC/2002, ser anulável o casamento:

"I — de quem não completou a idade mínima para casar;

II — do menor em idade núbil, quando não autorizado por seu representante legal;

III — por vício da vontade, nos termos dos arts. 1.556 a 1.558;

IV — do incapaz de consentir ou manifestar, de modo inequívoco, o consentimento;

V — realizado pelo mandatário, sem que ele ou o outro contraente soubesse da revogação do mandato, e não sobrevindo coabitação entre os cônjuges;

VI — por incompetência da autoridade celebrante.

§ 1.º Equipara-se à revogação a invalidade do mandato judicialmente decretada.

§ 2.º A pessoa com deficiência mental ou intelectual em idade núbia poderá contrair matrimônio, expressando sua vontade diretamente ou por meio de seu responsável ou curador". [*Parágrafo inserido pelo Estatuto da Pessoa com Deficiência — Lei n. 13.146, de 6 de julho de 2015.*]

Observe-se que o Estatuto da Pessoa com Deficiência (Lei n. 13.146, de 6 de julho de 2015) inseriu o § 2.º no transcrito art. 1.550, salientando que a "pessoa com deficiência mental ou intelectual em idade núbia poderá contrair matrimônio, expressando sua vontade diretamente ou por meio de seu responsável ou curador", o que mantém a essência da diretriz, que busca, em verdade, prestigiar o livre-arbítrio das partes.

Em verdade, trata-se de dispositivo interessante, mas que deve ser aplicado com cautela, para evitar situações de abuso mediante a captação dolosa da vontade do nubente com deficiência.

Enfrentemos, pois, cada uma dessas hipóteses de nulidade relativa do matrimônio.

3.1. Nubente que não completou a idade mínima para casar

Este dispositivo se esvaziou.

Não havendo completado a idade mínima para casar, **não se admite casamento**, a teor da nova redação do art. 1.520 do CC:

"Art. 1.520. Não será permitido, em qualquer caso, o casamento de quem não atingiu a idade núbil, observado o disposto no art. 1.517 deste Código". [*Redação dada pela Lei n. 13.811 de 2019.*]

A violação dessa norma, pois, desemboca, não em mera anulabilidade, mas em nulidade absoluta.

3.2. Nubente em idade núbil sem autorização para o casamento

Como sabemos, ainda que atingida a idade mínima para o casamento, até os 18 anos (maioridade civil), o nubente necessita da autorização dos pais ou dos seus representantes legais (tutor ou curador).

A falta dessa autorização não suprida pelo juiz também é causa de anulabilidade do casamento.

Relembremo-nos de que a autorização concedida pelos pais e tutores poderá ser revogada até o dia da celebração do casamento, a teor do art. 1.518 do Código Civil de 2002.

Trata-se, em essência, do exercício de um direito potestativo. Os direitos potestativos, nas palavras de FRANCISCO AMARAL,

"... conferem ao respectivo titular o poder de influir ou determinar mudanças na esfera jurídica de outrem, por ato unilateral, sem que haja dever correspondente, apenas uma sujeição"[1].

É o que se dá com o direito conferido ao representante legal de revogar a autorização dada ao nubente de 16 ou 17 anos, até a celebração do matrimônio.

3.3. Vícios de vontade

Na forma do art. 1.550, III, também será anulável o casamento quando ocorrer vício de vontade na sua celebração.

Trata-se, em verdade, do reconhecimento de que, para a validade do casamento, a vontade dos nubentes deve ser livre e de boa-fé, aliás, como deve ser a manifestação da vontade em qualquer negócio jurídico[2].

Analisemos, por seu turno, as peculiaridades da disciplina legal dos vícios de vontade no reconhecimento da anulabilidade do casamento, o que será objeto dos próximos subtópicos.

3.3.1. Da omissão legal de referência a outros vícios de consentimento

Na forma do art. 1.550, III, c/c arts. 1.556/1.558 do CC/2002, será anulável o casamento quando houver *erro essencial sobre a pessoa de um dos cônjuges ou coação*.

---

[1] Francisco Amaral, *Direito Civil — Introdução*, 10. ed., São Paulo: Saraiva, 2018, p. 687.
[2] Sobre o tema dos vícios de consentimento, confira-se o Capítulo XIII ("Defeitos do Negócio Jurídico") do v. I ("Parte Geral") desta coleção.

Da leitura atenta da previsão legal, constata-se, de forma evidente, que houve omissão (injustificada, em nosso sentir) do *dolo* como causa invalidante.

SÍLVIO VENOSA observa que:

"o dolo, como causa de anulação, colocaria sob instabilidade desnecessária o casamento, permitindo que defeitos sobrepujáveis na vida doméstica fossem trazidos à baila em um processo".

Entretanto, o culto civilista reconhece que

"há legislações que admitem o dolo, para anular o casamento, como a alemã, a argentina e a suíça, tendo a doutrina mais recente apoiado essa solução, colocando em dúvida os argumentos mais repetidos contra esse vício como causa de anulação"[3].

De fato, levando em conta a essência do dolo — erro provocado por terceiro — a sua admissibilidade no âmbito matrimonial, longe de caracterizar mera instabilidade do casamento, consistiria, em nosso pensar, no necessário reconhecimento de que situações há, na vida real, em que o nubente atua com o inequívoco propósito de enganar o outro.

De qualquer maneira, a ausência da previsão normativa não acarreta grave prejuízo ao sistema, uma vez que possíveis condutas dolosas encontram guarida nas próprias regras reguladoras do *erro essencial*.

Quanto aos outros defeitos do negócio, a peculiar natureza jurídica de cada um deles não permitiria útil aplicação ao casamento, com exceção da *simulação*, caso em que teríamos uma situação especial de nulidade, regulada na própria Parte Geral do Código Civil, a teor de seu art. 167[4].

3.3.2. Do erro essencial sobre a pessoa de um dos cônjuges

Para enfrentar o tema do erro essencial sobre a pessoa de um dos cônjuges, cumpre-nos relembrar o que se entende por erro, a fim de que possamos fazer a sua análise na seara matrimonial.

Segundo o sempre lembrado Professor CAIO MÁRIO DA SILVA PEREIRA:

"quando o agente, por desconhecimento ou falso conhecimento das circunstâncias, age de um modo que não seria a sua vontade, se conhecesse a verdadeira situação, diz-se que procede com erro"[5].

Embora a lei não estabeleça distinções, o erro é um *estado de espírito positivo*, qual seja, *a falsa percepção da realidade*, ao passo que a ignorância é *um estado de espírito negativo, o total desconhecimento do declarante* a respeito das circunstâncias do negócio.

---

[3] Sílvio de Salvo Venosa, ob. cit., p. 128.
[4] Sobre a simulação, ver o tópico 2.6. do Capítulo XIII, do nosso v. I, Parte Geral.
[5] Caio Mario da Silva Pereira, *Instituições de Direito Civil*, 19. ed., Rio de Janeiro: Forense, 2001, v. I, p. 326.

Tradicionalmente, o erro é considerado como causa de anulabilidade do negócio jurídico se for:

a) essencial (substancial);

b) escusável (perdoável)[6].

Nesse sentido, dispõe o Código Civil:

"Art. 138. São anuláveis os negócios jurídicos, quando as declarações de vontade emanarem de *erro substancial* que poderia ser percebido por pessoa de diligência normal, em face das circunstâncias do negócio".

Compare-se esta regra com a equivalente na codificação anterior, a saber, o art. 86 do Código de 1916:

"Art. 86. São anuláveis os atos jurídicos, quando as declarações de vontade emanarem de erro substancial".

Substancial é o erro que incide sobre a essência do ato que se pratica, sem o qual este não se teria realizado. É o caso do colecionador que, pretendendo adquirir uma estátua de marfim, compra, por engano, uma peça feita de material sintético.

O Código Civil enumerou as seguintes hipóteses de erro substancial, em seu art. 139[7].

Em linhas gerais, temos:

a) quando interessa à natureza do negócio, ao objeto principal da declaração, ou a alguma das qualidades a ele essenciais;

b) quando concerne à identidade ou à qualidade essencial da pessoa a quem se refira a declaração de vontade, desde que tenha influído nesta de modo relevante;

c) sendo de direito e não implicando recusa à aplicação da lei, for o motivo único ou principal do negócio jurídico.

Modalidade especial de erro, consagrada pelo Código de 2002, foi o denominado erro substancial, também previsto no art. 139, que incide, não na base fática da declaração de vontade, mas, sim, na sua ilicitude, ou seja, trata-se de um erro sobre o alcance permissivo da norma.

Sobre esse tema, escrevemos, em nosso volume dedicado ao estudo da Parte Geral:

"CLÓVIS BEVILÁQUA apenas reconhece o erro de fato como fundamento para a anulação do ato jurídico, razão por que o Código de 1916 não é explícito a seu respeito. Em sentido contrário era o pensamento de ESPÍNOLA, lembrado pelo Mestre CARVALHO SANTOS: *'Clóvis opina que o Código trata apenas do erro de fato, porque este é que pode*

---

[6] Discute-se, atualmente, em doutrina, à luz do princípio da confiança, se o requisito da "escusabilidade" do erro ainda seria exigível (ver nosso v. I, Parte Geral, citado, p. 395).

[7] "Art. 139. O erro é substancial quando:

I — interessa à natureza do negócio, ao objeto principal da declaração, ou a alguma das qualidades a ele essenciais;

II — concerne à identidade ou à qualidade essencial da pessoa a quem se refira a declaração de vontade, desde que tenha influído nesta de modo relevante;

III — sendo de direito e não implicando recusa à aplicação da lei, for o motivo único ou principal do negócio jurídico."

influir sobre a eficácia da vontade (Cód. Civ. Com., vol. 1. obs. ao artigo 86). ESPÍNOLA, *ao contrário, entende que o erro de direito, especialmente a respeito da causa, pode determinar a nulidade do ato jurídico*"[8]. CAIO MÁRIO admite o erro de direito, desde que não traduza oposição ou recusa à aplicação da lei, e tenha sido a razão determinante do ato[9]. Em regra, o *error juris* (que não se confunde com a *ignorância da lei*) não é causa de anulabilidade do negócio, porém, como visto acima, por vezes a doutrina flexibiliza este entendimento. Em nosso entendimento, deve-se admitir, sempre em caráter excepcional, o erro de direito, ainda mesmo por força da regra, expressa no art. 3.º da Lei de Introdução às Normas do Direito Brasileiro, de que *ninguém pode se escusar de cumprir a lei, alegando que não a conhece*. Desde que não se pretenda descumprir preceito de lei, se o agente, de boa-fé, pratica o ato incorrendo em erro substancial e escusável, há que reconhecer, por imperativo de equidade, a ocorrência do erro de direito. É o caso, por exemplo, de alguém que eventualmente celebra um contrato de importação de uma determinada mercadoria, sem saber que, recentemente, foi expedido decreto proibindo a entrada de tal produto no território nacional. Não admitir a anulação do contrato simplesmente pela ficção legal da LINDB seria fazer com que o jurista fechasse os olhos para a realidade do que ordinariamente acontece, o que é inadmissível. O Novo Código, consoante já se anotou supra, admitiu o *erro de direito substancial*, desde que não implique recusa à aplicação da lei (art. 139, III). Embora a regra legal não seja expressa a respeito, o requisito da *boa-fé* é obviamente indispensável para que se reconheça esta espécie de erro"[10].

No que toca, especialmente, ao Direito de Família, merece especial referência o *erro sobre pessoa*, previsto no inciso II, do referido art. 139.

Trata-se de uma falsa percepção da realidade, invalidante do ato que se pratica, incidente nas características pessoais ou no comportamento de um dos declarantes, consoante prevê o nosso Código:

"Art. 1.556. O casamento pode ser anulado por vício da vontade, se houve por parte de um dos nubentes, ao consentir, erro essencial quanto à pessoa do outro".

Pensamos que esse erro deverá ser de tal impacto que torne insuportável a vida em comum ao cônjuge enganado, uma vez que, não sendo assim, prejuízo não haveria, e, como se sabe, ausente o dano, inexistente é a nulidade.

Incumbe, outrossim, ao cônjuge prejudicado, provar suficientemente o equívoco, impondo-se ao juiz redobrada cautela na apreciação do fato, porquanto, como se sabe, os caminhos do coração levam-nos, muitas vezes — por mágoa ou paixão não correspondida — a encobrir a frustração vivida com o erro da nossa própria escolha.

Nessa linha, a codificação civil brasileira elenca, expressamente, as situações consideradas de erro essencial sobre a pessoa do outro cônjuge, conforme se verifica no art. 1.557, CC/2002 (já com a redação estabelecida pelo Estatuto da Pessoa com Deficiência):

"Art. 1.557. Considera-se erro essencial sobre a pessoa do outro cônjuge:

I — o que diz respeito à sua identidade, sua honra e boa fama, sendo esse erro tal que o seu conhecimento ulterior torne insuportável a vida em comum ao cônjuge enganado;

---

[8] J. M. Carvalho Santos, *Código Civil Brasileiro Interpretado*, 6. ed., Rio de Janeiro: livraria Freitas Bastos, 1955, v. II, p. 295.

[9] Caio Mário da Silva Pereira, ob. cit., p. 332.

[10] Pablo Stolze Gagliano e Rodolfo Pamplona Filho, *Novo Curso de Direito Civil – Parte Geral*, 26. ed., São Paulo: SaraivaJur, 2024, v. 1.

II — a ignorância de crime, anterior ao casamento, que, por sua natureza, torne insuportável a vida conjugal;

III — a ignorância, anterior ao casamento, de defeito físico irremediável que não caracterize deficiência ou de moléstia grave e transmissível, pelo contágio ou herança, capaz de pôr em risco a saúde do outro cônjuge ou de sua descendência"[11].

Trata-se de hipóteses com limites objetivos para garantir a segurança e a estabilidade do casamento, mas abertas o suficiente para abranger situações fáticas não pensadas originalmente pelo legislador que as concebeu.

Afinal, são *standards* jurídicos, e, como tais, exigem detida e cautelosa atividade hermenêutica.

Vamos, então, amigo leitor, estudar agora essas situações caracterizadoras do erro essencial no casamento.

3.3.2.1. Quanto à identidade, honra e boa fama

Na primeira hipótese, o erro diz respeito *à identidade, honra e boa fama de um dos cônjuges, sendo esse erro tal que o seu conhecimento ulterior torne insuportável a vida em comum ao cônjuge enganado.*

A primeira circunstância descrita poderia ser exemplificada no caso do marido que se apresenta com nome e identidade falsos, comportando-se, durante o noivado, e até a descoberta da sua farsa, como se fosse outra pessoa.

Conquista a sua noiva apresentando-se como João da Silva, empresário, mas, em verdade, trata-se de Marcos Bomfino, professor. Incute, pois, no outro declarante, a falsa perspectiva de sua identidade civil.

Trata-se, é bem verdade, de situação pouco provável, mas não de impossível ocorrência.

Uma outra hipótese possível para enquadramento no *standard* é a do cônjuge que se submeteu à cirurgia para redesignação de sexo e não informou ao outro nubente[12].

Na mesma linha, trata a previsão legal dos conceitos vagos ou abertos de "honra e boa fama", que conferem ao julgador uma margem — regrada, claro — de discricionariedade, para a aferição do comportamento não revelado, e, por conta disso, reputado legalmente espúrio e prejudicial.

Ao referir esses atributos morais, pensamos que o legislador levou em conta a dimensão individual e social do *eu* de cada nubente, na interface com a esfera de existência do outro, com o qual se uniu pelo matrimônio.

Segundo WASHINGTON DE BARROS MONTEIRO:

"Honra é a dignidade da pessoa que vive honestamente, que pauta seu proceder pelos ditames da moral; é o conjunto dos atributos, morais e cívicos, que torna a pessoa apre-

---

[11] Observe-se que o inciso IV do art. 1.557 do CC/2002 ("IV — a ignorância, anterior ao casamento, de doença mental grave que, por sua natureza, torne insuportável a vida em comum ao cônjuge enganado") foi revogado pela Lei n. 13.146, de 6 de julho de 2015 (Estatuto da Pessoa com Deficiência).

[12] Sobre o tema, releia-se o subtópico 2.2 ("Sobre a diversidade de Sexos") do Capítulo VIII ("Plano de Existência do Casamento") deste volume.

ciada pelos concidadãos. Boa fama é a estima social de que a pessoa goza, visto conduzir-se segundo os bons costumes"[13].

Assim, o comportamento pessoal e social do cônjuge, anterior ao casamento, descoberto pelo seu parceiro, poderá, a depender da sua gravidade, resultar na invalidade matrimonial.

É o caso da noiva que descobre alcoolismo do seu esposo, habitual e anterior ao casamento.

E, sem pretendermos esgotar o infinito rol de possibilidades, dada a abertura eficacial da norma, apontamos outros exemplos indicados por MARIA HELENA DINIZ: *má vida ou prostituição da mulher anterior ao ato nupcial; vício de tóxicos; vida desregrada do cônjuge, chegando mesmo a manter relações sexuais com a própria mãe etc.*[14].

Fique claro, todavia, que a atividade hermenêutica de preenchimento desses vagos conceitos de *honra* e *boa fama* deve ser empreendida com bom- -senso e sensibilidade, evitando o intérprete adotar posições discriminatórias, violadoras do superior princípio da dignidade humana, como bem anotou o Tribunal do Rio de Janeiro:

"ANULAÇÃO DE CASAMENTO. ERRO ESSENCIAL. HONRA E BOA FAMA. NÃO CARACTERIZAÇÃO. É anulável o *casamento* por vício de vontade, nos termos do art. 1.550, III do CC/02, em casos de coação e *erro* essencial quanto à pessoa do cônjuge (arts. 1.556 e 1.557 do CC/02). Pretende o autor imputar conduta desonrosa alegando que a ré sempre manteve relações com outros homens, desde a época do namoro bem como após as núpcias e, após o *casamento*, estaria envolvendo-se com outra pessoa que inclusive frequentava a casa do autor e era seu amigo. Com a evolução da sociedade, caracterizações como honra e boa fama devem ser interpretadas *cum grano salis* evitando-se, assim, práticas discriminatórias e atentatórias à dignidade da pessoa humana, em evidente contrariedade ao ordenamento jurídico. Não há motivo para *anulação* de *casamento*, mas sim para eventual pedido de separação judicial, nos termos da legislação em vigor. Desprovimento do Recurso" (TJRJ — AP 2007.001.49973 — 9.ª Câm. Cív. — Des. Roberto de Abreu e Silva — Julgamento em 18-12-2007.

Neste julgado seguinte, do Tribunal de Justiça do Rio Grande do Sul, outrossim, admitiu-se o reconhecimento do erro:

"APELAÇÃO. ANULAÇÃO DE CASAMENTO. ERRO ESSENCIAL EM RELAÇÃO À PESSOA DO CÔNJUGE. OCORRÊNCIA. A existência de relacionamento sexual entre cônjuges é normal no casamento. É o esperado, o previsível. O sexo dentro do casamento faz parte dos usos e costumes tradicionais em nossa sociedade. Quem casa tem uma lícita, legítima e justa expectativa de que, após o casamento, manterá conjunção carnal com o cônjuge. Quando o outro cônjuge não tem e nunca teve intenção de manter conjunção carnal após o casamento, mas não informa e nem exterioriza essa intenção antes da celebração do matrimônio, ocorre uma desarrazoada frustração de uma legítima expectativa. O fato de que o cônjuge desconhecia completamente que, após o casamento, não obteria do outro cônjuge anuência para realização de conjunção carnal demonstra a

---

[13] Washington de Barros Monteiro, ob. cit., p. 95-6.
[14] Maria Helena Diniz, ob. cit., p. 295.

ocorrência de erro essencial. E isso autoriza a anulação do casamento. DERAM PROVIMENTO" (SEGREDO DE JUSTIÇA) (TJRS, AC n. 70016807315, 8.ª Câm. Cív., rel. Rui Portanova, julgado em 23-11-2006).

Em sentido contrário, outras argumentações, como o curto tempo de namoro ou erro sobre comportamento de parente (sogra), não têm sido reconhecidas como justificadoras da anulação do casamento.

Confiram-se os, a título demonstração, os seguintes julgados:

"FAMÍLIA. ANULAÇÃO DE CASAMENTO. ERRO ESSENCIAL SOBRE A PESSOA. CASAMENTO AGENCIADO. Não se pode invocar erro essencial sobre a pessoa do outro cônjuge quando o casamento é celebrado em curto espaço de tempo entre o namoro e a sua celebração. Assume o risco de se equivocar quanto à pessoa quem aceita casar sem manter um período razoável de conhecimento mútuo. Insuficiência probatória. Anulação improcedente. Separação judicial, vida conjugal insuportável. Acolhimento do pleito reconvencional. Apelação desprovida. Segredo de justiça" (TJRS. AC n. 70015420599, 8.ª Câm. Cív. — rel. Luiz Ari Azambuja Ramos, julgado em 10-08-2006).

"CIVIL. ANULAÇÃO DE CASAMENTO. ERRO ESSENCIAL QUANTO À PESSOA DO OUTRO CÔNJUGE. INSUPORTABILIDADE DA VIDA EM COMUM. ARTIGOS 218 E 219 DO CÓDIGO CIVIL DE 1916. I — O erro que justifica a anulação do casamento se refere à pessoa do outro nubente, sendo irrelevante para tanto o erro sobre a sua genitora (sogra). II — Negou-se provimento ao recurso. Unânime" (TJDFT, AC 20010110299278, rel. José Divino de Oliveira, julgado em 16-8-2006, DJ 7-11-2006, p. 101, 1.ª Turma Cível).

Tudo dependerá, pois, da cautelosa análise do caso concreto, a fim de que se possa efetivamente aferir se houve o alegado equívoco por parte do cônjuge supostamente prejudicado.

3.3.2.2. Quanto à existência de cometimento de crime

Na mesma linha, também poderá ser anulado o casamento por erro essencial, *em virtude da ignorância de crime, anterior ao casamento, que, por sua natureza, torne insuportável a vida conjugal.*

Eis, aqui, a segunda hipótese de anulação por erro, nos termos do art. 1.557.

O conhecimento ulterior ao matrimônio de crime grave cometido pelo consorte poderá resultar na invalidade do matrimônio em face da insuportabilidade da vida em comum.

É de se notar que a gravidade do crime não deve ser aferida segundo um padrão objetivo, mas, sim, na medida do sofrimento experimentado pelo cônjuge enganado.

Assim, a descoberta do cometimento de um estupro anterior ao casamento ou, até mesmo, de um simples furto poderá — a despeito da discrepante gravidade de repercussão jurídica entre esses fatos típicos — resultar na invalidação do matrimônio, em se comprovando a impossibilidade de mantença do vínculo por parte do cônjuge inocente.

O referencial de análise, pois, para a aferição da invalidade, é a repercussão do ato na vítima, e não na sociedade.

Nesse sentido, ROLF MADALENO preleciona:

"O atual codificador inovou ao deixar de medir a gravidade do crime para que o cônjuge passe, doravante, a decidir sobre sua vida e o seu casamento, sendo dele a decisão de promover a ação de anulação de seu matrimônio, sempre que, no seu sentir, o posterior cometimento de crime praticado por seu parceiro conjugal, antes do casamento, por sua natureza e pela sua revelação até então ignorada, tornou a sua vida conjugal insuportável, indiferente à extensão da apenação e da sua repercussão social, pois o que importa é a repercussão causada ao cônjuge que desconhecia o fato, de tal sorte que, se ele soubesse, talvez não tivesse casado"[15].

É de se notar, ainda, que, o atual Código Civil, diferentemente do de 1916 (art. 219, II), não se referiu à necessidade de o crime ser inafiançável, nem ao trânsito em julgado da sentença condenatória, de maneira que, em nosso sentir — coerente com a posição acima esposada no sentido da repercussão pessoal do fato como critério de análise da norma — basta o cometimento do ato criminoso, para se deslocar ao juízo cível a análise da causa de invalidade.

3.3.2.3. Quanto à existência de defeito físico irremediável que não caracterize deficiência ou patologia transmissível

Avançando em nosso estudo, também haverá invalidade em decorrência da *ignorância, anterior ao casamento, de defeito físico irremediável que não caracterize deficiência ou de moléstia grave e transmissível, pelo contágio ou herança, capaz de pôr em risco a saúde do outro cônjuge ou de sua descendência*.

Compreendemos a inserção da expressão "que não caracterize deficiência", realizada pela Lei Brasileira de Inclusão (Lei n. 13.146/2015), embora, em termos práticos, considerando-se o próprio art. 2.º da mesma Lei, não seja fácil visualizar defeito físico irremediável que não traduza deficiência, em uma perspectiva que vise a isonomia.

A par desta reflexão crítica, por *defeito físico irremediável*, *tradicionalmente*, entende-se ser uma incapacidade física grave, que inabilita o seu portador a realizar atos fundamentais da vida civil, com reflexos prejudiciais na esfera do casamento.

É o caso do marido portador de *impotência "coeundi"*, ulteriormente descoberta por sua esposa.

Restando comprovada a irreversível inaptidão física para a relação sexual, o casamento poderá ser anulado, não se podendo confundir — frise-se — essa anomalia com a incapacidade para gerar filhos (*impotência "generandi"*), pois, essa, de per si, é inidônea para justificar a invalidade do matrimônio.

Também resultará em invalidade a descoberta de moléstia grave e transmissível por contágio ou herança, capaz de pôr em risco o outro cônjuge ou a sua prole, como se dá no caso da sífilis ou do vírus HIV.

Ressalte-se, outrossim, que a pessoa portadora da doença merece a nossa atenção e o nosso respeito, não estando, na perspectiva constitucional de promoção da pessoa humana, impedida de casar.

Não é isso.

Ela poderá, sim, unir-se a outra pessoa, realizando o seu projeto pessoal de vida, mas o seu cônjuge deverá tomar prévia ciência do seu estado de saúde, sob pena de a ulterior descoberta resultar na invalidade do matrimônio.

---

[15] Rolf Madaleno, ob. cit., p. 112.

Saliente-se que o defeito físico irremediável autorizador da anulação do casamento não pode caracterizar-se como deficiência, na forma propugnada pelo Estatuto da Pessoa com Deficiência (Lei n. 13.146, de 6 de julho de 2015).

3.3.2.4. Hipóteses não mais caracterizadoras de erro essencial

Vale registrar que o texto original do Código Civil brasileiro de 2002 previa, no inciso IV do art. 1.557, hipótese de anulação do casamento por erro sobre pessoa, a *ignorância, anterior ao casamento, de doença mental grave que, por sua natureza, torne insuportável a vida em comum ao cônjuge enganado.*

Assim, entendia-se, por exemplo, que a esquizofrenia de que já era portador um dos cônjuges, manifestada após o casamento, e que tornasse insuportável a vida em comum, poderia desembocar na invalidade matrimonial.

Tal hipótese não mais remanesce no nosso ordenamento jurídico por força do Estatuto da Pessoa com Deficiência (Lei n. 13.146, de 6 de julho de 2015), que o revogou expressamente.

Da mesma forma, a abominável regra, presente no Código Civil de 1916 (art. 219, IV), no sentido de permitir ao marido a anulação do casamento pela descoberta do defloramento da sua esposa, desapareceu.

Aliás, a dignidade conferida ao princípio da igualdade pela nossa Constituição de 1988, impediria, já há duas décadas, interpretação que conduzisse à exigibilidade da virgindade feminina, por não se exigir semelhante condição do marido.

Situação inusitada, aliás, ocorreu na Itália, levada à Corte Suprema daquele país, sem precedente ou paralelo no Direito Brasileiro[16]:

> "Justiça italiana decidiu que fazer sexo com preservativo é motivo para anular o casamento.
>
> A Justiça da Itália decidiu que fazer sexo com preservativo (camisinha) pode ser utilizado como motivo para anular o casamento, de acordo com reportagem do jornal italiano *Il Messaggero*.
>
> A Suprema Corte de Justiça do país ratificou uma decisão do Vaticano, que, em 2005, anulou o casamento de um casal identificado como Fabio N. e Elizabeth T., porque eles fizeram sexo seguro.
>
> A Suprema Corte negou provimento ao recurso de Elizabeth, que contestava a anulação de seu casamento com Fabio.
>
> Segundo a mulher, eles tinham feito sexo protegido para evitar que o marido, que sofre da 'Síndrome de Reite', transmitisse a doença para um futuro filho.
>
> Mas, para a Igreja, as práticas que excluem a procriação podem invalidar o casamento religioso.
>
> Mas, para Elizabeth, esse ponto de vista 'contrasta com a proteção da saúde tanto da mulher quanto da criança'".

---

[16] Disponível em: <http://g1.globo.com/Noticias/PlanetaBizarro/0,,MUL965793-6091,00-ITALIA+DECIDE+QUE+SEXO+COM+CAMISINHA+E+MOTIVO+PARA+ANULAR+O+CASAMENTO.html>. Acesso em: 22 jan. 2009.

Comentando essa decisão, é preciso entender que há dois campos distintos: um é o da submissão às regras religiosas da instituição em que se confia a sua fé; outro é o da disciplina normativa civil correspondente.

Assim, a anulação de casamento religioso, pela comunidade celebrante, não pode ter o condão de anular os seus efeitos civis.

Bem, pensamos que, com isso, fica-nos uma lição: não poderá o intérprete conferir interpretação extensiva às hipóteses legais de invalidade, nem, muito menos, empreender uma hermenêutica que viole o bom senso ou os superiores valores consagrados em nossa Constituição Federal.

Injustificável, pois, nessa linha, a solução italiana.

Uma última observação, porém, deve ser feita ao nosso leitor.

Todas as causas aqui estudadas de anulação de casamento, vigentes ou não, *devem sempre provir de um fato anterior ao matrimônio*, uma vez que, se lhe fossem posteriores, renderiam ensejo apenas ao desfazimento da relação conjugal.

Tudo o que dissemos até aqui se refere ao erro *essencial*.

Entretanto, como vimos no início deste tópico, também a *coação* pode determinar a anulação do casamento.

É o tema do próximo subtópico.

3.3.3. Da coação

Sobre o tema, dispõe o art. 1.558, CC/2002:

"Art. 1.558. É anulável o casamento em virtude de coação, quando o consentimento de um ou de ambos os cônjuges houver sido captado mediante fundado temor de mal considerável e iminente para a vida, a saúde e a honra, sua ou de seus familiares".

Para que possamos compreender perfeitamente essa causa invalidante, cumpre-nos repassar algumas noções básicas acerca desse defeito, aplicando-as ao Direito de Família.

Enquanto o dolo manifesta-se pelo ardil, a coação traduz violência.

Entende-se como coação capaz de viciar o consentimento toda *violência psicológica apta a influenciar a vítima a realizar um ato que a sua vontade interna não deseja efetuar.*

A respeito do tema, assim se manifesta o Professor FRANCISCO AMARAL:

"a coação é a ameaça com que se constrange alguém à prática de um ato jurídico. É sinônimo de violência, tanto que o Código Civil usa indistintamente os dois termos (CC, arts. 171, II, 1.814, III). A coação não é, em si, um vício da vontade, mas sim o temor que ela inspira, tornando defeituosa a manifestação de querer do agente. Configurando-se todos os seus requisitos legais, é causa de anulabilidade do negócio jurídico (CC, art. 171, II)"[17].

São dois os tipos de coação:

a) *física* (vis absoluta);

b) *moral* (vis compulsiva).

---

[17] Francisco Amaral, *Direito Civil — Introdução,* 10. ed., São Paulo: São Paulo, 2018, p. 603.

A coação física (*vis absoluta*) é aquela que age diretamente sobre o corpo da vítima. A doutrina entende que esse tipo de coação neutraliza completamente a *manifestação de vontade*, tornando o negócio jurídico inexistente.

Também no Direito Penal, se o coator empregar energia corporal para forçar o indivíduo a cometer um fato delituoso contra terceiro, a conduta do coagido será considerada *atípica*, respondendo criminalmente apenas aquele que exerceu a coação física. Note-se que essa espécie de violência não permite ao coagido liberdade de escolha, pois passa a ser mero instrumento nas mãos do coator.

Logicamente, tais exemplos parecem beirar à patologia, mas são situações-limite em que nem sequer se poderá discutir a invalidade do jurídico, pois ele não será considerado juridicamente existente.

A coação moral (*vis compulsiva*), por sua vez, é aquela que incute na vítima um temor constante e capaz de perturbar seu espírito, fazendo com que ela manifeste seu consentimento de maneira viciada.

Nessa hipótese, a vontade do coagido não está completamente neutralizada, mas, sim, *embaraçada, embaçada, turbada, viciada,* pela ameaça que lhe é dirigida pelo coator.

Por não tolher completamente a liberdade volitiva, é causa de invalidade (anulabilidade) do negócio jurídico, e não de inexistência.

É essa situação, pois, que está contemplada no referido art. 1.558, CC/2002.

Figure-se o exemplo do sujeito que é ameaçado de sofrer um mal físico se não contrair o matrimônio com determinada pessoa. Embora se lhe reconheça a opção de aceitar ou não, se o fizer, não se poderá dizer que externou livremente a sua vontade. Poderá, pois, anular o casamento[18].

Na parte geral do Código Civil, o art. 151 dispõe:

"Art. 151. A coação, para viciar a declaração de vontade, há de ser tal, que incuta ao paciente fundado temor de dano iminente e considerável à sua pessoa, à sua família ou aos seus bens".

Interessante que a nova Lei Codificada cuidou de admitir o reconhecimento da coação quando a ameaça dirigir-se à pessoa não pertencente à família do paciente (um amigo, por exemplo), cabendo ao juiz avaliar as circunstâncias do caso, e decidir a respeito da invalidade do negócio (art. 151, parágrafo único do CC/2002[19]).

Cotejando, pois, esse dispositivo, com a regra do art. 1.558, notam-se poucas diferenças.

Nessa ordem de ideias, podem-se apontar os seguintes requisitos para a caracterização da coação no casamento:

a) violência psicológica sofrida pelo cônjuge;

b) declaração de vontade viciada;

c) receio sério e fundado de grave dano à pessoa, à família ou aos bens do paciente.

---

[18] Alegoricamente, é o exemplo popular do "casamento caipira", encenado nas festas de São João, em que o noivo manifesta-se favorável na celebração, sob a mira de um trabuco...

[19] "Art. 151. (...)
Parágrafo único. Se disser respeito a pessoa não pertencente à família do paciente, o juiz, com base nas circunstâncias, decidirá se houve coação".

Afastando-se um pouco da regra geral que toma como referência a figura do homem médio na análise dos defeitos do negócio jurídico, no apreciar a coação, deve o juiz atentar para as circunstâncias do fato e condições pessoais da vítima.

Nesse sentido, o art. 152 do CC, aplicável à invalidade do casamento:

"Art. 152. No apreciar a coação, ter-se-ão em conta o sexo, a idade, a condição, a saúde, o temperamento do paciente e todas as demais circunstâncias que possam influir na gravidade dela".

Não se considera coação, outrossim, *a ameaça do exercício normal de um direito, nem o simples temor reverencial*.

Se a ordem jurídica reconhece o legítimo e regular exercício de um direito, não se poderá considerar abusiva a ameaça de seu exercício. Exemplo: o pai da noiva ameaça executar um crédito — existente e válido — de que dispõe contra o futuro genro, caso este não cumpra a promessa de noivado.

Da mesma forma, não caracteriza violência psicológica apta a anular o negócio o simples temor reverencial. O respeito pela autoridade não deve ser, em princípio, justificativa para se anular o ato praticado. O argumento "eu me casei porque tinha medo do pai da noiva", *de per si*, nada vale...

Entretanto, se essa força moral se fizer acompanhar de ameaça ou intimidação, o vício poderá se configurar[20].

CLÓVIS BEVILÁQUA acrescenta que também não se considera coação[21]:

a) a ameaça de um mal impossível, remoto, evitável, ou menor do que o mal resultante do ato;

b) o temor vão, que procede da fraqueza de ânimo do agente.

Finalmente, vale mencionar que não concordamos com a ideia de que o ato praticado sob sugestão hipnótica poderia ser anulado por coação. Em verdade, a hipnose atua sobre a manifestação volitiva do paciente, neutralizando-a, de maneira que os reflexos jurídicos de sua atividade resolvem-se no plano existencial do negócio jurídico.

3.4. Nubente incapaz de consentir ou de manifestar o seu consentimento

Também haverá anulabilidade no matrimônio do incapaz de consentir ou de manifestar com clareza o seu entendimento.

Fique claro que, embora omisso o Código Civil, tais circunstâncias deverão se verificar *no momento da celebração*, consoante, inclusive, deixa claro o Estatuto das Famílias (Projeto de Lei n. 2.285, de 2007)[22], em seu art. 30, IV[23].

---

[20] Pablo Stolze Gagliano e Rodolfo Pamplona Filho, *Novo Curso de Direito Civil – Parte Geral*, 26. ed., São Paulo: SaraivaJur, 2024, v. 1.

[21] Clóvis Beviláqua, *Teoría Geral do Direito Civil*, São Paulo: RED Livros, 1999, p. 293.

[22] Esse importante projeto foi apensado ao PL 674/2007 em 17 de dezembro de 2007. Confira-se o link: <https://www.camara.leg.br/proposicoesWeb/fichadetramitacao?idProposicao=347575&ord=1>. Acesso em: 7 set. 2019.

[23] PROJETO DE LEI N. 2.285, DE 2007 ("Estatuto das Famílias):
"Art. 30. É anulável o casamento:

Uma pessoa, por exemplo, que haja sido induzida quimicamente a manifestar concordância não poderá participar da celebração matrimonial por conta da sua inaptidão para declarar de forma totalmente livre a sua vontade.

Também é o caso daquele que, posto goze de discernimento, esteja com as suas faculdades cognitivas embaraçadas, no momento do ato, como nas hipóteses de embriaguez e toxicomania.

Imagine-se, por exemplo, alguém que chega à cerimônia visivelmente bêbado.

Se isso é comum com certos convidados, é inaceitável com os noivos.

3.5. Revogação do mandato no casamento por procuração

Em momento anterior[24], vimos que o casamento por procuração, previsto no art. 1.542, CC/2002, concretiza-se por meio de um mandato especial, lavrado em instrumento público, por meio do qual o nubente outorga poderes de representação voluntária ao seu mandatário (procurador), para que receba o seu consorte.

Sucede que, nos termos do art. 1.550, V, do Código Civil, ora analisado, *o casamento por procuração poderá ser anulado, caso o mandato houvesse sido revogado, sem o conhecimento do procurador ou do outro cônjuge, não sobrevindo coabitação entre os consortes.*

Vale dizer, outorgada a procuração, por exemplo, por um dos nubentes, esse resolveu, posteriormente, revogar o mandato. Não cuidou, todavia, de dar ciência dessa revogação ao seu procurador ou à outra parte. O casamento, então, se realiza, não tendo sobrevindo coabitação entre os referidos cônjuges.

Nesse caso, dispõe o Código Civil que tal matrimônio é passível de anulação.

Trata-se, em verdade, de uma *aplicação do princípio da eticidade no Direito de Família*, porquanto o nubente que, ao revogar o mandato, omite-se em comunicar, atua, inequivocamente, em franco desrespeito ao dever anexo de informação, decorrente da cláusula geral de boa-fé objetiva.

Uma importante reflexão, no entanto, compartilhamos com o nosso leitor, referente a essa anulação, decorrente da revogação do mandato não comunicada.

Pensamos haver incorrido em impropriedade técnica o legislador, uma vez que, se o mandato é revogado, quedar-se-ia ausente a manifestação de vontade do cônjuge outorgante, de maneira que o casamento celebrado deveria ser considerado inexistente e não simplesmente inválido.

I — dos relativamente incapazes;

II — por erro essencial quanto à pessoa do outro cônjuge, anterior ao casamento;

III — em virtude de coação;

IV — do incapaz de consentir ou manifestar, de modo inequívoco, o consentimento, no momento da celebração;

V — por incompetência da autoridade celebrante, salvo se tiver havido registro do casamento."

[24] Confira-se o subtópico 2.1 ("Casamento por Procuração") do Capítulo V ("Formas Especiais de Casamento") deste volume.

Isso porque, por óbvio, ausente a manifestação de vontade de um dos cônjuges, prejudica-se o consentimento, e, assim, não há que se falar em casamento!

No entanto, a opção do legislador, convertida em norma vigente, foi no sentido do reconhecimento da invalidade (anulabilidade) matrimonial, regra essa que, até que seja modificada, deverá ser cumprida.

Nessa linha, importa ainda salientar: para que a anulabilidade subsista, é necessário que, a despeito da revogação, não tenha havido coabitação entre os cônjuges, pois, em tendo havido, prejuízo não haverá, e, por consequência, invalidade também não.

Note-se, por fim, a teor do § 1.º do art. 1.550[25], que se equipara à revogação a invalidade do mandato judicialmente reconhecida ou decretada. Vale dizer, admitindo o juiz que o mandato celebrado contém nulidade — absoluta ou relativa —, o efeito daí decorrente será o mesmo que estudamos até aqui, qual seja, a *anulabilidade* do matrimônio celebrado.

3.6. Incompetência da autoridade celebrante

Já tivemos oportunidade de observar, em momento anterior — ao qual remetemos o nosso estimado leitor[26] — que a interpretação mais razoável desse dispositivo aponta no sentido de considerarmos que apenas a *incompetência territorial ou relativa* resulta na anulabilidade do casamento celebrado, porquanto, em se tratando de *incompetência absoluta* da autoridade celebrante, o matrimônio deverá ser considerado inexistente, e não simplesmente inválido.

Essa interpretação guarda coerência com a teoria da inexistência do ato jurídico e impede a conclusão absurda de que o matrimônio celebrado por agente desprovido de competência material — ou até mesmo jurisdição —, como um sargento da polícia militar ou um bombeiro, seja considerado existente e, simplesmente, anulável.

Convidamos, pois, o nosso leitor, a revisar o tópico acima mencionado, em que enfrentamos a matéria.

4. PRAZO E LEGITIMAÇÃO PARA ANULAÇÃO DO CASAMENTO

Vale recordar, nesse ponto, ao nosso amigo leitor que os prazos para a propositura da ação anulatória de casamento são *decadenciais* e não *prescricionais*[27].

---

[25] O texto originalmente era do parágrafo único do referido art. 1.550, tendo se tornado § 1.º pela inserção de um novo parágrafo pelo Estatuto da Pessoa com Deficiência.

[26] Confira-se o subtópico 2.3 ("Celebração por Autoridade Materialmente Competente") do Capítulo VIII ("Plano de Existência do Casamento") deste volume.

[27] O vigente Código Civil brasileiro, inclusive, pôs uma "pá de cal" em qualquer discussão sobre esse tema, em relação à ação anulatória do casamento do menor, não incidindo no erro técnico, aqui específico, existente no art. 178, § 5.º, III, do CC/1916, que estabelecia:

"Art. 178. Prescreve:

(...)

Fique atento a esse aspecto, amigo leitor!

Esse é um erro muito frequente nas academias e foros do país, e que deve ser firmemente evitado, por conta de existir distância continental separando a prescrição (incidente na pretensão oriunda de uma prestação inadimplida) da decadência (incidente no direito potestativo com prazo de exercício).

Considerando-se não ser este o momento adequado para aprofundarmos essa diagnose diferencial[28], é útil anotarmos que, no Código Civil de 2002, os prazos prescricionais encontram-se disciplinados em dois únicos artigos: 205 e 206, *de maneira que todos os outros são decadenciais.*

Muito bem.

Retornando ao nosso tema, passemos em revista, no Código Civil, os prazos decadenciais para o exercício do direito potestativo de anular o casamento:

"Art. 1.560. O prazo para ser intentada a ação de anulação do casamento, a contar da data da celebração, é de:

I — cento e oitenta dias, no caso do inciso IV do art. 1.550;

II — dois anos, se incompetente a autoridade celebrante;

III — três anos, nos casos dos incisos I a IV do art. 1.557[29];

IV — quatro anos, se houver coação.

§ 1.º Extingue-se, em cento e oitenta dias, o direito de anular o casamento dos menores de dezesseis anos, contado o prazo para o menor do dia em que perfez essa idade; e da data do casamento, para seus representantes legais ou ascendentes.

§ 2.º Na hipótese do inciso V do art. 1.550, o prazo para anulação do casamento é de cento e oitenta dias, a partir da data em que o mandante tiver conhecimento da celebração".

Vale observar, ainda, guardando coerência com a menor gravidade jurídica atribuída ao casamento anulável, que, diferentemente do nulo — em que a ação poderá ser promovida por qualquer interessado ou pelo Ministério Público (art. 1.549, CC/2002) — apenas alguns legitimados previamente definidos em lei, além do próprio cônjuge, poderão manejar a ação anulatória correspondente.

É a previsão do art. 1.552, CC/2002:

"Art. 1.552. A anulação do casamento dos menores de dezesseis anos será requerida:

I — pelo próprio cônjuge menor;

II — por seus representantes legais;

III — por seus ascendentes".

---

§ 5.º Em (seis) meses:

(...)

III — a ação para anular o casamento da menor de 16 (dezesseis) e do menor de 18 (dezoito) anos; contado o prazo do dia em que o menor perfez essa idade, se a ação for por ele movida, e da data do matrimônio, quando o for por seus representantes legais (arts. 213 e 216) ou pelos parentes designados no art. 190".

[28] Convidamos, nesse ponto, o nosso leitor, a ver o que escrevemos no Capítulo XVIII ("Prescrição e Decadência") do nosso v. I ("Parte Geral") desta coleção.

[29] Observe-se que o inciso IV do art. 1.557 do Código Civil de 2002 foi revogado pelo Estatuto da Pessoa com Deficiência, conforme vimos no subtópico 3.3.2.4 ("Hipóteses não mais caracterizadoras de erro essencial") deste capítulo, ao qual remetemos o leitor.

Legitimidade específica, outrossim, opera-se no caso de vício de vontade (erro ou coação), conforme estabelece o art. 1.559, CC/2002:

> "Art. 1.559. Somente o cônjuge que incidiu em erro, ou sofreu coação, pode demandar a anulação do casamento; mas a coabitação, havendo ciência do vício, valida o ato, ressalvadas as hipóteses dos incisos III e IV do art. 1.557".

A coabitação, portanto, atua como fator validante do matrimônio anulável por erro essencial, salvo na hipótese de o erro decorrer da ignorância de moléstia perigosa e transmissível, de defeito físico irremediável que não caracterize deficiência ou de doença mental grave, anteriores ao casamento, já estudados neste capítulo.

Vale destacar que, antes de mover a ação de invalidade de casamento, é possível a parte requerer uma tutela preventiva de separação de corpos, na forma do art. 1.562, CC/2002[30]. Nada impede, outrossim, que a medida seja incidental, ou seja, proposta no curso do próprio processo.

5. EFEITOS JURÍDICOS DO CASAMENTO ANULÁVEL

A anulação do casamento gera importantes efeitos jurídicos, merecedores da nossa atenção.

Primeiramente, é bom relembrar que a anulabilidade (nulidade relativa) de determinado ato, considerada em uma escala de gravidade jurídica e impacto eficacial, afigura-se mais branda do que a hipótese de nulidade absoluta.

Ao se referir à teoria geral das nulidades, pontifica SILVIO RODRIGUES:

> "Nesta hipótese, procura o legislador proteger um interesse particular, quer de pessoa que não atingiu ainda o pleno desenvolvimento mental, como o menor púbere ou o silvícola, quer de pessoa que tenha concordado em virtude de um vício de vontade, quer, ainda, de indivíduo que tenha sido ludibriado pela simulação ou pela fraude. Aqui o interesse social é mediato, de maneira que o ordenamento jurídico, conferindo ação ao prejudicado, não toma qualquer iniciativa e se dispõe a validar o ato, se o interessado não promover a sua anulação"[31].

Também no casamento, com as devidas e necessárias adaptações ao seu peculiar sistema, a anulabilidade apresenta-se menos severa, mormente quando consideramos que, o próprio legislador cuidou de estabelecer, expressamente, *especiais situações de aproveitamento do ato maculado*.

É o que veremos a seguir.

5.1. Convalescimento do casamento anulável

A busca da preservação e conservação do negócio jurídico encontra guarida também em matéria matrimonial.

---

[30] Sobre o tema da "separação de corpos", confira-se o tópico 9 ("A Subsistência Jurídica da Separação de Corpos") do Capítulo XXIII ("O Divórcio como Forma de Extinção do Vínculo Conjugal") deste volume.
[31] Silvio Rodrigues, *Direito Civil — Parte Geral*, 12. ed., São Paulo: Saraiva, 1981, v. 1, p. 296.

Com efeito, o art. 1.551, CC/2002, impede a anulação do casamento por motivo de idade, caso haja resultado gravidez.

Isso porque, consumada a concepção, essa jovem, ainda menor, pretendendo levar adiante a gravidez (independentemente de se discutir o acerto da criminalização do aborto no Brasil, saliente-se, por exemplo, a autorização legal para interrupção da gravidez, no caso de estupro[32]), assumirá as responsabilidades da maternidade, junto daquele com quem se casou, ainda que não tivesse a idade exigida por lei.

Contemplou-se, ainda, uma especial forma de "confirmação" do casamento inválido, consoante se pode verificar na leitura do art. 1.553, CC/2002:

> "Art. 1.553. O menor que não atingiu a idade núbil poderá, depois de completá-la, confirmar seu casamento, com a autorização de seus representantes legais, se necessária, ou com suprimento judicial.

Trata-se, pois, de típicas medidas sanatórias de aproveitamento do matrimônio anulável.

Nessa mesma linha, afastando-se do sistema da nulidade absoluta, previu ainda, o legislador, o convalescimento do matrimônio anulável do menor em idade núbil, quando não autorizado pelo seu representante legal, caso *a ação anulatória não seja proposta no prazo decadencial de 180 dias*, bem como *se ficar comprovado que os representantes legais do nubente assistiram à celebração ou, por qualquer modo, manifestaram a sua aprovação*:

> "Art. 1.555. O casamento do menor em idade núbil, quando não autorizado por seu representante legal, só poderá ser anulado se a ação for proposta em cento e oitenta dias, por iniciativa do incapaz, ao deixar de sê-lo, de seus representantes legais ou de seus herdeiros necessários.
> § 1.º O prazo estabelecido neste artigo será contado do dia em que cessou a incapacidade, no primeiro caso; a partir do casamento, no segundo; e, no terceiro, da morte do incapaz.
> § 2.º Não se anulará o casamento quando à sua celebração houverem assistido os representantes legais do incapaz, ou tiverem, por qualquer modo, manifestado sua aprovação".

Nitidamente, pois, observamos que o codificador, consciente da menor severidade resultante da nulidade relativa, consagrou importantes mecanismos de conservação do ato matrimonial anulável.

5.2. Natureza jurídica da sentença anulatória do casamento

Partindo-se da premissa assentada na doutrina processual civil de que a *sentença constitutiva (positiva ou negativa)* não tem eficácia retro-operante, mas sim, possui efeitos para o futuro (*ex nunc*), pode-se chegar à falsa conclusão de que isso também ocorre na *sentença anulatória de ato jurídico*.

De fato, as sentenças desconstitutivas em geral possuem efeitos para o futuro (*ex nunc*), a exemplo da que *decreta o divórcio de um casal*, dissolvendo o vínculo matrimonial, conforme veremos oportunamente.

---

[32] Código Penal brasileiro:
"Art. 128. Não se pune o aborto praticado por médico:
I — se não há outro meio de salvar a vida da gestante;

Ocorre que a ilicitude do ato anulável, a despeito de desafiar *sentença desconstitutiva*, exige que a eficácia sentencial seja retroativa (*ex tunc*), sob pena de se coroarem flagrantes injustiças.

No âmbito da teoria geral dos contratos, figuremos a seguinte hipótese: um indivíduo, vítima de *lesão* (vício invalidante do negócio), foi levado, por necessidade, a celebrar um contrato cujas prestações eram consideravelmente desproporcionais. Por força da avença viciada, o lesado fora induzido a prestar um sinal (arras confirmatórias) no valor de quinze mil reais. Posteriormente, cuidou de anular o ato viciado, pleiteando, inclusive, o que indevidamente pagou. Ora, tal situação demonstra claramente que a maior virtude da anulabilidade do ato é, exatamente, restituir as partes ao estado anterior em que se encontravam, em todos os seus termos. E, obviamente, tal propósito só é possível se forem reconhecidos à sentença anulatória efeitos retro-operantes.

O mesmo raciocínio aplica-se ao casamento.

Anulado o matrimônio, a sentença que o invalida retrotrai os seus efeitos para atingi-lo *ab initio*, cancelando inclusive o seu registro, razão por que os cônjuges retornam ao estado civil de solteiro[33]!

5.3. Consequências jurídicas da anulação do casamento

Finalmente, estabelece o art. 1.564, CC/2002 que, quando o casamento for anulado por culpa de um dos cônjuges, este incorrerá: na perda de todas as vantagens havidas do cônjuge inocente e na obrigação de cumprir as promessas que lhe fez no contrato antenupcial.

Deveria o legislador, nesse particular, ter evitado a utilização da palavra "culpa", de tão difícil — senão impossível — mensuração na vida afetiva que se desconstrói, optando por referir apenas que o cônjuge que *desse causa* à invalidade, poderia suportar, no caso concreto, tais efeitos sancionatórios.

Isso se mostra ainda mais evidente, na contemporaneidade, em que há um evidente declínio de importância da culpa no âmbito da responsabilidade civil e, especialmente, das relações de família.

O Estatuto das Famílias (PL n. 2.285/2007)[34], talvez por conta da dificuldade na fixação da culpa, optou por não regular as consequências patrimoniais advindas da anulação do casamento.

Analisando, no contexto geral da dissolução do casamento, a falência da culpa no Direito de Família, escreve RODRIGO DA CUNHA PEREIRA, com habitual sagacidade:

II — se a gravidez resulta de estupro e o aborto é precedido de consentimento da gestante ou, quando incapaz, de seu representante legal".

[33] A favor dessa tese: FLÁVIO TARTUCE, FERNANDO SIMÃO, ZENO VELOSO (Tartuce e Simão, *Direito de Família*, ob. cit., p. 98); contra, defendendo que os efeitos se projetam para o futuro: MARIA HELENA DINIZ (ob. cit., p. 286) e ORLANDO GOMES (ob. cit., p. 124).

[34] Esse importante projeto foi apensado ao PL 674/2007 em 17 de dezembro de 2007. Confira-se o link: <https://www.camara.leg.br/proposicoesWeb/fichadetramitacao?idProposicao=347575&ord=1>. Acesso em: 7 set. 2019.

"Com o fim da culpa na dissolução do casamento, esvaziam-se os longos e tenebrosos processos judiciais de separação. Casamento acaba porque acaba. O amor acaba"[35].

Em capítulo próprio, estimado leitor, cuidaremos de demonstrar "a ascensão e queda" da culpa em matéria de dissolução do casamento[36].

Tema profundo e apaixonante.

---

[35] Rodrigo da Cunha Pereira. Disponível em: <http://www.conjur.com.br/2007-nov-22/estatuto_familia_legitima_novas_formacoes_familiares>. Acesso em: 29 jan. 2009.

[36] Sobre o tema, confira-se, em especial, o tópico 8 ("Considerações sobre a Derrocada da Culpa no Divórcio") do Capítulo XXIII ("O Divórcio como Forma de Extinção do Vínculo Conjugal") deste volume.

Capítulo XI
Plano de Validade do Casamento: Casamento Putativo

Sumário: 1. Introdução. 2. Casamento putativo e princípio da boa-fé. 3. Conceito e tratamento legal. 4. Reconhecimento da putatividade. 5. Efeitos jurídicos do casamento putativo. 5.1. Casamento inválido (putativo) contraído de boa-fé por ambos os cônjuges. 5.2. Casamento inválido (putativo) contraído de boa-fé por um dos cônjuges.

1. INTRODUÇÃO

A palavra "putare", em latim, significa imaginar[1].

Tal esclarecimento terminológico auxilia o entendimento do estudioso, em situações jurídicas muito conhecidas, a exemplo da legítima defesa putativa, importante causa excludente de culpabilidade no Direito Penal.

Como se sabe, o agente atua em legítima defesa putativa, quando, por erro plenamente justificado pelas circunstâncias, supõe situação de fato que, se existisse, tornaria a ação legítima (CP, art. 20, § 1.º). É a clássica situação em que Caio encontra Tício[2], seu desafeto, e supondo que este retirava uma arma do bolso, dispara o tiro fatal, descobrindo depois que não havia arma alguma, e sim, tão somente, um lenço de papel...

Perceba, o nosso leitor, que, nessa descriminante putativa, o agente "imagina", incorrendo em erro justificável, estar diante de agressão injusta, atual ou iminente, que, em verdade, sob o ponto de vista fático, não se fundamenta.

Nessa linha, por conta do seu estado subjetivo de inocência, gozará de proteção jurídica, na medida em que o próprio legislador afasta a aplicação de eventual sanção penal.

Em essência, ainda que em outra ambiência, o mesmo se dá no *casamento putativo*.

Imaginando não concorrer causa obstativa, o cônjuge, justificado pela sua boa-fé, contraiu vínculo aparentemente válido, ignorando por completo a existência de causa de nulidade ou anulabilidade incidente no seu casamento. O mesmo ocorre, inclusive, quando ambos os cônjuges unem-se matrimonialmente desconhecendo a invalidade latente.

Note, pois, amigo leitor, que o casamento putativo traduz uma perfeita aplicação da teoria da aparência, lastreando-se, em última *ratio,* no superior princípio da eticidade.

---

[1] "PUTATIVO. Adj. (Lat. *putativus*) Aquilo que é suposto, mas que se aceita como real ou legal" (ACADEMIA BRASILEIRA DE LETRAS JURÍDICAS, *Dicionário Jurídico*, 3. ed., Rio de Janeiro: Forense Universitária, 1995, p. 637).

[2] Façamos uma homenagem à nossa "dupla dinâmica", Caio e Tício...

2. CASAMENTO PUTATIVO E PRINCÍPIO DA BOA-FÉ

Antes de apresentarmos a sua definição e iniciarmos o estudo do tratamento jurídico que lhe é dispensado, é imperioso que estabeleçamos a conexão entre o casamento putativo e o princípio da boa-fé.

Isso porque é a dimensão ética do comportamento social dos cônjuges que, em nível principiológico, justifica, veremos logo mais, a proteção que se confere àquele(s) que atuou(aram) com correção e honestidade.

A noção de boa-fé (*bona fides*), ao que consta, foi cunhada primeiramente no Direito Romano, embora a conotação que lhe foi dada pelos juristas alemães, receptores da cultura romanista, não fosse exatamente a mesma[3].

Em Roma, partindo-se de uma acentuada amplitude semântica, pode-se afirmar que:

"A fides seria antes um conceito ético do que propriamente uma expressão jurídica da técnica. Sua 'juridicização' só iria ocorrer com o incremento do comércio e o desenvolvimento do *jus gentium*, complexo jurídico aplicável a romanos e a estrangeiros"[4].

Já no Direito Alemão, a noção de boa-fé traduzia-se na fórmula do *Treu und Glauben* (lealdade e confiança), regra objetiva, que deveria ser observada nas relações jurídicas em geral:

"§ 242. *Leistung nach Treu und Glauben. Der Schuldner ist verpflichtet, die Leistung so zu bewirken, wie Treu und Gauben mit Rücksicht auf die Verkehrssitte es erfordern*"[5].

A respeito do regramento alemão, pontifica JUDITH MARTINS-COSTA:

"A fórmula *Treu und Glauben* demarca o universo da boa-fé obrigacional proveniente da cultura germânica, traduzindo conotações totalmente diversas daquelas que a marcaram no direito romano: ao invés de denotar a ideia de fidelidade ao pactuado, como numa das acepções da *fides* romana, a cultura germânica inseriu, na fórmula, as ideias de lealdade (*Treu* ou *Treue*) e crença (*Glauben* ou *Glaube*), as quais se reportam a qualidades ou estados humanos objetivados"[6].

Não nos surpreende, aliás, o desenvolvimento teórico e dogmático de esse instituto ter-se dado entre os germânicos.

Por se tratar de conceito demasiadamente aberto, que exige do jurista acentuada carga de abstração, a língua alemã, sem dúvida, dado o seu alto grau de precisão semântica, facilita a concretização linguística dos mais profundos pensamentos jurídicos. Não por

---

[3] Nesse sentido, Max Kaser, *Direito Privado Romano* (Römisches Privatrecht), Lisboa: Fundação Calouste Gulbenkian, 1999, p. 154, item 3.

[4] Bruno Lewicki, "Panorama da Boa-Fé Objetiva", in *Problemas de Direito Civil Constitucional* (coord. Gustavo Tepedino), Rio de Janeiro: Renovar, 2000, p. 58.

[5] Tradução livre de Pablo Stolze Gagliano: "O devedor está obrigado a realizar a prestação de acordo com a boa-fé exigida pelos costumes do tráfego (usos e costumes)".

[6] Judith Martins-Costa, *A Boa-Fé no Direito Privado*, São Paulo: Revista dos Tribunais, 2000, p. 124.

outra razão, aliás, os maiores filósofos da modernidade[7] e psicanalistas exprimiam as suas ideias também nessa língua[8].

Também o direito canônico enfrentaria o tema, em termos semelhantes aos do Direito alemão, *embora introduzisse um poderoso polo de significados: a boa-fé é vista como ausência de pecado, ou seja, como estado contraposto à má-fé*[9].

Feito esse breve apanhado histórico, já podemos observar que a *boa-fé* é, antes de tudo, *uma diretriz principiológica de fundo ético e espectro eficacial jurídico*. Vale dizer, *a boa-fé se traduz em um princípio de substrato moral, que ganhou contornos e matiz de natureza jurídica cogente.*

Contextualizando esse importante princípio em nossa ordem constitucional, PAULO ROBERTO NALIN, pondera, com inteligência:

> "... tendo o homem como centro necessário das atenções, oportuno de indagar da possibilidade de localização da boa-fé enquanto princípio geral do Direito, no sistema constitucional, assim como os demais princípios então ditos fundamentais inclusos na Carta, como o da dignidade do ser humano, a vida, a integridade física, a liberdade, a propriedade privada, a livre manifestação do pensamento, a intimidade e vida privada etc."[10].

Nesse contexto, analisando esse princípio em sua interface com o casamento putativo, faz-se necessário que estabeleçamos uma diagnose diferencial entre a *boa-fé objetiva* e a *boa-fé subjetiva*.

Esta última consiste em uma situação psicológica, um estado de ânimo ou de espírito do agente que realiza determinado ato ou vivência da situação, sem ter ciência do vício que a inquina.

Em geral, esse estado subjetivo deriva do reconhecimento da ignorância do agente a respeito de determinada circunstância, como ocorre na hipótese do *possuidor de boa-fé* que desconhece o vício que macula a sua posse. Nesse caso, o próprio legislador, em vários dispositivos, cuida de ampará-lo, não fazendo o mesmo, outrossim, quanto ao possuidor de má-fé (CC, arts. 1.214, 1.216, 1.217, 1.218, 1.219, 1.220, 1.242).

Distingue-se, portanto, da *boa-fé objetiva*, a qual, tendo natureza de princípio jurídico — delineado em um conceito jurídico indeterminado —, consiste em uma verdadeira *regra de comportamento, de fundo ético, e exigibilidade jurídica*.

No casamento putativo, avulta, sem sombra de dúvidas, o aspecto subjetivo da boa-fé.

O cônjuge que contrai o matrimônio inválido o faz em absoluto estado psicológico de inocência, ausente, portanto, qualquer desiderato ardiloso ou má-fé.

---

[7] Frisamos a expressão "da modernidade", pois, em nosso sentir, o maior de todos os filósofos, sem a menor sombra de dúvida, foi grego e viveu na Antiguidade: SÓCRATES.

[8] Ou, com a devida licença, como diria o nosso conterrâneo Caetano Veloso, na sensacional canção "Língua", *"Se você tem uma ideia incrível / É melhor fazer uma canção / Está provado que só é possível / Filosofar em alemão..."*.

[9] Judith Martins-Costa, idem, p. 129.

[10] Paulo Roberto Nalin, *Ética e Boa-Fé no Adimplemento Contratual* (coord. Luiz Edson Fachin), Rio de Janeiro: Renovar, 1998, p. 188.

No entanto, o realce dessa face da boa-fé, como verso e reverso da mesma moeda, não neutraliza o seu aspecto objetivo, enquanto regra de conduta, uma vez que, enquanto cláusula geral normativa, a sua incidência também é sentida nas relações de família.

Aliás, quando se diz que o casamento putativo é tradução da teoria da aparência — porquanto uma situação de suposta juridicidade é preservada — está-se, em verdade, tutelando a boa-fé e a confiança manifestadas pelo comportamento social do cônjuge que, embora inocente, se vê prejudicado.

Finalmente, vale mencionar que visualizamos, também, uma significativa conexão desse tipo de matrimônio com o *tu quoque*, conceito desdobrado da cláusula geral de boa-fé objetiva que, como já dissemos, também irradia a sua luz no Direito de Família.

Essa antiga expressão de origem latina (*"Tu quoque, Brutus fili mi?"* — Até Tu, Brutus, meu filho?), atribuída a Julio Cesar, no momento em que era apunhalado, traduz, segundo a doutrina, em um panorama de respeito à dimensão ética exigida de toda e qualquer relação jurídica, *a vedação ao comportamento desleal que surpreenda a outra parte em evidente quebra do princípio da confiança*[11].

Nesse diapasão, temos que o casamento putativo, na hipótese em que um dos cônjuges tem ciência do vício que o inquina, resulta em uma situação desleal inesperada ao inocente, em franca violação ao conceito ético do *tu quoque*.

Em reação, o ordenamento jurídico, pois, a par de fulminar de invalidade o matrimônio, preserva os seus efeitos jurídicos em favor apenas daquele que atuou com probidade e boa-fé, sancionando o culpado, conforme veremos no decorrer deste capítulo.

3. CONCEITO E TRATAMENTO LEGAL

Na perspectiva histórica, lembra-nos DÉBORA BRANDÃO:

"o casamento putativo existe desde o remoto direito romano e exigia a conjugação de três requisitos: boa-fé, escusabilidade do erro e celebração do casamento. Mas parece-nos que a origem do casamento putativo é mesmo canônica. Assim preconiza a maioria dos monografistas, que noticiam sua consagração entre o século XI e o XV. Como o casamento passou a sacramento, a Igreja não podia deixar desprotegida a pessoa que o convolasse de boa-fé. Diante desta situação surge a teoria do casamento putativo para solucionar o infortúnio dos casados debaixo de impedimento, que naquela época eram mais numerosos"[12].

Chegando aos nossos dias, e respeitada, sobretudo, a sua dimensão ética, podemos conceituar o casamento putativo como sendo *o matrimônio que, contraído de boa-fé por um ou ambos os consortes, posto padeça de nulidade absoluta ou relativa, tem os seus efeitos jurídicos resguardados em favor do cônjuge inocente*.

---

[11] Outros desdobramentos do tema podem ser encontrados no Capítulo "Boa-Fé Objetiva em Matéria Contratual" do v. IV, "Contratos", desta coleção.

[12] Débora Vanessa Caús Brandão, "Casamento putativo: um estudo baseado no novo Código Civil", *Jus Navigandi*, Teresina, ano 8, n. 190, 12 jan. 2004. Disponível em: <http://jus2.uol.com.br/doutrina/texto.asp?id=4693>. Acesso em: 21 fev. 2009.

A tutela dos seus efeitos em face dos filhos, outrossim, dispensa maior consideração, pois, pouco importando se o casamento é aparente ou não, os direitos da prole sempre, e em qualquer circunstância, serão resguardados, como garantidos pelo § 6.º do art. 227 da Constituição Federal de 1988[13].

A sua disciplina, no Código Civil, é feita pelo art. 1561, que merece integral transcrição:

"Art. 1.561. Embora anulável ou mesmo nulo, se contraído de boa-fé por ambos os cônjuges, o casamento, em relação a estes como aos filhos, produz todos os efeitos até o dia da sentença anulatória.

§ 1.º Se um dos cônjuges estava de boa-fé ao celebrar o casamento, os seus efeitos civis só a ele e aos filhos aproveitarão.

§ 2.º Se ambos os cônjuges estavam de má-fé ao celebrar o casamento, os seus efeitos civis só aos filhos aproveitarão".

Note-se, pois, que esse instituto, no direito positivo brasileiro, encontra-se adstrito à teoria da invalidade, e não à da inexistência.

Em síntese, casamento putativo é aquele nulo ou anulável, contraído de boa-fé, e que tem os seus efeitos preservados em face de quem atuou segundo o princípio da confiança.

Tome-se, por exemplo, a situação em que um cidadão, casado em Salvador, em uma das suas muitas viagens, conhece uma linda moça em Belo Horizonte e, ocultando o seu estado civil, contrai novo matrimônio, sem que a segunda mulher de nada saiba. Além da prática do crime de bigamia, esse casamento é, inequivocamente, nulo por violação de impedimento (art. 1.521, VI, CC/2002), embora, por haver sido contraído de boa-fé pela inocente esposa, terá os seus efeitos resguardados em face dela, como se válida fosse a união.

Pode também ocorrer, nessa mesma linha, que nenhum dos cônjuges tenha ciência da causa invalidante, como na hipótese em que duas pessoas maiores, capazes, apaixonam-se, convolam núpcias, sem sequer imaginar que são irmãos[14]. Nesse caso, dada a boa-fé de ambos, os efeitos do matrimônio são preservados em favor tanto do marido quanto da mulher.

Sem pretendermos esgotar a casuística, eis que diversas são as situações de invalidade, salientamos a hipótese, especialmente tratada na doutrina, de casamento putativo decorrente da coação.

Poder-se-ia argumentar que, em favor do coacto (o noivo que fora seriamente ameaçado para casar), não militaria a preservação dos efeitos matrimoniais, porquanto a sua boa-fé subjetiva não restaria plenamente configurada: por ter sido moralmente coagido, tem ciência do vício que inquina o ato, de maneira que não se poderia alegar inocência.

Todavia, essa conclusão é equivocada.

A violência psicológica sofrida pelo paciente, oprimindo a sua liberdade de escolha e obstaculizando sua capacidade de reação e defesa, poderá traduzir, sim, justificativa juridicamente razoável para preservação dos efeitos decorrentes da putatividade.

---

[13] "§ 6.º Os filhos, havidos ou não da relação do casamento, ou por adoção, terão os mesmos direitos e qualificações, proibidas quaisquer designações discriminatórias relativas à filiação". Confira-se o Capítulo XXV ("Filiação") deste volume.

[14] O casamento entre irmãos, situação que carrega em si forte carga de drama familiar, desponta, vez por outra, na ficção, como na obra *Os Maias*, do genial Eça de Queiroz, em que Carlos da Maia e Maria Eduarda apaixonam-se sem saber que são unidos pelo vínculo de sangue.

E não se diga estar prejudicada a aferição do seu estado de inocência, uma vez que, conforme dissemos acima, o aspecto subjetivo da boa-fé não pode ser analisado isoladamente, mas, sim, em conexão com a sua face objetiva, determinante de um padrão ético esperado e exigido em toda e qualquer relação jurídica de Direito Privado.

É também o posicionamento de GUILLERMO BORDA:

"La buena fe existe no solo cuando si ignora la existencia del impedimento, sino también cuando, conociéndolo, ha sido imposible evitar la celebración del acto: tal es lo que ocurre en el caso de violencia. En realidad, lo que configura la buena fe, más que el error, es la honestidad y rectitud del propósito y conducta"[15].

Ao coacto, pois, vítima de circunstâncias de violência vedadas pelo sistema jurídico, devem ser preservados os efeitos jurídicos do casamento, como decorrência do princípio da eticidade, para favorecê-lo.

4. RECONHECIMENTO DA PUTATIVIDADE

Entendemos que, dada a dimensão ético-social do instituto sob análise, o juiz, no bojo de um processo de nulidade ou anulação de casamento, não depende de provocação da parte interessada para o reconhecimento da putatividade.

Pode, pois, fazê-lo *de ofício*, preservando os efeitos do matrimônio inválido.

Assim, no dispositivo da sentença, poderá, acolhendo o pedido, declarar nulo ou anular o casamento impugnado, preservando os seus efeitos em favor do cônjuge(s) inocente(s), independentemente de requerimento específico nesse sentido.

O provimento jurisdicional no que tange ao reconhecimento da putatividade é, quanto à sua natureza jurídica, eminentemente declaratório.

O Direito Civil, hoje, sob o influxo da principiologia constitucional, abandona o seu estado de dormência — justificado por uma exacerbada proteção da autonomia privada — e se reconstrói segundo uma perspectiva social e ética que, sem menoscabar a livre iniciativa, garante valores essenciais à preservação do equilíbrio entre o público e o privado.

Essa é a razão pela qual o juiz, ao aplicar o moderno Direito Privado, não precisa mais aguardar, inerte, em toda e qualquer circunstância, a provocação do interessado, uma vez que o próprio interesse social poderá justificar a sua atuação[16].

5. EFEITOS JURÍDICOS DO CASAMENTO PUTATIVO

Como dissemos ao longo deste capítulo, o reconhecimento da putatividade resulta na preservação dos efeitos jurídicos do casamento, segundo a boa-fé de cada cônjuge.

De logo, reputamos dispensável a previsão do § 2.º do art. 1.561, CC/2002, no sentido de que *se ambos os cônjuges estavam de má-fé somente aos filhos os efeitos do casamento aproveitarão*.

---

[15] Guillermo A. Borda, ob. cit., p. 105. Em tradução livre de Rodolfo Pamplona Filho: "Boa-fé não existe apenas quando se ignora a existência do impedimento, mas também quando, conhecendo-o, foi impossível evitar a conclusão do evento: é o que acontece no caso de violência. Na verdade, o que define a boa-fé, ao invés de erro, é a honestidade e a retidão de propósito e conduta".

[16] Em sentido diverso: Sílvio Venosa, ob. cit., p. 136.

Ora, como temos constantemente afirmado, pouco importando se atuaram de boa ou má-fé, os efeitos do casamento sempre, e em qualquer circunstância, deverão beneficiar os filhos!

Trata-se, pois, de referência desnecessária.

No entanto, no que tange aos consortes, a situação é diversa, pois essa preservação eficacial dependerá da demonstração, no bojo do processo de invalidade, da sua correção e probidade.

Nessa linha, para facilitar o entendimento, estudaremos, em separado, as duas situações possíveis[17]:

a) se ambos os cônjuges atuaram de boa-fé;

b) se apenas um dos cônjuges atuou de boa-fé.

Vamos lá, então.

5.1. Casamento inválido (putativo) contraído de boa-fé por ambos os cônjuges

Invalidado o matrimônio, os direitos e deveres conjugais, como fidelidade recíproca e coabitação deverão cessar para os dois consortes.

No que tange aos alimentos[18], outrossim, por princípio de solidariedade aliado à eticidade imanente ao casamento contraído, é justo que sejam fixados, segundo a necessidade dos cônjuges, observado o critério da proporcionalidade, mesmo após a sentença que invalida o matrimônio.

O direito à herança, por sua vez, quedar-se-á extinto, *a partir da prolação da sentença de nulidade (ou anulação)*, porquanto, a par da boa-fé presente na situação concreta, direitos de outros herdeiros entram em linha de colidência com o interesse da viúva ou viúvo, que teve desfeito o casamento com o autor da herança. No entanto, se a morte ocorre quando ainda em curso a ação de invalidade, o direito sucessório do cônjuge sobrevivente é mantido.

No que se refere aos bens, afora a situação sucessória, a solução afigura-se-nos bastante simples.

Considerando-se a boa-fé de ambos os cônjuges, a partilha deverá ser feita, segundo o regime de bens escolhido, como se o juiz estivesse conduzindo um simples divórcio. Com isso, adota-se uma solução justa, segundo a projeção que os próprios cônjuges fizeram antes de convolarem o matrimônio inválido, evitando-se, ainda, o enriquecimento sem causa de qualquer dos dois.

---

[17] Sistematização baseada no brilhante Guillermo Borda, ob. cit., p. 106 e s.

[18] Pensamos, inclusive, que a obrigação alimentar, dada a sua natureza, escapa à regra geral de cessação de efeitos do casamento putativo até a data da sentença que o invalida, persistindo mesmo após a sua prolação, diferentemente do que restou assentado no REsp 69.108/PR: "Casamento putativo. Boa-fé. Direito a alimentos. Reclamação da mulher. 1. Ao cônjuge de boa-fé aproveitam os efeitos civis do casamento, embora anulável ou mesmo nulo (Cód. Civil, art. 221, parágrafo único). 2. A mulher que reclama alimentos

Ainda no âmbito patrimonial, as doações feitas em contemplação de casamento futuro[19] merecem a nossa atenção.

Dispondo sobre essa espécie, o já analisado art. 546 do Código Civil é extremamente claro e elucidativo:

"Art. 546. A doação feita em contemplação de casamento futuro com certa e determinada pessoa, quer pelos nubentes entre si, quer por terceiro a um deles, a ambos, ou aos filhos que, de futuro, houverem um do outro, não pode ser impugnada por falta de aceitação, e só ficará sem efeito se o casamento não se realizar"[20].

Ora, no casamento putativo, em que os dois consortes figurem de boa-fé, entendemos que a doação deve ser mantida, pois a sua eficácia deriva e se justifica pela eticidade intrínseca ao comportamento de ambos, segundo a projeção de vontade do próprio doador.

Quanto ao nome, pensamos que, em regra, por conta da invalidade declarada, o cônjuge que adotara o sobrenome do outro deverá perdê-lo, salvo excepcional e justificada situação de grave dano pessoal, aferida pelo juiz no caso concreto.

Finalmente, no que tange à emancipação havida por conta do casamento, deverá a mesma ser preservada em virtude da boa-fé dos cônjuges, não havendo, pois, retorno à situação de incapacidade.

5.2. Casamento inválido (putativo) contraído de boa-fé por um dos cônjuges

Na mesma linha exposta anteriormente, anulado ou declarado nulo o matrimônio, os deveres conjugais, em regra geral, deverão cessar.

Persiste, no entanto, o dever de alimentar em favor, tão somente, do cônjuge de boa-fé.

Vale dizer, ainda que o outro necessite da pensão, essa não será devida, uma vez que tinha ciência da impossibilidade jurídica na celebração do matrimônio.

Raciocínio contrário, sem sombra de dúvidas, coroaria a malícia, o que não se pode admitir.

O direito à herança, por sua vez, também restará extinto, a partir da prolação da sentença de nulidade (ou anulação), e, se a morte ocorrer quando ainda em curso a ação de invalidade, o direito sucessório do cônjuge de boa-fé sobrevivente é mantido.

Questão delicadíssima, na seara sucessória, verifica-se quando há conflito de direitos entre o cônjuge inocente, favorecido pelos efeitos da putatividade, e o primeiro cônjuge do bígamo.

Imagine-se, por exemplo, que Bomfim, casado, ainda convivendo com a sua esposa, em uma de suas muitas viagens — eis que é caixeiro-viajante — enamora-se por Jurema, casando-se com ela.

---

a eles tem direito mas até à data da sentença (Cód. Civil, art. 221, parte final). Anulado ou declarado nulo o casamento, desaparece a condição de cônjuges. 3. Direito a alimentos 'até ao dia da sentença anulatória'. 4. Recurso especial conhecido pelas alíneas *a* e *c* e provido".

[19] Sobre o tema, conferir: Pablo Stolze Gagliano, *Contrato de Doação — Análise Crítica do Atual Sistema Jurídico e os seus Efeitos no Direito de Família e das Sucessões*, 6. ed., São Paulo: SaraivaJur, 2024.

[20] Confira-se, no particular, o tópico 4, "Doação em Contemplação a Casamento Futuro" do Capítulo IV ("A Promessa de Casamento (Esponsais)") deste volume.

A pobre Juju, doce alcunha criada por ele, incauta, de nada sabia, configurando típica situação de matrimônio putativo.

Pois bem.

Três meses depois, Bomfim morre, deixando vultoso patrimônio, antes mesmo de se invalidar o casamento contraído.

Como ficará, pois, a concorrência dos direitos sucessórios entre a primeira e a segunda mulher?

Por imperativo de equidade, recomenda-se a divisão do patrimônio deixado por ele (herança), resguardando-se, por óbvio, o direito próprio de meação de cada uma delas em face dos bens amealhados em conjunto com o falecido.

A herança, no entanto, deixada por ele, como dito, deverá ser dividida!...[21]

Este era o pensamento do Professor YUSSEF SAID CAHALI, em sua clássica obra *O Casamento Putativo*, marco no estudo da matéria no Direito Brasileiro:

"Falecendo o bígamo, tendo estado de boa-fé o segundo cônjuge, em relação ao qual, portanto, decorrem efeitos civis de casamento válido, e não havendo ascendentes ou descendentes sucessíveis, instaura-se conflito entre o direito dos cônjuges supérstites na sucessão do cônjuge comum falecido. Se o bígamo faleceu depois de anulado o segundo casamento, o conflito se exclui desde logo, pois a condição de cônjuge do segundo não mais existe, falho assim requisito essencial para este concorrer à sucessão. Porém, instaurada a sucessão antes da sentença anulatória, existirá o direito sucessório do cônjuge legítimo, cuja condição jurídica não se prejudica pelo ato ilícito de seu cônjuge; mas não se nega o direito sucessório do cônjuge putativo; daí a dúvida. Omisso o código, a doutrina tenta solução. Para a maioria dos autores, a herança, no caso, se dividirá em partes iguais entre o cônjuge legítimo e o cônjuge (ou cônjuges) putativo; fundam-se no fato de que a primeira mulher não pode alegar direito exclusivo à totalidade da herança, porque só tinha ela uma expectativa, a qual, quando aberta a sucessão, encontrou-a diminuída por efeito da boa-fé da segunda mulher; apresentam, assim, os cônjuges sobrevivos, a mesma condição que lhes assegura o direito sucessório"[22].

Ainda quanto aos bens, afora a situação sucessória já vista, o consorte inocente terá o direito de haver de volta tudo o que concorreu para a formação do patrimônio comum, inclusive as doações feitas ao outro, podendo, inclusive, segundo o escolhido regime de bens, fazer jus à meação do patrimônio trazido pelo culpado.

No que tange, todavia, especificamente aos bens adquiridos pelo esforço comum, deverão ser partilhados, segundo o princípio que veda o enriquecimento sem causa[23].

Já as doações feitas em contemplação a casamento futuro, estudadas linhas atrás, observa SÍLVIO VENOSA:

---

[21] Lembre-se, e veremos isso em nosso volume dedicado ao Direito das Sucessões, que não se pode confundir meação com herança. A meação é direito próprio de cada cônjuge, segundo o regime de bens aplicável, ao passo que a herança é a parcela de patrimônio próprio deixado pelo falecido.

[22] Yussef Said Cahali, *O Casamento Putativo*. 2. ed., São Paulo: Revista dos Tribunais, 1979, p. 139.

[23] Nesse sentido, também Sílvio de Salvo Venosa, ob. cit., p. 134.

"caducam com relação ao culpado, porque há que se entender não ter havido o implemento da condição imposta, qual seja, a realização do casamento. O cônjuge inocente, porém, deverá beneficiar-se da doação, como consequência da putatividade"[24].

Quanto ao nome, o cônjuge culpado perderá o direito de usá-lo, podendo o inocente, em nosso pensar, mantê-lo apenas se houver fundada justificativa, a exemplo de grave risco de lesão a direito da personalidade.

Em conclusão, no que toca aos efeitos da emancipação decorrente do casamento, deverão eles ser mantidos apenas em favor do cônjuge inocente. O culpado, outrossim, em tendo alcançado a capacidade plena por força do matrimônio, com a invalidação deste, retornará à situação de incapacidade.

Finalmente, vale lembrar que o cônjuge de boa-fé ainda poderá, segundo as regras gerais da responsabilidade civil, pleitear reparação por danos morais em virtude de haver sido induzido (ou coagido) a contrair um casamento que imaginava ser perfeitamente válido e eficaz, mas que padecia de indesejável vício invalidante[25], sem prejuízo da indenização pelos danos materiais também verificados.

---

[24] Sílvio de Salvo Venosa, idem, p. 134.

[25] Outras considerações correlatas sobre o tema podem ser encontradas no Capítulo XXX ("Responsabilidade Civil nas Relações Familiares") deste volume.

Capítulo XII
Plano de Eficácia do Casamento: Deveres Matrimoniais e Causas Suspensivas do Casamento

Sumário: 1. Introdução. 2. Eficácia jurídica do casamento: deveres matrimoniais. 3. Os deveres matrimoniais e o Código Civil: introdução. 3.1. Breves considerações sobre o nome de casado. 3.2. A importância do planejamento familiar como decisão do casal, com o apoio do Estado. 4. Os deveres matrimoniais típicos no Código Civil. 4.1. Fidelidade recíproca. 4.1.1. Caracterização da ruptura do dever de fidelidade. 4.1.2. Tipologia especial do adultério. 4.2. Vida em comum no domicílio conjugal (dever de coabitação). 4.2.1. A natureza jurídica do "débito conjugal" e a consequência do seu descumprimento. 4.3. Mútua assistência. 4.4. Sustento, guarda e educação dos filhos. 4.5. Dever de respeito e consideração mútuos. 5. Causas suspensivas do casamento. 5.1. Noções gerais. 5.2. Casamento do(a) viúvo(a), com filhos do falecido, pendentes inventário e partilha. 5.3. Casamento da viúva ou de mulher cujo casamento tenha sido nulo ou anulado, antes do decurso de dez meses. 5.4. Casamento do(a) divorciado(a), pendente a partilha dos bens do casal. 5.5. Casamento do(a) tutor(a), curador(a) ou seus parentes com a pessoa tutelada ou curatelada. 5.6. Arguição das causas suspensivas. 5.7. Consequências jurídicas da verificação de causas suspensivas.

1. INTRODUÇÃO

Um dos grandes desafios no estudo e na compreensão do Direito é a sistematização do conhecimento.

O simples debruçar-se sobre uma obra, durante horas ou dias, não significa, necessariamente, que as informações impressas serão apreendidas satisfatoriamente.

Não é tão simples assim.

A nossa mente não é uma máquina.

Pensamos, nesse ponto, que a metodologia no estudo do Direito, aliada à didática em sua transmissão, são fundamentais para que, efetivamente, possamos aperfeiçoar, sempre, o nosso conhecimento jurídico.

Por isso, amigo leitor, esforçamo-nos enormemente, para que você, de fato, compreenda a matéria que expomos, evitando meramente decorá-la, em uma indesejável "osmose do ensino acadêmico".

Nessa linha, é de se notar que, para facilitar a compreensão da matéria e atentos à natureza negocial do casamento, cuidamos de decompor a sua estrutura em três planos de análise, iniciando pelo estudo da sua *existência*, passando pela sua *validade*, para, finalmente, chegarmos à sua perspectiva de *eficácia*.

Nesse último plano de pesquisa, cuidaremos de analisar os efeitos jurídicos pessoais e patrimoniais do matrimônio, segundo o sistema jurídico em vigor, segmentando-o em duas perspectivas de análise: a dos *deveres matrimoniais* e a *das causas suspensivas do casamento*.

Vamos lá, então.

2. EFICÁCIA JURÍDICA DO CASAMENTO: DEVERES MATRIMONIAIS

Se deitarmos os nossos olhos no Direito Romano, veremos que a concepção dos deveres (e direitos) matrimoniais não se pautava pela igualdade, mas sim por uma proeminência vertical e — por que não dizer — hierárquica do *pater* no seio da família.

MAX KASER observa que:

> "Como todo o poder doméstico romano, o poder marital do *pater familias* é um poder pleno. Engloba o direito de vida e de morte (*jus vitae necisque*), e o direito de castigar e de repudiar a mulher. Mas, na época primitiva, o Direito Sacral e durante a República, o Censor, ao velar pelos bons costumes, vedaram ao *pater familias* quaisquer abusos deste pleno poder e cominaram sanções semelhantes às dos abusos da *patria potestas* (vd. infra § 60 I 2). Na época clássica desapareceu quase completamente o poder de correcção do marido sobre a mulher"[1].

E, ainda no plano dos efeitos do matrimônio, complementa o ilustre autor:

> "O matrimônio romano, como 'facto social' e independentemente da *conventio in manum*, teve como efeitos, primeiro, que a mulher obtinha o *honor matrimonii* e com ele o reconhecimento da posição social da própria mulher casada, segundo, que os filhos nascidos do matrimônio podiam continuar a família paternal como descendentes legítimos"[2].

Por óbvio, a história mais recente do Direito aponta no sentido da *horizontalização* dos deveres e direitos matrimoniais, numa perspectiva de igualdade, com a consequente cristalização da posição da mulher, não mais como subordinada, mas sim como colaboradora e corresponsável pela condução da vida matrimonial.

A mais inspirada e bela criação de Deus, a mulher, não poderia vir ao mundo em posição que, jurídica ou socialmente, a degradasse.

Aliás, um dado de grande alcance sociológico foi divulgado, com base em pesquisa do IBGE, demonstrando o aumento do número de mulheres "chefes de família" em nosso País:

> "A Síntese de Indicadores Sociais 2007 divulgada nesta sexta-feira (28) pelo Instituto Brasileiro de Geografia e Estatística (IBGE) revela que o número de mulheres chefes de família cresceu 79% entre 1996 e 2006, passando de 10,3 milhões para 18,5 milhões nesse período. O número de homens chefes de família aumentou 25% nesses dez anos. A pesquisa mostra ainda que as mulheres continuam tendo cada vez menos filhos, que o Rio Grande do Sul tem a menor taxa de fecundidade do país, que Alagoas é o estado com maior índice de mortalidade infantil (51,9%) e que a média de anos de estudo, entre pessoas com 15 anos ou mais de idade, subiu de 5,7 para 7,2 em uma década. A síntese é elaborada principalmente a partir de dados da Pesquisa Nacional por Amostra de Domicílios (Pnad 2006). Ela reúne informações sobre aspectos demográficos, educação, domicílios, famílias, casamentos, separações e divórcios, cor e raça, mulheres, idosos, crianças, adolescentes e jovens. Os resultados são separados por grandes regiões, unidades da federação e as principais regiões metropolitanas. A proporção de mulheres em idade reprodutiva (15 a 49 anos) com filhos nascidos vivos praticamente se manteve em 63%. O

---

[1] Max Kaser, *Direito Privado Romano*, Lisboa: Fundação Calouste Gulbenkian, 1999, p. 319.

[2] Idem, p. 326.

que chama a atenção é a redução do número de filhos por mulher. Em 2006, dos 32,7 milhões de mulheres com filhos, 30,9% tinham um; 33,3%, dois; e 35,8%, três ou mais. Em 1996, esses percentuais eram de 25%, 30,1% e 44,9%, respectivamente"[3].

Por isso, afigura-se-nos de fundamental importância que tenhamos em mente, nesta introdução, a inegável incidência do *princípio constitucional da isonomia* no âmbito dos efeitos obrigacionais do casamento.

Neste sentido, aliás, a nossa Constituição é clara:

"Art. 226. A família, base da sociedade, tem especial proteção do Estado.
§ 5.º *Os direitos e deveres referentes à sociedade conjugal são exercidos igualmente pelo homem e pela mulher*" (grifos nossos).

Houve, portanto, tendo em vista o desvio de perspectiva do Direito anterior — marcado pela indiferença aos valores fundamentais da pessoa humana — uma significativa mudança de paradigma, considerando-se a inserção da mulher no centro do sistema de direitos e deveres conjugais, ao lado — e não mais abaixo — do marido.

Trata-se, em verdade, de uma manifestação do princípio solar da dignidade da pessoa humana.

Comentando essa temática, sob o prisma civil-constitucional, pontifica PAULO LÔBO:

"O plano da eficácia do casamento sofreu profunda transformação, em decorrência da radical mudança de paradigmas da família e do casamento, consumada na Constituição de 1988, principalmente com a imposição de igualdade total de direitos e deveres entre o homem e a mulher na sociedade conjugal (art. 226, § 5.º). Na legislação anterior, as relações entre os cônjuges eram configuradas na chefia da sociedade conjugal atribuída ao marido, em torno da qual gravitava a ordenação dos direitos e deveres"[4].

Parece-nos, sem dúvida, a melhor diretriz sobre o assunto.

3. OS DEVERES MATRIMONIAIS E O CÓDIGO CIVIL: INTRODUÇÃO

Nessa perspectiva de promoção da pessoa humana, perfeitamente sintonizada com o processo de *repersonalização do Direito Civil*, o Código de 2002, dispõe que:

"Art. 1.565. Pelo casamento, homem e mulher assumem mutuamente a condição de consortes, companheiros e responsáveis pelos encargos da família".

Note, amigo leitor, a horizontalização típica da relação matrimonial: marido e mulher atuam em conjunto, como colaboradores, em auxílio mútuo, e não mais em situação de desigualdade.

Evitou-se, inclusive, a utilização da expressão "chefe de família" que, posto usual, traduz uma inequívoca carga de autoritarismo.

Nesse diapasão, prefere o Código Civil brasileiro a denominação "direção da sociedade conjugal", estabelecendo expressamente, em seu art. 1.567:

---

[3] Disponível em: <http://g1.globo.com/Noticias/Brasil/0,,MUL112938-5598,00.html>. Acesso em: 8 mar. 2009.
[4] Paulo Lôbo, *Direito Civil — Famílias*, 10. ed., São Paulo: Saraiva, 2020, p. 135.

"Art. 1.567. A direção da sociedade conjugal será exercida, em colaboração, pelo marido e pela mulher, sempre no interesse do casal e dos filhos.
Parágrafo único. Havendo divergência, qualquer dos cônjuges poderá recorrer ao juiz, que decidirá tendo em consideração aqueles interesses"[5].

Parece-nos, sem trocadilhos, a melhor direção sobre o tema.

É claro que, na impossibilidade fática de qualquer dos cônjuges administrar a sociedade conjugal, caberá ao outro tal exercício.

É a regra do art. 1.570, CC/2002:

"Art. 1.570. Se qualquer dos cônjuges estiver em lugar remoto ou não sabido, encarcerado por mais de cento e oitenta dias, interditado judicialmente ou privado, episodicamente, de consciência, em virtude de enfermidade ou de acidente, o outro exercerá com exclusividade a direção da família, cabendo-lhe a administração dos bens".

Essa norma atualiza, também com base no princípio da igualdade, o sistema normativo anterior[6], adequando-se ao vigente ordenamento constitucional.

---

[5] Confira-se a abissal mudança de paradigma na leitura dos dispositivos equivalentes na codificação civil anterior:
"Art. 233. O marido é o chefe da sociedade conjugal, função que exerce com a colaboração da mulher, no interesse comum do casal e dos filhos (arts. 240, 247 e 251).
Compete-lhe:
I — a representação legal da família;
II — a administração dos bens comuns e dos particulares da mulher que ao marido incumbir administrar, em virtude do regime matrimonial adotado, ou de pacto antenupcial (arts. 178, § 9.º, I, c, 274, 289, I e 311);
III — o direito de fixar o domicílio da família, ressalvada a possibilidade de recorrer a mulher ao juiz, no caso de deliberação que a prejudique;
IV — prover a manutenção da família, guardadas as disposições dos arts. 275 e 277.
(...)
"Art. 245. A autorização marital pode suprir-se judicialmente:
I — nos casos do art. 242, I a V;
II — nos casos do art. 242, VII e VIII, se o marido não ministrar os meios de subsistência à mulher e aos filhos.
Parágrafo único. O suprimento judicial da autorização valida os atos da mulher, mas não obriga os bens próprios do marido".
[6] Com efeito, confiram-se os seguintes dispositivos do Código Civil brasileiro de 1916:
Art. 251. À mulher compete a direção e administração do casal, quando o marido:
I — estiver em lugar remoto, ou não sabido;
II — estiver em cárcere por mais de 2 (dois) anos;
III — for judicialmente declarado interdito.
Parágrafo único. Nestes casos, cabe à mulher:
I — administrar os bens comuns;
II — dispor dos particulares e alienar os móveis comuns e os do marido;
III — administrar os do marido;
IV — alienar os imóveis comuns e os do marido mediante autorização especial do juiz.

3.1. Breves considerações sobre o nome de casado

Ainda na linha isonômica aqui tanto enfocada, o § 1.º do mesmo dispositivo, dispõe que "qualquer dos nubentes, querendo, poderá acrescer ao seu o sobrenome do outro".

É forçoso convir que essa regra não é imperativa, porquanto poderão os cônjuges permanecer, mesmo após o casamento, com os seus nomes de solteiros.

Em verdade, mesmo antes da entrada em vigor do Código Civil de 2002, seria perfeitamente possível que qualquer dos nubentes pudesse, na oportunidade do ato matrimonial, realizar esse acréscimo, com base no princípio constitucional da isonomia.

Com isso, não se diga que a norma legal é desnecessária ou implica superfetação, pois, infelizmente, muitos aplicadores do Direito ainda precisam das lentes da lei para alcançar o horizonte da Constituição.

Interessante, nesse diapasão, salientar julgado do Tribunal do Rio Grande do Sul, o qual, em lúcida interpretação, pontua que esse acréscimo poderá se dar mesmo após o matrimônio, não havendo espaço para se falar em decadência do exercício desse direito potestativo:

> "Registro civil. Pessoa natural. Retificação de registro. Pretensão de mulher casada que visa acrescer ao seu nome o patronímico do marido. Opção não efetuada no momento do casamento. Possibilidade. O matrimônio gera para ambos os contraentes um novo estado civil, sendo autorizada a alteração do nome a fim de evidenciar a modificação desta condição. Inexistência de prazo legal para a alteração do nome em decorrência do casamento. Decadência ou prescrição que não se ostentam. Apelação provida" (TJRS Apelação Cível 70014016869, rel. Luiz Ari Azambuja Ramos, julgado em 23-3-2006, 8.ª Câm. Cív.).

O momento, entretanto, mais adequado para se realizar esse acréscimo, indiscutivelmente, é antes da formalização da união conjugal, no bojo do procedimento de habilitação.

Muito bem. Nesse ponto, uma importante questão deve ser colocada.

Ficou claro que o Código Civil, no dispositivo ora analisado, admite que qualquer dos cônjuges acrescente ao seu o sobrenome do outro.

Todavia, admite-se supressão ou mudança?

Um exemplo irá aclarar a hipótese: Tarcilosa Vuou da Silva contrai matrimônio com Frispi Bonfant de Souza. Poderia Tarcilosa — em vez de simplesmente acrescer o "de Souza" (resultando no nome de casada Tarcilosa Vuou da Silva *de Souza*) — também modificar o seu nome civil, suprimindo um dos patronímicos? Vale dizer, retirar o "Vuou", para figurar apenas Tarcilosa da Silva *de Souza*?

Art. 252. A falta não suprida pelo juiz, de autorização do marido, quando necessária (art. 242), invalidará o ato da mulher; podendo esta nulidade ser alegada pelo outro cônjuge, até 2 (dois) anos depois de terminada a sociedade conjugal.

Parágrafo único. A ratificação do marido, provada por instrumento público ou particular autenticado, revalida o ato.

Art. 253. Os atos da mulher autorizados pelo marido obrigam todos os bens do casal, se o regime matrimonial for o da comunhão, e somente os particulares dela, se outro for o regime e o marido não assumir conjuntamente a responsabilidade do ato".

Note-se que, neste caso, não houve simplesmente um acréscimo, mas sim uma supressão e consequente mudança do seu nome civil.

Isso seria possível? Se partirmos de uma interpretação eminentemente literal a resposta seria negativa. Mas essa não é a melhor solução, nem, muito menos, a interpretação mais justa.

Na perspectiva da função social da família, com a preservação do bem-estar de cada um dos seus integrantes, desde que a mudança não implique completa discrepância na identificação de parentes próximos (como pais ou filhos anteriores ao casamento), somos favoráveis à medida.

O Superior Tribunal de Justiça, inclusive, já albergou este entendimento:

"Direito civil. Recurso especial. Casamento. Nome civil. Supressão de patronímico. Possibilidade. Direito da personalidade. Desde que não haja prejuízo à ancestralidade, nem à sociedade, é possível a supressão de um patronímico, pelo casamento, pois o nome civil é direito da personalidade. Recurso especial a que não se conhece" (REsp 662.799/MG, rel. Min. Castro Filho, julgado em 8-11-2005, *DJ* 28-11-2005, p. 279, 3.ª Turma).

Reforçando a nossa linha de pensamento, merece transcrição o art. 57 da Lei de Registros Públicos, com a redação dada pela Lei n. 14.382/2022:

"Art. 57. A alteração posterior de sobrenomes poderá ser requerida pessoalmente perante o oficial de registro civil, com a apresentação de certidões e de documentos necessários, e será averbada nos assentos de nascimento e casamento, independentemente de autorização judicial, a fim de: [*Redação dada pela Lei n. 14.382, de 2022.*]

I — inclusão de sobrenomes familiares; [*Incluído pela Lei n. 14.382, de 2022.*]

II — inclusão ou exclusão de sobrenome do cônjuge, na constância do casamento; [*Incluído pela Lei n. 14.382, de 2022.*]

III — exclusão de sobrenome do ex-cônjuge, após a dissolução da sociedade conjugal, por qualquer de suas causas; [*Incluído pela Lei n. 14.382, de 2022.*]

IV — inclusão e exclusão de sobrenomes em razão de alteração das relações de filiação, inclusive para os descendentes, cônjuge ou companheiro da pessoa que teve seu estado alterado. [*Incluído pela Lei n. 14.382, de 2022.*]".

Finalmente, a título de aprofundamento, é digno de nota aludir à reforma experimentada pelo Código Civil alemão por força da Lei de 6 de fevereiro de 2005.

Essa importante lei fora editada por conta de decisão de 18 de fevereiro de 2004 da Suprema Corte (*Bundesverfassungsgericht*) que entendeu ser inconstitucional o § 1355, Abs. 2 do Código Alemão.

Com a mudança, podem os cônjuges ou companheiros adotar não apenas o nome de solteiro, mas também o "nome de casado" do outro:

"Mit dem Gesetz zur Änderung des Ehe- und Lebenspartnerschaftsnamensrechts können Ehegatten auch einen Namen als Ehenamen führen, den einer von beiden aus einer früheren Ehe mitgebracht hat. Mit dem Gesetz wird das <u>*Urteil des Bundesverfassungsgerichts vom 18. Februar 2004*</u> *umgesetzt. Die Gesetzesänderung bringt einen entscheidenden Vorteil für diejenigen Menschen, die nach einer beendeten Ehe wieder heiraten. Denn sie können den Namen, den sie oft jahrzehntelang getragen haben, als neuen gemeinsamen Ehenamen weiterführen.*

> *Bislang konnten Ehe- und Lebenspartner nur den Geburtsnamen eines der Partner zum Ehe- oder Lebenspartnerschaftsnamen bestimmen. Jetzt können sie sich auch für einen 'erheirateten' Namen entscheiden"*[7].

Um exemplo irá ilustrar a hipótese: João Canário casou-se com Maria Silva, que adotou o seu nome: Maria Silva Canário. Com o divórcio, segundo a lei alemã, Maria pode permanecer com o sobrenome Canário, podendo, futuramente, se vier a convolar novas núpcias, transmiti-lo para o seu segundo marido.

No Brasil, posto a regra geral não seja essa, tal circunstância pode ocorrer, conforme veremos posteriormente[8], pois, a teor do art. 1.578, CC, o cônjuge, mesmo após o fim do casamento, pode permanecer com o nome anterior de casado, que se incorpora ao seu patrimônio moral.

3.2. A importância do planejamento familiar como decisão do casal, com o apoio do Estado

Ainda sob análise o art. 1.565 do Código Civil, no tocante aos deveres matrimoniais, o seu § 2.º, reproduzindo a norma constitucional contida no art. 226, § 7.º, da Constituição Federal, dispõe que o planejamento familiar é de livre decisão do casal, competindo ao Estado propiciar recursos educacionais e financeiros para o exercício desse direito, vedado qualquer tipo de coerção por parte de instituições privadas ou públicas.

O Brasil, em nosso pensar, caro leitor, a despeito das suas dificuldades, é dotado de todo o potencial para ser uma das maiores nações do século XXI.

Problemas de alta magnitude existem de variada ordem — econômica, política, social, ambiental — todos, enfim, traduzidos na visceral falta de respeito à dimensão existencial do outro.

Vivemos como ilhas, superprotegidos em nossos condomínios, em nossas grades, portões, trancas e alarmes, o que resulta num paradoxo abominável: ao lado dos excluídos, sem oportunidade de ascensão social, gravitam os encastelados em uma falsa perspectiva de liberdade, presos nos grilhões invisíveis da vida moderna, do *"admirável mundo novo"*, lembrando HUXLEY[9].

---

[7] Tradução livre de Pablo Stolze Gagliano: "Com a lei para a mudança do direito ao nome do casal ou companheiros, podem os cônjuges também adotar um nome de família, de solteiro ou de casado do outro. Com a lei, a decisão de 18-2-2004 da Corte Constitucional foi efetivada. A mudança legal trouxe uma decisiva vantagem para aquelas pessoas que, após encerrar um casamento, pretendam novamente se casar, pois poderão manter o nome que carregaram durante décadas, como o novo nome de família. Até o momento, podia o casal (e companheiros) somente receber o nome de solteiro (de nascimento) do outro. Agora, ele também pode decidir adotar o nome de casado do outro". *Gesetz zur Änderung des Ehe- und Lebenspartnerschaftsnamensrechts* (Lei para a mudança do direito ao nome dos cônjuges e companheiros). Disponível em: <http://www.bmj.bund.de/enid/33dd20480451c29319b1ef26ef5aea4b,bd5208305f7472636964092d0932363235/Familienrecht/Namensrecht_s3.html>. Acesso em: 24 maio 2009.

[8] Confira-se o tópico 10 ("Uso do Nome Pós-Divórcio") do Capítulo XXIII ("O Divórcio como Forma de Extinção do Vínculo Conjugal").

[9] "Filho de uma família de classe média alta, Aldous Huxley teve uma educação privilegiada. Devido a um problema na retina, quase ficou cego aos dezesseis anos.

Nesse contexto, o que acontece com o nosso próximo, por vezes, desde que não ocorra com a nossa família, é mais uma estatística, mais um fato social.

Adverte SIGMUND FREUD:

"Die Religion sagt: Liebe deinen Nächsten wie dich selbst. Das ist nun leicht gefordert, aber schwer zu erfüllen"[10].

Entretanto, a despeito do que afirma o ilustre psicanalista, precisamos aperfeiçoar os nossos valores morais para que compreendamos a grandeza desse ensinamento divino.

Desconsiderar o que acontece com o nosso semelhante, por não ser "o nosso problema", é o maior dos nossos erros.

Uma visão filosófica ou espiritual de mundo — a única que verdadeiramente importa — descortina a verdade absoluta de que toda a humanidade está unida, jungida a uma Força Maior, e, por que não dizer, formando uma única e verdadeira *família*.

Nós, que tivemos a ventura de receber o amor dos nossos pais, por exemplo, certamente replicaremos esse afeto aos nossos filhos e, quando soubermos que a família do vizinho é carente de afeto, por conta da má conduta do pai ou da mãe, responsáveis pela criação traumática dos seus filhos, poderemos inconscientemente dar de ombros dizendo: "ainda bem que isso não acontece aqui em casa".

Mas, nas esquinas da vida, pelas voltas que o mundo dá, sucede que aquele filho do vizinho, fruto dilacerado de um lar desajustado, enamora-se de nossa filha, casa-se com ela, e as histórias se confundem, as vidas se tocam, a experiência do outro passa a ser a de nossas vidas, legando-nos a sábia lição de que jamais devemos olvidar o grande laço universal da família humana.

Nesse contexto, reputamos fundamental que o Estado brasileiro busque efetivar, pondo de lado resistências religiosas insustentáveis no dia de hoje, uma política séria e efetiva de planejamento familiar, pois, caso não o faça, a incapacidade administrativa de combate à miséria tornar-se-á mais e mais profunda, agravando a situação dos milhares de brasileiros nascidos em condições subumanas de sobrevivência.

A promoção da dignidade da pessoa humana, no Brasil, para que se construa, de fato, um Estado Social e Democrático de Direito, passa, inexoravelmente, pelo planejamento familiar.

A Lei n. 9.263, de 12 de janeiro de 1996[11], ainda desconhecida por muitos, posto regule a matéria, é insuficiente para a implementação de uma política séria de planejamento.

Parcialmente recuperado, aprendeu braile. Estudou no Eton College e no Balliol College, em Oxford, graduando-se em inglês em 1916 (...) Por volta de 1930, Aldous Huxley estabeleceu-se na França, onde escreveu sua obra mais conhecida, "Admirável Mundo Novo", com a qual ganharia fama internacional. Através de uma sombria ficção científica, o escritor estabeleceu uma visão pessimista de uma futura sociedade tecnológica" (Disponível em: <http://educacao.uol.com.br/biografias/ult1789u581.jhtm>. Acesso em: 22 mar. 2009).

[10] Tradução livre de Pablo Stolze Gagliano: "A religião diz: Ame o seu próximo como a si mesmo. Isso é fácil de ser exigido, mas difícil de cumprir" (Sigmund Freud, *Warum Krieg? Ein Briefwechsel mit einem Essay von Isaac Asimov*, Zürich: Diógenes Verlag, 1972).

[11] Dispõem os seus arts. 3.º e 4.º:

"Art. 3.º O planejamento familiar é parte integrante do conjunto de ações de atenção à mulher, ao homem ou ao casal, dentro de uma visão de atendimento global e integral à saúde.

Embora não se busque um modelo coercitivo, como o adotado na China, pois isso afrontaria o *princípio da intervenção mínima do Direito de Família*[12], faz-se necessário que o Estado, respeitando o paradigma da paternidade responsável, adote políticas concretas de controle de natalidade, mediante campanhas publicitárias permanentes, incremento do acesso aos meios contraceptivos, incentivo ao aumento controlado da prole por meio de benefícios fiscais e, principalmente, por meio da educação de base com ênfase nos benefícios da procriação planejada.

E concluímos, nesse ponto, com o médico DRÁUZIO VARELA:

"Todos nós sabemos quanto custa criar um filho. Cada criança concebida involuntariamente por casais que não têm condições financeiras para criá-las empobrece ainda mais a família e o país, obrigado a investir em escolas, postos de saúde, hospitais, merenda escolar, vacinas, medicamentos, habitação, Fome Zero e, mais tarde, na construção de cadeias para trancar os malcomportados.

O que o pensamento religioso medieval e as autoridades públicas que se acovardam diante dele fingem não perceber é que, ao negar o acesso dos casais mais pobres aos métodos modernos de contracepção, comprometemos o futuro do país, porque aprofundamos perversamente a desigualdade social e criamos um caldo de cultura que contém os três fatores de risco indispensáveis à explosão da violência urbana: crianças maltratadas na primeira infância e descuidadas na adolescência, que vão conviver com pares violentos quando crescerem"[13].

Parágrafo único. As instâncias gestoras do Sistema Único de Saúde, em todos os seus níveis, na prestação das ações previstas no *caput*, obrigam-se a garantir, em toda a sua rede de serviços, no que respeita a atenção à mulher, ao homem ou ao casal, programa de atenção integral à saúde, em todos os seus ciclos vitais, que inclua, como atividades básicas, entre outras:
I — a assistência à concepção e contracepção;
II — o atendimento pré-natal;
III — a assistência ao parto, ao puerpério e ao neonato;
IV — o controle das doenças sexualmente transmissíveis;
V — o controle e prevenção dos cânceres cérvico-uterino, de mama, de próstata e de pênis. [*Redação dada pela Lei n. 13.045, de 2017*].
Art. 4.º O planejamento familiar orienta-se por ações preventivas e educativas e pela garantia de acesso igualitário a informações, meios, métodos e técnicas disponíveis para a regulação da fecundidade.
Parágrafo único. O Sistema Único de Saúde promoverá o treinamento de recursos humanos, com ênfase na capacitação do pessoal técnico, visando a promoção de ações de atendimento à saúde reprodutiva".

[12] Este modelo obrigatório não é adequado, resultando, inclusive, em sérios problemas sociais: "ao obrigar o casal ao filho único (ficaram de fora apenas as 55 etnias consideradas minoritárias, que representam 8,1% da população, contra 91,9% da etnia ham), sob risco de pesadas multas e punições, o governo não imaginava os problemas que estavam por vir. O primeiro deles, de origem cultural, foi a preferência pelos filhos homens, especialmente no campo, onde ainda vivem 60% da população. Os homens possuem maior força física, garantem a continuidade da família e são os responsáveis por sustentar os pais na velhice. Pela tradição, são considerados "superiores". Em mandarim, principal dialeto chinês, "filho homem" e "semente" têm o mesmo som, "zi" (Disponível em: "Isto é on line": <http://www.terra.com.br/istoe/1948/internacional/1948_baby_boom.htm>. Acesso em: 22 mar. 2009).

[13] Drauzio Varela, "Planejamento Familiar". Disponível em: <http://drauziovarella.ig.com.br/artigos/pfamiliar.asp>. Acesso em: 22 mar. 2009.

Havendo, portanto, fundamento jurídico para o planejamento familiar, a regra que o consagra não deveria congelar-se num sentido meramente programático, mas, sim, principalmente, concretizar-se por meio de ações efetivas e eficazes, em atenção ao princípio solar da dignidade da pessoa humana.

4. OS DEVERES MATRIMONIAIS TÍPICOS NO CÓDIGO CIVIL

Na forma do art. 1.566 do Código Civil, são deveres de ambos os cônjuges:

"I — fidelidade recíproca;
II — vida em comum, no domicílio conjugal;
III — mútua assistência;
IV — sustento, guarda e educação dos filhos;
V — respeito e consideração mútuos".

Não existe, nesse dispositivo, uma necessária ordem de prevalência lógica, nem, muito menos, uma escala hierárquica de valores feita pelo legislador.

Não podemos, também, simplesmente dizer que se trata de um rol exaustivo, pois, ainda que o afirmássemos, iríamos nos deparar com a largueza hermenêutica dos conceitos vagos aí consagrados, a exemplo do "respeito e consideração mútuos", que nem era previsto na norma equivalente anterior[14], cujo espectro de alcance é inalcançável aprioristicamente.

De qualquer maneira, seguiremos essa sistematização em nosso presente estudo.

4.1. Fidelidade recíproca

A rigor, pensamos que a fidelidade traduz desdobramento da noção maior de lealdade, embora com ela não se confunda.

A lealdade, qualidade de caráter, implica um comprometimento mais profundo, não apenas físico, mas também moral e espiritual entre os parceiros, na busca da preservação da verdade intersubjetiva; ao passo que a fidelidade, por sua vez, possui dimensão restrita à exclusividade da relação afetiva e sexual.

É possível visualizar uma situação de autonomia das características.

Se um cônjuge — homem ou mulher — trai o outro, há violação do dever de fidelidade, mas, se não esconde tal fato, não se está no campo da mentira, própria da deslealdade.

Todavia, é certo que, na maior parte das situações, a fidelidade está umbilicalmente conectada ao conceito de lealdade, de maneira que a fidelidade exigida normalmente também obriga à lealdade, e vice-versa[15].

---

[14] "Art. 231. São deveres de ambos os cônjuges:

I — fidelidade recíproca;

II — vida em comum, no domicílio conjugal (arts. 233, IV, e 234);

III — mútua assistência;

IV — sustento, guarda e educação dos filhos."

[15] Nas situações de poliamorismo, com múltiplas relações afetivas abertas, é possível visualizar mais evidentemente a existência de lealdade, sem se falar em uma fidelidade estrita, pelo menos na visão tradicional deste dever. Todavia, tais situações ainda são tidas como excepcionais e de pouca ocorrência social. Sobre o tema, confira-se o Capítulo XX ("Concubinato e Direitos do(a) Amante") deste volume.

Talvez fosse melhor, para evitar maiores digressões na análise dos deveres nas diferentes modalidades familiares, que o legislador utilizasse, também para os cônjuges, a dicção normativa consagrada para a união estável (art. 1.724), em que se exigiu o dever recíproco de *lealdade*, tecnicamente mais amplo, como visto.

Mas preferiu consagrar como primeiro dever conjugal a correlata noção de *fidelidade recíproca* mesmo.

Tanto para o homem quanto para a mulher, a fidelidade é exigida, não havendo mais espaço, em nosso sentir, para se traçar uma diagnose diferencial da dor de ser traído, como o fez, em outra época, WASHINGTON DE BARROS MONTEIRO:

> "Entretanto, do ponto de vista puramente psicológico, torna-se sem dúvida mais grave o adultério da mulher. Quase sempre, a infidelidade no homem é fruto de capricho passageiro ou de um desejo momentâneo. Seu deslize não afeta de modo algum o amor pela mulher. O adultério desta, ao revés, vem demonstrar que se acham definitivamente rotos os laços afetivos que a prendiam ao marido e irremediavelmente comprometida a estabilidade do lar. Para o homem, escreve SOMERSET MAUGHAM, uma ligação passageira não tem significação sentimental, ao passo que para a mulher tem"[16].

A sociedade mudou muito e esse pensamento não se justifica mais!

Nos dias de hoje, ainda que a infidelidade masculina seja muito mais frequente, todos nós, homens e mulheres, em pé de igualdade, estamos sujeitos a desvios e tropeços de conduta na relação a dois, afigurando-se arriscado estabelecer, em nosso sentir, ainda que em nível psicológico, uma escala de gravidade.

Pensamos, portanto, nessa linha, que a fidelidade é (e jamais deixará de ser) um valor juridicamente tutelado, e, tanto o é, que fora erigido como dever legal decorrente do casamento:

> "Art. 1.566. São deveres de ambos os cônjuges:
> I — *fidelidade recíproca*;
> II — vida em comum, no domicílio conjugal;
> III — mútua assistência;
> IV — sustento, guarda e educação dos filhos;
> V — respeito e consideração mútuos"[17].

A violação desse dever poderá, independentemente da dissolução da sociedade conjugal ou da relação de companheirismo, gerar consequências jurídicas, inclusive indenizatórias[18].

Sinceramente, embora se compreenda, pelas razões da moralidade média assentada na sociedade ocidental, a elevação da fidelidade recíproca como um dever do casamento, soa-

---

[16] Washington de Barros Monteiro, *Curso de Direito Civil, Direito de Família*, 35. ed., São Paulo: Saraiva, 1999, v. 2, p. 117.

[17] Também na união estável, vislumbra-se o dever de *lealdade*, conforme se verifica do art. 1.724 do vigente Código Civil brasileiro:
"Art. 1.724. As relações pessoais entre os companheiros obedecerão aos deveres de *lealdade*, respeito e assistência, e de guarda, sustento e educação dos filhos".
Sobre o tema, confira-se o Capítulo XIX ("União Estável") deste volume.

[18] Sobre o tema, confira-se o Capítulo XXX ("Responsabilidade Civil nas Relações Familiares") deste volume.

-nos estranho que o Estado, em confronto com o princípio da intervenção mínima no Direito de Família, queira impor a todos os casais a sua estrita observância.

Isso porque a ninguém, muito menos ao Estado, deve ser dado o direito de se imiscuir na relação sentimental alheia, em que a autoestima, o excesso ou a falta de desejo sexual e o perdão interessam apenas aos envolvidos.

Acreditamos que a atuação estatal não poderia invadir essa esfera de intimidade, pois, em caso contrário, jamais compreenderia o que se dá na "relação de poliamor", teoria psicológica que começa a descortinar-se para o Direito e admite a possibilidade de coexistirem duas ou mais relações afetivas paralelas, em que os seus partícipes conhecem e aceitam uns aos outros, em uma relação múltipla e aberta, o que será objeto de análise em capítulo próprio[19].

Ademais, o perdão, como o mais divino dos sentimentos humanos, cabe somente aos envolvidos, e não a um aparato estatal que insiste em se imiscuir na aceitação da conduta de um pelo outro.

Nessa linha, temos, então, que a fidelidade, posto não traduza um dogma absoluto, é um valor juridicamente tutelado.

4.1.1. Caracterização da ruptura do dever de fidelidade

A ruptura do dever de fidelidade poderá se dar de diversas maneiras, desde que se constate a convergência de um terceiro elemento não autorizado na esfera do casal, em espúria relação afetiva ou sexual com um dos cônjuges.

Com isso, temos que não se rompe a fidelidade apenas mediante a conjunção carnal com amante.

De maneira alguma.

Carícias, afagos, conversas íntimas, enfim, todo comportamento que, de fato, demonstre invasão à esfera de exclusividade de afeto dos consortes, poderá caracterizar a infidelidade.

Nesse ponto, não concordamos com ORLANDO GOMES, quando afirma que "só o adultério propriamente dito caracteriza infração do dever de fidelidade"[20].

Como se sabe, o adultério consiste na *conjunção carnal espúria*, fora da relação conjugal.

Segundo os clássicos, operar-se-ia mediante *"introductio penis intra vas"*, sentença que dispensa tradução.

Trata-se, sem a menor sombra de dúvida, da forma mais drástica, severa, dolorosa e profunda de quebra do dever de fidelidade, mas com isso não se diga que, quando o marido é flagrado pela esposa aos beijos e abraços com a amante (ou vice-versa) não esteja sendo infiel.

Logicamente está!

Pode não ser considerado, no rigor da boa técnica, adúltero, mas, certamente, está sendo infiel.

---

[19] Confira-se o Capítulo XX ("Concubinato e Direitos do(a) Amante") deste volume.
[20] Orlando Gomes, ob. cit., p. 136.

Interessante, nesse ponto, é observarmos a mudança por que passou o tratamento jurídico do adultério.

> "Desde que se firmou a família em suas bases essenciais, e que os legisladores antigos compreenderam o seu valor social", assevera BEVILÁQUA, "o poder público chamou a si a punição do adultério. No Egito, foi ele, primitivamente, punido com a morte. Mais tarde, ao tempo de HERÓDOTO e DIODORO da Sicília, a pena aplicada era a rinotomia[21]. O Direito Hebreu mandava lapidar[22] a mulher adúltera; na Índia, faziam-na devorar por cães famintos, e queimavam o seu cúmplice ainda em vida. Em Atenas, a esposa infiel não tinha, para seu delito uma sanção penal prefixada; qualquer pena que não fosse a de morte, podia ser-lhe aplicada. Em Roma, foi o adultério, primeiramente, um crime doméstico, cujo conhecimento pertencia ao tribunal da família; e por ele podia ser imposta a pena de morte, assim como o marido, por si, exclusivamente, podia impô-la, se encontrasse os maculadores de sua honra em flagrância. Mais tarde, o adultério foi considerado *crimen publicum*, a punição, do qual, a relegação, podia ser provocada por qualquer pessoa. Constantino restringiu o direito de acionar por adultério, à família infamada, pela torpeza desse ato, mas elevou a penalidade à privação da vida. Justiniano, ainda modificou essa penalidade, mandando fustigar a adúltera, e, depois, encerrá-la num convento"[23].

No Direito brasileiro, o Arquivo Nacional da Presidência da República[24], estudando a história luso-brasileira, anota a severidade de tratamento dispensado, no passado, ao adultério — considerado, inclusive, delito contra o Estado (!) — conforme podemos ler na transcrição da "carta do conselheiro corregedor do Crime da Corte e Casa ao príncipe regente d. João sobre a prisão de Ana Rosa", conforme vemos abaixo. Veja, inclusive, o nosso leitor, as "notas" feitas pelo pesquisador, para facilitar a compreensão do vetusto documento:

> "'Senhor, a suplicante Ana Rosa fugiu da companhia do marido trazendo consigo uma escrava, e roupas, e foi presa com o adúltero [1] em uma casa desta cidade, e os oficiais o acharam quase despido, tendo só vestido uma camisa de mulher, e ela se lançou aos pés do marido, e confessando o delito, queria que lhe perdoasse. Ele contudo a fez prender, e prossegue na acusação. A prova que os autos subministram é (ilegível) para grave con-

---

[21] Nota dos autores: "Rinotomia — [s. f. (fr. *rhinotomie*; ing. *rhinotomy*). Operação destinada a abrir extensamente a parede anterior das fossas nasais para extrair um tumor, quer por incisão dos tegumentos ao nível do sulco nasogeniano quer pelo interior da boca" <http://medicosdeportugal.saude.sapo.pt/action/10/glo_id/11737/menu/2/>. No caso mencionado pelo autor, tratava-se, não de um procedimento clínico, mas de uma punição ou tortura.]

[22] A lapidação é uma forma de execução de condenados à morte. Meio de execução muito antigo, consistente em que os assistentes lancem pedras contra o réu, até matá-lo. Como uma pessoa pode suportar golpes fortes sem perder a consciência, a lapidação pode produzir uma morte muito lenta. Aparece na Bíblia em várias passagens, como na narração da intervenção de Jesus salvando da lapidação uma adúltera ("Quem tiver sem pecados que atire a primeira pedra!") e a morte de Santo Estêvão, por dar testemunho de Jesus.

[23] Clóvis Beviláqua, *Direito de Família*, cit., p. 281-2.

[24] Recomendamos ao nosso leitor uma visita ao *site* do Arquivo Nacional e História Luso-Brasileira (http://www.historiacolonial.arquivonacional.gov.br/cgi/cgilua.exe/sys/start.htm), pois se trata de uma louvável iniciativa governamental, merecedora de aplausos, especialmente por parte daqueles que, como nós, são apaixonados pela pesquisa.

denação; o crime (...) é de muita gravidade pelos danos que produziu na família [2] e o (ilegível) ao Estado, (...) O parágrafo 21 do Regimento desta Mesa [3], e quanto a sua prenhez consta esse ser verdadeira, e que este motivo merece compaixão, e que na prisão que ainda não tem comodidades não pode parir (...). E tanto me pereceu indeferível o requerimento, V.S. porém deferiu (...) Rio 3 de Agosto de 1808. O Conselho Corregedor do Crime da Corte [4] e Casa'.

[1] Pessoa que comete adultério, que era a 'cópula carnal com pessoa casada', fosse com o homem ou com a mulher. Expressava relacionamentos e convivências reprováveis, uma vez que implicava na quebra do dever de fidelidade, ao manter vida concubinária simultaneamente com sua vida conjugal. De acordo com o Direito romano, quando o adultério fosse cometido pela mulher, era permitido ao marido traído inclusive 'lavar com sangue' a sua honra, como mostrou o próprio documento. Já para os homens serem punidos, precisava-se da prova material de que ele estivesse em 'concubinagem franca' com a mulher, posto que relações passageiras, pequenos desvios e alguns pecadilhos eram tolerados. Considerado uma falta grave, desde o Concílio de Trento (1545-1563), a Igreja reconheceu a possibilidade de se fazer a separação permanente entre os consortes, quando comprovada a traição.

[2] Pessoas aparentadas, que viviam, em geral, na mesma casa e estavam subordinadas aos chefes ou pais de família. Uma das principais instituições do Brasil colonial, a família foi marcada pela pluralidade e por experiências diversas, decorrentes de fatores como regionalização, origem social, gênero e etnia. Dentre as diversas camadas sociais destacam-se as famílias de elite, que se tornaram as principais instituições político-econômicas do período. Através dos casamentos e alianças, estas famílias criaram verdadeiros núcleos de poder, cuja estrutura fundiária serviu-lhes de base econômica, constituindo-se uma das principais heranças do período colonial.

[3] A Mesa do Desembargo do Paço, tribunal superior cujas decisões competiam exclusivamente ao soberano, era responsável pelos pedidos dirigidos diretamente ao rei, como supremo dispensador da Justiça, que manifestava sua livre vontade por decretos de mera graça. Entre as questões abarcadas pela Mesa estavam: a legitimação de filhos, a confirmação de doações, a concessão de cartas de perdão, a instituição de morgados e capelas, a dispensa de idade e de nobreza, deliberando ainda sobre o recrutamento e provimento de juízes, entre outras coisas. No Brasil, a vinda da corte, em 1808, acarretou a sua instituição aqui por meio do alvará de 22 de abril daquele ano.

[4] Ministro com jurisdições cíveis e econômicas, atuando nas vilas de sua comarca. Tratava de assuntos que iam desde a prisão dos vadios até a agricultura e a povoação da colônia. O Corregedor do Crime da Corte e da Casa foi um dos magistrados da Casa de Suplicação do Brasil, instalada no Rio de Janeiro com a vinda de D. João para a colônia"[25].

Nesta vereda, o Código Penal de 1940 tipificava o crime de adultério, apenando-o com detenção de quinze dias a seis meses (art. 240).

---

[25] Conjunto documental: Tribunal de Desembargo do Paço. Notação: caixa 219, pct. 02. Data-limite: 1808-1828. Título do fundo: Mesa do Desembargo do Paço. Código do fundo: 4K. Argumento de pesquisa: família, adultério. Data do documento: 3 de agosto de 1808. Local: Rio de Janeiro. Disponível em: <http://www.historiacolonial.arquivonacional.gov.br/cgi/cgilua.exe/sys/start.htm?infoid=620&query=simple&search%5Fby%5Fauthorname=all&search%5Fby%5Ffield=tax&search%5Fby%5Fheadline=false&search%5Fby%5Fkeywords=any&search%5Fby%5Fpriority=all&search%5Fby%5Fsection=all&search%5Fby%5Fstate=all&search%5Ftext%5Foptions=all&sid=74&text=adult%E9rio&tpl=printerview>. Acesso em: 29 mar. 2009.

Sucede que, por versar sobre interesse eminentemente particular, e nada tendo que ver com a tutela do Estado, o adultério, após a edição da Lei n. 11.106 de 2005, deixou de ser considerado crime.

Aliás, o próprio BEVILÁQUA, muitas décadas atrás, em sua clássica obra *Comentários aos Estados Unidos do Brasil* (1940), já profetizava, ao tratar do delito de adultério: "é certo, entretanto, que essa figura de crime tende a desaparecer dos Códigos Penais"[26].

Assim, nos dias de hoje, temos que o adultério, *posto permaneça sendo um ilícito civil — rendendo ensejo a ações de dissolução da sociedade conjugal ou, até mesmo, de responsabilidade civil* — não mais caracteriza um ilícito criminal.

Mas este delicado tema — adultério — nos remete a outras reflexões, mais profundas.

Por isso, parece interessante refletir um pouco mais sobre algumas modalidades de adultério, diversas da concepção tradicional.

4.1.2. Tipologia especial do adultério

Para o adequado estudo desta envolvente matéria, algumas figuras especiais merecem destaque e aprofundamento: *o quase-adultério, o adultério inocente (casto ou de seringa), o adultério precoce e o adultério virtual*.

A primeira dessas figuras, que dispensa maior digressão, denomina-se "quase-adultério", situação em que os parceiros — um deles ou ambos casados — trocam carícias, afagos, beijos, enfim, preliminares do amor, sem que hajam consumado o ato sexual.

Trata-se, pois, de indiscutível comportamento de infidelidade.

A segunda figura é mais complexa. E esquisita.

Reputamos um contrassenso, ou, se o amigo leitor nos permite a franqueza, de um inegável mau gosto terminológico a expressão "adultério inocente", também denominado "adultério casto ou de seringa".

Indo de encontro à natureza em si do adultério, que, como anotado antes, pressupõe conjunção carnal, essa inusitada figura traduz situação de infidelidade em que se dá uma inseminação artificial heteróloga (com material genético de terceiro, em banco de sêmen), sem a necessária autorização do marido. É o caso da mulher — cujo esposo é incapaz de gerar filhos — que se dirige a um laboratório de reprodução humana assistida e, sem a sua anuência, realiza procedimento clínico de fecundação artificial[27].

Pouco provável, mas teoricamente possível, é a situação inversa.

O marido, sem o consentimento da esposa, doa o seu sêmen a um laboratório, e, posteriormente, em ação judicial para investigação de identidade genética, fica provado haver gerado um filho.

O fato chega ao conhecimento da esposa, que se insurge contra ele.

---

[26] Clóvis Beviláqua, ob. cit., p. 584.

[27] Observe, amigo leitor, que o art. 1.597, V, CC/2002 (sem equivalente na codificação anterior), estabelece que se presumem concebidos na constância do casamento os filhos *"havidos por inseminação artificial heteróloga, desde que tenha prévia autorização do marido"*. Registre-se que o Enunciado 633 da VIII Jornada de Direito Civil da Justiça Federal estabelece: "ENUNCIADO 633 — Art. 1.597: É possível ao viúvo ou ao companheiro sobrevivente, o acesso à técnica de reprodução assistida póstuma — por meio da maternidade de substituição, desde que haja expresso consentimento manifestado em vida pela sua esposa ou companheira". Para aprofundamento do tema, confira-se o Capítulo XXV ("Filiação") deste volume.

Ora, na mesma linha, dada a simetria constitucional de direitos, há de se reconhecer também a infidelidade, ou, como dito, o "adultério casto"...

Fala-se em "adultério precoce" quando o cônjuge abandona o outro, de forma infamante, logo em seguida à celebração do matrimônio.

É o caso do sujeito que é abandonado por sua esposa, durante a lua de mel.

Essa situação, a depender das circunstâncias, pode, em tese, justificar a anulação do casamento por erro sobre pessoa, sem prejuízo de eventual responsabilidade civil por dano moral.

Finalmente, o avanço tecnológico típico do século XXI, nos apresenta o atualíssimo "adultério virtual".

Inicialmente, cumpre-nos fazer um importante registro terminológico.

Posto seja corrente e usual a expressão adultério virtual, para caracterizar relações espúrias de afeto ou intimidade pela via eletrônica — e-mails, chats, comunidades da internet (a exemplo do *Orkut*) — quando um ou ambos os agentes são casados, é forçoso convir que, por não haver contato físico entre os amantes, mais adequado seria utilizarmos a expressão "infidelidade virtual" para caracterizar esse tipo de comportamento transgressor.

Com propriedade, nesse particular, observa DANIEL BAGGIO:

> "Com as enormes facilidades que a tecnologia digital atualmente proporciona às pessoas, a doutrina passou a focar com maior atenção a situação do cônjuge que se vale de algum meio de comunicação eletrônica para externar 'enlevos sentimentais extraconjugais'. Reconhecidamente, as formas de comunicação mais usuais para tanto são os 'e-mails', 'chats de bate-papo', 'torpedos' e o 'orkut'. Surgiu assim a figura popularmente chamada de 'adultério virtual', considerada por muitos escritores como uma modalidade de 'quase-adultério'. Apesar dessas nomenclaturas, comportamentos dessa natureza não tipificam propriamente 'adultério', que é definido como um ato ilícito que se configura com prática voluntária de relação sexual extraconjugal"[28].

A Universidade da Flórida, nos Estados Unidos, tem sido referência no estudo de pessoas casadas que mantêm relacionamento íntimo paralelo ao casamento:

> "'*Growing numbers of married people are turning to internet chat rooms for sexual thrills, a US study has found*'.
>
> *Most spouses who got involved with the opposite sex over the internet did not think they were doing anything wrong, said the report by a University of Florida researcher.*
>
> *But partners felt betrayed by the virtual infidelity, even though in most cases no physical contact had taken place*"[29].

---

[28] Daniel Baggio, *Considerações sobre o "Adultério Virtual"*. Disponível em: <http://www.toledo.br/portal/institucional/noticia/2008/06/noticia_034.html>. Acesso em: 5 abr. 2009.

[29] "Um número crescente de pessoas casadas procura sites de relacionamento para encontros sexuais, demonstra um estudo norte-americano.

A maioria dos cônjuges que se envolveram com outras pessoas pela internet não acha que estão fazendo algo errado, disse o relatório da pesquisadora da Universidade da Flórida.

Mas os seus parceiros se sentem traídos pela infidelidade virtual, mesmo que não tenha havido, na maioria dos casos, contatos físicos" (tradução livre de Rodolfo Pamplona Filho).

E, com sagacidade, observa, a responsável pela pesquisa, que a internet, em breve, será a forma mais comum de infidelidade, se já não é:

> "'The internet will soon become the most common form of infidelity, if it isn't already', said Beatriz Mileham, from the University of Florida, who carried out the new study"[30].

De fato, quem não conhece alguém que já se relacionou por meio de programas de comunicação simultânea — como o MSN — ou por meio de comunidades virtuais — a exemplo do Orkut[31]?

Em nosso pensar, é inteiramente improcedente o argumento daqueles que, unidos pelo matrimônio, imaginam estar fazendo "algo inocente", quando mantêm íntimos diálogos com o seu amante, por meio da internet.

Embora, tecnicamente, adultério não seja, dada a ausência de contato físico, a infidelidade moral, grave da mesma maneira, é de clareza meridiana!

Nessa linha de intelecção, veiculou o Portal Jurídico Conjur:

> "A Justiça do Distrito Federal aceitou a troca de mensagens por e-mail entre um homem e sua amante como prova de adultério e condenou o homem a pagar indenização de R$ 20 mil por danos morais à ex-mulher. O autor da sentença, juiz Jansen Fialho de Almeida, titular da 2.ª Vara Cível de Brasília, desconsiderou a alegação do homem de quebra de sigilo das mensagens eletrônicas, porque os e-mails estavam gravados no computador de uso da família e a mulher tinha acesso à senha do ex-marido. 'Simples arquivos não estão resguardados pelo sigilo conferido às correspondências', concluiu. Cabe recurso ao Tribunal de Justiça do Distrito Federal. Para o juiz, o adultério foi demonstrado pela troca de mensagens eróticas. O dano moral se caracterizou porque, nas mensagens, o marido fazia comentários jocosos sobre o desempenho sexual da mulher, afirmando que ela era 'fria' na cama. 'Se a traição, por si só, já causa abalo psicológico ao cônjuge traído, tenho que a honra subjetiva da autora foi muito mais agredida, em saber que seu marido, além de traí-la, não a respeitava, fazendo comentários difamatórios quanto à sua vida íntima, perante sua amante', decidiu Jansen de Almeida"[32].

Para além da mera traição, surgem, ainda, na complexa tessitura da rede mundial de informações, situações novas, inusitadas, psicologicamente profundas e juridicamente ainda não adequadamente compreendidas, a exemplo da *família virtual*.

Alguém imagina a constituição e a manutenção de uma família pela internet?

O professor LOURIVAL SEREJO, em interessantíssimo artigo publicado no Boletim IBDFAM n. 54, anotou essa possibilidade, por meio do mundo virtual "Second Life", comunidade virtual que simula o mundo real, por meio de personagens denominados "avatares":

---

[30] "'A Internet será em breve a forma mais comum de infidelidade, se já não for', disse Beatriz Mileham, da Universidade da Flórida, que realizou o novo estudo" (tradução livre de Rodolfo Pamplona Filho) in *Cyber sex lures love cheats*. Disponível em: <http://news.bbc.co.uk/1/hi/technology/3083173.stm>. Acesso em: 5 abr. 2009.

[31] Tamanho é o grau de penetração da tecnologia da *web* que a mídia noticiou haver uma britânica flagrado a traição do marido, cujo carro estava estacionado "na frente da casa de uma amiga", por meio da ferramenta "Google Earth" (*Street View*), segundo noticiado pelo jornal *The Sun* (*Tribuna da Bahia*, em 1.º de abril de 2009, p. 20).

[32] Disponível em: <http://www.conjur.com.br/static/text/66569,1#null>. Acesso em: 13 jul. 2008.

> "O Second Life é uma comunidade na internet que simula o mundo real, em que as pessoas vivem uma segunda existência. Literalmente traduzido como 'segunda vida', esse jogo é, ao mesmo tempo, um *site* de relacionamento, com personagens, chamadas de avatares, em que há uma intensa interatividade. Há pessoas que passam mais de sete horas por dia interagindo por meio de seus avatares, tratando-os como amigos, inimigos, vestindo-os, namorando-os etc. Os jogadores, na prática, criam um *alter ego* virtual".

E complementa, já no campo da infidelidade:

> "Amy Taylor, assim se chama ela, flagrou seu marido, David Pollard, em atos sexuais com uma personagem virtual. Não suportou a traição e resolveu pôr fim em um casamento de três anos. Outra notícia, fora do mundo do Second Life, dá conta da determinação do japonês Taichi Takashita em querer casar com uma personagem de desenho animado. Para justificar seu intento, indaga: 'Por que não criar uma autorização legal para o casamento com personagens biodimensionais?'"[33].

Esse é o mundo novo que se nos apresenta nesta virada de século, embora, permita-nos confessar, ainda preferimos o calor do toque, o brilho do olhar, enfim, a presença humana do afeto, ausente nos frios *softwares* da virtualidade eletrônica.

4.2. Vida em comum no domicílio conjugal (dever de coabitação)

Observa ORLANDO GOMES que "a coabitação representa mais do que a simples convivência sob o mesmo teto", traduzindo, sobretudo, a "união carnal"[34].

Refletindo sobre esse aspecto, pensamos que a própria noção de "convivência sob o mesmo teto" é relativa, pois diversas razões — inclusive a autonomia da vontade do casal, na perspectiva do princípio da intervenção mínima do Direito de Família — poderão determinar residência em casas separadas.

Não é incomum, aliás, que, por motivo de trabalho[35], os cônjuges residam em casas, cidades ou até estados diferentes — e quem sabe países —, sem que isso traduza violação a um dever jurídico que os obrigue a viver na mesma casa.

Esse não é o espírito da norma.

O que o legislador pretende, em nosso sentir, é, preservando a necessária comunhão de vida — pedra de toque do casamento — vedar que um cônjuge abandone a esfera de convivência com o outro, passando a residir em local diverso, sem motivo justificado e contra a vontade do seu consorte.

---

[33] Lourival Serejo, *Família Virtual*, Boletim IBDFAM n. 54, jan./fev. 2009, p. 9.

[34] Orlando Gomes, ob. cit., p. 134.

[35] Nesse sentido, estabelece o art. 1.569, CC/2002:

"Art. 1.569. O domicílio do casal será escolhido por ambos os cônjuges, mas um e outro podem ausentar-se do domicílio conjugal para atender a encargos públicos, ao exercício de sua profissão, ou a interesses particulares relevantes".

No Código Civil brasileiro de 1916, estabelecia o art. 233, III, que competia ao marido "o direito de fixar o domicílio da família, ressalvada a possibilidade de recorrer a mulher ao juiz, no caso de deliberação que a prejudique".

Neste caso, o abandono, por traduzir descumprimento de dever conjugal (e ruptura fática), poderá resultar em ação judicial de divórcio (ou, até mesmo, de responsabilização civil)[36], como anota ROLF MADALENO:

> "O cônjuge que abandona imotivadamente o lar rompe de fato com suas obrigações matrimoniais e débito conjugal. Dissolve no mundo dos fatos o consórcio nupcial, e permite o imediato ingresso do processo judicial por quebra de obrigação marital, ou se preferir, pode iniciar a contagem oficial do tempo de dois anos de fática separação necessários para o ajuizamento do divórcio direto"[37].

Nessa linha, vale lembrar ainda que, em havendo motivos graves — como violência física, ameaça, tortura, maus tratos —, como medida cautelar preparatória ou incidental ao processo de divórcio, é possível ao cônjuge prejudicado intentar pedido de *separação de corpos*, visando a obter ordem judicial que determine a saída do seu consorte do domicílio conjugal ou a autorização oficial para a saída do próprio requerente, a depender das circunstâncias do caso.

Mas há um ponto, amigo(a) leitor(a), delicadíssimo a ser tratado, neste tema.

Observe que a doutrina, na linha dos autores acima citados, costuma afirmar que a coabitação compreende, ainda, o "débito conjugal" (*debitum conjugale*), ou seja, o dever de manter relações sexuais com o parceiro.

Seria o "débito conjugal" um dever conjugal autônomo? Seria mera decorrência da coabitação? Qual seria a consequência jurídica do seu descumprimento?

É o que enfrentaremos no próximo tópico.

4.2.1. A natureza jurídica do "débito conjugal" e a consequência do seu descumprimento

No dizer de MARIA HELENA DINIZ, "a coabitação é o estado de pessoas de sexo diferente (ou do mesmo sexo – Res. CNJ n. 175/2013) que vivem juntas na mesma casa, convivendo sexualmente"[38].

BARROS MONTEIRO, por sua vez, conclui:

> "CARVALHO SANTOS aplaude esse ponto de vista, asseverando que o dever de convivência não atinge a sua plenitude com a simples morada debaixo do mesmo teto, sendo ainda necessária alguma coisa mais: a satisfação do *debitum conjugale*, cuja recusa injustificada poderá constituir causa de separação judicial"[39].

BERENICE DIAS, perfilhando outra linha de intelecção, critica com vigor o pensamento tradicional:

---

[36] Para maiores detalhes sobre o tema, confira-se o Capítulo XXX ("Responsabilidade Civil nas Relações Familiares").

[37] Rolf Madaleno, ob. cit., p. 155. Ressalte-se que a menção ao prazo de dois anos se deu, obviamente, por se tratar de edição anterior à Emenda Constitucional que transformou o divórcio no exercício de um direito potestativo. Para maiores detalhes sobre o tema, confira-se o Capítulo XXIII ("O Divórcio como Forma de Extinção do Vínculo Conjugal").

[38] Maria Helena Diniz, ob. cit., p. 291.

[39] Washington de Barros Monteiro, ob. cit., p. 120.

> "Essa interpretação infringe até o princípio constitucional do respeito à dignidade da pessoa e o direito à liberdade e à privacidade, além de afrontar o direito à inviolabilidade do próprio corpo. Não existe sequer a obrigação de se submeter a um beijo, afago ou carícia, quanto mais a se sujeitar a práticas sexuais pelo simples fato de estar casado"[40].

Em se adotando essa última posição, uma pergunta se impõe: *não sendo um dever imposto aos cônjuges, qual seria a natureza do "debitum conjugale"*?

Note-se que, se por um lado, soa um tanto desagradável encarar como "obrigação" o ato supremo do amor sexual, por outro, não se pode simplesmente relegá-lo ao limbo do "vácuo jurídico", sem a necessária busca do seu enquadramento epistemológico.

Nesse diapasão, entendemos que, embora existam situações em que o casal não está obrigado a relações sexuais (por decisão conjunta, razões biológicas, convicções religiosas, enfim), afora essas justificadas hipóteses, a conjunção carnal é, em geral, sem nenhuma sombra de dúvida, uma consequência fundamental, um especial dever jurídico decorrente do casamento.

Isso porque nem todos os deveres jurídicos são iguais!

Daremos um exemplo com a teoria do contrato, para, em seguida, retornarmos ao Direito de Família.

Não podemos, por exemplo, considerar ter a mesma estrutura ôntica o dever principal de um contrato (de dar, fazer ou não fazer) e aquele que decorre da cláusula geral de boa-fé, como o dever anexo de assistência ou de lealdade entre os contratantes.

O descumprimento deles não implica o desencadeamento do mesmo mecanismo sancionatório, porquanto uma execução específica mediante estabelecimento de multa cominatória, poderá ser possível para o primeiro, mas não para o segundo.

E, apesar disso, ninguém cometerá o desatino de afirmar que não se trata de "deveres jurídicos".

Dentro, pois, da técnica noção de "dever jurídico" — prestação dotada de intrínseca coercibilidade, segundo a filosofia do direito — não se podem reputar idênticas todas as obrigações previstas ou reguladas pelo direito positivo brasileiro.

Muito bem.

Como decorrência do casamento, portanto, a comunhão sexual traduz, inegavelmente, um *especial dever* e, exatamente por isso, o seu descumprimento — *embora não justifique violência física ou execução pessoal* — poderá resultar em consequências jurídicas ao infrator, como o divórcio, ou, até mesmo, a depender das circunstâncias da sua origem, a invalidade do casamento, como se verifica do seguinte precedente jurisprudencial:

> "Apelação. Anulação de casamento. Erro essencial em relação à pessoa do cônjuge. Ocorrência. A existência de relacionamento sexual entre cônjuges é normal no casamento. É o esperado, o previsível. O sexo dentro do casamento faz parte dos usos e costumes tradicionais em nossa sociedade. Quem casa tem uma lícita, legítima e justa expectativa de que, após o casamento, manterá conjunção carnal com o cônjuge. Quando o outro cônjuge não tem e nunca teve intenção de manter conjunção carnal após o casamento, mas não informa e nem exterioriza essa intenção antes da celebração do matrimônio, ocorre uma

---

[40] Maria Berenice Dias, ob. cit., p. 249.

desarrazoada frustração de uma legítima expectativa. O fato de que o cônjuge desconhecia completamente que, após o casamento, não obteria do outro cônjuge anuência para realização de conjunção carnal demonstra a ocorrência de erro essencial. E isso autoriza a anulação do casamento. Deram provimento (Segredo de justiça)" (TJRS, Apelação Cível 70016807315, rel. Rui Portanova, julgado em 23-11-2006, 8.ª Câm. Cív.).

E, se assim não o for, caso não se admita o *debitum conjugale* como um dever, ainda que de natureza especial, se a esposa ou o marido, se recusar, sem razão plausível, ao encontro sexual, que solução seria dada? Nenhuma consequência jurídica haveria? Logicamente, deverá haver, como acima se demonstrou. Até porque ninguém defenderá um celibato forçado ou a busca de um amante como resposta para essa dolorosa e frustrante abstenção.

4.3. Mútua assistência

A mútua assistência ultrapassa a simples noção de amparo recíproco de cunho material, para integrar-se à ideia maior de apoio mútuo moral e espiritual.

Certamente, um dos móveis psicológicos da união conjugal é a busca de um parceiro de vida que, para além da simples perspectiva carnal, traduza um suporte emocional seguro para o compartilhamento das vicissitudes da vida, de maneira a permitir que, dividindo, cada um dos consortes cresça como indivíduo, como ser humano, em toda a sua potencialidade.

Nessa perspectiva, temos que a mútua assistência desdobra-se em dois planos:

a) assistência material;

b) assistência moral.

Diferentemente do que pensa ORLANDO GOMES[41], entendemos que a assistência material engloba, não apenas *prestações de fazer*, mas também, em sentido mais estrito, o dever de socorro materializado na obrigação alimentar.

Nessa ordem de ideias, deverá o cônjuge assistir materialmente o outro cumprindo o dever de alimentos, derivado do princípio maior da solidariedade familiar.

Lembremo-nos, inclusive, de que os alimentos, a serem estudados em capítulo futuro[42], "em sua acepção jurídico-legal", anota ANA LOUZADA, "podem significar não só o montante indispensável à sobrevivência do alimentando, mas também o valor que importa na mantença do seu padrão de vida, subsidiando, inclusive, o seu lazer"[43].

Mais profunda é a assistência moral.

Ao unirem-se em matrimônio, marido e mulher, por determinação da lei brasileira, e independentemente da religião que professem, assumem, mutuamente, a condição de companheiros de vida, consolidando a obrigação recíproca de apoio moral, psicológico e espiritual.

Vale anotar, nesse ponto, a íntima conexão entre esse dever de assistência moral recíproca e o dever de respeito, que será analisado a seguir.

---

[41] Orlando Gomes, *Direito de Família*, ob. cit., p. 138.

[42] Confira-se o Capítulo XXVIII ("Alimentos") deste volume.

[43] Ana Maria Gonçalves Louzada, *Alimentos — Doutrina e Jurisprudência*, Belo Horizonte: Del Rey, 2008, p. 1-2.

Com isso, temos como vedado o histórico e chauvinista comportamento do homem que, "involuindo" para a simples condição de macho, imagina estar cumprindo com a sua obrigação assistencial de marido simplesmente porque atende às necessidades materiais da sua família.

Não basta isso!

Com efeito, primeiramente, a obrigação de sustento da família não é, definitivamente, uma obrigação exclusiva do homem, mas, sim, de ambos os cônjuges, o que é explicitado, inclusive, no art. 1.568, CC/2002, nos seguintes termos:

"Art. 1.568. Os cônjuges são obrigados a concorrer, na proporção de seus bens e dos rendimentos do trabalho, para o sustento da família e a educação dos filhos, qualquer que seja o regime patrimonial."

Assim, superada está qualquer visão decorrente da concepção machista da codificação anterior, que visivelmente elegia o marido como o provedor principal da família[44].

Ademais, a união matrimonial implica auxílio mútuo não apenas na seara econômica ou material, uma vez que a condenação da esposa ao desprezo constante ou ao próprio abandono — ainda que sem a existência de violência física — poderá estar moldando um cenário abjeto de desrespeito ao dever de assistência moral, permitindo, com isso, a dissolução do casamento e, até mesmo, se for o caso, o reconhecimento da responsabilidade civil do infrator.

De que adianta a assistência material de que o corpo necessita, sem a imprescindível assistência de espírito, exigida pelo coração da pessoa a quem nos unimos em matrimônio?

4.4. Sustento, guarda e educação dos filhos

Pensamos que esse aludido dever de "sustento, guarda e educação dos filhos", assentado entre os deveres matrimoniais, sofre de uma inequívoca crise de localização, por conta de a sua raiz genética, a sua origem, não derivar da condição de *casados*, mas sim da condição de *pais*.

Vale dizer, o dever de sustentar, guardar e educar os filhos impõe-se sempre, a todo pai, a toda mãe, não importando se são casados, companheiros, separados, divorciados, solteiros ou viúvos!

---

[44] Neste sentido, confiram-se os seguintes dispositivos do Código Civil brasileiro de 1916:
"Art. 233. O marido é o chefe da sociedade conjugal, função que exerce com a colaboração da mulher, no interesse comum do casal e dos filhos (arts. 240, 247 e 251).
Compete-lhe:
(...)
IV — prover a manutenção da família, guardada as disposições dos arts. 275 e 277.
(...)
Art. 277. A mulher é obrigada a contribuir para as despesas do casal com os rendimentos de seus bens, na proporção de seu valor, relativamente ao do marido, salvo estipulação em contrário no contrato antenupcial (arts. 256 e 312)."

Esse dever é, pois, decorrência do próprio *poder familiar*, e não do casamento.

Nesse ponto, com total razão, prelecionam CRISTIANO CHAVES e NELSON ROSENVALD:

"*In fine,* tem-se o dever de guarda, sustento e educação dos filhos. Não nos parece, porém, cuidar essa hipótese de um efeito tipicamente matrimonial. Efetivamente, a guarda, sustento e educação da prole parece estar mais razoavelmente ligada aos deveres decorrentes da paternidade ou maternidade, que, por lógico, independem da existência ou não de um casamento"[45].

Com isso, concluímos que a sua permanência, no Código Civil de 2002, entre os deveres matrimoniais, não deve ser entendida como uma previsão adstrita à específica zona matrimonial, mas, sim, como a simples reverberação de um importante dever de matriz muito mais genérica, advinda do próprio vínculo paterno ou materno-filial.

Por fim, a título de complementação e aprofundamento, vale anotar, quanto ao *dever de sustento dos filhos*, que a sua importância, na perspectiva do princípio da isonomia, é sentida em outros sistemas no mundo, como na recente reforma sofrida pelo Direito de Família alemão, que merece referência[46]:

"*Sie stehen im ersten Rang unabhängig davon, aus welcher Beziehung sie kommen, unabhängig davon, ob sie aus einer ehemaligen oder jetzigen Beziehung kommen, ob sie nichtehelich sind oder in einer anderen Beziehung außerhalb des Familienverbundes leben. Das alles ist völlig egal: Derjenige, der unterhaltsverpflichtet ist, zahlt für alle Kinder gleichmäßig*"[47].

4.5. Dever de respeito e consideração mútuos

Esse último dever, em nosso sentir, aglutina, em suas bases conceituais — de dificílima descrição — todas as outras obrigações decorrentes do matrimônio.

Respeitar o outro, imperativo que extravasa a própria dimensão do jurídico, é decorrência do próprio afeto, essência maior e elemento de sustentação da própria comunidade de existência formada pelo casamento.

Nesse particular, interessa notar que tal dever já havia sido consagrado na Lei n. 9.278 de 1996 (art. 2.º, I), que disciplinou os efeitos jurídicos da união estável, e, agora, com a edição do Código Civil de 2002, também mereceu referência expressa em face das pessoas casadas.

---

[45] Cristiano Chaves e Nelson Rosenvald, *Direito das Famílias*, Rio de Janeiro: Lumen Juris, 2009, p. 194.

[46] A reforma fora sofrida pelo próprio Código Civil alemão (*Bürgerliches Gesetzbuch*), em seus parágrafos 1361, 1569, 1570, 1573, 1574, 1577, 1578, 1578b, 1579, 1582, 1585b, 1585c, 1586ª, 1604, 1609, 1612, 1612ª, 1612b, 1615l.

[47] Rede der Bundesministerin der Justiz, Brigitte Zypries MdB, bei der 2./3. Lesung des Gesetzes zur Reform des Unterhaltsrechts am 9. November 2007 im Deutschen Bundestag. Disponível no *site* do Ministério da Justiça da Alemanha. Tradução livre de Pablo Stolze Gagliano: "As crianças ficam em primeiro lugar independentemente de qual relacionamento elas vêm, independentemente de virem de um antigo ou atual relacionamento, ou se são ilegítimos ou vivem em um outro relacionamento fora da família. É indiferente: aquele que tem a obrigação de pagar a pensão pagará para todas as crianças igualmente".

Mesmo que, um dia, o amor termine — pois a chama é eterna apenas enquanto durar[48] — o respeito e a consideração recíprocos jamais poderão cessar.

5. CAUSAS SUSPENSIVAS DO CASAMENTO

Neste tópico final, cuidaremos de enfrentar as *causas suspensivas do casamento*, outrora denominadas pela doutrina *impedimentos impedientes ou proibitivos do matrimônio*.

Antes de enfrentá-las, uma a uma, faz-se necessário tecer algumas considerações gerais sobre o instituto.

5.1. Noções gerais

Primeiramente, é preciso explicarmos a própria terminologia empregada.

A expressão *"causa suspensiva"* traduz a ideia de que a subsunção do comportamento do nubente em um dos seus dispositivos resulta na imposição do regime de separação obrigatória de bens, razão por que se diz restar *suspensa a prerrogativa de escolha do estatuto patrimonial*.

Note-se, pois, que, nesse contexto, estamos na seara da eficácia patrimonial do casamento, motivo pelo qual o tópico fora inserido no presente capítulo.

Em outras palavras, sua verificação não gera qualquer mácula no campo da validade do matrimônio, mas, sim, no plano da eficácia, especificamente no que diz respeito ao regime patrimonial do casamento, tornando-se obrigatória a separação de bens, na forma do art. 1.641, I, CC/2002[49].

Tais causas, em verdade, são hipóteses estabelecidas no interesse da prole (preexistente ou eventual) ou de relacionamentos anteriores, evitando a confusão de patrimônios, bem como para preservar a idoneidade da manifestação de vontade, no caso de matrimônio de pessoas que se achem sob a autoridade umas das outras.

A matéria é tratada nos incisos do art. 1.523, CC/2002, a saber:

"Art. 1.523. Não devem casar:

I — o viúvo ou a viúva que tiver filho do cônjuge falecido, enquanto não fizer inventário dos bens do casal e der partilha aos herdeiros;

II — a viúva, ou a mulher cujo casamento se desfez por ser nulo ou ter sido anulado, até dez meses depois do começo da viuvez, ou da dissolução da sociedade conjugal;

III — o divorciado, enquanto não houver sido homologada ou decidida a partilha dos bens do casal;

---

[48] "(...)
Eu possa me dizer do amor (que tive):
Que não seja imortal, posto que é chama
Mas que seja infinito enquanto dure." Vinicius de Moraes (*Soneto da Fidelidade*)

[49] "Art. 1.641. É obrigatório o regime da separação de bens no casamento:
I — das pessoas que o contraírem com inobservância das causas suspensivas da celebração do casamento;".

IV — o tutor ou o curador e os seus descendentes, ascendentes, irmãos, cunhados ou sobrinhos, com a pessoa tutelada ou curatelada, enquanto não cessar a tutela ou curatela, e não estiverem saldadas as respectivas contas".

Ressaltamos, outrossim, a previsão do parágrafo único, que prevê a não aplicação da sanção patrimonial (imposição do regime de separação obrigatória de bens):

"Parágrafo único. É permitido aos nubentes solicitar ao juiz que não lhes sejam aplicadas as causas suspensivas previstas nos incisos I, III e IV deste artigo, provando-se a inexistência de prejuízo, respectivamente, para o herdeiro, para o ex-cônjuge e para a pessoa tutelada ou curatelada; no caso do inciso II, a nubente deverá provar nascimento de filho, ou inexistência de gravidez, na fluência do prazo".

Compreendamos, portanto, cada uma das causas suspensivas previstas no Código Civil brasileiro de 2002.

5.2. Casamento do(a) viúvo(a), com filhos do falecido, pendentes inventário e partilha

A causa suspensiva em epígrafe tem por finalidade preservar os interesses patrimoniais do filho do cônjuge falecido.

A concepção é muito simples.

Pendentes inventário e partilha, a massa patrimonial não está individualizada, pelo que ainda não se sabe exatamente quais bens serão destinados ao patrimônio pessoal dos filhos e quais serão do(a) viúvo(a).

Imagine a seguinte hipótese: Josefa, viúva, mãe de três filhos concebidos com o falecido Jotapê. Caso pretenda convolar novas núpcias, não tendo sido feito o inventário e partilha referente ao patrimônio anterior, incorrerá na causa suspensiva analisada, impondo-se-lhe o regime de separação obrigatória de bens. E a razão é simples. Imagine a confusão que não se instalaria se a viúva se casasse com o seu novo amor em comunhão de bens. Como saber o que seria patrimônio anterior, de interesse dos seus filhos, e patrimônio novo, a ser comunicado ao atual consorte?

A regra pretende evitar, portanto, uma *confusão de patrimônios*.

Todavia, nem sempre é necessário se fazer inventário e partilha, pois, na prática, muitas vezes não há patrimônio a transferir.

Em hipóteses como tais, recomenda-se a realização do inventário negativo, que, inclusive, pode ser realizado extrajudicialmente, se atendidos os requisitos do § 1.º do art. 610 do CPC/2015 (equivalente ao art. 982 do CPC/1973).

Vale destacar que, além de caracterizar uma causa suspensiva, a situação fática em epígrafe importa em hipoteca legal sobre os bens do ascendente que estiver se casando, conforme art. 1.489, II[50], do Código Civil brasileiro de 2002.

---

[50] "Art. 1.489. A lei confere hipoteca:

(...)

II — aos filhos, sobre os imóveis do pai ou da mãe que passar a outras núpcias, antes de fazer o inventário do casal anterior;".

5.3. Casamento da viúva ou de mulher cujo casamento tenha sido nulo ou anulado, antes do decurso de dez meses

A segunda causa suspensiva tem por finalidade evitar a confusão na delimitação da ascendência genética e reconhecimento da paternidade, conhecida como *confusio sanguinis* ou *turbatio sanguinis*.

De fato, o texto legal afirma que não devem casar a viúva, ou a mulher cujo casamento se desfez por ser nulo ou ter sido anulado, até dez meses depois do começo da viuvez, ou da dissolução da sociedade conjugal.

A menção apenas à mulher — e não a ambos os cônjuges, como na causa anterior — decorre de circunstâncias óbvias.

Isso porque o próprio texto codificado estabelece, como hipóteses de presunção de paternidade (art. 1.597), tanto os filhos nascidos 180 (cento e oitenta) dias depois de estabelecida a convivência conjugal, quanto nos 300 (trezentos) dias subsequentes à dissolução da sociedade matrimonial (seja por morte, nulidade e anulabilidade do casamento, seja, no texto da lei, pela antiga separação judicial e — acrescentamos nós — pelo divórcio, na sua nova disciplina constitucional[51]).

Não se recomenda o casamento em tais circunstâncias justamente para evitar conflitos no que diz respeito ao reconhecimento da paternidade.

É conveniente se discutir se tal causa suspensiva ainda é razoável, diante dos avanços da medicina e da investigação de DNA, em que os interessados poderiam, facilmente, obter a informação desejada sobre a paternidade ou origem genética.

Todavia, cumpre-nos reconhecer que, além das dificuldades técnicas que se tem nos mais distantes rincões deste país continental, a questão de preservação dos interesses da prole eventual pode ser garantida com um simples exame de gravidez.

Ressalte-se, por fim, que essa é uma causa suspensiva em que a sanção legal — regime da separação obrigatória dos bens, prevista no já mencionado art. 1.641, I, CC/2002 — atende apenas parcialmente aos interesses que se pretende preservar, pois, se garante o aspecto patrimonial, nada trata quanto à questão da paternidade.

5.4. Casamento do(a) divorciado(a), pendente a partilha dos bens do casal

Tal como na primeira hipótese, o Código Civil brasileiro considera causa suspensiva do casamento, não recomendando a sua celebração, a hipótese em que o divorciado, querendo casar-se novamente, não haja homologado ou decidido a partilha de bens da sua relação anterior.

Trata-se de uma situação em que, aí, sim, a sanção legal do regime de separação obrigatória de bens preserva integralmente os interesses do antigo cônjuge.

Obviamente, demonstrada a ausência de qualquer prejuízo, como, por exemplo, na ausência de bens a partilhar, o segundo casamento pode ser normalmente celebrado, com a autorização judicial correspondente.

---

[51] Confira-se o Capítulo XXIII ("O Divórcio como Forma de Extinção do Vínculo Conjugal").

5.5. Casamento do(a) tutor(a), curador(a) ou seus parentes com a pessoa tutelada ou curatelada

Por derradeiro, considera-se, na forma do inciso IV, também causa suspensiva, o casamento do "tutor ou o curador e os seus descendentes, ascendentes, irmãos, cunhados ou sobrinhos, com a pessoa tutelada ou curatelada, enquanto não cessar a tutela ou curatela, e não estiverem saldadas as respectivas contas".

Trata-se de uma hipótese de preservação do patrimônio e da efetiva manifestação de vontade da pessoa tutelada ou curatelada.

Obviamente, cessada a tutela ou curatela, com a devida prestação de contas, extingue-se a causa suspensiva.

5.6. Arguição das causas suspensivas

A legitimidade para arguição das causas suspensivas é dos diretamente interessados, do ponto de vista jurídico, na relação patrimonial constituída com o matrimônio.

É o que deflui da regra do art. 1.524, CC/2002:

> "Art. 1.524. As causas suspensivas da celebração do casamento podem ser arguidas pelos parentes em linha reta de um dos nubentes, sejam consanguíneos ou afins, e pelos colaterais em segundo grau, sejam também consanguíneos ou afins".

Publicado o edital de proclamas, a impugnação deverá ser documentada em petição escrita e assinada, com a indicação das provas sobre os fatos alegados, na forma dos arts. 1.527 e 1.529, CC/2002.

Garantido o contraditório, como preceitua o sistema constitucional brasileiro e, especificamente, o art. 1.530, poderá ser, a depender do caso, acolhida a arguição, com a instituição do regime da separação obrigatória para a celebração do casamento.

No caso de rejeição da arguição, o casamento será celebrado no regime escolhido pelos nubentes, sem prejuízo das ações civis e criminais contra o oponente de má-fé.

Ademais, neste momento de arguição, podem os nubentes solicitar a autorização judicial para a celebração do casamento, mesmo presentes as causas suspensivas, com a efetiva demonstração de inexistência de prejuízo, como já diversas vezes aqui afirmado.

5.7. Consequências jurídicas da verificação de causas suspensivas

Neste derradeiro subtópico, parece-nos importante explicitar as consequências jurídicas da verificação, no caso concreto, de uma das situações fáticas ensejadoras das "causas suspensivas".

Se, como já dito anteriormente, a oposição, na fase de habilitação, suspende a celebração do casamento, enquanto não superada a causa ou adotado o regime de separação de bens, o que dizer de um matrimônio que tenha sido realizado sem qualquer manifestação sobre tais causas, se for constatada posteriormente a sua ocorrência?

A questão é importantíssima.

De fato, as causas suspensivas não afetam, como reiteradamente aqui afirmado, o plano da validade do casamento.

Todavia, a causa que limita a eficácia se realizou no plano concreto.

Por isso, parece-nos razoável admitir que, com a verificação *a posteriori* da causa suspensiva, o regime de separação obrigatória de bens passa a vigorar, retroativamente, para ambos os cônjuges.

"Muito embora o ideal é que sejam alegadas quando da habilitação para o casamento (até o decurso do prazo de quinze dias dos proclamas)", observam CRISTIANO CHAVES e NELSON ROSENVALD, "não há dúvida de que podem ser suscitadas em momento posterior ao próprio casamento, através de ação autônoma ou incidentalmente em alguma ação já em curso para a discussão de outra matéria (e. g., em ação de separação ou inventário), uma vez que implicam, independentemente da vontade das partes, a imposição do regime de separação compulsória (CC, art. 1.641)"[52].

Contudo, o problema não termina aí.

O que dizer sobre os interesses de terceiros, que, diante do registro matrimonial, celebram negócios jurídicos com um ou ambos os cônjuges, sem ter conhecimento da sanção legal?

Tal situação nos leva a afirmar que a aplicação automática do regime de separação obrigatória de bens somente afetaria aos cônjuges, pois foram eles que deram causa à omissão da informação que impôs a sanção.

Vale dizer, em relação a terceiros de boa-fé que com os cônjuges travaram relações jurídicas baseadas no regime adotado (credores, por exemplo), não poderá haver incidência prejudicial do sistema legal de separação.

Trata-se, em verdade, da incidência do princípio da boa-fé objetiva, verdadeiro vetor estruturante do Direito Civil brasileiro.

Por fim, apenas como complementação, vale registrar, depois de tudo o quanto aqui exposto, que o plano da eficácia do casamento não admite o estabelecimento, pela autonomia da vontade, de condição, termo ou encargo.

---

[52] Cristiano Chaves e Nelson Rosenvald, ob. cit., p. 128.

Capítulo XIII
Regime de Bens do Casamento: Noções Introdutórias Fundamentais

Sumário: 1. Introdução. 2. Conceito e principiologia. 3. Pacto antenupcial. 4. Autorização conjugal ("outorga uxória" e "outorga marital"). 5. Regimes de bens no Direito Civil brasileiro. 6. Regime legal supletivo. 7. Regime legal obrigatório. 8. Mudança de regime de bens do casamento. 9. Administração dos bens no casamento.

1. INTRODUÇÃO

O casamento é uma instituição jurídica de eficácia complexa, deflagrando efeitos de variada ordem.

Sob o prisma pessoal, o matrimônio gera importantes efeitos como vimos no capítulo dedicado aos deveres conjugais. Obrigações legais, tais como a fidelidade recíproca, a coabitação e a educação, guarda e sustento dos filhos traduzem efeitos de cunho eminentemente não patrimonial.

A par disso, todo um sistema de efeitos patrimoniais é desencadeado a partir da celebração do casamento.

E, como a nossa prática judicante demonstra, em geral, os litígios no âmbito matrimonial tendem a ser sempre mais graves quando existe patrimônio em jogo.

Não que imaginemos o ser humano como potencialmente mesquinho e materialista.

Não é isso.

Sucede que, na maioria das vezes, quando existem bens sob discussão, o árduo duelo travado entre as partes se explica muito mais pela equivocada necessidade de utilização do processo como instrumento de vingança ou catarse da dolorosa mágoa advinda do desenlace do que propriamente por um mero interesse material.

> "Não permitirei, Dr. Juiz, que o meu marido usufrua do apartamento que eu ajudei a reformar, morando com aquela outra!!!"

Essa frase (que poderia ser dita por qualquer dos cônjuges) é mais comum, amigo leitor, do que você imagina e bem demonstra, sob o prisma da psicologia judiciária, a profundidade do tema que será abordado no presente capítulo.

Desbravemos, então, esta fascinante temática.

2. CONCEITO E PRINCIPIOLOGIA

Por *regime de bens*, entenda-se o conjunto de normas que disciplina a relação jurídico-patrimonial entre os cônjuges, ou, simplesmente, o *estatuto patrimonial do casamento*.

Nessa seara, três princípios fundamentais informam o sistema: o princípio da *liberdade de escolha*, o princípio da *variabilidade* e o princípio da *mutabilidade*.

O primeiro afirma que, em regra, os nubentes podem, de acordo com a sua autonomia privada e liberdade de opção, escolher o regime que bem lhes aprouver. Não deve o Estado, salvo quando houver relevante motivo amparado em norma específica, intervir coativamente na relação matrimonial, impondo este ou aquele regime.

Já o princípio da variabilidade traduz a ideia de que a ordem jurídica não admite um regime único, mas sim uma multiplicidade de tipos, permitindo, assim, aos noivos, no ato de escolha, optar por qualquer deles.

Finalmente, com a entrada em vigor do Código Civil de 2002, a liberdade patrimonial dos cônjuges ganhou novos ares, acertadamente, em nosso sentir.

Até então, não era dado aos consortes modificarem, no curso do casamento, o regime de bens adotado.

Com o Código de 2002, essa realidade mudou, uma vez que, conforme veremos em momento oportuno, admitiu-se o direito a essa mudança, a qualquer tempo, desde que observados os requisitos da lei.

Por tais razões, o terceiro princípio informativo do regime patrimonial passou a ser o da mutabilidade.

Esses três princípios encontram-se presentes logo na abertura do "Direito Patrimonial de Família" do Código Civil de 2002, consoante podemos depreender da leitura do seu art. 1.639, que ainda será objeto de futuras ponderações nossas no decorrer deste capítulo:

"Art. 1.639. É lícito aos nubentes, antes de celebrado o casamento, estipular, quanto aos seus bens, o que lhes aprouver.

§ 1.º O regime de bens entre os cônjuges começa a vigorar desde a data do casamento.

§ 2.º É admissível alteração do regime de bens, mediante autorização judicial em pedido motivado de ambos os cônjuges, apurada a procedência das razões invocadas e ressalvados os direitos de terceiros".

Nessa linha de intelecção, é preciso pontuar que a escolha do regime de bens opera-se por meio da celebração de um negócio jurídico especial e solene, denominado *pacto antenupcial*.

3. PACTO ANTENUPCIAL

Primeiramente, para exata compreensão da matéria, é preciso investigarmos a natureza jurídica do pacto antenupcial.

Trata-se de um negócio jurídico solene, condicionado ao casamento, por meio do qual as partes escolhem o regime de bens que lhes aprouver, segundo o princípio da autonomia privada.

Como já dissemos em outra oportunidade, os negócios jurídicos formais ou solenes são aqueles que exigem, para a sua validade, a observância da forma prevista em lei, como é o caso da venda de imóvel de valor superior ao limite legal e, especificamente, do casamento[1].

---

[1] Sobre o tema, confira-se o tópico 5 ("Classificação dos Negócios Jurídicos") do Capítulo X ("Negócio Jurídico (Noções Gerais)") do v. I ("Parte Geral") desta obra.

Admite-se, ainda, nessa mesma linha, que os nubentes conciliem regras de regimes diversos, de maneira a adotar um estatuto patrimonial híbrido. Vale dizer, podem, por exemplo, no pacto, conjugar regras da separação convencional com dispositivos aplicáveis ao regime de participação final nos aquestos.

Embora a adoção de um regime misto[2] não seja comum, tal situação é perfeitamente possível, consoante, inclusive, restou assentado no Enunciado 331 da IV Jornada de Direito Civil, do Conselho da Justiça Federal, nos seguintes termos:

> "Art. 1.639. O estatuto patrimonial do casal pode ser definido por escolha de regime de bens distinto daqueles tipificados no Código Civil (art. 1.639 e parágrafo único do art. 1.640), e, para efeito de fiel observância do disposto no art. 1.528 do Código Civil, cumpre certificação a respeito, nos autos do processo de habilitação matrimonial".

Anotamos, entretanto, nesse ponto, amigo leitor, que esse tipo de regime conjugado exige, por parte do julgador, maior atenção, pois, conforme estudaremos em nosso próximo volume, dedicado ao Direito das Sucessões, nos termos do art. 1829, I[3], do Código Civil de 2002, o tipo de regime de bens adotado interfere no direito sucessório do cônjuge (quando concorrer com descendentes).

Em tal situação, pois, para que possa atingir o resultado jurídico adequado, deverá o intérprete verificar que regime prevaleceu no pacto que adotou o sistema misto de normas. Assim, no exemplo dado acima, se houve prevalência das normas da separação convencional, com incidência apenas tópica de algumas regras da participação final, deverá, para efeito sucessório, ser considerado adotado o regime de separação.

E essa tarefa, como podemos perceber, não é simples.

Mas, de qualquer maneira, quando as partes optam por celebrar o pacto antenupcial, é muito mais frequente que, tão somente, elejam determinado e único regime, o que facilita imensamente a delicada tarefa interpretativa.

Muito bem.

Passemos, pois, em revista, as regras do Código Civil que cuidam desse especial contrato de escolha do regime de bens, consagrado pela conhecida expressão pacto antenupcial.

Como dissemos acima, o pacto antenupcial consiste em um negócio jurídico formal, lavrado em escritura pública, condicionado ao casamento, nos termos do art. 1.653 do Código Civil de 2002:

> "Art. 1.653. É nulo o pacto antenupcial se não for feito por escritura pública, e ineficaz se não lhe seguir o casamento".

É interessante notar, nos termos dessa norma, que a forma pública é essencial para a validade do negócio o qual, como apontamos, tem a sua eficácia jurídica subordinada ao casamento, que, no caso, consiste em uma condição suspensiva.

---

[2] O que não se afigura possível, por absoluta incongruência e incompatibilidade lógica é a adoção de dois regimes diversos, no mesmo pacto, um por cada cônjuge.

[3] "Art. 1.829. A sucessão legítima defere-se na ordem seguinte:

I — aos descendentes, em concorrência com o cônjuge sobrevivente, salvo se casado este com o falecido no regime da comunhão universal, ou no da separação obrigatória de bens (art. 1.640, parágrafo único), ou se, no regime da comunhão parcial, o autor da herança não houver deixado bens particulares;"

Se essa condição não se verifica, o pacto, portanto, não surte efeitos.

E, ainda no plano eficacial, acrescentamos que, para gerar efeitos em face de terceiros (*erga omnes*), o pacto deverá ser registrado em livro próprio no Cartório de Registro de Imóveis do domicílio dos cônjuges, na forma preceituada pelo art. 1.657, CC/2002.

A eficácia do pacto antenupcial, a teor do art. 1.654, CC/2002 (sem equivalente direto no CC/1916), realizado por menor, fica condicionada à aprovação de seu representante legal, salvo as hipóteses de regime obrigatório de separação de bens.

Nessa linha, vale lembrar que o já explicado art. 1.537, CC/2002 estabelece que o *"instrumento da autorização para casar transcrever-se-á integralmente na escritura antenupcial"*.

Outro ponto a ser considerado é a previsão constante no art. 1.655, CC/2002, no sentido de ser nulo o pacto (ou cláusula dele) que contravenha disposição absoluta de lei.

Não que essa regra contenha uma grande novidade.

Como todo negócio jurídico, caso haja violação a disposição normativa cogente ou de ordem pública, a consequência é a sua nulidade absoluta, nos termos do art. 166, VII, do Código Civil de 2002, a exemplo do pacto que preveja renúncia de direito hereditário[4].

Vale lembrar, nesse ponto, as características da nulidade absoluta, que têm importantes reflexos processuais:

"1. O ato nulo atinge interesse público superior;

2. opera-se de pleno Direito;

3. não admite confirmação;

4. pode ser arguida pelas partes, por terceiro interessado, pelo Ministério Público, quando lhe couber intervir, ou, até mesmo, pronunciada de ofício pelo Juiz;

5. a ação declaratória de nulidade é decidida por sentença de natureza declaratória de efeitos *ex tunc*;

6. a nulidade, segundo o novo Código Civil, pode ser reconhecida a qualquer tempo, não se sujeitando a prazo prescricional ou decadencial"[5].

Quanto ao conteúdo do pacto antenupcial, este tradicionalmente se refere a aspectos patrimoniais, mas nada impede que sejam estabelecidas cláusulas existenciais, desde que não violem os princípios fundamentais regentes da matéria[6].

Por fim, ressaltamos um importante aspecto dessa matéria.

Veremos, no próximo tópico, que, à luz do art. 1.647 do CC/2002, determinados atos somente poderão ser praticados pelo cônjuge com a anuência do outro (outorga uxória ou autorização marital) — a exemplo da alienação de um imóvel — ressalvada a hipótese de estarem casados em regime de separação absoluta de bens.

---

[4] É vedado, como se sabe, estabelecer-se convenção que tenha por objeto herança de pessoa viva, o denominado *pacta corvina*, a teor do art. 426 do CC/2002.

[5] Pablo Stolze Gagliano e Rodolfo Pamplona Filho. *Novo Curso de Direito Civil — Parte Geral*, 26. ed., São Paulo: SaraivaJur, 2024, v. 1.

[6] Neste sentido, observe-se que, na VIII Jornada de Direito Civil da Justiça Federal, foi editado o Enunciado 635, com o seguinte conteúdo: "ENUNCIADO 635 — Art. 1.655: O pacto antenupcial e o contrato de convivência podem conter cláusulas existenciais, desde que estas não violem os princípios da dignidade da pessoa humana, da igualdade entre os cônjuges e da solidariedade familiar".

Sucede que, além dessa exceção, relativa ao regime de separação de bens, caso os nubentes hajam optado, no pacto, pelo regime de participação final nos aquestos, poderão, a teor do art. 1.656, CC/2002 (sem equivalente no CC/1916), convencionar a livre disposição dos bens imóveis, desde que particulares, dispensando, dessa forma, a vênia conjugal[7].

Trata-se, pois, de uma norma aparentemente irrelevante, mas que se reveste de grande significado para aqueles que hajam optado pelo regime de participação final com o intuito de preservar autonomia na disposição do seu próprio patrimônio.

4. AUTORIZAÇÃO CONJUGAL ("OUTORGA UXÓRIA" E "OUTORGA MARITAL")

Neste tópico, cabe tecermos algumas considerações sobre a autorização conjugal para a prática de determinados atos jurídicos.

Tal tema era conhecido tradicionalmente, nos manuais de Direito de Família, como o instituto da *outorga uxória*.

Trata-se de figura jurídica de longa tradição, que, originalmente, tinha por finalidade preservar o patrimônio do casal de potenciais riscos assumidos somente pelo marido, na concepção histórica deste como "chefe da família".

Assim, para que o marido pudesse praticar específicas condutas, relacionadas aos bens do casal, exigia-se o consentimento expresso da mulher, daí a expressão "outorga uxória", pois a palavra "uxória", do ponto de vista etimológico, deriva do latim *uxoriu*, referente à mulher casada[8] (assim como a expressão "marital", decorrente do latim *maritale*, refere-se tanto ao marido, quanto ao matrimônio[9]).

Com o advento do princípio da igualdade entre homens e mulheres e, consequentemente, no campo específico das relações familiares, entre cônjuges, parece-nos que a expressão, embora consagrada pelo uso tradicional, não deva ser mais tão prestigiada.

Note-se, a propósito, que o vigente Código Civil brasileiro, em nenhum momento sequer, utiliza a expressão "outorga uxória", o que reforça a ideia de superação do conceito.

Assim, da mesma forma como o conhecido "*pátrio poder*" passou a ser denominado e compreendido, de maneira mais abrangente, como "*poder familiar*", a expressão "*outorga uxória*" deve ser atualizada para "*autorização conjugal*", que é muito mais ilustrativa e técnica.

Além disso, a expressão "*autorização conjugal*" é também mais precisa do que, por exemplo, "autorização marital" ou "outorga marital", pois, embora, como dito, a palavra "marital" também tenha a conotação de "conjugal", seu conteúdo plurissignificativo também

---

[7] Sobre o tema, confira-se, ainda, o Capítulo XVII ("Regime de Bens do Casamento: Participação Final nos Aquestos") deste volume.

[8] Aurélio Buarque de Holanda Ferreira, *Novo Dicionário Aurélio da Língua Portuguesa*, 2. ed., Rio de Janeiro: Editora Nova Fronteira, 1986, p. 1746.

[9] Idem, p. 1095.

remonta a situações, revogadas no vigente Código Civil brasileiro, mas presentes na antiga codificação, em que determinados atos jurídicos somente poderiam ser praticados pela mulher com autorização do marido[10].

Assim, a "autorização conjugal" pode ser conceituada como a manifestação de consentimento de um dos cônjuges ao outro, para a prática de determinados atos, sob pena de invalidade[11].

---

[10] São exemplos desta machista "outorga marital" no Código Civil brasileiro de 1916:
"Art. 242. A mulher não pode, sem autorização do marido (art. 251):
I — praticar os atos que este não poderia sem o consentimento da mulher (art. 235);
II — alienar ou gravar de ônus real os imóveis de seu domínio particular, qualquer que seja o regime dos bens (arts. 263, II, III e VIII, 269, 275 e 310);
III — alienar os seus direitos reais sobre imóveis de outrem;
IV — contrair obrigações que possam importar em alheação de bens do casal.
Art. 243. A autorização do marido pode ser geral ou especial, mas deve constar de instrumento público ou particular previamente autenticado.
Art. 244. Esta autorização é revogável a todo o tempo, respeitados os direitos de terceiros e os efeitos necessários dos atos iniciados.
Art. 245. A autorização marital pode suprir-se judicialmente:
I — nos casos do art. 242, I a V;
II — nos casos do art. 242, VII e VIII, se o marido não ministrar os meios de subsistência à mulher e aos filhos.
Parágrafo único. O suprimento judicial da autorização valida os atos da mulher, mas não obriga os bens próprios do marido.
(...)
Art. 247. Presume-se a mulher autorizada pelo marido:
I — para a compra, ainda a crédito, das coisas necessárias à economia doméstica;
II — para obter, por empréstimo, as quantias que a aquisição dessas coisas possa exigir;
III — para contrair as obrigações concernentes à indústria, ou profissão que exercer com autorização do marido, ou suprimento do juiz.
Parágrafo único. Considerar-se-á sempre autorizada pelo marido a mulher que ocupar cargo público, ou, por mais de 6 (seis) meses, se entregar a profissão exercida fora do lar conjugal.
(...)
Art. 266. Na constância da sociedade conjugal, a propriedade e posse dos bens é comum.
Parágrafo único. A mulher, porém, só os administrará por autorização do marido, ou nos casos do art. 248, V, e art. 251.
(...)
Art. 274. A administração dos bens do casal compete ao marido, e as dívidas por este contraídas obrigam, não só os bens comuns, senão ainda, em falta destes, os particulares de um e outro cônjuge, na razão do proveito que cada qual houver lucrado.
Art. 275. É aplicável a disposição do artigo antecedente às dívidas contraídas pela mulher, no caso em que os seus atos são autorizados pelo marido, se presumem sê-lo, ou escusam autorização (arts. 242 a 244, 247, 248 e 233, IV).
(...)
Art. 1.299. A mulher casada não pode aceitar mandato sem autorização do marido".
[11] A Lei n. 14.118, de 12 de janeiro de 2021, nos termos do seu art. 13, dispensa a outorga do cônjuge, em situação peculiar:

A matéria está atualmente disciplinada nos arts. 1.647 a 1.650 do vigente Código Civil brasileiro.

Dispõe o mencionado art. 1.647, CC/2002:

"Art. 1.647. Ressalvado o disposto no art. 1.648, nenhum dos cônjuges pode, sem autorização do outro, exceto no regime da separação absoluta:

I — alienar ou gravar de ônus real os bens imóveis;

II — pleitear, como autor ou réu, acerca desses bens ou direitos;

III — prestar fiança ou aval;

IV — fazer doação, não sendo remuneratória, de bens comuns, ou dos que possam integrar futura meação.

Parágrafo único. São válidas as doações nupciais feitas aos filhos quando casarem ou estabelecerem economia separada".

Todas as hipóteses legais se referem a situações em que o patrimônio do casal é potencialmente afetado, motivo pelo qual se exige a autorização.

Da leitura do *caput* do dispositivo, observamos, de logo, que a necessidade da autorização conjugal é dispensável para aqueles casados "no regime de separação absoluta".

Nesse ponto, poderia o legislador ter facilitado o trabalho do intérprete, evitando a confusa expressão "separação absoluta".

Isso porque, em nosso sistema, como se sabe, convivem dois tipos de separação: a *legal* ou *obrigatória* e a *convencional*.

Afinal, ao mencionar "separação absoluta", a qual das duas estaria o codificador se referindo?

Em nosso sentir, a dita expressão caracteriza a *separação convencional de bens* — aquela livremente pactuada pelo casal — e não a *separação obrigatória*, pela simples razão de que, nessa última hipótese, existe a possibilidade de comunhão de bens, a teor da Súmula 377 do Supremo Tribunal Federal[12].

Ora, se existe a possibilidade de meação na separação obrigatória é porque, logicamente, não poderemos reputá-la "absoluta", havendo, portanto, razão e interesse na manutenção da autorização do outro cônjuge.

Em suma, somente os cônjuges casados sob o regime de separação convencional (absoluta) de bens estão dispensados da necessidade da autorização conjugal para a prática dos atos previstos no art. 1.647 do Código Civil.

"Art. 13. Os contratos e os registros efetivados no âmbito do Programa Casa Verde e Amarela serão formalizados, preferencialmente, em nome da mulher e, na hipótese de esta ser chefe de família, poderão ser firmados *independentemente da outorga do cônjuge*, afastada a aplicação do disposto nos arts. 1.647, 1.648 e 1.649 da Lei n. 10.406, de 10 de janeiro de 2002 (Código Civil).

§ 1.º O contrato firmado na forma prevista no *caput* deste artigo será registrado no cartório de registro de imóveis competente, sem a exigência de dados relativos ao cônjuge ou ao companheiro e ao regime de bens.

§ 2.º O disposto neste artigo não se aplica aos contratos de financiamento firmados com recursos do FGTS" (grifos nossos).

[12] Ver item 7 deste capítulo.

Nesse mesmo sentido, observa RICARDO KOLLET:

"Assim, entendemos que o único regime em que não existe possibilidade de comunicação entre os bens é o da separação expressamente convencionada mediante pacto antenupcial, o que nos leva a concluir que o legislador a qualifica como absoluta. No que diz respeito à separação obrigatória (legal), entende-se aplicável, ainda, a súmula referida, havendo assim possibilidade de comunicação entre os bens adquiridos durante o casamento, razão pela qual ela se desqualifica como absoluta. O que permite concluir que, em relação ao primeiro problema formulado neste estudo, a outorga uxória ou marital somente é dispensada nos casos arrolados nos incisos do artigo 1.647, quando o regime de bens for o da separação convencional.

Com mais propriedade ainda pode-se ratificar o que já foi dito, baseado no que dispõe o artigo 1.687 do Código Civil, que possibilita a cada um dos cônjuges alienar ou gravar livremente os bens, quando for 'estipulada' a separação de bens"[13].

Acrescente-se a essa exceção a ressalva prevista no art. 1.656, segundo a qual, no pacto antenupcial, que adotar o regime de participação final nos aquestos, podem os cônjuges convencionar a livre disposição dos bens imóveis, desde que particulares.

Mas vale salientar que, nesse último caso, a dispensa somente se refere à "disposição de bens imóveis", de maneira que, se qualquer dos consortes pretender praticar qualquer dos atos previstos no art. 1.647 precisará da anuência do outro.

E é bom ainda ressaltar, amigo leitor, que a dispensa da autorização (*em favor das pessoas casadas em regime de separação convencional ou participação final nos termos do art. 1.656*), fora dessas situações excepcionais mencionadas, não se estenderá a outros regimes, ainda que se pretenda alienar bens do próprio patrimônio pessoal.

Um exemplo tornará claro o nosso raciocínio.

Ainda que João, casado com Maria em comunhão parcial, pretenda vender ou doar um bem exclusivamente seu, necessitará da anuência da sua esposa, uma vez que a ressalva legal para a dispensa do consentimento tomou por conta o tipo de regime adotado e não a origem do bem!

Ora se casados estão em comunhão parcial, em face da potencial repercussão na estabilidade econômica do casal que qualquer dos atos previstos no art. 1.647 pode ocasionar, a alienação deste bem demandará a necessária aquiescência do outro.

Isso porque, repita-se, o legislador apenas dispensou a outorga para pessoas *casadas em regime de separação convencional ou participação final nos termos do art. 1.656*, independentemente da origem do bem[14].

---

[13] Ricardo Kollet, A Outorga Conjugal nos Atos de Alienação ou Oneração de Bens Imóveis. Disponível em: <http://www.irib.org.br/biblio/boletimel722a.asp>. Acesso em: 2 jun. 2010.

[14] E não permita, nesse diapasão, que o art. 1.665 conduza-o a uma conclusão diversa e equivocada. O referido dispositivo, ao mencionar que "a administração e a disposição dos bens constitutivos do patrimônio particular competem ao cônjuge proprietário, salvo convenção diversa em pacto antenupcial", como bem adverte José Fernando Simão, *é norma que merece total censura,* por aparentemente colidir com o sistema do art. 1.647, razão pela qual "deve ser lida, à luz do sistema, com a seguinte ressalva: desde que não sejam imóveis, pois nessa hipótese aplicam-se as disposições do art. 1.647, I. Outra possível solução, para conciliar as disposições, é que as regras sejam lidas como se dissessem: o

Posto isso, passemos em revista as hipóteses elencadas para as quais se exige a autorização conjugal.

Primeiramente, estabeleceu-se a necessidade para a *prática de atos de alienação ou estipulação de ônus reais sobre imóveis* (inciso I).

Assim, se o marido, por exemplo, pretende vender um imóvel, ou hipotecá-lo, precisará da anuência da sua esposa. Todavia, vale anotar que para a *aquisição* de um bem imobiliário — um apartamento, por exemplo — a autorização não é exigida pela norma legal.

Na mesma linha, o inciso II, de impacto mais profundamente processual, exige a autorização conjugal *para se pleitear, como autor ou réu, acerca de bens imóveis ou dos direitos a eles relacionados*.

O inciso III, por sua vez, exige a anuência do outro consorte para *prestar fiança ou aval*.

A novidade é a exigência para a estipulação do aval, garantia tipicamente cambiária, que não estava prevista no Código Civil de 1916.

Com isso, a título ilustrativo, se a esposa pretender prestar uma fiança (ou um aval), necessitará colher a aquiescência do seu marido, sob pena de invalidade, conforme veremos abaixo. Por isso, o credor — em favor de quem se presta a garantia pessoal — deverá ter o cuidado de exigir essa intervenção, para que não tenha a sua expectativa frustrada.

Finalmente, o inc. IV, de dicção simples, também exige a anuência, para se *fazer doação, não sendo remuneratória, de bens comuns, ou dos que possam integrar futura meação*[15].

Cumpre lembrar ainda, a teor do parágrafo único, serem válidas as doações nupciais feitas aos filhos quando casarem ou estabelecerem economia separada.

Duas fundamentais indagações, nesse ponto, deverão ser feitas.

Qual a solução para o caso de o cônjuge injustamente negar a sua anuência?

Qual seria a consequência jurídica decorrente da prática de qualquer dos atos capitulados no art. 1.647 sem a necessária autorização conjugal?

À primeira pergunta, responde-nos o art. 1.648, CC/2002:

"Art. 1.648. Cabe ao juiz, nos casos do artigo antecedente, suprir a outorga, quando um dos cônjuges a denegue sem motivo justo, ou lhe seja impossível concedê-la".

Caso o cônjuge não *possa* dar a autorização — por estar doente, por exemplo — o suprimento, em tal caso, desafiará um simples procedimento de jurisdição voluntária, instaurado pelo interessado, nos termos dos arts. 719 e s. do Código de Processo Civil de 2015 (equivalentes aos arts. 1.103 e s. do CPC/1973).

---

cônjuge proprietário pode dispor de seus bens imóveis particulares, havendo autorização do outro ou suprimento judicial. Por essa razão, diante do evidente conflito de normas, o Projeto 276/07 pretende suprimir a palavra 'disposição' do artigo em questão" (in *Código das Famílias Comentado*, cit., p. 414).

[15] Doação remuneratória, observa Pablo Stolze Gagliano, "é aquela feita em retribuição a serviços prestados pelo donatário. É o caso do médico da família que serviu ao doador, com dedicação, durante toda a vida, sem cobrar nada por isso. Claro está, entretanto, que essa doação não consiste tecnicamente em pagamento, mas sim, tão somente, em um justo reconhecimento do doador pelos favores recebidos" (*Contrato de Doação — Análise Crítica do Atual Sistema Jurídico e os seus Efeitos no Direito de Família e das Sucessões*, 6. ed., São Paulo: SaraivaJur, 2024).

Mas, se não *quiser* autorizar, diante da resistência apresentada e da lide configurada, deverá o interessado, consequentemente, deduzir a sua pretensão em juízo, propondo efetivamente uma demanda contra o seu consorte.

Nesse ponto, uma reflexão de cunho eminentemente processual merece ser feita.

Vimos que, à luz do inciso II, do art. 1.647, a anuência do outro cônjuge, em regra, é imperiosa *para se pleitear, como autor ou réu, acerca de bens imóveis ou dos direitos a eles relacionados.*

Se, no polo passivo, a presença do outro cônjuge como litisconsorte necessário resolve qualquer dúvida de adequação procedimental, nas demandas que versem sobre direitos imobiliários, questionável é a exigência de participação dos dois cônjuges no polo ativo, como autores.

Afinal, se um dos cônjuges não puder ou não quiser propor a demanda?

Como se sabe, não existe litisconsórcio ativo necessário.

Em nosso sentir, caso esteja *impedido* de participar da propositura da demanda, deverá o outro cônjuge, via procedimento de jurisdição voluntária, como dito acima, buscar o necessário suprimento judicial; mas, em caso de *recusa*, haverá indiscutível lide, de maneira que, diante da resistência operada, impõe-se seja efetivamente citado, a fim de que tolere os efeitos do provimento jurisdicional que pretendeu impedir com o seu comportamento recalcitrante.

Muito bem.

No que toca ao segundo questionamento (consequência da ausência da autorização conjugal), de repercussão mais profunda, a sua solução encontra-se logo no dispositivo seguinte, que merece transcrição:

> "Art. 1.649. A falta de autorização, não suprida pelo juiz, quando necessária (art. 1.647), tornará anulável o ato praticado, podendo o outro cônjuge pleitear-lhe a anulação, até dois anos depois de terminada a sociedade conjugal.
>
> Parágrafo único. A aprovação torna válido o ato, desde que feita por instrumento público, ou particular, autenticado".

Pela dicção legal, a ausência da autorização do outro cônjuge para a prática dos atos capitulados no art. 1.647 resulta na sua *anulabilidade*, que poderá ser arguida no prazo decadencial de até dois anos após o fim da sociedade conjugal.

Note-se que o após o biênio, contado a partir da extinção da sociedade conjugal, não poderá mais ser pleiteada a invalidade do ato praticado.

Acrescente-se ainda a previsão de convalescimento do ato inválido, constante no parágrafo único do referido artigo, mediante a confirmação do outro cônjuge, por instrumento público ou particular, desde que devidamente autenticado.

E no que tange à legitimidade para a propositura da ação anulatória, o art. 1.650 admite que, em caso de morte do cônjuge prejudicado, a demanda poderá ser proposta pelos seus herdeiros, supostamente prejudicados pela prática do ato.

Finalmente, cumpre fazermos especial referência ao aval e à fiança prestados sem a autorização conjugal (inciso III).

O enunciado 114 da I Jornada de Direito Civil sugere que, a despeito do que dispõe o art. 1.649, o aval não possa ser anulado por falta de vênia conjugal, pois apenas caracterizaria a "inoponibilidade do título ao cônjuge que não assentiu". Vale dizer, se a minha esposa não anuiu no aval que eu prestei, o credor poderá executar a garantia, mas não poderá atingir o patrimônio dela, recaindo a execução apenas no meu.

Trata-se de uma ideia interessante, mas que vai de encontro à norma legal, a qual, claramente, refere a *invalidade do próprio ato* (art. 1.649), o que resultaria na sua consequente e total ineficácia.

Nessa mesma linha, no caso da fiança prestada sem a necessária autorização conjugal, o STJ, há pouco tempo, sumulou:

> "A fiança prestada sem autorização de um dos cônjuges implica a **ineficÿcia total** da garantia"[16].

Por tudo isso, entendemos não ser fácil, no atual estágio do nosso Direito, reconhecer-se a ineficácia meramente parcial da garantia fidejussória (pessoal) prestada sem a autorização do outro cônjuge.

5. REGIMES DE BENS NO DIREITO CIVIL BRASILEIRO

A entrada em vigor do Código Civil de 2002 operou significativa mudança no sistema jurídico vigente, na medida em que suprimiu o antigo (e superado) regime dotal, acrescentando um novo regime (participação final nos aquestos).

Lembra-nos SÍLVIO VENOSA

> "Dote, no sentido técnico, consiste em um bem ou conjunto de bens que a mulher, ou um terceiro por ela, transfere ao marido, para que este tire de seus rendimentos os recursos necessários para atender aos encargos do lar"[17].

De acordo com as suas regras, a mulher poderia conservar sob a sua exclusiva propriedade determinados bens incomunicáveis, denominados *bens parafernais*.

Esse regime, que há décadas já não era socialmente acolhido — a sua presença em nossas vidas limitava-se, basicamente, às nuances históricas das novelas de época... — não fora adotado no Código de 2002, de maneira que desapareceu do nosso ordenamento jurídico.

---

[16] Reforçando o que dissemos no início deste tópico a respeito da impropriedade atual do termo "outorga uxória", vale conferir, a título ilustrativo, a notícia do STJ a respeito da aprovação da Súmula 332: "*A Corte Especial do Superior Tribunal de Justiça alterou, na sessão desta quarta-feira (5), o texto da Súmula 332, segundo a qual a fiança prestada por um dos cônjuges sem a assinatura do outro invalida o ato por inteiro. O novo texto da Súmula 332 tem a seguinte redação: "A fiança prestada sem autorização de um dos cônjuges implica a ineficácia total da garantia". A súmula foi aprovada em novembro de 2006, com o seguinte texto: "A anulação de fiança prestada sem outorga uxória implica a ineficácia total da garantia". Mas a redação teve de ser alterada porque o termo "uxória" se refere exclusivamente à mulher casada. O homem acabou sendo excluído e, por isso, a súmula não foi publicada. A tese é pacificada no sentido de que a fiança sem a outorga de um dos cônjuges, em contrato de locação, é nula de pleno direito (Código Civil, artigo 235, III), invalidando, inclusive, a penhora efetivada sobre a meação marital. A edição da súmula consolida jurisprudência adotada em diversos julgamentos no STJ. Entre eles, o do REsp 860.795, relatado pela ministra Laurita Vaz. Por unanimidade, a Quinta Turma considerou que um dos cônjuges não pode ser fiador em contrato de locação sem a autorização do outro, sob pena de nulidade da obrigação do casal. Também são precedentes os recursos especiais 525.765, 94.094, 111.877 e outros*". (Disponível em: <http://www.stj.jus.br/portal_stj/objeto/texto/impressao.wsp?tmp.estilo=&tmp.area=398&tmp.texto=86683>. Acesso em: 2 jun. 2010).

[17] Sílvio Venosa, ob. cit., p. 367.

Ressalvamos apenas a — pouco crível, mas possível — situação de pessoas que convolaram núpcias no sistema anterior sob esse regime, permanecendo, pois, para elas, eficaz as suas normas, quando da dissolução do casamento.

No entanto, a par da saída do regime dotal, seguiu-se uma inovação: a consagração do (confuso) regime de participação final nos aquestos, sistema que, conforme veremos em momento próprio[18], nascido na Costa Rica, contém características da separação de bens e da comunhão parcial, guardando, outrossim, autonomia e estrutura própria.

Nessa linha, portanto, temos, hoje, os seguintes regimes vigorando no Direito Brasileiro:

a) comunhão parcial de bens;
b) comunhão universal de bens;
c) separação (convencional e obrigatória) de bens;
d) participação final nos aquestos.

Antes, porém, de estudarmos, cuidadosa e atentamente, cada um deles, precisamos, amigo leitor, analisar, ainda em nível de introdução desta matéria, três importantes temas: *o regime legal supletivo, o regime legal obrigatório e a possibilidade de mudança de regime de bens.*

6. REGIME LEGAL SUPLETIVO

Até a entrada em vigor da conhecida Lei do Divórcio (Lei n. 6.515), em 1977, o regime supletivo era o de comunhão universal de bens.

A partir desse diploma, o regime subsidiário passou a ser, corretamente, em nosso sentir, o de comunhão parcial, opção legislativa esta mantida no Código Civil de 2002:

> "Art. 1.640. Não havendo convenção, ou sendo ela nula ou ineficaz, vigorará, quanto aos bens entre os cônjuges, o regime da comunhão parcial".

A dicção normativa é de extrema clareza.

Não havendo o pacto antenupcial[19], ou, na mesma linha, caso seja inválido (nulo ou anulável) ou ineficaz, aplicam-se, na esfera patrimonial dos cônjuges, as regras do regime de comunhão parcial de bens.

E o parágrafo único destaca:

> "Poderão os nubentes, no processo de habilitação, optar por qualquer dos regimes que este código regula. Quanto à forma, reduzir-se-á a termo a opção pela comunhão parcial, fazendo-se o pacto antenupcial por escritura pública, nas demais escolhas".

---

[18] Confira-se o Capítulo XVII ("Regime de Bens do Casamento: Participação Final nos Aquestos") deste volume.

[19] A facultatividade do pacto antenupcial, aliás, também já era observada no tradicional Direito Francês, como anota o clássico Jean Carbonnier: "Le contrat de mariage est, d'ailleurs, facultatif pour les futurs époux. S'ils n'en font pas, ils seront placés de plein droit sous le type de régime matrimonial que la loi a choisi pour eux: la communauté légale" (em tradução livre de Rodolfo Pamplona Filho: O contrato de casamento (leia-se: pacto antenupcial) é, na verdade, opcional para os futuros esposos. Se eles não se opõem, eles serão colocados, de pleno Direito, no regime matrimonial que a lei escolheu para eles: a comunhão legal"), in *Droit Civil* — Introduction, Les Personnes, La Famille, l'Enfant, le Couple, Paris: Quadrige, 2004, p. 1262.

Com isso, observamos que a grande maioria dos casais, no Brasil, acaba por optar — ou permitir que a lei escolha por eles — pelo regime de comunhão parcial.

E é melhor que seja assim.

Conforme veremos em capítulo próprio[20], esse regime guarda mais congruência e equilíbrio com a perspectiva patrimonial dos consortes, na medida em que estabelece uma separação patrimonial entre os bens amealhados no passado e uma fusão dos bens futuros, adquiridos onerosamente por um ou ambos os cônjuges.

Com isso, em caso de extinção da sociedade conjugal, afigura-se menos complexo delinear a divisão patrimonial.

A comunhão universal, por seu turno, ao estabelecer a matriz normativa de fusão ampla de patrimônio, conjugando bens passados e futuros, culmina por estabelecer uma junção patrimonial exagerada e desnecessária, de solução judicial mais dificultosa, quando da dissolução matrimonial.

Por tudo isso, reputamos adequada a solução legal que adota a comunhão parcial como regime supletivo.

É interessante, aliás, sob o prisma da psicologia, destacar que, em geral, quando ainda noivos, os futuros cônjuges evitam entabular o desagradabilíssimo diálogo sobre o regime de bens a ser adotado.

É uma conversa péssima.

Quando essa espinhosa questão é aventada, é comum o olhar de reprovação ou a seca advertência, em resposta: "você acha que eu quero alguma coisa sua?".

Por isso, muitos noivos preferem nada dizer, permitindo, assim, que a própria lei faça a escolha por eles.

7. REGIME LEGAL OBRIGATÓRIO

Há situações em que a lei impõe o regime de separação de bens.

Trata-se do denominado *regime de separação legal ou separação obrigatória de bens*, instituído nos termos do art. 1.641 que, por traduzir restrição à autonomia privada, não comporta interpretação extensiva, ampliativa ou analógica.

Aliás, com fundamento nessa comezinha diretriz hermenêutica, concluímos, firmemente, no sentido da completa impossibilidade de se pretender estender esse regime restritivo à união estável, dada a inequívoca ausência de previsão legal nesse sentido.

O regime de separação obrigatória, portanto, em nosso sentir, fora previsto e regulado para o casamento, e não para a união estável[21].

---

[20] Confira-se o Capítulo XIV ("Regime de Bens do Casamento: Comunhão Parcial de Bens") deste volume.

[21] Todavia, esse não foi o entendimento que prevaleceu no STJ: "S. 655: Aplica-se à união estável contraída por septuagenário o regime da separação obrigatória de bens, comunicando-se os adquiridos na constância, quando comprovado o esforço comum".

Vejamos, pois, quais são as suas hipóteses de aplicação no Código Civil de 2002[22], já com a redação dada pela Lei n. 12.344, de 9 de dezembro de 2010:

"Art. 1.641. É obrigatório o regime da separação de bens no casamento:

I — das pessoas que o contraírem com inobservância das causas suspensivas da celebração do casamento;

II — da pessoa maior de 70 (setenta) anos;

III — de todos os que dependerem, para casar, de suprimento judicial".

Este artigo, em nosso sentir, desafia o jurista a tentar realizar uma interpretação constitucional, especialmente na perspectiva do superior princípio da isonomia.

Aliás, vamos mais além: esse dispositivo, posto informado por uma suposta boa intenção legislativa, culmina, na prática, por chancelar situações de inegável injustiça e constitucionalidade duvidosa.

A primeira hipótese prevista é de mais simples entendimento e aceitação.

Impõe-se o regime de separação obrigatória para as pessoas que contraírem o matrimônio em violação das causas suspensivas (art. 1.523), analisadas no capítulo anterior[23].

Consoante já anotado alhures, a infringência de alguma causa suspensiva não acarreta a invalidade do matrimônio, mas sim a sua mera irregularidade, com a imposição de sanção de cunho patrimonial que, no caso, é a separação legal de bens.

A segunda situação prevista na norma é absurda e inconstitucional[24].

A alegação de que a separação patrimonial entre pessoas que convolarem núpcias acima de determinado patamar etário teria o intuito de proteger a pessoa idosa das investidas de quem pretenda aplicar o "golpe do baú" não convence.

---

[22] Houve, nesse ponto, relativas mudanças, se compararmos o atual dispositivo em vigor com o regramento estatuído no Código Civil de 1916:

"Art. 258. Não havendo convenção, ou sendo nula, vigorará, quanto aos bens entre os cônjuges, o regime de comunhão parcial. [*Redação dada pela Lei n. 6.515, de 26-12-1977.*]

Parágrafo único. É, porém, obrigatório o da separação de bens do casamento:

I — das pessoas que o celebrarem com infração do estatuído no art. 183, XI a XVI (art. 216);

II — do maior de 60 (sessenta) e da maior de 50 (cinquenta) anos;

III — do órfão de pai e mãe, ou do menor, nos termos dos arts. 394 e 395, embora case, no termos do art. 183, XI, com o consentimento do tutor; [*Redação dada pelo Decreto do Poder Legislativo n. 3.725, de 15-1-1919.*]

IV — de todos os que dependerem, para casar, de autorização judicial (arts. 183, XI, 384, III, 426, I, e 45). [*Redação dada pelo Decreto do Poder Legislativo n. 3.725, de 15-1-1919.*]".

[23] Confira-se o tópico 5 ("Causas Suspensivas do Casamento") do Capítulo XII ("Plano de Eficácia do Casamento: Deveres Matrimoniais e Causas Suspensivas do Casamento") do presente volume.

[24] Sugerimos que o nosso estimado leitor(a) acompanhe o julgamento do tema no Supremo Tribunal Federal: "O Supremo Tribunal Federal vai decidir se é constitucional o regime da separação obrigatória de bens no casamento de pessoas maiores de 70 anos e a aplicação dessa regra às uniões estáveis. A matéria é objeto do Recurso Extraordinário com Agravo (ARE) 1309642, que teve a repercussão geral reconhecida pelo Plenário (Tema 1.236)" (Fonte: STF. Disponível em: https://portal.stf.jus.br/noticias/verNoticiaDetalhe.asp?idConteudo=495189&ori=1. Acesso em: 12 nov. 2022).

E, se assim o fosse, essa risível justificativa resguardaria, em uma elitista perspectiva legal, uma pequena parcela de pessoas abastadas, apenando, em contrapartida, um número muito maior de brasileiros.

Não podemos extrair dessa norma uma interpretação conforme a Constituição.

Muito pelo contrário.

O que notamos é uma violência escancarada ao princípio da isonomia, por conta do estabelecimento de uma velada forma de interdição parcial da pessoa idosa.

Avançada idade, por si só, como se sabe, não é causa de incapacidade!

Se existe receio de a pessoa idosa ser vítima de um golpe por conta de uma vulnerabilidade explicada por enfermidade ou deficiência mental, que seja instaurado procedimento próprio de interdição, mas disso não se conclua em favor de uma inadmissível restrição de direitos, simplesmente por conta da sua idade.

Aliás, com 60 anos (como era o limite original do dispositivo), 70 anos (na atual redação) ou mais idade ainda, a pessoa pode presidir a República. Pode integrar a Câmara de Deputados. O Senado Federal. Poderia, ainda, no limite etário original de 60 anos, compor a mais alta Corte brasileira, na condição de ministro!

E não poderia escolher livremente o seu regime de bens?

Não podemos tentar encontrar razão onde ela simplesmente não existe.

Nessa linha, concluímos pela completa inconstitucionalidade do dispositivo sob comento (art. 1.641, II), ainda não pronunciada, em controle abstrato, infelizmente, pelo Supremo Tribunal Federal.

Nesse sentido, CRISTIANO CHAVES e NELSON ROSENVALD:

> "Ora, promovendo a exegese da referida intervenção estatal na esfera de interesses privados, é fácil concluir que, a partir da valorização da pessoa humana e de suas garantias constitucionais, a regra legal se põe em rota direta de colisão com os princípios da igualdade substancial, da liberdade e da própria dignidade humana"[25].

Finalmente, dispõe o referido artigo que também será aplicado o regime de separação legal em face daqueles que, para casar, dependeram de suprimento judicial.

Assim, em situações específicas relativas a menores, em que se exige pronunciamento judicial, como em caso de divergência entre os pais ou de não alcance da idade núbil, é vedado aos nubentes a livre escolha do regime de bens.

Quer-se, com isso, dada a situação de vulnerabilidade dos noivos, e em virtude de não caber ao juiz fazer uma escolha dessa natureza por eles, proteger-lhes o patrimônio pessoal.

Todavia, tal restrição pode criar um outro sério problema.

Tomemos, a título de exemplo, a situação em que JOÃO REGINO, 17 anos, convola núpcias com JOSEANE, bela jovem de mesma idade, mediante suprimento judicial, porquanto os seus representantes legais discordaram entre si quanto à necessária autorização.

Muito bem.

---

[25] Cristiano Chaves e Nelson Rosenvald, *Direito das Famílias*, Rio de Janeiro: Lumen Juris, 2009, p. 221.

Impõe-se-lhes o regime de separação obrigatória.

Seria justo que, após atingirem a maioridade e a plena capacidade civil, ficassem agrilhoados ao regime legal de separação por toda a vida, sem que pudessem manifestar a sua liberdade de escolha?

O legislador fora omisso quanto a esse aspecto, gerando uma indesejável inconveniência normativa.

Por isso, para contorná-la, defendemos, conforme veremos ao longo deste capítulo, em hipóteses como a aventada, a possibilidade de futura mudança do regime de bens, posto se trate de separação obrigatória, por se afigurar a solução, indiscutivelmente, mais justa.

De todo o exposto até aqui, podemos concluir que o *regime de separação obrigatória de bens*, previsto no art. 1.641, ora estudado, a par de, em tese, haver derivado de uma boa intenção legislativa, acarreta efeitos potencialmente gravosos, quando não inconstitucionais.

Além disso, ao longo da vida do casal, o estabelecimento de uma separação patrimonial em caráter absoluto pode gerar a delicada — e muito provável — situação de constituição de um patrimônio comum, derivado do esforço de ambos os cônjuges, que, por princípio de equidade, e até mesmo para evitar enriquecimento sem causa de qualquer deles, autorizaria uma partilha.

Por conta disso, mitigando a aridez deste art. 1.641, e, especialmente, visando a evitar enriquecimento sem causa por parte do marido ou da mulher, o Supremo Tribunal Federal editou a conhecida Súmula 377, ainda eficaz no sistema jurídico brasileiro, que dispõe:

"No regime de separação legal, comunicam-se os adquiridos na constância do casamento"[26].

À primeira vista, pode nos parecer um contrassenso o estabelecimento, para o regime de separação legal, da comunicabilidade dos aquestos.

Mas não é.

Muito pelo contrário.

O que se quer, com a súmula, é exatamente o inverso: evitar-se a insensatez de se impedir a comunicabilidade dos bens amealhados pelo esforço comum, sob pena de se permitir — ou até mesmo incentivar — o enriquecimento sem causa de uma das partes.

Um exemplo irá tornar mais claro o propósito da súmula.

JOÃO REGINO e JOSEANE, personagens da hipótese aventada acima, convolam núpcias mediante suprimento judicial, impondo-se-lhes o regime de separação legal. No curso do casamento, adquirem, pelo esforço comum, uma casa de praia e um barco. Nessa linha, aplicando o entendimento jurisprudencial, pouco importa se tais bens encontram-se registrados em nome de um ou de outro consorte: *demonstrado o esforço comum, esses bens aquestos (adquiridos no curso do casamento) serão objeto de meação, mesmo sob o pálio do regime de separação legal, uma vez que, se assim não fosse, estaria o cônjuge em cujo nome tais bens foram registrados enriquecendo-se injustamente à custa do outro.*

---

[26] Registre-se que o Enunciado 634 da VIII Jornada de Direito Civil da Justiça Federal estabelece: "ENUNCIADO 634 — Art. 1.641: É lícito aos que se enquadrem no rol de pessoas sujeitas ao regime da separação obrigatória de bens (art. 1.641 do Código Civil) estipular, por pacto antenupcial ou contrato de convivência, o regime da separação de bens, a fim de assegurar os efeitos de tal regime e afastar a incidência da Súmula 377 do STF".

E é exatamente isso que a súmula quer evitar.

Não se diga, contudo, que a aplicação desse enunciado resultaria em uma "conversão jurisprudencial forçada" do regime de separação em comunhão parcial de bens.

Posto a característica da comunicabilidade de aquestos, de fato, conforme veremos em capítulo próprio, seja típica do regime de comunhão parcial, esse tem regras próprias, específicas, inaplicáveis às pessoas casadas sob o regime de separação legal.

Um ponto de intersecção entre os regimes não os torna idênticos.

Comentando essa importante súmula, observa ROLF MADALENO:

> "A Súmula n. 377 do STF já havia afastado do sistema legal brasileiro o regime coercitivo da completa separação de bens, cujo único efeito era o de desamparar o consorte que não teve a fortuna de amealhar em seu nome, as riquezas materiais da sociedade conjugal, não obstante tivesse prestado contribuição integral para a formação moral e espiritual e para o crescimento econômico-financeiro de seu parceiro de instituição familiar"[27].

Aproveitando a parte final dessa importante afirmação de MADALENO, entendemos que a contribuição do cônjuge para efeito da partilha do patrimônio comum não é, necessariamente, o auxílio direto ou de ordem econômica, podendo, em nosso sentir, traduzir ainda o — não menos significativo — apoio moral e espiritual dedicado ao longo do matrimônio.

Por isso, a dona de casa, demonstrada a sua contribuição indireta (psicológica ou afetiva) — que não guarda posição de inferioridade com a colaboração direta ou pecuniária — também fará jus à partilha dos aquestos.

Raciocínio inverso menoscabaria o sentido de "apoio recíproco" imanente ao casamento.

Embora, em um primeiro momento, a jurisprudência houvesse apontado no sentido da demonstração do esforço econômico recíproco[28], posteriormente, refinou o seu entendimento para admitir uma presunção de esforço comum, a partir de uma contribuição indireta ou psicológica entre os consortes[29].

Nesse diapasão, podemos concluir, firmemente, no sentido da possibilidade de aplicação do enunciado 377, mesmo após o advento do Código de 2002, não assistindo razão alguma à corrente doutrinária contrária que nega a sua aplicabilidade sob o argumento de o teor do art. 259[30] do Código revogado não mais subsistir.

---

[27] Rolf Madaleno, ob. cit., p. 550.

[28] "Merece referência, o acórdão proferido, em junho de 1992, pela Egrégia 4.ª Turma do STJ, tendo como relator o Ministro Sálvio de Figueiredo Teixeira, ao reconhecer que 'em se tratando de regime de separação obrigatória (Código Civil, art. 258), comunicam-se os bens adquiridos na constância do casamento pelo esforço comum. O Enunciado n. 377 da Súmula do STF deve restringir-se aos aquestos resultantes da conjugação de esforços do casal, em exegese que se afeiçoa à evolução do pensamento jurídico e repudia o enriquecimento sem causa" (REsp 9.938/SP), in *Instituições de Direito Civil* — volume V — Direito de Família, Caio Mário da Silva Pereira, obra imortal atualizada com brilho pela Profa. Tania Pereira (Rio de Janeiro: Gen-Forense, 2009, p. 200).

[29] REsp 736.627/PR.

[30] CC/1916: "Art. 259. Embora o regime não seja o da comunhão de bens, prevalecerão, no silêncio do contrato, os princípios dela, quanto à comunicação dos adquiridos na constância do casamento" (sem equivalente direto no CC/2002).

A ambiência que justifica a incidência da súmula não mudou, especialmente sob o pálio do princípio que veda o enriquecimento sem causa.

De todo o exposto, observamos que o estabelecimento de um regime obrigatório de separação de bens — a despeito da mitigação operada pelo enunciado n. 377 da Súmula do STF — culmina por acarretar efeitos mais danosos do que propriamente protetivos.

Certamente, por isso, melhor é o tratamento dado pelo Projeto de Lei n. 2.285/2007 (Estatuto das Famílias)[31] que, considerando "o caráter discriminatório e atentatório da dignidade dos cônjuges"[32] suprimiu esse indesejável regime de bens, uma vez que a única efetiva utilidade da separação obrigatória residiria na prevenção da confusão patrimonial (art. 1.523, CC/2002), o que poderia ser resolvido de outra forma, em previsão normativa específica e de cunho excepcional, sem limitar genericamente a manifestação da vontade de nubentes que se encontrassem em situação diversa (a exemplo das pessoas idosas ou daqueles que necessitassem de autorização judicial para casar).

8. MUDANÇA DE REGIME DE BENS DO CASAMENTO

A possibilidade de mudança de regime de bens no curso do casamento representa, sem sombra de dúvidas, a mais significativa inovação experimentada pelo Direito Patrimonial de Família brasileiro.

A partir da sua consagração, o Direito brasileiro passa a figurar ao lado de outros sistemas no mundo, que também seguem essa orientação, conforme anotou ANTUNES VARELA:

"Diferente é a orientação perfilhada noutras legislações europeias (designadamente a alemã e a espanhola) e americanas, com o fundamento de que só a livre modificação das convenções permite a correcção do erro que os contraentes tenham cometido na escolha do seu regime de bens ou a adaptação do regime inicial às circunstâncias, tantas vezes imprevisíveis, posteriores à celebração do casamento"[33].

Digno de nota é o vetusto Código Civil alemão, que, de fato, já admitia essa possibilidade de mudança, demonstrando, nesse particular, o pragmatismo da cultura alemã:

"§ 1408

Ehevertrag, Vertragsfreiheit

(1) Die Ehegatten können ihre güterrechtlichen Verhältnisse durch Vertrag (Ehevertrag) regeln, insbesondere auch nach der Eingehung der Ehe den Güterstand aufheben oder ändern"[34].

---

[31] Esse importante projeto foi apensado ao PL 674/2007 em 17 de dezembro de 2007. Confira-se o *link*: <https://www.camara.leg.br/proposicoesWeb/fichadetramitacao?idProposicao=347575&ord=1>. Acesso em: 7 set. 2019.

[32] Fonte do Estatuto e sua justificativa. Disponível em: <http://www.ibdfam.org.br//?artigos&artigo=338>. Acesso em: 5 jul. 2009.

[33] Antunes Varela, *Direito de Família*, 5. ed., Lisboa: Petrony, 1999, v. 1, p. 432.

[34] Tradução livre de Pablo Stolze Gagliano: "(1) Os cônjuges podem regular as circunstâncias patrimoniais do casamento por meio de contrato, especialmente, também, depois da celebração do matrimônio, revogar ou modificar o regime de bens".

Observamos, ainda, que ORLANDO GOMES, mesmo antes da entrada em vigor do Código de 2002, já tecia críticas à dogmática e tradicional *imutabilidade* do regime, vigente em sua época:

> "O Direito de Família *aplicado*, isto é, o que disciplina as relações patrimoniais entre os cônjuges, não tem o cunho institucional do Direito de Família *puro*. Tais relações se estabelecem mediante pacto pelo qual têm os nubentes a liberdade de estipular o que lhes aprouver. A própria lei põe à sua escolha diversos regimes matrimoniais e não impede que combinem disposições próprias de cada qual. Por que proibir que modifiquem cláusulas do contrato que celebraram, mesmo quando o acordo de vontades é presumido pela lei? Que mal há na decisão de cônjuges casados pelo regime da separação de substituírem-no pelo da comunhão?"[35].

Seguindo, pois, essa convincente linha de pensamento, o codificador brasileiro resolveu romper com o sistema tradicional, para admitir a mudança de regime de bens no curso do matrimônio, a teor do art. 1.639, § 2.º do Código Civil:

> "Art. 1.639. É lícito aos nubentes, antes de celebrado o casamento, estipular, quanto aos seus bens, o que lhes aprouver.
> (...)
> § 2.º É admissível alteração do regime de bens, mediante autorização judicial em pedido motivado de ambos os cônjuges, apurada a procedência das razões invocadas e ressalvados os direitos de terceiros".

Analisando detidamente esse dispositivo, chegamos a algumas importantes conclusões:

a) a alteração do regime não pode se dar pela via administrativa, em cartório, exigindo, pois, a instauração de procedimento judicial;

b) esse procedimento judicial será de jurisdição voluntária, uma vez que, sendo o pedido conjunto, não há lide, afigurando-se, assim, juridicamente impossível um pedido de mudança formulado em ação judicial proposta por um dos cônjuges em face do outro;

c) o pedido conjunto deverá ser motivado, a fim de que a autoridade judiciária possa analisar a razoabilidade do pleito e dos fundamentos invocados;

d) a mudança do regime de bens, que se dará por sentença, não poderá afrontar direitos de terceiros, razão por que é recomendável que o juiz determine a publicação de edital, imprimindo, assim, a mais ampla publicidade[36];

e) o juízo competente, em nosso sentir, não deverá ser o da Vara de Registros Públicos, mas, sim, aquele com competência em Direito de Família, uma vez que a mudança fundamenta-se na situação matrimonial dos interessados.

---

[35] Orlando Gomes, ob. cit., p. 174.

[36] Enunciado 113, I Jornada de Direito Civil — Art. 1.639: é admissível a alteração do regime de bens entre os cônjuges, quando então o pedido, devidamente motivado e assinado por ambos os cônjuges, será objeto de autorização judicial, com ressalva dos direitos de terceiros, inclusive dos entes públicos, após perquirição de inexistência de dívida de qualquer natureza, exigida ampla publicidade.

Um aspecto digno de nota consiste no fato de um dos interessados — ou ambos — ser empresário.

Nesse caso, é de todo recomendável que a sentença de mudança — além das comunicações de praxe (aos Cartórios de Registro Civil de Pessoas Naturais e de Imóveis) para a devida averbação — seja ainda levada ao Registro Público de Empresa (Junta Comercial), para as anotações necessárias.

Escreveu, a esse respeito, PABLO STOLZE GAGLIANO:

"Tratando-se de cônjuge empresário (titular de firma individual), o seu regime de bens interfere, indubitavelmente, nas relações negociais que venha a travar com terceiros, uma vez que estes têm no seu patrimônio a garantia geral das eventuais dívidas contraídas. Se tiver havido uma alteração do regime, sem a devida referência no Registro de Empresas, eventuais credores, inscientes do fato, poderão vir a ser prejudicados. E tanto isso é verdade que o art. 968 *exige*, para a inscrição do empresário no Registro Público de Empresas (Junta Comercial), que o requerimento contenha: "*I — o seu nome, nacionalidade, domicílio, estado civil e, se casado, o regime de bens*". Nota-se, portanto, a obrigatoriedade de o empresário casado informar o seu regime de bens, sob pena de lhe ser negado o reconhecimento oficial de sua atividade. Ora, e se assim o é, é lógica a conclusão de que a eventual alteração do regime de bens deve ser averbada no mesmo Registro Público, sob pena de não gerar efeitos *erga omnes*, devendo os Juízes das Varas de Família ficar atentos para esse aspecto"[37].

Anotamos ainda que, no que se refere aos efeitos da sentença que altera o regime de bens, posto a doutrina não adote posição única e em uníssono[38], entendemos que a *sua eficácia é retroativa*.

E por uma razão muito simples.

Quando os cônjuges pretendem modificar o seu regime, o patrimônio atingido, que sofrerá a incidência do novo regramento é, por óbvio, aquele existente até a data da sentença de mudança.

Ora, com isso, é forçoso convir que os bens e valores amealhados — em conjunto ou separadamente — pelos consortes até o momento da mudança serão atingidos pelo pronunciamento judicial, submetendo-se, pois, a novo regramento.

Sob esse aspecto, a sentença, pois, necessariamente, incide no patrimônio anterior.

Daí por que a sua eficácia é *ex tunc*[39].

---

[37] Pablo Stolze Gagliano, *Alguns Efeitos do Direito de Família na Atividade Empresarial*. Disponível em: <http://74.125.47.132/search?q=cache:NAOuPXlqhJgJ:www.facs.br/revistajuridica/edicao_marco2004/docente/doc01.doc+pablo+stolze+e+regime+de+bens+e+junta+comercial&cd=4&hl=pt-BR&ct=clnk&gl=br>. Acesso em: 12 jul. 2009.

[38] Maria Berenice Dias, por exemplo, sustenta que "a mudança poderá ter efeitos *ex tunc* ou *ex nunc*, a depender da vontade dos cônjuges" (ob. cit., p. 219).

[39] Trata-se de tema controvertido. Claro que a eficácia retroativa que aqui defendemos parte da premissa de que a disciplina dos bens que já existiam (anteriores) também sofre efeitos por conta da mudança. Com isso, por óbvio, não estamos a defender que a mudança do regime irá causar impacto,

Um exemplo irá aclarar a hipótese.

Imagine que um casal esteja pretendendo alterar o seu regime de separação para o regime de comunhão parcial.

A sentença que autorizar a mudança atingirá — retroativamente — o patrimônio exclusivo de cada um, que passará a integrar a massa de bens não comunicável no novo regime de comunhão parcial.

Aliás, em qualquer outra situação de mudança de regime, é nítida essa retroação de efeitos.

E, nesse diapasão, não se diga que seria *ex nunc* pelo simples fato de, a partir da sentença, as relações patrimoniais estarem sujeitas a novas regras, pois isso é consequência natural do próprio pedido de mudança.

Em reforço a nossa linha de pensamento, invocamos preleção de LUIZ FELIPE BRASIL SANTOS:

> "O Código não explicita se os efeitos da alteração serão 'ex tunc' ou 'ex nunc' entre os cônjuges (porque com relação a terceiros que já sejam portadores de direitos perante o casal, é certo que serão sempre 'ex nunc', uma vez que se encontram ressalvados os direitos destes). No particular, considero que se houver opção por qualquer dos regimes que o código regula, a retroatividade é decorrência lógica, pois, p. ex., se o novo regime for o da comunhão universal, ela só será UNIVERSAL se implicar comunicação de todos os bens. Impossível seria pensar em comunhão universal que implicasse comunicação apenas dos bens adquiridos a partir da modificação. Do mesmo modo, se o novo regime for o da separação absoluta, necessariamente será retroativa a mudança, ou a separação não será absoluta! E mais: se o escolhido agora for o da separação absoluta, imperiosa será a partilha dos bens adquiridos até então, a ser realizada de forma concomitante à mudança de regime (repito: sem eficácia essa partilha com relação a terceiros). Assim, por igual quanto ao regime de comunhão parcial e, até, de participação final nos aquestos. Entretanto, face ao princípio da livre estipulação (art. 1.639, "caput"), sendo possível estipular regime não regrado no código, a mudança poderá, a critério dos cônjuges, operar-se a partir do trânsito em julgado da sentença homologatória, caso em que teríamos a criação de um regime não regrado no CC"[40].

Finalmente, lembramos que está se consolidando, em nosso Direito, a correta tese segundo a qual a possibilidade de mudança de regime de bens, prevista no art. 1.639 § 2.º, do Código Civil, aplica-se a casamentos anteriores[41].

Sobre esse tema, escreveu PABLO STOLZE GAGLIANO:

> "Entretanto, feitas tais ponderações, uma indagação se impõe: *terão direito à alteração de regime as pessoas casadas antes do Código de 2002?* Essa indagação reveste-se ainda de maior

---

por exemplo, em face de terceiros de boa-fé com os quais, no passado, o casal manteve relação negocial segundo o regime vigente à época.

[40] Luiz Felipe Brasil Santos, *A Mutabilidade do Regime de Bens*. Disponível em: <http://www.ibdfam.org.br/?artigos&artigo=97>. Acesso em: 12 jul. 2009.

[41] Esta posição já era defendida pelo coautor Pablo Stolze Gagliano, quando da publicação do seu artigo "O Impacto do Novo Código Civil no Regime de Bens do Casamento", em 2002 (Jornal *A Tarde*, de 14 de dezembro do referido ano).

importância, quando consideramos o princípio da irretroatividade das leis, e, sobretudo, o fato de o próprio Código Novo estabelecer, em seu art. 2.039, que: *"o regime de bens nos casamentos celebrados na vigência do Código Civil anterior, Lei n. 3.071, de 1.º de janeiro de 1916, **Í por ele estabelecidoŸ**(grifos nossos). Uma primeira interpretação nos conduziria à conclusão de que os matrimônios contraídos na vigência do Código de 1916 não admitiriam a incidência da lei nova, razão por que esses consortes não poderiam pleitear a modificação do regime. Não concordamos, todavia, com este entendimento. No momento em que o legislador determinou a mantença da disciplina do Código revogado para os regimes de bens de matrimônios constituídos antes da sua vigência, quis, apenas, estabelecer que as regras patrimoniais para a aferição do patrimônio comum e pessoal de cada cônjuge seriam as estabelecidas em lei anterior. Ou seja, não se poderia, no bojo de uma separação judicial de pessoas casadas sob o regime antigo de comunhão parcial (arts. 269 a 275, CC/1916), aplicar os dispositivos correspondentes da lei nova (arts. 1.658 a 1.666, CC/2002). Isso, entretanto, não quer dizer que, para os casamentos celebrados antes da lei nova, fosse vedada a possibilidade de mudança do regime, na forma da legislação atual. Em nosso entendimento, o regime de bens consiste em uma instituição patrimonial de eficácia continuada, gerando efeitos durante todo o tempo de subsistência da sociedade conjugal, ou até a sua dissolução"*[42].

Escoimando dúvidas, o Superior Tribunal de Justiça, corretamente em nosso sentir, *já firmou a possibilidade de mudança para casamentos anteriores*:

"Civil. Casamento. Código Civil de 1916. Comunhão parcial de bens. Alteração de regime. Comunhão universal. Possibilidade jurídica.

I. Ambas as Turmas de Direito Privado desta Corte assentaram que o art. 2.039 do Código Civil não impede o pleito de autorização judicial para mudança de regime de bens no casamento celebrado na vigência do Código de 1916, conforme a previsão do art. 1.639, § 2.º, do Código de 2002, respeitados os direitos de terceiros.

II. Recurso especial não conhecido". (REsp 812.012/RS, rel. Min. Aldir Passarinho Junior, j. 2-12-2008, DJe 2-2-2009, 4.ª Turma).

"Civil — Regime matrimonial de bens — Alteração judicial — Casamento ocorrido sob a égide do CC/1916 (Lei n. 3.071) — Possibilidade — Art. 2.039 do CC/2002 (Lei n. 10.406) — Correntes doutrinárias — Art. 1.639, § 2.º, C/C Art. 2.035 do CC/2002 — Norma geral de aplicação imediata.

1 — Apresenta-se razoável, *in casu*, não considerar o art. 2.039 do CC/2002 como óbice à aplicação de norma geral, constante do art. 1.639, § 2.º, do CC/2002, concernente à alteração incidental de regime de bens nos casamentos ocorridos sob a égide do CC/1916, desde que ressalvados os direitos de terceiros e apuradas as razões invocadas pelos cônjuges para tal pedido, não havendo que se falar em retroatividade legal, vedada nos termos do art. 5.º, XXXVI, da CF/88, mas, ao revés, nos termos do art. 2.035 do CC/2002, em aplicação de norma geral com efeitos imediatos.

---

[42] Pablo Stolze Gagliano, *Comentários ao Código Civil Brasileiro* — vol. XVII (obra coordenada pelos Profs. Drs. Arruda Alvim e Thereza Alvim, participando, ainda, do tomo, comentando outros dispositivos, os Profs. Henrique de Mello e Maria Isabel do Prado). Rio de Janeiro: Gen-Forense, 2008 (comentário ao art. 2.039, p. 617-8).

2 — Recurso conhecido e provido pela alínea *a* para, admitindo-se a possibilidade de alteração do regime de bens adotado por ocasião de matrimônio realizado sob o pálio do CC/1916, determinar o retorno dos autos às instâncias ordinárias a fim de que procedam à análise do pedido, nos termos do art. 1.639, § 2.º, do CC/2002". (REsp 730.546/MG, rel. Min. Jorge Scartezzini, julgado em 23-8-2005, *DJ* 3-10-2005, p. 279, 4.ª Turma).

E mesmo para pessoas casadas sob o regime da *separação obrigatória de bens*, respeitadas as circunstâncias do caso concreto e as condições legais da mudança, tal pleito afigura-se possível, consoante este julgado, relatado pela ilustre Min. NANCY ANDRIGHI:

"Direito Civil. Família. Casamento celebrado sob a égide do CC/16. Alteração do regime de bens. Possibilidade. A interpretação conjugada dos arts. 1.639, § 2.º, 2.035 e 2.039, do CC/02, admite a alteração do regime de bens adotado por ocasião do matrimônio, desde que ressalvados os direitos de terceiros e apuradas as razões invocadas pelos cônjuges para tal pedido.

— Assim, se o Tribunal Estadual analisou os requisitos autorizadores da alteração do regime de bens e concluiu pela sua viabilidade, tendo os cônjuges invocado como razões da mudança a cessação da incapacidade civil interligada à causa suspensiva da celebração do casamento a exigir a adoção do regime de separação obrigatória, além da necessária ressalva quanto a direitos de terceiros, a alteração para o regime de comunhão parcial é permitida.

— Por elementar questão de razoabilidade e justiça, o desaparecimento da causa suspensiva durante o casamento e a ausência de qualquer prejuízo ao cônjuge ou a terceiro, permite a alteração do regime de bens, antes obrigatório, para o eleito pelo casal, notadamente porque cessada a causa que exigia regime específico.

— Os fatos anteriores e os efeitos pretéritos do regime anterior permanecem sob a regência da lei antiga. Os fatos posteriores, todavia, serão regulados pelo CC/02, isto é, a partir da alteração do regime de bens, passa o CC/2002 a reger a nova relação do casal.

— Por isso, não há se falar em retroatividade da lei, vedada pelo art. 5.º, inc. XXXVI, da CF/88, e sim em aplicação de norma geral com efeitos imediatos.

Recurso especial não conhecido" (REsp 821.807/PR, rel. Min. Nancy Andrighi, julgado em 19-10-2006, *DJ* 13-11-2006, p. 261, 3.ª Turma).

Com isso, não nos resta dúvida de que as pessoas casadas sob a vigência do Código anterior têm o direito de pleitear a mudança do seu regime de bens, observados os requisitos de lei, por imperativo de inegável justiça e respeito à isonomia constitucional.

9. ADMINISTRAÇÃO DOS BENS NO CASAMENTO

Por fim, passaremos em revista alguns artigos sobre a administração patrimonial do casamento.

Com efeito, estabelecem os arts. 1.642 e 1.643, CC/2002 uma série de atos em que os cônjuges podem atuar livremente.

Se não, vejamos:

"Art. 1.642. Qualquer que seja o regime de bens, tanto o marido quanto a mulher podem livremente:

I — praticar todos os atos de disposição e de administração necessários ao desempenho de sua profissão, com as limitações estabelecidas no inciso I do art. 1.647;

II — administrar os bens próprios;

III — desobrigar ou reivindicar os imóveis que tenham sido gravados ou alienados sem o seu consentimento ou sem suprimento judicial;

IV — demandar a rescisão dos contratos de fiança e doação, ou a invalidação do aval, realizados pelo outro cônjuge com infração do disposto nos incisos III e IV do art. 1.647;
V — reivindicar os bens comuns, móveis ou imóveis, doados ou transferidos pelo outro cônjuge ao concubino, desde que provado que os bens não foram adquiridos pelo esforço comum destes, se o casal estiver separado de fato por mais de cinco anos;
VI — praticar todos os atos que não lhes forem vedados expressamente.
Art. 1.643. Podem os cônjuges, independentemente de autorização um do outro:
I — comprar, ainda a crédito, as coisas necessárias à economia doméstica;
II — obter, por empréstimo, as quantias que a aquisição dessas coisas possa exigir".

No que diz respeito, porém, à responsabilidade patrimonial (pelas dívidas contraídas), o art. 1.644, CC/2002 estabelece a solidariedade entre os cônjuges.

Complementando o regramento material, importantes regras processuais são estabelecidas nos arts. 1.645 e 1.646, CC/2002:

"Art. 1.645. As ações fundadas nos incisos III, IV e V do art. 1.642 competem ao cônjuge prejudicado e a seus herdeiros.
Art. 1.646. No caso dos incisos III e IV do art. 1.642, o terceiro, prejudicado com a sentença favorável ao autor, terá direito regressivo contra o cônjuge, que realizou o negócio jurídico, ou seus herdeiros".

Nesse contexto, consideramos pertinente expor sobre a situação de impossibilidade de administração por um dos cônjuges.

Em tal caso, estabelece o art. 1.651, CC/2002:

"Art. 1.651. Quando um dos cônjuges não puder exercer a administração dos bens que lhe incumbe, segundo o regime de bens, caberá ao outro:
I — gerir os bens comuns e os do consorte;
II — alienar os bens móveis comuns;
III — alienar os imóveis comuns e os móveis ou imóveis do consorte, mediante autorização judicial".

Registre-se, porém, que, em termos de responsabilidade, na forma do art. 1.652, CC/2002, o cônjuge, que estiver na posse dos bens particulares do outro, será para com este e seus herdeiros responsável:

"I — como usufrutuário, se o rendimento for comum;
II — como procurador, se tiver mandato expresso ou tácito para os administrar;
III — como depositário, se não for usufrutuário, nem administrador".

A regra soa como bastante razoável de forma a preservar os interesses do cônjuge impossibilitado de administrar, dispensando longas digressões.

Registre-se, por fim, que a obrigação do cônjuge, que conserva a posse dos bens do casal, permanece, inclusive, no período entre a dissolução da sociedade conjugal e a partilha, devendo prestar contas ao outro[43].

---

[43] "É cabível exigir prestação de contas do cônjuge que geriu os bens comuns após a separação.
A Terceira Turma do Superior Tribunal de Justiça (STJ) reconheceu a obrigação do cônjuge que conserva a posse dos bens do casal de prestar contas ao outro no período entre a dissolução da so-

ciedade conjugal e a partilha. A decisão baseou-se em entendimento do relator, ministro Villas Bôas Cueva. 'Aquele que detiver a posse e a administração dos bens comuns antes da efetivação do divórcio, com a consequente partilha, deve geri-los no interesse de ambos os cônjuges, sujeitando-se ao dever de prestar contas ao outro consorte, a fim de evitar eventuais prejuízos relacionados ao desconhecimento quanto ao estado dos bens comuns', afirmou o relator. O processo diz respeito a um casamento em regime de comunhão universal de bens contraído em 1968. O casal separou-se de fato em 1.º de janeiro de 1990. Por mais de 15 anos, os bens do casal ficaram sob os cuidados do homem, até a partilha. A ex-mulher ajuizou ação de prestação de contas para obter informações sobre os bens conjugais postos aos cuidados do ex-marido. A sentença julgou procedente o pedido de prestação de contas. O Tribunal de Justiça de São Paulo (TJSP) manteve o entendimento, explicando que o ex--marido ficou na condição de administrador, cuidando dos interesses comuns, com a obrigação de gerir os interesses de ambos até a partilha. Por isso, ele teria o 'dever de detalhar e esclarecer os rendimentos advindos das terras arrendadas, bem como prestar as respectivas informações quanto ao patrimônio comum'. No recurso ao STJ, o ex-marido alegou a inviabilidade do pedido de prestação de contas, porque isso "exige a administração de patrimônio alheio". No caso, disse a defesa, os bens são mantidos por ambas as partes, e cada cônjuge ostenta a condição de comunheiro, de modo que ele administra patrimônio comum do qual é titular simultaneamente com a ex-mulher. Em seu voto, o ministro Villas Bôas Cueva definiu que a prestação de contas serve como um mecanismo protetor dos interesses daquele cônjuge que não se encontra na administração ou posse dos bens comuns. O ministro esclareceu que, no casamento em comunhão universal, os cônjuges não estão obrigados ao dever de prestar contas dos seus negócios um ao outro, haja vista a indivisibilidade patrimonial. Entretanto, quando efetivamente separados — com a separação de corpos, que é o caso — e antes da formalização da partilha, quando os bens estiverem sob a administração de um deles, 'impõe-se reconhecer o dever de prestação de contas pelo gestor do patrimônio em comum'". Disponível em: <http://www.stj.jus.br/portal_stj/publicacao/engine.wsp?tmp.area=398&tmp.texto=105271>. Acesso em: 5 nov. 2012.

Capítulo XIV
Regime de Bens do Casamento: Comunhão Parcial de Bens

Sumário: 1. Introdução e supletividade. 2. Conceito. 3. Bens excluídos da comunhão. 3.1. Bens que cada cônjuge possuir ao casar, e os que lhe sobrevierem, na constância do casamento, por doação ou sucessão, e os sub-rogados em seu lugar. 3.2. Bens adquiridos com valores exclusivamente pertencentes a um dos cônjuges em sub-rogação dos bens particulares. 3.3. Obrigações anteriores ao casamento. 3.4. Obrigações provenientes de atos ilícitos, salvo reversão em proveito do casal. 3.5. Bens de uso pessoal, os livros e instrumentos de profissão. 3.6. Os proventos do trabalho pessoal de cada cônjuge. 3.7. Pensões, meios-soldos, montepios e outras rendas semelhantes. 3.8. Bens cuja aquisição tiver por título uma causa anterior ao casamento. 4. Bens incluídos na comunhão. 4.1. Bens adquiridos na constância do casamento por título oneroso, ainda que só em nome de um dos cônjuges. 4.2. Bens adquiridos por fato eventual, com ou sem o concurso de trabalho ou despesa anterior. 4.3. Bens adquiridos por doação, herança ou legado, em favor de ambos os cônjuges. 4.4. Benfeitorias em bens particulares de cada cônjuge. 4.5. Frutos dos bens comuns ou dos particulares de cada cônjuge, percebidos na constância do casamento, ou pendentes ao tempo de cessar a comunhão. 5. Administração do patrimônio no regime da comunhão parcial de bens.

1. INTRODUÇÃO E SUPLETIVIDADE

Começaremos o nosso estudo dos regimes de bens em espécie pela comunhão parcial, não por uma mera coincidência, mas, sim, pelo fato de ser o mais difundido — e, por isso mesmo, o socialmente mais importante — regime matrimonial em nosso país.

A esmagadora maioria dos casais, quando da celebração do matrimônio, não cuida de estabelecer, por meio de pacto, regime de bens especial.

Isso talvez por conta da (quase sempre) constrangedora situação de, em meio ao doce encantamento do noivado, terem de entabular conversa desagradável a respeito de divisão patrimonial. Tal diálogo culmina por afigurar-se acentuadamente desagradável, quase anacrônico, diante da expectativa de eternidade que sempre acompanha o projeto de vida dos noivos.

Ou, quem sabe, talvez não cuidem de estabelecer o referido pacto antenupcial, simplesmente, por não terem ainda patrimônio com o que se preocupar...

Enfim!

O fato é que, em geral, no Brasil, as pessoas não cuidam de fazer opção de regime, mediante contrato antenupcial, de maneira que incidirá o regime legal supletivo, previsto em lei, conforme já anunciamos no capítulo anterior[1].

---

[1] Confira-se o tópico 6 ("Regime Legal Supletivo") do Capítulo XIII ("Regime de Bens do Casamento: Noções Introdutórias Fundamentais") deste volume.

Até a entrada em vigor da conhecida Lei do Divórcio (Lei n. 6.515), em 1977, o regime supletivo era o de comunhão universal de bens.

É interessante observar, seguindo preleção de ANTUNES VARELA, que:

"Durante muitos séculos, porém, o regime supletivo foi o da comunhão geral de bens, à qual na legislação brasileira se dá o nome, ainda mais expressivo, de comunhão universal de bens. Foi esse o regime que, como tal, se estendeu a todo o país, a partir do reinado de D. Manuel I, depois de ter vigorado nas províncias do sul, desde os primeiros tempos da nacionalidade"[2].

E, em seguida, o autor anota que também no Direito português o regime universal fora substituído pelo parcial:

"Entre nós, foi o Código Civil de 1966 (art. 1.717.º), que substituiu a comunhão geral, como regime supletivo, pelo regime da comunhão de adquiridos".

E arremata, o culto jurista lusitano:

"Limitando assim o núcleo do patrimônio *comum* aos bens cuja aquisição assenta numa real *cooperação* dos cônjuges, a comunhão de *adquiridos* inspira-se em princípios mais *sãos* e mais realistas do que a comunhão *geral*, em face das concepções de justiça *comutativa* aceites no mundo contemporâneo"[3].

Nessa mesma linha, o nosso Direito, a partir da edição da Lei do Divórcio, consagrou como *regime subsidiário o da comunhão parcial de bens*, o que passou a constar no *caput* do art. 258 do Código Civil brasileiro de 1916[4], opção legislativa esta ainda presente no Código de 2002:

"Art. 1.640. Não havendo convenção, ou sendo ela nula ou ineficaz, vigorará, quanto aos bens entre os cônjuges, o regime da comunhão parcial".

E o parágrafo único destaca:

"Poderão os nubentes, no processo de habilitação, optar por qualquer dos regimes que este código regula. Quanto à forma, reduzir-se-á a termo a opção pela comunhão parcial, fazendo-se o pacto antenupcial por escritura pública, nas demais escolhas".

Assim, temos que a comunhão parcial, seja pela vontade expressa dos cônjuges, seja pela supletividade prevista em lei, acaba por se tornar o mais abrangente e disseminado regime de bens.

Não é estranho, por isso, que também para a união estável tal regime seja eleito como o supletivo[5].

---

[2] VARELA, Antunes, ob. cit., p. 450-1.

[3] Idem, p. 453.

[4] "Art. 258. Não havendo convenção, ou sendo nula, vigorará, quanto aos bens entre os cônjuges, o regime de comunhão parcial."

[5] "Art. 1.725. Na união estável, salvo contrato escrito entre os companheiros, aplica-se às relações patrimoniais, no que couber, o regime da comunhão parcial de bens". Sobre o tema, confira-se o Capítulo XIX ("União Estável") deste volume.

2. CONCEITO

Nesse diapasão, podemos definir o regime de comunhão parcial de bens como sendo aquele em que há, em regra, a comunicabilidade dos bens adquiridos a título oneroso na constância do matrimônio, por um ou ambos os cônjuges, preservando-se, assim, como patrimônio pessoal e exclusivo de cada um, os bens adquiridos por causa anterior ou recebidos a título gratuito a qualquer tempo.

Genericamente, é como se houvesse uma "separação do passado" e uma "comunhão do futuro" em face daquilo que o casal, por seu esforço conjunto, ajudou a amealhar.

Trata-se, pois, em nosso sentir, de um regime conveniente, justo e equilibrado.

A nossa definição proposta tem raiz no art. 1.658 do Código Civil de 2002:

"Art. 1.658. No regime de comunhão parcial, comunicam-se os bens que sobrevierem ao casal, na constância do casamento, com as exceções dos artigos seguintes".

Note-se que a comunicabilidade característica desse regime (a comunicabilidade dos bens aquestos) não é absoluta, sofrendo o temperamento dos arts. 1.659 a 1.662, CC/2002.

Para facilitar o seu entendimento, cuidaremos, então, de analisar detidamente, as regras que delimitam a comunicabilidade dos aquestos, ou seja, dos bens adquiridos no curso do casamento.

3. BENS EXCLUÍDOS DA COMUNHÃO

Nos termos dos arts. 1.659 e 1.661, CC/2002, *excluem-se da comunhão:*

"Art. 1.659. Excluem-se da comunhão:

I — os bens que cada cônjuge possuir ao casar, e os que lhe sobrevierem, na constância do casamento, por doação ou sucessão, e os sub-rogados em seu lugar;

II — os bens adquiridos com valores exclusivamente pertencentes a um dos cônjuges em sub-rogação dos bens particulares;

III — as obrigações anteriores ao casamento;

IV — as obrigações provenientes de atos ilícitos, salvo reversão em proveito do casal;

V — os bens de uso pessoal, os livros e instrumentos de profissão;

VI — os proventos do trabalho pessoal de cada cônjuge;

VII — as pensões, meios-soldos, montepios e outras rendas semelhantes.

(...)

Art. 1.661. São incomunicáveis os bens cuja aquisição tiver por título uma causa anterior ao casamento".

Compreendamos cada uma dessas hipóteses legais de exclusão.

3.1. Bens que cada cônjuge possuir ao casar, e os que lhe sobrevierem, na constância do casamento, por doação ou sucessão, e os sub-rogados em seu lugar

Resta claro, aqui, conforme dissemos antes, que a diretriz do regime estudado é *a comunicabilidade dos bens adquiridos a título oneroso, no curso do casamento, por um ou ambos os cônjuges* (por exemplo, o carro comprado pelo marido, na constância do casamento), excluindo-se, pois, o patrimônio que cada consorte possuía antes do matrimônio (a casa de praia comprada pela esposa, enquanto solteira), bem como os bens recebidos, a qualquer tempo, por doação ou herança (ou seja, bens adquiridos a título gratuito).

Nessa linha de intelecção, também serão excluídos da comunhão os bens sub-rogados (substituídos) no lugar daqueles que integrem patrimônio exclusivo.

Exemplifiquemos.

Antes de se casar, Marcos Bolivár era dono de um automóvel no valor de 20.000 reais (patrimônio pessoal ou exclusivo).

Muito bem.

Após se casar com Adri Frim, ele vende o carro e adquire outro, de mesmo valor.

Este outro bem, *adquirido em substituição ao primeiro (integrante do seu patrimônio próprio)*, não integrará futura meação.

Entretanto, caso venha a comprar outro carro no valor de 50.000 reais, claro está que, em face da diferença (30.000 reais), a sua esposa terá direito de meação, dada a presunção de esforço comum decorrente do próprio regime de comunhão parcial.

3.2. Bens adquiridos com valores exclusivamente pertencentes a um dos cônjuges em sub-rogação dos bens particulares

Essa regra tem íntima conexão com a anterior.

Quaisquer bens adquiridos com valores exclusivamente pertencentes a um dos cônjuges, em substituição a bens particulares, não integrarão meação.

Trata-se da hipótese típica de sub-rogação real, em que o bem onerosamente adquirido com o produto da alienação de bens particulares mantém tal qualidade (particular), permanecendo excluído da comunhão.

Assim, o imóvel comprado pelo marido, no curso do casamento, com saldo de uma poupança, anterior ao seu matrimônio, integrará seu exclusivo patrimônio.

Dessa forma, compreendendo os dois primeiros incisos como uma hipótese comum, a regra é bastante clara: se houve esforço comum para a aquisição do novo bem, haverá direito de meação; em caso negativo, será considerado bem pessoal e exclusivo do cônjuge respectivo.

JOSÉ FERNANDO SIMÃO, nesse particular, observa:

> "(...) Entretanto, deve-se mencionar uma interessante questão de prova da sub-rogação. Em se tratando de bens imóveis, da escritura pública de compra do bem deve constar a existência da sub-rogação, pois se isso não ocorrer haverá uma presunção de que o bem comum e no particular (retoma-se a regra do sistema). Não havendo a menção, cabe ao cônjuge prejudicado provar a sub-rogação para conseguir a exclusão do bem da comunhão. Ainda, se o bem adquirido for mais valioso que o antigo, ou seja, foi adquirido parcialmente com valor do bem particular, o excesso se comunicar. Assim, se um apartamento do marido que vale R$ 100.000,00 e bem particular for vendido e outro no valor de R$ 300.000,00 adquirido durante o casamento, a sub-rogação parcial, pois quanto ao excesso (R$ 200.000,00) haver a comunicação"[6].

---

[6] Leonardo Barreto Moreira Alves (coord.), *Código das Famílias Comentado*, Belo Horizonte: Del Rey, 2009, p. 386.

Pensamos que, em verdade, não é o caso de se sustentar uma sub-rogação parcial do bem.

O que existe, sim, é um direito proporcional de meação quanto à *diferença econômica* do bem, justificado, à luz do regime adotado, pelo esforço comum dos cônjuges durante o casamento.

3.3. Obrigações anteriores ao casamento

As dívidas que cada cônjuge possuía, antes do matrimônio, qualquer que seja a sua origem, não são comunicáveis.

A dívida do cheque especial, por exemplo, que o marido contraiu, enquanto solteiro, não deverá se comunicar à sua esposa.

A lógica também é muito simples: o patrimônio do devedor é a garantia comum dos seus credores.

Sendo a obrigação anterior ao casamento, assumida individualmente pelo cônjuge, é o patrimônio exclusivo deste cônjuge que responderá pela sua solvabilidade.

3.4. Obrigações provenientes de atos ilícitos, salvo reversão em proveito do casal

Obrigações decorrentes de atos ilícitos — não apenas criminais, mas também civis — não se comunicam, ressalvada a hipótese de a conduta antijurídica perpetrada haver resultado em benefício comum dos cônjuges.

Um exemplo esclarecerá a ressalva.

Imagine-se que o marido cometa grave fraude tributária com o objetivo de sonegar receita suficiente para comprar a casa de praia da família.

Nesse caso, mesmo tendo sido praticado exclusivamente por um dos cônjuges, como o resultado reverteu em proveito do casal, o patrimônio comum será responsabilizado.

Logicamente, deverá haver prova cabal do benefício estendido ao outro consorte.

3.5. Bens de uso pessoal, os livros e instrumentos de profissão

Esse dispositivo comporta uma interessante reflexão.

Que os bens de uso pessoal sejam incomunicáveis — tais como escovas de dentes, roupas, sapatos etc. — compreendemos perfeitamente e acreditamos não girar acesa controvérsia a respeito.

Por outro lado, a incomunicabilidade dos "livros e instrumentos de profissão" nem sempre resultará em solução justa.

Certamente, para nós, bacharéis em Direito, que cuidamos com tanto carinho da nossa biblioteca, iniciada quando ainda éramos estudantes, essa regra, na maioria das vezes, pode se afigurar extremamente justa.

Entretanto, imagine a situação da esposa que ajudou o seu marido, dentista recém-formado, a comprar todo o valioso maquinário odontológico, indispensável para o exercício da sua atividade profissional, e, posteriormente, dissolvido o matrimônio, não tenha reconhecido o direito de meação.

Tal pensamento, sem sombra de dúvidas, violará o princípio que veda o enriquecimento sem causa.

Em conclusão, pensamos que o presente dispositivo, ao excluir da meação "*bens de uso pessoal, os livros e instrumentos de profissão*" estabelece uma regra geral que, a depender das vicissitudes do caso concreto, pode — e deve — sofrer justa e recomendável mitigação.

Assim, demonstrado que tais bens foram adquiridos com o esforço comum do casal, a relevância econômica de seu resultado justifica a inclusão na comunhão e, consequentemente, na meação.

3.6. Os proventos do trabalho pessoal de cada cônjuge

Essa, certamente, é a regra que mais exigirá reflexão.

Está dito na lei civil que o direito que cada cônjuge tem à percepção do seu provento não integrará futura meação.

Por provento, entenda-se toda e qualquer retribuição devida por conta do trabalho pessoal do marido ou da mulher[7].

Não se incluem aqui as pensões previdenciárias, pois essas são contempladas no inciso seguinte.

Pois bem.

Ao estabelecer a incomunicabilidade dos proventos, o legislador firma a regra segundo a qual o direito que cada cônjuge tem ao seu salário[8] — ou à retribuição em geral — integra o seu patrimônio pessoal e exclusivo.

---

[7] Na expressão "proventos" devem ser compreendidas todas as modalidades retributivas do trabalho humano, não limitadas às decorrentes de uma relação de emprego (trabalho subordinado), inclusive prestações autônomas de trabalho como, por exemplo, honorários profissionais.

[8] "*Retribuição do trabalho* é a denominação abrangente de todos os pagamentos feitos ao empregado, pelo empregador ou por terceiro, cliente deste, em razão da relação de emprego.

Para o estudioso do Direito do Trabalho brasileiro, é importante dominar o conceito da *retribuição do trabalho* porque, se na doutrina e legislação estrangeiras, as palavras *remuneração* e *salário* têm sentido sinônimo, o mesmo não acontece em nossa legislação consolidada.

Com efeito, o art. 457 da CLT considera *estar o salário compreendido na remuneração*, o que separa, decididamente, as duas noções e, além disso, impõe admitir que o trabalho pode ser *retribuído* (ou seja, pago) apenas com salário ou com remuneração mais salário. Mais ainda, acumulando-se as duas espécies de *retribuição*, é preciso ter-se em conta a diversidade da natureza jurídica entre elas e a circunstância de não se refletirem *necessariamente* em conjunto sobre outras atribuições exigíveis em função do contrato individual de emprego. Assim, o *adicional de transferência* e o pagamento *substitutivo do aviso prévio* são calculados *sobre o salário*, ainda que o empregado receba, também, remuneração, ao passo que os *adicionais por horas extraordinárias* e *por trabalho noturno* são calculados *sobre a remuneração*, quando esta abarcar o salário.

Finalmente, o significado generalizador de *retribuição* alcança os chamados *adicionais legais*. Todos eles, embora definidos na Constituição Federal e na CLT como *remuneração superior à ajustada*, caracterizam-se, em verdade, como *remuneração acrescida de indenização adicional*. A retribuição do trabalho extraordinário, por exemplo, compreende a adição de uma parcela de *remuneração* do trabalho prestado além da jornada ordinária, a que *se adiciona* um percentual do seu próprio valor, a título de *indenização* pelo dano que o maior esforço físico impõe ao organismo do empregado.

Por tudo isso, repita-se, é necessário deixar bem claro na mente o conceito de *retribuição*, como referência genérica de contraprestações à energia posta à disposição ou ao serviço efetivamente prestado pelo empregado, de naturezas diversas, porém cumuláveis durante a execução do contrato individual de emprego.

Nessa linha de intelecção, dissolvido o casamento, por exemplo, o direito que o marido tem de perceber, mês a mês, o salário pago pelo seu empregador não integrará o acordo de partilha.

Trata-se de direito pessoal e exclusivo.

E note-se que o eventual pagamento de pensão alimentícia, incidente no salário, ampara-se em outras bases, nada tendo a ver com exercício de direito de meação.

Direito ao salário, portanto, ou a qualquer outra retribuição, não integra divisão de bens.

Advertimos, todavia, que os bens comprados com esses valores, por seu turno, são partilháveis, por conta da regra geral, já analisada acima, que determina, na comunhão parcial, a divisão dos bens adquiridos onerosamente por um ou ambos os cônjuges: *o salário que recebo da empresa em que trabalho é meu; todavia, o carro que eu compro com ele, no curso do casamento, pertencerá, por metade, à minha esposa.*

É assim que opera o regime de comunhão parcial de bens.

E, caso o valor do salário (ou da retribuição) seja aplicado em poupança, previdência privada, ações ou outro fundo de investimento, os rendimentos ou dividendos a partir daí gerados são, consequentemente, comunicáveis.

Importante ponto da matéria, todavia, merece ser destacado.

A despeito de a regra ser clara quanto à incomunicabilidade dos proventos pessoais de cada cônjuge, existe entendimento no Superior Tribunal de Justiça, de matiz nitidamente *contra legem*, no sentido de admitir — tanto na comunhão parcial como na universal — a divisão de *crédito trabalhista*.

Na letra fria da lei, tal julgado, como vimos, não encontraria respaldo.

Todavia, partindo de uma concepção ampla do conceito de patrimônio comum, o ilustre ministro relator RUI ROSADO DE AGUIAR entendeu, ao julgar o REsp 421.801/RS que "para a maioria dos casais brasileiros, os bens se resumem à renda mensal familiar. Se tais rendas forem tiradas da comunhão, esse regime praticamente desaparece".

Trata-se de um entendimento polêmico, reafirmado em mais de uma oportunidade pelo egrégio Tribunal:

> "Verba decorrente de reclamação trabalhista. Integração na comunhão. Regime da comunhão parcial. Disciplina do Código Civil anterior. 1. Já decidiu a Segunda Seção que 'integra a comunhão a indenização trabalhista correspondente a direitos adquiridos durante o tempo de casamento sob o regime da comunhão universal' (EREsp 421.801/RS, rel. para acórdão o Min. Cesar Asfor Rocha, *DJ* 17-12-2004).
>
> Não há motivo para excepcionar o regime da comunhão parcial considerando o disposto no art. 271 do Código Civil anterior. 2. Recurso especial conhecido e provido (REsp 810.708/RS, rel. Min. Carlos Alberto Menezes Direito, julgado em 15-3-2007, *DJ* 2-4-2007, 3.ª Turma, p. 268)".

Assinale-se, ademais, que na literatura estrangeira encontra-se o termo *retribuição*, usado a título de simples sinonímia para *remuneração* ou *salário* (p. ex., Barassi, "Tratado de Derecho del Trabajo"), portanto, sem a função *distintiva* de gênero para espécies de pagamento, como ocorre no direito brasileiro, em face da estrutura dispositiva de sua legislação" (José Augusto Rodrigues Pinto e Rodolfo Pamplona Filho, *Repertório de Conceitos Trabalhistas*, São Paulo: LTr, 2000, p. 455-6).

"Direito civil e família. Recurso especial. Ação de divórcio. Partilha dos direitos trabalhistas. Regime de comunhão parcial de bens. Possibilidade. Ao cônjuge casado pelo regime de comunhão parcial de bens é devida a meação das verbas trabalhistas pleiteadas judicialmente durante a constância do casamento. As verbas indenizatórias decorrentes da rescisão de contrato de trabalho só devem ser excluídas da comunhão quando o direito trabalhista tenha nascido ou tenha sido pleiteado após a separação do casal. Recurso especial conhecido e provido" (REsp 646.529/SP, rel. Min. Nancy Andrighi, julgado em 21-6-2005, DJ 22-8-2005, 3.ª Turma, p. 266).

No que tange ao FGTS, em se mantendo a linha esposada pelo STJ, a sua comunicabilidade passa a ser, por consequência, juridicamente possível. Nessa linha, para a própria união estável, não faz muito tempo, já houve esse reconhecimento no Superior Tribunal de Justiça, o que reforça a tese de sua aplicação ao casamento:

"Direito civil. Família. Ação de reconhecimento e dissolução de união estável. Partilha de bens. Valores sacados do FGTS. — A presunção de condomínio sobre o patrimônio adquirido por um ou por ambos os companheiros a título oneroso durante a união estável, disposta no art. 5.º da Lei n. 9.278/96 cessa em duas hipóteses: (i) se houver estipulação contrária em contrato escrito (*caput*, parte final); (ii) se a aquisição ocorrer com o produto de bens adquiridos anteriormente ao início da união estável (§ 1.º). A conta vinculada mantida para depósitos mensais do FGTS pelo empregador, constitui um crédito de evolução contínua, que se prolonga no tempo, isto é, ao longo da vida laboral do empregado o fato gerador da referida verba se protrai, não se evidenciando a sua disponibilidade a qualquer momento, mas tão somente nas hipóteses em que a lei permitir. As verbas de natureza trabalhista nascidas e pleiteadas na constância da união estável comunicam-se entre os companheiros. Considerando-se que o direito ao depósito mensal do FGTS, na hipótese sob julgamento, teve seu nascedouro em momento anterior à constância da união estável, e que foi sacado durante a convivência por decorrência legal (aposentadoria) e não por mero pleito do recorrido, é de se concluir que apenas o período compreendido entre os anos de 1993 a 1996 é que deve ser contado para fins de partilha. Recurso especial conhecido e provido em parte" (REsp 758.548/MG, rel. Min. Nancy Andrighi, julgado em 3-10-2006, DJ 13-11-2006, 3.ª Turma, p. 257).

Em que pese a ausência de respaldo legal, uma compreensão mais ampla da expressão "patrimônio comum" realmente permitiria tal ilação.

3.7. Pensões, meios-soldos, montepios e outras rendas semelhantes

Esse dispositivo abrange pensões de natureza previdenciária e verbas recebidas por militares.

Tais valores são também incomunicáveis, aplicando-se-lhes, *mutatis mutandis*, aquilo que dissemos ao analisarmos a regra anterior.

Tendo a mesma *ratio*, devem ser entendidas como incomunicáveis todas e quaisquer percepções pecuniárias decorrentes de entidades de previdência pública ou privada, aberta ou fechada, bem como qualquer outra renda com finalidade assemelhada.

Por isso, a expressão pensão é bem ilustrativa.

Meios-soldos são rendimentos percebidos por integrantes das Forças Armadas, consistentes, literalmente, na metade do soldo paga pelo Estado a militar reformado, na forma do revogado Decreto-lei n. 9.698/46 (art. 108).

Já a expressão "montepio" designa renda paga a herdeiros de funcionário falecido, em atividade ou não, constituindo-se também em verba de cunho assistencial ou previdenciário, devida em função de recolhimentos a entidade de previdência fechada.

Da mesma forma que a exceção anterior, somente o direito à percepção da verba é que não se comunica, pois, incorporados os valores recebidos ao patrimônio, obviamente devem eles fazer parte da comunhão, não havendo como se falar em reserva pessoal de valores recebidos a tal título.

3.8. Bens cuja aquisição tiver por título uma causa anterior ao casamento

Seguindo ainda a vereda de análise dos bens que não integram a comunhão parcial, o já transcrito art. 1.661 reafirma a diretriz do regime, ao excluir da comunhão "os bens cuja aquisição tiver por título uma causa anterior ao casamento".

A título ilustrativo, trazemos à baila uma situação frequente em nossa sociedade e que encontra, neste dispositivo, a sua solução.

Suponha-se que João Regino, solteiro, com o seu esforço pessoal, amealhe rendimento suficiente e quite todas as parcelas do seu apartamento, honrando a obrigação assumida com a construtora, consubstanciada no contrato de promessa de compra e venda que houvera firmado. Muito bem. Antes da lavratura da escritura definitiva, oportunidade em que a propriedade seria finalmente consolidada em favor do adquirente, Regino apaixona-se por Edileuza e se casa. Já casado, é lavrada a esperada escritura. Infelizmente, um golpe do destino faz com que Regino e Edileuza se divorciem, no bojo de um processo emocionalmente tormentoso. Nesse contexto, um dos pleitos da esposa é, justamente, a divisão do apartamento, sob o argumento de haver se casado em regime de comunhão parcial e, ainda, pelo fato de a propriedade do imóvel somente haver sido efetivamente adquirida por Regino quando ele já se encontrava casado: *afinal, bens adquiridos onerosamente por um ou ambos os cônjuges, entrariam na meação...*

Ora, diante do que expusemos ao longo deste capítulo e, com amparo no referido art. 1.661, fica claro que os argumentos da esposa não procedem.

São incomunicáveis os bens cuja aquisição tiver por título uma causa anterior ao casamento a qual, no caso, é o próprio contrato preliminar de compra e venda (promessa), não militando, nessa quadra, em favor do outro cônjuge, a presunção de esforço comum.

Claro está, todavia, que, se parcelas do contrato forem adimplidas ao longo do casamento, o outro consorte, nesse caso, dada a presunção de esforço comum, terá, sim, direito proporcional à metade do valor adimplido na constância da sociedade conjugal, como decorrência lógica da aplicação das regras gerais do regime.

Nesse sentido, já decidiu o STJ:

> "Divórcio. Partilha de imóvel adquirido pelo varão antes do casamento pelo Sistema Financeiro da Habitação. Prestações concernentes ao financiamento solvidas com o esforço comum do casal. Adequada solução encontrada pelo acórdão recorrido: a mulher fica com o direito à metade das prestações pagas na constância da união, mais as benfeitorias realizadas.
>
> — Reconhecido pelo V. Acórdão que a aquisição do imóvel se dera com a contribuição, direta ou indireta, de ambos os cônjuges, justo e razoável que a mulher fique com o direito à metade dos valores pagos na constância da sociedade conjugal, acrescido das benfeitorias realizadas nesse período, respeitado o direito de propriedade do varão.

— Pretensão do recorrente de modificar a base fática da lide, ao sustentar que a unidade habitacional tivera sido comprada com recursos exclusivamente seus. Incidência do verbete sumular n. 07-STJ.

— Inocorrência de contrariedade à lei federal e não demonstração do dissídio pretoriano. Recurso especial não conhecido" (REsp 108.140/BA, rel. Min. Barros Monteiro, julgado em 8-2-2000, DJ 2-5-2000, 4.ª Turma, p. 142).

Parece-nos, sem dúvida, a melhor diretriz a disciplinar a matéria.

4. BENS INCLUÍDOS NA COMUNHÃO

Da mesma forma que no tópico anterior, o legislador considerou razoável, dada a abrangência e importância do tema, explicitar a natureza dos bens que necessariamente devem ser considerados parte da comunhão.

Posto isso, esclarece o art. 1.660, CC/2002 que *entram na comunhão os seguintes bens*.

"Art. 1.660. Entram na comunhão:
I — os bens adquiridos na constância do casamento por título oneroso, ainda que só em nome de um dos cônjuges;
II — os bens adquiridos por fato eventual, com ou sem o concurso de trabalho ou despesa anterior;
III — os bens adquiridos por doação, herança ou legado, em favor de ambos os cônjuges;
IV — as benfeitorias em bens particulares de cada cônjuge;
V — os frutos dos bens comuns, ou dos particulares de cada cônjuge, percebidos na constância do casamento, ou pendentes ao tempo de cessar a comunhão".

Passemos a analisá-los separadamente.

4.1. Bens adquiridos na constância do casamento por título oneroso, ainda que só em nome de um dos cônjuges

Essa é a regra básica do regime de comunhão parcial de bens, a qual já trabalhamos ao longo de todo o capítulo.

Todo e qualquer bem, efetivamente adquirido na constância do casamento, na modalidade onerosa, mesmo que somente por um dos cônjuges, passará a fazer parte da comunhão.

Assim, se Asdrubal, casado em comunhão parcial com Martinha, adquire um imóvel, *na vigência do matrimônio*, somente com seu salário ou subsídio, este bem fará parte da comunhão.

Trata-se, assim, da diretriz geral da comunhão parcial: *a comunicabilidade dos bens adquiridos, onerosamente, por um ou ambos os cônjuges, no curso do casamento*.

4.2. Bens adquiridos por fato eventual, com ou sem o concurso de trabalho ou despesa anterior

A noção de "fato eventual" guarda uma acentuada carga de extraordinariedade, caracterizando situações inesperadas de ganho, como se dá nas premiações de loterias, concursos ou apostas.

O valor percebido por conta de um bilhete de Mega-Sena, por exemplo, integrará futura meação.

Não deve ser confundida tal situação, entretanto, com as aquisições a título gratuito, por doação, herança ou legado, que, como vimos, integram patrimônio pessoal do donatário ou do sucessor, sendo, portanto, incomunicáveis.

4.3. Bens adquiridos por doação, herança ou legado, em favor de ambos os cônjuges

Esse dispositivo dispensa maiores comentários.

A doação, a herança ou o legado recebido *por apenas um dos cônjuges*, como vimos, integram patrimônio pessoal e exclusivo.

Todavia, obviamente, *se o benefício tocar a ambos*, integrará o patrimônio comum, passível de futura divisão.

4.4. Benfeitorias em bens particulares de cada cônjuge

Para o adequado entendimento deste tópico, precisamos passar em revista o conceito de benfeitoria.

Pode-se definir a benfeitoria como sendo *a obra realizada pelo homem, na estrutura da coisa principal, com o propósito de conservá-la, melhorá-la ou embelezá-la*.

Considera-se *necessária* a benfeitoria realizada para evitar um estrago iminente ou a deterioração da coisa principal (ex.: reparos realizados em uma viga). *Úteis*, aquelas empreendidas com o escopo de facilitar a utilização da coisa (ex.: a abertura de uma nova entrada que servirá de garagem para a casa). E, finalmente, *voluptuárias*, quando empreendidas para mero deleite ou prazer, sem aumento da utilidade da coisa (a decoração de um jardim) (art. 96, CC/2002).

Note-se que *toda benfeitoria é artificial*, decorrendo de uma atividade humana, razão por que não se confunde com os acessórios naturais do solo (art. 97, CC/2002).

A identificação da natureza da benfeitoria não é fácil, em função da circunstância de que os bens não têm uma única utilidade intrínseca e absoluta. Uma piscina, por exemplo, pode ser uma benfeitoria voluptuária (em uma mansão), útil (em uma escola) ou necessária (em uma escola de hidroginástica).

Não se identificam ainda com as *acessões industriais ou artificiais (construções e plantações)* que têm disciplina própria (arts. 1.253 a 1.259, CC/2002), e constituem *modos de aquisição da propriedade imóvel*.

A acessão traduz *união física com aumento de volume* e, diferentemente das benfeitorias, podem também ser naturais (aluvião, avulsão, formação de ilhas, álveo abandonado).

Apontando a diagnose diferencial entre ambos os institutos, precisa é a preleção de CARLOS ROBERTO GONÇALVES:

"Benfeitorias não se confundem com acessões industriais, previstas nos arts. 1.253 a 1.259 do Código Civil e que se constituem em construções e plantações. Benfeitorias são obras ou despesas feitas em bem já existente. As acessões industriais são obras que criam coisas novas, como a edificação de uma casa, e têm regime jurídico diverso, sendo um dos modos de aquisição da propriedade imóvel"[9].

Se a estrutura da casa é aproveitada para abrir uma garagem, realizar-se-á uma *benfeitoria*. Todavia, se um galpão contíguo é construído para servir de garagem, realiza-se uma acessão artificial. Nesse último caso, houve considerável *aumento de volume da coisa principal*[10].

Muito bem.

Quando o dispositivo refere a comunicabilidade das *benfeitorias feitas em bens particulares de apenas um dos cônjuges*, está, em verdade, cuidando de evitar o enriquecimento sem causa.

Imagine-se, por exemplo, que a esposa de João Regino haja auxiliado (direta ou indiretamente) na realização de uma reforma (benfeitoria) no imóvel de sua exclusiva propriedade.

Nada mais justo que seja reconhecido, pois, o seu direito de meação quanto ao valor econômico agregado da obra.

Afinal, se assim não o for, terá havido nítido locupletamento ilícito.

Anote-se, por fim, que o brasileiríssimo costume de "bater uma laje"[11] para levantar mais um andar na casa, posto, tecnicamente, melhor se subsuma ao conceito jurídico de *acessão*, reclama solução idêntica, pois, relembrando o velho aforismo romano, *onde há a mesma razão, deve haver o mesmo direito*.

4.5. Frutos dos bens comuns ou dos particulares de cada cônjuge, percebidos na constância do casamento, ou pendentes ao tempo de cessar a comunhão

É também recomendável repassarmos o conceito jurídico de *fruto* para o adequando entendimento da norma.

Espécies de bens acessórios, os frutos podem ser definidos *como utilidades que a coisa principal periodicamente produz, cuja percepção não diminui a sua substância* (Ex.: a soja, a maçã, o bezerro, os juros, o aluguel).

Se a percepção da utilidade causar a destruição total ou parcial da coisa principal, não há que se falar, tecnicamente, em frutos.

A matéria é da mais alta significação, uma vez que, no campo dos Direitos Reais, por exemplo, o possuidor de boa-fé tem direito aos frutos colhidos e percebidos, devendo restituir os pendentes, ao tempo em que cessar a boa-fé.

---

[9] Carlos Roberto Gonçalves, *Direito Civil Brasileiro — Parte Geral*, 18. ed., São Paulo: Saraiva, 2020, v. 1, p. 336.

[10] O tema "*acessão*", já trabalhado no Capítulo VIII ("Bens Jurídicos") do v. I ("Parte Geral") desta coleção, voltará a ser analisado no v. V, inteiramente dedicado aos "Direitos Reais", ao qual remetemos o leitor, para aprofundar o estudo do tema.

[11] Vale destacar que a MP 759, de 22 de dezembro de 2016, consagrou o direito real de laje, que passou a ser regulamentado pela Lei n. 13.465, de 11/07/2017. Para maiores detalhes sobre o tema, confira-se o volume V da nossa coleção, inteiramente dedicado ao estudo dos "Direitos Reais".

Nesse contexto, a doutrina classifica os frutos quanto à sua natureza, da seguinte forma:

a) naturais — são gerados pelo bem principal sem necessidade da intervenção humana direta. Decorrem do desenvolvimento orgânico vegetal (laranja, soja) ou animal (crias de um rebanho);

b) industriais — são decorrentes da atividade industrial humana (bens manufaturados);

c) civis — são utilidades que a coisa frugífera periodicamente produz, viabilizando a percepção de uma renda (juros, aluguel). Os rendimentos são também, na essência, frutos civis.

Já quanto à ligação com a coisa principal, temos:

a) colhidos ou percebidos — são os frutos já destacados da coisa principal, mas ainda existentes;

b) pendentes — são aqueles que ainda se encontram ligados à coisa principal, não tendo sido, portanto, destacados;

c) percipiendos — são aqueles que deveriam ter sido colhidos mas não o foram;

d) estantes — são os frutos já destacados, que se encontram estocados e armazenados para a venda;

e) consumidos: que não mais existem.

Posto isso, ao estabelecer, o dispositivo sob comento, *a comunicabilidade dos frutos dos bens comuns, ou dos particulares de cada cônjuge, percebidos na constância do casamento, ou pendentes ao tempo de cessar a comunhão*, restou por autorizar a divisão das utilidades e valores gerados pelo patrimônio exclusivo de cada consorte, a exemplo do aluguel decorrente da locação do imóvel exclusivo do marido.

Outras tantas situações, com fulcro nessa norma, poderiam ser aventadas, afigurando-se impossível a tarefa de esgotá-las.

Finalmente, vale anotar que, a teor do art. 1.662, CC/2002, no regime da comunhão parcial, presumem-se adquiridos na constância do casamento os bens móveis, quando não se provar que o foram em data anterior.

O ônus da prova, nesse caso, é do cônjuge que pretender o reconhecimento judicial da exclusividade do seu direito sobre o bem.

5. ADMINISTRAÇÃO DO PATRIMÔNIO NO REGIME DA COMUNHÃO PARCIAL DE BENS

A administração do patrimônio comum compete a qualquer dos cônjuges (art. 1.663, CC/2002), por incidência do princípio da isonomia, o que já fulminava as retrógradas regras anteriores do Código Civil brasileiro de 1916[12].

---

[12] CC/1916: "Art. 274. A administração dos bens do casal compete ao marido, e as dívidas por este contraídas obrigam, não só os bens comuns, senão ainda, em falta destes, os particulares de um e outro cônjuge, na razão do proveito que cada qual houver lucrado.

Art. 275. É aplicável a disposição do artigo antecedente às dívidas contraídas pela mulher, no caso em que os seus atos são autorizados pelo marido, se presumem sê-lo, ou escusam autorização (arts. 242 a 244, 247, 248 e 233, IV)".

As dívidas contraídas no exercício da administração obrigam os bens comuns e particulares do cônjuge que os administra, e os do outro na razão do proveito que houver auferido (§ 1.º).

Frise-se, ainda, que a anuência de ambos os cônjuges é necessária para os atos, a título gratuito, que impliquem cessão do uso ou gozo dos bens comuns (§ 2.º).

Em caso de malversação dos bens, o juiz poderá atribuir a administração a apenas um dos cônjuges (§ 3.º), em decisão fundamentada, garantindo-se o contraditório, em respeito ao devido processo civil constitucional.

À luz do art. 1.664, CC/2002 (sem correspondência na codificação anterior), de fácil intelecção, os bens da comunhão respondem pelas obrigações contraídas pelo marido ou pela mulher para atender aos encargos da família, às despesas de administração e às decorrentes de imposição legal.

Temos ainda que, nos termos do art. 1.665, CC/2002 (também sem correspondência na codificação anterior), por incidência do princípio da autonomia privada, a administração e a disposição dos bens constitutivos do patrimônio particular competem ao cônjuge proprietário, salvo convenção diversa em pacto antenupcial. Na ausência de estipulação expressa na convenção, a administração do bem tocará apenas ao seu titular.

Dispõe, ainda, o art. 1.666, CC/2002, que as dívidas, contraídas por qualquer dos cônjuges na administração de seus bens particulares e em benefício destes, não obrigam os bens comuns, o que aperfeiçoa o sistema anterior, calcado no vetusto e machista art. 274, CC/1916.

Por fim, vale registrar que a separação de fato extinguiria a comunhão, ou seja, a comunicação de bens, por conta da falência da afetividade. É a costumeira hipótese do "casamento somente no papel"[13].

---

[13] Sobre o tema, confira-se também o subtópico 6 ("A dissolução da sociedade conjugal e o regime de participação final nos aquestos") do Capítulo XVII ("Regime de bens do casamento: participação final nos aquestos") deste volume.

Capítulo XV
Regime de Bens do Casamento: Comunhão Universal de Bens

Sumário: 1. Introdução. 2. Conceito. 3. Bens excluídos da comunhão. 3.1. Bens doados ou herdados com a cláusula de incomunicabilidade (e os sub-rogados em seu lugar). 3.2. Bens gravados de fideicomisso e o direito do herdeiro fideicomissário, antes de realizada a condição suspensiva. 3.3. Dívidas anteriores ao casamento, salvo se provierem de despesas com seus aprestos, ou reverterem em proveito comum. 3.4. Doações antenupciais feitas por um dos cônjuges ao outro com a cláusula de incomunicabilidade. 3.5. Bens referidos nos incisos V a VII do art. 1.659 (exclusão da comunhão parcial). 3.6. Outras hipóteses não codificadas. 4. Tratamento jurídico da administração dos bens. 5. Extinção da comunhão.

1. INTRODUÇÃO

Lembra-nos CLÓVIS BEVILÁQUA, em sua clássica obra *Direito de Família*, que:

"... as Ordenações Manuelinas determinaram que a comunhão fosse o regime legal, sempre que as partes não estipulassem outra coisa; a mesma doutrina reproduziram as Filipinas..."

E, em seguida, o célebre jurista observava que de Portugal o regime teria sido passado para nós, brasileiros, como o regime decisivamente preferido a qualquer outro[1].

Na mesma linha, tecendo elogios ao regime, o ilustrado jurista brasileiro do século XIX, LAFAYETTE RODRIGUES PEREIRA escreveu:

"Produto o mais notável do direito costumeiro de Portugal, a comunhão universal de bens constitui um tipo original, de que não há exemplo nas legislações de outros povos, à exceção da Holanda, onde prevalece um regime semelhante, postas de parte diferenças acidentais"[2].

Interessante notar, ainda a título introdutório, que o Código Civil de Portugal não o adota mais como regime legal (supletivo), exigindo-se, pois, a sua estipulação:

"Art. 1.732.º Se o regime adoptado pelos cônjuges for o da comunhão geral, o patrimônio comum é constituído por todos os bens presentes e futuros dos cônjuges, que não sejam exceptuados por lei".

Confirmando esse entendimento, JORGE PINHEIRO, Professor da Faculdade de Direito da Universidade de Lisboa, por seu turno, anota:

"No direito português, ao abrigo do disposto no art. 1.717.º, o regime supletivo é o da comunhão de adquiridos. Assinale-se, porém, que, para os casamentos celebrados até 31

---

[1] Clóvis Beviláqua, ob. cit., p. 193.
[2] Lafayette Rodrigues Pereira, *Direitos de Família* (obra atualizada por Ricardo Rodrigues Gama), Campinas: Bookseller, 2003, p. 146.

de maio de 1967, o regime supletivo é o da comunhão geral (art. 15.º do DL n. 47.344, de 25 de novembro de 1966, que aprovou o Código Civil)"[3].

No Brasil, em linha semelhante, até a entrada em vigor da famosa Lei do Divórcio (Lei n. 6.515/77), o regime geral era precisamente o da comunhão universal, havendo, o legislador, modificado o *caput* do art. 258 do Código de 1916, substituindo-o pelo da comunhão parcial[4].

E, como vimos no capítulo anterior, mesmo após a vigência do Código de 2002, permaneceu a comunhão parcial como o regime legal supletivo.

2. CONCEITO

O regime de comunhão universal de bens tende à unicidade patrimonial.

Vale dizer, o seu princípio básico determina, salvo as exceções legais, uma fusão do patrimônio anterior dos cônjuges e, bem assim, a comunicabilidade dos bens havidos a título gratuito ou oneroso, no curso do casamento, incluindo-se as obrigações assumidas:

"Art. 1.667. O regime de comunhão universal importa a comunicação de todos os bens presentes e futuros dos cônjuges e suas dívidas passivas, com as exceções do artigo seguinte.

Entretanto, conforme veremos, essa comunicabilidade não é absoluta.

3. BENS EXCLUÍDOS DA COMUNHÃO

Com efeito, há determinados bens que a própria lei estabelece devam ser considerados *excluídos da comunhão*[5].

---

[3] Jorge Duarte Pinheiro, *O Direito da Família Contemporâneo*, Lisboa: AAFDL, 2008, p. 502.

[4] A redação do art. 258 do Código Civil brasileiro de 1916 ficou, portanto, a seguinte:
"Art. 258. Não havendo convenção, ou sendo nula, vigorará, quanto aos bens entre os cônjuges, o regime de comunhão parcial.
Parágrafo único. É, porém, obrigatório o da separação de bens do casamento:
I — das pessoas que o celebrarem com infração do estatuído no art. 183, XI a XVI (art. 216);
II — do maior de 60 (sessenta) e da maior de 50 (cinquenta) anos;
III — do órfão de pai e mãe, ou do menor, nos termos dos arts. 394 e 395, embora case, no termos do art. 183, XI, com o consentimento do tutor;
IV — de todos os que dependerem, para casar, de autorização judicial (arts. 183, XI, 384, III, 426, I, e 453)."

[5] O STJ, por sua Terceira Turma, considerou prescrita a pretensão de partilha de bens entre pessoas separadas de fato há mais de 30 anos: "A 3ª turma do STJ considerou prescrito um pedido de partilha de bens entre ex-cônjuges que se separaram de fato há mais de 30 anos. O colegiado ressaltou que, embora não haja previsão legal específica, a separação de fato ocorrida há mais de um ano também é causa de dissolução da sociedade conjugal e, por isso, permite a fluência do prazo prescricional para o pedido de partilha de bens dos ex-cônjuges. A autora afirmou que foi casada com um homem sob o regime da comunhão universal de bens e que os dois estavam separados de fato havia mais de 30 anos, sem nenhuma possibilidade de reconciliação. Segundo a autora da ação, quando discutida a separação, foram divididos alguns bens comuns, porém restava uma propriedade a ser partilhada" (Fonte: Migalhas, disponível em: <https://www.migalhas.com.br/Quentes/17,MI314952,71043-STJ+Casal+separado+ha+mais+de+30+anos+tem+prescrito+pedido+de>. Acesso em: 17 nov. 2019).

O art. 1.668 do Código Civil brasileiro aponta tais bens, nos seguintes termos:

"Art. 1.668. São excluídos da comunhão:

I — os bens doados ou herdados com a cláusula de incomunicabilidade e os sub-rogados em seu lugar;

II — os bens gravados de fideicomisso e o direito do herdeiro fideicomissário, antes de realizada a condição suspensiva;

III — as dívidas anteriores ao casamento, salvo se provierem de despesas com seus aprestos, ou reverterem em proveito comum;

IV — as doações antenupciais feitas por um dos cônjuges ao outro com a cláusula de incomunicabilidade;

V — Os bens referidos nos incisos V a VII do art. 1.659".

Vejamos, separadamente, cada uma destas situações.

3.1. Bens doados ou herdados com a cláusula de incomunicabilidade (e os sub-rogados em seu lugar)

Trata-se de uma situação excepcional que deve ser compreendida com bastante atenção.

Com efeito, bens recebidos a título gratuito (por herança ou doação), como também os sub-rogados (substituídos) em seu lugar, em regra geral, comunicam-se na constância do regime da comunhão universal de bens.

Assim, a título de exemplo, se eu for casado sob a égide desse regramento, caso a minha esposa receba uma doação ou a herança do seu pai, operar-se-á a comunicabilidade do bem recebido, de maneira que, em futura partilha, terei indiscutível direito à meação.

Todavia, *se o patrimônio transferido houver sido gravado com cláusula de incomunicabilidade*, a transmissibilidade não ocorre, permanecendo o bem sob a exclusiva titularidade do cônjuge beneficiado.

Vale salientar, nesse contexto, o que dispõe o enunciado da antiga súmula 49 do STF: "a cláusula de inalienabilidade inclui a incomunicabilidade dos bens".

Finalmente, lembremo-nos da advertência feita por SÍLVIO VENOSA:

"dúvida não há, todavia, de que a incomunicabilidade é cláusula que pode ser imposta isoladamente. Os bens que eventualmente substituírem os incomunicáveis por meio da sub-rogação também não se comunicam"[6].

Assim, em síntese, tanto na transmissão com cláusula de inalienabilidade, quanto na utilização isolada da cláusula de incomunicabilidade, os bens estarão excluídos da comunhão.

3.2. Bens gravados de fideicomisso e o direito do herdeiro fideicomissário, antes de realizada a condição suspensiva

Embora o tema "fideicomisso" seja objeto de outro volume desta obra[7], é preciso trazer aqui algumas noções conceituais para compreender essa hipótese legal de exclusão da comunhão.

---

[6] Sílvio de Salvo Venosa, ob. cit., p. 356.

[7] Trataremos do fideicomisso em nosso volume dedicado ao "Direito das Sucessões".

O fideicomisso, escreve CAIO MÁRIO DA SILVA PEREIRA, "consiste na instituição de herdeiro ou legatário, com o encargo de transmitir os bens a uma outra pessoa a certo tempo, por morte, ou sob condição preestabelecida"[8].

A pessoa que institui o fideicomisso é conhecida como *fiduciante;* aquela a quem se impõe a futura transferência da coisa denomina-se *fiduciário;* e, finalmente, a pessoa destinada a potencialmente receber a herança ou o legado se qualifica como *fideicomissário*[9].

Nessa linha, temos que, no regime de comunhão universal, o bem gravado com o fideicomisso, em poder do cônjuge/fiduciário enquanto não implementada a condição, não se comunica ao outro consorte.

Como bem observam CRISTIANO CHAVES e NELSON ROSENVALD, "a hipótese é de pouquíssima utilidade prática, até porque o art. 1.952 do mesmo Código, restringiu, sensivelmente, o uso do fideicomisso"[10].

De fato, estabelece o art. 1.952 do Código Civil de 2002, sem equivalente na codificação anterior:

"Art. 1.952. A substituição fideicomissária somente se permite em favor dos não concebidos ao tempo da morte do testador.

Parágrafo único. Se, ao tempo da morte do testador, já houver nascido o fideicomissário, adquirirá este a propriedade dos bens fideicometidos, convertendo-se em usufruto o direito do fiduciário".

Assim, com a limitação subjetiva da figura do fiduciário, o instituto tende a se enfraquecer, pela inanição do pouco uso pragmático.

3.3. Dívidas anteriores ao casamento, salvo se provierem de despesas com seus aprestos, ou reverterem em proveito comum

Também são excluídas da comunhão as obrigações anteriores de cada um dos cônjuges.

Ressalva-se, porém, a hipótese de tais compromissos haverem sido contraídos em face dos preparativos e das próprias despesas do casamento (a exemplo da dívida assumida pelo marido para o serviço de *buffet* e filmagem da festa) ou se reverterem em proveito do casal (empréstimo tomado pela esposa, antes do casamento, para a compra dos móveis e eletrodomésticos do apartamento).

Nesses dois últimos casos, a comunicabilidade dos débitos é decorrência do próprio princípio que veda o enriquecimento sem causa, uma vez que as dívidas foram contraídas para a obtenção de benefícios em favor do casal.

---

[8] Caio Mário da Silva Pereira, *Instituições de Direito Civil* — vol. VI (atualizada por Carlos Roberto Barbosa Moreira), 17. ed., Rio de Janeiro: Gen-Forense, 2009, p. 270.

[9] "Art. 1.951. Pode o testador instituir herdeiros ou legatários, estabelecendo que, por ocasião de sua morte, a herança ou o legado se transmita ao fiduciário, resolvendo-se o direito deste, por sua morte, a certo tempo ou sob certa condição, em favor de outrem, que se qualifica de fideicomissário."

[10] Cristiano Chaves e Nelson Rosenvald, ob. cit., p. 261.

3.4. Doações antenupciais feitas por um dos cônjuges ao outro com a cláusula de incomunicabilidade

Merece especial aprofundamento a questão das doações antenupciais.

Sobre essa espécie, preceitua o art. 546 do Código Civil:

"Art. 546. A doação feita em contemplação de casamento futuro com certa e determinada pessoa, quer pelos nubentes entre si, quer por terceiro a um deles, a ambos, ou aos filhos que, de futuro, houverem um do outro, não pode ser impugnada por falta de aceitação, e só ficará sem efeito se o casamento não se realizar"[11].

Nessa particular temática, consideramos mais abrangente, conforme já anotamos em capítulo anterior[12], o Código Civil italiano, que dispõe até mesmo sobre a hipótese de invalidação do casamento e os reflexos da doação em face dos filhos do casal[13].

Assim, realizado o casamento, em regime de comunhão universal, as doações feitas, como presentes e benesses aos noivos, incorporarão o patrimônio do casal, mesmo que tenham sido de convidados somente de um dos cônjuges.

Na hipótese aqui mencionada, compreende-se facilmente que a regra geral é no sentido da comunicabilidade da doação antenupcial.

A única ressalva é justamente a hipótese de haver sido gravada cláusula de incomunicabilidade, ou seja, com a ressalva expressa de impossibilidade jurídica de transmissibilidade ao cônjuge, caso em que o bem doado integrará patrimônio exclusivo do donatário em futura partilha.

---

[11] No CC/1916, o art. 1.173 tinha a mesma redação. Nesse particular, vale registrar que o Código de 1916 dispunha: "Art. 312. Salvo o caso de separação obrigatória de bens (art. 258, parágrafo único), é livre aos contratantes estipular, na escritura antenupcial, doações recíprocas, ou de um ao outro, contato que não excedam à metade dos bens do doador (arts. 263, VIII e 232, II)", norma sem equivalente direto na vigente codificação.

[12] Ver capítulo IV, dedicado ao estudo da "Promessa de Casamento (esponsais)".

[13] "785. Donazione in riguardo di matrimonio. La donazione fatta in riguardo di un determinato futuro matrimonio (cfr. 165, 166), sia dagli sposi tra loro (cfr. 774), sia da altri a favore di uno o di entrambi gli sposi o dei figli nascituri da questi, si perfeziona senza bisogno che sia accettata, ma non produce effetto finché non segua il matrimonio (cfr. 805). L'annullamento del matrimonio (cfr. 117 ss.) importa la nullità della donazione. Restano tuttavia salvi i diritti acquistati dai terzi di buona fede trai il giorno del matrimonio e il passaggio in giudicato della sentenza che dichiara la nullità del matrimonio. Il coniuge di buona fede non è tenuto a restituire i frutti percepiti anteriormente alla domanda di anullamento del matrimonio (cfr. 1.148). La donazione in favore di figli nascituri rimane efficace per i figli rispetto ai quali si verificano gli effetti del matrimonio putativo (cfr. 128)".
Em tradução livre de Rodolfo Pamplona Filho: 785. Doação em contemplação a casamento. A doação feita em contemplação a um determinado futuro casamento (v. 165, 166), seja de um nubente ao outro (v. 774), seja de terceiros em favor de um ou de ambos os nubentes ou de filhos ainda não nascidos, se aperfeiçoa sem a necessidade de aceitação, mas não terá efeito até que se realize o casamento (v. 805). A anulação do casamento (v. 117 e ss.) importa na nulidade da doação. No entanto, ficam ressalvados os direitos adquiridos por terceiros de boa-fé entre o dia do casamento e do trânsito em julgado da decisão judicial que declara a nulidade do casamento. O cônjuge de boa-fé não é obrigado a restituir os frutos percebidos antes da ação judicial de anulação do casamento (v. 1.148). A doação em favor do nascituro permanece eficaz como para os filhos a respeito dos quais se verificou os efeitos do casamento putativo (v. 128).

3.5. Bens referidos nos incisos V a VII do art. 1.659 (exclusão da comunhão parcial)

Também não se comunicam os bens referidos nos incisos retroindicados, nos termos do art. 1.659 do Código Civil, estudado no capítulo anterior, dedicado à comunhão parcial de bens, para o qual remetemos o nosso estimado leitor.

Trata-se, sem dúvida, de uma concepção de proteção ao resultado do labor individual dos cônjuges, na busca da valorização do trabalho, seja no seu desenvolvimento (*V — os bens de uso pessoal, os livros e instrumentos de profissão*), seja no seu resultado imediato (*VI — os proventos do trabalho pessoal de cada cônjuge*) ou diferido (*VII — as pensões, meios- -soldos, montepios e outras rendas semelhantes*).

Todavia, vale destacar e reiterar que o Superior Tribunal de Justiça, em mais de uma oportunidade, como já se anotou no estudo do regime da comunhão parcial de bens (aqui já referido[14]), tem excepcionado tais exclusões legais, afirmando a comunicabilidade, em determinadas situações, como se pode verificar dos seguintes julgados:

"Recurso Especial — Direito de Família — Comunhão universal — Frutos civis — Verbas recebidas a título de benefício previdenciário — Direito que nasceu e foi pleiteado pelo varão durante o casamento — Inclusão na partilha de bens — Recurso não conhecido.

1. No regime da comunhão universal de bens, as verbas percebidas a título de benefício previdenciário resultantes de um direito que nasceu e foi pleiteado durante a constância do casamento devem entrar na partilha, ainda que recebidas após a ruptura da vida conjugal.

2. Recurso especial não conhecido" (REsp 918.173/RS, rel. Min. Massami Uyeda, julgado em 10-6-2008, *DJe* 23-6-2008, 3.ª Turma).

Na mesma vereda, admitiu-se a transmissibilidade de indenização trabalhista:

"Regime de bens. Comunhão universal. Indenização trabalhista. Integra a comunhão a indenização trabalhista correspondente a direitos adquiridos durante o tempo de casamento sob o regime de comunhão universal. Recurso conhecido mas improvido" (EREsp 421.801/RS, rel. Min. Humberto Gomes de Barros, rel. p/ Acórdão Min. Cesar Asfor Rocha, julgado em 22-9-2004, DJ 17-12-2004, 2.ª Seção, p. 410).

Em verdade, a ideia de uma proteção maior dos interesses da família é o que justifica tais decisões.

3.6. Outras hipóteses não codificadas

Em outras situações, porém, é possível ainda se constatar a formação de jurisprudência ampliativa das hipóteses de *incomunicabilidade*, mesmo no regime de comunhão universal de bens.

Com efeito, avançando no âmbito de incidência das normas excludentes do Código, o STJ não reconheceu a comunicabilidade de indenização ou pensão mensal decorrente de *seguro por invalidez*.

---

[14] Confira-se o Capítulo XIV ("Regime de Bens do Casamento: Comunhão Parcial de Bens"), deste volume.

Tal entendimento, posto desenvolvido em face da codificação anterior, ainda é perfeitamente defensável:

"Direito civil. Família. Recurso especial. Ação de separação judicial. Comunhão universal de bens. Partilha. Exclusão da indenização ou pensão mensal decorrente de seguro por invalidez. Interpretação do art. 263, I, do CC/16.

— A indenização, ou pensão mensal, decorrente de seguro por invalidez não integra a comunhão universal de bens, nos termos do art. 263, I, do CC/16.

— Entendimento diverso provocaria um comprometimento da subsistência do segurado, com a diminuição da renda destinada ao seu sustento após a invalidez, e, ao mesmo tempo, ensejaria o enriquecimento indevido do ex-cônjuge, porquanto seria um bem conseguido por esse apenas às custas do sofrimento e do prejuízo pessoal daquele.

Recurso especial conhecido e provido" (REsp 631.475/RS, rel. Min. Humberto Gomes de Barros, rel. p/ Acórdão Min. Nancy Andrighi, julgado em 13-11-2007, DJ 8-2-2008, 3.ª Turma, p. 662).

Além disso, lembremo-nos de que, a teor do art. 1.669, a incomunicabilidade dos bens enumerados no artigo antecedente não se estende aos frutos, quando se percebam ou vençam durante o casamento, a exemplo dos aluguéis gerados por um bem exclusivo de um dos cônjuges.

4. TRATAMENTO JURÍDICO DA ADMINISTRAÇÃO DOS BENS

No que tange à administração dos bens (art. 1.670), aplica-se ao regime da comunhão universal o disposto no capítulo antecedente do Código Civil, dedicado ao regime da comunhão parcial.

Ou seja, os arts. 1.663 a 1.666 do Código Civil brasileiro, referentes ao regime da comunhão parcial, serão aplicados, *mutatis mutandis*, ao regime da comunhão universal.

5. EXTINÇÃO DA COMUNHÃO

Nos termos do art. 1.671 do vigente Código Civil brasileiro:

"Art. 1.671. Extinta a comunhão, e efetuada a divisão do ativo e do passivo, cessará a responsabilidade de cada um dos cônjuges para com os credores do outro".

Trata-se de uma regra de clareza evidente, uma vez que, separando-se os patrimônios, cada indivíduo é responsável, única e exclusivamente, pelas suas próprias obrigações.

Ressalte-se que essa cessação da comunhão não se dá apenas com a extinção do casamento pelo divórcio, mas, também, pela alteração posterior do regime, na forma autorizada pelo § 2.º do art. 1.639 do Código Civil brasileiro de 2002[15], sem equivalente na codificação revogada.

---

[15] "§ 2.º É admissível alteração do regime de bens, mediante autorização judicial em pedido motivado de ambos os cônjuges, apurada a procedência das razões invocadas e ressalvados os direitos de terceiros." Sobre o tema, confira-se o tópico 7 ("Mudança de Regime de Bens do Casamento") do Capítulo XIII ("Regime de Bens do Casamento: Noções Introdutórias Fundamentais").

Obviamente, essa extinção da comunhão, com a consequente divisão de responsabilidades, não pode se dar em prejuízo de terceiros que tenham celebrado anteriores negócios jurídicos, tendo o patrimônio comum dos cônjuges como a garantia das dívidas contraídas.

Capítulo XVI
Regime de Bens do Casamento: Separação Convencional de Bens

Sumário: 1. Introdução. 2. Conceito. 3. Reflexos da separação convencional de bens no Direito das Sucessões. 4. Administração das despesas do casal na separação convencional.

1. INTRODUÇÃO

O regime de separação convencional de bens é de simples compreensão e guarda íntima conexão com o *princípio da autonomia privada*.

Em campo diametralmente oposto ao da comunhão universal de bens, com tal regime, os cônjuges pretendem, por meio da vontade manifestada no pacto antenupcial, resguardar a exclusividade e a administração do seu patrimônio pessoal, anterior ou posterior ao matrimônio, conforme veremos em seguida.

O pensamento segundo o qual *amor não se confunde com patrimônio* encontra aqui o seu amparo jurídico.

É o exercício da autonomia da vontade que permite, no caso, haver total divisão dos bens de cada cônjuge, sem prejuízo do reconhecimento da formação de uma família.

2. CONCEITO

Este regime tem como premissa a incomunicabilidade dos bens dos cônjuges, anteriores e posteriores ao casamento.

É a previsão do art. 1.687, CC/2002:

"Art. 1.687. Estipulada a separação de bens, estes permanecerão sob a administração exclusiva de cada um dos cônjuges, que os poderá livremente alienar ou gravar de ônus real".

Trata-se de regime que exige expressa manifestação das partes, não se confundindo com o da separação legal ou obrigatória.

Estipulado o regime de separação de bens, cada cônjuge mantém o seu patrimônio próprio, compreensivo dos bens anteriores e posteriores ao casamento, podendo, como visto, livremente aliená-los[1], administrá-los ou gravá-los de ônus real.

Note-se, pois, que, neste regime, existirá uma inequívoca independência patrimonial, não havendo espaço para futura meação.

---

[1] Sobre os atos que podem ser praticados pelo cônjuge sem a necessidade da autorização conjugal, confira-se o Capítulo XIII ("Regime de Bens do Casamento: Noções Introdutórias Fundamentais"), notadamente o seu tópico 3 ("Outorga Uxória"), deste volume.

Admitimos, todavia, *em situações excepcionais*, a possibilidade de um dos cônjuges, demonstrando colaboração econômica direta na aquisição de determinado bem (a compra da casa de praia do casal, por exemplo), obter direito à correspondente indenização ou, até mesmo, à divisão proporcional, não com amparo no regime em si, mas com fulcro no princípio proibitivo do enriquecimento sem causa[2].

Nessa linha, reconhecendo a excepcionalidade da hipótese, preleciona PAULO LÔBO:

"Malgrado sua natureza, tem-se como compatível com o regime de separação a eventualidade de condomínio dos cônjuges sobre determinados bens, que tenham sido adquiridos com a participação efetiva de ambos, nos limites e proporção correspondentes, ou em decorrência de doações ou legados conjuntos. Essa circunstância, dado o seu caráter de excepcionalidade, não desfigura o regime, pois os bens assim adquiridos submetem-se à incidência das regras do condomínio voluntário (arts. 1.314 a 1.326), sem interferência das regras aplicáveis aos demais regimes matrimoniais de bens"[3].

O STJ, inclusive, já decidiu nesta linha de pensamento:

"Civil e processual. Inventário. Partilha de bens. Regime voluntário de casamento. Separação de bens. Pacto antenupcial. Imóvel registrado em nome do *de cujus* adquirido mediante permuta de patrimônio (cabeças de gado) formado pelo esforço comum do casal. Sociedade de fato sobre o bem. Direito à meação reconhecido. Prova. Reexame. Impossibilidade. Súmula n. 7-STJ. I. O regime jurídico da separação de bens voluntariamente estabelecido é imutável[4] e deve ser observado, admitindo-se, todavia, excepcionalmente, a participação patrimonial de um cônjuge sobre bem do outro, se efetivamente demonstrada, de modo concreto, a aquisição patrimonial pelo esforço comum, caso dos autos, em que uma das fazendas foi comprada mediante permuta com cabeças de gado que pertenciam ao casal. II. Impossibilidade de revisão fática, ante o óbice da Súmula n. 7 do STJ. III. Recurso especial não conhecido" (REsp 286.514/SP, rel. Min. Aldir Passarinho Junior, julgado em 2-8-2007, DJ 22-10-2007, 4.ª Turma, p. 276).

O suporte fático que autoriza o reconhecimento da situação excepcional é justamente a demonstração, no caso concreto, do esforço comum dos cônjuges para a aquisição do bem em discussão.

Ressalte-se, todavia, que, em tais circunstâncias, não se despreza a autonomia da vontade na disciplina geral do regime de bens adotado, mas, sim, excepcionam-se determinados bens de tal separação patrimonial pelo reconhecimento de uma sociedade de fato para a sua específica aquisição.

---

[2] Sobre o tema, confira-se o Capítulo XXVIII ("Enriquecimento sem Causa e Pagamento Indevido") do v. II ("Obrigações") desta coleção.

[3] Paulo Lôbo, ob. cit., p. 379.

[4] Com a entrada em vigor do Código Civil de 2002, vimos que o regime de bens pode ser modificado, na forma do art. 1.639, § 2.º, sem equivalente na codificação anterior. Sobre o tema, releia-se o tópico 8 ("Mudança de Regime de Bens do Casamento") do Capítulo XIII ("Regime de Bens do Casamento: Noções Introdutórias Fundamentais") deste volume.

3. REFLEXOS DA SEPARAÇÃO CONVENCIONAL DE BENS NO DIREITO DAS SUCESSÕES

Vale registrar, já convidando o nosso leitor a, em próximo volume, acompanhar-nos no instigante estudo do Direito das Sucessões[5], que o regime de separação convencional ou absoluta pode gerar gravíssimos problemas hereditários.

De fato, o art. 1.829, inciso I, do Código Civil de 2002[6] estabelece que o cônjuge sobrevivente, que fora casado com o falecido em *regime de separação convencional*, concorrerá com os descendentes do *de cujus* em sede de sucessão.

Frise-se que, de acordo com este dispositivo, quem fora casado em *separação obrigatória ou legal* (art. 1.641) não teria este direito concorrencial.

Isso quer dizer o seguinte: se João e Maria, em vida, optaram pelo regime da separação, não só para resguardar a exclusividade do direito patrimonial de cada um mas, sobretudo, para impedir (no pensamento inocente deles) futuro problema de concorrência sucessória — eis que João, homem rico, tem dois filhos de um primeiro casamento que não têm boa relação com a nova esposa do pai —, com a sua morte, os herdeiros de João se depararão com a inusitada — senão estapafúrdia — situação jurídica em que *Maria (viúva) terá o direito de concorrer com eles na herança do seu falecido pai.*

É como se, em vida, houvesse uma separação patrimonial — escolhida pelo casal — e, após a morte de um dos cônjuges, uma forçada comunhão de direitos — determinada coercitivamente pela própria lei.

Se já é difícil para nós, bacharéis em Direito, compreendermos essa situação, violadora do bom-senso, imagine-se para o brasileiro comum, desprovido de conhecimento técnico-jurídico.

É bem verdade que, nesse ponto, o Superior Tribunal de Justiça, em recente acórdão, tentou contornar o absurdo dessa concorrência de direito sucessório do(a) viúvo(a) que fora casado(a) em separação convencional, sob o argumento de que *o regime da separação obrigatória seria um gênero que abrangeria também o da separação convencional* e que, por isso, dada a exclusão do direito daquele casado no regime obrigatório, a mesma ressalva incidiria em face daqueles que optaram, mediante pacto antenupcial, pelo regime convencional:

> "Direito civil. Família e Sucessões. Recurso especial. Inventário e partilha. Cônjuge sobrevivente casado pelo regime de separação convencional de bens, celebrado por meio de pacto antenupcial por escritura pública. Interpretação do art. 1.829, I, do CC/02. Direito de concorrência hereditária com descendentes do falecido. Não ocorrência.
>
> — Impositiva a análise do art. 1.829, I, do CC/02, dentro do contexto do sistema jurídico, interpretando o dispositivo em harmonia com os demais que enfeixam a temática, em atenta observância dos princípios e diretrizes teóricas que lhe dão forma, marcadamente,

---

[5] É o tema do v. VII desta coleção.

[6] "Art. 1.829. A sucessão legítima defere-se na ordem seguinte: I — aos descendentes, em concorrência com o cônjuge sobrevivente, salvo se casado este com o falecido no regime da comunhão universal, ou no da separação obrigatória de bens (art. 1.640, parágrafo único); ou se, no regime da comunhão parcial, o autor da herança não houver deixado bens particulares; II — aos ascendentes, em concorrência com o cônjuge; III — ao cônjuge sobrevivente; IV — aos colaterais.

a dignidade da pessoa humana, que se espraia, no plano da livre manifestação da vontade humana, por meio da autonomia da vontade, da autonomia privada e da consequente autorresponsabilidade, bem como da confiança legítima, da qual brota a boa-fé; a eticidade, por fim, vem complementar o sustentáculo principiológico que deve delinear os contornos da norma jurídica.

— Até o advento da Lei n. 6.515/77 (Lei do Divórcio), vigeu no Direito brasileiro, como regime legal de bens, o da comunhão universal, no qual o cônjuge sobrevivente não concorre à herança, por já lhe ser conferida a meação sobre a totalidade do patrimônio do casal; a partir da vigência da Lei do Divórcio, contudo, o regime legal de bens no casamento passou a ser o da comunhão parcial, o que foi referendado pelo art. 1.640 do CC/02.

— Preserva-se o regime da comunhão parcial de bens, de acordo com o postulado da autodeterminação, ao contemplar o cônjuge sobrevivente com o direito à meação, além da concorrência hereditária sobre os bens comuns, mesmo que haja bens particulares, os quais, em qualquer hipótese, são partilhados unicamente entre os descendentes.

— *O regime de separação obrigatória de bens, previsto no art. 1.829, inc. I, do CC/02, é gênero que congrega duas espécies: (i) separação legal; (ii) separação convencional. Uma decorre da lei e a outra da vontade das partes, e ambas obrigam os cônjuges, uma vez estipulado o regime de separação de bens, à sua observância.*

— Não remanesce, para o cônjuge casado mediante separação de bens, direito à meação, tampouco à concorrência sucessória, respeitando-se o regime de bens estipulado, que obriga as partes na vida e na morte. Nos dois casos, portanto, o cônjuge sobrevivente não é herdeiro necessário.

— Entendimento em sentido diverso, suscitaria clara antinomia entre os arts. 1.829, inc. I, e 1.687, do CC/02, o que geraria uma quebra da unidade sistemática da lei codificada, e provocaria a morte do regime de separação de bens. Por isso, deve prevalecer a interpretação que conjuga e torna complementares os citados dispositivos.

— No processo analisado, a situação fática vivenciada pelo casal — declarada desde já a insuscetibilidade de seu reexame nesta via recursal — é a seguinte: (i) não houve longa convivência, mas um casamento que durou meses, mais especificamente, 10 meses; (ii) quando desse segundo casamento, o autor da herança já havia formado todo seu patrimônio e padecia de doença incapacitante; (iii) os nubentes escolheram voluntariamente casar pelo regime da separação convencional, optando, por meio de pacto antenupcial lavrado em escritura pública, pela incomunicabilidade de todos os bens adquiridos antes e depois do casamento, inclusive frutos e rendimentos.

— A ampla liberdade advinda da possibilidade de pactuação quanto ao regime matrimonial de bens, prevista pelo Direito Patrimonial de Família, não pode ser toldada pela imposição fleumática do Direito das Sucessões, porque o fenômeno sucessório "traduz a continuação da personalidade do morto pela projeção jurídica dos arranjos patrimoniais feitos em vida".

— Trata-se, pois, de um ato de liberdade conjuntamente exercido, ao qual o fenômeno sucessório não pode estabelecer limitações.

— Se o casal firmou pacto no sentido de não ter patrimônio comum e se não requereu a alteração do regime estipulado, não houve doação de um cônjuge ao outro durante o casamento, tampouco foi deixado testamento ou legado para o cônjuge sobrevivente, quando seria livre e lícita qualquer dessas providências, não deve o intérprete da lei alçar o cônjuge sobrevivente à condição de herdeiro necessário, concorrendo com os descendentes, sob pena de clara violação ao regime de bens pactuado.

— Haveria, induvidosamente, em tais situações, a alteração do regime matrimonial de bens *post mortem*, ou seja, com o fim do casamento pela morte de um dos cônjuges, seria alterado o regime de separação convencional de bens pactuado em vida, permitindo ao cônjuge sobrevivente o recebimento de bens de exclusiva propriedade do autor da herança, patrimônio ao qual recusou, quando do pacto antenupcial, por vontade própria.

— Por fim, cumpre invocar a boa-fé objetiva, como exigência de lealdade e honestidade na conduta das partes, no sentido de que o cônjuge sobrevivente, após manifestar de forma livre e lícita a sua vontade, não pode dela se esquivar e, por conseguinte, arvorar-se em direito do qual solenemente declinou, ao estipular, no processo de habilitação para o casamento, conjuntamente com o autor da herança, o regime de separação convencional de bens, em pacto antenupcial por escritura pública.

— O princípio da exclusividade, que rege a vida do casal e veda a interferência de terceiros ou do próprio Estado nas opções feitas licitamente quanto aos aspectos patrimoniais e extrapatrimoniais da vida familiar, robustece a única interpretação viável do art. 1.829, inc. I, do CC/02, em consonância com o art. 1.687 do mesmo código, que assegura os efeitos práticos do regime de bens licitamente escolhido, bem como preserva a autonomia privada guindada pela eticidade.

Recurso especial provido.

Pedido cautelar incidental julgado prejudicado" (REsp 992.749/MS, rel. Min. Nancy Andrighi, julgado em 1.º-12-2009, *DJe* 5-2-2010, 3.ª Turma) (grifos nossos).

Trata-se de uma argumentação, *data venia*, completamente descabida.

Não tem sentido considerar-se "obrigatório" o regime da separação convencional — aquele em que a separação de bens é livremente escolhida —, pelo simples fato de se tratar de um regime de bens previsto por lei.

O fato de a separação convencional "obrigar" os cônjuges após a sua adoção não retira a sua natureza negocial, traduzida no pacto, pela óbvia circunstância de que todo negócio jurídico deverá vincular as partes pactuantes.

Isso é consequência imediata do princípio do *pacta sunt servanda*.

Confundir, portanto, a separação obrigatória (que ocorre em caso de incidência de uma das hipóteses previstas no art. 1.641, a exemplo do descumprimento de causa suspensiva do casamento) com a separação convencional é subverter por completo a lógica do sistema.

Em síntese: a separação convencional é, sem sombra de dúvidas, um regime de bens completamente diferente do da separação obrigatória e com este não pode ser confundido.

Aliás, pelo simples fato de ser escolhido livremente pelas próprias partes por meio do pacto antenupcial, jamais poderia ser intitulado de "obrigatório".

É como se rotulássemos igualmente recipientes com conteúdos completamente distintos.

Ora, se a norma contida no inc. I do art. 1.829 é infeliz — dada a contradição acima apontada —, busquemos outros caminhos hermenêuticos para permitir a sua aplicação possível, mas não utilizemos um argumento deste teor, por conta da sua completa impossibilidade jurídica[7].

---

[7] Como dito, amigo leitor, esta matéria será desenvolvida em nosso próximo volume, dedicado ao estudo do Direito das Sucessões (v. VIII).

Nesse cenário nebuloso, portanto, em que verificamos o descompasso existente entre a norma de direito de família (que prevê, na separação convencional, a opção por uma incomunicabilidade patrimonial) e a norma sucessória (que admite, após a morte do autor da herança, que fora casado em separação convencional, o direito de a sua viúva concorrer com os descendentes), o conhecido *direito à legítima*, por seu turno, culmina por reforçar a nossa visão crítica a respeito do sistema.

De nossa parte, reiteramos a ideia, temos sinceras dúvidas a respeito da eficácia social e justiça dessa norma (preservadora da legítima[8]), a qual, na grande maioria das vezes, acaba por incentivar intermináveis contendas judiciais, quando não a própria discórdia entre parentes ou até mesmo a indolência.

Poderia, talvez, o legislador resguardar a necessidade da preservação da legítima apenas enquanto os herdeiros fossem menores ou caso padecessem de alguma causa de incapacidade, situações que justificariam a restrição à faculdade de disposição do autor da herança[9].

Mas estender a proteção patrimonial a pessoas maiores e capazes é, no nosso entendimento, a subversão do razoável.

Essa restrição ao direito do testador, como dito, se já encontrou justificativa em sociedades antigas, em que a maior riqueza de uma família era a fundiária, não se explica mais nos dias que correm.

Pelo contrário.

A preservação da legítima culmina por suscitar, como dito, discórdias e desavenças familiares, impedindo, ademais, o *de cujus* de dispor do seu patrimônio amealhado como bem entendesse. Ademais, se quisesse beneficiar um descendente seu ou a esposa, que mais lhe dedicou afeto, especialmente nos últimos anos da sua vida, poderia fazê-lo por testamento, sem que isso, em nosso sentir, significasse injustiça ou desigualdade, uma vez que o direcionamento do seu patrimônio deve ter por norte especialmente a afetividade. Ressalvamos apenas a hipótese de concorrerem à sua herança filhos menores ou inválidos, caso em que se deveria reservar-lhes, por imperativo de solidariedade familiar, necessariamente, parte da herança.

Ademais, essa restrição ao direito do testador implicaria também afronta ao direito constitucional de propriedade, o qual, como se sabe, por ser considerado de natureza complexa, é composto pelas faculdades de usar, gozar, fruir, dispor e reivindicar a coisa. Ora, tal limitação, sem sombra de dúvida, entraria em rota de colisão com a faculdade real de disposição, afigurando-se completamente injustificada.

Se o que justifica o benefício patrimonial *post mortem* é o vínculo afetivo que une o testador aos seus herdeiros, nada impediria que aquele beneficiasse os últimos por testamento, de acordo com a sua livre manifestação de vontade.

---

[8] A legítima, conforme veremos no v. VIII desta coleção, toca ao direito conferido aos herdeiros necessários (descendente, ascendente e cônjuge) sobre a metade do patrimônio do falecido.

[9] Questionamento apresentado pelo brilhante professor e amigo FRANCISCO JOSÉ CAHALI em uma das suas fecundas e inspiradas aulas ministradas no Mestrado em Direito Civil da PUC-SP, disciplina Direito das Sucessões II, no segundo semestre de 2004 (cf. Pablo Stolze Gagliano, *Contrato de Doação — Análise Crítica do Atual Sistema Jurídico e os seus Efeitos no Direito de Família e das Sucessões*, 6. ed., São Paulo: SaraivaJur, 2024).

4. ADMINISTRAÇÃO DAS DESPESAS DO CASAL NA SEPARAÇÃO CONVENCIONAL

O fato de haver uma separação total dos bens dos cônjuges não lhes retira as obrigações pecuniárias decorrentes das relações jurídicas estabelecidas em benefício da família.

Com efeito, cada cônjuge deverá arcar com as obrigações que contraiu, ressalvadas as despesas que reverteram em proveito do casal, as quais, em regra, devem ser assumidas por ambos os consortes.

É a regra do art. 1.688 do vigente Código Civil brasileiro:

"Art. 1.688. Ambos os cônjuges são obrigados a contribuir para as despesas do casal na proporção dos rendimentos de seu trabalho e de seus bens, salvo estipulação em contrário no pacto antenupcial"[10].

Por fim, conforme já anotamos ao analisarmos o regime legal obrigatório de separação de bens[11], deve-se advertir que a Súmula 377 do STF[12] não se aplica à separação convencional de bens, uma vez que a opção da independência patrimonial, neste último caso, derivou da livre estipulação de vontade do casal, afastando, assim, a impositiva comunicabilidade derivada do enunciado jurisprudencial, abstraída a já analisada hipótese de demonstração, no caso concreto, do esforço comum dos cônjuges para a específica aquisição de determinado(s) bem(ns).

Enaltecendo o regime, pontifica ROLF MADALENO:

"Em razão da igualdade jurídica do homem e da mulher, a separação de bens sinaliza-se como o regime das futuras uniões conjugais ou estáveis, por permitir a cada um dos cônjuges ou conviventes concorrer com suas economias pessoais no atendimento dos encargos da vida afetiva, mantendo intactos os seus bens ou as suas fortunas no caso de separação. Especialmente quando se habilitam para um novo casamento, quando paira um temor de arcarem com novos prejuízos, não desejando repetir a custosa partilha da experiência vivida na anterior separação e que já lhes tomou significativa parcela dos bens"[13].

Sem discordarmos frontalmente do ilustre autor, pensamos que a adoção do regime de separação convencional, posto seja recomendável e de boa cautela, para resguardar futuras contendas patrimoniais, afigura-se, em verdade, menos importante do que a consciente escolha da pessoa com a qual iremos dividir a nossa vida.

---

[10] No sistema codificado anterior, pensado para uma sociedade marcadamente machista, o dispositivo equivalente era o art. 277, que refletia uma concepção depreciativa do papel da mulher:

"Art. 277. A mulher é obrigada a contribuir para as despesas do casal com os rendimentos de seus bens, na proporção de seu valor, relativamente aos do marido, salvo estipulação em contrário no contrato antenupcial".

[11] Sobre o tema, confira-se o tópico 7 ("Regime Legal Obrigatório") do Capítulo XIII ("Regime de Bens do Casamento: Noções Introdutórias Fundamentais") deste volume.

[12] Súmula 377 do STF: "No regime de separação legal, comunicam-se os adquiridos na constância do casamento".

[13] Rolf Madaleno, ob. cit., p. 606.

Afinal, independentemente de qual seja o regime adotado, a falta de respeito entre os cônjuges pode se manifestar agressivamente por meio de qualquer dos regimes escolhidos, meio este, infelizmente, utilizado com frequência por muitas pessoas que buscam transformar o processo judicial em um instrumento covarde de vingança ou de exteriorização de suas mágoas e rancores.

Em verdade, mais significativo do que a busca do melhor regime de bens é o indispensável respeito ao nosso companheiro na jornada da vida.

Respeito esse que jamais poderá faltar... Mesmo que o amor um dia acabe...

Capítulo XVII
Regime de Bens do Casamento: Participação Final nos Aquestos

Sumário: 1. A previsão do regime de participação final nos aquestos como reconhecimento da superação do regime dotal no ordenamento jurídico brasileiro. 2. Antecedentes históricos e conceito. 3. Diferenciação para os regimes da comunhão parcial e da separação de bens. 4. A matemática do regime. 5. As dívidas no regime de participação final nos aquestos. 6. A dissolução da sociedade conjugal e o regime de participação final nos aquestos.

1. A PREVISÃO DO REGIME DE PARTICIPAÇÃO FINAL NOS AQUESTOS COMO RECONHECIMENTO DA SUPERAÇÃO DO REGIME DOTAL NO ORDENAMENTO JURÍDICO BRASILEIRO

O regime de participação final nos aquestos não deverá vingar.

Esse regime fora consagrado em substituição ao vetusto regime dotal, o qual, já há décadas, somente esteve presente em nossas vidas nas novelas vespertinas de época.

Segundo CLÓVIS BEVILÁQUA, o regime dotal seria

"aquele em que os patrimônios de ambos os cônjuges se acham distintos, sob a propriedade e administração exclusiva de cada um, recaindo o ônus da sustentação da família sobre os bens do marido e sobre os rendimentos do dote, cuja administração é direito especial do marido"[1].

Inequivocamente, reflete uma época que não existe mais, pelo menos na contemporaneidade brasileira.

No Código Civil de 1916, a matéria era destinatária de abrangente disciplina legal, tratada nos arts. 278 a 311[2].

Basta uma simples leitura desse clássico conceito para observarmos a inutilidade do regime, marcado pelo viés discriminatório e machista, anacrônico, pois, em um sistema constitucional que enalteça a igualdade de deveres e direitos entre os cônjuges.

Nesse diapasão, verifique-se a superfetação de poderes conferidos ao marido, que, a teor do art. 289 (CC/1916), *administrava, percebia os frutos e usava das ações judiciais cabíveis* em face do dote.

---

[1] Clóvis Beviláqua, *Direito de Família*, cit., p. 213.

[2] Dada a sua obsolescência e vetustez, reputamos desnecessária a análise mais minuciosa deste revogado (e discriminatório) regime. Se ele já representou os valores nobiliárquicos e machistas de uma época, não representa mais. Graças a Deus. De qualquer forma, remetemos o leitor aos mencionados arts. 278 a 311 do Código Civil anterior, caso pretenda fazer um estudo mais detido do instituto.

A mulher, pois, assentada em degrau jurídico inferior, mantinha um restrito âmbito de autonomia patrimonial, basicamente assentada no âmbito dos seus "bens parafernais":

> "Art. 310. A mulher conserva a propriedade, a administração, o gozo e a livre disposição dos bens parafernais; não podendo, porém, alienar os imóveis (art. 276).
>
> Art. 311. Se o marido, como procurador constituído para administrar os bens parafernais ou particulares da mulher, for dispensado, por cláusula expressa, de prestar-lhe contas, será somente obrigado a restituir os frutos existentes:
>
> I — quando ela pedir contas;
>
> II — quando ela lhe revogar o mandato;
>
> III — quando dissolvida a sociedade conjugal".

Muito bem.

Superado o modelo dotal, cuidou o codificador de 2002 de substituí-lo, consagrando o *regime de participação final nos aquestos*.

É ele, pois, o mais novo regime positivado de bens, sendo a previsão da sua disciplina a "pá de cal" da superação do regime dotal no ordenamento jurídico nacional.

Mas, como dissemos na abertura deste capítulo, esse regime não deverá cair no gosto da sociedade brasileira.

SÍLVIO VENOSA, a esse respeito, profetiza:

> "É muito provável que esse regime não se adapte ao gosto de nossa sociedade. Por si só verifica-se que se trata de estrutura complexa, disciplinada por nada menos do que 15 artigos, com inúmeras particularidades. Não se destina, evidentemente, à maioria da população brasileira, de baixa renda e de pouca cultura. Não bastasse isso, embora não seja dado ao jurista raciocinar sobre fraudes, esse regime ficará sujeito a vicissitudes e abrirá vasto campo ao cônjuge de má-fé"[3].

Na mesma linha, MARIA BERENICE DIAS:

> "O regramento é exaustivo (arts. 1.672 a 1.686) e tem normas de difícil entendimento, gerando insegurança e incerteza. Além disso, é também de execução complicada, sendo necessária a mantença de uma minuciosa contabilidade, mesmo durante o casamento, para possibilitar a divisão do patrimônio na eventualidade de sua dissolução, havendo, em determinados casos, a necessidade de realização de perícia. Ao certo, será raramente usado, até porque se destina a casais que possuem patrimônio próprio e desempenhem ambos atividades econômicas, realidades de poucas famílias brasileiras, infelizmente"[4].

De fato, o regime de participação final, a par de ser dotado de intrínseca complexidade, acarreta, ainda, como veremos, a inconveniência manifesta da vulnerabilidade à fraude patrimonial, indesejável aspecto que, por si só, já serviria como desincentivo à sua adoção.

Afinal, quem pretenderá se casar adotando um regime que, em vez de tutelar o seu interesse jurídico, pudesse servir como instrumento facilitador de dano?

---

[3] Sílvio de Salvo Venosa, *Direito Civil — Direito de Família*, ob. cit., p. 360.

[4] Maria Berenice Dias, *Manual de Direito das Famílias*, ob. cit., p. 228.

Para entender a essência desse regime patrimonial de bens, as suas inconveniências e possíveis vantagens, convidamos você, amigo leitor, a seguir conosco neste capítulo.

2. ANTECEDENTES HISTÓRICOS E CONCEITO

A legislação de Costa Rica é antiga referência histórica deste regime, como anota ROLF MADALENO:

> "O Código Civil da Costa Rica entrou em vigor em 1.º de janeiro de 1888, teria sido um dos primeiros diplomas civis a adotar o regime matrimonial denominado de participação diferida dos bens gananciais, equivalente ao regime do Direito de Família brasileiro de participação final nos aquestos".

Outros estados no mundo adotaram esse regime, guardadas as suas peculiaridades locais, como a Alemanha e a França.

Observamos também na Espanha a previsão desse regime, definido pelo magistrado do Tribunal Supremo PEDRO POVEDA, na substanciosa obra *Tratado de Derecho de Família*, nos seguintes termos:

> "Es un sistema mixto entre el de la comunidad y el de separación de bienes. Durante el matrimonio cada cónyuge tiene la administración y disposición de sus bienes; al disolverse el matrimonio opera como un régimen de comunidad y cada esposo ostenta un derecho de participación en una determinada categoría de bienes, y en la totalidad de ellos, ya en las ganancias solamente, o en los bienes muebles y en las gananciais"[5].

Nessa mesma linha, analisando-o já em nosso sistema, não obstante seja dotado de autonomia jurídica, podemos reconhecer a *participação final nos aquestos* como um regime híbrido — com características de separação e de comunhão parcial de bens.

Por esse regime, durante o casamento, cada cônjuge possui patrimônio próprio e administração exclusiva dos seus bens, cabendo-lhes, no entanto, à época da dissolução da sociedade conjugal, direito de meação sobre os bens aquestos onerosamente adquiridos pelo próprio casal.

Isso explica a própria denominação do regime, uma vez que, a título de compensação pelos esforços envidados em conjunto, partilham-se, ao final, os bens adquiridos com a participação onerosa de ambos os cônjuges.

Nesse diapasão, o art. 1.672 do Código Civil:

> "Art. 1.672. No regime de participação final nos aquestos, cada cônjuge possui patrimônio próprio, consoante disposto no artigo seguinte, e lhe cabe, à época da dissolução da sociedade conjugal, direito à metade dos bens adquiridos pelo casal, a título oneroso, na constância do casamento".

3. DIFERENCIAÇÃO PARA OS REGIMES DA COMUNHÃO PARCIAL E DA SEPARAÇÃO DE BENS

Uma leitura equivocada das previsões legais do regime poderia conduzir o intérprete a confundi-lo, inicialmente, com a *comunhão parcial de bens*.

---

[5] Pedro González Poveda, "Regímenes Económico Matrimoniales. Liquidación", in *Tratado de Derecho de Familia — Aspectos Sustantivos y Procesales*, ob. cit., p. 445.

Mas esse erro não deve ser cometido.

Na comunhão parcial, comunicam-se, em regra geral, os bens que sobrevierem ao casamento, *adquiridos por um ou ambos os cônjuges*, a título oneroso. Já na participação final, a comunicabilidade refere-se apenas ao patrimônio adquirido onerosamente *pelo próprio casal* (ex.: a casa de praia adquirida pelo esforço econômico conjunto do marido e da esposa).

Não é por outra razão, aliás, que o art. 1.673, CC/2002[6], dispõe que, na participação final, integram o patrimônio próprio os bens que cada cônjuge possuía ao casar e os por ele adquiridos, a qualquer título, na constância do casamento.

Fica claro, pois, que a comunicabilidade no regime ora estudado toca apenas ao patrimônio *adquirido em conjunto*[7], pelos próprios consortes.

Outra diferença consiste na incidência de regras próprias para cada regime, a saber: comunhão parcial está disciplinada nos arts. 1.658 a 1.666, CC/2002, enquanto a participação final nos aquestos é regida pelos arts. 1.672 a 1.686, CC/2002.

Por conta disso, não se pode fazer incidir regra de um regime em outro ou vice-versa.

A título de exemplo, entram na comunhão parcial os bens adquiridos por fato eventual, com ou sem o concurso de trabalho ou despesa anterior do cônjuge (art. 1.660, II), não se podendo aplicar tal norma à participação final.

Na esfera sucessória, a diagnose diferencial ganha realce[8].

A teor do art. 1.829 do Código Civil, o cônjuge sobrevivente concorrerá com o descendente do autor da herança se foi casado no regime de participação final nos aquestos.

O mesmo direito concorrencial só existirá, se o regime foi o da comunhão parcial, se o falecido *houver deixado bens particulares*. Vale dizer, nesse caso, o legislador consagrou uma explícita delimitação ao direito do(a) viúvo(a), não prevista para aqueles que foram casados em participação final.

Sobre esse tema, preleciona GISELDA HIRONAKA:

"O primeiro destes pressupostos exigidos pela lei é o do *regime matrimonial de bens*. Bem por isso o inc. I do art. 1.829, anteriormente reproduzido, faz depender a vocação do cônjuge supérstite do regime de bens escolhido pelo casal, quando de sua união, uma vez que o legislador enxerga nessa escolha uma demonstração prévia dos cônjuges no sentido de permitir ou não a confusão patrimonial e em que profundidade querem ver operada tal confusão. Assim, não será chamado a herdar o cônjuge sobrevivo se casado com o falecido pelo *regime da comunhão universal de bens* (arts. 1.667 a 1.671 do atual Código Civil), ou pelo *regime da separação obrigatória de bens* (arts. 1.687 e 1.688, combinado com o art. 1.641). Por fim, aqueles casais que, tendo silenciado quando do momento da celebração do casamento, optaram de forma implícita pelo *regime da comunhão parcial de bens*, fazem jus à meação dos bens comuns da família, como se de comunhão universal

---

[6] "Art. 1.673. Integram o patrimônio próprio os bens que cada cônjuge possuía ao casar e os por ele adquiridos, a qualquer título, na constância do casamento. Parágrafo único. A administração desses bens é exclusiva de cada cônjuge, que os poderá livremente alienar, se forem móveis".

[7] E esse direito de meação (incidente no patrimônio comum onerosamente adquirido pelo casal) é tão importante que, a teor do art. 1.682, não é renunciável, cessível ou penhorável na vigência do regime matrimonial. Trata-se, inequivocamente, de uma norma de ordem pública, inalterável pela vontade das partes.

[8] Abordaremos esta temática em nosso próximo volume, dedicado ao Direito das Sucessões.

se tratasse, mas passam agora a participar da sucessão do cônjuge falecido, na porção dos bens particulares deste"[9].

Um outro equívoco que deve ser evitado diz respeito à similitude — mas não à identidade — que há entre o regime de participação final nos aquestos e a aplicação da Súmula 377 ao regime de separação obrigatória de bens.

Já vimos que, por conta dessa súmula, no regime de separação legal (obrigatório) de bens, comunicam-se os adquiridos na constância do casamento.

O que se pretendeu com a súmula foi evitar a insensatez de se impedir a comunicabilidade dos bens amealhados pelo esforço comum, sob pena de se permitir — ou até mesmo incentivar — o enriquecimento sem causa de uma das partes[10].

Mas com isso não se diga ter havido uma identificação forçada ao regime de participação final pelo simples fato de se permitir a partilha do patrimônio comum!

Isso porque, no regime que ora estudamos, existem regras próprias e específicas de cálculo dessa massa patrimonial partilhável (arts. 1.674 e ss.), não aplicáveis às pessoas casadas segundo o regime de separação obrigatória de bens.

Trata-se, pois, de regimes juridicamente autônomos e estruturalmente distintos.

Outro ponto digno de nota diz respeito à exigência da autorização conjugal para a prática de determinados atos.

Conforme visto anteriormente[11], o art. 1.647 do Código Civil dispensa a outorga uxória ou a autorização marital para pessoas casadas no regime de separação absoluta de bens[12].

Ora, uma vez que o regime de participação final, como já dissemos, guarda características da separação de bens, dúvida poderia ocorrer no que tange à possibilidade de dispensa da vênia conjugal.

Note, entretanto, amigo leitor, que a norma do art. 1.647 apenas libera da exigência de outorga as pessoas casadas sob o regime de *separação de bens*, de maneira que, consequentemente, os cônjuges sujeitos ao regime de participação final estão obrigados, a priori, a colher a anuência do outro para a prática de qualquer dos atos referidos no aludido dispositivo.

Advertimos, entretanto, que, se no pacto antenupcial que adotou o regime de participação final nos aquestos fora convencionada a livre disposição dos bens imóveis (desde que particulares), a outorga é dispensada, a teor do art. 1.656 do Código Civil:

---

[9] Giselda Maria Fernandes Novaes Hironaka, *Concorrência do Cônjuge e do Companheiro na Sucessão dos Descendentes*. Disponível em: <http://www.flaviotartuce.adv.br/secoes/artigosc.asp>. Acesso em: 17 set. 2009.

[10] Sobre o tema da Súmula 377, confira-se, em especial, o tópico 7 ("Regime Legal Obrigatório") do Capítulo XIII ("Regime de Bens do Casamento: Noções Introdutórias Fundamentais") deste volume.

[11] Confira-se o tópico 3 ("Outorga Uxória") do Capítulo XIII ("Regime de Bens do Casamento: Noções Introdutórias Fundamentais") deste volume.

[12] "Art. 1.647. Ressalvado o disposto no art. 1.648, nenhum dos cônjuges pode, sem autorização do outro, exceto no regime da separação absoluta: I — alienar ou gravar de ônus real os bens imóveis; II — pleitear, como autor ou réu, acerca desses bens ou direitos; III — prestar fiança ou aval; IV — fazer doação, não sendo remuneratória, de bens comuns, ou dos que possam integrar futura meação. Parágrafo único. São válidas as doações nupciais feitas aos filhos quando casarem ou estabelecerem economia separada".

"Art. 1.656. No pacto antenupcial, que adotar o regime de participação final nos aquestos, poder-se-á convencionar a livre disposição dos bens imóveis, desde que particulares".

Tal permissivo, que não pode ser interpretado extensivamente, aplica-se, tão somente, à alienação de imóveis, de forma que, para a prática de qualquer dos outros atos previstos no art. 1.647 — a concessão de uma fiança, por exemplo —, a outorga afigura-se imprescindível.

4. A MATEMÁTICA DO REGIME

Não é simples a compreensão matemática do regime de participação final.

O juiz, ao conduzir a partilha, determinará os referenciais jurídicos a serem seguidos, mas, certamente, o auxílio de um contador será de grande valia, para que se possa chegar a um resultado justo de meação.

Tal complexidade deriva do fato de concorrerem, no plano ideal, cinco massas patrimoniais a serem consideradas: as massas correspondentes ao patrimônio que cada cônjuge possuía ao casar (02), as massas amealhadas por cada um no curso do matrimônio (02) e aquela porção de bens adquirida pelo próprio casal (01), a título oneroso, e que será objeto de meação.

Note-se que, em verdade, a partilha dos aquestos onerosamente adquiridos justifica-se pelo princípio que veda o enriquecimento sem causa, uma vez que, em um regime com tão acentuados traços de exclusividade patrimonial — típica da separação — não seria justo e adequado negar-se a compensação do esforço econômico de cada cônjuge na aquisição de um patrimônio comum.

Não comporão os aquestos — e, por consequência, *não integrarão o cálculo da partilha* —, a teor do art. 1.674:

"(...)

I — os bens anteriores ao casamento e os que em seu lugar se sub-rogaram;

II — os que sobrevieram a cada cônjuge por sucessão ou liberalidade;

III — as dívidas relativas a esses bens".

E o parágrafo único arremata: *"salvo prova em contrário, presumem-se adquiridos durante o casamento os bens móveis"*.

Ao determinar-se o montante dos aquestos, dispõe o art. 1.675, computar-se-á o valor das doações feitas por um dos cônjuges, sem a necessária autorização do outro; nesse caso, o bem poderá ser reivindicado pelo cônjuge prejudicado ou por seus herdeiros, ou declarado no monte partilhável, por valor equivalente ao da época da dissolução.

Trata-se de uma regra aparentemente complexa, mas que é perfeitamente compreendida quando levamos em conta o que dissemos acima: a partilha do patrimônio comum, na participação final, visa, em verdade, a consagrar um regime de compensação, para evitar que um dos cônjuges se locuplete às custas do outro[13].

Assim, na vereda do dispositivo acima referido, deverão ser levadas em conta, para efeito de aferição do patrimônio comum, as doações que qualquer dos cônjuges fez sem a

---

[13] É nítido esse escopo protetivo do patrimônio adquirido pelo esforço comum, quando lemos o art. 1.679: "No caso de bens adquiridos pelo trabalho conjunto, terá cada um dos cônjuges uma quota igual no condomínio ou no crédito por aquele modo estabelecido".

necessária anuência do outro (arts. 1.647 e 1.656, CC/2002), caso em que se faculta ao cônjuge prejudicado ou aos seus herdeiros reivindicar o bem doado ou, alternativamente, exigir do doador a restituição do valor equivalente.

Nessa mesma linha, incorpora-se também ao monte partível, segundo o art. 1.676, CC/2002, o valor dos bens alienados em detrimento da meação, se não houver preferência do cônjuge lesado ou de seus herdeiros de os reivindicar.

Da simples leitura dessa regra, concluímos a dificuldade de funcionamento do regime, na medida em que exigiria por parte dos cônjuges uma permanente e recíproca fiscalização contábil.

Não é simples acompanhar, ao longo do casamento, todas as alienações feitas pelo seu consorte, para efeito de aferir se houve violação ao direito de meação.

Não há amor que aguente isso!

Vale ainda mencionar que, não sendo possível a divisão de todos os bens em natureza (um cavalo de raça ou uma unidade habitacional em condomínio, por exemplo), deverá o juiz calcular a sua expressão econômica para permitir a reposição em dinheiro ao cônjuge não proprietário ou, afigurando-se inviável essa solução (como na hipótese de o cônjuge proprietário não dispor de dinheiro para indenizar o outro), tais bens serão judicialmente alienados, para posterior compensação em dinheiro.

É, em síntese, o que dispõe o art. 1.684, CC/2002:

> "Art. 1.684. Se não for possível nem conveniente a divisão de todos os bens em natureza, calcular-se-á o valor de alguns ou de todos para reposição em dinheiro ao cônjuge não proprietário.
>
> Parágrafo único. Não se podendo realizar a reposição em dinheiro, serão avaliados e, mediante autorização judicial, alienados tantos bens quantos bastarem".

Uma dúvida, todavia, poderá restar da leitura desse dispositivo.

Por que o legislador referiu caber ao "cônjuge proprietário" indenizar o outro, se, diante de tudo que expusemos até aqui, constatamos que o patrimônio divisível na participação final é exatamente aquele amealhado onerosamente em comum por ambos os consortes?

Se, pela regra geral deste sistema patrimonial (art. 1.672), o direito de meação é exercido exatamente sobre os bens adquiridos a título oneroso pelo casal, por que poderá haver apenas um dono?

Em verdade, sucede que, posto o patrimônio haja sido adquirido com o esforço econômico do casal, formalmente o registro do bem ou o título de domínio pode haver sido feito em nome de apenas um dos cônjuges.

Nesse caso, sem prejuízo de o cônjuge preterido na formalização do domínio poder impugnar a titularidade do bem[14], o referido art. 1.684 admite a possibilidade de, quando

---

[14] "Art. 1.681. Os bens imóveis são de propriedade do cônjuge cujo nome constar no registro. Parágrafo único. Impugnada a titularidade, caberá ao cônjuge proprietário provar a aquisição regular dos bens".

Sobre este dispositivo observa ROLF MADALENO (ob. cit., p. 596): "Ao inverter o ônus da prova e ordenar ao titular do regime registral comprovar a compra regular da propriedade imobiliária, a lei

da dissolução da sociedade conjugal, realizar-se a divisão desses bens amealhados pelo esforço comum, ou, em não sendo isso possível, a sua reposição em dinheiro ou a alienação judicial, tudo para evitar prejuízo ao cônjuge não proprietário.

Comentando esse dispositivo, preleciona MARIA HELENA DINIZ:

"Realmente, de boa política legislativa é esse artigo, porque, às vezes, a partilha *in natura* poderá acarretar a destruição de valores unitários, pois determinados bens têm maior valor quando não divididos, como p. ex., o conjunto de ações que conferem ao seu titular a maioria numa empresa. E se a partilha prejudicar patrimonialmente os ex-consortes, ambos poderão pleitear a avaliação para fins de reposição pecuniária no valor da meação que lhes é cabível"[15].

A ideia, neste aspecto, é, portanto, muito simples: divide-se o patrimônio adquirido onerosamente na constância do casamento, seja diretamente, seja por meio do seu equivalente pecuniário.

5. AS DÍVIDAS NO REGIME DE PARTICIPAÇÃO FINAL NOS AQUESTOS

É interessante, para melhor entendimento da matéria, destacarmos, em tópico autônomo, a questão das dívidas no regime matrimonial estudado.

Vimos, linhas acima, que não integrarão os aquestos (o patrimônio divisível), conforme o art. 1.674, os bens anteriores ao casamento e os que em seu lugar se substituíram, os que sobrevieram a cada cônjuge por sucessão ou liberalidade, bem como *as dívidas relativas a esses bens*.

Assim, a título exemplificativo, imaginemos que um dos cônjuges houvesse trazido para o casamento um imóvel exclusivamente seu (por exemplo, um apartamento), adquirido anos antes de convolar núpcias enquanto ainda era solteiro.

Muito bem.

Não só esse imóvel estará excluído de eventual meação como também possível dívida incidente sobre ele (IPTU, p. ex.) não se comunicará.

Já pelas dívidas posteriores ao casamento (art. 1.677, CC/2002), contraídas por um dos cônjuges, somente este responderá, salvo prova de terem revertido, parcial ou totalmente, em benefício do outro.

Entretanto, se um dos cônjuges solveu uma dívida do outro com bens do seu próprio patrimônio, o valor do pagamento deverá ser atualizado e imputado, na data da dissolução, à meação do outro cônjuge (art. 1.678, CC/2002).

Mais uma vez, da leitura desse dispositivo fica claro o sistema de compensação típico do regime de participação final.

Se a esposa, por exemplo, no curso do matrimônio, com valor exclusivamente seu, pagou dívida do marido, poderá, ao tempo da dissolução da sociedade conjugal, abater do direito de meação do seu consorte o montante atualizado que despendeu para solver uma dívida que não era sua.

---

presume, em princípio, a aquisição conjunta dos bens imóveis na constância do casamento, não obstante se encontre registrado apenas em nome de um dos cônjuges".

[15] Maria Helena Diniz, *Curso de Direito Civil Brasileiro*, 34. ed., v. 5, cit., p. 210.

Não muito clara, por sua vez, é a regra do art. 1.680:

"As coisas móveis, em face de terceiros, presumem-se do domínio do cônjuge devedor, salvo se o bem for de uso pessoal do outro".

Para entender essa regra, é preciso ter em mente a vetusta orientação hermenêutica segundo a qual, na lei, não há palavras inúteis.

E, de fato, a locução "em face de terceiros", que não está aí à toa, exerce importante função normativa.

Caso um terceiro seja credor de um dos cônjuges, eventuais bens móveis atingidos por ato de constrição judicial — por uma penhora, por exemplo — são considerados, por presunção, pertencentes ao devedor.

Caberá, pois, ao outro consorte, em sede própria — embargos de terceiro — provar a titularidade do bem, para excluí-lo da demanda, liberando o bem.

Por fim, anotamos que, segundo o art. 1.686, CC/2002, se a dívida de um dos cônjuges for superior à sua meação, não obrigará ao outro ou a seus herdeiros. Trata-se de uma regra simples e de clareza meridiana, que impede o atingimento do patrimônio de outrem, quando esgotado o do devedor[16].

6. A DISSOLUÇÃO DA SOCIEDADE CONJUGAL E O REGIME DE PARTICIPAÇÃO FINAL NOS AQUESTOS

O matrimônio opera a formação da denominada sociedade conjugal, consistente em um verdadeiro plexo de direitos e obrigações recíprocos, de observância necessária entre os cônjuges.

Dissolvida a sociedade conjugal, conforme veremos em capítulo próprio[17], certos efeitos desde já desaparecem, como a fidelidade recíproca, a coabitação, facultando-se, inclusive, a imediata divisão patrimonial.

O falecimento de um dos cônjuges, nessa linha, bem como a decretação do divórcio, têm impacto profundo, porquanto, além de dissolverem a sociedade conjugal, operam o próprio fim do vínculo casamentário, permitindo, assim, novas núpcias.

Nesse contexto, voltando a nossa atenção especificamente para a matéria ora estudada, temos que, à luz do art. 1.683, na dissolução do regime de participação final, seja na antiga separação judicial, seja na nova disciplina do divórcio, verificar-se-á o montante dos aquestos na data em que cessou a convivência.

Vale dizer, o termo final a ser considerado para efeito de se aferir o patrimônio amealhado em conjunto não é o da obtenção de sentença que haja dissolvido o vínculo conjugal, mas, sim, a data em que a convivência entre os cônjuges findou.

---

[16] Esta regra também se faz presente no Direito das Sucessões para impedir que dívidas do falecido atinjam o patrimônio pessoal de qualquer dos sucessores. Proíbe-se, com isso, que tais débitos projetem-se *ultra vires hereditatis*: "Art. 1.792. O herdeiro não responde por encargos superiores às forças da herança; incumbe-lhe, porém, a prova do excesso, salvo se houver inventário que a escuse, demostrando o valor dos bens herdados".

[17] Confira-se o Capítulo XXIII ("O Divórcio como Forma de Extinção do Vínculo Conjugal") deste volume.

Falida a afetividade, portanto, e ocorrida a separação de fato, mesmo que ainda estejam oficialmente unidos — ou, como coloquialmente se diz, "casados no papel" —, não se levará em conta o conjunto de bens adquiridos após a ruptura fática para efeito de meação.

Vamos mais além.

Interpretamos a palavra convivência não apenas em um sentido corpóreo mas também espiritual.

Em função da realidade econômica de muitos casais brasileiros, a falta de condições materiais nem sempre permite que, antes da dissolução oficial do casamento (ou até mesmo depois), os consortes habitem em casas diferentes.

Com isso, permanecem na mesma casa, porém em cômodos diferentes (o marido morando na sala, a esposa no quarto...), embora esteja completamente cessada a convivência sentimental.

Também nessa hipótese, a partir da cessação de convivência, estará efetivamente rompida a comunicabilidade de aquestos.

Já na dissolução da sociedade conjugal por morte, como prevê o art. 1.685, CC/2002, verificar-se-á a meação do cônjuge sobrevivente de conformidade com os artigos referidos ao longo deste capítulo, deferindo-se a herança aos herdeiros na forma prevista pela lei sucessória.

Em caso de nulidade ou anulação do casamento — hipóteses de dissolução da sociedade conjugal previstas no art. 1.571, CC/2002[18] —, perde-se, em grande parte, o interesse em se discutir a dissolução do regime matrimonial, uma vez que, operada a retroatividade dos efeitos da sentença de invalidação, os cônjuges retornarão ao *status quo ante*, como se casados nunca houvessem sido.

Todavia, em caso de reconhecimento da putatividade do matrimônio, o contexto jurídico sob análise muda, de maneira que deverão ser aplicadas as normas acima referidas (arts. 1.683 e 1.685) em favor do(s) cônjuge(s) de boa-fé[19].

---

[18] "Art. 1.571. A sociedade conjugal termina:

I — pela morte de um dos cônjuges;

II — pela nulidade ou anulação do casamento;

III — pela separação judicial;

IV — pelo divórcio.

§ 1.º O casamento válido só se dissolve pela morte de um dos cônjuges ou pelo divórcio, aplicando-se a presunção estabelecida neste Código quanto ao ausente.

§ 2.º Dissolvido o casamento pelo divórcio direto ou por conversão, o cônjuge poderá manter o nome de casado; salvo, no segundo caso, dispondo em contrário a sentença de separação judicial".

[19] Conforme já discorremos no Capítulo XI ("Plano de Validade do Casamento: Casamento Putativo") deste volume, ao qual remetemos o nosso estimado leitor.

Capítulo XVIII
Bem de Família

Sumário: 1. Análise topológica da disciplina normativa do bem de família legal. 2. Antecedentes históricos. 3. Conceito e classificação do bem de família. 4. Fundamentação normativa do bem de família. 5. Disciplina jurídica do bem de família voluntário. 5.1. Características do bem de família voluntário. 5.2. Constituição do bem de família voluntário. 5.3. Extinção do bem de família voluntário. 6. Disciplina jurídica do bem de família legal. 7. Exceções à impenhorabilidade do bem de família. 8. Direito intertemporal e a tutela do bem de família.

1. ANÁLISE TOPOLÓGICA DA DISCIPLINA NORMATIVA DO BEM DE FAMÍLIA LEGAL

O Código Civil brasileiro de 2002 reestruturou "topologicamente" a disciplina normativa do bem de família legal.

Com efeito, a codificação anterior trouxe, originalmente, previsão específica sobre o tema em seus arts. 70 a 73, como o último capítulo ("Capítulo V") do Livro II ("Dos Bens") da Parte Geral.

Tal normatização parecia-nos coerente, uma vez que se trata de uma especificação da disciplina jurídica de determinados bens, recomendando o seu estudo sob a ótica da visão geral sobre os objetos de relações jurídicas[1].

Tal diretriz não foi mantida pela nova e vigente codificação civil, que, considerando uma perspectiva teleológica de tutela dos interesses das entidades familiares, achou por bem deslocar a disciplina normativa do instituto para o subtítulo IV do Título II ("Do Direito Patrimonial") do Livro IV, destinado ao estudo "Do Direito de Família".

Trata-se de modificação de inspiração e opção puramente metodológica, sem acarretar, somente por isso, qualquer modificação significativa.

Explicado o motivo pelo qual se passou necessariamente a estudar o "bem de família" também no campo do "Direito de Família", passemos a compreender historicamente o instituto.

2. ANTECEDENTES HISTÓRICOS

O Direito Romano, dentro de uma rígida visão androcrático-patriarcal, considerava a família um núcleo político, econômico e religioso, que dispensava solene respeito aos seus antepassados.

---

[1] Por isso, mantivemos o estudo minucioso do "Bem de Família" no v. I ("Parte Geral") desta coleção, mais especificamente no tópico 5 ("Bem de Família") do Capítulo VIII ("Bens Jurídicos"), a cuja leitura remetemos o leitor.

Dentro desse contexto, em determinada fase da história de Roma, considerava-se uma verdadeira desonra a alienação de bens familiares herdados de antepassados.

Assim, no período da República, consagrou-se o princípio da *inalienabilidade dos bens componentes do patrimônio familiar*, que se reputavam sagrados.

A referência ao Direito Romano — importante fonte histórica para o nosso Direito — é sempre necessária.

Todavia, há que se reconhecer que o efetivo antecedente histórico significativo para a tutela jurídica do bem de família encontra-se no Direito norte-americano, mais especificamente, em uma lei texana — anterior à própria incorporação aos Estados Unidos (1845) —, datada de 26 de janeiro de 1839 (*Homestead Exemption Act*).

Nascida em meio a uma grave crise econômica — entre 1837/1839, 959 bancos fecharam e ocorreram mais de 33.000 falências —, a Lei Texana de 1839, ao consagrar a impenhorabilidade da pequena propriedade familiar (incluídos, aí, os instrumentos de trabalho) — a porção de terra rural de 50 ha. ou de terreno urbano não superior a $ 500,00 —, terminaria por incentivar o reaquecimento da economia e, bem assim, facilitaria a colonização do Estado do Texas, fixando o homem à terra[2].

Após a edição dessa lei, o instituto espraiou-se pelos outros Estados norte-americanos.

O projeto de Código Civil, entretanto, em sua redação original proposta por Clóvis Beviláqua, não cuidou de disciplinar o bem de família.

Apenas em 1912, ainda em debate o projeto no Congresso Nacional, a Comissão Especial do Senado, presidida pelo Senador Feliciano Penna, tratou de inserir a disciplina do bem de família, que culminou por encontrar assento legal nos arts. 70 a 73 do Código Civil de 1916, na parte geral da codificação.

Essa previsão legal de bem de família reinou absoluta como a única disciplina sobre o tema por vários anos, mais precisamente até o advento da Lei n. 8.009/90 (em verdade, da medida provisória anterior, que disciplinou a matéria e acabou se convertendo na referida lei), que criou o chamado "bem de família legal".

A disciplina codificada, por sua vez, foi modificada com o Código Civil de 2002, que passou a tratar a matéria, como dito, no Título referente ao "Direito Patrimonial" do Livro reservado ao "Direito de Família".

Diante de tudo isso, como se poderia conceituar o *bem de família* no Direito brasileiro?

É o tema do próximo tópico.

3. CONCEITO E CLASSIFICAÇÃO DO BEM DE FAMÍLIA

Na busca do estabelecimento de um conceito para ilustrar o instituto, podemos compreender o bem de família como o *bem jurídico cuja titularidade se protege em benefício do devedor — por si ou como integrante de um núcleo existencial —, visando à preservação do mínimo patrimonial* para uma vida digna.

---

[2] Cf. a brilhante e indispensável obra *Bem de Família* do ilustrado amigo e Professor ÁLVARO VILLAÇA AZEVEDO (4. ed., RT, 1999, cap. 2). Nesse livro, que serviu como importante referencial para a elaboração deste capítulo, encontramos profundo estudo da matéria.

A proteção tem por base, em primeiro plano, o direito constitucional à moradia, tutelando, nessa linha, também, a própria família.

Todavia, como se verá, a proteção não se limita ao imóvel, isoladamente, mas também a outros bens, considerados acessórios, para a finalidade garantista declarada.

No sistema brasileiro, o bem de família se classifica em duas modalidades, a saber, o *bem de família voluntário* e o *bem de família legal*.

O primeiro é o originalmente previsto desde a codificação anterior.

Com efeito, nos termos do art. 70 do Código Civil de 1916, *bem de família é o prédio destinado pelos chefes de família ao exclusivo domicílio desta, mediante especialização no Registro Imobiliário, consagrando-lhe uma impenhorabilidade limitada e uma inalienabilidade relativa*.

Trata-se do *bem de família voluntário*, uma vez que a sua instituição decorre de ato de vontade dos cônjuges ou da entidade familiar, observando-se o procedimento previsto nos arts. 260 a 265 da Lei n. 6.015/73 (Lei de Registros Públicos).

O vigente Código Civil brasileiro manteve o instituto, trazendo um conceito legal expresso em seu art. 1.712, nos seguintes termos:

"Art. 1.712. O bem de família consistirá em prédio residencial urbano ou rural, com suas pertenças e acessórios, destinando-se em ambos os casos a domicílio familiar, e poderá abranger valores mobiliários, cuja renda será aplicada na conservação do imóvel e no sustento da família".

Paralelo a essa previsão, há o instituto do "bem de família legal", previsto na Lei n. 8.009/90, que independe da manifestação de vontade dos cônjuges ou da entidade familiar.

Nos próximos tópicos, faremos uma análise de cada uma dessas modalidades de bem de família.

Todavia, antes disso, parece-nos relevante tecer algumas considerações sobre a fundamentação normativa de ambas as formas.

Isso porque, sendo espécies de um mesmo gênero, parece-nos uma premissa lógica compreender o que une os institutos, antes de dissecar as suas diferenças.

4. FUNDAMENTAÇÃO NORMATIVA DO BEM DE FAMÍLIA

A par de garantir o constitucional direito à moradia, o bem de família também culmina por proteger o próprio núcleo familiar, preservando um patrimônio mínimo que garanta a sua dignidade[3].

Dessa afirmação, percebe-se, porém, de forma clara que, por certo, é o princípio da dignidade da pessoa humana que respalda ideologicamente a concepção de reserva de um bem a salvo dos interesses legítimos dos credores de verem satisfeitas suas pretensões.

Nessa linha, portanto, parece-nos que se impõe o reconhecimento de que a proteção da dignidade da pessoa humana, por meio da garantia do bem de família, não se limita ao núcleo familiar.

---

[3] Leitura obrigatória sobre o tema é a excelente obra de LUIZ EDSON FACHIN, *Estatuto Jurídico do Patrimônio Mínimo* (Rio de Janeiro: Renovar, 2001).

De fato, entendemos que a proteção do bem de família também se estende ao *imóvel do devedor solteiro*.

O conceito legal de entidade familiar não deve ser rígido a ponto de se coroar injustiças.

Com efeito, tal entendimento justifica decisões nas quais se invoca a proteção da lei, em situações nas quais não existe propriamente um casal ou uma entidade familiar (é o caso de irmãos solteiros[4]).

Aliás, à luz da regra de ouro do art. 5.º da Lei de Introdução às Normas do Direito Brasileiro (*"na aplicação da lei, o juiz atenderá aos fins sociais a que ela se dirige e às exigências do bem comum"*), não se pode aceitar que uma interpretação restritiva negue o benefício da lei aos componentes remanescentes de uma família, que, por infelicidade ou por força do próprio destino, acabou se desfazendo ao longo dos anos.

Dentro desse raciocínio, como negar o amparo ao devedor solteiro que resida com a sua tia, viúva, e que nunca se casou ou teve filhos? Não haveria uma comunidade de existência entre tia e sobrinho, digna de proteção?

Como se negar o benefício, e nesse ponto já há avanço na jurisprudência, à viúva cujos filhos já foram levados pela vida e que mora sozinha na sua casa, único bem que lhe restou?

Deverá ser posta para fora do seu último abrigo, para que a sociedade a ampare?

Nesse sentido, inatacáveis são as palavras do culto Min. Luiz Vicente Cernicchiaro:

"REsp — Civil — Imóvel — Impenhorabilidade — A Lei n. 8.009/90, art. 1.º, precisa ser interpretada consoante o sentido social do texto. Estabelece limitação à regra draconiana de o patrimônio do devedor responder por suas obrigações patrimoniais. O incentivo à casa própria busca proteger as pessoas, garantido-lhes o lugar para morar. Família, no contexto, significa instituição social de pessoas que se agrupam, normalmente por laços de casamento, união estável, ou descendência. Não se olvidem ainda os ascendentes. Seja o parentesco civil, ou natural. Compreende ainda a família substitutiva. Nessa linha, conservada a teleologia da norma, o solteiro deve receber o mesmo tratamento. Também o celibatário é digno dessa proteção. E mais. Também o viúvo, ainda que seus descendentes hajam constituído outras famílias, e como, normalmente acontece, passam a residir em outras casas. 'Data venia', a Lei n. 8.009/90 não está dirigida a número de pessoas. Ao contrário — à pessoa. Solteira, casada, viúva, desquitada, divorciada, pouco importa. O sentido social da norma busca garantir um teto para cada pessoa. Só essa finalidade, 'data venia', põe sobre a mesa a exata extensão da lei. Caso contrário, sacrificar-se-á a interpretação teleológica para prevalecer a insuficiente interpretação literal" (REsp 182.223/SP, rel. Min. Luiz Vicente Cernicchiaro, julgado em 19-8-1999, DJ 10-5-1999, p. 234, REPDJ 20-9-1999, p. 90, 6.ª Turma).

Tratando do bem de família voluntário, o vigente Código Civil resolve, em parte, a questão, pelo menos em relação à viuvez, uma vez que autoriza o cônjuge sobrevivente a pedir a extinção do bem de família[5], o que importa reconhecer que, *a contrario sensu*, a viuvez não importa na extinção automática do instituto.

---

[4] STJ, REsp 159.851/SP.

[5] "Art. 1.721. A dissolução da sociedade conjugal não extingue o bem de família. Parágrafo único. Dissolvida a sociedade conjugal pela morte de um dos cônjuges, o sobrevivente poderá pedir a extinção do bem de família, se for o único bem do casal."

A questão, porém, é muito mais complexa no caso dos filhos maiores solteiros sobreviventes, sendo de duvidosa constitucionalidade — pelos fundamentos já aqui expostos — a previsão do art. 1.722 do CC-2002[6].

Em nosso entender, é o direito constitucional à moradia, aliado ao macroprincípio de proteção à dignidade da pessoa humana, que deve ser considerado o fundamento normativo maior da proteção ao bem de família.

Por isso, merece aplauso a recente jurisprudência do Superior Tribunal de Justiça, que estende a eficácia protetiva do bem de família, independentemente do estado civil do devedor, como se extrai do seguinte precedente jurisprudencial:

"Processual — Execução — Impenhorabilidade — Imóvel — Residência — Devedor solteiro e solitário — Lei n. 8.009/90.

— A interpretação teleológica do art. 1.º, da Lei n. 8.009/90, revela que a norma não se limita ao resguardo da família. Seu escopo definitivo é a proteção de um direito fundamental da pessoa humana: o direito à moradia. Se assim ocorre, não faz sentido proteger quem vive em grupo e abandonar o indivíduo que sofre o mais doloroso dos sentimentos: a solidão.

— É impenhorável, por efeito do preceito contido no art. 1.º da Lei n. 8.009/90, o imóvel em que reside, sozinho, o devedor celibatário (EREsp 182.223/SP, Corte Especial, DJ 7-4-2003)" (REsp 450.989/RJ, rel. Min. Humberto Gomes de Barros, julgado em 13-4-2004, DJ 7-6-2004, p. 217, 3.ª Turma).

A matéria, inclusive, foi pacificada com a edição da Súmula 364 do Superior Tribunal de Justiça, que preceitua, *in verbis*:

"Súmula 364. O conceito de impenhorabilidade de bem de família abrange também o imóvel pertencente a pessoas solteiras, separadas e viúvas".

Sem a menor sombra de dúvida, parece-nos a melhor diretriz sobre o tema.

Passemos, agora, a compreender especificamente a disciplina jurídica de cada uma das modalidades de bem de família, iniciando-se pelo bem de família voluntário.

5. DISCIPLINA JURÍDICA DO BEM DE FAMÍLIA VOLUNTÁRIO

A modalidade tradicional de bem de família é a decorrente da autonomia da vontade.

É o chamado "bem de família voluntário", por conta de ser instituído por "ato de vontade", do próprio casal ou da entidade familiar, mediante registro.

Sobre ele, cumpre salientar que somente poderá instituir o bem de família aquele que tenha patrimônio suficiente para a garantia de débitos anteriores (solvente), sob pena de invalidade.

Aliás, poderá caracterizar *fraude contra credores* a situação em que o devedor, para livrar de futura execução ou arresto bem imóvel do seu patrimônio, destina-o à função de

---

[6] "Art. 1.722. Extingue-se, igualmente, o bem de família com a morte de ambos os cônjuges e a maioridade dos filhos, desde que não sujeitos a curatela."

domicílio familiar (bem de família), tendo em vista que é justamente o patrimônio do devedor a garantia comum dos seus credores, somente sendo aceitável a validade de tal instituição para as dívidas constituídas posteriormente.

5.1. Características do bem de família voluntário

Devidamente instituído, o bem de família voluntário tem por efeito determinar a:

a) impenhorabilidade (limitada) do imóvel residencial — isentando-o de dívidas futuras, salvo as que provierem de impostos relativos ao mesmo prédio (IPTU, ITR, *v.g.*) ou de despesas de condomínio (art. 1.715, CC/2002[7]);

b) inalienabilidade (relativa) do imóvel residencial — uma vez que, após instituído, não poderá ter outro destino ou ser alienado, senão com o expresso consentimento dos interessados e seus representantes legais (mediante alvará judicial, ouvido o MP, havendo participação de incapazes) (art. 1.717, CC/2002[8]).

Tais características aplicar-se-ão, *mutatis mutandis*, à modalidade legal de bem de família, conforme se verá em tópico próprio deste capítulo[9].

5.2. Constituição do bem de família voluntário

O legislador autorizou ainda a instituição do bem de família, não apenas pelo *casal*, mas também pela *entidade familiar* (união estável, família monoparental), e por terceiro (este, por testamento ou doação, poderá instituir o bem de família, dependendo a eficácia da cláusula da aceitação expressa de ambos os cônjuges ou da entidade familiar beneficiada).

Tal instituição, na forma do art. 1.714, CC/2002[10], deve se dar pelo registro do título no Registro de Imóveis.

Note-se que o Código Civil de 2002 criou uma limitação objetiva ao proibir que a instituição do bem de família voluntário — *consistente em prédio urbano ou rural, com suas pertenças e acessórios, destinando-se a domicílio familiar, podendo abranger valores mobiliários, cuja renda deve ser aplicada na conservação do imóvel e sustento da família* (conforme visto no já transcrito art. 1.712) — *ultrapasse um terço do patrimônio líquido do casal ou da entidade instituidora*[11]. Neste caso, deverão os instituidores declarar ao Oficial de Registro,

---

[7] "Art. 1.715. O bem de família é isento de execução por dívidas posteriores à sua instituição, salvo as que provierem de tributos relativos ao prédio, ou de despesas de condomínio.

Parágrafo único. No caso de execução pelas dívidas referidas neste artigo, o saldo existente será aplicado em outro prédio, como bem de família, ou em títulos da dívida pública, para sustento familiar, salvo se motivos relevantes aconselharem outra solução, a critério do juiz".

[8] "Art. 1.717. O prédio e os valores mobiliários, constituídos como bem da família, não podem ter destino diverso do previsto no art. 1.712 ou serem alienados sem o consentimento dos interessados e seus representantes legais, ouvido o Ministério Público".

[9] Confira-se o tópico 6 ("Disciplina Jurídica do Bem de Família Legal") deste capítulo.

[10] "Art. 1.714. O bem de família, quer instituído pelos cônjuges ou por terceiro, constitui-se pelo registro de seu título no Registro de Imóveis".

[11] "Art. 1.711. Podem os cônjuges, ou a entidade familiar, mediante escritura pública ou testamento, destinar parte de seu patrimônio para instituir bem de família, desde que não ultrapasse um terço do

sob as penas da lei civil e criminal, não haver sido desrespeitado o limite legal, sob pena inclusive de invalidade do ato.

Em relação aos valores mobiliários (rendimentos que mantenham ou ajudem a conservar o imóvel) declarados como bem de família, preceitua o art. 1.713, CC/2002 (sem equivalente na codificação anterior):

"Art. 1.713. Os valores mobiliários, destinados aos fins previstos no artigo antecedente, não poderão exceder o valor do prédio instituído em bem de família, à época de sua instituição.

§ 1.º Deverão os valores mobiliários ser devidamente individualizados no instrumento de instituição do bem de família.

§ 2.º Se se tratar de títulos nominativos, a sua instituição como bem de família deverá constar dos respectivos livros de registro.

§ 3.º O instituidor poderá determinar que a administração dos valores mobiliários seja confiada a instituição financeira, bem como disciplinar a forma de pagamento da respectiva renda aos beneficiários, caso em que a responsabilidade dos administradores obedecerá às regras do contrato de depósito".

Quanto aos seus efeitos, já mencionados acima, consagraram-se uma *impenhorabilidade limitada* e *uma inalienabilidade relativa*.

É *impenhorável*, pois se exclui o bem de família da execução por dívidas posteriores à sua instituição, ressalvadas as que provierem de *tributos ou despesas condominiais relativas ao mesmo prédio*. Em caso de execução por tais dívidas (tributárias ou condominiais), o saldo existente será aplicado em outro prédio, como bem de família, ou em títulos da dívida pública, para sustento familiar, salvo se motivos relevantes aconselharem outra solução, a critério do juiz (art. 1.715, CC/2002). Tal isenção durará enquanto viverem os cônjuges ou até que os filhos completem a maioridade (art. 1.716, CC/2002[12]).

É também *inalienável*, destinando-se exclusivamente ao domicílio e sustento familiar, só podendo, em caráter excepcional, judicialmente comprovada a necessidade, ser alienado com o consentimento dos interessados e seus representantes legais, ouvido o Ministério Público a teor do art. 1.717, CC/2002.

---

patrimônio líquido existente ao tempo da instituição, mantidas as regras sobre a impenhorabilidade do imóvel residencial estabelecida em lei especial.

Parágrafo único. O terceiro poderá igualmente instituir bem de família por testamento ou doação, dependendo a eficácia do ato da aceitação expressa de ambos os cônjuges beneficiados ou da entidade familiar beneficiada".

Claro está, todavia, caro leitor, que essa limitação de valor deve se aplicar ao bem de família voluntário instituído a partir da entrada em vigor do Código Civil de 2002, em respeito ao ato jurídico perfeito.

[12] "Art. 1.716. A isenção de que trata o artigo antecedente durará enquanto viver um dos cônjuges, ou, na falta destes, até que os filhos completem a maioridade".

5.3. Extinção do bem de família voluntário

Vale referir que o art. 1.719, CC/2002[13], muito mais atento à dignidade da pessoa humana do que amarrado a regras formalísticas, autoriza a *extinção ou sub-rogação* do bem instituído por outro se, a requerimento do interessado, o juiz concluir que tal medida é necessária à mantença da família.

A administração do bem de família competirá a ambos os cônjuges (casamento), aos companheiros (união estável) ou ao pai ou à mãe, cabeça da prole (família monoparental)[14]. Seguindo a ordem legal, na falta de quaisquer destes, a administração tocará ao filho mais velho, se for maior, e se não for, ao tutor (art. 1.720, CC/2002[15]).

A dissolução da sociedade conjugal não extingue o bem de família, ressalvada a hipótese de morte de um dos cônjuges, eis que, nesse caso, poderá o sobrevivente requerer a extinção do bem de família, se for o único bem do casal (art. 1.721, CC/2002).

Vale destacar que, na forma do art. 1.718, CC/2002, qualquer *"forma de liquidação da entidade administradora, a que se refere o § 3.º do art. 1.713, não atingirá os valores a ela confiados, ordenando o juiz a sua transferência para outra instituição semelhante, obedecendo-se, no caso de falência, ao disposto sobre pedido de restituição"*.

Finalmente, extingue-se, em caráter definitivo, se sobrevier a morte de ambos os cônjuges, dos companheiros ou do cabeça da família monoparental, e os filhos atingirem a maioridade, desde que não estejam sob curatela (art. 1.722, CC/2002).

Por tudo que se disse, pesa reconhecer que essa forma voluntária de instituição do bem de família, bem pondera SILVIO RODRIGUES, "não alcançou maior sucesso entre nós"[16].

Talvez pelo fato, como afirma ÁLVARO VILLAÇA AZEVEDO, de o Estado, por força do Código Civil, haver "transferido para o particular encargo de tamanho realce"[17], qual seja, a proteção do imóvel residencial onde a família reside.

Essas as razões pelas quais, ao lado da *instituição voluntária do bem de família*, convive, amparado pela Lei n. 8.009 de 29 de março de 1990 (resultado da conversão da Medida Provisória n. 143/90), o denominado *bem de família legal*.

É o tema do próximo tópico.

---

[13] "Art. 1.719. Comprovada a impossibilidade da manutenção do bem de família nas condições em que foi instituído, poderá o juiz, a requerimento dos interessados, extingui-lo ou autorizar a sub-rogação dos bens que o constituem em outros, ouvidos o instituidor e o Ministério Público".

[14] Embora a lei não seja expressa a esse respeito, entendemos que, ao autorizar a instituição do bem de família à *entidade familiar*, estendeu o benefício não apenas à união estável mas também à família monoparental, cuja definição é traçada no art. 226, parágrafo quarto, da Magna Carta: *"Entende-se, também, como entidade familiar a comunidade formada por qualquer dos pais e seus filhos"*. Sobre o tema, confira-se o Capítulo XXII ("Família Monoparental") deste volume.

[15] "Art. 1.720. Salvo disposição em contrário do ato de instituição, a administração do bem de família compete a ambos os cônjuges, resolvendo o juiz em caso de divergência.

Parágrafo único. Com o falecimento de ambos os cônjuges, a administração passará ao filho mais velho, se for maior, e, do contrário, a seu tutor".

[16] Silvio Rodrigues, ob. cit., p. 154.

[17] Álvaro Villaça Azevedo, ob. cit., p. 95.

6. DISCIPLINA JURÍDICA DO BEM DE FAMÍLIA LEGAL

Essa espécie legal traduz a *impenhorabilidade* "do imóvel residencial próprio do casal, ou da entidade familiar, isentando-o de dívida civil, comercial, fiscal, previdenciária ou de qualquer natureza, contraída pelos cônjuges ou pelos pais ou filhos que sejam seus proprietários e nele residam, ressalvadas as hipóteses previstas em lei"[18].

Tal isenção *"compreende o imóvel sobre o qual se assentam a construção, as plantações, as benfeitorias de qualquer natureza e todos os equipamentos, inclusive os de uso profissional, ou móveis que guarneçam a casa, desde que quitados"* (art. 1.º, parágrafo único, Lei n. 8.009 de 1990)[19].

Adotando a mesma diretriz do Código de 2002, a lei protege, além do próprio devedor solteiro, não só a família casamentária mas também as entidades familiares.

---

[18] Caso o imóvel residencial esteja locado, a renda gerada (aluguel), indispensável para o sustento do devedor e de sua família, merece amparo legal, segundo o STJ: "Bem de família — Imóvel locado — Impenhorabilidade — Interpretação teleológica da Lei n. 8.009/90. O fato de o único imóvel residencial vir a ser alugado não o desnatura como bem de família, quando comprovado que a renda auferida destina-se à subsistência da família. Recurso especial provido" (REsp 439.920/SP, rel. Min. Castro Filho, julgado em 11-11-2003, DJ 9-12-2003 p. 280, 3.ª Turma). "Processual civil. Execução por título extrajudicial. Bem de família. Imóvel locado. Penhora. Jurisprudência do STJ. Impossibilidade. Provimento. I. A orientação predominante nesta Corte é no sentido de que a impenhorabilidade prevista na Lei n. 8.009/90 se estende ao único imóvel do devedor, ainda que este se ache locado a terceiros, por gerar frutos que possibilitam à família constituir moradia em outro bem alugado ou utilizar o valor obtido com a locação desse bem como complemento da renda familiar. II. Recurso especial conhecido e provido" (REsp 714.515/SP, rel. Min. Aldir Passarinho Junior, julgado em 10-11-2009, *DJe* 7-12-2009, 4.ª Turma).

[19] O STJ tem relativizado esta regra para, em situações especiais, admitir o desmembramento do imóvel para efeito de penhora: "A impenhorabilidade da residência, prevista em lei, não se presta para proteger área de lazer da casa. Por isso, um devedor da Caixa Econômica Federal (CEF) terá penhorados os lotes em que foram construídas a piscina e a churrasqueira, ao lado da casa. A decisão é da Terceira Turma do Superior Tribunal de Justiça (STJ), baseada em voto do ministro Humberto Gomes de Barros. O proprietário do imóvel, que fica na cidade de Timbó (SC), contestou judicialmente a penhora da CEF. A dívida, à época da contestação, em 1996, estava em R$ 14,5 mil. Ele sustentou que os cinco lotes em que reside constituiriam um todo, com benfeitorias e construções onde mora com a família. Daí, a alegação de que os 2.713,5 m² estariam protegidos da penhora, conforme a Lei n. 8.009/1990, que protege o bem de família. Além da casa propriamente dita, a área comporta, sem separação de muros, piscina, churrasqueira, horta, quadra de vôlei e pomar. O executado obteve sucesso na primeira instância, e a execução foi suspensa. A CEF apelou ao Tribunal Regional Federal da 4.ª Região (TRF/4), mas o posicionamento foi mantido. Para o TRF/4, o padrão do imóvel não exerceria qualquer influência sobre sua impenhorabilidade, já que a lei que trata do tema "não fez distinção entre residências grandes ou pequenas, luxuosas ou modestas, exigindo apenas que sejam utilizadas como moradia permanente da entidade familiar". O banco recorreu, então, ao STJ, onde o processo foi relatado pelo ministro Gomes de Barros. A CEF argumentou que a residência ocupa mais de um lote, e em dois deles estariam localizadas a piscina e a churrasqueira, construções que se enquadrariam em exceções previstas na lei e passíveis de penhora. O relator acolheu a argumentação. O ministro Gomes de Barros destacou que a lei não tem o propósito de permitir que o devedor se locuplete injustamente do benefício da impenhorabilidade, sendo que tal benefício deve ser temperado. No caso, os lotes, embora contíguos, constituiriam imóveis distintos, sendo possível o desmembramento e a penhora". Fonte: <http://www.stj.gov.br/portal_stj/publicacao/engine.wsp?tmp.area=398&tmp.texto=84149&tmp.area_anterior=44&tmp.argumento_pesquisa=bem%20de%20família>. Acesso em: 14 fev. 2009.

Essa impenhorabilidade — *note que a lei não trata da inalienabilidade do bem* — compreende, como dito, além do imóvel em si, *"as construções, plantações, benfeitorias de qualquer natureza e todos os equipamentos, inclusive os de uso profissional, ou móveis que guarnecem a casa, ressalvados, nesse último caso, os veículos de transporte, obras de arte e adornos suntuosos"* (arts. 1.º e 2.º)[20].

E, diferentemente do *voluntário*, estudado linhas acima, a proteção do *bem de família legal* é imediata, ou seja, deriva diretamente da própria lei, independentemente de instituição em cartório e registro[21].

Não ficam fora do seu amparo legal *o locatário, que terá impenhorável não o imóvel, que não lhe pertence, mas os seus bens móveis que guarnecem a residência, desde que quitados* (art. 2.º). Aliás, interpretando extensivamente a norma, a doutrina estende a proteção legal ao *comodatário, ao usufrutuário e ao promitente-comprador* que estejam em situação semelhante à do inquilino[22].

Amplo debate jurisprudencial gira em torno da extensão da norma protetiva aos bens móveis.

Que bens estariam ao amparo da lei? Quais estariam fora? A geladeira, o computador, o forno de micro-ondas estariam protegidos de uma penhora determinada no curso da execução judicial?

Têm sido considerados *impenhoráveis*, por força da Lei n. 8.009/90, os seguintes bens: *a garagem do apartamento residencial* [23], *o freezer, máquinas de lavar e secar roupas, o teclado musical* [24], *o computador* [25], *o televisor, o videocassete, o ar condicionado* e, até mesmo, *a antena parabólica*[26].

O norte para a interpretação sobre a qualificação como bem de família não deve se limitar apenas ao indispensável para a subsistência, mas, sim, ao necessário para uma vida familiar digna, sem luxo, o que tem encontrado amparo na jurisprudência pátria.

---

[20] Sobre a garagem, tem decidido o STJ: "Agravo regimental. Bem de família. Vaga autônoma de garagem. Penhorabilidade. 1. Está consolidado nesta Corte o entendimento de que a vaga de garagem, desde que com matrícula e registro próprios, pode ser objeto de constrição, não se lhe aplicando a impenhorabilidade da Lei n. 8.009/90. 2. Agravo regimental desprovido" (AgRg no Ag 1058070/RS, rel. Min. Fernando Gonçalves, julgado em 16-12-2008, DJe 2-2-2009, 4.ª Turma).

[21] Isso sem mencionar que sobre o *bem de família legal* não pesa o limite imposto pelo art. 1.711 à modalidade voluntária, no sentido de não se poder ultrapassar o teto de 1/3 do patrimônio líquido dos instituidores. Inegáveis, pois, as suas vantagens. Com isso, todavia, não se conclua inexistir, por completo, interesse na instituição voluntária do bem de família, eis que o parágrafo único do art. 5.º da própria Lei n. 8.009 de 1990 preceitua: "na hipótese de o casal, ou entidade familiar, ser possuidor de vários imóveis utilizados como residência, a impenhorabilidade recairá sobre o de menor valor, *salvo se outro tiver sido registrado, para esse fim, no Registro de Imóveis*" (grifos nossos).

[22] Álvaro Villaça de Azevedo, ob. cit., p. 174.

[23] STJ, REsp 222.012/SP.

[24] Aqui, em belíssimo voto, o Min. Sálvio de Figueiredo pontifica: "parece-me mais razoável que, em uma sociedade marcadamente violenta como a atual, seja valorizada a conduta dos que se dedicam aos instrumentos musicais, sobretudo sem o objetivo de lucro, por tudo que a música representa, notadamente em um lar e na formação dos filhos, a dispensar maiores considerações. Ademais, não seria um mero teclado musical que iria contribuir para o equilíbrio das finanças de um banco" (STJ, 218.882/SP).

[25] STJ, 15.002-1/MG.

[26] STJ, 126.479/MS.

7. EXCEÇÕES À IMPENHORABILIDADE DO BEM DE FAMÍLIA

A *impenhorabilidade*, como dispõe o art. 3.º da Lei n. 8.009/90, é oponível "em qualquer processo de execução civil, fiscal, previdenciária, trabalhista, ou de outra natureza", *salvo se movido (exceções à impenhorabilidade legal)*[27]:

a) em razão de créditos de trabalhadores da própria residência (trabalhadores domésticos ou contratados diretamente para pequenas reformas pelo dono do imóvel) e das respectivas contribuições previdenciárias[28];

---

[27] Em nosso sentir, por seu conteúdo acentuadamente cogente, e em se considerando ainda a parte final do art. 1.711 (que refere e mantém as normas especiais do bem de família legal), tais exceções devem ser aplicadas também ao bem de família voluntário, até mesmo pela natureza dos interesses tutelados neste referido art. 3.º. Note-se que, mesmo tratando de exceções à impenhorabilidade do bem de família, a sua interpretação ampliativa, neste caso, se faz necessária, em respeito à proteção especial que foi conferida aos créditos ali descritos. Raciocinar em sentido contrário seria prestigiar a proteção do bem de família voluntário, em detrimento do bem de família legal, o que, definitivamente, não parece ter sido a *ratio* da norma no caso concreto. Isso sem mencionar que, se assim não fosse, ao menos em tese, seria simples fraudar o sistema, instituindo-se voluntariamente o bem de família, antes de se estabelecer as relações jurídicas creditícias que autorizam a invocação da exceção... Soaria estapafúrdio imaginar que o devedor de alimentos, por exemplo, pretendendo descumprir voluntariamente sua obrigação, pudesse impunemente instituir tal modalidade de bem de família, em prejuízo do alimentando, sendo ausente tal proteção no bem de família legal.

[28] Quanto a esta exceção à impenhorabilidade legal (créditos de trabalhadores da própria residência e respectivas contribuições previdenciárias), merece transcrição interessante trecho de ementa de julgado do STJ: "Processual civil. Bem impenhorável. Artigo 3.º, Inciso I da Lei n. 8.009/90. Mão de obra empregada na construção de obra. Interpretação extensiva. Impossibilidade. 1. A impenhorabilidade do bem de família, oponível na forma da lei à execução fiscal previdenciária, é consectário do direito social à moradia. 2. Consignada a sua eminência constitucional, há de ser restrita a exegese da exceção legal. 3. Consectariamente, não se confundem os serviçais da residência, com empregados eventuais que trabalham na construção ou reforma do imóvel, sem vínculo empregatício, como o exercido pelo diarista, pedreiro, eletricista, pintor, vale dizer, trabalhadores em geral. 4. A exceção prevista no artigo 3.º, inciso I, da Lei n. 8.009, de 1990, deve ser interpretada restritivamente. 5. Em consequência, na exceção legal da 'penhorabilidade' do bem de família não se incluem os débitos previdenciários que o proprietário do imóvel possa ter, estranhos às relações trabalhistas domésticas. 6. É cediço em sede doutrinária que: 'Os trabalhadores a que a Lei se refere são aqueles que exercem atividade profissional na residência do devedor, incluídos nessa categoria os considerados empregados domésticos — empregados mensalistas, governantas, copeiros, mordomos, cozinheiros, jardineiros e mesmo faxineiras diaristas se caracterizado o vínculo empregatício, bem como os motoristas particulares dos membros da família. Não se enquadram nessa categoria pessoas que, embora realizem atividade profissional na residência do devedor, não são seus empregados, exercendo trabalho autônomo ou vinculado a empregador. Nesse contexto estão os pedreiros, pintores, marceneiros, eletricistas, encanadores, e outros profissionais que trabalham no âmbito da residência apenas em caráter eventual. Também não estão abrangidos pela exceção do inc. I, os empregados dos condomínios residenciais — entre os quais, porteiros, zeladores, manobristas — por não trabalharem propriamente no âmbito das residências, e, principalmente, porque são contratados pelo próprio condomínio, representado pelo síndico ou por empresas administradoras'. (comentários de Rita de Cássia Corrêa de Vasconcelos em artigo de revista intitulado 'A impenhorabilidade do Bem de Família e as novas entidades familiares'). Destaque-se ainda a posição do professor Rainer Czajkowski, no sentido que 'quanto aos débitos previdenciários, previstos na segunda parte do inc. I, a referência é às contribuições devidas para a Previdência Social, pública, no tocante aos débitos daquelas relações trabalhistas domésticas. Não se incluem na exceção cobranças de empresas de previdência privada, e nem outros

b) pelo titular do crédito decorrente do financiamento destinado à construção ou à aquisição do imóvel, no limite dos créditos e acréscimos constituídos em função do respectivo contrato;

c) pelo credor de pensão alimentícia;

d) para a cobrança de impostos, predial ou territorial, taxas e contribuições devidas em função do imóvel familiar[29];

e) para a execução de hipoteca sobre o imóvel, oferecido como garantia real pelo casal ou pela entidade familiar[30];

---

débitos previdenciários que o proprietário do imóvel possa ter estranhos às relações trabalhistas domésticas (in 'A Impenhorabilidade do Bem de Família — Comentários à Lei n. 8.009/90', 4.ª ed., Editora Juruá, p. 153) (...) 9. Voto pelo improvimento do recurso especial interposto pelo Instituto Nacional de Seguridade Social, divergindo do Relator". (REsp 644.733/SC, rel. Min. Francisco Falcão, rel. p/ Acórdão Min. Luiz Fux, julgado em 20-10-2005, DJ 28-11-2005, p. 197, 1.ª Turma).

[29] Comentando essa norma, transcrevemos trecho da palestra proferida pelo Professor Pablo Stolze, no "II Fórum Brasil de Direito", realizado no Centro de Convenções de Salvador-BA, nos dias 30-05 a 1.º-6 de 2001: "Primeiramente, é bom que se diga que os impostos cujos fatos geradores nada tenham que ver com o imóvel — como o IR e o ISS — não autorizam a Fazenda Pública a solicitar a penhora do bem de família. A exceção diz respeito a tributos como o ITR e o IPTU, bem como a taxas e contribuições de melhoria relativas ao imóvel residencial. Respeitável plêiade de juristas, todavia, entende que a cobrança de taxa de condomínio, enquadrável na categoria de 'obrigação *propter rem*', alinha-se junto às hipóteses de exceção à proteção legal do bem de família, de maneira que o condômino inadimplente poderá ter a sua unidade habitacional penhorada para efeito de pagamento de despesa condominial. Apesar disso, tenho as minhas dúvidas a respeito do alcance da norma. Da forma como vem redigida a norma legal (permitindo a penhora para a cobrança de impostos, taxas e contribuições devidas em razão do imóvel), quase que transcrevendo os termos do Código Tributário Nacional, parece-me que a 'taxa' referida na regra legal é espécie de tributo, de natureza estatal, donde se conclui não se tratar de taxa de condomínio. Tenho absoluta certeza de que o legislador quis se referir à cobrança de tributos, para elencar esta exceção à regra da impenhorabilidade legal do bem de família. Aliás, por se tratar de exceção, inadmissível a interpretação extensiva para se aplicar a norma à situação não prevista em lei. Mas a situação não é pacífica, uma vez que, no próprio Superior Tribunal de Justiça, as duas correntes de pensamento suprarreferidas se digladiam: 'o inc. IV do art. 3.º, da Lei n. 8.009/90 não compreende as despesas ordinárias de condomínio' — por sua 4.ª Turma, rel. Min. Fontes de Alencar (1994 — RSTJ 67/488); 'é passível de penhora o imóvel residencial da família quando a execução se referir a contribuições condominiais sobre ele incidentes' — também por sua 4.ª Turma, rel. Min. Barros Monteiro (1997 — REsp 150.379/MG). Se o sujeito está à beira da insolvência, sem outros bens que garantam a sua dívida, a penhora do seu único imóvel — onde residem ele e seus sete filhos, mulher e sogra — entraria em rota de colisão com a finalidade social e habitacional da lei. A prevalecer entendimento contrário, não se estaria desrespeitando, ainda que por via oblíqua, o sagrado e constitucional *direito à moradia*, recentemente inserido no art. 6.º da Carta Constitucional, por força da EC n. 26, de 14-2-2001? Quem sabe, por caridade, o síndico, após desalojar o devedor, tenha a bondade de contratá-lo como zelador, se é que ele não tentou suicídio...". A par desse entendimento, a jurisprudência mais recente tem admitido a penhora do imóvel por débito condominial (RE 439.003/SP, STF).

[30] Vale advertir, todavia, que o STJ tem permitido ao devedor — que tenha indicado bem de família a penhora — "voltar atrás" e invocar, *a posteriori*, a defesa da impenhorabilidade: "Processual civil e tributário. Execução fiscal. Bem de família oferecido à penhora. Renúncia ao benefício assegurado pela Lei. n. 8.009/90. Impossibilidade. 1. A indicação do bem de família à penhora não implica em renúncia ao benefício conferido pela Lei n. 8.009/90, máxime por tratar-se de norma cogente que

f) por ter sido adquirido com produto de crime ou para a execução de sentença penal condenatória a ressarcimento, indenização ou perdimento de bens;

g) por obrigação decorrente de fiança concedida em contrato de locação.

A Lei n. 8.245/91 (Lei do Inquilinato) acrescentou o inciso VII ao art. 3.º da Lei n. 8.009/90, estabelecendo mais uma exceção à impenhorabilidade legal do bem de família: a obrigação decorrente de fiança em contrato de locação.

Em outras palavras: *se o fiador for demandado pelo locador, visando à cobrança dos aluguéis atrasados, poderá o seu único imóvel residencial ser executado, para a satisfação do débito do inquilino.*

Não ignorando que o fiador possa se obrigar solidariamente, o fato é que, na sua essência, *a fiança é um contrato meramente acessório*, pelo qual um terceiro (fiador) assume a obrigação de pagar a dívida, se o devedor principal não o fizer.

Mas seria razoável garantir o cumprimento dessa obrigação (essencialmente acessória) do fiador com o seu único bem de família? Seria tal norma constitucional?

Partindo-se da premissa de que as obrigações do locatário e do fiador têm a mesma base jurídica — o contrato de locação — *não é justo que o garantidor responda com o seu bem de família, quando a mesma exigência não é feita para o locatário.* Isto é, se o inquilino, fugindo de suas obrigações, viajar para o interior da Bahia e *comprar um único imóvel residencial*, este seu bem será *impenhorável*, ao passo que o fiador continuará respondendo com o seu próprio *bem de família* perante o locador que não foi pago.

---

contém princípio de ordem pública, consoante a jurisprudência assente neste STJ. 2. Dessarte, a indicação do bem à penhora não produz efeito capaz de elidir o benefício assegurado pela Lei n. 8.009/90. Precedentes: REsp 684.587/TO, rel. Min. Aldir Passarinho Junior, DJ 13-3-2005; REsp 242.175/PR, rel. Min. Ruy Rosado de Aguiar, DJ 8-5-2000, 4.ª Turma; REsp 205.040/SP, rel. Min. Eduardo Ribeiro, DJ 15-4-1999, 3.ª Turma). 3. As exceções à impenhorabilidade devem decorrer de expressa previsão legal. 4. Agravo Regimental provido para dar provimento ao Recurso Especial" (AgRg no REsp 813.546/DF, rel. Min. Francisco Falcão, rel. p/ Acórdão Min. Luiz Fux, julgado em 10-4-2007, DJ 4-6-2007, p. 314, 1.ª Turma). "Processual civil. Execução. Embargos. Recurso especial. Prequestionamento insuficiente. Súmula 211-STJ. Bem de família. Único bem. Renúncia incabível. Proteção legal. Norma de ordem pública. Lei n. 8.009/90. I. 'Inadmissível recurso especial quanto à questão que, a despeito da oposição de embargos declaratórios, não foi apreciada pelo tribunal *a quo*' — Súmula 211-STJ. II. A proteção legal conferida ao bem de família pela Lei n. 8.009/90 não pode ser afastada por renúncia ao privilégio pelo devedor, constituindo princípio de ordem pública, prevalente sobre a vontade manifestada, que se tem por viciada *ex vi legis*. III. Recurso especial não conhecido" (REsp 805.713/DF, rel. Min. Aldir Passarinho Junior, julgado em 15-3-2007, DJ 16-4-2007, p. 210, 4.ª Turma). "Agravo regimental no recurso especial. Bem de família. Impenhorabilidade. Renúncia. Precedentes. Não perde o benefício da impenhorabilidade quem indica bem de família à penhora, pois a proteção da Lei n. 8.009/90 não tem por alvo o devedor, mas a entidade familiar, que goza de amparo especial da Carta Magna. Agravo regimental a que se nega provimento" (AgRg no Ag 426.422/PR, rel. Min. Paulo Furtado (Desembargador convocado do TJ/BA), julgado em 27-10-2009, *DJe* 12-11-2009, 3.ª Turma). Tal posicionamento jurisprudencial é, realmente, polêmico e merece reflexões, pois, afigura-se como se, nesses casos, a Corte não visualizasse afronta à regra que proíbe o comportamento contraditório (*venire contra factum proprium*).

À luz do Direito Civil Constitucional — pois não há outra forma de pensar modernamente o Direito Civil —, parece-nos forçoso concluir que tal dispositivo de lei *viola o princípio da isonomia,* insculpido no art. 5.º, da CF, uma vez que *trata de forma desigual locatário e fiador,* embora as obrigações de ambos tenham a mesma causa jurídica: o contrato de locação[31].

Infelizmente, todavia, o Supremo Tribunal Federal já firmou, em precedente jurisprudencial, a possibilidade da penhora, conforme se verifica da seguinte ementa:

> "Agravo Regimental no Recurso Extraordinário. Penhora. Fiador. Bem de Família. Legitimidade. 1. O Plenário do Supremo Tribunal Federal, ao julgar o RE n. 407.688, decidiu pela possibilidade de penhora do bem de família de fiador, sem violação do art. 6.º da Constituição do Brasil. Agravo regimental a que se nega provimento" (RE-AgR 477.953/SP Ag.Reg. no Recurso Extraordinário, rel. Min. Eros Grau, julgado em 28-11-2006, 2.ª Turma).

Tendendo tal precedente a se consolidar, a disciplina judiciária imporá a sua observância.

8. DIREITO INTERTEMPORAL E A TUTELA DO BEM DE FAMÍLIA

Por fim, como derradeiro tópico deste capítulo, vale expor rápidas linhas sobre tema de direito intertemporal e a tutela do bem de família.

Isso porque houve discussão, no passado, sobre a eficácia temporal das normas instituidoras do bem de família.

A questão fundamental era: com a instituição do bem de família, o que dizer das penhoras realizadas anteriormente?

Sobre o tema, é bom que se diga já haver entendimento sumulado (STJ) no sentido de que: "A Lei n. 8.009, de 29 de março de 1990, aplica-se à penhora realizada antes de sua vigência".

Vale dizer: *o devedor poderá invocar a proteção legal, mesmo se a penhora de seu imóvel residencial houver sido ordenada antes de 1990.* Não há, pois, nesse caso, direito adquirido do credor para levar o bem à hasta pública (Súmula 205, STJ).

Isso porque a norma instituidora do bem de família legal é cogente, calcada na preservação de interesses maiores do que a mera satisfação individual de crédito, qual seja, a tutela da dignidade humana, com a preservação do patrimônio mínimo do indivíduo.

---

[31] Esse é o pensamento de SÉRGIO ANDRÉ ROCHA GOMES DA SILVA, em seu excelente artigo "Da inconstitucionalidade da penhorabilidade do bem de família por obrigação decorrente de fiança em contrato de locação", publicado na *Revista de Direito Privado,* v. 2, abril-junho de 2000, Ed. Revista dos Tribunais.

Capítulo XIX
União Estável

Sumário: 1. Introdução. 2. A saga da união estável no Brasil: do concubinato proibido à valorização constitucional. 2.1. Rejeição (ausência de tutela). 2.2. Tolerância (tutela de natureza previdenciária). 2.3. Aceitação como fato social (tutela de natureza obrigacional). 2.4. Valorização (prestígio constitucional). 3. A Constituição Federal de 1988 e a união estável. 3.1. Considerações terminológicas. 3.2. A inexistência de hierarquia entre modalidades de família. 4. Conceito de união estável. 5. Breve notícia do tratamento da matéria no Direito estrangeiro. 6. Tratamento jurídico da matéria antes do Código Civil de 2002. 7. Conceito de união estável no Código Civil de 2002 e seus elementos caracterizadores. 7.1. Dualidade de sexos. 7.2. Elementos caracterizadores essenciais. 7.2.1. Publicidade. 7.2.2. Continuidade. 7.2.3. Estabilidade. 7.2.4. Objetivo de constituição de família. 7.3. Elementos caracterizadores acidentais (tempo, prole e coabitação). 8. Impedimentos para a configuração da união estável. 9. Efeitos pessoais da união estável: direitos e deveres dos companheiros. 10. Efeitos patrimoniais da união estável: regime de bens. 11. Conversão da união estável em casamento. 12. Estatuto das Famílias e a união estável.

1. INTRODUÇÃO

O casamento, certamente, jamais perderá a sua importância jurídica.

É instituto fundamental do Direito de Família, que se impôs perante o Estado, mesmo nos regimes políticos mais fechados.

Mesmo após a sua oficialização, não perdeu o seu espaço nos planos jurídico e social.

Aliás, em questões atinentes ao matrimônio, até os Estados de regimes socialistas mais exacerbados não o sufocaram, como observa ANTON MENGER, na monumental obra *O Direito Civil e os Pobres*:

> "Esta imparcialidad de la legislación ante el matrimonio, ha hecho que semejante instituición haya sido relativamente poco combatido por el socialismo. Dado el modo de juzgar las cosas, propio del socialismo, que se dirige à una radical transformación de la propiedad privada, à primeira vista parecía que debía esperarse que rechasaze también la segunda instituición fundamental del Derecho Privado: el matrimonio. Realmente, de las tres instituiciones fundamentales de nuestra sociedad civil: propiedad privada, religión y matrimonio, llamadas por Robert Owen la Trinidad de la desgracia (Trinity of Curse), la más combatida por la corriente socialista es la propiedad; la religión es menos, y el matrimonio menos todavía. Este hecho puede servir para confirmar la verdad antes indicada, de que los antagonismos sociales del presente, no han sido provocados sólo por las idéias fundamentales de nuestro orden del derecho privado, sino también, en la misma medida, por su carácter unilateral y parcial aplicación, lo cual es obra casi exclusivamente de los jurisconsultos"[1].

---

[1] Anton Menger, *El Derecho Civil y Los Pobres*, Granada: Editorial Comares, 1998, p. 160-1.

Todavia, a par de sua secular tradição, não é correto concluir-se, como se sabe, que o casamento seja a única entidade familiar juridicamente reconhecida ou que se sobreponha em face das demais.

De forma alguma.

O casamento é, tão somente, uma das várias e multifárias formas de manifestação deste belo fenômeno convivencial que é a família, ombreando-se a outros tipos de entidade, conforme já explicitamos em capítulo anterior[2].

De fato, é preciso ter sempre em mente que a Constituição Federal de 1988 consagrou a concepção da multiplicidade de modalidades de arranjos familiares, não sendo taxativo o rol constante do art. 226 (composto do casamento, união estável e família monoparental), mas, sim, meramente exemplificativo[3].

E, dentre essas entidades, paralelas ao casamento, mas de similar importância, desponta, sem sombra de dúvidas, uma conhecida e também vetusta forma de união convivencial atualmente denominada de *união estável*, modalidade de arranjo familiar extremamente comum na sociedade brasileira[4].

Mas o seu reconhecimento jurídico e social não foi fácil.

Foi sofrido.

Assim, para que nós consigamos compreender adequadamente este tema, antes de o conceituarmos e debruçarmo-nos sobre seu tratamento legal, faz-se necessário um imprescindível escorço histórico.

Aliás, sem conhecimento histórico, jamais apreenderemos a dimensão e o significado do fenômeno jurídico nos nossos dias.

Iniciemos, então, esta incursão interdisciplinar indispensável[5].

---

[2] Confira-se o tópico 2 ("Conceito de Família ou Conceitos de Famílias?") do Capítulo I ("Introdução ao Direito de Família") deste volume.

[3] Sobre o tema, confira-se o preciso artigo de Paulo Luiz Netto Lôbo, "*Entidades familiares constitucionalizadas: para além do* numerus clausus". Disponível em: <http://www1.jus.com.br/doutrina/texto.asp?id=2552>. Acesso em: 6 set. 2010.

[4] Em dados de 2000, divulgados pelo IBGE, 28,58% das famílias brasileiras tinham a natureza de união estável ou consensual, o que demonstra a aceitação social de tal modalidade de composição familiar, uma vez que, em 1960, apenas 6,45% das famílias brasileiras se reconheciam de tal forma. Confiram-se tais dados em: <http://www.ibge.gov.br/series_estatisticas/exibedados.php?idnivel=BR&idserie=POP665>. Acesso em: 6 set. 2010.

[5] Sobre a necessidade do diálogo interdisciplinar entre o Direito e outras fontes do conhecimento, afirma o insuperável Prof. Goffredo Telles Jr.: "A sensibilidade se desenvolve do contato das pessoas com outras áreas. Por isso, é necessário dizer que um jurista que só lida com o direito jamais será um bom jurista. Requer-se muita literatura, artes plásticas, dança, teatro, cinema, psicologia e contato com ciências da natureza para que o operador do direito cumpra bem o seu dever, que é o de garantir a ordem. Em outras palavras, uma formação interdisciplinar é essencial para uma boa atuação do jurista" (*Pelo Retorno da Sensibilidade ao Direito!*, manifesto disponível em: <http://aldeiajuridica.incubadora.fapesp.br/portal/interdisciplinaridade/interd/pelo-retorno-da-sensibilidade-ao-direito/>. Acesso em: 6 jan. 2010).

2. A SAGA DA UNIÃO ESTÁVEL NO BRASIL: DO CONCUBINATO PROIBIDO À VALORIZAÇÃO CONSTITUCIONAL

Se é certo o prestígio que a família formada pelo casamento angariou historicamente na sociedade ocidental[6], notadamente por decorrência de dogmas religiosos e imposições estatais de controle, da mesma forma não há como se negar que as uniões livres, consideradas aquelas independentes do matrimônio, passaram por verdadeira saga para ter reconhecido o seu *status* de modalidade admitida de composição familiar.

Trata-se, em um juízo mais crítico, de um verdadeiro paradoxo, pois a agregação de seres humanos em um núcleo de afeto, ou mesmo com finalidades de produção, reprodução e assistência recíproca, em um embrião do que se conhece hoje como família, é muito mais antiga do que a instituição do casamento.

Como nunca foi da natureza humana viver sozinho, a constituição de uma família surge como uma consequência lógica, motivo pelo qual valorizar uniões espontaneamente formadas soa perfeitamente natural para as novas gerações, menos apegadas a tradições imemoriais.

Todavia, nem sempre foi assim.

E, no Brasil, não foi diferente.

É possível, inclusive, fazer uma sistematização desta evolução histórica da disciplina da união estável no Brasil, agrupando em momentos visivelmente distintos, que partem da ampla rejeição, com absoluta ausência de tutela jurídica, atravessando o silencioso constrangimento da simples tolerância, passando pela aceitação natural como fato social, até o reconhecimento e valorização constitucional como forma idônea de família.

Registre-se, por óbvio, que, pelo fato de a história nunca ser estanque, será sempre possível vislumbrar situações de interpenetração histórica, o que não se despreza, mas não prejudica a visão marcante desses momentos.

Compreendamos essas fases.

2.1. Rejeição (ausência de tutela)

Do ponto de vista geral, mesmo nas sociedades mais simples e primitivas, a partir do momento em que se ritualiza a união sexual, estabelecendo-se um procedimento para o seu reconhecimento, a consequência natural é dar um tratamento diferenciado para os que não se enquadram nessa liturgia.

Assim, as uniões realizadas fora de tal *standard* acabavam automaticamente sendo vistas com outros olhos, muitas vezes carregados com o amargo sabor do preconceito.

Essa visão inicial da hoje chamada "união estável" é aparentemente comum à maioria dos países de cultura ocidental[7], notadamente os de formação romanística, valendo destacar,

---

[6] Sobre o tema, confira-se o tópico 3 ("A Família como Significado Linguístico e como Instituto na História") do Capítulo I ("Introdução ao Direito de Família") do presente volume.

[7] A título exemplificativo, confira-se o tópico 5 ("Breve Notícia do Tratamento da Matéria no Direito Estrangeiro") deste capítulo.

com PAULO LUIZ NETTO LÔBO, que a "*união não matrimonial no direito romano era comum e considerada como casamento inferior, de segundo grau, sob a denominação de concubinato*"[8].

No Brasil, não foi diferente.

Até o início do século XX, qualquer tentativa de constituição de família fora dos cânones do matrimônio era destinatária da mais profunda repulsa social.

A união livre simplesmente não era considerada como família e a sua concepção era de uma relação ilícita, comumente associada ao adultério e que deveria ser rejeitada e proibida.

Com efeito, permitindo-nos um breve olhar na codificação anterior, vê-se que, nas poucas vezes em que o Código Civil brasileiro de 1916 se referiu a tal modalidade de relação jurídica, o fez normalmente para repeli-lo.

De fato, confiram-se os seguintes dispositivos, a título exemplificativo:

a) art. 183, VII (impedimento absolutamente dirimente para o casamento do cônjuge adúltero com o corréu)[9];

b) art. 248, IV (ação de reivindicação — a ser proposta no prazo de dois anos, art. 178, § 7.º, VI, pelo cônjuge ou herdeiros necessários — dos bens comuns, móveis ou imóveis, doados ou transferidos pelo marido à concubina)[10];

c) art. 1.177 (ação de anulação de doação do cônjuge adúltero ao seu cúmplice, também a ser proposta pelo cônjuge ou herdeiros necessários, no prazo de dois anos, art. 178, § 7.º, VI)[11];

d) art. 1.474 (impossibilidade de instituição da concubina como beneficiária de seguro de vida)[12];

e) art. 1.719, III (incapacidade testamentária passiva da concubina de ser nomeada como herdeira ou legatária)[13].

---

[8] Paulo Lôbo, *Direito Civil — Famílias*, 10. ed., São Paulo: Saraiva, 2020, v. 5, p. 169.

[9] "Art. 183. Não podem casar (arts. 207 e 209):
(...)
VII — o cônjuge adúltero com o seu corréu, por tal condenado;".

[10] "Art. 248. A mulher casada pode livremente:
(...)
IV — Reivindicar os bens comuns, móveis ou imóveis, doados ou transferidos pelo marido à concubina (art. 1.177)".

[11] "Art. 1.177. A doação do cônjuge adúltero ao seu cúmplice pode ser anulada pelo outro cônjuge, ou por seus herdeiros necessários, até 2 (dois) anos depois de dissolvida a sociedade conjugal (arts. 178, § 7.º, VI, e 248, IV)".

[12] "Art. 1.474. Não se pode instituir beneficiário pessoa que for legalmente inibida de receber a doação do segurado".

[13] "Art. 1.719. Não podem também ser nomeados herdeiros, nem legatários:
(...)
III — a concubina do testador casado;".

Um dispositivo sintomático desta situação, que merece destaque é o art. 363, I, que admitia um indício de paternidade, admitindo a postulação, se, ao tempo da concepção, a mãe estava concubinada com o pretendido pai[14].

Mas, mesmo ele, não seria um indício de prestígio dessa forma de relação, mas, sim, apenas uma forma de tutelar o filho considerado ilegítimo[15].

E para a — ainda denominada — concubina?

Nada...

Isso, porém, começou a mudar, pouco a pouco.

2.2. Tolerância (tutela de natureza previdenciária)

A tutela jurídica da união estável, ainda chamada, à época, de concubinato, tem seu nascedouro com a sua tolerância como *fato da vida*.

Mas não pense, querido leitor, que essa inclusão jurídica se deu pelo direito civil ou constitucional, no reconhecimento expresso como núcleo familiar.

Não.

Foi na tutela previdenciária que o concubinato começou a ser reconhecido como apto para a produção de determinados (e limitados) efeitos jurídicos.

Com efeito, estabeleceu a Lei n. 4.297, de 23 de dezembro de 1963 (publicada no *Diário Oficial da União* de 14-1-1964), em seu art. 3.º:

"Art. 3.º Se falecer o ex-combatente segurado de Instituto de Aposentadoria e Pensões ou Caixa de Aposentadoria e Pensões, aposentado ou não, será concedida, ao conjunto de seus dependentes, pensão mensal, reversível, de valor total igual a 70% (setenta por cento) do salário integral realmente percebido pelo segurado e na seguinte ordem de preferência:

a) metade à viúva, e a outra metade, repartidamente, aos filhos de qualquer condição, se varões — enquanto menores não emancipados, interditados ou inválidos — se mulheres, enquanto solteiras, incluindo-se o filho póstumo;

b) não deixando viúva, terão direito à pensão integral os filhos menores na letra *a* deste artigo;

c) se não houver filhos caberá a pensão integral a viúva;

d) *à companheira, desde que com o segurado tenha convivido maritalmente por prazo não inferior a 5 anos e até a data de seu óbito;*

e) se não deixar viúva, *companheira*, nem filho, caberá a pensão à mãe viúva, solteira, ou desquitada, que estivesse sob a dependência econômica do segurado;

---

[14] "Art. 363. Os filhos ilegítimos de pessoas que não caibam no art. 183, I a VI, têm ação contra os pais, ou seus herdeiros, para demandar o reconhecimento da filiação:

I — se ao tempo da concepção a mãe estava concubinada com o pretendido pai;".

[15] Neste sentido, é possível destacar que esses primeiros passos para o reconhecimento formal do concubinato ocorreram, em especial, com normas disciplinadoras do reconhecimento dos filhos não concebidos na constância do casamento. Confiram-se, apenas por curiosidade, as disposições contidas, por exemplo, no Decreto-lei n. 4.737, de 24-9-1942 (sobre o reconhecimento de filhos naturais); bem como da superveniente Lei n. 883, de 21-10-1949 (reconhecimento de filhos ilegítimos), e, indiretamente, da Lei n. 6.515, de 26-12-1977 (Lei do Divórcio).

f) se nas condições da letra anterior deixar pai ou mãe que vivessem às suas expensas, estando aquele inválido ou valetudinário, a pensão lhe será concedida, ou a ambos, repartidamente;

g) os irmãos, desde que estivessem sob a dependência econômica do contribuinte e, se varões, enquanto menores não emancipados, interditos ou totalmente inválidos e, se mulheres quando solteiras, viúvas ou desquitadas;

h) em qualquer época as filhas viúvas, casadas ou desquitadas, reconhecidamente privadas de recursos para sua manutenção, serão equiparadas aos filhos ou filhas indicados na letra *a* deste artigo e com eles concorrentes à pensão;

i) o desquite somente prejudicará o direito à pensão quando a sentença for condenatória ao cônjuge beneficiário" (grifos nossos).

O referido dispositivo é um importante referencial, pelo fato de reconhecer expressamente a companheira como destinatária de tutela jurídica.

No testemunho autorizado de JOSÉ SEBASTIÃO DE OLIVEIRA, o *"tratamento oblíquo das uniões estáveis tem como marco mais longínquo o Decreto n. 2.681, de 1912, que previu direito indenizatório à concubina por morte do companheiro em estradas de ferro"*[16].

Posteriormente, ainda neste âmbito, o Decreto-lei n. 7.036/44 atribuiu à concubina a indenização pela morte do companheiro em acidente, conforme observa SÍLVIO DE SALVO VENOSA:

"Concedeu-se à companheira o direito de perceber a indenização do companheiro morto por acidente de trabalho e de trânsito, desde que não fosse casado e a tivesse incluído como beneficiária (Decreto-lei n. 7.036/44; Lei n. 8.213/91). No mesmo diapasão foram consolidados os direitos previdenciários da companheira na legislação respectiva (Leis n. 4.297/63 e 6.194/74), permitindo que ela fosse designada beneficiária do contribuinte falecido, tendo a orientação jurisprudencial encarregado-se de alargar o conceito, permitindo o mesmo direito também na falta de designação expressa, se provada a convivência ou a existência de filhos comuns. Nesse sentido, permitiu-se a divisão da pensão entre a esposa legítima e a companheira (Súmula 159 do extinto TFR)"[17].

Da mesma forma, a jurisprudência brasileira começou a se manifestar, ainda que timidamente, no sentido de reconhecer efeitos materiais na ruptura dessa relação, comparando-a a um casamento de fato, invocando a teoria da vedação ao enriquecimento ilícito, como se verá em tópico posterior[18].

É dessa fase histórica, por exemplo, a Súmula 35 do Supremo Tribunal Federal, editada em Sessão Plenária de 13-12-1963, que, referindo-se ao Decreto-lei n. 7.036/44 (art. 11, *c*) e ao Decreto n. 2.681/12 (art. 22), estabeleceu:

---

[16] José Sebastião de Oliveira, *Fundamentos Constitucionais do Direito de Família*, São Paulo: Revista dos Tribunais, 2002, p. 157.

[17] Sílvio de Salvo Venosa, *Direito Civil*, São Paulo: Atlas, 2003, v. 6, p. 51.

[18] Confira-se o tópico 10 ("Efeitos Patrimoniais da União Estável: Regime de Bens") do presente Capítulo.

Súmula 35: "Em caso de acidente do trabalho ou de transporte, a concubina tem direito de ser indenizada pela morte do amásio, se entre eles não havia impedimento para o matrimônio".

Note-se, porém, a ressalva da inexistência de impedimento para o matrimônio, o que revela, de certa forma, a opção política, ideológica e jurídica pelo casamento como instituição familiar, pensamento característico dessa época e que, infelizmente, ainda impera nas mentes de vários grupos sociais na contemporaneidade, o que, como veremos[19], é tecnicamente equivocado.

Se é correto afirmar que, neste campo, várias normas foram editadas sobre o tema, não se afirme que tenha sido realizado um tratamento sistematizado, nem tampouco direto sobre o assunto.

Com efeito, em face dessa normatização mencionada, um leitor menos atento à história da sociedade brasileira pode ter a impressão de que a união estável — naquele momento ainda conhecida como concubinato — estava sendo aceita pela sociedade brasileira e, consequentemente, pelo ordenamento jurídico formal.

Ledo engano.

Nesse sentido, confiram-se as manifestações históricas de grandes vultos do Direito nacional sobre o tema.

Inicialmente, PONTES DE MIRANDA, o principal tratadista brasileiro de Direito Privado, afirmou expressamente:

"O concubinato não constitui, no direito brasileiro, instituição de Direito de Família. A maternidade e a paternidade ilegítimas o são. Isso não quer dizer que o Direito de Família e outros ramos do Direito Civil não se interessem pelo fato de existir socialmente o concubinato. Assim, serve ele de base à reivindicação dos bens comuns doados ou transferidos pelo marido à concubina (Código Civil, arts. 248, 1.177), à Ação de Investigação de Paternidade, nos casos do art. 363, I, etc. A legislação social o vê"[20].

Da mesma forma, confira-se este pronunciamento de WASHINGTON DE BARROS MONTEIRO:

"(...) por toda parte, nota-se generalizada condescendência em relação ao concubinato. Os que assim se mostram indulgentes, a pretexto de que se trata de fato frequente, sobretudo nas classes populares, concorrem indiretamente para a desagregação da família legítima. Primeiro, foi a tolerância com o adultério, depois, a maior facilidade para a obtenção do divórcio. Procura-se outorgar, assim, ao concubinato melhor tratamento jurídico, esquecidos seus defensores de que estender o braço protetor aos concubinos será, sem dúvida, afetar ou comprometer a estabilidade e a dignidade da família legítima"[21].

---

[19] Confira-se o subtópico 3.2 ("A Inexistência de Hierarquia entre Modalidades de Família") do presente Capítulo.

[20] Francisco Cavalcanti Pontes de Miranda, *Tratado de Direito Privado*, 2. ed., Rio de Janeiro: Borsoi, 1956, v. 7, p. 211.

[21] Washington de Barros Monteiro, *Curso de Direito Civil*, 33. ed., São Paulo: Saraiva, 1996, v. 2, p. 19-20.

Por tudo isso, acreditamos que essa fase é mais de tolerância do que de aceitação dessa forma de relação, o que somente começou, efetivamente, a ocorrer, quando a tutela espraiou-se do campo previdenciário para chegar à disciplina civil *stricto sensu*.

Conheçamos tal fase.

2.3. Aceitação como fato social (tutela de natureza obrigacional)

O efetivo reconhecimento do concubinato como um fato jurídico, ensejador da produção de efeitos tutelados pelo ordenamento, foi, sem sombra de dúvida, uma construção jurisprudencial.

Ainda que a tutela não fosse compreendida, naquele momento, como um instituto de Direito de Família, os reflexos patrimoniais foram aproximados aos gerados pela relação derivada de uma união conjugal.

Em um primeiro momento, admitiu-se, em situações fáticas equivalentes ao que hoje se reconhece como união estável, que a sua dissolução, sem qualquer pagamento, ensejaria um enriquecimento indevido do homem, em face da mulher, tendo em vista que esta cuidou de seu lar, como se esposa, sem ter qualquer tutela específica.

Assim, por algum tempo, foi *a ação indenizatória por serviços domésticos prestados* — modalidade encontrada para evitar enriquecimento sem causa, no caso — o único instrumento de amparo material reconhecido à companheira necessitada, funcionando, de fato, como uma construção pragmática, diante da recusa do ordenamento positivo em lhe reconhecer o direito a alimentos[22].

Em uma evolução jurisprudencial, posteriormente, passou-se a admitir a existência de uma *sociedade de fato* entre os companheiros, de forma que a companheira deixaria de ser mera prestadora de serviços com direito a simples indenização, para assumir a posição de *sócia* na relação concubinária, *com direito à parcela do patrimônio comum*, na proporção do que houvesse contribuído.

Há, sem a menor sombra de dúvida, um grande marco nesta fase, que foi a edição, pelo Supremo Tribunal Federal (em Sessão Plenária de 3-4-1964), da sua Súmula 380, nos seguintes termos:

> "Comprovada a existência de sociedade de fato entre os concubinos, é cabível a sua dissolução judicial, com a partilha do patrimônio adquirido pelo esforço comum".

Observe-se que o referido aresto jurisprudencial tratou da partilha do patrimônio adquirido pelo esforço comum, o que se convencionou reconhecer como uma sociedade de fato.

Assim, tal qual a sociedade formada pelo vínculo matrimonial, a conjunção de esforços de ambos os concubinos (expressão que ainda persistia naquele momento histórico) formava, no campo dos fatos, uma sociedade, o que autorizaria, na sua eventual dissolução, a partilha dos bens.

É claro que esta ainda não era uma fórmula perfeita — até mesmo porque quem decide conviver com alguém o faz por afeto pelo outro, não por *affectio societatis* —, mas

---

[22] Sobre o tema, confira-se o tópico 10 ("Efeitos Patrimoniais da União Estável: Regime de Bens") do presente capítulo.

se mostrou bastante conveniente para a solução de diversas situações fáticas submetidas à apreciação do Poder Judiciário[23].

Uniões públicas e duradouras, quando se dissolviam, não somente pela separação de fato mas também pela morte de um dos conviventes, acabavam despertando a cobiça, pelo patrimônio formado, de parentes que não respeitavam a condição do(a) concubino(a), tratando a relação como algo demeritório, que não mereceria a tutela jurídica.

Com a edição da súmula, essa situação encontrou melhor disciplina, o que foi ainda mais bem tratado com a respeitável tese — polêmica, é verdade[24]!— da inexigibilidade de prova de contribuição econômica por parte da concubina (admitindo-se o apoio moral e psicológico, como companheira de vida, além do reconhecimento de que o esforço para a manutenção do lar, na atividade caseira e em analogia à prestação de serviços domésticos, já seria contribuição suficiente para autorizar a partilha), bem como com a edição, pela mesma corte, da Súmula 382, que dispensou a vida em comum sob o mesmo teto como pressuposto de caracterização do concubinato, o que será posteriormente analisado[25].

Neste ponto, vale destacar, inclusive, como um indício de que a sociedade se preparava para o reconhecimento efetivo desta relação como uma modalidade familiar, que a Lei de Registros Públicos (Lei n. 6.015/73) permitiu o reconhecimento de filho extraconjugal por meio de testamento cerrado.

2.4. Valorização (prestígio constitucional)

Foi a Constituição Federal de 1988 que pôs uma pá de cal no pensamento conservador que rejeitava a união livre como modalidade de família.

Ao elencá-la agora com o *nomen juris* de união estável, atribuiu-lhe, finalmente, a tutela do Direito de Família, que foi o coroamento dessa tão atribulada saga aqui descrita.

Dada a sua importância, porém, analisaremos a União Estável na Constituição Federal de 1988 em tópico específico, a seguir.

3. A CONSTITUIÇÃO FEDERAL DE 1988 E A UNIÃO ESTÁVEL

Como vimos acima, foi somente após a promulgação da nossa Constituição de 1988 que o outrora denominado concubinato, agora reconhecido como união estável — expressão com carga menos pejorativa —, recebeu o justo tratamento jurídico e a proteção do Direito de Família.

---

[23] Neste aspecto, vale conferir, a título de curiosidade histórica, os precedentes do Supremo Tribunal Federal que autorizaram a edição da mencionada Súmula, a saber, RE 19561 (Publicação: DJ de 29-10-1953); RE 44.108 (Publicações: DJ 4-8-1960, RTJ 14/231); RE 26.329 (Publicação: DJ 11-8-1961); AI 24.430 (Publicação: DJ 15-6-1961); RE 49.064 (Publicação: DJ 18-1-1962); RE 52.217 (Publicação: DJ 12-9-1963); RE 9.855 (Publicação: DJ 28-5-1948); e AI 12.991 (Publicação: DJ 21-8-1947).

[24] Sobre o tema, confira-se o tópico 10 ("Efeitos Patrimoniais da União Estável: Regime de Bens") do presente capítulo.

[25] Confira-se o subtópico 7.3 ("Elementos Caracterizadores Acidentais (tempo, prole e coabitação)") do presente Capítulo.

Dispõe, pois, a Constituição:

"Art. 226. A família, base da sociedade, tem especial proteção do Estado.

(...)

§ 3.º Para efeito da proteção do Estado, é reconhecida a união estável entre o homem e a mulher como entidade familiar, devendo a lei facilitar sua conversão em casamento".

Nos próximos subtópicos, enfrentemos algumas questões que decorrem diretamente da redação do mencionado texto constitucional.

3.1. Considerações terminológicas

Confessamos que nunca nos agradou muito a expressão "entidade familiar".

Em verdade, bastava dizer que a união estável seria reconhecida como forma de família, dispensando-se o acréscimo desnecessário da palavra entidade.

Por outro lado, como se viu, longa trajetória teve de ser percorrida para se reconhecer a União Estável como uma família.

E até mesmo a designação dessa forma de relacionar-se afetivamente passou por modificações: concubinato, união livre, união de fato, união consensual, união estável...

Várias expressões popularizadas em diferentes fases, algumas delas impregnadas de uma carga discriminatória ou excludente que é difícil esconder.

Os sujeitos dessa relação jurídica também passaram, historicamente, por diferentes designações.

Quando a expressão consagrada para designar o instituto, em todas as suas modalidades, era concubinato, denominavam-se os integrantes da relação, sem pudores, de amásios ou concubinos. Superado esse primeiro momento, passaram os sujeitos dessa relação a ser chamados, especificamente, de companheiros ou conviventes, reservando-se a expressão concubinato para uma outra modalidade de relação, de que trataremos posteriormente[26].

Hoje, porém, como se depreende de uma simples leitura do já transcrito art. 226 da Constituição Federal, a expressão consagrada é *união estável*.

Tecnicamente, porém, não é mais aceitável considerar a sinonímia (e, a partir deste momento, será evitada a sua utilização neste capítulo, já que superada a análise histórica) com a expressão "concubinato", pois esta, na forma do art. 1.727, CC/2002, constitui uma modalidade específica para designar relações não eventuais, entre homem e mulher, impedidos de casar.

A *união estável*, nesse diapasão, traduz uma constitucional forma de família, motivo pelo qual nem sequer recomendamos as expressões, consagradas pelo uso, de "concubinato puro" (como sinônimo de união estável) e "concubinato impuro" (para significar a relação paralela ao casamento ou mesmo à união estável), pela evidente confusão terminológica.

3.2. A inexistência de hierarquia entre modalidades de família

Com a admissão expressa pela Constituição Federal da união informal entre homem e mulher como família, rompeu-se uma tradicional supremacia do modelo casamentário como único *standard* possível e legitimado.

---

[26] Confira-se o Capítulo XX ("Concubinato e Direitos do(a) Amante") deste volume.

Consoante já tivemos oportunidade de afirmar[27], a normatização constitucional consagrou um sistema aberto, inclusivo e não discriminatório, não se afigurando admissível permanecer de fora do seu âmbito de tutela uma forma de união familiar tão (ou mais) antiga quanto o casamento.

Mas note-se que, ao consagrar a união estável como forma de família, o constituinte equiparou-a, mas não a identificou ao casamento.

É voz corrente na doutrina que identificação não há, não apenas por se tratar de institutos distintos, com as suas próprias peculiaridades, pois, se assim o fosse, o constituinte, no referido § 3.º do art. 226, não teria referido que a lei ordinária facilitaria a "conversão" da união estável em casamento.

Ora, não se pode converter aquilo que já é igual!

Mas, dessa previsão de conversibilidade, não se conclua, equivocadamente, haver uma hierarquia entre os institutos.

Aliás, em nosso sentir, nem espaço haveria para supremacia de direitos do cônjuge em face do companheiro: uma vez reconhecida a união estável, afrontaria o próprio sistema constitucional conceber-se um tratamento privilegiado ao cônjuge em detrimento do dispensado ao companheiro.

Raciocinemos juntos, estimado leitor.

Se o afeto é a base do conceito de família que desenvolvemos ao longo de toda esta obra, afigurar-se-ia contraditório (e inconstitucional) defendermos um tratamento que resultasse em vantagem ou privilégio do cônjuge, simplesmente porque está amparado pelo matrimônio.

Não teria o menor sentido tal solução.

Sucede que, em inúmeros pontos da legislação infraconstitucional, percebemos uma amplitude dos direitos da pessoa casada, sem o correspondente reflexo na esfera jurídica daqueles que mantêm, simplesmente, uma união estável.

Mas, note: não somos contra a dimensão dada ao direito do cônjuge.

Compreendemos até que, em algumas situações, dada a natural segurança jurídica decorrente do formalismo ínsito ao casamento, o cônjuge possa gozar de uma situação jurídica mais confortável, quando o reconhecimento de determinado direito ou prerrogativa depender da prova do seu *status familiar*, a exemplo da obtenção de uma liminar de alimentos provisórios ou da presunção relativa de paternidade (art. 1.597, CC/2002), uma vez que a prova do estado de casado é feita, simplesmente, mediante a apresentação de uma certidão, o que não é tão fácil na união estável.

Todavia, o que não aceitamos é o *inconstitucional reducionismo de direitos dos companheiros* — se comparados à tutela jurídica do cônjuge —, sob o inadequado — senão covarde — argumento de que, por não se encontrar casado, não mereceria tal proteção.

Tomemos o exemplo do Direito Sucessório.

O cônjuge fora erigido à condição de herdeiro necessário (art. 1.845, CC/2002), ao lado dos ascendentes e descendentes, com direito, portanto, de concorrer à legítima do falecido, sem prejuízo, é claro, da sua meação.

---

[27] Confira-se o tópico 2 ("Conceito de Família ou Conceitos de Famílias?") do Capítulo I ("Introdução ao Direito de Família") deste volume.

E, se isso não bastasse, a teor do art. 1.831, CC/2002, qualquer que seja o regime de bens, será assegurado, sem prejuízo da participação que lhe caiba na herança, o direito real de habitação relativamente ao imóvel destinado à residência da família, desde que seja o único daquela natureza a inventariar.

E mais: poderá ter direito superior ao concedido aos descendentes — filhos, por exemplo — do falecido, se com eles concorrerem:

"Art. 1.832. Em concorrência com os descendentes (art. 1.829, inciso I) caberá ao cônjuge quinhão igual ao dos que sucederem por cabeça, não podendo a sua quota ser inferior à quarta parte da herança, se for ascendente dos herdeiros com que concorrer".

Esta foi a opção do legislador brasileiro, e nada podemos fazer quanto a isso.

Mas, o que não podemos aceitar, nesse contexto, é o correspondente tratamento dispensado à companheira.

Em vez de buscar uma equiparação que respeitasse a dinâmica constitucional — uma vez que diferença não deve haver entre a viuvez de uma esposa e a de uma companheira, pois ambas mantinham com o falecido um núcleo de afeto —, o legislador, em franca violação do *princípio constitucional da vedação ao retrocesso*[28], minimizou — e sob certos aspectos aniquilou — o direito hereditário do(a) companheiro(a) viúvo(a).

O mal localizado, pessimamente redigido e inconstitucional art. 1.790 confere ao(à) companheiro(a) viúvo(a) — em total dissonância com o tratamento dispensado ao cônjuge — um direito sucessório limitado aos bens adquiridos *onerosamente*[29] no curso da união (o que poderia resultar na aquisição de parte da herança pelo próprio Município, além de colocá-lo(a) em situação inferior aos colaterais do morto (um tio ou um primo, por exemplo)[30].

Isso sem mencionar que o seu direito real de habitação, previsto na Lei n. 9.278 de 1996, simplesmente despareceu do Código Civil de 2002.

---

[28] Desenvolvido pelo gênio de J. J. Gomes Canotilho, este superior princípio traduz a ideia de que uma lei inferior não pode neutralizar ou minimizar um direito ou uma garantia constitucionalmente consagrado (ver a sua grande obra *Direito Constitucional e Teoria da Constituição*, Coimbra: Almedina, 1998, em que enfoca, especialmente, a seara dos direitos sociais, p. 321).

[29] Este infeliz advérbio de modo, no *caput* do dispositivo, é um verdadeiro desastre, pois, como dito, limita indevidamente o direito sucessório do(a) companheiro(a) viúvo(a): "Art. 1.790. A companheira ou o companheiro participará da sucessão do outro, quanto aos bens adquiridos onerosamente na vigência da união estável, nas condições seguintes: I — se concorrer com filhos comuns, terá direito a uma quota equivalente à que por lei for atribuída ao filho; II — se concorrer com descendentes só do autor da herança, tocar-lhe-á a metade do que couber a cada um daqueles; III — se concorrer com outros parentes sucessíveis, terá direito a um terço da herança; IV — não havendo parentes sucessíveis, terá direito à totalidade da herança". Esta matéria será desenvolvida no volume VIII desta obra, dedicado ao estudo do Direito das Sucessões.

[30] Diz o divinamente inspirado Zeno Veloso: "Haverá alguma pessoa neste país, jurista ou leigo, que assegure que tal solução é boa e justa? Por que privilegiar a esse extremo vínculos biológicos, ainda que remotos, em prejuízo dos laços do amor, da afetividade? Por que os membros da família parental, em grau tão longínquo, devem ter preferência sobre a família afetiva (que em tudo é comparável à família conjugal) do hereditando?" (*Direito Sucessório do Cônjuge e do Companheiro*, São Paulo: Saraiva, 2010, p. 181).

Por tudo isso, desabafa ALDEMIRO REZENDE:

"Pensamos que o artigo 1.790, do Código Civil, deve ser destinado à lata do lixo, sendo declarado inconstitucional e, a partir daí, simplesmente ignorado, a não ser para fins de estudo histórico da evolução do direito. Tal artigo, num futuro não muito distante, poderá ser apontado como exemplo dos estertores de uma época em que o legislador discriminava a família que se formava a partir da união estável, tratando-a como se fosse família de segunda categoria"[31].

Partindo, portanto, de uma interpretação conforme a Constituição, concluímos no sentido da necessária extensão da tutela jurídica ao companheiro, em consonância com o tratamento dispensado ao cônjuge, sob pena de, na prática, estar-se consagrando uma indevida hierarquia entre entidades familiares.

Afinal, caro leitor, é justo estabelecer-se diferença entre uma viúva que fora casada com o falecido por dois anos e uma companheira que com ele conviveu por dois, três, quatro ou quarenta anos?

Isso não podemos aceitar.

Ao encontro, pois, de todo o exposto, concluímos com MARIA BERENICE DIAS, quando comenta a disciplina da matéria na Constituição Federal:

"O fato de mencionar primeiro o casamento, depois a união estável e após a família monoparental, não significa qualquer preferência e nem revela escala de prioridade entre elas. Ainda que a união estável não se confunda com o casamento, ocorreu a equiparação das duas entidades familiares, merecedoras da mesma proteção. A Constituição acabou por reconhecer juridicidade ao afeto, ao elevar as uniões constituídas pelo vínculo de afetividade à categoria de entidade familiar"[32].

Infelizmente, todavia, reconhecemos que o nosso Direito ainda é extremamente apegado a um positivismo indesejável e anacrônico, de maneira que, enquanto as normas legais não forem modificadas, a jurisprudência ainda permanecerá, em grande parte, insensível a tais considerações.

Nada impede, porém, que o juiz, em situações como essas, reconheça, em concreto, a inequívoca inconstitucionalidade da norma reducionista, para amparar a companheira, como se casada fosse.

Por tudo isso, sempre defendemos, no julgamento de todo e qualquer caso concreto, a incessante busca por uma solução justa, que não agrida o valor matricial da dignidade da pessoa humana aplicado à relação de família.

4. CONCEITO DE UNIÃO ESTÁVEL

Para chegarmos ao moderno conceito de união estável, é necessário, antes, traçarmos uma importante diagnose diferencial.

---

[31] Aldemiro Rezende Dantas Jr., "Concorrência Sucessória do Companheiro Sobrevivo", *Revista Brasileira de Direito de Família*, Porto Alegre: Síntese, IBDFAM, ano VII, n. 29, p. 128-143, abr./maio 2005.

[32] Maria Berenice Dias, ob. cit., p. 163.

No passado, como vimos no tópico dedicado ao escorço histórico da matéria[33], a união não matrimonializada entre homem e mulher denominava-se simplesmente "concubinato".

Essa palavra, com forte carga pejorativa, derivada da expressão latina *concubere*, significava "dividir o leito", "dormir com", ou, conforme jargão popular, caracterizaria a situação da mulher "teúda e manteúda": "tida e mantida" por um homem (sua amante, amásia, amigada).

Toda essa carga de preconceito refletia, sem sombra de dúvidas, a mentalidade de uma época.

Não queremos, com isso, dizer que não mais exista o preconceito hoje.

Sabemos perfeitamente que ainda existe.

Mas em escala infinitamente menor do que no passado.

O último século apontou, mormente em sua segunda metade, uma nítida mudança de mentalidade, a partir de uma necessária abertura cultural e da justa conquista de um necessário espaço social pela mulher.

Todo esse processo reconstrutivo por que passou a família concubinária resultou, paulatinamente, na ascensão da concubina do árido vácuo da indiferença e do preconceito ao justo patamar de integrante de uma entidade familiar constitucionalmente reconhecida.

E, neste contexto, com alta carga de simbolismo etimológico, o Direito Brasileiro preferiu consagrar as expressões *companheirismo e união estável* — para caracterizar a união informal entre homem e mulher com o objetivo de constituição de família —, em lugar da vetusta e desgastada noção de *concubinato*.

Hoje em dia, o concubinato (relação entre amantes), sob o prisma eminentemente técnico, não pode ser confundido com a união estável, uma vez que, a teor do art. 1.727[34] do Código Civil — posto que possa gerar determinados efeitos jurídicos, como veremos em capítulo próprio[35] — não consubstancia, em geral, um *paradigma* ou *standard familiar*, traduzindo, simplesmente, uma relação *não eventual* entre o homem e a mulher, impedidos de casar.

A união estável, por seu turno, não se coaduna com a mera eventualidade na relação e, por conta disso, ombreia-se ao casamento em termos de reconhecimento jurídico, firmando-se como forma de família, inclusive com expressa menção constitucional (CF, § 3.º do art. 226).

Nesse contexto, feitas tais considerações e salientadas importantes diferenças, podemos conceituar *a união estável como uma relação afetiva de convivência pública e duradoura entre duas pessoas, do mesmo sexo ou não, com o objetivo imediato de constituição de família*.

Sistematizando nosso conceito, podem ser apontados os seguintes elementos caracterizadores essenciais da união estável na sociedade brasileira contemporânea:

---

[33] Confira-se o tópico 2 ("A Saga da União Estável no Brasil: do Concubinato Proibido à Valorização Constitucional") deste capítulo.

[34] "Art. 1.727. As relações não eventuais entre o homem e a mulher, impedidos de casar, constituem concubinato". Vale lembrar que, em nosso atual sistema, tal previsão normativa deve ser interpretada para também contemplar as relações de concubinato entre pessoas do mesmo sexo.

[35] Confira-se o Capítulo XX ("Concubinato e Direitos do(a) Amante") deste volume.

a) publicidade (convivência pública), em detrimento do segredo, o que diferencia a união estável de uma relação clandestina;

b) continuidade (convivência contínua), no sentido do animus de permanência e definitividade, o que diferencia a união estável de um namoro;

c) estabilidade (convivência duradoura), o que diferencia uma união estável de uma "ficada"[36];

d) objetivo de constituição de família, que é a essência do instituto no novo sistema constitucionalizado, diferenciando uma união estável de uma relação meramente obrigacional.

Esses requisitos serão analisados, minuciosamente, ainda neste capítulo[37].

Todavia, à vista desse conceito, o nosso estimado leitor poderá estar se perguntando: ora, se a Constituição expressamente mencionou, ao caracterizar a união estável, a diversidade de sexos (homem e mulher), por que o conceito jurídico apresentado alargou a dicção normativa, para admitir o reconhecimento da união estável homoafetiva?

Posto tenhamos dedicado capítulo próprio para a união homoafetiva[38], essa importante pergunta merece, desde já, detida atenção.

Diferentemente do casamento, entidade familiar essencialmente formal e geradora de estado civil, a união estável é desprovida de solenidade para a sua constituição, razão por que, conforme veremos em momento oportuno, o casal, frequentemente, nem bem sabe quando o namoro "deixou de ser um simples namoro" e passou a configurar uma relação de companheirismo.

Esse caráter fático e informal da união estável, portanto, conduz-nos à inafastável conclusão de que, por ser uma simples união de fato, não se condicionaria ao ditame formal impositivo da diversidade sexual — típico do casamento —, permitindo, com isso, o reconhecimento da relação familiar entre companheiros, sejam eles do mesmo sexo, sejam de sexo diverso.

Pensamento diverso, em nosso sentir, afigurar-se-ia flagrantemente inconstitucional.

No dizer do professor LUÍS ROBERTO BARROSO:

"Todas as pessoas, a despeito de sua origem e de suas características pessoais, têm o direito de desfrutar da proteção jurídica que estes princípios lhes outorgam. Vale dizer: de serem livres e iguais, de desenvolver a plenitude de sua personalidade e de estabelecerem

---

[36] A "ficada" é conceituada, no STJ, pela Min. Nancy Andrighi: "Direito civil. Recurso especial. Ação de investigação de paternidade. Exame pericial (teste de DNA). Recusa. Inversão do ônus da prova. Relacionamento amoroso e relacionamento casual. Paternidade reconhecida. — A recusa do investigado em se submeter ao teste de DNA implica a inversão do ônus da prova e consequente presunção de veracidade dos fatos alegados pelo autor. — Verificada a recusa, o reconhecimento da paternidade decorrerá de outras provas, estas suficientes a demonstrar ou a existência de relacionamento amoroso à época da concepção ou, ao menos, a existência de relacionamento casual, hábito hodierno que parte do simples 'ficar', relação fugaz, de apenas um encontro, mas que pode garantir a concepção, dada a forte dissolução que opera entre o envolvimento amoroso e o contato sexual. Recurso especial provido" (REsp 557.365/RO, rel. Min. Nancy Andrighi, julgado em 7-4-2005, DJ 3-10-2005, p. 242, 3.ª Turma).

[37] Confira-se o subtópico 7.2 ("Elementos Caracterizadores Essenciais") do presente capítulo.

[38] Confira-se o Capítulo XXI ("União Homoafetiva") deste volume.

relações pessoais com um regime jurídico definido e justo. E o Estado, por sua vez, tem o dever jurídico de promover esses valores, não apenas como uma satisfação dos interesses legítimos dos beneficiários diretos, como também para assegurar a toda a sociedade, reflexamente, um patamar de elevação política, ética e social. Por essas razões, a Constituição não comporta uma leitura homofóbica, deslegitimadora das relações de afeto e de compromisso que se estabelecem entre indivíduos do mesmo sexo. A exclusão dos homossexuais do regime de união estável significaria declarar que eles não são merecedores de igual respeito, que seu universo afetivo e jurídico é de "menos-valia": menos importante, menos correto, menos digno.

(...)

É certo, por outro lado, que a referência a *homem* e *mulher* não traduz uma vedação da extensão do mesmo regime às relações homoafetivas. Nem o teor do preceito nem o sistema constitucional como um todo contêm indicação nessa direção. Extrair desse preceito tal consequência seria desvirtuar a sua natureza: a de uma norma de *inclusão*. De fato, ela foi introduzida na Constituição para superar a discriminação que, historicamente, incidira sobre as relações entre homem e mulher que não decorressem do casamento. Não se deve interpretar uma regra constitucional contrariando os princípios constitucionais e os fins que a justificaram"[39].

Nessa mesma linha isonômica de tratamento, o Direito Português, segundo a doutrina do professor da Universidade de Lisboa, JORGE PINHEIRO, admite a união estável entre pessoas de sexo diverso ou não:

"A união de facto, realidade que a lei não define, é por vezes identificada com a convivência de duas pessoas em condições análogas às dos cônjuges, noção que, para ser adoptada, exige que se abstraia do requisito da diversidade de sexo, que é condição da existência de um casamento. Por este motivo, é preferível reconduzir a união de facto a uma coabitação, na tripla vertente de comunhão de leito, mesa e habitação"[40].

Portanto, na tentativa de se definir juridicamente a união estável, é imperiosa, em nosso sentir, a necessidade de se admitir a sua intrínseca duplicidade tipológica, dada a prescindibilidade do gênero sexual dos integrantes deste núcleo informal de afeto[41].

5. BREVE NOTÍCIA DO TRATAMENTO DA MATÉRIA NO DIREITO ESTRANGEIRO

A união estável é tratada por diversos sistemas jurídicos em todo o mundo.

Destaquemos brevemente alguns deles, apenas para permitir uma melhor compreensão com uma visão panorâmica da matéria.

---

[39] Luís Roberto Barroso, *Diferentes, mas Iguais: O Reconhecimento Jurídico das Relações Homoafetivas no Brasil* (colaboradores: Cláudio Souza Neto, Eduardo Mendonça e Nelson Diz). Disponível em: <http://pfdc.pgr.mpf.gov.br/grupos-de-trabalho/dir-sexuais-reprodutivos/docs_atuacao/ParecerBarroso%20uniao%20homossexuais.pdf>. Acesso em: 6 fev. 2010.

[40] Jorge Pinheiro, ob. cit., p. 641.

[41] Neste ponto, observamos que muito bem andou o Direito Alemão, quando, ao consagrar a expressão *Lebenspartnerschaft* (parcerias de vida) para caracterizar as uniões de fato entre pessoas do mesmo sexo, deu mais importância ao sentido da palavra *vida* do que à dureza do vocábulo *fato*.

Na Alemanha, as uniões de fato (*Faktische Lebensgemeinschaft*) entre pessoas de sexo diferente (*Verschiedengeschlechtlichen Paaren*) convivem com aquelas formadas por pessoas do mesmo sexo (*Lebenspartnerschaft*).

O crescente número de casais em união estável resultou na aceitação social do instituto[42].

Os acordos referentes aos aspectos patrimoniais da união estável, no Direito germânico, são, em princípio, lícitos e admitidos, especialmente considerando que, por haverem recusado o modelo formal de casamento, optando por uma união livre, tais temas correm por conta dos próprios companheiros, responsáveis por disciplina-los. Todavia, ainda que se reconheça essa margem de ação à autonomia privada do casal, serão consideradas ilícitas as convenções pelas quais o(a) companheiro(a) abdica de direito seu, especialmente aqueles acordos em que, com o fim da união estável, a sua situação é agravada ou reste (indevidamente) limitada[43].

Na França, a disciplina da matéria é feita não apenas pela lei (arts. 515-8 do Código Civil) mas também pela própria jurisprudência, tendo a Corte Constitucional, por decisão de 9 de novembro de 1999, estendido o reconhecimento jurídico aos casais do mesmo sexo[44].

Já em Portugal — conforme inclusive já anotado linhas acima —, a união estável também traduz um "fato da vida", sem as amarras formais do casamento, formando-se "logo que os sujeitos vivam em coabitação, não sendo necessária uma cerimônia ou qualquer outra forma especial"[45].

Na Espanha, em que pese a autonomia legislativa das Comunidades Autônomas (gerando diversas regulamentações da *unión de hecho*, como é conhecida a união estável)[46], observa XAVIER O'CALLAGHAN, Magistrado del Tribunal Supremo e Catedrático de Derecho Civil:

> "El presupuesto básico de la unión familiar de hecho es la vida para-conyugal de la pareja, que se conduce como matrimonio y como tal se pretende y presenta. Como caracte-

---

[42] No original alemão: "Zunehmend leben Paare ohne Eheschließung zusammen, was gesellshaftlich inzwischen akzeptiert ist" (Staudinger — BGB, VOPPEL Reinhard, cit., p. 1102). Tradução livre: Pablo Stolze Gagliano.

[43] No original alemão: "Die durch Ablehnung der geregelten Modelle 'Ehe' bzw 'eingetragene Lebenspartnerschaft' gegebene Freiheit muß von den Partnern verantwortet warden. Unzulässig sind nur solche Regelungen, mit denen die Partner auf ihre Selbstbestimmung verzichten, insbesondere Vereinbarungen, mit denen die Beendigung der faktischen Lebensgemeinschaft erschwert oder sonst eingeschränkt warden soll" (idem, p. 1103). Tradução livre de Pablo Stolze Gagliano.

[44] "L'article 515-8 du Code Civil reprend une définition proche de celle donnée par la jurisprudence, ainsi que le relève le Conseil constitutionnel dans sa décision du 9 novembre 1999 — mis à part l'importante et nécessaire reconnaissance du couple homosexuel comme concubinage — alors qu'il demeure impossible de convener d'une définition unique de ce phénomène 'irréductiblement polymorphe'" (in Yann Favier e Pierre Murat (coords.), *Droit de la Famille*, 4. ed., Paris: Dalloz, 2007, p. 430). Tradução livre: "O art. 515-8 do Código Civil alberga uma definição próxima daquela dada pela jurisprudência, assim como faz o Conselho constitucional em sua decisão de 9 de novembro de 1999 — que colocou a salvo o importante e necessário reconhecimento do casal homossexual como concubinato — então fica impossível de cunhar uma definição única deste fenômeno 'irredutivelmente polimórfico'".

[45] Jorge Pinheiro, ob. cit., p. 642.

[46] Sobre o tratamento do tema na Espanha, vale conferir o livro editado pela Escuela Judicial do Consejo General Del Poder Judicial, *Las Uniones Estables de Pareja*, Madrid: Lerko Print S.A., 2003.

rística, la unión es por tiempo generalmente indefinido y puede romperse por voluntad unilateral de un partícipe.

Se ha caracterizado o definido en numerosas ocasiones por similitud con el matrimonio, sin la constitución legal, partiendo de la convivencia *more uxorio*; pero no se debe dar un concepto jurídico *per relationem*. Así, se puede distinguir un concepto estricto como una unión análoga al matrimonio; o un concepto amplio, no asimilable al matrimonio, sino a toda unión de hecho, prescindiendo de la sexualidad (distinto sexo o el mismo sexo o ajeno al sexo), de la unidad (monógamo o no) y del parentesco (pueden no ser pariente o sí serlo): es un hecho jurídico, en el sentido de hecho (aceptable o no moral o jurídicamente) que produce efectos jurídicos (personales, patrimoniales o de filiación)"[47].

Muitos outros países têm se preocupado com o fenômeno, o que torna inesgotável a sua completa enunciação neste tópico, motivo pelo qual partiremos, desde já, para o enfrentamento do tema no Direito positivo brasileiro.

6. TRATAMENTO JURÍDICO DA MATÉRIA ANTES DO CÓDIGO CIVIL DE 2002

No Brasil, o reconhecimento jurídico da união estável, como forma de família, somente se deu após a promulgação da Constituição Federal de 1988, valendo lembrar, mais uma vez, tal previsão normativa específica:

"Art. 226. A família, base da sociedade, tem especial proteção do Estado.

(...)

§ 3.º Para efeito da proteção do Estado, é reconhecida a união estável entre o homem e a mulher como entidade familiar, devendo a lei facilitar sua conversão em casamento".

Até então, conforme vimos no tópico dedicado ao estudo histórico da matéria[48], o tratamento da relação de companheirismo estava relegado ao árido campo do Direito Obrigacional.

Com a promoção constitucional operada após 1988, a regulamentação da matéria foi feita, inicialmente, pela Lei n. 8.971, de 1994, nos seguintes termos:

"Art. 1.º A companheira comprovada de um homem solteiro, separado judicialmente, divorciado ou viúvo, que com ele viva há mais de cinco anos, ou dele tenha prole, poderá valer-se do disposto na Lei n. 5.478, de 25 de julho de 1968, enquanto não constituir nova união e desde que prove a necessidade.

Parágrafo único. Igual direito e nas mesmas condições é reconhecido ao companheiro de mulher solteira, separada judicialmente, divorciada ou viúva.

Art. 2.º As pessoas referidas no artigo anterior participarão da sucessão do(a) companheiro(a) nas seguintes condições:

I — o(a) companheiro(a) sobrevivente terá direito enquanto não constituir nova união, ao usufruto de quarta parte dos bens do *de cujus*, se houver filhos deste ou comuns;

---

[47] Xavier O'Callaghan, *Compendio de Derecho Civil. Tomo IV (Derecho de La Familia)*, 7. ed., Madrid: DIJUSA, septiembre/2009, p. 38.
[48] Confira-se, novamente, o subtópico 2.3 ("Aceitação como Fato Social (Tutela de Natureza Obrigacional)") deste capítulo.

II — o(a) companheiro(a) sobrevivente terá direito, enquanto não constituir nova união, ao usufruto da metade dos bens do *de cujus*, se não houver filhos, embora sobrevivam ascendentes;

III — na falta de descendentes e de ascendentes, o(a) companheiro(a) sobrevivente terá direito à totalidade da herança.

Art. 3.º Quando os bens deixados pelo(a) autor(a) da herança resultarem de atividade em que haja colaboração do(a) companheiro, terá o sobrevivente direito à metade dos bens.

Art. 4.º Esta lei entra em vigor na data de sua publicação.

Art. 5.º Revogam-se as disposições em contrário".

Note-se, da leitura deste diploma, que a relação de companheirismo somente restaria configurada se o casal *estivesse convivendo há mais de cinco anos* ou se da união adviesse *prole comum*.

Consagrou-se, pois, um *sistema fechado de reconhecimento da união estável*, mediante a adoção de referenciais objetivos (tempo de união ou existência de prole), a fim de que, com isso, se pudessem extrair os efeitos típicos do Direito de Família, como o direito aos alimentos e à herança.

É bem verdade, todavia, ao menos quanto à questão da pensão alimentícia, que o Superior Tribunal de Justiça, acertadamente — conferindo justa interpretação jurídica às relações desfeitas antes da Lei de 1994 —, reconheceu o direito do alimentando, com fundamento na aplicação direta e imediata da norma constitucional:

"Alimentos. União estável rompida anteriormente ao advento da Lei n. 8.971, de 29-12-94.

A união duradoura entre homem e mulher, com o propósito de estabelecer uma vida em comum, pode determinar a obrigação de prestar alimentos ao companheiro necessitado, uma vez que o dever de solidariedade não decorre exclusivamente do casamento, mas também da realidade do laço familiar. Precedentes da Quarta Turma.

Recurso especial conhecido e provido, a fim de que, afastada a extinção do processo, o Tribunal *a quo* examine o mérito da causa" (REsp 184.807/SP, rel. Min. Barros Monteiro, julgado em 7-6-2001, DJ 24-9-2001, p. 308, 4.ª Turma).

Esse diploma seria parcialmente revogado (derrogado) em 1996, quando o legislador brasileiro, em atitude de impacto, considerou necessário abandonar os referenciais objetivos para o reconhecimento da união, passando a adotar um *sistema aberto*, com acentuada margem de discricionariedade ao julgador na apreciação do caso concreto, ao dispor, simplesmente, que:

"Art. 1.º É reconhecida como entidade familiar a convivência duradoura, pública e contínua, de um homem e uma mulher, estabelecida com objetivo de constituição de família"[49].

---

[49] Lei n. 9.278, de 10 de maio de 1996:

"Art. 2.º São direitos e deveres iguais dos conviventes:

I — respeito e consideração mútuos;

II — assistência moral e material recíproca;

III — guarda, sustento e educação dos filhos comuns.

Se, por um lado, com a adoção desta diretriz, evita-se a injustiça de se negar o reconhecimento do vínculo familiar travado entre pessoas que convivam há 4 anos e 11 meses sem filhos — eis que a regra anterior, como visto, exigiria mais de 5 anos de vida em comum —, por outro, restaria acentuada a carga de responsabilidade social sobre o julgador, na medida em que a fluidez do conceito pudesse conduzir equivocadamente à admissibilidade oficial de relações esporádicas, com fortes efeitos pessoais e patrimoniais.

A Lei de 1996, nesse diapasão, perduraria até a entrada em vigor do Código Civil de 2002, que tomaria para si o tratamento da matéria[50].

7. CONCEITO DE UNIÃO ESTÁVEL NO CÓDIGO CIVIL DE 2002 E SEUS ELEMENTOS CARACTERIZADORES

A despeito de tramitarem propostas de nova regulamentação da união estável[51], permanecem ainda vigentes as normas do nosso Código Civil de 2002.

Art. 3.º (*VETADO*).

Art. 4.º (*VETADO*).

Art. 5.º Os bens móveis e imóveis adquiridos por um ou por ambos os conviventes, na constância da união estável e a título oneroso, são considerados fruto do trabalho e da colaboração comum, passando a pertencer a ambos, em condomínio e em partes iguais, salvo estipulação contrária em contrato escrito.

§ 1.º Cessa a presunção do *caput* deste artigo se a aquisição patrimonial ocorrer com o produto de bens adquiridos anteriormente ao início da união.

§ 2.º A administração do patrimônio comum dos conviventes compete a ambos, salvo estipulação contrária em contrato escrito.

Art. 6.º (*VETADO*).

Art. 7.º Dissolvida a união estável por rescisão, a assistência material prevista nesta Lei será prestada por um dos conviventes ao que dela necessitar, a título de alimentos.

Parágrafo único. Dissolvida a união estável por morte de um dos conviventes, o sobrevivente terá direito real de habitação, enquanto viver ou não constituir nova união ou casamento, relativamente ao imóvel destinado à residência da família.

Art. 8.º Os conviventes poderão, de comum acordo e a qualquer tempo, requerer a conversão da união estável em casamento, por requerimento ao Oficial do Registro Civil da Circunscrição de seu domicílio.

Art. 9.º Toda a matéria relativa à união estável é de competência do juízo da Vara de Família, assegurado o segredo de justiça.

Art. 10. Esta Lei entra em vigor na data de sua publicação.

Art. 11. Revogam-se as disposições em contrário".

[50] Em nosso sentir, vale frisar, alguns dispositivos da referida Lei n. 9.278 permaneceriam em vigor, a exemplo da transcrita norma do parágrafo único do seu art. 7.º, que prevê, em favor do(a) companheiro(a) viúvo(a), o direito real de habitação.

[51] Ver, a título exemplificativo, os arts. 63 a 67 do Estatuto das Famílias (PL 2.285 de 2007, apensado ao PL n. 674/2007 em 17 de dezembro de 2007), transcritos no tópico final ("Estatuto das Famílias e a União Estável") deste capítulo.

Em primeiro plano, cuidou o legislador de definir o que se entende por *união estável*, no art. 1.723, norma de natureza tipicamente explicativa:

"Art. 1.723. É reconhecida como entidade familiar a união estável entre o homem e a mulher, configurada na convivência pública, contínua e duradoura e estabelecida com o objetivo de constituição de família".

Enfrentemos cada um dos elementos caracterizadores que se podem extrair deste conceito, começando, porém, com a discussão sobre a (im)prescindibilidade da dualidade de sexos.

7.1. Dualidade de sexos

Inicialmente, é colocada sob nossa análise a delicada questão da *dualidade de sexos* como pressuposto da união estável.

Conforme veremos em momento oportuno[52], no sistema aberto, inclusivo e não discriminatório inaugurado a partir da Constituição de 1988, espaço não há para uma interpretação fechada e restritiva que pretenda concluir pela literalidade da norma constitucional (art. 226, § 3.º, CF)[53] ou até mesmo da legislação ordinária (art. 1.723, CC) com o propósito de somente admitir a união estável heterossexual.

Tal linha de raciocínio — a par de injusta — seria até mesmo pretensiosa, pois partiria da falsa premissa de que o legislador deteria o místico poder de prever todas as multifárias formas de família que pululam em uma sociedade, a fim de consagrar determinadas entidades e proibir outras, também merecedoras de tutela, *pela simples ausência de menção expressa.*

Com propriedade, a respeito desse tema, prelecionam CRISTIANO CHAVES e NELSON ROSENVALD:

"Efetivamente, a união entre pessoas homossexuais poderá estar acobertada pelas mesmas características de uma entidade heterossexual, fundada, basicamente, no afeto e na solidariedade. Sem dúvida, não é a diversidade de sexos que garantirá a caracterização de um modelo familiar, pois a afetividade poderá estar presente mesmo nas relações homoafetivas"[54].

Muito bem.

Firmado o caráter relativo do requisito "dualidade de sexos", enfrentemos outros elementos que permitam caracterizar uma união estável.

7.2. Elementos caracterizadores essenciais

Da redação do já transcrito art. 1.723, CC/2002, que se refere a uma "convivência pública, contínua e duradoura", bem como de tudo quanto aqui exposto, é possível sintetizar quatro elementos caracterizadores essenciais da união estável, a saber:

a) publicidade;
b) continuidade;
c) estabilidade;
d) objetivo de constituição de família.

---

[52] Ver Capítulo XXI ("União Homoafetiva") deste volume.
[53] Art. 226, § 3.º (CF): "Para efeito da proteção do Estado, é reconhecida a união estável entre o homem e a mulher como entidade familiar, devendo a lei facilitar sua conversão em casamento".
[54] Cristiano Chaves e Nelson Rosenvald, ob. cit., p. 394-5.

7.2.1. Publicidade

O primeiro elemento caracterizador essencial da união estável é a publicidade da convivência[55].

Com efeito, não é razoável se imaginar que um relacionamento que se trava de maneira furtiva possa ser considerado um núcleo familiar.

A ideia de o casal ser reconhecido socialmente como uma família, em uma *convivência pública*, é fundamental para a demonstração, eventualmente judicial, da existência de uma união estável.

Atenta contra tal ideia a concepção de um relacionamento "clandestino".

Esse elemento permite diferenciar a união estável, por exemplo, de um "caso", relacionamento amoroso com interesse predominantemente sexual.

7.2.2. Continuidade

Outro importante elemento caracterizador da união estável é o seu caráter contínuo.

Relacionamentos fugazes, sem *animus* de permanência e definitividade, por mais intensos que sejam (e há paixões arrebatadoras que não duram mais do que uma noite ou um carnaval...), não têm o condão de se converter em uma modalidade familiar.

Este é um elemento que permite diferenciar, à primeira vista, a união estável de um mero namoro, ainda que se reconheça que há certos namoros que, de tão longos, são conhecidos, jocosamente, como "casamentos por usucapião", o que, obviamente, não se reconhece como fato que origine efeitos jurídicos, salvo na hipótese de uma legítima e inquestionável expectativa de constituição de família[56].

A união estável não se coaduna com a eventualidade, pressupondo a *convivência contínua*, sendo, justamente por isso, equiparada ao casamento em termos de reconhecimento jurídico.

7.2.3. Estabilidade

O terceiro elemento essencial para a caracterização da união estável é a *convivência duradoura* entre os sujeitos.

A exigibilidade dessa circunstância é intuída até mesmo do adjetivo "estável" que qualifica essa relação.

Este elemento permite também diferenciar a união estável do fenômeno moderno da "ficada", que já foi objeto de nossas reflexões em tópico anterior[57].

---

[55] A união estável deve ser pública, notória. Mas não é, lembramos, formal como o casamento, afigurando-se como um "fato da vida", razão por que não gera estado civil. Esta "informalidade" não significa, por outro lado, uma completa omissão do Estado no estabelecimento de regras administrativas que colaborem com os seus partícipes. Nesse contexto, recomendamos a leitura do Provimento 37 do CNJ, de 7 de julho de 2014, que dispõe sobre o registro facultativo da união estável e dá outras providências.

[56] Sobre o tema, confira-se o Capítulo IV ("A Promessa de Casamento") deste volume.

[57] Confira-se o tópico 1 ("Introdução: "Ficada", Namoro e Noivado") do Capítulo IV ("A Promessa de Casamento (Esponsais)") do presente volume.

7.2.4. Objetivo de constituição de família

O principal e inafastável elemento para o reconhecimento da união estável, sem sombra de dúvidas, é o teleológico ou finalístico: *o objetivo de constituição de família.*

Este, seguramente, não poderá faltar.

Isso porque o casal que vive uma relação de companheirismo — diferentemente da instabilidade do simples namoro — realiza a imediata finalidade de constituir uma família, como se casados fossem[58].

---

[58] Se o casal apenas projeta a família para o futuro, não traduzindo uma realidade familiar imediata, poderá haver, segundo já decidiu o STJ, "**namoro qualificado**", mas não união estável:

RECURSO ESPECIAL E RECURSO ESPECIAL ADESIVO. AÇÃO DE RECONHECIMENTO E DISSOLUÇÃO DE UNIÃO ESTÁVEL, ALEGADAMENTE COMPREENDIDA NOS DOIS ANOS ANTERIORES AO CASAMENTO, C.C. PARTILHA DO IMÓVEL ADQUIRIDO NESSE PERÍODO. 1. ALEGAÇÃO DE NÃO COMPROVAÇÃO DO FATO CONSTITUTIVO DO DIREITO DA AUTORA. PREQUESTIONAMENTO. AUSÊNCIA. 2. UNIÃO ESTÁVEL. NÃO CONFIGURAÇÃO. NAMORADOS QUE, EM VIRTUDE DE CONTINGÊNCIAS E INTERESSES PARTICULARES (TRABALHO E ESTUDO) NO EXTERIOR, PASSARAM A COABITAR. ESTREITAMENTO DO RELACIONAMENTO, CULMINANDO EM NOIVADO E, POSTERIORMENTE, EM CASAMENTO. 3. NAMORO QUALIFICADO. VERIFICAÇÃO. REPERCUSSÃO PATRIMONIAL. INEXISTÊNCIA. 4. CELEBRAÇÃO DE CASAMENTO, COM ELEIÇÃO DO REGIME DA COMUNHÃO PARCIAL DE BENS. TERMO A PARTIR DO QUAL OS ENTÃO NAMORADOS/NOIVOS, MADUROS QUE ERAM, ENTENDERAM POR BEM CONSOLIDAR, CONSCIENTE E VOLUNTARIAMENTE, A RELAÇÃO AMOROSA VIVENCIADA, PARA CONSTITUIR, EFETIVAMENTE, UM NÚCLEO FAMILIAR, BEM COMO COMUNICAR O PATRIMÔNIO HAURIDO. OBSERVÂNCIA. NECESSIDADE. 5. RECURSO ESPECIAL PROVIDO, NA PARTE CONHECIDA; E RECURSO ADESIVO PREJUDICADO.

1. O conteúdo normativo constante dos arts. 332 e 333, II, da lei adjetiva civil, não foi objeto de discussão ou deliberação pela instância precedente, circunstância que enseja o não conhecimento da matéria, ante a ausência do correlato e indispensável prequestionamento.

2. Não se denota, a partir dos fundamentos adotados, ao final, pelo Tribunal de origem (por ocasião do julgamento dos embargos infringentes), qualquer elemento que evidencie, no período anterior ao casamento, a constituição de uma família, na acepção jurídica da palavra, em que há, necessariamente, o compartilhamento de vidas e de esforços, com integral e irrestrito apoio moral e material entre os conviventes. A só projeção da formação de uma família, os relatos das expectativas da vida no exterior com o namorado, a coabitação, ocasionada, ressalta-se, pela contingência e interesses particulares de cada qual, tal como esboçado pelas instâncias ordinárias, afiguram-se insuficientes à verificação da affectio maritalis e, por conseguinte, da configuração da união estável.

2.1. O propósito de constituir família, alçado pela lei de regência como requisito essencial à constituição da união estável — a distinguir, inclusive, esta entidade familiar do denominado "namoro qualificado" —, não consubstancia mera proclamação, para o futuro, da intenção de constituir uma família. É mais abrangente. Esta deve se afigurar presente durante toda a convivência, a partir do efetivo compartilhamento de vidas, com irrestrito apoio moral e material entre os companheiros. É dizer: a família deve, de fato, restar constituída.

2.2. Tampouco a coabitação, por si, evidencia a constituição de uma união estável (ainda que possa vir a constituir, no mais das vezes, um relevante indício), especialmente se considerada a particularidade dos autos, em que as partes, por contingências e interesses particulares (ele, a trabalho; ela, pelo estudo) foram, em momentos distintos, para o exterior, e, como namorados que eram, não hesitaram em residir conjuntamente. Este comportamento, é certo, revela-se absolutamente usual nos tempos atuais, impondo-se ao Direito, longe das críticas e dos estigmas, adequar-se à realidade social.

Essa aparência de casamento, essa finalidade de constituição de um núcleo estável familiar é que deverá ser investigada em primeiro lugar, pelo intérprete, ao analisar uma relação apontada como de união estável.

Trata-se da essência do instituto no novo sistema constitucionalizado, diferenciando uma união estável de uma relação meramente obrigacional.

Ausente essa finalidade imediata de constituição de família, portanto, a tessitura do núcleo se desfaz, resultando na instabilidade típica de um simples namoro, como sabiamente, inclusive, já assentou o Tribunal de Justiça do Rio Grande do Sul:

"Apelação cível. União estável. Requisitos. Insuficiência de provas. Para a caracterização da união estável é imprescindível a existência de convivência pública, contínua, duradoura e estabelecida com objetivo de constituir família. No caso dos autos, o relacionamento ostentou contornos de um namoro, inexistindo, portanto, o objetivo de constituição de família. Sentença de improcedência mantida. Recurso improvido" (TJRS, Apelação Cível 70034815902, rel. Claudir Fidelis Faccenda, julgado em 18-3-2010, 8.ª Câm. Cív.).

Percebe-se, portanto, a tênue e sutil fronteira existente entre um simples namoro — relação instável sem potencial repercussão jurídica — e uma relação de companheirismo — relação estável de família com potencial repercussão jurídica.

E, precisamente por conta do receio de caírem na malha jurídica da união estável, muitos casais brasileiros convencionaram celebrar, em livro de notas de Tabelião, o deno-

---

3. Da análise acurada dos autos, tem-se que as partes litigantes, no período imediatamente anterior à celebração de seu matrimônio (de janeiro de 2004 a setembro de 2006), não vivenciaram uma união estável, mas sim um namoro qualificado, em que, em virtude do estreitamento do relacionamento projetaram para o futuro — e não para o presente —, o propósito de constituir uma entidade familiar, desiderato que, posteriormente, veio a ser concretizado com o casamento.

4. Afigura-se relevante anotar que as partes, embora pudessem, não se valeram, tal como sugere a demandante, em sua petição inicial, do instituto da conversão da união estável em casamento, previsto no art. 1.726 do Código Civil. Não se trata de renúncia como, impropriamente, entendeu o voto condutor que julgou o recurso de apelação na origem. Cuida-se, na verdade, de clara manifestação de vontade das partes de, a partir do casamento, e não antes, constituir a sua própria família.

A celebração do casamento, com a eleição do regime de comunhão parcial de bens, na hipótese dos autos, bem explicita o termo a partir do qual os então namorados/noivos, maduros que eram, entenderam por bem consolidar, consciente e voluntariamente, a relação amorosa vivenciada para constituir, efetivamente, um núcleo familiar, bem como comunicar o patrimônio haurido. A cronologia do relacionamento pode ser assim resumida: namoro, noivado e casamento.

E, como é de sabença, não há repercussão patrimonial decorrente das duas primeiras espécies de relacionamento.

4.1. No contexto dos autos, inviável o reconhecimento da união estável compreendida, basicamente, nos dois anos anteriores ao casamento, para o único fim de comunicar o bem então adquirido exclusivamente pelo requerido. Aliás, a aquisição de apartamento, ainda que tenha se destinado à residência dos então namorados, integrou, inequivocamente, o projeto do casal de, num futuro próximo, constituir efetivamente a família por meio do casamento.

Daí, entretanto, não advém à namorada/noiva direito à meação do referido bem.

5. Recurso especial provido, na parte conhecida. Recurso especial adesivo prejudicado.

(REsp 1454643/RJ, Rel. Min. Marco Aurélio Bellizze, j. 3-3-2015, *DJe* 10-3-2015, 3.ª Turma).

minado "contrato de namoro", negócio jurídico firmado com o nítido propósito de afastarem o regramento do Direito de Família.

Mas, conforme já observado ao longo deste capítulo, a união estável é um *fato da vida* e, como tal, se configurada, não será uma simples declaração negocial de vontade instrumento hábil para afastar o regramento de ordem pública que rege este tipo de entidade familiar.

Pensamos, com isso, que o inusitado contrato de namoro poderá até servir para auxiliar o juiz a investigar o *animus* das partes envolvidas, mas não é correto considerá-lo, numa perspectiva hermética e absoluta, uma espécie de "salvo-conduto dos namorados", até porque, amigo leitor, convenhamos, muitos namorados(as) neste Brasil nem perceberam, mas já caíram na rede da união estável há muito tempo.

E essa aferição deverá ser feita, com prudência, pelo julgador no caso concreto.

Sobre o contrato de namoro, aliás, vale anotar, escreveu o coautor PABLO STOLZE GAGLIANO:

"Recentemente, um jornal de grande circulação publicou reportagem em que se noticiava a última moda entre os paulistas: *o contrato de namoro*. Trata-se de um negócio celebrado por duas pessoas que mantêm relacionamento amoroso — namoro, em linguagem comum — e que pretendem, por meio da assinatura de um documento, a ser arquivado em cartório, afastar os efeitos da união estável. Essa preocupação, aliás, é compreensível. Quando a Lei n. 8.971 de 1994 regulamentou a união estável no Brasil, exigiu, para a sua configuração, uma convivência superior a cinco anos ou a existência de prole comum. Em outras palavras, utilizou referenciais objetivos para o reconhecimento da união concubinária e os seus efeitos. Acontece que a Lei n. 9.278 de 1996 operou a revogação parcial da lei anterior, colocando por terra os critérios objetivos supramencionados, passando a admitir a existência da união estável pelo simples fato de *um homem e uma mulher conviverem de forma pública e duradoura, com o objetivo de constituir família*. Com isso, a diferença do simples namoro para a união estável tornou-se tênue, senão nebulosa, passando a depender sobremaneira do juízo de convencimento do magistrado. Qualquer relação, não importando o seu tempo de existência, poderia, teoricamente, desde que verificada a estabilidade e o objetivo de constituição de família, converter-se em união estável. E o reconhecimento de que a relação converteu-se em companheirismo geraria efeitos jurídicos de alta significação: direito aos alimentos, direito à herança, partilha de bens, deveres recíprocos de convivência. União estável é coisa séria e, nos dias que correm, encontra-se ombreada ao casamento em termos de importância jurídica e social. E tal fato se torna ainda mais grave se considerarmos que este tipo de união informal ganha cada vez novos adeptos, inclusive entre os mais jovens. Pesquisa da Fundação Getúlio Vargas, veiculada em 2000, demonstra que na faixa etária entre 15 a 24 anos 49% dos casais se unem informalmente, contra apenas 30% que optam pelo casamento religioso com efeitos civis. Apenas 17,5% escolheram apenas o matrimônio civil e 3,4% realizam apenas a cerimônia religiosa (o que faz com que acabem incidindo nas regras da união estável, eis que não obtiveram, no caso, o reconhecimento do Estado)[59]. Pois bem. Nesse contexto, o denominado 'contrato de namoro' poderia ser considerado como uma alternativa para aqueles casais que pretendessem manter a sua relação fora do âmbito de

---

[59] Dados obtidos no *site*: <www.ig.planetavida.com.br/resp/rm01.shtml?artg_cd_artigo =4490>. Acesso em: 25 jul. 2000.

incidência das regras da união estável? Poderiam, pois, por meio de um documento, tornar firme o reconhecimento de que aquela união é apenas um namoro, sem compromisso de constituição de família? Em nosso pensamento, temos a convicção de que tal contrato *é completamente desprovido de validade jurídica*. A união estável é um *fato da vida*, uma situação fática reconhecida pelo Direito de Família que se constitui durante todo o tempo em que as partes se portam como se casados fossem, e com indícios de definitividade[60]. Salientando esta característica, SÍLVIO DE SALVO VENOSA[61], festejado civilista nacional, lembra que enquanto o casamento é um negócio, a união estável, diferentemente, é um 'fato jurídico'. Por isso, não se poderia reconhecer validade a um contrato que pretendesse afastar o reconhecimento da união, cuja regulação é feita por *normas cogentes, de ordem pública*, indisponíveis pela simples vontade das partes. Trata-se, pois, de contrato nulo, pela impossibilidade jurídica do objeto. Lembre-se, ademais, em abono de nosso pensamento, que a Lei n. 9.278 de 1996 teve alguns de seus artigos vetados pelo Presidente da República exatamente porque se pretendia admitir a 'união estável contratual', em detrimento do princípio segundo o qual a relação de companheirismo seria um fato da convivência humana e que não poderia ser previamente discutida pelas partes em um contrato. O que é possível, sim, ressalve-se, é a celebração de um contrato que regule aspectos patrimoniais da união estável — como o direito aos alimentos ou à partilha de bens —, não sendo lícita, outrossim, a declaração que, simplesmente, descaracterize a relação concubinária, em detrimento da realidade. E o leitor deve estar se perguntando como fica esta interessante questão diante do novo Código Civil. A Lei Civil de 2002, diferentemente do que se poderia imaginar, não inovou na matéria. Manteve a sistemática da Lei de 1996, ao não utilizar critérios objetivos para o reconhecimento da união, consoante se pode ler em seu art. 1.723: '*É reconhecida como entidade familiar a união estável entre o homem e a mulher, configurada na convivência pública, contínua e duradoura, com o objetivo de constituição de família*'. A novidade de maior relevo foi a adoção expressa do regime de comunhão parcial de bens do casamento, ressalvada a celebração de um contrato escrito que discipline a divisão patrimonial dos conviventes. Em conclusão, pensamos que o 'contrato de namoro' é, tão somente, uma írrita tentativa de se evitar o 'inevitável'. Como costumamos dizer em sala de aula: se a relação já está ficando séria, e já há fortes indícios de estabilidade na união, coloque as barbas de molho e pense no altar... é mais seguro!"[62].

Compreendidos os elementos essenciais para a caracterização da união estável, passemos a enfrentar, no próximo subtópico, alguns outros elementos que, embora acidentais, auxiliam em sua caracterização.

---

[60] Demonstrando que nem sempre se podem enquadrar fatos da vida a molduras jurídicas predefinidas, Luiz Edson Fachin exemplifica precisamente com a união estável, demonstrando a existência de "relações de fato" que geram efeitos jurídicos, independentemente da existência de um modelo ou paradigma legal que as reconheça (cf. a excelente obra *Teoria Crítica do Direito Civil*, Renovar, 2000, p. 200-1).

[61] Conferir a bela obra *Direito Civil — Direito de Família*, Atlas, do professor Sílvio Venosa.

[62] Pablo Stolze Gagliano, "Contrato de namoro", *Jus Navigandi*, Teresina, ano 10, n. 1057, 24 maio 2006. Disponível em: <http://jus2.uol.com.br/doutrina/texto.asp?id=8319>. Acesso em: 21 abr. 2010.

7.3. Elementos caracterizadores acidentais (tempo, prole e coabitação)

Chamamos de elementos acidentais as circunstâncias de fato que, embora não sejam essenciais para a caracterização da união estável, facilitam a sua demonstração judicial, reforçando imensamente a tese da sua existência.

É o caso do *tempo de convivência*, a *existência de prole* ou a *exigência de coabitação*.

Note-se, de logo, no vigente sistema codificado civil, não haverem sido consagrados critérios objetivos para o reconhecimento do vínculo, diferentemente do que fizera a Lei n. 8.971 de 1994, a qual, como vimos acima[63], exigiu um *tempo mínimo de convivência (mais de 5 anos)*[64] ou a existência de *prole comum*.

A configuração da união estável, portanto, no Código Civil de 2002, na mesma vereda da Lei n. 9.278 de 1996, poderá se dar qualquer que seja o tempo de união do casal e, bem assim, quer existam ou não filhos comuns.

Só a título de ilustração, confira, na jurisprudência brasileira, a volatilidade do requisito temporal, sujeito às variações interpretativas do órgão julgador:

"Apelação cível. Previdência pública estadual. Pensão. União estável de curta duração (menos de dois anos). Descabimento do pedido. 1. A lei federal relativa à dita união estável, que dispensa tempo mínimo, se refere tão só aos efeitos patrimoniais entre os conviventes, portanto direitos disponíveis e no âmbito do direito privado. Não se estende a efeitos previdenciários entre o segurado e a previdência pública, envolvendo erário, portanto direitos indisponíveis e no âmbito do direito público. Voto divergente quanto ao fundamento. 2. Apelação desprovida" (TJRS, Apelação Cível 70026530667, rel. Irineu Mariani, julgado em 15-4-2009, 1.ª Câm. Cív.).

"Apelação. União estável. Tempo. Convívio duradouro. A legislação atual referente à união estável, inclusive o Novo Código Civil, não mais exige tempo mínimo de convivência para que a relação caracterize união estável, bastando que seja duradoura, presentes os demais requisitos legais. *In casu*, a convivência sob o mesmo teto, como marido e mulher, durou aproximadamente dezoito meses, período insuficiente à caracterização da união estável em tantos outros casos, mas que na espécie não obstaculiza o reconhecimento pretendido. Apelo desprovido" (TJRS, Apelação Cível 70010253904, rel. Rui Portanova, julgado em 23-12-2004, 8.ª Câm. Cív.).

"Apelações cíveis. União estável. 1. Alimentos. Reconhecida a existência da união estável que perdurou dezesseis anos, e a total dependência econômica do companheiro relativa-

---

[63] Releia-se o tópico 6 ("Tratamento Jurídico da Matéria antes do Código Civil de 2002") do presente capítulo.

[64] O projeto original do Código Civil previa tempo mínimo para a configuração da união estável, posteriormente dispensado, como anotou o relator na Câmara, Deputado Ricardo Fiúza: "Mostrava-se inconstitucional o dispositivo originariamente constante do projeto, ao limitar a união estável à convivência superior a cinco anos, quando a própria Constituição Federal não define qualquer prazo. Seria interpretação restritiva e inconcebível vir a lei infraconstitucional, reguladora do instituto, impor prazo mínimo, para o reconhecimento dessa entidade familiar. Na verdade, o conceito 'estável', inserido no pergaminho constitucional, não está a depender de prazo certo, mas de elementos outros que o caracterizem, como os constantes do art. 1.º da Lei n. 9.728/96" (Ricardo Fiúza, "O novo Código Civil e a união estável", *Jus Navigandi*, Teresina, ano 6, n. 54, fev. 2002. Disponível em: <http://jus2.uol.com.br/doutrina/texto.asp?id=2721>. Acesso em: 21 abr. 2010).

mente à companheira, esta deve prestar alimentos em seu favor, até que ele possua rendimentos para propiciar o seu sustento. 2. Partilha. Os bens imóveis adquiridos comprovadamente por sub-rogação pela companheira não entram na comunhão. É válida a manifestação de vontade contida em documento assinado pelo companheiro, onde ele reconhece que um imóvel adquirido durante a vigência da união estável pertence com exclusividade à companheira. Partilham-se as aplicações financeiras existentes por ocasião da separação de corpos, sobre as quais não foi demonstrada a sub-rogação. 3. Sucumbência. Redimensiona-se a sucumbência, na parte em que foi recíproca entre os litigantes, não permitida a compensação. Preliminar de nulidade rejeitada. Apelações parcialmente providas" (TJRS, Apelação Cível 70017548405, rel. José Ataídes Siqueira Trindade, julgado em 21-12-2006, 8.ª Câm. Cív.).

"Ação ordinária de reconhecimento de união estável. Sentença de parcial procedência da ação. Apelações. 1. No caso que se apresenta nos autos, de se ver que conforme declaração fornecida pela própria requerente foi afirmado que ela conheceu o 'de cujus' em 1995. 2. O fato de terem eles se conhecido naquela data, não significa que a união estável estava caracterizada a partir daquela data, até mesmo porque no início, qualquer relação não passa de um namoro. 3. O relacionamento do homem e da mulher, para merecer a proteção do Estado e ser reconhecido como uma entidade familiar, há de ter o propósito de um casamento, e não de um namoro qualificado. 4. De outro lado, se não consideradas as notícias veiculadas na imprensa sobre o assalto que sofreu o casal, deve ser levado em conta a declaração voluntária do 'de cujus' em sede policial, sobre o mesmo evento, onde ele qualificou a autora como sua esposa, motivo suficiente para comprovar a existência de relação estável no ano de 2001, ao mesmo tempo que os documentos relativos à internação da autora comprovam que a mesma residia no endereço da Fazenda de propriedade do falecido, possibilitando o reconhecimento da união estável no ano de 2000, por isso a sentença acertadamente declarou a existência da união estável no período compreendido entre o ano de 2000 e a sua dissolução em 26 de maio de 2001, data do óbito do falecido. 5. Recursos a que nego seguimento (art. 557, 'caput', do CPC)" (TJRJ, AP 0000189-10.2001.8.19.0043, Des. Miguel Angelo Barros, julgado em 18-2-2010, 16.ª Câm. Cív.).

"Apelação Cível. Reconhecimento de união estável. Ausência de comprovação. A união estável, que a lei protege e de que advêm direitos e deveres, é a convivência duradoura pública e contínua entre homem e mulher, com o objetivo de constituir família. Prova demonstra a existência de um namoro por cerca de três anos. Sentença mantida. desprovimento do recurso" (TJRJ, AP 0063629-24.2006.8.19.0004 — 2009.001.52557, Des. Odete Knaack de Souza, julgado em 10-2-2010, 27.ª Câm. Cív.).

Se, por um lado, levanta-se o argumento crítico no sentido da insegurança gerada pela ausência de um critério temporal, por outro, afirma-se que a exigência de um lapso mínimo desembocaria em situações de inequívoca injustiça, a exemplo do casal que não teve a união estável reconhecida por terem desfeito o vínculo dias antes de atingirem o limite mínimo de tempo.

E, nesse contexto, cumpre-nos acrescentar ainda que a *coabitação* — entendida como a convivência sob o mesmo teto — também não se afigura indispensável, posição já consolidada há muito no próprio Supremo Tribunal Federal:

> Súmula 382. "A vida em comum sob o mesmo teto, 'more uxorio', não é indispensável à caracterização do concubinato".

Na linha de entendimento desta súmula, conclui-se que, mesmo vivendo em casas separadas, o casal pode haver constituído a união estável.

Ora, uma pergunta, nesse ponto, o nosso atento leitor poderá fazer: *se não existe tempo mínimo exigido para a caracterização do vínculo, se a prole comum não se faz indispensável, se a coabitação também se afigura despicienda, como, afinal, poderemos reconhecer, com segurança, a caracterização da união estável?*

Logicamente que tais elementos (tempo de convivência, prole e coabitação), quando existentes (ou concorrentes), poderão reforçar o reconhecimento da tese.

8. IMPEDIMENTOS PARA A CONFIGURAÇÃO DA UNIÃO ESTÁVEL

O legislador brasileiro é categórico ao afirmar que a união estável não se constituirá caso concorram qualquer dos impedimentos constantes no art. 1.521[65], já estudados em capítulo anterior[66]:

"Art. 1.723. É reconhecida como entidade familiar a união estável entre o homem e a mulher, configurada na convivência pública, contínua e duradoura e estabelecida com o objetivo de constituição de família.

§ 1.º *A união estável não se constituirá se ocorrerem os impedimentos do art. 1.521; não se aplicando a incidência do inciso VI no caso de a pessoa casada se achar separada de fato ou judicialmente.*" (grifos nossos).

Assim, uma relação entre dois irmãos ou qualquer outra forma incestuosa[67] — impedidos, portanto, de casar — não subsumiria no conceito de união estável, desembocando na árida regulamentação do simples concubinato.

Mas, note-se que, de acordo com a ressalva constante na parte final do dispositivo, não configurará óbice ao reconhecimento da união estável *o fato de um dos companheiros ainda estar oficialmente casado, desde que esteja separado de fato ou judicialmente.*

Quer-se com isso dizer que pessoas casadas, uma vez separadas de fato ou mediante sentença judicial, embora ainda impedidas de convolarem novas núpcias, já podem constituir união estável.

---

[65] "Art. 1.521. Não podem casar:

I — os ascendentes com os descendentes, seja o parentesco natural ou civil;

II — os afins em linha reta;

III — o adotante com quem foi cônjuge do adotado e o adotado com quem o foi do adotante;

IV — os irmãos, unilaterais ou bilaterais, e demais colaterais, até o terceiro grau inclusive;

V — o adotado com o filho do adotante;

VI — as pessoas casadas;

VII — o cônjuge sobrevivente com o condenado por homicídio ou tentativa de homicídio contra o seu consorte".

[66] Confira-se o Capítulo IX ("Plano de Validade do Casamento: Introdução e Impedimentos Matrimoniais — O Casamento Nulo") do presente volume.

[67] Sobre o tema, confira-se o excelente artigo de Ana Cecília Rosário Ribeiro, "O reconhecimento da relação incestuosa como entidade familiar". Disponível em: <http://www.facs.br/revistajuridica/edicao_agosto2005/discente/disc_01_pos.doc>. Acesso em: 7 set. 2010.

Aliás, quantos milhares de casais no Brasil encontram-se nesta situação: um dos companheiros ainda oficialmente casado com terceiro, mas já integrante de um núcleo estável afetivo há vários anos...

Claro está que tal dispositivo (quanto a separação judicial), a partir da aprovação da Emenda do Divórcio (Emenda Constitucional n. 66/2010), só terá utilidade em face de pessoas que já estavam separadas ao tempo da sua vigência, uma vez que, conforme escreveu PABLO STOLZE GAGLIANO, ainda na fase de discussão da PEC 28/09, tais pessoas não se converteriam em divorciadas por um simples passe de mágica[68]:

"É iminente a aprovação do Projeto de Emenda Constitucional n. 28 de 2009 (numeração no Senado), a usualmente denominada 'PEC do Divórcio', que pretende modificar o art. 226, § 6.º da CF. O texto de sua redação original era o seguinte: '§ 6.º O casamento civil pode ser dissolvido pelo divórcio *consensual ou litigioso, na forma da lei*'. Suprimiu-se, posteriormente, a expressão 'na forma da lei', constante na parte final do dispositivo sugerido. Esta supressão, aparentemente desimportante, revestiu-se de grande significado jurídico. Caso fosse aprovada em sua redação original, correríamos o sério risco de minimizar a mudança pretendida, ou, o que é pior, torná-la sem efeito, pelo demasiado espaço de liberdade legislativa que a jurisprudência poderia reconhecer estar contida na suprimida expressão. Vale dizer, aprovar uma emenda simplificadora do divórcio com o adendo 'na forma da lei' poderia resultar em um indevido espaço de liberdade normativa infraconstitucional, permitindo interpretações equivocadas e retrógradas, justamente o que a proposta quer impedir. Melhor, portanto, a sintética redação atual: 'O casamento civil pode ser dissolvido pelo divórcio'. Da sua leitura, constatamos duas modificações de impacto: *acaba-se com a separação judicial* (de forma que a única medida juridicamente possível para o descasamento seria o divórcio) e *extingue-se também o prazo de separação de fato para o divórcio direto* (eis que não há mais referência à separação de fato do casal há mais de dois anos). Nesse contexto, instigante questionamento, que, certamente, assolará os Tribunais do País, diz respeito à situação das pessoas judicialmente separadas ao tempo da promulgação da Emenda. Ora, com o desaparecimento do instituto da separação, qual será o seu estado civil? Não temos dúvida de que as pessoas já separadas ao tempo da promulgação da Emenda não podem ser consideradas automaticamente divorciadas. Não haveria sentido algum. Aliás, este entendimento, a par de gerar grave insegurança jurídica, resultaria no desagradável equívoco de se pretender modificar uma situação jurídica consolidada segundo as normas vigentes à época da sua constituição, sem que tivesse havido manifestação de qualquer das partes envolvidas. Ademais, é de bom alvitre lembrar que uma modificação assim pretendida — caída do céu — culminaria por transformar o próprio estado civil da pessoa até então separada. Como ficariam, por exemplo, as relações jurídicas travadas com terceiros pela pessoa até então judicialmente separada? Além disso, a alteração da norma constitucional não teria o condão de modificar uma situação jurídica perfeitamente consolidada segundo as regras vigentes ao tempo de sua constituição, sob pena de se gerar, como dito, perigosa e indesejável insegurança jurídica. Em síntese: a partir da entrada em vigor da Emenda Constitucional, as pessoas judicial-

---

[68] Confira-se o Capítulo XXIII ("O Divórcio como Forma de Extinção do Vínculo Conjugal") e, para um maior aprofundamento sobre o tema, a nossa obra *O Novo Divórcio* (São Paulo: Saraiva, 2010).

mente separadas (por meio de sentença proferida[69] ou escritura pública lavrada[70]) não se tornariam imediatamente divorciadas, exigindo-se-lhes o necessário pedido de decretação do divórcio para o que, por óbvio, não haveria mais a necessidade de cômputo de qualquer prazo. Respeita-se, portanto, com isso, o próprio ato jurídico perfeito"[71].

Frise-se ainda que, a teor do § 2.º do art. 1.723, *as causas suspensivas do art. 1.523 não impedirão a caracterização da união estável.*

Conforme já estudamos[72], configurada qualquer dessas causas[73], impõe-se ao casal a adoção necessária do regime de separação obrigatória de bens.

Nesse diapasão, como dito, para aqueles que convivam em união estável, essa normatização impositiva não se lhes aplicaria.

9. EFEITOS PESSOAIS DA UNIÃO ESTÁVEL: DIREITOS E DEVERES DOS COMPANHEIROS

Assim como ocorre no casamento, os partícipes da união estável devem observar direitos e deveres recíprocos em suas relações pessoais.

É o que dispõe o art. 1.724:

"Art. 1.724. As relações pessoais entre os companheiros obedecerão aos deveres de lealdade, respeito e assistência, e de guarda, sustento e educação dos filhos".

Decompondo-o, para melhor compreensão da matéria, teríamos:

a) dever de lealdade;

b) dever de respeito;

c) dever de assistência;

d) dever de guarda, sustento e educação dos filhos.

---

[69] Independentemente do seu trânsito em julgado, pois, com a prolação da sentença, esgota-se o ofício jurisdicional, nos limites do pedido e do *thema decidendum.*

[70] Neste último caso, nos termos da Lei n. 11.441 de 2007 (separação consensual administrativa).

[71] Pablo Stolze Gagliano, *A Nova Emenda Divórcio e as Pessoas Judicialmente Separadas,* artigo publicado no periódico *Carta Forense,* abril de 2010, e também disponível no Editorial 1 do *site* <www.pablostolze.com.br>.

[72] Sobre as causas suspensivas, ver o Capítulo XII ("Plano de Eficácia do Casamento: Deveres Matrimoniais e Causas Suspensivas do Casamento") deste volume.

[73] "Art. 1.523. Não devem casar: I — o viúvo ou a viúva que tiver filho do cônjuge falecido, enquanto não fizer inventário dos bens do casal e der partilha aos herdeiros; II — a viúva, ou a mulher cujo casamento se desfez por ser nulo ou ter sido anulado, até dez meses depois do começo da viuvez, ou da dissolução da sociedade conjugal; III — o divorciado, enquanto não houver sido homologada ou decidida a partilha dos bens do casal; IV — o tutor ou o curador e os seus descendentes, ascendentes, irmãos, cunhados ou sobrinhos, com a pessoa tutelada ou curatelada, enquanto não cessar a tutela ou curatela, e não estiverem saldadas as respectivas contas. Parágrafo único. É permitido aos nubentes solicitar ao juiz que não lhes sejam aplicadas as causas suspensivas previstas nos incisos I, III e IV deste artigo, provando-se a inexistência de prejuízo, respectivamente, para o herdeiro, para o ex-cônjuge e para a pessoa tutelada ou curatelada; no caso do inciso II, a nubente deverá provar nascimento de filho, ou inexistência de gravidez, na fluência do prazo".

Sob o prisma ontológico ou essencial, diferença não há entre esses deveres e os decorrentes do casamento, já estudados em capítulo específico, para o qual remetemos o leitor[74].

Da mesma forma, para cada dever corresponderá um direito equivalente de exigibilidade de conduta compatível.

O *dever de lealdade*, compreensivo do compromisso de fidelidade sexual e afetiva, remete-nos à ideia de que a sua violação, aliada à insuportabilidade de vida em comum, poderá resultar na dissolução da relação de companheirismo.

Com isso, no entanto, conforme já vimos, não se conclua que, posto que a monogamia seja uma nota característica do nosso sistema[75], a fidelidade traduza um padrão valorativo absoluto, eis que poderá ser flexibilizada, por decisão do casal, a exemplo do que se dá nas situações de poliamorismo[76].

O *dever de respeito* fala por si só, e, dada a sua grandeza, é difícil de ser aprendido por meio de *standards* jurídicos tradicionais.

O fato é que, em toda e qualquer relação, inclusive na de união estável, o respeito recíproco é pressuposto da própria afetividade, justificando a existência do próprio vínculo.

Nesse particular, frise-se, interessa notar que tal dever já havia sido consagrado na Lei n. 9.278 de 1996 (art. 2.º, I), que disciplinou os efeitos jurídicos da união estável, e, agora, com a edição do Código Civil de 2002, também mereceu referência expressa em face das pessoas casadas.

O *dever de assistência*, por sua vez, pode ser traduzido não apenas na mutualidade material de apoio alimentar mas também sob prisma mais profundo, no auxílio espiritual e moral necessariamente existente entre os companheiros ao longo de toda a união.

Finalmente, o *dever de guarda, sustento e educação dos filhos*, vale relembrar, assim como se dá no casamento, é decorrência do próprio *poder familiar*, como bem observam CRISTIANO CHAVES e NELSON ROSENVALD:

> "*In fine*, tem-se o dever de guarda, sustento e educação dos filhos. Não nos parece, porém, cuidar essa hipótese de um efeito tipicamente matrimonial. Efetivamente, a guarda, sustento e educação da prole parece estar mais razoavelmente ligada aos deveres decorrentes da paternidade ou maternidade, que, por lógico, independem da existência ou não de um casamento"[77].

Com isso, concluímos que a sua permanência, no Código Civil de 2002, entre os deveres decorrentes da união estável, tal como no matrimônio, não deve ser entendida

---

[74] Confira-se o Capítulo XII ("Plano de Eficácia do Casamento: Deveres Matrimoniais e Causas Suspensivas do Casamento") deste volume.

[75] Parte da doutrina vai mais além, erigindo a monogamia como um princípio: "O princípio da monogamia, embora funcione como um ponto-chave das conexões morais, não é uma regra moral, nem moralista. É um princípio jurídico organizador das relações conjugais". Rodrigo da Cunha Pereira, *Uma Principiologia para o Direito de Família — Anais do V Congresso Brasileiro de Direito de Família*, Belo Horizonte: IBDFAM, 2006, p. 848-9. Sobre o tema, verifique-se o Capítulo II ("Perspectiva Principiológica do Direito de Família") deste volume, mais especificamente o subtópico 4.8 ("Seria a Monogamia um Princípio?").

[76] Confira-se o tópico 3 ("O Poliamorismo e a Fidelidade") do Capítulo XX ("Concubinato e Direitos do(a) Amante").

[77] Cristiano Chaves e Nelson Rosenvald, *Direito das Famílias*, Rio de Janeiro: Lumen Juris, 2009, p. 194.

como uma previsão adstrita especificamente à relação entre companheiros, mas, sim, como a simples reverberação de um importante dever de matriz muito mais genérica, advinda do próprio vínculo paterno ou materno-filial.

Por fim, a título de fixação, vale anotar, quanto ao *dever de sustento dos filhos*, que a sua importância, na perspectiva do princípio da isonomia, é sentida em outros sistemas no mundo, como na recente reforma sofrida pelo Direito de Família alemão, que merece a nossa atenção[78]:

> "Sie stehen im ersten Rang unabhängig davon, aus welcher Beziehung sie kommen, unabhängig davon, ob sie aus einer ehemaligen oder jetzigen Beziehung kommen, ob sie nichtehelich sind oder in einer anderen Beziehung außerhalb des Familienverbundes leben. Das alles ist völlig egal: Derjenige, der unterhaltsverpflichtet ist, zahlt für alle Kinder gleichmäßig"[79].

Frise-se, por fim, que o rol de deveres decorrentes da união estável, diferentemente do quanto disposto para o casamento (art. 1.566), não faz menção ao dever de coabitação.

Com isso, concluímos, consoante já afirmado ao longo deste capítulo, que o dever de convivência sob o mesmo teto é dispensável, à luz da já estudada Súmula 382 do Supremo Tribunal Federal, ainda vigente[80].

10. EFEITOS PATRIMONIAIS DA UNIÃO ESTÁVEL: REGIME DE BENS

Vimos acima que um dos desdobramentos do dever de assistência é a obrigação de amparar materialmente o companheiro, a qual compreenderia o dever de prestar alimentos.

Posto tal obrigação tenha também inequívoco conteúdo patrimonial, por derivar de um dever puro de família, ou seja, da própria condição pessoal de companheiro, nós o analisamos linhas acima, sem prejuízo de voltarmos à matéria, quando tratarmos especificamente do tema *alimentos* [81].

---

[78] A reforma fora sofrida pelo próprio Código Civil alemão (*Bürgerliches Gesetzbuch*), em seus parágrafos 1361, 1569, 1570, 1573, 1574, 1577, 1578, 1578b, 1579, 1582, 1585b, 1585c, 1586ª, 1604, 1609, 1612, 1612ª, 1612b, 1615l.

[79] *Rede der Bundesministerin der Justiz, Brigitte Zypries MdB, bei der 2./3. Lesung des Gesetzes zur Reform des Unterhaltsrechts am 9. November 2007 im Deutschen Bundestag* — disponível no site do Ministério da Justiça da Alemanha, acesso em: 7 set. 2010. Em tradução livre de Pablo Stolze Gagliano: "As crianças ficam em primeiro lugar independentemente de qual relacionamento elas vêm, independentemente de virem de um antigo ou atual relacionamento, ou se são ilegítimos ou vivem em um outro relacionamento fora da família. É indiferente: aquele que tem a obrigação de pagar a pensão pagará para todas as crianças igualmente".

[80] Súmula 382, STF: "A vida em comum sob o mesmo teto, *more uxorio*, não é indispensável à caracterização do concubinato". É bem verdade, todavia, que, não havendo impedimento de ordem médica ou decisão conjunta do casal, a convivência sexual entre os companheiros — aspecto integrante do conceito mais analítico e abrangente de "coabitação", consoante vimos no Capítulo XII ("Plano de Eficácia do Casamento: Deveres Matrimoniais e Causas Suspensivas do Casamento"), mais especificamente nos subtópicos 4.2 ("Vida em Comum no Domicílio Conjugal (Dever de Coabitação)") e 4.2.1 ("A Natureza Jurídica do "débito conjugal" e a Consequência do seu Descumprimento") — é decorrência natural da própria relação, ainda que morem em casas separadas.

[81] Confira-se o Capítulo XXVIII ("Alimentos") do presente volume.

Assim, neste tópico, cuidaremos de analisar um aspecto patrimonial específico — e sobremaneira importante — decorrente da união estável: *o regime de bens entre os companheiros*.

Esta matéria, amigo leitor, passou por três fases distintas na história do nosso Direito.

Em um primeiro momento, nos primórdios da evolução do instituto, não havia espaço para se falar em disciplina patrimonial de bens, pelo simples fato de que a união estável — então denominada de *concubinato* — vagava no limbo da invisibilidade jurídica, ofuscada pela primazia absoluta do casamento[82].

Com o passar dos anos, ao longo do século XX, em virtude dos diversos fatores estudados no tópico supra dedicado ao escorço histórico do tema[83], a concubina, em um lento processo de reconhecimento jurídico, começa a dar os primeiros passos para fora dos bastidores do esquecimento e passa a gozar de alguma proteção, ainda que no campo do Direito Previdenciário[84].

Na seara do Direito Civil, outrossim, mesmo que houvesse constituído um inegável núcleo estável de afeto ao longo dos anos, a companheira era relegada covardemente ao segundo plano, situação esta que somente experimentaria mudança quando os Tribunais do País, *sem reconhecê-la ainda como partícipe de um núcleo familiar,* passaram a admitir o *direito à indenização por serviços prestados.*

Tal direito, como dito[85], não se amparava em norma de natureza familiarista — até porque não tinha índole alimentar — e somente era reconhecido para evitar o enriquecimento sem causa de seu companheiro, que, ao longo dos anos de convivência, direta ou indiretamente, houvera se beneficiado pela realização dos serviços domésticos que a sua companheira prestou.

Confira-se, no STJ:

"Concubinato. Serviços prestados. Indenização.

— São indenizáveis os serviços domésticos prestados pela concubina ao companheiro, ainda que decorrentes da própria convivência.

Precedentes.

Recurso especial conhecido, em parte, e provido" (REsp 88.524/SP, rel. Min. Barros Monteiro, julgado em 17-6-1999, DJ 27-9-1999, p. 99, 4.ª Turma).

Tratava-se, pois, em essência, de uma ação indenizatória de serviços domésticos prestados (não sexuais!), para evitar o locupletamento ilícito, em outras palavras, típica *actio de in rem verso,* cujo prazo prescricional da pretensão reparatória, à época, seria de 20 anos.

Sobre a *actio de in rem verso,* vale a pena tecermos algumas considerações.

A ação, que objetiva evitar ou desfazer o enriquecimento sem causa, denomina-se *actio in rem verso*[86].

---

[82] Confira-se o subtópico 2.1 ("Rejeição (Ausência de Tutela)") do presente volume.

[83] Confira-se o tópico 2 ("A Saga da União Estável no Brasil: do Concubinato Proibido à Valorização Constitucional") do presente volume.

[84] Confira-se o subtópico 2.2 ("Tolerância (Tutela de Natureza Previdenciária)") do presente volume.

[85] Confira-se o subtópico 2.3 ("Aceitação como Fato Social (Tutela de Natureza Obrigacional)") do presente volume.

[86] Sobre o tema, verifique-se o subtópico 3.3 ("Ação de 'In Rem Verso'") do Capítulo XXVIII ("Enriquecimento sem Causa e Pagamento Indevido") do nosso volume II ("Obrigações") desta coleção.

Para o seu cabimento, cinco requisitos simultâneos devem se conjugar:

a) *enriquecimento do réu*: a ideia de enriquecimento envolve não somente o aspecto pecuniário de acréscimo patrimonial mas também qualquer outra vantagem, como, por exemplo, a omissão de despesas. Ex.: o companheiro deixou de ter despesa com a contratação de empregada doméstica por conta dos serviços prestados pela sua companheira;

b) *empobrecimento do autor*: é a outra face da moeda, em relação ao requisito anterior. Pode ser tanto a diminuição efetiva do patrimônio quanto o que razoavelmente se deixou de ganhar;

c) *relação de causalidade*: deverá haver um nexo de causalidade entre os dois fatos de empobrecimento e enriquecimento[87]. Caso, no encontro de contas, verifique-se discrepância de valores entre o que se ganhou e o que se perdeu, a indenização deve se restringir ao limite de tal correspondência, sob pena de causar novo enriquecimento indevido;

d) *inexistência de causa jurídica para o enriquecimento*: a inexistência de causa a justificar o pagamento é o requisito mais importante dessa ação, uma vez que, nos negócios jurídicos em geral, a existência de lucros ou prejuízos faz "parte do jogo". No caso, não há causa jurídica ou razão para o indevido enriquecimento do companheiro;

e) *inexistência de ação específica*: não caberá, todavia, a denominada *actio in rem verso* (cuja principal espécie é a ação de repetição do indébito, concebida para o pagamento indevido), se a lei conferir ao lesado outros meios para se ressarcir do prejuízo sofrido (art. 886, CC/2002). Como bem observa o Professor e Desembargador CARLOS ROBERTO GONÇALVES, em sede do Direito Contratual:

> "Embora, por exemplo, o locador alegue o enriquecimento sem causa, à sua custa, do locatário que não vem pagando regularmente os aluguéis, resta-lhe ajuizar a ação de despejo por falta de pagamento, ou a ação de cobrança dos aluguéis, não podendo ajuizar a de *in rem verso*. Se deixou prescrever a pretensão específica, também não poderá socorrer-se desta última. Caso contrário, as demais ações seriam absorvidas por ela"[88].

Ora, não existia, mormente no regramento da época, ação específica nenhuma que tutelasse a companheira, sob o prisma patrimonial.

Todas as vezes que se identificar um enriquecimento sem causa, mesmo na hipótese de não ter havido propriamente pagamento indevido, é cabível a ação de *in rem verso*, que, em geral, contém pretensão indenizatória e se submete às normas legais do procedimento ordinário do Código de Processo Civil.

---

[87] Exemplo, no campo estritamente obrigacional, em nossa jurisprudência: "Civil. Repetição de indébito. Cheque compensado antes do prazo. Devolução posterior. Erro do banco. Negativa de devolução do gasto. Enriquecimento indevido do correntista. Locupletamento ilícito. Arts. 964 e 965 do Código Civil. Recurso provido. I — Aquele que indevidamente recebe um pagamento, sem justa causa, tem o dever de restituir, não tolerando o ordenamento positivo o locupletamento indevido de alguém em detrimento de outrem. II — O banco que creditou na conta corrente do seu cliente o valor de cheque depositado antes do termo final para compensação pode perseguir a devolução daquela quantia se verificar que o título de crédito estava viciado" (Acórdão REsp 67.731/SC; Recurso especial (1995/0028904-0). Fonte DJ 9-12-1997. PG: 64.708. rel. Min. Sálvio de Figueiredo Teixeira. Data da decisão 29-10-1997. Órgão Julgador 4.ª Turma).

[88] Carlos Roberto Gonçalves, *Direito das Obrigações — Parte Especial* (Coleção Sinopses Jurídicas), São Paulo: Saraiva, 2002, v. 6, t. I (Contratos), p. 185.

Portanto, concorrendo os requisitos supraelencados, e em face da inexistência de outro meio específico de tutela, a ação de enriquecimento ilícito (*in rem verso*) era uma alternativa à parte prejudicada pelo espúrio enriquecimento da outra.

Durante muitos anos, pois, a ação indenizatória por serviços domésticos prestados — típica *actio de in rem verso* para evitar enriquecimento sem causa — fora o único instrumento de amparo material reconhecido à companheira necessitada, atuando, em verdade, na prática, como uma alternativa à ação de alimentos que o sistema jurídico injustamente não lhe reconhecia.

Mas a jurisprudência evoluiria, em um segundo momento, para admitir o reconhecimento de uma *sociedade de fato* entre os companheiros, de maneira que a companheira deixasse de ser mera prestadora de serviços com direito a simples indenização, para assumir a posição de *sócia* na relação concubinária, *com direito à parcela do patrimônio comum*, na proporção do que houvesse contribuído.

Segundo ARNOLDO WALD:

"É necessário lembrar que a jurisprudência sobre a sociedade de fato surgiu no direito brasileiro, pela primeira vez, para favorecer os casais de imigrantes estrangeiros, que tinham convolado núpcias especialmente na Itália, sob o regime da separação de bens e que constituíram um patrimônio comum no Brasil, sentindo os Tribunais a injustiça de não se atribuir à mulher parte do patrimônio comum, embora estivesse o mesmo em nome do marido"[89].

Nessa linha, o Supremo Tribunal Federal, que já havia editado súmula admitindo o direito da companheira à indenização por acidente de trabalho ou transporte do seu companheiro, se não houvesse impedimento para o matrimônio (Súmula 35), avançaria mais ainda, para reconhecer, na Súmula 380, *direito à partilha do patrimônio comum*.

Relembremos tal marco jurisprudencial:

Súmula 380. "Comprovada a existência da sociedade de fato entre os concubinos, é cabível a sua dissolução judicial, com a partilha do patrimônio adquirido pelo esforço comum".

A contribuição da companheira, que, em nosso sentir, tanto poderia ser direta (econômica) como, em uma visão mais avançada, indireta (psicológica)[90], justificaria, pois, a

---

[89] Arnoldo Wald, *Curso de Direito Civil Brasileiro*: Direito de Família, 11. ed., São Paulo: Revista dos Tribunais, p. 195.

[90] Para efeito de partilha do patrimônio comum, entendemos que a contribuição do(a) companheiro(a) tanto poderia ser direta (mediante gasto econômico pessoalmente despendido) ou indireta (mediante apoio psicológico). E assim pensamos, pois muitas companheiras eram e são donas de casa, afigurando-se-nos inafastável a conclusão de que, também neste último caso, inegável auxílio haveria para o efeito de se permitir a partilha de bens. A jurisprudência, todavia, nesse ponto, não é uniforme:
"Processual Civil e Civil. Recurso Especial. Concubinato. Reconhecimento e dissolução. Art. 6.º, § 1.º, da LICC. Ausência de prequestionamento. Súmula n. 7 do STJ. Inaplicabilidade. Partilha de bens. Contribuição indireta. Lei n. 9.278/96. Não incidência. Percentual compatível. Princípios da razoabilidade e proporcionalidade. Precedentes do STJ.
1. É inviável o conhecimento de suposta ofensa a norma infraconstitucional se não houve prequestionamento nem a oposição de embargos declaratórios para provocar o seu exame pelo Tribunal de origem.
2. Afasta-se o óbice da Súmula n. 7 do STJ quando não se está a perquirir as circunstâncias fáticas do feito, mas tão somente saber se a maternidade, criação e formação dos filhos pela concubina,

demanda voltada à divisão proporcional do patrimônio, cujo trâmite seria feito em sede do Juízo Cível, como já mencionado, haja vista que, até então, a relação entre os companheiros não era admitida como uma forma de família.

Veja a aplicação da referida Súmula na jurisprudência do Superior Tribunal de Justiça:

"REsp. Processo civil. Civil. Princípio da identidade física do juiz. Concubinato impuro. Súmula 380 do STF. Súmula 7 do STJ.

1. O afastamento por qualquer motivo do Juiz responsável pela colheita da prova oral em audiência, autoriza, a teor da letra do art. 132 do Código de Processo Civil, seja a sentença proferida pelo seu sucessor que decidirá acerca da necessidade ou não da repetição do ato. Atenuação legal do princípio da imediação.

2. Admite o entendimento pretoriano a possibilidade da dissolução de sociedade de fato, ainda que um dos concubinos seja casado, situação, aliás, não impeditiva da aplicabilidade da Súmula 380 do Supremo Tribunal Federal que, no entanto, reclama haja o patrimônio, cuja partilha se busca, tenha sido adquirido 'pelo esforço comum'.

3. A negativa pelas instâncias ordinárias da existência deste 'esforço comum', inclusive quan-

---

bem como a dedicação por ela proporcionada ao réu para o exercício de suas atividades — como reconhecidamente albergado no aresto de origem —, mostram-se aptas, bastantes por si sós, para embasar a meação dos bens arrolados na peça preambular.

3. Demonstrado no acórdão recorrido, de forma inconteste, que a contribuição da concubina-autora para formação do patrimônio comum dos conviventes ocorreu de forma indireta, impõe-se o afastamento da meação, por sucumbir frente à prevalência da partilha dos bens que, a par das circunstâncias dos autos, não há que ser em partes iguais.

4. Inaplicabilidade, ainda que por analogia, das disposições prescritas na Lei n. 9.278/96.

5. Incidência de normas legais e orientações jurisprudenciais que versam sobre concubinato, especialmente a Lei n. 8.971/94 e a Súmula n. 380 do Supremo Tribunal Federal, delimitando que a atribuição à companheira ou ao companheiro de metade do patrimônio vincula-se diretamente ao esforço comum, consagrado na contribuição direta para o acréscimo ou a aquisição de bens mediante o aporte de recursos ou força de trabalho.

6. Levando-se em conta a moderação e o bom-senso recomendados para a hipótese em apreço, o arbitramento, no percentual de 40% (quarenta por cento) sobre o valor dos bens adquiridos na constância do concubinato e apurados na instância ordinária, apresenta-se compatível com o caso em apreço, por encontrar amparo nos sempre requeridos critérios de razoabilidade e proporcionalidade.

7. Recurso especial conhecido e parcialmente provido" (REsp 914.811/SP, rel. Min. Nancy Andrighi, rel. p/ Acórdão Min. João Otávio de Noronha, julgado em 27-8-2008, *DJe* 21-11-2008, 2.ª Seção).

"Civil e Processual. Dissolução de sociedade de fato ocorrida antes da Lei n. 9.278/1996. Contribuição da mulher para a consolidação do patrimônio comum. Comprovação. Matéria de fato. Súmulas n. 380-STF e 7-STJ. Aplicação. Partilha de bens. Violação ao art. 535/CPC. Inexistência.

I. Comprovada a participação direta e indireta da mulher na consolidação do patrimônio do casal enquanto perdurou a união estável, cujo término ocorreu antes da vigência da Lei n. 9.278/1996, faz jus à partilha dos bens, adquiridos durante a vida em comum, nos termos da Súmula n. 380 do STF.

II. Aplicação da Súmula n. 7-STJ ao delineamento fático estabelecido na instância ordinária.

III. Não se anula o julgado que aborda as questões objeto do especial apenas porque dissentiu do interesse da parte.

IV. Recurso especial não conhecido" (REsp 623.566/RO, rel. Min. Aldir Passarinho Junior, julgado em 20-9-2005, DJ 10-10-2005, p. 377, 4.ª Turma).

to à prestação de serviços domésticos, inviabiliza o trânsito do especial pela necessidade de investigação probatória, com incidência da Súmula 7 do Superior Tribunal de Justiça.

4. Recurso especial não conhecido" (REsp 257.115/RJ, rel. Min. Fernando Gonçalves julgado em 29-6-2004, DJ 4-10-2004, p. 302, 4.ª Turma).

"Processo Civil. Recurso Extraordinário convertido em especial. Decisão do Supremo Tribunal Federal restringindo o exame da admissibilidade a divergência quanto a matéria infraconstitucional. Adstrição no julgamento. Direito Civil. Concubinato. Sociedade de fato. Partilha de bens. Necessidade da participação na formação do acervo patrimonial. Enunciado n. 380 da Súmula/STF. Dissídio inocorrente. Enunciado n. 7 Súmula/STJ.

I — Recebidos os autos de Recurso Extraordinário convertido em especial, com decisão do Supremo Tribunal Federal limitando seu exame a alegada divergência jurisprudencial quanto a matéria infraconstitucional, somente sobre esse tema incide o julgamento.

II — A simples convivência 'more uxorio' não gera a sociedade de fato e o consequente direito a partilha de bens, pela sua dissolução indispensável a participação, ainda que indireta, na formação do acervo patrimonial, pela conjugação de esforços e/ou recursos financeiros.

III — Se o acordão nega que tenha a recorrente colaborado 'com dinheiro ou com esforços', na aquisição do patrimônio cuja partilha pleiteia, tendo por incomprovada a sociedade de fato entre os concubinos, não se configura a divergência com o enunciado n. 380 da Súmula/STF e com os paradigmas que admitem a participação indireta da mulher como caracterizadora daquela sociedade.

IV — O entendimento do tribunal de origem, calcado no exame dos fato da causa, não desafia desconstituição em sede de recurso especial, por incidência do verbete n. 7 da Súmula desta corte" (REsp 11.660/SP, rel. Min. Sálvio de Figueiredo Teixeira, julgado em 1.º-3-1994, DJ 28-3-1994, p. 6324, 4.ª Turma).

Note a mudança, caro leitor: *a companheira deixaria de ser tratada como mera "prestadora de serviços" — com direito à indenização pelos serviços domésticos prestados —, para ser tratada como sócia — com direito à parcela do patrimônio comum que ajudou a amealhar ao longo da subsistência da sociedade de fato.*

O que não se poderia admitir, por óbvio, seria uma cumulação aditiva de pedidos: *indenização por serviços prestados e parcela do patrimônio comum.*

De forma alguma.

Os pedidos eram excludentes, de maneira que a companheira formularia um pedido ou outro, mormente por conta de não serem compatíveis, no caso, as condições de "prestadora de serviços" e de "sócia".

A nossa Constituição Federal, todavia, conforme vimos detidamente em todo este capítulo, modificaria profundamente esse cenário, retirando o até então chamado "concubinato puro" (entre pessoas desimpedidas ou separadas de fato) da zona do Direito das Obrigações, para reconhecer-lhe dignidade constitucional, alçando-o ao patamar de instituto do Direito de Família, consoante se depreende da leitura do já multicitado § 3.º ("*Para efeito da proteção do Estado, é reconhecida a união estável entre o homem e a mulher como entidade familiar, devendo a lei facilitar a sua conversão em casamento*") do art. 226 da nossa Carta Magna.

Seguindo, pois, esse referido mandamento constitucional, duas importantes — e já citadas — leis foram editadas: a Lei n. 8.971, de 1994 (que regulou os direitos dos companheiros aos alimentos e à sucessão), e a Lei n. 9.278, de 1996 (que revogou parcialmente o diploma anterior, ampliando o âmbito de tutela dos companheiros).

Ora, *e o que teria ocorrido, a partir da edição desses diplomas, no âmbito da disciplina patrimonial da união estável?*

A Súmula 380 teria sido revogada?

Consagrou-se um novo regime de bens?

Em verdade, a Lei n. 9.278 de 1996 cuidaria de, em seu art. 5.º, estabelecer, *não propriamente um regime de bens típico,* mas, sim, uma disciplina patrimonial própria para a união estável, o que, até então, somente era feito pela jurisprudência sumulada do Supremo Tribunal Federal (Súmula 380):

> "Art. 5.º Os bens móveis e imóveis adquiridos por um ou por ambos os conviventes, na constância da união estável e a título oneroso, são considerados fruto do trabalho e da colaboração comum, passando a pertencer a ambos, em condomínio e em partes iguais, salvo estipulação contrária em contrato escrito.
>
> § 1.º Cessa a presunção do *caput* deste artigo se a aquisição patrimonial ocorrer com o produto de bens adquiridos anteriormente ao início da união.
>
> § 2.º A administração do patrimônio comum dos conviventes compete a ambos, *salvo estipulação contrária em contrato escrito*" (grifos nossos).

Note-se que, na linha da referida súmula, estabeleceu-se uma *presunção de esforço comum* em face dos bens móveis ou imóveis adquiridos, em conjunto ou separadamente, no curso da união, a título oneroso.

E a divisão seria equânime como em um regime de condomínio: cada companheiro teria *direito à metade desses bens*, excluindo-se aqueles adquiridos a título gratuito ou por causa anterior à união.

O único meio, conforme referido na parte final do *caput* do dispositivo analisado, de se evitar a incidência da norma seria a celebração de um contrato escrito em sentido contrário, juridicamente denominado *contrato de convivência*.

Por meio desse contrato, portanto, pactuado segundo o princípio da autonomia privada, as partes poderiam disciplinar diversamente os efeitos patrimoniais derivados da sua união.

Entretanto, é de bom alvitre observar que essa presunção legal de esforço comum, *base do direito à meação*, somente seria aplicável aos bens adquiridos sob a vigência da Lei n. 9.278, de 1996, uma vez que, como se sabe, a lei civil não poderia ter retroatividade para alcançar situações findas anteriormente à sua entrada em vigor.

O próprio Superior Tribunal de Justiça já havia, inclusive, assentado essa ideia:

> "Civil. União estável. Dissolução ocorrida antes da Lei n. 9.278, de 1996. Partilha levada a efeito na proporção do esforço de cada companheiro. Recurso especial não conhecido" (REsp 301.705/MG, rel. Min. Ari Pargendler, julgado em 26-11-2001, DJ 18-2-2002, p. 415, 3.ª Turma).

Assim, efeitos patrimoniais anteriores à entrada em vigor da Lei de 1996 continuariam, obviamente, a ser regidos pela Súmula 380 do STF, segundo a prova da contribuição direta ou indireta de cada companheiro.

Finalmente, com a entrada da aprovação do Código Civil de 2002, a matéria experimentaria nova reviravolta.

Isso porque o art. 1.725 do vigente Código Civil, pondo por terra o art. 5.º da Lei n. 9.278, de 1996[91], passaria a explicitamente adotar o *regime da comunhão parcial de bens* para disciplinar os efeitos patrimoniais decorrentes da união estável:

> "Art. 1.725. Na união estável, salvo contrato escrito entre os companheiros, aplica-se às relações patrimoniais, no que couber, o regime da comunhão parcial de bens".

Assim, tal como no casamento, os companheiros seriam regidos pela *comunhão parcial dos bens*, de maneira que, *mutatis mutandis,* todas as normas reguladoras deste regime, estudadas aqui em capítulo anterior[92], passariam a ter incidência na relação estável, ressalvada a hipótese de as partes haverem firmado um contrato de convivência em sentido contrário.

Só é correto, portanto, dizer que, sob o prisma eminentemente técnico, os companheiros passaram a ter *regime legal de bens*, a partir da edição do nosso Código Civil.

Caso, entretanto, pretendam afastar o regime da comunhão, precisarão, como dito, firmar, por escrito, negócio jurídico em sentido contrário.

Em outras palavras, o denominado *contrato de convivência* traduz verdadeiro *pacto firmado entre os companheiros, por meio do qual são disciplinados os efeitos patrimoniais da união, a exemplo da adoção de regime de bens diverso daquele estabelecido por lei.*

Nesse caso, o vínculo não é negado.

Muito pelo contrário.

É voluntariamente reconhecido e amigavelmente disciplinado.

Mas vale lembrar, com FRANCISCO CAHALI, em clássica e pioneira obra do Direito brasileiro, que:

> "O contrato de convivência não tem força para criar a união estável, e, assim, tem sua eficácia condicionada à caracterização, pelas circunstâncias fáticas, da entidade familiar em razão do comportamento das partes. Vale dizer, a união estável apresenta-se como *conditio juris* ao pacto, de tal sorte que, se aquela inexistir, a convenção não produz os efeitos nela projetados"[93].

Também abordando o contrato de convivência, pontifica, com propriedade, ROLF MADALENO:

> "É a festejada autonomia da vontade com tratamento diferenciado na união estável, particularmente diante da redação colhida do art. 1.725 do Código Civil, que manda aplicar à união estável a comunicação dos bens exclusivamente adquiridos de forma onerosa, afastando da mancomunhão presumida os bens havidos a título gratuito ou por fato eventual. E esta presunção, que em princípio só se faz absoluta sobre os aquestos adquiridos de modo oneroso, pode ser livremente relativizada por contrato escrito dos convi-

---

[91] Lei esta que, conforme dito acima, por óbvio, continuaria aplicável em face dos bens adquiridos sob a sua vigência, em respeito ao *ato jurídico perfeito* e pelo fato de a lei civil não retroagir.

[92] Confira-se o Capítulo XIV ("Regime de Bens do Casamento: Comunhão Parcial de Bens") do presente volume.

[93] Francisco José Cahali, *Contrato de Convivência na União Estável,* São Paulo: Saraiva, 2002, p. 306.

ventes, cogitando em estabelecer em pacto escrito, tanto para o futuro quanto para o passado, fração diversa da metade ou regime de separação de bens"[94].

Por todo o exposto, concluímos que, atualmente, salvo contrato escrito em sentido diverso — consubstanciado no contrato de convivência —, *o regime de bens aplicável à união estável no Brasil é o da comunhão parcial*[95].

E mais.

Em nossa visão acadêmica, mesmo que um dos companheiros conte com mais de 70 anos (registre-se que a Lei n. 12.344, de 9-12-2010, aumentou de 60 para 70 anos a idade a partir da qual se torna obrigatório o regime da separação de bens no casamento), ainda assim não seria razoável aplicar-se-lhe o regime legal da separação obrigatória, embora a matéria esteja sumulada pelo STJ[96], não apenas pela potencial inconstitucionalidade de tal interpretação[97] mas também pelo fato de as situações previstas no art. 1.641 de separação legal de bens no casamento, por seu inequívoco caráter restritivo de direito, não comportarem interpretação extensiva ou analógica.

11. CONVERSÃO DA UNIÃO ESTÁVEL EM CASAMENTO

Na vereda aberta pelo art. 8.º da Lei n. 9.278/96, na conformidade da regra constitucional correspondente (§ 3.º do art. 226 da CF/88), dispõe o art. 1.726 do nosso Código Civil que *a união estável poderá converter-se em casamento, mediante pedido dos companheiros ao juiz e assento no Registro Civil*.

---

[94] Rolf Madaleno, "A retroatividade restritiva do contrato de convivência", *Revista Brasileira de Direito de Família*, a. VII, n. 33, p. 153, dez. 2005/jan. 2006.

[95] Nesse sentido, confira-se o seguinte acórdão do Superior Tribunal de Justiça: "RECURSO ESPECIAL. DIREITO DE FAMÍLIA. AÇÃO DE RECONHECIMENTO E DISSOLUÇÃO DE UNIÃO ESTÁVEL. AUSÊNCIA DE CONTRATO DE CONVIVÊNCIA. APLICAÇÃO SUPLETIVA DO REGIME DA COMUNHÃO PARCIAL DE BENS. PARTILHA. IMÓVEL ADQUIRIDO PELO CASAL. DOAÇÃO ENTRE OS COMPANHEIROS. BEM EXCLUÍDO DO MONTE PARTILHÁVEL. INTELIGÊNCIA DO ART. 1.659, I, DO CC/2002. RECURSO ESPECIAL NÃO PROVIDO. 1. Diante da inexistência de contrato de convivência entre os companheiros, aplica-se à união estável, com relação aos efeitos patrimoniais, o regime da comunhão parcial de bens (CC/2002, art. 1.725). 2. Salvo expressa disposição de lei, não é vedada a doação entre os conviventes, ainda que o bem integre o patrimônio comum do casal (aquestos), desde que não implique a redução do patrimônio do doador ao ponto de comprometer sua subsistência, tampouco possua caráter inoficioso, contrariando interesses de herdeiros necessários, conforme os arts. 548 e 549 do CC/2002. 3. O bem recebido individualmente por companheiro, através de doação pura e simples, ainda que o doador seja o outro companheiro, deve ser excluído do monte partilhável da união estável regida pelo estatuto supletivo, nos termos do art. 1.659, I, do CC/2002. 4. Recurso especial não provido" (STJ, REsp 1.171.488/RS, rel. Min. Raul Araújo, 4.a Turma, julgado em 4-4-2017, *DJe* 11-5-2017).

[96] Súmula 655, STJ — Aplica-se à união estável contraída por septuagenário o regime da separação obrigatória de bens, comunicando-se os adquiridos na constância, quando comprovado o esforço comum.

[97] Confira-se o tópico 7 ("Regime Legal Obrigatório") do Capítulo XIII ("Regime de Bens do Casamento: Noções Introdutórias Fundamentais") deste volume.

Tal dispositivo deixa claro, em primeiro plano, reiterando nossa afirmação anterior[98], que união estável, posto que ombreada ao casamento, com ele não se confunde, uma vez que não se poderia *converter* aquilo que fosse *igual*.

O fato é que, para pessoas que já vivam em união estável, a convolação das núpcias é facilitada, dispensando-se a formalidade da celebração do ato.

Sobre o tema, destacamos o art. 70-A da Lei de Registros Públicos (Lei n. 6.015/73) incluído pela Lei do Serp (Lei n. 14.382/2022):

> "Art. 70-A. A conversão da união estável em casamento deverá ser requerida pelos companheiros perante o oficial de registro civil de pessoas naturais de sua residência.
>
> § 1.º Recebido o requerimento, será iniciado o processo de habilitação sob o mesmo rito previsto para o casamento, e deverá constar dos proclamas que se trata de conversão de união estável em casamento.
>
> § 2.º Em caso de requerimento de conversão de união estável por mandato, a procuração deverá ser pública e com prazo máximo de 30 (trinta) dias.
>
> § 3.º Se estiver em termos o pedido, será lavrado o assento da conversão da união estável em casamento, independentemente de autorização judicial, prescindindo o ato da celebração do matrimônio.
>
> § 4.º O assento da conversão da união estável em casamento será lavrado no Livro B, sem a indicação da data e das testemunhas da celebração, do nome do presidente do ato e das assinaturas dos companheiros e das testemunhas, anotando-se no respectivo termo que se trata de conversão de união estável em casamento.
>
> § 5.º A conversão da união estável dependerá da superação dos impedimentos legais para o casamento, sujeitando-se à adoção do regime patrimonial de bens, na forma dos preceitos da lei civil.
>
> § 6.º Não constará do assento de casamento convertido a partir da união estável a data do início ou o período de duração desta, salvo no caso de prévio procedimento de certificação eletrônica de união estável realizado perante oficial de registro civil.
>
> § 7.º Se estiver em termos o pedido, o falecimento da parte no curso do processo de habilitação não impedirá a lavratura do assento de conversão de união estável em casamento".

Nitidamente, pois, em virtude de uma situação de afeto e de vida já consolidada, a conversão em casamento, para os companheiros, opera-se de forma menos burocrática.

Por fim, é digno de nota que os Provimentos n. 141 e 146, de 2023, do Conselho Nacional de Justiça (CNJ), alterando o anterior Provimento n. 37/2014, inspirados por nítido espírito de desburocratização, trataram do "registro de união estável no Livro 'E' do registro civil das pessoas naturais, sobre o termo declaratório de reconhecimento e dissolução de união estável lavrado perante o registro civil das pessoas naturais, sobre a alteração extrajudicial do regime de bens na união estável e sobre a conversão da união estável em casamento."

---

[98] Confira-se o tópico 3.2 ("A Inexistência de Hierarquia entre Modalidades de Família") deste capítulo.

12. ESTATUTO DAS FAMÍLIAS E A UNIÃO ESTÁVEL

Vale destacar que o avançado projeto do Estatuto das Famílias (Projeto de Lei n. 2.285/2007), ainda em trâmite no Congresso Nacional[99], também disciplina a união estável como uma entidade familiar, nos termos dos seus art. 63 a 67, nos seguintes termos, *in verbis*:

"CAPÍTULO III
DA UNIÃO ESTÁVEL

Art. 63. É reconhecida como entidade familiar a união estável entre o homem e a mulher, configurada na convivência pública, contínua, duradoura e estabelecida com o objetivo de constituição de família.

Parágrafo único. A união estável constitui estado civil de convivente, independentemente de registro, e deve ser declarado em todos os atos da vida civil.

Art. 64. A união estável não se constitui:

I — entre parentes na linha reta, sem limitação de grau;

II — entre parentes na linha colateral até o terceiro grau, inclusive;

III — entre parentes por afinidade em linha reta.

Parágrafo único. A união formada em desacordo aos impedimentos legais não exclui os deveres de assistência e a partilha de bens.

Art. 65. As relações pessoais entre os conviventes obedecem aos deveres de lealdade, respeito e assistência recíproca, bem como o de guarda, sustento e educação dos filhos.

Art. 66. Na união estável, os conviventes podem estabelecer o regime jurídico patrimonial mediante contrato escrito.

§ 1.º Na falta de contrato escrito aplica-se às relações patrimoniais, no que couber, o regime da comunhão parcial de bens.

§ 2.º A escolha do regime de bens não tem efeito retroativo.

Art. 67. A união estável pode converter-se em casamento, mediante pedido formulado pelo casal ao oficial de registro civil, no qual declarem que não têm impedimentos para casar e indiquem o regime de bens que passam a adotar, dispensada a celebração.

Parágrafo único. Os efeitos da conversão se produzem a partir da data do registro do casamento".

Sobre tal proposta legislativa, que potencialmente pode vir a reger a matéria no futuro, destacam-se algumas inovações, como o reconhecimento do estado civil de convivente (atualmente, quem passa a viver em união estável não muda de estado civil) e a preservação dos deveres de assistência e a partilha de bens, mesmo no caso de impedimento de constituição da união estável.

Sobre o tema, registra a exposição de motivos do referido projeto:

"União estável

O Estatuto procurou eliminar todas as assimetrias que o Código Civil ostenta em relação à união estável, no que concerne aos direitos e deveres comuns dos conviventes, em relação aos idênticos direitos e deveres dos cônjuges. Quando a Constituição se dirige ao legislador para que facilite a conversão da união estável para o casamento, não institui

---

[99] Esse importante projeto foi apensado ao PL 674/2007 em 17 de dezembro de 2007. Confira-se o *link*: <https://www.camara.leg.br/proposicoesWeb/fichadetramitacao?idProposicao=347575&ord=1>. Acesso em: 7 set. 2019.

aquela em estágio provisório do segundo. Ao contrário, a Constituição assegura a liberdade dos conviventes de permanecerem em união estável ou a converterem em casamento. Da mesma maneira, há a liberdade de os cônjuges se divorciarem e constituírem em seguida, ou tempos depois, união estável entre eles, se não desejarem casar novamente. Uniformizaram-se os deveres dos conviventes, entre si, em relação aos deveres conjugais.

Optou-se por determinar que a união estável constitui estado civil de 'convivente', retomando-se a denominação inaugurada com a Lei n. 9.263/1996, que parece alcançar melhor a significação de casal que convive em união afetiva, em vez de companheiro, preferida pelo Código Civil. Por outro lado, o convivente nem é solteiro nem casado, devendo explicitar que seu estado civil é próprio, inclusive para proteção de interesses de terceiros com quem contrai dívidas, relativamente ao regime dos bens que por estas responderão"[100].

Trata-se, sem dúvida, de uma inovadora regulamentação da matéria.

Aguardemos, portanto, os desdobramentos da sua tramitação no Congresso Nacional

---

[100] Confira-se o inteiro teor do Projeto do Estatuto da Famílias em: <http://www.ibdfam.org.br/artigos/Estatuto_das_Familias.pdf>.

Capítulo XX
Concubinato e Direitos do(a) Amante[1]

Sumário: 1. Introdução. 2. As relações paralelas de afeto. 3. O poliamorismo e a fidelidade. 4. Relação jurídica de concubinato e direitos do(a) amante. 5. O(a) amante e os tribunais. 6. Conclusões e conselho.

1. INTRODUÇÃO

Você seria capaz de amar duas pessoas ao mesmo tempo?

Essa indagação, quando nos referimos ao amor que une os casais, costuma surpreender o interlocutor, o qual, por vezes, culmina por tentar buscar — ainda que em breve (e quase imperceptível) esforço de memória —, em sua história de vida, na infância ou na adolescência, algum fato caracterizador dessa complexa "duplicidade de afeto".

Pondo um pouco de lado o aspecto eminentemente moral que permeia o tema, é forçoso convir que a infidelidade e os amores paralelos fazem parte da trajetória da própria humanidade, acompanhando de perto a história do casamento.

Machado de Assis[2] que o diga.

Por isso, não se afirme que a discussão, em nível jurídico, dos direitos do(a) amante traduz a frouxidão dos valores morais de nosso tempo, pois, se crise ética e valorativa há no mundo de hoje — e, de fato, cremos existir — deriva, sem dúvida, de outros fatores (falta de modelos éticos inspiradores, sucateamento do ensino, desigualdade social ainda acirrada, acesso acrítico e sem controle de informação, níveis alarmantes de insegurança pública, falta de visão filosófica e espiritual da vida), e não da infidelidade em si, que, conforme dissemos, é assunto dos mais antigos.

O fato é que, hoje em dia, a doutrina e a jurisprudência, sob o influxo da promoção constitucional da dignidade humana, resolveram enfrentar a matéria.

2. AS RELAÇÕES PARALELAS DE AFETO

A amante saiu do limbo jurídico a que estava confinada.

E, retornando à indagação feita, é forçoso convir que existe um número incalculável de pessoas, no Brasil e no mundo, que participam de relações paralelas de afeto.

---

[1] Capítulo elaborado a partir do artigo "Direitos da(o) Amante na Teoria e na Prática dos Tribunais", do coautor PABLO STOLZE GAGLIANO, publicado em <www.pablostolze.com.br> (16-7-2008).

[2] Maior escritor brasileiro, alicerçou grande parte da sua obra no triângulo amoroso, como podemos observar no insuperável *Dom Casmurro*, romance imperdível que conta a (suposta) traição de Capitu.

Ainda que não seja a nossa pessoal situação, amigo(a) leitor(a), todos nós conhecemos ou sabemos de alguém, às vezes até parente ou amigo próximo, que mantém relação de concubinato[3].

Não é verdade?

Aliás, a matemática da infidelidade no Brasil não mente:

"As mulheres avançam, é verdade. Mas homens ainda reinam absolutos. A traição é em dobro: para cada mulher que trai, há dois homens sendo infiéis. Uma pesquisa do Instituto de Psiquiatria do Hospital das Clínicas de São Paulo mostra que um dos índices menores é o do Paraná, mas é onde 43% dos homens já traíram. Em São Paulo, 44%. Em Minas Gerais, 52%. No Rio Grande do Sul, 60%. No Ceará, 61%. Mas os baianos são os campeões: 64% dos homens se dizem infiéis. Música e sensualidade formam uma mistura que, em Salvador, é sempre bem apimentada"[4].

Na mesma linha, o *site* oficial do Ministério da Saúde:

"Os baianos são os campeões quando o assunto é traição. Já os paranaenses se dizem os mais fiéis. Entre as mulheres, as fluminenses são as que mais assumem ter casos extraconjugais. Quando se trata de frequência de relações sexuais por semana, os homens de Mato Grosso do Sul e as mulheres de Pernambuco lideram a lista. Os dados são resultado de uma pesquisa liderada pela psiquiatra Carmita Abdo, coordenadora do Projeto Sexualidade (ProSex) do Hospital das Clínicas de São Paulo"[5].

Com isso, é lógico concluir a provável existência de inúmeras realidades paralelas ao casamento ou à união estável.

Imaginemos, pois, nessa linha de intelecção, que um homem ou mulher seja casado(a) e mantenha, há alguns anos, uma relação simultânea com uma(um) amante.

Vive com o cônjuge, mantém a sociedade conjugal, mas, uma ou duas vezes na semana, está com o(a) seu(sua) concubino(a).

Pergunta-se, pois: *o Direito deverá tutelar ambas as relações — a travada com o cônjuge e a mantida com o(a) amante?*

E mais: caso seja afirmativa a resposta, *essa tutela decorrerá da atuação das normas do Direito de Família?*

Duas perguntas dificílimas de serem respondidas.

Para tentarmos chegar a uma solução, é necessário que compreendamos o fenômeno do poliamorismo em confronto com o papel da *fidelidade* no ordenamento jurídico brasileiro.

---

[3] Vale lembrar que o Código Civil deixou clara a distinção entre "concubinato", relação não eventual entre pessoas impedidas de casar (amantes), e "companheiros", integrantes da união estável, ao estabelecer, no art. 1.727, a saber:

"Art. 1.727. As relações não eventuais entre o homem e a mulher, impedidos de casar, constituem concubinato" (regra sem equivalente no Código Civil brasileiro de 1916).

[4] Disponível em: <http://globoreporter.globo.com/Globoreporter/0,19125,VGC0-2703-16395-4-265921,00.html>. Acesso em: 13 jul. 2008.

[5] Disponível em: <http://sistemas.aids.gov.br/imprensa/Noticias.asp?NOTCod=62009>. Acesso em: 13 jul. 2008.

3. O POLIAMORISMO E A FIDELIDADE

Conforme já tratamos em tópico anterior[6], a fidelidade é (e jamais deixará de ser) reconhecida como um valor juridicamente tutelado.

Tanto isso é verdade que foi elevada à condição de *dever legal* decorrente do casamento ou da união estável, como se verifica nos já transcritos arts. 1.566, I, e 1.724 do vigente Código Civil brasileiro[7].

Todavia, partindo-se do pressuposto de que seja, a fidelidade, uma característica das entidades familiares em geral, é extremamente difícil conseguir aplicá-la no que se convencionou chamar de *poliamorismo*.

O poliamorismo ou poliamor, teoria psicológica que começa a descortinar-se para o Direito, admite a possibilidade de coexistirem duas ou mais relações afetivas paralelas, em que os seus partícipes conhecem-se e aceitam-se uns aos outros, em uma relação múltipla e aberta.

Segundo a psicóloga NOELY MONTES MORAES, professora da PUCSP:

"a etologia (estudo do comportamento animal), a biologia e a genética não confirmam a monogamia como padrão dominante nas espécies, incluindo a humana. E, apesar de não ser uma realidade bem recebida por grande parte da sociedade ocidental, as pessoas podem amar mais de uma pessoa ao mesmo tempo"[8].

Pois é, caro leitor.

Por mais que este não seja o padrão comportamental da nossa vida afetiva, trata-se de uma realidade existente, que já é objeto de reflexão da doutrina especializada[9] e *que*

---

[6] Confira-se o subtópico 4.1 ("Fidelidade Recíproca") do Capítulo XII ("Plano de Eficácia do Casamento: Deveres Matrimoniais") deste volume.

[7] "Art. 1.566. São deveres de ambos os cônjuges: I — *fidelidade recíproca*; (...).

Art. 1.724. As relações pessoais entre os companheiros obedecerão aos deveres de *lealdade*, respeito e assistência, e de guarda, sustento e educação dos filhos."

[8] "O Fim da Monogamia?", reportagem da *Revista Galileu*, publicação da Editora Globo, outubro de 2007, p. 41. Outras regras do "poliamor" apresentadas na mesma matéria: "A filosofia do poliamor nada mais é do que a aceitação direta e a celebração da realidade da natureza humana. O amor é um recurso infinito. Ninguém duvida de que você possa amar mais de um filho. Isso também se aplica aos amigos. O ciúme não é inato, inevitável e impossível de superar. Mas é possível lidar muito bem com o sentimento. Os poliamoristas criaram um novo termo oposto a ele: *compersion* (algo como 'comprazer' em português). Trata-se do contentamento que sentimos ao sabermos que uma pessoa querida é amada por mais alguém. Segundo suas crenças, eles representam os verdadeiros valores familiares. Têm a coragem de viver um estilo de vida alternativo que, embora condenado por parte da sociedade, é satisfatório e recompensador. Crianças com muitos pais e mães têm mais chances de serem bem cuidadas e menos risco de se sentirem abandonadas se alguém deixa a família por alguma razão" (fl. 44).

[9] Sobre o tema, recomendamos a leitura de Carlos Eduardo Pianovski Ruzyk, *Famílias Simultâneas: da Unidade Codificada à Pluralidade Constitucional*, Rio de Janeiro: Renovar, 2005; e de Carlos Cavalcanti Albuquerque Filho, "Famílias Simultâneas e Concubinato Adulterino" in Rodrigo da Cunha Pereira (coord.), *Família e Cidadania — o novo CCB e a "vacatio legis"* — Anais do III Congresso Brasileiro de Direito de Família, Belo Horizonte: IBDFAM/Del Rey, 2002, p. 143-161.

culmina por mitigar, pela atuação da vontade dos próprios atores da vida, o dever de fidelidade, pelo menos na concepção tradicional que a identifica com a exclusividade.

Há, inclusive, notícia de jurisprudência nesse sentido:

"A 8.ª Câmara Cível do Tribunal de Justiça reconheceu que um cidadão viveu duas uniões afetivas: com a sua esposa e com uma companheira. Assim, decidiram repartir 50% do patrimônio imóvel, adquirido no período do concubinato, entre as duas. A outra metade ficará, dentro da normalidade, com os filhos. A decisão é inédita na Justiça gaúcha e resultou da análise das especificidades do caso. (...) Para o Desembargador Portanova, 'a experiência tem demonstrado que os casos de concubinato apresentam uma série infindável de peculiaridades possíveis'. Avaliou que se pode estar diante da situação em que o trio de concubino esteja perfeitamente de acordo com a vida a três. No caso, houve uma relação 'não eventual' contínua e pública, que durou 28 anos, inclusive com prole, observou. 'Tal era o elo entre a companheira e o falecido que a esposa e o filho do casamento sequer negam os fatos — pelo contrário, confirmam; é quase um concubinato consentido'. O Desembargador José Ataides Siqueira Trindade acompanhou as conclusões do relator, ressaltando a singularidade do caso concreto: 'Não resta a menor dúvida que é um caso que foge completamente daqueles parâmetros de normalidade e apresenta particularidades específicas, que deve merecer do julgador tratamento especial'"[10].

Na mesma linha, decisão da Justiça de Rondônia:

"A coexistência de duas ou mais relações afetivas paralelas, nas quais as pessoas se aceitem mutuamente, motiva a partilha dos bens em três partes iguais, segundo decisão inédita dada por um juiz de Rondônia. Em uma Ação Declaratória de União Estável, o juiz Adolfo Naujorks, da 4.ª Vara de Família da Comarca de Porto Velho, determinou a divisão dos bens de um homem entre ele, a esposa com quem era legalmente casado, e a companheira, com quem teve filhos e conviveu durante quase trinta anos. Segundo o juiz, a sentença se baseou na doutrina e em precedente da jurisprudência, que admite a 'triação' — meação que subdivide o patrimônio em partes iguais. O juiz ainda fundamentou sua decisão em entendimento da psicologia, que chama essa relação triangular pacífica de 'poliamorismo'"[11].

Assim, podemos concluir que, posto a fidelidade seja, indiscutivelmente, consagrada como um valor juridicamente tutelado, a união estável poliafetiva, enquanto fato da vida, pode, na prática, ocorrer[12].

---

[10] Disponível em: <https://www3.tj.rs.gov.br/site_php/noticias/mostranoticia.php?assunto=1&categoria=1&item=9734>. Acesso em: 13 jul. 2008.

[11] Notícia disponível no *site* do Consultor Jurídico: <http://www.conjur.com.br/2008-nov-17/juiz_reconhece_uniao_estavel_casamento_mesmo_tempo?imprimir=1>. Acesso em: 3 jan. 2010.

[12] "**Cartório reconhece união estável entre três pessoas**

Um homem e duas mulheres, que já viviam juntos na mesma casa há três anos em Tupã (SP), resolveram regularizar a situação. Eles procuraram o Cartório de Registro Civil e fizeram uma escritura pública de união poliafetiva. As informações são do portal G1.

De acordo com a tabeliã que fez o registro, Cláudia do Nascimento Domingues, a escritura foi feita há três meses, mas somente na quarta-feira (22/8) foi publicada no Diário Oficial. 'A declaração é uma forma de garantir os direitos de família entre eles', disse. 'Como não são casados, mas vivem juntos, existe uma união estável, onde são estabelecidas regras para estrutura familiar', destaca.

E o que dizer, por outro lado, quando *apenas uma* das partes rompe esse dever de fidelidade, sem conhecimento do outro parceiro, caracterizando a denominada relação de concubinato entre os amantes?

4. RELAÇÃO JURÍDICA DE CONCUBINATO E DIREITOS DO(A) AMANTE

Haveria, nesse caso, e aqui voltamos à nossa intrigante questão, relação juridicamente tutelável entre a pessoa, casada ou em união estável, e o(a) seu(sua) amante?

Tudo dependerá da minuciosa análise do caso concreto.

Caso o partícipe da segunda relação desconheça a situação jurídica do seu parceiro, pensamos que, em respeito ao princípio da boa-fé, aplicado ao Direito de Família, a proteção jurídica é medida de inegável justiça.

Vamos a um exemplo.

O cidadão, casado na cidade do Salvador, viaja mensalmente a Curitiba, por razão profissional. Lá, encanta-se por uma linda paranaense, esconde a sua aliança (e a sua condição matrimonial) e conhece a sua família, passando a conviver com ela, de forma pública e constante, todas as vezes em que está no Sul.

Como sabemos, a configuração da união estável não exige coabitação, prole ou período mínimo de tempo[13]. Com isso, nada impede que, abusando do estado de inocência de sua companheira, o serelepe baiano culmine por constituir uma realidade paralela subsumível, em nosso sentir, às regras da união estável.

Teríamos, pois, uma situação de *união estável putativa*, semelhante à que se dá com o casamento[14].

Nesse sentido, ROLF MADALENO:

"Desconhecendo a deslealdade do parceiro casado, instaura-se uma nítida situação de união estável putativa, devendo ser reconhecidos os direitos do companheiro inocente, o qual

---

O presidente da Ordem dos Advogados do Brasil de Marília, Tayon Berlanga, explicou que o documento funciona como uma sociedade patrimonial. 'Ele dá direito ao trio no que diz respeito à divisão de bens em caso de separação e morte', disse.

No entanto, segundo Berlanga, a escritura não garante os mesmos direitos que uma família tem, como receber pensão por morte ou conseguir um financiamento no banco para a compra da casa própria. Também não permite a inscrição de dependente em planos de saúde e desconto na declaração do imposto de renda" (Revista *Consultor Jurídico*, 23 de agosto de 2012, disponível em: <http://www.conjur.com.br/2012-ago-23/cartorio-tupa-sp-reconhece-uniao-estavel-entre-tres-pessoas>. Acesso em: 5 nov. 2012). O CNJ, posteriormente, proibiria o registro desse tipo de união (https://www.cnj.jus.br/cartorios-sao-proibidos-de-fazer-escrituras-publicas-de-relacoes-poliafetivas/#:~:text=Cartórios%20são%20proibidos%20de%20fazer%20escrituras%20públicas%20de%20relações%20poliafetivas,-26%20de%20junho&text=O%20Plenário%20do%20Conselho%20Nacional,mais%20pessoas%2C%20em%20escrituras%20públicas., acesso em: 15 nov. 2023).

[13] Confira-se o Capítulo XIX ("União Estável") deste volume.

[14] O casamento putativo no Código Civil está previsto no art. 1.561: "Embora anulável ou mesmo nulo, se contraído de boa-fé por ambos os cônjuges, o casamento, em relação a estes como aos filhos, produz todos os efeitos até o dia da sentença anulatória. § 1.º Se um dos cônjuges estava de boa-fé ao celebrar o casamento, os seus efeitos civis só a ele e aos filhos aproveitarão. § 2.º Se ambos os cônjuges estavam de má-fé ao celebrar o casamento, os seus efeitos civis só aos filhos aproveitarão". Sobre o tema, ver o nosso capítulo XI ("Plano de Validade do Casamento: Casamento Putativo") deste volume.

ignorava o estado civil de seu companheiro, e tampouco a coexistência fática e jurídica do precedente matrimônio, fazendo jus, salvo contrato escrito, à meação dos bens amealhados onerosamente na constância da união estável putativa em nome do parceiro infiel, sem prejuízo de outras reivindicações judiciais, como, uma pensão alimentícia, se provar a dependência financeira do companheiro casado e, se porventura o seu parceiro vier a falecer na constância da união estável putativa, poderá se habilitar à herança do *de cujus*, em relação aos bens comuns, se concorrer com filhos próprios ou à toda a herança, se concorrer com outros parentes"[15].

O Superior Tribunal de Justiça, no entanto, posto se trate de forte teoria na doutrina, enfrentando-a, não a aceitou[16]:

"União estável. Reconhecimento de duas uniões concomitantes. Equiparação ao casamento putativo. Lei n. 9.728/96. 1. Mantendo o autor da herança união estável com uma mulher, o posterior relacionamento com outra, sem que se haja desvinculado da primeira, com quem continuou a viver como se fossem marido e mulher, não há como configurar união estável concomitante, incabível a equiparação ao casamento putativo. 2. Recurso especial conhecido e provido" (REsp 789.293/RJ, rel. Min. Carlos Alberto Menezes Direito, julgado em 16-2-2006, DJ 20-3-2006, p. 271, 3.ª Turma).

Cremos, de nossa parte, que este entendimento ainda possa ser futuramente modificado, caso sejam ponderados os argumentos aqui expostos.

Situação mais delicada ocorre quando, casada ou em união estável, a pessoa mantém relação de concubinato com seu(sua) amante, *que sabe e conhece perfeitamente o impedimento existente para a união oficial de ambos.*

Nessa hipótese, pois, haveria direitos do(a) amante?

Qualquer tentativa de se apresentar uma resposta única ou apriorística é, em nosso sentir, dada a multifária tessitura dos caminhos da nossa alma, temeridade ou alquimia jurídica.

Uma união paralela fugaz, motivada pela adrenalina ou simplesmente pela química sexual, não poderia, em princípio, conduzir a nenhum tipo de tutela jurídica.

No entanto, por vezes, esse paralelismo se alonga no tempo, criando sólidas raízes de convivência, de maneira que desconhecê-lo é negar a própria realidade.

Tão profundo é o seu vínculo, tão forte é a sua constância, que o(a) amante (frise-se) passa, inequivocamente, a colaborar na formação do patrimônio do seu parceiro casado, ao longo dos anos de união.

Não é incomum, aliás, que empreendam esforço conjunto para a aquisição de um imóvel, casa ou apartamento, em que possam se encontrar.

Configurada essa hipótese, amigo leitor, recorremos ao seu bom-senso e à sua inteligência jurídica, indagando-lhe: seria justo negar-se à amante o direito de ser indenizada ou, se for o caso, de haver para si parcela do patrimônio que, comprovadamente, ajudou a construir?

---

[15] Rolf Madaleno, *Curso de Direito de Família*, Rio de Janeiro: Forense, 2008, p. 819.

[16] No final de 2020, o STF firmou entendimento não admitindo o reconhecimento de uniões estáveis simultâneas. Tese: "A preexistência de casamento ou de união estável de um dos conviventes, ressalvada a exceção do artigo 1723, § 1.º do Código Civil, impede o reconhecimento de novo vínculo referente ao mesmo período, inclusive para fins previdenciários, em virtude da consagração do dever de fidelidade e da monogamia pelo ordenamento jurídico-constitucional brasileiro" (RE 1.045.273/SE, cf. <https://migalhas.uol.com.br/quentes/337854/stf-nao-e-possivel-reconhecimento-de-unioes--estaveis-simultaneas-para-rateio-de-pensao>. Acesso em: 16 dez. 2020.).

Logicamente que não, em respeito ao próprio princípio que veda o *enriquecimento sem causa*.

Nesse sentido, já decidiu o Superior Tribunal de Justiça:

"Em decisão da 4.ª Turma, do ano de 2003, o ministro Aldir Passarinho Júnior, relator de um recurso (REsp 303.604), destacou que é pacífica a orientação das Turmas da 2.ª Seção do STJ no sentido de indenizar os serviços domésticos prestados pela concubina ao companheiro durante o período da relação, direito que não é esvaziado pela circunstância de o morto ser casado. No caso em análise, foi identificada a existência de dupla vida em comum, com a mulher legítima e a concubina, por 36 anos. O relacionamento constituiria uma sociedade de fato. O Tribunal de Justiça de São Paulo considerou incabível indenização à concubina. Mas para o ministro relator, é coerente o pagamento de pensão, que foi estabelecida em meio salário mínimo mensal, no período de duração do relacionamento"[17].

Também o Tribunal de Justiça do Rio Grande do Sul:

"Namorar homem casado pode render indenização devida pelo período do relacionamento. Durante 12 anos, a concubina dividiu o parceiro com a sua mulher 'oficial'. Separado da mulher, o parceiro passou a ter com a ex-concubina uma relação estável. Na separação, cinco anos depois, ela entrou com pedido de indenização. Foi atendida por ter provado que no período do concubinato ajudou o homem a ampliar seu patrimônio. A 7.ª Câmara Cível do Tribunal de Justiça do Rio Grande do Sul fixou indenização de R$ 10 mil. Para o desembargador José Carlos Teixeira Giorgis, relator da matéria, deve haver a possibilidade do concubino ganhar indenização pela vida em comum. 'Não se trata de monetarizar a relação afetiva, mas cumprir o dever de solidariedade, evitando o enriquecimento indevido de um sobre o outro, à custa da entrega de um dos parceiros', justificou. O casal viveu junto de 1975 a 1987, enquanto o parceiro foi casado com outra pessoa. Depois, mantiveram união estável de 1987 a 1992. Com o fim da união, ela ajuizou ação pedindo indenização pelo período em que ele manteve outro casamento. A mulher alegou que trabalhou durante os doze anos para auxiliar o parceiro no aumento de seu patrimônio e, por isso, reivindicou a indenização por serviços prestados. O desembargador José Carlos Teixeira Giorgis entendeu que a mulher deveria ser indenizada por ter investido dinheiro na relação. Participaram do julgamento os desembargadores Luis Felipe Brasil Santos e Maria Berenice Dias"[18].

Firmada, pois, a tutela do Direito Obrigacional, indagamos se seria possível irmos mais além, para se admitir a proteção do próprio Direito de Família.

Não negamos essa possibilidade *em situações excepcionais*, devidamente justificadas.

Acentuamos essa nota de "especialidade", pois, não sendo assim, criaríamos uma ambiência propícia à autuação de golpistas e aproveitadores, simuladores de relações de afeto.

É acentuadamente simplista, e até socialmente desaconselhável, afirmar-se que em toda e qualquer situação o(a) amante concorrerá com o(a) esposo(a) ou com o(a) companheiro(a).

Não.

Para que possamos admitir a incidência das regras familiaristas em favor do(a) amante, deve estar suficientemente comprovada, ao longo do tempo, uma relação socioafetiva constante, duradoura, traduzindo, inegavelmente, uma paralela constituição de núcleo familiar.

---

[17] Disponível em: <http://www.conjur.com.br/static/text/60967,1>. Acesso em: 13 jul. 2008.

[18] Disponível em: <http://www.conjur.com.br/static/text/40960,1>. Acesso em: 13 jul. 2008.

Tempo, afeto e aparência de união estável — admitindo-se a óbvia mitigação do aspecto da publicidade — são características que, em nosso sentir, embora não absolutas *de per si*, devem conduzir o intérprete a aceitar, excepcionalmente, a aplicação das regras do Direito de Família, a exemplo da pensão alimentícia ou do regime de bens.

Nessa quadra, registre-se que, no que diz respeito ao regime de bens, a interpretação deva ser restrita ao patrimônio amealhado pelos concubinos, o que deve ser objeto de prova específica, não devendo militar a presunção de que todo o patrimônio posterior à constituição da relação foi obtido com a força de trabalho do(a) concubino(a).

Vejamos peculiar caso levado à apreciação do Superior Tribunal de Justiça:

"A Sexta Turma do STJ está apreciando um recurso especial (REsp 674176) que decidirá sobre a possibilidade de divisão de pensão entre a viúva e a *concubina* do falecido. A relação extraconjugal teria durado mais de 30 anos e gerado dois filhos. O homem teria, inclusive, providenciado ida da *concubina* de São Paulo para Recife quando precisou mudar-se a trabalho, com a família"[19].

Observe: 30 anos de convivência, filhos, relação duradoura e permanente, mudança de cidade juntamente com os integrantes do núcleo paralelo.

Família, para a doutrina civil-constitucional, traduz, não um produto da técnica legislativa, mas uma comunidade de existência moldada pelo afeto:

"A partir do momento em que a família deixou de ser o núcleo econômico e de reprodução para ser o espaço do afeto e do amor, surgiram novas e várias representações sociais para ela"[20].

Também CAIO MÁRIO DA SILVA PEREIRA, em uma de suas últimas e imortais obras:

"Numa definição sociológica, pode-se dizer com Zannoni que a família compreende uma determinada categoria de 'relações sociais reconhecidas e portanto institucionais'. Dentro deste conceito, a família 'não deve necessariamente coincidir com uma definição estritamente jurídica'".

E arremata:

"Quem pretende focalizar os aspectos eticossociais da família, não pode perder de vista que a multiplicidade e variedade de fatores não consentem fixar um modelo social uniforme"[21].

Como, então, leitor amigo, você, juiz do caso concerto, negaria o reconhecimento de tal vínculo familiar?

Seria negar a própria realidade da vida.

Fechar os olhos para as sutilezas do destino de cada um.

Aliás, você acha realmente possível enganarmos, durante dez, vinte ou trinta anos o(a) nosso(a) esposo(a) ou o(a) nosso(a) companheiro(a)?

---

[19] Disponível em: <http://www.stj.gov.br/portal_stj/publicacao/engine.wsp?tmp.area= 398&tmp.texto=85398&tmp.area_anterior=44&tmp.argumento_pesquisa=concubina>. Acesso em: 13 jul. 2008.

[20] Rodrigo da Cunha Pereira, *Direito de Família e o Novo Código Civil*, Rodrigo da Cunha Pereira e Maria Berenice Dias (coords.), Belo Horizonte: Del Rey/IBDFAM, 2002, p. 226-7.

[21] Caio Mário da Silva Pereira, *Direito Civil: alguns aspectos da sua evolução*, Rio de Janeiro: Forense, 2001, p. 170.

Até que ponto poderíamos admitir uma quebra inesperada do dever de fidelidade, calcada em um completo estado de desconhecimento da situação do nosso parceiro?

Temos as nossas dúvidas de que esse "crime perfeito" possa ser realizado, de maneira que se torna imperioso concluir pela aplicação das regras de família, quando devidamente justificadas pelas circunstâncias do caso concreto.

E conforme nos lembra BERENICE DIAS:

"Situações de fato existem que justificam considerar que alguém possua duas famílias constituídas. São relações de afeto, apesar de consideradas adulterinas, e podem gerar consequências jurídicas"[22].

Aliás, afirma GUILHERME DE OLIVEIRA, catedrático da Faculdade de Direito de Coimbra:

"A ideia de que o amor é assunto exclusivo dos amantes e de que cada casal é o seu próprio legislador supõe que os sistemas jurídicos eliminem progressivamente da pauta patrimonial os conteúdos que outrora serviam a todos indiscutivelmente, mas, hoje, estão ao que parece, sujeitos a negociação, no âmbito da tal 'relação pura' e do compromisso permanente"[23].

5. O(A) AMANTE E OS TRIBUNAIS

Não tem sido fácil a vida do(a) amante nos tribunais do País.

A despeito da instigante polêmica apontada ao longo de todo este capítulo, da existência de decisões favoráveis — como vimos acima — e da abertura inexorável do conceito de família, ousamos afirmar que, na jurisprudência das nossas Cortes, a tendência mais recente tem seguido a linha mais restritiva dos direitos da concubina[24].

Passemos em revista alguns recentes julgados:

"Negada a concessão de pensão por morte a concubina

7-12-2009 | Fonte: TRF 1

A 2.ª Turma negou declaração de existência de concubinato e dependência econômica em relação a ex-segurado do INSS, para fins de recebimento de pensão por morte.

Alegou a concubina que preencheria os requisitos básicos para caracterizar o concubinato, mesmo sendo casado o falecido, e residindo com a família.

---

[22] Maria Berenice Dias, *Manual de Direito das Famílias*, Porto Alegre: Livraria do Advogado, 2005, p. 179.

[23] Guilherme de Oliveira, *Temas de Direito de Família — 1*, Coimbra: Coimbra Editora, 2005, p. 338.

[24] Já decidiu o STJ que união estável paralela ao casamento deve ser tratada como concubinato: "Por unanimidade, a Terceira Turma do Superior Tribunal de Justiça (STJ) decidiu que é incabível o reconhecimento de união estável simultânea ao casamento, assim como a partilha de bens em três partes iguais (triação), mesmo que o início da união seja anterior ao matrimônio. (...) Ao dar parcial provimento ao recurso, o colegiado considerou que não há impedimento ao reconhecimento da união estável no período de convivência anterior ao casamento, mas, a partir desse momento, tal união se transforma em concubinato (simultaneidade de relações)." (Fonte: STJ, 15-9-2022. Disponível em: https://www.stj.jus.br/sites/portalp/Paginas/Comunicacao/Noticias/2022/15092022-E-incabivel--o-reconhecimento-de-uniao-estavel-paralela--ainda-que-iniciada-antes-do-casamento.aspx. Acesso em: 12 nov. 2022).

De acordo com a relatora, desembargadora federal Neuza Maria Alves da Silva, a comprovação da condição de companheira exige união estável como entidade familiar, reconhecida como convivência duradoura, pública e continuada de um homem com uma mulher, com objetivo de constituir família (art. 226, § 3.º, da Constituição/1998). O concubinato, por sua vez, de acordo com o Código Civil (o art. 1.727), constitui relação entre homem e mulher, não eventual, impedidos de casar. O caso em análise não se igualaria à união estável, por não estar coberto pela Constituição.

Explicou a relatora que as provas trazidas aos autos deixam crer que o matrimônio não foi dissolvido até o óbito do cônjuge; tanto no seguro de vida quanto no registro de imóvel do assegurado, consta o nome de sua esposa.

Dessa forma, concluiu a magistrada que, de acordo com o julgado do Supremo Tribunal Federal, a concubina não tem direito a dividir pensão com a viúva"[25].

O Supremo Tribunal Federal, também, na mesma linha:

"Companheira e concubina — Distinção. Sendo o Direito uma verdadeira ciência, impossível é confundir institutos, expressões e vocábulos, sob pena de prevalecer a babel. União estável — Proteção do Estado. A proteção do Estado à união estável alcança apenas as situações legítimas e nestas não está incluído o concubinato. Pensão — Servidor público — Mulher — Concubina — Direito. A titularidade da pensão decorrente do falecimento de servidor público pressupõe vínculo agasalhado pelo ordenamento jurídico, mostrando-se impróprio o implemento de divisão a beneficiar, em detrimento da família, a concubina.

Decisão. Por maioria de votos, a Turma conheceu do recurso extraordinário e lhe deu provimento, nos termos do voto do Relator; vencido o Ministro Carlos Ayres Britto, Presidente. 1.ª Turma, 10-2-2009" (RE 590.779/ES, rel. Min. Marco Aurélio. Julgado em 10-2-2009, *DJe* 27-3-2009, 1.ª Turma).

Em outro julgado, também no campo previdenciário, e sem pôr fim definitivamente à controvérsia no âmbito do Direito de Família, a 1.ª Turma do Supremo Tribunal Federal, no julgamento do Recurso Extraordinário 397.762-8, *negou* à concubina de homem casado (com quem manteve relação afetiva por 37 anos) o direito de dividir pensão previdenciária com a viúva[26]:

"O ministro Marco Aurélio (relator) afirmou em seu voto que o parágrafo 3.º do artigo 226 da Constituição diz que a família é reconhecida como a união estável entre homem e mulher, devendo a lei facilitar sua conversão em casamento. Segundo o ministro, o artigo 1.727 do Código Civil prevê que o concubinato é o tipo de relação entre homem e mulher impedidos de casar. Neste caso, entendeu o ministro, a união não pode ser considerada estável. É o caso também da relação de Santos e Paixão. Os ministros Menezes Direito, Cármen Lúcia e Ricardo Lewandowski acompanharam o relator. Lewandowski lembrou que a palavra concubinato — do latim, *concubere* — significa compartilhar o leito. Já união estável é "compartilhar a vida", salientou o ministro. Para a Constituição, a união estável é o "embrião" de um casamento, salientou Lewandowski, fazendo referência ao julgamento da semana passada, sobre pesquisas com células-tronco embrionárias".

---

[25] Disponível em: <http://www.ibdfam.org.br/?noticias&noticia=3278>. Acesso em: 3 jan. 2010.
[26] Disponível em: <http://conjur.estadao.com.br/static/text/66860?display_mode=print>.

Mas houve divergência, na linha do pensamento do Min. CARLOS BRITTO:

> "Já para o ministro Carlos Britto, ao proteger a família, a maternidade, a infância, a Constituição não faz distinção quanto a casais formais e os impedidos de casar. Para o ministro, 'à luz do Direito Constitucional brasileiro o que importa é a formação em si de um novo e duradouro núcleo doméstico. A concreta disposição do casal para construir um lar com um subjetivo ânimo de permanência que o tempo objetivamente confirma. Isto é família, pouco importando se um dos parceiros mantém uma concomitante relação sentimental a dois'. O ministro votou contra o recurso do estado da Bahia, por entender que as duas mulheres tiveram a mesma perda e estariam sofrendo as mesmas consequências sentimentais e financeiras".

Tudo a demonstrar que, *na seara do Direito de Família*, essa matéria ainda renderá muitos debates acadêmicos e jurisprudenciais.

6. CONCLUSÕES E CONSELHO

Pois é.

A questão ainda passa por um processo de discussão doutrinária[27].

Parece-nos, todavia, que, diante do pronunciamento do Supremo Tribunal Federal – Tema 529, reafirmou-se a monogamia:

> "A preexistência de casamento ou de união estável de um dos conviventes, ressalvada a exceção do artigo 1.723, § 1.º, do Código Civil, impede o reconhecimento de novo vínculo referente ao mesmo período, inclusive para fins previdenciários, em virtude da consagração do dever de fidelidade e da monogamia pelo ordenamento jurídico-constitucional brasileiro".

Em conclusão, se nos permitem um conselho, sugerimos cultivar sempre a fidelidade a dois em nossas vidas, pois, certamente, assim, teremos mais paz e tranquilidade.

E que Deus nos ouça!

E o nosso coração também...

---

[27] Merece especial atenção, nesse contexto, julgado proveniente da Terceira Câmara Cível do Tribunal de Justiça do Maranhão, da lavra do talentoso Des. Lourival Serejo, em que, explicitamente, se admitiu a tese das "**famílias paralelas**". Destaca-se trecho da ementa: "A força dos fatos surge como situações novas que reclamam acolhida jurídica para não ficarem no limbo da exclusão. Dentre esses casos, estão exatamente as famílias paralelas, que vicejam ao lado das famílias matrimonializadas" (Apelação Cível n. 728.90.2007.8.10.0115, j. em julho de 2014).

Capítulo XXI
União Homoafetiva

Sumário: 1. Introdução. 2. Terminologia e conceito. 3. Notícias do Direito estrangeiro. 4. Tratamento legal. 5. Registro administrativo das parcerias civis. 6. Efeitos jurídicos decorrentes da união homoafetiva. 6.1. Efeitos pessoais: direitos e deveres recíprocos. 6.2. Efeitos patrimoniais: alimentos, regime de bens e direito sucessório. 6.2.1. Alimentos. 6.2.2. Regime de bens. 6.2.3. Direito sucessório. 7. Adoção por casais homoafetivos. 8. Estatuto das Famílias e a união homoafetiva.

1. INTRODUÇÃO

Qualquer investigação científica que se faça na seara do Direito de Família, para bem cumprir o seu desiderato, deverá ser desprovida de prévias concepções morais e religiosas.

Com isso, não estamos dizendo que o Direito não dialogue com outras fontes.

De forma alguma.

Aliás, ao longo de toda esta obra, o nosso estimado leitor, certamente, deve ter observado a nossa preocupação em expor a matéria sempre à luz de um necessário intercâmbio interdisciplinar com outros campos do conhecimento humano.

O que estamos a dizer, em verdade, é que o reconhecimento do núcleo familiar como objeto científico da nossa disciplina não poderia estar sujeito a posições pessoais acerca da forma supostamente mais adequada ou moralmente mais recomendável de se viver, pois tal perspectiva, a par de ser eminentemente individual, careceria da objetividade necessária à correta interpretação jurídica.

Assim, ao analisarmos o *fato social da família*, devemos fazê-lo em uma perspectiva imparcial, que tome por referência não dogmas religiosos, mas, sim, os princípios jurídicos reguladores da matéria, para o bom entendimento da questão.

Ora, se a premissa de todo o nosso raciocínio ao longo deste trabalho fora o caráter *socioafetivo* e *eudemonista* do conceito de família, seria um indesejável contrassenso, agora, negarmos o reconhecimento do núcleo formado por pessoas do mesmo sexo.

Se, em nossa concepção jurídica, a família é um núcleo moldado pela *afetividade* vinculativa dos seus membros (socioafetiva) e, além disso, traduz a ambiência necessária para que realizem os seus projetos pessoais de felicidade (eudemonista), como negar aquele arranjo formado por pessoas do mesmo sexo se, também aqui, essas fundamentais características estariam presentes?

Afinal, se o sistema constitucional de família (CF, art. 226,) é *aberto, inclusivo* e *não discriminatório*, como negar este fato da vida sem afronta ao princípio da isonomia?

Aliás, acompanhando tendência verificada em quase todos os países europeus e em boa parte da América, é chegada a hora de a legislação brasileira — tão avançada em muitos pontos — adotar uma postura progressista — e, por que não dizer, justa — e finalmente reconhecer a diferença, pois, assim o fazendo, estará reconhecendo a própria vida, com todas as suas nuances, todos os seus matizes.

Por isso, sem querer exercitar um dom de profecia, ousamos afirmar, desde a primeira edição deste volume, que o presente capítulo seria um dos mais continuamente aperfeiçoados nas eventuais futuras edições, por nutrirmos a esperança de que, pouco a pouco, o Direito Positivo brasileiro se adaptaria aos parâmetros de uma sociedade efetivamente plural e solidária, o que já se confirmou com a histórica decisão do Supremo Tribunal Federal na ADI 4.277, objeto aqui de apreciação específica, bem como da manifestação do Superior Tribunal de Justiça no REsp 1.183.378/RS, relatado pelo Ministro Luis Felipe Salomão, que, de forma pioneira, autorizou o casamento civil homoafetivo.

2. TERMINOLOGIA E CONCEITO

Antes de enfrentarmos o núcleo deste tópico, uma necessária distinção deverá ser feita.

Não se deve confundir as expressões *transexualidade, intersexualidade, travestilidade* e *homossexualidade (ou homoafetividade, expressão que — conforme demonstraremos — parece-nos mais adequada na contemporaneidade).*

A transexualidade é a não identificação do indivíduo com seu corpo, em uma dicotomia biopsicológica.

Todavia, ainda que careça de uma regulamentação legal específica no Brasil[1], tem sido compreendida pela jurisprudência mais moderna de forma bem mais receptiva, permitindo-se, à luz do princípio da dignidade da pessoa humana, em situações justificadas, a própria mudança oficial do registro civil, conforme se percebe, por exemplo, das seguintes decisões do STJ:

"Direito civil. Recurso especial. Transexual submetido à cirurgia de redesignação sexual. Alteração do prenome e designativo de sexo. Princípio da dignidade da pessoa humana.

— Sob a perspectiva dos princípios da Bioética — de beneficência, autonomia e justiça —, a dignidade da pessoa humana deve ser resguardada, em um âmbito de tolerância, para que a mitigação do sofrimento humano possa ser o sustentáculo de decisões judiciais, no sentido de salvaguardar o bem supremo e foco principal do Direito: o ser humano em sua integridade física, psicológica, socioambiental e ético-espiritual.

— A afirmação da identidade sexual, compreendida pela identidade humana, encerra a realização da dignidade, no que tange à possibilidade de expressar todos os atributos e características do gênero imanente a cada pessoa. Para o transexual, ter uma vida digna importa em ver reconhecida a sua identidade sexual, sob a ótica psicossocial, a refletir a verdade real por ele vivenciada e que se reflete na sociedade.

— A falta de fôlego do Direito em acompanhar o fato social exige, pois, a invocação dos princípios que funcionam como fontes de oxigenação do ordenamento jurídico, marcadamente a dignidade da pessoa humana — cláusula geral que permite a tutela integral e unitária da pessoa, na solução das questões de interesse existencial humano.

— Em última análise, afirmar a dignidade humana significa para cada um manifestar sua verdadeira identidade, o que inclui o reconhecimento da real identidade sexual, em respeito à pessoa humana como valor absoluto.

---

[1] Em sede administrativa, a matéria é regulada pelo Conselho Federal de Medicina, por meio da Resolução CFM n. 2.265 de 2019, que revogou a Res. CFM n. 1.955 de 2010.

— Somos todos filhos agraciados da liberdade do ser, tendo em perspectiva a transformação estrutural por que passa a família, que hoje apresenta molde eudemonista, cujo alvo é a promoção de cada um de seus componentes, em especial da prole, com o insigne propósito instrumental de torná-los aptos de realizar os atributos de sua personalidade e afirmar a sua dignidade como pessoa humana.

— A situação fática experimentada pelo recorrente tem origem em idêntica problemática pela qual passam os transexuais em sua maioria: um ser humano aprisionado à anatomia de homem, com o sexo psicossocial feminino, que, após ser submetido à cirurgia de redesignação sexual, com a adequação dos genitais à imagem que tem de si e perante a sociedade, encontra obstáculos na vida civil, porque sua aparência morfológica não condiz com o registro de nascimento, quanto ao nome e designativo de sexo.

— Conservar o "sexo masculino" no assento de nascimento do recorrente, em favor da realidade biológica e em detrimento das realidades psicológica e social, bem como morfológica, pois a aparência do transexual redesignado em tudo se assemelha ao sexo feminino, equivaleria a manter o recorrente em estado de anomalia, deixando de reconhecer seu direito de viver dignamente.

— Assim, tendo o recorrente se submetido à cirurgia de redesignação sexual, nos termos do acórdão recorrido, existindo, portanto, motivo apto a ensejar a alteração para a mudança de sexo no registro civil, e a fim de que os assentos sejam capazes de cumprir sua verdadeira função, qual seja, a de dar publicidade aos fatos relevantes da vida social do indivíduo, forçosa se mostra a admissibilidade da pretensão do recorrente, devendo ser alterado seu assento de nascimento a fim de que nele conste o sexo feminino, pelo qual é socialmente reconhecido.

— Vetar a alteração do prenome do transexual redesignado corresponderia a mantê-lo em uma insustentável posição de angústia, incerteza e conflitos, que inegavelmente atinge a dignidade da pessoa humana assegurada pela Constituição Federal. No caso, a possibilidade de uma vida digna para o recorrente depende da alteração solicitada. E, tendo em vista que o autor vem utilizando o prenome feminino constante da inicial, para se identificar, razoável a sua adoção no assento de nascimento, seguido do sobrenome familiar, conforme dispõe o art. 58 da Lei n. 6.015/73.

— Deve, pois, ser facilitada a alteração do estado sexual, de quem já enfrentou tantas dificuldades ao longo da vida, vencendo-se a barreira do preconceito e da intolerância. O Direito não pode fechar os olhos para a realidade social estabelecida, notadamente no que concerne à identidade sexual, cuja realização afeta o mais íntimo aspecto da vida privada da pessoa. E a alteração do designativo de sexo, no registro civil, bem como do prenome do operado, é tão importante quanto a adequação cirúrgica, porquanto é desta um desdobramento, uma decorrência lógica que o Direito deve assegurar.

— Assegurar ao transexual o exercício pleno de sua verdadeira identidade sexual consolida, sobretudo, o princípio constitucional da dignidade da pessoa humana, cuja tutela consiste em promover o desenvolvimento do ser humano sob todos os aspectos, garantindo que ele não seja desrespeitado tampouco violentado em sua integridade psicofísica. Poderá, dessa forma, o redesignado exercer, em amplitude, seus direitos civis, sem restrições de cunho discriminatório ou de intolerância, alçando sua autonomia privada em patamar de igualdade para com os demais integrantes da vida civil. A liberdade se refletirá na seara doméstica, profissional e social do recorrente, que terá, após longos anos de sofrimentos, constrangimentos, frustrações e dissabores, enfim, uma vida plena e digna.

— De posicionamentos herméticos, no sentido de não se tolerar "imperfeições" como a esterilidade ou uma genitália que não se conforma exatamente com os referenciais científicos, e, consequentemente, negar a pretensão do transexual de ter alterado o designativo de sexo e nome, subjaz o perigo de estímulo a uma nova prática de eugenia social, objeto de combate da Bioética, que deve ser igualmente combatida pelo Direito, não se olvidando os horrores provocados pelo holocausto no século passado.

Recurso especial provido" (REsp 1.008.398/SP, rel. Min. Nancy Andrighi, julgado em 15-10-2009, *DJe* 18-11-2009, 3.ª Turma).

"Registro público. Mudança de sexo. Exame de Matéria Constitucional. Impossibilidade de Exame na via do Recurso Especial. Ausência de Prequestionamento. Súmula n. 211/STJ. Registro civil. Alteração do prenome e do sexo. Decisão judicial. Averbação. Livro cartorário.

1. Refoge da competência outorgada ao Superior Tribunal de Justiça apreciar, em sede de recurso especial, a interpretação de normas e princípios de natureza constitucional.

2. Aplica-se o óbice previsto na Súmula n. 211/STJ quando a questão suscitada no recurso especial, não obstante a oposição de embargos declaratórios, não foi apreciada pela Corte *a quo*.

3. O acesso à via excepcional, nos casos em que o Tribunal *a quo*, a despeito da oposição de embargos de declaração, não regulariza a omissão apontada, depende da veiculação, nas razões do recurso especial, de ofensa ao art. 535 do CPC.

4. A interpretação conjugada dos arts. 55 e 58 da Lei n. 6.015/73 confere amparo legal para que transexual operado obtenha autorização judicial para a alteração de seu prenome, substituindo-o por apelido público e notório pelo qual é conhecido no meio em que vive.

5. Não entender juridicamente possível o pedido formulado na exordial significa postergar o exercício do direito à identidade pessoal e subtrair do indivíduo a prerrogativa de adequar o registro do sexo à sua nova condição física, impedindo, assim, a sua integração na sociedade.

6. No livro cartorário, deve ficar averbado, à margem do registro de prenome e de sexo, que as modificações procedidas decorreram de decisão judicial.

7. Recurso especial conhecido em parte e provido" (REsp 737.993/MG, rel. Min. João Otávio de Noronha, julgado em 10-11-2009, *DJe* 18-12-2009, 4.ª Turma).

Como se vê, na transexualidade, a identidade de gênero do indivíduo difere daquela designada em função de sua formação biológica.

Ou seja, o "sexo psicológico" não se identifica com o "sexo biológico" (tais expressões são aqui utilizadas apenas para efeito didático, simplesmente para demonstrar que não se trata, em rigor, de uma patologia propriamente dita, mas sim de uma não identificação), e isso autorizaria a utilização de tratamentos específicos, inclusive cirúrgicos (e, no entendimento do Supremo Tribunal Federal, independentemente de autorização judicial[2]), para a busca da efetiva identificação.

---

[2] Nessa linha, julgando a ADI 4.275, o "Supremo Tribunal Federal (STF) entendeu ser possível a alteração de nome e gênero no assento de registro civil mesmo sem a realização de procedimento cirúrgico de redesignação de sexo" (*Notícias STF*. Disponível em: <http://www.stf.jus.br/portal/cms/verNoticiaDetalhe.asp?idConteudo=371085,mudan>. Acesso em: 8 ago. 2018).

Assim, para muitos, a redesignação sexual é o natural caminho para a plena afirmação de gênero de **homens trans** e **mulheres trans**, embora não deva ser encarada como uma tendência inevitável, seja pelos riscos que qualquer cirurgia ou tratamento de saúde acarreta, seja pelo próprio respeito ao direito à diversidade sexual[3].

A intersexualidade, por sua vez, é uma questão propriamente biológica. Trata-se de situação de pessoa que nasceu com uma condição que não permite a identificação precisa de seu sexo.

Nessa linha, o hermafroditismo, por exemplo, seria apenas uma das múltiplas modalidades da intersexualidade, vistas como distúrbios de diferenciação sexual.

A intersexualidade, da mesma forma que a transexualidade, ensejaria tratamento específico, inclusive cirúrgico, para uma definição e busca da efetiva identificação, mas dela se diferencia pelo fato de que, na primeira, a definição sexual é dúbia, enquanto na segunda não há, *a priori*, dubiedade, e sim rejeição ao sexo definido.

Já a travestilidade não diz respeito propriamente a definições sexuais, não havendo necessariamente qualquer rejeição quanto ao corpo. O que há é, em verdade, uma ambiguidade de gênero, que realiza a pessoa, sem afetar obrigatoriamente a sua relação com seu próprio corpo ou com o desejo sexual.

Nenhuma dessas três manifestações (transexualidade, intersexualidade ou travestilidade) deve ser confundida com a *homossexualidade*.

Inicialmente, cumpre-nos frisar que a expressão "homossexualismo" deve ser evitada, porquanto, ao simbolizar a superada ideia de doença[4], caracterizada pela utilização do sufixo "ismo", culminaria por gerar uma indesejável insegurança, não apenas terminológica, senão também jurídica. Na mesma linha, também não reputamos adequada a palavra "homoerotismo"[5], ao menos na perspectiva de um enfrentamento jurídico do tema, uma vez que é o vínculo de afeto, e não a esfera de sexualidade, o referencial maior a ser tomado em consideração pelo jurista para a análise do núcleo familiar.

Nesse diapasão, uma difícil pergunta há de ser feita: *o que se entende por homossexualidade?*

Nenhuma resposta, nesse campo, é definitiva.

Sabemos, pelo menos, o que a homossexualidade não representa.

---

[3] Sobre o tema, confira-se a sensacional entrevista de MARIA BERENICE DIAS no "Papeando com Pamplona", disponível no "Canal Pamplona", no YouTube.

[4] Na década de 1970, a Organização Mundial de Saúde baniu do catálogo internacional de doenças o "homossexualismo".

[5] A expressão "homoerotismo", criada por F. Karsh-Haack, em 1911, fora introduzida no Brasil pelo renomado psicanalista Jurandir Freire Costa, que, em entrevista ao *Jornal do Comércio,* comentou: "Retomei o termo homoerotismo, criado por F. Karsh-Haack, em 1911, e utilizado neste mesmo ano por Sandor Ferenczi, um grande psicanalista, em um trabalho sobre o tema. Não pretendi de forma alguma — e isto fica bem claro no texto (do livro) — simplesmente rebatizar moralmente a chamada 'homossexualidade'. Ferenczi, com o termo, teve justamente a intenção de criticar o saber psicanalítico da época, fenômeno e percebido como 'atração pelo mesmo sexo'. Freud, em seu *Três Ensaios sobre a Teoria da Sexualidade,* de 1920, avalizou o emprego do termo" (Disponível em: <http://jfreirecosta.sites.uol.com.br/entrevistas/com_o_autor/homossexualismo.html>. Acesso em: 1.º ago. 2010).

Não é doença, nem é perversão, devendo qualquer tentativa de enquadramento jurídico nesse sentido ser encarada como uma afronta escancarada ao princípio da dignidade da pessoa humana.

Trata-se, em nosso sentir, de *um modo de ser, de interagir, mediante afeto e/ou contato sexual com um parceiro do mesmo sexo,* não decorrente de uma mera orientação ou opção, mas, sim, derivado de um determinismo cuja causa não se poderia apontar.

Com isso, evitamos a expressão "opção sexual", pois, da mesma forma que o heterossexual não "escolhe" este modo de vida, o homossexual também não:

> "Não há um tipo de processo pelo qual as pessoas tornam-se homossexuais, assim como não existe um único tipo de processo psíquico pelos quais as pessoas tornam-se heterossexuais. É equivalente ao processo que torna alguém jogador de futebol ou músico. Querer encontrar a 'homossexualidade comum' a todos os homossexuais é uma tarefa tão vã quanto querer procurar a 'politicidade comum a todos os políticos'"[6].

Aliás, essa infindável empreitada de se tentar buscar uma causa para a homossexualidade — que remonta à própria concepção do pecado em diversas religiões — deveria ser substituída por um processo mais humano e solidário de aceitação da diferença.

E, quando não é a Religião, é a própria Ciência que se lança na busca dessa resposta:

> "Na Itália, o governo da Província de Toscana", anota matéria em conhecida revista periódica nacional, "veiculou um anúncio anti-homofobia no qual se via o braço de um bebê com uma pulseira onde se lia 'homossexual'. A imagem era completada com a frase: 'a orientação sexual não é uma escolha'"[7].

As reações foram acaloradas, diante da tentativa de se identificar o gene determinante da homossexualidade:

> "O conservador Paolo Bartolozi disse que era um 'ataque à infância'. A centrista democracia cristã condenou a 'mensagem errônea de que a homossexualidade é inata'. O Vaticano, por meio do seu Secretário de Estado, cardeal Tarcisio Bertone, disse que era uma 'iniciativa estranha'. O filósofo e político Gianni Vattimo, que além de comunista é militante *gay*, considerou o anúncio de mau gosto e disse duvidar que a genética explique a homossexualidade"[8].

Diante de tudo isso, temos que, longe ainda de se encontrar um padrão comum que justifique — e explique — a sexualidade humana, impõe-se à sociedade moderna, mais do que nunca, a aceitação do outro, tal como ele é, pois somente assim conseguiremos com-

---

[6] Jurandir Freire Costa, *entrevista ao Jornal do Comércio,* citada acima.

[7] Paulo Nogueira, "O Polêmico Gene Gay", matéria veiculada na *Revista Galileu,* dezembro de 2007, p. 56. Nessa interessante reportagem ainda é dito: "Dirigido pelo psiquiatra Alan Sanders e financiado pelos institutos nacionais de saúde dos EUA, o estudo visa coletar os dados de mil irmãos *gays* e dos familiares que concordarem em participar. Os estudiosos vão examinar entre 5 mil e 10 mil marcadores genéticos de cada indivíduo, buscando variações que possam ser ligadas à orientação sexual masculina. E um dos objetivos declarados é resolver as polêmicas sobre o Xq28. Sanders, porém, não acredita que haja um gene *gay* específico e no passado já disse acreditar existirem 10 ou 15 envolvidos" (p. 59).

[8] Idem.

preender que o ideal de igualdade só é atingido quando se tem a grandeza de se reconhecer a diferença e combater o preconceito[9].

Finalmente, prefere o Direito, nos dias de hoje, utilizar a expressão mais precisa e profunda *homoafetividade* para caracterizar o vínculo que une e justifica a concepção de família derivada do núcleo formado entre pessoas do mesmo sexo.

Ao sair do limbo da invisibilidade, para o qual — juntamente com outras formas de família não casamentárias — fora condenada, a união entre pessoas do mesmo sexo passou a ser enfrentada pela doutrina brasileira com mais frequência.

Nesse primeiro momento, talvez como reflexo do próprio período de ostracismo a que estava submetido, esse instituto jurídico experimentou um marcante processo de afirmação terminológica.

De união "homoerótica" — expressão que consideramos inadequada na perspectiva jurídica —, passando por união "homossexual", firmou-se, finalmente, com mais propriedade e razão, a terminologia *união homoafetiva*.

E é melhor que assim o seja, pois as pessoas que integram esse núcleo não estão unidas apenas pelo sexo, mas, sim, e principalmente, pelo afeto.

Nesse contexto, podemos, então, conceituar a *união homoafetiva* como o núcleo estável formado por duas pessoas do mesmo sexo, com o objetivo de constituição de uma família.

Note-se — e não se trata de mera coincidência — que esse conceito é muito próximo da própria noção de união estável, eis que a essência de ambos é a mesma — *a relação estável afetiva não matrimonializada* —, com uma única diferença: *a diversidade de sexos*. Se, conforme diz o vetusto e notório adágio, *"onde há a mesma razão, deve haver o mesmo direito"*, nesse ponto, mais do que nunca, o reconhecimento da união estável homoafetiva encontraria, sem sombra de dúvidas, o mesmo fundamento lógico para a sua admissibilidade jurídica.

3. NOTÍCIAS DO DIREITO ESTRANGEIRO

Se a homossexualidade é, indubitavelmente, uma realidade histórica (a constatação de relações homossexuais é uma constante na análise das sociedades, desde as comunidades tribais, passando pelas civilizações gregas e romanas, até a contemporaneidade), um longo caminho tem sido percorrido para o reconhecimento jurídico da homoafetividade como causa autorizadora da constituição de uma modalidade de família.

Com efeito, embora o comportamento remonte a tempos imemoriais, os primeiros passos para a sua tutela jurídica foram dados não sob a expressão "casamento", dada a tradicional vinculação à instituição religiosa, mas, sim, sob o reconhecimento da união civil como um ato apto a produzir efeitos.

---

[9] Sobre o tema de combate ao preconceito, objeto de nossas preocupações há mais de uma década, confira-se Rodolfo Pamplona Filho, "Orientação Sexual e Discriminação no Emprego", *Revista de Direito do Trabalho*, São Paulo: Revista dos Tribunais, n. 98, ano 26, abr./jun. 2000, p. 70-84; *ERGON*, ano XLV, v. XLV, 2000, p. 193-209; e "O Trabalho", encarte de doutrina da Revista *Trabalho em Revista*, fascículo 43, Curitiba: Decisório Trabalhista, set. 2000, p. 1013-20.

No testemunho histórico abalizado de MARIA BERENICE DIAS, na primeira edição de seu livro sobre o tema:

> "A Dinamarca foi o primeiro país a reconhecer a união de homossexuais, no ano de 1989, concedendo inclusive o direito de troca do sobrenome. Na Noruega, foi aprovada, em março de 1993, a lei que regulamenta as relações homossexuais. Na Suécia, a legalização ocorreu em 1995. Catalunha, Groelândia e Islândia igualmente possuem leis que concedem à parceria os mesmos direitos das pessoas casadas, só havendo impedimento à adoção"[10].

A Lei n. 372, de 1.º de junho de 1989 (com vigência a partir de 1.º de outubro de 1989), na Dinamarca, foi realmente um marco histórico sobre o tema, estabelecendo, em seu item 1, a possibilidade jurídica de duas pessoas do mesmo sexo terem a sua parceria registrada, ainda que, seu item 2, limitasse essa possibilidade a que pelo menos um deles tivesse nacionalidade dinamarquesa e residência permanente no país[11].

O reconhecimento formal dessa relação abriu as portas para que outros países assim o fizessem, valendo destacar o caráter pioneiro dos nórdicos sobre o tema.

Todavia, a expressão formal de casamento civil entre pessoas do mesmo sexo somente foi admitida em 2001, na Holanda, primeiro país da era moderna a permitir o instituto.

Hoje, o reconhecimento jurídico da homoafetividade como causa de uma modalidade de família já é uma realidade em diversos países, seja na modalidade de união civil, seja pela admissão, explícita ou implícita, da possibilidade jurídica de casamento entre pessoas do mesmo sexo.

---

[10] Maria Berenice Dias, *União Homossexual: o preconceito & a justiça*. Porto Alegre: Livraria do Advogado, 2000, p. 43-4.

[11] "A lei ainda dispõe que seus efeitos legais devem ser os mesmos do contrato de casamento, devendo ser aplicadas aos parceiros as mesmas disposições que se aplicam aos esposos, com exceção da Lei de Adoção. No tocante à dissolução da parceria será aplicada a Lei sobre Formação e Dissolução de Casamento, junto com a Lei de Herança, o Código Penal e a Lei de Tributos que foram emendados, com introdução da parceria civil registrada, pela Lei n. 373, de 1.º de junho de 1989, com início de vigência em 1.º de outubro de 1989. As principais mudanças que se puderam notar, em razão dessa emenda, foram: o fato de uma pessoa que tenha contratado, anteriormente, casamento ou que participe de uma parceria registrada não poder contrair casamento enquanto o casamento ou a parceria anterior existir; caso esta disposição seja desrespeitada, o Código prevê prisão de até três anos. Outra importante mudança é de cunho patrimonial, proibindo a contratação de casamento por quem tenha sido casado ou parceiro, antes da divisão ou do início, perante a Corte, da propriedade conjunta; só não se aplica esse dispositivo se os contratantes se uniram sob regime de separação total de bens ou quando uma isenção de divisão for concedida, em casos especiais, pelo ministro da Justiça. A Lei de Herança dispõe de maneira muito semelhante, determinando a divisão dos bens comuns antes de novo casamento ou registro de parceria" (Fernanda de Almeida Brito, *União Afetiva entre Homossexuais e seus Aspectos Jurídicos*. São Paulo: LTr, 2000, p. 62-3).

Na atualidade, apenas a título de exemplo de países que admitem expressamente o casamento homoafetivo, elencam-se Bélgica[12], Canadá[13], África do Sul[14], Espanha[15], Noruega[16], Suécia[17], Portugal[18], Islândia[19] e Argentina[20], além da Cidade do México[21], com grande sucesso[22], além de vários estados dos Estados Unidos, como, a título exemplificativo, Vermont[23], New Hampshire[24], Massachusetts[25], Connecticut[26] e Washington D.C.[27]. Sem esgotar a lista, acrescente-se o Equador[28].

O preconceito e a resistência ainda são muito grandes, porém.

Em Portugal, a proibição era explícita, estabelecendo, originalmente, o art. 1.628 do diploma civil, a impossibilidade do casamento entre duas pessoas do mesmo sexo, prevendo a inexistência jurídica desse ato. Tal dispositivo, todavia, foi revogado pela Lei n. 9/2010, de 31 de maio de 2010, para admitir o casamento homoafetivo, com uma nova redação do

---

[12] Disponível em: <http://www1.folha.uol.com.br/folha/mundo/ult94u90096.shtml>. Acesso em: 6 set. 2010.

[13] Disponível em: <http://www1.folha.uol.com.br/folha/mundo/ult94u85208shtml>. Acesso em: 6 set. 2010.

[14] Disponível em: <http://noticias.uol.com.br/ultnot/afp/2006/11/30/ult34u169178.jhtm>. Acesso em: 6 set. 2010.

[15] Disponível em: <http://www.parana-online.com.br/editoria/especiais/news/128190/>. Acesso em: 6 set. 2010.

[16] Disponível em: <http://g1.globo.com/Noticias/Mundo/0,,MUL604456-5602,00.html>. Acesso em: 6 set. 2010.

[17] Disponível em: <http://oglobo.globo.com/pais/noblat/post.asp?t=suecia-aprova-casamento-gay&cod_Post=173965&a=111>. Acesso em: 6 set. 2010.

[18] Disponível em: <http://dre.pt/pdf1sdip/2010/05/10500/0185301853.pdf>. Acesso em: 6 set. 2010.

[19] Disponível em: <http://oglobo.globo.com/mundo/mat/2010/06/11/parlamento-da-islandia-aprova-casamento-gay-por-unanimidade-916857940.asp>. Acesso em: 6 set. 2010.

[20] Disponível em: <http://g1.globo.com/mundo/noticia/2010/07/presidente-argentina-sanciona-lei-que-autoriza-o-casamento-gay.html>. Acesso em: 6 set. 2010.

[21] Disponível em: <http://aeiou.expresso.pt/casamento-homossexual-autorizado-no-mexico=f554299>. Acesso em: 6 set. 2010.

[22] Disponível em: <http://www.correio24horas.com.br/noticias/detalhes/detalhes-1/artigo/cidade-do-mexico-registrou-cerca-de-400-casamentos-gays-em-seis-meses/>. Acesso em: 6 set. 2010.

[23] Disponível em: <http://g1.globo.com/Noticias/Mundo/0,,MUL1076522-5602,00-VERMONT+TORNASE+O+QUARTO+ESTADO+DOS+EUA+A+PERMITIR+CASAMENTO+ENTRE+GAYS.html>. Acesso em: 6 set. 2010.

[24] Disponível em: <http://www1.folha.uol.com.br/folha/mundo/ult94u576314.shtml>. Acesso em: 6 set. 2010.

[25] Disponível em: <http://www1.folha.uol.com.br/folha/mundo/ult94u103192.shtml>. Acesso em: 6 set. 2010.

[26] Disponível em: <http://www.atarde.com.br/mundo/noticia.jsf?id=1006577>. Acesso em: 6 set. 2010.

[27] Disponível em: <http://www1.folha.uol.com.br/folha/mundo/ult94u704616.shtml>. Acesso em: 6 set. 2010.

[28] Cf. "Países que permitem a união homoafetiva mais que triplicaram em 10 anos", matéria publicada pela Agência Brasil. Disponível em: <https://agenciabrasil.ebc.com.br/direitos-humanos/noticia/2019-06/paises-que-permitem-uniao-homoafetiva-mais-que-triplicaram-em-10>. Acesso em: 13 ago. 2020.

art. 1.577 do Código Civil português, que passou a definir casamento simplesmente como o "contrato celebrado entre duas pessoas que pretendem constituir família mediante uma plena comunhão de vida".

Dificilmente, alguém encontrará uma definição legal mais precisa para o instituto: duas pessoas que pretendem constituir família mediante uma plena comunhão de vida...

E como é o tratamento legal no Brasil?

É o que enfrentaremos no próximo tópico.

4. TRATAMENTO LEGAL

Lamentavelmente, o legislador brasileiro não cuidou ainda de regulamentar o casamento civil e a união estável entre pessoas do mesmo sexo, a despeito de todo avanço normativo experimentado pelo Direito estrangeiro, conforme vimos no tópico anterior.

É bem verdade que a jurisprudência, cumprindo o seu papel, passou a admitir, em favor dos companheiros do mesmo sexo, a aplicação das regras da união estável, o que ganhou reforço com a decisão do Supremo Tribunal Federal na ADI 4.277.

Da mesma forma, em que pese a ausência de previsão legal específica (o que, no nosso entendimento, seria o recomendável), o casamento homoafetivo tem sido aceito por força da atuação dos Tribunais, superando a tradicional exigência da diversidade de sexos como pressuposto de existência[29], o que ganhou especial reforço com a edição da Resolução n. 175/2013 do CNJ, que veda às autoridades competentes a recusa de habilitação, celebração de casamento civil ou de conversão de união estável em casamento entre pessoas de mesmo sexo[30].

De qualquer maneira, o que temos, nos dias de hoje, a despeito do avanço pretoriano, revelado, inclusive, em pioneiras normas regulamentares internas dos Tribunais de Justiça[31], é uma incômoda situação de fluidez ou insegurança jurídica diante da omissão reprovável do legislador em disciplinar esse tipo de união.

Projetos de lei de fato existem (a exemplo do envelhecido PL 1.551 de 1995)[32], mas ainda permanecem paralisados nas teias burocráticas do nosso parlamento, aumentando ainda mais esse preocupante vazio normativo, como bem observa MARIA BERENICE DIAS, pioneira no enfrentamento do tema:

---

[29] Confira-se o subtópico 2.2 ("Sobre a Diversidade de Sexos") do Capítulo VIII ("Plano de Existência do Casamento") deste volume.

[30] Disponível em: <http://www.cnj.jus.br/atos-administrativos/atos-da-presidencia/resolucoespresidencia/24675-resolucao-n-175-de-14-de-maio-de-2013>. Confiram-se, ainda, os subtópicos 2.2 ("Sobre a diversidade de sexos") do Capítulo VIII ("Plano de Existência do Casamento") e o Capítulo XXI ("União Homoafetiva") deste volume.

[31] Confira-se, novamente, a vanguardista norma do Tribunal de Justiça do Bahia, disponível em: <http://www5.tjba.jus.br/corregedoria/images/pdf/provimento_conjunto_ 12_2012.pdf>.

[32] No Estatuto das Famílias, art. 164: "É facultado aos conviventes e aos parceiros, de comum acordo, requerer em juízo o reconhecimento de sua união estável ou da união homoafetiva". Registre-se que o projeto do "Estatuto das Famílias" foi apensado ao PL 674/2007 em 17 de dezembro de 2007.

"Apesar da resistência do legislador, o Superior Tribunal de Justiça já garantiu às uniões de pessoas do mesmo sexo acesso à justiça ao afastar a extinção do processo sob o fundamento da impossibilidade jurídica do pedido. Quer fazendo analogia com a união estável, quer invocando os princípios constitucionais que asseguram o direito à igualdade e o respeito à dignidade, o fato é que os avanços vêm se consolidando.

O Poder Judiciário, ainda que vagarosamente, tem garantido direitos no âmbito do direito das famílias, assistencial e sucessório. Inclusive em sede administrativa é deferido, por exemplo, direito previdenciário por morte, bem como visto de permanência ao parceiro estrangeiro quando comprovada a existência do vínculo afetivo com brasileiro.

Tudo isso, no entanto, não supre o direito à segurança jurídica que só a norma legal confere. Daí a necessidade de buscar a inserção das uniões homoafetivas no sistema jurídico. O silêncio é a forma mais perversa de exclusão, pois impõe constrangedora invisibilidade que afronta um dos mais elementares direitos, que é o direito à cidadania, base de um estado que se quer democrático de direito.

Como não mais cabe continuar tentando a aprovação do projeto da parceria civil registrada com sua redação original, lúcida a solução proposta, por consenso, pelas mais representativas entidades do movimento LBGT. Durante o V Seminário Nacional realizado no dia 27 de novembro de 2008, no Senado Federal, foi apresentado substitutivo que acrescenta um artigo ao Código Civil: 'Art. 1.727-A. São aplicáveis os artigos anteriores do presente Título, com exceção do artigo 1.726, às relações entre pessoas do mesmo sexo, garantidos os direitos e deveres decorrentes'"[33].

Não existe, portanto, no Brasil, ainda, lei em sentido estrito que expressamente regule a união homoafetiva, de maneira que sempre defendemos, em respeito ao princípio da dignidade da pessoa humana, *a aplicação analógica das regras que disciplinam a união estável* (arts. 1.723 a 1.727 do Código Civil)[34].

Trata-se, em nosso sentir, de uma solução hermenêutica que, além de necessária e justa, respeita o *fato jurídico da união estável em si*, uma vez que, por se afigurar como um fenômeno social eminentemente informal, fruto da simples convivência fática — e independente de solenidades sacramentais típicas do casamento — não se subordina a uma formal observância de diversidade sexual com pressuposto da sua própria existência.

Na jurisprudência brasileira, não são poucos os julgados que anunciavam esse novo horizonte de compreensão hermenêutica:

"Embargos infringentes. Ação de reconhecimento de união estável entre homossexuais. Procedência. A Constituição Federal traz como princípio fundamental da República Federativa do Brasil a construção de uma sociedade livre, justa e solidária (art. 3.º, I) e a promoção do bem de todos, sem preconceitos de origem, raça, sexo, cor, idade e quaisquer outras formas de discriminação (art. 3.º, IV). Como direito e garantia fundamental, dispõe a CF que todos são iguais perante a lei, sem distinção de qualquer natureza (art. 5.º, *caput*). Consagrando princípios democráticos de direito, ela proíbe qualquer espécie de discriminação, inclusive quanto a sexo, sendo incabível, pois, discriminação quanto à união ho-

---

[33] Maria Berenice Dias, *União Homoafetiva e a Consagração Legal da Diferença*. Disponível em: <http://www.ibdfam.org.br/?artigos&artigo=471>. Acesso em: 24 jun. 2010.

[34] Sobre o tema, confira-se o Capítulo XIX ("União Estável") do presente volume.

mossexual. Configurada verdadeira união estável entre a autora e a falecida, por vinte anos, deve ser mantida a sentença de procedência da ação, na esteira do voto vencido. Precedentes. Embargos infringentes acolhidos, por maioria (Segredo de justiça)" (TJRS, Embargos Infringentes n. 70030880603, Quarto Grupo de Câmaras Cíveis, rel. José Ataídes Siqueira Trindade, julgado em 14-8-2009).

"Apelação. União homossexual. Competência. Reconhecimento de união estável. A competência para processar e julgar as ações relativas aos relacionamentos afetivos homossexuais. A união homossexual merece proteção jurídica, porquanto traz em sua essência o afeto entre dois seres humanos com o intuito relacional. Uma vez presentes os pressupostos constitutivos, é de rigor o reconhecimento da união estável homossexual, em face dos princípios constitucionais vigentes, centrados na valorização do ser humano. Via de consequência, as repercussões jurídicas, verificadas na união homossexual, em face do princípio da isonomia, são as mesmas que decorrem da união heterossexual. Negaram provimento" (TJRS, Apelação Cível n. 70023812423, 8.ª Câm. Cív., rel. Rui Portanova, julgado em 2-10-2008).

Nessa linha de intelecção, é emblemático, e merecedor de especial atenção, o acórdão seguinte, proveniente do Superior Tribunal de Justiça:

"Direito civil. Previdência privada. Benefícios. Complementação. Pensão *post mortem*. União entre pessoas do mesmo sexo. Princípios fundamentais. Emprego de analogia para suprir lacuna legislativa. Necessidade de demonstração inequívoca da presença dos elementos essenciais à caracterização da união estável, com a evidente exceção da diversidade de sexos. Igualdade de condições entre beneficiários.

— Despida de normatividade, a união afetiva constituída entre pessoas de mesmo sexo tem batido às portas do Poder Judiciário ante a necessidade de tutela, circunstância que não pode ser ignorada, seja pelo legislador, seja pelo julgador, que devem estar preparados para atender às demandas surgidas de uma sociedade com estruturas de convívio cada vez mais complexas, a fim de albergar, na esfera de entidade familiar, os mais diversos arranjos vivenciais.

— O Direito não regula sentimentos, mas define as relações com base neles geradas, o que não permite que a própria norma, que veda a discriminação de qualquer ordem, seja revestida de conteúdo discriminatório. O núcleo do sistema jurídico deve, portanto, muito mais garantir liberdades do que impor limitações na esfera pessoal dos seres humanos.

— Enquanto a lei civil permanecer inerte, as novas estruturas de convívio que batem às portas dos Tribunais devem ter sua tutela jurisdicional prestada com base nas leis existentes e nos parâmetros humanitários que norteiam não só o direito constitucional, mas a maioria dos ordenamentos jurídicos existentes no mundo.

— Especificamente quanto ao tema em foco, é de ser atribuída normatividade idêntica à da união estável ao relacionamento afetivo entre pessoas do mesmo sexo, com os efeitos jurídicos daí derivados, evitando-se que, por conta do preconceito, sejam suprimidos direitos fundamentais das pessoas envolvidas.

— O manejo da analogia frente à lacuna da lei é perfeitamente aceitável para alavancar, como entidade familiar, na mais pura acepção da igualdade jurídica, as uniões de afeto entre pessoas do mesmo sexo. Para ensejar o reconhecimento, como entidades familiares, de referidas uniões patenteadas pela vida social entre parceiros homossexuais, é de rigor a demonstração inequívoca da presença dos elementos essenciais à caracterização da união estável, com a evidente exceção da diversidade de sexos.

— Demonstrada a convivência entre duas pessoas do mesmo sexo, pública, contínua e duradoura, estabelecida com o objetivo de constituição de família, haverá, por consequência, o reconhecimento de tal união como entidade familiar, com a respectiva atribuição dos efeitos jurídicos dela advindos.

— A quebra de paradigmas do Direito de Família tem como traço forte a valorização do afeto e das relações surgidas da sua livre manifestação, colocando à margem do sistema a antiga postura meramente patrimonialista ou ainda aquela voltada apenas ao intuito de procriação da entidade familiar. Hoje, muito mais visibilidade alcançam as relações afetivas, sejam entre pessoas de mesmo sexo, sejam entre o homem e a mulher, pela comunhão de vida e de interesses, pela reciprocidade zelosa entre os seus integrantes.

— Deve o juiz, nessa evolução de mentalidade, permanecer atento às manifestações de intolerância ou de repulsa que possam porventura se revelar em face das minorias, cabendo-lhe exercitar raciocínios de ponderação e apaziguamento de possíveis espíritos em conflito.

— A defesa dos direitos em sua plenitude deve assentar em ideais de fraternidade e solidariedade, não podendo o Poder Judiciário esquivar-se de ver e de dizer o novo, assim como já o fez, em tempos idos, quando emprestou normatividade aos relacionamentos entre pessoas não casadas, fazendo surgir, por consequência, o instituto da união estável. A temática ora em julgamento igualmente assenta sua premissa em vínculos lastreados em comprometimento amoroso.

— A inserção das relações de afeto entre pessoas do mesmo sexo no Direito de Família, com o consequente reconhecimento dessas uniões como entidades familiares, deve vir acompanhada da firme observância dos princípios fundamentais da dignidade da pessoa humana, da igualdade, da liberdade, da autodeterminação, da intimidade, da não discriminação, da solidariedade e da busca da felicidade, respeitando-se, acima de tudo, o reconhecimento do direito personalíssimo à orientação sexual.

— Com as diretrizes interpretativas fixadas pelos princípios gerais de direito e por meio do emprego da analogia para suprir a lacuna da lei, legitimada está juridicamente a união de afeto entre pessoas do mesmo sexo, para que sejam colhidos no mundo jurídico os relevantes efeitos de situações consolidadas e há tempos à espera do olhar atento do Poder Judiciário.

— Comprovada a existência de união afetiva entre pessoas do mesmo sexo, é de se reconhecer o direito do companheiro sobrevivente de receber benefícios previdenciários decorrentes do plano de previdência privada no qual o falecido era participante, com os idênticos efeitos operados pela união estável.

— Se por força do art. 16 da Lei n. 8.213/91, a necessária dependência econômica para a concessão da pensão por morte entre companheiros de união estável é presumida, também o é no caso de companheiros do mesmo sexo, diante do emprego da analogia que se estabeleceu entre essas duas entidades familiares.

— 'A proteção social ao companheiro homossexual decorre da subordinação dos planos complementares privados de previdência aos ditames genéricos do plano básico estatal do qual são desdobramento no interior do sistema de seguridade social' de modo que 'os normativos internos dos planos de benefícios das entidades de previdência privada podem ampliar, mas não restringir, o rol dos beneficiários a serem designados pelos participantes'.

— O direito social previdenciário, ainda que de caráter privado complementar, deve incidir igualitariamente sobre todos aqueles que se colocam sob o seu manto protetor. Nessa linha de entendimento, aqueles que vivem em uniões de afeto com pessoas do mesmo sexo seguem enquadrados no rol dos dependentes preferenciais dos segurados, no regime geral, bem como dos participantes, no regime complementar de previdência, em igualdade de condições com todos os demais beneficiários em situações análogas.

— Incontroversa a união nos mesmos moldes em que a estável, o companheiro participante de plano de previdência privada faz jus à pensão por morte, ainda que não esteja expressamente inscrito no instrumento de adesão, isso porque 'a previdência privada não perde o seu caráter social pelo só fato de decorrer de avença firmada entre particulares'.

— Mediante ponderada intervenção do Juiz, munido das balizas da integração da norma lacunosa por meio da analogia, considerando-se a previdência privada em sua acepção de coadjuvante da previdência geral e seguindo os princípios que dão forma à Direito Previdenciário como um todo, dentre os quais se destaca o da solidariedade, são considerados beneficiários os companheiros de mesmo sexo de participantes dos planos de previdência, sem preconceitos ou restrições de qualquer ordem, notadamente aquelas amparadas em ausência de disposição legal.

— Registre-se, por fim, que o alcance deste voto abrange unicamente os planos de previdência privada complementar, a cuja competência estão adstritas as Turmas que compõem a Segunda Seção do STJ. Recurso especial provido" (REsp 1.026.981/RJ, rel. Min. Nancy Andrighi, julgado em 4-2-2010, DJe 23-2-2010, 3.ª Turma).

Tratou-se de uma decisão de vanguarda, que já encontrava precedentes até mesmo em decisões de natureza administrativa[35], mas que, naquele momento, constituiu-se um verdadeiro norte para outros casos, já que emanado do Superior Tribunal de Justiça.

Finalmente, a matéria chegou para apreciação do Supremo Tribunal Federal, por meio da Ação Direta de Inconstitucionalidade (ADI) 4.277 e da Arguição de Descumprimento de Preceito Fundamental (ADPF) 132, ajuizada pela Procuradoria-Geral da República (PGR) e pelo governo do Rio de Janeiro, em que se discutiu especificamente se seria possível equiparar a união entre pessoas do mesmo sexo à entidade familiar, prevista no art. 1.723 do Código Civil brasileiro.

Na histórica sessão do dia 5 de maio de 2011, os ministros do STF reconheceram, definitivamente, a união homoafetiva como uma entidade familiar.

---

[35] "MATÉRIA ADMINISTRATIVA. UNIÃO HOMOAFETIVA. EQUIPARAÇÃO À UNIÃO HETEROAFETIVA PARA FINS DE GOZO DOS BENEFÍCIOS RELATIVOS A PLANO DE SAÚDE. ART. 226 DA CONSTITUIÇÃO FEDERAL. INTERPRETAÇÃO À LUZ DOS PRINCÍPIOS DA DIGNIDADE DA PESSOA HUMANA, DA IGUALDADE, DA NÃO DISCRIMINAÇÃO E DA MÁXIMA EFETIVIDADE DOS DIREITOS FUNDAMENTAIS. A união homoafetiva equipara-se à heteroafetiva em relação aos efeitos decorrentes de sua constituição. Trata-se de reconhecimento da abrangência do disposto no art. 226 da Constituição Federal que, interpretado à luz dos princípios da dignidade da pessoa humana, da igualdade, da não discriminação e da máxima efetividade dos direitos fundamentais, revela alcance maior do que o texto, em sua literalidade, foi capaz de exprimir, contemplando, como união estável, também aquelas formadas por casais de mesmo sexo, reforçando, na essência, o que efetivamente o citado dispositivo visou proteger — o vínculo decorrente do afeto que justifica a instituição da vida em comum, com coabitação e mútua assistência. Portanto, gozam dos benefícios de assistência do plano de saúde, como titulares e dependentes, em igualdade de condições, juízes ou servidores que titularizem uniões estáveis, independentemente da diversidade de sexos na sua constituição — PROC 00099.2008.000.19.00-1 — PROC. ADMIN. — 19.ª REGIÃO — Pedro Inácio — Desembargador Relator. DJ/AL de 17-9-2009" (DT — Dezembro/2009 — vol. 185, p. 285).

O julgamento, relatado pelo ministro Ayres Britto, foi no sentido de dar ao art. 1.723 do referido Código interpretação conforme a Constituição Federal, e para dele excluir "qualquer significado que impeça o reconhecimento da união contínua, pública e duradoura entre pessoas do mesmo sexo como 'entidade familiar', entendida esta como sinônimo perfeito de 'família'"[36].

Essa é a atual diretriz, com a qual concordamos, do Supremo Tribunal Federal.

Todavia, ainda há muito a compreender sobre o tema.

De fato, no próprio Supremo Tribunal Federal, houve divergência sobre a natureza da união homoafetiva: tratar-se-ia de um núcleo existencial subsumível ao conceito vigente de "união estável" ou de uma "outra modalidade de ente familiar"[37]?

Bem, nesse profundo contexto, pensamos que pouco importa reconhecer-se a união homoafetiva como uma "união estável" ou como uma "nova modalidade familiar", pois, a premissa intransponível e mais relevante é que se trata, efetivamente, de uma "família", merecedora de respeito, e, dado o seu reconhecimento constitucional — na perspectiva da dignidade humana — também de tutela jurídica, com a aplicação analógica das regras atinentes à relação de companheirismo heterossexual, com os direitos e deveres daí decorrentes.

Com isso, preserva-se a dignidade da pessoa humana, homenageando-se o Estado Democrático de Direito.

Em conclusão, temos que, certamente, tende a se consolidar, no Brasil, a tese segundo a qual *é juridicamente possível a aplicação das regras da união estável ao núcleo homoafetivo*, bem como na esteira da pioneira decisão do STJ (REsp n. 1.183.378/RS, relatado pelo Ministro Luis Felipe Salomão) a sua conversão em casamento e, mais, a própria celebração do ato matrimonial, não se exigindo a diversidade de sexos como requisito existencial, o que ganhou especial reforço com a edição da Resolução n. 175/2013 do CNJ, que veda às autoridades competentes a recusa de habilitação, celebração de casamento civil ou de conversão de união estável em casamento entre pessoas de mesmo sexo[38].

---

[36] Nas palavras do ilustrado ministro, disponíveis no *site* do STF: "Dando por suficiente a presente análise da Constituição, julgo, em caráter preliminar, parcialmente prejudicada a ADPF n. 132-RJ, e, na parte remanescente, dela conheço como ação direta de inconstitucionalidade. No mérito, julgo procedentes as duas ações em causa. Pelo que dou ao art. 1.723 do Código Civil interpretação conforme à Constituição para dele excluir qualquer significado que impeça o reconhecimento da união contínua, pública e duradoura entre pessoas do mesmo sexo como 'entidade familiar', entendida esta como sinônimo perfeito de 'família'. Reconhecimento que é de ser feito segundo as mesmas regras e com as mesmas consequências da união estável heteroafetiva".

[37] Foi nesse sentido, em nosso pensar, o voto do Ministro Ricardo Lewandowski, também disponível no *site* do STF: "Isso posto, pelo meu voto, julgo procedente as presentes ações diretas de inconstitucionalidade para que sejam aplicadas às uniões homoafetivas, caracterizadas como entidades familiares, as prescrições legais relativas às uniões estáveis heterossexuais, excluídas aquelas que exijam a diversidade de sexo para o seu exercício, até que sobrevenham disposições normativas específicas que regulem tais relações".

[38] Disponível em: <http://www.cnj.jus.br/atos-administrativos/atos-da-presidencia/resolucoespresidencia/24675-resolucao-n-175-de-14-de-maio-de-2013>. Confirmem-se, ainda, os subtópicos 2.2 ("Sobre a diversidade de sexos") do Capítulo VIII ("Plano de Existência do Casamento") e o Capítulo XXI ("União Homoafetiva") deste volume.

Uma disciplina legal explícita da união estável e do casamento homoafetivo, pondo uma pá de cal na resistência social, ainda existente, seria a melhor forma de o Congresso Nacional brasileiro mostrar que também se encontra afinado com a sintonia constitucional reconhecida pelo Supremo Tribunal Federal.

5. REGISTRO ADMINISTRATIVO DAS PARCERIAS CIVIS

A admissibilidade jurídica do registro em cartório da parceria civil entre pessoas do mesmo sexo, posto afigure-se como um passo importante na direção do efetivo reconhecimento dos direitos dos companheiros, não é suficiente.

Isso porque somente a explícita regulamentação legal da união homoafetiva, no âmbito do Direito de Família — postura já adotada por diversos Estados no mundo —, resolveria de uma vez por todas as infindáveis indagações a respeito do tema, evitando esse absurdo manto de *invisibilidade jurídica* a que vem sendo submetido esse núcleo familiar.

Nesse contexto, alguns Tribunais de Justiça brasileiros cumpriram, em nível administrativo, os seus papéis, orientando tabeliães, notários e registradores a lavrarem o instrumento de convivência, quando solicitado.

Segundo MARIA BERENICE DIAS:

"A negativa de lavratura do ato registral tinha dois fundamentos: a vedação de avenças contrárias à moral e aos bons costumes e a ausência de lei reconhecendo a validade do objeto do contrato. A justificativa, às claras, encobria postura preconceituosa e discriminatória, já que não há ilicitude ou ilegalidade nas uniões homoafetivas. Por esse motivo, a Corregedoria-Geral da Justiça do Rio Grande do Sul inseriu um parágrafo ao art. 215 da Consolidação Normativa Notarial Registral, autorizando o registro dos documentos constitutivos de uniões afetivas, independente da identidade ou da oposição de sexo dos contratantes. Em boa hora foi feita a explicitação que garante direitos à obtenção de certidões, que tem assento constitucional"[39].

Vale a pena conferir o referido dispositivo inserido na Consolidação gaúcha:

"Art. 215. É vedado o registro:

I — de quaisquer atos relativos às associações, organizações religiosas, sindicatos, fundações e sociedades simples, se os atos constitutivos não estiverem registrados no Serviço;

II — de firmas individuais;

III — no mesmo Serviço, de sociedades simples, associações, organizações religiosas, sindicatos e fundações com idêntica denominação, ou com qualificações semelhantes, suscetíveis a confundi-las;

IV — dos serviços concernentes ao Registro do Comércio, por constituir atribuição exclusiva das Juntas Comerciais; (Decreto n. 916, de 24-10-1890, art. 1.º; Decreto n. 57.651, de 19-1-66, art. 14; Decreto n. 9.482, de 13-9-38, art. 2.º; Lei n. 4.726, de 13-7-65; e Lei n. 8.934/94).

V — em qualquer Serviço, de sociedades com objetivo jurídico-profissional. (Lei n. 4.215, de 27-4-63, arts. 78 e 81; Circular n. 16/84-CGJ.)

---

[39] Maria Berenice Dias, *União Homoafetiva — Preconceito e Justiça*, 4. ed., São Paulo: Revista dos Tribunais, 2009, p. 82.

Parágrafo único. *As pessoas plenamente capazes, independente da identidade ou oposição de sexo, que vivam uma relação de fato duradoura, em comunhão afetiva, com ou sem compromisso patrimonial, poderão registrar documentos que digam respeito a tal relação. As pessoas que pretendam constituir uma união afetiva na forma anteriormente referida também poderão registrar os documentos que a isso digam respeito*" (grifos nossos).

Nessa mesma linha, agora indo à outra ponta de nosso grande País, o Provimento n. 174/2010 da Corregedoria Geral de Justiça do Amazonas, cujo teor, sensível ao respeito da dimensão existencial da pessoa humana, merece especial referência:

"Art. 1.º Caberá aos Tabelionatos de Notas do Estado lavrar escritura pública de declaração de convivência de união homoafetiva entre pessoas plenamente capazes, independente da identidade ou oposição de sexo.

Art. 2.º A escritura fará prova para os casais homoafetivos que vivam uma relação de fato duradoura, em comunhão afetiva, com ou sem compromisso patrimonial, legitimando o relacionamento, comprovando seus direitos e disciplinando a convivência de acordo com seus interesses.

Art. 3.º A união afetiva pode ser reconhecida como entidade familiar, servindo como prova de dependência econômica, constituída para os efeitos administrativos de interesse comum perante a Previdência Social, Entidades Públicas e Privadas, Companhias de Seguro, Instituições Financeiras e Creditícias e outras similares.

Art. 4.º Para a lavratura da escritura pública é livre a escolha do tabelião de notas, não se aplicando as regras de competência do Código de Processo Civil.

Art. 5.º Recomenda-se que o tabelião disponibilize uma sala ou um ambiente reservado e discreto para atendimento das partes".

Ainda no âmbito administrativo, a título de complementação, vale frisar que a Procuradoria Geral da Fazenda Nacional, por meio da Coordenação Geral de Assuntos Tributários, exarou o Parecer n. 1.503/2010, da lavra dos Procuradores RODRIGO WIENSKOSKI e RONALDO BAPTISTA, em que se assentou a possibilidade da inclusão cadastral de companheira homoafetiva como dependente de servidora pública federal para efeito de dedução do Imposto de Renda, nos seguintes termos:

"Por todo o exposto, conclui-se:

(i) a expressão companheiro ou companheira não encontra definição na legislação tributária, sendo desimportante a sexualidade dos companheiros para aplicação dos arts. 4.º, III e 8.º, II, "b" e "c" da Lei n. 9.250/95, e 77 do Decreto n. 3.000/99 (RIR/99);

(ii) as uniões homoafetivas estão compreendidas na polissemia dos arts. 35, II da Lei n. 9.250/95 e 77, § 1.º, inciso II do Decreto n. 3.000/99, razão pela qual vedado ao intérprete limitar o que a lei expressamente não limita;

(iii) a paridade de tratamento tributário é direito constitucional que interdita qualquer exegese fundada na discriminação de gênero. Embora certo que na perspectiva biológica, sociológica ou antropológica constituam realidades distintas a união duradoura entre pessoas do mesmo sexo e a de duas pessoas de sexo diverso, no domínio tributário a equiparação de tratamento é fundamento material de incidência;

(iv) não se colhe do art. 226, § 3.º, da CF/88 "norma de clausura", a tornar proibido tudo o que não estiver literalmente previsto. Além da sua interpretação sistemática com outros preceptivos de igual ou superior hierarquia axiológica, o elemento fundamental do art. 246 da CF é a família, não o sexo dos parceiros, cujo objetivo foi alargar a cobertura constitucional dos direitos fundamentais, não o de restringir ou limitar, implícita ou explicitamente, a união heterossexual;

(v) as relações homoafetivas, à míngua de previsão explícita na legislação tributária, não podem ser tratadas como união de vida de 2.ª categoria para efeitos fiscais. Não implica isso extravagância ou juízo de inconstitucionalidade, mas compreensão da lei tributária conforme a Constituição, dando-lhe sentido compatível com a norma fundamental;

(...)

Posto isto, uma vez demonstrado, *quantum satis*, a viabilidade e procedência do requerimento administrativo objeto da Nota Técnica n. 47/2010/COGES/DENOP/SRH/MP, opina-se pela juridicidade da inclusão cadastral de companheira homoafetiva como dependente de servidora pública federal para efeito de dedução do Imposto de Renda, desde que preenchidos os demais requisitos exigíveis à comprovação da união estável disciplinada nos arts. 4.º, III e 8.º, II, "b" e "c" da Lei n. 9.250/95, e no art. 77 do Decreto n. 3.000/99" (RIR/99).

Em nível legislativo, o já mencionado Projeto de Lei n. 1.151, de 1995, apresentado pela então Deputada Marta Suplicy com o propósito de disciplinar "a união civil entre pessoas do mesmo sexo" arrasta-se há mais de 15 anos e, se, no início, traduziu um grande avanço, hoje, já vítima da implacável ação do tempo, representaria um passo — a par de importante, claro —, acentuadamente tímido na tutela dessas parcerias de afeto e de vida, uma vez que, sem encarar esse núcleo como uma efetiva entidade familiar, cuidou, em linhas gerais, apenas de disciplinar o registro da constituição e extinção da união civil, valendo destacar o seu art. 2.º:

"Art. 2.º A união civil entre pessoas do mesmo sexo constitui-se mediante registro em livro próprio, nos Cartórios de Registro de Pessoas Naturais.

§ 1.º Os interessados e interessadas comparecerão perante os oficiais de Registro Civil exibindo:

I — prova de serem solteiros ou solteiras, viúvos ou viúvas, divorciados ou divorciadas;

II — prova de capacidade civil plena;

III — instrumento público de contrato de união civil.

§ 2.º O estado civil dos contratantes não poderá ser alterado na vigência do contrato de união civil".

É preciso, mais do que nunca, independentemente da filosofia de vida de cada um, do seu credo religioso ou das suas opções pessoais, que os parlamentares brasileiros deem esse importante passo no reconhecimento da diferença, *efetivamente legislando a respeito do tema*, uma vez que, em assim agindo, toda a sociedade brasileira passará a ser mais democrática, justa e verdadeiramente igualitária.

6. EFEITOS JURÍDICOS DECORRENTES DA UNIÃO HOMOAFETIVA

Partindo-se da premissa de que a união entre pessoas do mesmo sexo forma um núcleo familiar digno de tutela, não se pode negar a deflagração de efeitos dela decorrentes, no âmbito do Direito de Família.

E, como dito acima, a falta de regulamentação legal explícita não pode impedir a aplicação analógica das normas atinentes à união estável, que, como se sabe, é um fato da vida moldado pelo afeto independentemente do sexo das pessoas envolvidas.

Não é demais lembrar novamente, neste ponto, LUÍS ROBERTO BARROSO:

"A regra do art. 226, § 3.º da Constituição, que se refere ao reconhecimento da união estável entre homem e mulher, representou a superação da distinção que se fazia anteriormente entre o casamento e as relações de companheirismo. Trata-se de norma inclusiva, de inspiração antidiscriminatória, que não deve ser interpretada como norma excludente e discriminatória, voltada a impedir a aplicação do regime da união estável às relações homoafetivas. Justamente ao contrário, os princípios constitucionais da igualdade, da dignidade da pessoa humana e da liberdade impõem a extensão do regime jurídico da união estável às uniões homoafetivas. *Igualdade* importa em política de reconhecimento; *dignidade* em respeito ao desenvolvimento da personalidade de cada um; e *liberdade* no oferecimento de condições objetivas que permitam as escolhas legítimas. Ademais, o princípio da *segurança jurídica*, como vetor interpretativo, indica como compreensão mais adequada do Direito aquela capaz de propiciar previsibilidade nas condutas e estabilidade das relações"[40].

Portanto, reconhecida a união homoafetiva como forma de família, enfrentemos os seus efeitos jurídicos de ordem pessoal (direitos e deveres recíprocos) e patrimoniais (alimentos, regime de bens e direito sucessório).

6.1. Efeitos pessoais: direitos e deveres recíprocos

Na mesma linha do que dissemos no Capítulo XIX, dedicado ao estudo da união estável, os partícipes da união homoafetiva devem observar direitos e deveres recíprocos em suas relações pessoais.

É o que dispõe o art. 1.724[41] do vigente Código Civil brasileiro (sem equivalente na codificação civil anterior, mas, sim, no art. 5.º da Lei n. 9.278/96), perfeitamente aplicável a esse núcleo, na perspectiva constitucional do Direito de Família, defendida ao longo de todo este capítulo.

Em síntese, podem ser sistematizados 4 (quatro) deveres básicos, que consideramos também perfeitamente exigíveis na união homoafetiva, a saber:

a) dever de lealdade;

b) dever de respeito;

c) dever de assistência;

d) dever de guarda, sustento e educação dos filhos.

Vale a pena passarmos em revista esses importantes deveres.

Sob o prisma ontológico ou essencial, diferença não há entre esses deveres e os decorrentes do casamento.

Note-se que se vier a ser lavrada escritura pública de reconhecimento da união homoafetiva, o seu desfazimento amigável poderá também ser feito administrativamente, abrindo-se a via judicial — como se dá no casamento ou na união heterossexual — em caso de litígio.

---

[40] Luís Roberto Barroso, *Diferentes, mas Iguais: O Reconhecimento Jurídico das Relações Homoafetivas no Brasil*. Disponível em: <http://www.sbdp.org.br/arquivos/material/313_Parecer%20Barroso%20-%20Uniao%20homoafetiva.pdf>. Acesso em: 26 ago. 2010.

[41] "Art. 1.724. As relações pessoais entre os companheiros obedecerão aos deveres de lealdade, respeito e assistência, e de guarda, sustento e educação dos filhos."

Em nosso pensar, a *ação de dissolução de união estável homoafetiva* também deverá tramitar no Juízo de Família.

O *dever de lealdade*, compreensivo do compromisso de fidelidade sexual e afetiva, remete-nos à ideia de que a sua violação, aliada à insuportabilidade de vida em comum, poderá resultar na dissolução da relação de companheirismo.

O *dever de respeito* fala por si só e, dada a sua grandeza, é difícil de ser aprendido por meio de *standards* jurídicos tradicionais, pois, em toda e qualquer relação, inclusive na de união estável homoafetiva, o respeito recíproco é pressuposto da própria afetividade, justificando a existência do próprio vínculo.

O *dever de assistência*, por sua vez, traduz-se não apenas na mutualidade material de apoio alimentar, mas também no auxílio espiritual e moral necessariamente existente entre os companheiros ao longo de toda a união.

A mútua assistência, aliás, é aspecto que deve ser levado em conta para a caracterização do próprio vínculo familiar, como já decidiu o Tribunal de Justiça do Rio Grande do Sul:

> "Ação Declaratória. Reconhecimento de união estável entre pessoas do mesmo sexo. Possibilidade jurídica. 1. Os princípios constitucionais da igualdade e da dignidade da pessoa humana, dentre outros, que retratam direitos e garantias fundamentais, se sobrepõem a quaisquer outras regras, inclusive à insculpida no artigo 226, § 3.º, da Constituição Federal, que exige a diversidade de sexos para o reconhecimento da união estável. 2. Restando devidamente comprovada a existência, por mais de quatro anos, de relação de afeto entre as partes, numa convivência *more uxoria*, pública e notória, com comunhão de vida e *mútua assistência*, deve ser mantida a sentença que reconheceu a união estável. Recurso improvido" (TJRS, Apelação Cível n. 70016660383, 8.ª Câm. Cív. rel. Claudir Fidelis Faccenda, julgado em 26-10-2006) (grifos nossos).

Finalmente, o *dever de guarda, sustento e educação dos filhos*, como decorrência do próprio *poder familiar*, também deverá ser observado em caso de adoção, tema que será visto oportunamente.

Frise-se, por fim, que o rol de deveres decorrentes da união estável, diferentemente do quanto disposto para o casamento (art. 1.566), não faz menção ao dever de coabitação.

Com isso, concluímos, consoante já afirmado ao longo desta obra, que o dever de convivência sob o mesmo teto é dispensável, à luz da Súmula 382 do Supremo Tribunal Federal, ainda vigente[42].

---

[42] Súmula 382, STF: "A vida em comum sob o mesmo teto, *more uxorio*, não é indispensável à caracterização do concubinato". É bem verdade, todavia, que, não havendo impedimento de ordem médica ou decisão conjunta do casal, a convivência sexual entre os companheiros — aspecto integrante do conceito mais analítico e abrangente de "coabitação", consoante vimos no Capítulo XII ("Plano de Eficácia do Casamento: Deveres Matrimoniais e Causas Suspensivas do Casamento"), mais especificamente nos subtópicos 4.2 ("Vida em Comum no Domicílio Conjugal (Dever de Coabitação)") e 4.2.1 ("A Natureza Jurídica do 'débito conjugal' e a Consequência do seu Descumprimento") — é decorrência natural da própria relação, ainda que morem em casas separadas.

6.2. Efeitos patrimoniais: alimentos, regime de bens e direito sucessório

Na medida em que consideramos a união homoafetiva como forma de família, aplicando-se-lhe as regras da união estável, consequentemente — além dos efeitos pessoais vistos acima —, efeitos de cunho patrimonial também serão sentidos.

Vale dizer, a inserção deste núcleo na seara do Direito de Família acarreta naturais consequências, como a fixação de alimentos ao companheiro necessitado, a observância de um regime de bens e, ainda, o direito à herança.

Vejamos cada um desses efeitos, separadamente.

6.2.1. Alimentos

O tema *alimentos* será objeto de detida análise em momento posterior deste livro[43], embora, para enriquecimento do presente capítulo, mereça, aqui, no estudo da união homoafetiva, algumas específicas referências.

Claro que todo o processo vivenciado pela concubina — posteriormente rebatizada de "companheira" — para a obtenção do reconhecimento da sua situação jurídica[44], especialmente no âmbito do direito aos alimentos, inseriu-se no âmbito da união heterossexual, uma vez que, naquela época, espaço ainda não havia para a necessária discussão jurídica referente ao tema homossexualidade.

Por outro lado, após a Constituição Federal de 1988, o sistema jurídico de família, como vimos, fora flexibilizado, para, segundo a melhor hermenêutica, admitir a tutela de outros arranjos familiares não standardizados, na perspectiva do princípio maior da dignidade da pessoa humana.

Nesse contexto, considerando-se, então, que as normas da união estável lhe são aplicáveis, é forçoso convir que a jurisprudência atinente ao tema também o é, a exemplo dos julgados que admitiram o reconhecimento do direito à pensão alimentícia mesmo antes das leis reguladoras da união estável:

"Alimentos. União estável rompida anteriormente ao advento da Lei n. 8.971, de 29-12-94.

A união duradoura entre homem e mulher, com o propósito de estabelecer uma vida em comum, pode determinar a obrigação de prestar alimentos ao companheiro necessitado, uma vez que o dever de solidariedade não decorre exclusivamente do casamento, mas também da realidade do laço familiar. Precedentes da Quarta Turma.

Recurso especial conhecido e provido, a fim de que, afastada a extinção do processo, o Tribunal *a quo* examine o mérito da causa" (REsp 184.807/SP, rel. Min. Barros Monteiro, julgado em 7-6-2001, DJ 24-9-2001, p. 308, 4.ª Turma).

Note-se que, na perspectiva hermenêutica que ora defendemos, a referência "homem e mulher" não é excludente do direito aos companheiros do mesmo sexo, uma vez que, conforme exaustivamente já afirmamos, não é a orientação pessoal do julgador que deve prevalecer na análise do caso *sub judice*, mas, sim, uma interpretação que, reconhecendo a

---

[43] Confira-se o Capítulo XXVIII ("Alimentos") deste volume.
[44] Ver Capítulo XIX do presente volume, dedicado ao estudo da união estável.

afetividade como o núcleo do conceito de família, conclua pela impropriedade que é excluir da tutela jurídica pessoas que se amam por conta de um critério simplesmente sexual.

Aliás, consideramos um contrassenso — e falamos isso com todo o respeito a opiniões contrárias — defender-se que o conceito de família é socioafetivo e negar-se a união entre pessoas do mesmo sexo.

Trata-se de um paradoxo que viola a regra segundo a qual devemos respeitar a diferença.

Vale mencionar, nesse ponto, julgado do Tribunal de Justiça do Rio de Janeiro[45]:

"Ação de Reconhecimento de União Estável com Pedido de Alimentos — Sentença terminativa, proferida por Juízo de Família, com base em impossibilidade jurídica da demanda. A Constituição Federal, nos artigos 3.º, inciso IV e 5.º, incisos I e X, veda qualquer tipo de preconceito ou forma de discriminação, inclusive a concernente ao sexo, elevando à categoria dos direitos e garantias fundamentais a igualdade de todos perante a lei. O artigo 226 e seus parágrafos 3.º e 4.º da Magna Carta, ao estabelecerem que a família é a base da sociedade e tem especial proteção do Estado, reconhecendo a união estável entre o homem e a mulher como entidade familiar, bem como a comunidade formada por qualquer dos pais e seus descendentes, não pretendeu excluir a existência e a possibilidade de reconhecimento de uniões homoafetivas, sob pena de violação dos preceitos constitucionais. O relacionamento entre dois homens ou entre duas mulheres é fato social aceito e reconhecido por toda a sociedade, não sendo possível negar-se a realidade que ocorre no País e no mundo, inclusive existe Projeto de Lei tramitando no Congresso Nacional para regulamentar o relacionamento homoafetivo. Na ausência de lei expressa sobre a matéria, aplica-se o artigo 4.º da Lei de Introdução ao Código Civil, cabendo ao juiz decidir o caso de acordo com a analogia, os costumes e os princípios gerais de direito. A competência para processar e julgar a questão é de uma das Varas Cíveis, por falta de previsão expressa das Leis Processuais e do Código de Organização e Divisão Judiciárias do Estado do Rio de Janeiro atribuindo a competência a uma das Varas de Família — Prevalece a competência residual das Varas Cíveis. Assim, reforma-se a Sentença, determinando-se o prosseguimento do feito perante uma das Varas Cíveis da Comarca de Niterói até ulterior sentença de mérito" Apelação 0027413-41.2004.8.19.0002 (2005.001.20610), 17.ª Câm. Cív., Des. Camilo Ribeiro Ruliere, julgamento em 19-10-2005.

A única ponderação, respeitosa e acadêmica, que fazemos em face desse erudito julgado é no sentido de que, por ser matéria constitucional, atinente ao próprio conceito de "família", a competência seria de uma das Varas de Família, independentemente de menção expressa nas normas administrativas da Lei de Organização Judiciária.

Concluímos, portanto, que o direito aos alimentos é consectário lógico do reconhecimento da união homoafetiva como forma de família, podendo, claro, ser negado o direito — assim como se dá no casamento ou na união estável heterossexual — se não ficar suficientemente demonstrado o binômio *necessidade do alimentando X capacidade econômica do alimentante*:

---

[45] Mas a matéria ainda não é pacífica naquele Tribunal: Apelação 0069648-73.2003.8.19.0029 (2005.001.13658).

"Apelação Cível. União homoafetiva. Reconhecimento e dissolução de união estável. Partilha de bens e alimentos. Competência das varas de família. Inicial nominada erroneamente de sociedade de fato. Nulidade inocorrente. Preliminar rejeitada. Não é nulo o processo e a sentença quando se constata ter havido apenas mero equívoco terminológico no nome dado à ação, sendo clara a intenção do autor de buscar o reconhecimento de uma união estável, e não mera `sociedade de fato´. Versando a controvérsia sobre direito de família, a competência funcional é das Varas de Famílias. Reconhecimento e dissolução de união estável. A união homoafetiva é fato social que se perpetua no tempo, não se podendo admitir a exclusão do abrigamento legal, impondo prevalecer a relação de afeto exteriorizada ao efeito de efetiva constituição de família, sob pena de afronta ao direito pessoal individual à vida, com violação dos princípios da igualdade e da dignidade da pessoa humana. Diante da prova contida nos autos, mantém-se o reconhecimento proferido na sentença da união estável entre as partes, já que entre os litigantes existiu por mais de dez anos forte relação de afeto com sentimentos e envolvimentos emocionais, numa convivência *more uxoria*, pública e notória, com comunhão de vida e mútua assistência econômica, sendo a partilha dos bens mera consequência. Alimentos. Descabimento. Revelando-se o requerente pessoa jovem e sem qualquer impedimento ao trabalho, é de se indeferir o pensionamento, impondo-se a efetiva reinserção no mercado de trabalho, como, aliás, indicado nos autos. Preliminar rejeitada e recurso do requerido provido em parte, por maioria, e recurso do autor não conhecido, à unanimidade (Segredo de Justiça)" (TJRS, Apelação Cível n. 70021908587, 7.ª Câm. Cív., rel. Ricardo Raupp Ruschel, julgado em 5-12-2007).

Por todo o exposto, temos que o direito aos alimentos, sob pena de coroamento de flagrante injustiça, não pode ser desconsiderado, quando verificados os seus pressupostos, em face de pessoas, independentemente do sexo, que mantiveram entre si uma relação estável de afeto.

6.2.2. Regime de bens

Inaugurando este tópico, colacionamos belíssimo julgado da lavra do Des. Rui Portanova do Tribunal de Justiça do Rio Grande do Sul:

"Apelação Cível. União homossexual. Reconhecimento de união estável. Separação de fato do convivente casado. Partilha de bens. Alimentos. União homossexual: lacuna do Direito. O ordenamento jurídico brasileiro não disciplina expressamente a respeito da relação afetiva estável entre pessoas do mesmo sexo. Da mesma forma, a lei brasileira não proíbe a relação entre duas pessoas do mesmo sexo. Logo, está-se diante de lacuna do direito. Na colmatação da lacuna, cumpre recorrer à analogia, aos costumes e aos princípios gerais de direito, em cumprimento ao art. 126 do CPC e art. 4.º da Lei de Introdução ao Código Civil. Na busca da melhor analogia, o instituto jurídico não é a sociedade de fato. A melhor analogia, no caso, é a com a união estável. O par homossexual não se une por razões econômicas. Tanto nos companheiros heterossexuais como no par homossexual se encontra, como dado fundamental da união, uma relação que se funda no amor, sendo ambas relações de índole emotiva, sentimental e afetiva. Na aplicação dos princípios gerais do direito a uniões homossexuais se vê protegida, pelo primado da dignidade da pessoa humana e do direito de cada um exercer com plenitude aquilo que é próprio de sua condição. Somente dessa forma se cumprirá à risca, o comando constitucional da não discriminação por sexo. A análise dos costumes não pode discrepar do projeto de uma sociedade que se pretende democrática, pluralista e que repudia a intolerância e o preconceito. Pouco importa se a relação é hétero ou homossexual. Importa que a troca ou o compartilhamento de afeto, de sentimento, de carinho e de ternura entre duas pessoas humanas são valores sociais positivos e merecem proteção jurídica. Reconhecimento de que a união de pessoas do mesmo sexo gera as mesmas consequências previstas na união estável. Negar esse direito às pessoas por causa da condição e orientação homossexual é limitar em dignidade as pessoas que são. A união homossexual no caso concreto. Uma vez presentes os pressupostos constitutivos da união estável (art. 1.723 do CC) e demonstrada a separação de fato do convivente casado, de rigor o reconhecimento da união estável homossexual, em face dos princípios constitucionais vigentes, centrados na valorização do ser humano. *Via de consequência, as repercussões jurídicas, verificadas na união homossexual, tal como a partilha dos bens, em face do princípio da isonomia, são as mesmas que decorrem da união heterossexual.* Deram parcial provimento ao apelo (Segredo de Justiça)" (TJRS, Apelação Cível n. 70021637145, 8.ª Câm. Cív., rel. Rui Portanova, julgado em 13-12-2007). (grifos nossos)

Ora, na mesma linha de intelecção, *temos que, em regra geral, o regime de bens aplicável à união estável entre pessoas do mesmo sexo é o da comunhão parcial*, a teor do art. 1.725 do Código Civil (sem equivalente na codificação civil anterior, mas, sim, no art. 5.º da Lei n. 9.278/96):

"Art. 1.725. Na união estável, salvo contrato escrito entre os companheiros, aplica-se às relações patrimoniais, no que couber, o regime da comunhão parcial de bens".

Todavia, caso pretendam afastar o regime da comunhão, precisarão, como dito, firmar por escrito negócio jurídico em sentido contrário, a saber, o denominado *contrato de convivência*, já explicado em capítulo anterior.

Assim, também é possível aos companheiros do mesmo sexo firmarem esse pacto, especialmente quando do registro administrativo da sua parceria[46], eis que integram uma união estável.

Por todo o exposto, afirmamos que, salvo contrato escrito em sentido diverso — consubstanciado no contrato de convivência — o regime de bens aplicável à união homoafetiva no Brasil é o da comunhão parcial, tal qual na união estável.

6.2.3. Direito sucessório

Que sentido haveria em reconhecermos importantes efeitos jurídicos derivados do Direito de Família — como o direito aos alimentos ou ao regime de bens — para, após a morte de um(a) dos(as) companheiros(as), negarmos o consequente direito sucessório do parceiro sobrevivente?

Se assim agirmos, enfrentaremos um contrassenso intransponível: *reconheceríamos o afeto, como matriz do núcleo formado durante a vida, e o consideraríamos aniquilado após a morte.*

O amor vence até a morte.

Se é assim no casamento ou na união estável heterossexual, por que não defenderíamos aqui a mesma tese?

---

[46] Revise-se o tópico 5 ("Registro Administrativo das Parcerias Civis") do presente capítulo.

Aliás, embora o tema seja tratado em nosso próximo volume dedicado ao Direito das Sucessões, consignamos, desde já, ao nosso querido amigo leitor, que o reconhecimento do amparo patrimonial dos sucessores, em nosso sentir, somente encontra justificativa no afeto que os unia ao sucedido, ainda em vida.

Por isso, apenas a título de exemplo, não é justo pleitear-se direito sucessório se a separação de fato já existia, ao tempo da morte de um dos cônjuges[47] ou companheiros.

Nesse diapasão, concluímos que, também aqui, ausente ainda legislação específica, deverá ser aplicado o regramento existente para a união estável heterossexual.

Regramento esse, aliás, muito ruim.

Veja o que diz a regra sucessória do(a) companheiro(a) prevista no art. 1.790, observando o infeliz advérbio de modo que limita o direito do(a) viúvo(a):

"Art. 1.790. A companheira ou o companheiro participará da sucessão do outro, quanto aos bens adquiridos *onerosamente* na vigência da união estável, nas condições seguintes:

I — se concorrer com filhos comuns, terá direito a uma quota equivalente à que por lei for atribuída ao filho;

II — se concorrer com descendentes só do autor da herança, tocar-lhe-á a metade do que couber a cada um daqueles;

III — se concorrer com outros parentes sucessíveis, terá direito a um terço da herança;

IV — não havendo parentes sucessíveis, terá direito à totalidade da herança" (grifos nossos).

Tal dispositivo, por nós já criticado no capítulo anterior destinado à compreensão da união estável[48], é de uma inconstitucionalidade evidente, ao dar tratamento diferenciado entre a viuvez de uma esposa e de uma companheira, o que não está autorizado pela Constituição Federal de 1988.

Partindo, portanto, de uma interpretação conforme a Constituição, concluímos, também para a união homoafetiva, no sentido da necessária extensão da tutela jurídica ao companheiro, em consonância com o tratamento dispensado ao cônjuge, sob pena de, na prática, estar-se consagrando uma indevida hierarquia entre entidades familiares, violando o princípio da dignidade da pessoa humana aplicado à relação de família.

E para isso não importa o sexo dos integrantes da relação de família.

---

[47] No caso dos cônjuges, dispõe o art. 1.830: "somente é reconhecido direito sucessório ao cônjuge sobrevivente se, ao tempo da morte do outro, não estavam separados judicialmente, nem separados de fato há mais de dois anos, salvo prova, neste caso, de que essa convivência se tornara impossível sem culpa do sobrevivente". Houve um avanço em face do regramento anterior, sem dúvida. Mas, estabelecer um prazo de separação de fato "de mais de dois anos", para efeito de negar o direito hereditário do(a) viúvo(a) soa estranho, uma vez que, mesmo antes deste prazo, já pode estar configurada uma união estável. Retornaremos a esse tema no volume VII desta coleção, dedicado ao Direito das Sucessões.

[48] Confira-se o subtópico 3.2 ("A Inexistência de Hierarquia entre Modalidades de Família") do Capítulo XIX ("União Estável") deste volume.

7. ADOÇÃO POR CASAIS HOMOAFETIVOS

Existe grande celeuma em torno deste tema[49].

Em nosso pensar, a premissa da qual devemos partir, a fim de chegarmos a uma conclusão justa, é o *interesse existencial da criança ou do adolescente* que se pretende adotar.

Deve-se evitar, nesse sentido, a açodada afirmação de que o adotado necessariamente tornar-se-ia homossexual, por conta do modelo de vida dos seus pais.

Ora, uma vez que a própria homossexualidade é de causa desconhecida, chegar-se a tal conclusão sem embasamento científico é, sem dúvida, uma temeridade.

Aliás, a realidade da vida não demonstra que, em uma família cujo casal seja heterossexual, podem existir — e existem — filhos homossexuais?

Não há, portanto, um determinismo psicológico, sociológico, enfim, científico, que permita chegar-se a tal conclusão.

Com propriedade, lembram MARCELO MOREIRA e AMANDA MACHADO:

"A Associação Americana de Psicologia, em 1995, terminou profunda pesquisa sobre a questão da homoparentalidade, constituída de uma amostragem muito densa e de observação regular, concluindo que 'as evidências sugerem que o ambiente doméstico promovido por pais homossexuais é tão favorável quanto os promovidos por pais heterossexuais para apoiar e habilitar o crescimento 'psicológico das crianças'. A maioria das crianças, em todos os estudos, funcionou bem intelectualmente e não demonstraram comportamentos egodestrutivos prejudiciais à comunidade. Os estudos também revelam isso nos termos que dizem respeito às relações com os pais, autoestima, habilidade de liderança, egoconfiança, flexibilidade interpessoal, como também o geral bem-estar emocional das crianças que vivem com pais homossexuais não demonstrava diferenças daqueles encontrado com seus pais heterossexuais".

Convém ressaltar, embora seja óbvio, que a analisada unidade familiar homoafetiva que representa âmbito familiar ideal para a criação e a educação da prole é aquela social, afetiva e psicologicamente bem-estruturada, cujos laços se dão em decorrência do sentimento de afeto lastreada na confiança, no respeito mútuo, na durabilidade e na publicidade, umbrais sólidos e seguros para as relações microssociais familiares.

Diante de todo o exposto, verifica-se que a paternidade/maternidade independe da orientação sexual dos pais, sendo esta última completamente irrelevante para a boa educação e criação da prole[50].

Nos Estados Unidos, a adoção por casais do mesmo sexo dependerá da legislação de cada Estado.

---

[49] "A Dinamarca foi o primeiro país do mundo a reconhecer o direito dos parceiros registrados à adoção. Desde 1-7-1999, está autorizado, inclusive, um deles a adotar os filhos biológicos do outro, exceto no caso de a adoção ser de criança estrangeira. A África do Sul, Bélgica, Espanha, Canadá e Holanda admitem a adoção por casais homossexuais em âmbito nacional", lembra MARIA BERENICE DIAS (sobre o direito comparado, sugerimos a leitura do tópico 4.5, p. 68, da sua bela obra, já citada).

[50] Marcelo Alves Henrique Pinto Moreira e Amanda Franco Machado, "Adoção conjunta por casais homoafetivos". *Jus Navigandi*, Teresina, ano 13, n. 2.170, 10 jun. 2009. Disponível em: <http://jus2.uol.com.br/doutrina/texto.asp?id=12958>. Acesso em: 2 set. 2010.

É digno de nota, ainda no direito norte-americano, que a discussão, em alguns Estados, já está em etapa mais avançada, girando em torno da possibilidade de não apenas um dos parceiros mas ambos adotarem o menor.

E apesar da resistência de certos setores da sociedade, a Academia Americana de Pediatria e a Liga Americana de Saúde da Criança dão suporte à pretensão dos parceiros homoafetivos que pretendam adotar:

> "In support of adoption by gays, the American Academy of Pediatrics, the Child Welfare League of America (CWLA) and adoption advocacy groups cite research that children with gay or lesbian parents fare as well as those raised in families with a mother and a father"[51].

Interessante ainda acrescentar que, na mesma fonte em que colhemos essa informação — o conhecido periódico *USA Today* —, consta uma pesquisa eletrônica em que se indaga "Should same-sex couples be allowed to adopt?" (Casais do mesmo sexo devem poder adotar?), e, reforçando a tese segundo a qual o que importa é o bem-estar da criança — acima de tudo —, a esmagadora maioria dos participantes manifestou-se no sentido de que poderiam adotar *conjuntamente (72%)*[52].

Retornamos, pois, à nossa premissa.

Assim como se dá no procedimento comum de adoção por casais heterossexuais, o juiz deverá avaliar as condições sociais, morais e psicológicas dos adotantes — valendo-se de laudo psicológico, se necessário for — decidindo se a medida garante o bem-estar do adotado ou não.

Vale dizer, é a cuidadosa análise do caso concreto que dirá se a adoção é medida aconselhável, e não a ideia preconcebida de que o núcleo homoafetivo, por si só, traduziria algum risco ao menor.

Com a palavra, o Superior Tribunal de Justiça, em belíssimo julgado:

> "Direito Civil. Família. Adoção de menores por casal homossexual. Situação já consolidada. Estabilidade da família. Presença de fortes vínculos afetivos entre os menores e a requerente. Imprescindibilidade da prevalência dos interesses dos menores. Relatório da assistente social favorável ao pedido. Reais vantagens para os adotandos. Artigos 1.º da Lei n. 12.010/09 e 43 do Estatuto da Criança e do Adolescente. Deferimento da medida.
>
> 1. A questão diz respeito à possibilidade de adoção de crianças por parte de requerente que vive em união homoafetiva com companheira que antes já adotara os mesmos filhos, circunstância a particularizar o caso em julgamento.
>
> 2. Em um mundo pós-moderno de velocidade instantânea da informação, sem fronteiras ou barreiras, sobretudo as culturais e as relativas aos costumes, onde a sociedade transforma-se velozmente, a interpretação da lei deve levar em conta, sempre que possível, os postulados maiores do direito universal.

---

[51] "Both Sides on Gay Adoption cite Concern for Children", by Andrea Stone, *USA Today*. Disponível em: <http://www.usatoday.com/news/nation/2006-02-20-gay-adoption-foster_x.htm>. Acesso em: 2 set. 2010. Em tradução livre dos autores: Em apoio à adoção por homossexuais, a Academia Americana de Pediatria, a Liga Americana de Bem-Estar da Criança (CWLA) e grupos de defesa da adoção citam pesquisa em que as crianças com pais *gays* ou lésbicas saem-se tão bem quanto aquelas criadas em famílias com um pai e uma mãe.

[52] Dois por cento afirmaram que adoção somente poderia ser feita por um dos parceiros e 26% foram contra adoção, por qualquer forma (Disponível em: <http://www.usatoday.com/news/quickquestion/2006/february/popup1661.htm>. Acesso em: 2 set. 2010).

3. O artigo 1.º da Lei n. 12.010/09 prevê a 'garantia do direito à convivência familiar a todas e crianças e adolescentes'. Por sua vez, o artigo 43 do ECA estabelece que 'a adoção será deferida quando apresentar reais vantagens para o adotando e fundar-se em motivos legítimos'.

4. Mister observar a imprescindibilidade da prevalência dos interesses dos menores sobre quaisquer outros, até porque está em jogo o próprio direito de filiação, do qual decorrem as mais diversas consequências que refletem por toda a vida de qualquer indivíduo.

5. A matéria relativa à possibilidade de adoção de menores por casais homossexuais vincula-se obrigatoriamente à necessidade de verificar qual é a melhor solução a ser dada para a proteção dos direitos das crianças, pois são questões indissociáveis entre si.

6. Os diversos e respeitados estudos especializados sobre o tema, fundados em fortes bases científicas (realizados na Universidade de Virgínia, na Universidade de Valência, na Academia Americana de Pediatria), 'não indicam qualquer inconveniente em que crianças sejam adotadas por casais homossexuais, mais importando a qualidade do vínculo e do afeto que permeia o meio familiar em que serão inseridas e que as liga a seus cuidadores'.

7. Existência de consistente relatório social elaborado por assistente social favorável ao pedido da requerente, ante a constatação da estabilidade da família. Acórdão que se posiciona a favor do pedido, bem como parecer do Ministério Público Federal pelo acolhimento da tese autoral.

8. É incontroverso que existem fortes vínculos afetivos entre a recorrida e os menores — sendo a afetividade o aspecto preponderante a ser sopesado numa situação como a que ora se coloca em julgamento.

9. Se os estudos científicos não sinalizam qualquer prejuízo de qualquer natureza para as crianças, se elas vêm sendo criadas com amor e se cabe ao Estado, ao mesmo tempo, assegurar seus direitos, o deferimento da adoção é medida que se impõe.

10. O Judiciário não pode fechar os olhos para a realidade fenomênica. Vale dizer, no plano da 'realidade', são ambas, a requerente e sua companheira, responsáveis pela criação e educação dos dois infantes, de modo que a elas, solidariamente, compete a responsabilidade.

11. Não se pode olvidar que se trata de situação fática consolidada, pois as crianças já chamam as duas mulheres de mães e são cuidadas por ambas como filhos. Existe dupla maternidade desde o nascimento das crianças, e não houve qualquer prejuízo em suas criações.

12. Com o deferimento da adoção, fica preservado o direito de convívio dos filhos com a requerente no caso de separação ou falecimento de sua companheira. Asseguram-se os direitos relativos a alimentos e sucessão, viabilizando-se, ainda, a inclusão dos adotandos em convênios de saúde da requerente e no ensino básico e superior, por ela ser professora universitária.

13. A adoção, antes de mais nada, representa um ato de amor, desprendimento. Quando efetivada com o objetivo de atender aos interesses do menor, é um gesto de humanidade. Hipótese em que ainda se foi além, pretendendo-se a adoção de dois menores, irmãos biológicos, quando, segundo dados do Conselho Nacional de Justiça, que criou, em 29 de abril de 2008, o Cadastro Nacional de Adoção, 86% das pessoas que desejavam adotar limitavam sua intenção a apenas uma criança.

14. Por qualquer ângulo que se analise a questão, seja em relação à situação fática consolidada, seja no tocante à expressa previsão legal de primazia à proteção integral das crianças, chega-se à conclusão de que, no caso dos autos, há mais do que reais vantagens para

os adotandos, conforme preceitua o artigo 43 do ECA. Na verdade, ocorrerá verdadeiro prejuízo aos menores caso não deferida a medida.

15. Recurso especial improvido" (REsp 889.852/RS, rel. Min. Luis Felipe Salomão, julgado em 27-4-2010, *DJe* 10-8-2010, 4.ª Turma).

E, como bem observou o Ministro LUIS FELIPE SALOMÃO, a adoção é um ato sagrado de amor, não cabendo ao Judiciário, sob nenhum argumento, se verificada a garantia do bem-estar da criança ou do adolescente, impedir a sua concretização, pois, em assim agindo, desrespeitaria a maior das leis, segundo a qual *devemos sempre amar o nosso semelhante como a nós mesmos*.

8. ESTATUTO DAS FAMÍLIAS E A UNIÃO HOMOAFETIVA

Vale destacar que o avançado projeto do Estatuto das Famílias (Projeto de Lei n. 2.285/2007), ainda em trâmite no Congresso Nacional[53], reconhece expressamente a união homoafetiva como uma entidade familiar, nos termos do seu art. 68, *in verbis*:

> "CAPÍTULO IV
> DA UNIÃO HOMOAFETIVA
>
> Art. 68. É reconhecida como entidade familiar a união entre duas pessoas de mesmo sexo, que mantenham convivência pública, contínua, duradoura, com objetivo de constituição de família, aplicando-se, no que couber, as regras concernentes à união estável.
> Parágrafo único. Dentre os direitos assegurados, incluem-se:
> I — guarda e convivência com os filhos;
> II — a adoção de filhos;
> III — direito previdenciário;
> IV — direito à herança".

Reforçando muitos dos argumentos expostos neste capítulo, registra expressamente a exposição de motivos do referido projeto:

> "União homoafetiva
> O estágio cultural que a sociedade brasileira vive, na atualidade, encaminha-se para o pleno reconhecimento da união homoafetiva como entidade familiar. A norma do art. 226 da Constituição é de inclusão — diferentemente das normas de exclusão das Constituições pré-1988 —, abrigando generosamente os arranjos familiares existentes na sociedade, ainda que diferentes do modelo matrimonial. A explicitação do casamento, da união estável e da família monoparental não exclui as demais que se constituem como comunhão de vida afetiva, com finalidade de família, de modo público e contínuo. Em momento algum a Constituição veda o relacionamento de pessoas do mesmo sexo. A jurisprudência brasileira tem procurado preencher o vazio normativo infraconstitucional, atribuindo efeitos pessoais e familiares às relações entre essas pessoas. Ignorar essa realidade é negar direitos às minorias, incompatível com o Estado Democrático. Tratar essas relações cuja

---

[53] Esse importante projeto foi apensado ao PL 674/2007 em 17 de dezembro de 2007. Confira-se o *link*: <https://www.camara.leg.br/proposicoesWeb/fichadetramitacao?idProposicao=347575&ord=1>. Acesso em: 7 set. 2019.

natureza familiar salta aos olhos como meras sociedades de fato, como se as pessoas fossem sócios de uma sociedade de fins lucrativos, é violência que se perpetra contra o princípio da dignidade das pessoas humanas, consagrado no art. 1.º, III, da Constituição. Se esses cidadãos brasileiros trabalham, pagam impostos, contribuem para o progresso do país, é inconcebível interditar-lhes direitos assegurados a todos, em razão de suas orientações sexuais"[54].

Trata-se, sem dúvida, da melhor diretriz para o tema.

Aguardemos que o Congresso Nacional também reconheça tal conclusão.

---

[54] Confira-se o inteiro teor do Projeto do Estatuto das Famílias em <http://www.ibdfam.org.br/artigos/Estatuto_das_Familias.pdf>.

Capítulo XXII
Família Monoparental

Sumário: 1. Introdução. 2. Conceito jurídico e classificação. 3. Importância social da família monoparental. 4. Institutos análogos. 5. Tutela jurídica. 6. Extinção da família monoparental.

1. INTRODUÇÃO

No estudo das modalidades de entidade familiar, a denominada "família monoparental" merece um destaque.

Isso porque foi a referida forma de composição de família prestigiada com menção expressa no art. 226 da Constituição Federal de 1988, conforme se verifica no seu § 4.º:

"Art. 226. A família, base da sociedade, tem especial proteção do Estado.

(...)

§ 4.º Entende-se, também, como entidade familiar a comunidade formada por qualquer dos pais e seus descendentes".

Somente o fato de haver tal previsão já justificaria o corte epistemológico aqui proposto de tratar esse modelo de arranjo familiar em um capítulo próprio desta obra.

Mas em que consiste tal entidade familiar?

Qual é o sentido e importância da sua tutela jurídica?

É o que pretendemos analisar nos próximos tópicos.

Vamos a eles!

2. CONCEITO JURÍDICO E CLASSIFICAÇÃO

Conforme se verifica de uma simples leitura da previsão constitucional supratranscrita, consiste a denominada "família monoparental" na entidade familiar composta por qualquer dos pais e sua prole.

A expressão aqui utilizada (*mono* = um/único + *parental* = relativo a pais) está consagrada pelo uso, embora não esteja prevista expressamente no texto da Constituição Federal.

Sobre o instituto, é a lição de EDUARDO DE OLIVEIRA LEITE:

"Na realidade, a monoparentalidade sempre existiu — assim como o concubinato — se levarmos em consideração a ocorrência de mães solteiras, mulheres e crianças abandonadas. Mas o fenômeno não era percebido como uma categoria específica, o que explica a sua marginalidade no mundo jurídico.

O primeiro país a enfrentar corajosamente a questão foi a Inglaterra (1960), que, impressionada com a pobreza decorrente da ruptura do vínculo matrimonial e com as consequências daí advindas, passou a se referir às *one-parent families* ou *lone-parent families*, nos seus levantamentos estatísticos.

Dos países anglo-saxões, a expressão ganhou a Europa continental, através da França que, em 1981, empregou o termo, pela primeira vez, em um estudo feito pelo Instituto Nacional de Estatística e de Estudos Econômicos (INSEE). O INSEE francês empregou o termo para distinguir as uniões constituídas por um casal, dos lares compostos por um progenitor solteiro, separado, divorciado ou viúvo. Daí, a noção se espalhou por toda a Europa e hoje é conhecida e aceita no mundo ocidental como a comunidade formada por quaisquer dos pais (homem ou mulher) e seus filhos"[1].

E a casuística do instituto é ampla.

Por isso, no que diz respeito ao momento da sua constituição, pode ser ela classificada em *originária* ou *superveniente*.

Na primeira espécie, em que a família já se constitui monoparental, tem-se, como exemplo mais comum, a situação da mãe solteira.

Saliente-se que tal situação pode decorrer de múltiplos fatores, desde a gravidez decorrente de uma relação casual, passando pelo relacionamento amoroso estável que não subsiste ao advento do estado gravídico (pelo abandono ou irresponsabilidade do parceiro ou mesmo pelo consenso) até, inclusive, a conhecida "produção independente".

Nessa família monoparental originária, deve-se incluir, logicamente, a entidade familiar constituída pela adoção, em que um indivíduo solteiro (independentemente de sexo) adota uma criança, constituindo um núcleo familiar.

Já a família monoparental *superveniente* é aquela que se origina da fragmentação de um núcleo parental originalmente composto por duas pessoas, mas que sofre os efeitos da morte (viuvez), separação de fato ou divórcio.

Independentemente da espécie ou origem, os efeitos jurídicos da família monoparental serão sempre os mesmos, notadamente no que diz respeito ao poder familiar e ao estado de filiação.

3. IMPORTÂNCIA SOCIAL DA FAMÍLIA MONOPARENTAL

Quem não conhece alguém que seja filho de pais separados?

Quem não conhece alguém cujo pai ou mãe já tenha falecido e que continue morando com o(a) viúvo(a)?

Em especial, quem não conhece alguém que é filho de mãe solteira?

Sobre o tema, confira-se o seguinte gráfico, encontrado no *site* do IBGE[2].

---

[1] Eduardo de Oliveira Leite, *Famílias Monoparentais*, 2. ed., São Paulo: Revista dos Tribunais, 2003, p. 21-2.

[2] Disponível em: <http://www.ibge.gov.br/home/presidencia/noticias/noticia_impressao.php?id_noticia=987>. Acesso em: 2 maio 2010.

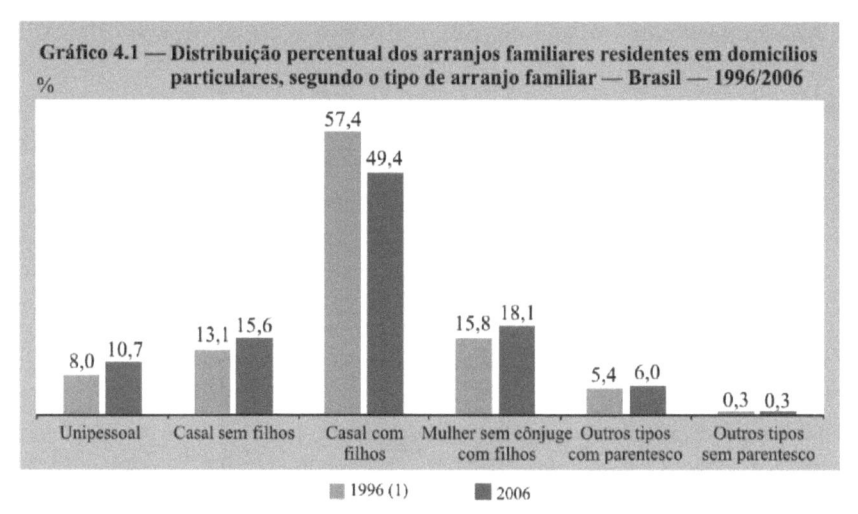

Gráfico 4.1 — Distribuição percentual dos arranjos familiares residentes em domicílios particulares, segundo o tipo de arranjo familiar — Brasil — 1996/2006 (%)

Tipo de arranjo familiar	1996 (1)	2006
Unipessoal	8,0	10,7
Casal sem filhos	13,1	15,6
Casal com filhos	57,4	49,4
Mulher sem cônjuge com filhos	15,8	18,1
Outros tipos com parentesco	5,4	6,0
Outros tipos sem parentesco	0,3	0,3

Fonte: IBGE, Pesquisa Nacional por Amostra de Domicílios 1996/2006
(1) Exclusive a população rural de Rondônia, Acre, Amazonas, Roraima, Pará e Amapá

O reconhecimento da necessidade de uma tutela jurídica da família monoparental é um imperativo da sua importância, que passou da situação de relação socialmente reprovável a núcleo familiar prestigiado constitucionalmente.

De fato, não é preciso maiores viagens históricas para se constatar como, notadamente, a mãe solteira era destinatária de uma visão preconceituosa que quase a equiparava a um pária social.

Sobre o tema, analisa PAULO LÔBO:

"A tutela constitucional da família monoparental faz sentido, dado o expressivo número dessas entidades na realidade brasileira atual, em razão de diversos fatores. A Pesquisa Nacional por Amostragem de Domicílios do IBGE aponta para a existência média anual dessa entidade de um quarto nos domicílios brasileiros. Há certa estabilidade nessa proporção, ainda que se leve em conta a constante flutuação, decorrente da extinção dessas entidades, quando a mãe ou o pai que a chefia casa-se ou constitui união estável com outra pessoa.

O número de mães é predominante nessas entidades, notando-se um declínio na participação dos pais ao longo dos anos em sua composição, segundo os indicadores sociais do IBGE. As causas desse declínio da participação masculina estão a desafiar os especialistas; certamente, há grande probabilidade para os homens de constituírem novas uniões com outras mulheres (famílias recompostas), pois para eles o envelhecimento não é obstáculo, em nossa cultura, enquanto para as mulheres o passar do tempo reduz suas possibilidades em proporção geométrica"[3].

---

[3] Paulo Lôbo, *Direito Civil — Famílias*, 10. ed., São Paulo: Saraiva, 2020, v. 5, p. 88.

Na mais conceituada monografia nacional sobre o tema, observa EDUARDO DE OLIVEIRA LEITE:

> "As estatísticas atuais revelam este outro fenômeno de confusão que dificulta a apreensão do fenômeno monoparental: a fluidez. Com efeito, trata-se de uma situação frequentemente transitória, que, ou se encaminha para uma nova união (gerando a situação de 'família recomposta') ou para guarda autônoma das crianças. Apesar da progressão que tem ocorrido, a monoparentalidade não está em vias de se tornar um estado mais autônomo que outrora. Nesse sentido, é importante sublinhar que 64% (sessenta e quatro por cento) dos primeiros episódios monoparentais terminam em uma união livre, ou legal; que, em mais da metade dos casos, ocorrerá num prazo inferior a 4 (quatro) anos, observam Desrosiers e Le Bourdais, a partir do exemplo canadense onde um levantamento específico sobre a monoparentalidade feminina foi efetuado em 1984.
>
> A transitoriedade, ou dinamicidade como pretendem alguns, é um dado que não pode ser desprezado, pois, se em algumas situações é dominante, em outras, contrariamente, ele é excepcional, impossibilitando conclusões de cunho genérico que poderiam comprometer a apreensão mais integral do fenômeno. Por isso, e com razão, Kaufmann, em manifesta posição cautelosa, entende que, 'apesar da multiplicação e da qualidade dos estudos, as situações de monoparentalidade são de difícil apreensão, notadamente nas suas relações com o contexto familiar. Assim, o caráter majoritariamente transversal dos trabalhos não informa sobre o fato de saber se a monoparentalidade é um estado transitório ou durável, nos encaminhamentos biográficos e encadeamentos das formas familiares.
>
> A dinâmica da monoparentalidade, reconhece Pitrou, pode, pois, se encaminhar em direção à constituição de uma família, como também em direção à 'recomposição' entre dois núcleos familiares diversos, o que tem gerado um vivo interesse de estudo pelos pesquisadores e também pela opinião pública"[4].

A profusão de núcleos familiares, estáveis ou temporários, que se enquadram no conceito doutrinário de família monoparental[5] demonstra a importância social de conhecimento do instituto e o sentido da sua inclusão no texto constitucional.

4. INSTITUTOS ANÁLOGOS

Compreendida a importância social da tutela jurídica da família monoparental, com a internalização do seu sentido, a pergunta que não quer calar é: *por que a proteção constitucional não foi além desse núcleo?*

---

[4] Eduardo de Oliveira Leite, *Famílias Monoparentais*, 2. ed., São Paulo: Revista dos Tribunais, 2003, p. 32-3.

[5] "Em 2007, em 50,5% das famílias com filhos, estes eram menores de 16 anos. De 1997 a 2007, entre as famílias com todos os filhos menores de 16 anos, cresceu a proporção do tipo monoparental (com a presença de apenas um dos cônjuges): de 19,2% para 21,8%, o que é coerente com os dados do registro civil sobre o aumento das separações conjugais. O percentual das famílias monoparentais masculinas teve também um ligeiro crescimento, de 7,8% para 9,8% (de 278 mil famílias em 1997 para quase 445 mil em 2007)" (Disponível em: <http://www.ibge.gov.br/home/presidencia/noticias/noticia_impressao.php?id_noticia=1233>. Acesso em: 3 maio 2010).

Isso porque a preocupação expressa do constituinte limitou-se à família decorrente do casamento e da união estável, acrescendo-se a família monoparental, talvez devido à importância e à frequência de sua ocorrência na sociedade da década de 1980, estacionando nesse ponto.

Todavia, existem outras modalidades de entidade familiar, quase ou tão frequentes como a família monoparental, que não mereceram menção expressa do legislador constituinte, sem qualquer justificativa razoável, do ponto de vista jurídico ou social.

É o caso, sem dúvida, da união homoafetiva, que já foi objeto de nossa análise em capítulo próprio[6].

Contudo, há outras situações, inclusive análogas à família monoparental, que merecem tal proteção.

Poderíamos, inclusive, chamar uma delas de família monoparental *atípica*.

Se é certo que a família monoparental *típica* é aquela constituída exclusivamente por um dos pais e seus filhos, não nos parece razoável, por outro lado, deixar de considerar uma família monoparental, ainda que por uma interpretação extensiva, um grupo composto por um ascendente, em grau superior ao de pai ou mãe (por exemplo, um avô ou avó) com seus respectivos descendentes.

Ora, conservando tal núcleo todas as características básicas de afetividade, publicidade e estabilidade, inerentes a toda entidade familiar, qual seria o sentido de se negar a ele, o título de família monoparental, ainda que *atípica*, uma vez que os avós, em situações como tais, acabam assumindo o papel da figura parental originária, lamentavelmente desaparecida na situação concreta.

Há outros institutos análogos que merecem reflexão.

Um fenômeno da pós-modernidade é a *família pluriparental* [7].

Seja em situações de poliamorismo[8], seja em famílias reconstituídas por divórcios e novos casamentos, não se pode desprezar o sentimento que nasce dessas recomposições familiares.

Imagine-se a situação em que, na nova família, a mãe vem a falecer e o filho já desenvolveu uma relação afetiva tão forte com o padrasto que prefere ficar sob sua guarda a ficar sob a de seu pai biológico, independentemente de ainda manter com ele um bom relacionamento.

Será que, respeitando-se o princípio da afetividade e do atendimento do melhor interesse da criança, não se poderia dar uma solução mais adequada ao caso concreto?

E não formaria um núcleo familiar o grupo composto do padrasto e do enteado, ainda que com pai vivo?[9]

---

[6] Confira-se o Capítulo XXI ("União Homoafetiva") deste volume.

[7] Sobre o tema, conferir a nossa querida Maria Berenice Dias, *Comentários — Família pluriparental, uma nova realidade*. Disponível em: <http://www.lfg.com.br>. Acesso em: 29 dez. 2008.

[8] Confira-se o tópico 3 ("O poliamorismo e a fidelidade") do Capítulo XX ("Concubinato e Direitos do(a) Amante") deste volume.

[9] Nessa linha, merece referência o § 8.º do art. 57 da Lei de Registros Públicos, com a redação dada

É uma questão a refletir...

E o que dizer da *família anaparental*?

A situação em que, falecidos ambos os pais, continuam os filhos, alguns ou todos maiores, residindo na mesma casa, com pessoas outras que colaboraram com a sua criação, uma "tia ou um tio de consideração", um padrinho ou madrinha, por exemplo, e sentindo-se como membros de uma mesma família?

Sentindo-se, não.

Eles SÃO membros de uma mesma família!

Como se pode negar a existência de um núcleo familiar também a alguém que, por exemplo, resida com a sua tia, viúva ou solteira, que nunca teve filhos?

Será que somente se pode considerar família se houver a presença de um pai ou de uma mãe?

Por que não se estender a proteção dos núcleos familiares típicos, nominados e previstos na Constituição a essas coletividades também marcadas pelo afeto e pelo sentimento de ser parte de uma família?

Trata-se de indagação jurídica da mais alta relevância, principalmente levando-se em conta o sentido da constitucionalização da tutela jurídica da família monoparental.

5. TUTELA JURÍDICA

Em que pese a existência da previsão constitucional expressa da família monoparental, o fato é que ela não dispõe, ainda, de um diploma normativo regulador próprio, com um detalhamento da sua disciplina jurídica, como existe nas famílias decorrentes do casamento e da união estável[10].

---

pela Lei n. 14.382/2022: "§ 8.º O enteado ou a enteada, se houver motivo justificável, poderá requerer ao oficial de registro civil que, nos registros de nascimento e de casamento, seja averbado o nome de família de seu padrasto ou de sua madrasta, desde que haja expressa concordância destes, sem prejuízo de seus sobrenomes de família".

[10] Em alguns Estados no mundo, a proteção à família monoparental é mais ampla. Vejamos o caso da França, por exemplo, destacado por Jonábio Barbosa dos Santos e Morgana da Costa Santos: "Um exemplo de auxílio estatal é o da França, que possui dois tipos de assistência às famílias monoparentais. O Abono de Sustento Familiar (ASF) e o Abono de Genitor Só (API). O primeiro abono beneficia crianças órfãs, de um ou dos dois pais, crianças não reconhecidas legalmente e as cujo genitor devedor de pensão não pode arcar com tal despesa. Existem duas situações neste sistema: 1) Caso haja fixação de pensão alimentar, tal abono é doado como adiantamento que irá ser cobrado do genitor devedor. 2) Caso não haja pensão fixada, o abono não poderá ser recuperado. Tal sistema é garantido pela Caixa Nacional de Abonos familiares (CNAF), que também é responsável pela cobrança. Já o segundo abono se dirige ao genitor só e à mulher grávida. O benefício favorece crianças até a idade de 17 (dezessete) anos, caso não trabalhem e até 20 (vinte) anos, caso sejam aprendizes, estudantes ou enfermas. Sua ideia principal é que toda família necessita de uma renda mínima para sobreviver. Assim, este compreende a diferença entre o montante de recursos da família e a renda mínima, sendo esta fixada pelo governo" ("Família Monoparental Brasileira", *Revista Jurídica*, Brasília, v. 10, n. 92, out./2008 a jan./2009. Disponível em: <http://www.planalto.gov.br/ccivil_03/revista/revistajuridica/Artigos/PDF/JonabioBarbosa_Rev92.pdf>. Acesso em: 2 jun. 2010).

Obviamente, reconhecida a sua condição de entidade familiar, todas as regras de Direito de Família lhe são aplicáveis, não sendo possível se fazer qualquer discriminação ou tratamento diferenciado.

Assim, nas relações parentais, incidem todas as regras também aplicáveis ao casamento e à união estável, notadamente as referentes ao parentesco e ao exercício do poder familiar.

Dessa forma, não é pelo fato de haver somente um ascendente (pai ou mãe) que haverá qualquer *captio diminutio* do poder familiar, o qual será plenamente exercido, sem qualquer limitação.

Destaque especial merece, porém, o tratamento do Bem de Família na família monoparental.

Conforme já defendemos em capítulo anterior[11], a tutela jurídica do bem de família, na forma da Súmula 364 do Superior Tribunal de Justiça[12], se estende ao imóvel cuja titularidade é de pessoas solteiras, separadas ou viúvas.

Trata-se, na nossa visão, de uma homenagem ao direito constitucional à moradia, explicitado no art. 6.º da Constituição Federal[13].

Nessa linha, é evidente que está garantida também a proteção ao imóvel residencial da família monoparental, tanto pelo fundamento da *ratio* da tutela jurídica do bem de família, como, por óbvio, por ser a família monoparental uma entidade familiar protegida constitucionalmente.

6. EXTINÇÃO DA FAMÍLIA MONOPARENTAL

No caso de morte do(a) genitor(a) ou de todos os filhos da família monoparental (irmãos que sobrevivem ao falecimento dos pais), opera-se a sua extinção, como núcleo familiar específico.

Ainda que seja designado tutor, pessoa responsável pelos filhos menores[14], tecnicamente não há que se falar em família monoparental, ainda que se possa classificar o núcleo subsistente como outra modalidade de entidade familiar, conforme visto em tópico anterior[15].

Também desaparece a família monoparental quando os filhos constituem novos núcleos familiares, permanecendo sozinho o ascendente, sem constituir nova família.

Da mesma forma, extingue-se a família monoparental, obviamente, quando o ascendente solitário constitui novo relacionamento, ocupando o(a) novo(a) cônjuge ou companheiro(a) o papel vago na bilateralidade parental.

---

[11] Confira-se o tópico 4 ("Fundamentação Normativa do Bem de Família") do Capítulo XVIII ("Bem de Família") deste volume.

[12] STJ, Súmula 364: "*O conceito de impenhorabilidade de bem de família abrange também o imóvel pertencente a pessoas solteiras, separadas e viúvas*".

[13] "Art. 6.º São direitos sociais a educação, a saúde, o trabalho, a moradia, o lazer, a segurança, a previdência social, a proteção à maternidade e à infância, a assistência aos desamparados, na forma desta Constituição". Vale registrar que essa redação foi dada pela Emenda Constitucional n. 26, de 2000, apenas para inserir a moradia no texto constitucional como um direito social.

[14] Confira-se o Capítulo XXIX ("Tutela e Curatela") deste volume.

[15] Confira-se o tópico 4 ("Institutos Análogos") deste capítulo.

Capítulo XXIII
O Divórcio como Forma de Extinção do Vínculo Conjugal

Sumário: 1. Introdução. 2. Formas de extinção do vínculo conjugal. 2.1. Conceito de divórcio. 2.2. A morte como forma de extinção do vínculo conjugal. 2.3. Invalidade do casamento. 3. Fases históricas do divórcio no Brasil. 3.1. Indissolubilidade absoluta do vínculo conjugal (ausência de divórcio). 3.2. Possibilidade jurídica do divórcio, com imprescindibilidade da separação judicial como requisito prévio. 3.3. Ampliação da possibilidade do divórcio, seja pela conversão da separação judicial, seja pelo seu exercício direto. 3.4. O divórcio como o exercício de um direito potestativo. 4. A matemática do divórcio. 5. Tratamento jurídico atual do divórcio no Brasil. 5.1. Um pouco da história da Emenda Constitucional n. 66/2010. 5.2. Objeto da Emenda. 5.2.1. Extinção da separação judicial. 5.2.2. Extinção do prazo de separação de fato para o divórcio. 6. O divórcio extrajudicial (com reflexões sobre o "divórcio unilateral"). 7. O divórcio judicial. 7.1. Algumas palavras sobre o divórcio judicial indireto. 7.2. Sobre o divórcio judicial direto. 7.3. Fundamento do divórcio judicial litigioso. 8. Considerações sobre a derrocada da culpa no divórcio. 9. A subsistência jurídica da separação de corpos. 10. Uso do nome pós-divórcio. 11. Divórcio *post mortem*.

1. INTRODUÇÃO[1]

Não encontramos outra melhor maneira de começar este capítulo, senão lembrando Vinicius:

"*Eu possa me dizer do amor (que tive):*
Que não seja imortal, posto que é chama
Mas que seja infinito enquanto dure".

A magnífica inspiração do autor, em seu famoso "Soneto da Fidelidade", alcança, com precisão, o aparente paradoxo da dimensão finita da profundidade do amor que acaba, porquanto, os laços de sentimento que unem os parceiros podem, nas veredas da vida, se desfazerem.

E não se diga, com isso, que, por haver a chama apagado, amor não existiu!

De forma alguma.

Só se apaga o que se acendeu, só se extingue o que efetivamente existiu...

Arriscamos dizer, inclusive, que, no ciclo da existência humana, podem ser encontradas muitas caras-metades.

---

[1] Para o aprofundamento da pesquisa sobre o tema, ver o nosso *O Divórcio na atualidade* (São Paulo: Saraiva, 2018), que inspirou este capítulo.

Afinal de contas, todos aqueles que passaram por nossas vidas atuaram com significativa força e importância, durante o (breve ou longo) tempo da convivência, contribuindo com o nosso crescimento moral e cultural — se estivermos dispostos a isso na medida do nosso livre-arbítrio — e levando também, consigo, ao término da relação, um pouco de tudo de bom (e de sombra) que há em nós.

Permita-nos, aliás, comparar uma relação amorosa a um álbum de figurinhas: o álbum é feito para a figurinha e a figurinha é feita para o álbum, com *animus* de definitividade. E se é possível materialmente retirar o álbum da figurinha, é muito provável que sempre fique um pouco do álbum na figurinha e um pouco da figurinha no álbum...

Por isso, não devemos maldizer aqueles que passaram por nossas vidas.

Nesse contexto, o reconhecimento do divórcio, desapegado dos grilhões religiosos que ao Direito não se afirmam mais, é imperativo para um Estado que se proponha a consagrar um sistema jurídico efetivamente democrático e propiciador de uma necessária ambiência de promoção da dignidade da pessoa humana.

Com isso, todavia, não se conclua que estamos a pregar o incentivo ao divórcio.

Reconhecimento jurídico, "desjudicialização" e facilitação procedimental — noções que efetivamente sustentamos — não devem ser confundidos com a instigação ao descasamento.

Não é isso.

Enquanto houver a possibilidade de se manter a família casamentária (o mesmo se aplicando a quaisquer outros núcleos existenciais), mediante técnicas recomendáveis psicossociais de reconciliação e superação de traumas — e poderíamos tomar como exemplo o auxílio psicoterápico a casais em crise —, tais instrumentos devem ser manejados e até mesmo amparados pelo próprio Estado.

A formação e conservação de um núcleo familiar, como um espaço para compartilhar afeto e respeito, deve ser sempre a prioridade do investimento individual e social, inclusive com o apoio institucional para o cumprimento desse desiderato.

O que não aceitamos são os entraves legislativos anacrônicos, burocráticos e, por que não dizer, impiedosos, que forçam a mantença de uma relação falida, entre pessoas que não se amam mais e percebem que não vale mais a pena investir em uma situação irremediável.

E, agravando ainda mais esse contexto de análise, não podemos olvidar as significativas mudanças por que passou a sociedade brasileira (e mundial) nas últimas décadas, quer sob o prisma axiológico — da flexibilização de valores tradicionais tidos como imutáveis — quer sob o viés eminentemente econômico, psicológico, enfim, sociocultural.

A sociedade que temos hoje em quase nada se assemelha àquela de cem anos atrás!

O avanço tecnológico impressiona.

E nós somos os beneficiários de todos esses avanços.

E também suas vítimas.

Seria ingenuidade, aliás, imaginar que todos esses fatores não se refletiriam em nossos costumes e hábitos de vida.

Hoje em dia, a velocidade com que os relacionamentos começam e acabam, incrementada, sobretudo, pela velocidade da informação e dos meios, em geral, de interação social, não justifica mais um modelo superado de fossilização do casamento falido, impeditivo da formação de outros arranjos familiares.

Somos, nesse diapasão, defensores do constitucional direito à busca da felicidade, na perspectiva eudemonista de um Direito de Família que efetivamente respeite o princípio matricial da dignidade da pessoa humana.

Imbuídos, portanto, desse propósito é que cuidaremos, ao longo deste capítulo, de analisar a disciplina normativa do divórcio, sempre com a compreensão de que o investimento na conservação das relações afetivas (e, nisso, a concepção plural de família) é a base de um investimento na realização pessoal do indivíduo, sendo o divórcio apenas o remédio final a ser ministrado para quando não há mais esperanças de reconciliação.

Vamos juntos, então!

2. FORMAS DE EXTINÇÃO DO VÍNCULO CONJUGAL

O presente tópico tem por finalidade apresentar as formas de extinção do vínculo conjugal. Seu propósito é demonstrar que o divórcio, embora seja a forma de extinção do vínculo conjugal pelo exercício da autonomia da vontade, não é a única modalidade que põe termo ao casamento.

Há outras modalidades que, também, extinguem o vínculo conjugal.

Nesse contexto, hoje[2], podem elas ser sintetizadas em 3 (três) tipos, a saber:

a) o divórcio;

b) a morte de um dos cônjuges;

c) a invalidade do casamento.

Compreendamos, assim, cada uma dessas formas, conceituando primeiramente o divórcio, tema principal deste capítulo.

2.1. Conceito de divórcio

O divórcio é a medida dissolutória do vínculo matrimonial válido, importando, por consequência, a extinção de deveres conjugais.

Trata-se, no vigente ordenamento jurídico brasileiro, de uma forma voluntária de extinção da relação conjugal, sem causa específica, decorrente de simples manifestação de vontade de um ou ambos os cônjuges, apta a permitir, por consequência, a constituição de novos vínculos matrimoniais.

---

[2] A matéria, antes da Emenda Constitucional que deu nova disciplina ao divórcio no Brasil, era regida pelo art. 1.571, CC/2002, que, consagrando também a dissolução da sociedade conjugal, dispunha, *in verbis*:
"Art. 1.571. A sociedade conjugal termina:
I — pela morte de um dos cônjuges;
II — pela nulidade ou anulação do casamento;
III — pela separação judicial;
IV — pelo divórcio.
§ 1.º O casamento válido só se dissolve pela morte de um dos cônjuges ou pelo divórcio, aplicando-se a presunção estabelecida neste Código quanto ao ausente.
§ 2.º Dissolvido o casamento pelo divórcio direto ou por conversão, o cônjuge poderá manter o nome de casado; salvo, no segundo caso, dispondo em contrário a sentença de separação judicial" (equivalente ao art. 2.º da Lei n. 6.515, de 26-12-1977).

2.2. A morte como forma de extinção do vínculo conjugal

Anotamos que a morte opera a extinção do casamento, sendo, portanto, também uma forma de extinção do vínculo conjugal.

É essa a linha da adequada intelecção do § 1.º do art. 1.571 do Código Civil, quando menciona que o casamento válido poderá ser dissolvido de duas maneiras: pela morte de um dos cônjuges ou pelo divórcio.

A morte, como é cediço, extinguindo a personalidade jurídica, põe fim à existência da pessoa física ou natural, desfazendo, evidentemente, o vínculo matrimonial. Com isso, o cônjuge sobrevivente (supérstite) terá o seu estado civil alterado, deixando de ser casado, para ser considerado viúvo.

Em nosso sentir, diante do inegável processo de amadurecimento constitucional de nossas instituições familiaristas, favorecido por uma maior visibilidade social de arranjos afetivos existentes — e que, até então, haviam sido condenados a um sombrio limbo jurídico —, o estado civil da viuvez também pode ser atribuído a pessoas que estiveram unidas pelos laços da união estável, expressão muito mais aceita socialmente do que a de "companheiro sobrevivente".

Assim, ainda que o *status* de companheiro não demande registro nem traduza um estado civil, pela sua natural informalidade, não vislumbramos qualquer óbice jurídico a se reconhecer a condição de viúvo(a) mesmo a quem nunca foi casado, mas apenas vivia em união estável.

Nesse contexto, é de boa cautela observar que, além da morte real — aferida por meio de exame médico do corpo morto — a morte presumida também poderá operar a dissolução do vínculo matrimonial.

Sobre essa importante temática, já nos debruçamos, em nosso volume dedicado ao estudo da Parte Geral:

"O Novo Código Civil admite a morte presumida, quanto aos ausentes, nos casos em que a lei autoriza a abertura da sucessão definitiva (art. 6.º do CC/2002).

Note-se que a mesma lei, em seu art. 9.º, IV, determina a inscrição da sentença declaratória de ausência e de morte presumida.

Enquanto não houver o reconhecimento judicial de sua morte presumida, nos casos em que se admite a sucessão definitiva, os bens do ausente não serão definitivamente transferidos para os seus sucessores.

Mas a declaração de morte presumida não ocorre apenas em caso de ausência. A lei enumera outras hipóteses, em seu art. 7.º, I e II:

'Art. 7.º Pode ser declarada a morte presumida, sem decretação de ausência:

I — se for extremamente provável a morte de quem estava em perigo de vida;

II — se alguém, desaparecido em campanha ou feito prisioneiro, não for encontrado até dois anos após o término da guerra.

Parágrafo único. A declaração de morte presumida, nesses casos, somente poderá ser requerida depois de esgotadas as buscas e averiguações, devendo a sentença fixar a data provável do falecimento'.

Tais hipóteses também deverão ser formuladas em procedimento específico de justificação, nos termos da Lei de Registros Públicos.

A ausência é, antes de tudo, um estado de fato, em que uma pessoa desaparece de seu domicílio, sem deixar qualquer notícia.

O CC/1916 elencou os ausentes, declarados tais por ato do juiz, como absolutamente incapazes de exercer pessoalmente os atos da vida civil, conforme dispõe o seu art. 5.º, IV.

Tratava-se, sem sombra de dúvida, de um terrível equívoco conceitual, pois, na verdade, o que se buscava tutelar era o patrimônio do desaparecido, disciplinando, gradativamente, a sua sucessão, sempre com a cautela da possibilidade de retorno. Não havia, portanto, incapacidade por ausência, mas sim uma premência em proteger os interesses do ausente, devido à sua impossibilidade material de cuidar de seus bens e interesses e a incompatibilidade jurídica de conciliar o abandono do domicílio com a conservação de direitos.

Para isso, traçou todo o procedimento nos seus arts. 463/484, tendo havido, inclusive, modificação dos lapsos temporais inicialmente previstos com a superveniente legislação processual (arts. 1.159 a 1.169 do Código de Processo Civil de 1973).

Tais dispositivos, por sua vez, foram substituídos, no Código Civil de 2002, pelos vigentes arts. 22 a 39, estando a matéria prevista também nos arts. 744 e 745 do novo diploma processual brasileiro.

O CC/2002 reconhece a ausência como uma morte presumida, em seu art. 6.º, a partir do momento em que a lei autorizar a abertura de sucessão definitiva"[3].

São essas, pois, as duas hipóteses de morte presumida (*ausência*, quando aberta a sucessão definitiva, ou as *situações previstas no art. 7.º* do CC), as quais, como dito, podem implicar a dissolução do vínculo matrimonial.

As situações do art. 7.º do Código Civil, por se equipararem à morte real — uma vez que o juiz, por sentença, declara o óbito e a sua provável data, determinando o consequente registro no Livro de Óbitos — não trazem grandes complicações: declarado o óbito, por sentença, em procedimento de justificação, restará dissolvido o matrimônio.

Problema maior gira em torno da ausência, que exige procedimento específico e inscrição em livro próprio, trazendo, para a doutrina, aguçadas dúvidas quanto à admissibilidade do seu efeito dissolutório do vínculo matrimonial.

INÁCIO DE CARVALHO NETO adota postura crítica a esse respeito, tecendo importantes considerações:

"O novo Código Civil, no art. 1.571, § 1.º, passou a admitir a presunção de morte como causa de dissolução do casamento[4]. Contraria, assim, o que dispunha o art. 315, parágra-

---

[3] Pablo Stolze Gagliano e Rodolfo Pamplona Filho, *Novo Curso de Direito Civil – Parte Geral*, 26. ed., São Paulo: SaraivaJur, 2024, v. 1.

[4] "§ 1.º O casamento válido só se dissolve pela morte de um dos cônjuges ou pelo divórcio, aplicando--se a presunção estabelecida neste Código quanto ao ausente." Igualmente dispõe o Código Civil argentino, com a redação da Lei n. 23.515/87, com a diferença de que a dissolução só ocorre com o novo casamento: "Art. 213. El vínculo matrimonial se disuelve: 1) por la muerte de uno de los esposos; 2) por el matrimonio que contrajere el cónyuge del declarado ausente con presunción de fallecimiento; 3) por sentencia de divorcio vincular". Da mesma forma o Código Civil italiano: "65. Nuovo matrimonio del coniuge. — Divenuta eseguibile la sentenza che dichiara la morte presunta, il coniuge può contrarre nuovo matrimonio". Igualmente dispunha o art. 63 do Anteprojeto de Código Civil de Orlando Gomes (apresentado ao Ministro da Justiça em 31-3-1963), nos seguintes termos:

fo único, do Código de 1916, que expressamente excluía a morte presumida como causa de dissolução do matrimônio. Ou seja, por mais duradoura que fosse a ausência, não tinha ela o condão de dissolver o casamento[5]. Com a revogação deste dispositivo pelo art. 54 da Lei do Divórcio, e não tratando esta expressamente do tema, entenderam alguns autores ser possível a dissolução do matrimônio pela morte presumida[6].

(...)

Outra consequência não prevista pelo legislador é o fato do eventual retorno do ausente após o casamento de seu ex-cônjuge. Imagine-se que, após a sentença de conversão, o ex-cônjuge do ausente se case, aproveitando-se da disposição do art. 1.571, § 1.º, vindo, depois do casamento, a reaparecer o ausente. Como ficam o primeiro e o segundo casamento do cônjuge do ausente? Dir-se-á ser simples a solução, pois o citado parágrafo diz que o primeiro casamento se dissolve pela presunção de morte, equivalendo, portanto, ao divórcio, ou à morte real. Daí seguiria a consequência de que, estando dissolvido o primeiro casamento, válido ficaria o segundo[7]. Mas deve-se discutir: a presunção de morte é uma presunção absoluta (*juris et de jure*)? Não seria antes uma presunção relativa (*juris tantum*)? Não se pode negar o seu caráter de presunção relativa, já que o ausente pode retornar e, em consequência, provar que não está morto realmente. Sendo presunção relativa, desfaz-se com a prova de que não houve morte real, ou seja, com o reaparecimento do ausente. Então, desfeita a presunção, seria lógico se entender desfeita também a dissolução do casamento. E a consequência disto seria desastrosa: o segundo casamento do cônjuge do ausente foi feito em bigamia, sendo, portanto, nulo[8]. Esta a solução adotada pelo direito italiano[9]. Seria razoável anular o casamento do ex-cônjuge do ausente

---

"Art. 63. Novo Casamento do Cônjuge — Transcorrido um ano após ter transitado em julgado a sentença que declare a morte presumida do ausente, pode o seu cônjuge contrair novo casamento.
§ 1.º Regressando o ausente, o segundo casamento será declarado nulo, mas produzirá os efeitos do matrimônio putativo.
§ 2.º Não se pronunciará a nulidade do segundo casamento se provada a morte real do ausente em data posterior à sua celebração".

[5] Observe-se o quanto perniciosa era a regra: imagine-se a hipótese de pessoa recém-casada, ainda nova, desaparecendo em seguida seu cônjuge. Ficaria essa pessoa para o resto da vida impedida de se casar novamente, tendo em vista a impossibilidade do divórcio à época.

[6] "Ainda que se efetuasse a sucessão definitiva, com a presunção de morte, não se considerava dissolvido o casamento, de sorte que o cônjuge presente não podia contrair novo casamento. *Agora, porém, não há mais óbice*" (José da Silva Pacheco, *Inventários e partilhas,* 10. ed., Rio de Janeiro: Forense, 1996, p. 67) (grifos nossos). "Se a lei admitiu, para efeitos patrimoniais, uma presunção de morte do ausente há mais de vinte anos ou que completou 95 anos de idade, não se vê razão para não admitir a mesma presunção em matéria de casamento. Se houve para um caso uma forte razão de fato a justificar a presunção, também haverá no outro caso" (Guilherme Braga da Cruz, *Direitos de família*, 2. ed., Coimbra: Coimbra Editora, 1942, v. 1, p. 123).

[7] Nesse sentido, escreve CARLOS ROBERTO GONÇALVES (*Direito Civil Brasileiro: Parte Geral*, São Paulo: Saraiva, 2003, v. 1, p. 118) que, se o ausente "estiver vivo e aparecer, depois de presumida a sua morte e aberta a sucessão definitiva, com a dissolução da sociedade conjugal, e seu cônjuge houver contraído novo matrimônio, prevalecerá o último".

[8] Afastam-se, contudo, as consequências criminais da bigamia (art. 235 do Código Penal), tendo em vista que não houve dolo das partes.

[9] "68. Nullità del nuovo matrimonio. — Il matrimonio contratto a norma dell'articolo 65 è nullo, qualora la persona della quale fu dichiarata la morte presunta ritorni o ne sia accertata l'esistenza.

pelo reaparecimento deste depois de tanto tempo? Melhor seria se a lei tivesse disposição semelhante ao § 1.348 do BGB (Código Civil alemão), que dizia expressamente ficar válido o segundo casamento nesse caso[10].

Por fim, ainda um questionamento: pode o próprio ausente se beneficiar da dissolução do casamento pela ausência? Ou em outros termos: pode o ausente, estando vivo em algum lugar, contrair validamente um novo matrimônio? A lei não o diz, mas, partindo-se do pressuposto que a dissolução se dá pela morte presumida, não estando o ausente morto realmente, não há dissolução do casamento, pelo que não poderá ele validamente casar novamente. Mas aí teremos outro problema: enquanto para o cônjuge do ausente o casamento estará dissolvido, para o ausente não, permanecendo ele casado. Mas, casado com quem? Casado com alguém que é viúvo ou que já se casou com outra pessoa?

De todo o exposto, concluímos que seria melhor que o legislador tivesse evitado a disposição em comento, mantendo a não dissolução do casamento pela presunção de morte, de modo que fosse necessário ao cônjuge do ausente promover o divórcio, evitando, assim, todas as complicações antes enunciadas"[11].

Entretanto, de acordo com o direito vigente, é forçoso convir que, a despeito das críticas doutrinárias, a dissolução do casamento, a teor do que dispõe o § 1.º do art. 1.571 do Código Civil, poderá, sim, decorrer da presunção de morte do ausente, quando aberta a sua sucessão patrimonial definitiva[12].

À vista de todo o exposto, portanto, podemos concluir que a morte real ou presumida (nesse último caso quando aberta a sucessão definitiva da ausência) poderá determinar a dissolução do vínculo matrimonial.

2.3. Invalidade do casamento

Vale observar, amigo leitor, no que tange à análise do divórcio, que a premissa da qual partimos é o *casamento válido*, pois, logicamente, se não o for, o desate da questão dar-se-á na seara da teoria das nulidades.

Essa última observação é importante, uma vez que não tem coerência, afigurando-se como juridicamente impossível, o pedido de divórcio em face de um casamento inválido (nulo ou anulável).

Ora, se existe defeito ou impedimento, o vínculo matrimonial deverá ser dissolvido por meio do reconhecimento da sua invalidade.

Sono salvi gli effetti civili del matrimonio dichiarato nullo. La nullità non può essere pronunziata nel caso in cui è accertata la morte, anche se avvenuta in una data posteriore a quella del matrimonio". No mesmo sentido dispunha o Projeto de Orlando Gomes (art. 63, já transcrito).

[10] "§ 1.348. Se um cônjuge contrai um novo matrimônio depois que o outro cônjuge foi declarado falecido, o novo matrimônio não é nulo pela circunstância de que o cônjuge declarado falecido ainda viva, a não ser que ambos cônjuges soubessem no momento da conclusão do matrimônio que o cônjuge declarado falecido sobreviveu à declaração de falecimento". Esse dispositivo, contudo, está revogado.

[11] Inácio de Carvalho Neto, *A Morte Presumida como Causa de Dissolução do Casamento*. Disponível em: <http://www.flaviotartuce.adv.br/secoes/artigosc/INACIO_MORTE%20.doc>. Acesso em: 20 jan. 2010.

[12] Sobre o processo para reconhecimento da ausência, confira-se o tópico 7.2.1 ("Ausência") do Capítulo IV ("Pessoa Natural") do v. 1 do nosso *Novo Curso de Direito Civil*.

Nessa linha, se o casamento é inválido, o pedido formulado em juízo deve dirigir-se ao reconhecimento do vício que macula o matrimônio (nulidade absoluta ou nulidade relativa/anulabilidade), não havendo óbice, outrossim, a que a parte interessada cumule pedidos (anulação/nulidade e divórcio), a fim de que o juiz, não acatando o primeiro, possa admitir o segundo (cumulação eventual de pedidos).

O que não pode haver, por absoluta incompatibilidade, é o acatamento simultâneo de ambos os pedidos.

Registre-se, ainda, que, do ponto de vista técnico, consideramos que a nulidade do casamento não é, propriamente, uma hipótese de desfazimento do vínculo conjugal (que pressupõe a validade), mas, sim, da sua extinção *ab initio*, embora, pelas peculiaridades do casamento, haja o reconhecimento da produção de alguns efeitos[13].

Feitas tais considerações, cuidemos, pois, agora, especificamente, do divórcio, objeto do nosso estudo.

3. FASES HISTÓRICAS DO DIVÓRCIO NO BRASIL

Para compreender efetivamente a sistemática do divórcio na atualidade, é preciso entender como se deu a sua inserção no ordenamento jurídico brasileiro.

Com efeito, um longo caminho foi percorrido para se chegar ao ponto onde hoje estamos.

É possível, inclusive, vislumbrar quatro fases bem claras da evolução histórica do divórcio no Brasil.

São elas:

a) indissolubilidade absoluta do vínculo conjugal (ausência de divórcio);

b) possibilidade jurídica do divórcio, com imprescindibilidade da separação judicial como requisito prévio;

c) ampliação da possibilidade do divórcio, seja pela conversão da separação judicial, seja pelo seu exercício direto;

d) divórcio como exercício de um direito potestativo.

Vejamos, agora, cada uma dessas fases.

3.1. Indissolubilidade absoluta do vínculo conjugal (ausência de divórcio)

No primeiro momento histórico sobre o tema, em uma verdadeira "pré-história" do divórcio, podemos verificar uma enorme resistência jurídica à extinção do vínculo conjugal, somente admitido no caso de morte ou reconhecimento de nulidade do matrimônio.

A força da Igreja, notadamente a Católica, influenciou sobremaneira a disciplina normativa do casamento na sociedade ocidental e, em especial, a brasileira.

Assim, o casamento seria considerado um pacto submetido às regras do Direito Natural, como uma consequência de preceito divino, dito pelo próprio Cristo:

---

[13] Sobre a aplicação da Teoria das Nulidades ao Casamento, confiram-se os Capítulos IX ("Plano de Validade do Casamento: Introdução e Impedimentos Matrimoniais — O Casamento Nulo"), X ("Plano de Validade do Casamento: Causas de Anulação do Casamento — O Casamento Anulável") e XI ("Plano de Validade do Casamento: Casamento Putativo") deste volume.

"Então chegaram ao pé dele os fariseus, tentando-o, e dizendo-lhe: É lícito ao homem repudiar sua mulher por qualquer motivo?

Ele, porém, respondendo, disse-lhes: Não tendes lido que aquele que os fez no princípio macho e fêmea os fez?

E disse: Portanto, deixará o homem pai e mãe, e se unirá a sua mulher, e serão dois numa só carne?

Assim não são mais dois, mas uma só carne. Portanto, o que Deus ajuntou não o separe o homem" (Mateus, 19, 3-6).

Nessa linha, estabelece, ainda hoje, o Código Canônico, em seus cânones 1.055 e 1.056:

"Cân. 1.055 § 1. O pacto matrimonial, pela qual o homem e a mulher constituem entre si o consórcio de toda a vida, por sua índole natural ordenado ao bem dos cônjuges e à geração e educação da prole, entre batizados foi por Cristo Senhor elevado à dignidade de sacramento.

§ 2. Portanto, entre batizados não pode haver contrato matrimonial válido que não seja por isso mesmo sacramento.

Cân. 1.056 As propriedades essenciais do matrimônio são a unidade e a indissolubilidade que, no matrimônio cristão, recebem firmeza especial em virtude do sacramento".

E esta ideia de indissolubilidade do casamento tem sido elevada a dogma, concepção que, por incrível que pareça, continua positivada no Código Canônico, nos seguintes termos:

"Capítulo IX — DA SEPARAÇÃO DOS CÔNJUGES

Art. 1 — Da dissolução do vínculo

Cân. 1.141 O matrimônio ratificado e consumado não pode ser dissolvido por nenhum poder humano nem por nenhuma causa, exceto a morte.

Cân. 1.142 O matrimônio não consumado entre batizados, ou entre uma parte batizada e outra não batizada, pode ser dissolvido pelo Romano Pontífice por justa causa, a pedido de ambas as partes ou de uma delas, mesmo que a outra se oponha.

Cân. 1.143 § 1. O matrimônio celebrado entre dois não batizados dissolve-se pelo privilégio paulino, em favor da fé da parte que recebeu o batismo, pelo próprio fato de esta parte contrair novo matrimônio, contanto que a parte não batizada se afaste.

§ 2. Considera-se que a parte não batizada se afasta, se não quer coabitar com a parte batizada, ou se não quer coabitar com ela pacificamente sem ofensa ao Criador, a não ser que esta, após receber o batismo, lhe tenha dado justo motivo para se afastar.

Cân. 1.144 § 1. Para que a parte batizada contraia validamente novo matrimônio, deve-se sempre interpelar a parte não batizada:

1.º se também ela quer receber o batismo;

2.º se, pelo menos, quer coabitar pacificamente com a parte batizada, sem ofensa ao Criador.

§ 2. Essa interpelação se deve fazer depois do batismo; mas o Ordinário local, por causa grave, pode permitir que a interpelação se faça antes do batismo e mesmo dispensar dela, antes ou depois do batismo, contanto que conste por um processo, ao menos sumário e extrajudicial, que a interpelação não pode ser feita ou que seria inútil.

Cân. 1.145 § 1. A interpelação se faça regularmente por autoridade do Ordinário local da parte convertida, devendo esse Ordinário conceder ao outro cônjuge, se este o pedir, um prazo para responder, mas avisando-o que, transcorrido inutilmente esse prazo, seu silêncio será interpretado como resposta negativa.

§ 2. A interpelação, mesmo feita particularmente pela parte convertida, é válida e até lícita, se não se puder observar a forma acima prescrita.

§ 3. Em ambos os casos, deve constar legitimamente no foro externo a interpelação e seu resultado.

Cân. 1.146 A parte batizada tem o direito de contrair novo matrimônio com parte católica:

1.º se a outra parte tiver respondido negativamente à interpelação, ou se esta tiver sido legitimamente omitida;

2.º se a parte não batizada, interpelada ou não, tendo anteriormente permanecido em coabitação pacífica sem ofensa ao Criador, depois se tiver afastado sem justa causa, salvas as prescrições dos cânones 1.144 e 1.145.

Cân. 1.147 Todavia, o Ordinário local, por causa grave, pode conceder que a parte batizada, usando do privilégio paulino, contraia novo matrimônio com parte não católica, batizada ou não, observando-se também as prescrições dos cânones sobre matrimônios mistos.

Cân. 1.148 § 1. O não batizado que tiver simultaneamente várias esposas não batizadas, tendo recebido o batismo na Igreja católica, se lhe for muito difícil permanecer com a primeira, pode ficar com qualquer uma delas, deixando as outras. O mesmo vale para a mulher não batizada que tenha simultaneamente vários maridos não batizados.

§ 2. Nos casos mencionados no § 1, o matrimônio, depois de recebido o batismo, deve ser contraído na forma legítima, observando-se também se necessário, as prescrições sobre matrimônios mistos e outras que por direito se devem observar.

§ 3. Tendo em vista a condição moral, social e econômica dos lugares e das pessoas, o Ordinário local cuide que se providencie suficientemente às necessidades da primeira e das outras esposas afastadas, segundo as normas da justiça, da caridade cristã e da equidade natural.

Cân. 1.149 O não batizado que, tendo recebido o batismo na Igreja católica, não puder por motivo de cativeiro ou perseguição, recompor a coabitação com o cônjuge não batizado, pode contrair outro matrimônio, mesmo que a outra parte, nesse ínterim, tenha recebido o batismo, salvo a prescrição do cân. 1.141.

Cân. 1.150 Em caso de dúvida, o privilégio da fé goza do favor do direito.

Art. 2 — Da separação com permanência do vínculo

Cân. 1.151 Os cônjuges têm o dever e o direito de manter a convivência conjugal, a não ser que uma causa legítima os escuse.

Cân. 1.152 § 1. Embora se recomende vivamente que o cônjuge, movido pela caridade cristã e pela solicitude do bem da família, não negue o perdão ao outro cônjuge adúltero e não interrompa a vida conjugal; no entanto, se não tiver expressa ou tacitamente perdoado sua culpa, tem o direito de dissolver a convivência conjugal, a não ser que tenha consentido no adultério, lhe tenha dado causa ou tenha também cometido adultério.

§ 2. Existe perdão tácito se o cônjuge inocente, depois de tomar conhecimento do adultério, continuou espontaneamente a viver com o outro cônjuge com afeto marital; presume-se o perdão, se tiver continuado a convivência por seis meses, sem interpor recurso à autoridade eclesiástica ou civil.

§ 3. Se o cônjuge inocente tiver espontaneamente desfeito a convivência conjugal, no prazo de seis meses proponha a causa de separação à competente autoridade eclesiástica, a qual, ponderadas todas as circunstâncias, veja se é possível levar o cônjuge inocente a perdoar a culpa e a não prolongar para sempre a separação.

Cân. 1.153 § 1. Se um dos cônjuges é causa de grave perigo para a alma ou para o corpo do outro cônjuge ou dos filhos ou, de outra forma, torna muito difícil a convivência, está oferecendo ao outro causa legítima de separação, por decreto do Ordinário local e, havendo perigo na demora, também por autoridade própria.

§ 2. Em todos os casos, cessando a causa da separação, deve-se restaurar a convivência, salvo determinação contrária da autoridade eclesiástica.
Cân. 1.154 Feita a separação dos cônjuges, devem-se tomar oportunas providências para o devido sustento e educação dos filhos".

Assim, o sistema canônico mantinha e mantém a diretriz da indissolubilidade do matrimônio, consagrando a figura da separação com permanência do vínculo, qual seja, o tão mencionado "desquite".

E, nesse diapasão, percebe-se a forte influência dos cânones romanos no sistema normatizado brasileiro.

Com efeito, se um dos primeiros atos, com a Proclamação da República em 1889, foi a subtração da competência do direito canônico sobre as relações familiares, especialmente o matrimônio[14], não há como rejeitar que nosso primeiro Código Civil, publicado em 1916 (mas concebido originariamente no século XIX) incorporou concepções do sistema religioso, até então predominante.

Assim, vejamos os dispositivos originais do Código Civil de 1916 sobre a extinção da sociedade conjugal, sem a previsão do divórcio:

"Art. 315. A sociedade conjugal termina:
I. Pela morte de um dos cônjuges.
II. Pela nulidade ou anulação do casamento.
III. Pelo desquite, amigável ou judicial.
Parágrafo único. O casamento válido só se dissolve pela morte de um dos cônjuges, não se lhe aplicando a presunção estabelecida neste Código, art. 10, segunda parte.
Art. 316. A ação de desquite será ordinária e somente competirá aos cônjuges.
Parágrafo único. Se, porém, o cônjuge for incapaz de exercê-la, poderá ser representado por qualquer ascendente, ou irmão.
Art. 317. A ação de desquite só se pode fundar em algum dos seguintes motivos:
I. Adultério.
II. Tentativa de morte.
III. Sevícia, ou injúria grave.
IV. Abandono voluntário do lar conjugal, durante dois anos contínuos.
Art. 318. Dar-se-á também o desquite por mútuo consentimento dos cônjuges, se forem casados por mais de dois anos, manifestado perante o juiz e devidamente homologado.
Art. 319. O adultério deixará de ser motivo para o desquite:
I. Se o autor houver concorrido para que o réu o cometa [*redação dada pelo Decreto do Poder Legislativo n. 3.725, de 15-1-1919*].
II. Se o cônjuge inocente lhe houver perdoado.
Parágrafo único. Presume-se perdoado o adultério, quando o cônjuge inocente, conhecendo-o, coabitar com o culpado.

---

[14] De fato, estabeleceu o § 4.º do art. 72 da Constituição de 1891, na seção de "Declaração de Direitos": "Art. 72. A Constituição assegura a brasileiros e a estrangeiros residentes no País a inviolabilidade dos direitos concernentes à liberdade, à segurança individual e à propriedade, nos termos seguintes:
(...)
§ 4.º A República só reconhece o casamento civil, cuja celebração será gratuita".

Art. 320. No desquite judicial, sendo a mulher inocente e pobre, prestar-lhe-á o marido a pensão alimentícia, que o juiz fixar.

Art. 321. O juiz fixará também a quota com que, para criação e educação dos filhos, deve concorrer o cônjuge culpado, ou ambos, se um e outro o forem.

Art. 322. A sentença do desquite autoriza a separação dos cônjuges, e põe termo ao regime matrimonial dos bens, como se o casamento fosse dissolvido (art. 267) [*redação dada pelo Decreto do Poder Legislativo n. 3.725, de 15-1-1919*].

Art. 323. Seja qual for a causa do desquite, e o modo como este se faça, é lícito aos cônjuges restabelecer a todo o tempo a sociedade conjugal, nos termos em que fora constituída, contanto que o façam, por ato regular, no juízo competente.

Parágrafo único. A reconciliação em nada prejudicará os direitos de terceiros, adquiridos antes e durante o desquite, seja qual for o regime dos bens.

Art. 324. A mulher condenada na ação de desquite perde o direito a usar o nome do marido (art. 240)".

Assim, essa pode ser considerada a primeira fase do tema, com a ausência de extinção voluntária do casamento, salvo a morte e a anulação.

Nessa fase, há apenas o desquite, instituto de influência religiosa, que gerava apenas a dissolução da sociedade conjugal, com a manutenção do vínculo conjugal, e a impossibilidade jurídica de contrair formalmente novas núpcias, o que somente gerava "famílias clandestinas", destinatárias do preconceito e da rejeição social.

A resistência positivada ao divórcio era de tal ordem, que até mesmo os textos constitucionais traziam previsão da indissolubilidade do casamento[15], o que perdurou até nossa penúltima Constituição[16].

Essa diretriz começou a mudar em 1977, com o advento da Lei n. 6.515, de 26 de dezembro de 1977, amparada pela Emenda Constitucional n. 9, de 28 de junho de 1977, que deu nova redação ao § 1.º do art. 175 da Constituição Federal vigente à época, para admitir que o "*casamento somente poderá ser dissolvido, nos casos expressos em lei, desde que haja prévia separação judicial por mais de três anos*", o que inaugura a fase histórica seguinte.

---

[15] Constituição Federal de 1934:
"Art 144. A família, constituída pelo casamento indissolúvel, está sob a proteção especial do Estado Parágrafo único. A lei civil determinará os casos de desquite e de anulação de casamento, havendo sempre recurso *ex officio*, com efeito suspensivo".
Constituição Federal de 1937:
"Art 124. A família, constituída pelo casamento indissolúvel, está sob a proteção especial do Estado. Às famílias numerosas serão atribuídas compensações na proporção dos seus encargos".
Constituição Federal de 1946:
"Art 163. A família é constituída pelo casamento de vínculo indissolúvel e terá direito à proteção especial do Estado".
Constituição Federal de 1967:
"Art. 175. A família é constituída pelo casamento e terá direito à proteção dos Poderes Públicos.
§ 1.º O casamento é indissolúvel".

[16] Com efeito, a Emenda Constitucional n. 1/69 (a "Constituição de 1969") estabelecia, tal qual a Carta Constitucional anterior:
"Art. 175. A família é constituída pelo casamento e terá direito à proteção dos Poderes Públicos.
§ 1.º O casamento é indissolúvel".

3.2. Possibilidade jurídica do divórcio, com imprescindibilidade da separação judicial como requisito prévio

A segunda fase histórica começa com a efetiva regulamentação do divórcio no Brasil, o que ocorreu com a promulgação da famosa Lei do Divórcio, em dezembro de 1977 (Lei n. 6.515).

É bem verdade que a referida lei não cuidou apenas da dissolução do vínculo matrimonial, disciplinando também outras matérias, pertinentes ao Direito de Família, como a separação judicial, a guarda de filhos, a isonomia na filiação e o uso do nome.

Durante mais de duas décadas, portanto, até a entrada em vigor do Código Civil de 2002, a Lei de 1977 conviveu com o Código Civil de 1916.

E sua atuação foi realmente muito importante, constituindo-se no diploma normativo básico sobre o tema, atuando o Código Civil brasileiro como norma supletiva.

A sua relevância foi tão grande que, definitivamente, não é fácil ter acesso, ainda que pela internet, ao texto original do Código Civil de 1916, na parte aqui já transcrita, pois foi revogada justamente pela "Lei do Divórcio".

Além disso, tal diploma determinou expressamente que, no Código Civil, todas as disposições relativas ao antigo "desquite" fossem substituídas pelo regramento da "separação judicial". Por isso, no sistema anterior, onde se lia "desquite por mútuo consentimento" e "desquite", passou-se a ler "separação consensual", e onde se lia "desquite litigioso", passou-se a ler "separação judicial"[17].

Até mesmo hoje, a par de existir uma nova diretriz da disciplina do divórcio, com sede constitucional, bem como novos Códigos Civil e de Processo Civil, a Lei n. 6.515/77 (juntamente com o Código Civil), em determinados pontos, ainda é aplicável na sistematização normativa da matéria.

Pela concepção originária da "Lei do Divórcio", a separação judicial, forma de extinção da sociedade conjugal sem dissolução do vínculo matrimonial, passou a se constituir em um requisito para o exercício do chamado divórcio indireto (divórcio por conversão).

Com efeito, nesse diapasão, a Lei n. 6.515/77, em apertada síntese, estabeleceu que a separação judicial (o novo nome do antigo "desquite") passava a ser requisito necessário e prévio para o pedido de divórcio, que tinha de aguardar a consumação de um prazo de três anos, em consonância com o § 1.º do artigo 175 da Constituição Federal vigente à época, segundo redação conferida pela Emenda Constitucional n. 9, de 28 de junho de 1977.

A ideia de exigência do decurso de um lapso temporal entre a separação judicial — extinguindo o consórcio entre os cônjuges — e o efetivo divórcio — extinguindo, definitivamente, o casamento — tinha a suposta finalidade de permitir e instar os separados a uma reconciliação, antes que dessem o passo definitivo do fim do vínculo matrimonial.

Vale acrescentar, por fim, que o instituto jurídico do divórcio direto — aquele que independeria de prévia separação judicial — surgiu nesse momento histórico no Brasil, embora em *tímida previsão*, na Lei de 1977, em seu art. 40, que dispunha, em sua redação original:

---

[17] Lei n. 6.515/77: "Art. 39. No capítulo III do Título II do Livro IV do Código de Processo Civil, as expressões 'desquite por mútuo consentimento', 'desquite' e 'desquite litigioso' são substituídas por 'separação consensual' e 'separação judicial'".

"Art. 40. No caso de separação de fato, com início anterior a 28-6-1977, e desde que completados cinco anos, poderá ser promovida ação de divórcio, na qual deverão provar o decurso do tempo da separação e sua causa".

A menção à "tímida previsão" era porque o instituto, embora tivesse expressa previsão legal, ainda não estava incorporado culturalmente à sociedade brasileira, além do fato de, nitidamente, não serem simples os requisitos exigidos segundo a dicção do referido art. 40.

Em verdade, somente com a promulgação da Constituição de 1988[18], o divórcio direto encontraria guarida no texto constitucional e seria realmente facilitado, recebendo ampla acolhida social, o que veremos em momento oportuno.

3.3. Ampliação da possibilidade do divórcio, seja pela conversão da separação judicial, seja pelo seu exercício direto

A penúltima fase da concepção histórica do divórcio tem como marco a promulgação da Constituição Federal de 1988, que trouxe nova reviravolta no sistema.

De fato, o texto original do art. 226, lançado em 5-10-88, tinha a seguinte redação:

"Art. 226. A família, base da sociedade, tem especial proteção do Estado.

§ 1.º O casamento é civil e gratuita a celebração.

§ 2.º O casamento religioso tem efeito civil, nos termos da lei.

§ 3.º Para efeito da proteção do Estado, é reconhecida a união estável entre o homem e a mulher como entidade familiar, devendo a lei facilitar sua conversão em casamento.

§ 4.º Entende-se, também, como entidade familiar a comunidade formada por qualquer dos pais e seus descendentes.

§ 5.º Os direitos e deveres referentes à sociedade conjugal são exercidos igualmente pelo homem e pela mulher.

§ 6.º *O casamento civil pode ser dissolvido pelo divórcio, após prévia separação judicial por mais de um ano nos casos expressos em lei, ou comprovada separação de fato por mais de dois anos.*

§ 7.º Fundado nos princípios da dignidade da pessoa humana e da paternidade responsável, o planejamento familiar é livre decisão do casal, competindo ao Estado propiciar recursos educacionais e científicos para o exercício desse direito, vedada qualquer forma coercitiva por parte de instituições oficiais ou privadas.

§ 8.º O Estado assegurará a assistência à família na pessoa de cada um dos que a integram, criando mecanismos para coibir a violência no âmbito de suas relações" (grifos nossos).

A partir de 1988, consolidou-se o divórcio direto, aperfeiçoando a tíbia previsão da Lei n. 6.515/77, sem extinguir, porém, o divórcio indireto (decorrente da conversão da separação judicial).

---

[18] Vale destacar, inclusive, que, após a promulgação da Constituição Federal de 1988, a Lei n. 7.841, de 17-10-1989, deu nova redação ao mencionado art. 40, adaptando-o à nova regra constitucional, nos seguintes termos: "Art. 40. No caso de separação de fato, e desde que completados 2 (dois) anos consecutivos, poderá ser promovida ação de divórcio, na qual deverá ser comprovado decurso do tempo da separação".

Nesse momento, portanto, o divórcio direto, como dito, passou a ser aceito expressamente no texto constitucional, com eficácia imediata, tendo por único requisito o decurso do lapso temporal de mais de dois anos de separação de fato.

Esse sistema, ao qual já estávamos acostumados, vigorou até a entrada em vigor da nova Emenda do Divórcio, conforme veremos em seguida, a qual trouxe, para o sistema, modificação de grande impacto.

3.4. O divórcio como o exercício de um direito potestativo

Em 2010, com a "PEC DO AMOR" (ou "PEC do Divórcio") — **Emenda Constitucional n. 66/2010,** a separação judicial deixou de ser contemplada na Constituição, inclusive na modalidade de requisito voluntário para conversão ao divórcio.

Se há quem defenda a sua permanência no sistema brasileiro, o fato incontestável é que, segundo uma interpretação conforme a Constituição, não há mais qualquer espaço para o instituto, sendo que as consequências de tal extinção serão apreciadas por nós em momento próprio posterior[19].

Desapareceu, igualmente, o requisito temporal para o divórcio, que passou a ser exclusivamente direto, tanto por mútuo consentimento dos cônjuges, quanto litigioso.

Trata-se de uma completa mudança de paradigma sobre o tema, em que o Estado busca se afastar da intimidade do casal, reconhecendo a sua autonomia para extinguir, pela sua livre vontade, o vínculo conjugal, sem necessidade de requisitos temporais ou de motivação vinculante.

É o reconhecimento do divórcio como o exercício de um direito potestativo, cujo exercício somente compete aos cônjuges[20], não afetando, porém, a sua relação com os filhos[21].

Mas por que tudo isso?

É o que pretendemos demonstrar no próximo tópico.

4. A MATEMÁTICA DO DIVÓRCIO

O incremento do divórcio é fenômeno observado, há tempos, não apenas no Brasil, mas em outros Estados no mundo.

Em fecundo estudo, CONSTANCE AHRONS e ROY RODGERS, debruçados nas alterações sociais experimentadas no século passado, observavam que, somente nas últimas três décadas, a idealizada noção "sagrada" da tradicional família americana havia sido seriamente desafiada. Fatores de variada ordem como o movimento feminista, o aumento da

---

[19] Confira-se o Tópico 5.2.1 ("Extinção da separação judicial") deste capítulo.

[20] "Art. 1.582. O pedido de divórcio somente competirá aos cônjuges.

Parágrafo único. Se o cônjuge for incapaz para propor a ação ou defender-se, poderá fazê-lo o curador, o ascendente ou o irmão."

[21] Nesse sentido, é o art. 1.579, CC/2002 (equivalente ao art. 27 da Lei 6.515, de 26-12-1977):

"Art. 1.579. O divórcio não modificará os direitos e deveres dos pais em relação aos filhos.

Parágrafo único. Novo casamento de qualquer dos pais, ou de ambos, não poderá importar restrições aos direitos e deveres previstos neste artigo".

força de trabalho da mulher e a revolução sexual frequentemente eram citados como responsáveis pelo aumento do número de divórcios:

> "It is only in the last three decades that this idealized notion of the sanctity of the traditional American family has been seriously challenged. The contemporary feminist movement, the increase of women in the workforce, and the sexual revolution are often cited as contributing to the rapid increase in divorce rates"[22].

Surgiriam, nesse contexto, e a virada do século confirmaria tal previsão, famílias recombinadas, de segundas, terceiras ou quartas núpcias (ou mais), alterando com isso, significativamente, o panorama tradicional da família.

A facilitação do divórcio, pois, consolidaria essas famílias recombinadas (*blended families*)[23], alterando profundamente o cenário social em que vicejam.

Observamos, portanto, que o inexorável processo de reabertura do conceito tradicional de família — fruto de fatores diversos, de variados matizes (social, econômico, político, antropológico, cultural) — desembocaria no aumento do número de casais divorciados em todo o mundo.

E o Brasil, nesse diapasão, acompanhou essa tendência, conforme podemos constatar em pesquisa feita pelo IBGE no ano de 2006:

> "Em 2006, o número de separações judiciais concedidas foi 1,4% maior do que em 2005, somando um total de 101.820. Neste período, a análise por regiões mostra distribuição diferenciada com a mesma tendência de crescimento: Norte (14%), o Nordeste (5,1%), o Sul (2,6%) e o Centro-Oeste (9,9%). Somente no Sudeste houve decréscimo de 1,3%.
>
> Os divórcios concedidos tiveram acréscimo de 7,7% em relação ao ano anterior, passando de 150.714 para 162.244 em todo o país. O comportamento dos divórcios mostrou tendência de crescimento em todas as regiões, sendo de 16,6% para o Norte, 5,3% para o Nordeste, 6,5% para o Sudeste, 10,4% para o Sul e 9,3%, no Centro-Oeste. Em 2006, as taxas gerais de separações judiciais e de divórcios, medidas para a população com 20 anos ou mais de idade, tiveram comportamentos diferenciados.
>
> Enquanto as separações judiciais mantiveram-se estáveis em relação a 2005, com taxa de 0,9%, os divórcios cresceram 1,4%. Esse resultado revela uma gradual mudança de comportamento na sociedade brasileira, que passou a aceitar o divórcio com maior naturalidade, além da agilidade na exigência legal, que para iniciar o processo exige pelo menos um ano de separação judicial ou dois anos de separação de fato.
>
> De 1996 a 2006, a pesquisa mostrou que a separação judicial manteve o patamar mais frequente e o divórcio atingiu a maior taxa dos últimos dez anos. Em 2006, os divórcios diretos foram 70,1% do total concedido no país. Os divórcios indiretos representaram 29,9% do total. As regiões Norte e Nordeste, com 86,4% e 87,4%, foram as que obtiveram maiores percentuais de divórcios diretos.

---

[22] Constance R. Ahrons e Roy H. Rodgers, *Divorced Families — A Multidisciplinary Development View*, New York: Norton, 1987, p. 13.

[23] Sobre o tema, confira-se a doutrina de WALDYR GRISARD FILHO (*Famílias Reconstituídas, Novas Uniões depois da Separação*, São Paulo: Revista dos Tribunais, 2007) e, em uma perspectiva histórica, de ANTÔNIO CHAVES (*Segundas Núpcias*, 2. ed., Belo Horizonte: Nova Alvorada, 1997).

As informações da pesquisa de Registro Civil referente à faixa etária dos casais nas separações judiciais e nos divórcios mostram que as médias de idade eram mais altas para os divórcios. Para os homens, as idades médias foram de 38,6 anos, na separação judicial, e de 43,1 anos, no divórcio. As idades médias das mulheres foram de 35,2 e 39,8 anos, respectivamente, na separação e no divórcio. A análise das dissoluções dos casamentos, por divórcio, segundo o tipo de família, mostrou que, em 2006, a proporção dos casais que tinham somente filhos menores de 18 anos de idade foi de 38,8%, seguida dos casais sem filhos com 31,1%"[24].

E em 2007, ano em que se completaram os 30 anos da Lei do Divórcio (Lei n. 6.515 de 1977), os números mantiveram a tendência de crescimento, conforme podemos ler na notícia abaixo, baseada também em estudo do IBGE:

"A taxa de divórcios no Brasil subiu 200% entre 1984 e 2007, segundo dados da pesquisa 'Estatísticas do Registro Civil 2007', divulgada nesta quinta-feira (4) pelo Instituto Brasileiro de Geografia e Estatística (IBGE). No período, o índice passou de 0,46 divórcios para cada grupo de mil habitantes para 1,49 divórcios por mil habitantes. Em números absolutos, os divórcios concedidos passaram de 30.847, em 1984, para 179.342, em 2007. Ainda de acordo com o estudo, no ano passado, em 89% dos divórcios, a responsabilidade pela guarda dos filhos ficou com a mulher. A análise do IBGE aponta que a elevação da taxa no período considerado revela uma gradual mudança no comportamento da sociedade, que passou a aceitar o divórcio com maior naturalidade. Além disso, houve um aumento na procura pelos serviços de Justiça para formalizar a situação de dissolução do casamento.

Considerando a soma de divórcios diretos sem recursos e as separações, o IBGE aponta que houve cerca de 231 mil dissoluções de união, o que significa, aproximadamente, a ocorrência de uma dissolução para cada quatro casamentos. Em 2007, os divórcios diretos, ou seja, os que não passaram por um processo de separação judicial anterior, representaram 70,9% do total.

Consenso

Levando em conta apenas as separações judiciais realizadas no Brasil em 2007, os dados do IBGE mostram que a maior parte foi consensual (75,9% contra 24,1% não consensuais). No período de 1997 a 2007, observou-se um declínio de 5,9 pontos percentuais nas separações de natureza consensual. Por outro lado, as separações não consensuais cresceram de 16.411, em 1997, para 24.960 em 2007.

Do total de processos de separação, 10,5% delas foram não consensuais resultantes de conduta desonrosa ou grave violação do casamento, requeridas pela mulher. Já os homens solicitaram 3,2% das separações com as mesmas alegações. Segundo o advogado Álvaro Villaça, diretor da Faculdade de Direito da Fundação Armando Álvares Penteado (Faap), a separação é uma situação em que é extinta a sociedade conjugal, não havendo mais obrigações como a convivência, fidelidade, dentre outras. Entretanto, enquanto não houver um processo de divórcio, em que é dissolvido o casamento, não é possível contrair outro matrimônio. O divórcio direto é o processo em que os cônjuges não passam por separação judicial anterior.

Mais casamentos

Em 2007 foram registrados no Brasil 916.006 casamentos, o que representa um aumento de 2,9% no total de registros em relação ao ano anterior. O resultado mostra que a ten-

---

[24] Disponível em: <http://www.ibge.gov.br/home/presidencia/noticias/noticia_impressao.php?id_noticia=1046>. Acesso em: 30 out. 2009.

dência de crescimento observada desde 2003 foi mantida. Segundo os pesquisadores, ela é decorrente, em grande parte, do aumento do número de casais que procuraram formalizar suas uniões consensuais, incentivados pelo Código Civil renovado em 2002 e pelas ofertas de casamentos coletivos desde então promovidos. O estudo do IBGE trouxe também dados sobre a constituição das famílias. As informações divulgadas sobre os casamentos mostram a idade média dos homens e das mulheres à época da formalização de suas uniões. Em 2007, em todo o país, observou-se que, para os homens, a idade média na data do primeiro casamento foi de 29 anos. As mulheres tiveram idade média ao casar de 26 anos"[25].

Ainda na linha de indicação de dados estatísticos, constatamos, no ano de 2016, também, um aumento do número de divórcios, o que pode ser atribuído, entre outras causas, à crise econômica brasileira[26].

Todo esse processo matemático de crescimento reforça ainda mais a importância do estudo da matéria na sociedade atual.

Feitas, portanto, tais importantes considerações — amparadas em estatísticas de conhecimento necessário — vamos tentar compreender a natureza simplesmente potestativa do *novo divórcio* no Brasil, e o motivo pelo qual a sua consagração implicou grande mudança no sistema jurídico até então em vigor, atendendo a inegáveis anseios da nossa sociedade.

5. TRATAMENTO JURÍDICO ATUAL DO DIVÓRCIO NO BRASIL

Em 5 de dezembro de 2002, o Superior Tribunal de Justiça julgou o REsp 467.184 de São Paulo, atuando como relator o Min. Ruy Rosado de Aguiar, tendo assentado que, em sede de separação, "evidenciada a insuportabilidade da vida em comum, e manifestado por ambos os cônjuges, pela ação e reconvenção, o propósito de se separarem, o mais conveniente é reconhecer esse fato e decretar a separação, sem imputação da causa a qualquer das partes".

Esse acórdão, proferido em uma época em que sequer estava em vigor o Código Civil de 2002 (que só passou a vigorar em janeiro de 2003), sempre nos chamou a atenção.

Isso porque, como se pode notar, os ministros decretaram a separação do casal, desconsiderando a exigência legal no sentido de se imputar causa para o fim da sociedade conjugal (violação de dever conjugal ou cometimento de conduta desonrosa), atendo-se, simplesmente, ao *desamor* para o fim de dissolver a sociedade conjugal.

Mereceu aplausos, de nossa parte, esse aresto.

Conforme temos defendido publicamente, o Direito de Família, em sua nova perspectiva, deve ser regido pelo princípio da intervenção mínima[27], desapegando-se de amarras anacrônicas do passado, para cunhar um sistema aberto e inclusivo, facilitador do reconhecimento de outras formas de arranjo familiar, incluindo-se as famílias recombinadas (de segundas, terceiras núpcias etc.).

---

[25] Notícia Extraída do Portal de Notícias da Globo. Disponível em: <http://g1.globo.com/Noticias/Brasil/0,,MRP909873-5598,00.html>. Acesso em: 30 out. 2009.

[26] Confiram-se os dados na notícia disponível em: <https://valor.globo.com/brasil/noticia/2017/11/14/crise-faz-brasileiros-se-casarem-menos-e-se-divorciarem-mais-em-2016.ghtml>. Acesso em: 20 set. 2019.

[27] Sobre o tema, confira-se o Tópico 4.7 ("Princípio da Intervenção Mínima do Estado no Direito de Família") do Capítulo II ("Perspectiva Principiológica do Direito de Família") deste volume.

Nesse diapasão, portanto, detectado o fim do afeto que unia o casal, não havia e não há qualquer sentido em se tentar forçar uma relação que não se sustentaria mais.

Numa perspectiva crítica, sempre defendemos que caberia à lei somente estabelecer condições ou requisitos necessários para a disciplina das relações afetadas pelo fim do casamento (guarda de filhos, uso do nome, alimentos, divisão patrimonial etc.), pois apenas aos cônjuges, e a ninguém mais, é dada a decisão do término do vínculo conjugal.

Por isso, tanto para o divórcio quanto para o instituto da separação (para os que o defendem), a tendência deve ser sempre a sua facilitação, e não o contrário.

E quando nos referimos a uma "facilitação" não estamos querendo dizer, com isso, que somos entusiastas do fim do casamento.

Não é isso.

O que estamos a defender é que o ordenamento jurídico, numa perspectiva de promoção da dignidade da pessoa humana, garanta meios diretos, eficazes e não burocráticos para que, diante da derrocada emocional do matrimônio, os seus partícipes possam se libertar do vínculo falido, partindo para outros projetos pessoais de felicidade e de vida.

Um primeiro passo já havia sido dado por meio da aprovação da Lei n. 11.441 de 2007, que regulou a separação e o divórcio administrativos (extrajudiciais) em nosso País[28], permitindo que os casais, sem filhos menores ou incapazes, pudessem, consensualmente, lavrar escritura pública de separação ou divórcio, em qualquer Tabelionato de Notas do País.

Outro significativo passo veio a ser dado, justamente, com a promulgação da Emenda Constitucional n. 66/2010 (Projeto de Emenda Constitucional n. 28, de 2009), a usualmente denominada "PEC do Divórcio", modificando o já transcrito § 6.º do art. 226, da CF.

Vamos conhecer um pouco da história da referida Emenda Constitucional.

É a proposta do próximo tópico.

5.1. Um pouco da história da Emenda Constitucional n. 66/2010

A Emenda Constitucional n. 66/2010 (Projeto de Emenda Constitucional n. 28, de 2009) determinou uma verdadeira revolução na disciplina do divórcio no Brasil.

A referida proposta de emenda resultou de iniciativa de juristas do Instituto Brasileiro de Direito de Família — IBDFAM, abraçada pelo deputado Antônio Carlos Biscaia (PEC 413/05) e reapresentada posteriormente pelo deputado Sérgio Barradas Carneiro (PEC 33/07).

O texto de sua redação original era o seguinte:

"§ 6.º O casamento civil pode ser dissolvido pelo divórcio *consensual ou litigioso, na forma da lei*".

Da sua leitura, constatamos duas modificações de impacto:

1) fim da separação judicial (de forma que a única medida juridicamente possível para o descasamento seria o divórcio);

2) extinção do prazo mínimo para a dissolução do vínculo matrimonial (eis que não há mais referência à separação de fato do casal).

---

[28] Sobre esta modalidade de divórcio, confira-se o tópico 6 ("O Divórcio Extrajudicial") deste Capítulo.

Vale a pena lermos as justificativas apresentadas por ambos os deputados, quando da apresentação das referidas propostas, pois, assim, é possível ter uma ideia das razões da sua propositura, e, bem assim, do contexto social e histórico da sua apresentação:

"A presente Proposta de Emenda Constitucional nos foi sugerida pelo Instituto Brasileiro de Direito de Família, entidade que congrega magistrados, advogados, promotores de justiça, psicólogos, psicanalistas, sociólogos e outros profissionais que atuam no âmbito das relações de família e na resolução de seus conflitos. Não mais se justifica a sobrevivência da separação judicial, em que se converteu o antigo desquite. Criou-se, desde 1977, com o advento da legislação do divórcio, uma duplicidade artificial entre dissolução da sociedade conjugal e dissolução do casamento, como solução de compromisso entre divorcistas e antidivorcistas, o que não mais se sustenta. Impõe-se a unificação no divórcio de todas as hipóteses de separação dos cônjuges, sejam litigiosos ou consensuais. A submissão a dois processos judiciais (separação judicial e divórcio por conversão) resulta em acréscimos de despesas para o casal, além de prolongar sofrimentos evitáveis. Por outro lado, essa providência salutar, de acordo com valores da sociedade brasileira atual, evitará que a intimidade e a vida privada dos cônjuges e de suas famílias sejam reveladas e trazidas ao espaço público dos tribunais, com todo o caudal de constrangimentos que provocam, contribuindo para o agravamento de suas crises e dificultando o entendimento necessário para a melhor solução dos problemas decorrentes da separação. Levantamentos feitos das separações judiciais demonstram que a grande maioria dos processos é iniciada ou concluída amigavelmente, sendo insignificantes os que resultaram em julgamentos de causas culposas imputáveis ao cônjuge vencido. Por outro lado, a preferência dos casais é nitidamente para o divórcio que apenas prevê a causa objetiva da separação de fato, sem imiscuir-se nos dramas íntimos. Afinal, qual o interesse público relevante em se investigar a causa do desaparecimento do afeto ou do desamor? O que importa é que a lei regule os efeitos jurídicos da separação, quando o casal não se entender amigavelmente, máxime em relação à guarda dos filhos, aos alimentos e ao patrimônio familiar. Para tal, não é necessário que haja dois processos judiciais, bastando o divórcio amigável ou judicial" (PEC 413/05, Dep. Antônio Carlos Biscaia).

"A presente Proposta de Emenda Constitucional é uma antiga reivindicação não só da sociedade brasileira, assim como do Instituto Brasileiro de Direito de Família, entidade que congrega magistrados, advogados, promotores de justiça, psicólogos, psicanalistas, sociólogos e outros profissionais que atuam no âmbito das relações de família e na resolução de seus conflitos, e também defendida pelo Nobre Deputado Federal Antonio Carlos Biscaia (Rio de Janeiro). Não mais se justifica a sobrevivência da separação judicial, em que se converteu o antigo desquite. Criou-se, desde 1977, com o advento da legislação do divórcio, uma duplicidade artificial entre dissolução da sociedade conjugal e dissolução do casamento, como solução de compromisso entre divorcistas e antidivorcistas, o que não mais se sustenta. Impõe-se a unificação no divórcio de todas as hipóteses de separação dos cônjuges, sejam litigiosos ou consensuais. A submissão a dois processos judiciais (separação judicial e divórcio por conversão) resulta em acréscimos de despesas para o casal, além de prolongar sofrimentos evitáveis. Por outro lado, essa providência salutar, de acordo com valores da sociedade brasileira atual, evitará que a intimidade e a vida privada dos cônjuges e de suas famílias sejam reveladas e trazidas ao espaço público dos tribunais, com todo o caudal de constrangimentos que provocam, contribuindo para o agravamento de suas crises e dificultando o entendimento necessário para a melhor solução dos problemas decorrentes da separação. Levantamentos feitos das separações judiciais demonstram que a grande maioria dos processos é iniciada ou concluída amigavelmente, sendo insignificantes os que resultaram em julgamentos de causas culposas imputáveis ao cônjuge vencido. Por outro lado, a preferência dos casais é nitidamente para o divórcio que apenas prevê a causa objetiva da separação de fato, sem imiscuir-se nos dramas íntimos. Afinal, qual o interesse público relevante em se investigar a causa do desaparecimento do afeto ou do desamor? O que importa é que a lei regule os efeitos jurídicos da separação, quando o casal não se entender amigavelmente, máxime em relação à guarda dos filhos, aos alimentos e ao patrimônio familiar. Para tal, não é necessário que haja dois processos judiciais, bastando o divórcio amigável ou judicial" (PEC 33/07. Dep. Sérgio Barradas Carneiro).

Note-se que, em ambas as manifestações parlamentares, salienta-se a ideia de ser um legítimo reclamo da sociedade brasileira a desburocratização do divórcio, especialmente em se considerando que a exigência de um processo prévio de separação traduz doloroso *strepitus fori*, ou seja, desnecessária repercussão psicológica danosa na alma das partes envolvidas.

Isso porque o divórcio, diretamente concedido, atende com recomendável imediatidade e plena eficiência aos anseios de quem pretende se livrar de uma relação afetiva falida.

Não convencem, nesse ponto, as críticas ao projeto, feitas por respeitáveis integrantes da Confederação Nacional dos Bispos do Brasil:

"A CNBB (Conferência Nacional dos Bispos do Brasil) criticou nesta quinta-feira (21) a aprovação em primeiro turno pela Câmara dos Deputados de proposta que elimina a exigência de um prazo mínimo de separação para os casais requererem o divórcio.

Na opinião do vice-presidente da entidade, dom Luiz Soares Vieira, ao se facilitar o fim do casamento, acaba-se 'banalizando' a questão. 'Se facilitar muito, eu acho que se banaliza mais ainda o matrimônio, que já está banalizado. O único problema é esse. Daqui a pouco, a pessoa vai à frente de qualquer juiz e diz que não é mais casada e depois vai à frente de qualquer ministro de igreja e casa de novo. É banalizar demais uma coisa que é muito séria'.

(...)

'Defensores da proposta defendem que ela não estimula o divórcio, mas, sim, novos casamentos. Dom Geraldo Lyrio Rocha, presidente da CNBB, considera que isso é mero 'jogo de palavras'. (...) 'Isso é secundário em relação à questão fundamental. Mesmo que a legislação do país permita o divórcio, para a igreja, o divórcio não é permitido de forma alguma. A igreja reafirma a insolubilidade e a estabilidade do matrimônio', afirmou"[29].

Ora, se uma crise de valores existe na sociedade moderna — e não ousamos discordar diante de tantos exemplos de violação aos mais básicos princípios de convivência social — essa malfadada crise do século XXI deve ser atribuída ao homem e à sua eterna vocação antropofágica, e não ao casamento ou ao divórcio.

---

[29] "Para CNBB, PEC do Divórcio 'Banaliza' o Casamento; OAB defende Mudança na Lei", reportagem de CLÁUDIA ANDRADE. Disponível em: <http://noticias.uol.com.br/cotidiano/2009/05/21/ult5772u4070.jhtm?action=print>. Acesso em: 21 dez. 2009.

Ao facilitar o divórcio, não se está com isso banalizando o instituto do casamento. Pelo contrário.

O que se busca, em verdade, é a dissolução menos gravosa e burocrática do *mau casamento*, para que os integrantes da relação possam, de fato, ser felizes ao lado de outras pessoas.

Aliás, como bem pontuou o mencionado Dom GERALDO LYRIO ROCHA, se, no âmbito eminentemente católico, o casamento continua a ser indissolúvel, isso toca à crença de cada um, não se podendo, assim, pretender deslocar para o âmbito jurídico — de um Estado que admite a crença em Deus de diversas formas — uma discussão que é eminentemente religiosa, segundo o credo de cada um.

No Senado Federal, já sob o número 28 de 2009, a PEC recebeu parecer favorável da Comissão de Constituição e Justiça, com pronunciamento favorável do senador Demóstenes Torres:

"A análise da PEC não revela impropriedade de natureza constitucional, jurídica, regimental ou de técnica legislativa, o que comporta a sua admissibilidade e remete ao exame de mérito. A data que serve de base para a contagem do prazo para o ajuizamento da ação de divórcio — denominada *dies a quo* — é a do trânsito em julgado da separação judicial. No caso da separação de fato, por abandono unilateral ou recíproco, o prazo é de dois anos. Por construção jurisprudencial, mais tarde assimilada pela lei, a data a partir da qual se conta o prazo para requerer o divórcio pode retroagir à da separação cautelar de corpos, medida que, geralmente, precede a ação principal de separação judicial. Como se vê, a regra não é rígida, sobretudo porque existem as uniões estáveis, elevadas ao patamar do casamento civil e que podem ser desfeitas ao alvedrio dos companheiros. Além disso, o interesse no fim da união matrimonial assume características variadas, sujeitas ao teor dos conflitos — ou a sua inexistência —, à extensão patrimonial, às questões ligadas à prole, em especial a fixação de alimentos, o que não se resolve pela simples dilatação do prazo compreendido entre a separação formal ou informal e o divórcio. Observa-se também que, passados mais de trinta anos da edição da Emenda Constitucional n. 9, de 1977, perdeu completamente o sentido manter os pré-requisitos temporais de separação judicial e de fato para que se conceda o divórcio. Saliente-se que, no casamento, dois institutos se superpõem: a *sociedade conjugal*, que decorre da simples vida em comum, na condição de marido e mulher, com a intenção de constituir família, e o *vínculo conjugal*, que nasce da interferência do próprio Estado, mediante a solenização do ato, na presença de testemunhas, com portas abertas e outras condições estabelecidas em lei. A sociedade conjugal, fruto da iniciativa dos cônjuges, pode por eles ser desfeita, formal ou informalmente, ao seu arbítrio, mas o vínculo conjugal, para ser desfeito pelo divórcio, depende de nova interferência do Estado. Ora, o Estado atual é bem menos tutelar que o de trinta anos atrás, e, quanto à sociedade hodierna, as dúvidas e temores que acometeram diversos segmentos dos anos 70 do século passado estão, hoje, todos dissipados, inclusive o de que, "no dia seguinte à aprovação do divórcio, não restaria, no País, um só casamento". O que se observa é que a sociedade brasileira é madura para decidir a própria vida, e as pessoas não se separam ou divorciam apenas porque existem esses institutos. Portanto, não é a existência do instituto *divórcio* que desfaz casamentos, nem a imposição de prazos ou *separações intermediárias* que o impedirá. Acrescente-se que a exigência de prazo e a imposição de condição para a realização do divórcio desatendem ao princípio da proporcionalidade, que recomenda não cause a lei ao jurisdicionado ônus impróprio ou desnecessário. Ora, o prazo para a concessão do divórcio não é peremptório, tanto que pode retroagir à data da separação cautelar de corpos, e a condição não é essencial, porquanto a sociedade conjugal pode ser desfeita pelo casal, indiferente ao Estado. Logo, as duas variáveis, sem nenhum prejuízo para o disciplinamento do tema, podem ser retiradas da norma, conforme preconiza a proposta de emenda".

Neste ponto, um importante aspecto, caro leitor, deve ser considerado.

O Projeto aprovado no Senado suprimiu a expressão *"na forma da lei"*, constante na parte final do dispositivo sugerido, passando, assim, a apresentar a seguinte redação:

"O casamento civil pode ser dissolvido pelo divórcio".

Tal supressão, aparentemente desimportante, reveste-se de grande significado jurídico.

Caso fosse aprovada em sua redação original, correríamos o sério risco de minimizar a mudança pretendida, ou, o que é pior, torná-la sem efeito, pelo demasiado espaço de liberdade legislativa que a jurisprudência poderia reconhecer estar contida na suprimida expressão.

Vale dizer, aprovar uma emenda simplificadora do divórcio com o adendo "na forma da lei" poderia resultar em um indevido espaço de liberdade normativa infraconstitucional, permitindo interpretações equivocadas e retrógradas, justamente o que a Emenda quer impedir.

E isso já aconteceu na história recente do nosso Direito.

Um erro que não pode ser repetido.

Quando a anterior Constituição Federal (1967) vedou a prisão civil por dívida, ressalvando apenas a decorrente do débito de alimentos e a do depositário infiel, manteve a referida expressão ("na forma da lei"), o que fez com que respeitável parcela da nossa doutrina e jurisprudência admitisse a possibilidade de a legislação infraconstitucional ampliar as hipóteses de segregação civil, justificando, assim, a prisão do devedor fiduciante[30], hoje já declarada reconhecidamente inconstitucional.

Por isso, reputamos corretíssima a providência de supressão da mencionada frase, para que fossem evitados desvios de interpretação da Emenda.

5.2. Objeto da Emenda

Fundamentalmente, como já anunciado acima, a Emenda Constitucional n. 66/2010 (PEC 28, de 2009) pretendeu facilitar a implementação do divórcio no Brasil, com a apresentação de dois pontos fundamentais:

a) extinção da separação judicial;

b) extinção da exigência de prazo de separação de fato para a dissolução do vínculo matrimonial.

Cuidemos de ambos os aspectos separadamente, para a sua melhor compreensão.

5.2.1. *Extinção da separação judicial*

A extinção da separação judicial é medida das mais salutares[31].

---

[30] Sobre esse tema, ver Adriana Alves, "Alienação Fiduciária, Prisão Civil do Devedor — Admissibilidade", *Revista de Direito Privado*, v. 1, Revista dos Tribunais, jan./mar. 2000, p. 175.

[31] "Inspiradas, como de costume, as palavras do Prof. Paulo Lôbo, quanto ao fim da separação judicial, em artigo publicado no Jornal *Folha de S. Paulo*, Opinião: Tendências e Debates, sábado 24-7-

Como já sabemos, a separação judicial era medida menos profunda do que o divórcio.

2010: *"O argumento da minoria dos especialistas de sobrevida da separação, apesar da EC 66, merece respeito, mas não se sustenta. No essencial, dizem que a Constituição suprimiu os requisitos, mas não os revogou na legislação ordinária. Há grande consenso, no Brasil, sobre a força normativa própria da Constituição, que não depende do legislador ordinário para produzir seus efeitos. As normas constitucionais não são meramente programáticas, como antes se dizia. É consensual, também, que a nova norma constitucional revoga a legislação ordinária anterior que seja com ela incompatível. A norma constitucional apenas precisa de lei para ser aplicável quando ela própria se limita "na forma da lei". Ora, o Código Civil de 2002 regulamentava precisamente os requisitos prévios da separação judicial e da separação de fato, que a redação anterior do parágrafo 6. do artigo 226 da Constituição estabelecia. Desaparecendo os requisitos, os dispositivos do Código que deles tratavam foram automaticamente revogados, permanecendo os que disciplinam o divórcio direto e seus efeitos. O entendimento de que permaneceriam importa tornar inócua a decisão do constituinte derivado e negar aplicabilidade à norma constitucional. Esse argumento equivocado reaparece sempre que a Constituição promove alterações profundas na vida privada. O mesmo ocorreu quando ela instituiu, em 1988, o revolucionário princípio da igualdade entre os cônjuges, não faltando quem sustentasse que os direitos e deveres desiguais entre marido e mulher permaneceriam até que o Código fosse alterado, o que só ocorreu em 2002. Ainda bem que nossos tribunais sempre aplicaram imediatamente o princípio. Mais: o Código de 2002 não trata da família monoparental (um pai ou mãe, apenas, com seus filhos) protegida pela Constituição, mas o juiz não precisa de lei ordinária para assegurar seus direitos. Não podemos esquecer a antiga lição de, na dúvida, prevalecer a interpretação que melhor assegure os efeitos da norma, e não a que os suprima. Isso além da sua finalidade, que, no caso da EC 66, é a de retirar a tutela do Estado sobre a decisão tomada pelo casal. Temos firme a convicção de que a grande conquista oriunda da promulgação da Emenda do Divórcio fora, precisamente, o fim da separação judicial — ideia defendida por juristas de quilate como Maria Berenice Dias, Rodrigo da Cunha Pereira e tantos outros. Não haveria o menor cabimento, por manifesta desnecessidade, e sob pena de flagrante atecnia, a Emenda aprovada referir expressamente a revogação das normas da separação judicial. A própria Emenda, por si só, não recepcionaria as normas da separação. Aliás, voltando os nossos olhos para o trâmite da PEC, que resultou na modificação constitucional aprovada, não esqueçamos haver sido suprimido, de sua redação original, exatamente, o adendo "na forma da lei", para, sobretudo, impedir que o legislador ordinário afrontasse o âmbito de incidência da reforma constitucional, regulando o que deixou de existir. E, nesse diapasão, quedam-se inócuas, certamente, as normas da separação judicial que, conforme já anotamos em nosso artigo "A Nova Emenda do Divórcio: Primeiras Reflexões" (disponível neste site), estabeleciam uma burocracia indesejável, anacrônica, e, sobretudo, impositiva de uma desnecessária sobrecarga em nosso ordenamento jurídico. Em tal contexto, é louvável a iniciativa da Defensoria Pública do Estado do Rio de Janeiro, que, segundo notícia veiculada no site do IBDFAM de 22 de julho de 2010 (http://www.ibdfam.org.br/?noticias&noticia=3748), tem adotado correto entendimento a respeito do tema: Assessoria Jurídica (ASSEJUR), da Defensoria Pública Geral do Estado do Rio de Janeiro (DPGE-RJ), orientou o órgão a aplicar imediatamente a nova lei do divórcio. Em nota, a ASSEJUR recomenda à DPGE-RJ, a publicação no site da entidade, da revogação tácita dos artigos 1.571, caput, 1.572, 1.573, 1.574, 1.575, 1.576, 1.578, 1.580, 1.702 e 1.704, todos da Lei n. 10.406/02 (Código Civil), uma vez que, com a promulgação da Emenda Constitucional 66/2010, não é mais possível a realização da separação judicial e a discussão da culpa no rompimento do casamento. Por tais razões, lutando sempre por um Direito de Família menos burocrático e mais sensível às necessidades da vida, alinhamo-nos, firmemente, junto aos autores que sustentam o fim da separação judicial. Aliás, já aplicando a nova Emenda, ao presidir audiência, há pouco mais de duas semanas, noticiei a um casal que litigava em processo de separação, a supressão do instituto e o banimento dos prazos para o divórcio, e ambos imediatamente se alegraram, desabafando a esposa: 'Dr. Juiz, agora sim, podemos ter o que queremos: o divórcio!'."* (GAGLIANO, Pablo Stolze, Editorial 07 — "O Fim da Separação Judicial". Disponível em: <http://api.ning.com/files/DGucUo*D9l4m5cygO-8YZ7*bn878YIzHGmj3yPhQsxvZ2VjyEBHk5hSiQtYhLa9IC1iQ*Q4iO7Su0BKuXuzKZIHMLj9-QTuQ/Editorial07.pdf>. Acesso em: 6 set. 2010).

Com ela, dissolvia-se, tão somente, a sociedade conjugal[32], ou seja, punha-se fim a determinados deveres decorrentes do casamento como o de coabitação e o de fidelidade recíproca, facultando-se também, em seu bojo, realizar-se a partilha patrimonial.

Nesse sentido, estabelecia o art. 1.576 do Código Civil:

"Art. 1.576. A separação judicial põe termo aos deveres de coabitação e fidelidade recíproca e ao regime de bens.

Parágrafo único. O procedimento judicial da separação caberá somente aos cônjuges, e, no caso de incapacidade, serão representados pelo curador, pelo ascendente ou pelo irmão".

Mas note-se que, reconhecida a separação judicial, o vínculo matrimonial persistia, embora se pusesse termo ao dever de coabitação e se facultasse, desde logo, a partilha[33].

Pessoas separadas não podiam se casar novamente, pois o laço matrimonial ainda não havia sido desfeito, o que somente seria possível em caso de morte de um dos cônjuges ou de decretação do divórcio.

Assim, é de clareza meridiana, estimado leitor, que o divórcio é infinitamente mais vantajoso do que a simples medida de separação judicial (nome que se outorgou, em 1977, ao outrora conhecido "desquite").

Sob o prisma *jurídico*, com o divórcio, não apenas a sociedade conjugal é desfeita, mas o próprio vínculo matrimonial, permitindo-se novo casamento; sob o viés *psicológico*, evita-se a duplicidade de processos — e o *strepitus fori* — porquanto pode o casal partir direta e imediatamente para o divórcio; e, finalmente, até sob a ótica *econômica*, o fim da separação é salutar, pois, com isso, evitam-se gastos judiciais desnecessários por conta da duplicidade de procedimentos.

E o fato de a separação admitir a reconciliação do casal — o que não seria possível após o divórcio, pois, uma vez decretado, se os ex-consortes pretendessem reatar precisariam se casar de novo — não serve para justificar a persistência do instituto, pois as suas desvantagens são, como vimos acima, muito maiores.

Ademais, uma simples observação do dia a dia forense permite constatar que não são tão frequentes os casos em que há um arrependimento posterior à separação judicial, dentro de um enorme universo de separações que se convertiam em divórcios.

A partir da promulgação da Emenda, o instituto da separação judicial desapareceu de nosso sistema constitucional e, por consequência, toda a legislação (que o regulava) sucumbiria, sem eficácia, por conta de uma não recepção.

---

[32] Assim era a regra, constante do art. 1.574, CC/2002:

"Art. 1.574. Dar-se-á a separação judicial por mútuo consentimento dos cônjuges se forem casados por mais de um ano e o manifestarem perante o juiz, sendo por ele devidamente homologada a convenção.

Parágrafo único. O juiz pode recusar a homologação e não decretar a separação judicial se apurar que a convenção não preserva suficientemente os interesses dos filhos ou de um dos cônjuges".

[33] Assim era a regra, constante do art. 1.575, CC/2002:

"Art. 1.575. A sentença de separação judicial importa a separação de corpos e a partilha de bens.

Parágrafo único. A partilha de bens poderá ser feita mediante proposta dos cônjuges e homologada pelo juiz ou por este decidida".

Com isso, consideramos tacitamente revogados os arts. 1.572 a 1.578, perdendo sentido também a redação do art. 1.571 no que tange à referência feita ao instituto da separação.

Não há mais espaço também para o divórcio indireto, pois, com o fim da separação judicial, não há mais o que ser convertido (art. 1.580).

PAULO LÔBO, em substancioso texto, passa em revista alguns dispositivos do Código Civil, atingidos pela nova Emenda:

> "A nova redação do § 6.º do art. 226 da Constituição importa revogação das seguintes normas do Código Civil, com efeitos *ex nunc*: I — *Caput* do art. 1.571, conforme já demonstramos, por indicar as hipóteses de dissolução da sociedade conjugal sem dissolução do vínculo conjugal, única via que a nova redação tutela. Igualmente revogada está a segunda parte do § 2.º desse artigo, que alude ao divórcio por conversão, cuja referência na primeira parte também não sobrevive. II — Arts. 1.572 e 1.573, que regulam as causas da separação judicial. III — Arts. 1.574 a 1.576, que dispõem sobre os tipos e efeitos da separação judicial. IV — Art. 1.578, que estabelece a perda do direito do cônjuge considerado culpado ao sobrenome do outro. V — Art. 1.580, que regulamenta o divórcio por conversão da separação judicial. VI — Arts. 1.702 e 1.704, que dispõem sobre os alimentos devidos por um cônjuge ao outro, em razão de culpa pela separação judicial; para o divórcio, a matéria está suficiente e objetivamente regulada no art. 1.694. Por fim, consideram-se revogadas as expressões 'separação judicial' contidas nas demais normas do Código Civil, notadamente quando associadas ao divórcio. Algumas normas do Código Civil permanecem, apesar de desprovidas de sanção jurídica, que era remetida à separação judicial. É a hipótese do art. 1.566, que enuncia os deveres conjugais, ficando contido em sua matriz ética. A alusão feita em algumas normas do Código Civil à dissolução da sociedade conjugal deve ser entendida como referente à dissolução do vínculo conjugal, abrangente do divórcio, da morte do cônjuge e da invalidade do casamento. Nessas hipóteses, é apropriada e até necessária a interpretação em conformidade com a Constituição (nova redação do § 6.º do art. 226). Exemplifique-se com a presunção legal do art. 1.597, II, de concepção na constância do casamento do filho nascido nos trezentos dias subsequentes à 'dissolução da sociedade conjugal', que deve ser lida e interpretada como dissolução do vínculo conjugal. Do mesmo modo, o art. 1.721 quando estabelece que o bem de família não se extingue com a 'dissolução da sociedade conjugal'"[34].

Em verdade, aprofundando mais o entendimento da matéria, concordamos com DIRLEY DA CUNHA JR. quando sustenta, comentando o controle de constitucionalidade em sede de arguição de descumprimento de preceito fundamental, que, em situações como a analisada neste livro, o que ocorreria seria uma verdadeira *inconstitucionalidade superveniente das normas legais ordinárias*:

> "Outra novidade suscitada pela arguição de descumprimento consiste na possibilidade de controle abstrato de constitucionalidade de atos anteriores à Constituição (ou à Emenda Constitucional nova). Nesse particular, a arguição de descumprimento veio 'corrigir' um equívoco da jurisprudência do Supremo Tribunal Federal, que não admitia a fiscalização abstrata de constitucionalidade do direito pré-constitucional, sob o argumento prático de que a questão apresentada era de simples revogação e não de inconstitucionalidade super-

---

[34] Paulo Luiz Netto Lôbo, *Divórcio: Alteração Constitucional e suas Consequências*. Disponível em: <http://www.ibdfam.org.br/?artigos&artigo=570>. Acesso em: 22 dez. 2009.

veniente. Segundo a firme posição do Supremo, portanto, eventual colisão entre o direito pré-constitucional e a nova Constituição deveria ser solucionada segundo os princípios de direito intertemporal, haja vista que o processo abstrato de controle de constitucionalidade destina-se, exclusivamente, à aferição da constitucionalidade de normas pós-constitucionais.

O equívoco do STF residia no fato de que as questões de inconstitucionalidade não se resolvem no plano do direito intertemporal ou do critério cronológico do *lex posterior derogat lex priori*, e sim no plano do critério hierárquico ou da validade. O juízo de constitucionalidade ou inconstitucionalidade é um juízo acerca da validade de uma lei ou de um ato do poder público em face da Constituição que lhe serve de fundamento. Assim, se uma lei anterior, em face da nova Constituição, perde seu fundamento de validade, por não se compatibilizar materialmente com a nova ordem jurídico-constitucional, ela é inválida, ou seja, inconstitucional.

Ademais disso, é corrente na doutrina a ideia de que o critério da *lex posterior derogat lex priori* pressupõe duas normas contraditórias de idêntica densidade normativa, de tal modo que uma Constituição, composta, em regra, de normas gerais ou principiológicas, de conteúdo aberto, não possui densidade normativa equivalente a uma lei, não podendo, por isso mesmo, simplesmente revogá-la. Assim, no âmbito de uma teoria geral do direito, quando se tratar de uma antinomia entre normas de diferente hierarquia, impõe-se a aplicação do critério da *lex superior*, que afasta as outras regras de colisão referentes à *lex specialis* ou *lex posterior*. A não ser assim, 'chegar-se-ia ao absurdo, destacado por Ipsen, de que a lei ordinária, enquanto lei especial ou *lex posterior* pudesse afastar a norma constitucional enquanto *lex generalis* ou *lex prior*'.

Com a arguição de descumprimento de preceito fundamental, que possibilitou expressamente, reitere-se, o controle da validade constitucional da norma preexistente, espera-se do Supremo Tribunal Federal que reveja, também por esse aspecto, sua posição e passe a acolher o fenômeno da inconstitucionalidade superveniente como regra em todo o sistema brasileiro de controle de constitucionalidade, alinhando-se, em definitivo, à jurisdição constitucional de outros países como Portugal, Espanha, Itália e Alemanha, que admitem o controle concentrado de constitucionalidade do direito pré-constitucional. Isso porque é inegável que essa posição soa mais vantajosa para o sistema constitucional pátrio, pois passa a contar com um mecanismo mais eficiente de aferição da constitucionalidade do direito precedente"[35].

Em síntese, com a nova disciplina normativa do divórcio, encetada pela Emenda Constitucional, perdem força jurídica as regras legais sobre separação judicial, instituto que passa a ser extinto no ordenamento brasileiro, seja pela revogação tácita (entendimento consolidado no STF), seja pela inconstitucionalidade superveniente pela perda da norma validante (entendimento que abraçamos, do ponto de vista teórico, embora os efeitos práticos sejam os mesmos).

Pensar em sentido contrário seria prestigiar a legislação infraconstitucional, em detrimento da nova visão constitucional, bem como da própria reconstrução principiológica das relações privadas[36].

---

[35] Dirley da Cunha Júnior, *Controle de Constitucionalidade: Teoria e Prática*, Salvador: JusPodivm, 2006, p. 274-6.

[36] No mesmo sentido aqui defendido originalmente, confira-se o excelente artigo do amigo Flávio Tartuce, Argumentos Constitucionais pelo Fim da Separação de Direito. Disponível em: <http://www.ibdfam.org.br/?artigos&artigo=718>. Acesso em: 13 jun. 2011.

E, para nossa imensa satisfação, constatamos que, após o lançamento da primeira edição deste livro, a tese aqui defendida tem encontrado guarida nos tribunais pátrios.

Em um dos pioneiros (quiçá o primeiro) acórdãos brasileiros sobre o tema, o TJMG enfrentou a questão, incidentalmente, afirmando expressamente a extinção da separação judicial no ordenamento jurídico brasileiro.

Trata-se do Processo n. 0315694-50.2010.8.13.0000, relatado pelo Desembargador DÍDIMO INOCÊNCIO DE PAULA, com julgamento em 21-10-2010 e publicação do acórdão em 12-11-2010.

Confira-se trecho do julgado:

"É de se registrar que a doutrina vem entendendo que a edição da EC 66/10 extirpou do nosso ordenamento jurídico o instituto da separação judicial, prevendo como forma de extinção do vínculo matrimonial apenas o divórcio, o que geraria, por certo, superveniente impossibilidade jurídica do pedido formulado na ação originária deste recurso, culminando na extinção do feito sem julgamento do mérito.

Não obstante, em homenagem aos princípios da economia e da celeridade processuais, tenho que deve ser possibilitada às partes a oportunidade de requerer a conversão de seu pedido de separação judicial em divórcio, porquanto é cediço que a extinção do processo os obrigará a manejar novo feito, agora pleiteando o divórcio, para que seja logrado seu objetivo, no sentido do desfazimento do vínculo matrimonial.

Ora, não se desconhece a existência de vedação absoluta de alteração na causa de pedir ou no pedido após o saneamento do processo; entretanto, tendo em vista a situação extraordinária ora verificada com a edição recente da mencionada emenda, não se olvidando, ainda, que em caso de acordo entre as partes quanto à conversão do pedido em divórcio nenhum prejuízo lhes restará, deve a providência em comento ser adotada, a meu modesto sentir"[37].

---

[37] Na mesma linha:
"TJ/MG: APELAÇÃO CÍVEL N. 1.0487.06.021825-1/001. EMENTA: Apelação Cível — Direito de Família — Separação Judicial Litigiosa — Conversão em Divórcio — Emenda Constitucional n. 66/2010 — Possibilidade — Regime de Comunhão Parcial — Artigos 1.658 e 1.659 do Código Civil — Bens Adquiridos Após a Separação de Fato — Incomunicabilidade — Litigância de Má-Fé — Não Configurada. — Embora permaneçam, ainda, no Código Civil, alguns dispositivos que tratam da separação judicial (arts. 1.571 e 1.578), a partir da edição da Emenda Constitucional n. 66/2010, não há mais a possibilidade de se buscar o fim da sociedade conjugal por meio deste instituto, mas, tão somente, a dissolução do casamento pelo divórcio. — Verificando que o bem objeto do litígio foi adquirido após a separação de fato do casal, e, considerando o disposto nos arts. 1.658 e 1.659 do Código Civil, que tratam do regime da comunhão parcial de bens, não há que falar em partilha. — O abuso do direito de demandar resta configurado, apenas, quando patente a vontade de causar prejuízo à parte contrária".
"TJ/MG: AGRAVO DE INSTRUMENTO CÍVEL N. 1.0313.06.205550-1/001. EMENTA: FAMÍLIA — SEPARAÇÃO JUDICIAL — RESTABELECIMENTO DA SOCIEDADE CONJUGAL — SUPERVENIÊNCIA DA EMENDA CONSTITUCIONAL N. 66/2010 — POSSIBILIDADE — EFEITOS JURÍDICOS ADSTRITOS SOMENTE ÀS SEPARAÇÕES JUDICIAIS REQUERIDAS POSTERIORMENTE À SUA ENTRADA EM VIGOR — APLICAÇÃO, AO CASO CONCRETO, DO DISPOSTO NO ART. 46 DA LEI N. 6.515/77 — PROVIMENTO DO RECURSO. — A despeito da Emenda Constitucional n. 66/2010 ter efetivamente retirado o instituto da separação judicial do mundo jurídico, os efeitos jurídicos daquelas separações ocorridas anteriormente à entrada em vigor da referida Emenda subsistem. — Os efeitos

Na mesma vereda, conforme divulgado no Boletim n. 179, do IBDFam, de 1-12-2010:

"DECISÕES DOS TRIBUNAIS DE SÃO PAULO E SANTA CATARINA AFASTAM SEPARAÇÃO JUDICIAL.

Depois do Tribunal de Justiça de Minas Gerais (TJMG), os tribunais dos Estados de São Paulo e Santa Catarina, em uma de suas decisões, entenderam que com a promulgação da Emenda Constitucional 66/2010 a separação judicial foi afastada do ordenamento jurídico brasileiro.

Para o relator do Tribunal de Justiça de São Paulo (TJSP) a nova redação do § 6.º do art. 226 da CF, dada pela EC 66/2010, não recepcionou o instituto da separação judicial, mesmo porque não há direito adquirido ao instituto jurídico.

Já o relator do Tribunal de Justiça do Estado de Santa Catarina (TJSC), entendeu que o art. 1.124-A do Código de Processo Civil (CPC), que autorizava o divórcio consensual e a separação consensual, deve ser interpretado de acordo com a nova lei, que suprimiu a separação judicial do texto constitucional".

Outras respeitáveis instituições seguiram a mesma linha.

É o caso, por exemplo, da louvável iniciativa da Defensoria Pública Geral do Estado do Rio de Janeiro (DPGE-RJ), cuja Assessoria Jurídica (ASSEJUR) propugnou pela aplicação imediata da nova lei do divórcio. Em nota, a ASSEJUR recomenda à DPGE-RJ a publicação, no *site* da entidade, da revogação tácita dos arts. 1.571, *caput*, 1.572, 1.573, 1.574, 1.575, 1.576, 1.578, 1.580, 1.702 e 1.704, todos da Lei n. 10.406/2002 (Código Civil), uma vez que, com a promulgação da Emenda Constitucional n. 66/2010, não é mais possível a realização da separação judicial e a discussão da culpa no rompimento do casamento[38].

Já no Estado da Bahia, em encontro promovido pela Corregedoria-Geral da Justiça, os Juízes das Varas de Família da capital aprovaram, à unanimidade, proposta de enunciado no sentido do reconhecimento da supressão do instituto jurídico da separação, a partir da entrada em vigor da nova Emenda do Divórcio[39].

---

jurídicos, de fato e de direito, da separação judicial, devidamente homologados e concretizados de acordo com a legislação vigente à sua época continuarão regidos pela decisão judicial anterior, baseada, repita-se, na Lei então em vigor."

"TJ/MG: AGRAVO DE INSTRUMENTO CÍVEL N. 1.0702.10.044765-6/001. EMENTA: AGRAVO DE INSTRUMENTO. DIREITO DE FAMÍLIA. CONVERSÃO DA AÇÃO DE SEPARAÇÃO JUDICIAL EM DIVÓRCIO. POSSIBILIDADE. NOVA ORDEM JURÍDICA. EMENDA CONSTITUCIONAL N. 66. Após a Emenda Constitucional n. 66 de 2010, a dissolução conjugal opera-se com o divórcio, sem que seja necessária a prévia separação judicial por mais de um ano ou a comprovada separação de fato por mais de dois anos. E inexistindo oposição dos cônjuges, cabível a conversão da ação de separação judicial em divórcio pelo magistrado, de forma a regularizar a situação perante a nova ordem constitucional, em nome da economia processual e instrumentalidade das formas. Recurso conhecido e não provido."

[38] Notícia veiculada no *site* do IBDFAM, de 22 de julho de 2010. Disponível em: <http://www.ibdfam.org.br/?noticias&noticia=3748>. Acesso em: 10 jan. 2011.

[39] Enunciado aprovado: "Segundo uma interpretação sistemática, histórica e social, e que leve ainda em consideração o superior *princípio da afetividade*, a aprovação da Emenda Constitucional n. 66, de 13 de julho de 2010, que alterou o § 6.º do art. 226 da Constituição Federal, suprimiu a separação

Nesse contexto, comenta magistralmente o Prof. LUIZ EDSON FACHIN, com quem concluímos:

"Entre a resistência viva à transformação e as necessidades que se impõem pelos fatos, o papel a ser exercido, nesse campo, pelos operadores do Direito, poderá antecipar, em parte, aquilo que virá. Essa via mesma há de ser submetida à prova: o que está se passando no Direito Civil ('a constitucionalização' e a 'repersonalização', por exemplo) se trata de uma renovação ou são apenas retoques que operam o projeto racionalista que fundou as codificações privadas? Esta interrogação sugere pensar se o passo à frente que se esboça é uma mudança efetiva ou será tão só a última fronteira de um sistema oitocentista moribundo que agoniza mas ainda não se esgotou.

Pensar longe da mera exegese. Ver, enfim, esse 'calcanhar de Aquiles'. Distante da superficialidade como não fizeram os bacharéis de então, que nos primeiros anos do século se dedicaram a um verdadeiro 'torneio de mandarins'[40]. Abrir-se para esse horizonte é uma opção de sentido que se afasta das concepções didáticas meramente ilustrativas"[41].

Em que pese o posicionamento aqui adotado, do qual temos plena convicção, também respaldado por diversos pensadores brasileiros de escol (vários deles aqui citados) e por prestigiadas instituições nacionais como o IBDFAM, a matéria ainda encontrou resistência em parte da doutrina. Nesse sentido, por amor à dialética, vale destacar que a V Jornada de Direito Civil, realizada de 8 a 11 de novembro de 2011, no Conselho da Justiça Federal, aprovou Enunciado n. 514, com a seguinte redação: "A EC 66/2010 não extinguiu a separação judicial e extrajudicial", o que foi reforçado pela manutenção da expressão no Código de Processo Civil de 2015.

Nessa linha, ainda, não podemos deixar de mencionar o REsp 1.247.098/MS e o REsp 1.431.370/SP, que entenderam pela subsistência da separação judicial[42].

---

judicial do nosso sistema jurídico" (*I Jornada dos Juízes das Varas de Família de Salvador*, encontro ocorrido em 6 de maio de 2011, na sede da Escola de Magistrados, Salvador, Bahia).

[40] Nas palavras de NELSON WERNECK SODRÉ, em torno da redação de uma lei, como o foi com o projeto do Código Civil, quando pouco importou realmente o conteúdo, "dando valor ornamental à inteligência, ao talento como prenda, numa erudição desinteressada e descomprometida" (*História da Literatura Brasileira*, Rio de Janeiro: Civilização Brasileira, 1979, p. 436, nota de rodapé).

[41] Luiz Edson Fachin, *Elementos Críticos do Direito de Família: Curso de Direito Civil*, Rio de Janeiro: Renovar, 1999, p. 6-7.

[42] No mesmo sentido, confira-se o seguinte acórdão do Superior Tribunal de Justiça: "RECURSO ESPECIAL. DIREITO CIVIL. DIREITO DE FAMÍLIA. EMENDA CONSTITUCIONAL N 66/2010. DIVÓRCIO DIRETO. REQUISITO TEMPORAL. EXTINÇÃO. SEPARAÇÃO JUDICIAL OU EXTRAJUDICIAL. COEXISTÊNCIA. INSTITUTOS DISTINTOS. PRINCÍPIO DA AUTONOMIA DA VONTADE. PRESERVAÇÃO. LEGISLAÇÃO INFRACONSTITUCIONAL. OBSERVÂNCIA. 1. A dissolução da sociedade conjugal pela separação não se confunde com a dissolução definitiva do casamento pelo divórcio, pois versam acerca de institutos autônomos e distintos. 2. A Emenda à Constituição n. 66/2010 apenas excluiu os requisitos temporais para facilitar o divórcio. 3. O constituinte derivado reformador não revogou, expressa ou tacitamente, a legislação ordinária que cuida da separação judicial, que remanesce incólume no ordenamento pátrio, conforme previsto pelo Código de Processo Civil de 2015 (arts. 693, 731, 732 e 733 da Lei n. 13.105/2015). 4. A opção pela separação faculta às partes uma futura reconciliação e permite discussões subjacentes e laterais ao rompimento da relação. 5. A possibilidade de eventual arrependimento durante o período de separação preserva, indubitavel-

Mas, amigo leitor, uma certeza sempre tivemos: se, no futuro, não fosse efetivamente banida de nosso sistema, por jurisprudência da Corte Suprema, a separação judicial estaria fadada ao desuso, pelo próprio desinteresse social, dada a sua inutilidade.

Finalmente, em 2023, o Supremo Tribunal Federal, ao julgar o Tema 1053, "pôs fim ao que já estava morto", ao pronunciar o fim da separação judicial em nosso sistema, como sempre defendêramos, fixando a seguinte tese de repercussão geral:

> "Após a promulgação da Emenda Constitucional 66/2010, a separação judicial não é mais requisito para o divórcio, nem subsiste como figura autônoma no ordenamento jurídico. Sem prejuízo, preserva-se o estado civil das pessoas que já estão separadas por decisão judicial ou escritura pública, por se tratar de um ato jurídico perfeito"[43].

Frise-se que a "separação de fato", claro, não deixou de existir. Trata-se de circunstância que reverbera na comunicabilidade dos bens, operando a sua cessação, e em certos deveres conjugais.

Aliás, a Resolução n. 571, de 2024, do CNJ, cuidou expressamente do tema, para admitir, expressamente, a "formalização dessa situação fática" em cartório:

> "Art. 52-A. A escritura pública de declaração de separação de fato consensual deverá se ater exclusivamente ao fato de que cessou a comunhão plena de vida entre o casal. (Incluído pela Resolução n. 571, de 26-8-2024)
>
> Art. 52-B. Para a lavratura da escritura pública de declaração de separação de fato consensual, deverão ser apresentados:
>
> a) certidão de casamento;
>
> b) documento de identidade oficial e CPF/MF;
>
> c) manifestação de vontade espontânea e isenta de vícios de não mais manter a convivência marital e de desejar a separação de fato;
>
> d) pacto antenupcial, se houver;
>
> e) certidão de nascimento ou outro documento de identidade oficial dos filhos, se houver;
>
> f) certidão de propriedade de bens imóveis e direitos a eles relativos;
>
> g) documentos necessários à comprovação da titularidade dos bens móveis e direitos, se houver;
>
> h) inexistência de gravidez do cônjuge virago ou desconhecimento acerca desta circunstância. (Incluído pela Resolução n. 571, de 26-8-2024)

---

mente, a autonomia da vontade das partes, princípio basilar do direito privado. 6. O atual sistema brasileiro se amolda ao sistema dualista opcional que não condiciona o divórcio à prévia separação judicial ou de fato. 7. Recurso especial não provido" (STJ, REsp 1.431.370/SP, rel. Min. Ricardo Villas Bôas Cueva, 3.ª Turma, julgado em 15-8-2017, *DJe* 22-8-2017).

Permitindo-nos discordar, entendemos que a separação judicial carece, inegavelmente, de utilidade prática, na medida em que não dissolve o vínculo conjugal, extinguindo apenas alguns deveres matrimoniais (art. 1.576, CC/2002). Por isso, embora respeitemos, não concordamos com o posicionamento do STJ, razão por que aguardamos eventual pronunciamento da Seção de Direito Privado ou do próprio Supremo Tribunal Federal. Registramos, porém, que, em termos de procedimento, não há diferença marcante entre o pedido de divórcio e o de separação judicial.

[43] STF, disponível em: <https://portal.stf.jus.br/noticias/verNoticiaDetalhe.asp?idConteudo=518572&ori=1>. Acesso em: 15 nov. 2023.

Art. 52-C. O restabelecimento da comunhão plena de vida entre o casal pode ser feito por escritura pública, ainda que a separação de fato tenha sido judicial. (Incluído pela Resolução n. 571, de 26-8-2024)

Art. 52-D. Na escritura pública de restabelecimento da comunhão plena de vida entre o casal, o tabelião deve:

a) anotar o restabelecimento à margem da escritura pública de separação de fato consensual, quando esta for de sua serventia, ou, quando de outra, comunicar o restabelecimento, para a anotação necessária na serventia competente; e

b) comunicar o restabelecimento ao juízo da separação de fato judicial, se for o caso. (Incluído pela Resolução n. 571, de 26-8-2024)

Art. 52-E. O retorno da comunhão plena de vida entre o casal não altera os termos da sociedade conjugal, que se reestabelece sem modificações. (Incluído pela Resolução n. 571, de 26-8-2024)".

Aliás o tema também fora tratado pela Comissão de Juristas do Senado da Reforma do Código Civil, no Anteprojeto:

"Art. 1.571-A. Com a separação de corpos ou a de fato cessam os deveres de fidelidade e vida em comum no domicílio conjugal, bem como os efeitos decorrentes do regime de bens, resguardado o direito aos alimentos na forma disciplinada por este Código.

Parágrafo único. Faculta-se às partes comprovar a separação de corpos ou a de fato por todos os meios de prova, inclusive por declaração através de instrumento público ou particular".

Trata-se, sem dúvida, de importante sugestão legislativa, em atenção à segurança jurídica.

5.2.2. Extinção do prazo de separação de fato para o divórcio

A segunda significativa mudança operada pela Emenda foi a supressão do prazo de separação de fato para efeito de decretação do divórcio direto.

Até então, exigia-se, para o divórcio direto, estarem os cônjuges separados de fato há mais de dois anos, sem que houvesse, no período, efetiva reconciliação entre o casal.

Assim, se João e Maria convolaram núpcias em 2003, separando-se de fato em 2005, somente poderiam pugnar pelo divórcio direto a partir de 2007 (quando completados mais de dois anos de separação de fato).

Afora a discussão existente acerca da diferença formal entre "separação de fato" e "ruptura da vida em comum"[44], o que se tem agora, a partir da Emenda, é a desnecessidade de demonstração de qualquer ruptura convivencial entre os consortes.

Vale dizer, o divórcio passou a se caracterizar, portanto, como um simples *direito potestativo* a ser exercido por qualquer dos cônjuges, independentemente da fluência de prazo de separação de fato ou de qualquer outra circunstância indicativa da falência da vida em comum.

Um dia, uma semana, um mês, um ano ou várias décadas após o casamento, pouco importa, qualquer dos cônjuges, concluindo não querer mais permanecer matrimonialmente unido ao outro, poderá formular pedido de divórcio pela via administrativa (se observados os requisitos do art. 1.124-A do CPC/1973, equivalente ao art. 733 do CPC/2015) ou judicial.

---

[44] Sobre o tema, confira-se o subtópico 7.2 ("Sobre o Divórcio Judicial Direto") deste Capítulo.

E note-se que não há mais sentido em se dizer "divórcio direto", uma vez que, com o fim da separação judicial, desaparece a utilidade em distingui-lo da modalidade indireta ou por conversão.

Com a mudança determinada pela Emenda, não temos dúvida, caro leitor, de que o Direito brasileiro converter-se-á em um dos mais liberais do mundo, para efeito de se permitir, com mais imediatidade, a dissolução do vínculo matrimonial.

Só para se ter uma ideia, vejamos o exemplo do Direito alemão.

A legislação alemã estabelece duas condições básicas para o divórcio:

> a) o casal estar separado de fato há pelo menos um ano, situação em que deverá haver pedido conjunto dos cônjuges ou, ainda que o pedido seja formulado por apenas um dos consortes, o outro consinta;
> b) estarem os cônjuges separados de fato há, pelo menos, três anos.

Afora essas situações, o casal somente poderá se divorciar se o fracasso da relação for devidamente verificado pelo Tribunal[45].

Além disso, este sistema europeu ainda mantém cláusula de dureza (*Härteklausel*): *excepcionalmente, posto fracassado o casamento, não ocorrerá o divórcio enquanto a manutenção do casamento for necessária à preservação do interesse das crianças (prejuízo evidente ao bem-estar da criança)*. Também, por razões especiais, se o divórcio *representar para o outro cônjuge dificuldade extraordinária, por conta de grave doença ou situação econômica, tiver o proponente de desistir da medida*[46].

Em Portugal, escreve ANTUNES VARELA:

> "O direito português é hoje dos direitos europeus que, com maior amplitude, permite a dissolução do casamento, tanto civil, como canônico, pelo divórcio. Além de admitir a separação judicial de pessoas e bens, quer litigiosa, quer consensual, ao lado do divórcio, o Código Civil faculta tanto o divórcio litigioso (art. 1.779), com grande largueza de fundamentação, como o divórcio por mútuo consentimento, hoje quase sem nenhuns entraves à vontade comum dos cônjuges (art. 1.175)"[47].

---

[45] Essas informações foram obtidas, em tradução livre de Pablo Stolze Gagliano, do seguinte original alemão: "Um zu vermeiden, daß das Gericht in jedem Fall — ggf im Wege einer Beweisaufnahme — in die Interna der Ehe eindringen muß, wird § 1565 Abs 1 durch zwei unwiderlegliche Vermutungen hinsichtlich des Scheiterns der Ehe ergänzt, nämlich zum einen dann, wenn die Eheleute seit mindestens einem Jahr getrennt leben und beide die Scheidung beantragen bzw der eine Ehegatte dem Antrag des anderen zustimmt (§ 1566 Abs 1), zum anderen dann, wenn die Eheleute seit mindestens drei Jahren getrennt leben (§ 1565 Abs 2). Liegen diese Voraussetzungen nicht vor, kann die Ehe nur geschieden werden, wenn das Scheitern positiv festgestellt worden ist" (Reinhard Voppel, *Kommentar zum Bürgerlichen Gesetzbuch mit Einführungsgesezt und Nebengesetzen — Eckpfeiler des Zivilrechts*, J. Von Satudingers: Berlin, 2008, p. 1091).

[46] Confira-se o original alemão: "Auch dann, wenn die Ehe gescheitert ist, darf eine Scheidung nicht erfolgen, wenn und solange die Aufrechterhaltung der Ehe ausnahmweise im Interesse minderjähriger Kinder der Ehegatten notwendig ist (deutliche Beeinträchtigung des Kindeswohls); dasselbe gilt aus, wenn die Scheidung aus besonderen Gründen für den sie ablehnenden sheidungswilligen Ehegatten ausnahmsweise zürucktreten müssen" (schwere Krankheit eines Ehegatten, besondere wirtschaftliche Härte), § 1568 (Reinhard Voppel, *Kommentar zum Bürgerlichen Gesetzbuch mit Einführungsgesezt und Nebengesetzen — Eckpfeiler des Zivilrechts*, J. Von Satudingers: Berlin, 2008, p. 1091). Tradução livre de Pablo Stolze Gagliano.

[47] João de Mattos Antunes Varela, *Direito de Família*, 5. ed., Lisboa: Petrony, 1999, p. 487-8.

E, quanto ao prazo do divórcio no direito lusitano, assevera JORGE PINHEIRO:

"O divórcio fundado em ruptura da vida em comum pode ter como causa a separação de facto por três anos consecutivos (art. 1.781, al. a) ou a separação de facto por um ano se o divórcio for requerido por um dos cônjuges sem a oposição do outro (art. 1.781, al. b)"[48].

Ora, a partir da promulgação da nova Emenda, passamos à frente dos alemães e também dos portugueses.

No sistema inaugurado, pois, não só inexiste causa específica para a decretação do divórcio (decurso de separação de fato ou qualquer outra) como também não atua mais nenhuma condição impeditiva da decretação do fim do vínculo, tradicionalmente conhecida como "cláusula de dureza".

Aliás, quanto a essa última cláusula, o próprio Código Civil de 2002 não havia mais repetido o dispositivo constante no revogado art. 6.º da Lei do Divórcio[49].

Em síntese: *com a entrada em vigor da nova Emenda, é suficiente instruir o pedido de divórcio com a certidão de casamento, não havendo mais espaço para a discussão de lapso temporal de separação fática do casal ou, como dito, de qualquer outra causa específica de descasamento.*

Vigora, mais do que nunca, agora, o princípio da ruptura do afeto — o qual busca inspiração no *Zerrüttungsprinzip* do Direito alemão —, como simples fundamento para o divórcio.

Neste ponto, uma pergunta poderá ser feita: é razoável não haver um prazo mínimo de reflexão para que o casal amadureça o pedido de descasamento, impedindo assim que uma simples briga, motivada por uma explosão emocional de momento, possa pôr fim ao enlace conjugal?

Seria justa a solução da Emenda, no sentido de considerar o divórcio como o simples exercício de um direito potestativo, não condicionado, sem causa específica para o seu deferimento?

Certamente, muitos dos nossos leitores concluirão pelo desacerto da Emenda, considerando que não se afiguraria justo admitir-se o divórcio sem que se fixasse um período mínimo de separação de fato, dentro do qual os consortes pudessem amadurecer a decisão de ruptura.

Mas, neste ponto, caberia uma outra pergunta: é mesmo dever do Estado estabelecer um prazo de reflexão?

---

[48] Jorge Pinheiro, *O Direito da Família Contemporâneo*, Lisboa: AAFDL, 2008, p. 620.

[49] "Art. 6.º Nos casos dos §§ 1.º e 2.º do artigo anterior, a separação judicial poderá ser negada, se constituir, respectivamente, causa de agravamento das condições pessoais ou da doença do outro cônjuge, ou determinar, em qualquer caso, consequências morais de excepcional gravidade para os filhos menores." Dispunham os referidos dispositivos: "*§ 1.º A separação judicial pode, também, ser pedida se um dos cônjuges provar a ruptura da vida em comum há mais de um ano consecutivo, e a impossibilidade de sua reconstituição*" [redação dada pela Lei n. 8.408, de 13-2-1992] e "*§ 2.º O cônjuge pode ainda pedir a separação judicial quando o outro estiver acometido de grave doença mental, manifestada após o casamento, que torne impossível a continuação da vida em comum, desde que, após uma duração de 5 (cinco) anos, a enfermidade tenha sido reconhecida de cura improvável*".

Se a decisão de divórcio é estritamente do casal, não violaria o princípio da intervenção mínima do Direito de Família, o estabelecimento coercitivo de um período mínimo de separação de fato? E que período seria esse? Um ano? Por que não dois?

Em nosso sentir, é correta a solução da Emenda, pois, como dito, a decisão de divórcio insere-se em uma seara personalíssima, de penetração vedada por parte do Estado, ao qual não cabe determinar tempo algum de reflexão.

Se o próprio casal resolve, no dizer comum, "dar um tempo", a opção é deles e deriva da sua autonomia privada.

Hoje, então, com o novo sistema, temos o seguinte.

Se João Regino se casa com Adri e, dois meses depois, descobre que ela não é o amor de sua vida (e isso acontece...), poderá pedir o divórcio.

Sem causa específica.

Sem prazo determinado.

Pede, simplesmente, porque não ama mais.

E há motivo mais forte do que esse?

O que não convence é o argumento contrário à solução da Emenda, no sentido de que o não estabelecimento de prazo conduziria a divórcios impensados, e, consequentemente, à impossibilidade de retomarem o mesmo casamento.

Tais argumentos não convencem, primeiro, como já dito, pelo fato de que, se a decisão é impensada ou não, ela é dos membros do casal, e não do Estado. E, segundo, porque, se o casal divorciado resolve reatar, poderá, querendo, casar-se novamente. Afinal, não existe, na lei, o estabelecimento de um número mínimo de vezes em que o mesmo casal possa se unir em matrimônio.

6. O DIVÓRCIO EXTRAJUDICIAL (COM REFLEXÕES SOBRE O "DIVÓRCIO UNILATERAL")

A modalidade judicial de divórcio é tradicional em nosso Direito, porquanto, desde a sua consagração, na Lei de 1977, sempre se exigiu a instauração de um procedimento, litigioso ou amigável, perante o Poder Judiciário, para a obtenção da dissolução do vínculo.

Se, em décadas passadas, essa necessária "judicialização" do divórcio teve razão de ser — em grande parte explicada por conta de uma cultura essencialmente sacramental do matrimônio —, a sociedade moderna, sobretudo após a virada do século, resultou por rechaçá-la.

Em uma sociedade acentuadamente marcada pela complexidade das relações sociais — no dizer profético de DURKHEIM —, a inafastável exigência de um processo para a dissolução do vínculo, com todas as dificuldades imanentes ao nosso sistema judicial, é, em nosso sentir, uma forma de imposição de sofrimento àqueles que já se encontram, possivelmente, pelas próprias circunstâncias da vida, suficientemente punidos.

E esse sofrimento — fala-se, aqui, em *strepitus fori* — prolonga-se quando a solução judicial, em virtude de diversos fatores alheios à vontade do casal, não se apresenta com a celeridade devida.

Para se ter uma ideia, no sistema brasileiro usual do divórcio, basta que um dos cônjuges resida em outra comarca, exigindo a expedição de carta precatória, para que a sentença, por circunstâncias imprevistas de variada ordem, não possa ser proferida no tempo esperado.

Isso sem mencionar o gigantesco número de processos que, a despeito do incessante trabalho de juízes e servidores, abarrotam o Poder Judiciário, muitos deles aguardando apenas um pronunciamento simples, que reconheça o fim do afeto, permitindo, assim, aos cônjuges, seguirem as suas novas trilhas de vida.

Contextualizando o que foi dito, e para se ter uma ideia da inegável utilidade do incentivo a um meio alternativo de descasamento, concordamos com PAULO LÔBO que um verdadeiro reclamo da sociedade brasileira fora, finalmente, atendido, quando da aprovação do divórcio administrativo[50]:

"Atendendo ao reclamo da comunidade jurídica brasileira, e da própria sociedade, para desjudicialização das separações conjugais quando não houvesse litígio, a Lei n. 11.441/2007 introduziu a possibilidade de o divórcio ou a separação consensuais serem feitos pela via administrativa, mediante escritura pública"[51].

E as suas vantagens práticas são inegáveis:

"Um ano e meio após ser sancionada pelo presidente Luiz Inácio Lula da Silva, a Lei n. 11.441, que leva aos estabelecimentos notariais e registrais os casos consensuais de divórcio, inventário e partilhas de bens, desde que não envolvam o interesse de menores, já é uma realidade. A nova legislação trouxe agilidade e economia aos paranaenses, facilitando o procedimento: o tempo médio para a execução da escritura pública em cartório é de 15 dias, dependendo do número de bens envolvidos na questão. Os preços também estão mais acessíveis comparados ao procedimento judicial, custando até 90% menos ao bolso do cidadão. (...) Antes da Lei n. 11.441, separações e divórcios só podiam ser realizados por juízes nas Varas de Família e Sucessão e o processo era mais demorado. Uma separação amigável levava em média dois meses. Já com a nova lei, pode ser feita no mesmo dia. Em casos de inventários sem bens envolvidos, o procedimento, que levava meses, passou a ser feito em cinco dias. Em inventários em que existem bens, o procedimento é realizado em até 40 dias, contra meses pelo modelo anterior. Ou seja, além de trazer vantagens à população, a legislação é uma contribuição ao Judiciário brasileiro, que pode concentrar esforços apenas aos casos em que realmente a figura mediadora do juiz se faz necessária, para a resolução de conflitos ou respaldar o direito de menores e incapazes"[52].

---

[50] Outros Estados no mundo admitem a modalidade administrativa de divórcio, como se dá no Direito Português, a respeito do qual escrevem Francisco Coelho e Guilherme de Oliveira: "O processo de divórcio por mútuo consentimento 'administrativo', decidido em conservatória do registro civil, está regulado nos arts. 271-274. CRegCiv" e, mais adiante, complementam: "A decisão do conservador que tenha decretado o divórcio é notificada aos requerentes e dela cabe recurso ao Tribunal de Relação" (*Curso de Direito de Família — Introdução — Direito Matrimonial*, 2. ed., Portugal: Coimbra Editora, 2001, v. I, p. 604-5).

[51] Paulo Luiz Netto Lôbo, *Divórcio e Separação Consensuais Extrajudiciais*. Disponível em: <http://www.ibdfam.org.br/?artigos&artigo=299>. Acesso em: 14 nov. 2009.

[52] José Augusto Alves Pinto, *Paraná quer Aumentar Número de Divórcios em Cartório no Interior*, notícia publicada no *site* Consultor Jurídico. Disponível em: <http://www.conjur.com.br/2008-jun-24/cartorios_pr_buscam_ampliacao_lei_11441?imprimir=1>. Acesso em: 14 nov. 2009.

Por tudo isso, pensamos que o divórcio judicial, analisado em seguida, deva ser, em verdade, uma via de exceção, reservado a situações especiais, para que, com isso, se possa incentivar o acesso mais simples, rápido e direto à forma administrativa de dissolução do vínculo[53].

Melhor para a Sociedade, melhor para o próprio Judiciário.

---

[53] Já se fala, inclusive, na modalidade de divórcio "on-line" (pela internet). A respeito do tema, veja notícia veiculada pelo *site* do Consultor Jurídico: "A Comissão de Constituição e Justiça aprovou nesta quarta-feira (2/9), em decisão terminativa, o projeto de lei que permite que pedidos de separação e divórcio sejam feitos pela internet. O projeto segue agora para a Câmara dos Deputados. As informações são da *Agência Senado*. O projeto, que altera texto do Código de Processo Civil, prevê que podem ser requeridos por via eletrônica pedidos de "separação consensual e o divórcio consensual, não havendo filhos menores ou incapazes do casal, e observados os requisitos legais quanto aos prazos". Na petição, devem constar informações sobre a partilha dos bens comuns, pensão alimentícia e possível alteração de nomes. Em sua justificativa, a senadora Patricia Saboya (PDT-CE) afirmou que o projeto de lei se utiliza das tecnologias atuais, somadas as leis recentes e ferramentas disponibilizadas pelo Conselho Nacional de Justiça" (Disponível em: <http://www.conjur.com.br/2009-set-02/ccj-senado-aprova-pedido-separacao-divorcio-internet>. Acesso em: 29 nov. 2009). Trata-se do Projeto de Lei do Senado 464 de 2008, que dispõe: "Art. 1.º A Lei n. 5.869, de 11 de janeiro de 1973 (Código de Processo Civil), passa a vigorar acrescido do seguinte artigo: Art. 1.124-B. A separação consensual e o divórcio consensual, não havendo filhos menores ou incapazes do casal, e observados os requisitos legais quanto aos prazos, poderão ser requeridos, ao juízo competente, por via eletrônica, conforme disposições da Lei n. 11.419, de 19 de dezembro de 2006, que dispõe sobre a informatização do processo judicial. Parágrafo único. Da petição constarão as disposições relativas à descrição e partilha dos bens comuns, à pensão alimentícia e aos nomes, se tiverem sido alterados com o casamento. Art. 2.º Esta Lei entra em vigor na data da sua publicação". Pensamos que a proposta é bem-intencionada, mas a sua implementação não é simples, mormente em se considerando a inexistência, no Brasil, de diretivas e normas de regulação das relações eletrônicas, indispensáveis para a formalização segura desse tipo de medida. Ademais, a ausência do advogado é aspecto delicado, que já tem gerado contundentes críticas à proposta legislativa: "Parece que a senadora, assim como a Comissão de Constituição e Justiça do Senado, não leram a lei que instituiu o processamento de ações judiciais por meio digital. E, se o fizeram, não entenderam. Isso porque a Lei n. 11.419 já autoriza uso de meio eletrônico na tramitação de processos judiciais, aplicando-se indistintamente aos processos civil, penal, trabalhista e aos juizados especiais em qualquer grau de jurisdição. Pergunta-se, então, onde se localiza a conclamada "inovação" da medida, uma vez que também as ações de divórcio e separação se encontram abrangidas pela Lei n. 11.419. Registre-se, ainda, que inexiste a obrigatoriedade da implantação de sistema de processamento de autos digitais. O diploma legal instituiu o critério de adesão voluntária aos órgãos do Poder Judiciário que desejem desenvolver sistemas eletrônicos de processamento de ações judiciais por meio de autos digitais, cabendo aos quais a regulamentação no âmbito de suas respectivas competências. Sendo assim, caso o órgão jurisdicional não disponha de recursos tecnológicos que proporcionem a tramitação processual por meio eletrônico, os autos não poderão tramitar por tal sistemática! (...) Em relação à pretendida "dispensa de advogados no divórcio on-line", cumpre informar a senadora que seu desejo não encontra qualquer respaldo legal. A Lei n. 11.441/2007 — que possibilitou a realização de inventário, partilha, separação consensual e divórcio consensual por via administrativa — em nenhum momento dispensa a presença do advogado. Ao contrário, prevê expressamente que a escritura somente será lavrada pelo tabelião caso haja assistência de advogado" (Ana Amélia Ferreira e Luiz Octávio Neves, *Projeto de Lei sobre Divórcio on-line é Inútil*. Disponível em: <http://www.conjur.com.br/2009-set-23/projeto-lei-pretende-instituir-divorcio-online-inutil>. Acesso em: 29 nov. 2009). A matéria, pelo visto, é polêmica, e, certamente, ainda será motivo de acesas controvérsias e acaloradas discussões em nosso País.

Atendendo ao reclamo da sociedade, na busca da desburocratização de procedimentos, foi editada a Lei n. 11.441, de 4 de janeiro de 2007, estabelecendo normas disciplinadoras da separação, divórcio e inventário por escritura pública.

Indubitavelmente, consiste a referida lei em um marco na busca de soluções extrajudiciais para a prática de atos jurídicos onde não há litigiosidade.

Sua iniciativa se deu através do Projeto de Lei n. 155, de 2004, de autoria do senador baiano César Borges.

A proposta original, inclusive, se limitava à autorização do inventário extrajudicial, mas, na tramitação, foi modificado, na Câmara dos Deputados, convertendo-se no Projeto Substitutivo n. 6.416, de 2005, incluindo a disciplina da separação e do divórcio extrajudicial, quando não houvesse filhos menores e incapazes.

A Lei n. 11.441/2007, em síntese, alterou dispositivos do Código de Processo Civil de 1973, possibilitando a realização de inventário, partilha, separação consensual e divórcio consensual pela via administrativa.

Atualmente, o Código de Processo Civil assim dispõe sobre o tema:

"Art. 733. O divórcio consensual, a separação consensual e a extinção consensual de união estável, não havendo nascituro ou filhos incapazes e observados os requisitos legais, poderão ser realizados por escritura pública, da qual constarão as disposições de que trata o art. 731.

§ 1.º A escritura não depende de homologação judicial e constitui título hábil para qualquer ato de registro, bem como para levantamento de importância depositada em instituições financeiras.

§ 2.º O tabelião somente lavrará a escritura se os interessados estiverem assistidos por advogado ou por defensor público, cuja qualificação e assinatura constarão do ato notarial".

Limitando-nos ao corte epistemológico adotado, basta-nos a interpretação do tema do divórcio extrajudicial, já que o estudo do inventário e da partilha ultrapassa a proposta deste livro.

É um avanço de cidadania, no reconhecimento de que, pelo menos para se divorciar ou se separar, os sujeitos não precisam mais da fiscalização estatal, sendo efetivos protagonistas de suas vidas e patrimônios.

Nesse campo, o consenso não se limita ao desejo de se divorciar (ou se separar).

Com efeito, a intenção da norma é que a consciência dos outrora cônjuges seja de tal forma que *possam* especificar, desde já, como deve se dar a "partilha dos bens comuns e à pensão alimentícia"[54].

---

[54] Claro que, em aplicação analógica à Súmula 197 do Superior Tribunal de Justiça ("O divórcio direto pode ser concedido sem que haja prévia partilha dos bens"), previsão jurisprudencial hoje respaldada no art. 1.581, CC/2002, a partilha de bens não deve ser considerada um requisito indispensável para a lavratura da escritura de divórcio extrajudicial. Nesse sentido, também é o posicionamento de CHRISTIANO CASSETTARI: "Entendemos que a partilha de bens *pode* ser feita e não que *deva* ser realizada quando a escritura for lavrada. O argumento para tal afirmação é que o art. 1.581 do Código Civil estabelece que o divórcio pode ser concedido sem prévia partilha de bens. Em razão disso, se o divórcio pode, a separação também poderá ser concedida sem prévia partilha de bens, ou seja, o art. 1.575 do referido diploma legal é interpretado no sentido de que forma um condomínio nos bens comuns do casal que se separa e não faz partilha, já que tal condomínio po-

Da mesma forma, é a sua liberdade que estabelecerá se haverá "retomada pelo cônjuge de seu nome de solteiro ou a manutenção do nome adotado quando se deu o casamento", não devendo o Estado intervir também em tão íntima questão.

Não há que se falar mais também em "observados os requisitos legais quanto aos prazos", uma vez que não há mais prazos a serem cumpridos, para a aquisição do direito de se divorciar.

Note-se que, além do consenso, o segundo requisito para o exercício do divórcio extrajudicial ou administrativo, segundo a letra da lei, é a inexistência de filhos menores ou incapazes do casal.

No entanto, esse aspecto precisava ser atualizado. Imagine, por exemplo, a hipótese em que o casal já definiu, por decisão judicial, a pensão alimentícia e o regramento de guarda dos seus filhos menores. Por que lhe negar a via extrajudicial apenas para a obtenção do divórcio?

Vale destacar, nesse ponto, importante inovação trazida pela Resolução n. 571, de 2024, do CNJ, que passou a admitir o divórcio extrajudicial em havendo filhos menores ou incapazes, se os seus direitos já estiverem resguardados judicialmente:

"Art. 33. Para a lavratura da escritura pública de divórcio consensual, deverão ser apresentados:

a) certidão de casamento;

b) documento de identidade oficial e CPF/MF;

c) pacto antenupcial, se houver;

d) certidão de nascimento ou outro documento de identidade oficial dos filhos, se houver;

e) certidão de propriedade de bens imóveis e direitos a eles relativos; e

f) documentos necessários à comprovação da titularidade dos bens móveis e direitos, se houver. (Redação dada pela Resolução n. 571, de 26-8-2024)

Art. 34. As partes devem declarar ao tabelião, no ato da lavratura da escritura, que não têm filhos comuns ou, havendo, indicar seus nomes, as datas de nascimento e se existem incapazes. (Redação dada pela Resolução n. 571, de 26-8-2024)

§ 1.º As partes devem, ainda, declarar ao tabelião, na mesma ocasião, que o cônjuge virago não se encontra em estado gravídico, ou ao menos, que não tenha conhecimento sobre esta condição. (Redação dada pela Resolução n. 571, de 26-8-2024)

---

deria se formar tendo qualquer pessoa como coproprietário, inclusive os ex-cônjuges. Não é recomendado que os cônjuges, em regra, deixem a partilha de bens para momento posterior à separação e/ou divórcio. Todavia, não se pode proibir que isto ocorra por inexistência de empecilho legal expresso. Não podemos esquecer que muitos cônjuges não formalizam a separação e o divórcio em razão da complexidade que a divisão de certos patrimônios envolve. Assim, a escritura que realiza a separação e o divórcio deve conter cláusula expressa que indique que a partilha de bens será feita em outro momento, judicialmente ou por escritura pública, devendo, somente se for possível, descrever os bens que estão em condomínio. Ressalte-se que essa frase não gera uma proibição para que essa partilha venha a ser realizada no futuro por escritura pública, desde que haja consenso entre as partes" (Christiano Cassettari, *Separação, Divórcio e Inventário por Escritura Pública — Teoria e Prática*, 3. ed., São Paulo: Gen-Método, 2008, p. 76-7).

§ 2.º Havendo filhos comuns do casal menores ou incapazes, será permitida a lavratura da escritura pública de divórcio, desde que devidamente comprovada a prévia resolução judicial de todas as questões referentes à guarda, visitação e alimentos deles, o que deverá ficar consignado no corpo da escritura. (Redação dada pela Resolução n. 571, de 26-8-2024)

§ 3.º Na dúvida quanto às questões de interesse do menor ou do incapaz, o tabelião submeterá a questão à apreciação do juiz prolator da decisão. (Redação dada pela Resolução n. 571, de 26-8-2024)" (grifamos).

Merecem transcrição, ainda, outros dispositivos desse importante regramento, referentes ao divórcio consensual:

"Art. 35. Da escritura, deve constar declaração das partes de que estão cientes das consequências do divórcio, firmes no propósito de pôr fim à sociedade conjugal ou ao vínculo matrimonial, respectivamente, sem hesitação, com recusa de reconciliação e concordância com a regulamentação da guarda, da convivência familiar e dos alimentos dos filhos menores e/ou incapazes realizada em juízo. (Redação dada pela Resolução n. 571, de 26-8-2024)

Art. 36. O comparecimento pessoal das partes é dispensável à lavratura de escritura pública de divórcio consensual, sendo admissível ao(s) divorciando(s) se fazer representar por mandatário constituído, desde que por instrumento público com poderes especiais, descrição das cláusulas essenciais e prazo de validade de trinta dias. (Redação dada pela Resolução n. 571, de 26-8-2024)

Art. 37. Havendo bens a serem partilhados na escritura, distinguir-se-á o que é do patrimônio individual de cada cônjuge, se houver, do que é do patrimônio comum do casal, conforme o regime de bens, constando isso do corpo da escritura.

Art. 38. Na partilha em que houver transmissão de propriedade do patrimônio individual de um cônjuge ao outro, ou a partilha desigual do patrimônio comum, deverá ser comprovado o recolhimento do tributo devido sobre a fração transferida.

Art. 39. A partilha em escritura pública de divórcio consensual far-se-á conforme as regras da partilha em inventário extrajudicial, no que couber. (Redação dada pela Resolução n. 571, de 26.8.2024)

Art. 40. O traslado da escritura pública de divórcio consensual será apresentado ao Oficial de Registro Civil do respectivo assento de casamento, para a averbação necessária, independente de autorização judicial e de audiência do Ministério Público. (Redação dada pela Resolução n. 571, de 26.8.2024)

Art. 41. Havendo alteração do nome de algum cônjuge em razão de escritura de restabelecimento da sociedade conjugal ou do divórcio consensual, o Oficial de Registro Civil que averbar o ato no assento de casamento também anotará a alteração no respectivo assento de nascimento, se de sua unidade, ou, se de outra, comunicará ao Oficial competente para a necessária anotação. (Redação dada pela Resolução n. 571, de 26.8.2024)

Art. 42. Não há sigilo na escritura pública de divórcio consensual. (Redação dada pela Resolução n. 571, de 26.8.2024)

Art. 43. Na escritura pública deve constar que as partes foram orientadas sobre a necessidade de apresentação de seu traslado no registro civil do assento de casamento, para a averbação devida.

Art. 44. É admissível, por consenso das partes, escritura pública de retificação das cláusulas de obrigações alimentares ajustadas no divórcio consensual. (Redação dada pela Resolução n. 571, de 26.8.2024)

Art. 46. O tabelião poderá se negar a lavrar a escritura de divórcio se houver fundados indícios de prejuízo a um dos cônjuges ou em caso de dúvidas sobre a declaração de vontade, fundamentando a recusa por escrito. (Redação dada pela Resolução n. 571, de 26.8.2024)".

Note-se que o art. 45 fora revogado pela Resolução, valendo lembrar que essas disposições se aplicam, no que couber, à extinção consensual da união estável.

A título de arremate, lembremo-nos de importante proposta constante no Anteprojeto de Reforma do Código Civil, atinente ao denominado "divórcio unilateral ou impositivo".

Confiram-se as normas sugeridas:

"Art. 1.582-A. O cônjuge ou o convivente, poderão requerer unilateralmente o divórcio ou a dissolução da união estável no Cartório do Registro Civil em que está lançado o assento do casamento ou onde foi registrada a união, nos termos do § 1.º do art. 9.º deste Código.
§ 1.º O pedido de divórcio ou de dissolução da união estável serão subscritos pelo interessado e por advogado ou por defensor público.
§ 2.º Serão notificados prévia e pessoalmente o outro cônjuge ou convivente para conhecimento do pedido, dispensada a notificação se estiverem presentes perante o oficial ou tiverem manifestado ciência por qualquer meio.
§ 3.º Na hipótese de não serem encontrados o cônjuge ou convivente para serem notificados, proceder-se-á com a sua notificação editalícia, após exauridas as buscas de endereço nas bases de dados disponibilizadas ao sistema judiciário.
§ 4.º Após efetivada a notificação pessoal ou por edital, o oficial do Registro Civil procederá, em cinco dias, à averbação do divórcio ou à da dissolução da união estável.
§ 5.º Em havendo, no pedido de divórcio ou de dissolução de união estável, cláusula relativa à alteração do nome do cônjuge ou do requerente para retomada do uso do seu nome de solteiro, o oficial de Registro que averbar o ato, também anotará a alteração no respectivo assento de nascimento, se de sua unidade e, se de outra, comunicará ao oficial competente para a necessária anotação".

Sobre o tema, escreveu PABLO STOLZE GAGLIANO:

"No parecer que subsidiou a exposição de motivos, da Subcomissão de Direito de Família[55], em que tive a honra de atuar como relator, foram feitas as seguintes ponderações:
A Subcomissão incorporou projeto de autoria do ilustre Senador Rodrigo Pacheco (P.L. n. 3.457/2019), consagrando o divórcio impositivo ou unilateral, o que resultará em efetiva e concreta *desburocratização*. Neste ponto, transcreve-se trecho da justificativa do eminente parlamentar: 'A presente proposta pretende simplificar os procedimentos para o divórcio administrativo, sempre que um dos cônjuges discordar do pedido de divórcio. (...) cria-se uma nova modalidade de divórcio administrativo, que independe de escritura pública e que pode ser postulado diretamente ao Registro Civil das Pessoas Naturais, de forma unilateral por qualquer dos cônjuges, ainda que com a oposição do outro: o chamado 'divórcio impositivo' ou 'divórcio direto por averbação'. Como bem colocam os professores José Fernando Simão e Mário Luiz Delgado, 'Se não se exige prévia intervenção judicial para o casamento, por que razão haver-se-ia de exigir tal intervenção para

---

[55] Subcomissão também composta pelos eminentes juristas Marco Buzzi, Maria Berenice Dias e Rolf Madaleno.

dissolução do vínculo conjugal. Tanto a constituição do vínculo como o seu desfazimento são atos de autonomia privada e como tal devem ser respeitados, reservando-se a tutela estatal apenas para hipóteses excepcionais. Entretanto, para que os cônjuges possam lavrar a escritura de divórcio, precisam entrar *em acordo*. O artigo 733 do CPC atual prevê que somente o 'divórcio consensual, a separação consensual e a extinção consensual de união estável poderão ser realizados por escritura pública. Portanto, as regras legais atuais exigem que a escritura seja subscrita obrigatoriamente por ambos os cônjuges, e isso nem sempre é possível. Um dos cônjuges pode se negar a concordar com o pedido de divórcio até mesmo por capricho ou por receio de uma atitude violenta do outro. Também são comuns as situações em que um dos cônjuges se encontre em local incerto e não sabido'. O *divórcio impositivo* não constitui novidade no Brasil e já foi previsto em provimento pioneiro da Corregedoria-Geral de Justiça de Pernambuco, aprovado em 13 de maio de 2019 (Provimento 6/2019), visando estabelecer medidas desburocratizantes ao registro civil, nos casos do divórcio, por ato de autonomia de vontade de um dos cônjuges[56]. Em um momento em que tanto se critica o Poder Judiciário, em função da demora no andamento dos processos, compelir um cônjuge maior e capaz a proceder ao desenlace civil, tão somente por não haver a anuência do outro, foge completamente ao espírito do CPC/2015. A falta de concordância do outro cônjuge não pode constituir óbice ao divórcio administrativo, máxime quando as demais questões passíveis de repercutir na esfera existencial ou patrimonial do outro permanecerão na esfera judicial'.

Ora, de fato, se o divórcio traduz, em essência, um direito potestativo (mero direito de *interferência*), a exigência de lavratura de uma escritura pública – justificável para a normatização consensual acerca de efeitos outros (a exemplo da partilha de bens) – é, sem dúvida, manifestamente desnecessária para a formalização do ato de dissolução matrimonial que poderia, por certo, se consumar diretamente no cartório de Registro Civil[57].

E não se diga que se trata de uma medida dissolutória 'surpresa', pois a norma sugerida é claríssima no sentido de que 'serão notificados prévia e pessoalmente o outro cônjuge ou convivente para conhecimento do pedido, dispensada a notificação se estiverem presentes perante o oficial ou tiverem manifestado ciência por qualquer meio'"[58].

---

[56] Cf. ainda: ALVES, Jones Figueirêdo. É desnecessária a exigência de lei para formalizar o divórcio impositivo. *Conjur*, 30 maio 2019. Disponível em: <https://www.conjur.com.br/2019-mai-30/jones-figueiredo-nao-preciso-lei-formalizar-divorcio-impositivo/>. Acesso em: 6 out. 2024.

[57] Refletindo sobre a natureza potestativa do direito ao divórcio, em face da Emenda Constitucional n. 66/2010, escreveram Pablo Stolze Gagliano e Rodolfo Pamplona Filho: "Em 2010, com a promulgação da 'PEC do Amor' (ou 'PEC do Divórcio'), a separação judicial deixou de ser contemplada na Constituição. Se há quem defenda a sua permanência no sistema brasileiro, por força das normas infraconstitucionais, notadamente com o advento do novo Código de Processo Civil, o fato incontestável é que, no texto constitucional, não há mais qualquer espaço para o instituto, sendo que as consequências de tal extinção serão apreciadas por nós em momento próprio posterior. Desapareceu, igualmente, o requisito temporal para o divórcio, que passou a ser exclusivamente direto, tanto o por mútuo consentimento dos cônjuges quanto o litigioso. Trata-se de completa mudança de paradigma sobre o tema, em que o Estado busca afastar-se da intimidade do casal, reconhecendo a sua autonomia para extinguir, pela sua livre vontade, o vínculo conjugal, sem necessidade de requisitos temporais ou de motivação vinculante. É o reconhecimento do divórcio como o simples exercício de um direito postetativo" (*O divórcio na atualidade*, 4. ed., São Paulo: Saraiva Jur, 2018, p. 45).

[58] Pablo Stolze Gagliano, Dissolução do casamento e da união estável na Reforma do Código Civil, Coord. Min. Luís Felipe Salomão, Senado Federal, *no prelo* (texto inédito).

Trata-se, sem dúvida, de importante proposta, que, nas palavras do referido autor, prestigia "a autonomia privada, sem burocracia, evitando-se o *strepitus fori* de um processo judicial. Aliás, em situações de violência doméstica, essa forma mais rápida, direta e unilateral de divórcio, favorece, firmemente, a resolução de descasamento da vítima, que, com isso, evita se sujeitar à anuência do agressor"[59].

7. O DIVÓRCIO JUDICIAL

Diversos Estados no mundo, senão a maioria, consagram a modalidade judicial de divórcio.

Mesmo naqueles sistemas em que o divórcio administrativo é adotado e até incentivado, a modalidade judicial costuma se fazer presente.

Conforme já dissemos, na Alemanha, observa REINHARD VOPPEL que, ao lado da morte de um dos cônjuges, o divórcio é o principal motivo — a mais importante razão — para o descasamento[60].

O sistema alemão, para efeito de autorizar o divórcio, consagra o princípio da ruína ou da ruptura da convivência conjugal (*Zerrüttungsprinzip*), cuidando de exigir a verificação objetiva do fracasso do casamento.

Para tanto, vale recordar, a fim de evitar que o Tribunal possa penetrar, em todo caso que se lhe apresentem, na esfera de intimidade do casal, a legislação alemã estabelece duas condições para o divórcio:

a) o casal estar separado de fato há pelo menos um ano, situação em que deverá haver pedido conjunto dos cônjuges ou, ainda que o pedido seja formulado por apenas um dos consortes, o outro consinta; ou

b) estarem os cônjuges separados de fato há, pelo menos, três anos.

Fora dessas situações, o casal somente poderá se divorciar se o fracasso da relação for devidamente verificado pelo Tribunal[61].

Na América Latina, é interessante citar o Código Civil do Peru, que, ao regular as causas do divórcio (art. 349), elenca, entre elas, *a separação de fato por um período de dois ou quatro anos (nesse último caso, em havendo filhos menores — art. 333, 12)*.

---

[59] Idem.

[60] "Neben dem Tod eines Ehegaten ist die Ehescheidung der wichtigste Fall der Auflösung der Ehe" (Reinheard Voppel, *Kommentar zum Bürgerlichen Gesetzbuch mit Einführunsgesezt und Nebengesetzen — Eckpfeiler des Zivilrechts,* Berlin: J. Von Satudingers, 2008, p. 1090). Tradução livre de Pablo Stolze Gagliano.

[61] Estas informações foram obtidas, em tradução livre, do seguinte original alemão: "Um zu vermeiden, daß das Gericht in jedem Fall — ggf im Wege einer Beweisaufnahme — in die Interna der Ehe eindrigen muß, wird § 1565 Abs 1 durch zwei unwiderlegliche Vermutungen hinsichtlich des Scheiterns der Ehe ergänzt, nämlich zum einen dann, wenn die Eheleute seit mindestens einem Jahr getrennt leben und beide die Scheidung beantragen bzw der eine Ehegatte dem Antrag des anderen zustimmt (§ 1566 Abs 1), zum anderen dann, wenn die Eheleute seit mindestens drei Jahren getrennt leben (§ 1565 Abs 2). Liegen diese Voraussetzungen nicht vor, kann die Ehe nur geschieden werden, wenn das Scheitern positiv festgestellt worden ist" (Reinhard Voppel, *Kommentar,* cit., p. 1091). Tradução livre de Pablo Stolze Gagliano.

No Brasil, pode ser o divórcio direto (modalidade mais importante e difundida, que exigia apenas a separação de fato do casal) ou indireto (modalidade menos usual, decorrente da conversão de anterior sentença de separação transitada em julgado)

Comecemos a nossa análise pelo *divórcio judicial indireto*.

7.1. Algumas palavras sobre o divórcio judicial indireto

A base constitucional do divórcio judicial indireto estava na redação original do § 6.º do art. 226, da Constituição da República:

"O casamento civil pode ser dissolvido pelo divórcio, *após prévia separação judicial por mais de um ano nos casos expressos em lei*, ou comprovada separação de fato por mais de dois anos" (grifos nossos).

Em nível infraconstitucional, dispunha o art. 1.580 do Código Civil:

"Art. 1.580. Decorrido um ano do trânsito em julgado da sentença que houver decretado a separação judicial, ou da decisão concessiva da medida cautelar de separação de corpos, qualquer das partes poderá requerer sua conversão em divórcio.
§ 1.º A conversão em divórcio da separação judicial dos cônjuges será decretada por sentença, da qual não constará referência à causa que a determinou.
§ 2.º O divórcio poderá ser requerido, por um ou por ambos os cônjuges, no caso de comprovada separação de fato por mais de dois anos".

Da sua leitura, concluímos que essa modalidade de divórcio resultava tão somente da conversibilidade de anterior sentença de separação judicial já transitada em julgado.

Transcorrido, portanto, um ano do trânsito em julgado da *sentença de separação ou da medida cautelar de separação de corpos*, tornava-se possível o pedido de conversão.

Claro que, diante da inexistência atual de prazo para o divórcio, pouco sentido fará a ideia de exigência de requisitos temporais para a conversão de separação.

Assim, ainda que acreditemos não justificar a subsistência da separação judicial no nosso ordenamento jurídico, o fato é que o Superior Tribunal de Justiça a reconhece. Esse fato, porém, não importa dizer que quem tenha se separado judicialmente precise esperar o antigo prazo para conversão, uma vez que, para o ajuizamento do divórcio, não há qualquer lapso temporal a aguardar.

Compreendida a figura do divórcio judicial indireto, cuja importância remanesce apenas como curiosidade histórica, passemos a analisar a figura do divórcio judicial direto.

7.2. Sobre o divórcio judicial direto

Embora já tenhamos tratado do instituto quando dissertamos sobre a concepção histórica do divórcio[62], é recomendável tecermos algumas considerações acerca do divórcio direto, dada a sua inegável importância jurídica e relevância social.

Como sabemos, o divórcio só se tornou possível, no Brasil, após a edição da Emenda Constitucional n. 9, seguindo-se-lhe a Lei n. 6.515/77 (Lei do Divórcio).

---

[62] Confira-se o subtópico 3.3 ("Ampliação da Possibilidade do Divórcio, seja pela conversão da separação judicial, seja pelo seu exercício direto") do presente Capítulo.

De acordo com a normatização da época, o divórcio direto consistia em instrumento jurídico excepcional e de pouca aplicação, dada a dificuldade operacional com que fora concebido.

Lembram-nos, nesse ponto, SEBASTIÃO AMORIM e EUCLIDES DE OLIVEIRA:

"Sua introdução no sistema jurídico brasileiro deu-se com a Emenda Constitucional n. 9, de 28 de junho de 1977, que alterou o art. 175 da Constituição Federal de 1969 (Emenda n. 1), rompendo a antiga tradição do casamento indissolúvel. Veio de maneira tímida, possibilitando apenas a conversão em divórcio de separação judicial há mais de três anos, e o divórcio direto para os casos transitórios de separação de fato há mais de cinco anos"[63].

E, de fato, a ampliação eficacial do instituto (que, como visto, já era previsto na legislação infraconstitucional) só se daria após a Constituição Federal de 1988, que, atenta à mudança de mentalidade dos casais e dos valores da sociedade moderna, passou a admitir o divórcio direto desde que o casal estivesse separado de fato há mais de dois anos (art. 226, § 6.º).

Nesse contexto, pois, o divórcio direto — entendido como instrumento dissolutório do vínculo matrimonial independentemente de prévia separação judicial — representaria um inegável avanço no tratamento jurídico das relações afetivas casamentárias, pois permitiu que os integrantes de núcleos matrimoniais desfeitos pudessem mais rapidamente realizar os seus novos projetos pessoais, junto a outros companheiros de vida.

Em verdade, o que temos aqui, amigo leitor, é uma inequívoca aplicação do princípio da função social da família: a promoção da dignidade de cada membro integrante do núcleo familiar, bem como a criação da ambiência necessária à realização pessoal e à busca da felicidade de cada indivíduo é também papel da família em qualquer sociedade que alicerce os seus fundamentos no Estado de Direito.

Não é à toa, aliás, que, na práxis do dia a dia, "os divorciandos" — expressão consagrada na praxe forense para caracterizar os requerentes do divórcio — optavam por ingressar diretamente com o pedido de divórcio, pela via judicial ou administrativa, evitando, sempre que possível, o tormentoso e muitas vezes demorado processo anterior de separação judicial.

Na vereda do texto original do § 6.º do art. 226, da CF, o Código Civil (art. 1.580, § 2.º), superando a antiga Lei do Divórcio, estabelecia que:

"O divórcio poderá ser requerido, por um ou por ambos os cônjuges, no caso de comprovada separação de fato por mais de dois anos".

Da análise desse dispositivo, concluímos, na época, existirem dois pressupostos ou requisitos para a decretação do divórcio direto:

a) casamento válido;

b) separação de fato há mais de dois anos.

O primeiro requisito é de intelecção imediata, eis que, padecendo de nulidade absoluta ou relativa, não será caso de se decretar divórcio, mas sim de se buscar a invalidade do matrimônio, por meio de ação própria.

---

[63] Sebastião Amorim e Euclides Oliveira, *Separação e Divórcio*, 5. ed., São Paulo: Leud, 1999, p. 286.

Já o segundo requisito, de dimensão mais profunda, merecia atenção especial, cuidadosa e detida.

Note-se, de logo, que a exigência da "separação de fato há mais de dois anos", para permitir a dissolução do vínculo, traduz, em verdade, um importante reflexo jurídico do tempo na relação de família.

Todas essas considerações, porém, acabam tendo uma finalidade meramente histórica, uma vez que a Emenda Constitucional n. 66 efetivamente aboliu o requisito temporal, devendo ser interpretado que o único requisito efetivo para a concessão do divórcio é a livre manifestação da vontade de um dos cônjuges.

E tudo o mais a se discutir, judicial ou extrajudicialmente, será relacionado a aspectos acessórios do fim da entidade familiar, em que, muitas vezes, podem ser constatadas resistências e controvérsias que ensejam um divórcio judicial litigioso.

7.3. Fundamento do divórcio judicial litigioso

Com o reconhecimento do divórcio como o exercício de um direito potestativo, ainda faz sentido falar-se em divórcio judicial litigioso?

A pergunta é extremamente relevante!

Se não há mais a necessidade de causas objetivas ou subjetivas para o ato de se divorciar, qual seria a resistência oponível pelo outro cônjuge, a ponto de constituir em uma lide?

A questão, porém, se responde de forma simples.

A atuação judicial em divórcio litigioso será para as hipóteses em que os divorciandos não se acertam quanto aos efeitos jurídicos da separação, como, a título exemplificativo, a guarda dos filhos, alimentos, uso do nome e divisão do patrimônio familiar.

É claro que, realizando audiência, o juiz também terá a oportunidade de certificar a manifestação da vontade das partes, valendo-se, também, da ideia de conservação da família para verificar se não há a possibilidade de reconciliação.

Fora tais questões, qualquer outra discussão sobre culpa no término da relação conjugal está fora dos limites da lide.

E como se deu essa derrocada da culpa no divórcio (e na revogada separação judicial)?

É o que mostraremos no próximo tópico.

8. CONSIDERAÇÕES SOBRE A DERROCADA DA CULPA NO DIVÓRCIO

A aferição da culpa no divórcio e na separação judicial sempre foi vista como um elemento delicado a ser enfrentado.

Pelo que até aqui dissemos, resta claro que, se o único fundamento para a decretação do divórcio é a falência afetiva da relação, afigura-se inteiramente desnecessária a análise da culpa.

Consoante já anotamos ao longo de toda esta obra que a tendência observada no moderno Direito de Família tem sido, tanto quanto possível, o banimento da exigência da culpa[64] para o fim de se extraírem determinados efeitos jurídicos pessoais ou patrimoniais,

---

[64] Sobre o banimento da culpa do moderno Direito de Família, recomendamos a obra *O Fim da Culpa na Separação Judicial*, de LEONARDO BARRETO MOREIRA ALVES (Belo Horizonte: Del Rey, 2007).

como a definição da guarda dos filhos ou a fixação dos alimentos, quando do término da relação afetiva.

Na doutrina, escreve NAMUR SAMOUR:

"Na esteira da mais avançada doutrina do direito brasileiro, outra não poderia ser a conclusão senão a de que não há mais qualquer sentido em se tentar buscar a existência de um culpado pelo fim do casamento (obviamente o mesmo serve para a união estável). Em princípio, é necessário que se reconheça que a ideia de culpa pelo fim do matrimônio é resultado da influência exercida pela Igreja Católica em nosso direito, o que se fortalece nesse caso pelo fato de ser o casamento também uma instituição eclesiástica. Não obstante, não se pode, então, olvidar da contradição que está inserida nessa influência, já que a concepção contratual de casamento adotada pela Igreja concede mais importância à vontade dos cônjuges em casar-se (em detrimento da participação do Estado no casamento), mas a desconsidera quando o assunto é a separação, permeando a dissolução do vínculo com a marca da culpa. Além da necessidade de que se conclua pelo abandono da influência da Igreja no que diz respeito à separação e ao divórcio, é necessário que haja um foco diverso ao tratar essa situação. Nesse sentido, é preciso que se enfatize a ideia da separação em razão do fracasso conjugal e não porque um dos cônjuges ou ambos é/são culpados. Com efeito, essa noção vem sendo bem difundida pela doutrina e aceita por parte da jurisprudência, restando alguns de nossos dispositivos legais, principalmente do Código Civil de 2002, desatualizados e em descompasso com o modelo de família previsto pela Constituição da República de 1988"[65].

Na mesma linha, FERNANDO SARTORI:

"Diante da possibilidade de o divórcio ser decretado sem prévia separação judicial, exigindo-se como requisito apenas a constatação de um fato objetivo — a separação de fato por mais de dois anos —, não existe mais razão para apurar a eventual conduta culposa praticada pelos cônjuges para se decretar a separação judicial. Acresça-se, ainda, o fato de o casamento não ser mais considerado a única forma de entidade familiar reconhecida pelo ordenamento jurídico, o que acarreta a perda do interesse por parte do Estado em querer preservá-lo e, quando isso não for possível, punir o responsável por seu término. Diante dos valores constitucionais, a manutenção da família, seja ela fundada no casamento ou na união estável, só se justifica quando as pessoas encontrarem nela a felicidade, a sua realização pessoal. Não bastasse, a apuração da culpa como causa da separação agride o princípio da dignidade da pessoa humana. Não pode o Estado exigir que os cônjuges discutam sua vida íntima em juízo num processo cujo fim é certo"[66].

E essa tendência tem sido observada em outros Estados no mundo.

Em Portugal, por exemplo, o art. 1.782, em seu item 2, dispunha que *na ação de divórcio com fundamento na separação de fato, o juiz deveria declarar a culpa dos cônjuges, quando houvesse*. Sucede que esse dispositivo quedou-se revogado pela Lei n. 61 de 31 de outubro de 2008.

---

[65] Samir Namur, "A Irrelevância da Culpa para o Fim do Casamento", publicado na *Revista da Faculdade de Direito de Campos*, ano VII, n. 8, 2006. Disponível em: <http://www.fdc.br/Arquivos/Mestrado/Revistas/Revista08/Discente/Samir.pdf>. Acesso em: 20 dez. 2009.

[66] Fernando Sartori, *A Culpa como Causa da Separação e os seus Efeitos*. Disponível em: <http://www.flaviotartuce.adv.br/secoes/artigosc.asp>. Acesso em: 20 dez. 2009.

Na jurisprudência, confiram-se os seguintes julgados:

"Separação judicial litigiosa. Culpa. Já se encontra sedimentado o entendimento de que a caracterização da culpa na separação mostra-se descabida, porquanto seu reconhecimento não implica nenhuma sequela de ordem prática. Precedentes desta Corte. Alimentos. Não faz jus a alimentos a mulher que tem qualificação profissional, está inserida no mercado de trabalho há mais de vinte anos e ainda dispõe de condições de incrementar sua renda mensal, tendo em vista o reduzido horário de trabalho — apenas quatro horas diárias. Partilha de bens. Indevida a determinação de partilha de bens na razão de 50% para cada um dos consortes sem que antes seja realizada a avaliação do patrimônio e oportunizada às partes a formulação de pedido de quinhão. Deve-se evitar ao máximo o indesejado condomínio. Apelo parcialmente provido. Divórcio decretado" (Segredo de justiça) (TJRS, AC n. 70021725817, 7.ª Câm. Cív., rel. Maria Berenice Dias, julgado em 23-4-2008).

"Ação de divórcio cumulada com alimentos. Binômio necessidade e possibilidade corretamente aferido. Decisão correta, na forma e no conteúdo, que, integralmente, se mantém. O objeto da obrigação alimentícia depende não só das necessidades de quem recebe, mas também dos recursos de quem presta (art. 1.694, § 1.º, do CC de 2002). Em se tratando de divórcio direto ou separação consensual, onde não cabe perquirição de culpa, os alimentos serão fixados com fiel observância do binômio possibilidade-necessidade, descabendo qualquer outra averiguação já que visa a sobrevivência do beneficiário. Improvimento dos recursos" (TJRJ, AP 2009.001.47997, 1.ª Câm. Cív., Des. Maldonado de Carvalho, julgado em 27-10-2009).

Entretanto, precisamos destacar que, a despeito dos sólidos argumentos expendidos para efeito de se demonstrar o descabimento da discussão da culpa, em sede de separação ou de divórcio, a jurisprudência brasileira não era pacífica, e, no próprio STJ, encontramos referência dissonante:

"Separação e divórcio. Prova inútil e que fere o direito à privacidade previsto na Constituição. Segurança concedida.

1. O direito líquido e certo a que alude o art. 5.º, inciso LXIX, da Constituição Federal deve ser entendido como aquele cuja existência e delimitação são passíveis de demonstração de imediato, aferível sem a necessidade de dilação probatória.

2. A culpa pela separação judicial influi na fixação dos alimentos em desfavor do culpado. Na hipótese de o cônjuge apontado como culpado ser o prestador de alimentos, desnecessária a realização de provas que firam seu direito à intimidade e privacidade, porquanto a pensão não será aferida em razão da medida de sua culpabilidade (pensão não é pena), mas pela possibilidade que tem de prestar associada à necessidade de receber do alimentando.

3. Recurso ordinário provido" (RMS 28.336/SP, rel. Min. João Otávio de Noronha, julgado em 24-3-2009, *DJe* 6-4-2009, 4.ª Turma).

Por conta disso, não temos a menor dúvida de afirmar que se afigura mais adequada, justa e razoável a linha de pensamento que proscrevia da seara familiarista a discussão do elemento subjetivo (culpa ou dolo), ainda que parcela firme da jurisprudência brasileira, interpretando as normas até há pouco em vigor, aduzisse a necessidade de sua discussão com o fito de se fixarem determinados efeitos colaterais decorrentes do casamento: fixação dos alimentos e uso do nome.

Para aqueles que exigiam a análise da culpa, segundo uma equivocada interpretação literal do Código Civil, lançamos um desafio: *é possível afirmar-se que a culpa é exclusivamente de um dos cônjuges quando o amor acaba? Não seria demais exigir do juiz que, imiscuindo-se no fundo da intimidade do casal, diga quem detém o cálice do mel da inocência e a taça amarga da culpa?*

Tarefa hercúlea, senão impossível.

Vale dizer, *não há mais espaço para se falar em "causas subjetivas ou objetivas" do divórcio litigioso*, como veremos abaixo.

É muito antigo esse tipo de classificação.

Já escrevia sobre o tema o grande YUSSEF SAID CAHALI:

"Em confronto com o sistema tradicional do revogado art. 317 do CC, a Lei do Divórcio inovou substancialmente o direito brasileiro, em matéria de causas que autorizam o término da sociedade conjugal. Assim, de um lado, manteve a separação decretada como sanção às infrações de deveres conjugais fiel ao sistema do divórcio-sanção. Ao mesmo tempo, aumentou as causas de separação sem o pressuposto da culpa, pois, inspirado no direito alienígena, ampliou os casos de dissolução da sociedade conjugal como remédio para certas situações familiares, sem indagar se houve responsável ou culpado pelas mesmas"[67].

O Código Civil de 2002, por seu turno, manteve linha semelhante, ao consagrar causas de separação litigiosa baseadas na culpa (arts. 1.572, *caput*, e 1.573) e baseadas em situações objetivas, alheias à vontade das partes (art. 1.572 — parágrafos):

"Separação baseada em causas subjetivas ou culposas:

Art. 1.572. Qualquer dos cônjuges poderá propor a ação de separação judicial, imputando ao outro qualquer ato que importe grave violação dos deveres do casamento e torne insuportável a vida em comum.

Art. 1.573. Podem caracterizar a impossibilidade da comunhão de vida a ocorrência de algum dos seguintes motivos:

I — adultério;

II — tentativa de morte;

III — sevícia ou injúria grave;

IV — abandono voluntário do lar conjugal, durante um ano contínuo;

V — condenação por crime infamante;

VI — conduta desonrosa.

Parágrafo único. O juiz poderá considerar outros fatos que tornem evidente a impossibilidade da vida em comum.

Separação baseada em causas objetivas (ruptura da vida em comum ou doença mental):

§ 1.º A separação judicial pode também ser pedida se um dos cônjuges provar ruptura da vida em comum há mais de um ano e a impossibilidade de sua reconstituição.

§ 2.º O cônjuge pode ainda pedir a separação judicial quando o outro estiver acometido de doença mental grave, manifestada após o casamento, que torne impossível a continuação da vida em comum, desde que, após uma duração de dois anos, a enfermidade tenha sido reconhecida de cura improvável.

---

[67] Yussef Said Cahali, ob. cit., p. 318.

§ 3.º No caso do parágrafo 2.º, reverterão ao cônjuge enfermo, que não houver pedido a separação judicial, os remanescentes dos bens que levou para o casamento, e se o regime dos bens adotado o permitir, a meação dos adquiridos na constância da sociedade conjugal".

Já havia, nos meios acadêmicos, e, bem assim, como visto, em parte da doutrina e jurisprudência brasileiras, forte resistência a esse sistema, que, como se vê, a par de consagrar situações culposas para o reconhecimento do fim da sociedade conjugal, ainda cuidava de regular hipóteses de dissolução completamente em desuso em nosso Direito — acometimento de doença mental e ruptura da vida em comum — por conta da opção pelo divórcio direto, cujo fundamento único, até há bem pouco tempo, como se sabe, era a separação de fato há mais de dois anos.

Obviamente que, com o fim do instituto da separação, desaparecem também tais causas objetivas e subjetivas para a dissolução da sociedade conjugal.

E já vão tarde...

Afinal, conforme já anotamos ao longo deste trabalho, não cabe ao juiz buscar razões para o fim de um matrimônio.

Se o afeto acabou, esse motivo é, por si só, suficiente.

Especialmente no que tange ao banimento da culpa, escreve ÉZIO PEREIRA:

"Retornando ao raciocínio: encontrar, entrementes, um culpado, afronta princípios constitucionais, tais como: a privacidade (do lar já em ruínas), a intimidade, a liberdade, o respeito à diferença, a solidariedade, a proibição do retrocesso social, a afetividade, culminando por atingir a própria dignidade da pessoa humana, valor fundante, superprincípio e diretriz interpretativa de toda a ordem jurídica. Assim é que, quando o Estado invade (intervenção invasiva; não protetiva) o aconchego da intimidade do lar para bisbilhotar quem foi o 'culpado' (e existe um culpado? Sob a ótica de quem?) da quebra do convívio, estar-se-ia permitindo uma interferência estatal completamente inconstitucional. Decerto, o 'adultério', por exemplo, elencado no Código Civil como 'causa' de separação, não é causa em si; é efeito de um relacionamento em ruínas; é sinal de que a relação não vai bem e o desrespeito e a deslealdade entram de mansinho, mas já batiam à porta insistentemente. O rancor toma o lugar do amor em recíprocas acusações, mas há de se fazer mea-culpa. Sob esse viés, a Constituição Federal não autoriza terceiro — incluindo o Estado — a invadir, sem a devida permissão, a esfera da intimidade de um ou de ambos os cônjuges, de maneira que não se pode conceber a ideia de um dispositivo legal obrigar a um dos cônjuges a expor a vida do outro em Juízo, numa execração pública, para que terceiro desinteressado meça a conveniência da extinção do vínculo afetivo, seja de que modalidade for. Impor essa condição para a dissolução judicial esbarra em preceitos garantísticos de estatura constitucional. E, afinal, de quem, verdadeiramente, é a culpa? Soa despropositado o ônus de provar a conduta culposa de seu consorte com o intuito de obter 'êxito' (êxito?) na dissolução do vínculo afetivo. Pensar assim estar-se-ia maculando, à obviedade, a dignidade do outro. Em algumas situações, a separação não é um mal; é um bem. Atualmente o Estado não tem mais o interesse de manter o casamento vivo a qualquer preço e em detrimento da dignidade humana"[68].

---

[68] Ézio Luiz Pereira, A Dissolução do Casamento e "Culpa". Uma Abordagem Axiológica da Garantia Constitucional da "Felicidade Humana" (art. 3.º, IV, da CF). *Jus Navigandi*, Teresina, ano 13, n. 1955, 7 nov. 2008. Disponível em: <http://jus2.uol.com.br/doutrina/texto.asp?id=11938>. Acesso em: 25 dez. 2009.

Na mesma linha, PAULO LÔBO pontifica, com propriedade:

"Frise-se que o direito brasileiro atual está a demonstrar que a culpa na separação conjugal gradativamente perdeu as consequências jurídicas que provocava: a guarda dos filhos não pode mais ser negada ao culpado pela separação, pois o melhor interesse deles é quem dita a escolha judicial; a partilha dos bens independe da culpa de qualquer dos cônjuges; os alimentos devidos aos filhos não são calculados em razão da culpa de seus pais e até mesmo o cônjuge culpado tem direito a alimentos 'indispensáveis à subsistência'; a dissolução da união estável independe de culpa do companheiro[69]. A culpa permanecerá em seu âmbito próprio: o das hipóteses de anulabilidade do casamento, tais como os vícios de vontade aplicáveis ao casamento, a saber, a coação e o erro essencial sobre a pessoa do outro cônjuge. A existência de culpa de um dos cônjuges pela anulação do casamento leva à perda das vantagens havidas do cônjuge inocente e ao cumprimento das promessas feitas no pacto antenupcial (art. 1.564 do Código Civil)"[70].

Compreendido o novo divórcio litigioso, bem como a derrocada da culpa como elemento fundamentador, teceremos, no próximo tópico, alguns comentários acerca do tema da separação de corpos.

9. A SUBSISTÊNCIA JURÍDICA DA SEPARAÇÃO DE CORPOS

Um importante ponto a ser suscitado diz respeito à conhecida e usual medida de separação de corpos.

Com a aprovação da Emenda, bem como a extinção do processo cautelar como modalidade autônoma pelo Código de Processo Civil de 2015, questiona-se: *a separação de corpos deixaria de existir?*

Sobre essa medida, o seu objetivo é a suspensão do dever conjugal de coabitação[71]. Por isso, é dotada de ambivalência: tanto pode servir para que um dos cônjuges obtenha autorização para saída do lar conjugal como para determinar que um deles, coercitivamente, se retire.

A despeito da extinção (efetiva ou potencial) do instituto da separação, *a coabitação permanece em nosso sistema como um especial dever jurídico decorrente do casamento (art. 1.566, II, do CC)*.

Assim, é forçoso convir que situações haverá em que o cônjuge terá inequívoco interesse jurídico em intentar a medida para obter uma ordem judicial de retirada do outro do domicílio conjugal (ou, se for o caso, uma autorização de saída do próprio autor), suspendendo esse específico efeito decorrente do matrimônio (vida em comum no domicílio conjugal).

---

[69] Paulo Lôbo, *Direito Civil: Famílias*, 10. ed., São Paulo: Saraiva, 2020, v. 5, p. 151.

[70] Paulo Luiz Netto Lôbo, *Divórcio: Alteração Constitucional e suas Consequências*. Disponível em: <http://www.ibdfam.org.br/?artigos&artigo=570>. Acesso em: 22 dez. 2009.

[71] Confira-se o tópico 4.2 ("Vida em Comum no Domicílio Conjugal (Dever de Coabitação)") do Capítulo XII ("Plano de Eficácia do Casamento: Deveres Matrimoniais") deste volume.

Nesse sentido, mesmo não havendo mais previsão legal específica de uma cautelar nominada de separação de corpos no CPC/2015[72], é lógico que a medida, em seu sentido material e processual, é perfeitamente exigível, ainda que no âmbito de um provimento acautelatório.

Vale destacar, também, as previsões dos arts. 22, II, e 23, IV, da Lei Maria da Penha (Lei n. 11.340/2006)[73]:

"Seção II

Das Medidas Protetivas de Urgência que Obrigam o Agressor

Art. 22. Constatada a prática de violência doméstica e familiar contra a mulher, nos termos desta Lei, o juiz poderá aplicar, de imediato, ao agressor, em conjunto ou separadamente, as seguintes medidas protetivas de urgência, entre outras:

I — suspensão da posse ou restrição do porte de armas, com comunicação ao órgão competente, nos termos da Lei n. 10.826, de 22 de dezembro de 2003;

II — *afastamento do lar, domicílio ou local de convivência com a ofendida;*

III — proibição de determinadas condutas, entre as quais:

a) aproximação da ofendida, de seus familiares e das testemunhas, fixando o limite mínimo de distância entre estes e o agressor;

b) contato com a ofendida, seus familiares e testemunhas por qualquer meio de comunicação;

c) frequentação de determinados lugares a fim de preservar a integridade física e psicológica da ofendida;

IV — restrição ou suspensão de visitas aos dependentes menores, ouvida a equipe de atendimento multidisciplinar ou serviço similar;

V — prestação de alimentos provisionais ou provisórios;

VI – comparecimento do agressor a programas de recuperação e reeducação; e [*Incluído pela Lei n. 13.984, de 2020*]

VII – acompanhamento psicossocial do agressor, por meio de atendimento individual e/ou em grupo de apoio. [*Incluído pela Lei n. 13.984, de 2020*]

§ 1.º As medidas referidas neste artigo não impedem a aplicação de outras previstas na legislação em vigor, sempre que a segurança da ofendida ou as circunstâncias o exigirem, devendo a providência ser comunicada ao Ministério Público.

---

[72] Faça-se a ressalva da previsão do art. 189 do CPC/2015, que estabelece:
"Art. 189. Os atos processuais são públicos, todavia tramitam em segredo de justiça os processos:
(...)
II — que versem sobre casamento, separação de corpos, divórcio, separação, união estável, filiação, alimentos e guarda de crianças e adolescentes;".

[73] Salientamos que a Lei n. 13.894, de 29 de outubro de 2019 alterou a Lei n. 11.340, de 7 de agosto de 2006 (Lei Maria da Penha), para prever **a competência dos Juizados de Violência Doméstica e Familiar contra a Mulher para a ação de divórcio, separação, anulação de casamento ou dissolução de união estável nos casos de violência e para tornar obrigatória a informação às vítimas acerca da possibilidade de os serviços de assistência judiciária ajuizarem as ações mencionadas.** A mesma Lei n. 13.894 alterou o Código de Processo Civil, p**ara prever a competência do foro do domicílio da vítima de violência doméstica e familiar para a ação de divórcio, separação judicial, anulação de casamento e reconhecimento da união estável a ser dissolvida, para determinar a intervenção obrigatória do Ministério Público nas ações de família em que figure como parte vítima de violência doméstica e familiar, e para estabelecer a prioridade de tramitação dos procedimentos judiciais em que figure como parte vítima de violência doméstica e familiar.**

§ 2.º Na hipótese de aplicação do inciso I, encontrando-se o agressor nas condições mencionadas no *caput* e incisos do art. 6.º da Lei n. 10.826, de 22 de dezembro de 2003, o juiz comunicará ao respectivo órgão, corporação ou instituição as medidas protetivas de urgência concedidas e determinará a restrição do porte de armas, ficando o superior imediato do agressor responsável pelo cumprimento da determinação judicial, sob pena de incorrer nos crimes de prevaricação ou de desobediência, conforme o caso.

§ 3.º Para garantir a efetividade das medidas protetivas de urgência, poderá o juiz requisitar, a qualquer momento, auxílio da força policial.

§ 4.º Aplica-se às hipóteses previstas neste artigo, no que couber, o disposto no *caput* e nos §§ 5.º e 6.º do art. 461 da Lei n. 5.869, de 11 de janeiro de 1973 (Código de Processo Civil).

Seção III

Das Medidas Protetivas de Urgência à Ofendida

Art. 23. Poderá o juiz, quando necessário, sem prejuízo de outras medidas:

I — encaminhar a ofendida e seus dependentes a programa oficial ou comunitário de proteção ou de atendimento;

II — determinar a recondução da ofendida e a de seus dependentes ao respectivo domicílio, após afastamento do agressor;

III — determinar o afastamento da ofendida do lar, sem prejuízo dos direitos relativos a bens, guarda dos filhos e alimentos;

IV — *determinar a separação de corpos*;

V — determinar a matrícula dos dependentes da ofendida em instituição de educação básica mais próxima do seu domicílio, ou a transferência deles para essa instituição, independentemente da existência de vaga. [*Incluído pela Lei n. 13.882, de 2019*]" (grifos nossos).

Tratando da matéria ainda na vigência do Código de Processo Civil de 1973, observaram os amigos FREDIE DIDIER JR. e RAFAEL OLIVEIRA:

"Outra medida típica prevista é o afastamento do agressor do lar, domicílio ou local de convivência com a ofendida (art. 22, II), ou mesmo o afastamento da própria ofendida, sem prejuízo dos direitos relativos a bens, guarda dos filhos e alimentos (art. 23, III). Trata-se de medidas que muito se aproximam daquela prevista no art. 888, VI, do CPC, onde se admite o afastamento temporário de um dos cônjuges da morada do casal. Ressalte-se, porém, que as medidas ora apontadas podem ser utilizadas qualquer que seja a relação íntima de afeto — seja o casamento, a união estável ou mesmo a união homoafetiva (art. 5.º, p. único). Após o afastamento do agressor, admite-se que o juiz determine a recondução da ofendida e a de seus dependentes ao respectivo domicílio ou local de convivência (art. 23, II).

Importante discutir se existe diferença entre as medidas aludidas no parágrafo anterior e a separação de corpos de que fala o art. 23, VI. Ao se referir a elas, a Lei Maria da Penha reacende antiga discussão.

Com efeito, muito já se discutiu se a medida prevista no art. 888, VI, do CPC, de que se falou linhas atrás, guardava identidade com a 'separação de corpos' de que falava o art. 223 do Código Civil de 1916 e de que ainda hoje falam o art. 7.º, §1.º, da Lei Federal n. 6.515/77 (Lei do Divórcio) e o art. 1.562 do Código Civil vigente. 'Em outras palavras, a separação de corpos constitui providência de natureza diversa, inconfundível com o afastamento temporário prescrito no inciso VI do art. 888?' Contextualizando melhor a pergunta: a separação de corpos, prevista no art. 23, VI, constitui providência de natureza diversa, inconfundível com o afastamento do agressor previsto no art. 22, II, ou com o afastamento da ofendida, previsto no art. 23, III?

Carlos Alberto Alvaro de Oliveira, conquanto analisando a questão num outro cenário (o do art. 888, VI, do CPC), afirma que seriam providências inconfundíveis, na medida em que a separação de corpos teria eficácia meramente jurídica, utilizável para fins de cômputo do prazo para o exercício do direito potestativo ao divórcio, enquanto a medida provisional do art. 888, VI, do CPC teria eficácia material, representando o afastamento de fato dos cônjuges. Esta parece ser a interpretação correta. Não haveria sentido em que a Lei Maria da Penha fizesse previsão, em sedes distintas, de providências com idêntico conteúdo. De fato, a separação de corpos de que trata o art. 23, VI, é medida que tem eficácia meramente jurídica, na medida em que desconstitui o vínculo jurídico existente entre o agressor e a ofendida, quando casados, permitindo o início da contagem do prazo para o pedido de divórcio (art. 1.580, CC). Já as medidas de afastamento do agressor (art. 22, II) ou da ofendida (art. 23, III) têm nítida eficácia material, já que visam ao afastamento de fato entre agressor e vítima, com vistas a coibir os atos de violência. Além disso, a determinação judicial impede que se caracterize o abandono de lar. Com isso, a separação de corpos (art. 23, VI) implica separação jurídica, mas não necessariamente separação de fato. Nada impede, obviamente, que tais medidas sejam cumuladas. Não custa lembrar que a separação de corpos ou o afastamento de que ora se trata não substituem a dissolução de união estável, a separação ou o divórcio judiciais ou extrajudiciais"[74].

Note-se, entretanto, estimado leitor, que o descumprimento do dever de coabitação, bem como de qualquer outro dos deveres conjugais previstos no art. 1.566 do Código Civil[75], não mais justifica a ação principal de divórcio.

Da mesma forma, não há falar em separação de corpos como requisito essencial para a propositura da ação correspondente, como era na vigência do Código Civil brasileiro de 1916[76].

10. USO DO NOME PÓS-DIVÓRCIO

E o que dizer quanto ao *uso do nome pós-divórcio*?

O art. 1.578 do Código Civil dispõe:

"Art. 1.578. O cônjuge declarado culpado na ação de separação judicial perde o direito de usar o sobrenome do outro, desde que expressamente requerido pelo cônjuge inocente e se a alteração não acarretar:

---

[74] DIDIER JUNIOR, Fredie; OLIVEIRA, Rafael. Aspectos processuais civis da Lei Maria da Penha (violência doméstica e familiar contra a mulher). Disponível em: <http://www.egov.ufsc.br/portal/conteudo/aspectos-processuais-civis-da-lei-maria-da-penha-viol%C3%AAncia-dom%C3%A9stica-e--familiar-contra-mulh>. Acesso em: 30 mar. 2015.

[75] "Art. 1.566. São deveres de ambos os cônjuges: I — fidelidade recíproca; II — vida em comum, no domicílio conjugal; III — mútua assistência; IV — sustento, guarda e educação dos filhos; V — respeito e consideração mútuos."

[76] CC/1916: "Art. 223. Antes de mover a ação de nulidade do casamento, a de anulação, ou a de desquite, requererá o autor, com documento que a autorize, a separação de corpos, que será concedida pelo juiz com a possível brevidade". A norma equivalente, no Código Civil de 2002, é o art. 1.562 ("Art. 1.562. Antes de mover a ação de nulidade do casamento, a de anulação, a de separação judicial, a de divórcio direto ou a de dissolução de união estável, poderá requerer a parte, comprovando sua necessidade, a separação de corpos, que será concedida pelo juiz com a possível brevidade"), que continua válido e vigente, salvo quanto à menção à separação judicial.

I — evidente prejuízo para a sua identificação;

II — manifesta distinção entre o seu nome de família e o dos filhos havidos da união dissolvida;

III — dano grave reconhecido na decisão judicial.

§ 1.º O cônjuge inocente na ação de separação judicial poderá renunciar, a qualquer momento, ao direito de usar o sobrenome do outro.

§ 2.º Nos demais casos caberá a opção pela conservação do nome de casado".

Ora, com o fim da própria separação judicial, e o banimento da culpa, em definitivo, dos processos de divórcio, entendemos que, em regra, retoma-se o nome de solteiro.

A par de não se tratar de posição pacífica, uma pesquisa de campo, na realidade social e forense, demonstrará, certamente, que o retorno ao nome de solteiro é a diretriz mais adotada.

O (a) divorciando(a) anseia por isso.

Mas nada impede que se mantenha o nome de casado, em havendo justificativa razoável, na perspectiva da preservação do patrimônio moral e da teoria dos direitos da personalidade.

Assim, concorrendo situações como as que eram previstas no art. 1.578 do Código Civil, como o prejuízo de identificação ou a distinção em face dos nomes dos filhos, poderá, logicamente, ser mantido o nome de casado.

Tal entendimento respeita, em nosso sentir, a dimensão existencial de cada cônjuge e o seu direito fundamental ao nome e à identidade[77].

---

[77] A título de aprofundamento, é digno de nota aludir à reforma experimentada pelo Código Civil alemão por força da Lei de 6 de fevereiro de 2005, no que toca ao uso do nome. Essa importante lei fora editada por conta de decisão de 18 de fevereiro de 2004 da Suprema Corte (Bundesverfassungsgericht) que entendeu ser inconstitucional o § 1.355, Abs. 2 do Código Alemão. Com a mudança, podem os cônjuges ou companheiros adotar não apenas o nome de solteiro, mas também o "nome de casado" do outro: "Mit dem Gesetz zur Äne rung des Ehe-und Lebenspartnerschaftsnamensrechts können Ehegatten auch einen Namen als Ehenamen führen, den einer von beiden aus einer früheren Ehe mitgebracht hat. Mit dem Gesetz wird das Urteil des Bundesverfassungsgerichts vom 18. Februar 2004 umgesetzt. Die Gesetzesänderung bringt einen entscheidenden Vorteil für diejenigen Menschen, die nach einer beendeten Ehe wieder heiraten. Denn sie können den Namen, den sie oft jahrzehntelang getragen haben, als neuen gemeinsamen Ehenamen weiterführen. Bislang konnten Ehe- und Lebenspartner nur den Geburtsnamen eines der Partner zum Ehe- oder Lebenspartnerschaftsnamen bestimmen. Jetzt können sie sich auch für einen 'erheirateten' Namen entscheiden". Tradução livre de Pablo Stolze Gagliano: "Com a lei para a mudança do direito ao nome do casal ou companheiros, podem os cônjuges também adotar um nome de família, de solteiro ou de casado do outro. Com a lei, a decisão de 18-2-2004 da Corte Constitucional foi efetivada. A mudança legal trouxe uma decisiva vantagem para aquelas pessoas que, após encerrar um casamento, pretendam novamente se casar, pois poderão manter o nome que carregaram durante décadas, como o novo nome de família. Até o momento, podia o casal (e companheiros) somente receber o nome de solteiro (de nascimento) do outro. Agora, ele também pode decidir adotar o nome de casado do outro". Gesetz zur Änderung des Ehe- und Lebenspartnerschaftsnamensrechts (Lei para a mudança do direito ao nome dos cônjuges e companheiros). Disponível em: <http://www.bmj.bund.de/enid/33dd20480451c29319b1ef26ef5aea4b,bd5208305f7472636964092d0932363235/Familienrecht/Namensrecht_s3.html>. Acesso em: 24 maio 2009. Um exemplo irá ilustrar a hipótese: João

O dispositivo codificado que cuida do uso do nome, no âmbito do divórcio, encontra-se, em nosso sentir, fora de contexto.

Topograficamente mal localizado.

Em vez de figurar como um dos parágrafos do art. 1.580, encontra-se inserido no art. 1.571, que traz regras gerais acerca da dissolução da sociedade conjugal:

"§ 2.º Dissolvido o casamento pelo divórcio direto ou por conversão, o cônjuge poderá manter o nome de casado; salvo, no segundo caso, dispondo em contrário a sentença de separação judicial".

Ressalvada esta sutil atecnia, precisamos compreender a norma em cotejo com outros dispositivos do próprio Código.

Com o banimento da culpa, em nosso sentir, dos processos de divórcio, entendemos que, tratando-se o nome também de um direito da personalidade, a regra geral deve ser a manutenção do nome de casado(a), podendo haver o retorno ao nome de solteiro(a) apenas por manifestação expressa do(a) divorciando(a).

Tal afirmação deve ser compreendida no contexto das hipóteses previstas nos incisos I a III do art. 1.578:

"I — evidente prejuízo para a sua identificação;

II — manifesta distinção entre o seu nome de família e o dos filhos havidos da união dissolvida;

III — dano grave reconhecido na decisão judicial".

O § 1.º do referido artigo, por seu turno, ao dispor que "o cônjuge inocente na ação de separação judicial poderá renunciar, a qualquer momento, ao direito de usar o sobrenome do outro", deverá ser interpretado adequadamente, extirpando-se, por tudo o que já dissemos e defendemos ao longo desta obra, o qualificativo "inocente".

Assim, independentemente de quem haja sido o responsável pelo fim do matrimônio (pois não há que se perquirir a culpa ou a inocência de nenhum dos consortes), a regra é a manutenção do nome, mas qualquer das partes poderá, a todo tempo, optar por retornar ao nome de solteiro[78].

A partir da Emenda, portanto, o uso do nome, em nosso sentir, no divórcio, deverá observar as seguintes regras:

a) se o divórcio é consensual (judicial ou administrativo), o acordo firmado deverá regular o respectivo direito;

Canário casou-se com Maria Silva, que adotou o nome dele: Maria Silva Canário. Com o divórcio, segundo a lei alemã, Maria pode permanecer com o sobrenome Canário, podendo, futuramente, se vier a convolar novas núpcias, transmiti-lo para o seu segundo marido. No Brasil, como vimos, posto a regra geral não seja esta, tal circunstância poderá ocorrer, pois, a teor do art. 1.578, CC, o cônjuge, mesmo após a separação e o divórcio, poderá permanecer com o nome anterior de casado, que se incorpora ao seu patrimônio moral.

[78] Registre-se que, na nossa experiência judicante, a manifestação de vontade no sentido do retorno ao nome de solteiro(a) tem sido uma regra, na prática, valendo sempre verificar o esclarecimento dos envolvidos acerca da efetiva possibilidade de mantença do nome usado até então. Por essa razão, adotávamos tal linha de entendimento em edição anterior, até que, após nova reflexão, alteramos nosso posicionamento acadêmico.

b) se o divórcio é litigioso, a regra é no sentido de manutenção do nome de casado(a), salvo manifestação em sentido contrário.

Em quaisquer dos casos, a culpa não deverá ser critério preponderante na regulação deste direito, podendo qualquer dos cônjuges, a todo tempo, retomar o seu nome de solteiro.

Nesse ponto, merece transcrição o art. 57 da Lei de Registros Públicos, com a redação dada pela Lei n. 14.382/2022:

> "Art. 57. A alteração posterior de sobrenomes poderá ser requerida pessoalmente perante o oficial de registro civil, com a apresentação de certidões e de documentos necessários, e será averbada nos assentos de nascimento e casamento, independentemente de autorização judicial, a fim de: [Redação dada pela Lei n. 14.382, de 2022.]
>
> I — inclusão de sobrenomes familiares; [Incluído pela Lei n. 14.382, de 2022.]
>
> II — inclusão ou exclusão de sobrenome do cônjuge, na constância do casamento; [Incluído pela Lei n. 14.382, de 2022.]
>
> III — exclusão de sobrenome do ex-cônjuge, após a dissolução da sociedade conjugal, por qualquer de suas causas; [Incluído pela Lei n. 14.382, de 2022.]
>
> IV — inclusão e exclusão de sobrenomes em razão de alteração das relações de filiação, inclusive para os descendentes, cônjuge ou companheiro da pessoa que teve seu estado alterado. [Incluído pela Lei n. 14.382, de 2022.]".

11. DIVÓRCIO *POST MORTEM*

Trata-se de uma importante figura, prevista no § 4.º do art. 1.571 do Anteprojeto de Reforma do Código Civil:

> "Art. 1.571. (...)
>
> § 4.º O falecimento de um dos cônjuges ou de um dos conviventes, depois da propositura da ação de divórcio ou de dissolução da união estável, não enseja a extinção do processo, podendo os herdeiros prosseguir com a demanda, retroagindo os efeitos da sentença à data estabelecida na sentença como aquela do final do convívio"[79].

Sobre o tema, escreveu PABLO STOLZE GAGLIANO:

> "De acordo com a regra sugerida, o falecimento de um dos cônjuges, depois da propositura da ação de divórcio, não resulta na extinção do processo, podendo os herdeiros prosseguir com a demanda, retroagindo os efeitos da sentença à data estabelecida na sentença como aquela do final do convívio. A mesma solução é dada em se tratando de dissolução da união estável (art. 1.571, § 4.º, do Anteprojeto).
>
> Trata-se de medida de inegável razoabilidade, porquanto respeita a vontade manifestada pelo cônjuge ou convivente, no sentido da dissolução do vínculo, antes do seu falecimento.
>
> Evita-se, inclusive, com isso, situações tremendamente injustas, em que o sobrevivente poderia se tornar herdeiro ou, até mesmo, beneficiário do falecido, no âmbito da previdência social, caso, por exemplo, o divórcio não fosse decretado"[80].

---

[79] Note-se que o dispositivo também alcança a dissolução *post mortem* da união estável.

[80] Pablo Stolze Gagliano, Dissolução do casamento e da união estável na Reforma do Código Civil, Coord. Min. Luís Felipe Salomão, Senado Federal, *no prelo* (texto inédito).

A jurisprudência do Superior Tribunal de Justiça, por sua vez, já admite essa modalidade de divórcio, conforme se depreende da leitura de pioneiro acórdão (REsp 2.022.649/MA), da lavra do ilustre Min. Antonio Carlos Ferreira, que, inclusive, em seu belo voto, cuja leitura deve ser feita, citou o Anteprojeto de Reforma do Código Civil.

Confira-se a ementa do julgado:

"Direito Civil. Recurso especial. Divórcio *post mortem*. Emenda Constitucional n. 66/2010. Autonomia privada dos cônjuges. Princípio da intervenção mínima do estado em questões afetas às relações familiares. Manifestação de vontade do titular. Óbito do cônjuge durante a tramitação do processo. Dissolução do casamento. Direito potestativo. Exercício. Direito a uma modificação jurídica. Declaração de vontade do cônjuge. Reconhecimento e validação. Ação judicial de divórcio. Pretensão reconvencional. Sobreposição ao caráter personalíssimo do direito. Herdeiros do cônjuge falecido. Legitimidade. Efeitos sucessórios, patrimoniais e previdenciários. Pedido de extinção do processo sem resolução do mérito. *Nemo potest venire contra factum proprium*. Modalidade de exercício inadmissível de um direito. Recurso desprovido.

1. Trata-se de controvérsia jurídica sobre a possibilidade de decretação do divórcio na hipótese do falecimento de um dos cônjuges após a propositura da respectiva ação.

2. Após a edição da Emenda Constitucional n. 66/2010 é possível a dissolução do casamento pelo divórcio independentemente de condições e exigências de ordem temporal previstas na Constituição ou por ela autorizadas, passando a constituir direito potestativo dos cônjuges, cujo exercício decorre exclusivamente da manifestação de vontade de seu titular.

3. Com a alteração constitucional, há preservação da esfera de autonomia privada dos cônjuges, bastando o exercício do direito ao divórcio para que produza seus efeitos de maneira direta, não mais se perquirindo acerca da culpa, motivo ou prévia separação judicial do casal. Origina-se, pois, do princípio da intervenção mínima do Estado em questões afetas às relações familiares.

4. A caracterização do divórcio como um direito potestativo ou formativo, compreendido como o direito a uma modificação jurídica, implica reconhecer que o seu exercício ocorre de maneira unilateral pela manifestação de vontade de um dos cônjuges, gerando um estado de sujeição do outro cônjuge.

5. Hipótese em que, após o ajuizamento da ação de divórcio o cônjuge requerido manifestou-se indubitavelmente no sentido de aquiescer ao pedido que fora formulado em seu desfavor e formulou pedido reconvencional, requerendo o julgamento antecipado e parcial do mérito quanto ao divórcio.

6. É possível o reconhecimento e validação da vontade do titular do direito mesmo após sua morte, conferindo especial atenção ao desejo de ver dissolvido o casamento, uma vez que houve manifestação de vontade indubitável no sentido do divórcio proclamada em vida e no bojo da ação de divórcio. Não se está a reconhecer a transmissibilidade do direito potestativo ao divórcio; o direito já foi exercido e cuida-se de preservar os efeitos que lhe foram atribuídos pela lei e pela declaração de vontade do cônjuge falecido.

7. Legitimidade dos herdeiros do cônjuge falecido para prosseguirem no processo e buscarem a decretação do divórcio *post mortem*.

8. A intenção do autor da ação em ver extinto o processo sem resolução do mérito revela comportamento contraditório com a anterior conduta de pretender a decretação do divórcio. O *nemo potest venire contra factum propri*um tem por efeito impedir o exercício

do comportamento em contradição com a conduta anteriormente praticada, com fundamento nos princípios da boa-fé e da confiança legítima, sendo categorizado como forma de exercício inadmissível de um direito. Nessa concepção, consubstancia-se em forma de limite ao exercício de um direito subjetivo propriamente dito ou potestativo.

9. Possibilidade de decretação do divórcio post mortem reconhecida.

10. Recurso desprovido" (REsp 2.022.649/MA, rel. Min. Antonio Carlos Ferreira, 4.ª Turma, julgado em 16-5-2024, *DJe* 21-5-2024).

Sem dúvida, a admissibilidade do divórcio *post mortem* é medida de inegável justiça.

Capítulo XXIV
Guarda de Filhos

Sumário: 1. Introdução. 2. Poder familiar. 2.1. Noções conceituais. 2.2. Exercício do poder familiar. 2.3. Usufruto e administração dos bens de filhos menores. 2.4. Extinção, suspensão e destituição do poder familiar. 3. Reflexões acerca da limitação estatal sobre a forma de educação de filhos (Lei da "Palmada"). 4. Guarda de filhos. 5. Alienação parental.

1. INTRODUÇÃO

A proposta do presente capítulo é fazer um panorama geral e abrangente do tema *guarda de filhos*.

Para isso, porém, faz-se mister, primeiramente, compreender o instituto jurídico do "*poder familiar*", pois consiste em uma premissa para a devida compreensão da matéria.

Além disso, na sistematização aqui empreendida, temas da mais alta relevância e atualidade poderão ser enfrentados, como as limitações estatais sobre a forma de educação dos filhos (a "*Lei da Palmada*"), a questão da guarda compartilhada, bem como a dramática questão da síndrome de alienação parental.

Enfrentemos juntos esse desafio.

2. PODER FAMILIAR

2.1. Noções conceituais

O Código Civil de 1916 dispunha, em seu art. 379, que os filhos legítimos, ou legitimados, os legalmente reconhecidos e os adotivos estariam sujeitos ao *pátrio poder*, enquanto menores.

O Código de 2002, aperfeiçoando a matéria, rompeu com a tradição machista arraigada na dicção anterior, para consagrar a expressão "poder familiar".

Claro está, todavia, que de nada adiantaria um aprimoramento terminológico desacompanhado da necessária evolução cultural.

Por isso, mais importante do que o aperfeiçoamento linguístico, é a real percepção, imposta aos pais e mães deste país, no sentido da importância jurídica, moral e espiritual que a sua autoridade parental ostenta, em face dos seus filhos, enquanto menores.

Em conclusão, podemos conceituar o *poder familiar* como o plexo de direitos e obrigações reconhecidos aos pais, em razão e nos limites da autoridade parental que exercem em face dos seus filhos, enquanto menores e incapazes.

Note-se, desde já, que essa profunda forma de autoridade familiar somente é exercida enquanto os filhos ainda forem menores e não atingirem a plena capacidade civil[1].

---

[1] "Art. 1.630. Os filhos estão sujeitos ao poder familiar, enquanto menores."

2.2. Exercício do poder familiar

Durante o casamento e a união estável, a teor do que dispõe o *caput* do art. 1.631, CC/2002, compete o poder familiar aos pais; na falta ou impedimento de um deles, o outro o exercerá com exclusividade.

Por óbvio, em outras formas de arranjo familiar, havendo filhos, o poder familiar também se fará presente, nessa mesma linha de intelecção.

Vale ainda observar, na perspectiva constitucional do princípio da isonomia, não haver superioridade ou prevalência do homem, em detrimento da mulher, não importando, também, o estado civil de quem exerce a autoridade parental[2].

E, segundo o mesmo dispositivo, divergindo os pais quanto ao exercício do poder familiar, é assegurado a qualquer deles recorrer ao juiz para solução do desacordo, à luz da regra maior da inafastabilidade da jurisdição[3].

Neste ponto, anotamos que o Código Civil cuidou de disciplinar o conteúdo dos poderes conferidos aos pais, no exercício dessa autoridade parental, conforme se verifica do art. 1.634 do CC/2002, com a redação determinada pela Lei n. 13.058, de 22 de dezembro de 2014:

"Art. 1.634. Compete aos pais, qualquer que seja a sua situação conjugal, o pleno exercício do poder familiar, que consiste em, quanto aos filhos:

I — dirigir-lhes a criação e a educação;

II — exercer a guarda unilateral ou compartilhada nos termos do art. 1.584;

III — conceder-lhes ou negar-lhes consentimento para casarem;

IV — conceder-lhes ou negar-lhes consentimento para viajarem ao exterior;

V — conceder-lhes ou negar-lhes consentimento para mudarem sua residência permanente para outro Município;

VI — nomear-lhes tutor por testamento ou documento autêntico, se o outro dos pais não lhe sobreviver, ou o sobrevivo não puder exercer o poder familiar;

VII — representá-los judicial e extrajudicialmente até os 16 (dezesseis) anos, nos atos da vida civil, e assisti-los, após essa idade, nos atos em que forem partes, suprindo-lhes o consentimento;

VIII — reclamá-los de quem ilegalmente os detenha;

IX — exigir que lhes prestem obediência, respeito e os serviços próprios de sua idade e condição".

Os primeiros incisos são de fácil intelecção e reforçam a linha de entendimento segundo a qual, posto o poder familiar traduza uma prerrogativa dos pais, a sua existência somente é justificada sob a ótica de proteção do interesse existencial do próprio menor.

---

[2] "Art 1.636. O pai ou a mãe que contrai novas núpcias, ou estabelece união estável, não perde, quanto aos filhos do relacionamento anterior, os direitos ao poder familiar, exercendo-os sem qualquer interferência do novo cônjuge ou companheiro. Parágrafo único. Igual preceito ao estabelecido neste artigo aplica-se ao pai ou à mãe solteiros que casarem ou estabelecerem união estável".

[3] "Art. 1.632. A separação judicial, o divórcio e a dissolução da união estável não alteram as relações entre pais e filhos senão quanto ao direito, que aos primeiros cabe, de terem em sua companhia os segundos".

"Art. 1.633. O filho, não reconhecido pelo pai, fica sob poder familiar exclusivo da mãe; se a mãe não for conhecida ou capaz de exercê-lo, dar-se-á tutor ao menor".

No que tange, outrossim, ao inciso IX, pondera, com o equilíbrio de sempre, PAULO LÔBO:

"Tenho por incompatível com a Constituição, principalmente em relação ao princípio da dignidade da pessoa humana (arts. 1.o, III, e 227), a exploração da vulnerabilidade dos filhos menores para submetê-los a 'serviços próprios de sua idade e condição', além de consistir em abuso (art. 227, § 4.o). Essa regra surgiu em contexto histórico diferente, no qual a família era considerada, também, unidade produtiva e era tolerada pela sociedade a utilização dos filhos menores em trabalhos não remunerados, com fins econômicos. A interpretação em conformidade com a Constituição apenas autoriza aplicá-la em situações de colaboração nos serviços domésticos, sem fins econômicos, e desde que não prejudique a formação e educação dos filhos"[4].

De fato, a parte final do dispositivo, tal como redigida, subverte a lógica do sistema que espera, do menor, não um potencial imediato de exercício de capacidade laborativa, mas, sim, e principalmente, exercício de tarefas compatíveis com o seu estágio de desenvolvimento, especialmente no âmbito da sua educação.

Nesse sentido, o art. 32 da Convenção sobre os direitos da criança:

"Art. 32

1 — Os Estados Partes reconhecem o direito da criança de estar protegida contra a exploração econômica e contra o desempenho de qualquer trabalho que possa ser perigoso ou interferir em sua educação, ou que seja nocivo para sua saúde ou para seu desenvolvimento físico, mental, espiritual, moral ou social.

2 — Os Estados-partes adotarão medidas legislativas, sociais e educacionais com vistas a assegurar a aplicação do presente Artigo. Com tal propósito, e levando em consideração as disposições pertinentes de outros instrumentos internacionais, os Estados-partes deverão, em particular:

a) estabelecer uma idade mínima ou idades mínimas para a admissão em emprego;

b) estabelecer regulamentação apropriada relativa a horários e condições de emprego;

c) estabelecer penalidades ou outras sanções apropriadas a fim de assegurar o cumprimento efetivo do presente Artigo".

À vista do exposto, a exigência de serviços além dos limites do razoável poderá caracterizar a exploração da mão de obra infantil e do adolescente, com a aplicação das sanções criminais e civis correspondentes.

2.3. Usufruto e administração dos bens de filhos menores

O exercício do poder familiar importa no reconhecimento de prerrogativas aos pais.

Com efeito, enquanto no pleno exercício de tal poder, ambos os pais, na forma do art. 1.689, CC/2002:

"I — são usufrutuários dos bens dos filhos;

II — têm a administração dos bens dos filhos menores sob sua autoridade".

---

[4] LÔBO, Paulo Luiz Netto. Do poder familiar, *Jus Navigandi*, n. 1.057, 24 maio 2006. Disponível em: <https://jus.com.br/artigos/8371/do-poder-familiar>. Acesso em: 26 jun. 2017.

Desse usufruto legal e administração, porém, alguns bens ficam excluídos, na forma do art. 1.693, CC/2002:

"I — os bens adquiridos pelo filho havido fora do casamento, antes do reconhecimento;

II — os valores auferidos pelo filho maior de dezesseis anos, no exercício de atividade profissional e os bens com tais recursos adquiridos;

III — os bens deixados ou doados ao filho, sob a condição de não serem usufruídos, ou administrados, pelos pais;

IV — os bens que aos filhos couberem na herança, quando os pais forem excluídos da sucessão".

A representação legal dos filhos menores pelos pais é uma forma de suprimento da sua manifestação de vontade, reconhecida em lei, que tem por finalidade a preservação dos interesses dos incapazes[5].

Assim, na forma do *caput* do art. 1.690, CC/2002, *"compete aos pais, e na falta de um deles ao outro, com exclusividade, representar os filhos menores de dezesseis anos, bem como assisti-los até completarem a maioridade ou serem emancipados"*.

Essa representação deve sempre buscar a melhor tutela dos interesses dos menores, motivo pelo qual, havendo qualquer divergência insanável ou colisão de interesses, deverá o Poder Judiciário ser acionado para apresentar a solução, como se infere do parágrafo único do referido art. 1.690, CC/2002[6], bem como da regra cogente do art. 1.692, CC/2002[7].

E, nesse campo de conflito de interesses, aspectos patrimoniais comumente vêm à tona.

Talvez por isso, estabeleceu o art. 1.691, CC/2002:

"Art. 1.691. Não podem os pais alienar, ou gravar de ônus real os imóveis dos filhos, nem contrair, em nome deles, obrigações que ultrapassem os limites da simples administração, salvo por necessidade ou evidente interesse da prole, mediante prévia autorização do juiz.

Parágrafo único. Podem pleitear a declaração de nulidade dos atos previstos neste artigo:

I — os filhos;

II — os herdeiros;

III — o representante legal".

Essa limitação da autonomia da vontade dos pais na administração dos bens se justifica exatamente pela busca da preservação dos interesses dos menores.

Se os bens não são de titularidade dos pais, mas, sim, dos próprios menores, a responsabilidade pela eventual dilapidação desse patrimônio, sem motivo razoável, justificaria a intervenção judicial.

---

[5] Para um aprofundamento sobre o tema, confira-se o tópico 2 ("Capacidade de Direito e de Fato e Legitimidade") do Capítulo IV ("Pessoa Natural") do v. I ("Parte Geral") desta coleção, notadamente os subtópicos 2.1.1 ("Os menores de dezesseis anos") e 2.2.1 ("Os maiores de dezesseis e menores de dezoito anos").

[6] "Parágrafo único. Os pais devem decidir em comum as questões relativas aos filhos e a seus bens; havendo divergência, poderá qualquer deles recorrer ao juiz para a solução necessária."

[7] "Art. 1.692. Sempre que no exercício do poder familiar colidir o interesse dos pais com o do filho, a requerimento deste ou do Ministério Público o juiz lhe dará curador especial."

Vale dizer, nas hipóteses previstas no dispositivo supra, a autorização judicial prévia é formalidade indispensável para a realização do ato, que é, portanto, na sua omissão, nulo de pleno direito, o que autorizaria, em nosso entender, também, a legitimidade do próprio Ministério Público.

2.4. Extinção, suspensão e destituição do poder familiar

A extinção do poder familiar pode se dar por causa não imputável (voluntariamente) a qualquer dos pais (art. 1.635, CC/2002):

a) pela morte dos pais ou do filho;

b) pela emancipação, nos termos do art. 5.º, parágrafo único;

c) pela maioridade;

d) pela adoção.

Verificada qualquer dessas hipóteses, o poder familiar sobre o filho deixa de existir.

No entanto, pode ocorrer que, em virtude de comportamentos (culposos ou dolosos) graves, o juiz, por decisão fundamentada, no bojo de procedimento em que se garanta o contraditório[8], determine a *destituição do poder familiar* (na forma do art. 1.638 do Código Civil de 2002).

Perderá por ato judicial o poder familiar o pai ou a mãe que:

a) castigar imoderadamente o filho;

b) deixar o filho em abandono;

c) praticar atos contrários à moral e aos bons costumes;

d) incidir, reiteradamente, em faltas autorizadoras da suspensão do poder familiar;

e) *entregar de forma irregular o filho a terceiros para fins de adoção.*

Na forma do parágrafo único do mesmo art. 1.638, CC-02 (inserido por força da Lei n. 13.715, de 24 de setembro de 2018), também perderá por ato judicial o poder familiar aquele que:

I — praticar contra outrem igualmente titular do mesmo poder familiar:

a) homicídio, feminicídio ou lesão corporal de natureza grave ou seguida de morte, quando se tratar de crime doloso envolvendo violência doméstica e familiar ou menosprezo ou discriminação à condição de mulher;

b) estupro ou outro crime contra a dignidade sexual sujeito à pena de reclusão;

II — praticar contra filho, filha ou outro descendente:

a) homicídio, feminicídio ou lesão corporal de natureza grave ou seguida de morte, quando se tratar de crime doloso envolvendo violência doméstica e familiar ou menosprezo ou discriminação à condição de mulher;

b) estupro, estupro de vulnerável ou outro crime contra a dignidade sexual sujeito à pena de reclusão.

---

[8] O procedimento para a suspensão ou perda (destituição) do poder familiar poderá ser intentado pelo Ministério Público ou por quem tenha legítimo interesse, nos termos dos arts. 155 a 163 do ECA.

Trata-se, em tais casos, de uma verdadeira sanção civil, grave e de consequências profundas.

A forma como foi redigida a previsão do art. 1.638, remetendo ao inciso IV do art. 1.637, CC/2002, é uma inovação do vigente Código Civil brasileiro (sem correspondente imediato no CC/1916), referindo-se à possibilidade de perda do poder familiar na reiteração de *suspensão do poder familiar*, caso em que o juiz, no exercício do poder geral de cautela, sem alijar o pai ou a mãe em definitivo da sua autoridade parental, obsta o seu exercício:

> "Art. 1.637. Se o pai, ou a mãe, abusar de sua autoridade, faltando aos deveres a eles inerentes ou arruinando os bens dos filhos, cabe ao juiz, requerendo algum parente, ou o Ministério Público, adotar a medida que lhe pareça reclamada pela segurança do menor e seus haveres, até suspendendo o poder familiar, quando convenha.
>
> Parágrafo único. Suspende-se igualmente o exercício do poder familiar ao pai ou à mãe condenados por sentença irrecorrível, em virtude de crime cuja pena exceda a dois anos de prisão"[9].

Trata-se de uma medida excepcional, que visa acautelar a situação dos menores, diante do reprovável comportamento dos seus pais.

3. REFLEXÕES ACERCA DA LIMITAÇÃO ESTATAL SOBRE A FORMA DE EDUCAÇÃO DE FILHOS (LEI DA "PALMADA")

Qual deve ser o papel do Estado na educação de filhos?

Em outras palavras: pode o Estado se imiscuir na forma como os pais entendam ser a mais adequada para a disciplina de sua prole?

A pergunta vem à baila por causa da polêmica suscitada com a edição da chamada "Lei da Palmada" (Lei n. 13.010, de 26 de junho de 2014).

---

[9] No Código Penal:

"Art. 92. São também efeitos da condenação. [*Redação dada pela Lei n. 7.209, de 11-7-1984.*]

I — a perda de cargo, função pública ou mandato eletivo: [*Redação dada pela Lei n. 9.268, de 1.º-4-1996.*]

a) quando aplicada pena privativa de liberdade por tempo igual ou superior a um ano, nos crimes praticados com abuso de poder ou violação de dever para com a Administração Pública; [*Incluído pela Lei n. 9.268, de 1.º-4-1996.*]

b) quando for aplicada pena privativa de liberdade por tempo superior a 4 (quatro) anos nos demais casos. [*Incluído pela Lei n. 9.268, de 1.º-4-1996.*]

II — a incapacidade para o exercício do poder familiar, da tutela ou da curatela nos crimes dolosos sujeitos à pena de reclusão cometidos contra outrem igualmente titular do mesmo poder familiar, contra filho, filha ou outro descendente ou contra tutelado ou curatelado; [*Redação dada pela Lei n. 13.715, de 2018.*]

III — a inabilitação para dirigir veículo, quando utilizado como meio para a prática de crime doloso. [*Redação dada pela Lei n. 7.209, de 11-7-1984.*]

Parágrafo único. Os efeitos de que trata este artigo não são automáticos, devendo ser motivadamente declarados na sentença. [*Redação dada pela Lei n. 7.209, de 11-7-1984.*]

Trata-se de lei que alterou dispositivos do Estatuto da Criança e do Adolescente, com a finalidade de estabelecer expressamente o direito da criança e do adolescente de serem educados e cuidados sem o uso de castigos físicos ou de tratamento cruel ou degradante.

Lembremos como foi noticiado o envio ao Congresso Nacional do projeto de lei que puniria o uso da reprimenda física nos filhos:

"A famosa 'palmadinha educativa' nos filhos pode estar com os dias contados. Um projeto de lei pretende acabar com todo tipo de castigo físico para as crianças[10].

O presidente Luiz Inácio Lula da Silva assinou na manhã desta quarta-feira, 14, mensagem que encaminha ao Congresso projeto de lei sobre castigos corporais e 'tratamento cruel ou degradante' contra crianças e adolescentes. A medida ocorre 20 anos após a implantação do Estatuto da Criança e do Adolescente (ECA).

Durante a cerimônia no Centro Cultural Banco do Brasil (CCBB), sede provisória do governo, Lula comentou sobre possíveis críticas ao projeto. Vai ter muita gente reacionária nesse País, que vai dizer 'Não, tão querendo impedir que a mãe eduque o filho', 'Tão querendo impedir que a mãe pegue uma chinelinha Havaiana e dê um tapinha na bunda da criança'. Ninguém quer proibir o pai de ser pai e a mãe de ser mãe. Ninguém quer proibir. O que nós queremos é apenas dizer 'é possível fazer as coisas de forma diferenciada', disse"[11].

Em verdade, o referido projeto teve por objetivo alterar o Estatuto da Criança e do Adolescente, para coibir qualquer ação de natureza disciplinar ou punitiva com o uso da força física que resulte em dor ou lesão à criança ou ao adolescente, bem como qualquer forma de tratamento cruel ou degradante[12], tendo sido esta a diretriz aprovada e convertida em lei.

---

[10] *Jornal Hoje,* 18 maio 2010. Disponível em: <http://g1.globo.com/jornal-hoje/noticia/2010/05/congresso-pode-proibir-palmada.html>. Acesso em: 11 set. 2010.

[11] Rafael Moura, agência Estado. Disponível em: <http://www.estadao.com.br/noticias/geral,lula-envia--ao-congresso-projeto-de-palmada-em-criancas,581047,0.htm>. Acesso em: 11 set. 2010.

[12] No Direito Estrangeiro, vale consultar a seguinte notícia: *A palmada no "bumbum" em breve será considerada fora da lei nos Países-Baixos* — 8-10-2006 — Fonte: *Jornal francês Libération* — O Parlamento holandês está prestes a proibir a palmada no "bumbum", assim como toda e qualquer violência mental ou física contra as crianças. Uma maioria apoia a emenda do Código Civil proposta em 14 de setembro pelo ministro da Justiça, Piet Hein Donner, a palmada "no bumbum" deverá ser considerada fora da lei a partir de 2007. Durante um primeiro debate no Parlamento, o ministro explicou que: "resta 'aceitável' bater sobre os dedos de uma criança se ela tiver roubado balas". "Em revanche, a palmada 'no bumbum' tem que ser proscrita, assim como as 'humilhações' físicas ou mentais".
Haia não irá tão longe como a Grã-Bretanha, onde, depois de janeiro 2005, tapas que deixam marcas em menores podem levar o autor até a cinco anos de prisão. Na Holanda, tapas na cara e palmadas "no bumbum" não serão penalizados como se fez na Suécia desde 1979, depois na Finlândia em 1984, na Noruega em 1987 e na Dinamarca em 1997, os Países-Baixos procuram editar uma nova "norma". O objetivo: impedir que pais abusivos saiam impunes diante dos tribunais, desculpando-se por meio do argumento da disciplina.
"A lei corre o risco de entrar no campo da responsabilidade parental", reconhece Piet Hein Donner. De acordo com os centros de conselho e de prevenção contra a infância maltratada, entre 50.000 e 80.000 menores são vítimas de violências a cada ano, e os casos estão aumentando. Quando a palmada "no bumbum" for proibida, a medida se acompanhará de uma campanha geral, mas também de programas de "apoio" para os pais habituados a espancar seus filhos (Disponível em: <http://www.ibdfam.org.br/?noticias&noticia=1071>. Acesso em: 11 set. 2010).

Vejamos o teor do diploma legal:

"Art. 1.º A Lei n. 8.069, de 13 de julho de 1990 (Estatuto da Criança e do Adolescente), passa a vigorar acrescida dos seguintes arts. 18-A, 18-B e 70-A:

'Art. 18-A. A criança e o adolescente têm o direito de ser educados e cuidados sem o uso de castigo físico ou de tratamento cruel ou degradante, como formas de correção, disciplina, educação ou qualquer outro pretexto, pelos pais, pelos integrantes da família ampliada, pelos responsáveis, pelos agentes públicos executores de medidas socioeducativas ou por qualquer pessoa encarregada de cuidar deles, tratá-los, educá-los ou protegê-los.

Parágrafo único. Para os fins desta Lei, considera-se:

I — castigo físico: ação de natureza disciplinar ou punitiva aplicada com o uso da força física sobre a criança ou o adolescente que resulte em:

a) sofrimento físico; ou

b) lesão;

II — tratamento cruel ou degradante: conduta ou forma cruel de tratamento em relação à criança ou ao adolescente que:

a) humilhe; ou

b) ameace gravemente; ou

c) ridicularize'.

(...)

'Art. 18-B. Os pais, os integrantes da família ampliada, os responsáveis, os agentes públicos executores de medidas socioeducativas ou qualquer pessoa encarregada de cuidar de crianças e de adolescentes, tratá-los, educá-los ou protegê-los que utilizarem castigo físico ou tratamento cruel ou degradante como formas de correção, disciplina, educação ou qualquer outro pretexto estarão sujeitos, sem prejuízo de outras sanções cabíveis, às seguintes medidas, que serão aplicadas de acordo com a gravidade do caso:

I — encaminhamento a programa oficial ou comunitário de proteção à família;

II — encaminhamento a tratamento psicológico ou psiquiátrico;

III — encaminhamento a cursos ou programas de orientação;

IV — obrigação de encaminhar a criança a tratamento especializado;

V — advertência.

Parágrafo único. As medidas previstas neste artigo serão aplicadas pelo Conselho Tutelar, sem prejuízo de outras providências legais.'

'Art. 70-A. A União, os Estados, o Distrito Federal e os Municípios deverão atuar de forma articulada na elaboração de políticas públicas e na execução de ações destinadas a coibir o uso de castigo físico ou de tratamento cruel ou degradante e difundir formas não violentas de educação de crianças e de adolescentes, tendo como principais ações:

I — a promoção de campanhas educativas permanentes para a divulgação do direito da criança e do adolescente de serem educados e cuidados sem o uso de castigo físico ou de tratamento cruel ou degradante e dos instrumentos de proteção aos direitos humanos;

II — a integração com os órgãos do Poder Judiciário, do Ministério Público e da Defensoria Pública, com o Conselho Tutelar, com os Conselhos de Direitos da Criança e do Adolescente e com as entidades não governamentais que atuam na promoção, proteção e defesa dos direitos da criança e do adolescente;

III — a formação continuada e a capacitação dos profissionais de saúde, educação e assistência social e dos demais agentes que atuam na promoção, proteção e defesa dos direitos da criança e do adolescente para o desenvolvimento das competências necessárias à prevenção, à identificação de evidências, ao diagnóstico e ao enfrentamento de todas as formas de violência contra a criança e o adolescente;

IV — o apoio e o incentivo às práticas de resolução pacífica de conflitos que envolvam violência contra a criança e o adolescente;

V — a inclusão, nas políticas públicas, de ações que visem a garantir os direitos da criança e do adolescente, desde a atenção pré-natal, e de atividades junto aos pais e responsáveis com o objetivo de promover a informação, a reflexão, o debate e a orientação sobre alternativas ao uso de castigo físico ou de tratamento cruel ou degradante no processo educativo;

VI — a promoção de espaços intersetoriais locais para a articulação de ações e a elaboração de planos de atuação conjunta focados nas famílias em situação de violência, com participação de profissionais de saúde, de assistência social e de educação e de órgãos de promoção, proteção e defesa dos direitos da criança e do adolescente.

Parágrafo único. As famílias com crianças e adolescentes com deficiência terão prioridade de atendimento nas ações e políticas públicas de prevenção e proteção.'

Art. 2.º Os arts. 13 e 245 da Lei n. 8.069, de 13 de julho de 1990, passam a vigorar com as seguintes alterações:

'Art. 13. Os casos de suspeita ou confirmação de castigo físico, de tratamento cruel ou degradante e de maus-tratos contra criança ou adolescente serão obrigatoriamente comunicados ao Conselho Tutelar da respectiva localidade, sem prejuízo de outras providências legais. (...)'.

Art. 3.º O art. 26 da Lei n. 9.394, de 20 de dezembro de 1996 (Lei de Diretrizes e Bases da Educação Nacional), passa a vigorar acrescido do seguinte § 9.º:

'Art. 26. (...)

§ 9.º Conteúdos relativos aos direitos humanos e à prevenção de todas as formas de violência contra a criança e o adolescente serão incluídos, como temas transversais, nos currículos escolares de que trata o *caput* deste artigo, tendo como diretriz a Lei n. 8.069, de 13 de julho de 1990 (Estatuto da Criança e do Adolescente), observada a produção e distribuição de material didático adequado.'

Art. 4.º Esta Lei entra em vigor na data de sua publicação".

Claro está que ações físicas profundas em crianças e adolescentes, por si só, já caracterizam um comportamento moralmente abominável e juridicamente reprovável.

A grande celeuma gira em torno da conhecida "palmadinha corretiva" e que, para muitos pais, estaria inserida no âmbito lícito do direito correcional, desde que exercida de forma moderada.

Difícil falar, em tese, a respeito desse tema.

Trata-se de uma questão cultural que precisa realmente ser trabalhada com educação e conscientização, e não talvez pela via da persecução criminal.

Não somos contra a nova diretriz legal, que tem a louvável finalidade de evitar a violência contra crianças e adolescentes, mas advertimos que somente a cuidadosa análise do caso concreto poderá recomendar e justificar a aplicação de punição aos pais, por ser extremamente ampla e profunda a álea de compreensão da norma.

Vale dizer, uma interpretação excessivamente literal e rigorosa poderia resultar na indevida ingerência do Estado no âmbito familiar, sem que, de fato, perigo de dano houvesse a justificar uma medida sancionatória.

O juiz, pois, deverá adotar redobrada cautela na apreciação do caso concreto, até mesmo para que o processo — o *strepitus fori* — não acarrete, no seio da relação familiar, uma fissura difícil de cicatrizar, mais danosa do que o próprio castigo que se quer coibir.

Usando, pois, de bom-senso na apreciação do caso *sub judice*, evita-se o discurso demagógico em torno da matéria, tão prejudicial aos pais quanto aos próprios filhos[13].

4. GUARDA DE FILHOS

Inicialmente, frise-se que a guarda de que vamos tratar no presente capítulo, respeitando os limites metodológicos desta obra, não é a medida de colocação em família substituta prevista no ECA[14], mas, sim, o instituto derivado da própria autoridade parental exercida pelos pais.

---

[13] Delicada questão, no âmbito da tutela à dimensão existencial das crianças, diz respeito à Síndrome do Bebê Sacudido. Trata-se de uma gravíssima forma de abuso, que acomete especialmente menores entre zero e dois anos de idade, que não tem sido suficientemente debatida e especificamente enfrentada no Brasil. Sobre o tema, recomenda-se a leitura do texto de STOLZE, Pablo. A síndrome do bebê sacudido e o silêncio dos inocentes. *Jus Navigandi*, Teresina, ano 18, n. 3723, 10 set. 2013. Disponível em: <http://jus.com.br/artigos/25251>. Acesso em: 18 dez. 2015.

[14] Lei n. 8.069, de 13 de julho de 1990 (Estatuto da Criança e do Adolescente):
"Art. 28. A colocação em família substituta far-se-á mediante guarda, tutela ou adoção, independentemente da situação jurídica da criança ou adolescente, nos termos desta Lei."
(...)
"Art. 33. A guarda obriga a prestação de assistência material, moral e educacional à criança ou adolescente, conferindo a seu detentor o direito de opor-se a terceiros, inclusive aos pais. [*Vide Lei n. 12.010, de 2009.*]
§ 1.º A guarda destina-se a regularizar a posse de fato, podendo ser deferida, liminar ou incidentalmente, nos procedimentos de tutela e adoção, exceto no de adoção por estrangeiros.
§ 2.º Excepcionalmente, deferir-se-á a guarda, fora dos casos de tutela e adoção, para atender a situações peculiares ou suprir a falta eventual dos pais ou responsável, podendo ser deferido o direito de representação para a prática de atos determinados.
§ 3.º A guarda confere à criança ou adolescente a condição de dependente, para todos os fins e efeitos de direito, inclusive previdenciários.
§ 4.º Salvo expressa e fundamentada determinação em contrário, da autoridade judiciária competente, ou quando a medida for aplicada em preparação para adoção, o deferimento da guarda de criança ou adolescente a terceiros não impede o exercício do direito de visitas pelos pais, assim como o dever de prestar alimentos, que serão objeto de regulamentação específica, a pedido do interessado ou do Ministério Público. [*Incluído pela Lei n. 12.010, de 2009.*]
Art. 34. O poder público estimulará, por meio de assistência jurídica, incentivos fiscais e subsídios, o acolhimento, sob a forma de guarda, de criança ou adolescente afastado do convívio familiar. [*Redação dada pela Lei n. 12.010, de 2009.*]
§ 1.º A inclusão da criança ou adolescente em programas de acolhimento familiar terá preferência a seu acolhimento institucional, observado, em qualquer caso, o caráter temporário e excepcional da medida, nos termos desta Lei. [*Incluído pela Lei n. 12.010, de 2009.*]
§ 2.º Na hipótese do § 1.º deste artigo a pessoa ou casal cadastrado no programa de acolhimento familiar poderá receber a criança ou adolescente mediante guarda, observado o disposto nos arts. 28 a 33 desta Lei. [*Incluído pela Lei n. 12.010, de 2009.*]

Como vimos, a culpa deixou de ser um elemento relevante para o reconhecimento do divórcio[15].

Isso também gera repercussões nos efeitos colaterais do término do vínculo conjugal.

Assim, entendemos que a culpa deixou de ser referência, também, no âmbito da fixação da guarda de filhos.

Aliás, após a promulgação da Constituição de 1988, essa linha de raciocínio já vinha sendo adotada.

No que toca aos filhos, sentido nenhum há em determinar a guarda em favor de um suposto "inocente" no fim do enlace conjugal.

Mesmo aqueles que perfilhavam a linha de pensamento de relevância da culpa no desenlace conjugal, reconheciam o total descabimento da análise da culpa com o propósito de se determinar a guarda de filhos ou a partilha dos bens.

Isso porque, no primeiro caso, interessa, tão somente, a busca do interesse existencial da criança ou do adolescente, pouco importando quem fora o "culpado" na separação ou no divórcio e, no segundo, porque a divisão patrimonial opera-se mediante a aplicação das normas do regime adotado, independentemente de quem haja sido o responsável pelo fim da união.

Vale dizer, se não há razão fundada no resguardo do interesse existencial da criança ou do adolescente, o cônjuge que apresentar melhores condições morais e psicológicas poderá deter a sua guarda, independentemente da aferição da culpa no fim da relação conjugal.

Claro está, todavia, que o deferimento dessa guarda unilateral só será possível depois de esgotada a tentativa de implementação da guarda compartilhada.

Num caso ou noutro, vale lembrar, o elemento "culpa" não é vetor determinante para o deferimento da guarda.

O tema da disciplina legal da guarda dos filhos passou por modificações supervenientes à edição do Código Civil de 2002.

Com efeito, primeiro foi editada a Lei n. 11.698, de 13 de junho de 2008, instituindo e disciplinando a guarda compartilhada como uma das modalidades possíveis a ser deferida.

Posteriormente, surgiu a Lei n. 13.058, de 22 de dezembro de 2014, buscando estabelecer o conceito legal de guarda compartilhada e dispondo sobre sua aplicação, tornando-a a regra geral no ordenamento jurídico brasileiro.

---

§ 3.º A União apoiará a implementação de serviços de acolhimento em família acolhedora como política pública, os quais deverão dispor de equipe que organize o acolhimento temporário de crianças e de adolescentes em residências de famílias selecionadas, capacitadas e acompanhadas que não estejam no cadastro de adoção. [Incluído pela Lei n. 13.257, de 2016.]

§ 4.º Poderão ser utilizados recursos federais, estaduais, distritais e municipais para a manutenção dos serviços de acolhimento em família acolhedora, facultando-se o repasse de recursos para a própria família acolhedora. [Incluído pela Lei n. 13.257, de 2016]".

Art. 35. A guarda poderá ser revogada a qualquer tempo, mediante ato judicial fundamentado, ouvido o Ministério Público."

[15] Sobre o tema, confira-se novamente o Capítulo XXIII ("O Divórcio como Forma de Extinção do Vínculo Conjugal") deste volume.

Antes de explicar cada modalidade de guarda no nosso sistema, vejamos como ficou a atual redação do art. 1.583 do Código Civil, que trata sobre o tema:

"Art. 1.583. A guarda será unilateral ou compartilhada. [*Redação dada pela Lei n. 11.698, de 2008.*]

§ 1.º Compreende-se por guarda unilateral a atribuída a um só dos genitores ou a alguém que o substitua (art. 1.584, § 5.º) e, por guarda compartilhada a responsabilização conjunta e o exercício de direitos e deveres do pai e da mãe que não vivam sob o mesmo teto, concernentes ao poder familiar dos filhos comuns. [*Incluído pela Lei n. 11.698, de 2008.*]

§ 2.º Na guarda compartilhada, o tempo de convívio com os filhos deve ser dividido de forma equilibrada com a mãe e com o pai, sempre tendo em vista as condições fáticas e os interesses dos filhos. [*Redação dada pela Lei n. 13.058, de 2014.*]

§ 3.º Na guarda compartilhada, a cidade considerada base de moradia dos filhos será aquela que melhor atender aos interesses dos filhos. [*Redação dada pela Lei n. 13.058, de 2014*].

§ 4.º [*VETADO.*]

§ 5.º A guarda unilateral obriga o pai ou a mãe que não a detenha a supervisionar os interesses dos filhos, e, para possibilitar tal supervisão, qualquer dos genitores sempre será parte legítima para solicitar informações e/ou prestação de contas, objetivas ou subjetivas, em assuntos ou situações que direta ou indiretamente afetem a saúde física e psicológica e a educação de seus filhos. [*Incluído pela Lei n. 13.058, de 2014.*]"

Já cuidamos de mencionar que, para efeito da fixação da guarda de filhos, há de se levar em conta *o interesse existencial da prole*, e não a suposta responsabilidade daquele que teria dado causa ao fim do casamento.

Assim, imagine-se que o sujeito não haja sido um bom marido.

Enamorou-se de outra no curso do matrimônio.

Mas sempre se comportou como um pai exemplar, não permitindo que os seus filhos experimentassem influência perniciosa.

Ora, se, no curso do processo judicial em que se discute a guarda dos filhos — e isso, claro, pode ser analisado, sim, em procedimento de divórcio, desde que haja sido cumulado pedido nesse sentido — ficar demonstrado que o genitor tem melhores condições para o exercício da guarda, poderá obter o deferimento desta.

No divórcio administrativo, como sabemos, não há espaço para esse tipo de discussão, pois, em havendo filhos menores ou incapazes, torna-se obrigatório o processo judicial, com a imprescindível intervenção do Ministério Público[16].

Assim, volvendo a nossa atenção para os processos judiciais, não é demais lembrar que, em petições de divórcio, a alegação de culpa para efeito de fixação de guarda somente tem sentido se o comportamento atacado interferir na esfera existencial dos filhos.

Dessa forma, se a referida alegação repercutir apenas na esfera jurídica do cônjuge supostamente "inocente", em nada deverá interferir na decisão do juiz.

Esse é o melhor entendimento.

---

[16] Em verdade, se os direitos do filho menor ou incapaz já se encontram resguardados (por meio de anterior sentença que regulou guarda e alimentos, p. ex.), e o casal, em cartório, pretende apenas a decretação do divórcio consensual, é discutível essa vedação.

Em geral, do ponto de vista teórico, temos quatro modalidades de guarda:

a) *guarda unilateral* ou *exclusiva* — é a modalidade em que um dos pais detém exclusivamente a guarda, cabendo ao outro direito de visitas. O filho passa a morar no mesmo domicílio do seu guardião;

b) *guarda alternada* — modalidade comumente confundida com a compartilhada[17], mas que tem características próprias. Quando fixada, o pai e a mãe revezam períodos exclusivos de guarda, cabendo ao outro direito de visitas. Exemplo: de 1.º de janeiro a 30 de abril a mãe exercerá com exclusividade a guarda, cabendo ao pai direito de visitas, incluindo o de ter o filho em finais de semanas alternados; de 1.º de maio a 31 de agosto, inverte-se, e assim segue sucessivamente. Note-se que há uma alternância na exclusividade da guarda, e o tempo de seu exercício dependerá da decisão judicial. Não é uma boa modalidade, na prática, sob o prisma do interesse dos filhos;

c) *nidação* ou *aninhamento* — espécie pouco comum em nossa jurisprudência, mas ocorrente em países europeus. Para evitar que a criança fique indo de uma casa para outra (da casa do pai para a casa da mãe, segundo o regime de visitas), ela permanece no mesmo domicílio em que vivia o casal, enquanto casados, e os pais se revezam na companhia desta. Vale dizer, o pai e a mãe, já separados, moram em casas diferentes, mas a criança permanece no mesmo lar, revezando-se os pais em sua companhia, segundo a decisão judicial. Tipo de guarda pouco comum, sobretudo porque os envolvidos devem ser ricos ou financeiramente fortes. Afinal, precisarão manter, além das suas residências, aquela em que os filhos moram. Haja disposição econômica para tanto!;

d) *guarda compartilhada* ou *conjunta* — modalidade preferível em nosso sistema, de inegáveis vantagens, mormente sob o prisma da repercussão psicológica na prole, se comparada a qualquer das outras. Nesse tipo de guarda, não há exclusividade em seu exercício. Tanto o pai quanto a mãe detém-na e são corresponsáveis pela condução da vida dos filhos[18]. O próprio legislador a diferencia da modalidade unilateral: "art. 1.583, § 1.º Compreende-se por guarda unilateral a atribuída a um só dos genitores ou a alguém que o substitua (art. 1.584, § 5.º) e, por guarda compartilhada a responsabilização conjunta e o exercício de direitos e deveres do pai e da mãe que não vivam sob o mesmo teto, concernentes ao poder familiar dos filhos comuns"[19].

---

[17] A leitura do já transcrito § 2.º do art. 1.583 do vigente Código Civil permite constatar tal confusão ao preceituar que, na "guarda compartilhada, o tempo de convívio com os filhos deve ser dividido de forma equilibrada com a mãe e com o pai, sempre tendo em vista as condições fáticas e os interesses dos filhos". Divisão predeterminada de tempo é próprio de guarda dividida ou alternada. Na guarda compartilhada, não deve haver divisão, mas coexistência.

[18] No próprio termo de guarda compartilhada, é recomendável fazer-se menção à pensão alimentícia devida aos filhos para que dúvida não exista, *a posteriori*, quanto à extensão desse direito, uma vez que, sendo compartilhada a guarda — e, consequentemente, as despesas —, há possibilidade de não haver necessariamente a concessão de uma pensão alimentícia propriamente dita.

[19] Ao menos em tese, essa modalidade de guarda, sem dúvida, é a que mais atende à perspectiva de pleno desenvolvimento dos filhos. Mediante uma responsabilidade conjunta dos pais, as potencialidades dos filhos serão sempre mais bem desenvolvidas. Nesse ponto, invocamos Giselda Hironaka:

É digno de nota que, a partir da Lei n. 11.698, de 2008, a guarda compartilhada ou conjunta passou a ser a modalidade preferível em nosso sistema, passando, com a Lei n. 13.058, de 2014, a ser o regime prioritário.

É a conclusão que se tira da leitura da atual redação do § 2.º do art. 1.584 do Código Civil brasileiro: "Quando não houver acordo entre a mãe e o pai quanto à guarda do filho, encontrando-se ambos os genitores aptos a exercer o poder familiar, será aplicada a guarda compartilhada, salvo se um dos genitores declarar ao magistrado que não deseja a guarda da criança ou do adolescente ou quando houver elementos que evidenciem a probabilidade de risco de violência doméstica ou familiar (Redação dada pela Lei n. 14.713, de 2023)".

Pois bem.

As vantagens da guarda compartilhada, como já ficou claro acima, são manifestas, mormente em se levando em conta *não existir* a danosa "exclusividade" típica da guarda unilateral, com resultado positivo na dimensão psíquica da criança ou do adolescente que passa a sofrer em menor escala o devastador efeito do fim da relação de afeto que unia os seus genitores.

Aliás, quantos milhares de casais, no Brasil, antes mesmo da aprovação da Lei da Guarda Compartilhada, na prática, por força do bom relacionamento mantido, já aplicavam o instituto?

Isto é o ideal em uma solução civilizada e consciente sobre a responsabilidade parental.

Preocupa-nos, no entanto, um aspecto delicado atinente ao tema.

Na esmagadora maioria dos casos, quando não se afigura possível a celebração de um acordo, ou seja, uma solução madura e negociada, soa temerária a imposição estatal de um compartilhamento da guarda, pelo simples fato de que o mau relacionamento do casal, por si só, poderá colocar em risco a integridade dos filhos.

Por isso, caso o juiz não verifique maturidade e respeito no tratamento recíproco dispensado pelos pais, é recomendável que somente imponha a medida mediante um acompanhamento interdisciplinar, notadamente de ordem psicológica[20], haja vista que um relacionamento profundamente corroído do casal pode gerar um contrassenso no compartilhamento de um direito tão sensível.

"A responsabilidade dos pais consiste principalmente em dar oportunidade ao desenvolvimento dos filhos, consiste principalmente em ajudá-los na construção da própria liberdade. Trata-se de uma inversão total, portanto, da ideia antiga e maximamente patriarcal de pátrio poder. Aqui, a compreensão baseada no conhecimento racional da natureza dos integrantes de uma família quer dizer que não há mais fundamento na prática da coisificação familiar" (Giselda Maria Fernandes Novaes Hironaka, Responsabilidade civil na relação paterno-filial. *Jus Navigandi*, Teresina, ano 7, n. 66, jun. 2003. Disponível em: <http://jus2.uol.com.br/doutrina/texto.asp?id=4192>. Acesso em: 12 jan. 2010).

[20] "Art. 1.584.

(...)

§ 3.º Para estabelecer as atribuições do pai e da mãe e os períodos de convivência sob guarda compartilhada, o juiz, de ofício ou a requerimento do Ministério Público, poderá basear-se em orientação técnico-profissional ou de equipe interdisciplinar, que deverá visar à divisão equilibrada do tempo com o pai e com a mãe."

Ou, em última *ratio*, não poderá impor a modalidade de guarda conjunta, pela absoluta impossibilidade prática.

LEONARDO MOREIRA ALVES discorre sobre esse tipo de guarda, observando as suas vantagens:

"De outro lado, a guarda compartilhada também possui o importante efeito de impedir a ocorrência do *Fenômeno da Alienação Parental* e a consequente *Síndrome da Alienação Parental* (capítulo 1), já que, em sendo o poder familiar exercido conjuntamente, não há que se falar em utilização do menor por um dos genitores como instrumento de chantagem e vingança contra o genitor que não convive com o mesmo, situação típica da guarda unilateral ou exclusiva. Com efeito, essas são justamente as duas grandes vantagens da guarda compartilhada: o incremento da convivência do menor com ambos os genitores, não obstante o fim do relacionamento amoroso entre aqueles, e a diminuição dos riscos de ocorrência da Alienação Parental. Desse modo, constata-se que, em verdade, a guarda compartilhada tem como objetivo final a concretização do *princípio do melhor interesse do menor* (princípio garantidor da efetivação dos direitos fundamentais da criança e do adolescente, tratando-se de uma franca materialização da *teoria da proteção integral* — art. 227 da Constituição Federal e art. 1.º do Estatuto da Criança e do Adolescente), pois é medida que deve ser aplicada sempre e exclusivamente em benefício do filho menor"[21].

Não temos dúvida de que a guarda compartilhada é o melhor modelo de custódia filial, na perspectiva do princípio maior da dignidade da pessoa humana.

Todavia, como já advertimos desde edições anteriores, há casais que, infelizmente, dividem apenas ódio e ressentimento, não partilhando uma única palavra entre si. Como, então, nessas situações, compartilhar a guarda de uma criança?

O resultado disto poderá ser o agravamento do dano psicológico — e existencial — experimentado pelo menor, que já sofre pela desconstrução do seu núcleo familiar.

Por isso, invocando os princípios da proteção integral e da dignidade da pessoa humana, temos que uma interpretação conforme a Constituição conduz-nos à firme conclusão de que o juiz não está adstrito cegamente à imposição do compartilhamento quando verificar provável dano à esfera existencial da criança ou do adolescente[22].

Raciocínio contrário, aliás, resultaria, arriscamos dizer, em uma excessiva "judicialização" de questões mínimas, na medida em que, pela manifesta ausência de diálogo, o casal, submetido a um modelo obrigatório de guarda conjunta, com potencial dano ao próprio filho, submeteria ao juiz a decisão da cor do sapato da criança.

---

[21] Leonardo Barreto Moreira Alves, "A guarda compartilhada e a Lei n. 11.698/08". *Jus Navigandi*, Teresina, ano 13, n. 2106, 7 abr. 2009. Disponível em: <http://jus2.uol.com.br/doutrina/texto.asp?id=12592>. Acesso em: 27 dez. 2009.

[22] Confiram-se, a propósito, os §§ 4.º e 5.º do art. 1.584 do Código Civil brasileiro, na sua atual redação:

"§ 4.º A alteração não autorizada ou o descumprimento imotivado de cláusula de guarda unilateral ou compartilhada poderá implicar a redução de prerrogativas atribuídas ao seu detentor.

§ 5.º Se o juiz verificar que o filho não deve permanecer sob a guarda do pai ou da mãe, deferirá a guarda a pessoa que revele compatibilidade com a natureza da medida, considerados, de preferência, o grau de parentesco e as relações de afinidade e afetividade".

Ademais, a leitura da justificativa do Projeto do qual se originou a lei sugere que, em verdade, o legislador, posto estivesse cuidando da guarda compartilhada, pretendeu tratar da "guarda alternada", modelo diverso de custódia em que os pais revezam períodos exclusivos em companhia do menor.

Neste sentido, observa JOSÉ FERNANDO SIMÃO:

"Convívio com ambos os pais, algo saudável e necessário ao menor, não significa, como faz crer o dispositivo, que o menor passa a ter duas casas, dormindo às segundas e quartas na casa do pai e terças e quintas na casa da mãe. Essa orientação é de guarda alternada e não compartilhada.

A criança sofre, nessa hipótese, o drama do duplo referencial criando desordem em sua vida. Não se pode imaginar que compartilhar a guarda significa que nas duas primeiras semanas do mês a criança dorme na casa paterna e nas duas últimas dorme na casa materna.

Compartilhar a guarda significa exclusivamente que a criança terá convívio mais intenso com seu pai (que normalmente fica sem a guarda unilateral) e não apenas nas visitas ocorridas a cada 15 dias nos fins de semana. Assim, o pai deverá levar seu filho à escola durante a semana, poderá com ele almoçar ou jantar em dias específicos, poderá estar com ele em certas manhãs ou tardes para acompanhar seus deveres escolares.

Note-se que há por traz da norma projetada uma grande confusão. Não é pelo fato de a guarda ser unilateral que as decisões referentes aos filhos passam a ser exclusivas daquele que detém a guarda.

Decisão sobre escola em que estuda o filho, religião, tratamento médico entre outras é e sempre foi uma decisão conjunta, de ambos os pais, pois decorre do poder familiar. Não é a guarda compartilhada que resolve essa questão que, aliás, nenhuma relação tem com a posse física e a companhia dos filhos"[23].

Esta é mais uma razão para sustentarmos a ideia de que o juiz não está adstrito a impor necessariamente um compartilhamento obrigatório, quando se convencer de que não é a melhor solução, segundo o melhor interesse existencial da criança ou do adolescente.

Assim, propondo uma sistematização final sobre o tema, reconhecemos que a guarda compartilhada é a regra geral e deve ser o regime fixado normalmente pelo juiz, até mesmo em guarda provisória[24], mas pode ser excepcionado não somente quando um dos pais recusar expressamente a guarda (hipótese prevista expressamente no texto codificado), mas também quando verificar que pode haver algum dano à criança ou ao adolescente

---

[23] SIMÃO, José Fernando. "Guarda compartilhada obrigatória. Mito ou realidade? O que muda com a aprovação do PL 117/2013". Disponível em: <http://www.professorsimao.com.br/artigos/artigo.aspx?ti=Guarda%20compartilhada%20obrigat%C3%B3ria.%20Mito%20ou%20realidade?%20O%20que%20muda%20com%20a%20aprova%C3%A7%C3%A3o%20do%20PL%20117/2013&id=312>. Acesso em: 15 dez. 2014.

[24] Confira-se o art. 1.585 do Código Civil brasileiro, na sua atual redação:

"Art. 1.585. Em sede de medida cautelar de separação de corpos, em sede de medida cautelar de guarda ou em outra sede de fixação liminar de guarda, a decisão sobre guarda de filhos, mesmo que provisória, será proferida preferencialmente após a oitiva de ambas as partes perante o juiz, salvo se a proteção aos interesses dos filhos exigir a concessão de liminar sem a oitiva da outra parte, aplicando-se as disposições do art. 1.584".

Finalmente, é bom que se diga que, não importando se o divórcio fora judicial ou administrativo, litigioso ou consensual, permanece em vigor, sem sombra de dúvidas, mesmo após a promulgação da Emenda, o quanto dispõe o art. 1.579 do Código Civil (equivalente ao art. 27 da Lei n. 6.515/77 — "Lei do Divórcio"):

> "Art. 1.579. O divórcio não modificará os direitos e deveres dos pais em relação aos filhos[25].
>
> Parágrafo único. Novo casamento de qualquer dos pais, ou de ambos, não poderá importar restrições aos direitos e deveres previstos neste artigo".

Isso porque, como lembram CRISTIANO CHAVES, NELSON ROSENVALD e FERNANDA LEÃO BARRETO:

> "A nova tábua axiológica de valores inaugurada pela atual Constituição consagra a *filiação como um direito de todos os filhos*, independentemente do modo de concepção ou da natureza da relação que os vincula aos pais (CF, art. 227), e que se desatrela indelevelmente da permanência ou durabilidade do núcleo familiar"[26].

---

[25] No plano dos direitos dos menores, questão mais delicada diz respeito à possibilidade de a guarda, quando não decorrente diretamente do poder familiar dos pais, mas, sim, configurando medida protetiva do ECA, poder ser usada ou não para fins previdenciários. Trata-se de uma tese que, em nosso sentir, merece reflexão, razão por que não a afastamos de plano. Mas o assunto é polêmico:
"INSTITUTO DA GUARDA NÃO PODE SER USADO PARA FINS PREVIDENCIÁRIOS
A Primeira Câmara Cível do Tribunal de Justiça de Mato Grosso negou recurso interposto por um avô que pretendia a guarda do neto com finalidade de proporcionar-lhe benefício previdenciário. A câmara julgadora considerou que o instituto da guarda deve proporcionar ao menor uma família substituta e apenas seria deferido fora dos casos de tutela ou adoção para atender a situações peculiares ou suprir a falta eventual dos pais ou responsável, o que não seria o caso em questão. Do contrário, a jurisprudência e o Estatuto da Criança e do Adolescente (ECA) consideram que haveria desvirtuamento do instituto da guarda e ainda a possibilidade de provocar a falência do setor previdenciário.
O recurso pretendia reformar sentença proferida pelo Juízo da Terceira Vara de Família e Sucessões da Comarca de Várzea Grande, que, nos autos de uma ação de homologação de acordo, referente à guarda de um menor, julgou-a improcedente. No recurso, foi sustentado que a situação seria de extrema importância, pois o futuro do menor dependeria da ajuda recebida de seu avô materno, que já se encontraria com a guarda de fato do neto, pretendendo apenas a regularização, inclusive para fins previdenciários. Alegou que a pretensão encontraria respaldo dos pais do menor. Ao final, foi solicitada reforma da decisão de Primeira Instância.
A câmara julgadora, composta pelo relator, juiz convocado Paulo Sérgio Carreira de Souza, e pelos desembargadores Jurandir Florêncio de Castilho, revisor, e Juracy Persiani, vogal convocado, considerou a apelação contrária à legislação, pois a assistência financeira deve ser consequência e não causa e fundamento para o requerimento da guarda. Os magistrados salientaram que a criança vive em companhia da mãe e que o pai constituiu nova família, residindo na mesma comarca.
Em seu voto, o juiz relator destacou que o instituto da guarda, regulado pela Lei n. 8.069/1990, é responsável por colocar o menor em família substituta e apenas deferido fora dos casos de tutela ou adoção para atender a situações peculiares ou suprir a falta dos pais ou responsável (artigo 33, § 2.º). Ou seja, não evidenciando qualquer das citações no caso em questão, o magistrado afirmou que nada impede que o avô continue auxiliando o menor de forma material e moralmente. No entanto, o indeferimento do pedido se faz necessário para preservação do instituto da guarda e manutenção do sistema previdenciário. TJMT. Disponível em: <http://www.jusbrasil.com.br/noticias/2131286/instituto-da-guarda-nao-pode-ser-usado-para-fins-previdenciarios>. Acesso em: 13 set. 2010.

[26] Cristiano Chaves, Nelson Rosenvald e Fernanda Carvalho Leão Barreto, *Código das Famílias Comentado*. Leonardo Barreto Moreira Alves (coord.), Comentário ao art. 1.579, Belo Horizonte: Del Rey, 2010, p. 181.

Aliás, a relevância jurídica e a carga cogente dos direitos das crianças e dos adolescentes já havia sido observada por LUIZ EDSON FACHIN:

"A vida jurídica da família saiu do âmbito privado; os direitos das crianças e dos adolescentes, por exemplo, passaram a ser lei exigível mesmo contra a vontade dos pais que ainda têm dificuldade em reconhecer que, na educação dos filhos, eles também, diariamente, têm muito a aprender. Além disso, à liberdade conquistada falta, muitas vezes, o senso da responsabilidade e do limite"[27].

Parece-nos, sem dúvida, a melhor compreensão sobre o tema.

5. ALIENAÇÃO PARENTAL

A expressão *síndrome da alienação parental* (SAP) foi cunhada por Richard Gardner, Professor do Departamento de Psiquiatria Infantil da Faculdade de Columbia, em Nova York, EUA, em 1985:

"A Síndrome de Alienação Parental (SAP) é um distúrbio da infância que aparece quase exclusivamente no contexto de disputas de custódia de crianças. Sua manifestação preliminar é a campanha denegritória contra um dos genitores, uma campanha feita pela própria criança e que não tenha nenhuma justificação. Resulta da combinação das instruções de um genitor (o que faz a 'lavagem cerebral, programação, doutrinação') e contribuições da própria criança para caluniar o genitor-alvo. Quando o abuso e/ou a negligência parentais verdadeiros estão presentes, a animosidade da criança pode ser justificada, e assim a explicação de Síndrome de Alienação Parental para a hostilidade da criança não é aplicável"[28].

Trata-se, como dito, de um distúrbio que assola crianças e adolescentes vítimas da interferência psicológica indevida realizada por um dos pais com o propósito de fazer com que repudie o outro genitor.

Infelizmente, não compreendem, esses pais, que a utilização do filho como instrumento de catarse emocional ou extravasamento de mágoa, além de traduzir detestável covardia, acarreta profundas feridas na alma do menor, vítima dessa devastadora síndrome.

PRISCILA FONSECA, em estudo sobre o tema, afirma, com precisão:

"A síndrome da alienação parental não se confunde, portanto, com a mera alienação parental. Aquela geralmente é decorrente desta, ou seja, *a alienação parental é o afastamento do filho de um dos genitores, provocado pelo outro*, via de regra, o titular da custódia. *A síndrome da alienação parental, por seu turno, diz respeito às sequelas emocionais e comportamentais de que vem a padecer a criança vítima daquele alijamento*. Assim, enquanto a síndrome refere-se à conduta do filho que se recusa terminante e obstinadamente a ter contato com um dos progenitores, que já sofre as mazelas oriundas daquele rompimento, a alienação parental relaciona-se com o processo desencadeado pelo progenitor que intenta arredar o outro genitor da vida do filho"[29].

---

[27] Luiz Edson Fachin, *A Família Fora de Lugar*. Disponível em: <http://www.ibdfam.org.br/?artigos&artigo=487>. Acesso em: 12 jan. 2010.

[28] Richard A. Gardner, *O DSM-IV tem equivalente para o diagnóstico de síndrome de alienação parental (SAP)?* Disponível em: <http://www.mediacaoparental.org>. Acesso em: 16 ago. 2010.

[29] Priscila Maria Pereira Corrêa da Fonseca, *Síndrome da Alienação Parental*. Disponível em: <http://www.pediatriasaopaulo.usp.br/upload/pdf/1174.pdf>. Acesso em: 12 set. 2010.

Frequentemente, nas disputas de custódia, especialmente quando não existe a adoção consensual do sistema de guarda compartilhada, essa nefasta síndrome se faz presente, marcando um verdadeiro fosso de afastamento e frieza entre o filho, vítima da captação dolosa de vontade do alienador, e o seu outro genitor.

Tais cicatrizes, se não cuidadas a tempo, poderão se tornar profundas e perenes.

No dizer de JUSSARA MEIRELLES:

"Assim, se o filho é manipulado por um dos pais para odiar o outro, aos poucos, suavemente se infiltrando nas suas ideias, uma concepção errônea da realidade, essa alienação pode atingir pontos tão críticos que a vítima do ódio, já em desvantagem, não consegue revertê-la"[30].

E a doutrina especializada cuida, ainda, de traçar a diagnose diferencial entre a *síndrome da alienação parental* e o *ambiente familiar hostil*, conforme preleciona MARCO ANTONIO GARCIA DE PINHO:

"A doutrina estrangeira também menciona a chamada HAP — *Hostile Aggressive Parenting*, que aqui passo a tratar por 'AFH — Ambiente Familiar Hostil', situação muitas vezes tida como sinônimo da Alienação Parental ou Síndrome do Pai Adversário, mas que com esta não se confunde, vez que a Alienação está ligada a situações envolvendo a guarda de filhos ou caso análogo por pais divorciados ou em processo de separação litigiosa, ao passo que o AFH — Ambiente Familiar Hostil — seria mais abrangente, fazendo-se presente em quaisquer situações em que duas ou mais pessoas ligadas à criança ou ao adolescente estejam divergindo sobre educação, valores, religião, sobre como a mesma deva ser criada etc.

Ademais, a situação de 'Ambiente Familiar Hostil' pode ocorrer até mesmo com casais vivendo juntos, expondo a criança e o adolescente a um ambiente deletério, ou mesmo em *clássica* situação onde o processo é alimentado pelos tios e avós que também passam a minar a representação paterna, com atitudes e comentários desairosos, agindo como catalisadores deste injusto ardil humilhante e destrutivo da figura do pai ou, na visão do Ambiente Hostil, sempre divergindo sobre '*o que seria melhor para a criança*', expondo esta a um lar em constante desarmonia, ocasionando sérios danos psicológicos à mesma e também ao pai.

Na doutrina internacional, uma das principais diferenças elencadas entre a Alienação Parental e o Ambiente Familiar Hostil reside no fato que o AFH estaria ligado às atitudes e comportamentos, às ações e decisões concretas que afetam as crianças e adolescentes, ao passo que a Síndrome da Alienação Parental se veria relacionada às questões ligadas à mente, ao fator psicológico"[31].

Nesse contexto psicológico, de devastadores efeitos na seara das relações familiares, não poderia, o legislador, manter uma postura abstencionista[32].

---

[30] Jussara Maria Leal de Meirelles, *Reestruturando afetos no ambiente familiar: a guarda dos filhos e a síndrome da alienação parental*. In: Maria Berenice Dias, Eliene Ferreira Bastos, Naime Márcio Martins Moraes (coords.). *Afeto e estruturas familiares*, Belo Horizonte: Del Rey, 2009, p. 265.

[31] Marco Antonio Garcia de Pinho, *Nova Lei 12.318/10 — Alienação Parental*. Disponível em: <http://www.jurisway.org.br/v2/dhall.asp?id_dh=3329>. Acesso em: 12 set. 2010.

[32] O embaraço ao direito de visitas, anotam Filipe Garbelotto, Kalline Assunção e Nicia Abreu, nos Estados Unidos é considerado crime: "No Brasil não é considerado crime a oposição ao exercício do direito de visitas. Mas não é assim em todo o mundo. Nos Estados Unidos, por exemplo, essa questão é tratada

Por tudo isso, em 26 de agosto de 2010, fora aprovada a Lei n. 12.318, que dispôs sobre a *alienação parental* no Brasil[33]:

"Art. 2.º Considera-se ato de alienação parental a interferência na formação psicológica da criança ou do adolescente promovida ou induzida por um dos genitores, pelos avós ou pelos que tenham a criança ou adolescente sob a sua autoridade, guarda ou vigilância para que repudie genitor ou que cause prejuízo ao estabelecimento ou à manutenção de vínculos com este.

Art. 3.º A prática de ato de alienação parental fere direito fundamental da criança ou do adolescente de convivência familiar saudável, prejudica a realização de afeto nas relações com genitor e com o grupo familiar, constitui abuso moral contra a criança ou o adolescente e descumprimento dos deveres inerentes à autoridade parental ou decorrentes de tutela ou guarda".

E o próprio diploma exemplifica as condutas que podem caracterizar a alienação parental, praticadas diretamente ou com auxílio de terceiros, e sem prejuízo de outros comportamentos, não expressamente delineados em lei, reconhecidos pelo juiz ou pela própria perícia (parágrafo único do art. 2.º da Lei n. 12.318/2010):

"a) realizar campanha de desqualificação da conduta do genitor no exercício da paternidade ou maternidade;

b) dificultar o exercício da autoridade parental;

c) dificultar contato de criança ou adolescente com genitor;

d) dificultar o exercício do direito regulamentado de convivência familiar;

e) omitir deliberadamente a genitor informações pessoais relevantes sobre a criança ou adolescente, inclusive escolares, médicas e alterações de endereço[34];

---

pela legislação vigente, como o Código Penal da Califórnia, que dispõe: 'Toda pessoa que guarda, aloja, detém, suprime ou esconde uma criança, e impede com a intenção maliciosa o genitor possuidor da guarda legal de exercer este direito, ou impede uma pessoa do direito de visita, será castigado com prisão máxima de um ano, de uma multa máxima de US$ 1.000.00, ou dos dois..."' (GARDNER_ADDENDUM2, §13). (*Abuso de Direito nas Relações Familiares: A Ineficácia das Sanções Pecuniárias na Alienação Parental*, pesquisa apresentada no curso de Pós-Graduação em Direito Civil da Unifacs em Salvador-BA, em setembro de 2010, ainda inédita).

[33] "É digno de nota haver o Presidente vetado dois dispositivos da nova lei: os arts. 9.º e 10. Este último, vale mencionar, visava a tipificar como crime 'quem apresenta relato falso ao agente indicado no *caput* ou à autoridade policial cujo teor possa ensejar restrição à convivência de criança ou adolescente com genitor'. Segundo a justificativa presidencial, que merece a nossa atenção, pretendeu-se, com o referido veto, evitar prejuízo à própria criança ou adolescente. Ponderamos que o tipo penal que se pretendia consagrar talvez inibisse a apresentação de *notitia criminis* para a apuração de abusos e violação de direitos dos menores. De qualquer forma, lembramos que, a despeito do veto — a depender do caso concreto — a denunciação caluniosa poderá se configurar (art. 339, CP). Sugerimos a importante leitura da mensagem de veto" (Pablo Stolze Gagliano, comentário postado no blog jurídico do *site* <www.pablostolze.com.br>. Disponível em: <http://pablostolze.ning.com/profiles/blogs/nova-lei-da-alienacao-parental>. Acesso em: 12 set. 2010).

[34] Para situações como essa, é aplicável o § 6.º do art. 1.584 do Código Civil brasileiro, na sua nova redação:

"§ 6.º Qualquer estabelecimento público ou privado é obrigado a prestar informações a qualquer dos genitores sobre os filhos destes, sob pena de multa de R$ 200,00 (duzentos reais) a R$ 500,00 (quinhentos reais) por dia pelo não atendimento da solicitação".

f) apresentar falsa denúncia contra genitor, contra familiares deste ou contra avós, para obstar ou dificultar a convivência deles com a criança ou adolescente;

g) mudar o domicílio para local distante, sem justificativa, visando a dificultar a convivência da criança ou adolescente com o outro genitor, com familiares deste ou com avós".

E, em nível processual, é digno de nota que, para o fim de aplicar as sanções legais ao alienador, contentou-se, o legislador, não com uma *prova suficiente da ocorrência do ilícito*, mas, sim, com meros *indícios do ato de alienação parental*:

"Art. 4.º Declarado indício de ato de alienação parental, a requerimento ou de ofício, em qualquer momento processual, em ação autônoma ou incidentalmente, o processo terá tramitação prioritária, e o juiz determinará, com urgência, ouvido o Ministério Público, as medidas provisórias necessárias para preservação da integridade psicológica da criança ou do adolescente, inclusive para assegurar sua convivência com genitor ou viabilizar a efetiva reaproximação entre ambos, se for o caso.

Parágrafo único. Assegurar-se-á à criança ou ao adolescente e ao genitor garantia mínima de visitação assistida no fórum em que tramita a ação ou em entidades conveniadas com a Justiça, ressalvados os casos em que há iminente risco de prejuízo à integridade física ou psicológica da criança ou do adolescente, atestado por profissional eventualmente designado pelo juiz para acompanhamento das visitas".

Em uma primeira análise, poder-se-ia até argumentar que tal previsão meramente indiciária afrontaria o sistema constitucional de ampla defesa, mas, em verdade, tal raciocínio não procede, pois o que se tem em mira é, em primeiro plano, a perspectiva de defesa da própria criança ou adolescente, vítima indefesa dessa grave forma de programação mental, em um contexto familiar que, em geral, dificulta sobremaneira a reconstrução fática da prova em juízo[35].

Finalmente, cuidou, ainda, a nova lei, de estabelecer as sanções impostas ao alienador, sem prejuízo da responsabilidade civil ou criminal pertinente:

"Art. 6.º Caracterizados atos típicos de alienação parental ou qualquer conduta que dificulte a convivência de criança ou adolescente com genitor, em ação autônoma ou incidental, o juiz poderá, cumulativamente ou não, sem prejuízo da decorrente responsabili-

---

[35] Importante é o papel da prova pericial, para o fim de fornecer ao juiz os elementos necessários para o reconhecimento do ato de alienação parental: "Art. 5.º Havendo indício da prática de ato de alienação parental, em ação autônoma ou incidental, o juiz, se necessário, determinará perícia psicológica ou biopsicossocial. § 1.º O laudo pericial terá base em ampla avaliação psicológica ou biopsicossocial, conforme o caso, compreendendo, inclusive, entrevista pessoal com as partes, exame de documentos dos autos, histórico do relacionamento do casal e da separação, cronologia de incidentes, avaliação da personalidade dos envolvidos e exame da forma como a criança ou adolescente se manifesta acerca de eventual acusação contra genitor. § 2.º A perícia será realizada por profissional ou equipe multidisciplinar habilitados, exigido, em qualquer caso, aptidão comprovada por histórico profissional ou acadêmico para diagnosticar atos de alienação parental. § 3.º O perito ou equipe multidisciplinar designada para verificar a ocorrência de alienação parental terá prazo de 90 (noventa) dias para apresentação do laudo, prorrogável exclusivamente por autorização judicial baseada em justificativa circunstanciada. § 4.º Na ausência ou insuficiência de serventuários responsáveis pela realização de estudo psicológico, biopsicossocial ou qualquer outra espécie de avaliação técnica exigida por esta Lei ou por determinação judicial, a autoridade judiciária poderá proceder à nomeação de perito com qualificação e experiência pertinentes ao tema, nos termos dos arts. 156 e 465 da Lei n. 13.105, de 16 de março de 2015 (Código de Processo Civil). [*Incluído pela Lei n. 14.340, de 2022.*]".

dade civil ou criminal e da ampla utilização de instrumentos processuais aptos a inibir ou atenuar seus efeitos, segundo a gravidade do caso:

I — declarar a ocorrência de alienação parental e advertir o alienador;
II — ampliar o regime de convivência familiar em favor do genitor alienado;
III — estipular multa ao alienador;
IV — determinar acompanhamento psicológico e/ou biopsicossocial;
V — determinar a alteração da guarda para guarda compartilhada ou sua inversão;
VI — determinar a fixação cautelar do domicílio da criança ou adolescente;
VII — (revogado). [*Redação dada pela Lei n. 14.340, de 2022.*]

§ 1.º Caracterizado mudança abusiva de endereço, inviabilização ou obstrução à convivência familiar, o juiz também poderá inverter a obrigação de levar para ou retirar a criança ou adolescente da residência do genitor, por ocasião das alternâncias dos períodos de convivência familiar. [*Incluído pela Lei n. 14.340, de 2022.*]

§ 2.º O acompanhamento psicológico ou o biopsicossocial deve ser submetido a avaliações periódicas, com a emissão, pelo menos, de um laudo inicial, que contenha a avaliação do caso e o indicativo da metodologia a ser empregada, e de um laudo final, ao término do acompanhamento. [*Incluído pela Lei n. 14.340, de 2022.*]".

Existe, pois uma gradação sancionatória, garantindo-se, em qualquer circunstância, o contraditório e a ampla defesa, sob pena de flagrante nulidade processual.

Quanto à estipulação da multa ao alienador, algumas considerações merecem ser feitas.

Não somos favoráveis à imposição de medida pecuniária com o fito de impor uma obrigação de fazer, quando se trata de situação em que o *"querer estar junto"* seja o pressuposto do próprio comportamento que se espera seja realizado. Vale dizer, estabelecer uma multa para que um pai visite o seu filho, passeie com o seu filho, vá ao parque ou ao *shopping* com ele, em nosso pensar, não surte o efeito social que se espera[36].

Ora, a previsão da multa na Lei da Alienação Parental não tem o escopo que ora criticamos.

O que se pretende, com o estabelecimento de sanção pecuniária, é impor uma medida punitiva de cunho econômico em face da prática do ato de alienação, *para que o seu agente deixe de realizar esse comportamento nocivo.*

Em última *ratio,* o que se pretende é impor a abstenção de um comportamento indevido e espúrio de alienação mental da criança ou do adolescente, o que, em tese, pode se afigurar juridicamente cabível, se outra medida não se afigurar mais adequada.

Por fim, é importante salientar ainda a inclusão, na Lei da Alienação Parental, do art. 8.º-A, que determina a colheita do depoimento ou oitiva de criança ou adolescente em casos de alienação parental, nos termos da Lei n. 13.431/2017, especialmente por meio do depoimento especial:

"Art. 8.º-A. Sempre que necessário o depoimento ou a oitiva de crianças e de adolescentes em casos de alienação parental, eles serão realizados obrigatoriamente nos termos da

---

[36] Não confundir esta situação de imposição de multa cominatória para forçar determinado comportamento do genitor com a possibilidade jurídica de se fixar indenização (punitiva) por conta do abandono afetivo, tema enfrentado no Capítulo XXX do presente volume, dedicado ao estudo da "Responsabilidade Civil nas Relações Familiares".

Lei n. 13.431, de 4 de abril de 2017, sob pena de nulidade processual. [*Incluído pela Lei n. 14.340, de 2022.*]".

O que esperamos é que, a partir desta lei, o Direito brasileiro passe a coibir com mais firmeza esses graves atos de alienação psicológica, os quais, além de acarretarem um grave dano social, ferem, indelevelmente, as almas das nossas crianças e adolescentes.

Mas é importante que se diga: a invocação da lei deve ser feita de forma proba, evitando todo e qualquer tipo de violência de gênero, aspecto que tem levado a intensos debates, nos últimos anos, no Brasil, impondo uma séria e importante reflexão.

Jamais esqueçamos, outrossim, que mais profunda do que a responsabilidade jurídica existente é a responsabilidade espiritual[37], que jamais poderá ser desprezada[38].

---

[37] Vale lembrar que a Lei n. 14.826, de 20 de março de 2024, instituiu a parentalidade positiva e o direito ao brincar como estratégias para prevenção à violência contra crianças.

[38] Refletindo poeticamente sobre o tema, recitou um dos autores desta obra:
Alienação Parental — Além da Lei (o poema), de Rodolfo Pamplona Filho
"Qual é o sentido de ser deixado só?
Qual é o significado de
virar joguete de quem o criou?
O que faz alguém transformar
o fruto do amor
em uma forma para torturar
alguém a quem já se entregou?
Como imputar tamanha dor
a quem não pediu sequer
para vir ao mundo viver
ou provar o seu sabor?"
Disponível em: <http://rodolfopamplonafilho.blogspot.com.br/2014/04/alienacao-parental-alem-da-lei-
-o-poema.html>.

Capítulo XXV
Filiação

Sumário: 1. Introdução. 2. A importância do princípio da igualdade na filiação e o princípio específico da veracidade da filiação. 3. Reconhecimento voluntário. 4. Reconhecimento judicial. 4.1. Noções gerais. 4.2. Ação de investigação de paternidade. 4.3. Paternidade socioafetiva e posse do estado de filho. 4.4. Paternidade alimentar. 4.5. Paternidade biológica x direito à ascendência genética. 4.6. Multiparentalidade. 4.7. Coparentalidade. 5. Parto anônimo. 6. Considerações finais.

1. INTRODUÇÃO[1]

Um dos temas, no ramo do Direito de Família, que mais sofreu influência dos valores consagrados pela Constituição Federal de 1988 foi, indubitavelmente, o da *filiação*, que consiste, em síntese conceitual, na situação de descendência direta, em primeiro grau[2].

Com efeito, antes deste marco histórico, o ordenamento jurídico brasileiro consagrava diferenciais de tratamento entre filhos (legítimos e ilegítimos), que, hoje, não são mais aceitos.

2. A IMPORTÂNCIA DO PRINCÍPIO DA IGUALDADE NA FILIAÇÃO E O PRINCÍPIO ESPECÍFICO DA VERACIDADE DA FILIAÇÃO

Conforme já afirmamos alhures, um dos mais importantes princípios da Constituição Federal de 1988 é o da *igualdade*[3], que ganha especiais e específicos contornos na seara das relações de família.

Com efeito, neste assunto, a premissa básica de qualquer discussão, como referencial que deve nortear nosso estudo, é o *princípio da igualdade dos filhos*, contemplado no art. 227, § 6.º, da CF/88, nos seguintes termos:

"Art. 227. É dever da família, da sociedade e do Estado assegurar à criança e ao adolescente, com absoluta prioridade, o direito à vida, à saúde, à alimentação, à educação, ao lazer, à profissionalização, à cultura, à dignidade, ao respeito, à liberdade e à convivência familiar e comunitária, além de colocá-los a salvo de toda forma de negligência, discriminação, exploração, violência, crueldade e opressão.

(...)

---

[1] Este capítulo é baseado na apostila "Família 04" que o coautor Pablo Stolze Gagliano fornece aos seus alunos, da Universidade Federal da Bahia e da Rede LFG, desde 2002, carinhosamente revisada e ampliada a cada semestre.

[2] Sobre as linhas e graus de parentesco, confira-se o Capítulo XXVI ("Parentesco") do presente volume.

[3] Confira-se o subtópico 3.2 ("Princípio da Igualdade") do Capítulo II ("Perspectiva Principiológica do Direito de Família") do presente volume.

§ 6.º Os filhos, havidos ou não da relação do casamento, ou por adoção, terão os mesmos direitos e qualificações, proibidas quaisquer designações discriminatórias relativas à filiação".

Não há, pois, mais espaço para a distinção entre *família legítima* e *ilegítima*, existente na codificação anterior, ou qualquer outra expressão que deprecie ou estabeleça tratamento diferenciado entre os membros da família.

Isso porque a filiação é um fato da vida.

Ser filho de alguém independe de vínculo conjugal válido[4], união estável, concubinato ou mesmo relacionamento amoroso adulterino, devendo todos os filhos ser tratados da mesma forma.

Nessa linha, estabelece o art. 1.596, CC/2002 (sem equivalente direto no Código Civil brasileiro de 1916):

"Art. 1.596. Os filhos, havidos ou não da relação de casamento, ou por adoção, terão os mesmos direitos e qualificações, proibidas quaisquer designações discriminatórias relativas à filiação"[5].

O reconhecimento da igualdade dos filhos, independentemente da forma como concebidos, culmina por se desdobrar na importante noção de *veracidade da filiação*, regra principiológica fundamental.

E em que consiste tal princípio?

Na ideia de que o ordenamento não deve criar óbices para se reconhecer a verdadeira vinculação entre pais e filhos.

Tal princípio pode ser extraído, por exemplo, da previsão do art. 1.601, CC/2002:

"Art. 1.601. Cabe ao marido o direito de contestar a paternidade dos filhos nascidos de sua mulher, sendo tal ação imprescritível.

Parágrafo único. Contestada a filiação, os herdeiros do impugnante têm direito de prosseguir na ação".

Registre-se, inclusive, que a vigente codificação civil modificou a diretriz positivada anterior, que previa, na aplicação combinada dos arts. 344 e 178, §§ 3.º e 4.º, um prazo decadencial de 2 (dois) ou 3 (três) meses para contestação da legitimidade do filho[6].

---

[4] Neste sentido, estabelece o art. 1.617, CC/2002 que a *"filiação materna ou paterna pode resultar de casamento declarado nulo, ainda mesmo sem as condições do putativo"*. Para aprofundamento sobre o tema do casamento putativo, confira-se o Capítulo XI ("Plano de Validade do Casamento: Casamento Putativo") deste livro.

[5] Registre-se que o Enunciado 632 da VIII Jornada de Direito Civil da Justiça Federal estabelece: "ENUNCIADO 632 — Art. 1.596: Nos casos de reconhecimento de multiparentalidade paterna ou materna, o filho terá direito à participação na herança de todos os ascendentes reconhecidos".

[6] Confiram-se os referidos dispositivos do Código Civil brasileiro de 1916:
"Art. 178. Prescreve:
(...)
§ 3.º Em 2 (dois) meses, contados do nascimento, se era presente o marido, a ação para este contestar a legitimidade do filho de sua mulher (arts. 338 e 344).

A regra atual é no sentido de se permitir a discussão da paternidade ou da maternidade de quem quer que seja, o que também importa no direito ao conhecimento da origem genética, sem se descuidar da perspectiva da socioafetividade, como veremos oportunamente.

Compreendidas, portanto, tais premissas, passemos, agora, a conhecer a disciplina jurídica do reconhecimento da filiação, que pode ser *voluntário* ou *mediante provocação judicial*.

Comecemos pelo reconhecimento espontâneo nas relações jurídicas de direito material.

3. RECONHECIMENTO VOLUNTÁRIO

O reconhecimento voluntário ou espontâneo da filiação (perfilhação) se dá, em geral, extrajudicialmente.

As formas de reconhecimento voluntário aplicam-se especialmente aos filhos havidos fora do casamento[7], eis que os matrimoniais são presumidamente "filhos do cônjuge", conforme estabelecem as regras do art. 1.597, CC/2002:

"Art. 1.597. Presumem-se concebidos na constância do casamento os filhos:

I — nascidos cento e oitenta dias, pelo menos, depois de estabelecida a convivência conjugal;

II — nascidos nos trezentos dias subsequentes à dissolução da sociedade conjugal, por morte, separação judicial, nulidade e anulação do casamento;

III — havidos por fecundação artificial homóloga, mesmo que falecido o marido;

IV — havidos, a qualquer tempo, quando se tratar de embriões excedentários, decorrentes de concepção artificial homóloga;

V — havidos por inseminação artificial heteróloga, desde que tenha prévia autorização do marido"[8].

---

§ 4.º Em 3 (três) meses: I — a mesma ação do parágrafo anterior, se o marido se achava ausente, ou lhe ocultaram o nascimento; contado o prazo do dia de sua volta à casa conjugal no primeiro caso, e da data do conhecimento do fato, no segundo".

"Art. 344. Cabe privativamente ao marido o direito de contestar a legitimidade dos filhos nascidos de sua mulher (art. 178, § 3.º)".

[7] "Art. 1.607. O filho havido fora do casamento pode ser reconhecido pelos pais, conjunta ou separadamente".

[8] "*Juiz concede registro de criança nascida por inseminação artificial heteróloga em SC*

O TJ-SC (Tribunal de Justiça de Santa Catarina) reconheceu na sexta-feira (13) a paternidade e a maternidade de uma criança nascida por inseminação artificial heteróloga. Ela foi gerada com o sêmen do pai e o óvulo de uma doadora anônima. Além disso, a irmã do pai cedeu sua barriga para a gestação da criança.

Como a documentação do hospital indicava a tia como sendo a mãe, o juiz Gerson Cherem II, da Vara de Sucessões e Registros Públicos da Capital, determinou a realização de exame de DNA para que fosse comprovado que a criança era filha deles.

Segundo o juiz, a 'cessão de útero' foi realizada de modo altruístico e gratuito pela irmã do pai, que 'sempre teve ciência de que os pais biológicos e de direito da criança gerada temporariamente em seu útero seriam, e são, seu irmão e sua esposa', e que ela não poderia ter nenhum direito relativo à maternidade da sobrinha.

Expliquemos, rapidamente, cada uma das hipóteses.

O prazo do inciso I justifica-se pelo tempo natural de gestação após o estabelecimento da sociedade conjugal (com o marido), levando-se em conta que a noiva já poderia ter casado grávida.

Por outro lado, estabelece-se um prazo mais dilatado no inciso II para abranger todo o lapso temporal de uma gestação, pois pode acontecer que a concepção tenha ocorrido justamente no último dia antes da dissolução da sociedade conjugal.

Registre-se que a menção à "separação judicial", em nosso pensar, deve ser atualizada para o "divórcio", tendo em vista os efeitos da Emenda Constitucional n. 66/2010.

Os três últimos incisos são novidades na legislação codificada, sem equivalente no Código Civil brasileiro de 1916.

Entenda-se por concepção artificial homóloga aquela realizada com material genético de ambos os cônjuges e, por inseminação artificial heteróloga, aquela realizada com material genético de terceiro, ou seja, alguém alheio à relação conjugal.

Assim, havidos por fecundação artificial homóloga, o falecimento posterior do marido não afasta a presunção, tendo em vista que se trata de uma situação consolidada.

Da mesma forma, se tal fecundação se deu com *embriões excedentários*[9], *decorrentes de concepção artificial homóloga* (inc. IV), a presunção também persiste, uma vez que o material genético foi obtido com a participação de ambos os cônjuges.

Por fim, ocorrendo uma *inseminação artificial heteróloga, com prévia autorização do marido* (inc. V), tem-se que esse tem consciência plena do procedimento adotado e, mesmo não sendo dele o material genético utilizado, é considerado o pai, devendo ser superada a velha compreensão de identificar a paternidade com a ascendência genética[10].

Observe-se que a presunção de paternidade no casamento é tão prestigiada que permanece, mesmo após o falecimento do marido ou do fim da união conjugal.

No entanto, como a criança era fruto da inseminação artificial heteróloga, não era possível determinar a maternidade.

Para resolver a questão, o magistrado utilizou o princípio da dignidade da pessoa humana previsto no Código Civil, em que 'presumem-se concebidos na constância do casamento os filhos: havidos por *inseminação artificial heteróloga*, desde que tenha prévia autorização do marido'.

De acordo com o juiz, o código não autoriza nem regulamenta a reprodução assistida, mas apenas constata a existência da problemática e procura dar solução ao aspecto da paternidade. 'Toda essa matéria, que é cada vez mais ampla e complexa, deve ser regulada por lei específica, por um estatuto ou microssistema', disse.

Cherem II também se baseou no princípio da igualdade entre homens e mulheres. Como há reconhecimento da paternidade na inseminação heteróloga, também deve haver o reconhecimento da maternidade". Disponível em: <http://www1.folha.uol.com.br/cotidiano/783371-juiz-concede-registro-de-crianca-nascida-por-inseminacao-artificial-heterologa-em-sc.shtml?n=41>. Acesso em: 18 set. 2010.

[9] Sobre o tema do excedente embrionário na fertilização *in vitro*, confira-se Ana Thereza Meirelles Araújo, *Disciplina Jurídica do Embrião Extracorpóreo*. Disponível em: <www.facs.br/revistajuridica/edicao_julho2007/discente/dis3.doc>. Acesso em: 14 set. 2010.

[10] Confira-se o subtópico 4.3 ("Paternidade Socioafetiva e Posse do Estado de Filho") do presente capítulo.

Por isso, estabelece o art. 1.598, CC/2002:

"Art. 1.598. Salvo prova em contrário, se, antes de decorrido o prazo previsto no inciso II do art. 1.523, a mulher contrair novas núpcias e lhe nascer algum filho, este se presume do primeiro marido, se nascido dentro dos trezentos dias a contar da data do falecimento deste e, do segundo, se o nascimento ocorrer após esse período e já decorrido o prazo a que se refere o inciso I do art. 1.597".

Mas, vale salientar, trata-se de uma *presunção relativa*.

É o que se extrai inclusive dos arts. 1.599 a 1.602, CC/2002, nos seguintes termos:

"Art. 1.599. A prova da impotência do cônjuge para gerar, à época da concepção, ilide a presunção da paternidade.

Art. 1.600. Não basta o adultério da mulher, ainda que confessado, para ilidir a presunção legal da paternidade.

Art. 1.601. Cabe ao marido o direito de contestar a paternidade dos filhos nascidos de sua mulher, sendo tal ação imprescritível.

Parágrafo único. Contestada a filiação, os herdeiros do impugnante têm direito de prosseguir na ação.

Art. 1.602. Não basta a confissão materna para excluir a paternidade".

Note-se a seriedade da previsão legal: não é qualquer prova que autoriza o afastamento da presunção de paternidade, não se admitindo tal contestação com base em alegações circunstanciais (decorrentes do adultério feminino) ou mesmo na confissão expressa da mulher de que o filho, supostamente, não seria do marido.

De qualquer forma, em determinadas situações, a presunção de paternidade decorrente do matrimônio poderá quedar-se.

Não incidindo essa presunção, decorrente do casamento, o reconhecimento voluntário, na forma do art. 1.609, CC/2002, pode se dar das seguintes formas:

"Art. 1.609. O reconhecimento dos filhos havidos fora do casamento é irrevogável e será feito:

I — no registro do nascimento;

II — por escritura pública ou escrito particular, a ser arquivado em cartório;

III — por testamento, ainda que incidentalmente manifestado;

IV — por manifestação direta e expressa perante o juiz, ainda que o reconhecimento não haja sido o objeto único e principal do ato que o contém.

Parágrafo único. O reconhecimento pode preceder o nascimento do filho ou ser posterior ao seu falecimento, se ele deixar descendentes".

O reconhecimento voluntário é ato *formal, de livre vontade, irretratável*[11], *incondicional*[12] e *personalíssimo*[13], praticado ordinariamente pelo pai[14-15].

---

[11] "Art. 1.610. O reconhecimento não pode ser revogado, nem mesmo quando feito em testamento."

[12] "Art. 1.613. São ineficazes a condição e o termo apostos ao ato de reconhecimento do filho."

[13] Admite-se o reconhecimento por procurador. Mas note-se que a característica da pessoalidade é mantida, na medida em que o ato é praticado em nome do representado: "Art. 59. Quando se tratar de filho ilegítimo, não será declarado o nome do pai sem que este expressamente o autorize e compa-

Questão tormentosa diz respeito ao reconhecimento feito por incapaz.

Se o menor for absolutamente incapaz, entendemos ser necessária a instauração de um procedimento de jurisdição voluntária, na forma da Lei de Registros Públicos[16],

---

reça, por si ou por procurador especial, para, reconhecendo-o, assinar, ou não sabendo ou não podendo, mandar assinar a seu rogo o respectivo assento com duas testemunhas". [*Renumerado do art. 60, pela Lei n. 6.216, de 1975.*]

[14] "MEIO-IRMÃO PODERÁ SER RECONHECIDO POR MEIO DE ESCRITURA PÚBLICA

A Câmara examina o Projeto de Lei n. 6.939/10, do deputado João Dado (PDT-SP), que permite aos herdeiros de pai falecido reconhecer, por meio de escritura pública em cartório, a filiação de um meio-irmão. O projeto altera o Código Civil (Lei n. 10.406/02), o Estatuto da Criança e do Adolescente (Lei n. 8.069/90) e a Lei n. 8.560/92, que regula a investigação de paternidade de filhos nascidos fora do casamento.

O deputado lembra que o ECA já prevê o direito de reclamar reconhecimento de filiação contra herdeiros de pai falecido. O objetivo do projeto é incluir na lei a possibilidade de realizar o processo extrajudicialmente. 'A medida ajudará o desafogamento das Varas de Família', afirma Dado.

Tramitação

A proposta, que tramita em caráter conclusivo, será analisada pelas comissões de Seguridade Social e Família; e de Constituição e Justiça e de Cidadania. FONTE: Agência Câmara (Câmara dos Deputados).

[15] Quando a mãe for registrar a criança, sem que o pai haja comparecido para a realização do ato, poderá indicar o suposto genitor, instaurando procedimento, na forma da Lei n. 8.560 de 1992. O que não se permite é a própria mãe registrar o nome do pai no lugar dele, por conta de o ato ser personalíssimo. Confira-se a referida lei: "Art. 2.º Em registro de nascimento de menor apenas com a maternidade estabelecida, o oficial remeterá ao juiz certidão integral do registro e o nome e prenome, profissão, identidade e residência do suposto pai, a fim de ser averiguada oficiosamente a procedência da alegação.

§ 1.º O juiz, sempre que possível, ouvirá a mãe sobre a paternidade alegada e mandará, em qualquer caso, notificar o suposto pai, independente de seu estado civil, para que se manifeste sobre a paternidade que lhe é atribuída.

§ 2.º O juiz, quando entender necessário, determinará que a diligência seja realizada em segredo de justiça.

§ 3.º No caso do suposto pai confirmar expressamente a paternidade, será lavrado termo de reconhecimento e remetida certidão ao oficial do registro, para a devida averbação.

§ 4.º Se o suposto pai não atender no prazo de trinta dias, a notificação judicial, ou negar a alegada paternidade, o juiz remeterá os autos ao representante do Ministério Público para que intente, havendo elementos suficientes, a ação de investigação de paternidade.

§ 5.º Nas hipóteses previstas no § 4.º deste artigo, é dispensável o ajuizamento de ação de investigação de paternidade pelo Ministério Público se, após o não comparecimento ou a recusa do suposto pai em assumir a paternidade a ele atribuída, a criança for encaminhada para adoção. [*Redação dada pela Lei n. 12.010, de 2009.*]

§ 6.º A iniciativa conferida ao Ministério Público não impede a quem tenha legítimo interesse de intentar investigação, visando a obter o pretendido reconhecimento da paternidade." [*Incluído pela Lei n. 12.010, de 2009.*]

[16] "Art. 109. Quem pretender que se restaure, supra ou retifique assentamento no Registro Civil, requererá, em petição fundamentada e instruída com documentos ou com indicação de testemunhas, que o Juiz o ordene, ouvido o órgão do Ministério Público e os interessados, no prazo de cinco dias, que correrá em cartório. [*Renumerado do art. 110 pela Lei n. 6.216, de 1975.*]

§ 1.º Se qualquer interessado ou o órgão do Ministério Público impugnar o pedido, o Juiz determinará a produção da prova, dentro do prazo de dez dias e ouvidos, sucessivamente, em três dias, os interessados e o órgão do Ministério Público, decidirá em cinco dias.

com a participação do Ministério Público, para que o registro seja lavrado, por segurança jurídica[17].

Se o menor for relativamente incapaz, dispensa-se assistência no ato de reconhecimento, eis que não está a celebrar ato negocial, mas, tão somente, reconhecendo um fato (poder-se-ia até mesmo falar na prática de um *ato jurídico em sentido estrito de conteúdo não negocial*).

O nascituro também poderá ser reconhecido: o sujeito, feliz da vida com a gravidez da namorada, vai ao Tabelionato, e, mesmo antes do nascimento da criança, faz o seu reconhecimento, por escritura pública, por exemplo. Tal ato é perfeitamente possível, a teor da primeira parte do parágrafo único do art. 1.609.

Admite-se, ainda, o reconhecimento de filhos já falecidos (segunda parte do parágrafo único do art. 1.609), desde que hajam deixado descendentes, para evitar reconhecimento por mero interesse econômico.

Uma importante advertência, neste ponto, deve ser feita.

Filhos maiores devem consentir no reconhecimento, e os menores poderão impugná-lo, a teor do art. 1.614, CC/2002:

> "Art. 1.614. O filho maior não pode ser reconhecido sem o seu consentimento, e o menor pode impugnar o reconhecimento, nos quatro anos que se seguirem à maioridade[18], ou à emancipação".

Ainda no caso de reconhecimento de filhos havidos fora do casamento, o Código Civil brasileiro traz uma peculiar regra no art. 1.611, CC/2002:

> "Art. 1.611. O filho havido fora do casamento, reconhecido por um dos cônjuges, não poderá residir no lar conjugal sem o consentimento do outro".

Trata-se de uma regra que deve ser interpretada *modus in rebus*, ou seja, em justa e ponderada medida, dentro de parâmetros de razoabilidade.

---

§ 2.º Se não houver impugnação ou necessidade de mais provas, o Juiz decidirá no prazo de cinco dias.

§ 3.º Da decisão do Juiz, caberá o recurso de apelação com ambos os efeitos.

§ 4.º Julgado procedente o pedido, o Juiz ordenará que se expeça mandado para que seja lavrado, restaurado e retificado o assentamento, indicando, com precisão, os fatos ou circunstâncias que devam ser retificados, e em que sentido, ou os que devam ser objeto do novo assentamento.

§ 5.º Se houver de ser cumprido em jurisdição diversa, o mandado será remetido, por ofício, ao Juiz sob cuja jurisdição estiver o cartório do Registro Civil e, com o seu 'cumpra-se', executar-se-á.

§ 6.º As retificações serão feitas à margem do registro, com as indicações necessárias, ou, quando for o caso, com a trasladação do mandado, que ficará arquivado. Se não houver espaço, far-se-á o transporte do assento, com as remissões à margem do registro original."

[17] Maria Berenice Dias, *Manual de Direito das Famílias*, Porto Alegre: Livraria do Advogado, 2005, p. 351.

[18] No STJ, há posição dissonante, entendendo não ser cabível o prazo para se impugnar a filiação: "Direito Civil. Investigação de paternidade. Prescrição. Arts. 178, § 9.º, VI, e 362, do Código Civil. Orientação da segunda seção. É imprescritível o direito de o filho, mesmo já tendo atingido a maioridade, investigar a paternidade e pleitear a alteração do registro, não se aplicando, no caso, o prazo de quatro anos, sendo, pois, desinfluentes as regras dos artigos 178, § 9.º, VI e 362 do Código Civil então vigente. Precedentes. Recurso especial provido" (STJ, REsp 601.997/RS, rel. Min. Castro Filho, julgado em 14-6-2004, DJ 1.º-7-2004, p. 194, 3.ª Turma).

De fato, pode ocorrer que, tendo um dos cônjuges reconhecido a existência de um filho havido fora do casamento, tal circunstância abale a relação conjugal, a depender da natureza dos corações envolvidos.

Todavia, mais importante do que a própria manutenção do vínculo conjugal é a preservação dos interesses de um menor.

E se o pai ou a mãe do menor, fora da relação conjugal, tiver falecido?

E se o pai ou a mãe do menor, fora da relação conjugal, não tiver condições físicas, morais ou psicológicas de manter a criança?

Não se discute o aspecto patrimonial, pois o pagamento de alimentos, em tese, supriria isso.

A preocupação maior é com o próprio menor, na existência de um referencial paterno ou materno que possibilite uma adequada formação para a convivência social.

Por isso, a obtenção do consentimento do outro, inclusive no caso de um filho maior reconhecido, é exigência que deve ser vista com cautela, não dispensando eventual controle judicial.

Mais afinado com tal diretriz é o dispositivo seguinte, a saber, o art. 1.612, CC/2002, *in verbis*:

"Art. 1.612. O filho reconhecido, enquanto menor, ficará sob a guarda do genitor que o reconheceu, e, se ambos o reconheceram e não houver acordo, sob a de quem melhor atender aos interesses do menor".

Compare-se o referido dispositivo com a previsão legal anterior[19], para se constatar a adequação ao ordenamento constitucional e à disciplina de proteção do menor, uma vez que foi abolida a machista regra anterior que atribuía o poder (leia-se hoje, a guarda) ao pai, no caso de ambos reconhecerem o filho.

4. RECONHECIMENTO JUDICIAL

No presente tópico, pretendemos tecer considerações, não somente sobre o reconhecimento judicial da paternidade biológica, mas também acerca de questões polêmicas, muitas vezes não codificadas, como a paternidade socioafetiva, a paternidade alimentar e o direito à ascendência genética.

4.1. Noções gerais

O reconhecimento judicial do vínculo de paternidade ou maternidade, dá-se especialmente por meio de *ação investigatória*[20].

---

[19] CC/1916: "Art. 360. O filho reconhecido, enquanto menor, ficará sob poder do progenitor, que o reconheceu, e, se ambos o reconheceram, sob o do pai".

[20] Existem outras *ações de filiação*, que não poderiam ser esgotadas neste trabalho. Tomem-se, por referência, os seguintes julgados: "Direito civil. Família. Criança e Adolescente. Recurso especial. Ação negatória de paternidade. Interesse maior da criança. Vício de consentimento. Ausência de alegação. Mera dúvida acerca do vínculo biológico. Exame de DNA não realizado. Cerceamento de defesa não caracterizado. — O ajuizar de uma ação negatória de paternidade com o intuito de dissipar dúvida

Mais frequente é a ação investigatória de paternidade, posto também seja possível a investigatória de maternidade, como no caso da troca de bebês em um hospital ou clínica, incidindo, neste caso, o art. 1.608, CC/2002[21].

Por isso, a presunção de que a maternidade "é sempre certa" afigura-se, por óbvio, relativa.

O que dissermos, portanto, sobre a ação investigatória de paternidade, aplica-se à de maternidade, no que couber.

4.2. Ação de investigação de paternidade

Em linha de princípio, frise-se tratar-se de uma *postulação imprescritível* (art. 27 da Lei n. 8.069, de 13 de julho de 1990 — Estatuto da Criança e do Adolescente[22]).

Têm *legitimidade ativa* para a propositura desta ação: o alegado filho (investigante)[23] ou o Ministério Público que atua como legitimado extraordinário.

---

sobre a existência de vínculo biológico, restando inequívoco nos autos, conforme demonstrado no acórdão impugnado, que o pai sempre suspeitou a respeito da ausência de tal identidade e, mesmo assim, registrou, de forma voluntária e consciente, a criança como sua filha, coloca por terra qualquer possibilidade de se alegar a existência de vício de consentimento, o que indiscutivelmente acarreta a carência da ação, sendo irreprochável a extinção do processo, sem resolução do mérito. — Se a causa de pedir da negatória de paternidade repousa em mera dúvida acerca do vínculo biológico, extingue-se o processo, sem resolução do mérito, nos termos do art. 267, inc. VI, do CPC, por carência da ação. — Uma mera dúvida, curiosidade vil, desconfiança que certamente vem em detrimento da criança, pode bater às portas do Judiciário? Em processos que lidam com o direito de filiação, as diretrizes devem ser fixadas com extremo zelo e cuidado, para que não haja possibilidade de uma criança ser prejudicada por um capricho de pessoa adulta que, consciente no momento do reconhecimento voluntário da paternidade, leva para o universo do infante os conflitos que devem permanecer hermeticamente adstritos ao mundo adulto. Devem, pois, os laços afetivos entre pais e filhos permanecer incólumes, ainda que os outrora existentes entre os adultos envolvidos hajam soçobrado. — É soberano o juiz em seu livre convencimento motivado ao examinar a necessidade da realização de provas requeridas pelas partes, desde que atento às circunstâncias do caso concreto e à imprescindível salvaguarda do contraditório. — Considerada a versão dos fatos tal como descrita no acórdão impugnado, imutável em sede de recurso especial, mantém-se o quanto decidido pelo Tribunal de origem, insusceptível de reforma o julgado. — A não demonstração da similitude fática entre os julgados confrontados, afasta a apreciação do recurso especial pela alínea 'c' do permissivo constitucional. Recurso especial não provido" (STJ, REsp 1.067.438/RS, rel. Min. Nancy Andrighi, julgado em 3-3-2009, DJe 20-5-2009, 3.ª Turma).
"Ação anulatória. Paternidade. Vício. Consentimento. Tribunal *a quo*, com base no resultado de exame de DNA, concluiu que o ora recorrente não é o pai biológico da recorrida. Assim, deve ser julgado procedente o pedido formulado na ação negatória de paternidade, anulando-se o registro de nascimento por vício de consentimento, pois o ora recorrente foi induzido a erro ao proceder ao registro da criança, acreditando tratar-se de sua filha biológica. Não se pode impor ao recorrente o dever de assistir a uma criança reconhecidamente destituída da condição de filha" (STJ, REsp 878.954/RS, rel. Min. Nancy Andrighi, julgado em 7-5-2007).

[21] "Art. 1.608. Quando a maternidade constar do termo do nascimento do filho, a mãe só poderá contestá-la, provando a falsidade do termo, ou das declarações nele contidas."

[22] "Art. 27. O reconhecimento do estado de filiação é direito personalíssimo, indisponível e imprescritível, podendo ser exercitado contra os pais ou seus herdeiros, sem qualquer restrição, observado o segredo de Justiça."

[23] Peculiar situação é a do filho adotado, a quem se permite a investigação da sua origem genética: Agravo Regimental. Adotado. Investigação de paternidade. Possibilidade. A pessoa adotada não é impedida

Muito se discutiu a respeito da legitimidade do Ministério Público, argumentando-se que não poderia intervir em uma seara íntima e atinente a um interesse eminentemente particular. Nunca concordamos com essa crítica, na medida em que é de interesse social a busca da verdade da filiação, exercendo, portanto, as Promotorias de Justiça, um relevantíssimo serviço a toda sociedade brasileira.

A *legitimidade passiva*, como é cediço, é do pai[24] ou dos seus herdeiros (se a investigatória for *post mortem*).

Um peculiar aspecto deve ser ressaltado.

O STJ, a despeito do que dispõe o art. 1.606 — no sentido de os herdeiros do investigante poderem continuar a demanda já instaurada — admitiu, em julgado inovador, que netos pudessem investigar diretamente a relação com o avô (relação avoenga):

"Civil e processual. Ação rescisória. Carência afastada. Direito de família. Ação declaratória de reconhecimento de relação avoenga e petição de herança. Possibilidade jurídica. CC de 1916, art. 363

I. Preliminar de carência da ação afastada (por maioria).

II. Legítima a pretensão dos netos em obter, mediante ação declaratória, o reconhecimento de relação avoenga e petição de herança, se já então falecido seu pai, que em vida não vindicara a investigação sobre a sua origem paterna.

III. Inexistência, por conseguinte, de literal ofensa ao art. 363 do Código Civil anterior (por maioria).

IV. Ação rescisória improcedente" (STJ, AR .336/RS, rel. Min. Aldir Passarinho Junior, julgado em 24-8-2005, DJ 24-4-2006, p. 343, 2.ª Seção).

"Recurso Especial. Família. Relação avoenga. Reconhecimento judicial. Possibilidade jurídica do pedido.

---

de exercer ação de investigação de paternidade para conhecer sua verdade biológica. — Inadmissível recurso especial que não ataca os fundamentos do acórdão recorrido. — Não há ofensa ao Art. 535 do CPC se, embora rejeitando os embargos de declaração, o acórdão recorrido examinou todas as questões pertinentes (STJ, AgRg no Ag 942.352/SP, rel. Min. Humberto Gomes de Barros, julgado em 19-12-2007, DJ 8-2-2008, p. 1, 3.ª Turma).

[24] "Civil e processual. Ação de investigação de paternidade. "Pai Registral" não citado para integrar a lide. Litisconsórcio necessário. Nulidade do procedimento. CC anterior, art. 348. Lei n. 6.015/1973, art. 113. CPC, art. 47, parágrafo único.

I. Conquanto desnecessária a prévia propositura de ação anulatória de registro civil, sendo bastante o ajuizamento direto da ação investigatória de paternidade, é essencial, sob pena de nulidade, a integração à lide, como litisconsorte necessário, do pai registral, que deve ser obrigatoriamente citado para a demanda onde é interessado direto, pois nela concomitantemente postulada a desconstituição da sua condição de genitor. Precedentes do STJ.

II. Aplicação combinada das disposições dos arts. 348 do Código Civil anterior, 113 da Lei de Registros Públicos e 47, parágrafo único, do CPC.

III. Recurso especial conhecido e provido, para declarar nulo o processo a partir da contestação, inclusive, determinada a citação do pai registral."

(STJ, REsp 512.278/GO, rel. Min. Aldir Passarinho Junior, julgado em 14-10-2008, *DJe* 3-11-2008, 4.ª Turma).

— É juridicamente possível o pedido dos netos formulado contra o avô, ou dos herdeiros deste, visando reconhecimento judicial da relação avoenga.

— Nenhuma interpretação pode levar o texto legal ao absurdo" (STJ, REsp 604.154/RS, rel. Min. Humberto Gomes de Barros, julgado em 16-6-2005, DJ 1.º-7-2005, p. 518, 3.ª Turma)[25].

---

[25] *"Netos podem ajuizar ação declaratória de parentesco com o avô cumulada com pedido de herança*

A Segunda Seção do Superior Tribunal de Justiça (STJ) proferiu uma decisão inovadora para o direito de família. Por maioria dos votos, os ministros entenderam que os netos podem ajuizar ação declaratória de relação avoenga (parentesco com avô). Prevaleceu a tese de que, embora a investigação de paternidade seja um direito personalíssimo (só pode ser exercido pelo titular), admite-se a ação declaratória para que o Judiciário diga se existe ou não relação material de parentesco com o suposto avô.

A decisão do STJ reforma acórdão do Tribunal de Justiça do Rio de Janeiro que extinguiu o processo sem julgamento de mérito por acolher a tese de carência de ação. Os desembargadores decidiram pela impossibilidade jurídica do pedido de investigação de paternidade contra o avô, que não foi investigado pelo filho. Para eles, faltaria aos netos legitimidade para propor a ação, pois eles não poderiam pleitear direito alheio em nome próprio.

A maioria dos ministros da Segunda Seção do STJ acompanhou o entendimento da relatora, ministra Nancy Andrighi, rejeitando a tese do tribunal fluminense. "Sob a ótica da moderna concepção do direito de família, não se mostra adequado recusar aos netos o direito de buscarem, por meio de ação declaratória, a origem desconhecida", acentuou a relatora, no voto. 'Se o pai não propôs ação investigatória em vida, a via do processo encontra-se aberta aos seus filhos, a possibilitar o reconhecimento da relação de parentesco pleiteada', concluiu a ministra, destacando que as provas devem ser produzidas ao longo do processo.

Após buscar referências na jurisprudência alemã, além de citar julgados do próprio STJ, a relatora destacou que o direito ao nome, à identidade e à origem genética está intimamente ligado ao conceito de dignidade da pessoa humana, assinalando que 'o direito à busca da ancestralidade é personalíssimo e possui tutela jurídica integral e especial, nos moldes dos arts. 5.º e 226 da CF/88'. Dessa forma, os netos, assim como os filhos, possuem direito de agir, próprio e personalíssimo, de pleitear declaratória de parentesco em face do avô, ou dos herdeiros, quando o avô for falecido.

Nancy Andrighi concluiu que é possível qualquer investigação sobre parentesco na linha reta, que é infinita, e, também, na linha colateral, limitado ao quarto grau, ressaltando que a obtenção de efeitos patrimoniais dessa declaração de parentesco será limitada às hipóteses em que não estiver prescrita a pretensão sucessória.

Constou ainda do voto da ministra que 'a preservação da memória dos mortos não pode se sobrepor à tutela dos vivos que, ao se depararem com inusitado vácuo no tronco ancestral paterno, vêm, perante o Poder Judiciário, deduzir pleito para que a linha ascendente lacunosa seja devidamente preenchida'.

A ministra Nancy Andrighi, acompanhada pelos ministros João Otávio de Noronha, Luis Felipe Salomão e o desembargador convocado Honildo Amaral, deu provimento ao recurso especial para anular o acórdão do tribunal local e determinar o prosseguimento da ação. Ficaram vencidos o ministro Sidnei Beneti e o desembargador convocado Vasco Della Giustina.

Caso peculiar

O caso julgado pela Seção é emblemático por conter uma série de peculiaridades. Ao saber da gravidez, a família do suposto pai, de renome na sociedade carioca, o enviou para o exterior. Há informações nos autos de que, embora a criança não tenha sido reconhecida pelo pai, o avô o reconhecia como neto e prestou-lhe toda assistência material. Mesmo após a morte do suposto avô e fim do auxílio, o filho não reconhecido nunca moveu ação de investigação de paternidade. O suposto pai faleceu em 1997 e o filho em 1999.

Nesse diapasão, é bom lembrar ainda que o *documento básico* para comprovação da filiação é a "certidão do termo de nascimento registrada no Registro Civil" (art. 1.603, CC/2002, sem equivalente no Código Civil brasileiro de 1916), a famosa "*certidão de nascimento*"[26].

Sobre a contestação, no procedimento investigatório, dispõe o art. 1.615, CC/2002:

> "Art. 1.615. Qualquer pessoa, que justo interesse tenha, pode contestar a ação de investigação de paternidade, ou maternidade".

A defesa mais comum do suposto pai é a alegação de que a genitora, na época da concepção, manteve relação com outro homem (defesa classicamente conhecida como "*exceptio plurium concubentium*"), alegação que deve ser aduzida com cuidado, sob pena de, em havendo litigância de má-fé, justificar a responsabilidade do réu por dano moral.

No que tange à *instrução probatória*, sem nenhuma sombra de dúvida, posto não haja hierarquia entre os meios de prova, o exame científico de DNA é o mais importante.

E um dos julgados mais interessantes — didático até — de que temos conhecimento, sopesou o exame de DNA com outras provas no processo:

> "Direito civil. Recurso especial. Ação de investigação de paternidade. Exame pericial (teste de DNA) em confronto com as demais provas produzidas. Conversão do julgamento em diligência.
>
> — Diante do grau de precisão alcançado pelos métodos científicos de investigação de paternidade com fulcro na análise do DNA, a valoração da prova pericial com os demais meios de prova admitidos em direito deve observar os seguintes critérios: (a) se o exame de DNA contradiz as demais provas produzidas, não se deve afastar a conclusão do laudo, mas converter o julgamento em diligência, a fim de que novo teste de DNA seja produzido, em laboratório diverso, com o fito de assim minimizar a possibilidade de erro resultante seja da técnica em si, seja da falibilidade humana na coleta e manuseio do material necessário ao exame; (b) se o segundo teste de DNA corroborar a conclusão do primeiro, devem ser afastadas as demais provas produzidas, a fim de se acolher a direção indicada nos laudos periciais; e (c) se o segundo teste de DNA contradiz o primeiro laudo, deve o pedido ser apreciado em atenção às demais provas produzidas.

Somente após o falecimento de ambos, a viúva e os descendentes do filho não reconhecido ingressaram com ação declaratória de relação avoenga. Para tanto, solicitaram exame de DNA a ser realizado por meio da exumação dos restos mortais do pai e do suposto avô. Com a determinação, pelo STJ, de prosseguimento da ação, as provas deverão ser produzidas.

Processos: REsp 807.849". Disponível em: <http://www.stj.jus.br/portal_stj/objeto/texto/impressao.wsp?tmp.estilo=&tmp.area=398&tmp.texto=96563>. Acesso em: 9 abr. 2010.

[26] Por isso, estabelecem os arts. 1.604 e 1.605, CC/2002:

"Art. 1.604. Ninguém pode vindicar estado contrário ao que resulta do registro de nascimento, salvo provando-se erro ou falsidade do registro.

Art. 1.605. Na falta, ou defeito, do termo de nascimento, poderá provar-se a filiação por qualquer modo admissível em direito:

I — quando houver começo de prova por escrito, proveniente dos pais, conjunta ou separadamente;

II — quando existirem veementes presunções resultantes de fatos já certos".

Recurso especial provido" (STJ, REsp 397.013/MG, rel. Min. Nancy Andrighi, julgado em 11-11-2003, DJ 9-12-2003, p. 279, 3.ª Turma).

Vale lembrar ainda não se admitir a condução coercitiva do investigado:

"Súmula 301. Em ação investigatória, a recusa do suposto pai a submeter-se ao exame de DNA induz presunção *juris tantum* de paternidade".

Em abono desse entendimento, também já previam os arts. 231 e 232 do CC/2002 (sem correspondente na codificação civil anterior)[27]:

"Art. 231. Aquele que se nega a submeter-se a exame médico necessário não poderá aproveitar-se de sua recusa.

Art. 232. A recusa à perícia médica ordenada pelo juiz poderá suprir a prova que se pretendia obter com o exame".

Finalmente, é bom lembrar que a disposição sumulada, *a posteriori*, tornou-se objeto de lei específica.

De fato, a Lei n. 12.004, de 29 de julho de 2009, alterou a Lei n. 8.560, de 29 de dezembro de 1992 (que regula a investigação de paternidade dos filhos havidos fora do casamento), para estabelecer a presunção de paternidade no caso de recusa do suposto pai em submeter-se ao exame de código genético — DNA.

A partir desse momento, foi inserido, na referida Lei n. 8.560/1992, o art. 2.º-A, posteriormente alterado pela Lei n. 14.138/2021:

"Art. 2.º-A. Na ação de investigação de paternidade, todos os meios legais, bem como os moralmente legítimos, serão hábeis para provar a verdade dos fatos. [*Incluído pela Lei n. 12.004, de 2009.*]

§ 1.º A recusa do réu em se submeter ao exame de código genético — DNA gerará a presunção da paternidade, a ser apreciada em conjunto com o contexto probatório. [*Incluído pela Lei n. 12.004, de 2009.*] [*Renumerado do parágrafo único, pela Lei n. 14.138, de 2021.*]

§ 2.º Se o suposto pai houver falecido ou não existir notícia de seu paradeiro, o juiz determinará, a expensas do autor da ação, a realização do exame de pareamento do código genético (DNA) em parentes consanguíneos, preferindo-se os de grau mais próximo aos mais distantes, importando a recusa em presunção da paternidade, a ser apreciada em conjunto com o contexto probatório. [*Incluído pela Lei n. 14.138, de 2021.*]".

Obviamente, trata-se de uma presunção relativa, como se infere da menção, no texto legal, em seu § 1.º, da sua apreciação "em conjunto com o contexto probatório".

Acrescente-se, nesse ponto, haver, o Presidente da República, vetado o Projeto de Lei da Câmara n. 31 de 2007, que previa uma *admissão tácita de paternidade*, no caso em que o homem se recusasse a fazer o teste de DNA[28].

---

[27] Posição que defendíamos desde as primeiras edições do nosso v. I ("Parte Geral"), mais precisamente no Capítulo XVI ("Prova do Fato Jurídico"), ao qual remetemos o leitor.

[28] "O presidente Luiz Inácio Lula da Silva vetou integralmente, nesta quarta-feira, o projeto de lei que previa a admissão presumida de paternidade nos casos em que o homem se negasse a realizar teste de DNA, desde que houvesse outras provas, informou a Presidência da República. De acordo com assessoria do Planalto, Lula vetou o projeto porque já existe uma lei anterior sobre o assunto. A decisão

Quanto à *causa de pedir* na investigatória, consistirá simplesmente na *relação sexual* [29].

O *foro competente* para a investigatória é o do domicílio do réu. Entretanto, caso haja cumulação com pedido de alimentos, desloca-se para o domicílio do autor, a teor da Súmula 1 do STJ.

Na *sentença*, reconhecida a paternidade, produzem-se os mesmos efeitos do reconhecimento voluntário, conforme preceitua o art. 1.616, CC/2002[30]:

"Art. 1.616. A sentença que julgar procedente a ação de investigação produzirá os mesmos efeitos do reconhecimento; mas poderá ordenar que o filho se crie e eduque fora da companhia dos pais ou daquele que lhe contestou essa qualidade".

A referida determinação tem por fundamento sempre preservar o melhor interesse do menor, no caso, notadamente a proteção da sua integridade emocional no convívio com pais que não reconheciam originalmente sua condição de filhos.

Por fim, posto não seja objeto desta obra análise de questões processuais específicas, entendemos que, ausente o exame de DNA, a sentença, de procedência ou improcedência (por ausência de provas) *não transitaria materialmente em julgado*, admitindo a sua rediscussão[31].

---

deve ser publicada no *Diário Oficial* desta quinta-feira. O próprio relator no Senado, Antonio Carlos Junior (DEM-BA), disse que o projeto, que previa a alteração na Lei n. 8.560/92, apenas reforçava a admissão de paternidade e pouco diferia do que já versa a Lei n. 12.004/09, que inseriu no ordenamento jurídico o conceito da paternidade presumida no caso de o suposto pai se recusar a fazer o exame de DNA. *Com informações da Agência Senado. Redação Terra*" (Disponível em: <http://noticias.terra.com.br/brasil/noticias/0,,OI4655614-EI7896,00-Lula+veta+projeto +de+lei+que+previa+paternidade+tacita.html>. Acesso em: 18 set. 2010).

[29] Por isso, uma simples "ficada" pode firmar presunção de paternidade, como já decidiu o STJ: "Direito civil. Recurso especial. Ação de investigação de paternidade. Exame pericial (teste de DNA). Recusa. Inversão do ônus da prova. Relacionamento amoroso e relacionamento casual. Paternidade reconhecida. — A recusa do investigado em se submeter ao teste de DNA implica a inversão do ônus da prova e consequente presunção de veracidade dos fatos alegados pelo autor. — Verificada a recusa, o reconhecimento da paternidade decorrerá de outras provas, estas suficientes a demonstrar ou a existência de relacionamento amoroso à época da concepção ou, ao menos, a existência de relacionamento casual, hábito hodierno que parte do simples 'ficar', relação fugaz, de apenas um encontro, mas que pode garantir a concepção, dada a forte dissolução que opera entre o envolvimento amoroso e o contato sexual. Recurso especial provido" (REsp 557.365/RO, rel. Min. Nancy Andrighi, julgado em 7-4-2005, DJ 3-10-2005, p. 242, 3.ª Turma).

[30] Os alimentos fixados na sentença têm seu termo inicial de exigibilidade na citação, a teor da Súmula 277 do STJ.

[31] No STJ, a matéria que era, ao que nos parecia, até então pacificada, passa por um momento de rediscussão. Confrontem-se os seguintes julgados:

Ação Rescisória — Investigação de paternidade — Exame de DNA após o trânsito em julgado — Possibilidade — Flexibilização do conceito de documento novo nesses casos. Solução pró verdadeiro *status pater* — O laudo do exame de DNA, mesmo posterior ao exercício da ação de investigação de paternidade, considera-se 'documento novo' para aparelhar ação rescisória (CPC, art. 485, VII). É que tal exame revela prova já existente, mas desconhecida até então. A prova do parentesco existe no interior da célula. Sua obtenção é que apenas se tornou possível quando a evolução científica concebeu o exame intracitológico" (STJ, REsp 300.084/GO, rel. Min. Humberto Gomes de Barros, julgado em 28-4-2004, DJ 6-9-2004, p. 161, 2.ª Seção).

Na doutrina, afirmam com precisão CRISTIANO CHAVES DE FARIAS e NELSON ROSENVALD:

"Veja-se, inclusive, que não se faz necessário justificar a propositura de qualquer ação rescisória, com vistas ao rejulgamento da ação filiatória, eis que a decisão judicial que não exaurir os meios de prova não passa em julgado, afastando-se do manto sagrado da coisa julgada"[32].

Tudo isso bem demonstra a importância do exame de DNA.

Lamentamos, todavia, que esse exame ainda não seja gratuito em todas as comarcas do País, para os reconhecidamente pobres, razão por que, muitas vezes, o próprio juiz deve exortar as partes a um entendimento, no sentido do rateio dos custos, ressaltando que a solução da dúvida interessa a ambos os contendores.

4.3. Paternidade socioafetiva e posse do estado de filho

Não vivemos mais na época em que o legislador estabelecia presunções quase intransponíveis de presunção de filiação, calcadas no matrimônio.

Na primeira metade do século XX, vigente o Código de 1916, e ainda incipientes as técnicas científicas de investigação filial, a figura do pai quase que se confundia com a do marido.

Nos dias de hoje, as presunções resultantes do casamento, vistas quando estudamos o art. 1.597, afiguram-se, obviamente, relativas, admitindo o controle judicial, à luz do princípio da veracidade da filiação.

Com o surgimento do exame de DNA, a análise científica do código genético dos pais passou a ser o fator determinante do reconhecimento da filiação.

Mas, nesse ponto, sem menoscabarmos a importância desse exame, uma pergunta deve ser feita: *ser genitor é o mesmo que ser pai ou mãe?*

Pensamos que não, na medida em que a condição paterna (ou materna) vai muito mais além do que a simples situação de gerador biológico, com um significado espiritual profundo, ausente nessa última expressão.

E, fazendo justiça ao primeiro autor brasileiro a se preocupar com a *desbiologização do Direito de Família*, lembramos o grande JOÃO BATISTA VILLELA[33].

Processual Civil. Investigação de paternidade. Coisa julgada. Precedente da segunda seção. I — Já decidiu a Segunda Seção desta Corte que, visando à segurança jurídica, deve ser preservada a coisa julgada nas hipóteses de ajuizamento de nova ação reclamando a utilização de meios modernos de prova (DNA) para apuração da paternidade (REsp 706.987/SP). II — Agravo Regimental improvido" (AgRg no REsp 895.545/MG, rel. Min. Sidnei Beneti, julgado em 18-5-2010, *DJe* 7-6-2010, 3.ª Turma). "Agravo Regimental. Ação Declaratória de negativa de paternidade. Coisa julgada. Exame de DNA. Impossibilidade. Divergência jurisprudencial. Súmula 83/STJ. 1. É inviável a reforma de decisão acobertada pelo manto da coisa julgada, ainda que tenha sido proferida com base em tecnologia já superada. 2. 'Não se conhece do recurso especial pela divergência, quando a orientação do Tribunal se firmou no mesmo sentido da decisão recorrida' — Súmula 83 do STJ. 3. Agravo regimental desprovido" (AgRg no REsp 646.140/SP, rel. Min. João Otávio de Noronha, julgado em 3-9-2009, *DJe* 14-9-2009, 4.ª Turma).

[32] Cristiano Chaves Farias e Nelson Rosenvald, *Direitos das Famílias*, 2. tir., cit., p. 575.

[33] João Baptista Villela, "Desbiologização da Paternidade", *Revista da Faculdade de Direito* [da] Universidade Federal de Minas Gerais. Belo Horizonte, n. 21, maio 1979, p. 401-19.

O que vivemos hoje, no moderno Direito Civil, é o reconhecimento da importância da paternidade (ou maternidade) biológica, mas sem fazer prevalecer a verdade genética sobre a afetiva.

Ou seja, situações há em que a filiação é, ao longo do tempo, construída com base na socioafetividade, independentemente do vínculo genético, prevalecendo em face da própria verdade biológica.

Estamos, pois, a tratar da *paternidade ou maternidade socioafetiva*, que reputamos a face mais encantadora do nosso atual Direito de Família, com reflexos na própria jurisprudência do STJ:

"Filiação. Anulação ou reforma de registro. Filhos havidos antes do casamento, registrados pelo pai como se fossem de sua mulher.

Situação de fato consolidada há mais de quarenta anos, com o assentimento tácito do cônjuge falecido, que sempre os tratou como filhos, e dos irmãos. Fundamento de fato constante do acórdão, suficiente, por si só, a justificar a manutenção do julgado.

— Acórdão que, a par de reputar existente no caso uma 'adoção simulada', reporta-se à situação de fato ocorrente na família e na sociedade, consolidada há mais de quarenta anos. Status de filhos.

Fundamento de fato, por si só suficiente, a justificar a manutenção do julgado.

Recurso especial não conhecido" (STJ, REsp 119.346/GO, rel. Min. Barros Monteiro, julgado em 1.º-4-2003, DJ 23-6-2003, p. 371, 4.ª Turma).

Cuidou, o julgado supra, da figura da *adoção à brasileira*[34], tida como ato ilícito, mas, mesmo assim, ensejando o reconhecimento da filiação, pela socioafetividade, o que já tem sido enfrentado, como dito, pela jurisprudência pátria[35].

---

[34] Confira-se o Capítulo XXVII ("Adoção") deste volume.

[35] "Adoção à brasileira não pode ser desconstituída após vínculo de socioafetividade — 14-7-2009.

Em se tratando de adoção à brasileira (em que se assume paternidade sem o devido processo legal), a melhor solução consiste em só permitir que o pai adotante busque a nulidade do registro de nascimento quando ainda não tiver sido constituído o vínculo de socioafetividade com o adotado. A decisão é da Terceira Turma do Superior Tribunal de Justiça (STJ), que, seguindo o voto do relator, ministro Massami Uyeda, rejeitou o recurso de uma mulher que pedia a declaração de nulidade do registro civil de sua ex--enteada.

(...)

Por fim, o ministro Massami Uyeda ressaltou que, após firmado o vínculo socioafetivo, não poderá o pai adotante desconstituir a posse do estado de filho que já foi confirmada pelo véu da paternidade socioafetiva". Disponível em: <http://www.stj.gov.br/portal_stj/objeto/texto/impressao.wsp?tmp.estilo=&tmp.area=398&tmp.texto=92848>. Acesso em: 25 jul. 2008.

Embora não trate de "adoção à brasileira", merece, nesse ponto, referência, julgado de outubro de 2020, o REsp 1.741.849/SP, extremamente polêmico, em que o Superior Tribunal de Justiça admitiu a desconstituição de um vínculo de paternidade socioafetiva: "'É muita tristeza este processo'. Assim a ministra Nancy Andrighi, do STJ, começou seu voto na sessão da 3.ª turma do STJ que julgou pedido de um homem em ação negatória de paternidade das filhas, atualmente com 18 e 15 anos de idade. A controvérsia julgada nesta terça-feira, 20, dizia respeito a caso em que o genitor biológico для induzido em erro ao tempo de registro civil de sua prole e se, a despeito da configuração da relação paterno-

Da mesma forma, também já se reconheceu a maternidade socioafetiva[36].

Por tudo isso, é possível se falar, nos dias de hoje, para situações consolidadas no afeto e ao longo do tempo, no ajuizamento de *ação de investigação de paternidade socioafetiva,* no dizer do erudito TEIXEIRA GIORGIS:

> "Contudo, é absolutamente razoável e sustentável o ajuizamento de *ação declaratória de paternidade socioafetiva,* com amplitude contraditória, que mesmo desprovida de prova técnica, seja apta em obter veredicto que afirme a filiação com todas suas consequências, direito a alimentos, sucessão e outras garantias.
>
> O que se fará em respeito aos princípios constitucionais da dignidade da pessoa, solidariedade humana e maior interesse da criança e do adolescente"[37].

-filial-socioafetiva por longo período, é admissível o desfazimento do vínculo registral, na hipótese de ruptura superveniente dos vínculos afetivos" (Portal Migalhas, disponível em: <https://migalhas.uol.com.br/quentes/335195/stj--homem-enganado-sobre-paternidade-consegue-anular-registro-das-filhas-adolescentes>. Acesso em: 28 out. 2020).

[36] "Maternidade socioafetiva é reconhecida em julgamento inédito no STJ

A Terceira Turma do Superior Tribunal de Justiça (STJ) decidiu que a maternidade socioafetiva deve ser reconhecida, mesmo no caso em que a mãe tenha registrado filha de outra pessoa como sua. 'Não há como desfazer um ato levado a efeito com perfeita demonstração da vontade daquela que, um dia, declarou perante a sociedade ser mãe da criança, valendo-se da verdade socialmente construída com base no afeto', afirmou em seu voto a ministra Nancy Andrighi, relatora do caso.

A história começou em São Paulo, em 1980, quando uma imigrante austríaca de 56 anos, que já tinha um casal de filhos, resolveu pegar uma menina recém-nascida para criar e registrou-a como sua, sem seguir os procedimentos legais da adoção — a chamada 'adoção à brasileira'. A mulher morreu nove anos depois e, em testamento, deixou 66% de seus bens para a menina, então com nove anos.

Inconformada, a irmã mais velha iniciou um processo judicial na tentativa de anular o registro de nascimento da criança, sustentando ser um caso de falsidade ideológica cometida pela própria mãe. Para ela, o registro seria um ato jurídico nulo por ter objeto ilícito e não se revestir da forma prescrita em lei, correspondendo a uma 'declaração falsa de maternidade'. O Tribunal de Justiça de São Paulo foi contrário à anulação do registro e a irmã mais velha recorreu ao STJ.

Segundo a ministra Nancy Andrighi, se a atitude da mãe foi uma manifestação livre de vontade, sem vício de consentimento e não havendo prova de má-fé, a filiação socioafetiva, ainda que em descompasso com a verdade biológica, deve prevalecer, como mais uma forma de proteção integral à criança. Isso porque a maternidade que nasce de uma decisão espontânea — com base no afeto — deve ter guarida no Direito de Família, como os demais vínculos de filiação.

'Permitir a desconstituição de reconhecimento de maternidade amparado em relação de afeto teria o condão de extirpar da criança — hoje pessoa adulta, tendo em vista os 17 anos de tramitação do processo — preponderante fator de construção de sua identidade e de definição de sua personalidade. E a identidade dessa pessoa, resgatada pelo afeto, não pode ficar à deriva em face das incertezas, instabilidades ou até mesmo interesses meramente patrimoniais de terceiros submersos em conflitos familiares', disse a ministra em seu voto, acompanhado pelos demais integrantes da Terceira Turma". Disponível em: <http://www.stj.jus.br/portal_stj/publicacao/engine.wsp?tmp.area=398&tmp.texto=97469>.

[37] José Carlos Teixeira Giorgis, *A Investigação da Paternidade Socioafetiva.* Disponível em: <http://www.ambito-juridico.com.br/site/index.php?n_link=revista_artigos_leitura&artigo_id=6105>. Acesso em: 18 set. 2010.

A ideia já está consagrada, há algum tempo, na sabedoria popular, na afirmação, tantas vezes ouvida, de que "pai é quem cria".

E é isso mesmo.

PAI ou MÃE, em sentido próprio, é quem não vê outra forma de vida, senão amando o seu filho[38].

O reconhecimento de tal paternidade (ou maternidade) pode se dar pela via **judicial** ou, até mesmo, **administrativa**[39].

Independentemente do vínculo sanguíneo, o vínculo do coração é reconhecido pelo Estado com a consagração jurídica da "*paternidade socioafetiva*"[40].

E, nessa linha, é possível, do ponto de vista fático e — por que não dizer? — jurídico, o reconhecimento de uma pluralidade de laços afetivos, com a eventual admissão de uma multiparentalidade[41].

---

[38] Permitindo-nos compartilhar uma experiência de vida, divulgamos parte de um poema ("Amor de Pai") do coautor Rodolfo Pamplona para o seu filho, em um momento muito especial de sua vida:
"Quando eu soube que você viria,
sensação diferente foi a minha:
alegria de receber alguém que não conhecia,
mas conheceria como ninguém mais poderia".
Disponível em: <http://rodolfopamplonafilho.blogspot.com/2010/08/amor-de-pai_24.html>. Acesso em: 15. set. 2010.

[39] Confira-se, a respeito, o Provimento n. 63, de 14 de novembro de 2017, do CNJ (arts. 10 a 15).

[40] Registre-se que, em 17 de novembro de 2017, foi publicado o Provimento 63 do CNJ, que institui modelos únicos de certidões de nascimento, de casamento e de óbito, a serem adotadas pelos ofícios de registro civil das pessoas naturais, e dispõe sobre o reconhecimento voluntário e a averbação da paternidade e maternidade socioafetiva, admitindo, portanto, o reconhecimento do filho socioafetivo diretamente em cartório, ou seja, independentemente de sentença judicial.
Observe-se, ainda, que o Provimento n. 63, de 14-11-2017, do CNJ (com as alterações promovidas pelo Provimento n. 83, de 14-8-2019) regulou, em nível administrativo, o reconhecimento voluntário da paternidade ou maternidade socioafetiva de pessoas acima de 12 anos, diretamente em cartório, ou seja, perante os Oficiais de Registro Civil de Pessoas Naturais.
O requerente demonstrará a afetividade por todos os meios em Direito admitidos, bem como por documentos, tais como: apontamento escolar como responsável ou representante do aluno; inscrição do pretenso filho em plano de saúde ou em órgão de previdência; registro oficial de que residem na mesma unidade domiciliar; vínculo de conjugalidade – casamento ou união estável – com o ascendente biológico; inscrição como dependente do requerente em entidades associativas; fotografias em celebrações relevantes; declaração de testemunhas com firma reconhecida, sem prejuízo de, dada a ausência justificada de tais documentos, o registrador atestar como apurou o vínculo socioafetivo (art. 10-A).
O registrador deverá encaminhar o expediente ao Ministério Público para parecer, antes da realização do registro.
Por fim, destaque-se que a inclusão de mais de um ascendente socioafetivo deverá tramitar pela via judicial, o que resulta, em nosso sentir, logicamente, na impossibilidade de se implementar o vínculo multiparental (multiparentalidade) pela via exclusivamente administrativa.

[41] Confira-se o subtópico 4.6 ("Multiparentalidade") deste Capítulo.

Mas note-se que, na hipótese em que a família biológica seja impedida de manter o vínculo de afeto, como no caso do sequestro de uma criança, a teoria da filiação socioafetiva não deve ser reconhecida em favor daquele que subtraiu o menor da sua família natural.

Destaque-se, por fim, que o Enunciado n. 341 da IV Jornada de Direito Civil do Conselho da Justiça Federal expressamente reconheceu o instituto, nos seguintes termos:

> "Enunciado 341 — Para os fins do art. 1.696, a relação socioafetiva pode ser elemento gerador de obrigação alimentar".

O outro lado da moeda da paternidade socioafetiva é a figura da *posse do estado de filho*, em que, exteriorizando-se a convivência familiar e a afetividade, admite-se o reconhecimento da filiação.

Trata-se do mesmo fenômeno, visto na perspectiva do filho.

É o famoso "*filho de criação*", cuja adoção não foi formalizada, mas o comportamento, na família, integra-o como se filho biológico fosse.

Isso porque, no Direito de Família, a consolidação de uma situação de afeto justifica a presunção de sua existência, para efeito de prova em juízo, como se dá, também, no âmbito da filiação, consoante observa PAULO LÔBO:

> "A posse do estado de filiação constitui-se quando alguém assume o papel de filho em face daquele ou daqueles que assumem os papéis ou lugares de pai ou mãe ou de pais, tendo ou não entre si vínculos biológicos. A posse de estado é a exteriorização da convivência familiar e da afetividade, segundo as características adiante expostas, devendo ser contínua"[42].

O Tribunal de Justiça do Rio Grande do Sul, inclusive, já se pronunciou expressamente sobre o reconhecimento desta figura:

> "Apelação Cível. Investigação de paternidade e maternidade. Inteligência do art. 1.614 do Código Civil (antigo art. 362 do CC/16). Decadência reconhecida. Na investigatória de paternidade e/ou maternidade em que o autor não possui pais registrais não há falar em prescrição ou decadência. Todavia, nos casos de prévia existência de uma relação jurídica de parentalidade certificada pelo registro de nascimento, incide o prazo decadencial de quatro anos. Esta restrição de direito se impõe em face do princípio de igualdade de direitos dos filhos, posto no § 6.º do art. 227 da CF, sejam eles havidos ou não da relação de casamento, pois, se entendermos que o filho extramatrimonial pode, a qualquer tempo, vindicar estado distinto daquele que resulta de seu assento de nascimento igualmente teremos que assegurar esta possibilidade aos filhos havidos na vigência do casamento o que — se pode antever — dá oportunidade à total insegurança no seio familiar. Na atualidade, se confrontadas a verdade que emana das informações registrais com a verdade biológica/consanguínea e a verdade social e afetiva, onde houve coincidência entre a verdade registral e a posse de estado de filho fica mantida a relação de parentesco já constituída, em detrimento da identidade genética. De ofício, reconheceram a decadência, extinguindo o processo com julgamento de mérito, por maioria" (Segredo de justiça) (TJRS, Apelação Cível 70015469091, rel. Luiz Felipe Brasil Santos, julgado em 13-9-2006, 7.ª Câm. Cív.).

---

[42] Referência extraída do *site* oficial da Câmara dos Deputados: <http://www2.camara.gov.br/homeagencia/materias.html?pk=%20113435>. Acesso em: 27 out. 2008.

É o reconhecimento de novas modalidades de constituição de família e, consequentemente, de filiação, que se descortina em um Direito de Família mais humano e solidário.

4.4. Paternidade alimentar

A paternidade meramente alimentar traduz a situação em que, a despeito do reconhecimento oficial da filiação socioafetiva em favor de terceiro, o genitor (pai biológico) apenas mantém uma relação assistencial com o filho, prestando-lhe alimentos, por conta da sua necessidade econômica.

Sobre o tema, escreve o talentoso ROLF MADALENO:

"Em tempos de verdade afetiva e de supremacia dos interesses da prole, que não pode ser discriminada e que tampouco admite romper o registro civil da sua filiação social já consolidada, não transparece nada contraditório estabelecer nos dias de hoje a paternidade meramente alimentar. Nela, o pai biológico pode ser convocado a prestar sustento integral ao seu filho de sangue, sem que a obrigação material importe em qualquer possibilidade de retorno à sua família natural, mas que apenas garanta o provincial efeito material de assegurar ao filho rejeitado vida digna, como nas gerações passadas, em que ele só podia pedir alimentos do seu pai que era casado e o rejeitara. A grande diferença e o maior avanço é que hoje ele tem um pai de afeto, de quem é filho do coração, mas nem por isso libera o seu procriador da responsabilidade de lhe dar o adequado sustento no lugar do amor. É a dignidade em suas duas versões"[43].

A partir do julgamento do RE 898.060 pelo Supremo Tribunal Federal, a discussão em torno dessa tese esvaziou-se, conforme veremos abaixo, no item 4.6, ao tratarmos da multiparentalidade.

4.5. Paternidade biológica x direito à ascendência genética

Parece-nos fundamental tecer algumas considerações sobre a diferença jurídica da paternidade biológica e o reconhecimento judicial do direito à ascendência genética.

Com efeito, a partir do momento em que o princípio da afetividade é reconhecido como fulcral na compreensão contemporânea da paternidade, admitindo-se a prevalência da "paternidade socioafetiva" sobre a "paternidade biológica", algumas questões se tornam extremamente relevantes.

Será que o filho adotado não pode saber qual seria a sua verdade biológica[44]?

Será que o "filho de criação", detentor da condição da "posse do estado de filho", também não pode saber quem seriam seus pais genéticos?

Note-se que não se está aqui buscando despertar emoções ou feridas ainda não cicatrizadas, mas, sim, propondo-se uma discussão séria sobre a questão.

---

[43] *Revista Brasileira de Direito de Família*, n. 37, 2006, p. 148.

[44] "Agravo regimental. Adotado. Investigação de paternidade. Possibilidade.
— A pessoa adotada não é impedida de exercer ação de investigação de paternidade para conhecer sua verdade biológica.
— Inadmissível recurso especial que não ataca os fundamentos do acórdão recorrido.
— Não há ofensa ao art. 535 do CPC se, embora rejeitando os embargos de declaração, o acórdão recorrido examinou todas as questões pertinentes" (STJ, AgRg no Agravo de Instrumento 942.352/SP (2007/0198070-5), rel. Min. Humberto Gomes de Barros).

Isto porque não se trata de um mero capricho ou curiosidade, mas, sim, o reconhecimento de um direito da personalidade[45].

Se houver o total desconhecimento da origem genética, é possível que, pelas circunstâncias da vida, pessoas despertem para o amor e, depois, descubram que são irmãos...

Ou, em situações de necessidade de doação de órgãos, a busca por alguém compatível geneticamente possa significar a diferença entre a vida e a morte.

Mas isso seria retroceder na paternidade socioafetiva?

De forma alguma.

A ideia é apenas do conhecimento específico de quem seja o material genético, como forma de preservação de interesses superiores, também decorrentes da formação genética do indivíduo.

Demonstrando, de maneira didática, a diferença entre filiação e direito ao conhecimento da ascendência genética, ensina PAULO LÔBO:

"O estado de filiação, decorrente da estabilidade dos laços afetivos construídos no cotidiano de pai e filho, constitui fundamento essencial da atribuição de paternidade ou maternidade. Nada tem a ver com o direito de cada pessoa ao conhecimento de sua origem genética. São duas situações distintas, tendo a primeira natureza de direito de família, e a segunda, de direito da personalidade. As normas de regência e os efeitos jurídicos não se confundem nem se interpenetram. Para garantir a tutela do direito da personalidade, não é necessário investigar a paternidade. O objeto da tutela do direito ao conhecimento da origem genética é a garantia do direito da personalidade, na espécie, direito à vida, pois os dados da ciência atual apontam para a necessidade de cada indivíduo saber a história de saúde de seus parentes biológicos próximos, para prevenção da própria vida. Não há necessidade de atribuição da paternidade para o exercício do direito da personalidade de conhecer, por exemplo, os ascendentes biológicos paternos do que foi gerado por doador anônimo de sêmen, ou do que foi adotado, ou concebido por inseminação artificial heteróloga"[46].

Isso tudo, independentemente do eventual reconhecimento da "paternidade alimentar", tema que enfrentamos no subtópico anterior.

E — registramos — a busca dos efeitos jurídicos, definitivamente, não é a maior preocupação de quem procura a sua verdade biológica, já havendo manifestação jurisprudencial que admite o reconhecimento autônomo da "paternidade biológica", sem outras repercussões de natureza pecuniária[47].

---

[45] "No contexto dos direitos da personalidade, inserem-se os direitos à vida, à integridade físico-corporal, ao corpo, à imagem, à integridade psíquica, à intimidade, ao segredo, à honra e à identidade. O direito fundamental à vida abraça o direito à identidade, o direito à historicidade e à informação da sua ascendência genética como reflexos de relevo na vida das pessoas" (Guilherme Calmon Nogueira da Gama, *O Biodireito e as Relações Parentais*. De acordo com o novo Código Civil, Rio de Janeiro: Renovar, 2003, p. 904).

[46] Paulo Luiz Netto Lôbo, "Direito ao Estado de Filiação e Direito à Origem Genética: uma distinção necessária" *Revista CEJ*, Brasília, n. 27, out./dez. 2004, p. 53-4.

[47] "Apelação cível. Ação de investigação de paternidade. Concordância do pai e filho biológicos em manter o registro que espelha a paternidade socioafetiva. Pedido que se restringe ao reconhecimento da paternidade biológica. Sem condenação em honorários em razão da ausência de conflito de interesses.

4.6. Multiparentalidade

Como um derradeiro subtópico da questão do reconhecimento judicial da paternidade, consideramos relevante tecer algumas reflexões sobre o tema da multiparentalidade.

A visão tradicional sobre a filiação é no sentido de que o seu reconhecimento resultaria em uma dual perspectiva de parentalidade (em primeiro grau): o(os) filho(os) vinculam-se a um pai e a uma mãe.

Todavia, seria isto uma verdade absoluta?

Definitivamente, este posicionamento, quase um dogma, é algo que deve ser mais bem analisado, diante da multiplicidade de situações da vida.

De fato, será que, com o advento de uma visão mais aberta das relações de família, com admissão de novas formas de composição familiar, não seria hora de rever este aparente dogma?

Não que ele esteja equivocado.

Mas ele responderia com justiça a todas as exigências da vida?

Notadamente com o prestígio que se dá, hodiernamente, à parentalidade socioafetiva, não haveria sido descortinado novo horizonte para o reconhecimento da possibilidade jurídica da multiparentalidade?

Ou seja, será que não é o momento de se amparar, juridicamente, a situação — muitas vezes ocorrente — de um filho possuir dois pais ou duas mães?

Se não existe hierarquia entre os parâmetros de filiação, por que forçar a exclusão de alguém que é visto como pai ou mãe de uma criança?

Respondendo a esta pergunta, vem a lume o tema da multiparentalidade, qual seja, uma situação em que um indivíduo tem mais de um pai e/ou mais de uma mãe, simultaneamente, produzindo-se efeitos jurídicos em relação a todos eles.

Exemplos vivos de suporte fático para tal instituto pululam em todos os cantos do mundo.

E a jurisprudência brasileira não tem fechado os olhos para isso.

Confira-se, a propósito, decisão vanguardista da 1.ª Câmara de Direito Privado do Tribunal de Justiça do Estado de São Paulo, reconhecendo a multiparentalidade (o que conta com nossa simpatia, dentro da ideia de família contemporânea plural), em que se determinou a inclusão da madrasta, mãe socioafetiva, no registro civil, mantendo-se também a mãe biológica falecida, o que, em resumo, fez com que o filho pudesse afirmar ter, juridicamente, duas mães:

É que, se certa a paternidade biológica, o seu reconhecimento, sem a concessão dos demais direitos decorrentes do vínculo parental e inexistindo prejuízo e resistência de quem quer que seja, não viola o ordenamento jurídico.
Ao contrário. Em casos como esse, negar o reconhecimento da verdade biológica chega a ser uma forma de restrição dos *direitos da personalidade* do indivíduo, cujo rol não é exaustivo (artigo 11 e seguintes do Código Civil).
Caso em que tão somente se reconhece a paternidade biológica, sem a concessão de qualquer outro efeito jurídico. O reconhecimento pode ser averbado no registro de nascimento.
Considerando a ausência de lide e a verdadeira inexistência de partes, tal qual os procedimentos de jurisdição voluntária, não cabe a fixação de honorários advocatícios. São devidas as custas.
Deram provimento" (TJRS, Processo n. 70031164676 — 2009/Cível, rel. Des. Rui Portanova, 8.ª Câm. Cív.).

"MATERNIDADE SOCIOAFETIVA. Preservação da Maternidade Biológica Respeito à memória da mãe biológica, falecida em decorrência do parto, e de sua família — Enteado criado como filho desde dois anos de idade. Filiação socioafetiva que tem amparo no art. 1.593 do Código Civil e decorre da posse do estado de filho, fruto de longa e estável convivência, aliado ao afeto e considerações mútuos, e sua manifestação pública, de forma a não deixar dúvida, a quem não conhece, de que se trata de parentes — A formação da família moderna não consanguínea tem sua base na afetividade e nos princípios da dignidade da pessoa humana e da solidariedade. Recurso provido" (TJSP, 1.ª Câmara de Direito Privado, Registro: 2012.0000400337. Apelação Cível n. 0006422-26.2011.8.26.0286, Comarca de Itu, Relator: Desembargador Alcides Leopoldo e Silva Júnior).

Destaque-se, ainda, decisão da ilustre Juíza de Direito de Ariquemes, Rondônia, Deisy Cristhian Lorena de Oliveira Ferraz, que, em 13 de março de 2012, proferiu sentença reconhecendo a multiparentalidade em demanda de investigação de paternidade cumulada com anulatória de registro[48].

Em setembro de 2016, por fim, o Supremo Tribunal Federal, na oportunidade do julgamento do RE 898.060, firmou o seu entendimento, com repercussão geral[49], acerca da matéria.

---

[48] "Juíza garante dupla paternidade em certidão de criança.

A Justiça de Rondônia garantiu a uma criança o registro em certidão de nascimento de dupla filiação paterna (biológica e socioafetiva). No caso, a criança reconhece os dois homens como pais e deles recebe, concomitantemente, assistência emocional e alimentar.

De acordo com os autos, o homem que registrou a criança o fez sabendo que ela não era sua filha. Anos depois, a criança descobriu sua ascendência biológica e passou a ter contato com o pai, mantendo, contudo, o mesmo vínculo afetivo e 'estado de posse de filha' com o pai afetivo. A situação foi demonstrada em investigação social e psicológica realizada pela equipe multiprofissional.

Como a criança declara expressamente que reconhece e possui os dois pais, a promotora de Justiça Priscila Matzenbacher Tibes Machado se manifestou contrária ao deferimento da exclusão de paternidade, requerendo a manutenção do pai atual e a inclusão do biológico.

Para a juíza Deisy Cristhian Lorena de Oliveira Ferraz, ficou evidente que a pretensão da declaração de inexistência do vínculo parental entre a criança e o pai afetivo partiu de sua mãe, que, na tentativa de corrigir 'erros do passado', pretendia ver reconhecida a verdade biológica, sem se atentar para o melhor interesse da própria filha. Ela destacou ainda que o pai afetivo não manifestou interesse em negar a paternidade, tanto que em contato com a criança disse que, mesmo sem ausência de vínculo de sangue, a considera sua filha. Com informações da Assessoria de Imprensa do MP-RO" Disponível em: <http://www.conjur.com.br/2012-mar-28/justica-garante-dupla-paternidade-certidao-nascimento-crianca>. Acesso em: 12 nov. 2012.

[49] "A Repercussão Geral é um instrumento processual inserido na Constituição Federal de 1988, por meio da Emenda Constitucional 45, conhecida como a 'Reforma do Judiciário'. O objetivo desta ferramenta é possibilitar que o Supremo Tribunal Federal selecione os Recursos Extraordinários que irá analisar, de acordo com critérios de relevância jurídica, política, social ou econômica. O uso desse filtro recursal resulta numa diminuição do número de processos encaminhados à Suprema Corte. Uma vez constatada a existência de repercussão geral, o STF analisa o mérito da questão e a decisão proveniente dessa análise será aplicada posteriormente pelas instâncias inferiores, em casos idênticos. A preliminar de Repercussão Geral é analisada pelo Plenário do STF, através de um sistema informatizado, com votação eletrônica, ou seja, sem necessidade de reunião física dos membros do Tribunal. Para recusar a análise de um RE são necessários pelo menos 8 votos, caso contrário, o tema deverá ser julgado pela Corte. Após o relator do recurso lançar no sistema sua manifestação sobre a relevância

Discutia-se acerca da eventual prevalência da paternidade socioafetiva sobre a biológica.

Sucede que a decisão culminou por enfrentar também a própria multiparentalidade, firmando, todavia, uma tese com traços peculiares, um pouco distante da linha de fundamentação até então adotada.

De acordo com o voto do relator, Min. Luiz Fux, caberá ao filho, de acordo com o seu próprio interesse, decidir se mantém em seu registro apenas o pai socioafetivo ou ambos, o socioafetivo e o biológico.

Com efeito, mesmo que não tenha construído com o genitor (pai biológico) vínculo de afetividade algum, terá o direito de fazer constar o nome dele em seu registro, ainda que seja para fim meramente econômico, a exemplo de fazer jus à sua herança.

Aliás, poderá ter direito a duas heranças, caso também seja feito o registro do pai socioafetivo.

Na mesma linha, a fixação da pensão alimentícia — observado, por óbvio, o princípio da proporcionalidade e o binômio necessidade x capacidade — poderá levar em conta dois legitimados passivos[50].

Essa "multiplicidade de direitos" não era novidade no estudo da multiparentalidade.

O que há de novo, em nosso sentir, é a decisão do Supremo admitir essa parentalidade plúrima de acordo com o exclusivo interesse do filho, mesmo não havendo sido construída história de vida alguma com o pai biológico[51].

A tese extraída do julgamento, com repercussão geral, ficou assim fixada:

"A paternidade socioafetiva, declarada ou não em registro público, não impede o reconhecimento do vínculo de filiação concomitante baseado na origem biológica, com os efeitos jurídicos próprios".

Destacamos trecho do voto do Relator, Min. LUIZ FUX:

"O conceito de pluriparentalidade não é novidade no Direito Comparado. Nos Estados Unidos, onde os Estados têm competência legislativa em matéria de Direito de Família, a

---

do tema, os demais ministros têm 20 dias para votar. As abstenções nessa votação são consideradas como favoráveis à ocorrência de repercussão geral na matéria" (Fonte: <http://www.stf.jus.br/portal/glossario/verVerbete.asp?letra=R&id=451>. Acesso em: 19 out. 2016).

[50] Com isso, esvaziaram-se as discussões acerca da denominada paternidade alimentar, tese que tentava justificar a possibilidade de o filho socioafetivo pedir alimentos ao biológico (cf. texto do talentoso ROLF MADALENO, in *Revista Brasileira de Direito de Família*, n. 37, 2006, p. 148).

[51] Segundo RICARDO CALDERÓN, "inegável que houve significativo progresso com a referida decisão, conforme também entendem Flávio Tartuce e Rodrigo da Cunha Pereira. Não se nega que alguns pontos não restaram acolhidos, como a distinção entre o papel de genitor e pai, bem destacado no voto divergente do Min. Edson Fachin ao deliberar sobre o caso concreto, mas que não teve aprovação do plenário. Esta é uma questão que seguirá em pauta para ser melhor esclarecida, sendo que caberá à doutrina digerir o resultado do julgamento a partir de então. Merecem ouvidos os alertas de José Fernando Simão, a respeito do risco de se abrir a porta para demandas frívolas, que visem puramente o patrimônio contra os pais biológicos. Essa possibilidade deverá merecer atenção especial por parte dos operadores do direito, mas não parece alarmante e, muito menos, intransponível" (Reflexos da Decisão do STF de Acolher Socioafetividade e Multiparentalidade, disponível em: <http://www.conjur.com.br/2016-set-25/processo-familiar--reflexos-decisao-stf-acolher-socioafetividade-multiparentalidade>. Acesso em: 19 out. 2016).

Suprema Corte de Louisiana ostenta jurisprudência consolidada quanto ao reconhecimento da 'dupla paternidade' (*dual paternity*). No caso *Smith v. Cole* (553 So.2d 847, 848), de 1989, o Tribunal aplicou o conceito para estabelecer que a criança nascida durante o casamento de sua mãe com um homem diverso do seu pai biológico pode ter a paternidade reconhecida com relação aos dois, contornando o rigorismo do art. 184 do Código Civil daquele Estado, que consagra a regra '*pater ist est quem nuptiae demonstrant*'. Nas palavras da Corte, a 'aceitação, pelo pai presumido, intencionalmente ou não, das responsabilidades paternais, não garante um benefício para o pai biológico. (...) O pai biológico não escapa de suas obrigações de manutenção do filho meramente pelo fato de que outros podem compartilhar com ele da responsabilidade' ('*The presumed father's acceptance of paternal responsibilities, either by intent or default, does not ensure to the benefit of the biological father. (...) The biological father does not escape his support obligations merely because others may share with him the responsibility.*').

Em idêntico sentido, o mesmo Tribunal assentou, no caso *T.D., wife of M.M.M. v. M.M.M.*, de 1999 (730 So. 2d 873), o direito do pai biológico à declaração do vínculo de filiação em relação ao seu filho, ainda que resulte em uma dupla paternidade. Ressalvou-se, contudo, que o genitor biológico perde o direito à declaração da paternidade, mantendo as obrigações de sustento, quando não atender ao melhor interesse da criança, notadamente nos casos de demora desarrazoada em buscar o reconhecimento do *status* de pai ('*a biological father who cannot meet the best-interest-of-the-child standard retains his obligation of support but cannot claim the privilege of parental rights*').

A consolidação jurisprudencial levou à revisão do Código Civil estadual de Louisiana, que a partir de 2005 passou a reconhecer a dupla paternidade nos seus artigos 197 e 198 (PALMER, Vernon Valentine. *Mixed Jurisdictions Worldwide: The Third Legal Family*. 2. ed. Cambridge: Cambridge University Press, 2012). Louisiana se tornou, com isso, o primeiro Estado norte-americano a permitir legalmente que um filho tenha dois pais, atribuindo-se a ambos as obrigações inerentes à parentalidade (McGINNIS, Sarah. You Are Not The Father: How State Paternity Laws Protect (And Fail To Protect) the Best Interests of Children. In: *Journal of Gender, Social Policy & the Law*, v. 16, issue 2, 2008, pp. 311-334).

A omissão do legislador brasileiro quanto ao reconhecimento dos mais diversos arranjos familiares não pode servir de escusa para a negativa de proteção a situações de pluriparentalidade. É imperioso o reconhecimento, para todos os fins de direito, dos vínculos parentais de origem afetiva e biológica, a fim de prover a mais completa e adequada tutela aos sujeitos envolvidos. Na doutrina brasileira, encontra-se a valiosa conclusão de Maria Berenice Dias, *in verbis*: 'não mais se pode dizer que alguém só pode ter um pai e uma mãe. Agora é possível que pessoas tenham vários pais. Identificada a pluriparentalidade, é necessário reconhecer a existência de múltiplos vínculos de filiação. Todos os pais devem assumir os encargos decorrentes do poder familiar, sendo que o filho desfruta de direitos com relação a todos. Não só no âmbito do direito das famílias, mas também em sede sucessória. (...) Tanto é este o caminho que já há a possibilidade da inclusão do sobrenome do padrasto no registro do enteado' (*Manual de Direito das Famílias*. 6. ed. São Paulo: RT, 2010. p. 370). Tem-se, com isso, a solução necessária ante os princípios constitucionais da dignidade da pessoa humana (art. 1.º, III) e da paternidade responsável (art. 226, § 7.º)".

Diversas indagações, certamente, a partir desse histórico julgamento, ainda virão.

Em nosso sentir, apenas ilustrando, pensamos não ser possível a aplicação da tese em caso de adoção — por expressa disposição de lei[52] —, nem aos filhos havidos por inseminação artificial heteróloga[53].

Embora tenham o direito constitucional à busca da origem biológica, não será possível extraírem efeitos outros, porquanto são situações distintas da paternidade socioafetiva construída, simplesmente, pela ação do tempo.

A comunidade jurídica nacional, certamente, ainda debaterá intensamente acerca dos desdobramentos desse importantíssimo julgado.

4.7. Coparentalidade

A contemporaneidade nos traz uma situação peculiar, que traduz a interface da autonomia privada negocial nas relações de família.

Casais que, por meio de contrato, ajustam a concepção de filhos, assumindo, a partir daí, todos os deveres e obrigações respectivos.

Sobre o tema, escreve, com a habitual precisão, RODRIGO DA CUNHA PEREIRA:

"Há pessoas que querem se casar, ou viver em união estável, mas não querem ou não podem ter filhos, formando apenas uma família conjugal. Há pessoas que querem ter filhos, mas sem conjugalidade, ou sem sexualidade, ou seja, querem apenas constituir uma família parental. Coparentalidade, ou famílias coparentais, são aquelas que se constituem entre pessoas que não necessariamente estabeleceram uma conjugalidade, ou nem mesmo uma relação sexual. Apenas se encontram movidos pelo interesse e desejo em fazer uma parceria de paternidade/maternidade.

(...)

Como não há regra específica, as únicas regras relativas ao assunto são o Provimento n. 63/2017 do CNJ, bem como a Resolução do CFM – n. 2.168/2017 que adota as normas éticas para a utilização das técnicas de reprodução em observância aos princípios éticos e bioéticos que ajudam a trazer maior segurança e eficácia a tratamentos e procedimentos médicos –, tornando-se o dispositivo deontológico a ser seguido pelos médicos brasileiros e substituindo a Resolução CFM n. 2.121 de 24-9-2015.

Entretanto, os princípios constitucionais do melhor interesse da criança/adolescente, paternidade responsável, pluralidade das formas de família, responsabilidade, todos sob a égide do macroprincípio da dignidade humana, autorizam a liberdade e autonomia dos sujeitos constituírem suas famílias conjugais e parentais da forma que melhor entenderem.

---

[52] ECA, Art. 41. "A adoção atribui a condição de filho ao adotado, com os mesmos direitos e deveres, inclusive sucessórios, *desligando-o de qualquer vínculo com pais e parentes*, salvo os impedimentos matrimoniais" (grifos nossos).

[53] "Também me preocupa a aplicação da tese para a reprodução assistida heteróloga, o que poderá fazer com que tal técnica torne-se inviável, pelo temor dos doadores de material genético" (TARTUCE, Flávio. *Breves e Iniciais Reflexões sobre o Julgamento do STF sobre Parentalidade Socioafetiva*, disponível em: <http://flaviotartuce.jusbrasil.com.br/noticias/387075289/breves-e-iniciais-reflexoes-sobre-o--julgamento-do-stf-sobre-parentalidade-socioafetiva>. Acesso em: 19 out. 2016).

Com efeito, não há, entre os partícipes do projeto parental, propriamente, uma relação de afeto, mas sim, uma convergência de vontades"[54-55].

Isso, inclusive, nos leva a refletir se estaríamos diante de uma modalidade familiar singular, originada, não do afeto, mas da autonomia privada projetada no plano da convivência humana.

Note-se que, entre os protagonistas da relação coparental, não há, necessariamente, vínculo de união estável, pois este último dependerá da configuração dos seus próprios pressupostos.

5. PARTO ANÔNIMO

Parto anônimo é um tema que sempre desafiou a doutrina.

Trata-se de delicada matéria que foi objeto do Projeto de Lei n. 3.320 de 2008.

Trata-se de um tema importante e que desperta grande polêmica.

Com efeito, com o propósito de se combater o abandono de bebês, bem como preservar a liberdade de escolha da mulher, evitando-se a ilegal alternativa do aborto, opta-se por um sistema mais transparente, em que a mãe teria o direito de entregar o seu filho para o Estado, que assumiria a busca por uma família substituta (por meio da adoção).

Os críticos da proposta identificam-na com a antiga figura da "roda dos expostos", instituto cuja origem remonta à Idade Média italiana, a partir do trabalho das Irmandades de Caridade, preocupadas com o grande número de recém-nascidos abandonados, que eram encontrados mortos.

Daí, organizou-se, em um hospital, literalmente uma "roda", a saber, um artefato de madeira fixado ao muro ou janela, no qual era depositada a criança, sendo que, ao girá-la, a criança era conduzida para dentro das dependências desse hospital, sem que a identidade de quem ali colocasse o bebê fosse revelada[56].

Seus defensores, porém, não hesitam em afirmar a importância do reconhecimento da medida como forma de preservar, em última instância, a vida[57].

Importante, aqui, destacar, que alterações feitas no Estatuto da Criança e do Adolescente foram ao encontro da expectativa dos defensores do parto anônimo, nos termos do seu art. 19-A:

---

[54] PEREIRA, Rodrigo da Cunha, in <https://www.rodrigodacunha.adv.br/5-coisas-que-voce-precisa-saber-sobre-coparentalidade/>. Acesso em: 1.º set. 2020.

[55] Conferir, atualmente, a Resolução do CFM n. 2.320/2022.

[56] O Brasil também teve suas "rodas de expostos" nas Santas Casas de Misericórdia, seguindo a tradição portuguesa, tendo se instalado, inicialmente, em Salvador (1726), Rio de Janeiro (1738), Recife (1789) e São Paulo (1825), esta última já no período do Império, tendo surgido outras de menor dimensão em outras cidades após este período. Sobre o tema, confira-se Moacyr Scliar, Roda dos Expostos. Disponível em: <http://www.academia.org.br/abl/cgi/cgilua.exe/sys/start.htm?from_info_index=61&infoid=1267&sid=369>. Acesso em: 15. set. 2010.

[57] Nesta linha, parece-nos relevante fazer referência a uma entrevista de um médico de 81 anos que foi também colocado na "roda dos expostos". Confira-se: "*Médico deixado na 'roda dos expostos' defende parto anônimo.*" Disponível em: <http://oglobo.globo.com/sp/mat/2007/10/04/298005807.asp>. Acesso em: 15. set. 2010.

"Art. 19-A. A gestante ou mãe que manifeste interesse em entregar seu filho para adoção, antes ou logo após o nascimento, será encaminhada à Justiça da Infância e da Juventude. [*Incluído pela Lei n. 13.509, de 2017.*]

§ 1.º A gestante ou mãe será ouvida pela equipe interprofissional da Justiça da Infância e da Juventude, que apresentará relatório à autoridade judiciária, considerando inclusive os eventuais efeitos do estado gestacional e puerperal. [*Incluído pela Lei n. 13.509, de 2017.*]

§ 2.º De posse do relatório, a autoridade judiciária poderá determinar o encaminhamento da gestante ou mãe, mediante sua expressa concordância, à rede pública de saúde e assistência social para atendimento especializado. [*Incluído pela Lei n. 13.509, de 2017.*]

§ 3.º A busca à família extensa, conforme definida nos termos do parágrafo único do art. 25 desta Lei, respeitará o prazo máximo de 90 (noventa) dias, prorrogável por igual período. [*Incluído pela Lei n. 13.509, de 2017.*]

§ 4.º Na hipótese de não haver a indicação do genitor e de não existir outro representante da família extensa apto a receber a guarda, a autoridade judiciária competente deverá decretar a extinção do poder familiar e determinar a colocação da criança sob a guarda provisória de quem estiver habilitado a adotá-la ou de entidade que desenvolva programa de acolhimento familiar ou institucional. [*Incluído pela Lei n. 13.509, de 2017.*]

§ 5.º Após o nascimento da criança, a vontade da mãe ou de ambos os genitores, se houver pai registral ou pai indicado, deve ser manifestada na audiência a que se refere o § 1.º do art. 166 desta Lei, garantido o sigilo sobre a entrega. [*Incluído pela Lei n. 13.509, de 2017.*]

§ 6.º Na hipótese de não comparecerem à audiência nem o genitor nem representante da família extensa para confirmar a intenção de exercer o poder familiar ou a guarda, a autoridade judiciária suspenderá o poder familiar da mãe, e a criança será colocada sob a guarda provisória de quem esteja habilitado a adotá-la. [*Incluído pela Lei n. 13.509, de 2017.*]

§ 7.º Os detentores da guarda possuem o prazo de 15 (quinze) dias para propor a ação de adoção, contado do dia seguinte à data do término do estágio de convivência. [*Incluído pela Lei n. 13.509, de 2017.*]

§ 8.º Na hipótese de desistência pelos genitores — manifestada em audiência ou perante a equipe interprofissional — da entrega da criança após o nascimento, a criança será mantida com os genitores, e será determinado pela Justiça da Infância e da Juventude o acompanhamento familiar pelo prazo de 180 (cento e oitenta) dias. [*Incluído pela Lei n. 13.509, de 2017.*]

§ 9.º É garantido à mãe o direito ao sigilo sobre o nascimento, respeitado o disposto no art. 48 desta Lei. [*Incluído pela Lei n. 13.509, de 2017.*]

§ 10. Serão cadastrados para adoção recém-nascidos e crianças acolhidas não procuradas por suas famílias no prazo de 30 (trinta) dias, contado a partir do dia do acolhimento. [*Incluído pela Lei n. 13.509, de 2017.*]".

Registramos, porém, desde já, que acreditamos que o "parto anônimo" merece, de fato, ser disciplinado, mas nunca estimulado, uma vez que o ideal será sempre a paternidade e a maternidade presentes e responsáveis.

6. CONSIDERAÇÕES FINAIS

A título de arremate do presente capítulo, gostaríamos de deixar registrada a nossa sincera preocupação pela busca contínua da construção de uma cultura de paternidade (e maternidade) responsável e participante.

É esse o paradigma que se deseja para o bem da própria sociedade contemporânea, que já está cansada de ver crianças nos sinais, vítimas da exploração muitas vezes dos próprios pais, e o aumento da violência, desencadeada por formações educacionais de moral duvidosa e ausência total de referenciais.

É sempre importante lembrar, nesse contexto, que a palavra ensina, mas o exemplo edifica.

Capítulo XXVI
Parentesco

Sumário: 1. Considerações introdutórias. 2. Conceito jurídico de parentesco. 3. Visão classificatória do parentesco. 3.1. Classificação do parentesco quanto à natureza. 3.1.1. Parentesco natural. 3.1.2. Parentesco civil. 3.1.3. Parentesco por afinidade. 3.1.3.1. Limitação do parentesco por afinidade. 3.1.3.2. Equivalência não importa em igualdade de tratamento. 3.2. Classificação do parentesco quanto a linhas. 3.2.1. Parentesco em linha reta. 3.2.2. Parentesco em linha colateral. 3.3. Classificação do parentesco quanto a graus. 4. Persistência do parentesco por afinidade, na linha reta, após a dissolução do casamento ou união estável. 5. Restrições legais decorrentes do parentesco. 5.1. Restrições legais decorrentes do parentesco em linha reta. 5.2. Restrições legais decorrentes do parentesco em linha colateral. 5.3. Restrições decorrentes da natureza do parentesco.

1. CONSIDERAÇÕES INTRODUTÓRIAS

A noção de parentesco evoluiu, segundo uma perspectiva constitucional, juntamente com a noção de família.

Com efeito, conforme já percebemos ao longo da leitura desta obra, não há mais espaço, no campo da família contemporânea, para modelos estritos de comportamento, como decorrência da imposição de um pensamento único para a visão das relações familiares.

Assim, com olhos nesse norte, o entendimento a ser dado à noção paradigmática de família deverá partir sempre da sua intrínseca abertura estrutural, evitando-se, com isso, conclusões interpretativas discriminatórias ou deslocadas do nosso tempo.

Portanto, toda investigação que fizermos na seara do parentesco, partirá dessa constitucional premissa de promoção da dignidade da pessoa humana.

Compreendamos, portanto, o sentido contemporâneo de parentesco.

2. CONCEITO JURÍDICO DE PARENTESCO

Entende-se por parentesco a relação jurídica, calcada na afetividade e reconhecida pelo Direito, entre pessoas integrantes do mesmo grupo familiar, seja pela ascendência, descendência ou colateralidade, independentemente da natureza (natural, civil ou por afinidade).

O conceito de parentesco não se identifica com a noção de família, pois os cônjuges ou os companheiros, por exemplo, embora constituam uma família, não são parentes entre si.

Nesse sentido, observa Paulo Lôbo:

"Para o direito, o parentesco não se confunde com família, ainda que seja nela que radique suas principais interferências, pois delimita a aquisição, o exercício e o impedimento de direitos variados, inclusive no campo do direito público"[1].

---
[1] Paulo Luiz Netto Lôbo, *Direito Civil*: Famílias, 10. ed., São Paulo: Saraiva, 2020, v. 5, p. 214.

Feita a distinção conceitual de parentesco para família, passemos a compreendê-lo em uma perspectiva classificatória.

3. VISÃO CLASSIFICATÓRIA DO PARENTESCO

O parentesco comporta diversas classificações.

De fato, no que diz respeito à natureza, o parentesco poderá ser *natural* (decorrente de vínculo consanguíneo), *civil* (decorrente de vínculo jurídico) ou *por afinidade* (travado entre um dos cônjuges ou companheiros e os parentes do outro).

Para uma melhor sistematização, o parentesco organiza-se ainda por *linhas* (reta — ascendente ou descendente — e colateral) e em *graus*, admitindo, assim, novas classificações.

O grau consiste no nível de distância em cada linha, contado a partir de cada pessoa em relação ao seu parente mais próximo.

Expliquemos essa visão com mais vagar, iniciando, como parece lógico, com a natureza do parentesco.

3.1. Classificação do parentesco quanto à natureza

O texto vigente, de forma conservadora (e, por isso, criticável), reconhece expressamente apenas o parentesco natural ou civil.

É a regra do art. 1.593 do vigente Código Civil brasileiro:

"Art. 1.593. O parentesco é natural ou civil, conforme resulte de consanguinidade ou outra origem"[2].

Nada menciona sobre a socioafetividade, base do vínculo parental, embora a menção a "ou outra origem" permita, *de lege lata*, uma interpretação ampliativa do dispositivo.

Bem mais completa é a previsão, na espécie, do denominado Estatuto das Famílias[3], que estabelece, em seu art. 10, que o "parentesco resulta da consanguinidade, da socioafetividade ou da afinidade".

Sobre o tema, já comentamos adrede:

"O Estatuto das Famílias trata da matéria no seu artigo 10, *caput*. Neste, há, efetivamente, uma distinção do tratamento legal ora vigente, pois inseriu expressamente a socioafetividade como uma das causas do parentesco. Assim, evitou-se a utilização do conceito aberto 'ou outra origem', constante do art. 1.593 do Código Civil brasileiro, explicitando-se as três origens fundamentais do parentesco (consanguinidade, socioafetividade ou afinidade). Resta a dúvida, de relevância apenas teórica, sobre qual é a natureza do parentesco adotivo ou da fecundação heteróloga. Parece claro, em nosso pensar, que tudo aquilo que

---

[2] No CC/1916, o dispositivo equivalente seria o art. 336 ("Art. 336. A adoção estabelece parentesco meramente civil entre o adotante e o adotado").

[3] Esse importante projeto foi apensado ao PL 674/2007 em 17 de dezembro de 2007. Confira-se o link: <https://www.camara.leg.br/proposicoesWeb/fichadetramitacao?idProposicao=347575&ord=1>. Acesso em: 7 set. 2019.

não decorrer da cognação ou da afinidade, deva ser considerado originado na socioafetividade, pois é o princípio básico das relações familiares"[4].

Posto isso, avancemos no estudo do tema.

3.1.1. Parentesco natural

Tradicionalmente, os vínculos de consanguinidade geram o que se convencionou chamar de *parentesco natural*.

No dizer de BEVILÁQUA:

"O parentesco criado pela natureza é sempre a cognação ou consanguinidade, porque é a união produzida pelo mesmo sangue. O vínculo do parentesco estabelece-se por linhas. Linha é a série de pessoas provindas por filiação de um antepassado. É a irradiação das relações consanguíneas"[5].

Entretanto, ainda que tradicionalmente o parentesco natural toque a consanguinidade, a relação parental em linha reta pode, perfeitamente, se aplicar ao vínculo familiar parental não consanguíneo, como se dá no caso da filiação adotiva.

Afinal, alguém negaria que o pai do adotado é seu parente em linha reta em 1.º grau?

Esse, portanto, é, à luz do princípio da afetividade — matriz do conceito de família — o melhor entendimento, porquanto não hierarquiza os vínculos de família no mero pressuposto da consanguinidade.

Assim, o parentesco decorrente da adoção, embora não seja o natural, tem o mesmo tratamento deste, ainda que denominado de parentesco civil, conforme veremos em seguida.

3.1.2. Parentesco civil

Tradicionalmente, é considerado *parentesco civil* aquele resultante da adoção, na forma do já mencionado art. 336 do Código Civil brasileiro de 1916.

Todavia, parece-nos que esta ideia deve ser ampliada, na contemporaneidade.

Como observa MARIA BERENICE DIAS:

"O desenvolvimento das modernas técnicas de reprodução assistida ensejou a desbiologização da parentalidade, impondo o reconhecimento de outros vínculos de parentesco. Assim, parentesco civil é o que resulta de qualquer outra origem que não seja a biológica. Não há como deixar de reconhecer que a concepção decorrente de fecundação heteróloga (1.597 V) gera parentesco civil"[6].

---

[4] Conforme nossa colaboração na obra coletiva coordenada pelo ilustrado professor e amigo Leonardo Barreto Moreira Alves, *Código das Famílias Comentado: de acordo com o Estatuto das Famílias (PLN n. 2.285/07)*, Belo Horizonte: Del Rey, 2009, p. 219-20.

[5] Clóvis Beviláqua, *Código Civil dos Estados Unidos do Brasil*, Rio de Janeiro: Ed. Rio, 1975, p. 769.

[6] Maria Berenice Dias, *Manual de Direitos das Famílias*, 3. ed., rev., atual. e ampl., São Paulo: Revista dos Tribunais, 2009, p. 317.

O moderno Direito Civil não se harmoniza com entendimentos discriminatórios e reducionistas do conceito de família.

Nessa linha, é preciso admitir uma paridade harmônica — e não uma verticalidade opressora — entre as formas de parentesco natural e civil.

Se o parentesco natural decorre da cognação, ou seja, do vínculo da consanguinidade, o denominado parentesco civil resulta da socioafetividade pura, como se dá no vínculo da filiação adotiva, no reconhecimento da paternidade ou maternidade não biológica calcada no afeto, na filiação oriunda da reprodução humana assistida (em face do pai ou da mãe não biológicos), enfim, em todas as outras situações em que o reconhecimento do vínculo familiar prescindiu da conexão do sangue.

No dizer de PIETRO PERLINGERI:

"O sangue e os afetos são razões autônomas de justificação para o momento constitutivo da família, mas o perfil consensual e a *affectio* constante e espontânea exercem cada vez mais o papel de denominador comum de qualquer núcleo familiar. O merecimento de tutela da família não diz respeito exclusivamente às relações de sangue, mas, sobretudo, àquelas afetivas que se traduzem em uma comunhão espiritual e de vida"[7].

Assim, a título de resumido arremate, deve-se compreender que o parentesco civil é uma modalidade de parentesco que se define por exclusão, ou seja, entende-se por parentesco civil toda modalidade de parentesco não fundada na reprodução biológica ou na relação de afinidade.

3.1.3. Parentesco por afinidade

O *parentesco por afinidade*, por sua vez, é estabelecido como consequência lógica de uma relação de afeto.

Assim, o núcleo familiar do cônjuge ou companheiro é agregado ao núcleo próprio de seu(sua) parceiro(a) de vida.

Vale registrar que o vigente Código Civil brasileiro equiparou, como já deveria ter sido feito há tempos, a união estável ao casamento, também para o efeito do parentesco por afinidade, o que inexistia no sistema codificado anterior.

Com isso, observadas as normas pertinentes, somos "parentes dos parentes da nossa esposa (do nosso marido) ou da nossa companheira (do nosso companheiro)".

É o caso da relação, em linha colateral, que travamos como o nosso cunhado, ou, em linha reta, com a nossa sogra ou o nosso enteado.

Percebam, nesse diapasão, que, em tais casos, a relação parental (por afinidade) pressupõe um anterior vínculo matrimonial ou de união estável.

3.1.3.1. Limitação do parentesco por afinidade

O vigente Código Civil brasileiro estabeleceu, no § 1.º do art. 1.595, uma peculiar limitação do parentesco por afinidade.

---

[7] Pietro Perlingieri, *Perfis do Direito Civil — Introdução ao Direito Civil Constitucional*, 2. ed., Rio de Janeiro: Ed. Renovar, 2002, p. 244.

Com efeito, tal modalidade de parentesco se limita aos ascendentes, aos descendentes e aos irmãos do cônjuge ou companheiro.

Assim, os "concunhados"[8] não são, tecnicamente, parentes, embora o cotidiano dos lares brasileiros, pelo afeto, os considere membros da família.

Em outras palavras: juridicamente, não existe relação de parentesco entre os próprios parentes por afinidade.

3.1.3.2. Equivalência não importa em igualdade de tratamento

Como observa PAULO LÔBO:

"Os parentes afins não são iguais ou equiparados aos parentes consanguíneos; são equivalentes, mas diferentes. Assim, o enteado não é igual ao filho, jamais nascendo para o primeiro, em virtude de tal situação, direitos e deveres que são próprios do estado de filiação. O parentesco afim tem por fito muito mais o estabelecimento de uma situação jurídica de impedimentos e deveres, por razões morais. O parentesco afim é normalmente considerado, pelo legislador e pela administração da justiça, para impedir a aquisição de algum direito ou situação de vantagem, em virtude da aproximação afetiva que termina por ocorrer entre os parentes afins e suas respectivas famílias. Assim ocorre, além do direito civil, no direito eleitoral, no direito administrativo, no direito processual, principalmente em hipóteses que presumivelmente ocorreria conflito de interesses"[9].

Dessa forma, a concepção de parentesco por afinidade tem por finalidade a preservação de interesses de fundo moral, bem como evitar o favorecimento, em determinadas relações jurídicas, em função da intimidade entre as famílias.

Vejamos, agora, outras modalidades classificatórias.

3.2. Classificação do parentesco quanto a linhas

A classificação do parentesco com base na noção de linha é tradicional no nosso ordenamento jurídico.

Trata-se de uma decorrência da concepção histórica de linhagem, expressão cuja sinonímia remete a casa, casta, cepa, estema, estirpe, família, genealogia, geração, provinco, sendo também utilizada na genética[10].

Assim, um núcleo familiar básico é tomado como referencial, o que se denomina de *tronco comum*, a partir do qual vão se ligando os demais parentes, através de linhas ascendentes ou descendentes.

A ideia de linhas familiares ou de parentesco também se subclassifica em duas modalidades, o *parentesco por linha reta* e o *parentesco por linha colateral*.

---

[8] Entenda-se aqui, pela popular expressão "concunhado", a relação travada entre os próprios cunhados.
[9] Paulo Luiz Netto Lôbo, *Direito Civil: Famílias*, 10. ed., São Paulo: Saraiva, 2020, v. 5, p. 222.
[10] "Linhagem *s.f.* **1** série de gerações; linha de parentesco; genealogia, estirpe **2** *fig.* classe, condição social **3** *GEN* população homogênea de organismos com características definidas, criada para fins experimentais *ETIM* fr.ant. *lignage* (1050) 'id.', de *ligne* 'linha', do lat. *linea* (Antônio Houaiss e Mauro de Salles Villar, *Dicionário Houaiss da Língua Portuguesa*, Rio de Janeiro: Objetiva, 2001, p. 1766).

3.2.1. Parentesco em linha reta

O parentesco em linha reta está previsto expressamente no art. 1.591, CC/2002:

"Art. 1.591. São parentes em linha reta as pessoas que estão umas para com as outras na relação de ascendentes e descendentes".

Verticalmente, parentes consanguíneos em linha reta descendem uns dos outros, sem limitação de graus: *neto-filho-pai-avô* etc.

Assim, cada linha é subdividida, como veremos, em graus, de maneira que, dada a proximidade, o pai (1.º grau) é parente mais próximo do que o avô (2.º grau).

Subindo ou descendo, não importa, os indivíduos serão considerados parentes em linha reta, *ad infinitum*.

Nesse sentido, invoquemos, novamente, o magistério de PAULO LÔBO:

"O parentesco em linha reta é infinito, nos limites que a natureza impõe a sobrevivência dos seres humanos. A linha reta é a que procede sucessivamente de cada filho para os genitores e deste para os progenitores e de cada pessoa para os seus filhos, netos, bisnetos etc. Assim, promanam da pessoa uma linha reta ascendente e uma linha reta descendente"[11].

Por equiparação constitucional, pensamos que esse mesmo raciocínio poderá ser aplicado ao parentesco civil — decorrente, como dito, não do liame genético, mas do reconhecimento jurídico — como se dá entre pai adotante e filho adotado (parentes em linha reta de primeiro grau).

E, nesse mesmo diapasão, também no parentesco por afinidade afigura-se possível tal análise, como na hipótese da sogra em relação ao genro ou do padrasto em relação à enteada (parentes por afinidade em linha reta). Neste último caso, dadas as suas especificidades, é forçoso convir que, embora aceitável, não há tanta utilidade na contagem de graus.

3.2.2. Parentesco em linha colateral

Consideram-se parentes, em linha colateral, na forma do dispositivo legal[12], aquelas pessoas provenientes do mesmo tronco, sem descenderem umas das outras.

Horizontalmente, parentes consanguíneos em linha colateral são aqueles que, sem descenderem uns dos outros, derivam de um mesmo tronco comum, como irmãos (colaterais de segundo grau) ou tios/sobrinhos (colaterais de terceiro grau).

O parentesco civil, por sua vez, por inserir a pessoa no contexto familiar como se descendência genética houvesse, amolda-se a essa perspectiva de análise (ex.: o meu irmão é parente colateral de segundo grau, não importando se foi adotado ou não).

Finalmente, no parentesco por afinidade, a linha colateral restringe-se à relação de cunhado (cunhado é parente por afinidade na linha colateral).

---

[11] Paulo Luiz Netto Lôbo, *Direito Civil: Famílias*, 10. ed., São Paulo: Saraiva, 2020, v. 5 p. 216.

[12] "Art. 1.592. São parentes em linha colateral ou transversal, até o quarto grau, as pessoas provenientes de um só tronco, sem descenderem uma da outra".

A única modificação substancial do vigente Código Civil brasileiro, em relação à disciplina normativa anterior[13], foi precisamente a redução do limite legal do parentesco por colateralidade, que passou do sexto grau para o quarto grau civil.

Trata-se de um critério que acompanha a tradicional regra do direito à herança[14].

Por fim, vale acrescentar ainda que, para fins de obrigação alimentar, o parentesco colateral se limita ao segundo grau (art. 1.697, CC/2002) e, quanto à restrição ao casamento, estende-se ao terceiro grau colateral (art. 1.521, IV, CC/2002), com os temperamentos do Decreto-lei n. 3.200 de 1941.

3.3. Classificação do parentesco quanto a graus

Sendo uma criação do Direito, a própria codificação procura delimitar um critério legal para fixação dos graus de parentesco.

Estabelece o art. 1.594 do vigente Código Civil brasileiro, na mesma linha do revogado art. 333 do CC/1916, um critério legal para fixação dos graus de parentesco[15].

Assim, o critério fundamental é o *número de gerações*, tanto no parentesco em linha reta, quanto no colateral, sendo que, nesse último, é preciso subir até o ascendente comum e descer até encontrar o outro parente, eis que, como já dito, os parentes colaterais não descendem uns dos outros (ex.: seu irmão é seu parente de *segundo grau*, pois, para chegar a ele, conta-se um grau até seu pai/mãe e outro grau até ele).

4. PERSISTÊNCIA DO PARENTESCO POR AFINIDADE, NA LINHA RETA, APÓS A DISSOLUÇÃO DO CASAMENTO OU UNIÃO ESTÁVEL

Uma questão interessante sobre o tema diz respeito aos efeitos do parentesco por afinidade, após a eventual dissolução do núcleo familiar (derivado do casamento ou da união estável) que o gerou.

Isso porque o parentesco por afinidade, na linha reta, persiste, mesmo com a dissolução da relação afetiva que o constituiu.

É essa a regra do § 2.º do art. 1.595 do vigente Código Civil brasileiro ("*§ 2.º Na linha reta, a afinidade não se extingue com a dissolução do casamento ou da união estável*"), que mantém a mesma diretriz do art. 335 do CC/1916, apenas com a inclusão da previsão da união estável.

A regra se justifica puramente por um fundamento moral, dado o potencial repúdio social à formação de uma nova relação afetiva entre (ex-)parentes afins na linha reta (sogro e nora, sogra e genro, padrasto e enteada, madrasta e enteado).

---

[13] No CC/1916: "Art. 331. São parentes, em linha colateral, ou transversal, até o sexto grau, as pessoas que provêm de um só tronco, sem descenderem uma da outra".

[14] No CC/2002: "Art. 1.839. Se não houver cônjuge sobrevivente, nas condições estabelecidas no art. 1.830, serão chamados a suceder os colaterais até o quarto grau".

[15] "Art. 1.594. Contam-se, na linha reta, os graus de parentesco pelo número de gerações, e, na colateral, também pelo número delas, subindo de um dos parentes até ao ascendente comum, e descendo até encontrar o outro parente".

Ainda sobre o tema, vale destacar que o denominado "Estatuto das Famílias"[16] trata da matéria no seu art. 14, com a seguinte redação:

"Art. 14. Cada cônjuge ou convivente é aliado aos parentes do outro pelo vínculo da afinidade.

§ 1.º O parentesco por afinidade limita-se aos ascendentes, aos descendentes e aos irmãos do cônjuge ou convivente.

§ 2.º A afinidade se extingue com a dissolução do casamento ou da união estável, exceto para fins de impedimento à formação de entidade familiar".

Note-se que não há uma exata correspondência com a norma em vigor.

De fato, além de utilizar a expressão genérica "convivente", em lugar de "companheiro", apresentou uma mudança terminológica na disciplina do parentesco por afinidade pós-dissolução do casamento ou união estável, marcando a ideia de extinção do parentesco por afinidade, mas mantendo o impedimento à formação de nova "entidade familiar". Na linha do sistema atual, manteve a restrição à livre constituição de novas famílias, tema que merece, talvez no futuro, reflexão mais profunda.

5. RESTRIÇÕES LEGAIS DECORRENTES DO PARENTESCO

Se o reconhecimento de uma relação de parentesco gera a alegria e a satisfação social de se fazer parte de um mesmo núcleo familiar, também acarreta algumas restrições no ordenamento jurídico brasileiro, todas sempre com o intuito de evitar favorecimentos pessoais decorrentes da intimidade entre os parentes.

Conheçamos tais restrições.

5.1. Restrições legais decorrentes do parentesco em linha reta

Observe-se que os parentes em linha reta sofrem algumas restrições, no direito brasileiro, a exemplo da proibição de o ascendente adotar o descendente (art. 42, § 1.º, ECA) ou da vedação ao casamento entre si (art. 1.521, I, CC).

Da mesma forma, a Consolidação das Leis do Trabalho (art. 801, c; e 829, respectivamente) e o Código de Processo Civil (arts. 144, III e IV; e 457, CPC/2015) estabelecem restrições, em função do grau de parentesco, à atuação no processo como magistrado ou testemunha.

O próprio Código Civil brasileiro restringe, na compra e venda, relação jurídico-negocial entre ascendente e descendente, considerando-a anulável, nos termos do art. 496.

5.2. Restrições legais decorrentes do parentesco em linha colateral

Observam-se, da mesma maneira que no parentesco em linha reta, restrições ao exercício de direitos e prerrogativas em função do parentesco em linha colateral.

---

[16] Esse importante projeto foi apensado ao PL 674/2007 em 17 de dezembro de 2007. Confira-se o *link*: <https://www.camara.leg.br/proposicoesWeb/fichadetramitacao?idProposicao=347575&ord=1>. Acesso em: 7 set. 2019.

Nesse contexto, não podem adotar os irmãos do adotando (art. 42, § 1.º, ECA), havendo vedação matrimonial também para casamento entre colaterais (art. 1.521, IV, CC)[17].

Tais limitações, normalmente, podem ser encontradas nos mesmos dispositivos que se referem ao parentesco em linha reta, como, por exemplo, as mencionadas restrições, em função do grau de parentesco, à atuação no processo como magistrado ou testemunha, existentes na Consolidação das Leis do Trabalho (art. 801, *c*; e 829, respectivamente) e no Código de Processo Civil (arts. 144, III e IV; e 457, CPC/2015).

5.3. Restrições decorrentes da natureza do parentesco

Apenas a título de arremate, vale destacar que, em nosso entendimento, não haveria que se falar de qualquer tratamento diferenciado entre as modalidades de parentesco pela natureza[18].

Assim sendo, mesmo reconhecendo que o parentesco por afinidade não gera, necessariamente, as mesmas obrigações que o parentesco natural ou o parentesco civil, pensamos que as restrições válidas para essas duas últimas modalidades também deveriam ser aplicáveis à primeira.

Isso porque o fundamento das restrições estaria na preservação de interesses de terceiros que estabelecem relações jurídicas, tanto de direito material, quanto processual, com um dos parentes, como uma garantia de moralidade e impessoalidade, evitando-se favorecimentos indevidos, calcados na intimidade e conhecimento pessoal[19].

Parece-nos, sem dúvida, uma boa diretriz a ser seguida.

---

[17] Sobre a possibilidade excepcional de casamento entre colaterais de terceiro grau, ver o item 3.4 do Capítulo IX ("Plano de Validade do Casamento: Introdução e Impedimentos Matrimoniais — O Casamento Nulo").

[18] "Civil. Processual. Locação. Retomada para uso pela sogra. Despejo. Recurso. 1. Sogra é parente, sim, por afinidade em primeiro grau em linha reta. 2. A Lei n. 6.649/79, Art. 52, III, alcança para proteger não só ascendentes e descendentes consanguíneos mas igualmente aos afins. 3. Recurso conhecido e provido para restabelecer a sentença de primeiro grau" (REsp 36.365/MG, rel. Min. Edson Vidigal, julgado em 18-8-1993, DJ 20-9-1993, p. 19192, 5.ª Turma).

[19] Mas a análise do caso concreto exige bom-senso, conforme podemos verificar neste julgado: "Recurso extraordinário. Eleitoral. Registro de candidatura ao cargo de prefeito. Eleições de 2004. Art. 14, § 7.º da CF. Candidato separado de fato da filha do então prefeito. Sentença de divórcio proferida no curso do mandato do ex-sogro. Reconhecimento judicial da separação de fato antes do período vedado. Interpretação teleológica da regra de inelegibilidade. 1. A regra estabelecida no art. 14, § 7.º da CF, iluminada pelos mais basilares princípios republicanos, visa obstar o monopólio do poder político por grupos hegemônicos ligados por laços familiares. Precedente. 2. Havendo a sentença reconhecido a ocorrência da separação de fato em momento anterior ao início do mandato do ex-sogro do recorrente, não há falar em perenização no poder da mesma família (Consulta n. 964/DF — Res./TSE n. 21.775, de minha relatoria). 3. Recurso extraordinário provido para restabelecer o registro de candidatura" (RE 446.999, rel. Min. Ellen Gracie, julgado em 28-6-2005, DJ 9-9-2005, p. 49-64, 2.ª Turma).

Capítulo XXVII
Adoção

Sumário: 1. Introdução. 2. Natureza jurídica e conceito. 3. Tratamento jurídico. 3.1. Lei básica reguladora da adoção. 3.2. Legitimados para a adoção. 3.3. O consentimento na adoção. 3.4. Efeitos jurídicos da adoção. 4. Direito à ascendência genética. 5. Adoção internacional. 6. Responsabilidade civil por desistência na adoção. 6.1. Desistência ocorrida durante o estágio de convivência em sentido estrito. 6.2. Desistência no âmbito da guarda provisória para fim de adoção. 6.3. Desistência depois do trânsito em julgado da sentença de adoção.

1. INTRODUÇÃO

Posto a adoção seja instituto tratado pelo Direito da Criança e do Adolescente, dadas as suas implicações profundas no âmbito da filiação, não poderíamos deixar de analisá-lo nesta obra.

Em verdade, a evolução experimentada pela filiação adotiva, guindada, por justiça, a um âmbito de dignidade constitucional, confunde-se com a evolução do próprio Direito de Família Brasileiro.

Grande passo uma sociedade dá quando verifica que a relação paterno-filial é muito mais profunda do que o vínculo de sangue ou a mera marca da genética.

Com isso, não estamos menoscabando a paternidade ou a maternidade biológica.

Não é isso.

O fato é que, ser pai ou mãe não é simplesmente gerar, procriar, mas, sim, indiscutivelmente, criar, cuidar, dedicar amor.

Nesse contexto, temos que a filiação adotiva, não apenas por um imperativo constitucional[1], mas por um ditame moral e afetivo equipara-se, de direito e de fato, à filiação biológica, não havendo o mínimo espaço para o estabelecimento de regras discriminatórias.

2. NATUREZA JURÍDICA E CONCEITO

Delicada questão diz respeito à natureza jurídica da adoção.

Segundo ANTUNES VARELA:

"É muito controvertida entre os autores a natureza jurídica da adopção. Enquanto adopção constitui assunto de foro particular das pessoas interessadas, a doutrina inclinou-se abertamente para o carácter *negocial* do acto. A adopção tinha como elemento fundamental a declaração de vontade do adoptante, sendo os seus efeitos determinados por lei de acordo com o fim essencial que o declarante se propunha alcançar (...) Logo, porém, que os sistemas jurídicos modernos passaram a exigir a intervenção dos tribunais, não para *homologarem*, mas para *concederem* a adopção, a requerimento do adoptante, quando entendessem, pela apreciação das circunstâncias *concretas* do caso que o vínculo requerido

---

[1] CF, art. 227, § 6.º, "Os filhos, havidos ou não da relação do casamento, ou por adoção, terão os mesmos direitos e qualificações, proibidas quaisquer designações discriminatórias relativas à filiação".

serviam capazmente o *interesse* da criação e educação do adoptando, a concepção dominante na doutrina quanto à *natureza jurídica* do acto mudou de sinal. Passou a ver-se de preferência na adopção um acto de natureza *publicística* (um acto judicial) ou um acto *complexo*, de natureza mista" (sic)².

De nossa parte, entendemos que a adoção mais se aproximaria do conceito de *ato jurídico em sentido estrito*.

Como se sabe³, o ato jurídico em sentido estrito ou não negocial caracteriza-se por ser um comportamento humano cujos efeitos estão legalmente previstos. Vale dizer, não existe, aqui, liberdade na escolha das consequências jurídicas pretendidas.

Ora, a partir do momento em que a adoção passou a ser *oficializada* e *disciplinada* por meio de normas de natureza cogente e de ordem pública, concluímos que a subsunção do conceito de adoção à categoria de ato em sentido estrito seria mais adequada do que à do negócio jurídico.

Mas advertimos que, a par do nosso esforço científico e classificatório, o ato de adotar apresenta tantas peculiaridades que, se o qualificarmos também como "complexo", erro técnico não haveria.

Apenas não compartilhamos o entendimento no sentido da sua natureza negocial, uma vez que, neste último, existe uma margem de autonomia privada na escolha dos efeitos jurídicos pretendidos, o que não se afiguraria possível na adoção.

Finalmente, podemos conceituar a adoção como *um ato jurídico em sentido estrito, de natureza complexa, excepcional, irrevogável*[4] *e personalíssimo*[5], *que firma a relação paterno ou materno-filial com o adotando, em perspectiva constitucional isonômica em face da filiação biológica*[6].

3. TRATAMENTO JURÍDICO

3.1. Lei básica reguladora da adoção

Outrora, o Código Civil brasileiro regulava a adoção juntamente com o Estatuto da Criança e do Adolescente (ECA)[7].

Essa duplicidade normativa, então explicada pela existência de uma "adoção civil" e outra "estatutária", não era de todo cômoda, pois gerava insegurança jurídica.

Havia, pois, como dito, duas espécies de adoção, a regulada pelo Código Civil (para maiores de dezoito anos) e a do ECA (para crianças e adolescentes).

---

² Antunes Varela, *Direito de Família*, ob. cit., p. 146-147.

³ Sobre o ato jurídico em sentido estrito, escrevemos em nosso volume I — Parte Geral, tópico 7 ("Ato Jurídico em Sentido Estrito"), Capítulo IX ("Fato Jurídico em Sentido Amplo").

⁴ ECA, art. 39, § 1.º "A adoção é medida excepcional e irrevogável, à qual se deve recorrer apenas quando esgotados os recursos de manutenção da criança ou adolescente na família natural ou extensa, na forma do parágrafo único do art. 25 desta Lei".

⁵ O art. 39, § 2.º, ECA veda a adoção por procuração.

⁶ Também na linha do ato em sentido estrito, o brilhante Paulo Lobo, *Famílias*, cit., p. 251.

⁷ Lembra-nos o talentoso Juiz Emilio Salomão Pinto Resedá que "o ECA nasceu de uma mobilização nacional. Quase duzentos mil eleitores de todo o Brasil e mais de um milhão e duzentas mil crianças e adolescentes movimentaram-se para que ficasse consignado na Carta Magna nacional o reconhecimento de sua condição de sujeitos de direitos (...)" (*Da Criança e do Adolescente — Aspectos Peculiares da Lei 8.069/90*, São Paulo: Ed. Baraúna, 2008, p. 182-3).

Com o advento da Lei n. 12.010 de 2009, a matéria passou a ser regulada pela lei especial (ECA), que, inclusive, passaria a ter aplicação subsidiária na adoção de maiores:

"Art. 1.618. A adoção de crianças e adolescentes será deferida na forma prevista pela Lei n. 8.069, de 13 de julho de 1990 — Estatuto da Criança e do Adolescente. [*Redação dada pela Lei n. 12.010, de 2009.*]

Art. 1.619. A adoção de maiores de 18 (dezoito) anos dependerá da assistência efetiva do poder público e de sentença constitutiva, aplicando-se, no que couber, as regras gerais da Lei n. 8.069, de 13 de julho de 1990 — Estatuto da Criança e do Adolescente. [*Redação dada pela Lei n. 12.010, de 2009.*]

Melhor assim, em nosso sentir, pois a adoção passaria a ter um tratamento uniforme, na seara própria e especial e a que pertence.

Sucumbiu, nesse contexto, *a adoção consensual em cartório*, eis que o ato de adotar dependerá de decisão judicial[8], existindo, hoje, inclusive, um cadastro nacional de adoção, salutar iniciativa do CNJ[9].

Entretanto, é de se ressaltar, à guisa de arremate deste tópico, que a existência de cadastro de adoção não prevalece em face do princípio da afetividade:

"Recurso especial — Aferição da prevalência entre o cadastro de adotantes e a adoção *intuitu personae* — Aplicação do princípio do melhor interesse do menor — Verossímil estabelecimento de vínculo afetivo da menor com o casal de adotantes não cadastrados — Permanência da criança durante os primeiros oito meses de vida — Tráfico de criança — Não verificação — Fatos que, por si, não denotam a prática de ilícito — Recurso especial provido.

I — A observância do cadastro de adotantes, vale dizer, a preferência das pessoas cronologicamente cadastradas para adotar determinada criança não é absoluta. Excepciona-se tal regramento, em observância ao princípio do melhor interesse do menor, basilar e norteador de todo o sistema protecionista do menor, na hipótese de existir vínculo afetivo entre a criança e o pretendente à adoção, ainda que este não se encontre sequer cadastrado no referido registro;

II — É incontroverso nos autos, de acordo com a moldura fática delineada pelas Instâncias ordinárias, que esta criança esteve sob a guarda dos ora recorrentes, de forma ininterrupta, durante os primeiros oito meses de vida, por conta de uma decisão judicial prolatada pelo i. desembargador-relator que, como visto, conferiu efeito suspensivo ao Agravo de Instrumento n. 1.0672.08.277590-5/001. Em se tratando de ações que objetivam a adoção de menores, nas quais há a primazia do interesse destes, os efeitos de uma de-

---

[8] STJ: "Civil e Processual Civil. Adoção de maior de dezoito anos. Mediante escritura pública. Código Civil de 2002. Impossibilidade. Necessidade de processo judicial e sentença constitutiva. 1. Na vigência do Código Civil de 2002, é indispensável o processo judicial, mesmo para a adoção de maiores de dezoito (18) anos, não sendo possível realizar o ato por intermédio de escritura pública. 2. Recurso especial provido" (REsp 703.362/PR, rel. Min. Luis Felipe Salomão, julgado em 25-5-2010, *DJe* 8-6-2010, 4.ª Turma).

[9] "O **Cadastro Nacional de Adoção** é uma ferramenta criada para auxiliar os juízes das varas da infância e da juventude na condução dos procedimentos de adoção. Lançado em 29 de abril de 2008, o CNA tem por objetivo agilizar os processos de adoção por meio do mapeamento de informações unificadas. O Cadastro irá possibilitar ainda a implantação de políticas públicas na área" (Fonte: Conselho Nacional de Justiça <http://www.cnj.jus.br/index.php?option=com_content&view=article&id=5165:sobre-o-cna&catid=176:geral&Itemid=818>. Acesso em: 23 set. 2010).

cisão judicial possuem o potencial de consolidar uma situação jurídica, muitas vezes, incontornável, tal como o estabelecimento de vínculo afetivo;

III — Em razão do convívio diário da menor com o casal, ora recorrente, durante seus primeiros oito meses de vida, propiciado por decisão judicial, ressalte-se, verifica-se, nos termos do estudo psicossocial, o estreitamento da relação de maternidade (até mesmo com o essencial aleitamento da criança) e de paternidade e o consequente vínculo de afetividade;

IV — Mostra-se insubsistente o fundamento adotado pelo Tribunal de origem no sentido de que a criança, por contar com menos de um ano de idade, e, considerando a formalidade do cadastro, poderia ser afastada deste casal adotante, pois não levou em consideração o único e imprescindível critério a ser observado, qual seja, a existência de vínculo de afetividade da infante com o casal adotante, que, como visto, insinua-se presente;

V — O argumento de que a vida pregressa da mãe biológica, dependente química e com vida desregrada, tendo já concedido, anteriormente, outro filho à adoção, não pode conduzir, por si só, à conclusão de que houvera, na espécie, venda, tráfico da criança adotanda. Ademais, o verossímil estabelecimento do vínculo de afetividade da menor com os recorrentes deve sobrepor-se, no caso dos autos, aos fatos que, por si só, não consubstanciam o inaceitável tráfico de criança;

VI — Recurso Especial provido" (REsp 1.172.067/MG, rel. Min. Massami Uyeda, julgado em 18-3-2010, *DJe* 14-4-2010, 3.ª Turma).

3.2. Legitimados para a adoção

A despeito de o art. 40 do ECA estabelecer que o adotando deva contar com, no máximo, dezoito anos à data do pedido[10] (salvo se já estiver sob a guarda ou tutela dos adotantes), lembremo-nos de que, em se tratando da adoção de maiores esta lei especial também deverá ser aplicada, no que couber.

Podem adotar os maiores de 18 anos, independentemente do estado civil[11], vedado o ato em favor do requerente que seja ascendente ou irmão do adotando (art. 42)[12].

---

[10] Sobre o Registro de Crianças e Adolescentes, ver o art. 50 do ECA.

[11] Quanto ao estado civil, vale observar o que dispõe o art. 42, § 4.º: "os divorciados, os judicialmente separados e os ex-companheiros podem adotar conjuntamente, contanto que acordem sobre a guarda e o regime de visitas e desde que o estágio de convivência tenha sido iniciado na constância do período de convivência e que seja comprovada a existência de vínculos de afinidade e afetividade com aquele não detentor da guarda, que justifiquem a excepcionalidade da concessão. § 5.º Nos casos do § 4.º deste artigo, desde que demonstrado efetivo benefício ao adotando, será assegurada a guarda compartilhada, conforme previsto no art. 1.584 da Lei n. 10.406, de 10 de janeiro de 2002 — Código Civil. [*Redação dada pela Lei n. 12.010, de 2009*]". Mantendo uma linha de coerência com a tese defendida nesta obra, entendemos que a referência à *separação judicial* diz respeito às pessoas que nessa condição se encontrem, antes da aprovação da Emenda 66 de 2010 (Emenda do Divórcio), consoante vimos no capítulo XXIII, dedicado ao tema. Forçoso ainda convir, na interpretação dessa norma, que, por óbvio, se a adoção conjunta foi feita ainda na constância do casamento, em havendo divórcio, a guarda do filho adotivo será regulada da mesma forma como o seria para o filho biológico, com prioridade para o sistema de guarda compartilhada.

[12] Sobre a adoção por casais homoafetivos, ver item 7, capítulo XXI ("União Homoafetiva"), desta obra.

O STJ também já admitiu a legitimidade do *padrasto* para ingressar com os pedidos de destituição do poder familiar do pai biológico e de adoção:

"Direito civil. Família. Criança e adolescente. Adoção. Pedido preparatório de destituição do poder familiar formulado pelo padrasto em face do pai biológico. Legítimo interesse. Famílias recompostas. Melhor interesse da criança.

— O procedimento para a perda do poder familiar terá início por provocação do Ministério Público ou de pessoa dotada de legítimo interesse, que se caracteriza por uma estreita relação entre o interesse pessoal do sujeito ativo e o bem-estar da criança.

— O pedido de adoção, formulado neste processo, funda-se no art. 41, § 1.º, do ECA (correspondente ao art. 1.626, parágrafo único, do CC/02), em que um dos cônjuges pretende adotar o filho do outro, o que permite ao padrasto invocar o legítimo interesse para a destituição do poder familiar do pai biológico, arvorado na convivência familiar, ligada, essencialmente, à paternidade social, ou seja, à socioafetividade, que representa, conforme ensina Tânia da Silva Pereira, um convívio de carinho e participação no desenvolvimento e formação da criança, sem a concorrência do vínculo biológico (*Direito da criança e do adolescente* — uma proposta interdisciplinar, 2. ed., Rio de Janeiro: Renovar, 2008. p. 735).

— O alicerce, portanto, do pedido de adoção reside no estabelecimento de relação afetiva mantida entre o padrasto e a criança, em decorrência de ter formado verdadeira entidade familiar com a mulher e a adotanda, atualmente composta também por filha comum do casal. Desse arranjo familiar, sobressai o cuidado inerente aos cônjuges, em reciprocidade e em relação aos filhos, seja a prole comum, seja ela oriunda de relacionamentos anteriores de cada consorte, considerando a família como espaço para dar e receber cuidados.

— Sob essa perspectiva, o cuidado, na lição de Leonardo Boff, "representa uma atitude de ocupação, preocupação, responsabilização e envolvimento com o outro; entra na natureza e na constituição do ser humano. O modo de ser cuidado revela de maneira concreta como é o ser humano. Sem cuidado ele deixa de ser humano. Se não receber cuidado desde o nascimento até a morte, o ser humano desestrutura-se, definha, perde sentido e morre. Se, ao largo da vida, não fizer com cuidado tudo o que empreender, acabará por prejudicar a si mesmo por destruir o que estiver à sua volta. Por isso o cuidado deve ser entendido na linha da essência humana" (apud Tânia da Silva Pereira, op. cit., p. 58).

— Com fundamento na paternidade responsável, 'o poder familiar é instituído no interesse dos filhos e da família, não em proveito dos genitores' e com base nessa premissa deve ser analisada sua permanência ou destituição. Citando Laurent, "o poder do pai e da mãe não é outra coisa senão proteção e direção" (*Principes de Droit Civil Français*, 4/350), segundo as balizas do direito de cuidado a envolver a criança e o adolescente.

— Sob a tônica do legítimo interesse amparado na socioafetividade, ao padrasto é conferida legitimidade ativa e interesse de agir para postular a destituição do poder familiar do pai biológico da criança. Entretanto, todas as circunstâncias deverão ser analisadas detidamente no curso do processo, com a necessária instrução probatória e amplo contraditório, determinando-se, outrossim, a realização de estudo social ou, se possível, de perícia por equipe interprofissional, segundo estabelece o art. 162, § 1.º, do Estatuto protetivo, sem descurar que as hipóteses autorizadoras da destituição do poder familiar — que devem estar sobejamente comprovadas — são aquelas contempladas no art. 1.638 do CC/02 c.c. art. 24 do ECA, em *numerus clausus*. Isto é, tão somente diante da inequívoca comprovação de uma das causas de destituição do poder familiar, em que efetivamente seja demonstrado o risco social e pessoal a que esteja sujeita a criança ou de ameaça de lesão aos seus direitos, é que o genitor poderá ter extirpado o poder familiar, em caráter preparatório à adoção, a qual tem a capacidade de cortar quaisquer vínculos existentes entre a criança e a família paterna.

— O direito fundamental da criança e do adolescente de ser criado e educado no seio da sua família, preconizado no art. 19 do ECA, engloba a convivência familiar ampla, para que o menor alcance em sua plenitude um desenvolvimento sadio e completo. Atento a isso é que o Juiz deverá colher os elementos para decidir consoante o melhor interesse da criança.

— Diante dos complexos e intrincados arranjos familiares que se delineiam no universo jurídico — ampliados pelo entrecruzar de interesses, direitos e deveres dos diversos componentes de famílias redimensionadas —, deve o Juiz pautar-se, em todos os casos e circunstâncias, no princípio do melhor interesse da criança, exigindo dos pais biológicos e socioafetivos coerência de atitudes, a fim de promover maior harmonia familiar e consequente segurança às crianças introduzidas nessas inusitadas tessituras.

— Por tudo isso — consideradas as peculiaridades do processo —, é que deve ser concedido ao padrasto — legitimado ativamente e detentor de interesse de agir — o direito de postular em juízo a destituição do poder familiar — pressuposto lógico da medida principal de adoção por ele requerida — em face do pai biológico, em procedimento contraditório, consonante o que prevê o art. 169 do ECA.

— Nada há para reformar no acórdão recorrido, porquanto a regra inserta no art. 155 do ECA foi devidamente observada, ao contemplar o padrasto como detentor de legítimo interesse para o pleito destitutório, em procedimento contraditório.

Recurso especial não provido" (REsp 1106637/SP, rel. Min. Nancy Andrighi, julgado em 1.º-6-2010, DJe 1.º-7-2010, 3.ª Turma).

Mas a questão da legitimidade para adotar ainda merece a nossa atenção.

Como dito acima, não poderão adotar o ascendente ou o irmão do adotando.

Uma criança ou adolescente pode ser posto sob a tutela ou a guarda de um ascendente seu ou até mesmo de um parente colateral, mas essas pessoas, dado o grau de proximidade parental já existente — inclusive em face do pai ou da mãe biológica do menor[13] — não poderão adotar, como dito[14].

---

[13] De forma excepcionalíssima, já há precedente de adoção por avós:

"ESTATUTO DA CRIANÇA E DO ADOLESCENTE. RECURSO ESPECIAL. AÇÃO DE ADOÇÃO C/C DESTITUIÇÃO DO PODER FAMILIAR MOVIDA PELOS ASCENDENTES QUE JÁ EXERCIAM A PATERNIDADE SOCIOAFETIVA. SENTENÇA E ACÓRDÃO ESTADUAL PELA PROCEDÊNCIA DO PEDIDO. MÃE BIOLÓGICA ADOTADA **AOS OITO ANOS DE IDADE GRÁVIDA DO ADOTANDO**. ALEGAÇÃO DE NEGATIVA DE VIGÊNCIA AO ART. 535 DO CPC. AUSÊNCIA DE OMISSÃO, OBSCURIDADE OU CONTRADIÇÃO NO ACÓRDÃO RECORRIDO. SUPOSTA VIOLAÇÃO DOS ARTS. 39, § 1.º, 41, 42, §§ 1.º E 43, TODOS DA LEI N. 8.069/90, BEM COMO DO ART. 267, VI, DO CÓDIGO DE PROCESSO CIVIL. INEXISTÊNCIA. DISCUSSÃO CENTRADA NA VEDAÇÃO CONSTANTE DO ART. 42, § 1.º, DO ECA. COMANDO QUE NÃO MERECE APLICAÇÃO POR DESCUIDAR DA REALIDADE FÁTICA DOS AUTOS. PREVALÊNCIA DOS PRINCÍPIOS DA PROTEÇÃO INTEGRAL E DA GARANTIA DO MELHOR INTERESSE DO MENOR. ART. 6.º DO ECA. INCIDÊNCIA. INTERPRETAÇÃO DA NORMA FEITA PELO JUIZ NO CASO CONCRETO. POSSIBILIDADE. ADOÇÃO MANTIDA. RECURSO IMPROVIDO. 1. Ausentes os vícios do art. 535, do CPC, rejeitam-se os embargos de declaração. 2. As estruturas familiares estão em constante mutação e para se lidar com elas não bastam somente as leis. É necessário buscar subsídios em diversas áreas, levando-se em conta aspectos individuais de cada situação e os direitos de 3.ª Geração. 3. Pais que adotaram uma criança de oito anos de idade, já grávida, em razão de abuso sexual sofrido e, por sua tenríssima idade de mãe, passaram a exercer a **paternidade socioafetiva** de fato do

Expliquemos o porquê.

Imagine o caso, por exemplo, de os pais de uma criança de 5 anos falecerem e o seu irmão mais velho pretender adotá-la. Passaria a ser seu pai? Tal providência não seria possível, embora, vale frisar, o amor e o cuidado dispensados ao pequenino possam justificar a designação da tutela ou da guarda.

Por tudo isso, a legitimação para adotar é aspecto que inspira cuidado[15].

Ressalte-se ainda que, para a adoção conjunta, nos termos do dispositivo sob comento, *é indispensável que os adotantes sejam casados civilmente ou mantenham união estável, comprovada a estabilidade da família*[16].

A estabilidade da família, a ambiência onde o adotando será criado — elementos que podem ser colhidos, não apenas mediante depoimentos testemunhais, mas também por meio de relatório ou estudo social — são fundamentais para que o juiz possa, com segurança, deferir a adoção, na perspectiva da proteção integral da criança e do adolescente[17].

E, uma vez que o vínculo adotivo é o substitutivo do próprio vínculo biológico, entre o adotante e o adotado deve haver uma diferença mínima etária de, pelo menos, 16 anos (§ 3.º, art. 42 do Estatuto da Criança e do Adolescente).

Ainda neste tópico, duas questões finais devem ser abordadas: *a adoção "post mortem"* e a *adoção de nascituro*.

Denomina-se *adoção "post mortem"* ou *adoção póstuma* aquela concedida após inequívoca manifestação de vontade do adotante, mas concluída após o seu falecimento (§ 6.º, art. 42).

Trata-se, em nosso sentir, de uma medida de justiça, em respeito à pessoa que, tendo iniciado o procedimento de adoção, segundo a sua livre manifestação de vontade, teve a vida ceifada, pelas mãos do destino, antes da prolação da sentença.

---

filho dela, nascido quando contava apenas 9 anos de idade. 4. A vedação da adoção de descendente por ascendente, prevista no art. 42, § 1.º, do ECA, visou evitar que o instituto fosse indevidamente utilizado com intuitos meramente patrimoniais ou assistenciais, bem como buscou proteger o adotando em relação a eventual 'confusão mental e patrimonial' decorrente da 'transformação' dos avós em pais. 5. Realidade diversa do quadro dos autos, porque os avós **sempre exerceram** e ainda exercem a função de pais do menor, caracterizando típica **filiação socioafetiva**. 6. Observância do art. 6.º do ECA: na interpretação desta Lei levar-se-ão em conta os fins sociais a que ela se dirige, as exigências do bem comum, os direitos e deveres individuais e coletivos, e a condição peculiar da criança e do adolescente como pessoas em desenvolvimento. 7. Recurso especial não provido" (Superior Tribunal de Justiça, 3.ª Turma, RECURSO ESPECIAL N. 1.448.969 — SC (2014/0086446-1), RELATOR: MINISTRO MOURA RIBEIRO, Unânime, Data do Julgamento: 21 de outubro de 2014).

[14] Por outro lado, o tutor ou o curador, que não seja ascendente ou irmão do adotando, poderá adotar, desde que preste conta da sua administração, saldando o que for devido (art. 44, ECA).

[15] Sobre a habilitação de pretendentes à adoção, ver os arts. 197-A a 197-E do ECA, com a redação da Lei n. 12.010 de 2009.

[16] ECA, "Art. 43. A adoção será deferida quando apresentar reais vantagens para o adotando e fundar-se em motivos legítimos".

[17] Segundo o pensamento do ilustrado amigo Adauto Tomaszewski, *o problema do efeito das estimulações ou das influências do meio no desenvolvimento do indivíduo constitui um dos principais temas da psicologia da criança* (Adauto Tomaszewski, *Separação, Violência e Danos Morais — A Tutela da Personalidade dos Filhos*, São Paulo: Paulistanajur, 2004, p. 87).

Sobre o tema, inclusive, vale referir a seguinte decisão do Superior Tribunal de Justiça:

"Direito civil e processual civil. Adoção póstuma. Manifestação inequívoca da vontade do adotante. Laço de afetividade. Demonstração. Vedado revolvimento de fatos e provas. Embargos de declaração. Ausência de omissão, contradição ou obscuridade. Decisão fundamentada. Prequestionamento. Ausência.

— Não padece o acórdão recorrido de omissão, contradição ou obscuridade, quando o Tribunal de origem pronuncia-se fundamentadamente quanto às questões relevantes ao deslinde da controvérsia.

— Não se conhece do recurso especial se a matéria jurídica versada nos dispositivos tidos como violados não foi debatida pelo Tribunal no acórdão recorrido.

— O julgador não está adstrito às teses jurídicas manifestadas pelas partes, bastando-lhe analisar fundamentadamente as questões necessárias à resolução do embate jurídico.

— *Impõe-se especial atenção à condição peculiar da criança como pessoa em desenvolvimento, devendo o julgador nortear-se pela prevalência dos interesses do menor sobre qualquer outro bem ou interesse juridicamente tutelado.*

— *A adoção póstuma pode ser deferida ao adotante que, após inequívoca manifestação de vontade, venha a falecer no curso do procedimento, antes de prolatada a sentença (art. 42, § 5.º, do ECA).*

— *Na apreciação do pedido de adoção levar-se-á em consideração a relação de afetividade entre o adotante e o adotado (art. 28, § 2.º, do ECA).*

— Se o Tribunal de origem, ao analisar o acervo de fatos e provas existente no processo, concluiu pela inequívoca ocorrência da manifestação de propósito de adotar, bem como pela preexistência de laço de afeto a envolver a adotada e o adotante, repousa sobre a questão o óbice do vedado revolvimento fático e probatório do processo em sede de recurso especial.

Recurso especial não conhecido" (REsp 823.384/RJ, rel. Min. Nancy Andrighi, julgado em 28-6-2007, DJ 25-10-2007, p. 168, 3.ª Turma). (grifos nossos).

Finalmente, no que toca à *adoção do nascituro,* a matéria experimenta um grau de complexidade maior, após a entrada em vigor do Código Civil de 2002, que não reproduziu o art. 372 do Código revogado[18].

Posto exista resistência, a doutrina tende a sustentar tese contrária à possibilidade desse tipo de adoção:

"A adoção de nascituro não tem previsão na Constituição Federal, no Estatuto da Criança e do Adolescente e, tampouco no Código Civil, não obstante, seja objeto de proposta de alteração do artigo 1.621, pelo Projeto de Lei n. 6.960/02, com parecer firmado pela Professora Silmara Juny Chinelato, no qual demonstra que a adoção do nascituro já estava prevista pelo art. 372 do Código Civil de 1916"[19].

---

[18] CC/1916, art. 372. "Não se pode adotar sem o consentimento do adotado ou de seu representante legal se for incapaz ou nascituro".
[19] Rolf Madaleno, ob. cit., p. 493.

"O catálogo protetivo dos infantes recomenda um estágio de convivência entre o adotante e o adotado, o que se revela incompatível em relação a um ser enclausurado no corpo feminino; ademais, sendo a sobrevivência do nascituro mera cogitação, a adoção não pode ser atrelada a acontecimento incerto, o que conflitaria com a própria natureza do regime que aspira um parentesco definitivo e irrevogável. Como o legislador não quis reproduzir o alcance imaginado pelo decreto revogado, não cabe ao intérprete dar amplitude ao que foi restringido. A adoção do nascituro, então, não se encontra mais autorizada pelo sistema jurídico em vigor"[20].

Pensamos, nesse ponto, assistir razão ao professor TEIXEIRA GIORGIS, quando ressalta a importância do período e convivência com o adotante, requisito de impossível observância na hipótese versada, razão por que concluímos pela inadmissibilidade jurídica da adoção do nascituro.

Esse estágio de convivência é fundamental, a fim de que seja firmada a consciência e a certeza no coração dos adotantes acerca da importância e da definitividade do ato de adoção:

"Art. 46. A adoção será precedida de estágio de convivência com a criança ou adolescente, pelo prazo máximo de 90 (noventa) dias, observadas a idade da criança ou adolescente e as peculiaridades do caso. [*Redação dada pela Lei n. 13.509, de 2017.*]

§ 1.º O estágio de convivência poderá ser dispensado se o adotando já estiver sob a tutela ou guarda legal do adotante durante tempo suficiente para que seja possível avaliar a conveniência da constituição do vínculo. [*Redação dada pela Lei n. 12.010, de 2009.*] Vigência

§ 2.º A simples guarda de fato não autoriza, por si só, a dispensa da realização do estágio de convivência. [*Redação dada pela Lei n. 12.010, de 2009.*] Vigência

§ 2.º-A. O prazo máximo estabelecido no caput deste artigo pode ser prorrogado por até igual período, mediante decisão fundamentada da autoridade judiciária. [*Incluído pela Lei n. 13.509, de 2017.*]

§ 3.º Em caso de adoção por pessoa ou casal residente ou domiciliado fora do País, o estágio de convivência será de, no mínimo, 30 (trinta) dias e, no máximo, 45 (quarenta e cinco) dias, prorrogável por até igual período, uma única vez, mediante decisão fundamentada da autoridade judiciária. [*Redação dada pela Lei n. 13.509, de 2017.*]

§ 3.º-A. Ao final do prazo previsto no § 3.º deste artigo, deverá ser apresentado laudo fundamentado pela equipe mencionada no § 4.º deste artigo, que recomendará ou não o deferimento da adoção à autoridade judiciária. [*Incluído pela Lei n. 13.509, de 2017.*]

§ 4.º O estágio de convivência será acompanhado pela equipe interprofissional a serviço da Justiça da Infância e da Juventude, preferencialmente com apoio dos técnicos responsáveis pela execução da política de garantia do direito à convivência familiar, que apresentarão relatório minucioso acerca da conveniência do deferimento da medida. [*Incluído pela Lei n. 12.010, de 2009.*]

§ 5.º O estágio de convivência será cumprido no território nacional, preferencialmente na comarca de residência da criança ou adolescente, ou, a critério do juiz, em cidade limítrofe, respeitada, em qualquer hipótese, a competência do juízo da comarca de residência da criança. [*Incluído pela Lei n. 13.509 de 2017.*]".

---

[20] José Carlos Teixeira Giorgis, *A Adoção do Nascituro*. Disponível em: <http://www.ibdfam.org.br/?artigos&artigo=306>. Acesso em: 23 set. 2010.

Este estágio de convivência serviria, inclusive, para abrandar os efeitos de uma expectativa exagerada da chegada do filho, segundo especialistas:

> "Outra questão é a expectativa exagerada quanto aos filhos adotivos. Isso costuma acontecer principalmente quando o casal não pode gerar os próprios filhos. É uma possível consequência da infertilidade. Ao mesmo tempo que a criança oferece a oportunidade de completar a família, ela será a eterna lembrança de que o casal não pôde ter filhos. Por isso, técnicos do Judiciário e psicólogos recomendam a esses casais que haja uma espécie de luto pela criança que não foi concebida antes de procurarem a adoção. (...) Por todas essas razões, especialistas acreditam que o estágio de convivência é essencial para a adoção chegar a bom termo. É o chamado 'namoro' entre a criança e os pais. Os candidatos a pai visitam a criança no abrigo com a frequência possível e durante o tempo que a Justiça achar necessário. É um período de troca, quando se formam os laços afetivos e se obtêm informações de parte a parte. Quanto mais informados são os pais sobre a adoção, maiores as chances de ela dar certo — e isso ocorre no estágio de convivência"[21].

Indiscutível, pois, para o esperado êxito da adoção, a realização desse estágio de convivência.

3.3. O consentimento na adoção

A par de ser medida formalizada pela via judicial, a adoção, em essência, traduz uma manifestação da autonomia privada no âmbito das relações familiares, sem prejuízo da acentuada carga de ordem pública que a caracteriza, e, por isso, ao ingressar com o pedido, o *adotante já expressa o seu próprio consentimento*.

É recomendável, por outro lado, que o juiz, em sede de audiência, esclareça ao requerente a responsabilidade jurídica do ato que realiza.

Nesse contexto, observamos ainda que, para a efetivação da adoção, é relevante também *o consentimento dos pais ou do representante do adotando* (art. 45, ECA), quando for possível. Ou seja, a manifestação prévia não se afigura viável se os pais forem desconhecidos, estiverem em local incerto e não sabido — caso em que é importante a citação por edital, nomeando-se curador — ou destituídos do poder familiar.

Situação peculiar, nesse ponto, e que merece registro, é observada pelo eminente Ministro JOÃO OTÁVIO DE NORONHA, em que o fim do poder familiar dos pais, posto não haja ocorrido, não impediu a adoção:

> "Sentença estrangeira contestada. Adoção. Falta de consentimento do pai biológico. Abandono. Situação de fato consolidada em benefício da adotanda. Homologação.
>
> 1. Segundo a legislação pátria, a adoção de menor que tenha pais biológicos no exercício do pátrio poder pressupõe, para sua validade, o consentimento deles, exceto se, por decisão judicial, o poder familiar for perdido.
>
> Nada obstante, o STJ decidiu, excepcionalmente, por outra hipótese de dispensa do consentimento sem prévia destituição do pátrio poder: quando constatada uma situação de fato consolidada no tempo que seja favorável ao adotando (REsp n. 100.294/SP).

---

[21] *O Lado B da Adoção*, reportagem de Kátia Mello e Liuca Yohana, *Revista Época*, Ed. Globo, 20 de julho de 2009.

2. Sentença estrangeira de adoção assentada no abandono pelo pai de filho que se encontra por anos convivendo em harmonia com o padrasto que, visando legalizar uma situação familiar já consolidada no tempo, pretende adotá-lo, prescinde de citação, mormente se a Justiça estrangeira, embora tenha envidado esforços para localizar o interessado, não logrou êxito.

3. Presentes os demais requisitos e verificado que o teor da decisão não ofende a soberania nem a ordem pública (arts. 5.º e 6.º da Resolução STJ n. 9/2005).

4. Sentença estrangeira homologada" (SEC .259/HK, rel. Min. João Otávio de Noronha, Corte Especial, julgado em 4-8-2010, *DJe* 23-8-2010).

Finalmente, se o adotando for pessoa maior de doze anos também deverá manifestar o seu consentimento.

Permita-nos, inclusive, estimado amigo leitor, neste ponto, observar que, sempre que possível, deverá o juiz ouvir o incapaz em demandas que versem sobre interesse existencial seu, ainda que a sua manifestação não seja vinculativa do juízo decisório do julgador[22].

3.4. Efeitos jurídicos da adoção

Consoante já dissemos, a adoção atribui ao adotado a condição de filho, para todos os efeitos de direito, pessoais e patrimoniais, inclusive sucessórios, em regime de absoluta isonomia em face dos filhos biológicos, desligando-o dos seus pais naturais[23], mantidas, tão somente, as restrições decorrentes dos impedimentos matrimoniais[24]:

"Art. 41. A adoção atribui a condição de filho ao adotado, com os mesmos direitos e deveres, inclusive sucessórios, desligando-o de qualquer vínculo com pais e parentes, salvo os impedimentos matrimoniais.

§ 1.º Se um dos cônjuges ou concubinos adota o filho do outro, mantêm-se os vínculos de filiação entre o adotado e o cônjuge ou concubino[25] do adotante e os respectivos parentes.

§ 2.º É recíproco o direito sucessório entre o adotado, seus descendentes, o adotante, seus ascendentes, descendentes e colaterais até o 4.º grau, observada a ordem de vocação hereditária".

O vínculo da adoção constitui-se por sentença judicial, que será inscrita no registro civil mediante mandado do qual não se fornecerá certidão (art. 47, ECA), como decorrência da própria garantia constitucional da preservação da intimidade e da vida privada[26].

---

[22] Enunciado 138, III Jornada de Direito Civil — "Art. 3.º A vontade dos absolutamente incapazes, na hipótese do inc. I do art. 3.º é juridicamente relevante na concretização de situações existenciais a eles concernentes, desde que demonstrem discernimento bastante para tanto".

[23] ECA, "Art. 49. A morte dos adotantes não restabelece o poder familiar dos pais naturais".

[24] Não poderá, por exemplo, casar-se com a filha biológica do seu genitor.

[25] Melhor seria dizer, aqui, "companheiros", em referência à união estável.

[26] "Art. 47 (...). § 1.º A inscrição consignará o nome dos adotantes como pais, bem como o nome de seus ascendentes. § 2.º O mandado judicial, que será arquivado, cancelará o registro original do adotado. § 3.º A pedido do adotante, o novo registro poderá ser lavrado no Cartório do Registro Civil do Município de sua residência. [*Redação dada pela Lei n. 12.010, de 2009.*] § 4.º Nenhuma observação sobre a origem do ato poderá constar nas certidões do registro. [*Redação dada pela Lei n. 12.010, de 2009.*] § 5.º A sentença conferirá ao adotado o nome do adotante e, a pedido de qualquer deles, poderá determinar a modificação do prenome. [*Redação dada pela Lei n. 12.010, de 2009.*] § 6.º Caso a

Pelo fato de a adoção apenas produzir os seus efeitos a partir do trânsito em julgado da sentença constitutiva[27] — ressalvada, claro, a hipótese da *adoção póstuma* vista linhas acima — é forçoso concluir que os pais, os representantes legais ou mesmo o adotando poderão se arrepender, revogando o consentimento dado, e prejudicando a medida, no curso do processo[28].

Interessante, nesse ponto, notar que, se, por um lado, a sentença proferida em sede de ação investigatória de paternidade é *declaratória da relação paterno ou materno filial*, a que for prolatada em procedimento de adoção, é de fato, *desconstitutiva do vínculo natural anterior e constitutiva do novo vínculo que se forma*.

Então, observamos dois efeitos decorrentes dessa sentença: a desconstituição do vínculo anterior (ressalvada a hipótese de o poder familiar dos pais biológicos já não mais existir) e a criação do novo vínculo parental entre o adotante e o adotado.

4. DIREITO À ASCENDÊNCIA GENÉTICA

No item 4.5 do Capítulo XXV, dedicado ao estudo da filiação, enfrentamos essa interessante temática.

Mas, não é demais recordar que, em seu atual estágio, o Direito brasileiro tem admitido que o adotado investigue a sua ascendência genética como decorrência do constitucional direito à identidade:

"Agravo regimental. Adotado. Investigação de paternidade. Possibilidade.

— A pessoa adotada não é impedida de exercer ação de investigação de paternidade para conhecer sua verdade biológica.

— Inadmissível recurso especial que não ataca os fundamentos do acórdão recorrido.

— Não há ofensa ao art. 535 do CPC se, embora rejeitando os embargos de declaração, o acórdão recorrido examinou todas as questões pertinentes" (STJ, AgRg no Agravo de Instrumento n. 942.352/SP (2007/0198070-5), rel. Min. Humberto Gomes de Barros).

A Lei n. 12.010 de 2009, por seu turno, foi clara sobre tal aspecto:

"Art. 48. O adotado tem direito de conhecer sua origem biológica, bem como de obter acesso irrestrito ao processo no qual a medida foi aplicada e seus eventuais incidentes, após completar 18 (dezoito) anos. [*Redação dada pela Lei n. 12.010, de 2009.*]

Parágrafo único. O acesso ao processo de adoção poderá ser também deferido ao adotado menor de 18 (dezoito) anos, a seu pedido, assegurada orientação e assistência jurídica e psicológica. [*Incluído pela Lei n. 12.010, de 2009.*]"

---

modificação de prenome seja requerida pelo adotante, é obrigatória a oitiva do adotando, observado o disposto nos §§ 1.º e 2.º do art. 28 desta Lei. [*Redação dada pela Lei n. 12.010, de 2009.*] § 7.º A adoção produz seus efeitos a partir do trânsito em julgado da sentença constitutiva, exceto na hipótese prevista no § 6.º do art. 42 desta Lei, caso em que terá força retroativa à data do óbito. [*Incluído pela Lei n. 12.010, de 2009.*] § 8.º O processo relativo à adoção assim como outros a ele relacionados serão mantidos em arquivo, admitindo-se seu armazenamento em microfilme ou por outros meios, garantida a sua conservação para consulta a qualquer tempo. [*Incluído pela Lei n. 12.010, de 2009.*]

[27] Sobre esse aspecto, entendemos, por segurança jurídica, e dada a relevância da própria matéria discutida, prevalecer o § 7.º do art. 47 em face do art. 199-A, do ECA que prevê a eficácia imediata da sentença de adoção. Normas conflitantes que sugerem uma correção legislativa futura.

[28] Paulo Lôbo, ob. cit., p. 258.

Com isso, concluímos que a admissibilidade do exercício desse direito não autoriza o reconhecimento de outros efeitos, inclusive patrimoniais, uma vez que o permissivo jurídico se pauta apenas na investigação do vínculo biológico, e nada mais.

Em outras palavras, o reconhecimento da sua ascendência genética não reinsere o adotado no âmbito parental do seu genitor.

5. ADOÇÃO INTERNACIONAL

"*A adoção internacional*", no dizer de MARCO ANTONIO GARCIA DE PINHO, "*difere da nacional por referir-se à aplicação de dois ou mais ordenamentos jurídicos, envolvendo pessoas subordinadas a diferentes soberanias. De um lado, adotando com residência habitual em um país e de outro lado, adotante com residência habitual noutro país*"[29].

Trata-se de um instituto jurídico importante, que tem base constitucional[30], mas que inspira redobrada cautela.

Se por um lado, não podemos deixar de incentivar a adoção, como suprema medida de afeto, oportunizando às nossas crianças e aos nossos adolescentes órfãos uma nova vida, com dignidade, por outro, é de se ressaltar a necessidade de protegê-los contra graves abusos e crimes.

Claro está, nesse diapasão, que a saída de um menor brasileiro e ingresso em Estado estrangeiro inspira cuidados ainda maiores, dada a ausência de competência da autoridade brasileira no novo País, lar do adotado.

Por isso, a adoção internacional, tema específico do Direito da Criança e do Adolescente, é eivada de cautelas, a teor dos arts. 51 a 52-D do ECA.

Reforçando essa linha de entendimento, o próprio *site* do Ministério da Justiça brasileiro informa:

> "**Organizações estrangeiras destinadas à intermediação de adoções internacionais de menores**
>
> A princípio, quaisquer organizações estrangeiras destinadas a fins de interesse coletivo e cujos fins sejam lícitos, segundo a lei brasileira, poderão ser autorizadas a funcionar no Brasil. Uma situação, todavia, merece especial atenção: a das organizações estrangeiras destinadas à intermediação de adoções internacionais de menores.
>
> Considerando a necessidade de se adotarem medidas para garantir que as adoções internacionais sejam feitas no interesse superior dos menores e com respeito aos seus direitos fundamentais, assim como para prevenir o sequestro, a venda ou o tráfico de menores, a autorização para que uma organização estrangeira possa atuar na intermediação de adoções internacionais de menores em território nacional exige que ela:
>
> • persiga unicamente fins não lucrativos;
> • seja dirigida e administrada por pessoas qualificadas por sua integridade moral e por sua formação ou experiência para atuar na área de adoção internacional;

---

[29] Marco Antônio Garcia de Pinho, *Da adoção internacional*. Disponível em: <http://www.iuspedia.com.br>. Acesso em: 19 fev. 2008.

[30] CF, art. 227, § 5.º A adoção será assistida pelo Poder Público, na forma da lei, que estabelecerá casos e condições de sua efetivação por parte de estrangeiros. Nesse contexto, merece também referência a *Convenção sobre Cooperação Internacional e Proteção de Crianças e Adolescentes em Matéria de Adoção Internacional*. Sobre a aplicação desta Convenção e a Adoção Internacional nos Estados Unidos, consulte o *site*: <http://www.adoption.state.gov/>.

- possua, como representantes nacionais, pessoas idôneas (este fato será comprovado por diligências que serão acostadas ao processo através de relatórios enviados pela Divisão de Polícia Marítima, Aeroportuária e de Fronteiras do Departamento de Polícia Federal);
- preserve os direitos e as garantias individuais das crianças e dos adolescentes dados em adoção internacional, observada a Convenção Relativa à Proteção das Crianças e à Cooperação em Matéria de Adoção Internacional (Decreto n. 3.087, de 21 de junho de 1999), a Convenção Sobre os Direitos das Crianças (Decreto n. 99.710, de 21 de novembro de 1990) e o Estatuto da Criança e do Adolescente (Lei n. 8069, de 13 de julho de 1990).

Para que seja assegurado o reconhecimento, nos Estados, das adoções realizadas segundo a Convenção, a autorização para que a organização estrangeira atue na intermediação de adoções internacionais de menores no Brasil exige que o seu país de origem tenha ratificado a Convenção sobre Cooperação Internacional e Proteção de Crianças e Adolescentes em Matéria de Adoção Internacional, concluída em 29 de maio de 1993 em Haia, Holanda, e designado Autoridade Central encarregada de dar cumprimento às obrigações impostas pela Convenção.

No caso de países não ratificantes ou que não designaram sua Autoridade Central, o encaminhamento da habilitação de pretendentes à adoção só poderá ser feito por via diplomática, e não por intermédio de organizações estrangeiras que atuam na intermediação de adoções internacionais de menores.

Esclarecimentos

As organizações internacionais destinadas a intermediar a adoção internacional de menores devem protocolar seus requerimentos de autorização para funcionamento no Brasil no Ministério da Justiça, acompanhados da comprovação de credenciamento da organização junto à Polícia Federal. Após parecer da Divisão de Assistência Consular, do Ministério das Relações Exteriores, e do Departamento de Justiça, Classificação, Títulos e Qualificação, o Ministério da Justiça encaminha o pedido à Secretaria Especial dos Direitos Humanos (SEDH), que irá decidir definitivamente sobre o pedido, julgando se a organização deve ou não ser credenciada na Autoridade Central Administrativa Federal, órgão competente para o acompanhamento de tais entidades no Brasil"[31].

Pelo exposto, observa-se o maior rigor das normas legais e administrativas brasileiras quanto à adoção internacional.

Tudo em atenção, sempre, às nossas crianças e adolescentes, destinatários de nosso carinho e do nosso respeito.

6. RESPONSABILIDADE CIVIL POR DESISTÊNCIA NA ADOÇÃO[32]

No final do mês de maio de 2020, *sites* de notícias e redes sociais revelaram ao mundo o caso do pequeno Huxley, um menino de origem chinesa que passou por um proces-

---

[31] Para mais informações, vale a pena consultar a fonte da notícia, no *site* oficial do Ministério da Justiça: <http://portal.mj.gov.br/data/Pages/MJB1934FB9ITEMID6318E19CF1C344259730A-4060B679FD1PTBRIE.htm>. Acesso em: 25 set. 2010.

[32] Tópico baseado no seguinte artigo: Pablo Stolze Gagliano; Fernanda Carvalho Leão Barretto, Responsabilidade civil pela desistência na adoção, *Revista Jus Navigandi*, ISSN 1518-4862, Teresina, ano 25, n. 6.235, 27 jul. 2020. Disponível em: <https://jus.com.br/artigos/46411>. Acesso em: 18 ago. 2020.

so de adoção internacional que o tornou, em 2017, aos quase dois anos de idade, filho do casal de americanos Myka Stauffer e James de Columbus, pais biológicos de outras quatro crianças.

Myka, uma influenciadora digital com mais de setecentos mil inscritos em seu canal na plataforma YouTube, documentou boa parte da rotina e das etapas do processo de adoção em 27 vídeos e, segundo divulgado por alguns veículos de imprensa, teria tido um crescimento exponencial no seu número de seguidores em virtude dessa divulgação[33].

Ocorre que o casal, quase três anos após a adoção de Huxley, comunicou ao público haver decidido pela "devolução" do filho, em função de não terem conseguido administrar as necessidades especiais decorrentes do diagnóstico de autismo do garotinho.

A revelação chocou internautas do mundo inteiro, e trouxe a lume uma cruel realidade que não é desconhecida dos nossos pretórios, mas cujo debate ainda é incipiente em solo pátrio: a da "devolução" de crianças e adolescentes por seus pais adotivos.

O termo "devolução", usado frequentemente para traduzir a desistência da adoção, parece muito mais vocacionado a bens, uma vez que seres humanos, dotados de inseparável dignidade, não se sujeitam a um trato que os objetifique, como se fossem coisas defeituosas que frustraram as expectativas do "adquirente".

Justo por isso, o uso do termo é repleto do significado da dureza que envolve as situações de desistência na adoção, com o retorno a abrigos de pessoas que já estavam acolhidas em seios familiares.

Tudo se torna ainda mais triste se lembrarmos o potencial que essa desistência possui para acarretar uma nova sensação de rejeição naquele que somente foi adotado em razão de já haver sido rejeitado, antes, pela família biológica que lhe deu origem.

Segundo dados divulgados pela BBC News, decorrentes de uma pesquisa feita entre onze Estados da federação, num lapso de cerca de cinco anos, foram registrados 172 casos de "devolução" de crianças e adolescentes candidatos à adoção[34], sendo que alguns desses candidatos experimentaram mais de uma situação de desistência no seu calvário em busca de uma família substituta.

Ao lado disso, é cada vez mais frequente a divulgação de decisões que versam sobre a possibilidade de compensação de eventuais danos decorrentes desse fenômeno[35].

Nesse delicado contexto, surgem questionamentos que serão enfrentados aqui de forma bastante objetiva.

No transcurso do processo de adoção, a desistência dos pais adotantes, se já estiverem convivendo com as crianças ou adolescentes, pode atrair a incidência das regras de responsabilidade civil?

Depois de concluído o processo de adoção, haveria hipótese de desfazimento dela e, se houver, essa desistência geraria dever de indenizar?

---

[33] Disponível em: <https://istoe.com.br/policia-investiga-caso-de-youtuber-que-devolveu-filho-tres-anos-apos-a-adocao/>. Acesso em: 18 ago. 2020.

[34] Disponível em: <https://www.bbc.com/portuguese/brasil-40464738>. Acesso em: 18 ago. 2020.

[35] Disponível em: <https://www.conjur.com.br/2020-mar-08/casal-pagar-indenizacao-desistir-adocao>. Acesso em: 18 ago. 2020.

Para que possamos analisar com solidez o cabimento da reparação por dano derivado da desistência no âmbito da adoção, necessário se faz sedimentar a nossa avaliação em três etapas[36]:

1) desistência ocorrida durante o estágio de convivência em sentido estrito;
2) desistência no âmbito da guarda provisória para fim de adoção;
3) desistência depois do trânsito em julgado da sentença de adoção.

6.1. Desistência ocorrida durante o estágio de convivência em sentido estrito

O art. 46 do ECA dispõe que:

"A adoção será precedida de estágio de convivência com a criança ou adolescente, pelo prazo máximo de 90 (noventa) dias, observadas a idade da criança ou adolescente e as peculiaridades do caso".

O instituto tem por objetivo propiciar um início de convivência[37] entre os candidatos previamente habilitados no Cadastro Nacional de Adoção. Vale observar que o procedimento de habilitação deveria durar no máximo 120 dias (ECA, art. 197-F), mas, como informa Maria Berenice Dias, demora, geralmente, de um a dois anos[38].

Cumpre notar, analisando os parágrafos do referido art. 46, que é possível a dispensa do estágio de convivência, se o adotando já estiver sob a tutela ou guarda legal do adotante por tempo que o magistrado considere suficiente para avaliar a conveniência da constituição do vínculo (ECA, art. 46, § 1.º).

O legislador adverte, contudo, que a simples guarda de fato não autoriza, *de per si*, a dispensa da realização do estágio de convivência (ECA, art. 46, § 2.º).

O prazo máximo de 90 dias é passível de prorrogação por até igual período, e, quando os adotantes forem residentes no estrangeiro, será de no mínimo 30 e no máximo 45 dias, prorrogável apenas uma vez (ECA, art. 46, § 2.º-A e § 3.º).

Como essa fase tem por característica ser uma espécie de teste[39] acerca da viabilidade da adoção, concluímos que, regra geral, **a desistência em prosseguir com o processo de adoção nessa etapa é legítima e não autoriza a reparação civil.**

Note-se que aqui estamos tratando do estágio de convivência no sentido estrito, descolado da guarda provisória dos adotandos.

---

[36] Essas conclusões basearam-se em aula proferida pelo coautor Pablo Stolze Gagliano, por videoconferência, no dia 17 de julho de 2020, a convite da ilustre Promotora de Justiça Márcia Rabelo, coordenadora do Caoca do Ministério Público do Estado da Bahia.

[37] Segundo diálogo virtual que mantivemos com Silvana Du Monte, uma das maiores especialistas do país em matéria de adoção, presidente da Comissão do IBDFAM destinada ao tema, essa é a fase do "cortejo" entre os candidatos a pais e filhos, que se dá, comumente, no próprio abrigo, acompanhado pela equipe técnica e com saídas aos finais de semana.

[38] Maria Berenice Dias, O perverso sistema da adoção, in Rodrigo da Cunha Pereira; Maria Berenice Dias (coords.), *Família e sucessões. Polêmicas, tendências e inovações*, Belo Horizonte: IBDFAM, 2018, p. 114.

[39] Rodrigo da Cunha Pereira, *Direito das famílias*, São Paulo: Forense, 2020, p. 449.

Não desconsideramos, contudo, que possa haver intenso sofrimento psíquico para a criança ou o adolescente se, por exemplo, o estágio de convivência se estender por tempo significativo, se ocorrer majoritariamente fora dos limites do abrigo ou se o laço entre as partes se desenvolver com aparência de firmeza, por meio de atitudes capazes de criar no candidato a filho a sólida expectativa de que seria adotado.

Nesse horizonte, **excepcionalmente e a depender das peculiares características do caso concreto**[40], as rupturas absolutamente imotivadas e contraditórias ao comportamento demonstrado ao longo do estágio podem vir a ser fontes de reparação civil[41].

Em alguns Estados da federação há a previsão de salutares medidas voltadas para amenizar as consequências dos traumas decorrentes do insucesso do estágio de convivência, como se dá com o Juizado da Infância e da Juventude de Porto Velho (RO), que celebra acordo com candidatos a pais, desistentes na fase do estágio de convivência, para que subsidiem um ano de psicoterapia para as crianças "devolvidas"[42].

Em síntese, **o exercício do direito potestativo de desistir da adoção dentro do estágio de convivência não autoriza o reconhecimento da responsabilidade civil dos desistentes, ressalvadas as situações excepcionais que destacamos.**

6.2. Desistência no âmbito da guarda provisória para fim de adoção

A guarda provisória é a etapa que usualmente sucede os estágios de convivência concluídos com êxito, apesar de haver hipóteses de concessão que não passam pela necessidade de prévio estágio.

Uma vez sinalizado pela família adotante, ao Juízo da Infância e da Juventude, o seu interesse em concluir a adoção daquela criança ou adolescente, ser-lhe-á atribuída a guarda para fim de adoção.

Essa guarda muitas vezes é sucessivamente renovada e já atribui aos adotantes amplos deveres parentais para com os adotandos. Quem milita com o instituto da adoção costuma dizer que a guarda provisória funda a relação paterno ou materno-filial, embora ainda não tenha havido a constituição formal do vínculo, que depende da sentença de adoção.

Ademais, durante a guarda provisória, a convivência entre adotantes e adotados não ocorrerá mais no abrigo, e sim no lar dos adotantes.

Por isso, a desistência da adoção, nesse contexto, se afigura muito mais complexa e dura do que o insucesso do estágio de convivência em sentido estrito, uma vez que rompe uma convivência socioafetiva consolidada, atraindo a incidência das regras de responsabilidade civil, para além da impossibilidade de nova habilitação no cadastro nacional.

Não se ignora que, enquanto não consumada, por sentença, a adoção, a possibilidade jurídica de desistência existe.

---

[40] Nesse sentido "A devolução injustificada do menor/adolescente durante o estágio de convivência acarreta danos psíquicos que devem ser reparados" (TJ-SC AI: 40255281420188240900 Joinville 4025.528-14.2018.8.24.0900, rel. Marcus Túlio Sartorato, 3.ª Câmara de Direito Civil, j. 29-1-2019).

[41] Rodrigo da Cunha Pereira, *Direito das famílias*, ob. cit., p. 450.

[42] Disponível em: <https://www.bbc.com/portuguese/brasil-40464738>. Acesso em: 18 ago. 2020.

Mas é preciso notar que o seu exercício depois de um estágio prolongado de guarda provisória – que, por vezes, dura anos e promove uma total inserção familiar do adotando no seio da família adotante – pode configurar abuso de direito, nos termos do art. 187 do Código Civil.

E note-se que, nesse mencionado dispositivo (art. 187, CC), consagrou-se uma "ilicitude objetiva", vale dizer, que dispensa a demonstração do dolo ou da culpa para a sua configuração.

Aqui, não há como não invocar a bela máxima cunhada pelo francês Saint-Exupéry, em O Pequeno Príncipe, clássico da literatura infanto-juvenil: "tu te tornas eternamente responsável por aquilo que cativas".

A guarda dos que pretendem adotar precisa ser exercida com plena consciência da grande responsabilidade que encerra.

Nesse sentido, já decidiu o Tribunal de Justiça de Minas Gerais:

"A condenação por danos morais daqueles que desistiram do processo de adoção, que estava em fase de guarda, de forma abrupta e causando sérios prejuízos à criança, encontra guarida em nosso direito pátrio, precisamente nos art. 186 c/c arts. 187 e 927 do Código Civil. A previsão de revogação da guarda a qualquer tempo, art. 35 do ECA, é medida que visa precipuamente proteger e resguardar os interesses da criança, para livrá-la de eventuais maus-tratos ou falta de adaptação com a família, por exemplo, mas não para proteger aqueles maiores e capazes que se propuserem à guarda e depois se arrependeram" (TJMG – Apelação Cível 1.0024.11.049157-8/002, Relator(a): Des.(a) Vanessa Verdolim Hudson Andrade, 1.ª Câmara Cível, julgamento em 15-4-2014, publicação da súmula em 23-4-2014).

A partir da análise de todo esse panorama, é inexorável a extração da seguinte conclusão: **a configuração do abuso do direito de desistir da adoção gera responsabilidade civil e esse abuso estará presente se a desistência se operar depois de constituído, pelo adotante, um vínculo robusto com o adotando, em virtude do prolongamento do período de guarda, ante o amálgama de afeto que passa a vincular os protagonistas da relação.**

6.3. Desistência depois do trânsito em julgado da sentença de adoção

Uma vez transitada em julgado a sentença, a adoção se torna irrevogável (ECA, art. 39, § 1.º).

Nas palavras de Rodrigo da Cunha Pereira, "não há nenhuma previsão legal de 'desadoção'. Uma vez filho, adotado ou não, será para sempre, pois filhos e pais mesmo depois da morte permanecem vivos dentro da gente"[43].

As palavras do grande jurista mineiro, e todas as reflexões que tecemos até aqui, já nos permitem antever a resposta ao último problema que nos propusemos a enfrentar: e se os pais, depois de findo o processo de adoção, resolvem "devolver" seu(ua) filho(a), como aconteceu no dramático caso narrado na abertura deste texto?

A resposta é simples: **inexiste, no ordenamento brasileiro, base jurídica para "devolução" de um filho após concretizada sua adoção.**

---

[43] Rodrigo da Cunha Pereira, Direito das famílias, ob. cit., p. 450.

Aliás, a filiação adotiva, diferentemente da biológica, é *sempre* planejada, programada e buscada com a paciência que o burocrático processo de adoção exige, num contexto de longa expectativa dos envolvidos.

Há toda uma preparação para que uma pessoa ou um casal possa se habilitar a adotar, envolvendo a participação de uma equipe multidisciplinar, que existe para dar suporte aos envolvidos e para que os candidatos a pais tenham ciência das variadas e densas dimensões que o processo de acolher – no coração e na vida – um filho exige.

Também não se pode olvidar que o indivíduo adotado é alguém cuja trajetória costuma estar marcada por uma rejeição original, razão pela qual uma vulnerabilidade lhe é imanente e demanda especial proteção por parte do Estado.

Impende perceber, ainda, que muitos dos casos de rejeição a filhos adotivos partem de um rosário de queixas sobre a dificuldade de trato com o filho, do seu comportamento "indomável" ou da revelação de características ou problemas de saúde que "surpreendem negativamente" a família adotiva.

Com todas as vênias, esse tipo de argumento nos parece dos mais absurdos, pela simples razão de que a Constituição Federal não permite a diferenciação entre filhos em função da sua origem, e, ademais, filhos biológicos podem apresentar os mesmíssimos problemas ou questões, sem que se cogite de sua potencial devolução.

E a quem se devolveria um filho biológico?

Assim, entendemos que **a "devolução fática" de filho já adotado caracteriza ilícito civil, capaz de suscitar amplo dever de indenizar, e, potencialmente, também, um ilícito penal (abandono de incapaz, previsto no art. 133 do CP), sem prejuízo de se poder defender, para além da impossibilidade de nova habilitação no cadastro, a mantença da obrigação alimentar, uma vez que os adotantes não podem simplesmente renunciar ao poder familiar e às obrigações civis daí decorrentes.**

Aliás, a apresentação, em juízo, de um pleito de desconstituição do vínculo de filiação adotiva pode ensejar o proferimento liminar de sentença de mérito, por improcedência liminar do pedido, à semelhança do que se dá com as hipóteses elencadas no art. 332 do CPC. Tratar-se-ia, nesse caso, de uma hipótese atípica de improcedência liminar do pedido[44].

O drama da desistência na adoção é agudo e tem desafiado, cada vez mais, os nossos Tribunais.

Partindo da premissa da possibilidade de entrelaçamento das esferas da responsabilidade civil e das relações familiares, investigamos o cabimento de indenização pelos danos derivados das "devoluções" de crianças e adolescentes em processo de adoção ou com a adoção já consumada.

Trata-se de uma indenização que não apenas atende ao escopo compensatório, mas também se justifica em perspectiva pedagógica, à luz da função social da responsabilidade civil.

Aliás, a dor, a angústia e o sofrimento derivados da "devolução de um filho" – como se mercadoria fosse – acarretam, em nosso sentir, um dano moral que dispensa prova em juízo ("*in re ipsa*").

---

[44] Fredie Didier Jr., *Curso de Direito Processual Civil*, v. 1, 22. ed., Salvador: JusPodivm, 2020, pp. 740-741.

Se a desistência ocorre dentro do estágio de convivência (ECA, art. 46) no sentido estrito, não se há que falar, em regra, em responsabilidade civil, eis que o direito potestativo de desistência é legítimo e não abusivo.

Se a desistência ocorre, contudo, após o estágio de convivência, durante período de guarda provisória e antes da sentença transitada de adoção, pode-se configurar o abuso do direito (de desistir), à luz do art. 187 do CC, daí emergindo a responsabilidade civil.

Após a sentença de adoção transitada em julgado, é juridicamente impossível a pretendida "devolução", caracterizando tal ato, se efetivado, no plano fático, ilícito civil (e, a depender do caso, também, ilícito penal, por abandono de incapaz – art. 133, CP). Ressalte-se que o juiz, inclusive, pode proferir uma sentença de rejeição do pedido de devolução, sem sequer citar o réu (hipótese atípica de improcedência liminar do pedido – art. 332, CPC).

Adotar é lançar ao solo sementes de amor, mas esse ato precisa se dar no terreno da responsabilidade e da consciência de que as relações paterno ou materno-filiais, quaisquer que sejam as suas origens, são repletas de arestas que demandam paciência, resiliência e afeto para serem aparadas.

Capítulo XXVIII
Alimentos

Sumário: 1. Introdução. 2. Terminologia e conceito. 3. Pressupostos e critérios de fixação. 4. Legitimação e características da obrigação alimentar. 5. Classificações. 6. A culpa em sede de alimentos. 7. A prisão do devedor de alimentos. 8. Alimentos gravídicos. 9. Revisão, exoneração e extinção dos alimentos.

1. INTRODUÇÃO

Todos os temas da área de família comportam uma enorme repercussão pragmática.

Um dos mais importantes, sem a menor sombra de dúvida, é a questão dos *alimentos*, destinatária de um subtítulo específico (III) do Título II ("Do Direito Patrimonial") do Livro IV ("Do Direito de Família") do vigente Código Civil brasileiro e objeto de diversas demandas judiciais.

Mas em que consistem, afinal de contas, esses "alimentos"?

É a proposta do presente capítulo.

2. TERMINOLOGIA E CONCEITO

Quando, cotidianamente, utiliza-se a expressão "alimentos", é extremamente comum se fazer uma correspondência com a noção de "alimentação", no sentido dos nutrientes fornecidos pela comida.

Todavia, a acepção jurídica do termo é muito mais ampla.

De fato, juridicamente, os alimentos significam *o conjunto das prestações necessárias para a vida digna do indivíduo*.

Esse conceito é extraído da própria previsão contida no art. 1.694, CC/2002:

"Art. 1.694. Podem os parentes, os cônjuges ou companheiros pedir uns aos outros os alimentos de que necessitem para viver de modo compatível com a sua condição social, inclusive para atender às necessidades de sua educação.

§ 1.º Os alimentos devem ser fixados na proporção das necessidades do reclamante e dos recursos da pessoa obrigada.

§ 2.º Os alimentos serão apenas os indispensáveis à subsistência, quando a situação de necessidade resultar de culpa de quem os pleiteia".

O fundamento da "prestação alimentar" encontra assento nos princípios da dignidade da pessoa humana, vetor básico do ordenamento jurídico como um todo, e, especialmente, no da solidariedade familiar[1].

---
[1] Confira-se o Capítulo II ("Perspectiva Principiológica do Direito de Família") deste volume.

Como observam FLÁVIO TARTUCE e JOSÉ FERNANDO SIMÃO:

> "Diante dessa proteção máxima da pessoa humana, precursora da *personalização do Direito Civil*, e em uma perspectiva civil-constitucional, entendemos que o art. 6.º da CF/1988 serve *como uma luva* para preencher o conceito atual dos alimentos. Esse dispositivo do Texto Maior traz como conteúdo os direitos sociais que devem ser oferecidos pelo Estado, a saber: a educação, a saúde, a alimentação, o trabalho, a moradia, o lazer, a segurança, a previdência social, a proteção à maternidade e à infância, e a assistência aos desamparados. Anote-se que a menção à alimentação foi incluída pela Emenda Constitucional 64, de 4 de fevereiro de 2010, o que tem relação direta com o tema aqui estudado. Ademais, destaque-se que, conforme a doutrina contemporânea constitucionalista, os direitos sociais também devem ser tidos como direitos fundamentais, tendo aplicação imediata nas relações privadas (SARMENTO, Daniel. *Direitos fundamentais...*, 2004, p. 331-350)"[2].

Nessa linha, consideram-se compreendidas no conceito de *alimentos* todas as prestações necessárias para a vida e a afirmação da dignidade do indivíduo.

Essa característica da necessidade, porém, não é a única, conforme veremos oportunamente.

3. PRESSUPOSTOS E CRITÉRIOS DE FIXAÇÃO

Tradicionalmente, um *binômio* é tomado como pressuposto fundamental para a fixação de alimentos: necessidade-possibilidade.

É a conclusão lógica da interpretação do art. 1.695, CC/2002:

> "Art. 1.695. São devidos os alimentos quando quem os pretende não tem bens suficientes, nem pode prover, pelo seu trabalho, à própria mantença, e aquele, de quem se reclamam, pode fornecê-los, sem desfalque do necessário ao seu sustento".

Todavia, a doutrina mais moderna permite-se ir além da mera remissão legal, considerando que o respaldo fático da fixação estará calcado, em verdade, em um trinômio[3].

E qual seria o terceiro pressuposto?

Exatamente a justa medida entre estas duas circunstâncias fáticas: a *razoabilidade* ou *proporcionalidade*.

Vale dizer, importa não somente a necessidade do credor ou a capacidade econômica do devedor, mas, sim, a conjunção dessas medidas de maneira adequada.

A fixação de alimentos não é um "bilhete premiado de loteria" para o alimentando (credor), nem uma "punição" para o alimentante (devedor), mas, sim, uma justa composição entre a necessidade de quem pede e o recurso de quem paga.

---

[2] Flávio Tartuce e José Fernando Simão, *Direito Civil: Direito de Família*, 5. ed., Rio de Janeiro: Forense; São Paulo: Método, 2010, v. 5, p. 414.

[3] Neste sentido, a título meramente exemplificativo, apenas com variações do nome do terceiro pressuposto, confiram-se Flávio Tartuce e José Fernando Simão, *Direito civil*: Direito de Família (5. ed., Rio de Janeiro: Forense; São Paulo: Método, 2010); Maria Berenice Dias, *Manual de Direito das Famílias,* Porto Alegre: Livraria do Advogado, 2005, Paulo Lôbo, *Direito Civil: Famílias*, 10. ed., São Paulo: Saraiva, 2020.

Nesse diapasão, registre-se inexistir qualquer determinação legal de percentagem ou valor mínimo ou máximo.

Assim, o critério de fixação de alimentos pode ser determinado tanto em valores fixos, quanto variáveis, bem como em prestação *in natura*[4], de acordo com o apurado no caso concreto.

Da mesma forma, podem incidir sobre valores de retribuição salarial ou de qualquer outra prestação econômica reversível em benefício do alimentando[5].

O importante — frise-se — é garantir, sempre, uma prestação que permita realizar cada um dos pressupostos aqui fixados, motivo pelo qual deve ser assegurada a conservação do seu valor aquisitivo, na forma do art. 1.710, CC/2002[6].

Nesse ponto, uma consideração relevante deve ser feita.

---

[4] Neste sentido, confira-se a regra do art. 1.701, CC/2002:

"Art. 1.701. A pessoa obrigada a suprir alimentos poderá pensionar o alimentando, ou dar-lhe hospedagem e sustento, sem prejuízo do dever de prestar o necessário à sua educação, quando menor.

Parágrafo único. Compete ao juiz, se as circunstâncias o exigirem, fixar a forma do cumprimento da prestação".

[5] Confira-se esta notícia, divulgada no *site* do Superior Tribunal de Justiça:

"FGTS PODE SER PENHORADO PARA QUITAR DÉBITOS DE PENSÃO ALIMENTÍCIA

O Fundo do Garantia por Tempo de Serviço (FGTS) pode ser penhorado para quitar parcelas de pensões alimentícias atrasadas. Esse foi o entendimento unânime da Terceira Turma do Superior Tribunal de Justiça (STJ), em processo relatado pelo ministro Massami Uyeda.

Após uma ação de investigação de paternidade, a mãe de um menor entrou com ação para receber as pensões entre a data da investigação e o início dos pagamentos. Após a penhora dos bens do pai, constatou-se que esses não seriam o bastante para quitar o débito. A mãe pediu então a penhora do valor remanescente da conta do FGTS.

O pedido foi negado em primeira instância e a mãe recorreu. O Tribunal de Justiça do Rio Grande do Sul (TJRS) acabou por confirmar a sentença, afirmando que as hipóteses para levantar o FGTS listadas no artigo 20 da Lei n. 8.036, de 1990, seriam taxativas e não preveem o pagamento de pensão alimentícia. No recurso ao STJ, a defesa alegou que as hipóteses do artigo 20 seriam exemplificativas e não taxativas. Apontou-se, também, a grande relevância do pagamento da verba alimentar e dissídio jurisprudencial (julgados com diferentes conclusões sobre o mesmo tema).

No seu voto, o relator, ministro Massami Uyeda, considerou que o objetivo do FGTS é proteger o trabalhador de demissão sem justa causa e também na aposentadoria. Também prevê a proteção dos dependentes do trabalhador. Para o ministro, seria claro que as situações elencadas na Lei n. 8.036 têm caráter exemplificativo e não esgotariam as hipóteses para o levantamento do Fundo, pois não seria possível para a lei prever todas as necessidades e urgências do trabalhador.

O ministro também considerou que o pagamento da pensão alimentar estaria de acordo com o princípio da Dignidade da Pessoa Humana. "A prestação dos alimentos, por envolver a própria subsistência dos dependentes do trabalhador, deve ser necessariamente atendida, mesmo que, para tanto, penhore-se o FGTS", concluiu o ministro (REsp 1.083.061)".

[6] Art. 1.710. As prestações alimentícias, de qualquer natureza, serão atualizadas segundo índice oficial regularmente estabelecido" (equivalente ao art. 22 da Lei n. 6.515/77 — Lei do Divórcio). Confira-se o tópico 10 ("Revisão, Exoneração e Extinção dos Alimentos") deste capítulo.

Não vemos óbice, a despeito de existir alguma resistência na doutrina, em se fixar o percentual de pensão devido com base em salário mínimo. Isso porque, posto, regra geral, não possa, a remuneração salarial, ser usada como índice de correção, a natureza especial da verba alimentar justificaria a sua utilização, como já bem observava MARIA BERENICE DIAS:

> "Ainda que a Constituição Federal (art. 7.º, inc. IV) vede a vinculação do salário mínimo para qualquer fim, e o Código Civil determine a atualização das prestações alimentícias segundo índice oficial (art. 1.710), não se revela inconstitucional a indexação das prestações alimentícias pelo salário mínimo. Há longa data o Supremo Tribunal Federal, de forma pacífica, permite a sua utilização como base de cálculo de pensões alimentícias (RE 170203 — Ministro Relator Ilmar Galvão, julgado em 30-11-1993). Esta posição mantém-se até os dias de hoje (RE 274897 — Ministra Relatora Ellen Gracie — julgado em 20-9-2005).
>
> A legitimidade de tal indexação está cristalizada na Súmula 490: 'A pensão correspondente à indenização oriunda de responsabilidade civil deve ser calculada com base no salário mínimo vigente ao tempo da sentença e ajustar-se-á às variações ulteriores'.
>
> Ademais, a utilização do salário mínimo como base de cálculo dos alimentos foi recentemente confirmada pelo legislador, por meio da Lei n. 11.232/05, que, incluindo no Código de Processo Civil o art. 475-Q, § 4.º, determinou a aplicação do salário mínimo para fixação dos alimentos oriundos de indenização por ato ilícito"[7].

Ademais, exigir do cidadão comum o conhecimento necessário para fazer, anualmente, a atualização da prestação devida pelo IGP-M, é, em nosso sentir, exigência descabida que culminaria em coroar indesejável insegurança jurídica.

Por fim, é importante ainda acrescentar que o Supremo Tribunal Federal firmou entendimento no sentido da não incidência do Imposto de Renda nas pensões alimentícias (decorrentes do Direito de Família):

> "O Plenário do Supremo Tribunal Federal (STF) afastou a incidência do Imposto de Renda (IR) sobre valores decorrentes do direito de família recebidos a título de alimentos ou de pensões alimentícias. A decisão se deu, na sessão virtual finalizada em 3/6, no julgamento da Ação Direta de Inconstitucionalidade (ADI) 5422, ajuizada pelo Instituto Brasileiro de Direito de Família (IBDFAM), nos termos do voto do relator, ministro Dias Toffoli"[8].

4. LEGITIMAÇÃO E CARACTERÍSTICAS DA OBRIGAÇÃO ALIMENTAR

Quem pode exigir alimentos? E quem está obrigado a prestá-los?

Em outras palavras, quem está legitimado para demandar e ser demandado por alimentos?

---

[7] Maria Berenice Dias, *Obrigação Alimentar e o Descabimento de sua Atualização pelo IGP-M*. Disponível em: <http://www.ibdfam.org.br/?artigos&artigo=247>. Acesso em: 17 set. 2010.

[8] Fonte STF (https://portal.stf.jus.br/noticias/verNoticiaDetalhe.asp?idConteudo=488372&ori=1).

Na forma do já transcrito art. 1.694, CC/2002, a obrigação alimentar, em Direito de Família[9], é decorrente do parentesco[10] ou da formação de uma família (matrimonial ou união estável, no que não vislumbramos qualquer impedimento para incluir outras modalidades de família, como a união homoafetiva[11]).

No âmbito do parentesco, destaca o art. 1.696, CC/2002:

"Art. 1.696. O direito à prestação de alimentos é recíproco entre pais e filhos, e extensivo a todos os ascendentes, recaindo a obrigação nos mais próximos em grau, uns em falta de outros".

Assim, já é possível afirmar a característica da *reciprocidade* nos alimentos, pois todo aquele que, potencialmente, tem direito a recebê-los, da mesma forma pode vir a juízo exigi-los para si, se incidir em situação de necessidade.

Note-se que, na mesma linha de parentesco, entre ascendentes e descendentes, não há limites de grau para a fixação de tal obrigação, podendo ser estendidos a avós, bisavós e outros, indefinidamente, enquanto houver atendimento aos pressupostos de necessidade/possibilidade, à luz de um critério de razoabilidade.

A obrigação alimentar, vale acrescentar, também é *sucessiva*, entendida tal característica na circunstância de que, na ausência de ascendentes, passaria para os descendentes e, na ausência destes últimos, aos irmãos, assim germanos (ou seja, irmãos dos mesmo pai e mãe) quanto unilaterais, na forma do art. 1.697, CC/2002[12].

Registre-se que a norma legal não autoriza a extensão da responsabilidade pela obrigação alimentar a outros colaterais, como tios, sobrinhos e primos e, por ser regra impositiva de um dever, não deve ser interpretada extensivamente.

Uma das inovações, porém, da nova codificação civil brasileira, sem qualquer correspondência no Código Civil de 1916, é a possibilidade de extensão da obrigação alimentar a parentes de grau imediato, sem exoneração do devedor originário, tudo para que se possa garantir a satisfação da necessidade do alimentando.

É a regra do art. 1.698, CC/2002:

"Art. 1.698. Se o parente, que deve alimentos em primeiro lugar, não estiver em condições de suportar totalmente o encargo, serão chamados a concorrer os de grau imediato; sendo várias as pessoas obrigadas a prestar alimentos, todas devem concorrer na proporção dos respectivos recursos, e, intentada ação contra uma delas, poderão as demais ser chamadas a integrar a lide".

---

[9] Por óbvio, não estamos tratando, aqui, da pensão alimentícia decorrente de ato ilícito, de natureza indenizatória, matéria relativa ao Direito Obrigacional.

[10] Para relembrar noções fundamentais que são premissas para a compreensão do tema, recomenda-se a leitura prévia do Capítulo XXVI ("Parentesco") deste volume.

[11] A respeito do casamento como base dos alimentos, cf., especialmente, os arts. 1.702 e 1.704, e, na união estável, o art. 1.724, especialmente sob aspecto do "direito à assistência".

[12] "Art. 1.697. Na falta dos ascendentes cabe a obrigação aos descendentes, guardada a ordem de sucessão e, faltando estes, aos irmãos, assim germanos como unilaterais."

Trata-se de uma importante novidade, pois realiza, de forma plena, o princípio da solidariedade familiar[13], tão caro ao Direito de Família.

Discute-se, porém, se a hipótese é de solidariedade ou de subsidiariedade, que, como já afirmamos em outra oportunidade, nada mais é do que a solidariedade com preferência de pagamento[14].

A teor do Código Civil brasileiro, concluímos que se trata de uma ordem lógica, consagrando-se a subsidiariedade das pessoas referidas[15], ao contrário da disposição equivalente no Estatuto do Idoso (Lei n. 10.741, de 1.º-10-2003), que estabelece expressamente a solidariedade[16], nos termos do seu art. 12: "Art. 12. A obrigação alimentar é solidária, podendo a pessoa idosa optar entre os prestadores". Mas, logicamente, se um dos devedores não tem condição de adimplir integralmente a obrigação devida, outro sujeito, segundo a sequência legal, poderá ser chamado a complementar a verba.

Finalmente, a título de complementação de pesquisa, acrescente-se que o Superior Tribunal de Justiça firmou entendimento no sentido de se reconhecer a legitimidade do Ministério Público para pleitear alimentos em favor de criança ou adolescente, independentemente, até mesmo, do poder familiar dos pais:

> "Súmula 594. O Ministério Público tem legitimidade ativa para ajuizar ação de alimentos em proveito de criança ou adolescente independentemente do exercício do poder familiar dos pais, ou do fato de o menor se encontrar nas situações de risco descritas no art. 98 do Estatuto da Criança e do Adolescente, ou de quaisquer outros questionamentos acerca da existência ou eficiência da Defensoria Pública na comarca".

Outra importante característica da obrigação alimentar é a sua *transmissibilidade*, na forma do art. 1.700, CC/2002:

> "Art. 1.700. A obrigação de prestar alimentos transmite-se aos herdeiros do devedor, na forma do art. 1.694".

---

[13] Confira-se novamente o subtópico 4.2 ("Princípio da Solidariedade Familiar") do Capítulo II ("Perspectiva Principiológica do Direito de Família") deste volume.

[14] Sobre o tema, confira-se o subtópico 3.4.2 ("Subsidiariedade") do Capítulo VI ("Classificação Especial das Obrigações") do v. II ("Obrigações") desta coleção.

[15] Em relação aos avós/devedores, há expresso entendimento sumulado: Súmula 596, STJ: "A obrigação alimentar dos avós tem natureza complementar e subsidiária, somente se configurando no caso de impossibilidade total ou parcial de seu cumprimento pelos pais".

[16] "Direito civil e processo civil. Ação de alimentos proposta pelos pais idosos em face de um dos filhos. Chamamento da outra filha para integrar a lide. Definição da natureza solidária da obrigação de prestar alimentos à luz do Estatuto do Idoso. — A doutrina é uníssona, sob o prisma do Código Civil, em afirmar que o dever de prestar alimentos recíprocos entre pais e filhos não tem natureza solidária, porque é conjunta. — A Lei n. 10.741/2003, atribuiu natureza solidária à obrigação de prestar alimentos quando os credores forem idosos, que por força da sua natureza especial prevalece sobre as disposições específicas do Código Civil. — O Estatuto do Idoso, cumprindo política pública (art. 3.º), assegura celeridade no processo, impedindo intervenção de outros eventuais devedores de alimentos. — A solidariedade da obrigação alimentar devida ao idoso lhe garante a opção entre os prestadores (art. 12). Recurso especial não conhecido" (STJ, Recurso Especial 775.565/SP (2005/0138767-9), rel. Min. Nancy Andrighi).

Registre-se que tal dispositivo consistiu em uma mudança de diretriz teórica, pois, no sistema codificado anterior, era vedada expressamente a transmissão da obrigação de prestar alimentos, na forma do revogado art. 402, CC/1916[17].

Em nosso sentir, o sentido jurídico desta transmissibilidade é o seguinte.

Se o sujeito, já condenado a pagar pensão alimentícia, deixou saldo devedor em aberto, poderá o credor (alimentando), sem prejuízo de eventual direito sucessório, desde que não ocorrida a prescrição, habilitar o seu crédito no inventário, podendo exigi-lo até as forças da herança. Ou seja, os outros herdeiros suportarão essa obrigação, na medida em que a herança que lhes foi transferida é atingida para saldar o débito inadimplido.

Mas, se não houver bens suficientes, não poderá o sucessor — ressalvada a hipótese de um dos herdeiros também ser legitimado passivo para o pagamento da pensão (irmão do credor, por exemplo), o que desafiaria ação de alimentos própria — ter o seu patrimônio pessoal atingido pela dívida deixada pelo falecido.

Uma outra importante característica dos alimentos é a sua *irrepetibilidade*, ou seja, a impossibilidade jurídica de sua restituição, caso sejam considerados indevidos, *a posteriori*[18].

Trata-se de uma regra calcada na ideia de necessidade e solidariedade social, bem como na estabilidade das relações jurídicas.

Todavia, já se admite, hoje, alguma flexibilidade em tal característica, de forma a repelir a litigância de má-fé.

Neste sentido, observa RODRIGO DA CUNHA PEREIRA:

"Uma tradicional característica dos alimentos é a proibição de que os alimentos sejam repetidos, ou seja, restituídos, caso se constate posteriormente que eles não eram devidos. Os casos mais comuns em que se busca a restituição é nas ações exoneratórias ou revisionais de alimentos. Por esta razão, e pelo princípio que veda o enriquecimento ilícito, a doutrina vem repensando esta característica, pois o credor dela se vale para protelar cada vez mais o processo judicial e, por conseguinte, prolongar o tempo em que o alimentando faz jus às prestações alimentícias, postergando uma sentença de mérito. A ilicitude do enriquecimento, repudiada pelo Direito, advém do recebimento da prestação alimentícia, quando inexiste necessidade desta, isto é, quando o credor tem condições de arcar com o próprio sustento"[19].

---

[17] "Direito Civil. Ação de alimentos. Espólio. Transmissão do dever jurídico de alimentar. Impossibilidade. 1. Inexistindo condenação prévia do autor da herança, não há por que falar em transmissão do dever jurídico de prestar alimentos, em razão do seu caráter personalíssimo e, portanto, intransmissível. 2. Recurso especial provido" (STJ, Recurso Especial 775.180/MT (2005/0137804-9), rel. Min. João Otávio de Noronha).

[18] "Responsabilidade civil. Dano moral. Marido enganado. Alimentos. Restituição. — A mulher não está obrigada a restituir ao marido os alimentos por ele pagos em favor da criança que, depois se soube, era filha de outro homem. — A intervenção do Tribunal para rever o valor da indenização pelo dano moral somente ocorre quando evidente o equívoco, o que não acontece no caso dos autos. Recurso não conhecido" (STJ, Recurso Especial 412.684/SP (2002/0003264-0), rel. Min. Ruy Rosado de Aguiar).

[19] Rodrigo da Cunha Pereira, "Teoria Geral dos alimentos" in Francisco José Cahali, Rodrigo da Cunha Pereira, (coords.). *Alimentos no Código Civil*. São Paulo: Saraiva, 2005, p. 12.

Ainda como característica do direito a alimentos, podemos elencar a sua *imprescritibilidade*, que se limita, porém, *ao direito em si de receber alimentos*, e não às parcelas vencidas e inadimplidas, que prescrevem normalmente.

Em outras palavras, o direito aos alimentos, enquanto o seu fundamento existir, poderá ser exercido a qualquer tempo, mas, se houver parcelas inadimplidas, essas comportarão prazo prescricional de exigibilidade.

Nesse sentido, o vigente Código Civil brasileiro estabeleceu, no art. 206, § 2.º, o prazo de 2 (dois) anos, a partir da data em que vencerem, substituindo o prazo quinquenal constante do art. 178, § 10, do Código Civil de 1916.

Por fim, o art. 1.707, CC/2002, explicita outras importantes características da obrigação alimentar:

"Art. 1.707. Pode o credor não exercer, porém lhe *é vedado renunciar o direito a alimentos*, sendo o respectivo crédito *insuscetível de cessão, compensação ou penhora*" (grifos nossos).

Ou seja, de tal regra legal, extraem-se quatro características básicas do direito a alimentos, a saber:

a) *Irrenunciabilidade:* não se confunde a falta de exercício do direito com a renúncia aos alimentos, regra que já existia desde a codificação civil anterior (art. 404, CC/1916)[20]. Assim, mesmo que, durante algum tempo, o indivíduo não tenha exercitado tal direito, nada impede que ele venha a juízo, *a posteriori*, reclamar tal prestação, não se configurando renúncia tácita o silêncio por algum tempo. Se esses alimentos decorrentes de parentesco são, sem dúvida, absolutamente irrenunciáveis, registre-se que há, porém, posicionamento jurisprudencial mais recente que admite a validade da renúncia no caso de cônjuges, notadamente em acordo judicial[21];

---

[20] No STF, ver o enunciado da antiga Súmula 379, que ainda fazia referência ao desquite: "No acordo de desquite não se admite renúncia aos alimentos, que poderão ser pleiteados ulteriormente, verificados os pressupostos legais.

[21] "Civil. Família. Separação consensual. Conversão. Divórcio. Alimentos. Dispensa mútua. Postulação posterior. Ex-cônjuge. Impossibilidade. 1 — Se há dispensa mútua entre os cônjuges quanto à prestação alimentícia e na conversão da separação consensual em divórcio não se faz nenhuma ressalva quanto a essa parcela, não pode um dos ex-cônjuges, posteriormente, postular alimentos, dado que já definitivamente dissolvido qualquer vínculo existente entre eles. Precedentes iterativos desta Corte. 2 — Recurso especial não conhecido" (STJ, Recurso Especial 199.427/SP (1998/0097892-5), rel. Min. Fernando Gonçalves).

"Direito civil e processual civil. Família. Recurso especial. Separação judicial. Acordo homologado. Cláusula de renúncia a alimentos. Posterior ajuizamento de ação de alimentos por ex-cônjuge. Carência de ação. Ilegitimidade ativa. — A cláusula de renúncia a alimentos, constante em acordo de separação devidamente homologado, é válida e eficaz, não permitindo ao ex-cônjuge que renunciou, a pretensão de ser pensionado ou voltar a pleitear o encargo. — Deve ser reconhecida a carência da ação, por ilegitimidade ativa do ex-cônjuge para postular em juízo o que anteriormente renunciara expressamente. Recurso especial conhecido e provido" (STJ, Recurso Especial 701.902/SP (2004/0160908-9), rel. Min. Nancy Andrighi).

"Processual civil. Embargos declaratórios. Recebimento como agravo regimental. Renúncia. Alimentos decorrentes do casamento. Validade. Partilha. Possibilidade de procrastinação na entrega de bens. Participação na renda obtida. Requerimento pela via própria. 1. Admitem-se como agravo regimental embargos

b) *Vedação à cessão*: o direito a alimentos é *pessoal*, motivo pelo qual não pode ser objeto de cessão;

c) *Vedação à compensação*: o crédito de alimentos, por se referir à mantença do indivíduo, não pode, obviamente, ser objeto de compensação, pois mesmo que o alimentando seja devedor do alimentante em dívida de outra natureza, a garantia do mínimo existencial impõe o reconhecimento, ao menos em regra[22], da impossibilidade de compensação. Esta vedação é objeto, inclusive, de outra previsão legal específica, no art. 373, II, CC/2002[23];

d) *Impenhorabilidade:* para que um crédito seja considerado penhorável, é imprescindível que ele possa ser objeto de uma relação passível de transferência, o que, definitivamente, não é o caso da pensão alimentícia.

Observe-se que a regra hoje codificada melhora a disciplina do instituto, explicitando a impossibilidade de cessão, compensação ou penhora, o que favorece a segurança jurídica.

5. CLASSIFICAÇÕES

Apenas a título de sistematização teórica, vale a pena expor algumas classificações doutrinárias dos alimentos.

Registramos, porém, que toda classificação doutrinária dependerá da concepção metodológica do autor que a expõe[24], motivo pelo qual nossa classificação não necessariamente coincidirá com a de outros autores nacionais sobre o tema.

No que diz respeito às *fontes normativas* (ou seja, quanto às causas jurídicas que os originaram), classificam-se os alimentos em:

---

de declaração opostos a decisão monocrática proferida pelo relator do feito no Tribunal, em nome dos princípios da economia processual e da fungibilidade. 2. A renúncia aos alimentos decorrentes do matrimônio é válida e eficaz, não sendo permitido que o ex-cônjuge volte a pleitear o encargo, uma vez que a prestação alimentícia assenta-se na obrigação de mútua assistência, encerrada com a separação ou o divórcio. 3. A fixação de prestação alimentícia não serve para coibir eventual possibilidade de procrastinação da entrega de bens, devendo a parte pleitear, pelos meios adequados, a participação na renda auferida com a exploração de seu patrimônio. 4. Embargos de declaração recebidos como agravo regimental, a que se nega provimento" (STJ, EDcl no Recurso Especial 832.902/RS (2006/0049766-9), rel. Min. João Otávio de Noronha).

[22] "Recurso especial — Execução de prestação alimentícia. Sob o rito do art. 733 do CPC — Limites da matéria de defesa do executado e liquidez dos créditos deste — Prequestionamento — Ausência — Compensação de dívida alimentícia — Possibilidade apenas em situações excepcionais, como *in casu* — Recurso Especial não conhecido. 1. É inviável, em sede de recurso especial, o exame de matéria não prequestionada, conforme Súmulas ns. 282 e 356 do STF. 2. Vigora, em nossa legislação civil, o princípio da não compensação dos valores referentes à pensão alimentícia, como forma de evitar a frustração da finalidade primordial desses créditos: a subsistência dos alimentários. 3. Todavia, em situações excepcionalíssimas, essa regra deve ser flexibilizada, mormente em casos de flagrante enriquecimento sem causa dos alimentandos, como na espécie. 4. Recurso especial não conhecido" (STJ, Recurso Especial 982.857/RJ (2007/0204335-4), rel. Min. Massami Uyeda).

[23] Sobre o tema, confira-se o tópico 4 ("Hipóteses de Impossibilidade de Compensação") do Capítulo XV ("Compensação") do v. II ("Obrigações") desta coleção.

[24] Em geral, os autores seguem uma diretriz classificatória comum (cf., por exemplo, os excelentes Tartuce e Simão já citados, tópico 7.3 do volume de Direito de Família, 2. ed.)

a) *Legais (derivados do Direito de Família)*: são aqueles decorrentes de relações de parentesco ou do casamento/união estável, sendo objeto de estudo neste capítulo. Somente esses autorizam a prisão civil, que deve ser sempre interpretada restritivamente[25];

b) *Convencionais* ou *Voluntários (derivados da autonomia privada)*: os alimentos convencionais, por sua vez, decorrem da autonomia da vontade, assumindo-se uma obrigação de prestar alimentos, mesmo não tendo a obrigação legal para tal mister. Podem decorrer de uma relação contratual ou de um ato jurídico *causa mortis*, como o legado[26];

c) *Legais (derivados do Direito Obrigacional)*: os alimentos indenizatórios são decorrentes do reconhecimento da responsabilidade civil do devedor, em função de situação específica que tenha impossibilitado a subsistência do credor. Como observam FLÁVIO TARTUCE e JOSÉ FERNANDO SIMÃO, "são aqueles devidos em virtude da prática de um ato ilícito como, por exemplo, o homicídio, hipótese em que as pessoas que do morto dependiam podem pleiteá-los. Estão previstos no art. 948, II, do CC, tendo fundamento a responsabilidade civil e lucros cessantes, conforme exposto no volume 2 da presente coleção (TARTUCE, Flávio. Direito civil..., 2010). Também não cabe prisão civil pela falta de pagamento desses alimentos (STJ, HC 92.100/DF, rel. Min. Ari Pargendler, 3.ª Turma, julgado em 13-11-2007, DJ 1.º-2-2008, p. 1; STJ, Responsabilidade 93.948/SP, rel. Min. Eduardo Ribeiro, 3.ª Turma, j. 2-4-1998, DJ 1-6-1998, p. 79)"[27].

Quanto à *natureza* ou *abrangência*, podem ser:

a) *Civis* ou *Côngruos*: alimentos civis são aqueles que não se limitam à subsistência, mas também abrangem os gastos necessários para a manutenção da condição social (art. 1.694, *caput*, CC/2002);

b) *Naturais*: alimentos naturais são os estritamente necessários para a subsistência (mantença da vida), na forma do já transcrito § 2.º do art. 1.694, CC/2002 (sem correspondência na codificação anterior).

Quanto ao *tempo* (momento em que são exigidos)[28]:

a) *Pretéritos* ou *Vencidos*: seriam aqueles anteriores ao próprio ajuizamento da ação de alimentos. Tais alimentos não têm sido admitidos no sistema brasileiro, não sendo

---

[25] Confira-se o tópico 7 ("A Prisão do Devedor de Alimentos") deste Capítulo.

[26] Neste sentido, estabelece o art. 1.920, CC/2002:

"Art. 1.920. O legado de alimentos abrange o sustento, a cura, o vestuário e a casa, enquanto o legatário viver, além da educação, se ele for menor."

Este tema será aprofundado no v. VIII ("Sucessões") desta coleção.

[27] Flávio Tartuce, José Fernando Simão, *Direito Civil*: Direito de Família. 5. ed., Rio de Janeiro: Forense; São Paulo: Método, 2010, v. 5, p. 435.

[28] Como bem observa Carlos Roberto Gonçalves:

"Essa classificação não se amolda perfeitamente ao direito brasileiro, uma vez que os alimentos futuros (*alimenta futura*) independem do trânsito em julgado da decisão que os concedem, sendo devidos a partir da citação ou do acordo. E, na prática, os alimentos pretéritos (*alimenta praeterita*) têm sido confundidos com prestações pretéritas, que são as fixadas na sentença ou no acordo, estando há muito vencidas e não cobradas, a ponto de não se poder tê-las mais por indispensáveis à

considerados devidos, sob a argumentação de que, se o alimentante conseguiu sobreviver até o ajuizamento da ação, não se poderia postular pagamentos referentes a fatos passados.

b) *Presentes* ou *Atuais*: alimentos postulados a partir do ajuizamento da demanda;

c) *Futuros* ou *Vincendos*: alimentos devidos somente a partir da sentença.

Quanto à *forma de pagamento*:

a) *Próprios*: juridicamente, os alimentos devem atender às necessidades básicas do indivíduo, para "viver de modo compatível com a sua condição social, inclusive para atender às necessidades de sua educação" (art. 1.694, *caput*, CC/2002). Por isso, entende-se por alimentos *próprios* aqueles prestados *in natura*, abrangendo as necessidades do alimentando, na forma, inclusive, do já mencionado art. 1.701, CC/2002;

b) *Impróprios*: mesmo taxados de impróprios, os pagamentos de natureza pecuniária (em dinheiro) são a forma mais comum de prestação de alimentos.

Quanto à *finalidade*:

a) *Definitivos*: em geral, os alimentos definitivos são aqueles fixados por sentença, comportando revisão, eis que não são cobertos pelo manto definitivo da coisa julgada material;

b) *Provisórios*: são aqueles fixados liminarmente, na ação de alimentos, segundo o rito especial da Lei n. 5.478, de 1968.

c) *Provisionais*: estão previstos no art. 1.706, CC/2002 (sem correspondência na normatização codificada anterior). Conforme ensinam FLÁVIO TARTUCE e JOSÉ FERNANDO SIMÃO, "são aqueles fixados em outras ações que não seguem o rito especial mencionado, visando manter a parte que os pleiteia no curso da lide, por isso a sua denominação *ad litem*. São fixados por meio de antecipação de tutela ou em liminar concedida em medida cautelar de separação de corpos em ações em que não há a mencionada prova pré-constituída, caso da ação de investigação de paternidade ou da ação de reconhecimento e dissolução da união estável"[29].

Figura peculiar, que começa a ser mais discutida, no Brasil, são os "alimentos compensatórios".

Segundo Rolf Madaleno[30], grande autoridade no assunto, "Entrementes, os alimentos compensatórios não se confundem com a pensão alimentícia, pois dela se distanciam e são, inclusive, incompatíveis diante de sua natureza compensatória ou indenizatória, tendo em linha de consideração que os alimentos da subsistência estão fundados na solidariedade familiar e os alimentos compensatórios têm sua natureza eminentemente patrimonial, pois sua finalidade é evitar o desequilíbrio que o divórcio ou a dissolução de uma união estável produz em um dos esposos ou conviventes, cujas obrigações da vida matrimonial se diferenciam".

---

própria sobrevivência do alimentado, não significando mais que um crédito como outro qualquer, a ser cobrado pela forma de execução por quantia certa, com supedâneo no art. 732 do Código de Processo Civil" (Carlos Roberto Gonçalves, *Direito Civil Brasileiro*: Direito de Família, São Paulo: Saraiva, 2005, v. 6, p. 446).

[29] Flávio Tartuce, José Fernando Simão, *Direito Civil*: Direito de Família, 5. ed., Rio de Janeiro: Forense; São Paulo: Método, 2010, v. 5, p. 435.

[30] Rolf Madaleno, *Alimentos Compensatórios*. São Paulo: GEN/Forense, 2023. (edição digital)

E, ainda, afirma o jurista:

"Os alimentos compensatórios, como visto, têm como função compensar o menoscabo econômico sofrido por um dos cônjuges ou conviventes que não pôde desenvolver inteiramente uma atividade remunerada, ou daquele que precisou conciliar sua atividade profissional com os afazeres da casa e dedicação aos filhos comuns, assim como minimiza os prejuízos sofridos pela adoção de um regime de separação matrimonial de bens, convencional ou compulsório (CC, art. 1.641)".

"Trata-se na espécie dos **alimentos compensatórios humanitários**, assim entendidos pela circunstância de não serem comparados com os **alimentos compensatórios patrimoniais**, estes inspirados na Lei de Alimentos (Lei 5.478/1968) e arbitrados em razão da posse exclusiva por um dos cônjuges ou conviventes dos bens comuns rentáveis".

No STJ:

"RECURSO ESPECIAL. DIREITO DE FAMÍLIA. NEGATIVA DE PRESTAÇÃO JURISDICIONAL. NÃO OCORRÊNCIA. ADMINISTRAÇÃO EXCLUSIVA DE PATRIMÔNIO COMUM BILIONÁRIO. ALIMENTOS RESSARCITÓRIOS. CABIMENTO. DECISÃO EXTRA PETITA. INEXISTÊNCIA. RECURSO ESPECIAL CONHECIDO E DESPROVIDO.

1. O Tribunal de origem analisou todas as questões relevantes para a solução da lide de forma fundamentada, não havendo falar em negativa de prestação jurisdicional.

2. Os alimentos compensatórios são fruto de construção doutrinária e jurisprudencial, fundada na dignidade da pessoa humana, na solidariedade familiar e na vedação ao abuso de direito. De natureza indenizatória e excepcional, destinam-se a mitigar uma queda repentina do padrão de vida do ex-cônjuge ou ex-companheiro que, com o fim do relacionamento, possuirá patrimônio irrisório se comparado ao do outro consorte, sem, contudo, pretender a igualdade econômica do ex-casal, apenas reduzindo os efeitos deletérios oriundos da carência social.

3. Apesar da corriqueira confusão conceitual, a prestação compensatória não se confunde com os alimentos ressarcitórios, os quais configuram um pagamento ao ex-consorte por aquele que fica na administração exclusiva do patrimônio, enquanto não há partilha dos bens comuns, tendo como fundamento a vedação ao enriquecimento sem causa, ou seja, trata-se de uma verba de antecipação de renda líquida decorrente do usufruto ou da administração unilateral dos bens comuns.

4. O alimentante está na administração exclusiva dos bens comuns do ex-casal desde o fim do relacionamento, haja vista que a partilha do patrimônio bilionário depende do fim da ação de separação litigiosa que já se arrasta por quase 20 (vinte) anos, o que justifica a fixação dos alimentos ressarcitórios.

5. Não existe decisão fora dos limites da demanda quando o julgador, mediante interpretação lógico-sistemática da petição inicial, examina a pretensão deduzida em juízo como um todo, afastando-se a alegação de ofensa ao princípio da adstrição ou congruência. As instâncias ordinárias apreciaram o pedido em concordância com a causa de pedir remota, dentro dos limites postulados na exordial, não havendo falar em decisão extra petita.

6. Recurso especial conhecido e desprovido" (REsp n. 1.954.452/SP, rel. Min. Marco Aurélio Bellizze, Terceira Turma, julgado em 13-6-2023, *DJe* de 22-6-2023.)

Compreendidas as modalidades de alimentos, passemos, agora, a enfrentar um dos mais importantes pontos deste tema, qual seja, a discussão sobre a influência da culpa na fixação de alimentos.

6. A CULPA EM SEDE DE ALIMENTOS[31]

Tema tormentoso é a discussão acerca do elemento culpa, no que diz respeito à fixação dos alimentos.

Com efeito, a codificação civil de 2002 trouxe dois dispositivos (art. 1.702 e art. 1.704) que fazem referência ao elemento "culpa" na extinção do vínculo conjugal[32].

Com o advento da Emenda Constitucional n. 66/2010, entendemos que se a culpa deixou de ser referência para o reconhecimento do divórcio (tendo extinguido o instituto da "separação judicial"), bem como no âmbito da fixação da guarda de filhos, também tende a desaparecer por completo na seara do direito aos alimentos.

Com efeito, no que tange aos alimentos, significativa mudança deverá se operar.

Ora, com o fim da separação judicial, se não existe mais fundamento para a discussão da culpa em sede de divórcio, as regras do Código Civil atinentes ao pagamento de pensão alimentícia, que levem em conta esse elemento subjetivo, deverão sofrer o impacto da Emenda.

Afinal, qual é o sentido em determinar e mensurar o pagamento da pensão alimentícia com base na culpa?

Para que você tenha uma ideia, amigo leitor, vejamos o conteúdo dos mencionados arts. 1.702 e 1.704 do Código Civil brasileiro:

> "Art. 1.702. Na separação judicial litigiosa, sendo um dos cônjuges inocente e desprovido de recursos, prestar-lhe-á o outro a pensão alimentícia que o juiz fixar, obedecidos os critérios estabelecidos no art. 1.694.
>
> (...)
>
> Art. 1.704. Se um dos cônjuges separados judicialmente vier a necessitar de alimentos, será o outro obrigado a prestá-los mediante pensão a ser fixada pelo juiz, caso não tenha sido declarado culpado na ação de separação judicial.
>
> Parágrafo único. Se o cônjuge declarado culpado vier a necessitar de alimentos, e não tiver parentes em condições de prestá-los, nem aptidão para o trabalho, o outro cônjuge será obrigado a assegurá-los, fixando o juiz o valor indispensável à sobrevivência".

Da sua simples leitura, constatamos não ser preciso muito esforço hermenêutico para se chegar à conclusão de que, com o fim da aferição da culpa na seara do descasamento, a fixação dos alimentos devidos deverá ser feita com amparo na *necessidade ou vulnerabilidade do credor*, na justa medida (proporcionalidade/razoabilidade) das *condições econômicas do devedor*.

Apenas isso.

Para a determinação dos alimentos, portanto, não há mais que se perquirir culpa alguma.

Ideia semelhante já era defendida pela doutrina, consoante podemos ler no Enunciado 133 da I Jornada de Direito Civil:

---

[31] Tópico construído com base nas reflexões por nós apresentadas em Pablo Stolze Gagliano e Rodolfo Pamplona Filho, *O Novo Divórcio*, São Paulo, Saraiva, 2010.

[32] Isso sem contar com o § 2.º do art. 1.694, que se refere também à culpa, mas não na extinção do vínculo, e, sim, na situação de necessidade.

"133 — Proposição sobre o art. 1.702:

Proposta: Alterar o dispositivo para: "Na separação judicial, sendo um dos cônjuges desprovido de recursos, prestar-lhe-á o outro pensão alimentícia nos termos do que houverem acordado ou do que vier a ser fixado judicialmente, obedecidos os critérios do art. 1.694".

Na jurisprudência, o Tribunal de Justiça do Rio Grande do Sul merece referência:

"Agravo de Instrumento. Separação judicial. Pedido de exoneração dos alimentos provisórios fixados em favor da ex-mulher que recebe auxílio-doença previdenciário. Possibilidade. Inexistência de necessidade. A obrigação alimentária vincula-se à cláusula *rebus sic stantibus*, podendo ser revisada sempre que ocorre alteração no binômio possibilidade e necessidade, sendo possível o pleito de redução, majoração ou exoneração de alimentos. *A fixação dos alimentos não está embasada na culpa, mas sim na comprovação da dependência econômica daquele que pede*. Comprovado que a ex-mulher, ao contrário do que declarado na inicial, recebe auxílio-doença previdenciário, com valor correspondente a 1,6 salários mínimos, valor superior ao pensionamento pleiteado, cabível a revogação da liminar que fixou o encargo alimentar, restando a questão submetida à dilação probatória na ação principal. Agravo de Instrumento provido". (TJRS, Agravo de Instrumento 70029099629, rel. André Luiz Planella Villarinho, julgado em 10-6-2009, 7.ª Câm. Cív.) (grifos nossos).

"Apelação Cível. Família. Separação judicial litigiosa. Preliminar de desconstituição da sentença suscitada pelo Ministério Público. Afastamento. *Culpa na separação. Discussão inócua, sem efeito prático. Término da sociedade conjugal*. Necessidade de fixação da data. Partilha de bens. Impossibilidade de realização nestes autos, ante a ausência de prova efetiva sobre o rol de bens e a data de aquisição. Alimentos em favor da filha do casal. Manutenção do *quantum* já estabelecido. Alimentos em favor da ex-esposa. Ausência de comprovação acerca da necessidade. Recurso de apelação desprovido, e recurso adesivo parcialmente provido". (Segredo de Justiça) (TJRS, Apelação Cível 70023977481, rel. Ricardo Raupp Ruschel, julgado em 15-4-2009, 7.ª Câm. Cív.) (grifos nossos).

"Separação judicial. Reconvenção. Cerceamento de defesa. Alimentos. Culpa na separação. Nome de casada. Honorários advocatícios. 1. Sendo a separanda mulher jovem, saudável, capaz, apta ao trabalho e empregada, descabe fixar alimentos em favor dela, pois não necessita do amparo do varão para manter-se, valendo gizar que a lei contempla o dever de mútua assistência e não o direito de um cônjuge de ser sustentado pelo outro. 2. Não havendo necessidade da esposa de receber alimentos, descabe promover diligência tendente a verificar a capacidade econômica do cônjuge. 3. *A falência do casamento, pela perda do afeto, justifica plenamente a ruptura, não havendo motivo para se perquirir a culpa, nada justificando manter incólume o casamento quando ele já terminou, de forma inequívoca*. 4. O nome é direito da personalidade e a mulher tem o direito de mantê-lo, salvo quando for culpada pela separação, quando houver pedido expresso do autor e, mesmo assim, quando não lhe causar prejuízo para a própria identificação; é descabido cogitar da perda do nome quando sequer houve pedido nesse sentido na peça exordial. 5. Fica mantida a verba sucumbencial quando a verba de honorários é fixada com moderação, segundo apreciação equitativa do julgador, já que não houve condenação, tratando-se de ação de estado. Recursos desprovidos". (TJRS, Apelação Cível 70024987299, rel. Sérgio Fernando de Vasconcellos Chaves, julgado em 28-1-2009, 7.ª Câm. Cív.) (grifos nossos).

Conforme já ressaltamos[33], se não existe mais fundamento para a discussão da culpa em sede de separação e divórcio, as regras do Código Civil atinentes ao pagamento de

---

[33] Confira-se o Capítulo XXIII ("O Divórcio como Forma de Extinção do Vínculo Conjugal") deste volume.

pensão alimentícia, que levem em conta esse elemento subjetivo, deverão sofrer o impacto da Emenda.

Não é recomendável, pois, que se fundamente o pleito de alimentos na conduta desonrosa do outro cônjuge ou em qualquer outro ato culposo que traduza violação de deveres conjugais.

Se existe comportamento culposo violador de direitos da personalidade, a reparação material e ou moral devida desafia ação própria de ressarcimento, no âmbito da responsabilidade civil nas relações de família[34].

O moderno Direito de Família, com o reforço da nova Emenda, aponta no sentido de admitir, como único fundamento para a fixação dos alimentos, a *necessidade do cônjuge (credor)* na justa medida da *capacidade econômica do seu consorte* (devedor).

Assim, ao pretender obter o divórcio[35], as partes ou os interessados deverão observar as seguintes regras:

a) se o divórcio é consensual administrativo, o próprio acordo poderá definir os alimentos devidos ao cônjuge necessitado. Lembre-se de que, nos termos do art. 733 do CPC/2015 (art. 1.124-A do CPC/1973), não poderá, a escritura pública, dispor acerca dos alimentos em favor de filhos menores ou incapazes por se afigurar obrigatória, nesse tipo de situação, a via do divórcio judicial;

b) se o divórcio é consensual judicial, na mesma linha, o acordo definirá os alimentos devidos ao cônjuge necessitado, e, bem assim, se for o caso, aos filhos menores ou incapazes. Nesse último caso, a intervenção do Ministério Público é obrigatória;

c) se o divórcio é litigioso (e obviamente judicial), o juiz poderá fixar os alimentos devidos, no bojo do próprio processo, desde que haja pedido nesse sentido. Lembre-se de que, para efeito de dissolução do vínculo é suficiente a formulação do pedido de divórcio, eis que prazo para tanto não há mais. Entretanto, caso também haja sido cumulado o pedido de alimentos, a sua fixação será feita por decisão judicial, levando-se em conta apenas, como já dito, o trinômio *necessidade-capacidade econômica-proporcionalidade*, sem aferição de culpa de qualquer das partes no fim do casamento.

É digno de nota que, seja qual for a modalidade do divórcio judicial, os alimentos devidos aos filhos são cláusula fundamental, de natureza cogente e matiz de ordem pública.

E é isso que, no final das contas, pretende dizer o art. 1.703, CC/2002 (equivalente ao art. 20 da Lei de Divórcio):

> "Art. 1.703. Para a manutenção dos filhos, os cônjuges separados judicialmente contribuirão na proporção de seus recursos".

A única ressalva que se faz ao referido dispositivo é justamente que, por força da Emenda Constitucional n. 66/2010, em nosso sentir, a referência deve ser aos "*cônjuges divorciados*", em vez de "*cônjuges separados judicialmente*".

---

[34] Ver Capítulo XXX ("Responsabilidade Civil nas Relações Familiares") deste volume.
[35] *Mutatis mutandis,* o mesmo se aplica à dissolução da união estável.

Nesse ponto, concluímos com a Ministra da Justiça da Alemanha, BRIGITTE ZYPRIES, quando, com lucidez e propriedade, afirma:

"As crianças ficam em primeiro lugar independentemente de qual relacionamento elas vêm, independentemente de virem de um antigo ou atual relacionamento, ou se são ilegítimos ou se vivem em um outro relacionamento fora da família. É indiferente: aquele que tem a obrigação de pagar a pensão pagará para todas as crianças igualmente"[36].

A única culpa, porém, que parece continuar relevante em matéria de alimentos é a que se refere à situação em que se encontrou, na forma do já transcrito § 2.º do art. 1.694 ("§ 2.º Os alimentos serão apenas os indispensáveis à subsistência, quando a situação de necessidade resultar de culpa de quem os pleiteia".).

A norma tem um evidente conteúdo ético, na ideia de que não se deve prestigiar demais aquele que, perdulariamente, desfez-se irresponsavelmente do seu patrimônio.

Em verdade, existe um aspecto pedagógico relevante nessa previsão.

Mas, mesmo assim, haverá a obrigação alimentar básica, sem jamais abrir mão do mínimo existencial.

7. A PRISÃO DO DEVEDOR DE ALIMENTOS[37]

O descumprimento voluntário e inescusável da obrigação legal de pagamento de alimentos enseja a prisão civil do devedor.

Trata-se da única forma de prisão civil admitida em nosso sistema e de grande utilidade prática e social.

Registre-se, de plano, que somente o descumprimento dessa modalidade de alimentos autoriza a medida extrema, não sendo aplicável a alimentos *voluntários* ou *indenizatórios* (*Legais derivados do Direito Obrigacional*)[38].

A prisão civil decorrente de inadimplemento voluntário e inescusável de obrigação alimentar, em face da importância do interesse em tela (subsistência do alimentando), é, em nosso entendimento, medida das mais salutares, pois a experiência nos mostra que boa parte dos réus só cumpre a sua obrigação quando ameaçada pela ordem de prisão.

---

[36] "Sie stehen im ersten Rang unabhängig davon, aus welcher Beziehung sie kommen, unabhängig davon, ob sie aus einer ehemaligen oder jetzigen Beziehung kommen, ob sie nichtehelich sind oder in einer anderen Beziehung außerhalb des Familienverbundes leben. Das alles ist völlig egal: Derjenige, der unterhaltsverpflichtet ist, zahlt für alle Kinder gleichmäßig" ("Neues Unterhaltsrecht — ein Sieg für die Kinder!", Berlin, 9. November 2007. Rede der Bundesministerin der Justiz, Brigitte Zypries MdB, bei der 2./3. Lesung des Gesetzes zur Reform des Unterhaltsrechts am 9. November 2007 im Deutschen Bundestag. Disponível no *site* do Ministério da Justiça da Alemanha: <http://www.bmj.bund.de/enid/6bd66d45a56c18db26de7c6c5514d023,bd23be706d635f6964092d0934383234093a095f7472636964092d0935323933/Geschichte/Brigitte_Zypries_zc.html>. Acesso em: 9 jan. 2010, tradução livre de Pablo Stolze Gagliano).

[37] Tópico construído com base nas reflexões por nós apresentadas no subtópico 3.1 ("Da prisão civil decorrente de inadimplemento de obrigação alimentar") do Capítulo XXIV ("Prisão Civil") do v. II ("Obrigações") desta coleção.

[38] Confira-se o tópico 5 ("Classificações") deste Capítulo.

Analisando o procedimento de execução de prestação alimentícia, previsto no art. 733 do CPC/1973 (correspondente ao art. 911 do CPC/2015), o ilustrado BARBOSA MOREIRA pontificava:

> "A imposição da medida coercitiva pressupõe que o devedor, citado, deixe escoar o prazo de três dias sem pagar, nem provar que já o fez, ou que está impossibilitado de fazê-lo (art. 733, *caput*). Omisso o executado em efetuar o pagamento, ou em oferecer escusa que pareça justa ao órgão judicial, este, sem necessidade de requerimento do credor, decretará a prisão do devedor, por tempo não inferior a um nem superior a três meses (art. 733, § 1.º, derrogado aqui o art. 19, *caput, in fine*, da Lei n. 5.478). Como não se trata de punição, mas de providência destinada a atuar no âmbito do executado, a fim de que realize a prestação, é natural que, se ele pagar o que deve, determine o juiz a suspensão da prisão (art. 733, § 3.º), quer já tenha começado a ser cumprida, quer no caso contrário"[39].

Entendemos, ainda quanto à prisão civil aplicada à cobrança de débito alimentar, que a regra consolidada pela jurisprudência[40] no sentido de que a medida só poderá ser orde-

---

[39] José Carlos Barbosa Moreira, *O Novo Processo Civil Brasileiro*, 19. ed., Rio de Janeiro: Forense, 1997, p. 261.

[40] Superior Tribunal de Justiça, Súmula 309 ("O débito alimentar que autoriza a prisão civil do alimentante é o que compreende as três prestações anteriores ao ajuizamento da execução e as que se vencerem no curso do processo").
Nesse sentido, confiram-se as seguintes decisões do STJ:
"*Habeas corpus*. Alimentos. Se o credor por alimentos tarda em executá-los, a prisão civil só pode ser decretada se as prestações dos últimos três meses deixarem de ser pagas. Situação diferente, no entanto, é a das prestações que vencem após o início da execução. Nesse caso, o pagamento das três últimas prestações não livra o devedor da prisão civil. A não ser assim, a duração do processo faria por beneficiá-lo, que seria maior ou menor, conforme os obstáculos e incidentes criados. Recurso ordinário provido em parte" (STJ, rel. Min. Ari Pargendler, 28-5-2002, DJ 17-6-2002, p. 253, 3.ª Turma).
"Execução. Alimentos. Débito atual. Caráter alimentar. Prisão civil do alimentante mantida. Tratando-se de dívida atual, correspondente às três últimas prestações anteriores ao ajuizamento da execução, acrescidas de mais duas vincendas, admissível é a prisão civil do devedor (art. 733 do CPC). *Habeas corpus* denegado" (STJ, HC 17.785/RS (2001/0093583-9), rel. Min. Barros Monteiro, julgado em 11-12-2001, DJ 20-5-2002, p. 141, 4.ª Turma).
"Processual civil. Execução de alimentos. Cobrança das três últimas prestações. Rito do art. 733 do CPC. Débito anterior. Adequação aos lindes do art. 732 da lei instrumental. I. A execução de alimentos, com a possibilidade de aplicação da pena de prisão por dívida alimentar, tem como pressuposto a atualidade do débito (art. 733 do CPC). II. A determinação do juízo para adequação da inicial, quanto à cobrança das prestações inadimplidas há mais de três meses ao rito do art. 732 do CPC, encontra respaldo na lei e na jurisprudência desta Corte. III. Recurso conhecido e desprovido" (STJ, REsp 402.518/SP (2001/0132015-5), rel. Min. Aldir Passarinho Junior, julgado em 21-3-2002, DJ 29-4-2002, p. 256, 4.ª Turma).
"Recurso de *habeas corpus*. Prisão civil. Alimentos. 1. Enfrentada e decidida fundamentalmente a questão da prisão civil pelo Tribunal *a quo*, não há falar em nulidade do Acórdão denegatório da ordem. 2. O *habeas corpus* não é via adequada para o exame aprofundado de provas e a verificação das justificativas fáticas, apresentadas em relação à inadimplência do devedor dos alimentos. 3. A jurisprudência da 2.ª Seção firmou-se no sentido de que o devedor de alimentos, para livrar-se da prisão civil, deve pagar as três últimas prestações vencidas à data do mandado de citação e as vincendas durante o processo. 4. Recurso ordinário desprovido" (STJ, RO-HC 11.840/RS (2001/0113023-7), rel. Min. Carlos Alberto Menezes Direito, julgado em 2-10-2001, DJ 4-2-2002, p. 342, 3.ª Turma).

nada em face das três últimas parcelas em atraso, e as vencidas no curso do processo, aplicando-se o procedimento comum de execução por quantia certa para as demais parcelas vencidas, merece reflexão.

Afinal, por que apenas para as três últimas?

O juiz, atuando com a devida cautela, poderia, no caso concreto, decretar a prisão civil em face de mais de três prestações em atraso, respeitado, é claro, o limite máximo da prescrição da pretensão condenatória da dívida alimentar, uma vez que o recurso à execução por quantia certa (cite-se, para pagar em 24 horas, sob pena de penhora...) é, na prática, moroso e sujeito a manobras processuais, não se justificando o limite das três parcelas em atraso, o qual é prejudicial ao imediato interesse alimentar do alimentando, hipossuficiente na relação jurídica.

Não foi esse, porém, o entendimento do Superior Tribunal de Justiça, que, no particular, editou a Súmula 309, que preceitua: "O débito alimentar que autoriza a prisão civil do alimentante é o que compreende as três prestações anteriores ao ajuizamento da execução e as que se vencerem no curso do processo".

Claro que reconhecemos a importância deste norte jurisprudencial, acolhido pela lei[41], mas, ao menos doutrinariamente, fazemos esta respeitosa reflexão, atentos ao caráter social relevantíssimo da prestação alimentar.

"Prisão civil. Devedor de alimentos. Execução na forma do artigo 733 do Código de Processo Civil. Alegações que remetem a fatos dependentes de ampla investigação probatória incompatível com o rito do *habeas corpus*. Na execução de alimentos, prevista pelo artigo 733 do Código de Processo Civil, ilegítima se afigura a prisão civil do devedor fundada no inadimplemento de prestações pretéritas, assim consideradas as anteriores às três últimas prestações vencidas antes do ajuizamento da execução. Alegações de fatos controvertidos, dependentes de investigação probatória, não se prestam à concessão do *habeas corpus*. A exoneração ou diminuição do valor fixado judicialmente a título de alimentos tem sede processual própria e distinta da via do *habeas corpus*. Recurso provido em parte, apenas para restringir o fundamento da prisão ao não pagamento das diferenças verificadas nas três prestações anteriores ao ajuizamento da execução e as vencidas no curso desta" (STJ, RO-HC 11.717/SP (2001/0096011-0), rel. Min. Cesar Asfor Rocha, julgado em 20-9-2001, DJ 19-11-2001, p. 274, 4.ª Turma).

[41] CPC-15: Art. 528. No cumprimento de sentença que condene ao pagamento de prestação alimentícia ou de decisão interlocutória que fixe alimentos, o juiz, a requerimento do exequente, mandará intimar o executado pessoalmente para, em 3 (três) dias, pagar o débito, provar que o fez ou justificar a impossibilidade de efetuá-lo.

§ 1.º Caso o executado, no prazo referido no *caput*, não efetue o pagamento, não prove que o efetuou ou não apresente justificativa da impossibilidade de efetuá-lo, o juiz mandará protestar o pronunciamento judicial, aplicando-se, no que couber, o disposto no *art. 517*.

§ 2.º Somente a comprovação de fato que gere a impossibilidade absoluta de pagar justificará o inadimplemento.

§ 3.º Se o executado não pagar ou se a justificativa apresentada não for aceita, o juiz, além de mandar protestar o pronunciamento judicial na forma do § 1.º, decretar-lhe-á a prisão pelo prazo de 1 (um) a 3 (três) meses.

§ 4.º A prisão será cumprida em regime fechado, devendo o preso ficar separado dos presos comuns.

§ 5.º O cumprimento da pena não exime o executado do pagamento das prestações vencidas e vincendas.

Acerca do regime de cumprimento da prisão civil de alimentos, parece-nos relevante defender a possibilidade de — em determinadas situações, como pode ocorrer com a pessoa idosa — o devedor cumprir a prisão civil em regime semiaberto ou aberto[42].

Sem prejuízo da prisão, o novo Código de Processo Civil, segundo uma interpretação sistemática do § 1.º do art. 528 e § 3.º do art. 782, permite a inscrição do nome do devedor de alimentos em cadastro restritivo, como, inclusive, admitiu o STJ, mesmo antes da entrada em vigor da nova Lei Processual[43].

Finalmente, merece especial referência o tratamento jurídico da prisão civil no período da pandemia da Covid-19.

Nesse ponto, lembremo-nos do art. 15 da Lei n. 14.010 de 2020, que instituiu o Regime Jurídico Emergencial e Transitório de Direito Privado:

"Art. 15. Até 30 de outubro de 2020, a prisão civil por dívida alimentícia, prevista no art. 528, § 3.º e seguintes da Lei n. 13.105, de 16 de março de 2015 (Código de Processo Civil), deverá ser cumprida exclusivamente sob a modalidade domiciliar, sem prejuízo da exigibilidade das respectivas obrigações."

Sobre o tema, escreveram PABLO STOLZE GAGLIANO e CARLOS ELIAS DE OLIVEIRA[44]:

---

§ 6.º Paga a prestação alimentícia, o juiz suspenderá o cumprimento da ordem de prisão.

§ 7.º *O débito alimentar que autoriza a prisão civil do alimentante é o que compreende até as 3 (três) prestações anteriores ao ajuizamento da execução e as que se vencerem no curso do processo.*

§ 8.º O exequente pode optar por promover o cumprimento da sentença ou decisão desde logo, nos termos do disposto neste Livro, Título II, Capítulo III, caso em que não será admissível a prisão do executado, e, recaindo a penhora em dinheiro, a concessão de efeito suspensivo à impugnação não obsta a que o exequente levante mensalmente a importância da prestação.

§ 9.º Além das opções previstas no *art. 516*, parágrafo único, o exequente pode promover o cumprimento da sentença ou decisão que condena ao pagamento de prestação alimentícia no juízo de seu domicílio. (grifos nossos).

[42] Este entendimento já fora aplicado pelo TJRS: "EXECUÇÃO DE ALIMENTOS. PRISÃO CIVIL. CABIMENTO. CUMPRIMENTO EM REGIME ABERTO. 1. Sendo a dívida alimentar líquida, certa e exigível, e restando indemonstrada a impossibilidade absoluta de pagar os alimentos devidos, é cabível a prisão civil. 2. A prisão civil do devedor de alimentos não constitui medida de exceção, senão providência idônea e prevista na lei para a ação de execução de alimentos que tramita sob a forma procedimental do art. 733 do CPC. 3. A prisão civil decorrente de dívida alimentar deve ser cumprida em regime aberto, podendo o devedor sair para exercer sua atividade laboral, independentemente do estabelecimento carcerário onde se encontrar recolhido. Recomendação da Circular n. 21/93 da Corregedoria-Geral da Justiça. 4. O devedor deve se recolher à prisão, sendo-lhe facultado sair durante o dia para exercer o seu labor, caso esteja trabalhando, ainda que sem relação formal de emprego. Recurso parcialmente provido" (TJ-RS, Rel. Sérgio Fernando de Vasconcellos Chaves, j. em 3-4-2012, 7.ª Câmara Cível). Na mesma linha, defende um regime prisional diferenciado para o **menor emancipado**, quando este for devedor de alimentos, Otávio Almeida Matos de Oliveira Pinto (*A Prisão Civil do Menor Emancipado Devedor de Alimentos: Dilema entre Direitos Fundamentais*, Pará de Minas: Ed. VirtualBooks, 2013).

[43] Ver: <http://www1.folha.uol.com.br/cotidiano/2015/11/1707756-pai-que-deve-pensao-pode-parar-no-spc-decide-stj.shtml>.

[44] Pablo Stolze Gagliano; Carlos Eduardo Elias de Oliveira, "Comentários à Lei da Pandemia (Lei n. 14.010, de 10 de junho de 2020 — RJET). Análise detalhada das questões de Direito Civil e Direito

"O descumprimento voluntário e inescusável da obrigação legal de pagamento de alimentos enseja a prisão civil do devedor.

Trata-se da única forma de prisão civil admitida em nosso sistema (art. 5.º, LXVII, CF) e de grande utilidade prática e social.

Registre-se, de plano, que somente o descumprimento dessa modalidade de alimentos autoriza a medida extrema, não sendo aplicável a alimentos voluntários ou indenizatórios (derivados do Direito Obrigacional).

Nesse contexto, vale lembrar, antes mesmo do CPC-15, o enunciado 309 da Súmula do STJ, no sentido de que 'o débito alimentar que autoriza a prisão civil do alimentante é o que compreende as três prestações anteriores ao ajuizamento da execução e as que se vencerem no curso do processo'.

E, de acordo com o § 3.º do art. 528 do CPC-15, se o executado não pagar ou se a justificativa apresentada não for aceita, o juiz, além de mandar protestar o pronunciamento judicial na forma do § 1.º, decretar-lhe-á a prisão pelo prazo de 1 (um) a 3 (três) meses.

Ora, conforme a nova norma da Lei do RJET, enquanto vigente o regime jurídico emergencial, o cumprimento da prisão civil dar-se-á exclusivamente por meio da custódia domiciliar.

Trata-se de previsão que vai ao encontro de entendimento firmado pelo Superior Tribunal de Justiça, por meio de decisão da lavra do eminente Min. Paulo de Tarso Sanseverino que, a pedido da Defensoria Pública da União, estendeu, em habeas corpus (HC 568.021), a todos os presos por dívida alimentar do País, os efeitos de liminar até então com eficácia restrita apenas ao Estado do Ceará[45].

Em nosso sentir, a previsão legal justifica-se, diante do perigo de contágio da grave doença viral, na perspectiva do princípio maior da dignidade da pessoa humana, sem que haja prejuízo à exigibilidade da obrigação inadimplida."

8. ALIMENTOS GRAVÍDICOS

Consideramos pertinente abrir um tópico próprio para o tema dos "*alimentos gravídicos*".

Trata-se de um instituto inserido pela Lei n. 11.804, de 5 de novembro de 2008, consistente no "*direito de alimentos da mulher gestante*", que compreendem "*os valores suficientes para cobrir as despesas adicionais do período de gravidez e que sejam dela decorrentes, da concepção ao parto, inclusive as referentes à alimentação especial, assistência médica e psicológica, exames complementares, internações, parto, medicamentos e demais prescrições preventivas e terapêuticas indispensáveis, a juízo do médico, além de outras que o juiz considere pertinentes*", referindo-se "*à parte das despesas que deverá ser custeada pelo futuro pai, considerando-se a contribuição que também deverá ser dada pela mulher grávida, na proporção dos recursos de ambos*", tudo na forma dos seus arts. 1.º e 2.º.

Processual Civil", Revista Jus Navigandi, ISSN 1518-4862, Teresina, ano 25, n. 6190, 12 jun. 2020. Disponível em: <https://jus.com.br/artigos/46412>. Acesso em: 18 ago. 2020.

[45] STJ Notícias, "STJ estende liminar e concede prisão domiciliar a todos os presos por dívida alimentícia no país". Publicado em 27 de março de 2020. Disponível em: <http://www.stj.jus.br/sites/portalp/Paginas/Comunicacao/Noticias/STJ-estende-liminar-e-concede-prisao-domiciliar-a-todos-os-presos-por-divida-alimenticia-no-pais.aspx>. Acesso em: 18 ago. 2020.

A referida norma pacifica questão, que já vinha sendo há muito reconhecida na jurisprudência[46] e na doutrina especializada[47], da possibilidade de outorga de alimentos ao nascituro, como forma de garantir um regular desenvolvimento da gestação e adequado parto.

Criticando, porém, a terminologia consagrada pelos comentadores da referida norma, observa SILMARA JUNY CHINELLATO:

"A recente Lei n. 11.804, de 5 de novembro de 2008, que trata dos impropriamente denominados 'alimentos gravídicos' — desnecessário e inaceitável neologismo, pois alimentos são fixados para uma pessoa e não para um estado biológico da mulher — desconhece que o titular do direito a alimentos é o nascituro, e não a mãe, partindo da premissa errada, o que repercute no teor da lei"[48].

Concordamos com a ilustre professora da USP, sendo muito mais técnico se reconhecer a lei como dos "alimentos do nascituro".

Convencido da existência de indícios da paternidade, a teor do art. 6.º da Lei, o juiz fixará os alimentos gravídicos que perdurarão até o nascimento da criança, sopesando as necessidades da parte autora e as possibilidades da parte ré. Após o nascimento com vida, os alimentos gravídicos ficam convertidos em pensão alimentícia em favor do menor até que uma das partes solicite a sua revisão.

Note-se que, para efeito de fixação da verba, são suficientes "indícios da paternidade", não se exigindo prova cabal pré-constituída.

Por óbvio, se a paternidade, posteriormente, for oficialmente negada, poderá o suposto pai voltar-se, em sede de ação de regresso, contra o verdadeiro genitor, para evitar o seu enriquecimento sem causa.

9. REVISÃO, EXONERAÇÃO E EXTINÇÃO DOS ALIMENTOS

Não há uma limitação temporal objetiva delineada em lei para obrigação alimentar.

Havendo fundamento, a obrigação persiste enquanto estiverem presentes os pressupostos de necessidade, possibilidade e razoabilidade.

Por isso, merece reflexão a regra do art. 1.701, CC/2002:

"Art. 1.701. A pessoa obrigada a suprir alimentos poderá pensionar o alimentando, ou dar-lhe hospedagem e sustento, sem prejuízo do dever de prestar o necessário à sua educação, *quando menor*.

Parágrafo único. Compete ao juiz, se as circunstâncias o exigirem, fixar a forma do cumprimento da prestação" (grifos nossos).

A referência a "*quando menor*", em nosso entendimento, não deve ser compreendida como um prazo máximo de exigibilidade da obrigação alimentar, mas, sim, como uma reafirmação do dever de prestar educação aos menores.

---

[46] Ver, no TJRS, Agravo de Instrumento n. 70006429096, rel. Des. Sérgio Chaves.
[47] Defendíamos tal tese desde a 1ª edição do v. I desta coleção, que data do início do ano de 2002.
[48] Silmara Juny Chinellato (coord.). *Código Civil Interpretado*. Artigo por Artigo. Parágrafo por Parágrafo. 2. ed., São Paulo: Manole, 2009, p. 29.

Isto porque, demonstrada a necessidade (e a continuidade de estudos em nível superior ou técnico pode ser uma causa razoável), é perfeitamente aceitável a manutenção da obrigação alimentar após o atingimento da maioridade.

Por isso, quanto aos filhos, costumeiramente se diz que a obrigação persiste "até a conclusão dos estudos", não havendo cancelamento automático do dever alimentar com o alcance da maioridade civil[49]:

"Pensão alimentícia. Maioridade. Filho

Trata-se de remessa pela Terceira Turma de recurso em ação revisional de alimentos em que a controvérsia cinge-se em saber se, atingida a maioridade, cessa automaticamente ou não o dever de alimentar do pai em relação ao filho. Prosseguindo o julgamento, a Seção, por maioria, proveu o recurso, entendendo que, com a maioridade do filho, a pensão alimentícia não pode cessar automaticamente. O pai terá de fazer o procedimento judicial para exonerar-se ou não da obrigação de dar pensão ao filho. Explicitou-se que completar a maioridade de 18 anos não significa que o filho não irá depender do pai. Precedentes citados" (REsp 347.010-SP, DJ 10-2-2003, e REsp 306.791/SP, DJ 26-8-2002. REsp 442.502/SP, rel. originário Min. Castro Filho, rel. para acórdão Min. Antônio de Pádua Ribeiro, julgado em 6-12-2004).

"Alimentos. Maioridade do alimentando. Exoneração automática da pensão. Inadmissibilidade

— Com a maioridade, extingue-se o poder familiar, mas não cessa, desde logo, o dever de prestar alimentos, fundado a partir de então no parentesco.

— É vedada a exoneração automática do alimentante, sem possibilitar ao alimentando a oportunidade de manifestar-se e comprovar, se for o caso, a impossibilidade de prover a própria subsistência.

---

[49] "PROCESSUAL CIVIL. CIVIL. RECURSO ESPECIAL. AÇÃO DE ALIMENTOS. CURSO SUPERIOR CONCLUÍDO. NECESSIDADE. REALIZAÇÃO DE PÓS-GRADUAÇÃO. POSSIBILIDADE.

1. O advento da maioridade não extingue, de forma automática, o direito à percepção de alimentos, mas esses deixam de ser devidos em face do Poder Familiar e passam a ter fundamento nas relações de parentesco, em que se exige a prova da necessidade do alimentado.

2. É presumível, no entanto — presunção *iuris tantum* —, a necessidade dos filhos de continuarem a receber alimentos após a maioridade, quando frequentam curso universitário ou técnico, por força do entendimento de que a obrigação parental de cuidar dos filhos inclui a outorga de adequada formação profissional.

3. Porém, o estímulo à qualificação profissional dos filhos não pode ser imposto aos pais de forma perene, sob pena de subverter o instituto da obrigação alimentar oriunda das relações de parentesco, que tem por objetivo, tão só, preservar as condições mínimas de sobrevida do alimentado.

4. Em rigor, a formação profissional se completa com a graduação, que, de regra, permite ao bacharel o exercício da profissão para a qual se graduou, independentemente de posterior especialização, podendo assim, em tese, prover o próprio sustento, circunstância que afasta, por si só, a presunção *iuris tantum* de necessidade do filho estudante.

5. Persistem, a partir de então, as relações de parentesco, que ainda possibilitam a percepção de alimentos, tanto de descendentes quanto de ascendentes, porém desde que haja prova de efetiva necessidade do alimentado.

6. Recurso especial provido" (STJ, 3.ª Turma, REsp 1.218.510/SP (2010/0184661-7), rel. Min. Nancy Andrighi, j. em 27 set. 2011).

Precedentes do STJ.

Recurso especial não conhecido" (REsp 739.004/DF, rel. Min. Barros Monteiro, julgado em 15-9-2005, DJ 24-10-2005, p. 346, 4.ª Turma).

"*Habeas corpus*. Prisão civil. Alimentos. A jurisprudência do Superior Tribunal de Justiça consolidou-se no sentido de que a maioridade dos filhos não acarreta a exoneração automática da obrigação de prestar alimentos. Ordem denegada" (HC 55.065/SP, rel. Min. Ari Pargendler, julgado em 10-10-2006, DJ 27-11-2006, p. 271, 3.ª Turma).

"*Habeas corpus*. Prisão civil. Execução de alimentos. Precedentes da Corte.

1. O *habeas corpus*, na linha da jurisprudência da Corte, não constitui via adequada para o exame aprofundado de provas indispensáveis à verificação da capacidade financeira do paciente para pagar os alimentos no montante fixado.

2. A maioridade do credor dos alimentos não exonera, por si só, a obrigação do devedor.

3. A propositura de ação revisional de alimentos não impede a prisão civil do devedor de alimentos.

4. 'O débito alimentar que autoriza a prisão civil do alimentante é o que compreende as três prestações anteriores ao ajuizamento da execução e as que se vencerem no curso do processo' (Súmula 309/STJ — atual redação aprovada em 22-3-06 pela Segunda Seção).

5. Ordem concedida em parte (HC 55.606/SP, rel. Min. Carlos Alberto Menezes Direito, julgado em 5-9-2006, DJ 13-11-2006, p. 240, 3.ª Turma).

Finalmente, coroando essa linha de entendimento, a Súmula 358 do STJ:

"Súmula 358: O cancelamento de pensão alimentícia de filho que atingiu a maioridade está sujeito à decisão judicial, mediante contraditório, ainda que nos próprios autos".

O que autoriza *revisão* da obrigação alimentar (inclusive a sua *exoneração*), como várias vezes aqui se deixou claro, é a presença do trinômio de pressupostos.

Tal afirmação é extraída do art. 1.699, CC/2002, que preceitua, *in verbis*:

"Art. 1.699. Se, fixados os alimentos, sobrevier mudança na situação financeira de quem os supre, ou na de quem os recebe, poderá o interessado reclamar ao juiz, conforme as circunstâncias, exoneração, redução ou majoração do encargo".

Ou seja, a modificação da situação econômica de quem presta os alimentos ou de quem os recebe pode ensejar a revisão do seu valor, seja com a diminuição, aumento ou mesmo afastamento da obrigação (exoneração dos alimentos).

A *exoneração* é, portanto, ato de reconhecimento da cessação da obrigação alimentar.

Assim, se o credor não mais necessita ou o devedor não tem mais condições, a hipótese é de aplicação do mencionado instituto.

A *exoneração* não se confunde, porém, com a *extinção* do dever de alimentos, cuja regra encontra-se assentada no seguinte dispositivo:

"Art. 1.708. Com o casamento, a união estável ou o concubinato do credor, cessa o dever de prestar alimentos[50].

---

[50] Já havia entendimento no STJ, no sentido de que o credor da pensão alimentícia pode "*namorar*": "Direito de família. Civil. Alimentos. Ex-cônjuge. Exoneração. Namoro após a separação consensual. Dever de fidelidade. Precedente. Recurso provido.

Parágrafo único. Com relação ao credor cessa, também, o direito a alimentos, se tiver procedimento indigno em relação ao devedor".

A razão do dispositivo é muito simples.

Se o indivíduo, credor de alimentos, resolve formar novo núcleo familiar, parte-se do pressuposto de que irá assumir as suas obrigações de forma autônoma.

Da mesma forma, o parágrafo único estabelece, como causa extintiva dos alimentos, o procedimento indigno do credor em relação ao devedor.

O termo é genérico.

Se é certo imaginar que uma tentativa de homicídio do credor em face do devedor seja um "procedimento indigno", a expressão pode ensejar várias outras contextualizações, o que deve ser objeto do prudente e fundamentado arbítrio do julgador.

Registre-se, por outro lado, que, na forma do art. 1.709, CC/2002 (equivalente ao art. 30 da Lei do Divórcio), o *"novo casamento do cônjuge devedor não extingue a obrigação constante da sentença de divórcio"*.

Isso porque, sendo personalíssima a obrigação, ela persistirá, de forma autônoma, para o devedor, mesmo constituindo nova relação conjugal (ou — acrescentamos nós — união estável), devendo administrar bem seus gastos para não incidir nas terríveis sanções legais correspondentes, como a prisão civil.

I — Não autoriza exoneração da obrigação de prestar alimentos à ex-mulher o só fato dessa namorar terceiro após a separação.

II — A separação judicial põe termo ao dever de fidelidade recíproca. As relações sexuais eventualmente mantidas com terceiros após a dissolução da sociedade conjugal, desde que não se comprove desregramento de conduta, não têm o condão de ensejar a exoneração da obrigação alimentar, dado que não estão os ex-cônjuges impedidos de estabelecer novas relações e buscar, em novos parceiros, afinidades e sentimentos capazes de possibilitar-lhes um futuro convívio afetivo e feliz.

III — Em linha de princípio, a exoneração de prestação alimentar, estipulada quando da separação consensual, somente se mostra possível em uma das seguintes situações: a) convolação de novas núpcias ou estabelecimento de relação concubinária pelo ex-cônjuge pensionado, não se caracterizando como tal o simples envolvimento afetivo, mesmo abrangendo relações sexuais; b) adoção de comportamento indigno; c) alteração das condições econômicas dos ex-cônjuges em relação às existentes ao tempo da dissolução da sociedade conjugal" (REsp 111.476/MG, rel. Min. Sálvio de Figueiredo Teixeira, julgado em 25-3-1999, DJ 10-5-1999, p. 177, 4.ª Turma).

Capítulo XXIX
Tutela, Curatela e Tomada de Decisão Apoiada

Sumário: 1. Noções introdutórias. 2. Distinção conceitual de tutela e curatela. 3. Tutela. 3.1. Sujeitos da tutela. 3.1.1. Tutores. 3.1.2. Tutelados. 3.1.3. Da incapacidade para o exercício da tutela. 3.1.4. Da escusa da tutela. 3.2. Objeto da tutela. 3.2.1. Exercício da tutela. 3.2.1.1. Atos sem prévio controle judicial. 3.2.1.2. Atos dependentes de controle judicial. 3.2.1.3. Responsabilidade na tutela. 3.2.2. Os bens do tutelado. 3.2.3. Prestação de contas. 3.3. Cessação da tutela. 4. Curatela. 4.1. Sujeitos da curatela. 4.1.1. Curadores. 4.1.2. Curatelados. 4.1.3. Da curatela do nascituro. 4.2. Alguns aspectos processuais da curatela. 5. Tomada de decisão apoiada.

1. NOÇÕES INTRODUTÓRIAS

O último Título (Título IV) do Livro IV, reservado ao Direito de Família, do vigente Código Civil Brasileiro é destinado à disciplina jurídica da Tutela, da Curatela e da Tomada de Decisão Apoiada.

É o *"locus"* do que se convencionou chamar de "Direito Assistencial" no estudo das relações familiares.

E é com base na própria *solidariedade social* — que é tão cara ao Direito de Família a ponto de constituir um princípio próprio (o "princípio da solidariedade familiar"[1]) — que se constrói e se respalda a normatização, na espécie.

Mas quais são as diferenças conceituais essenciais entre os dois institutos?

É o que veremos no próximo tópico.

2. DISTINÇÃO CONCEITUAL DE TUTELA E CURATELA

A tutela e a curatela são institutos autônomos, mas com uma finalidade comum, qual seja, propiciar a representação legal e a administração de sujeitos incapazes de praticar atos jurídicos.

Trata-se de uma proteção jurídica aos interesses daqueles que se encontram em situação de incapacidade na gestão de sua vida.

A diferença fundamental, no campo conceitual, entre as duas formas de suprimento de capacidade para a prática de atos de gestão, diz respeito a seus pressupostos: enquanto a tutela se refere à menoridade legal, a curatela se relaciona com situações de deficiência total ou parcial, ou, em hipótese mais peculiar, visa a preservar interesses do nascituro.

---

[1] Confira-se, sobre o tema, o subtópico 4.2 ("Princípio da Solidariedade Familiar") do Capítulo II ("Perspectiva Principiológica do Direito de Família") deste volume.

Note-se, porém, que, em ambas as hipóteses, haverá a responsabilidade do representante legal — tutor ou curador — pelos atos de seus pupilos ou curatelados, que estiverem sob sua autoridade, em sua companhia, na forma do art. 932, II, CC/2002[2].

Passemos então a analisar, específica e separadamente, tais institutos, iniciando pela ordem de disposição no Código Civil Brasileiro, pela tutela.

3. TUTELA

Conceitua-se a *tutela* como a representação legal de um menor, relativa ou absolutamente incapaz, cujos pais tenham sido declarados ausentes, falecido ou hajam decaído do poder familiar.

A tutela está umbilicalmente ligada ao Direito de Família, uma vez que tem por finalidade suprir a falta dos pais.

São causas da sua instituição, conforme se extrai do conceito, o falecimento de ambos os pais, a ausência e, até mesmo, a perda ou suspensão do poder familiar em relação à criança ou ao adolescente.

É a previsão específica do art. 1.728, CC/2002, que abre a disciplina legal do instituto:

"Art. 1.728. Os filhos menores são postos em tutela:

I — com o falecimento dos pais, ou sendo estes julgados ausentes;

II — em caso de os pais decaírem do poder familiar".

Complementando esse regramento, o art. 36 do ECA, com redação dada pela Lei n. 12.010, de 2009:

"Art. 36. A tutela será deferida, nos termos da lei civil, à pessoa de até 18 (dezoito) anos incompletos.

Parágrafo único. O deferimento da tutela pressupõe a prévia *decretação da perda ou suspensão* do poder familiar e implica necessariamente o dever de guarda" (grifos nossos).

Vale relembrar que a tutela, na forma da Seção III ("Da Família Substituta", que abrange os arts. 28 a 52) do Estatuto da Criança e do Adolescente (Lei n. 8.069, de 13 de julho de 1990), constitui-se, em geral, na segunda etapa de inserção da criança ou adolescente em família substituta, sendo a primeira a guarda[3] e a última, a adoção[4]. Todavia, é preciso ressaltar que o instituto não se limita a tais situações, servindo genericamente para qualquer hipótese de proteção dos interesses de menores, na falta dos pais, obedecidas as condições da lei civil.

3.1. Sujeitos da tutela

Neste subtópico, analisaremos os sujeitos ativos e passivos da tutela.

Comecemos com os sujeitos ativos, a saber, os tutores.

---

[2] Sobre o tema, confira-se o tópico 4 ("Responsabilidade Civil dos Tutores e Curadores pelos Tutelados e Curatelados") do Capítulo XI ("Responsabilidade Civil por Ato de Terceiro") do v. III ("Responsabilidade Civil") desta coleção.

[3] Confira-se o Capítulo XXIV ("Guarda de Filhos") deste volume.

[4] Confira-se o Capítulo XXVII ("Adoção") deste volume.

3.1.1. Tutores

Quem pode ser tutor?

Essa é uma pergunta importante, pois se trata da pessoa que irá se responsabilizar pela formação e pela administração do patrimônio de menores, cujos pais não se encontram presentes.

Por isso mesmo é que, na forma do art. 1.729, CC/2002, o *"direito de nomear tutor compete aos pais, em conjunto"*, sendo que tal *"nomeação deve constar de testamento ou de qualquer outro documento autêntico"*, na forma do seu parágrafo único.

Obviamente, o meio mais comum é um testamento, instrumento adequado para manifestações com efeito *post mortem*, mas também se admite outra forma de documento autêntico (instrumento público ou particular).

Vale destacar que, na forma do § 1.º do art. 1.733, CC/2002, havendo nomeação de mais de um tutor por disposição testamentária sem indicação de precedência, *"entende-se que a tutela foi cometida ao primeiro, e que os outros lhe sucederão pela ordem de nomeação, se ocorrer morte, incapacidade, escusa ou qualquer outro impedimento"*.

Registre-se, inclusive, que a nomeação conjunta dos pais não pressupõe a existência de vínculo de parentesco, não sendo raras as situações em que os pais têm mais confiança em amigos íntimos do que em parentes para o exercício de tal múnus.

Tais tutores são conhecidos como "tutores testamentários" ou "tutores documentais", a depender de qual instrumento os indicou[5].

Ausente a nomeação feita pelos pais, a vigente norma legal (art. 1.731, CC/2002) suprimiu a previsão machista do art. 409 do CC/1916, que atribuía preferência aos ascendentes masculinos (avô paterno e, sucessivamente, avô materno), conforme veremos linhas abaixo.

Obviamente, a manifestação dos pais pressupõe o exercício do poder familiar, sendo nula, de pleno direito, a nomeação de tutor por quem não o detinha, no momento de sua morte ou desaparecimento, na forma do art. 1.730, CC/2002.

Soaria, inclusive, absurdo, imaginar que alguém, destituído do poder familiar, pudesse indicar o tutor que cuidaria de seus filhos em seu lugar.

Se não teve idoneidade para manter o poder familiar, muito menos terá para indicar quem quer que seja!

Na ausência de nomeação válida dos pais, como dito, estabelece o art. 1.731, CC/2002[6] uma ordem de preferência de indicação de tutores, aí, sim, com a exigência da condição de parentes consanguíneos do menor, a saber:

---

[5] Sobre o tema, preceitua atualmente o Estatuto da Criança e do Adolescente (Leis n. 8.069, de 13 de julho de 1990), com a redação dada pela Lei n. 12.010, de 2009: "Art. 37. O tutor nomeado por testamento ou qualquer documento autêntico, conforme previsto no parágrafo único do art. 1.729 da Lei n. 10.406, de 10 de janeiro de 2002 — Código Civil deverá, no prazo de 30 (trinta) dias após a abertura da sucessão, ingressar com pedido destinado ao controle judicial do ato, observando o procedimento previsto nos arts. 165 a 170 desta Lei.
Parágrafo único. Na apreciação do pedido, serão observados os requisitos previstos nos arts. 28 e 29 desta Lei, somente sendo deferida a tutela à pessoa indicada na disposição de última vontade, se restar comprovado que a medida é vantajosa ao tutelando e que não existe outra pessoa em melhores condições de assumi-la".

[6] O art. 409 é o dispositivo equivalente no CC/1916, mas estabelecia ordem distinta, a saber: "Art. 409. Em falta de tutor nomeado pelos pais, incumbe a tutela aos parentes consanguíneos do menor, por esta ordem:

"I — aos ascendentes, preferindo o de grau mais próximo ao mais remoto;

II — aos colaterais até o terceiro grau, preferindo os mais próximos aos mais remotos, e, no mesmo grau, os mais velhos aos mais moços".

Saliente-se que, em qualquer dos casos, o juiz escolherá entre eles o mais apto a exercer a tutela em benefício do menor, não se tratando de um rol preferencial absoluto ou inflexível, segundo já decidiu o Superior Tribunal de Justiça:

"Civil. Recurso Especial. Ordem de nomeação de tutor. Art. 409 do CC/1916. Art. 1.731 do CC/2002. Tutela em benefício do menor.

— A ordem de nomeação de tutor, prevista no art. 409 do CC/1916 (art. 1.731 do CC/2002), não inflexível, podendo ser alterada no interesse do menor.

— Na falta de tutor nomeado pelos pais, podem os tios serem nomeados tutores do menor, se forem os mais aptos a exercer a tutela em benefício desse. Recurso especial não conhecido" (REsp 710.204/AL, rel. Min. Nancy Andrighi, julgado em 17-8-2006, DJ 4-9-2006, p. 263, 3.ª Turma).

Tais tutores, escolhidos pelo magistrado, observando a preferência legal, são chamados de "tutores legítimos".

E o que fazer na falta de "tutores testamentários ou documentais" e "tutores legítimos"?

Ou seja, ausentes ambos os pais, sem designação de quem deve exercer a tutela, bem como não havendo parentes consanguíneos, como será feita a nomeação do tutor?

Supletivamente, então, estabelece o art. 1.732, CC/2002:

"Art. 1.732. O juiz nomeará tutor idôneo e residente no domicílio do menor:

I — na falta de tutor testamentário ou legítimo;

II — quando estes forem excluídos ou escusados da tutela;

III — quando removidos por não idôneos o tutor legítimo e o testamentário".

Sobre a incapacidade, escusa e exercício da tutela, trabalharemos ainda nos próximos subtópicos.

Conheçamos, porém, o outro sujeito dessa relação jurídica: o tutelado.

3.1.2. Tutelados

Como já se explicitou, estão sujeitos à tutela os menores de 18 anos.

Nesse sentido, estabelece expressamente o Estatuto da Criança e do Adolescente, com a redação dada pela Lei n. 12.010, de 2009:

"Art. 36. A tutela será deferida, nos termos da lei civil, a pessoa de até 18 (dezoito) anos incompletos".

Os menores — sujeitos passivos da tutela — serão chamados de pupilos ou tutelados, permanecendo nessa condição até a cessação dessa forma de proteção pessoal e patrimonial.

I — ao avô paterno, depois ao materno, e, na falta deste, à avó paterna, ou materna;

II — aos irmãos, preferindo os bilaterais aos unilaterais, o do sexo masculino ao do feminino, o mais velho ao mais moço;

III — aos tios, sendo preferido o do sexo masculino ao do feminino, o mais velho ao mais moço".

Vale destacar que, na forma estabelecida no *caput* do art. 1.733, CC/2002, na hipótese de serem irmãos órfãos, procurar-se-á dar sempre um mesmo e único tutor. É claro que a norma deve ser aplicada com olhos no caso concreto e no princípio do melhor interesse da criança e do adolescente, pois, muitas vezes, não é possível se ter um único tutor, até pela dificuldade inerente à assunção desse encargo.

Mas sempre que possível, tendo em vista o interesse existencial dos menores, deverá tal regra ser observada.

Uma curiosidade que mostra a proximidade da tutela com a curatela é que, por disposição testamentária, alguém pode nomear um menor — que normalmente é o destinatário da tutela — como seu herdeiro ou legatário, e, também, instituir uma "curatela específica" desses bens deixados, sem prejuízo de um terceiro ser o tutor desse menor.

É a regra do § 2.º do art. 1.733, CC/2002, que estabelece que *"quem institui um menor herdeiro, ou legatário seu, poderá nomear-lhe curador especial para os bens deixados, ainda que o beneficiário se encontre sob o poder familiar, ou tutela"*.

Exemplificando para esclarecer:

Imagine-se que Amanda deixe, por testamento, um bem específico para o menor Micael, que está sob a tutela de Djalma. Poderia, nesse caso, instituir Magda como curadora, em relação a esse bem, sem prejuízo da tutela exercida por Djalma.

Por fim, vale destacar que, na forma do art. 1.734, CC/2002, as *"crianças e os adolescentes cujos pais forem desconhecidos, falecidos ou que tiverem sido suspensos ou destituídos do poder familiar terão tutores nomeados pelo Juiz ou serão incluídos em programa de colocação familiar, na forma prevista pela Lei n. 8.069, de 13 de julho de 1990 — Estatuto da Criança e do Adolescente"*, conforme redação dada pela Lei n. 12.010, de 2009.

3.1.3. Da incapacidade para o exercício da tutela

Não é qualquer pessoa que pode ser tutor.

Com efeito, trata-se de um múnus público de grande responsabilidade, em que não é simplesmente a capacidade civil que autoriza o seu exercício, sendo necessária uma legitimidade específica (capacidade especial)[7].

Assim, segundo a linha do art. 1.735, CC/2002, não podem ser tutores e serão exonerados da tutela, caso a exerçam:

"I — aqueles que não tiverem a livre administração de seus bens;

II — aqueles que, no momento de lhes ser deferida a tutela, se acharem constituídos em obrigação para com o menor, ou tiverem que fazer valer direitos contra este, e aqueles cujos pais, filhos ou cônjuges tiverem demanda contra o menor;

III — os inimigos do menor, ou de seus pais, ou que tiverem sido por estes expressamente excluídos da tutela;

IV — os condenados por crime de furto, roubo, estelionato, falsidade, contra a família ou os costumes, tenham ou não cumprido pena;

---

[7] Sobre o tema, confira-se o tópico 2 ("Capacidade de Direito e de Fato e Legitimidade") do Capítulo IV ("Pessoa Natural") do v. I ("Parte Geral") desta obra.

V — as pessoas de mau procedimento, ou falhas em probidade, e as culpadas de abuso em tutorias anteriores;

VI — aqueles que exercerem função pública incompatível com a boa administração da tutela".

Observe-se que, em todas as situações descritas pela norma, o que se busca preservar é a idoneidade do tutor e o patrimônio do tutelado, afastando-se situações, objetivas ou subjetivas, que possam pôr em risco tais bens jurídicos.

Assim, expliquemos rapidamente cada uma das hipóteses:

O inciso I traz a hipótese lógica de que quem não tem a livre administração de seus bens não pode administrar bens de outra pessoa, pois, pensar em sentido diverso seria um contrassenso.

O choque de interesses é o fundamento do impedimento do inciso II, evitando que alguém que tenha pretensão em face do patrimônio do menor (ou ligação de parentesco com alguém que tenha) seja o responsável pela sua administração.

A tutela pressupõe confiança, o que não pode existir entre inimigos declarados, seja do menor tutelado, seja de seus pais. Por tal circunstância, o inciso III também elenca, como incapazes de exercer a tutela, aqueles expressamente excluídos, o que decorre da prerrogativa familiar dos pais de nomear tutores para seus filhos.

O inciso IV é de constitucionalidade duvidosa, pois parte do pressuposto de que alguém que tenha cometido um delito vá necessariamente cometer novamente. Agrava também a referência de que, ainda que já tenha cumprido pena, permanecerá sujeito a esse impedimento. É o tipo de norma que, em nosso sentir, exige redobrada cautela do julgador em sua aplicação[8].

A situação é diferente no inciso V, uma vez que, aí, sim, houve um descumprimento específico em relação a menores, não se mostrando razoável uma nova delegação de poderes de administração de bens.

Por fim, a teor do inc. VI, consideram-se incapazes para exercer a tutela "aqueles que exercerem função pública incompatível com a boa administração da tutela".

Sobre o tema, observa DIMAS MESSIAS DE CARVALHO, em comentário ao referido dispositivo:

> "Determinadas funções públicas exigem dedicação integral ou viagens constantes dos agentes, sem horários fixados, como policiais civis e federais, agentes diplomáticos, agentes de inteligência, seguranças de autoridades, tornando inconciliáveis com o bom exercício do encargo, prejudicando os interesses do menor, tanto nos deveres pessoais de cuidados, guarda, educação, vigilância, quanto na melhor administração de seus bens. No interesse do próprio menor, esses servidores são vedados de exercer a tutela"[9].

Parece-nos uma postura razoável, uma vez que a ideia é no sentido de que haja a melhor proteção possível aos bens do menor.

---

[8] Registre-se que, na VIII Jornada de Direito Civil da Justiça Federal, foi editado o Enunciado 636, com o seguinte conteúdo: "ENUNCIADO 636 — Art. 1.735: O impedimento para o exercício da tutela do inc. IV do art. 1.735 do Código Civil pode ser mitigado para atender ao princípio do melhor interesse da criança".

[9] Leonardo Barreto Moreira Alves (coord.), *Código das Famílias Comentado: de acordo com o Estatuto das Famílias (PLN n. 2.285/07)*, Belo Horizonte: Del Rey, 2009, p. 694.

Vale registrar que há determinados atos que o tutor não poderá praticar de forma alguma, ainda que fosse eventualmente autorizado judicialmente.

Neste sentido, confira-se o art. 1.749, CC/2002:

"Art. 1.749. Ainda com a autorização judicial, não pode o tutor, sob pena de nulidade:
I — adquirir por si, ou por interposta pessoa, mediante contrato particular, bens móveis ou imóveis pertencentes ao menor;
II — dispor dos bens do menor a título gratuito;
III — constituir-se cessionário de crédito ou de direito, contra o menor".

Embora prevista na Seção IV, referente ao exercício da tutela, a matéria tem maior afinidade temática com o tema da capacidade, pois, em final análise, consiste em uma situação peculiar de ilegitimidade, que, como já lembrado, traduz impedimento para a prática de específicos atos jurídicos.

Trata-se de hipótese de nulidade absoluta, que pode ser reconhecida a qualquer tempo, inclusive de ofício pelo juiz[10].

3.1.4. Da escusa da tutela

É preciso compreender que a natureza da condição de tutor é de um múnus público, que, *a priori*, não pode ser recusado, notadamente por quem seja parente do menor.

Todavia, tal dever é flexibilizado em determinadas situações objetivas, que, por sua própria natureza, podem atrapalhar a regular administração dos bens do tutelado, com confusão de interesses.

Nesse sentido, o art. 1.736, CC/2002 admite que podem se escusar da tutela:

"I — mulheres casadas;
II — maiores de sessenta anos;
III — aqueles que tiverem sob sua autoridade mais de três filhos;
IV — os impossibilitados por enfermidade;
V — aqueles que habitarem longe do lugar onde se haja de exercer a tutela;
VI — aqueles que já exercerem tutela ou curatela;
VII — militares em serviço".

É preciso registrar que a previsão legal se refere à possibilidade de escusa, ou seja, as pessoas ali listadas terão uma justificativa normativa para não exercer a tutela, caso não seja do seu interesse, podendo, todavia, exercê-la normalmente, independentemente de se enquadrarem na hipótese fática.

Assim, para evitar um assoberbamento de atividades ou um ônus maior, têm as pessoas listadas o direito subjetivo de recusa.

A priori, quem é parente do menor não tem o direito subjetivo de recusar o múnus, se não estiver enquadrado em uma das situações *supra*.

---

[10] Sobre o tema da nulidade absoluta, confira-se o Capítulo XIV ("Invalidade do Negócio Jurídico") do v. I ("Parte Geral") desta coleção.

Todavia, não mantendo grau de parentesco com o menor, há a possibilidade de recusa, "*se houver no lugar parente idôneo, consanguíneo ou afim, em condições de exercê-la*", na forma do art. 1.737, CC/2002.

O procedimento para manifestação da escusa se dá por simples petição ao magistrado, ajuizada nos mesmos autos que designaram a tutela, devendo ser apresentada sob pena de entender-se renunciado o direito de alegá-la. Se, todavia, o motivo escusatório ocorrer depois de aceita a tutela, o prazo será contado do dia "*em que ele sobrevier*"[11] (art. 1.738, CC/2002), o que, *mutatis mutandi*, é uma aplicação do princípio da *actio nata*. Vale registrar que o prazo originário para tal manifestação era de 10 (dez) dias, como constava no Código Civil, mas houve modificação superveniente para 5 (cinco) dias, com o advento do art. 760 do Código de Processo Civil de 2015.

É importantíssimo registrar que, se o juiz não admitir a escusa, exercerá o nomeado a tutela, enquanto o recurso interposto não tiver provimento, e responderá desde logo pelas perdas e danos que o menor venha a sofrer (art. 1.739, CC/2002), o que demonstra o caráter público relevante do exercício da tutela.

3.2. Objeto da tutela

Neste subtópico, pretende-se analisar o objeto da relação jurídica de tutela, qual seja, o seu exercício e a administração dos bens do tutelado, com as correspondentes prestações de contas.

Vamos a eles.

3.2.1. Exercício da tutela

Em uma leitura apressada do art. 1.741, CC/2002[12], poder-se-ia imaginar que o exercício da tutela se limitaria à administração do patrimônio do menor.

Todavia, a condição de tutor é muito mais relevante do que a de um simples administrador patrimonial, uma vez que se torna, em verdade, o representante legal do menor, suprindo, ainda que parcialmente, a ausência das figuras parentais.

E não há mesmo como ser encarada como uma mera administração de bens, até mesmo pela circunstância evidente de que o menor pode nem sequer ter qualquer bem em seu patrimônio.

Neste exercício da tutela, uma série de atos deve ser praticada, alguns sem controle judicial prévio, outros com a necessária autorização do magistrado.

Compreendamos tais conjuntos de atos.

3.2.1.1. Atos sem prévio controle judicial

Em uma linha mais abrangente, dispõe o art. 1.740, CC/2002:

"Art. 1.740. Incumbe ao tutor, quanto à pessoa do menor:

I — dirigir-lhe a educação, defendê-lo e prestar-lhe alimentos, conforme os seus haveres e condição;

---

[11] Essa expressão, contida no art. 1.738, refere-se à superveniência do motivo escusatório.

[12] "Art. 1.741. Incumbe ao tutor, sob a inspeção do juiz, administrar os bens do tutelado, em proveito deste, cumprindo seus deveres com zelo e boa-fé".

II — reclamar do juiz que providencie, como houver por bem, quando o menor haja mister correção;

III — adimplir os demais deveres que normalmente cabem aos pais, ouvida a opinião do menor, se este já contar doze anos de idade".

Note-se que a ênfase do dispositivo se dá na proteção da pessoa do menor, com a preocupação com sua educação, defesa e sustento.

Tudo isso é feito diretamente pelo tutor, como efetivo representante do menor, sem precisar se valer da autoridade do juiz.

Em uma busca democrática pelo melhor interesse do menor, é salutar, inclusive, ouvir-se a sua opinião, posto, claro, caiba ao tutor dar a decisão final acerca de aspectos de sua vida, sem prejuízo de eventual controle judicial.

Assim, cabem ao tutor, em síntese, as atribuições que seriam naturais dos pais do menor.

Todavia, o tutor não é pai ou mãe.

E, por isso, a diferença evidente de prerrogativas está no fato de que não tem ele poder de correção sobre o menor.

É óbvio que o tutor, na condição de representante legal, pode exigir do tutelado respeito e obediência. Contudo, não tem ele a possibilidade de disciplinar o menor, como se pai fosse.

Para isso, é necessária a atuação judicial, já que o tutor não exerce o poder familiar e a tutela é estabelecida para sua proteção, não para os desígnios e desejos do tutor, motivo pelo qual se justificaria o controle judicial.

Discutível, porém, é a condição fática do magistrado de escolher a medida mais adequada para correção do pupilo, sem a atuação do próprio tutor, uma vez que não partilha, da mesma forma, de sua convivência.

Comentando o dispositivo, observa PATRÍCIA DINIZ GONÇALVES MOREIRA ALVES:

"Poderá o tutor exigir do tutelado respeito e obediência, a fim de fazer valer a sua autoridade. No entanto, diante de eventual resistência do tutelado à observância de suas orientações, não poderá o tutor exercer sobre ele o poder de correção, devendo requerer ao juiz que determine a providência cabível à espécie. Solicitada a medida, o Juiz poderá, de acordo com Paulo Nader, 'limitar-se a aconselhamento ou efetivar-se medida de acompanhamento por assistente social, psicólogo, pedagogo ou por outro profissional' (NADER, 2006, p. 637). Em pertinente crítica ao inciso II, Maria Berenice Dias afirma que 'a redação de tal dispositivo já evidencia sua absoluta inadequação. Pelo jeito, é delegada ao juiz a função de pai. Talvez este seja o traço diferenciador entre poder familiar e tutela: o poder familiar não pode ser delegado, mas o tutor pode socorrer-se do juiz'. (DIAS, 2006, p. 478/479). De fato, sem a convivência com o menor e o conhecimento acerca das peculiaridades do seu comportamento, ao juiz é mais dificultoso saber qual a medida mais adequada à correção do tutelado. Ademais, sabedor da impossibilidade do tutor de se utilizar do poder de correção, poderá o tutelado tornar-se ainda mais resistente ao cumprimento de suas determinações, dificultando o exercício de sua autoridade. Deveria o juiz, sim, fiscalizar os limites dessa correção à luz do ordenamento jurídico, a fim de evitar eventuais excessos por parte do tutor ao exercer o seu poder corretivo, não sendo recomendável, no entanto, a transferência desse poder ao órgão jurisdicional"[13].

---

[13] Leonardo Barreto Moreira Alves (coord.), *Código das Famílias Comentado: de acordo com o Estatuto das Famílias (PLN n. 2.285/07)*, Belo Horizonte: Del Rey, 2009, p. 611.

Ressalte-se, portanto, que, ressalvada a mencionada situação do inciso II (de razoabilidade discutível), todos os deveres elencados no dispositivo susomencionado são exercidos diretamente pelo tutor, sendo o controle judicial uma etapa *a posteriori*.

Da mesma forma, estabelece o art. 1.747, CC/2002 outras prerrogativas do tutor, sem controle judicial prévio, a saber:

"Art. 1.747. Compete mais ao tutor:

I — representar o menor, até os dezesseis anos, nos atos da vida civil, e assisti-lo, após essa idade, nos atos em que for parte;

II — receber as rendas e pensões do menor, e as quantias a ele devidas;

III — fazer-lhe as despesas de subsistência e educação, bem como as de administração, conservação e melhoramentos de seus bens;

IV — alienar os bens do menor destinados à venda;

V — promover-lhe, mediante preço conveniente, o arrendamento de bens de raiz".

Outros atos, porém, exigem obrigatoriamente prévia atuação judicial.

É o que enfrentaremos no próximo subtópico.

3.2.1.2. Atos dependentes de controle judicial

Demonstrando preocupação com o patrimônio do menor, a codificação civil estabelece que alguns atos jurídicos praticados pelo tutor, no exercício da tutela, exigem um controle judicial maior.

É o que preceitua o art. 1.748, CC/2002:

"Art. 1.748. Compete também ao tutor, com autorização do juiz:

I — pagar as dívidas do menor;

II — aceitar por ele heranças, legados ou doações, ainda que com encargos;

III — transigir;

IV — vender-lhe os bens móveis, cuja conservação não convier, e os imóveis nos casos em que for permitido;

V — propor em juízo as ações, ou nelas assistir o menor, e promover todas as diligências a bem deste, assim como defendê-lo nos pleitos contra ele movidos.

Parágrafo único. No caso de falta de autorização, a eficácia de ato do tutor depende da aprovação ulterior do juiz".

Observe-se cuidadosamente a ressalva do parágrafo único como uma situação excepcional, pois, em regra, o controle judicial deve ser prévio.

Da mesma forma, os *"imóveis pertencentes aos menores sob tutela somente podem ser vendidos quando houver manifesta vantagem, mediante prévia avaliação judicial e aprovação do juiz"*, como prevê o art. 1.750, CC/2002.

3.2.1.3. Responsabilidade na tutela

A constituição de uma relação jurídica de tutela é um dos mais sérios procedimentos judiciais de que se tem notícia.

Essa afirmação se respalda, por exemplo, no fato de que há até mesmo previsão legal específica de responsabilidade civil do magistrado em tal procedimento.

É a previsão do art. 1.744, CC/2002:

"Art. 1.744. A responsabilidade do juiz será:

I — direta e pessoal, quando não tiver nomeado o tutor, ou não o houver feito oportunamente;

II — subsidiária, quando não tiver exigido garantia legal do tutor, nem o removido, tanto que se tornou suspeito".

Claro está, todavia, que essa responsabilização pressupõe uma desídia comprovada, na medida em que diversas circunstâncias podem impedir a nomeação célere do tutor, a exemplo da frequente dificuldade enfrentada na escolha de pessoa idônea. Afinal, não se trata de nomear um depositário de uma coisa, mas, sim, de instituir a representação legal de uma criança ou de um adolescente, o que exige redobrada cautela.

Quanto à exigência da garantia legal, pela própria condição econômica do tutor, não é incomum afigurar-se impossível prestá-la, tendo sido, inclusive, banida do art. 37 do ECA a referência que havia à instituição de uma hipoteca legal.

Também há a previsão de responsabilidade do próprio tutor.

Assim, antes de assumir a tutela, *"o tutor declarará tudo o que o menor lhe deva, sob pena de não lhe poder cobrar, enquanto exerça a tutoria, salvo provando que não conhecia o débito quando a assumiu"*, na forma do art. 1.751, CC/2002.

Nessa linha, estabelece o art. 1.752, CC/2002:

"Art. 1.752. O tutor responde pelos prejuízos que, por culpa, ou dolo, causar ao tutelado; mas tem direito a ser pago pelo que realmente despender no exercício da tutela, salvo no caso do art. 1.734, e a perceber remuneração proporcional à importância dos bens administrados.

§ 1.º Ao protutor será arbitrada uma gratificação módica pela fiscalização efetuada.

§ 2.º São solidariamente responsáveis pelos prejuízos as pessoas às quais competia fiscalizar a atividade do tutor, e as que concorreram para o dano".

O rigor na fiscalização da atividade do tutor é tamanho que, na forma do art. 1.742, CC/2002 (sem equivalente na codificação anterior), pode o juiz nomear um *protutor*, que é, em verdade, um "tutor do tutor".

Trata-se de uma peculiaridade do nosso direito positivo, atuando o protutor como um "monitor" das atividades do tutor, seja na administração patrimonial, seja na relação com o pupilo, nos cuidados de educação e assistência.

Uma outra singularidade do Código Civil de 2002 foi a autorização legal para a delegação parcial do exercício da tutela, no caso de existirem bens e interesses administrativos que exijam conhecimentos técnicos (de que o tutor não disponha), ou sejam de alta complexidade, ou que devam ser realizados em lugares distantes, de forma que não tenha o tutor condições de realizá-los razoavelmente[14].

---

[14] CC/2002: "Art. 1.743. Se os bens e interesses administrativos exigirem conhecimentos técnicos, forem complexos, ou realizados em lugares distantes do domicílio do tutor, poderá este, mediante aprovação judicial, delegar a outras pessoas físicas ou jurídicas o exercício parcial da tutela".

Parece-nos lógico que, ao indicar um segundo tutor, que exercerá conjuntamente a atividade com ele, atrai o tutor original responsabilidade civil *in eligendo*, na eventual hipótese de danos cometidos pelo tutor delegado.

Vale destacar que essa tutela parcial ou delegada não se confunde com a já trabalhada protutela. Com efeito, na primeira, os dois tutores atuam paralelamente, cada um na atividade para o qual foi designado, enquanto, na segunda, o protutor apenas monitora a atividade do tutor, que realiza individualmente suas funções. Ademais, observe-se que o protutor é designado pelo magistrado, enquanto o tutor parcial é indicado pelo próprio tutor originário, com a aprovação judicial.

3.2.2. Os bens do tutelado

Embora a tutela não seja somente patrimonial, como já afirmamos neste capítulo, é evidente que o texto codificado teve uma grande preocupação com a proteção dos bens do menor.

Por isso, estabeleceu o art. 1.745, CC/2002:

> "Art. 1.745. Os bens do menor serão entregues ao tutor mediante termo especificado deles e seus valores, ainda que os pais o tenham dispensado.
> Parágrafo único. Se o patrimônio do menor for de valor considerável, poderá o juiz condicionar o exercício da tutela à prestação de caução bastante, podendo dispensá-la se o tutor for de reconhecida idoneidade".

Isso revela, no nosso entender, um marcante traço ideológico, ainda mais acentuado na codificação anterior, de maior interesse na proteção do *órfão rico* do que do *órfão pobre*.

É o que justifica o art. 1.746, CC/2002, nos seguintes termos:

> "Art. 1.746. Se o menor possuir bens, será sustentado e educado a expensas deles, arbitrando o juiz para tal fim as quantias que lhe pareçam necessárias, considerado o rendimento da fortuna do pupilo quando o pai ou a mãe não as houver fixado".

A lógica da regra é garantir o uso adequado do patrimônio do menor, já potencialmente protegido pela caução mencionada no dispositivo anterior, evitando o abuso por parte do tutor.

Talvez por isso, foi aberta a Seção V no Capítulo sobre a Tutela no vigente Código Civil Brasileiro, com a finalidade de estabelecer uma disciplina sobre a utilização dos bens do tutelado.

É o que se verifica nos arts. 1.753/1.754, CC/2002, nos seguintes termos:

> "Art. 1.753. Os tutores não podem conservar em seu poder dinheiro dos tutelados, além do necessário para as despesas ordinárias com o seu sustento, a sua educação e a administração de seus bens.
> § 1.º Se houver necessidade, os objetos de ouro e prata, pedras preciosas e móveis serão avaliados por pessoa idônea e, após autorização judicial, alienados, e o seu produto convertido em títulos, obrigações e letras de responsabilidade direta ou indireta da União ou dos Estados, atendendo-se preferencialmente à rentabilidade, e recolhidos ao estabelecimento bancário oficial ou aplicado na aquisição de imóveis, conforme for determinado pelo juiz.
> § 2.º O mesmo destino previsto no parágrafo antecedente terá o dinheiro proveniente de qualquer outra procedência.

§ 3.º Os tutores respondem pela demora na aplicação dos valores acima referidos, pagando os juros legais desde o dia em que deveriam dar esse destino, o que não os exime da obrigação, que o juiz fará efetiva, da referida aplicação.

Art. 1.754. Os valores que existirem em estabelecimento bancário oficial, na forma do artigo antecedente, não se poderão retirar, senão mediante ordem do juiz, e somente:

I — para as despesas com o sustento e educação do tutelado, ou a administração de seus bens;

II — para se comprarem bens imóveis e títulos, obrigações ou letras, nas condições previstas no § 1.º do artigo antecedente;

III — para se empregarem em conformidade com o disposto por quem os houver doado, ou deixado;

IV — para se entregarem aos órfãos, quando emancipados, ou maiores, ou, mortos eles, aos seus herdeiros".

Dessa limitação, mostra-se o quão relevante é a questão da prestação de contas da atividade desenvolvida pelo tutor, tema que será abordado no próximo subtópico.

3.2.3. Prestação de contas

Dada a enorme importância dessa relação jurídica, a prestação de contas pelo tutor é obrigatória, não sendo possível sequer aos pais, eventualmente instituidores da tutela, autorizar a sua dispensa[15].

A prestação de contas, em regra, será feita de dois em dois anos, o que não impede que seja feita anteriormente, por determinação judicial ou por eventual afastamento do exercício da tutela.

É a regra do art. 1.757, CC/2002:

"Art. 1.757. Os tutores prestarão contas de dois em dois anos, e também quando, por qualquer motivo, deixarem o exercício da tutela ou toda vez que o juiz achar conveniente.

Parágrafo único. As contas serão prestadas em juízo, e julgadas depois da audiência dos interessados, recolhendo o tutor imediatamente a estabelecimento bancário oficial os saldos, ou adquirindo bens imóveis, ou títulos, obrigações ou letras, na forma do § 1.º do art. 1.753".

Tudo isso sem prejuízo de, no fim de cada ano, os tutores submeterem o balanço respectivo ao magistrado, na forma do art. 1.756, CC/2002.

A aprovação judicial das contas é fundamental para que possa o tutor se desonerar das sérias atribuições que assumiu, motivo pelo qual, mesmo cessada a tutela pela emancipação ou maioridade, a quitação do menor não produzirá efeito antes de aprovadas as contas pelo juiz, subsistindo inteira, até então, a responsabilidade do tutor, como dispõe o art. 1.758, CC/2002.

Assim, nos casos de morte, ausência, ou interdição do tutor, as contas serão prestadas por seus herdeiros ou representantes (art. 1.759, CC/2002).

---

[15] "Art. 1.755. Os tutores, embora o contrário tivessem disposto os pais dos tutelados, são obrigados a prestar contas da sua administração".

Vale destacar que todas as despesas justificadas e reconhecidamente proveitosas ao menor serão consideradas como crédito do tutor, sendo que as despesas com a prestação das contas serão pagas pelo tutelado, tudo na forma dos arts. 1.760 e 1.761, CC/2002.

Isso demonstra que, nessa prestação de contas, pode, sim, o tutor ter crédito a receber do tutelado, quando tenha realizado despesas em seu favor, sem o devido ressarcimento.

É pensando em hipóteses assim que prevê o art. 1.762, CC/2002:

"Art. 1.762. O alcance do tutor, bem como o saldo contra o tutelado, são dívidas de valor e vencem juros desde o julgamento definitivo das contas".

Essa é uma ideia importante, para que não se imagine que a atividade do tutor seja a de uma condição análoga a de um servo, com evidente prejuízo a seu patrimônio, quando o menor disponha de bens suficientes para cobrir suas despesas pessoais.

Obviamente, o reconhecimento de crédito do tutor em face do tutelado depende da demonstração específica e detalhada das despesas realizadas.

E o que dizer do menor que não tenha qualquer patrimônio pessoal?

A hipótese, para nós, é de reconhecimento da existência da dívida, mas em uma potencial *execução vazia*, tendente a ver a pretensão se perder, pelo decurso do tempo e reconhecimento da prescrição.

Na hipótese contrária, qual seja, a de o tutor ser condenado a pagar saldo ao tutelado, não sendo realizado tal pagamento no prazo fixado, deve o juiz destituí-lo, mandando sequestrar os bens do tutelado sob sua administração e suprimir o pagamento da remuneração a que eventualmente tenha direito, tudo na forma da legislação processual civil[16].

3.3. Cessação da tutela

A tutela é uma relação jurídica temporária, por sua própria essência, uma vez que se refere necessariamente a menores, cuja incapacidade o decurso do tempo naturalmente fará cessar.

Assim, na forma do art. 1.763, CC/2002, extingue-se a condição de tutelado tanto com a maioridade ou a emancipação do menor, bem como nos casos de reconhecimento ou adoção[17].

Da mesma maneira, como dispõe o art. 1.764, CC/2002, cessam as funções do tutor: "*I — ao expirar o termo, em que era obrigado a servir; II — ao sobrevir escusa legítima; e III — ao ser removido*".

A regra geral de tempo para o exercício da função de tutor é de dois anos.

É o que se extrai do art. 1.765, CC/2002:

"Art. 1.765. O tutor é obrigado a servir por espaço de dois anos.

Parágrafo único. Pode o tutor continuar no exercício da tutela, além do prazo previsto neste artigo, se o quiser e o juiz julgar conveniente ao menor".

---

[16] Código de Processo Civil de 1973: "Art. 919. As contas do inventariante, do tutor, do curador, do depositário e de outro qualquer administrador serão prestadas em apenso aos autos do processo em que tiver sido nomeado. Sendo condenado a pagar o saldo e não o fazendo no prazo legal, o juiz poderá destituí-lo, sequestrar os bens sob sua guarda e glosar o prêmio ou gratificação a que teria direito".

[17] Confiram-se os Capítulos XXV ("Filiação") e XXVII ("Adoção") deste volume.

Obviamente, diante de toda a fiscalização sofrida, a tutela também pode cessar, em relação ao tutor, na hipótese de negligência, prevaricação ou incapacidade superveniente, na forma do art. 1.766, CC/2002.

Por fim, obviamente, cessa a tutela no falecimento de qualquer dos sujeitos dessa relação jurídica de direito material, quais sejam, o tutor e o tutelado ou pupilo.

4. CURATELA

A previsão genérica da *curatela* (ou *curadoria*) no livro de Direito de Família se justifica pela base comum que compartilha com a tutela, a ponto, inclusive, de lhe serem aplicáveis as suas regras gerais e de exercício, na forma dos arts. 1.774 e 1.781, CC/2002, com as devidas adaptações[18].

Todavia, a curatela, em sua figura básica, visa a proteger a pessoa maior, padecente de alguma incapacidade ou de certa circunstância que impeça a sua livre e consciente manifestação de vontade, resguardando-se, com isso, também, o seu patrimônio, como se dá, na mesma linha, na curadoria (curatela) dos bens do ausente, disciplinada nos arts. 22 a 25, CC/2002.

Conheçamos, agora, quem está sujeito a esse instituto protetivo e assistencial.

4.1. Sujeitos da curatela

São sujeitos da curatela: o curador (pessoa necessariamente idônea e capaz) e o curatelado (o destinatário da proteção jurídica).

4.1.1. Curadores

Para ser curador de quem quer que seja, o requisito fundamental é, sem sombra de dúvida, gozar de capacidade plena para os atos da vida civil.

Atendido esse requisito mínimo, qualquer cidadão, em tese, pode ser designado como curador de outrem.

Todavia, não é razoável imaginar que qualquer indivíduo, aleatoriamente, seja nomeado para tão importante mister.

Por isso, o lógico é que tal função seja exercida por alguém que, além de apresentar comportamento probo e idôneo, mantenha relações de parentesco ou de amizade com o sujeito que teve sua incapacidade, total ou relativa, reconhecida.

Nesse diapasão, o art. 1.775, CC/2002, estabelece uma ordem preferencial de escolha:

"Art. 1.775. O cônjuge ou companheiro, não separado judicialmente ou de fato, é, de direito, curador do outro, quando interdito.

§ 1.º Na falta do cônjuge ou companheiro, é curador legítimo o pai ou a mãe; na falta destes, o descendente que se demonstrar mais apto.

§ 2.º Entre os descendentes, os mais próximos precedem aos mais remotos.

§ 3.º Na falta das pessoas mencionadas neste artigo, compete ao juiz a escolha do curador".

---

[18] "Art. 1.774. Aplicam-se à curatela as disposições concernentes à tutela, com as modificações dos artigos seguintes.
(...)".

"Art. 1.781. As regras a respeito do exercício da tutela aplicam-se ao da curatela, com a restrição do art. 1.772 e as desta Seção".

Trata-se de regra indubitavelmente razoável, reservando-se a livre escolha ao magistrado somente na hipótese de completa ausência de cônjuge/companheiro, ascendentes ou descendentes.

Claro está, todavia, que esse rol não é vinculativo, de maneira que o juiz fará a escolha sempre em prol do melhor interesse do curatelado[19].

Vale salientar que o Estatuto da Pessoa com Deficiência acrescentou o art. 1.775-A, para admitir, em boa hora, a denominada "curatela compartilhada" em favor da pessoa com deficiência:

> "Art. 1.775-A. Na nomeação de curador para a pessoa com deficiência, o juiz poderá estabelecer curatela compartilhada a mais de uma pessoa".

Com isso, passa a ser possível a designação de mais de um curador, simultaneamente, o que, em verdade, oficializará situações fáticas corriqueiras, na medida em que, em muitas famílias, é comum mais de um parente dispensar, ao mesmo tempo, cuidado, auxílio e atenção em favor do beneficiário da curatela.

4.1.2. *Curatelados*

Tradicionalmente, a curatela era reservada a sujeitos incapazes, absoluta ou relativamente, com exceção dos menores, para os quais o instituto aplicável seria a tutela.

Sucede que, a partir do Estatuto da Pessoa com Deficiência, a curatela, em face dos sujeitos alcançados por este microssistema, passaria a ter uma nova estrutura e configuração.

Nos termos do seu art. 85, observa-se que a curatela do deficiente é medida extraordinária e voltada tão somente à prática de atos de natureza patrimonial e negocial[20].

Vale dizer, conforme já havia observado CELIA BARBOSA ABREU, a curatela experimentaria um fenômeno de flexibilização, passando a ser uma "medida protetiva personalizada, adequada às reais necessidades"[21] do beneficiário.

---

[19] Neste sentido, observe-se o Enunciado 638 da VIII Jornada de Direito Civil da Justiça Federal: "ENUNCIADO 638 — Art. 1.775: A ordem de preferência de nomeação do curador do art. 1.775 do Código Civil deve ser observada quando atender ao melhor interesse do curatelado, considerando suas vontades e preferências, nos termos do art. 755, II, e § 1.º, do CPC".

[20] O Prof. Paulo Lôbo, em excelente artigo, sustenta que, a partir da entrada em vigor do Estatuto, "não há que se falar mais de 'interdição', que, em nosso direito, sempre teve por finalidade vedar o exercício, pela pessoa com deficiência mental ou intelectual, de todos os atos da vida civil, impondo-se a mediação de seu curador. Cuidar-se-á, apenas, de curatela específica, para determinados atos" (Com avanços legais, pessoas com deficiência mental não são mais incapazes. Disponível em: <http://www.conjur.com.br/2015-ago-16/processo-familiar-avancos-pessoas-deficiencia-mental-nao-sao-incapazes>. Acesso em: 18 dez. 2015).

O que o grande jurista afirma deve ser adequadamente compreendido. Na medida em que o Estatuto é expresso ao afirmar que a Curatela é extraordinária e restrita a atos de conteúdo patrimonial ou econômico, desaparece a figura da interdição completa e do curador todo-poderoso e com poderes ilimitados.

[21] ABREU, Célia Barbosa. Primeiras Linhas sobre a Interdição após o Novo Código de Processo Civil. Curitiba: Editora CRV, 2015, p. 22.

Desaparece, a partir do Estatuto, a figura do curador com "superpoderes", na medida em que a sua atuação é limitada à atividade negocial do curatelado[22].

Nessa linha, o art. 1.767 do Código Civil sofreu modificação, passando a ter a seguinte redação:

"Art. 1.767. Estão sujeitos a curatela:

I — aqueles que, por causa transitória ou permanente, não puderem exprimir sua vontade;

II — [*Revogado.*];

III — os ébrios habituais e os viciados em tóxico;

IV — [*Revogado.*];

V — os pródigos"[23].

De acordo com o Código de Processo Civil de 1973, a curatela era determinada no bojo de um procedimento de interdição (arts. 1.177 a 1.186).

A nova Lei Processual, por seu turno, disciplina este procedimento em seus arts. 747 a 758.

Ocorre que a entrada em vigor do Estatuto da Pessoa com Deficiência causaria impacto neste sistema de normas, o que deve ser compreendido com cuidado.

Há necessidade de se interpretar adequadamente ambos os diplomas, para se tentar amenizar os efeitos de um verdadeiro choque normativo.

E a tarefa também não será fácil, na medida em que o CPC/2015 surge com muitos dispositivos atingidos pelo Estatuto.

Damos como exemplo o dispositivo do Código Civil que trata da legitimidade para promover a ação de interdição (art. 1.768), revogado pelo art. 747 do CPC/2015.

O Estatuto da Pessoa com Deficiência, por seu turno, ignorando a revogação do dispositivo pelo CPC/2015 — observou FREDIE DIDIER JR. — acrescentou-lhe um novo inciso (art. 1.768, IV, CC), para permitir que a própria pessoa instaure o procedimento de curatela.

Certamente, a conclusão a se chegar é no sentido de que o art. 747 do CPC vigorará com este novo inciso.

Será um intenso exercício de hermenêutica que deverá ser guiado sempre pelo bom senso.

---

[22] Como exceção, observe-se que, na VIII Jornada de Direito Civil da Justiça Federal, foi editado o Enunciado 637, com o seguinte conteúdo: "ENUNCIADO 637 — Art. 1.767: Admite-se a possibilidade de outorga ao curador de poderes de representação para alguns atos da vida civil, inclusive de natureza existencial, a serem especificados na sentença, desde que comprovadamente necessários para proteção do curatelado em sua dignidade".

[23] A curatela do pródigo é peculiar, já tendo sido tratada em nosso volume dedicado ao estudo da Parte Geral: "Segundo a legislação em vigor, *a curatela do pródigo somente o privará de, sem curador, emprestar, transigir, dar quitação, alienar, hipotecar, demandar ou ser demandado, e praticar, em geral, atos que não sejam de mera administração* (art. 1.782 do CC/2002). Não suporta restrição, pois, a prática de atos pessoais, uma vez que a sua incapacidade, justificadora da curatela, refere-se apenas a atos que possam diminuir o seu patrimônio" (Pablo Stolze Gagliano e Rodolfo Pamplona Filho, *Novo Curso de Direito Civil* — Parte Geral, 26. ed., São Paulo: SaraivaJur, 2024, v. 1). Para casar, por exemplo, não necessita da anuência do seu curador quanto ao acerto (ou desacerto) na escolha da pessoa amada, mas, quanto ao regime de bens a ser adotado, deverá o curador se pronunciar.

4.1.3. Da curatela do nascituro

Inovou o Código Civil ao consagrar formas especiais de curatela em favor do nascituro e do portador de deficiência física.

A curatela do nascituro tem por finalidade a preservação de seus direitos futuros — sem prejuízo de lhe serem reconhecidos direitos presentes[24] — quando a mãe não detiver o poder familiar e não houver pai.

Sobre o tema, estabelece o art. 1.779, CC/2002:

"Art. 1.779. Dar-se-á curador ao nascituro, se o pai falecer estando grávida a mulher, e não tendo o poder familiar.

Parágrafo único. Se a mulher estiver interdita, seu curador será o do nascituro".

Falecido o pai, a hipótese de a mulher não ter o poder familiar pode ser exemplificada quando esta é menor — situação de tutela — ou se enquadra em qualquer das hipóteses de incapacidade, absoluta ou relativa, que impõem a curatela.

Entendemos que o texto legal, no particular, é limitado, pois há outras situações fáticas em que se deve determinar a curadoria de nascituro, mesmo não provado o falecimento do genitor, por exemplo, abandono e a própria incapacidade do pai.

Observe-se que tal curatela durará apenas até o nascimento da criança, pois, a partir daí, se não houver quem exerça o poder familiar sobre ele, devem ser aplicadas as regras da tutela.

Uma outra novidade do Código Civil brasileiro de 2002 foi a curatela da pessoa com deficiência física:

"Art. 1.780. A requerimento do enfermo ou portador de deficiência física, ou, na impossibilidade de fazê-lo, de qualquer das pessoas a que se refere o art. 1.768, dar-se-lhe-á curador para cuidar de todos ou alguns de seus negócios ou bens". (Revogado pela Lei n. 13.146, de 2015)

Tratava-se de uma situação excepcional, em que o enfermo ou portador de deficiência física tem consciência de seus atos, com capacidade plena, mas prefere, em função da sua especial situação, ter um curador específico para cuidar de todos ou alguns de seus negócios ou bens.

Sucede que este artigo foi revogado pelo Estatuto da Pessoa com Deficiência, que estabelece diretrizes próprias em favor de tais sujeitos.

4.2. Alguns aspectos processuais da curatela

O art. 755, § 3.º, do Código de Processo Civil de 2015 estabelece que a "sentença de interdição será inscrita no registro de pessoas naturais e imediatamente publicada na rede

---

[24] Sobre o tema, vale mencionar a existência dos chamados "alimentos gravídicos", reconhecidos expressamente pela Lei n. 11.804, de 5 de novembro de 2008, que disciplina o direito de alimentos da mulher gestante e a forma do seu exercício, compreendendo, na forma do seu art. 2.º, "os valores suficientes para cobrir as despesas adicionais do período de gravidez e que sejam dela decorrentes, da concepção ao parto, inclusive as referentes à alimentação especial, assistência médica e psicológica, exames complementares, internações, parto, medicamentos e demais prescrições preventivas e terapêuticas indispensáveis, a juízo do médico, além de outras que o juiz considere pertinentes".

mundial de computadores, no sítio do tribunal a que estiver vinculado o juízo e na plataforma de editais do Conselho Nacional de Justiça, onde permanecerá por 6 (seis) meses, na imprensa local, 1 (uma) vez, e no órgão oficial, por 3 (três) vezes, com intervalo de 10 (dez) dias, constando do edital os nomes do interdito e do curador, a causa da interdição, os limites da curatela e, não sendo total a interdição, os atos que o interdito poderá praticar autonomamente".

Note-se que a parte final do texto normativo em que se lê "e, não sendo total a interdição", na perspectiva do Estatuto da Pessoa com Deficiência, está prejudicada, porquanto não mais existe designação de curador com poderes gerais.

Logo, em seguida, o art. 756 prevê o levantamento da curatela quando cessar a causa que a determinou[25].

Neste ponto, a matéria merece reflexão.

Como sabemos, a Lei n. 13.146/2015 ("Estatuto da Pessoa com Deficiência"), nos seus arts. 6.º e 84, passou a considerar legalmente capaz a pessoa com deficiência, ainda que, para atuar no cenário social, precise se valer de instituto assistencial, a exemplo da curatela.

Com efeito, a partir da entrada em vigor do Estatuto, surgiu a questão atinente ao levantamento das interdições já decretadas. Vale dizer, na medida em que o novo diploma considera a pessoa deficiente legalmente capaz, a curatela, que haja sido instituída em seu favor, cairia automaticamente?

Por óbvio, mesmo que um procedimento de interdição — hoje melhor denominado como "procedimento de curatela" — haja sido concluído, o curatelado passou a ser reputado legalmente capaz, a partir da vigência do novo Estatuto.

O que não tem sentido, inclusive pela insegurança jurídica que geraria, é a conclusão de que as curatelas designadas cairiam automaticamente.

Algumas razões, além da já mencionada necessidade de segurança nas relações sociais, militam em favor desta linha de intelecção.

A curatela, ainda que considerada extraordinária, não deixou de existir.

Assim, sem prejuízo de o interessado requerer o levantamento, nos termos das normas processuais, os termos de curatela já existentes devem ser interpretados na perspectiva do Estatuto, considerando-se o âmbito limitado de atuação do curador, quanto à prática de atos de natureza patrimonial.

---

[25] "Art. 756. Levantar-se-á a curatela quando cessar a causa que a determinou.

§ 1.º O pedido de levantamento da curatela poderá ser feito pelo interdito, pelo curador ou pelo Ministério Público e será apensado aos autos da interdição.

§ 2.º O juiz nomeará perito ou equipe multidisciplinar para proceder ao exame do interdito e designará audiência de instrução e julgamento após a apresentação do laudo.

§ 3.º Acolhido o pedido, o juiz decretará o levantamento da interdição e determinará a publicação da sentença, após o trânsito em julgado, na forma do art. 755, § 3.º, ou, não sendo possível, na imprensa local e no órgão oficial, por 3 (três) vezes, com intervalo de 10 (dez) dias, seguindo-se a averbação no registro de pessoas naturais.

§ 4.º A interdição poderá ser levantada parcialmente quando demonstrada a capacidade do interdito para praticar alguns atos da vida civil."

Em suma, não se deve considerar que as curatelas já designadas quedar-se-iam, a partir do Estatuto, como em um "passe de mágica".

5. TOMADA DE DECISÃO APOIADA

Inovou o Estatuto da Pessoa com Deficiência ao consagrar a "Tomada de Decisão Apoiada".

Trata-se de instituto preferencial à curatela, previsto no art. 1.783-A do Código Civil, acrescentado pelo referido Estatuto.

Em essência, cuida-se de um processo pelo qual a pessoa com deficiência elege, pelo menos, duas pessoas idôneas, com as quais mantenha vínculos e que gozem de sua confiança, para prestar-lhe apoio na tomada de decisão sobre atos da vida civil, fornecendo-lhes os elementos e as informações necessários para que possa exercer sua capacidade.

A própria pessoa com deficiência tem legitimidade exclusiva para requerer o procedimento de TDA[26].

Para formular o pedido, a pessoa com deficiência e os apoiadores devem apresentar termo em que constem os limites do apoio a ser oferecido e os compromissos dos apoiadores, inclusive o prazo de vigência do acordo e o respeito à vontade, aos direitos e aos interesses da pessoa que devem apoiar.

Este termo é um documento indispensável ao processamento do pedido.

Antes de se pronunciar sobre a TDA, o Juiz, assistido por equipe multidisciplinar, após a oitiva do Ministério Público, ouvirá pessoalmente o requerente e as pessoas que lhe prestarão apoio.

Podemos observar que este procedimento especial é vantajoso, pois resguarda a autonomia da pessoa com deficiência, que não terá a necessidade de se valer de um curador.

Por óbvio, este instituto pressupõe um grau de discernimento necessário que permita o exercício do livre direito de escolha e da capacidade de autodeterminação da pessoa apoiada[27].

Em termos didáticos, salientamos que o pedido, no procedimento de TDA, deve ser de *homologação do acordo pelo qual são eleitos dois apoiadores, para prestar apoio à pessoa com deficiência, na tomada de decisão sobre determinados atos da vida civil*.

Por se tratar de um instituto até então desconhecido, reputamos aconselhável a transcrição das normas consagradas pelo Estatuto:

"Art. 1.783-A. A tomada de decisão apoiada é o processo pelo qual a pessoa com deficiência elege pelo menos 2 (duas) pessoas idôneas, com as quais mantenha vínculos e que gozem de sua confiança, para prestar-lhe apoio na tomada de decisão sobre atos da vida

---

[26] "Sobre o tema, o Enunciado 639 da VIII Jornada de Direito Civil da Justiça Federal estabeleceu: ENUNCIADO 639 — Art. 1.783-A:
• A opção pela tomada de decisão apoiada é de legitimidade exclusiva da pessoa com deficiência.
• A pessoa que requer o apoio pode manifestar, antecipadamente, sua vontade de que um ou ambos os apoiadores se tornem, em caso de curatela, seus curadores".

[27] Neste sentido, preceitua o Enunciado 640 da VIII Jornada de Direito Civil da Justiça Federal: "ENUNCIADO 640 — Art. 1.783-A: A tomada de decisão apoiada não é cabível, se a condição da pessoa exigir aplicação da curatela".

civil, fornecendo-lhes os elementos e informações necessários para que possa exercer sua capacidade.

§ 1.º Para formular pedido de tomada de decisão apoiada, a pessoa com deficiência e os apoiadores devem apresentar termo em que constem os limites do apoio a ser oferecido e os compromissos dos apoiadores, inclusive o prazo de vigência do acordo e o respeito à vontade, aos direitos e aos interesses da pessoa que devem apoiar.

§ 2.º O pedido de tomada de decisão apoiada será requerido pela pessoa a ser apoiada, com indicação expressa das pessoas aptas a prestarem o apoio previsto no *caput* deste artigo.

§ 3.º Antes de se pronunciar sobre o pedido de tomada de decisão apoiada, o juiz, assistido por equipe multidisciplinar, após oitiva do Ministério Público, ouvirá pessoalmente o requerente e as pessoas que lhe prestarão apoio.

§ 4.º A decisão tomada por pessoa apoiada terá validade e efeitos sobre terceiros, sem restrições, desde que esteja inserida nos limites do apoio acordado.

§ 5.º Terceiro com quem a pessoa apoiada mantenha relação negocial pode solicitar que os apoiadores contra-assinem o contrato ou acordo, especificando, por escrito, sua função em relação ao apoiado.

§ 6.º Em caso de negócio jurídico que possa trazer risco ou prejuízo relevante, havendo divergência de opiniões entre a pessoa apoiada e um dos apoiadores, deverá o juiz, ouvido o Ministério Público, decidir sobre a questão.

§ 7.º Se o apoiador agir com negligência, exercer pressão indevida ou não adimplir as obrigações assumidas, poderá a pessoa apoiada ou qualquer pessoa apresentar denúncia ao Ministério Público ou ao juiz.

§ 8.º Se procedente a denúncia, o juiz destituirá o apoiador e nomeará, ouvida a pessoa apoiada e se for de seu interesse, outra pessoa para prestação de apoio.

§ 9.º A pessoa apoiada pode, a qualquer tempo, solicitar o término de acordo firmado em processo de tomada de decisão apoiada.

§ 10. O apoiador pode solicitar ao juiz a exclusão de sua participação do processo de tomada de decisão apoiada, sendo seu desligamento condicionado à manifestação do juiz sobre a matéria.

§ 11. Aplicam-se à tomada de decisão apoiada, no que couber, as disposições referentes à prestação de contas na curatela".

Capítulo XXX
Responsabilidade Civil nas Relações Familiares

Sumário: 1. Introdução e motivação do capítulo. 2. Relembrando conceitos fundamentais de responsabilidade civil. 3. Competência para julgamento das ações de responsabilidade civil em matéria de relações de família. 4. Casuística da responsabilidade civil nas relações familiares. 4.1. Abandono afetivo. 4.2. Traição. 4.3. Rompimento de relação (namoro, noivado, união estável e casamento). 4.4. Outras hipóteses de conflitos familiares. 5. Advertência final e convite.

1. INTRODUÇÃO E MOTIVAÇÃO DO CAPÍTULO

Como derradeiro capítulo deste livro, consideramos importante cumprir a promessa feita quando da elaboração do nosso v. III, dedicado ao tema da "Responsabilidade Civil".

Com efeito, naquela oportunidade, consideramos que a discussão sobre a responsabilidade civil nas relações familiares ficaria mais adequado neste volume VII, dedicado justamente ao "Direito de Família".

Como veremos, os temas de reparação civil têm encontrado especial dimensão na jurisprudência brasileira.

Nesse contexto, muitos temas relacionados ao descumprimento de deveres conjugais ou da união estável se tornaram relevantes, não para justificar o fim da relação afetiva, mas, sim, para eventual reparação de danos materiais e morais decorrentes de tal relação.

Por isso, neste capítulo, pretendemos abordar diversas hipóteses em que os tribunais têm sido chamados a se pronunciar, às vezes acolhendo a pretensão, em outras oportunidades rechaçando-a, sob variados argumentos, entre os quais a impossibilidade jurídica do pedido ou a "monetarização do afeto".

Antes, porém, de enfrentarmos os temas propriamente ditos, relembremos, *en passant*, algumas noções fundamentais de responsabilidade civil.

2. RELEMBRANDO CONCEITOS FUNDAMENTAIS DE RESPONSABILIDADE CIVIL

Ainda que tenhamos dedicado um volume inteiro desta coleção ao tema da responsabilidade civil[1], parece-nos relevante relembrar determinados conceitos, que consideramos fundamentais para o enfrentamento da sua aplicação em sede de relações familiares.

Em primeiro lugar, o que é responsabilidade civil?

A *responsabilidade civil* deriva da transgressão de uma norma jurídica preexistente, impondo, ao causador do dano, a consequente obrigação de indenizar a vítima[2].

---

[1] Confira-se o v. III ("Responsabilidade Civil") desta coleção.
[2] Confira-se o Capítulo II ("Noções Gerais sobre Responsabilidade Civil") do v. III ("Responsabilidade Civil") desta coleção.

Decompõe-se em três elementos fundamentais, a saber:

a) *conduta humana*: que pode ser comissiva ou omissiva (positiva ou negativa), própria ou de terceiros ou, mesmo, ilícita (regra geral) ou lícita (situação excepcional);

b) *dano*: a violação a um interesse juridicamente tutelado, seja de natureza patrimonial, seja de violação a um direito da personalidade;

c) *nexo de causalidade*: a vinculação necessária entre a conduta humana e o dano.

Além desses três elementos básicos, que serão obrigatórios para a caracterização da responsabilidade civil em qualquer de suas modalidades, há de se lembrar o elemento anímico, a culpa, de caráter eventual, compreendida como a violação a um dever jurídico preexistente, notadamente de cuidado.

A culpa é compreendida, em nosso sentir, como um elemento acidental da responsabilidade civil, em virtude de existir também a responsabilidade civil objetiva (esta última especialmente calcada no exercício de uma atividade de risco, a teor do art. 927 do CC).

Nas relações de família, outrossim, considerando que os sujeitos envolvidos não estão exercendo qualquer atividade que implique, pela sua própria essência, risco a direito de outrem, a esmagadora maioria das situações fáticas demandará a prova do elemento "culpa", a teor da regra geral definidora do ato ilícito, constante no art. 186 do CC.

E a ideia fundamental deste capítulo, afinal, é precisamente verificar o cometimento de um ato culposo ou doloso, no âmbito da entidade familiar, que haja causado dano material ou moral a um dos seus integrantes.

Assim ocorrendo, a reparação devida desafia ação própria de ressarcimento, justamente na seara da responsabilidade civil nas relações de família.

3. COMPETÊNCIA PARA JULGAMENTO DAS AÇÕES DE RESPONSABILIDADE CIVIL EM MATÉRIA DE RELAÇÕES DE FAMÍLIA

Antes de enfrentarmos algumas das polêmicas questões da atualidade em matéria de responsabilidade civil nas relações de família, há uma questão processual que precisa ser tratada.

É a discussão sobre o órgão jurisdicional competente para apreciação dessas ações de responsabilidade civil.

Seria matéria atinente às Varas Cíveis?

Ou a discussão seria atraída para as Varas de Família?

O tema é, sem dúvida, polêmico.

Todavia, não temos a menor sombra de dúvida em afirmar que a competência para as questões de responsabilidade civil nas relações familiares deve ser, quando existente, da Vara de Família, pois a análise das peculiaridades e características da família devem ser levadas em conta, quando do julgamento das pretensões.

Isso porque o que se vai discutir, muitas vezes, pressupõe o conhecimento — diríamos mais, a vivência — das complexidades inerentes aos conflitos familiares, sensibilidade essa que, normalmente, acaba sendo desenvolvida, pela especialização, nos magistrados atuantes nas Varas de Família.

Ademais, tecnicamente, trata-se de um aspecto da responsabilidade civil especificamente voltado à preservação do núcleo familiar, não justificando a sua inserção no âmbito de análise de uma Vara Cível.

Assim, da mesma forma que a reparação pelos danos morais e materiais nas relações de trabalho deve ser apreciada pela Justiça do Trabalho (e defendíamos esse posicionamento muito tempo antes da Emenda Constitucional n. 45/2004[3]), a reparação de danos morais e materiais nas relações familiaristas deve ser na Vara de Família.

Superada essa observação preliminar, passemos, agora, a enfrentar as questões de fundo em sede de responsabilidade civil nas relações de família.

4. CASUÍSTICA DA RESPONSABILIDADE CIVIL NAS RELAÇÕES FAMILIARES

Neste tópico, apresentaremos, em subtópicos próprios, reflexões sobre temas que têm sido objeto de discussão judicial na atualidade.

Como a maioria dos casos não foi objeto de manifestação consolidada de mérito do Supremo Tribunal Federal, muito ainda há que amadurecer, para se poder falar em uma jurisprudência cristalizada em tal matéria.

4.1. Abandono afetivo

O primeiro tema da casuística da responsabilidade civil nas relações de família a ser tratado neste capítulo é a questão da reparação civil pelo abandono afetivo na relação filial.

Trata-se, sem dúvida, do mais polêmico dos temas aqui estudados.

Observe-se que não se trata de abandono material, que também pode ser objeto de reprobabilidade jurídica[4], mas, sim, da discussão sobre os efeitos derivados da negativa de afeto.

---

[3] Sobre o tema, confira-se o artigo Rodolfo Pamplona Filho. "A Nova Competência da Justiça do Trabalho (uma contribuição para a compreensão dos limites do novo art. 114 da Constituição Federal de 1988)", *Revista LTr*, São Paulo/SP, ano 70, janeiro/2006, p. 38-49; *Revista de Direito do Trabalho*, São Paulo/SP, Editora Revista dos Tribunais, n. 121, ano 32, janeiro-março/2006, p. 233-58; e *Revista da Academia Nacional de Direito do Trabalho*, ano XIII, n. 13, São Paulo, LTr, 2005, p. 175-95.

[4] "RECURSO ESPECIAL. FAMÍLIA. ABANDONO MATERIAL. MENOR. DESCUMPRIMENTO DO DEVER DE PRESTAR ASSISTÊNCIA MATERIAL AO FILHO. ATO ILÍCITO (CC/2002, ARTS. 186, 1.566, IV, 1.568, 1.579, 1.632 E 1.634, I; ECA, ARTS. 18-A, 18-B E 22). REPARAÇÃO. DANOS MORAIS. POSSIBILIDADE. RECURSO IMPROVIDO. 1. O descumprimento da obrigação pelo pai, que, apesar de dispor de recursos, deixa de prestar assistência material ao filho, não proporcionando a este condições dignas de sobrevivência e causando danos à sua integridade física, moral, intelectual e psicológica, configura ilícito civil, nos termos do art. 186 do Código Civil de 2002. 2. Estabelecida a correlação entre a omissão voluntária e injustificada do pai quanto ao amparo material e os danos morais ao filho dali decorrentes, é possível a condenação ao pagamento de reparação por danos morais, com fulcro também no princípio constitucional da dignidade da pessoa humana. 3. Recurso especial improvido" (STJ, REsp 1.087.561/RS, rel. Min. Raul Araújo, 4.º Turma, julgado em 13-6-2017, *DJe* 18-8-2017).

Um dos primeiros juristas a tratar do assunto foi o talentoso RODRIGO DA CUNHA PEREIRA que, analisando o primeiro caso a chegar em uma Corte Superior brasileira, asseverou:

"Será que há alguma razão/justificativa para um pai deixar de dar assistência moral e afetiva a um filho? A ausência de prestação de uma assistência material seria até compreensível, se se tratasse de um pai totalmente desprovido de recursos. Mas deixar de dar amor e afeto a um filho... não há razão nenhuma capaz de explicar tal falta"[5].

O referido litígio cuidou, fundamentalmente, da seguinte discussão: se o afeto se constituiria em um dever jurídico, de forma que a negativa injustificada e desarrazoada caracterizaria um ato ilícito.

Os partidários da tese defendem a ideia de uma paternidade/maternidade responsável, em que a negativa de afeto, gerando diversas sequelas psicológicas, caracterizaria um ato contrário ao ordenamento jurídico e, por isso, sancionável no campo da responsabilidade civil.

Já aqueles que se contrapõem à tese sustentam, em síntese, que a sua adoção importaria em uma indevida *monetarização do afeto*, com o desvirtuamento da sua essência, bem como a impossibilidade de se aferir quantidade e qualidade do amor dedicado por alguém a outrem, que deve ser sempre algo natural e espontâneo, e não uma obrigação jurídica, sob controle estatal.

De lege lata, no caso que é considerado um *leading case* no Brasil, o juiz de primeiro grau rechaçou o pedido, mas a tese da possibilidade jurídica prevaleceu no Tribunal de Alçada de Minas Gerais (com o reconhecimento da condenação em reparação civil pelo abandono afetivo) e, posteriormente, quedou-se, em 29 de novembro de 2005, perante o Superior Tribunal de Justiça[6].

---

[5] Rodrigo da Cunha Pereira, *Nem só de Pão Vive o Homem: Responsabilidade Civil por Abandono Afetivo*. Disponível em: <http://www.ibdfam.org.br/?artigos&artigo=392>. Acesso em: 18 set. 2010.

[6] Entenda o caso: "Não cabe indenização por dano moral decorrente de abandono afetivo. A conclusão, por quatro votos a um, é da Quarta Turma do Superior Tribunal de Justiça (STJ), que deu provimento a recurso especial de um pai de Belo Horizonte para modificar a decisão do Tribunal de Alçada de Minas Gerais que havia reconhecido a responsabilidade civil no caso e condenado o pai a ressarcir financeiramente o filho num valor de 200 salários mínimos. Consta do processo que o filho mantinha contato com o pai até os seis anos de maneira regular. Após o nascimento de sua irmã, fruto de novo relacionamento, teria havido um afastamento definitivo do pai. Na ação de indenização por abandono afetivo proposta contra o pai, o filho afirmou que, apesar de sempre receber pensão alimentícia (20% dos rendimentos líquidos do pai), tentou várias vezes uma aproximação com o pai, pretendendo apenas amor e reconhecimento como filho. Segundo a defesa, recebeu apenas 'abandono, rejeição e frieza', inclusive em datas importantes, como aniversários, formatura no ensino médio e por ocasião da aprovação no vestibular. Em primeira instância, a ação do filho contra o pai foi julgada improcedente, tendo o juiz considerado que não houve comprovação dos danos supostamente causados ao filho, hoje maior de idade. Após examinar a apelação, a 7.ª Câmara Cível do Tribunal de Alçada de Minas Gerais, no entanto, reconheceu o direito à indenização por dano moral e psíquico causado pelo abandono do pai. 'A responsabilidade (pelo filho) não se pauta tão somente no dever de alimentar, mas se insere no dever de possibilitar desenvolvimento humano dos filhos, baseado no princípio da dignidade da pessoa humana'. A indenização foi fixada em 200 salários mínimos (hoje, R$ 60 mil), atualizados monetariamente. No recurso para o STJ, o advogado do pai afirmou que a indenização tem caráter abusivo, sendo também uma tentativa de 'monetarização do amor'. Alegou que a ação de indenização é fruto de inconformismo da mãe, ao tomar conheci-

A matéria, vale ressaltar, não foi apreciada, no mérito, pelo Supremo Tribunal Federal, tendo em vista que, infelizmente, o recurso extraordinário não foi conhecido, sob a alegação de inexistência de violação direta à norma constitucional[7].

A questão, porém, não deve ser considerada superada.

De forma alguma.

Em que pese a circunstância de a referida ação judicial não ter logrado êxito, a ideia defendida hoje se encontra disseminada na mente dos militantes da área familiarista.

E, por consequência direta disso, é fácil constatar que, em vários rincões do País, pululam decisões sobre o tema, reconhecendo a possibilidade jurídica de tal reparação[8], posto a matéria seja acentuadamente polêmica, com precedente contrário de Tribunal Superior.

---

mento de uma ação revisional de alimentos, na qual o pai pretendia reduzir o valor. A defesa afirmou que, a despeito da maioridade do filho, o pai continua a pagar pensão até hoje. Em seu parecer, o Ministério Público opinou pelo provimento do recurso do pai. 'Não cabe ao Judiciário condenar alguém ao pagamento de indenização por desamor', afirmou. Por maioria, a Quarta Turma deu provimento ao recurso do pai, considerando que a lei apenas prevê, como punição, a perda do poder familiar, antigo pátrio poder" (Disponível em: <http://www.stj.gov.br/portal_stj/publicacao/engine.wsp?tmp.area=368&tmp.texto=80156&tmp.area_anterior=44&tmp.argumento_pesquisa=abandono%20afetivo>. Acesso em: 18 set. 2010). Segue a ementa do julgado: "Responsabilidade civil. Abandono moral. Reparação. Danos morais. Impossibilidade. 1. A indenização por dano moral pressupõe a prática de ato ilícito, não rendendo ensejo à aplicabilidade da norma do art. 159 do Código Civil de 1916 o abandono afetivo, incapaz de reparação pecuniária. 2. Recurso especial conhecido e provido" (STJ, Recurso Especial 757.411/MG (2005/0085464-3), rel. Min. Fernando Gonçalves).

[7] "STF. Ministra arquiva recurso sobre abandono afetivo por não existir ofensa direta à Constituição

A ministra Ellen Gracie, do Supremo Tribunal Federal (STF), arquivou Recurso Extraordinário (RE 567164) em que A.B.F. pedia ressarcimento por danos morais em razão de abandono familiar. Ele alegava ofensa aos artigos 1.º, 5.º, incisos V e X, e 229 da Constituição Federal.

O autor questionava decisão do Superior Tribunal de Justiça (STJ) que ao dar provimento a um recurso especial concluiu, com base no artigo 159 do Código Civil de 1916, a inviabilidade do reconhecimento de indenização por danos morais decorrente de abandono afetivo.

'O apelo extremo é inviável, pois esta Corte fixou o entendimento segundo o qual a análise sobre a indenização por danos morais limita-se ao âmbito de interpretação de matéria infraconstitucional, inatacável por recurso extraordinário', explicou a ministra. Ela avaliou que, conforme o ato contestado, a legislação pertinente prevê punição específica, ou seja, perda do poder familiar, nos casos de abandono do dever de guarda e educação dos filhos.

Assim, Ellen Gracie afastou a possibilidade de analisar o pedido de reparação pecuniária por abandono moral, pois isto demandaria a análise dos fatos e das provas contidas nos autos, bem como da legislação infraconstitucional que disciplina a matéria (Código Civil e Estatuto da Criança e do Adolescente), o que é inviável por meio de recurso extraordinário. Para a ministra Ellen Gracie, o caso 'não tem lugar nesta via recursal considerados, respectivamente, o óbice da Súmula 279, do STF, e a natureza reflexa ou indireta de eventual ofensa ao texto constitucional'.

Ao citar parecer da Procuradoria Geral da República, a ministra asseverou que conforme o Código Civil e o ECA, eventual lesão à Constituição Federal, se existente, 'ocorreria de forma reflexa e demandaria a reavaliação do contexto fático, o que, também, é incompatível com a via eleita'. Dessa forma, a ministra Ellen Gracie negou seguimento (arquivou) ao recurso extraordinário.

Processos relacionados — RE 567164"

Fonte: *site* do Supremo Tribunal Federal — <www.stf.jus.br>.

[8] Tribunal de Justiça do Estado de São Paulo

Voto n. 15.857 — 8.ª Câmara de Direito Privado

Apelação n. 511.903.4/7 — Marília

Responsabilidade civil. Dano moral. Autor abandonado pelo pai desde a gravidez da sua genitora e reconhecido como filho somente após propositura de ação judicial. Discriminação em face dos irmãos. Abandono moral e material caracterizados. Abalo psíquico. Indenização devida. Sentença reformada. Recurso provido para este fim.

Vistos.

Trata-se de ação de indenização por danos morais movida por A. L. M. G. em face de B. G., em razão de ter sido abandonado pelo pai desde a gravidez da sua genitora e reconhecido como filho somente após propositura de ação judicial.

A r. sentença de fls. 157/162, cujo relatório se adota, julgou improcedente a ação.

Irresignado, apela o autor, alegando que houve cerceamento de defesa decorrente do julgamento antecipado da lide. No mérito, que houve dano moral, uma vez que seu pai deu tratamento diferenciado aos demais filhos e netos, privando-o do direito à convivência, ao amparo afetivo, moral e psíquico, o que feriu a sua dignidade, além do inegável abandono material a que se viu relegado.

Recurso tempestivo, isento de preparo e respondido (fls. 183/193).

É o relatório.

O julgamento preferencial de ações a envolver questões de Família foi determinado desde que a Cadeira foi assumida por este relator em 26 de fevereiro de 2007. Nada obstante, a natureza da causa não foi observada pelo Distribuidor, tendo sido os autos, indevidamente, remetidos ao acervo.

O recurso merece ser provido.

Após o reconhecimento da paternidade, evidente que não só o requerente como seus filhos e netos — desde que comprovada a impossibilidade paterna — subsidiariam ente, podem requerer pensão alimentícia ao avô.

Por outro lado, independe tal concessão do eventual resultado de ação negatória, pelo requerido interposta, após 13 anos do reconhecimento determinado, com trânsito em julgado (fl. 50). Ainda que este, em casos de Família, permita, de acordo com a orientação do C. STF, a relativização da coisa julgada, posto que se trata de direito indisponível e pode ser perseguido a qualquer tempo, por qualquer dos membros da família, atingidos pelo reconhecimento.

Acresce que a possibilidade de indenização por dano moral — nesse caso ligada diretamente ao afeto, ao sentimento — há que ser perseguida, como o foi, até agora com resultado negativo. Ou seja, submetido ao exame de DNA, resultou este positivo, julgando-se a ação improcedente.

Alhures, manifestou esta Relatoria opinião no sentido de que:

Nas ações de reconhecimento ou negação de paternidade (em sentido amplo), a condição de culpa, ou dolo, apresentam-se como as de maior intensidade, por recusar-se à paternidade comprovada ou pretender atribuí-la, conscientemente, a pessoa diversa. Vão se tornando comuns as ações que atribuem falsamente, ou por mera vingança, a paternidade. Por outro lado, impedir que o filho (jovem ou adulto) conheça a verdadeira ascendência é fato que se reveste de inegável gravidade, por interferir no futuro do investigante ou de pessoas indiretamente ligadas ao investigado. Nessa hipótese, a falsa imputação pode conduzir à desagregação de outra família, cogitada a presença de adultério. Contudo, definida e aceita a paternidade, seria demasia pretender-se que respondesse o investigando também por indenização, eis que o excesso levaria à impossibilidade de aproximação e ao completo estremecimento entre genitor e filho. (Revista do Advogado, ano XXVII, n. 91, maio de 2007, p. 28/29.). Essa assertiva final, não reflete a situação específica, pois que o pai teve oportunidades reiteradas de aproximação, inclusive quando da mudança do filho para aquela Comarca, ou mesmo, o que seria de se esperar, quando do nascimento do neto, em condição de saúde abalada definitivamente.

Omitiu-se de forma consciente à responsabilidade, nada obstante tenha sofrido declaração judicial e, hoje, comprovada cientificamente, através do exame que, durante anos se negou a submeter.

Mais a mais, a atitude revestiu-se de dolo, inclusive eventual, ao assumir o resultado, e colocar o filho e seus descendentes em posição econômica de vexame, sem contar as agruras de eventuais promessas (cujo teor pode ser extraído do tempo decorrido entre o reconhecimento e a tentativa frustrada de a este renegar). O dolo, essencial à configuração, neste caso, do nexo de causalidade, deve ser extraído dos fatos de ter o apelante admitido o relacionamento sexual, com a mãe do autor, recusando-se a se submeter ao exame de DNA, três vezes (fl. 40); por nada opor à inafastável prova testemunhal (fls. 38 e s.), salvo a mera declaração de haver se submetido à incisão de vasectomia bilateral, recusada expressamente pelo v. Acórdão de fls. 41/49, e nada obstante sua expressiva condição financeira.

Guardadas as devidas proporções com a matéria penal, evidencia-se que o instituto do dolo eventual pode ser aplicado à esfera civil, quando, nesta, há que tratar de dolo, em qualquer dos modos de sua tipologia. Assim, MAURACH observa que: *A expressão 'dolo eventual' é, em si, equívoca. Pode ser entendida como dolo eventual de atuar, ou como dolo não eventual de atuar, unido a uma vontade eventual de resultado. (...) O tíquerer eventual não basta, em momento algum, para constituir o dolo. Se o autor diz a si mesmo 'seja assim ou de outra maneira, suceda isto ou aquilo, em todo caso eu atuo', existe dolo eventual. Ocorrerá, ao contrário, culpa consciente se o autor se privar da atuação, de saber, com certeza, que se produziria o resultado típico* (in *Tratado de Derecho Penal*, Ediciones Ariel, Barcelona, 1962, fls. 315/316, traduzi).

Com meridiana clareza, completa Aníbal Bruno: *diversa é a situação no dolo eventual. Neste o agente prevê o resultado apenas como provável ou possível, mas, apesar de prevê-lo, age, aceitando o risco de produzi-lo. O caçador dispara a arma contra o animal que passa em frente a um grupo de árvores onde acaba de penetrar o seu companheiro de caça, prevendo, embora, que esse possa ser atingido pelo projétil. O agente desfecha o tiro na sua vítima, apesar de prever que a bala possa atingir também a criança que ela tem ao regaço. Ao contrário do que ocorre no dolo direto, no eventual a vontade não se dirige propriamente ao resultado, mas apenas ao ato inicial, que nem sempre é lícito, e o resultado não é representado como certo, mas só como possível. Mas o agente prefere que ele corra, a desistir do seu ato. No dolo direto, a vontade e a representação são bem definidas e positivas, isto é, dirigem-se no sentido de um resultado previsto e querido como certo. No dolo eventual, a previsão é de uma possibilidade, e a vontade, em relação ao resultado, se manifesta apenas como a aceitação do possível Se o ato praticado pelo agente é em si mesmo lícito, como no primeiro exemplo, o fato pode permanecer no domínio da licitude, mas pode penetrar no terreno do ilícito pela ocorrência do resultado punível, que o agente aceita como consequência possível do seu comportamento. Malgrado a atenuação dos elementos constitutivos do dolo, na forma eventual sobretudo nos casos em que o ato inicial se apresenta como lícito, a doutrina moderna equipara essa norma ao dolo direto. E assim procede também o nosso Código, reunindo as duas formas na mesma definição do crime doloso* (*Direito Penal*, Parte Geral, Tomo 2, Forense, 2. ed., p. 73-74).

Estas características bem definem a condição de assumir o resultado naquela esfera, quando, o primeiro tratadista observa que: (...) *não se requer que o desejo de realização, processado pelo autor, aponte precisamente para o resultado legal. Ainda quando a meta que o autor persiga não pertença ao resultado legal, deverá ser incluído ao evento típico, por razão do nexo indissolúvel entre fim e meio, na conduta final. Também o resultado não desejável ao autor, será objeto da direção final* (ob. cit., fl. 318, traduzi). Por sua vez, Bruno admite que: *O dolo eventual confina com a culpa. Se o agente, prevendo embora, o resultado, espera, sinceramente que este não ocorra, não se pode falar de dolo, mas só de culpa. É a culpa com previsão ou culpa consciente* (p. 74) e esta é suficiente para estabelecer, na esfera civil, o nexo de causalidade e a consequente obrigação de indenizar.

Se o pai não alimenta, não dá amor, é previsível a deformação da prole. Isso pode acontecer, e acontece, com famílias regularmente constituídas.

Não se trata de aferir humilhações no decorrer do tempo. Ninguém é obrigado a amar o outro, ainda que seja o próprio filho. Nada obstante, a situação é previsível, porém, no caso da família constituída, ninguém, só por isso, requer a separação; ocorre que, na espécie, o abandono material e moral, é atitude consciente, desejada, ainda que obstada pela defesa do patrimônio, em relação aos outros filhos — o afastamento, o desamparo, com reflexos na constituição de abalo psíquico, é que merecem ressarcidos, diante do surgimento de nexo de causalidade.

Sobre o assunto, Rolf Madaleno preleciona: *Ninguém poderá afirmar, em sã consciência, que não constitui uma especial gravidade, reprovada pela moral e pelo direito, a atitude do pai que se recusa em reconhecer espontaneamente uma filiação extramatrimonial, que resulta comprovada depois em juízo. (...) É altamente reprovável e moralmente danosa a recusa voluntária ao reconhecimento da filiação extramatrimonial e, certamente, a intensidade deste agravo cresce na medida em que o pai posterga o registro de filho que sabidamente é seu, criando em juízo e fora dele, todos os obstáculos possíveis ao protelamento do registro da paternidade, que ao final, termina por ser judicialmente declarada. Claramente postergatória do reconhecimento parental; onde o investigado se vale de todos subterfúgios processuais para dissimular a verdade biológica, fugando-se com esfarrapadas desculpas ao exame pericial genético, ou mesmo, esquivando-se da perícia com notórios sintomas de indisfarçável rejeição ao vínculo de parentesco com filho, do qual tem sobradas razões para haver como seu descendente. Mas, como era dito, falta de reconhecimento do próprio filho engendra, com efeito, um ato ilícito que faz nascer, ao seu turno, o direito de obter um ressarcimento em razão do dano moral de que pode padecer o descendente. Não se apregoa o direito à reparação moral em qualquer investigatória de paternidade extramatrimonial, pela tão só negativa do pai ao reconhecimento espontâneo, pois que tal atitude permitiria concluir que ao indigitado pai seria vedado exercer qualquer dúvida sobre uma paternidade que lhe fosse atribuída, por consequência de alguma relação sexual e de intimidade que ele não desconhecesse, embora pudesse ter dúvidas acerca da exclusividade daquela relação. A reparação civil admitida como passível de reparação pelo gravame moral impingido ao investigante, haverá de decorrer daquela atitude. Como ascendente sujeito ao reparo moral, situa-se também aquele que, mesmo depois de apresentado laudo judicial e científico, de incontestável paternidade, ainda assim, prossegue negando guarida ao espírito humano de seu filho investigante, que busca, agudamente, o direito da declaração da sua paternidade, mas que segue seu genitor a privá-lo da identidade familiar, tão essencial e, condição de seu crescimento e desenvolvimento psíquico, estes, isentos de sobressaltos e fissuras na hígida personalidade psicológica. Nunca deve ser esquecido por outro lado, que capacidade civil é meramente requisito para formação final da personalidade, jamais, pressuposto para afirmação do direito à honra,* (in O Dano Moral na Investigação de Paternidade. Disponível em: <http://www.rolfmadaleno.com.br/site/index.phPoption= com_content&task=view&id=29&Itemid=39).

Estabelecido o nexo de causalidade entre a ofensa e o abalo psíquico suportado pelo autor, fixa-se a indenização por danos morais no equivalente a 500 salários mínimos regionais, a serem pagos de uma só vez, respeitando-se, desta forma, os parâmetros: pune-se para que não se reitere e observada a condição econômica do agente. É entendimento desta C. Corte (AP. 410.796.4/0, 456.716.4/3, 441.092.4/0) que a fixação da indenização no equivalente a salário mínimo dispensa a incidência de correção monetária, ou qualquer outro índice e condenando-o, ainda, ao pagamento das custas e verba honorária de 15%, sobre o valor da condenação.

Ante o exposto, DÁ-SE PROVIMENTO ao recurso, nos termos ora alvitrados.

Caetano Lagrasta

Relator".

E ainda:

"A juíza Simone Ramalho Novaes, da 1a Vara Cível de São Gonçalo, região metropolitana do Rio de Janeiro, condenou um pai a indenizar seu filho, um adolescente de 13 anos, por abandono afetivo.

Esta pioneira linha de tendência jurisprudencial, todavia, *negatória do direito à reparação por abandono afetivo,* parece passar por um processo de desconstrução — tendo em vista, em nosso sentir, principalmente, a perspectiva social da responsabilidade civil —, conforme podemos notar da leitura de julgados mais recentes, favoráveis ao amparo indenizatório da vítima:

> "*Terceira Turma obriga pai a indenizar filha em R$ 200 mil por abandono afetivo*
>
> 'Amar é faculdade, cuidar é dever.' Com essa frase, da ministra Nancy Andrighi, a Terceira Turma do Superior Tribunal de Justiça (STJ) asseverou ser possível exigir indenização por dano moral decorrente de abandono afetivo pelos pais. A decisão é inédita. Em 2005, a Quarta Turma do STJ, que também analisa o tema, havia rejeitado a possibilidade de ocorrência de dano moral por abandono afetivo.
>
> No caso mais recente, a autora entrou com ação contra o pai, após ter obtido reconhecimento judicial da paternidade, por ter sofrido abandono material e afetivo durante a infância e adolescência. Na primeira instância, o pedido foi julgado improcedente, tendo o juiz entendido que o distanciamento se deveu ao comportamento agressivo da mãe em relação ao pai"[9].

E mais:

"INDENIZAÇÃO POR ABANDONO AFETIVO. PRESCRIÇÃO.

O prazo prescricional das ações de indenização por abandono afetivo começa a fluir com a maioridade do interessado. Isso porque não corre a prescrição entre ascendentes e descendentes até a cessação dos deveres inerentes ao pátrio poder (poder familiar). No caso, os fatos narrados pelo autor ocorreram ainda na vigência do CC/1916, assim como a sua

---

Ele está obrigado a pagar R$ 35 mil ao jovem. Segundo o Tribunal de Justiça fluminense, a condenação é inédita no estado" (Disponível em: <http://www.conjur.com.br/2006-dez-28/pai_condenado_indenizar_filho_abandono_afetivo>. *Site* Consultor Jurídico. Acesso em: 18 set. 2010).

[9] Ver: <http://www.stj.jus.br/portal_stj/publicacao/engine.wsp?tmp.area=398&tmp.texto=105567&tmp.area_anterior=44&tmp.argumento_pesquisa=abandono%20afetivo>. Vale a pena conferir, também: "CIVIL E PROCESSUAL CIVIL. FAMÍLIA. ABANDONO AFETIVO. COMPENSAÇÃO POR DANO MORAL. POSSIBILIDADE. 1. Inexistem restrições legais à aplicação das regras concernentes à responsabilidade civil e o consequente dever de indenizar/compensar no Direito de Família. 2. O cuidado como valor jurídico objetivo está incorporado no ordenamento jurídico brasileiro não com essa expressão, mas com locuções e termos que manifestam suas diversas desinências, como se observa do art. 227 da CF/88. 3. Comprovar que a imposição legal de cuidar da prole foi descumprida implica em se reconhecer a ocorrência de ilicitude civil, sob a forma de omissão. Isso porque o *non facere*, que atinge um bem juridicamente tutelado, leia-se, o necessário dever de criação, educação e companhia — de cuidado — importa em vulneração da imposição legal, exsurgindo, daí, a possibilidade de se pleitear compensação por danos morais por abandono psicológico. 4. Apesar das inúmeras hipóteses que minimizam a possibilidade de pleno cuidado de um dos genitores em relação à sua prole, existe um núcleo mínimo de cuidados parentais que, para além do mero cumprimento da lei, garantam aos filhos, ao menos quanto à afetividade, condições para uma adequada formação psicológica e inserção social. 5. A caracterização do abandono afetivo, a existência de excludentes ou, ainda, fatores atenuantes — por demandarem revolvimento de matéria fática — não podem ser objeto de reavaliação na estreita via do recurso especial. 6. A alteração do valor fixado a título de compensação por danos morais é possível, em recurso especial, nas hipóteses em que a quantia estipulada pelo Tribunal de origem revela-se irrisória ou exagerada. 7. Recurso especial parcialmente provido" (STJ, 3.ª Turma, Decisão por maioria, REsp 1.159.242 — SP (2009/0193701-9), rel. Min. Nancy Andrighi, *DJe* de 10-5-2012).

maioridade e a prescrição da pretensão de ressarcimento por abandono afetivo. Nesse contexto, mesmo tendo ocorrido o reconhecimento da paternidade na vigência do CC/2002, apesar de ser um ato de efeitos *ex tunc*, este não gera efeitos em relação a pretensões já prescritas". Precedentes citados: REsp 430.839/MG, DJ de 23-9-2002, e AgRg no Ag 1.247.622/SP, *DJe* de 16-8-2010. REsp 1.298.576/RJ, rel. Min. Luis Felipe Salomão, j. em 21-8-2012.

"Civil. Processual civil. Direito de família. Abandono afetivo. Reparação de danos morais. Pedido juridicamente possível. Aplicação das regras de responsabilidade civil nas relações familiares. Obrigação de prestar alimentos e perda do poder familiar. Dever de assistência material e proteção à integridade da criança que não excluem a possibilidade da reparação de danos. Responsabilização civil dos pais. Pressupostos. Ação ou omissão relevante que represente violação ao dever de cuidado. Existência do dano material ou moral. Nexo de causalidade. Requisitos preenchidos na hipótese. Condenação a reparar danos morais. Custeio de sessões de psicoterapia. Dano material objeto de transação na ação de alimentos. Inviabilidade da discussão nesta ação.

1. Ação proposta em 31/10/2013. Recurso especial interposto em 30/10/2018 e atribuído à Relatora em 27/05/2020.

2. O propósito recursal é definir se é admissível a condenação ao pagamento de indenização por abandono afetivo e se, na hipótese, estão presentes os pressu-postos da responsabilidade civil.

3. É juridicamente possível a reparação de danos pleiteada pelo filho em face dos pais que tenha como fundamento o abandono afetivo, tendo em vista que não há restrição legal para que se apliquem as regras da responsabilidade civil no âmbito das relações familiares e que os arts. 186 e 927, ambos do CC/2002, tratam da matéria de forma ampla e irrestrita. Precedentes específicos da 3.ª Turma.

4. A possibilidade de os pais serem condenados a reparar os danos morais cau-sados pelo abandono afetivo do filho, ainda que em caráter excepcional, decor-re do fato de essa espécie de condenação não ser afastada pela obrigação de prestar alimentos e nem tampouco pela perda do poder familiar, na medida em que essa reparação possui fundamento jurídico próprio, bem como causa específica e autônoma, que é o descumprimento, pelos pais, do dever jurídico de exercer a parentalidade de maneira responsável.

5. O dever jurídico de exercer a parentalidade de modo responsável compreende a obrigação de conferir ao filho uma firme referência parental, de modo a propiciar o seu adequado desenvolvimento mental, psíquico e de personalidade, sempre com vistas a não apenas observar, mas efetivamente concretizar os princípios do melhor interesse da criança e do adolescente e da dignidade da pessoa humana, de modo que, se de sua inobservância, resultarem traumas, lesões ou prejuízos perceptíveis na criança ou adolescente, não haverá óbice para que os pais sejam condenados a reparar os danos experimentados pelo filho.

6. Para que seja admissível a condenação a reparar danos em virtude do abandono afetivo, é imprescindível a adequada demonstração dos pressupostos da responsabilização civil, a saber, a conduta dos pais (ações ou omissões relevantes e que representem violação ao dever de cuidado), a existência do dano (demonstrada por elementos de prova que bem demonstrem a presença de pre-juízo material ou moral) e o nexo de causalidade (que das ações ou omissões decorra diretamente a existência do fato danoso). (...)" (STJ, Recurso Especial 1.887.697/RJ, rel. Min Nancy Andrighi, julgado em 21-9-2021).

Vale a pena, pois, acompanharmos o desdobramento desta fascinante temática.

A matéria, portanto, ainda ensejará discussões, em nosso pensar[10].

E talvez a segurança jurídica almejada possa ser obtida com a consagração, no direito positivo, do afeto como um bem jurídico cuja violação caracterize ato ilegal:

"'Abandono Afetivo': Pais que não prestam assistência a filhos podem ter que pagar danos morais

O chamado 'abandono afetivo' dos filhos pelos pais poderá ser considerado um ato ilegal. Mudança no Estatuto da Criança e do Adolescente (ECA) poderá impor reparação de danos ao pai ou à mãe que deixar de prestar assistência afetiva aos filhos, seja pela convivência, seja por visitação periódica. No caso daquele que não tiver a guarda da criança ou do adolescente, também ficará obrigado pelo Código Civil não só a visitá-lo e tê-lo em sua companhia, mas também a fiscalizar sua manutenção e educação.

A caracterização do abandono afetivo como conduta ilícita foi proposta em projeto de lei (PLS n. 700/07) do senador Marcelo Crivella (PRB-RJ). Na próxima semana, a Comissão de Constituição, Justiça e Cidadania (CCJ) deverá decidir sobre o enquadramento civil do pai ou da mãe ausente na criação do filho, atitude que traz prejuízos à formação psicológica, moral e social da pessoa em desenvolvimento. A matéria recebeu parecer pela aprovação, com emendas, do relator, senador Valdir Raupp (PMDB-RO).

O PLS n. 700/07 define a assistência afetiva devida pelos pais aos filhos menores de 18 anos como a orientação quanto às principais escolhas e oportunidades profissionais, educacionais e culturais; a solidariedade e o apoio nos momentos de intenso sofrimento ou dificuldade; a presença física espontaneamente solicitada pela criança ou adolescente e possível de ser atendida.

Além dos deveres de sustento, guarda e educação dos filhos menores, a proposta altera o ECA para também atribuir aos pais os deveres de convivência e assistência material e moral. É importante ressaltar que esse aspecto passará a ser considerado nas decisões judiciais de destituição de tutela e de suspensão ou destituição do poder familiar.

Negligência

A negligência do pai ou da mãe nos cuidados com os filhos menores também será incluída entre as hipóteses do ECA que permitem ao juiz determinar, como medida cautelar, o afastamento do denunciado da moradia comum. Atualmente, as hipóteses admitidas para adoção dessa medida são maus-tratos, opressão e abuso sexual.

Os diretores de escolas de ensino fundamental passarão a ter a responsabilidade de comunicar os casos de negligência, abuso ou abandono afetivo ao conselho tutelar. A lei em vigor obriga os educadores a denunciarem apenas os casos de maus-tratos envolvendo os alunos, faltas injustificadas reiteradas, elevados níveis de repetência e evasão escolar.

A matéria será votada em decisão terminativa na Comissão de Direitos Humanos e Legislação Participativa (CDH)".

Fonte: Agencia Senado

Uma importante ponderação final deve ser feita.

Logicamente, dinheiro nenhum efetivamente compensará a ausência, a frieza, o desprezo de um pai ou de uma mãe por seu filho, ao longo da vida.

---

[10] A título de complementação de pesquisa, observamos, aos nossos amigos leitores, haver entendimento no STJ no sentido de que, antes do reconhecimento do vínculo parental, não há que se falar em responsabilidade por abandono afetivo: "Este Superior Tribunal de Justiça já afirmou entendimento no sentido de não ser possível falar em *abandono afetivo* antes do *reconhecimento* da paternidade" (AgInt no AREsp 492243/SP).

Mas é preciso se compreender que a fixação dessa indenização tem um acentuado e necessário caráter punitivo e pedagógico, na perspectiva da função social da responsabilidade civil, para que não se consagre o paradoxo de se impor ao pai ou a mãe responsável por esse grave comportamento danoso (jurídico e espiritual), simplesmente, a "perda do poder familiar", pois, se assim o for, para o genitor que o realiza, essa suposta sanção repercutiria como um verdadeiro favor[11].

4.2. Traição

Outro tema que, comumente, enseja discussão judicial na busca da responsabilidade civil é a questão da "traição".

Entendida como ato ilícito, pela quebra do dever de fidelidade[12], há, sim, jurisprudência que admite a reparação pelos danos morais decorrentes do adultério.

O próprio Superior Tribunal de Justiça já admitiu *responsabilidade civil pela traição*, por conta do reconhecimento de dano moral:

"Um pai que, durante mais de 20 anos, foi enganado sobre a verdadeira paternidade biológica dos dois filhos nascidos durante seu casamento receberá da ex-mulher R$ 200 mil a título de indenização por danos morais, em razão da omissão referida. O caso de omissão de paternidade envolvendo o casal, residente no Rio de Janeiro e separado há mais de 17 anos, chegou ao Superior Tribunal de Justiça (STJ) em recursos especiais interpostos por ambas as partes. O ex-marido requereu, em síntese, a majoração do valor da indenização com a inclusão da prática do adultério, indenização por dano material pelos prejuízos patrimoniais sofridos e pediu também que o ex-amante e atual marido da sua ex--mulher responda solidariamente pelos danos morais. A ex-mulher queria reduzir o valor da indenização arbitrado em primeiro grau e mantido pelo Tribunal de Justiça do Rio de Janeiro. Por 3 a 2, a Terceira Turma do STJ, acompanhando o voto da relatora, ministra Nancy Andrighi, rejeitou todos os pedidos formulados pelas partes e manteve o valor da indenização fixado pela Justiça fluminense. Segundo a relatora, o desconhecimento do fato de não ser o pai biológico dos filhos gerados durante o casamento atinge a dignidade e a honra subjetiva do cônjuge, justificando a reparação pelos danos morais suportados. Em seu voto, a ministra Nancy Andrighi destacou que a pretendida indenização por dano moral em decorrência da infidelidade conjugal foi afastada pelo Tribunal de origem ao reconhecer a ocorrência do perdão tácito, uma vez que, segundo os autos, o ex-marido na época da separação inclusive se propôs a pagar alimentos à ex-mulher. Para a ministra, a ex-mulher transgrediu o dever da lealdade e da sinceridade ao omitir do cônjuge, deliberadamente, a verdadeira paternidade biológica dos filhos gerados na constância do casamento, mantendo-o na ignorância. Sobre o pedido de reconhecimento da solidariedade, a ministra sustentou que não há como atribuir responsabilidade solidária ao então aman-

---

[11] Aqui, não podemos deixar de homenagear a querida e brilhante Profa. Dra. Giselda Hironaka que, há alguns anos, em correspondência enviada a vários professores, inclusive aos autores desta obra, seus alunos, refletia acerca da necessidade de repensarmos a questão do abandono afetivo, não como uma circunstância simplesmente individual, mas sim como um tipo de comportamento socialmente danoso, que desafiaria a firme atuação pedagógica do Direito, na perspectiva superior da função social.

[12] Sobre o tema, confira-se o subtópico 4.1 ("Fidelidade Recíproca") do Capítulo XII ("Plano de Eficácia do Casamento: Deveres Matrimoniais e Causas Suspensivas do Casamento") deste volume.

te e atual marido, pois não existem nos autos elementos que demonstrem colaboração culposa ou conduta ilícita que a justifique. Para Nancy Andrighi, até seria possível vislumbrar descumprimento de um dever moral de sinceridade e honestidade, considerando ser fato incontroverso nos autos a amizade entre o ex-marido e o então amante. 'Entretanto, a violação de um dever moral não justificaria o reconhecimento da solidariedade prevista no artigo 1.518 do CC/16', ressaltou a ministra"[13].

Mais inovadora ainda é a notícia de indenização por *infidelidade virtual*.

Em momento anterior[14], fizemos referência à notícia de decisão sobre prova de infidelidade virtual, entre tantas que se noticiam[15].

---

[13] Disponível em: <http://www.stj.gov.br/portal_stj/publicacao/engine.wsp?tmp.area=398&tmp.texto=84969&tmp.area_anterior=44&tmp.argumento_pesquisa=infidelidade#>. Acesso em: 13 jul. 2008.

[14] Confira-se o subtópico 4.1.2 ("Tipologia Especial do Adultério") do Capítulo XII ("Plano de Eficácia do Casamento: Deveres Matrimoniais e Causas Suspensivas do Casamento") deste volume.

[15] "Justiça obriga mulher a pagar R$ 50 mil a ex chamado de 'corno' no MSN
Empresário diz que mulher e empregado usavam computadores da firma.
Traição teria ocorrido dois anos antes do fim do casamento, em 2006.
A Justiça de São Paulo condenou a ex-mulher de um empresário a pagar indenização de R$ 50 mil ao ex-marido por danos morais. A decisão é em primeira instância e cabe recurso. No processo, o homem acusa a ex-mulher de ter mantido relacionamento sexual com um empregado, inclusive durante o expediente.
Além disso, o homem afirma que a ex-mulher e o amante o chamaram de 'corno' diante dos demais empregados e distribuíram fotos da traição pelo correio eletrônico da empresa.
O empresário alega no processo que em uma de suas empresas, em São Paulo, a mulher mantinha caso amoroso com um empregado. Segundo ele, os dois mantinham relações sexuais de forma a expor sua figura e ainda utilizavam o provedor da empresa para difamá-lo.
A defesa da mulher afirma no processo que a prova não poderia ser obtida com a quebra de sua senha pessoal e invasão da conta de *e-mail* dela e do amante.
O *G1 *entrou em contato com o empresário e com a advogada da ex-mulher, que não quiseram se manifestar. O homem que diz ter sido traído afirma também que foi vítima de uma tentativa de homicídio. O casal está separado desde 2006, mas a alegada traição teria ocorrido a partir de 2004. A sentença judicial foi proferida em 8 de março.
'No caso, não é preciso muito esforço para compreender o tormento que certamente se instaurou no espírito do autor em decorrência do que, apurou, vinha sendo praticado desde longa data pela esposa', diz o juiz, antes de condenar a mulher ao 'pagamento de R$ 50 mil, correspondente a 100 salários mínimos, acrescidos de juros de 1% ao mês a partir da sentença'.
Ex-presidente da comissão de informática da Ordem dos Advogados do Brasil (OAB), o advogado Augusto Marcacini afirma que, caso não haja outras provas e testemunhas, o correio eletrônico sozinho não pode servir como prova.
'A pessoa não tinha noção de quanto era fácil há algum tempo atrás fraudar o remetente de uma mensagem eletrônica', disse ele. Marcacini afirma que é preciso ter cautela com provas eletrônicas.
'Não há nada que proíba um meio de prova específica. Por outro lado, temos de analisar até onde aquilo se mostra verossímil, crível. Mensagens eletrônicas guardam um certo problema de credibilidade, porque podem ser montadas', afirmou. 'Existe uma tendência moderna ou 'pseudomoderna' de reconhecer aquilo como prova sem conhecer os meandros', afirmou.
O homem alega no processo que o amante de sua esposa distribuía fotos dos dois juntos pelo correio eletrônico. Uma testemunha apresentada por ele disse diante do juiz que viu a mulher e o emprega-

Leia-se, a seguir, trecho da sentença publicada, da lavra do ilustrado Juiz JANSEN ALMEIDA:

> "Assim, nas comunicações pessoais, o sigilo, que protege a invasão de privacidade é a regra, e a disponibilização de informações em princípio sigilosas, é exceção. Cediço que o correio eletrônico é uma inovação tecnológica que facilita a comunicação entre as pessoas. Por certo que o sigilo da correspondência a ele se estende.
>
> No caso em tela, contudo, a autora alegou ter tido acesso aos textos dos 'e-mails' do requerido, por estarem guardados em arquivos no computador de uso da família.
>
> Ora, se o computador era de uso de todos os membros da família, obviamente que os documentos nele arquivados eram de livre acesso a todos que o utilizavam (esposa, marido e filho).
>
> Logo, se o autor gravou os 'e-mails' trocados com sua amante em arquivos no computador de uso comum, não se importava de que outros tivessem acesso ao seu conteúdo, ou, no mínimo, não teve o cuidado necessário. Destaco que simples arquivos não estão resguardados pelo sigilo conferido às correspondências.
>
> Ainda que se imagine que a autora acessou o próprio correio eletrônico do requerido, só poderia tê-lo feito mediante o uso de senha. Se a possuía, é porque tinha autorização de seu ex-marido.
>
> Cumpria-lhe ter provado que os arquivos não estavam no computador da família; que ela não possuía senha de acesso ao seu correio eletrônico; ou, ainda, que obteve por meio de invasão aos seus arquivos sigilosos, para configurar a quebra de sigilo. Não o fez. Aplica-se o princípio do ônus da prova, estipulado no art. 333, II, do CPC.
>
> Ao reverso, conforme depoimento da testemunha G.C.F.C., 'a autora descobriu no computador os fatos narrados na ação' (fl. 111), ficando demonstrado que as correspondências não eram sigilosas, e que provavelmente, guardadas em forma de arquivo.
>
> Nesse passo, conforme os textos dos 'e-mails' juntados aos autos, o requerido ainda morava com sua esposa (autora) e filho enquanto mantinha um relacionamento amoroso extraconjugal, desde 1999, fato esse não negado, caracterizando a quebra de fidelidade recíproca"[16].

E, em tese, anotamos que, ainda que o computador não fosse da casa, se a única prova possível para a busca da verdade real fossem os diálogos eletrônicos, ela poderia, sem dúvida, ser aproveitada, à luz do princípio da proporcionalidade — e segundo a doutrina da ponderação de interesses — pois, assim como o direito ao sigilo das comunicações é preservado pelo manto da Constituição, a integridade moral do cônjuge traído também o é, observadas, claro, as circunstâncias do caso concreto, segundo a prudência e o bom senso do julgador.

Mas será que toda "traição" ensejaria responsabilidade civil?

Será que, muitas vezes, a busca por um relacionamento extraconjugal não se constitui a busca de uma recomposição emocional diante de uma união que, no coração, já se desfez há muito?

---

do dentro do carro no estacionamento da empresa. E contou que o casal de amantes mantinha relações sexuais no local do trabalho. Além disso, disse que saíam do trabalho e voltavam com os cabelos molhados." Disponível em: <http://g1.globo.com/sao-paulo/noticia/2010/04/justica-obriga-mulher-pagar-r-50-mil-ex-chamado-de-corno-no-msn.html#>. Acesso em: 17 set. 2010.

[16] Disponível em: <http://www.conjur.com.br/static/text/66569,1#null>. Acesso em: 17 set. 2010.

É uma questão que merece reflexão no momento de se analisar se vale a pena ir a juízo pleitear reparação.

Mas de quem seria a responsabilidade?

Apenas do cônjuge adúltero?

Ou se estenderia também ao "cúmplice" da traição?

Há manifestação do Superior Tribunal de Justiça, no sentido de que, como o terceiro não faz parte, obviamente, do vínculo conjugal, não pratica ele, por si só, qualquer ato ilícito.

Confiram-se os seguintes acórdãos:

"Direito civil e processual civil. Recursos especiais interpostos por ambas as partes. Reparação por danos materiais e morais. Descumprimento dos deveres conjugais de lealdade e sinceridade recíprocos. Omissão sobre a verdadeira paternidade biológica. Solidariedade. Valor indenizatório.

— Exige-se, para a configuração da responsabilidade civil extracontratual, a inobservância de um dever jurídico que, na hipótese, consubstancia-se na violação dos deveres conjugais de lealdade e sinceridade recíprocos, implícitos no art. 231 do CC/16 (correspondência: art. 1.566 do CC/02).

— Transgride o dever de sinceridade o cônjuge que, deliberadamente, omite a verdadeira paternidade biológica dos filhos gerados na constância do casamento, mantendo o consorte na ignorância.

— O desconhecimento do fato de não ser o pai biológico dos filhos gerados durante o casamento atinge a honra subjetiva do cônjuge, justificando a reparação pelos danos morais suportados.

— A procedência do pedido de indenização por danos materiais exige a demonstração efetiva de prejuízos suportados, o que não ficou evidenciado no acórdão recorrido, sendo certo que os fatos e provas apresentados no processo escapam da apreciação nesta via especial.

— Para a materialização da solidariedade prevista no art. 1.518 do CC/16 (correspondência: art. 942 do CC/02), exige-se que a conduta do 'cúmplice' seja ilícita, o que não se caracteriza no processo examinado.

— A modificação do valor compulsório a título de danos morais mostra-se necessária tão somente quando o valor revela-se irrisório ou exagerado, o que não ocorre na hipótese examinada.

Recursos especiais não conhecidos" (STJ, Recurso Especial 742.137/RJ (2005/0060295-2), rel. Min. Nancy Andrighi).

"Responsabilidade civil. Dano moral. Adultério. Ação ajuizada pelo marido traído em face do cúmplice da ex-esposa. Ato ilícito. Inexistência. Ausência de violação de norma posta

1. O cúmplice de cônjuge infiel não tem o dever de indenizar o traído, uma vez que o conceito de ilicitude está imbricado na violação de um dever legal ou contratual, do qual resulta dano para outrem, e não há no ordenamento jurídico pátrio norma de direito público ou privado que obrigue terceiros a velar pela fidelidade conjugal em casamento do qual não faz parte.

2. Não há como o Judiciário impor um 'não fazer' ao cúmplice, decorrendo disso a impossibilidade de se indenizar o ato por inexistência de norma posta — legal e não moral — que assim determine. O réu é estranho à relação jurídica existente entre o autor e sua

ex-esposa, relação da qual se origina o dever de fidelidade mencionado no art. 1.566, inciso I, do Código Civil de 2002.

3. De outra parte, não se reconhece solidariedade do réu por suposto ilícito praticado pela ex-esposa do autor, tendo em vista que o art. 942, *caput* e § único, do CC/02 (art. 1.518 do CC/16), somente tem aplicação quando o ato do coautor ou partícipe for, em si, ilícito, o que não se verifica na hipótese dos autos.

4. Recurso especial não conhecido" (STJ, Recurso Especial 1.122.547/MG (2009/0025174-6), rel. Min. Luis Felipe Salomão).

Há, porém, manifestações jurisprudenciais de reconhecimento de uma responsabilidade civil também do terceiro, a depender de como se deu tal traição e de sua eventual relação pessoal com o traído[17].

Trata-se, realmente, de uma questão complexa, pois importa na análise da conduta específica do terceiro, no que diz respeito ao seu elemento anímico ("culpa"), ultrapassando os limites de uma conduta socialmente aceitável.

4.3. Rompimento de relação (namoro, noivado, união estável e casamento)

Uma das mais comuns questões em sede de responsabilidade civil nas relações familiares é a discussão sobre o rompimento da relação.

---

[17] "Marido traído ganha na justiça direito à indenização de R$ 114 mil no Rio

Um morador da zona oeste do Rio acionou a Justiça para tentar amenizar a humilhação da infidelidade conjugal e ganhou o direito a indenização de R$ 114 mil. A decisão foi tomada no último dia 10 pela 26.ª Vara Cível do Tribunal de Justiça do Estado, após o marido traído flagrar um de seus melhores amigos com sua mulher em um motel.

Inicialmente, a Justiça havia determinado o valor da indenização em R$ 50 mil. Com as correções, a indenização subiu para R$ 93 mil.

Entretanto, o homem achou o valor alto e pediu que o cálculo fosse reavaliado. No entanto, no último dia 10, a Justiça determinou que o valor final seria de R$ 114 mil.

No processo, o marido traído conta que encontrou a mulher em um motel com seu amigo, que chegava a frequentar a residência do casal. Segundo ele, o flagrante resultou no divórcio. O amigo, porém, nega no processo que tenha feito sexo com a mulher.

Na decisão, o relator do processo, juiz Werson Rêgo, que na época — em 2007 — atuava em substituição na 12.ª Câmara Cível, afirmou que 'a traição dupla gera angústia, dor e sofrimento, que abalam a pessoa traída, sendo cabível o recurso ao Poder Judiciário para assegurar a reparação ao dano sofrido'.

De acordo com Rêgo, o adultério significa violação dos deveres do casamento: fidelidade, respeito e consideração das duas partes. A *Folha Online* conversou com o juiz na última sexta-feira e ele mencionou que o caso é apontado como uma questão jurídica 'delicada'.

'Existem entendimentos em dois sentidos. Temos a orientação que prevaleceu nesse caso específico porque houve grave violação de dever do casamento e havendo essa violação de um dever jurídico originário, surge para o infrator o dever jurídico sucessivo de reparar os danos decorrentes. Essa foi a tese que venceu. Mas existe também a posição contrária, no sentido que há de existir moderação naquilo que se chama judicialização das relações familiares, que se deveria ter um cuidado com essas questões, especialmente no âmbito da responsabilidade civil', disse Rêgo".

Para acessar a notícia, ver: *Folha OnLine*. Disponível em: <http://www1.folha.uol.com.br/folha/cotidiano/ult95u712577.shtml>. Acesso em: 17 set. 2010.

Romper qualquer relação de afeto é, sem dúvida, doloroso.

Isso vai desde o mais simples namoro ao mais longo dos casamentos.

Todavia, o que não se pode deixar de reconhecer é que se trata do exercício permitido de um direito, não se caracterizando, por isso, como um ato ilícito, capaz de gerar responsabilidade civil.

Isso não quer dizer, porém, que as partes envolvidas possam fazer tal rompimento de maneira agressiva ou atentatória à dignidade do outro.

Por isso, parece-nos que há duas situações excepcionais que podem ser sistematizadas como ensejadoras de responsabilidade civil, quando do rompimento da relação afetiva.

A primeira, conforme já se afirmou em momento anterior[18], refere-se a situações em que a boa-fé objetiva tenha gerado uma legítima expectativa na vítima, passível de reparação. Assim, o rompimento brusco, tempestuoso e injustificado de um noivado pode ocasionar, sim, responsabilidade civil, por conta do dano moral ou material indenizável.

A segunda hipótese diz respeito à forma da extinção.

Se o término da relação, seja namoro, noivado, casamento ou união estável, traduz o exercício legítimo de um direito, a extinção de forma escandalosa ou agressiva a direitos da personalidade da outra parte se enquadraria no conceito legal de abuso de direito, previsto no art. 187, CC/2002, gerando o dever de indenizar.

Nestes casos, haverá, certamente, responsabilidade civil, o que já foi reconhecido na jurisprudência[19].

---

[18] Confira-se o tópico 2 ("Responsabilidade Civil por Ruptura do Noivado") do Capítulo IV ("A Promessa de Casamento (Esponsais)") do presente volume.

[19] "Justiça de GO condena homem a indenizar ex-mulher por casamento frustrado

A Justiça de Goiás condenou um homem a indenizar a ex-mulher por tê-la abandonado dois dias após o casamento, em Mozarlândia. Ele terá de pagar R$ 10 mil por danos morais, pela situação vexatória, e R$ 2.082,87, por danos materiais, pelas despesas da autora da ação com a realização da cerimônia.

Para o juiz Liciomar Fernandes, o dano moral não pode ser mensurado através de valores materiais, mas tem como objetivo trazer uma compensação, 'a fim de amenizar mágoas de quem sofreu a ofensa e ao mesmo tempo servir de feito pedagógico não só a quem deu causa ao dano, como a outros que tomarem conhecimento dele'.

De acordo com a Justiça, a autora da ação afirma que iniciou o namoro com o réu quando tinha 15 anos. Após alguns meses de relacionamento ela manteve relações sexuais com o rapaz e ambos relataram o fato para o pastor da igreja que frequentavam e também aos seus pais. Ela alega na ação que ambos marcaram o casamento com o consentimento do réu, que afirmou amá-la.

Eles se casaram no dia 8 de janeiro de 2005, conforme os costumes da religião que praticavam, gerando gastos à família da noiva. No entanto, dois dias após o casamento, ela afirma que foi abandonada pelo marido, que ligou somente depois de duas semanas para dizer que não a amava e que tinha outra mulher. Segundo a Justiça, a autora alegou que o abandono lhe causou sofrimento e vergonha, pois foi exposta a toda a cidade.

'No referido caso tem-se uma jovem moça, criada com disciplinas religiosas rígidas e diante das várias juras de amor, acreditando ter encontrado a pessoa certa, com quem iria se casar e formar uma família, foi contra a sua crença e teve relações sexuais antes do casamento. Então viu-se enganada, desiludida com seus sonhos, já que seu casamento durou somente na noite de núpcias', disse o juiz.

Com relação aos danos materiais, o juiz entendeu que há a obrigação de o réu indenizar a ex-mulher pelos gastos com o casamento. O rapaz alegou que foi obrigado a casar.

4.4. Outras hipóteses de conflitos familiares

A casuística da responsabilidade civil nas relações familiares é, sem sombra de dúvida, um manancial cujos limites somente se encontram na imaginação das pessoas (ou seja, não há limites...)[20].

Por isso, neste subtópico, apresentamos algumas situações que nos chamaram a atenção, seja na reflexão solitária sobre dispositivos normativos, seja na pesquisa sistemática da jurisprudência nacional.

A primeira situação interessante diz respeito à denominada "Lei de Alimentos Gravídicos"[21].

De acordo com o referido regramento, um homem poderia ser obrigado a prestar alimentos em situação de indícios de paternidade, ou seja, ainda sem prova efetiva da sua condição de pai.

E se, depois, comprovar-se que ele não era o pai?

O vetado art. 10 da mencionada disciplina estabelecia, originalmente, a responsabilidade da autora da ação quanto aos danos morais e materiais causados ao réu, no caso de resultado negativo do exame de DNA.

Em função do justificável veto e da própria circunstância de irrepetibilidade dos alimentos, parece-nos que a melhor solução seria o suposto pai voltar-se, em sede de ação de regresso, contra o verdadeiro genitor, para evitar o seu enriquecimento sem causa, já que foi obrigado a prestar alimentos, sem devê-los efetivamente.

Trata-se de uma ação que visa a evitar o enriquecimento indevido[22].

Por outro lado, caso *demonstrada a má-fé da gestante*, nada impediria que fosse ajuizada também ação de reparação civil em face dela, com base em sua responsabilidade civil subjetiva.

E o que dizer dos dramas da vida cotidiana, causados muitas vezes pela insensibilidade de um dos cônjuges?

Uma pesquisa jurisprudencial no Superior Tribunal de Justiça permite constatar que, definitivamente, existem situações que beiram as raias do impensável.

Um exemplo?

A subtração, pelo pai separado, do direito da mãe de assistir o batismo do seu próprio filho[23].

'Ora, se é verdade que se casou obrigado e tinha em mente abandonar a autora, por que deixou que a família dela arcasse com todos os gastos? Dessa forma, seu pedido encontra arrimo, pois teve grandes prejuízos ao investir em um casamento infrutífero', afirmou Fernandes". Disponível em: <http://www1.folha.uol.com.br/folha/cotidiano/ult95u550634.shtml>. Acesso em: 18 set. 2010.

[20] Sobre a responsabilidade civil por desistência na adoção, confira o Capítulo XXVII — Adoção, item 6, deste volume.

[21] Sobre tal instituto, bem como a crítica à sua denominação, confira-se o tópico 8 ("Alimentos Gravídicos") do Capítulo XXVIII ("Alimentos") deste volume.

[22] Sobre o tema, verifique-se o Capítulo XXVIII ("Enriquecimento sem Causa e Pagamento Indevido") do nosso volume II ("Obrigações") desta coleção.

[23] "Danos Morais. Batismo. O cerne da questão é definir se configura dano moral o fato de o pai separado da mãe batizar o filho sem o conhecimento dela. A Turma, por maioria, entendeu que, na

Situação atípica e delicada.

O Tribunal de Justiça de São Paulo, por sua vez, manifestou-se sobre uma outra situação bem peculiar, desta feita não reconhecendo a responsabilidade civil.

Trata-se da hipótese de um marido que trocou a mulher por um homem[24].

Entendeu o Tribunal — e, em nossa opinião, com acerto — que o fato de haver o rompimento da relação heterossexual anterior, para constituição de uma relação homossexual, por si só, não enseja responsabilidade civil.

---

hipótese, tratando-se da celebração de batismo, ato único e significativo na vida da criança, ele deve, sempre que possível, ser realizado na presença de ambos os pais. Assim, o recorrido (pai), ao subtrair da recorrente (mãe) o direito de presenciar a referida celebração, cometeu ato ilícito, ocasionando-lhe danos morais nos termos do art. 186 do CC/2002. Observou-se que a realização do batizado sob a mesma religião seguida pela mãe não ilidiu a conduta ilícita já consumada." (STJ, REsp 1.117.793/RJ, rel. Min. Nancy Andrighi, julgado em 4-2-2010).

[24] "Marido que trocou a mulher por um homem não deve indenizá-la

Data: 24-5-10

Em decisão talvez inédita, o TJ de São Paulo livrou um homem do dever de indenizar sua ex-mulher. Ela pedia reparação por dano moral porque a causa da separação do casal foi o relacionamento homossexual do ex-marido.

O tribunal reconheceu que o relacionamento com o terceiro constituiu o motivo da separação, provocou aborrecimento e insatisfação, mas não configurou ato ilícito capaz de viabilizar a concessão de indenização.

O caso foi julgado numa ação de separação judicial litigiosa em que a mulher reclamava a partilha de bens — inclusive o domínio de um imóvel —, a obrigação de o ex-marido arcar com o pagamento das despesas como IPTU, água e luz e uma reparação por danos morais no valor de R$ 50 mil.

Em primeiro grau, a partilha do imóvel foi excluída da sentença, que atendeu aos demais pedidos.

O ex-marido recorreu ao TJ-SP para que a reparação moral em dinheiro fosse revertida. Sustentou que não havia prova que configurasse o dano moral. A mulher, porém, manteve a exigência, alegando que 'sofreu constrangimento pelo fato de ser abandonada pelo marido, depois de 23 anos de casamento'. Salientou seu profundo abalo porque ele a deixou 'para constituir nova família numa relação homoafetiva'.

O TJ paulista entendeu que 'o relacionamento extraconjugal do ex-marido foi apenas consequência de uma união em que os sentimentos iniciais de amor não perduraram com o tempo'.

Conforme o acórdão, 'os motivos apresentados pela mulher para justificar o pedido de dano moral não passaram de meros aborrecimentos e insatisfações inerentes ao fim da vida em comum'.

Para o relator 'quanto ao envolvimento do homem com outra pessoa do mesmo sexo, não há que se fazer distinção, em face do princípio constitucional da isonomia, pois inexiste na espécie qualquer fato vexatório excepcional a justificar a concessão da pretendida indenização, que não é devida pelo simples fato de cuidar-se de envolvimento homossexual'.

O voto do revisor assinalou que 'não é o caso do casamento que sobreviveu por duas décadas se findar com o relacionamento homossexual do ex-marido que confere uma qualidade excepcional à separação, uma vez que as relações homoafetivas hoje já são reconhecidas legalmente como união estável'." Disponível em: <http://www.espacovital.com.br/noticia_ler.php?id=18754>. Acesso em: 18 set. 2010.

5. ADVERTÊNCIA FINAL E CONVITE

A título de arremate do presente capítulo, consideramos relevante fazer uma advertência final e um pedido.

Como se vislumbrou, o tema da responsabilidade civil nas relações familiares é inesgotável, pois, a cada dia, novos conflitos podem ser suscitados perante o Poder Judiciário, nessa nova perspectiva das relações de família.

Assim, advertimos o leitor de que, tal qual uma tese acadêmica (que sempre se reconstrói), este capítulo poderá sempre ser incrementado com novos tópicos e casos da jurisprudência.

Por isso, ao encerrar o capítulo e o livro, convidamos os amigos leitores a nos indicar novos temas e decisões, para inclusão em eventuais futuras edições deste volume, no que ficaremos extremamente gratos, estabelecendo novos vínculos de amizade, bênção que tem sido uma constante no desenvolvimento desta obra.

Afinal, lembrando ALMEIDA GARRET, na "Nota do Canto II" do *Retrato de Vênus*, declaramos, pois, *"que, se erro encontrarem os professores, mui grata, e grande mercê me farão de me avisar; e conhecerão pela minha docilidade na emenda a pouca presumpção do auctor"*[25].

Contem conosco sempre, amigos!

---

[25] J. B. da Silva Leitão d'Almeida Garrett, *O Retrato de Vênus*: poemas. 1. ed., Coimbra: Imp. da Universidade, 1821, p. 46. Disponível em: <http://purl.pt/19/1/>. Acesso em: 8 set. 2010.

Referências

ABREU, Célia Barbosa. *Primeiras linhas sobre a interdição após o novo Código de Processo Civil.* Curitiba: Editora CRV, 2015.

ACADEMIA BRASILEIRA DE LETRAS JURÍDICAS. *Dicionário Jurídico.* 3. ed. Rio de Janeiro: Forense Universitária, 1995.

AHRONS, Constance R.; RODGERS, Roy H. *Divorced Families — A Multidisciplinary Development View.* EUA: W. W. Norton e Company, 1987.

ALBALADEJO, Manuel. *Curso de Derecho Civil — IV — Derecho de Família.* 10. ed. Madrid: Edisofer, 2005.

ALBUQUERQUE FILHO, Carlos Cavalcanti. Famílias Simultâneas e Concubinato Adulterino. In: PEREIRA, Rodrigo da Cunha (coord.). *Família e cidadania — o novo CCB e a "vacatio legis"* — Anais do III Congresso Brasileiro de Direito de Família. Belo Horizonte: IBDFAM/Del Rey, 2002. p. 143-161.

ALEXY, Robert. *Teoria da Argumentação Jurídica.* São Paulo: Landy, 2001.

ALEXY, Robert. *Teoria dos Direitos Fundamentais* (trad. Virgílio Afonso da Silva da 5.ª edição alemã). São Paulo: Malheiros Editores, 2008.

ALVES, Adriana. "Alienação Fiduciária, Prisão Civil do Devedor — Admissibilidade". *Revista de Direito Privado*, v. 1, RT, jan./mar. 2000.

ALVES, Jones Figueirêdo. É desnecessária a exigência de lei para formalizar o divórcio impositivo. *Conjur*, 30 maio 2019. Disponível em: <https://www.conjur.com.br/2019-mai-30/jones-figueiredo-nao-preciso-lei-formalizar-divorcio-impositivo/>. Acesso em: 6 out. 2024.

ALVES, José Carlos Moreira. *A Parte Geral do Projeto de Código Civil Brasileiro.* São Paulo: Saraiva, 1986.

ALVES, Leonardo Barreto Moreira (coord.). *Código das Famílias Comentado: de acordo com o Estatuto das Famílias (PLN n. 2.285/07).* Belo Horizonte: Del Rey, 2009.

ALVES, Leonardo Barreto Moreira. "A Guarda Compartilhada e a Lei n. 11.698/08". *Jus Navigandi*, Teresina, ano 13, n. 2.106, 7 abr. 2009. Disponível em: <http://jus2.uol.com.br/doutrina/texto.asp?id=12592>. Acesso em: 27 dez. 2009.

ALVES, Leonardo Barreto Moreira. *O Fim da Culpa na Separação Judicial.* Belo Horizonte: Del Rey, 2007.

ALVIM, Agostinho. *Da Doação.* São Paulo: Saraiva, 1980.

AMARAL, Francisco. *Direito Civil — Introdução.* 10. ed. São Paulo: Saraiva, 2018.

AMORIM, Sebastião; OLIVEIRA, Euclides. *Separação e Divórcio.* 5. ed. São Paulo: Leud, 1999.

ANTUNES, Arnaldo; BELLOTTO, Toni. *Família* (canção).

ARAÚJO, Ana Thereza Meirelles. *Disciplina Jurídica do Embrião Extracorpóreo.* Disponível em: <www.facs.br/revistajuridica/edicao_julho2007/discente/dis3.doc>. Acesso em: 14 set. 2010.

ASCENSÃO, José de Oliveira. *Direito Civil — Teoria Geral — Vol. I — Introdução, As Pessoas, Os Bens.* 2. ed. Portugal: Coimbra Editora.

AZAMBUJA, Maria Regina Fay de. *A Criança no Novo Direito de Família.* In: WELTER, Belmiro Pedro; MADALENO, Rolf (coords.). *Direitos Fundamentais do Direito de Família.* Porto Alegre: Livraria do Advogado, 2004.

AZEVEDO, Álvaro Villaça. *Bem de Família.* 4. ed. São Paulo: Revista dos Tribunais, 1999.

AZEVEDO, Antônio Junqueira de. *Negócio Jurídico. Existência, Validade e Eficácia.* 3. ed. Saraiva: São Paulo, 2000.

BACHOFEN, John J. *Das Mutterrecht. Eine Untersuchung über die Gynaikokratie der Alten Welt nach ihrer religiösen und rechtlichen Natur.* Stuttgart, 1861.

BAGGIO, Daniel. *Considerações sobre o "Adultério Virtual"*. Disponível em: <http://www.toledo.br/portal/institucional/noticia/2008/06/noticia_034.html>. Acesso em: 5 abr. 2009.

BARBOSA, Camilo de Lelis Colani. *Casamento*. Rio de Janeiro: Forense, 2006.

BARBOSA, Camilo de Lelis Colani. *Direito de Família — Manual de Direitos do Casamento*. São Paulo: Suprema Cultura.

BARROSO, Luís Roberto. *Diferentes, mas Iguais: o Reconhecimento Jurídico das Relações Homoafetivas no Brasil* (colaboradores: Cláudio Souza Neto, Eduardo Mendonça e Nelson Diz). Disponível em: <http://pfdc.pgr.mpf.gov.br/grupos-de-trabalho/dir-sexuais-reprodutivos/docs_atuacao/ParecerBarroso%20uniao%20homossexuais.pdf>. Acesso em: 6 fev. 2010.

BEVILÁQUA, Clóvis. *Código Civil dos Estados Unidos do Brasil*, edição histórica. Rio de Janeiro: Ed. Rio, 1975. v. I.

BEVILÁQUA, Clóvis. *Direito de Família*. 9. ed. Rio de Janeiro/São Paulo: Livraria Freitas Bastos S. A., 1959.

BEVILÁQUA, Clóvis. *Teoría Geral do Direito Civil*. São Paulo: RED Livros, 1999.

BORDA, Guillermo. *Manual de Derecho de Família*. 12. ed. Buenos Aires: Abeledo Perrot, 2002.

BRANDÃO, Débora Vanessa Caús. "Casamento Putativo: um estudo baseado no novo Código Civil". *Jus Navigandi*, Teresina, ano 8, n. 190, 12 jan. 2004. Disponível em: <http://jus2.uol.com.br/doutrina/texto.asp?id=4693>. Acesso em: 21 fev. 2009.

BRAUNER, Maria Cláudia Crespo. O Pluralismo no Direito de Família Brasileiro: Realidade Social e Reinvenção da Família. In: WELTER, Belmiro Pedro; MADALENO, Rolf (coords.). *Direitos Fundamentais do Direito de Família*. Porto Alegre: Livraria do Advogado, 2004.

BRITO, Fernanda de Almeida. *União Afetiva entre Homossexuais e seus Aspectos Jurídicos*. São Paulo: LTr, 2000.

CAHALI, Francisco José. *Contrato de Convivência na União Estável*. São Paulo: Saraiva, 2002.

CAHALI, Francisco José. PEREIRA, Rodrigo da Cunha (coords). *Alimentos no Código Civil*. São Paulo: Saraiva, 2005.

CAHALI, Yussef Said. *Divórcio e Separação*. 9. ed. São Paulo: Revista dos Tribunais, 2000.

CAHALI, Yussef Said. *Fraude Contra Credores*. 2. ed. São Paulo: Revista dos Tribunais, 1999.

CAHALI, Yussef Said. *O Casamento Putativo*. 2. ed. São Paulo: Revista dos Tribunais, 1979.

CAMPOS, Álvaro de. *Todas as Cartas de Amor são Ridículas*. Disponível em: <http://pt.wikisource.org/wiki/Todas_as_Cartas_de_Amor_s%C3%A3o_Rid%C3%ADculas>. Acesso em: 18 set. 2010.

CANOTILHO, José Joaquim Gomes. *Direito Constitucional e Teoria da Constituição*. Coimbra: Almedina, 1998.

CAPPELLETTI, Mauro. *Juízes Legisladores?* Porto Alegre: Sergio Antonio Fabris Editor, 1993.

CARBONNIER, Jean. *Droit Civil — Introduction, Les Personnes, La Famille, l'Enfant, le Couple*. Paris: Quadrige, 2004.

CARNELUTTI, Francisco. *Teoria Geral do Direito*: São Paulo: LEJUS, 1999.

CARVALHO NETO, Inácio de. *A Morte Presumida como Causa de Dissolução do Casamento*: Disponível em: <http://www.flaviotartuce.adv.br/secoes/artigosc/INACIO_MORTE%20.doc>. Acesso em: 20 jan. 2010.

CASSETTARI, Christiano. *Separação, Divórcio e Inventário por Escritura Pública — Teoria e Prática*. 3. ed. São Paulo: Gen-Método, 2008.

CHAVES, Antônio. *Segundas Núpcias*. 2. ed. Belo Horizonte: Nova Alvorada, 1997.

CHAVES, Cristiano; ROSENVALD, Nelson. *Direito das Famílias*. Rio de Janeiro: Lumen Juris, 2009.

CHAVES, Cristiano; ROSENVALD, Nelson; BARRETO, Fernanda Carvalho Leão. In: ALVES, Leonardo Barreto Moreira (coord.). *Código das Famílias Comentado: de acordo com o Estatuto das Famílias (PLN n. 2.285/07)*. Belo Horizonte: Del Rey, 2009, comentário ao art. 1579.

CHINELLATO, Silmara Juny (coord.). *Código Civil Interpretado. Artigo por Artigo. Parágrafo por Parágrafo.* 2. ed. São Paulo: Manole, 2009.

COELHO, Francisco Pereira; OLIVEIRA, Guilherme de. *Curso de Direito de Família — Vol. I — Introdução — Direito Matrimonial.* 4. ed. Coimbra: Coimbra Editora, janeiro de 2008.

CÔRTE-REAL, Carlos Pamplona; MOREIRA, Isabel; D'ALMEIDA, Luís Duarte. *O Casamento entre Pessoas do Mesmo Sexo — Três pareceres sobre a inconstitucionalidade dos arts. 1577º e 1628º, alínea "e"), do Código Civil.* Coimbra: Almedina, abril 2008.

COSTA, Jurandir Freire. *Homossexualismo/homoerotismo.* Disponível em: <http://jfreirecosta.sites.uol.com.br/entrevistas/com_o_autor/homossexualismo.html>. Acesso em: 1 ago. 2010.

COSTA JÚNIOR, Ademir de O. *A Eficácia Horizontal e Vertical dos Direitos Fundamentais.* In: Âmbito Jurídico, Rio Grande, 41, 31-5-2007 [Internet]. Disponível em: <http://64.233.163.132/search?q=cache:2LTuP0iB6AsJ:www.ambito-juridico.com.br/site/index.php%3Fn_link%3Drevista_artigos_leitura%26artigo_id%3D1838+aceita-se+uma+vincula%C3%A7%C3%A3o+direta+quando+se+tratar+de+entidades+particulares+detentoras+de+poder+social+site:http://www.ambito-juridico.com.br/&cd=1&hl=pt-BR&ct=clnk&gl=br>. Acesso em: 12 fev. 2010.

CRUZ, Guilherme Braga da. *Direitos de Família.* 2. ed. Coimbra: Coimbra Editora, 1942. v. 1.

CUNHA, Leandro Reinaldo da. *Identidade e redesignação de gênero:* aspectos da personalidade, da família e da responsabilidade civil. Rio de Janeiro: Lumen Juris, 2015.

CUNHA JÚNIOR, Dirley da. *Controle de Constitucionalidade: Teoria e Prática.* Salvador: JusPodivm, 2006.

DALLARI, Dalmo de Abreu. "Casamento celebrado em centro espírita: possibilidade legal de atribuição de efeitos civis". *Jus Navigandi*, Teresina, ano 10, n. 889, 9 dez. 2005. Disponível em: <http://jus2.uol.com.br/pecas/texto.asp?id=659>. Acesso em: 9 dez. 2005.

DANTAS JR., Aldemiro Rezende. "Concorrência sucessória do companheiro sobrevivo". *Revista Brasileira de Direito de Família.* Porto Alegre: Síntese, IBDFAM, ano VII, n. 29, p. 128-143, abr.-maio, 2005.

DANTAS, San Tiago. *Direito de Família e das Sucessões.* 1. ed. rev. e atual. Rio de Janeiro: Forense, 1991. p. 24-25.

DE LA CUESTA, Ignacio Sierra Gil. In: VICENTE, Pilar Gonzálvez; POVEDA, Pedro Gonzáles (coords.). *Tratado de Derecho de Família — Aspectos Sustantivos e Procesales.* Madrid: Sepin, 2005.

DEUTSCHEN BUNDESTAG. Disponível no *site* do Ministério da Justiça da Alemanha. Acesso em: 7 set. 2010.

DIAS, Maria Berenice. *Comentários — Família pluriparental, uma nova realidade.* Disponível em<http://www.lfg.com.br>. Acesso em: 29 dez. 2008.

DIAS, Maria Berenice. Família Normal? *Revista Brasileira de Direito de Família*, IOB, n. 46, fev./mar. 2008.

DIAS, Maria Berenice. *Lar: Lugar de Afeto e Respeito.* Disponível em: <http://www.investidura.com.br/biblioteca-juridica/artigos/sociedade/2036-lar-lugar-de-afeto-e-respeito.html>. Acesso em: 19 fev. 2010.

DIAS, Maria Berenice. *Manual de Direito das Famílias.* Porto Alegre: Livraria do Advogado, 2005.

DIAS, Maria Berenice. *Obrigação Alimentar e o Descabimento de sua Atualização pelo IGP-M.* Disponível em: <http://www.ibdfam.org.br/?artigos&artigo=247>. Acesso em: 17 set. 2010.

DIAS, Maria Berenice. *Transexualidade e o Direito de Casar.* Disponível em: <http://www.mariaberenice.com.br/site/content.php?cont_id=82&isPopUp=true>. Acesso em: 21 jul. 2008.

DIAS, Maria Berenice. *União Homoafetiva — Preconceito e Justiça.* 4. ed. São Paulo: Revista dos Tribunais, 2009.

DIAS, Maria Berenice. *União Homoafetiva e a Consagração Legal da Diferença.* Disponível em: <http://www.ibdfam.org.br/?artigos&artigo=471>. Acesso em: 24 jun. 2010.

DIAS, Maria Berenice. *União Homossexual — O Preconceito & a Justiça*. Porto Alegre: Livraria do Advogado, 2000.

DIAS, Maria Berenice. *União Homossexual — O Preconceito e a Justiça*. 2. ed. Porto Alegre: Livraria do Advogado, 2001.

DIDIER JR., Fredie. *Curso de Direito Processual Civil*. 9. ed. Salvador: Editora JusPodivm, 2008. v. 1.

DIDIER JR., Fredie; OLIVEIRA, Rafael. *Aspectos processuais civis da Lei Maria da Penha* (violência doméstica e familiar contra a mulher). Disponível em: <http://www.egov.ufsc.br/portal/conteudo/aspectos-processuais-civis-da-lei-maria-da-penha-viol%C3%AAncia-dom%C3%A9stica-e-familiar-contra-mulh>. Acesso em: 30 mar. 2015.

DINIZ, Maria Helena. *Curso de Direito Civil Brasileiro — Teoria Geral do Direito Civil*. 37. ed. São Paulo: Saraiva, 2020. v. 1.

DINIZ, Maria Helena. *Curso de Direito Civil Brasileiro — Direito de Família*. 34. ed. São Paulo: Saraiva, 2020.

DUZ, Cláudio Donizeti. Texto extraído do Boletim Jurídico — ISSN 1807-9008. Disponível em: <http://www.boletimjuridico.com.br/doutrina/texto.asp?id=1016>. Acesso em: 13 jan. 2008.

ENGELS, Friedrich. *A Origem da Família, da Propriedade Privada e do Estado*. 2. ed. rev. São Paulo: Editora Escala, s/d.

ESCUELA JUDICIAL DO CONSEJO GENERAL DEL PODER JUDICIAL. *Las uniones estables de pareja*. Madrid: Lerko Print S.A., 2003.

ESTATUTO DAS FAMÍLIAS. Projeto 2.285/07. Disponível em: <http://www.ibdfam.org.br/artigos/Estatuto_das_Familias.pdf>. Acesso em: 23 fev. 2008.

FACHIN, Luiz Edson. *A Família Fora de Lugar*. Disponível em: <http://www.ibdfam.org.br/?artigos&artigo=487>. Acesso em: 12 jan. 2010.

FACHIN, Luiz Edson. *Estatuto Jurídico do Patrimônio Mínimo*. Rio de Janeiro: Renovar, 2001.

FACHIN, Luiz Edson. *Elementos Críticos do Direito de Família: Curso de Direito Civil*. Rio de Janeiro: Renovar, 1999.

FACHIN, Luiz Edson. *Teoria Crítica do Direito Civil*. Rio de Janeiro: Renovar, 2000.

FAVIER, Yann; MURAT, Pierre (coords.). *Droit de la Famillie*. 4. ed. Paris: Dalloz, 2007.

FERRARESI, Eurico. In: ALVES, Leonardo Barreto Moreira (coord.). *Código das Famílias Comentado: de acordo com o Estatuto das Famílias (PLN n. 2.285/07)*. Belo Horizonte: Del Rey, 2009.

FERREIRA, Ana Amélia; NEVES, Luiz Octávio. *Projeto de Lei sobre Divórcio on line é Inútil*. Disponível em: <http://www.conjur.com.br/2009-set-23/projeto-lei-pretende-instituir-divorcio-online-inutil>. Acesso em: 29 nov. 2009.

FERREIRA, Aurélio Buarque de Holanda. *Novo Dicionário Aurélio da Língua Portuguesa*. 2. ed. Rio de Janeiro: Editora Nova Fronteira, 1986.

FIÚZA, Ricardo. "O novo Código Civil e a união estável". *Jus Navigandi*, Teresina, ano 6, n. 54, fev. 2002. Disponível em: <http://jus2.uol.com.br/doutrina/texto.asp?id=2721>. Acesso em: 21 abr. 2010.

FONSECA, Priscila Maria Pereira Corrêa da. *Síndrome da Alienação Parental*. <http://www.pediatriasaopaulo.usp.br/upload/pdf/1174.pdf>. Acesso em: 12 set. 2010.

FREUD, Sigmund. „Warum Krieg? Ein Briefwechsel mit einem Essay von Isaac Asimov". Zürich: Diógenes Verlag, 1972.

GAGLIANO, Pablo Stolze. "A Nova Emenda Divórcio e as Pessoas Judicialmente Separadas", artigo publicado no periódico *Carta Forense*, abril de 2010, e também disponível no Editorial 01 do *site* www.pablostolze.com.br.

GAGLIANO, Pablo Stolze. A síndrome do bebê sacudido e o silêncio dos inocentes. *Jus Navigandi*, Teresina, ano 18, n. 3.723, 10 set. 2013. Disponível em: <http://jus.com.br/artigos/25251>. Acesso em: 18 dez. 2015.

GAGLIANO, Pablo Stolze. *Alguns Efeitos do Direito de Família na Atividade Empresarial*. Disponível em: <http://74.125.47.132/search?q=cache:NAOuPXlqhJgJ:www.facs.br/revistajuridica/edicao_marco2004/docente/doc01.doc+pablo+stolze+e+regime+de+bens+e+junta+comercial&cd=4&hl=pt-BR&ct=clnk&gl=br>. Acesso em: 12 jul. 2009.

GAGLIANO, Pablo Stolze. Apostila "Família 04", de autoria do Prof. Pablo Stolze Gagliano, fornecida aos seus alunos da Universidade Federal da Bahia e da Rede LFG (www.pablostolze.com.br).

GAGLIANO, Pablo Stolze. *Código Civil Comentado*. São Paulo: Atlas, 2004. v. XIII.

GAGLIANO, Pablo Stolze. *Contrato de Doação — Análise Crítica do Atual Sistema Jurídico e os seus Efeitos no Direito de Família e das Sucessões*. 6. ed. São Paulo: SaraivaJur, 2024.

GAGLIANO, Pablo Stolze. *Contrato de Doação*. 5. ed. São Paulo: Saraiva, 2021 (no prelo).

GAGLIANO, Pablo Stolze. Comentário postado no blog jurídico do *site* www.pablostolze.com.br. Disponível em: <http://pablostolze.ning.com/profiles/blogs/nova-lei-da-alienacao-parental>. Acesso em: 12 set. 2010.

GAGLIANO, Pablo Stolze. *Comentários ao Código Civil Brasileiro*. In: ALVIM, Arruda; ALVIM, Thereza (coords.). Rio de Janeiro: Gen-Forense, 2008, v. XVII.

GAGLIANO, Pablo Stolze. Contrato de Namoro. *Jus Navigandi*, Teresina, ano 10, n. 1.057, 24 maio 2006. Disponível em: <http://jus2.uol.com.br/doutrina/texto.asp?id=8319>. Acesso em: 21 abr. 2010.

GAGLIANO, Pablo Stolze. Direitos da(o) Amante na Teoria e na Prática dos Tribunais, publicado em www.pablostolze.com.br (16-7-2008).

GAGLIANO, Pablo Stolze. Direitos da(o) Amante. Disponível em: <http://www.pablostolze.com.br/pabloStolze_meusArtigos.asp?id=1031>. Acesso em: 22 jul. 2008.

GAGLIANO, Pablo Stolze. Dissolução do casamento e da união estável na Reforma do Código Civil. Coord. Min. Luís Felipe Salomão, Senado Federal, *no prelo* (texto inédito).

GAGLIANO, Pablo Stolze. *Editorial 05 — Separação Obrigatória de Bens e União Estável*, de autoria de Pablo Stolze Gagliano. Disponível em: <http://api.ning.com/files/VIJPO7I-2pwKNSo9VWb6blQNqTWzB4qkaHKKCQH-ULTA6mE2IwEDzMwVX2N7kii-qV5dojU24w8vUUTHtqzZ4DcIxd6-zGc0mO/Editorial05.pdf>. Acesso em: 2 set. 2010.

GAGLIANO, Pablo Stolze. *Editorial 07 — O Fim da Separação Judicial*. Disponível em: <http://api.ning.com/files/DGucUo*D9l4m5cygO-8YZ7*bn878YIzHGmj3yPhQsxvZ2VjyEBHk3hSiQtYhLa9IC1iQ*Q4iO7Su0BKuXuzKZIHMLj9-QTuQ/Editorial07.pdf>. Acesso em: 6 set. 2010.

GAGLIANO, Pablo Stolze. "O Impacto do Novo Código Civil no Regime de Bens do Casamento". *Jornal A Tarde*, de 14 de dezembro de 2002.

GAGLIANO, Pablo Stolze; PAMPLONA FILHO, Rodolfo. *Novo Curso de Direito Civil — Parte Geral*. 26. ed. São Paulo: SaraivaJur, 2024. v. 1.

GAGLIANO, Pablo Stolze; PAMPLONA FILHO, Rodolfo. *Novo Curso de Direito Civil — Obrigações*. 25. ed. São Paulo: SaraivaJur, 2024. v. 2.

GAGLIANO, Pablo Stolze; PAMPLONA FILHO, Rodolfo. *Novo Curso de Direito Civil — Responsabilidade Civil*. 22. ed. São Paulo: SaraivaJur, 2024. v. 3.

GAGLIANO, Pablo Stolze; PAMPLONA FILHO, Rodolfo. *Novo Curso de Direito Civil — Contratos*. 7. ed. São Paulo: SaraivaJur, 2024. v. 4.

GAGLIANO, Pablo Stolze; PAMPLONA FILHO, Rodolfo. *O divórcio na atualidade*. 4. ed. São Paulo: Saraiva Jur, 2018.

GAGLIANO, Pablo Stolze; PAMPLONA FILHO, Rodolfo. *O Novo Divórcio*. São Paulo: Saraiva, 2010.

GAMA, Guilherme Calmon Nogueira da. Filiação e Reprodução Assistida — Introdução ao Tema sob a Perspectiva Civil-Constitucional. In: TEPEDINO, Gustavo (coord.). *Problemas de Direito Civil — Constitucional*. Rio de Janeiro: Renovar, 2003.

GAMA, Guilherme Calmon Nogueira da. *O Biodireito e as Relações Parentais*. De acordo com o novo Código Civil. Rio de Janeiro: Renovar, 2003.

GARBELOTTO, Filipe; ASSUNÇÃO, Kalline; ABREU, Nicia. *Abuso de Direito nas Relações Familiares: A Ineficácia das Sanções Pecuniárias na Alienação Parental*, pesquisa apresentada no curso de pós-graduação em Direito Civil da Unifacs em Salvador-BA, em setembro de 2010, ainda inédita).

GARDNER, Richard A. *O DSM-IV tem equivalente para o diagnostico de síndrome de alienação parental (SAP)?* Disponível em: <http: //www.mediacaoparental.org>. Acesso em: 16 ago. 2010.

GARRETT, J. B. da Silva Leitão d'Almeida. *O Retrato de Venus: poemas*. 1. ed. Coimbra: Imp. da Universidade, 1821, p. 46. Disponível em: <http://purl.pt/19/1/>. Acesso em: 8 set. 2010.

GESETZ ZUR ÄNDERUNG DES EHE- UND LEBENSPARTNERSCHAFTSNAMENSRECHTS (Lei para a mudança do direito ao nome dos cônjuges e companheiros). Disponível em: <http://www.bmj.bund.de/enid/33dd20480451c29319b1ef26ef5aea4b,bd5208305f747263696409 2d0932363235/Familienrecht/Namensrecht_s3.html>. Acesso em: 24 maio 2009.

GIORGIS, José Carlos Teixeira. *A Bigamia*. Disponível em: <http://www.ibdfam.org.br/?artigos&artigo=194>. Acesso em: 19 dez. 2008.

GIORGIS, José Carlos Teixeira. *A Adoção do Nascituro*. Disponível em: <http://www.ibdfam.org.br/?artigos&artigo=306>. Acesso em: 23 set. 2010.

GOMES, Orlando. *Contratos*. 24. ed. Rio de Janeiro: Forense, 2001.

GOMES, Orlando. *Contratos*. 14. ed. Rio de Janeiro: Forense, 1994.

GOMES, Orlando. *Direito de Família*. 14. ed. Rio de Janeiro: Forense, 2001.

GOMES, Orlando. *Introdução ao Direito Civil*. 18. ed. Rio de Janeiro: Forense, 2001.

GOMES, Orlando. *Introdução ao Direito Civil*. 10. ed. 2. tir. Rio de Janeiro: Forense, 1993.

GOMES, Orlando. *Introdução ao Direito Civil*. 18. ed. Rio de Janeiro: Forense, 2001.

GOMES, Orlando. *Direito de Família*. 11. ed. Rio de Janeiro: Forense, 1999.

GONÇALVES, Carlos Roberto. *Direito Civil Brasileiro: Parte Geral*. 18. ed. São Paulo: Saraiva, 2020. v. 1.

GONÇALVES, Carlos Roberto. *Direito das Obrigações — Parte Especial* (Coleção Sinopses Jurídicas). São Paulo: Saraiva, 2002. v. 6, t. 1.

GONÇALVES, Carlos Roberto. *Direito Civil Brasileiro: Direito de Família*. 16. ed. São Paulo: Saraiva, 2019. v. 6.

GRANDE DICIONÁRIO ENCICLOPÉDICO RIDEEL. H. MAIA de OLIVEIRA, (org.). São Paulo: Rideel, 1978. v. 4.

GREZ, Pablo Rodríguez. *El Abuso del Derecho y el Abuso Circunstancial*. Santiago: Editorial Jurídica de Chile, 2004.

GRISARD FILHO, Waldyr. *Famílias Reconstituídas, Novas Uniões depois da Separação*. São Paulo: Revista dos Tribunais, 2007.

HIRONAKA, Giselda Maria Fernandes Novaes. *Concorrência do Cônjuge e do Companheiro na Sucessão dos Descendentes*. Disponível em: <http://www.flaviotartuce.adv.br/secoes/artigosc.asp>. Acesso em: 17 set. 2009.

HIRONAKA, Giselda Maria Fernandes Novaes. "Responsabilidade Civil na Relação Paterno-filial". *Jus Navigandi*, Teresina, ano 7, n. 66, jun. 2003. Disponível em: <http://jus2.uol.com.br/doutrina/texto.asp?id=4192>. Acesso em: 12 jan. 2010.

HOUAISS, Antônio; VILLAR, Mauro de Salles. *Dicionário Houaiss da Língua Portuguesa*. Rio de Janeiro: Objetiva, 2001.

IBDFAM. Boletim do IBDFAM, março/abril de 2008.

KASER, Max. *Direito Privado Romano (Römisches Privatrecht)*. Lisboa: Fundação Calouste Gulbenkian, 1999.

KOLLET, Ricardo. *A Outorga Conjugal nos Atos de Alienação ou Oneração de Bens Imóveis.* Disponível em: <http://www.irib.org.br/biblio/boletime1722a.asp>. Acesso em: 2 jun. 2010.

LACAN, Jacques. *Os Complexos Familiares.* Rio de Janeiro: Jorge Zahar Editor, 1985.

LASSALE, Ferdinand. *A Essência da Constituição.* 4. ed. Rio de Janeiro: Editora Lumen Juris, 1998.

LEITE, Eduardo de Oliveira. *Famílias Monoparentais.* 2. ed. São Paulo: Revista dos Tribunais, 2003.

LEMOULAND, Jean-Jaques. In: MURAT, Pierre (dir.). *Droit de la Famille.* 4. ed. Paris: Dalloz, 2007.

LENZA, Pedro. *Direito Constitucional Esquematizado.* 11. ed. São Paulo: Método, 2007.

LEWICKI, Bruno. Panorama da Boa-Fé Objetiva. In: TEPEDINO, Gustavo (coord.). *Problemas de Direito Civil Constitucional.* Rio de Janeiro: Renovar, 2000.

LIMA, Pires de; VARELA, Antunes. *Código Civil Anotado.* 2. ed. Coimbra: Coimbra Editora, 1992. v. IV.

LÔBO, Paulo Luiz Netto. *Com avanços legais, pessoas com deficiência mental não são mais incapazes.* Disponível em: <http://www.conjur.com.br/2015-ago-16/processo-familiar-avancos-pessoas-deficiencia-mental-nao-sao-incapazes>. Acesso em: 18 dez. 2015.

LÔBO, Paulo Luiz Netto. "Direito ao Estado de Filiação e Direito à Origem Genética: uma distinção necessária" *Revista CEJ*, Brasília, n. 27, out./dez. 2004, p. 53-54.

LÔBO, Paulo Luiz Netto. *Direito Civil: Famílias.* 2. ed. São Paulo: Saraiva, 2009.

LÔBO, Paulo Luiz Netto. *Direito Civil: Famílias.* São Paulo: Saraiva, 2008.

LÔBO, Paulo Luiz Netto. *Direito Civil: Famílias.* 10. ed. São Paulo: Saraiva, v. 5, 2020.

LÔBO, Paulo Luiz Netto. *Divórcio e Separação Consensuais Extrajudiciais.* Disponível em: <http://www.ibdfam.org.br/?artigos&artigo=299>. Acesso em: 14 nov. 2009.

LÔBO, Paulo Luiz Netto. *Divórcio: Alteração Constitucional e suas Consequências.* Disponível em: <http://www.ibdfam.org.br/?artigos&artigo=570>. Acesso em: 22 dez. 2009.

LÔBO, Paulo Luiz Netto. "Do Poder Familiar". *Jus Navigandi*, Teresina, ano 10, n. 1.057, 24 maio 2006. Disponível em: <http://jus2.uol.com.br/doutrina/texto.asp?id=8371>. Acesso em: 11 set. 2010.

LÔBO, Paulo Luiz Netto. "Entidades familiares constitucionalizadas: para além do *numerus clausus*". *Jus Navigandi*, Teresina, ano 6, n. 53, jan. 2002. Disponível em: <http://jus2.uol.com.br/doutrina/texto.asp?id=2552>. Acesso em: 26 jun. 2006.

LOPES, Miguel Maria de Serpa. *O Silêncio como Manifestação de Vontade.* 3. ed. Rio de Janeiro: Freitas Bastos, 1961.

LOUZADA, Ana Maria Gonçalves. *Alimentos — Doutrina e Jurisprudência.* Belo Horizonte: Del Rey, 2008.

MADALENO, Rolf. A Retroatividade Restritiva do Contrato de Convivência. *Revista Brasileira de Direito de Família*, ano VII, n. 33, p. 153, dez. 2005/jan. 2006.

MADALENO, Rolf. *Curso de Direito de Família.* Rio de Janeiro: Forense, 2008.

MADALENO, Rolf. *Alimentos Compensatórios.* São Paulo: GEN/Forense, 2023. (edição digital)

MARTINS-COSTA, Judith. *A Boa-Fé no Direito Privado.* São Paulo: Revista dos Tribunais, 2000.

MEIRELLES, Jussara Maria Leal de. Reestruturando Afetos no Ambiente Familiar: a guarda dos filhos e a síndrome da alienação parental. In: DIAS, Maria Berenice; BASTOS, Eliene Ferreira; MORAES, Naime Márcio Martins (coords.). *Afeto e Estruturas Familiares.* Belo Horizonte: Del Rey, 2009.

MELLO, Marcos Bernardes de. Achegas para uma Teoria das Capacidades em Direito. *Revista de Direito Privado*. São Paulo: RT, jul./set. 2000, p. 17.

MELLO, Marcos Bernardes de. *Teoria do Fato Jurídico – Plano da Existência.* 10. ed. São Paulo: Saraiva, 2000.

MELLO, Marcos Bernardes de. *Teoria do Fato Jurídico — Plano da Validade*. 15. ed. São Paulo: Saraiva, 2019.

MELO, Kátia; YOHANA, Liuca. "O Lado B da Adoção", *Revista Época*, Ed. Globo, 20 jul. 2009.

MENGER, Anton. *El Derecho Civil y Los Pobres*. Granada: Editorial Comares, 1998.

MINISTÉRIO PÚBLICO ENTENDE QUE CASAMENTO EM CENTRO ESPÍRITA PODE TER EFEITOS CIVIS. *Jus Navigandi*, Teresina, ano 10, n. 914, 3 jan. 2006. Disponível em: <http://jus2.uol.com.br/pecas/texto.asp?id=666>. Acesso em: 3 maio 2008.

MIRANDA, Francisco Cavalcanti Pontes de. *Tratado de Direito Privado*. 2. ed. Rio de Janeiro: Borsoi, 1956. v. 7.

MIRANDA JR., Joselito Rodrigues. Parecer Administrativo n. 21.207/2005.

MONTEIRO, Washington de Barros. *Curso de Direito Civil — Parte Geral*. 37. ed. São Paulo: Saraiva, 2000. v. I.

MONTEIRO, Washington de Barros. *Curso de Direito Civil — Direito de Família*. 35. ed. São Paulo: Saraiva, 1999. v. II.

MOREIRA, José Carlos Barbosa. *O Novo Processo Civil Brasileiro*. 19. ed. Rio de Janeiro: Forense, 1997.

MOREIRA, Marcelo Alves Henrique Pinto; MACHADO, Amanda Franco. "Adoção Conjunta por Casais Homoafetivos". *Jus Navigandi*, Teresina, ano 13, n. 2170, 10 jun. 2009. Disponível em: <http://jus2.uol.com.br/doutrina/texto.asp?id=12958>. Acesso em: 2 set. 2010.

NALIN, Paulo Roberto. *Ética e Boa-Fé no Adimplemento Contratual*. FACHIN, Luiz Edson (coord.). Rio de Janeiro: Renovar, 1998.

NAMUR, Samir. "A Irrelevância da Culpa para o fim do Casamento". *Revista da Faculdade de Direito de Campos*, ano VII, n. 08, 2006. Disponível em: <http://www.fdc.br/Arquivos/Mestrado/Revistas/Revista08/Discente/Samir.pdf>. Acesso em: 20 dez. 2009.

NERY JUNIOR, Nelson; NERY, Rosa Maria de Andrade. *Novo Código Civil e legislação extravagante anotados*. São Paulo: Revista dos Tribunais, 2002.

NEUES UNTERHALTSRECHT — EIN SIEG FÜR DIE KINDER!, Berlin, 9. November 2007. *Rede der Bundesministerin der Justiz, Brigitte Zypries MdB, bei der 2./3. Lesung des Gesetzes zur Reform des Unterhaltsrechts am 9. November 2007 im Deutschen Bundestag*. Disponível no site do Ministério da Justiça da Alemanha: <http://www.bmj.bund.de/enid/6bd66d45a56c18db26de7c6c5514d023,bd23be706d635f6964092d0934383234093a095f7472636964092d0935323933/Geschichte/Brigitte_Zypries_zc.html>. Acesso em: 9 jan. 2010.

NOBRE JÚNIOR, Edilson Pereira. "O Direito Brasileiro e o Princípio da Dignidade da Pessoa Humana". *Jus Navigandi*, Teresina, ano 4, n. 41, maio 2000. Disponível em: <http://jus2.uol.com.br/doutrina/texto.asp?id=161>. Acesso em: 20 nov. 2007.

NOGUEIRA, Paulo. O Polêmico Gene Gay. *Revista Galileu*, dezembro de 2007.

O'CALLAGHAN, Xavier. *Compendio de Derecho Civil. Tomo IV (Derecho de La Familia)*. 7. ed. Madrid: DIJUSA, Septiembre/2009.

O GENOMA HUMANO — PERSPECTIVAS PARA A SAÚDE PÚBLICA, O PROJECTO EM 2001, trecho de notícia extraído do *site* Ciência Viva — Agência Nacional para Cultura Científica e Tecnológica. Disponível em: <http://www.cienciaviva.pt/projectos/concluidos/genomahumano/artigos/index.asp?lang=pt&accao=showTexto2&projecto=22>. Acesso em: 13 nov. 2008.

OLIVEIRA, Carlos Eduardo Elias de; TARTUCE, Flávio. Procedimento de Casamento: como ficou após a Lei do SERP — Lei n. 14.382/2022. Disponível em: <https://www.migalhas.com.br/coluna/migalhas-notariais-e-registrais/372927/procedimentode-casamento-como-ficou-apos-a-lei-do-serp>. Acesso em: 13 nov. 2022.

OLIVEIRA, Guilherme de. *Temas de Direito da Família*. 2. ed. Portugal: Coimbra Editora, 2001.

OLIVEIRA, Guilherme de. *Temas de Direito de Família — 1*. Coimbra: Coimbra Editora, 2005.

OLIVEIRA, José Sebastião de. *Fundamentos Constitucionais do Direito de Família*. São Paulo: Revista dos Tribunais, 2002.

PACHECO, José da Silva. *Inventários e partilhas*. 10. ed. Rio de Janeiro: Forense, 1996.

PAMPLONA FILHO, Rodolfo. "A Nova Competência da Justiça do Trabalho (uma contribuição para a compreensão dos limites do novo Art. 114 da Constituição Federal de 1988)". *Revista LTr*, São Paulo/SP, ano 70, edição de janeiro/2006, p. 38-49; *Revista de Direito do Trabalho*, São Paulo/SP, Editora Revista dos Tribunais, n. 121, ano 32, janeiro-março/2006, p. 233-258; e *Revista da Academia Nacional de Direito do Trabalho*, ano XIII, n. 13, São Paulo, LTr, 2005, p. 175-195.

PAMPLONA FILHO, Rodolfo. *Amor de Pai*. Disponível em: <http://rodolfopamplonafilho.blogspot.com/2010/08/amor-de-pai_24.html>. Acesso em: 15. set. 2010.

PAMPLONA FILHO, Rodolfo. "Orientação Sexual e Discriminação no Emprego". *Revista de Direito do Trabalho*, São Paulo/SP: Revista dos Tribunais, n. 98, ano 26, abril-junho/2000, p. 70-84; *ERGON*, ano XLV — Volume XLV, 2000, p. 193-209; e "O Trabalho", encarte de doutrina da Revista *Trabalho em Revista*, fascículo 43, Curitiba/PR, Editora Decisório Trabalhista, setembro/2000, p. 1013-1020.

PAMPLONA FILHO, Rodolfo; VILLATORE, Marco Antonio Cesar. *Direito do Trabalho Doméstico*. 4. ed. São Paulo: LTr, 2010.

PARA CNBB, PEC DO DIVÓRCIO "BANALIZA" O CASAMENTO; OAB DEFENDE MUDANÇA NA LEI, reportagem de CLÁUDIA ANDRADE. Disponível em: <http://noticias.uol.com.br/cotidiano/2009/05/21/ult5772u4070.jhtm?action=print>. Acesso em: 21 dez. 2009.

PASSOS, J. J. Calmon de. *Comentários ao Código de Processo Civil*. 8. ed. Rio de Janeiro: Forense, 1998. v. 3.

PEREIRA, Caio Mário da Silva. *Anteprojeto do Código de Obrigações*, 1964.

PAMPLONA FILHO, Rodolfo. *Direito Civil: alguns aspectos da sua evolução*. Rio de Janeiro: Forense, 2001.

PEREIRA, Caio Mário da Silva. *Instituições de Direito Civil*. 19. ed. Rio de Janeiro: Forense, 2001. v. I.

PEREIRA, Caio Mário da Silva. *Instituições de Direito Civil. Direito de Família*. 11. ed. Rio de Janeiro. v. V.

PEREIRA, Caio Mário da Silva. *Instituições de Direito Civil* (atualizada por Carlos Roberto Barbosa Moreira). 17. ed. Rio de Janeiro: Gen-Forense, 2009. v. VI.

PEREIRA, Ézio Luiz. "A dissolução do casamento e 'culpa'. Uma abordagem axiológica da garantia constitucional da 'felicidade humana' (art. 3.º, IV, da CF)". *Jus Navigandi*, Teresina, ano 13, n. 1.955, 7 nov. 2008. Disponível em: <http://jus2.uol.com.br/doutrina/texto.asp?id=11938>. Acesso em: 25 dez. 2009.

PEREIRA, Lafayette Rodrigues. *Direitos de Família*. Rio de Janeiro/São Paulo: Livraria Freitas Bastos S.A., 1956.

PEREIRA, Lafayette Rodrigues. *Direitos de Família* (obra atualizada por Ricardo Rodrigues Gama). Campinas: Bookseller, 2003.

PEREIRA, Rodrigo da Cunha; DIAS, Maria Berenice (coords.). *Direito de Família e o novo Código Civil*. Belo Horizonte: Del Rey/IBDFAM, 2002.

PEREIRA, Rodrigo da Cunha; DIAS, Maria Berenice (coords.). <http://www.conjur.com.br/2007-nov-22/estatuto_familia_legitima_ novas_formacoes_familiares>. Acesso em: 29 jan. 2009.

PEREIRA, Rodrigo da Cunha; DIAS, Maria Berenice (coords.). *Princípios Fundamentais Norteadores do Direito de Família*. Belo Horizonte: Del Rey, 2006.

PEREIRA, Rodrigo da Cunha; DIAS, Maria Berenice (coords.). *Teoria Geral dos alimentos*. In: CAHALI, Francisco José; PEREIRA, Rodrigo da Cunha (coords.). *Alimentos no Código Civil*. São Paulo: Saraiva, 2005.

PEREIRA, Rodrigo da Cunha; DIAS, Maria Berenice (coords.). Uma Principiologia para o Direito de Família — *Anais do V Congresso Brasileiro de Direito de Família*. Belo Horizonte: IBDFAM, 2006.

PEREIRA, Rodrigo da Cunha; DIAS, Maria Berenice (coords.). *Direito das famílias*. São Paulo: Forense, 2020.

PERLINGIERI, Pietro. *Perfis do Direito Civil — Introdução ao Direito Civil Constitucional*. 2. ed. Rio de Janeiro: Renovar.

PINHEIRO, Jorge Duarte. *O Direito da Família Contemporâneo*. Lisboa: AAFDL, 2008.

PINHO, Marco Antonio Garcia de. *Nova Lei 12.318/10 — Alienação Parental*. Disponível em: <http://www.jurisway.org.br/v2/dhall.asp?id_dh=3329>. Acesso em: 12 set. 2010.

PINHO, Marco Antonio Garcia de. *Da Adoção Internacional*. Disponível em: <http://www.iuspedia.com.br>. Acesso em: 19 fev. 2008.

PINTO, José Augusto Alves. *Paraná quer Aumentar Número de Divórcios em Cartório no Interior*, notícia publicada no *site* Consultor Jurídico. Disponível em: <http://www.conjur.com.br/2008-jun-24/cartorios_pr_buscam_ampliacao_lei_11441?imprimir=1>. Acesso em: 14 nov. 2009.

PINTO, José Augusto Rodrigues; PAMPLONA FILHO, Rodolfo. *Repertório de Conceitos Trabalhistas*. São Paulo: LTr, 2000.

PINTO, Otávio Almeida Matos de Oliveira. *A Prisão Civil do Menor Emancipado Devedor de Alimentos: Dilema entre Direitos Fundamentais*. Pará de Minas: Editora VirtualBooks, 2013.

POVEDA, Pedro González. "Regímenes Económico Matrimoniales. Liquidación". In: *Tratado de Derecho de Familia — Aspectos Sustantivos y Procesales*.

REALE, Miguel. *Função Social da Família*. Disponível em: <http://www.miguelreale. com.br/artigos/funsoc.htm>.

REALE, Miguel. "Visão geral do Projeto de Código Civil". *Jus Navigandi*, Teresina, ano 4, n. 40, mar. 2000. Disponível em: <http://jus2.uol.com.br/doutrina/texto.asp?id=509>. Acesso em: 23 fev. 2008.

RESEDÁ, Emílio Salomão Pinto. *Da Criança e do Adolescente — Aspectos Peculiares da Lei 8.069/90*. São Paulo: Ed. Baraúna, 2008.

RIBEIRO, Ana Cecília Rosário. *O Reconhecimento da Relação Incestuosa como Entidade Familiar*. Disponível em: <http://www.facs.br/revistajuridica/edicao_agosto2005/discente/disc_01_pos.doc>. Acesso em: 5 mar. 2010.

RIPERT, Georges; BOULANGER, Jean. *Tratado de Derecho Civil*, segun el Tratado de Planiol, Tomo I — Parte General. Buenos Aires: La Rey, 1988.

ROBLES, Tatiana. *Guarda Compartilhada e Mediação*. Disponível em: <http://www.ibdfam.org.br/?artigos&artigo=72>. Acesso em: 23 dez. 2007.

RODRIGUES, Silvio. *Direito Civil — Direito de Família*. 28. ed. São Paulo: Saraiva, 2004. v. 6.

RODRIGUES, Silvio. *Direito Civil — Parte Geral*. 28. ed. São Paulo: Saraiva, 1998. v. 1.

RODRIGUES, Silvio. *Direito Civil — Parte Geral*. 12. ed. São Paulo: Saraiva, 1981. v. 1.

RUGGIERO, Roberto de. *Instituições de Direito Civil*. São Paulo: Bookseller, 1999. v. I.

RUGGIERO, Roberto de. *Instituições de Direito Civil*. Campinas: Bookseller, 1999. v. II.

RUZYK, Carlos Eduardo Pianovski. *Famílias Simultâneas: da Unidade Codificada à Pluralidade Constitucional*. Rio de Janeiro: Renovar, 2005.

SANTOS, J. M. Carvalho. *Código Civil Brasileiro Interpretado*. 6. ed. Rio de Janeiro: Freitas Bastos, 1955. v. II.

SANTOS, Jonábio Barbosa dos; SANTOS, Morgana da Costa. Família Monoparental Brasileira. *Revista Jurídica*, Brasília, vol. 10, n. 92, Out/2008 a Jan/2009. Disponível em: <http://www.planalto.gov.br/ccivil_03/revista/revistajuridica/Artigos/PDF/JonabioBarbosa_Rev92.pdf>. Acesso em: 2 jun. 2010.

SANTOS, Luiz Felipe Brasil. *A Mutabilidade do Regime de Bens*. Disponível em: <http://www.ibdfam.org.br/?artigos&artigo=97>. Acesso em: 12 jul. 2009.

SARTORI, Fernando. *A Culpa como Causa da Separação e os seus Efeitos*. Disponível em: <http://www.flaviotartuce.adv.br/secoes/artigosc.asp>. Acesso em: 20 dez. 2009.

SCLÜTER, Wilfried. *Código Civil Alemão — Direito de Família — BGB — Familienrecht*. 9. ed. Porto Alegre: Sérgio Fabris Editor, 2002.

SEREJO, Lourival. *Família Virtual*. Boletim IBDFAM n. 54, jan./fev. 2009.

SILVA, José Afonso da. *Curso de Direito Constitucional Positivo*. 16. ed. São Paulo: Malheiros, 1999.

SILVA, Sérgio André Rocha Gomes da. "Da inconstitucionalidade da penhorabilidade do bem de família por obrigação decorrente de fiança em contrato de locação". *Revista de Direito Privado*, RT. v. 2, abr./jun. 2000.

SILVA JÚNIOR, Enézio de Deus. *A Possibilidade Jurídica de Adoção por Casais Homossexuais*. 4. ed. Curitiba: Juruá, 2010.

SIMÃO, José Fernando. "Guarda compartilhada obrigatória. Mito ou realidade? O que muda com a aprovação do PL 117/2013". Disponível em: <http://www.professorsimao.com.br/artigos/artigo.aspx?ti=Guarda%20compartilhada%20obrigat%C3%B3ria.%20Mito%20ou%20realidade?%20O%20que%20muda%20com%20a%20aprova%C3%A7%C3%A3o%20do%20PL%20117/2013&id=312>. Acesso em: 15 dez. 2014.

SOARES, Ricardo Maurício Freire. *Repensando um Velho Tema: A Dignidade da Pessoa Humana*. Disponível em: <http://cursoparaconcursos.com.br/arquivos/downloads/artigos/Ricardo_mauricio.pdf>. Acesso em: 13 jan. 2008.

SODRÉ, Nelson Werneck. *História da Literatura Brasileira*. Rio de Janeiro: Civilização Brasileira, 1979.

STOLZE, Pablo. A síndrome do bebê sacudido e o silêncio dos inocentes. *Jus Navigandi*, Teresina, ano 18, n. 3723, 10 set. 2013. Disponível em: <http://jus.com.br/artigos/25251>. Acesso em: 18 dez. 2015.

TARTUCE. Flávio. *A Lei 13.811/2019 e a União Estável do Menor de 16 anos*. Disponível em: <https://www.migalhas.com.br/FamiliaeSucessoes/104,MI300873, 91041-A+lei+138112019+e+a+uniao+estavel+do+menor+de+16+anos>. Acesso em: 16 jun. 2019.

TARTUCE. Flávio. "Argumentos Constitucionais pelo Fim da Separação de Direito". Disponível em: <http::/www.ibdfam.org.br/?artigos&artigo=718>. Acesso em: 13 jun. 2011.

TARTUCE. Flávio. "Novos Princípios do Direito de Família brasileiro". *Jus Navigandi*, Teresina, ano 10, n. 1069, 5 jun. 2006. Disponível em: <http://jus2.uol.com.br/doutrina/texto.asp?id=8468>. Acesso em: 20 dez. 2007.

TARTUCE. Flávio; SIMÃO, José Fernando. *Direito civil: Direito de Família*. 5. ed. Rio de Janeiro: Forense; São Paulo: Método, 2010. v. 5.

TELLES JR., Goffredo. *Pelo Retorno da Sensibilidade ao Direito!*, manifesto. Disponível em: <http://aldeiajuridica.incubadora.fapesp.br/portal/interdisciplinaridade/interd/pelo-retorno-da-sensibilidade-ao-direito/>. Acesso em: 6 jan. 2010.

TEPEDINO, Gustavo. *A Parte Geral do Novo Código Civil: Estudos na Perspectiva Civil-Constitucional*. Rio de Janeiro: Renovar, 2002.

TOMASZEWSKI, Adauto. *Separação, Violência e Danos Morais — A Tutela da Personalidade dos Filhos*. São Paulo: Paulistanajur, 2004.

TOMASZEWSKI, Adauto. *Temas de Direito Civil*. 2. ed. Rio de Janeiro: Renovar, 2001.

TOMIC, Zoran R. *Die Rechtliche Inexistenten Verwaltungsakte*. Disponível em: <http://facta.junis.ni.ac.yu/lap/lap99/lap99-06.pdf>. Acesso em: 14 out. 2008.

VARELA, João de Mattos Antunes. *Direito de Família*. 5. ed. Lisboa: Petrony, 1999.

VARELLA, Drauzio. *Planejamento Familiar*. Disponível em: <http://drauziovarella.ig.com.br/artigos/pfamiliar.asp>. Acesso em: 22 mar. 2009.

VELOSO, Caetano. *Língua* (canção).

VELOSO, Zeno. *Direito Sucessório do Cônjuge e do Companheiro*. São Paulo: Saraiva, 2010.

VENOSA, Sílvio de Salvo. *Direito Civil — Parte Geral*. São Paulo: Atlas, 2001. v. I.

VENOSA, Sílvio de Salvo. *Direito Civil — Direito de Família*. 3. ed. São Paulo: Atlas, 2003.

VENOSA, Sílvio de Salvo. *Direito Civil — Direito de Família*. 6. ed. São Paulo: Atlas, 2006.

VEYNE, Paul. *História da Vida Privada — Do Império Romano ao ano mil*. São Paulo: Companhia das Letras, 1989. v. 1.

VILLELA, João Baptista. Desbiologização da Paternidade. *Revista da Faculdade de Direito [da] Universidade Federal de Minas Gerais*. Belo Horizonte, n. 21, maio 1979.

MORAES, Vinicius de. *Soneto da Fidelidade*.

VOPPEL, Reinhard. *Kommentar zum Bürgerlichen Gesetzbuch mit Einführunsgesezt und Nebengesetzen — Eckpfeiler des Zivilrechts*, J. Von Satudingers, Berlin, 2008.

WALD, Arnoldo. *Curso de Direito Civil Brasileiro: Direito de Família*. 11. ed. São Paulo: Revista dos Tribunais.

WELTER, Belmiro Pedro. *Igualdade entre as Filiações Biológica e Socioafetiva*. São Paulo: Revista dos Tribunais, 2003.

WELTER, Belmiro Pedro; MADALENO, Rolf (coords.). *Direitos Fundamentais do Direito de Família*. Porto Alegre: Livraria do Advogado, 2004.